Eigentums- und Investitionsgüterschutz im Völkerrecht

SCHRIFTEN ZUM STAATS- UND VÖLKERRECHT

Herausgegeben von Prof. Dr. Dieter Blumenwitz

Band 119

Peter Lang
Frankfurt am Main · Berlin · Bern · Bruxelles · New York · Oxford · Wien

Dagmar Wurst

Eigentums- und Investitionsgüterschutz im Völkerrecht

Das Beispiel der Landenteignung in Zimbabwe

Peter Lang
Europäischer Verlag der Wissenschaften

Bibliografische Information Der Deutschen Bibliothek
Die Deutsche Bibliothek verzeichnet diese Publikation in der Deutschen Nationalbibliografie; detaillierte bibliografische Daten sind im Internet über <http://dnb.ddb.de> abrufbar.

Zugl.: Würzburg, Univ., Diss., 2005

D 20
ISSN 0172-7796
ISBN 3-631-54404-9

www.peterlang.de

Meinen Eltern

Vorwort

Die vorliegende Arbeit ist im Wintersemester 2004/2005 von der Juristischen Fakultät der Bayerischen Julius-Maximilians-Universität Würzburg als Dissertation angenommen worden.

Mein aufrichtiger Dank gilt meinem verehrten Doktorvater Herrn Prof. Dr. Dieter Blumenwitz für die verständnisvolle Betreuung bei der Erstellung dieser Arbeit sowie die Aufnahme des Werkes in die „Schriften zum Staats- und Völkerrecht". Für die Erstellung des Zweitgutachtens danke ich Herrn Prof. Dr. Eckhard Pache.

Danken möchte ich Privatdozent Dr. Winfried Bausback am Lehrstuhl für Völkerrecht, allgemeine Staatslehre, deutsches und bayerisches Staatsrecht und politische Wissenschaften der Universität Würzburg für die Begleitung dieser Arbeit mit fachlichem Rat und Unterstützung sowie Frau Ruth Rupp ebenfalls vom Lehrstuhl für Völkerrecht für ihre freundliche Hilfe bei der Abwicklung des Promotionsverfahrens.

Allen, die in vielfältiger Weise zur Fertigstellung der Arbeit beigetragen haben, möchte ich hiermit noch einmal dafür danken, insbesondere Herrn Studiendirektor Raab für die sprachliche Korrektur des Manuskripts. Den zahlreichen Informanten vor Ort in Zimbabwe und engagierten Akteuren in Deutschland, möchte ich für die großzügige Bereitstellung von Material danken, ohne die die Arbeit in dieser Form nicht hätte erstellt werden können.

Ein großes Dankeschön möchte ich meinen Eltern und Christian aussprechen, die mich nicht nur während der Promotionszeit immer bestärkten und mir den notwendigen privaten Rückhalt gaben.

Hamburg, im September 2005 Dagmar Wurst

Erklärungs- und Abkürzungsverzeichnis

AA	= Auswärtiges Amt
a.A.	= andere Ansicht
AAC	= Inter-American Arbitration Commission
a.a.O.	= am angegebenen Ort
AAPL	= Asian Agricultural Products Limited
ABAJ	= American Bar Association Journal
Abl. EG	= Amtsblatt der EG
Abs.	= Absatz
Abschn.	= Abschnitt
ACHPR	= African Commission on Human and Peoples' Rights
AdV	= Archiv des Völkerrechts
AEC	= African Economic Community
AEMR	= Allgemeine Erklärung der Menschenrechte (UN GA Res. 217 [III] vom 10.12.1948)
AfrCh	= Afrikanische Charta der Menschenrechte und Rechte der Völker
AI	= Amnesty International
AJIL	= American Journal of International Law
AJICL	= African Journal of International and Comparative Law
AKP-Staaten	= Afrikanische, karibische und pazifische Staaten
AMRK	= Amerikanische Menschenrechtskonvention
ANCR	= African National Congress of Southern Rhodesia (Afrikanischer Nationalkongress von Südrhodesien)
ANC	= African National Congress. 1957 durch Vereinigung der CYL und SRANC mit der aus den 30er Jahren als Sektion Bulawayo des African National Congress existierenden Partei gegründet. Joshua Nkomo, ein früherer Sozialarbeiter bei der Eisenbahn und Gewerkschaftsführer, verschaffte dem ANC neuen Zulauf. ANC-Vizepräsident wurde James Chikerama, der Gründer der CYL (Ripken, P./ Krämer-Prein, G., Zimbabwe, S. 36).
	= African National Council: Dachorganisation aller politischen Organisationen der Afrikaner, im Auftrag der Führung von ZANU und ZAPU als politische Organisation zum Referendum der Pearce-Kommission im März 1972 unter Zusammenschluss mit der Bewegung FROLIZI von Führer Chikerema gegründet. Führung: Bischof Abel Muzorewa; zerfiel später in die beiden Flügel Sithole und Muzorewa (ab 16.12.1971 United African National Council, Afrikanischer Nationalrat).
APEC	= Asiatisch-Pazifische Wirtschaftskooperation
Art.	= Artikel
ASEAN	= Association of Southeast Asian Nations
ASIL	= The American Society of International Law
AU	= African Union
Aufl.	= Auflage
Aust YIL	= Australian Yearbook of International Law
BAnz.	= Bundesanzeiger
BB	= Betriebsberater
Bd.	= Band

BGBl.	= Bundesgesetzblatt
BGH	= Bundesgerichtshof
BHG	= Bundeshaushaltsgesetz
BIT	= Bilateral Investment Treaties; bilaterales Investitionsschutzabkommen
BIT D-Z	= Abkommen zwischen der Bundesrepublik Deutschland und der Republik Zimbabwe über die Förderung und den gegenseitigen Schutz von Kapitalanlagen
BMZ	= Bundesministerium für wirtschaftliche Entwicklung und Zusammenarbeit
BRD	= Bundesrepublik Deutschland
Bretton Wood	= Am 22. Juli 1944 unterzeichneten Regierungsvertreter der Vereinigten Nationen in Bretton Woods (New Hampshire) die Konvention über einen internationalen Währungsfond und über eine internationale Bank für den Wiederaufbau. Grundzug der Konvention ist die Verpflichtung der Mitgliedstaaten, sich in Zukunft aller Beschränkungen der laufenden Zahlungen von Land zu Land zu enthalten; also ein Verzicht auf Maßnahmen der Devisenbewirtschaftung und auf bilaterale Verrechnungsabkommen; vielmehr Wie-derherstellung bzw. Aufrechterhaltung eines freien internationalen Zahlungsverkehrs, wie aus der Zeit vor 1931 bekannt. Weitere Verpflichtung war die gemeinsame Festlegung der Wechselkurse. Die Konvention über die internationale Bank für Wiederaufbau und Förderung der Wirtschaft sieht die Gründung einer internationalen Bank vor; Aufgabe war, in den Mitgliedstaaten die Finanzierung des Wiederaufbaus und der Entwicklung brachliegender Produktivkräfte durch langfristige internationale Kredite zu erleichtern (vgl. Bachmann, H., Die Konventionen von Bretton Woods, S. 5 ff.).
BSAC	= British South Africa Company
Bsp.	= Beispiel
BT Drs.	= Bundestag Drucksache
BuffHRL	= Buffalo Human Rights Law Review
BYIL	= British Yearbook of International Law
bzw.	= beziehungsweise
CA	= Communal Areas/ Communal Lands (ehem. Tribal Trust Lands)
CFU	= Commercial Farmers Union: Interessenvertretung der einst über 6.000 zählenden Großfarmer, die über ein Drittel des produktiven und etwa 70 % des fruchtbarsten Landes innehatten und fast ausschließlich der weißen Minderheit zuzurechnen sind.
Chimurenga	= Der Erste Chimurenga war ein Aufstand der einheimischen Zimbabwer gegen die weißen Siedler im Jahre 1896 mit dem Versuch, ihr verlorenes Land wieder zu gewinnen. Der Zweite Chimurenga begann in den frühen 1970ern und führte 1980 zur Unabhängigkeit.
CIA	= Central Intelligence Agency
CLB	= Commonwealth Law Bulletin
CLLCA	= Customary Law and Local Courts Act
ColJTransL	= Columbia Journal of Transnational Law
COMESA	= Common Market for Eastern and Southern Africa
CornellIntLJ	= Cornell International Law Journal
CYL	= City Youth League; 1955 von James Chikerema, George Nyandoro, Maurice Nyagumbo und Enoch Dumbutshema gegründet; eine als militant einzuordnende Jugendorganisation, die sich offen gegen den Siedlungskolonialismus aussprach.
DBA	= Doppelbesteuerungsabkommen

DED	= Deutscher Entwicklungsdienst
DFID	= Department for international Development (Großbritannien)
DIE	= Deutsches Institut für Entwicklungspolitik
diesbzgl.	= diesbezüglich
DSB	= Dispute Settlement Body
Doc.	= Dokument
Dominion	= Gebiet mit mehr oder weniger voller Selbständigkeit, welches über den urspr. Stand der Kolonie hinausgewachsen ist.
DP	= Dominion Party; Vorläuferin der RF bzw. Democratic Party
DRK	= Demokratische Republik Kongo
DSE	= Deutsche Stiftung für internationale Entwicklung
EA	= Europa-Archiv
ECV	= Vertrag über die Energiecharta
ECHR	= European Convention on Human Rights
ECOSOC	= Economic and Social Council (of the United Nations)
ECOWAS	= Economic Community of West African States
EEC	= European Economic Community
EIU	= Economist Intelligence Unit
EKMR	= Europäische Kommission der Menschenrechte
EMRK	= Europäische Menschenrechtskonvention
EPIL	= Encyclopedia of Public International Law
ESAP	= Economic Structural Adjustment Program
etc.	= et cetera
EU	= Europäische Union
EuGH	= Gerichtshof der Europäischen Gemeinschaften
EuGRCh	= Charta der Grundrechte der Europäischen Union (vom 07.12.2000)
EuGRZ	= Europäische Grundrechtszeitschrift
EuR	= Europarecht
evtl.	= eventuell
E+Z	= Entwicklung und Zusammenarbeit
f.	= folgende
FAZ	= Frankfurter Allgemeine Zeitung
FAO	= Food and Agriculture Organization
FCO	= Foreign & Commonwealth Office
FES	= Friedrich-Ebert-Stiftung
ff.	= fortfolgende
Fn.	= Fußnote
Fordh.LR	= Fordham Law Review
FRELIMO	= Front for the Liberation of Mozambique
FROLIZI	= Front for the Liberation of Zimbabwe, gegründet 1971 von James Robert Dambaz Chikerema mit dem Anspruch auf Wiedervereinigung von ZANU und ZAPU. Heute mit dem ANC (unter Führung von Muzorewa) verschmolzen.
FS	= Festschrift

GATS	= General Agreement on Trade in Services (Allgemeines Übereinkommen über den Handel mit Dienstleistungen)
GATT	= General Agreement on Tariffs and Trade (Allgemeines Zoll- und Handelsabkommen)
gem.	= gemäß
GG	= Grundgesetz
ggf.	= gegebenenfalls
glz.	= gleichzeitig
GRIP	= Guaranteed Recovery of Investment Principal
GTZ	= Deutsche Gesellschaft für Technische Zusammenarbeit
Ha	= Hektar
HarvIntLJ	= Harvard International Law Journal
HastIntCLR	= Hastings International and Comparative Law Review
HaushaltsG	= Haushaltsgesetz
h.M.	= herrschende Meinung
HRC	= Human Rights Committee (of the United Nations)
HRF	= Human Rights Forum
HRLJ	= Human Rights Law Journal
HRQ	= Human Rights Quarterly
Hrsg.	= Herausgeber
IAI	= International African Institute
IAIGC	= Inter-Arabische Investment Guarantee Corporation
IAK	= Institut für Afrika-Kunde, Hamburg
IBA	= International Bar Association
IBRD	= International Bank for Reconstruction and Development
ICA	= Industrial Conciliation Act
ICCPR	= International Covenant on Civil and Political Rights
ICESCR	= International Covenant on Economic, Social and Cultural Rights
ICG	= International Crisis Group
ICJ	= International Court of Justice/ International Commission of Jurists
ICLJ	= International and Comparative Law Journal
ICLQ	= International and Comparative Law Quarterly
ICSID	= International Centre for Settlement of Investment Disputes
IDA	= International Development Association
i.d.R.	= in der Regel
i.(d.)S.	= in (diesem) Sinne
IFC	= International Finance Corporation
IGH	= Internationaler Gerichtshof
IGH-Statut	= Statut des Internationalen Gerichtshofs
IIGC	= International Investment Guarantee Corporation
IIIA	= International Investment Insurance Agency
ILA	= International Law Commission
ILJ	= International Law Journal
ILM	= International Legal Materials
ILR	= International Law Reports

ILQ	= International Law Quarterly (seit 1952 ICLQ)
IMF	= International Monetary Fund
INCOTERMS	= International Commercial Terms
Indian JIL	= Indian Journal of International Law
Indirect rule	= Offizielle Afrikapolitik Großbritanniens in der Zwischenkriegszeit, die dem vom Völkerbund geforderten Trusteeship entsprach. Ihre Aufgabe war es, die noch nicht zur Selbstregierung fähigen Völker auf diese innerhalb ihrer eigenen Gesellschaft vorzubereiten, wobei die vorherrschenden Institutionen und Traditionen berücksichtigt werden sollten (vgl. Albertini v., R., Dekolonisation, S. 167).
insbesondere	= insbesondere
IntJMGR	= International Journal on Minority and Group Rights
IntLawyer	= International Lawyer
InWent	= Internationale Weiterbildung und Entwicklung GmbH
JPL	= Journal of Public Law
Iran - US.C.T.R.	= Iran – United States Claims Tribunal Reports
Issa	= Informationsstelle südliches Afrika, Bonn
ITO	= International Trade Organization
i.ü.	= im übrigen
i.V.m.	= in Verbindung mit
IWF	= Internationaler Währungsfond
JAG	= Justice for Agriculture
Jhg.	= Jahrgang
JIL	= Journal of International Law
JMAS	= Journal of Modern African Studies
JSAS	= Journal of Southern African Studies
JWT	= Journal of World Trade
JZ	= Juristenzeitung
Kap.	= Kapitel
KAS	= Konrad-Adenauer-Stiftung
Kolonie	= Gebiete mit keiner oder doch nur geringer Selbstverwaltung; Ansiedlungsgebiet, das in staatsrechtlicher Verbindung zum Mutterland steht.
LAA	= Land Acquisition Act (Landerwerbs- Landverteilungsgesetz)
LCIA	= London Court of International Arbitration
LETCO	= Liberian Eastern Timber Corporation
Lit.	= litera (Buchstabe)
LJ	= Law Journal
LQR	= Law Quarterly Review
LR	= Law Review
LRRP	= Land Reform and Resettlement Programme
LRRP-1/2	= Erstes/ zweites Landreform- und Wiederansiedlungsprogramm
MDC	= Movement for Democratic Change. Nach der 1986 unter gewaltsamem Druck vollzogenen Integration der im Matabeleland starken ZAPU in die ZANU-PF gab es in Zimbabwe bis zum Jahr 2000 keine ernsthafte Opposition. Erst 1999, vom ehemaligen Gewerkschafter Morgan Tsvangirai, der in den 90er Jahren zahlreiche Streiks gegen überhöhte Steuern, Infla-

tion und Korruption angeführt hatte, gegründet, bildete die MDC in der Folge der in den achtziger Jahren in Afrika entstandenen Demokratiebewegung und aufgrund des sich abzeichnenden wirtschaftlichen und sozialen Niedergangs, zum ersten Mal ein Gegen-gewicht zur regierenden ZANU-PF. Dabei handelt es sich um einen Zusammenschluss von Gewerkschaftsbewegung, liberalen Wirtschaftskräften, weißen Farmern, Intellektuellen und unterschiedlichen Organisationen der Zivilgesellschaft. Die Opposition lebte bis zu den Präsidentschaftswahlen im Juni 2002 vom gemeinsamen Willen zum gewaltfreien demokra-tischen Wandel. Die Erwartung, dass der Machtwechsel gelingen könne, wurde genährt vom Erfolg beim Verfassungsreferendum 1999, dem trotz Wahlmanipulationen und Einschüchterungskampagnen guten Abschneiden bei den Parlamentswahlen, sowie der hohen Unterstützung, welche die MDC auch international erfuhr. Sie unterstützt die Ziele der Landreform, nicht aber den beschrittenen Weg. Mittelfristig strebt die MDC Neuwahlen unter fairen Bedingungen, v.a. unter Aufsicht einer unabhängigen Wahlkommission an, wobei der Abtritt Mugabes für sie eine Grundvoraussetzung für einen demokratischen und wirtschaftlichen Aufschwung ist. Die MDC glaubt nicht an die Kraft des Präsidenten Mugabe, die gegenwärtige Krise zu lösen und lehnt eine Beteiligung an einer mit dieser Regierung geführten Reform ab. Von Seiten der ZANU-PF wird der politische Konkurrent als eine von Großbritannien gesponserte sowie von multinationalen Unternehmen und weißen Farmern unterstützte Organisation bezeichnet, deren Ziel es sei, die Errungenschaften des zimbabwischen Unabhängigkeitskampfes rückgängig zu machen (vgl. BMZ-Länderstudie, 2002).

MIGA = Multilateral Investment Guarantee Agency (Multilaterale Investitions-Garantie-Agentur)
MIGC = Report on the Establishment of a Multilateral Investment Guarantee Corporation
MII = Report on Multilateral Investment Insurance
mind. = mindestens
MIT = Multilateral Investment Treaty; Multilaterales Investitionsschutzabkommen
MRK = Menschenrechtskommission der VN
m.w.N. = mit weiteren Nachweisen
NAFTA = North American Free Trade Agreement (Nordamerikanisches Freihandelsabkommen)
NDP = National Democratic Party; am 1.1.1960 gegründet, mit Führern Nkomo, Sithole, Mugabe, Enos Nkala, Stanlake Samkange, George Silundika, Leopold Takawira, Herbert Chitepo, Eddison Zvobgo, Michael Mawema. Ihr Parteiprogramm enthielt Forderungen nach gleichem Wahlrecht, einer verfassungsgebenden Konferenz, in der ein neu zusammengesetztes Parlament aufgestellt werden sollte, ferner die Aufnahme der Schwarzen in die Wählerlisten und die Aufhebung aller Gesetze und Regelungen, die den Afrikanern nur zweitklassige Rechte einräumten. 1961 wurde sie verboten (Ripken, P./ Krämer-Prein, G., Zimbabwe, S. 36 f.).
NedTIR = Nederlands Tijdschrift voor International Recht
NePAD = New Partnership for African Development
NFZ = National Front of Zimbabwe
NGO = Non-governmental organisation (Nichtregierungsorganisation)
NIBMAR = No Independence before Majority Rule
NIEO = New international economic order
NILR = Netherlands International Law Review
NIOC = National Iranian Oil Company

NJW	= Neue Juristische Wochenschrift
NLHA	= Native Land Husbandry Act (Landwirtschaftsgesetz)
NQHR	= Netherlands Quarterly of Human Rights
NR	= Natural Region
Nr.	= Nummer
NY-Convention	= Convention on the Recognition and Enforcement of Foreign Arbitral Awards; New Yorker Übereinkommen über die Anerkennung und Vollstreckung ausländischer Schiedssprüche.
NYIL	= Netherlands Yearbook of International Law
NYUJInt	= New York University Journal of International Law and Politics
OAE	= Organisation Afrikanische Einheit
OAMCE	= Organisation of African and Malagasy Economic Cooperation
OAU	= Organisation of African Unity
ODI	= Overseas Development Institute
OECD	= Organisation for Economic Co-operation and Development
OEEC	= Organization for European Economic Co-operation (Organisation für Europäische Wirtschaftliche Zusammenarbeit), seit 1960: OECD
OIC	= Agreement for Promotion, Protection and Guarantee of Investments among Member States of the Organisation of Islamic Conference
OPEC	= Organisation of Petroleum Exporting Countries
OPIC	= United States' Overseas Private Investment Corporation
PA	= Purchase Area (Erwerbsgebiet)
(PAC	= Pan Africanist Congress)
PCC	= People's Caretaker Council
PCIJ	= Permanent Court of International Justice
PCIJ Rpts	= Permanent Court of International Justice Reports
PF	= Patriotische Front, Allianz von ZANU und ZAPU im Oktober 1976 mit dem Ziel einer Vereinigung.
POLISARIO	= Frente Popular para la Liberacíon de Saguia el-Hamra y Rio de Oro
Protektorat	= unabhängiger Staat, der sich aber aus Sicherheitsgründen unter den Schutz eines stärkeren Staates begibt. „Koloniales Protektorat": in der Regel verschleierte Form der Annexion, da es sich um keinen Staat im völkerrechtlichen Sinne handelt (vgl. Grewe, W., Epochen der Völkerrechtsgeschichte, S. 553 f.) bzw. keine völkerrechtliche, sondern staatsrechtliche Grundlage besitzt (vgl. Seidl-Hohenveldern, I., Völkerrecht, Lexikon des Rechts 2. Aufl., S. 239).
PwC	= PricewaterhouseCoopers
PTA	= Preferential Trade Area
RA	= Resettlement Areas
RabelsZ	= Rabels Zeitschrift für ausländisches und internationales Recht
RADIC	= Revue Africaine de Droit International et Comparatif
Res.	= Resolution
RF	= Republican (früher: Rhodesian) Front Party
RBGl.	= Reichsgesetzblatt
RIW	= Recht der internationalen Wirtschaft/ Außenwirtschaftsdienst
RP	= Rhodesia Party
RS	= Rechtssache

S.	= Seite
SACU	= South African Customs Union
SADC	= Southern African Development Community
SAFRI	= Südliches Afrika Initiative Deutsche Wirtschaft
SAIIA	= South African journal of International Affairs
SAJHR	= South African Journal of Human Rights
SAPES	= Southern African Political and Economic Series
SAPEM	= Southern African Political and Economic Monthly
SBVA	= Southern Rhodesian Bantu Voters' Association (Südrhodesische Bantu-Wähler-vereinigung)
SCC	= Stockholmer Handelskammer
SchweizJIR	= Schweizerisches Jahrbuch für internationales Recht
Shona/Mashona	= Der Name *Shona* oder *Mashona* war eine Erfindung der Kolonialherren und entspricht nicht der ethnischen Realität. Diese Namen bezeichnen die Ethnien, die im Gebiet zwischen Sambesi und Limpopo leben und keine Ndebele sind (Sicard, H., Das Gebiet zwischen Sambesi und Limpopo, S. 458). Selbst bezeichneten sie sich jedoch erst ab der Mfecane als *Shona* (vgl. Beach, D., The Shona & Zimbabwe, S. 279).
SI	= Statutory Instrument
Siedlungskolonie	= überseeisches Gebiet, in dem Weiße in dem Sinne siedeln, dass sie dort nicht nur arbeiten, sondern auch ihre Kinder aufziehen und dadurch die Kolonie für Generationen zur Familienheimat machen.
SNWA	= Southern Rhodesia Native Welfare Association (Südrhodesische Eingeborenen-Wohlfahrtsvereinigung)
SOAS	= School of Oriental and African Studies
Sog.	= sogenannte
SRANC	= Southern Rhodesian African Trade Union Congress, Führer Nkomo, der schon Führer der Eisenbahner-Gewerkschaft war (Schmidt, K. J., Der Weg nach Zimbabwe, S. 201).
StellLR	= Stellenbosch Law Review
StIGH	= Ständiger Internationaler Gerichtshof
s.u.	= siehe unten
Supp.	= Supplement
SVN	= Satzung der Vereinten Nationen
SWAPO	= South West African People's Organisation
SyracuseLR	= Syracuse Law Review
TexIntLF	= Texas International Law Forum
TransLCP	= Transnational Law and Contemporary Problems
TRIMS	= Trade Related Investment Measures
TRIPS	= Trade Related Aspects of Intellectual Property Rights
TSAR	= Tydskrif vir die Suid-Afrikaanse Reg
TTL	= Tribal Trust Lands (Stammesgebiete)
TulLR	= Tulane Law Review
u.a.	= unter anderem

UANC	= United African National Council; 1971 aus dem ANC unter Führung von Muzorewa gebildet; von 1974-1976 Dachverband der Befreiungsorganisationen [Baars, G., Zimbabwe (Rhodesien), in: Politisches Lexikon, S. 516].
UDI	= Unilateral Declaration of Independence
UN(O)	= United Nations (Organization)
UN-Charta	= Charta der Vereinten Nationen vom 26.06.1945, SVN
UNCITRAL	= UN Commission on International Trade and Arbitration Law (Kommission der VN für internationales Handelsrecht)
UNCTAD	= United Nations conference on Trade and Development (Konferenz der VN für Handel und Entwicklung)
UNDP	= United Nations Development Programme
UNGA	= United Nations General Assembly
UNIDO	= United Nations Industrial Development Organisation
UNTS	= United Nations Treaty Series
UP	= United Party
UPAM	= United People's Association of Matabeleland
URP	= United Rhodesia Party
USAID	= United States Agency for International Development
US-$	= US-Dollar
usw.	= und so weiter
u.U.	= unter Umständen
VaJIntL	= Virginia Journal of International Law
VerfO	= Verfahrensordnung
vgl.	= vergleiche
VIZ	= Vereinigung für Internationale Zusammenarbeit
VN	= Vereinte Nationen
VRÜ	= Verfassung und Recht in Übersee
Vol.	= Volume
WBA	= Weltbankabkommen
WBÜ	= Weltbankübereinkommen: Übereinkommen zur Beilegung von Investitionsstreitigkeiten zwischen Staaten und Angehörigen anderer Staaten.
WFP	= World Food Programme
WFD	= Weltfriedensdienst
WM	= Zeitschrift für Wirtschaft und Bankrecht
WTO	= World Trade Organization (Welthandelsorganisation)
WVK	= Wiener Vertragsrechtskonvention
YBIL	= Yearbook of International Law
YBWA	= Yearbook of World Affairs
Z$	= Zimbabwe Dollar
ZANU	= Zimbabwe African National Union, gegründet 1963 als Abspaltung des kämpferischeren Teils der ZAPU. Führung von 1963 – 1975: Ndabaningi Sithole, seit 1975: Robert Mugabe. Ihr Ziel ist die Umverteilung des Landes, freie Erziehung, Abschaffung aller rassistischen Gesetze und Verstaatlichung wichtiger Industrien (Ripken, P./Krämer-Prein, G., Zimbabwe, S. 37).

ZANU-PF	= Zimbabwe African National Union/ Patriotic Front. Die ZANU-PF sieht sich als Staatspartei und aufgrund ihres Ursprungs im Befreiungskampf als einzig legitime Vertretung des zimbabwischen Volks. Dennoch ist die ZANU-PF kein monolithischer Block mehr: Einerseits haben viele Parteimitglieder die in den achtziger Jahren unter Druck erfolgte Integration von Nkomos ZAPU in die ZANU-PF bis heute nicht vergessen. Andererseits sind viele Mitglieder der Partei, von den Auswirkungen vor allem der gegenwärtigen Wirtschaftskrise betroffen, so dass auch dort bereits in Ansätzen ein Prozess der kritischen Reflexion erkennbar ist. Die Tatsache, dass über einen Rückzug Mugabes aus seinem Staatsamt spekuliert wird, deutet darauf hin, dass es beim Parteikongress durchaus zu grundsätzlichen Debatten kommen könnte. Allerdings ist keine Person erkennbar, die sich an die Spitze der parteiinternen Kritiker setzt und offen herausfordernde Analysen vortragen könnte. Nach außen hin steht die ZANU-PF geschlossen hinter dem Präsidenten und trägt seine Politik der Landumverteilung mit (vgl. BMZ-Länderstudie, 2002).
ZANLA	= Zimbabwe African National Liberation Army, bewaffneter Flügel der ZANU, operiert vornehmlich von Mosambik aus.
ZaöRV	= Zeitschrift für ausländisches öffentliches Recht und Völkerrecht
ZAPU	= Zimbawe African Peoples's Union, gegründet 1961 (Vorläufer war der African National Congress 1934-1959 (danach verboten) und die National Democratic Party (NDP) 1960-1961; verboten seit 1962. Ihre Forderung war Gleichberechtigung der Rassen. Führung: Joshua Nkomo. Von 1962-1964 als People's Caretaker Council (PCC) im Inland tätig. (Ripken, P./ Krämer-Prein, G., Zimbabwe, S. 37).
z.B.	= zum Beispiel
ZCDT	= Zimbabwe Community Development Trust
ZCT	= Zimbabwe Congress of Trade Unions
ZDP	= Zimbabwe Democratic Party
ZES	= Zimbabwe Economic Society
ZfRV	= Zeitschrift für Rechtsvergleichung
ZFTU	= Zimbabwe Federation of Trade Unions
ZFU	= Zimbabwe Farmers Union
ZHDR	= Zimbabwe Human Development Report
ZIC	= Zimbabwe Investment Centre
ZIMCORD	= Zimbabwe Conference on Reconstruction and Development
ZIMPREST	= Zimbabwe Programme for Economic and Social Transformation
ZJRI	= Zimbabwe Joint Resettlement Initiative
ZIPA	= Zimbabwe People's Army, Zusammenschluss von Kadern von ZANLA und ZIPRA in den Jahren 1975-1976, wies teilweises den militärischen Führungsanspruch von ZANU und ZAPU zurück; beteiligte sich innerhalb der ZANU-Delegation an der Genfer Konferenz.
ZIPRA	= Zimbabwe People's Revolutionary Army; bewaffneter Flügel der ZAPU, operiert vornehmlich von Zambia aus.
ZISCO	= Zimbabwe Iron and Steel Corporation
zit.	= zitiert
ZJRI	= Zimbabwe Joint Resettlement Initiative
ZK	= Zentralkomitee
ZNLWVA	= Zimbabwe National Liberation War Veterans Association

ZP	= Zusatzprotokoll
ZRP	= Zimbabwe Republic Police
ZUM	= Zimbabwe Unity Movement; gegründet von Edgar Tekere.
ZUPO	= Zimbabwe United People's Organisation

Allgemeine Informationen über Zimbabwe
1. Geographische Lage Zimbabwes

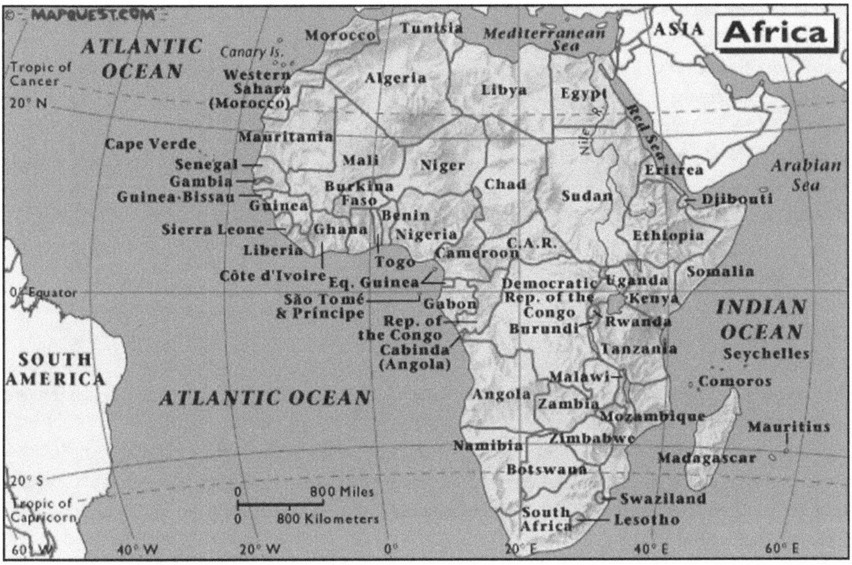

http://go.hrw.com/atlas/norm htm/africa.htm;

2. Karte Zimbabwes

http://www.infoplease.com/atlas/country/zimbabwe.html;

3. Ausgangsdaten

Gesamtfläche:

390.757 km² (entspricht etwa einem Drittel der Republik Südafrika); etwa 725 km lang und 835 km breit.

Bevölkerung:

Über 12 Mio. (im Jahr 2002), jedoch ist mit Rückgang aufgrund der hohen Aidssterblichkeit zu rechnen.[1]

Ethnische Gruppierungen:

Afrikaner 98 %, davon in Mehrheit die Volksgruppen der *Shona* (82 %) und *Ndebele* (16 %); Gemischte und Asiaten 1,0 %, Weiße unter 1,0 %.[2]

Politisches System:

Präsidialrepublik; Commonwealth-Mitgliedschaft seit 19.03.2002 suspendiert bzw. seit Dezember 2003 ausgetreten.

Arbeitslosigkeit: über 70 %[3]

Inflation: 395 % (im Juni 2003)[4]

Wirtschaftswachstum: minus 6 %[5]

Geographie:

Zimbabwe ist ein Binnenstaat, der zur Region des südlichen Afrikas gerechnet wird. Er lässt sich in drei Hauptregionen einteilen:[6]

(1) Das sogenannte *highveld* vom Nordosten quer durch das Land in den Südwesten. Es ist flach, liegt über 1.200 m hoch und nimmt rund ein Viertel der Gesamtfläche von Zimbabwe ein. In ihm befinden sich die fruchtbaren Böden mit genügend Niederschlag. Bis zu Mugabes radikaler Landreform besaßen in diesem Gebiet vorwiegend Weiße großflächige Farmen.

(2) Das *middleveld*, im Westen und im Osten, auf einer Höhe zwischen 900 und 1.200 m, das rund 40 % des Landes einnimmt. Dort befindet sich ein großer Teil der *Communal Areas*, den früheren Reservaten. Es ist weniger fruchtbar, kann jedoch für den weniger anspruchsvollen Feldanbau und den Farmbetrieb genutzt werden.

(3) Das *lowveld*, das sich zu beiden Seiten anschließt, liegt unter 900 m und ist sehr trocken und heiß.[7] Für den Feldanbau ist es kaum geeignet.

4. Anmerkung zu Gewichten, Währung und Maßen

Zum Teil wurden in der Arbeit zeitgenössische Gewichts- und Maßeinheiten übernommen. Die wichtigsten Größen sind:

1 acre	= 4046,8 m²
1 square mile	= 2589988,11 m²

[1] Vgl. The World Factbook, unter: http://www.cia.gov/cia/publications/factbook/geos/zi.html, besucht am 11.08.2004.
[2] Zuchan, K., Zimbabwe, Reise Handbuch; Fischer Weltalmanach 2002, Sp. 723; The World Factbook, a.a.O.
[3] Vgl. Der Spiegel, Nr. 46, 2003, S. 125.
[4] Vgl. Financial Gazette unter: http://www.fingaz.co.zw/fingaz/2004/July/July22/6039.shtml; besucht am 05.09.2004.
[5] Stauffer/Baud, Nacht über Zimbabwe.
[6] Vgl. Englert, B., Geschichte der Enteignung, S. 25.
[7] Palmer, R., Land and Racial Domination, S. 6; Statistical Yearbook, 1987, S. 11.

Tabelle des Umtauschkurses (US$/ Z$): am 01.01.2004:

1980:	1 US$ =Z$	0,63
1985:	1 US$ =Z$	1,64
1990:	1 US$ =Z$	2,64
1995:	1 US$ =Z$	8,38
2000:	1 US$ =Z$	38,00
2001:	1 US$ =Z$	55,20
2002:	1 US$ =Z$	57,34
2003:	1 US$ =Z$	826,44
2004:	1 US$= Z$	5.602,80
27.08.2005	1 US$ = Z$	22.002,00

Vgl.: FXConverter, unter http://www.oanda.com/convert/classic, besucht am 27.08.2005.

5. Zeittafel[8]

Ca. 40.000 BC	Steinzeit mit Buschmännern [Sprachgruppe der (Khoi)sans] der Wilton-Kultur
Ca. 200 BC	Beginn des „Iron Age" der britischen Archäologie und Einwanderung der schwarzen Bantu sprechenden Völker aus Ostafrika
1100 AC	Einwanderung der Vorfahren der Shona
1220	Entstehung mehrerer Großreiche, wie „Great-Zimbabwe", das Mutapa-Reich, das Torwa-Reich und das Rozwi-Reich
1488 und 1497	Umseglung der Südspitze Afrikas durch die Portugiesen Bartholomäus Diaz und Vasco da Gama
seit 1505	Handelskontakte mit den Portugiesen
1509	Entdeckung von „Südrhodesien" durch die Portugiesen, jahrhundertelange Kämpfe mit den dort ansässigen Shona Herrschern und Entstehung von Missionsstationen
1607	Vertragliche Einigung mit Shona-Herrscher Munhumutapa (auch Monomotapa oder Mutapa) über die portugiesische Herrschaft
1630	Zunehmende Schwächung des Shona-Reiches
1815	Kap wird britische Kolonie
1822 – 40	„Mfecane": Flucht des Zulu-Stammes der Nguni unter König Mzilikazi aus Südafrika ins Shona-Reich
1840	Besiegung der Shona und Gründung eines Militärstaats durch Mzilikazi
1853	Vertrag der Buren mit Mzilikazi, um den Zugang zu dem Land zu erreichen; „Potgieter-Silkaats Treaty" und „Pretorius-Silkaats Treaty"
1859	Gründung der ersten Mission
1868	Beerbung Mzilikazis durch seinen Sohn Lobengula
1870	Ankunft von Cecil Rhodes in Natal
1886	Goldfunde am Rand
1887	Vertrag mit Lobengula und dem Buren Piet Grobler, „Grobler Treaty"
1888	„Rudd Concession" und „Moffat Treaty"
1889	Organisierung der British South African Company (BSAC) als Gesellschaft unter der Royal Charter
1890	Ankunft der „Pioneer Column" in Salisbury; effektive Besetzung des Gebietes und Erlass des „Foreign Jurisdiction Act"
1891	„Order in Council Act": Mashonaland wird britisches Territorium; Zustandekommen der „Lippert Concession"
1893	Aufstand der Ndebele
1894	Matabeleland „Order in Council Act": Matabeleland wird britisches Territorium
1895	„Jameson Raid"; danach erhalten die Gebiete des heutigen Zimbabwe und Zambia den Namen Rhodesien
1896/ 97	Erster Befreiungskampf der Shona und Ndebele gegen die weißen Besatzer
1898	Erlass des „Southern Rhodesia Natives Reserves Order in Council"
1918	Eigentumsentscheidung des „Privy Council" über das noch nicht besetzte Land
1922	Favorisierung eines „*responsible government*" im Rahmen des Siedlerreferendums

[8] AdG; Fischer Weltalmanach 1999, 2000, 2001, 2002; Blake, R., A History of Rhodesia, S. xxi/ xxii; Cornaro, Zimbabwe: das afrikanische Hochland, S. 140 f.

1923	Südrhodesien wird britische Kolonie mit Selbstverwaltung; Enteignung und Auszahlung der BSAC
1925	Veröffentlichung des Morris-Carter Reports
1930	Land Apportionment Act: Landteilung in den Weißen vorbehaltene und den Schwarzen zugewiesene Gebiete wird gesetzlich verankert.
1933	Verkauf der Bodenschatzrechte durch die BSAC an die südrhodesische Regierung
1934	„Industrial Conciliation Act“
1936	Erlass des „Native Registration Act“
1941	Erlass des weiteren „Land Apportionment Act"
1950er	Entwicklung der Eisenbahnergewerkschaft unter Joshua Nkomo zur mächtigsten Organisation des afrikanischen Bevölkerungsteils; Gründung der ZAPU durch Nkomo und den in London und Südafrika ausgebildeten Lehrer Robert Mugabe, von der sich später die Zimbabwe African National Union (ZANU) unter Mugabe abspaltet
1951	Native Land Husbandry Act: Weitere Einschränkung der Landrechte der Afrikaner
1953	Föderation von Rhodesien und Nyassaland mit Premierminister Huggins; Versagung des Dominionstatus
1957	Gründung des ANC durch Nkomo als erste landesweite Organisation der schwarzen Opposition
1958	Sieg Whitehead's bei den allgemeinen Wahlen als Premierminister
1959	Verbot des ANC
1960	Quinton Commission; Gründung der National Democratic Party (NDP); Erlass des „Land Acquisition Act“
1961	Bestätigung der Verfassung von Südrhodesien; Verbot der NDP und Gründung der ZAPU unter Leitung von Nkomo; Umbenennung der Reservate in *Tribal Trust Lands*
1962	Wahlsieg der Rhodesien Front (RF) mit Premierminister Field, welche für die Beibehaltung der Rassentrennung eintritt; Verbot der ZAPU und neue Verfassung
1963	Spaltung zwischen Nkomo und Sithole/ Mugabe; Gründung der ZANU
1964	Auflösung der Föderation; Ian Smith wird Premierminister; die weiße Bevölkerung stimmt für die Loslösung von Großbritannien; Unabhängigkeit Zambias und Malawis, Umbenennung Südrhodesiens in Rhodesien
1964-1974	Haft Mugabes
1965	Einseitige Unabhängigkeitserklärung am 11.11. von der Kolonialmacht Großbritannien; Sieg Smiths bei den allgemeinen Wahlen; Erlass des „Tribal Trust Land Act“
1966	Beginn der Guerilla-Aktivitäten gegen das weiße Minderheitsregime; Scheitern der Verhandlungen auf der HMS Tiger
1968	Fehlschlagen der Gespräche auf der HMS Fearless; Sanktionen der Vereinten Nationen gegen Rhodesien
1969	Verabschiedung einer neuen Verfassung; Ausrufung der Republik Rhodesien; Folgejahre geprägt von blutigen Guerillakämpfen gegen das weiße Regime durch die ZANU unter Mugabe und die ZAPU unter Nkomo
1970	Wahlgewinn der Konservativen in Großbritannien
1971	Smith akzeptiert Konfliktlösungsvorschlag der Briten, während der neu gebildete ANC unter Muzorewa die Mehrheit der Bevölkerung mobilisiert

1972	Feststellung der Pearce Kommission, dass die zwischen Home/ Goodman und Smith getroffenen Bedingungen für die Afrikaner unakzeptabel wären
1974	Weiterführung des Befreiungskampfes Mugabes von Mozambique
1975	Führungskrise innerhalb der ZANU; Ermordung ihres Vorsitzenden Chitepo; Nachfolger wird Mugabe
1976	Überredung Smith durch Kissinger (USA), einer „Mehrheitsregierung" zuzustimmen; Zusammenschluss von ZANU und ZAPU zur Patriotic Front
1978	Übergangsregierung von Smith und Muzorewa; Garantie einer neuen Verfassung durch Ministerpräsident Smith mit Parlamentsmehrheit, nicht aber Verfassungsmehrheit für die schwarze Bevölkerung
1979	Nach den von der PF boykottierten Wahlen wird Muzorewa erster schwarzer Ministerpräsident. Keine internationale Anerkennung der Regierung; Konferenz aller Parteien in London (Lancaster House); Einigung auf eine neue Verfassung mit Wahlen; Anfangsphase des Landreformprogramms
1980	Wahl der ZANU-PF unter Mugabe; Entlassung Rhodesiens in die Unabhängigkeit am 18.02. als Republik Zimbabwe; Wirtschaftstrategie: „Growth with Equity", Fokussierung auf die ländliche Entwicklung mit wenigen Verstaatlichungen
1981	Beitritt zur SADCC
1982	Ausschluss Nkomos aus der Regierung; Erlass des „Communal Land Act" und Dreijahresplans
1983	Brutale Niederschlagung eines Aufstandes von Ex-Kämpfern der ZAPU
1985	Neuer „Land Acquisition Act"
1986	Erlass des „First Five Years National Development Plan"
1987	Vereinigung der Ämter des Premierminister und des Staatsoberhauptes per Verfassungsänderung
1988	Zusammenschluss von ZANU und ZAPU zur ZANU-PF (Vorsitz Mugabe)
1990	Bestätigung Mugabes im Amt, Nkomo als Vizepräsident und Verfassungsänderung
1991 - 1995	ESAP-Programme zur Haushaltskonsolidierung
1992	In Kraft treten des Landerwerbsgesetzes: Befugnis der Regierung, Großgrundbesitzer gegen Entschädigung in Höhe des Marktpreises zu enteignen, um das Land Kleinbauern zur Verfügung zu stellen
1994	Gerichtliche Bestätigung des Landerwerbsgesetzes durch den Supreme Court
1995	Suspendierung der Hilfszahlungen des IWF und Weltbank, die der Regierung Verschwendung und Korruption vorwerfen; Neufassung des „Land Acquisition Act"
1996	Wahlgewinn Mugabes ohne Gegenkandidat (92,7 % der Stimmen)
1996 - 2002	ZIMPREST = Fortsetzung von ESAP
1997	Bekannt werden der Plünderungen des Kriegsinvalidenfonds; Ankündigung einer groß angelegten Enteignungsaktion im Rahmen der Landreform
16.01.1998	Rückziehung eines umstrittenen Programms zur Verstaatlichung von 1.480 Großfarmen, die mehrheitlich von Weißen bewirtschaftet werden, nach Aufforderung der Weltbank und der EU (Fischer Weltalmanach 1999, Sp. 660)
22.01.1998	Angebot der CFU zur Freigabe von 300 000 ha Land, die vom Staat aufgekauft und an Kleinbauern übertragen werden sollten (Fischer Weltalmanach 1999, Sp. 660)

19.–21.01.1998	Nach Preissteigerungen in der Hauptstadt Harare Plünderungen und Unruhen; die Regierung droht mit Ausnahmezustand (Fischer Weltalmanach 1999, Sp. 660 f.)
03./ 04.03.1998	Mit zweitägigem Generalstreik protestiert die Bevölkerung gegen kurz zuvor von der Regierung verabschiedete Steuererhöhungen; Entsendung von Truppen in die großen Städte, da Demonstranten mit Plünderungen in den weißen Vororten drohen (Fischer Weltalmanach 1999, Sp. 661)
April/ Mai 1998	Demonstrationen und Rücktrittsforderungen gegen Mugabe (Fischer Weltalmanach 1999, Sp. 661)
August 1998	Eingriff Zimbabwes in den Kongo-Konflikt (Fischer Weltalmanach 1999, Sp. 661)
12.11.1998	Nach der internationalen Geberkonferenz Aufforderung an 841 Großfarmer, ihre Farm innerhalb von 2 Wochen zu räumen; entgegen der Verfassung sollen sie keine Entschädigung bekommen. Daraufhin hält der IWF eine geplante Hilfszahlung von 55 Mio. US-$ zurück und suspendiert die Zahlungsbilanzhilfe (Fischer Weltalmanach 2000, Sp. 726)
02.03.1998	Zimbabwischer Gewerkschaftskongress gründet das Movement for Democratic Change (= Bewegung für einen demokratischen Wandel), mit Vorsitzenden Morgan Richard Tsvangirai, das für die Regierungspartei ZANU zur ernsthaften Herausforderung wird (Fischer Weltalmanach 2000, Sp. 726)
1999	Ablehnung des Verfassungsreferendums
2000	Verlust der 2/3 Mehrheit der ZANU-PF im Parlament; großer Versorgungsengpass von Treibstoff wegen Devisenmangels
Februar 2000	Beginn der Farmbesetzungen durch die „Kriegsveteranen“
April 2000	Gesetzeserlass zur Vornahme entschädigungsloser Enteignungen
24./25.06.2000	Wahlen mit knappem Sieg der ZANU-PF
06.09.2000	Verfassungsklage der CFU gegen das Landgesetz von April 2000, der am 10.11. stattgegeben wird; Beginn der „Fast Track“ Landreform
August 2000	Verfügung der Enteignung von 3.000 weißen Farmern per Dekret
November 2000	Aufruf des Supreme Courts an die Regierung, ein verfassungsmäßiges Landreformprogramm durchzuführen; neuer „Land Acquisition Act“
27.01.2001	Neues Wahlgesetz, das vom Obersten Gericht als nicht verfassungsgemäß eingestuft wird
25.02.2001	Verhaftung des Oppositionsführers Tsvangirai wegen angeblich geplanten Mordanschlags auf Mugabe
03.03.2001	Vereidigung von Godfrey Chidyausiku, einem Vertrauten Mugabes, als neuer Vorsitzender des Obersten Gerichtes; Zwang des obersten Richter, Anthony Gubbay, sein Amt bis 01.07.2001 niederzulegen (Fischer Weltalmanach 2001, Sp. 737)
März 2001	Angebot der CFU zur gütigen Regelung der Landfrage
Juni 2001	Amnestie für die Landbesetzer
07.08.2001	Festnahme weißer Farmer, die sich gegen die Farmbesetzer zur Wehr gesetzt hatten
06.09.2001	Commonwealth-Konferenz in Abuja
25.09.2001	Ausschluss von weiteren IWF-Krediten (Fischer Weltalmanach 2002, Sp. 726)
Ab Oktober 2001	Künstliches Festsetzen des offiziellen Wechselkurses und der Preise von Grundnahrungsmitteln. Folge: Weitere Firmenschließungen und Verschwinden vieler Nahrungsmittel vom Markt (Fischer Weltalmanach 2002, Sp. 726)
04.01.2002	Veröffentlichung der Missstände der Landreform

09./11.03.2002	Präsidentenwahl mit Kandidaten: Robert Mugabe und Morgan Tsvangirai; Sieg Mugabes (56 % der Stimmen) (Fischer Weltalmanach 2002, Sp. 724). Neues Pressegesetz schränkt Medienberichterstattung noch weiter ein: Access to Information and Protection of Privacy Act. Vorerst einjähriger Ausschluss aus dem Commonwealth und Aussetzung der EU-Entwicklungshilfe, Neuwahlen wegen Einschüchterung und Gewalt international angemahnt; Einfrieren der Auslandskonten Mugabes
12.04.2002	Klage der MDC beim Obersten Gericht auf Prüfung des Wahlergebnisses (Fischer Weltalmanach 2002, Sp. 724)
30.03.2002	Ausrufung des Notstands durch die Regierung; Preiskontrollen für Produkte des täglichen Bedarfs
10.05.2002	Gesetz zur schnelleren Enteignung von Farmland: Bereits die Information einer bevorstehenden Enteignung lässt die betroffenen Farmen in Staatsbesitz übergehen (Fischer Weltalmanach 2002, Sp. 725)
ab 25.06.2002	Aufforderung an ca. 3.000 Farmer binnen 45 Tagen ihre Farmen zu verlassen und den landwirtschaftlichen Betrieb einzustellen (Fischer Weltalmanach 2002, Sp. 725)
09.08.2002	Ablauf des Ultimatums der Regierung, das weiße Farmer zwingt, ihr Land zu verlassen; Verhaftung einiger Farmer, die sich weigern
03.02.2003	Verfahrenseröffnung gegen Oppositionsführer Tsvangirai wegen Staatsstreiches und versuchter Beseitigung Mugabes
12.02.2003	Verlängerung der EU-Sanktionen gegen das Regime in Harare, insbesondere Waffenembargo, Einreiseverbot von Regierungsmitgliedern in den EU-Raum, Finanz- und Kontosperren (Archiv der Gegenwart, vom 30.06.2003, A. 46364)
18./19.03.2003	Organisation des größten Proteststreiks gegen Regierung Mugabes durch die MDC und gegen die desolate wirtschaftliche Situation (Archiv der Gegenwart, vom 30.06.2003, A. 46365); etwa 1.000 Farmer sind noch Eigentümer ihrer Farm, nur 650 wirtschaften noch darauf
02.06.2003	Weitere Protestaktionen von der Polizei gewaltsam verhindert
20.06.2003	Freilassung Tsvangirais gegen Kaution (Archiv der Gegenwart, vom 30.06.2003, A. 46365)
31.08.2003	Erklärung der Beendigung des „Fast Track" Program
September 2003	Operation „Clean Sweep" zur Vertreibung der restlichen weißen Farmer aus Zimbabwe
Oktober 2003	Weitere Änderung des „Land Acquisition Act"
Dezember 2003	Erneute Modifikation des „Land Acquisition Act"
15.01.2004	Resolution des Europäischen Parlaments, härtere Strafmaßnahmen gegen Zimbabwe einzuleiten
Frühjahr 2004	Weiterführung der Farmenteignungen
April 2004	Trotz Hungerkrise lehnt Regierung ausländische Nahrungsmittelhilfe ab
Mai 2004	VN-Beobachtungsteam von der Regierung aus dem Land gewiesen
Juli 2004	Abhängigmachung von Erwerb und Besitz vom Wahlverhalten.
August 2004	Neuangesiedelte brennen ihr brachliegendes Grasland nieder, um wilde Tiere als Nahrung abzuschießen
September 2004	Weitere Verschärfung des LAA. Laut einer offiziellen Untersuchung sind lediglich 32% des Landes für den Farmbetrieb vorbereitet.

Oktober 2004	Polizeieinheiten gehen gewaltsam gegen die angesiedelten „Kriegsveteranen“ vor, um die besetzten Farmen laut Gerüchten für Regierungsmitglieder frei zu machen; mehrere Tote. Verurteilung des Farmers und Parlamentsmitgliedes Mr. Bennett wegen einer Beleidigung zu einem Jahr Haft mit schwerer Arbeit, was für internationalen Aufruhr sorgt.
November 2004	Der Herald veröffentlicht eine Ankündigung des Ministry of Lands, Land Reform and Resettlement, nach der einigen enteigneten Farmeigentümern für enteignete Gerätschaften auf deren ehemaligen Landbesitz eine Entschädigung gezahlt werden sollte. In der Realität sind aber noch kein Farmer entschädigt worden.
Der „Quinnell Case“	gegen die Rechtmäßigkeit der Enteignungen wird von den Richtern des Supreme Courts Malaba, Chidyausiku, Cheda und Ziyambi abgewiesen. Der einzige widersprechende Richter Wilson Sandura urteilte, dass der Land Acquisition Amendment Bill nicht gesetzesmäßig erlassen und daher ungültig sei.
Januar 2005	Beginn des Wahlkampfes für die Parlamentswahlen am 31. März 2005 unter neuen Wahlgesetzen und Pressebeschränkungen, die einen ordnungsgemäßen Wahlkampf für die Opposition unmöglich machen.
Februar 2005	Hunger- und Lebensmittelkrise; Mugabe gesteht Fehlschlag seiner Landreform ein.
März 2005	ZANU-PF nutzt Druck und Lebensmittelhilfe zu Wahlzwecken. Erneuter Wahlgewinn der Regierung mit 87 Wahlkreisen von 120.
April 2005	Ernennung von Vertrauensleuten als Regierungsminister von Mugabe.
Juli 2005	Änderung der Verfassung durch den Constitution of Zimbabwe Amendment (No. 17) Bill. Dieser sieht vor, dass die Landenteignungen seit 2000 überhaupt nicht mehr gerichtlich angefochten werden können und der Eigentumstitel auf den Staat übergeht. Ein rechtliches Vorgehen gegen die Enteignung von Farmutensilien muß innerhalb von fünf Tagen erfolgen. Weitere Anordnung von Landenteignung.

INHALTSVERZEICHNIS

„ Get off this estate."

„ What for?"

„ Because it's mine."

„ Where did you get it?"

„ From my father."

„ Where did he get it?"

„ From his father."

„ And where did he get it?"

„ He fought for it."

„ Well, I'll fight you for it."

Carl Sandberg[9]

EINFÜHRUNG

„Ich werde auf keinen Fall mehr auf meine Farm zurückkehren, ich habe zuviel Angst", sagt John Rutherford, ein weißer Farmer, der stundenlang von den Milizen des Präsidenten Mugabes gequält worden war und danach im Krankenhaus behandelt wurde. Ihm war vorgeworfen worden, bei den Wahlen für die Opposition gestimmt zu haben. Rutherford ist nicht der einzige weiße Farmer, der Zimbabwe den Rücken kehren will - auf Nimmerwiedersehen.[10] Mit der Verzweiflung über die prekäre Lebenssituation in Zimbabwe hat auch die Brutalität des Regimes zugenommen. Mit den „Grünen Bombern", benannt nach ihren grünen Uniformen,[11] hat sich Präsident Mugabe durch Zwangsrekrutierung in speziellen Lagern eine gewalttätige Jugendmiliz herangezogen.[12] Ihr Opfer kann jeder werden, der auch nur in den Verdacht gerät, ein Regimegegner zu sein. Für ihre Einsätze durch Rauschgift und Alkohol enthemmt, verbreitet die Truppe durch Folter, Elektroschocks und Vergewaltigungen Angst in der Zivilbevölkerung.[13]

Die politische Entwicklung Zimbabwes wird mittlerweile international mit verstärktem Interesse und zunehmender Sorge verfolgt. Bescheinigte man dem Land als „Insel der Seligen"[14] nach der Erlangung seiner Unabhängigkeit (1980) zunächst eine positive Wirtschaftspolitik und eine rosige Zukunft,[15] die zu einer fast problemlosen Aussöh-

---

[9] Zitiert bei Petersmann, E., Die Dritte Welt, S. 492.

[10] http://www.swr.de/weltspiegel/2002/03/17/index5.html, besucht am 11.08.2004. Millionen von Menschen sind in den letzten Jahren aus dem Krisenland Zimbabwe ausgewandert, was weiterhin zu dessen Niedergang beiträgt. Bei der Volkszählung 2002 verfügte das Land nur noch über 10,6 Mio. Einwohner, statt der vorherigen 14 Mio. Allerdings geht dieser Rückgang auch auf Aids und weitere etwa 2.500 Todesopfer pro Woche zurück. Vgl. Karoro, G., Simbabwes großer Treck, in: taz Nr. 7176, vom 08.10.2003, S. 4.

[11] Reeler, A., The role of militia groups.

[12] Baud, G., Zimbabwe in der Krise, S. 3.

[13] Die Gewaltbereitschaft verwundert nicht, da die Arbeitslosigkeit unter Zimbabwes gelangweilter und frustrierter Jugend (40 % der Bevölkerung sind jünger als 14 Jahre, vgl. BMZ-Länderstrategie Simbabwe, S. 5), bereits über 70 % liegt. Vgl. Der Spiegel, Nr. 46, 2003, S. 125. Es herrscht unter ihnen ein Gefühl, nichts mehr verlieren zu können, was durch die verheerende Aids-Epidemie noch verstärkt wird. Vgl. Küng, R., House-Musik; Schaaf, S., Der Terror der „Grünen Bomber"; CIA, The World Factbook.

[14] Mair, S./ Sithole, M., Blockierte Demokratien in Afrika, S. 65.

[15] Rukuni, M., The Prime Movers, S. 1; Genscher, H.-D., Deutsche Außenpolitik, Rede vor der 11. Sondergeneralversammlung der Vereinten Nationen in New York am 27.08.1980, S. 250. Gemessen an seiner Ressourcenausstattung zählte Zimbabwe zu den wirtschaftlich zukunftsträchtigsten Staaten Schwarzafrikas, produzierte mehr als 40 mineralische Rohstoffe und sicherte die Selbstversorgung der Bevölkerung mit allen wichtigen Nahrungsmitteln. Vgl. Braun, G., Zimbabwe, S. 47.

nung der Rassen geführt, einen Massenexodus der weißen Staatsangehörigen, sowie einen wirtschaftlichen Niedergang verhindert hatte,[16] so änderte sich Ende der neunziger Jahre der Tonfall. Geklagt wurde über ein autokratisches Regime, einen insolventen Staat, die Einschränkung der Meinungs- und Pressefreiheit, Wahlverfälschungen, Repressionen gegen die Opposition, willkürliche Landbesetzungen und illegale Enteignungen.[17] Vor allem die Landwirtschaft ist durch die illegalen Landbesetzungen der „Kriegsveteranen", welche die wirtschaftlich florierenden Farmen der weißen Großgrundbesitzer heimgesucht haben, nahezu zum Erliegen gekommen. Auch die willkürlich durchgeführten Enteignungen, begleitet von Körperverletzungen und sogar Tötungen weißer Farmbesitzer - von denen viele prominente Mitglieder der Oppositionspartei MDC sind - haben die unsichere Lage verschärft. Missmanagement, eine völlig verfehlte Wirtschaftpolitik und die vorherrschende Korruption haben Zimbabwe in eine tiefe wirtschaftliche Krise gestürzt, mit seit nunmehr vier Jahren immer rascher schrumpfendem Sozialprodukt, extremer Inflation[18] und großem Haushaltsdefizit.[19]

Ausländische Investoren haben das Land in Scharen verlassen und ihre Investitionen zurückgezogen.[20] Mittlerweile finden auch keine weiteren ausländischen Direktinvestitionen mehr statt. Angesichts der herrschenden Rechtsunsicherheit und der Entwertung von Eigentumsrechten an Grund und Boden, kann die Sicherheit der Investoren und ihrer Unternehmen nicht mehr garantiert werden. Die Regierung unterlässt es effektive Schritte zu unternehmen, um die politische Gewalt und die Landinvasionen zu stoppen.[21]

Ziel der vorliegenden Arbeit ist es, eine systematische und zugleich problemorientierte Darstellung der rechtlichen Instrumentarien zum Zweck eines verbesserten Rechtsschutzes für ausländische Privatinvestoren gegen Enteignungsrisiken in Entwicklungsländern aufzuzeigen. Im Mittelpunkt der Arbeit steht der Schutz von Kapitalgütern wie allen Betriebsmitteln wie Gebäude, Maschinen und Einrichtungen, insbesondere der Schutz des Grundeigentums in Zimbabwe.

---

[16] BMZ-Länderstrategie Simbabwe, S. 2. Bis dahin hatte die Regierung eine bemerkenswerte Sozialpolitik verfolgt, die ländlichen Regionen mit Infrastrukturen versorgt und eine Alphabetisierungsquote von 91 % erreicht. Diese Erfolge und die guten Beziehungen zur weißen Minderheit brachten Mugabe Lob und Anerkennung seitens der internationalen Gemeinschaft ein. Über die gewaltsame Unterdrückung des Aufstands in *Matabeleland*, die über 10.000 Menschenleben kostete, wurde daher diskret hinweggesehen. Vgl. Braeckman, C., Simbabwe nach Mugabes Wahlsieg.

[17] Seitdem Präsident Robert Mugabe an der Macht ist (seit 1987), hat erstmals die Bildung der Oppositionspartei „*Movement for Democratic Change*" (MDC) seine Machtposition bedroht. Um seine Vorherrschaft zu sichern, hat Mugabe extreme Maßnahmen ergriffen, einschließlich des Erlasses drakonischer Mediengesetze und Einschränkungen der Pressefreiheit. Vgl. http://www.mbendi.co.za/land/af/zi/p0005.htm, besucht am 01.09.2004.

[18] Bei 228 % Anfang des Jahres 2003 und 622 % bereits im Februar 2004. Zwar sind die Inflationszahlen seitdem sinkend, überraschenderweise steigen die Preise für die Produkte jedoch immer weiter, so dass die vom *Central Statistical Office* herausgegebenen sinkenden Zahlen angezweifelt werden. Vgl. http://www.fingaz.co.zw/fingaz/2004/July/July22/6039.shtml, besucht am 01.09.2004.

[19] Das Wirtschaftswachstum ist mit über 6 % negativ, was bisher nur von zwei afrikanischen Staaten zustandegebracht wurde. Mehr als 2,5 Mio. Menschen, was 20 % der Bevölkerung ausmacht, leiden an Hunger und haben sich für die Nahrungsmittelhilfe registrieren lassen. Vgl. Stauffer/ Baud, Nacht über Zimbabwe; ICG, Crisis Watch Report, September 2003, S. 3. Auch die Infrastruktur kam zum Erliegen. Buckle, C., Die Menschen sind am Ende ihrer Geduld, in: FAZ, vom 14.12.2003, S. 9.

[20] CIA, The World Factbook. Innerhalb von drei Jahren sind die Investitionen um 99 % gesunken und betrugen bereits 2001 nur noch 5,4 Mio. US-$. Vgl. Stauffer/ Baud, Nacht über Zimbabwe.

[21] http://www.mbendi.co.za/land/af/zi/p0005.htm, besucht am 01.09.2004; Reeler, A., The role of militia groups.

Im Einzelnen gliedert sich die Arbeit wie folgt:

Zur argumentativen Vorbereitung wird im **ersten Teil** eine historische Einführung in die relevante Geschichte des Grundeigentums in Zimbabwe mit den wichtigsten damit verbundenen Gesetzeserlassen dargestellt, um einen Einblick in die Ursachen der Diskrepanz der Landverteilung zwischen weißen und schwarzen Zimbabwern und dem Ausmaß der Landproblematik aufzuzeigen.[22] Hier werden neben den rechtlichen auch die politischen, ökonomischen und nicht zuletzt auch sozialen Probleme angedeutet, welche die Komplexität der Untersuchung ausmachen und die Schwierigkeit verdeutlichen, den Investitionsschutz rechtlich befriedigend zu gewähren.[23] Es wird untersucht, wie es zu der heute verstrickten Situation gekommen ist, die in ähnlicher Weise auch in den benachbarten Staaten Südafrika und Namibia geschehen könnte,[24] in denen ebenfalls eine vergleichbare Landverteilung zwischen weißer und schwarzer Bevölkerung herrscht. Die voranschreitende Verschlimmerung der wirtschaftlichen Lage, Arbeitslosigkeit und Engpässe bei der Befriedigung vieler Grundbedürfnisse, sowie die eskalierende Gewalt als unmittelbare Folge, sind auch Teil der Geschichte des heutigen Zimbabwes. Diese Ereignisse sind bedeutend und bedrückend, sollen aber für diese Arbeit nur am Rande zur Erläuterung dienen und nicht selbst Gegenstand sein.[25] Vielmehr wird anhand des konkreten Falles, der sich noch immer vollziehenden Farmenteignungen, die Problematik von Enteignungen ausländischer Investoren und inländischer Staatsangehöriger, sowie deren Schutzmöglichkeiten im internationalen Recht dargestellt.

Diese Arbeit möchte zum Verständnis der äußerst verfahrenen Situation in Zimbabwe beitragen. Aufbauend auf einen historischen Überblick über die Entwicklung des Boden- und Eigentumsrechts in vorkolonialer Zeit, während der Kolonialzeit und nach der Unabhängigkeit, sollen die Kernpunkte der vergangenen Geschehnisse um Landnahme und Eigentumsschutz aufgezeigt werden. Um die postkoloniale Situation in rechtlicher Hinsicht beurteilen zu können, ist eine genaue Auseinandersetzung mit der Geschichte des Landes seit dem Eintreffen der ersten Europäer ab 1890 notwendig, da gerade das Argument, dass in der Vergangenheit durch die ehemalige Kolonialmacht Großbritannien koloniales Unrecht begangen worden ist, der Regierung des zimbabwischen Staates heute zur Rechtfertigung der massiven Landenteignungen dient.

---

[22] In dieser Arbeit wird teilweise zur Unterscheidung der aus Europa eingewanderten Bevölkerung und der ansässigen einheimischen Bevölkerung von „weißen“ und „schwarzen“ Rhodesiern/ Zimbabwern gesprochen. Dies soll keinerlei rassistische Beurteilung darstellen, sondern möchte das Problem umgehen, das sich aus der Bezeichnung „indigene“ Bevölkerung ergibt. Denn dieser Terminus ist ungenau, da die darunter verstandenen Gruppen der *Shona* und *Ndebele* selbst einst zugewandert waren und dabei die „indigenen“ *Khoisan* (Buschmänner) verdrängt und absorbiert haben. (s.u. Fn. 24., Fn. 42). Zum Teil wird auch die Rede sein von „Afrikanern“ und „Europäern“ als Unterscheidungspaar, obwohl auch viele der eingewanderten Europäer mittlerweile über die zimbabwische Staatsbürgerschaft verfügen. Im Sinne der rhodesischen Bevölkerungsstatistik muss ein „Europäer“ jedoch weder direkt aus Europa eingewandert sein, noch Bürger eines europäischen Staates sein; entscheidend ist allein seine weiße Hautfarbe.

[23] Dabei werden auch die dafür ausschlaggebenden Hintergründe und die zunehmend autoritäre Politik des zimbabwischen Präsidenten Robert Mugabe nicht völlig außer Acht gelassen.

[24] Der Stern von August 2004 berichtet bereits von einer ähnlichen Entwicklung in Namibia, wie sie einst in Zimbabwe begann. Vgl. Rienhardt, J., Die Weißen haben das Land geklaut, S. 45.

[25] Daher geht es nicht um die fatalen Auswirkungen der Landenteignungen für die zahlreichen vertriebenen Landarbeiter, ebenso wenig werden die sonstigen schrecklichen Menschenrechtsverletzungen, sei es an den Farmbesitzern, ihren Arbeiter oder Regierungsgegnern behandelt.

Zentraler Kern des **zweiten Teils** der Arbeit sind der Schutz des privaten ausländischen Eigentums durch das internationale Recht und die Darstellung der verschiedenen rechtlichen Möglichkeiten zum Schutz der im Rahmen einer Direktinvestition eingebrachten und erworbenen vermögenswerten Güter. Auslandsinvestitionen - v.a. in wirtschaftlich und politisch schwächer entwickelte Länder - unterliegen im Gaststaat gewissen Risiken, mit denen im Falle ihres Eintritts ein Vermögensnachteil für den Investor verbunden sein kann. Während die wirtschaftliche Betätigung im Heimatstaat oder auf regionalen Märkten normalerweise vorhersehbaren und beständigen Regeln folgt, stellen Auslandsinvestitionen nach wie vor ein besonderes Wagnis für den Investor dar, der den Ereignissen in einem fremden Staat ausgesetzt ist. Die Kalkulierbarkeit der Risiken von Auslandsinvestitionen, namentlich in Entwicklungsländern, leidet darunter, dass Enteignungen und Nationalisierungen unter wechselnden und häufig erleichterten Bedingungen stattfinden.[18] Insofern kommt der Eigentumsgarantie und dem Kapitalgüterschutz eine besondere Bedeutung für die investierenden privaten Unternehmer zu.

In der vorliegenden Untersuchung wird der allgemeine Eigentumsschutz im Rahmen des völkerrechtlichen Gewohnheitsrechtes herausgestellt, der diese Risiken ausgleichen soll. Dieser erfordert für eine rechtmäßige Enteignung einen öffentlichen Zweck, keine diskriminierende Behandlung und eine Entschädigung für das enteignete Kapital. Einen Schwerpunkt bildet – wie auch in der Völkerrechtslehre – die Thematik der gebotenen Entschädigung, bei der es noch immer nicht gelungen ist, einen Konsens bezüglich des geltenden Rechts zu finden, obwohl die Problempunkte mittlerweile identifiziert sind. Auch ist zu diskutieren, ob sich im Fall einer sogenannten „wirtschaftlichen" Dekolonisation nicht Modifikationen der allgemeinen völkerrechtlichen Grundsätze ergeben müssen.

Da sich das Erfordernis einer adäquaten, im Sinn einer vollen Entschädigung zum Marktwert, in der Staatenpraxis nicht völlig durchgesetzt hat und das völkerrechtliche Gewohnheitsrecht für sich allein das Problem des Investitionsschutzes nur unvollkommen erfasst, wird versucht, Investitionssicherheit anderweitig auf völkervertraglicher Ebene herbeizuführen. Neben dem Gewohnheitsrecht werden daher auch die bi- und multilateralen Übereinkommen für den investierenden Ausländer aufgezeigt, in denen im wesentlichen die Hull-Formel[19] als Maßstab für die Entschädigung angewendet wird.[20] Ergänzt wird der Eigentumsschutz durch die menschenrechtlichen Eigentumsschutzbestimmungen, die im Hinblick auf die betroffenen Eigentümer in Zimbabwe konkret auch anhand der einschlägigen regional-afrikanischen Schutznormen aufgezeigt werden sollen.

Zentrales Anliegen der Arbeit ist es insoweit, das internationale Enteignungsrecht einer neuen Betrachtung zu unterziehen und die verschiedenen Ansätze eines Eigentumsschutzes – konkret nach dem Enteignungsvölkerrecht, dem Investitionsschutzrecht und nach den einschlägigen Menschenrechts- übereinkommen - zu einem Einheitskonzept für den betroffenen Eigentümer zusammenzufügen. Da die Enteignungsmaßnahmen in Zimbabwe auch weiße Staatsangehörige betreffen, werden ergänzend deren Schutzmöglichkeiten dargestellt.

---

[18] Augenmerk wird hier auf ausschließlich politische bzw. nicht-kommerzielle Risiken gelegt, die ihre Ursache in kriegerischen Auseinandersetzungen und hoheitlichen Eingriffe haben. Daneben unterliegt ein Investor noch den Katastrophenrisiken im Falle von Naturereignissen und wirtschaftlichen Risiken, die aufgrund der Änderung der allgemeinen wirtschaftlichen Bedingungen eintreten können, z.B. veränderte Rohstoffpreise oder Wechselkursschwankungen. Vgl. Rindler, H., Der Schutz, S. 9.

[19] Diese auf eine Note des US-amerikanischen Außenministers Cordell Hull von 1938 zurückgehende Formel sieht für Enteignungen eine sofortige, angemessene und effektive Entschädigung vor.

[20] Verdeutlicht werden soll der bilaterale Investitionsschutz konkret anhand des deutsch-zimbabwischen BITs.

Der **dritte Teil** verdeutlicht anhand eines konkreten Falles der Völkerrechtsgegenwart das Vorgehen der zimbabwischen Regierung gegenüber der weißen Farmerschicht im Rahmen der Enteignungsfälle seit dem Jahr 2000. Dabei werden die durchgeführten Eingriffe unter die relevanten Schutznormen subsumiert und ihre eventuelle Rechtfertigung – insbesondere durch die Besonderheit der Dekolonialisierung - behandelt.
Nach der Diskussion der völkerrechtlichen Folgen der Enteignungsmaßnahmen, wird die Untersuchung mit der systematischen Darstellung der Möglichkeiten zur Durchsetzung des internationalen Investitionsschutzes abgerundet. Dabei werden die Chancen des einzelnen Investors vor den internationalen Schiedsgerichten und Menschenrechtsorganen dargestellt, sowie das mögliche Vorgehen im Rahmen der internationalen Klage und des diplomatischen Schutzes durch die betroffenen Heimatstaaten der Investoren. Schließlich werden noch kurz die Möglichkeiten der Durchsetzung der bestehenden investitionsschutzrechtlichen Ansprüche durch Sanktionen und Resolutionen behandelt.

Im Schlusskapitel werden - neben einer zusammenfassenden Einschätzung - mögliche künftige Entwicklungsperspektiven skizziert.

Während der Arbeit an diesem Thema hat sich die Situation in Zimbabwe bedeutend verändert. Es wurde versucht, diese jüngsten Entwicklungen so weit wie möglich in die Arbeit einfließen zu lassen; dennoch wird sich bis zum Druck voraussichtlich wieder einiges verändert haben. Insbesondere für die aktuellsten Entwicklungen und mannigfaltigen Gesetzesänderungen waren die Informationen oft nur durch die Auswertung von Zeitschriften-, Zeitungsartikeln und elektronischen Mitteilungen von Informanten vor Ort zu gewinnen. Zum Teil sind gerade die Pressemitteilungen rhetorisch überhitzt und mit Vorsicht auf ihren Wahrheitsgehalt zu genießen; die Informationen durch Betroffene sind oftmals einseitig.
Besondere Schwierigkeiten bereitete die Beschaffung von konkreten Daten über das Landreformprogramm, die tatsächlich angesiedelten Familien und die stattgefundenen Enteignungen. Während aus dem Lager der Regierung beschönigte Zahlen und fast nur positive Aussagen zu entnehmen sind, berichten die CFU[21] und das JAG[22] das komplette Gegenteil. Da die Wahrheit irgendwo in der Mitte liegen dürfte, wurde versucht, dies auch so darzustellen. Als juristische Arbeit kann diese Abhandlung jedoch nicht dem Anspruch auf absolute Richtigkeit im Bezug auf diese Daten entsprechen, da diesbezüglich keine Feldforschung betrieben wurde. Die verwendeten Zahlen spiegeln jedoch ungefähr die Situation wider. Für die rechtliche Untersuchung ist ausschließlich von Bedeutung, dass und in welcher Art die Enteignungen stattgefunden haben.

---

[21] Die *Commercial Farmers Union* ist eine Interessenvertretung der einst über 6.000 zählenden Großfarmer, die über ein Drittel des produktiven und etwa 70 % des fruchtbarsten Landes innehatten und fast ausschließlich der weißen Minderheit zuzurechnen sind.
[22] Auch das *Justice for Agriculture* stellt eine Lobbygruppe der zimbabwischen Farmer dar.

ERSTER TEIL: HISTORISCHE ENTWICKLUNG DER LANDFRAGE IN ZIMBABWE

A. GESCHICHTE DER EIGENTUMSVERHÄLTNISSE DES HEUTIGEN ZIMBABWES BIS ZU SEINER UNABHÄNGIGKEIT AM 29.02.1980

Eine Beurteilung des Eigentumsschutzes in Zimbabwe kann nicht vorgenommen werden, ohne sich die Ereignisse der Vergangenheit, v.a. die Veränderung der Landverteilung seit dem Eintreffen der ersten Europäer ab 1890, bewusst zu machen. Die Auswirkungen der 90 Jahre anhaltenden Kolonialherrschaft sind noch immer zu finden und wirken weiterhin maßgeblich auf die Gesellschaft Zimbabwes ein, was insbesondere in der Landfrage zum Ausdruck kommt. Zimbabwes historischer Hintergrund ist größtenteils auf diese Landfrage konzentriert. Der Unabhängigkeitskampf basierte auf dem Problem der Landverteilung,[23] welche aus der britischen Kolonialzeit herrührt. Man kann sagen, dass die Landfrage nach der Berliner Kongo-Konferenz (vgl. unten S. 11 f.) begann, als die *British South Africa Company* (BSCA) übereinkam, die Interessen der Britischen Regierung im südlichen Afrika zu fördern und dazu die ansässige Bevölkerung vertrieb. Sie ist auch eines der zentralen Themen der Zeit nach der Unabhängigkeit,[24] da bis kürzlich eine weiße Minorität das landwirtschaftlich am besten nutzbare Land kontrollierte.[25]

I. Vorkolonialzeit: Indigenes afrikanisches Bodenrecht

Alle heutigen Bewohner Zimbabwes sind Zuwanderer aus jüngerer Zeit. Mit den ältesten steinzeitlichen Spuren menschlicher Siedlung zwischen Limpopo und Sambesi um etwa 40.000 v. Chr. verbindet sie nichts.[26] Diese Urbewohner wurden von den nachfolgenden Schwarzen, den Bantu sprechenden Völkern,[27] die ab 200 v. Chr. wahrscheinlich aus Ostafrika einwanderten und vorwiegend Feldbau betrieben, fast vollständig verdrängt.[28] Die Vorfahren des heute zahlenmäßig stärksten Volkes der *Shona*[29] wanderten etwa ab dem 11. Jahrhundert aus dem Kongobecken auf das fruchtbare Hochplateau zwischen Limpopo und Sambesi und bauten den bereits von den Vorgän-

---

[23] Cheater, A., The ideology, S. 188; Horn van, A., Redefining 'Property", S. 149.

[24] Herbst, J., The Dilemmas, S. 269.

[25] Andersson, J., The Politics of Land Scarcity, S. 553.

[26] Bei den ersten bekannten Bewohnern handelte es sich wahrscheinlich um Buschmänner, der Sprachgruppe der *Khoisans*, die in Höhlen lebten und als Sammler und Jäger ihr Auskommen fanden, sog. „Wilton-Kultur", die bis zum Beginn des *Iron Age* der britischen Archäologie, um 200 v. Chr. reichte. Vgl. Bourdillon, M., The Shona Peoples, S. 19; Ripken/ Krämer-Prein, Zimbabwe, S. 20; Schmidt, B., Der Zimbabwe-Vogel, S. 4; Beach, D., The Shona & Zimbabwe, S. 4.

[27] Diese sind eine Abspaltung der großen Niger-Kongo Sprachfamilie, die sich vom fernen Westafrika vom Senegal-Tal bis zur Küste Kenias und im Süden bis Namibia und das östliche Kap von Südafrika erstreckt. Beach, D., The Shona and their Neighbours, S. 23.

[28] Vgl. Tabex Encyclopedia Zimbabwe, S. 313; Hansungule, M., Who Owns Land in Zimbabwe? S. 307. Sie lebten in Dörfern, verlagerten sich auf die Wirtschaftsform des Ackerbau und der Viehzucht. Allerdings gingen sie in den späteren Zuwanderern auf. Vgl. Ripken/ Krämer-Prein, Zimbabwe, S. 20 f.

[29] Bezeichnet als „die Verachteten" (vgl. Sicard, H., Das Gebiet zwischen Sambesi und Limpopo, S. 458), gehören sie zu der Obergruppe der Bantu, die heute vom Kongo bis zum Kap der Guten Hoffnung verbreitet ist (vgl. Pabst, M., Simbabwe, S. 35 f.) und stellen etwa drei Viertel der heutigen Bevölkerung Zimbabwes dar. Zu den verschiedenen Theorien der Herkunft der *Shona*, vgl. Beach, D., The Shona and their Neighbours, S. 32 ff.; Sicard, H., Das Gebiet zwischen Sambesi und Limpopo, S. 458 ff. Das andere Viertel, neben zahlenmäßig vernachlässigbaren Ausländern, nehmen die *Ndebele* (oder *Matabele*) ein. Die Gegenden in denen sie leben, sind nach ihrer Sprache *Mashona-* und *Matabeleland* benannt. Vgl. Sauerwein, A., Mission und Kolonialismus, S. 34. Heute kann man an dieser „Zweiteilung" des Landes auch die politischen Differenzen zwischen ZANU und ZAPU ausmachen. Vgl. Reichert, C., Das neue Zimbabwe, S. 32.

gern begonnenen Tauschhandel stark aus.[30] Aus dieser ökonomischen Macht heraus, entwickelten sich aus ihren verschiedenen Untergruppen unterschiedliche Dynastien, und es kam bald zur Staatenbildung.[31]
Grundlage ihres Lebensunterhalts war die Subsistenzwirtschaft mit extensiver Bodennutzung.[32] Das wichtigste Produktionsmittel war der Boden, der jedoch nie in europäischem Sinne in Besitz genommen wurde.[33] Vielmehr war das Verhältnis der *Shona* zu ihrem Land ein spirituelles und v.a. durch den Ahnenkult geprägt, wonach die Ahnen, die auf dem Land gelebt hatten und für die Fruchtbarkeit des Bodens verantwortlich waren, als dessen wahre Besitzer angesehen wurden.[34] Der *Chief* wurde zwar als der „*Muridzi we nyika*", als Eigentümer des Landes bezeichnet, fungierte jedoch tatsächlich mehr als Verwalter des Bodens.[35] Er verteilte den Boden gemäß der Herrschaftshierarchie, je nach Bedarf an die Familien des Dorfes, wobei jede einen Anspruch auf gleich viel Land hatte.[36] Wurde ein Stück Land einer Familie zur Bewirtschaftung übergeben, quasi in Form einer Art Pacht oder Treuhänderschaft, war es der weiteren Verteilung der *Chiefs* entzogen und nur noch durch den Haushaltsvorstand, also den Vater, weiter innerhalb der Familie an die Söhne verteilbar. Solange der Familienvorstand ein ehrbares Mitglied des Stammes war, hatte er ein uneingeschränktes Nutzungsrecht.[37] Er durfte in diesem Rahmen auch Eindringlinge von „seinem Land" vertreiben.[38] Nicht erlaubt war ihm jedoch der Verkauf, schon gar nicht an Stammesfremde.[39] Zog der Nutzer des Bodens weg, fiel das Land wieder an den *Chief* zurück.[40] Das nicht individuell verteilte Stammesgebiet (*Chiefdom*), das wiederum in verschiedenen Bezirken unter Kontrolle von Unterhäuptlingen (*Subchiefs*) und Vorständen (*Headmen*) lag,[41] stand der Gemeinschaft zur Verfügung, die es zum Beispiel als gemeinschaftliche

---

[30] Döpcke, W., Das koloniale Zimbabwe, S. 9; Bourdillon, M., The Shona Peoples, S. 27; Ndlela, D., The Rhodesian Economy, S. 14.
[31] Neben dem ***Mutapa-Reich, Torwa-Reich, Rozwi-Reich*** (vgl. Kreile, R., Zimbabwe, S. 4), entstand zu dieser Zeit das sogenannte ***Groß-Zimbabwe***, welches die weltberühmte Ruinenstadt im Südosten des Landes hinterließ, aus dessen Name *Dzimba Dzemabwe*, (was in der Karanga-Sprache steinernes Haus bedeutet) sich auch der heutige Name Zimbabwe herleitet. Vgl. Beach, D., The Shona & Zimbabwe, S. 41; Kammerer-Grothaus, H., Goldland Simbabwe, S. 23; Mason, P., The Birth, S. 63. Aus welchem Grunde es zu seinem kompletten Verfall kam, ist bislang noch unbekannt. Beach, D., a.a.O., S. 91. Mit der Migrationbewegung der Rozwi ging eine Wiederbesiedlung des zentralen und südlichen Plateaus einher, dessen Bevölkerung von Fernhandel mit Gold und Elfenbein lebte und das bei dem Versiegen dieser Schätze stark geschwächt wurde. Döpcke, W., Das koloniale Zimbabwe, S. 11 f.
[32] Bourdillon, M., The Shona Peoples, S. 89. Dabei handelte es sich um eine rotierende Feldbebauung, einen Wanderhackbau mit Brandrodung, bei der erst nach 15-20 Jahren des Anbaus eine Brachzeit zur Erholung des Bodens stattfand. Vgl. Rukuni, M., The Evolution, S. 17. Da dieses Brachland nicht gegenwärtig in Besitz genommen und bewirtschaftet wurde, sahen die Europäer darin "freies" Land. Vgl. MacClung Nading, J., Property under siege, S. 744.
[33] Denisov, V., Rechtssysteme, S. 27.
[34] Bourdillon, M., The Shona Peoples, S. 85 ff. Die *Shona* glauben, dass der Geist eines Toten die Form von Luft oder Atem einnähme und da er weiterhin mit dem Land verbunden sei, Einfluss auf das Leben der Nachfahren ausüben würde. Vgl. Sauerwein, A., Mission und Kolonialismus, S. 35; Schmidt, B., Der Zimbabwe-Vogel, S. 41.
[35] Bucher, H., Spirits and Power, S. 31, 34; Bourdillon, M., The Shona Peoples, S. 86. Das Land war nach Sicht der *Shona* den Stammesgründern vom Gott *Mwari*, auch *Musika Vanhu* (Schöpfer der Erde) genannt, übergeben worden. Der jeweilige Häuptling trug indirekt die Verantwortung für die Freigiebigkeit der Erde, indem er zu der Durchführung von Ritualen der Ahnenverehrung zuständig war. Die Beziehung zwischen ihm und den Ahnen wurde über ein Medium spirituell aufrechterhalten, welches den Stammeshäuptling als neuen Nachfolger, durch die Übergabe einer handvoll Erde mit Medizin gemischt, legitimierte. Bucher, H., Spirits and Power, S. 31. Für die Stammesangehörigen gab es daher kein Privateigentum, sondern nur ein Nutzungsrecht am Land. Vgl. Ripken/ Krämer-Prein, Zimbabwe, S. 83; MacClung Nading, J., Property under siege, S. 744.
[36] Vgl. Ripken/ Krämer-Prein, Zimbabwe, S. 110.
[37] „Bodenrechte sind also in Afrika eine Funktion der Mitgliedschaft und der Stellung des Einzelnen in einer Gruppe." Henrÿ, H., Boden(rechts)ordnungen, S. 209; Nyambara, P., A history of land acquisition in Gokwe, S. 81.
[38] Damit wies das traditionelle Stammesrecht schon viele Aspekte des Privateigentums auf. Vgl. Floyd, B., Changing Patterns, S. 63. Allerdings handelte es sich dabei nur um ein zeitlich begrenztes Gebrauchsrecht zur landwirtschaftlichen Bodennutzung. Bertaux, P., Afrika, S. 159; Mason, P., The Birth, S. 187.
[39] Henrÿ, H., Boden(rechts)ordnungen, S. 206.
[40] Bourdillon, M., The Shona Peoples, S. 86; Sauerwein, A., Mission und Kolonialismus, S. 35.
[41] Riddell, R., The Land Problem, S. 39.

Viehweide (sogenannte *Commonage*) nutzen konnte.[42] Benötigte ein Dorf aufgrund der schnellen Nährstoffverarmung des Bodens Neuland, so ließ es sich auf diesem nieder und verdrängte ggf. die dort eingesessene Bevölkerung oder lebte sogar mit dieser in Symbiose.[43]

In das durch die gewaltsame Verbreitung des Christentums durch die Portugiesen [44] geschwächte *Shona*-Reich wanderten um 1840 die *Nguni* - die Vorfahren der zweiten afrikanischen Bevölkerungsmehrheit[45] - in das heutige Zimbabwe ein und machten dieses unter ihrem König Mzilikazi tributpflichtig.[46] Ihre Kultur hatte viel mit jener der *Shona* gemeinsam, insbesondere den Ahnenkult, der sich nur in verschiedenen Namen der Ahnengeister unterschied.[47] Im Gegensatz zu den *Shona* lag ihr landwirtschaftlicher Schwerpunkt statt bei der Landwirtschaft mehr bei der Viehzucht.[48] Beiden Volksgruppen war jedoch gemeinsam, dass sie ihre Vieh- und Landwirtschaft betrieben, ohne sich um irgendwelche Gebietesgrenzen zu kümmern.[49]

Auch die Buren aus Südafrika[50] gaben ihr Interesse an *Matabeleland* kund, da sie dort riesige Mengen an Gold und Bodenschätzen vermuteten und erzwangen mit verschiedenen Verträgen mit dem *Ndebele*-König Mzilikazi den Zugang zu dem Land.[51]

---

[42] Hansungule, M., Who Owns Land in Zimbabwe? S. 308 f.; Bismarck, J., Wiedergutmachung, S. 84.

[43] Bertaux, P., Afrika, S. 28. Konflikte bei der Landverteilung gab es zu dieser Zeit kaum, da genügend Ackerland zur Verfügung stand und Engpässe durch Wanderbau gelöst wurden. Fiedler-Conradi, S., Arbeit und Recht, S. 36.

[44] Zunächst auf der Suche nach dem Seeweg in den Fernen Osten hatten die Portugiesen durch die Seefahrer **Bartholomäus Diaz,** 1488, und **Vasco da Gama**, 1497, die Südspitze Afrikas umsegelt, wo sie die dort Handel treibenden Araber vertrieben. Später auf der Suche nach dem Gold des **Königs Salomon** und dem biblischen **Land Ophir** im Reich des *Shona*-Herrschers **Munhumutapa** (auch Monomotapa, oder Mutapa), gelang es ihnen nach langjährigen Auseinandersetzungen mit diesen, in deren Handelssystem einzudringen, wo sie ab 1560, v.a. unter Missionar **Gonzalo da Silveira,** die Missionierung der Einheimischen betrieben. Vgl. Sommerlatte, H., Gold, S. 32; Kreile, R., Zimbabwe, S. 4; Bornemann, R./ Hämel, W., Zimbabwe, S. 28. Zur Schwächung und dem unmittelbaren Beginn der Kolonisation der *Shona* kam es bald darauf durch den Vertrag von 1573 (vgl. Tabex Encyclopedia, S. 313), in welchem den Portugiesen Zugang zum Land und den Goldminen gewährt wurde. 1607 einigte man sich vertraglich, dass Munhumutapa die portugiesische Herrschaft anerkennen sollte. Vgl. Beach, D., The Shona & Zimbabwe, S. 127 ff.; Cornevin, Geschichte Afrikas, S. 207.

[45] Sie wurden *Ndebele* oder *Matabele* (Männer mit langen Schildern bzw. Zuwanderer oder Eroberer, vgl. Cornaro, Zimbabwe, S. 96) genannt und waren ein Zulu-Stamm, der vor anderen Zulus und Buren auf der Flucht war, sog. erzwungene Emigration ***(Mfecane).*** Vgl. Kreile, R., Zimbabwe, S. 4; Ripken/ Krämer-Prein, Zimbabwe, S. 26; Schmidt, B., Der Zimbabwe-Vogel, S. 45 ff.; Rasmussen, K., Historical Dictionary, S. 181 f., 228 f.

[46] Beach, D., The Shona and their Neighbours, S. 136; Ripken/ Krämer-Prein, Zimbabwe, S. 26; Sauerwein, A., Mission und Kolonialismus, S. 27; Hansungule, M., Who Owns Land in Zimbabwe? S. 308.

[47] Sauerwein, A., Mission und Kolonialismus, S. 27, S. 34 ff.

[48] Vgl. Floyd, B., Changing Patterns, S. 64 f.; Sauerwein, A., Mission und Kolonialismus, S. 35. Wie die *Shona* betrieben sie aber auch Landwirtschaft mit verschiedenen Getreidearten, Baumwolle und Tabak, sowie Tauschhandel. Vgl. Palmer/ Parson, The Roots, S. 224 f.

[49] Erst mit dem Eintreffen der Europäer kam es zur Errichtung von Umzäunungen. MacClung Nading, J., Property under siege, S. 743.

[50] Diese waren als Lohnknechte der niederländisch-ostindischen Kompanie aus Holland in die Kapkolonie gekommen, wo sie die dortigen Hottentotten in die Sklaverei trieben. Jaenecke, H., Die weißen Herren, S. 29, 35 ff.

[51] Dazu zählten u.a. der sog. **Potgieter-Silkaats Treaty** von 1853, ein Friedens- oder Freundschaftsvertrag zwischen Pieter Johannes Potgieter, dem *Provisional Commandant-General* von Zoutpansberg. Vgl. den Wortlaut bei Samkange, S., Origins of Rhodesia, S. 36. Ein ähnlicher Vertrag, der die *Ndebele* zu Verbündeten der Buren machte, ihnen Jagd- und Schürfrechte einräumte und die gegenseitige Rechtshilfe regelte, wurde ebenfalls 1853 mit F.G. Joubert geschlossen, sog. „**Pretorius-Silkaats Treaty**“. Einer der berühmtesten dieser Verträge war der sog. **Grobler Treaty** vom 30.07.1887 mit dem Nachfolger Mzilikazis, König **Lobengula**, und dem Buren **Piet Grobler,** der den König verpflichtete, jeder Person, die mit einem Pass des Präsidenten der Republik ausgestattet war, Jagd und Handel in seinem Land zu erlauben. Ripken/ Krämer-Prein, Zimbabwe, S. 28. Vgl. den Wortlaut bei Samkange, S., a.a.O., S. 40, 47 f. Den Vertrag widerrief Lobengula allerdings, da er glaubte, dass er nur einen vorausgegangenen Freundschaftsvertrag bestätigt hätte. Vgl. Samkange, S., a.a.O., S. 57. Um einem solchen Vertrag Bindungskraft zu verleihen, sollten grds. zwei unparteiische Zeugen anwesend sein, die in der Lage waren, die Vereinbarung zu lesen. Einer dieser beiden war in der Regel ein Missionar. Zusätzlich war von dem Übersetzer eine Bestätigung anzufügen, dass er den Inhalt vollständig erklärt hatte. Bei Abschluss des Grobler Treaty konnten diesen allerdings nur Grobler und sein Bruder lesen. Vgl. Mason, P., The Birth, S. 118.

II. Bodenrecht in der britischen Kolonialzeit

1. 1884 – 1908: Britische Landnahme und Bodenspekulation

Die Besetzung von Rhodesien[52] durch weiße Siedler, vor allem aus Großbritannien, war Bestandteil des weltweiten Plans des europäischen Imperialismus im späten 19. Jahrhundert. Nach der **Berliner Kongo-Konferenz,** die von November 1884 bis Februar 1885 stattgefunden hatte, (vgl. u. S. 11 f.) mussten die Portugiesen ihre kolonialen Ansprüche an dem Gebiet zwischen Sambesi und Limpopo den Engländern überlassen.[53] Die Zunahme des Kapitalismus in Europa nach der industriellen Revolution hatte Bedürfnisse für Absatzmärkte von europäischen Waren, Rohmaterialien und Investitionsmöglichkeiten geweckt.[54]

a) Übernahme der Administration durch die *British South Africa Company* (BSAC)

Das Gebiet zwischen Limpopo und Sambesi wurde in den 90er Jahren des 19. Jahrhunderts von der BSAC[55] beansprucht und militärisch erobert. Diese *Company*, eine sonderbare Vermischung aus Aktiengesellschaft und krimineller Vereinigung, stand unter der Führung von **Cecil Rhodes**, der auf große Goldfunde nördlich des Limpopo hoffte.[56] Nachdem der *Ndebele*-König **Mzilikazi** an vorsichtigen Kontakten mit den weißen Ankömmlingen interessiert war,[57] schloss sein Sohn, König **Lobengula**, unter Vermittlung des Missionars **John Moffat** am 11.02.1888 den sogenannte **Moffat Treaty,** welcher den zwischen Mzilikazi und der britischen Regierung 1836 geschlossenen Freundschaftsvertrag erneuern sollte.[58] Im selben Jahr vergab Lobengula am 30.10.1888 die ersten exklusiven Ausbeutungsrechte für alle Mineralien in seinem Territorium an Charles Rudd und andere Unterhändler von Rhodes, die sogenannte ***Rudd Concession***.[59] Mit dieser garantierte Lobengula zwar nur das Recht zum Abbau der Bodenschätze, allerdings enthielt die Konzession die unkonkrete Stelle, dass der König auch alle Maßnahmen zusichere, die

---

[52] Erstmals im 19. Jahrhundert von **David Livingstone** erforscht (vgl. Borbach, O., Die Vereinten Nationen, S. 4), wurde das Land der europäischen Siedler nach **Cecil Rhodes**, dem Kolonialherrn und Gründer des *De Beers-Imperiums* benannt. Vgl. Pabst, M., Simbabwe, S. 37; Jaenecke, H., Die weißen Herren, S. 103. Es erhielt seinen heutigen Namen Zimbabwe erst mit der Unabhängigkeit 1980, s.u. S. 36 f.

[53] So wurde 1891 durch einen Grenzvertrag *Mashonaland* zur britischen Einflusssphäre, die Küstenprovinz Gaza mit den Häfen Beira und Sofala blieb portugiesisch. Vgl. Hertslet, E., The map of Africa by Treaty, Vol. III, No. 130, v.a. S. 1018; Pabst, M., Simbabwe, S. 34; Cornevin, Geschichte Afrikas, S. 319; Blake, R., A History of Rhodesia, S. 89 f. Dieser Vertrag enthielt die Verpflichtung der Portugiesen sich in *Mashonaland* jeglicher politischen Aktion, die als Schritt in Richtung Souveränitätserwerb gewertet werden konnte, zu enthalten. Lindley, M., The Acquisition, S. 211, 214.

[54] Tabex Encyclopedia Zimbabwe, S. 81.

[55] Gegründet am 29.10.1889, wurde sie kurz die „*Chartered*" genannt. Vgl. Cornevin, Geschichte Afrikas, S. 319; Palley, C., The Constitutional History, S. 33. Diese verwaltete das Land von 1890 bis 1923 und regelte den Interessenausgleich zahlreicher im Afrikageschäft tätiger Firmen. Im Jahr 1965 ging die BSAC in der *Chartered Consolidated, Ltd.* auf, die eng mit der *Anglo-American Corporation* verflochten ist. Vgl. Rasmussen, K., Historical Dictionary, S. 35 f.

[56] Gegen 1867 berichtet der deutsche Abenteurer und Geologe **Karl Mauch** von Goldvorkommen am Umfuli River. Vgl. Sommerlatte, H., Gold, S. 63 ff. Die Gerüchte über riesige Schätze zogen erwartungsvolle Glücksjäger im Goldrausch an, die um die Gunst des *Ndebele*-Königs wetteiferten. Vgl. Loerzer, S., Zimbabwe, S. 72 f.; Pabst, M., Simbabwe, S. 36.

[57] Er erhoffte sich dadurch, die Waffen der Weißen für seine Kriegsführung erwerben zu können. Vgl. Sauerwein, A., Mission und Kolonialismus, S. 57 ff.

[58] Tatsächlich versprach Lobengula darin jedoch, er werde keine Vereinbarungen, Veräußerungen oder Nutzungen des Landes mit Angehörigen anderer Nationen treffen, ohne zuvor den *High Commissioner* am Kap zu informieren. Zitiert nach Samkange, S. Origins of Rhodesia, S. 56: „*..It is hereby further agreed by Lobengula,...., that he will refrain from entering into any correspondence or treaty with any Foreign State or Power to sell, alienate, or cede.... without the previous knowledge and sanction of Her Majesty's High Commissioner for South Africa....*". Zu den Umständen des Zustandekommens des *Moffat Treaty* und seinem wahrscheinlich bewussten Übersetzungsfehler, vgl. Samkange, S., a.a.O., S. 65 ff. Damit sicherten sich die Briten die Option auf das gesamte Hoheitsgebiet Lobengulas, den sie als gesetzmäßigen Souverän des Gebietes anerkannten. Palley, C., The Constitutional History, S. 35; Goldin/ Gelfand, African Law, S. 1 f.

[59] Vgl. Ruprecht, R., Kolonialzeit, S. 2; Schmidt, K. J., Der Weg nach Zimbabwe, S. 196.

nötig würden, um die Bodenschätze abzubauen.[60] Daraus rechtfertigte die BSAC den Zuzug zahlreicher Goldschürfer und die Errichtung von Behausungen. Dabei dürfte davon auszugehen sein, dass hierbei König Lobengula weder die volle Tragweite noch der genaue Inhalt der Vereinbarung exakt bekannt war.[61] Dennoch spielten auch positive Aspekte eine Rolle für seine Unterzeichnung, da er glaubte, die *Rudd-Concession* würde ihm den wachsenden Ansturm von Goldsuchern vom Halse halten.[62] Obwohl Lobengula nach Erhalt der Übersetzung des englischen Vertrags die *Rudd-Concession*, die nicht den mündlichen Abmachungen entsprach, im Oktober 1889 annullierte,[63] konnte er nicht verhindern, dass die BSAC die Besetzung des Landes der *Shona* 1890 mit dieser Konzession legitimierte.[64]

Als es schließlich Rhodes gelang, seine zahlreichen Gegner in London und Kapstadt mit Überredung und Bestechung für sich einzunehmen, wurde im Oktober 1889 seine neugegründete BSAC von der britischen Krone vergesellschaftet. Durch die ***Royal Charta (of Incorporation)***[65] erhielt sie das alleinige Recht zur wirtschaftlichen Erschließung des *Matabele-* und *Mashonalandes*, aber v.a. auch Hoheitsrechte, wie das Recht auf Vertragsschluss mit den Afrikanern, das Recht auf Bodenbesitz und Landrechtsvergabe bzw. –enteignung.[66] Damit hatte die BSAC von der Britischen Krone bereits Hoheitsrechte für ein erst noch zu „eroberndes" Gebiet erhalten.[67] Soweit die britische

[60] Zitiert nach Samkange, S., Origins of Rhodesia, S. 78 f., war die entscheidende Stelle des Vertrags: „I, Lobengula, ... do hereby grant and assign unto the said grantees ... the complete and exclusive charge over all metals and minerals situated and contained in my kingdoms, principalities and dominions together with full power to do all things that they may deem necessary to win and procure the same…".

[61] Auch glaubte er nicht den Briten solch weitreichende Zugeständnisse zu geben, da die Konzession mit Einschränkungen versehen sein sollte. Man hatte ihm mündlich zugesichert, dass der Bodenausbeute keine Besiedlung folgen werde. Vgl. Fiedler-Conradi, S., Arbeit und Recht, S. 115; Loerzer, S., Zimbabwe, S. 73 f.; Sauerwein, A., Mission und Kolonialismus in Simbabwe, S. 82; Samkange, S., Origins of Rhodesia, S. 115 ff.

[62] Auch waren als britische Gegenleistung £ 100 pro Monat, 1.000 Gewehre und 10.000 Munitionsmagazine und ein Kanonenboot vorgesehen. Vgl. Beach, D., The Shona and their Neighbours, S. 167. Aufgrund der Briten- und Burenbedrohung sah Lobengula wohl für sich keine andere Wahl als Krieg oder Zugeständnisse. Vgl. Loerzer, S., Zimbabwe, S. 73.

[63] Zitiert nach Samkange, S., Origins of Rhodesia, S. 87: „I hear it is published in the newspapers that I have granted a concession in all my country to Charles Dunned Rudd.… As there is a great misunderstanding about this, all action in respect of the said concession is hereby suspended, pending an investigation to be made by me in my country."

[64] Vgl. Schmidt, B., Zimbabwe, S. 57. Auch die Protestbewegung des ältesten Sohnes Lobengulas, das ***Matabele (National) Home Movement***, war mit Petitionen und Briefe an die Regierung Großbritanniens, um eine eigene Heimat für die Afrikaner in ihrem angestammten Land zu erreichen, nicht von Erfolg gekrönt. Ebenso wenig wie die 1889 an Königin Victoria gesandte Delegation zur Interpretation der Geschehnisse. Rasmussen, K., Historical Dictionary, S. 243; Samkange, S., Origins of Rhodesia, S. 126 f. Die Queen gab den Gesandten zwar einen Brief an Lobengula mit, in dem sie versicherte, die Goldschürfer seien nicht von ihr autorisiert worden und warnte ihn vor weiteren überstürzten Konzessionen. Die Vereinbarung zweier handlungs- und geschäftsfähiger Männer konnte sie jedoch nicht rückgängig machen. Loerzer, S., Zimbabwe, S. 74; Sauerwein, A., Mission und Kolonialismus, S. 84; Ruprecht, R., Kolonialzeit, S. 2; Hansungule, M., Who Owns Land in Zimbabwe? S. 327.

[65] Vgl. die *Royal Charter* vom 29.10.1889; Text bei Samkange, S., Origins of Rhodesia, S. 142 ff. Diese legte als Zuständigkeitsbereich das Gebiet nördlich der Kap-Kolonie, des Transvaal und westlich der portugiesischen Territorien fest, ohne jedoch eine Begrenzung zum Norden festzuschreiben. Die BSAC erhielt das Recht, die Interessen der englischen Regierung zunächst auf 25 Jahre - durch die Ergänzungscharta von 1915 um weitere 10 Jahre - zu vertreten. Vgl. Rasmussen, K., Historical Dictionary, S. 50; Lindley, M., The Acquisition, S. 102 f. Die Sitten der Einheimischen, insbes. bzgl. der Eigentumsrechte, sollten respektiert werden (Paragraph 14 der Royal Charta). Vgl. Goldin/ Gelfand, African Law, S. 8. Die Charta beinhaltete die Genehmigung Gesetzesakte zu erlassen und mit allen Mitteln, welche die BSAC für notwendig erachtete, für Ordnung und Frieden zu sorgen. Palley, C., The Constitutional History, S. 33 ff.

[66] Vgl. Artikel 10 der *Royal Charta of Incorporation*; Peters/ Malan, Caveats for Land Reform, S. 152. Generell drückte die Erteilung einer solchen *Charter* aus, dass die erteilende Regierung des Mutterlandes das Kolonialunternehmen unterstützte, was v.a. gegenüber potentiellen Konkurrenten von Bedeutung war. Vgl. Ruprecht, R., Kolonialzeit, S. 2 f.

[67] Teilweise verstand man die *Charta* allerdings nicht als ein umfassendes Recht, auf dem nur vage festgelegten Gebiet die Herrschaft auszuüben. Vielmehr sei die Herrschaft abhängig von bereits erteilten Konzessionen durch die einheimischen Häuptlinge. Die *Charta* stützte sich vornehmlich auf die *Rudd-Konzession*, die nichts über die Kolonisation des Landes aussagte, sondern nur über die notwendigen Maßnahmen zum Abbau der Bodenschätze. Diese Konzession wiederum war nach Ansicht Lobengulas durch seinen Brief an die britische Königin nichtig geworden. Vgl. Mason, P., The Birth, S. 128 f. und 133 f. Bzgl. der Tatsache, dass die Rechte der *Company* eigentlich nicht existierten, dürfte die britische Regierung ein Auge zugedrückt haben, um ihre eigenen Interessen in dem Gebiet durch Vorgehen unter einer allg. Gesellschaft, wie der BSAC, durchzusetzen. Vgl. Samkange, S., Origins of Rhodesia, S. 148 f.

Regierung am Erwerb des dortigen Gebietes interessiert war, musste sie die BSAC dazu beauftragen bzw. deren Inbesitznahme genehmigen, um der Okkupation völkerrechtliches Gewicht zu verleihen.[68]

Da die *Charta* der *Company* nicht ein bestimmtes Recht vorschrieb, erließ die BSAC 1890 eine Proklamation, welche die Gesetze der Kapkolonie für anwendbar erklärte.[69] Während die Kolonialherren dabei ihr eigenes englisches Recht als allgemeines Recht einführten, erlaubten sie den Einheimischen weiterhin auch ihr Gewohnheitsrecht anzuwenden, soweit es nicht mit ihren Vorhaben in Widerspruch stand.[70] Dabei basierte die *Charta* auf zwei Annahmen: Zum einen ging man davon aus, dass sich die Rechtshoheit Lobengulas auf das gesamte Gebiet erstreckte,[71] obwohl sein Herrschaftsgebiet nicht alle Völker der *Shona* erfasste; auf der anderen Seite ging man nach der englischen Rechtssprechung davon aus, dass Lobengula auch das Eigentum an allem, inklusive dem nicht verteilten Land, zustehen würde.[72] Auch wenn sich die damaligen Ereignisse, die zu dem verhängnisvollen Vertrag führten, nicht mehr ganz originalgetreu rekonstruieren lassen, so lässt sich jedenfalls festhalten, dass Lobengula – wie auch andere Häuptlinge – durch geschickte Machenschaften britischer Staatsbürger zur Unterzeichnung gebracht wurde. Trotz einer weiteren Nichtigerklärung der Konzession durch Lobengula,[73] ermöglichten es die territorialen Ambitionen Großbritanniens während des sogenannte *Scramble for Africa*, den Vertrag als Berechtigung für die Annektierung des späteren Südrhodesiens zu interpretieren.[74]

Exkurs: Berliner Kongo-Konferenz und völkerrechtliche Rechtfertigung des Kolonialismus

Völkerrechtlicher Titel[75] für den Kolonialerwerb war – mindestens seit dem ausgehenden 18. Jahrhundert[76] – die Okkupation herrenlosen Landes.[77] Als herrenlos galt dabei jedoch nicht nur unbesiedeltes Territorium, sondern auch dasjenige, welches von nichtchristlichen oder „unzivilisierten" Völkern bewohnt war.[78] Die Gebiete der einheimi-

---

[68] Böhme, H., Die Erwerbung der deutschen Schutzgebiete, S. 24.

[69] Tshosa, O., National Law, S. 31.

[70] Vgl. Artikel 14 der Royal Charta zitiert nach Bennett, T., Customary Law, S. 68: „In the administration of justice to the said people or inhabitants, careful regard shall always be had to the customs and laws of the class or tribe or nation to which the parties respectively belong, especially with regard to the holding, possession, transfer and disposition of lands and goods, and testate or interstate succession thereto, and marriages, divorce, legitimacy, and other rights of property and personal rights, but subject to any British laws which may be in force in any of the territories aforesaid and applicable to the peoples or inhabitants thereof." Auch aufgrund der Politik der weitmöglichen Selbstregelung der eigenen Angelegenheiten durch die vorgefundene Gesellschaft (sog. Indirect rule, vgl. dazu Albertini v., R., Dekolonisation, S. 148 ff.; Hazdra, P., Afrikanisches Gewohnheitsrecht, S. 45 ff.) blieben Gesetz und die Autoritäten der Einheimischen, wie die Gerichte, relativ unberührt. Vgl. Bennett, T., Customary Law, S. 59. Zur Lösung des Konflikts, der aus diesem dualen Rechtssystem entstehen konnte, wurde das Gewohnheitsrecht auf bestimmte familiäre Bereiche beschränkt und in späterer Zeit die Rechtsanwendung der gerichtlichen Entscheidung überlassen, je nachdem, wieweit der Kläger in die europäische Gesellschaft integriert war. Bennett, T., a.a.O., S. 63, 71 ff.

[71] Palley, C., The Constitutional History, S. 35.

[72] Tshuma, L., A matter of (in)justice, S. 14.

[73] Vgl. den Text bei Samkange, S., Origins of Rhodesia, S. 156.

[74] Vgl. Döpcke, W., Das koloniale Zimbabwe, S. 14. Nach dem Recht der *Ndebele* hätte Lobengula zu einem Verkauf gar kein Recht gehabt, da in ihren Augen das Land weder Ware noch Gebrauchsgut darstellte. Vgl. Palmer, R., Land and Racial Domination, S. 27 f.

[75] Zur Rechtfertigung der Kolonialherren selbst vgl. Wurst, D., Der Schutz des Grundeigentums, S. 93.

[76] Früher sah man z.T. die bloße Entdeckung als völkerrechtlichen Erwerbsgrund an. Vgl. bei Guggenheim, P., Lehrbuch des Völkerrechts, Bd. I, 1948, S. 399 f., der als Vertreter dieser Meinung insbesondere Goebel, J., The struggle, S. 47 ff. anführt. V.a. bis zum 17. Jahrhundert regierte dieses Prinzip, das in den päpstlichen Bullen von Nicolas V. von 1452 und Alexander VI. von 1492 verankert ist und das die Zuweisung einer Kolonialsphäre auf die Weltherrschaft des Heiligen Stuhles gründete. Vgl. Lindley, M., The Acquisition, S. 24 und 124 f.; Ramose, M., Title to Territory, S. 191, 196.

[77] D.h. die Inbesitznahme eines keiner Staatsgewalt unterworfenen Gebietes. Vgl. Menzel, M., Völkerrecht, 1962, S. 170; Dahm, G., Völkerrecht, Bd. I, 1958, S. 582 f.; Oppenheim/ Lauterpacht, International Law, Vol. I, 1955, §§ 213, 221.

[78] Dölle, H., Internationalrechtliche Betrachtungen, S. 14; Berber, F., Lehrbuch des Völkerrechts, Bd. I, 1960, S. 349; Lindley, M., The Acquisition, s. Preface; Oppenheim, L., International Law, Vol. I, 1920, § 221. Auf der anderen Seite erkannten v.a. die spanischen Publizisten die Souveränität der eingeborenen Völker, soweit es sich nicht um wilde Barbaren handelte, an. Vgl. dazu Victoria, Franciscus, in: Walker, T., A History,

schen Stämme in Afrika wurden allerdings nicht als *territorium nullius* angesehen, wofür die aufwendige Vertragsprozedur der europäischen Mächte im Rahmen ihrer Herrschaftsausdehnung sprach.[79] Vereinzelt vertrat man auch, dass ein bloßer Wechsel der Gebieteshoheit durch Eroberung und Unterwerfung - an Stelle einer originären Neubegründung - den Kolonialerwerb legalisieren sollte.[80] Nach anderer Ansicht hielt man zwar am Erfordernis der Okkupation[81] fest, verlangte jedoch auch in diesem Falle zumindest die stillschweigende Zustimmung der betroffenen Menschen.[82] Nach überwiegenderer Meinung wurde es jedoch abgelehnt, das Vorliegen von Herrschaftssystemen jedweder Art zu berücksichtigen; staatenloses Territorium, gleichgültig ob es bewohnt war oder nicht, bezeichnete man als herrenlos.[83] Die Zustimmung der Kolonisierten sollte dafür auch ohne unmittelbare völkerrechtliche Relevanz sein.[84]

Vielfach gingen der effektiven Landnahme Verträge zwischen den Repräsentanten der Kolonialvölker (den Häuptlingen oder *Chiefs*) und den kolonisierenden Völkern voraus, die den Kolonisatoren bestimmte Rechte einräumten.[85] In den maßgeblichen Völkerrechtslehrbüchern jener Zeit wurde jedoch vertreten, dass diese Verträge für sich gesehen - anders als im Verhältnis zwischen Völkerrechtssubjekten untereinander - keinen völkerrechtlichen Titel für den Gebieteserwerb darstellten.[86] Maßgeblich sollte vielmehr allein die effektive Okkupation sein,[87] so dass solchen Verträgen nur ein vorbereitender oder indizierender Charakter zuerkannt wurde.[88] Demgegenüber finden sich zwar gerade in der Völkerrechtspraxis Großbritanniens einige Hinweise, wonach Zessionsverträge mit den Eingeborenen sehr wohl als Rechtsgrund für einen Kolonialerwerb angeführt wurden;[89] dies ist jedoch so zu deuten, dass es Großbritannien dabei auf die Dokumentation des genauen Zeitpunktes des Beginns der Okkupationshandlung und der

---

Vol. I, S. 216 ff., § 123. Auch Grotius vertrat eine ähnliche Ansicht in Mare Liberum, Cap. II: „*Praeterea inventio nihil juris tribuit, nisi in ea quae ante inventionem nullius fuerant. Atqui Indi, cum ad eos Lusitani venerunt, etsi partim idololatrae, partim Mahumetani erant, gravibusque peccatis involuti, nihilominus publice atque privatim rerum possessionumque suarum dominium habuerunt, quod illis sine justa causa eripi non potuit... Imo credere infideles non esse rerum suarum dominos, haereticum est: & res ab illis possessas illis ob hoc ipsum eripere furtum est, & rapina, non minus quam si idem fiat Christianis.*"

[79] Auch wenn man im Internationalen Recht die Souveränität der einheimischen Stämme anerkannte, wurde die Eroberung ihre Gebiete gleichwohl nicht als illegal betrachtet. Lindley, M., The Acquisition, S. 34, 38, 47.

[80] Vgl. die Meinungen bei Lindley, M., The Acquisition, S. 130 ff.; Berber, Lehrbuch des Völkerrechts, Bd. I, 1960, S. 349, der eine Okkupation bei primitiven Stämmen annahm.

[81] Im völkerrechtlichen Sinne versteht man hierunter die Begründung einer Gebieteshoheit seitens des Staates über ein anderes Land, das bislang noch keiner staatlichen Herrschaft unterworfen ist. Vgl. Böhme, H., Die Erwerbung der deutschen Schutzgebiete, S. 20, 30.

[82] Grewe, W., Epochen der Völkerrechtsgeschichte, S. 639 f.; Böhme, H., Die Erwerbung der deutschen Schutzgebiete, S. 29 f., für den Fall, dass sich bei den Eingeborenen schon gewisse Indizien für eine Kultur und politische Organisation fänden. Heimburger, K., Der Erwerb der Gebieteshoheit, 1. Teil, S. 112.

[83] Oppenheim/Lauterpacht, International Law, Vol. I, 1955, § 221, S. 555; Dahm, G., Völkerrecht, Bd. 1, 1958, S. 583.

[84] Dölle, H., Internationalrechtliche Betrachtungen, S. 16.

[85] Grewe, W., Epochen der Völkerrechtsgeschichte, S. 645.

[86] Dölle, H., Internationalrechtliche Betrachtungen, S. 16. Grds. ging man davon aus, dass Eingeborenenstämme nicht als völkerrechtsfähig anzusehen waren, so dass ihr Land zum Gegenstand einer Okkupation durch die zivilisierten Kolonialmächte werden konnte. Vgl. Dahm, G., Völkerrecht, 1958, Bd. I, S. 583. „*Nemo plus iuris in alterum transferre potest, quam ipse habet*", da bei den unterentwickelten staatlichen Zuständen in den zu kolonisierenden Gebieten von einer Gebieteshoheit im staats- und völkerrechtlichen Sinne keine Rede sein konnte. Heimburger, K., Der Erwerb der Gebieteshoheit, 1. Teil, S. 112.

[87] Dies erforderte auch die Kongoakte. Vgl. unten Fn. 90. Grewe, W., Epochen der Völkerrechtsgeschichte, S. 640.

[88] Ein solcher konnte daher lediglich als Beweis für die Feststellung der effektiven Herrschaft über das Gebiet dienen. Guggenheim, P., Lehrbuch des Völkerrechts, Bd. I, 1948, S. 401, Fn. 209. Diese Verträge waren vielmehr dazu gedacht, den anderen Staaten die Besitzabsicht zu dokumentieren, was in der Regel als politisches *Hands Off* respektiert wurde, so dass kein anderer Staat in der Regel die Erwerbshandlungen des anderen behinderte. Despagnet, F., Cours de Droit, S. 598.

[89] Schildknecht, J., Bismarck, S. 174 f.

Darlegung seines Okkupationswillens gegenüber konkurrierenden europäischen Mächten ankam.[90] Für eine effektive Okkupation wurde verlangt, dass eine ausreichende staatliche Kontrolle über das zu erobernde Gebiet hergestellt wurde, welche Sicherheit für Leib und Eigentum garantieren konnte.[91]

Wesentlich für die afrikanische Kolonialgeschichte war die Berliner Kongo-Konferenz, die infolge des englisch-portugiesischen Kongovertrags vom 26.02.1884[92] einberufen wurde. Auf Betreiben Fürst Otto von Bismarcks traten die Kolonialmächte (12 Vertreter europäischer Staaten, USA und Türkei) zusammen, um Afrika kurzerhand in koloniale Interessensphären aufzuteilen.[93] Am 23.02.1885 gaben die Nationen die Kongoakte bekannt, in welcher die Freiheit der Schifffahrt auf Niger und Kongo und die Freiheit des Handels im übereinkunftsgemäß festgelegten Kongobecken, das sich über das ganze zwischen Atlantik und Indischem Ozean liegende Zentralafrika erstreckt, anerkannt wurden. Kapitel VI der „*General-Akte der Berliner Konferenz*“ erklärte, welche wesentlichen Bedingungen zu erfüllen seien, damit „neue Besitzergreifungen an den Küsten des afrikanischen Festlandes als effektiv betrachtet werden konnten.“[94] Dabei differenzierte die völkerrechtliche Lehre nicht zwischen dem Erwerb nach Kapitel VI und dem Erwerb nach Völkergewohnheitsrecht.[95] Nach der Generalakte sollte der Erwerb nur in staatenlosem Territorium zulässig sein, wobei es jedoch keine Rolle spielte, ob es sich um Gebiet zivilisierter oder unzivilisierter Staaten handelte.[96] Auch die allgemeine Rechtsauffassung der Teilnehmer auf der Kongo-Konferenz sah von dem Erfordernis der Mitbestimmung der Eingeborenen bei der Okkupation ab. Die Akte erachtete für eine effektive Okkupation – im Gegensatz zum Völkergewohnheitsrecht - jedoch die formelle Notifikation[97] der Besetzung an die Signatarmächte für notwendig (vgl. Art. 34 der Kongoakte).[98] Weiter war erforderlich, dass eine Kolonialmacht eine ausreichende Gerichtsbarkeit errichtete bzw. eine evtl. bestehende erhielt. Sie musste alle von privaten Einzelpersonen erworbenen Rechte schützen.[99]

Auf der anderen Seite verewigte man die Doktrin des „Hinterlandes“, der zufolge jegliche an der Küste etablierte europäische Macht spezielle Ansprüche auf das Landesinnere besaß und die Grenzen ihrer Besitzungen soweit ausdehnen konnte, bis sie mit denen eines anderen Einflussbereichs zusammentrafen.[100] Von da an begann ein erbitter-

---

[90] Dahm, G., Völkerrecht, 1958, Bd. I, S. 583; Oppenheim-Lauterpacht, International Law, Vol. I, 1955, §§ 214, 226. Auch sollten solche Verträge die abschließenden Häuptlinge dahingehend binden, dass sie das vertragsmäßig zugesicherte Gebiet nicht an einen anderen Staat veräußerten. Heimburger, K., Der Erwerb der Gebieteshoheit, 1. Teil, S. 114.

[91] Lindley, M., The Acquisition, S. 141.

[92] Vgl. dazu Schildknecht, J., Bismarck, S. 29 ff.; Despagnet, F., Cours de Droit, S. 587.

[93] Vgl. Hasse, R., Wirtschaftliche Sanktionen, S. 28, Fn. 5.

[94] Schildknecht, J., Bismarck, S. 81. Vgl. Art. 34 und 35 der Generalakte (zitiert im Anhang von Schildknecht, J., a.a.O., S. 343). Sie war im Namen des Allmächtigen Gottes überschrieben und legte als Bedingung für den völkerrechtlichen Erwerb die Okkupation fest. In Art. 34 wurde von dem Erwerber verlangt, den anderen Signatarstaaten eine neue Besitzergreifung, wie auch die Protektoratsübernahme anzuzeigen, um Konfusionen zu vermeiden. Schildknecht, J., a.a.O., S. 82, S. 89; Despagnet, F., Cours de Droit, S. 602. Vgl. zu ihrem Inhalt Lindley, M., The Acquisition, S. 144 ff.

[95] Schildknecht, J., Bismarck, S. 97.

[96] Oppenheim/Lauterpacht, International Law, Vol. I, 1955, § 221, S. 555 ff.

[97] Schildknecht, J., Bismarck, S. 98 ff. Unter einer solchen versteht das Völkerrecht eine hinreichend bestimmte, formelle Erklärung eines Staates an die Regierung eines anderen Staates. Auch wenn für diese rein rechtlich nicht die Zustimmung des anderen Staates erforderlich war, so kam einer solchen eine beträchtliche politische Bedeutung zu. Lindley, M., The Acquisition, S. 292 und 300 f. Nicht zu verwechseln ist die Notifikation mit der symbolischen Besitzergreifung, welche ebenfalls konkludent eine Erklärung der Erwerbsabsicht beinhalten konnte. Schildknecht, J., Bismarck, S. 169 ff.

[98] Grewe, W., Epochen der Völkerrechtsgeschichte, S. 640; Schildknecht, J., Bismarck, S. 124; Guggenheim, P., Lehrbuch des Völkerrechts, Bd. I, 1948, S. 402; Menzel, M., Völkerrecht, 1962, S. 172.

[99] Lindley, M., The Acquisition, S. 146 f.

[100] Vgl. Cornevin, Geschichte Afrikas, S. 317 f.

ter Wettlauf der europäischen Staaten um die wirkliche Besetzung der afrikanischen Territorien, gefolgt von der Errichtung von Verwaltungsposten, sogenannte Annexionen, zur Sicherung der Gebiete.[101] Die Verträge mit den Eingeborenen oder einzelne in Europa unterzeichnete Abkommen dokumentierten dabei nur symbolisch die Besitzergreifung. Mit der Entscheidung, dass man sich vertraglich einigen würde und es nicht wert wäre, über die Gebiete in Afrika untereinander zu kämpfen, entwickelten sich diplomatische Vorgehensweisen der gegenseitigen Anerkennung im Wege vertraglicher Arrangements.[102] In völkerrechtlicher Hinsicht waren die vertraglich gewährten Einflusssphären von nur geringem Effekt, da sie lediglich politische Bedeutung und nur *inter partes*-Bindungswirkung besaßen.[103] - Exkurs Ende -

b) Vorstoß der Siedler-Pioniere

Nachdem Rhodes Freund **Leander Starr Jameson** durch seine ärztliche Betreuung Lobengulas Vertrauen gewonnen hatte, konnte er Schürfrechte für den Goldabbau erlangen, der ihm die Rekrutierung einiger hundert „Goldgräber" ermöglichte.[104] Unter seiner Führung und im Auftrag der BSAC drangen die Siedler-Pioniere (***Pioneer Column***) im Juni 1890 in das Gebiet vor.[105] Die *Shona* leisteten keinen Widerstand und versorgten die Europäer sogar mit Lebensmitteln, da sie nur an deren vorübergehenden Aufenthalt glaubten.[106] War die Invasion zunächst als friedliche Besetzung geplant, entwickelte sich diese bald aber zur gewaltsamen. Nachdem die Portugiesen und Buren bereits Anstrengungen unternommen hatten, sich selbst im *Mashonaland* niederzulassen und die *Ndebele* zu vertreiben, vollzog die BSAC mit Einverständnis des *High Commissioner* in Cape Town die Invasion.[107] Lobengula erteilte dieser halbherzig seine Zustimmung in der Überzeugung, dass die Europäer sich auch ohne diese Zutritt zu seinem Land verschaffen würden.[108] Die Siedler-Pioniere errichteten das Fort Salisbury, das heutige Harare und

---

[101] Cornevin, Geschichte Afrikas, S. 313; Bertaux, P., Afrika, S. 181 ff.; Schildknecht, J., Bismarck, S. 136.

[102] Man einigte sich, dass derjenigen Partei, die als erstes mit den einheimischen Häuptlingen Verträge schließen würde, die ausschließliche Kontrolle über das Gebiet zustehen sollte. Palley, C., The Constitutional History, S. 3. Bzgl. des zukünftigen Gebietes *Southern Rhodesia* trat Großbritannien in Vertragsverhandlungen mit Deutschland, Südafrika und Portugal, um sich die britische Einflusssphäre (*sphere of influence*) über das *Matabelereich* anerkennen zu lassen. Palley, C., a.a.O., S. 5; Hertslet, E., The Map of Africa by Treaty, Vol. III, S. 868 ff., S. 985 ff. und Vol. I, S. 265. Lindley, M., The Acquisition, S. 210 ff. Unter einer Einflusssphäre versteht man das Terrain, das einem Staat explizit mittels Verträgen zwischen verschiedenen Mächten und zur bloßen Herrschaftsausdehnung vorbehalten ist. Solche Abmachungen waren rein völkerrechtlicher Natur und begründeten keinen Erwerbstitel, sondern ein Recht zur späteren Okkupation. Vgl. Böhme, H., Die Erwerbung der deutschen Schutzgebiete, S. 16. Während es zur Zeit dieser Vertragsschlüsse Ende des 19. Jahrhunderts noch umstritten war, erkannte man im Internationalen Recht des späteren 20. Jahrhunderts ein solches Gebiet als Protektorat an, obwohl sich aus den relevanten Verträgen keine Schutz- oder Verteidigungspflichten für die erwerbende Macht ergaben. Palley, C., a.a.O., S. 11.

[103] So stellte ein solcher Vertrag lediglich eine Ankündigung dar, ein bestimmtes Gebiet erwerben zu wollen, deren Nichtbeachtung durch die anderen Kolonialmächte einen „*unfriendly act*" bedeutet hätte. Palley, C., The Constitutional History, S. 5 f; Lindley, M., The Acquisition, S. 212.

[104] Samkange, S., Origins of Rhodesia, S. 167.

[105] Vgl. Mason, P., The Birth, S. 148; Samkange, S., Origins of Rhodesia, S. 164 ff., S. 170. Rhodes lockte deren Mitglieder, indem er ihnen als Bezahlung je 3.000 – 4.500 *Acres* Land versprach, sowie 15 Anrechte auf Goldminen, sog. *Gold Claims*. Döpcke, W., Das koloniale Zimbabwe, S. 14; Blake, R., A History of Rhodesia, S. 67. Diese Großzügigkeit der BSAC führte bald zum regelrechten Ausverkauf des Landes. Vgl. Fiedler-Conradi, S., Arbeit und Recht, S. 235.

[106] Cornaro, Zimbabwe, S. 102.

[107] Zu ihrer Rechtfertigung stellten sie die *Ndebele* als blutrünstig dar, vor deren Unterdrückung die furchtsamen *Shona* zu retten waren. Mason, P., The Birth, S. 148.

[108] Dabei bestätigte der *High Commissioner* Lobengulas Eigentümerstellung und beschwichtigte ihn, dass die Männer der BSAC nur gekommen seien, um nach Gold zu suchen und dafür zu sorgen, dass niemand anderes, die von Lobengula erteilten Privilegien streitig machen werde. Vgl. Gesprächsaufzeichnungen in Samkange, S., Origins of Rhodesia, S. 217. Auch die britische Krone antwortete Lobengula, dass sie die Charter an die BSAC gegeben habe, damit diese den Frieden zwischen den *Ndebele* und den Weißen bewahren würde. Samkange, S., a.a.O., S. 234 f.; Mason, P., The Birth, S. 140 f.

hissten am 12.09.1890 den *Union Jack*, der die Inbesitznahme des Territoriums von *Mashonaland* symbolisierte.[109] Die wirkliche Inbesitznahme setzte aber voraus, dass sie auch die Staatsgewalt durchsetzen und den Frieden sichern konnten, was die Einrichtung einer Polizeimacht erforderte.[110] Am 13.04.1891 rief der *High Commissioner* aus, dass das Land nördlich und westlich der südafrikanischen Republik, westlich der portugiesischen *Dominions* und östlich des deutschen Territoriums, vollständig in die britische Einflusssphäre falle und sich jegliche Landbesetzung nach den Regeln der BSAC vollziehen würde.[111] Aus der vermeintlichen Duldung Lobengulas[112] rechtfertigte man es auch, der britischen Krone die Rechtsprechung in dem Land nach dem ***Foreign Jurisdiction Act* von 1890** zu überlassen.[113] Dieser erlaubte es dem Staat, die Eigentümerstellung über solches Land fortzuführen, welches von weißen Siedlern erobert worden war.[114]

c) Landnahme der BSAC durch die *Lippert Concession* von 1891

Um die europäischen Mächte gegeneinander auszuspielen, sicherte Lobengula dem deutschen **Edward Amandus Lippert** und dessen Agent **Edward R. Renny-Tailyour** am 22.04.1891 zu, Landtitel im europäischen Sinne innerhalb des von der BSAC beanspruchten Gebietes auf 100 Jahre vergeben zu dürfen (sogenannte **Lippert-Concession).**[115] Die Ansicht Lipperts gründete sich auf seine Erfahrungen am Witwatersrand, wo man einer Schürflizenz, wie derjenigen der BSAC, keinerlei Rechte des Schürfers an der Bodenoberfläche zuerkannte.[116] Als die sogenannte **Adendorff Konzession**[117] auftauchte, erkannte Rhodes, dass man die zunächst für unbeachtlich gehaltene Lippert-Konzession dazu nutzen konnte, der späteren Konzession ihre Wirksamkeit zu nehmen.[118] Zum Entsetzen Lobengulas kaufte die BSAC einige Monate später diese Konzession von Lippert gegen eine exorbitante

---

[109] Vgl. Rasmussen, K., Historical Dictionary, S. 25; Schmidt, B., Der Zimbabwe-Vogel, S. 53. Durch den ***Order in Council Act*** vom 09.05.1891 wurde *Mashonaland* und durch denjenigen **von 1894** (s.u. S. 17, Fn. 130) *Matabeleland* zu britischem Territorium/ Protektorat erklärt (vgl. Palley, C., The Constitutional History, S. 77 und 114), das dem Hohen Kommissar in Südafrika unterstellt wurde. In der *Order* von 1891 wurde aber auch festgelegt, dass der *High Commissioner* Rechte und Gewohnheiten der Einheimischen respektieren und sich v.a. nicht in Rechtsangelegenheiten der Afrikaner untereinander einmischen sollte, sog. „*repugnancy clause*". Mason, P., The Birth, S. 152 f., 161; Tshosa, O., National Law, S. 31. Die Absicherung des Gebietes durch diese *Order* war deswegen erforderlich, weil sich ein Souveränitätsanspruch auf das Land nur durch die tatsächliche Besetzung, d.h. die eindeutige völkerrechtliche Zuständigkeit ergeben sollte. Vgl. die Festlegung der diplomatischen Regeln für die Aufteilung Afrikas unter den Europäern in der „*General-Akte der Berliner Konferenz*" (vgl. S. 13 f.). Mit dem Austausch der *Chartered Company's Flag* zu Gunsten der ***Union Flag***, war auch nach außen hin der eigentliche Wille zur Inbesitznahme des Landes durch die BSAC zu erkennen. Samkange, S., Origins of Rhodesia, S. 243; Blake, R., A History of Rhodesia, S. 75; Böhme, H., Die Erwerbung der deutschen Schutzgebiete, S. 33.

[110] Vgl. Cornevin, Geschichte Afrikas, S. 342 f.

[111] Vgl. Mason, P., The Birth, S. 143.

[112] Diese dürfte wohl nur in der Zurückhaltung seiner Männer von Kampfaktionen zu sehen gewesen sein. Vgl. Mason, P., The Birth, S. 144; Palley, C., The Constitutional History, S. 39.

[113] Als Möglichkeiten der Krone, in legaler Weise fremdes Land zu erwerben wurden Vertrag, Gewohnheitsrecht oder Duldung bestimmt. Palley, C., The Constitutional History, S. 63 f. Der *Foreign Jurisdiction Act* resultierte in der weitgehenden Übernahme der Gesetzeslage aus der Kapregion, *Cape Statute* von 1887, aufgrund dessen bis 1971 die Landeroberung durch den ***Land and Arbitration Clauses Act*** geregelt wurde. Vgl. Tabex Encyclopedia Zimbabwe, S. 205. Die Krone konnte dabei ihre Jurisdiktion nur insoweit über Nichtbriten ausüben, als dem deren Regierung zugestimmt hatte. Eine passive Duldung sollte dafür jedoch ausreichend sein. Palley, C., a.a.O., S. 73 f., 77.

[114] Auch sah er Entschädigungsregelungen vor, die vom Staat an die einheimischen Landbesitzer zu zahlen waren. Später wurde das Gesetz durch den *Land Acquisition Act* von 1971 ersetzt. Vgl. Tabex Encyclopedia Zimbabwe, S. 205.

[115] Vgl. Mason, P., The Birth, S. 161; Lindley, M., The Acquisition, S. 320.

[116] Vgl. Samkange, S., Origins of Rhodesia, S. 236 f.

[117] Vgl. den Wortlaut bei Samkange, S., Origins of Rhodesia, S. 237, in dem Louis Adendorff 1891 von einigen Häuptlingen der Bantu-Stämme, Land zur absolut freien Verfügung und mit eigener Gerichtsbarkeit gewährt worden war.

[118] In rechtlicher Hinsicht war dies jedoch unnötig, da die Konzession Lippert nicht ermöglichte, sich auch das Eigentum an dem Land zu verschaffen. Vgl. Lindley, M., The Acquisition, S. 320.

Summe auf.[119] Nun argumentierten die Briten, dass Lobengula durch das Dokument europäisches Recht anerkenne, was ein Meilenstein für britisches Landrecht darstellen würde.[120] Im Mai 1891 übernahm London das Protektorat über *Mashonaland*, welches Ende des 19. Jahrhunderts von Lobengula anerkannt wurde.[121] Damit wurde der BSAC auch die Rechtsprechung über alle Europäer – im Mai desselben Jahres auch über die schwarzen Einwohner - in diesem Gebiet übergeben.[122]

d) Verkauf des Landes an siedlungswillige Briten und Spekulanten

Als die von Rhodes erhofften Goldfunde ausblieben, fing die BSAC an, ihre Schürfrechte immer mehr als Siedlungsgenehmigungen zu missbrauchen und stellte vom Bergbau, als ihrem eigentlichen Zweck, auf die Ansiedlung weißer Farmer in großem Ausmaße um.[123] Ab 1891 bekamen die Siedler von der BSAC eine private Besitzurkunde zusammen mit Goldabbaurechten für das Land, ohne dass dabei an die auf den dortigen Ländereien lebende Bevölkerung Rücksicht genommen wurde.[124] Dadurch, dass diese Landvergabe nur auf dem Papier stattfand, waren die Konsequenzen eines solchen Titels den Eingeborenen, die keinen privaten Landbesitz kannten, gar nicht bewusst.[125] Die dabei notwendigen Ressourcen, Farmland und billige Arbeitskräfte, wurden einerseits durch Enteignungen verfügbar gemacht,[126] wobei man diese zum einen durch fehlende Nachweisbarkeit von Rechtstiteln der Afrikaner legitimierte.[127] Zum anderen entlockte man afrikanischen Häuptlingen und Stammesvorsitzenden mit zweifelhaften Mitteln die Übertragung von Rechtstiteln, um damit ein weißes Verteilungsmonopol auf dem Land einzurichten, in dem der Kolonialstaat seinen Souveränitätsanspruch auch auf staatliches Eigentum an Grund und Boden ausdehnte.[128]

---

[119] Blake, R., A History of Rhodesia, S. 94 f.

[120] Rasmussen, K., Historical Dictionary, S. 152.

[121] *South African Order in Council* vom 09.05.1891. Vgl. Tshosa, O., National Law, S. 31; Goldin/ Gelfand, African Law, S. 4. Siehe oben Fn. 105; Loney, M., Rhodesia, S. 35. In der neueren Zeit der britischen Kolonialzeit wurde ein Protektorat errichtet, um zu einem späteren Zeitpunkt die Kolonie in das eigene *Dominion* einzuverleiben. Lindley, M., The Acquisition, S. 182, 204.

[122] Loerzer, S., Zimbabwe, S. 77; Lindley, M., The Acquisition, S. 204; Blake, R., A History of Rhodesia, S. 100 f.

[123] Dies v.a. auch um durch den Verkauf von Land- und Bergbaurechten, sowie den Aufbau einer weißen Siedlerschicht, ihre Investitionen wieder hereinzubekommen und um nach dem Börsenkrach von 1903 (siehe S. 16 f.) rentabel zu bleiben. Vgl. Ripken/ Krämer-Prein, Zimbabwe, S. 29; Sauerwein, A., Mission und Kolonialismus, S. 86; Minter, W., Zur Geschichte eines Konflikts, S. 7.

[124] Otzen, U., Die Geschichte der Enteignung; Christopher, A., Land Tenure in Rhodesia, S. 40.

[125] Vgl. Fiedler-Conradi, S., Arbeit und Recht, S. 233.

[126] Die Landenteignungen fanden in den fruchtbarsten Gegenden statt und führten zu Zwangsumsiedlungen der urspr. ansässigen Bevölkerung in abgelegenere, oft unfruchtbare und v.a. schlecht bewässerte, sowie malaria- und tsetseverseuchte Gebiete. Den weißen Farmern kam dadurch, dass sie sich auf den gut bewässerten Gebieten niederlassen konnten, in deren Nähe sich die in der Entstehung befindlichen heutigen Großstädte und der Zugang zu den internationalen Märkten befanden, ein erheblicher Wettbewerbsvorteil zu. Vgl. Marx, C., Das Erbe kolonialer Landverteilung.

[127] Die Arbeitskräfte verpflichtete man durch eine Politik gewaltsamer Repression mit teilweise exzessiven Formen von Zwangsarbeit. Noch wirksamer war allerdings die Einführung einer Steuer, was für die Afrikaner bedeutete, dass sie sich das Geld für die Steuerentrichtung als Arbeitskräfte bei den Weißen verdienen mussten. Die andere Möglichkeit für die Afrikaner, nämlich die eigene Produktion zu erhöhen, um dadurch die Steuern zu erwirtschaften, wurde durch zahlreiche Maßnahmen erschwert, die dem ansonsten kaum lebensfähigen weißen Farmsektor, wie ein nach innen gerichteter Protektionismus die schwarze Konkurrenz fernhalten sollte. Vgl. Marx, C., Das Erbe kolonialer Landverteilung.

[128] Als das BSAC-Regime immer mehr zur kolonialstaatlichen Herrschaft wurde, setzte man das staatliche Souveränitätsprinzip und damit ein uniformiertes Recht des Staates an allem Land durch. Vgl. Marx, C., Das Erbe kolonialer Landverteilung.

e) Weitere Landnahme nach der Niederlage der *Ndebele* und *Shona*

Der BSAC kam es immer mehr auf die Ausweitung ihres Gebietes auch in das *Matabeleland* an,[129] insbesondere, um die gefallenen Aktienkurse des Konzerns an der Londoner Börse wieder in die Höhe zu treiben. Wiederum unter Jameson marschierten am 12.09.1893 Truppen in das *Matabeleland*, um angeblich die *Shona* zu beschützen.[130] Die siegreichen Briten teilten das Land der Afrikaner unter sich auf, indem sie das meiste Land *de jure* enteigneten, verteilten das Vieh der *Ndebele* als Kriegsbeute unter sich und unterdrückten die Afrikaner mit drakonischen Strafen und Steuern, wie der Hüttensteuer.[131] Somit waren nach dem Ende des Krieges die Souveränitätsrechte der Gesellschaft auf das gesamte Gebiet zwischen Limpopo und Sambesi ausgedehnt.[132] Doch auch *Matabeleland* stellte sich als eine Enttäuschung für die Goldsucher heraus, da Gold nur an vereinzelten Stellen mit hohen Investitionskosten abzubauen war.[133]

Mit der *Matabeleland Order in Council*[134] vom 18.07.1894 wurde den Afrikanern das Recht verbrieft, in allen Teilen der Kolonie – außer den Reservaten – Land zu kaufen, was allerdings in der Praxis meist verhindert wurde.[135] Um die *Ndebele* nicht völlig zu vertreiben, wurde eine Landkommission der britischen Regierung zur Landverteilung eingesetzt, die in agrarwirtschaftlich schlechten Gebieten, welche die Weißen nicht besiedeln wollten, zwei Reservate mit einer Größe von insgesamt 6.500 *Square Miles* schuf.[136] In den Reservaten sollten weder die Afrika-

---

[129] Das *Mashonaland* wies eine geringere Menge an Gold als erwartet auf und die BSAC setzte daher alle Hoffnungen auf das *Matabeleland*. Vgl. Samkange, S., Origins of Rhodesia, S. 240; Fiedler-Conradi, S., Arbeit und Recht, S. 119.

[130] Sog. *Ndebele-Krieg*. Um einen Kriegsgrund für den beabsichtigten Einmarsch zu erhalten, nahm die Gefolgschaft der BSAC einen Diebstahl von *Shona*-Vieh durch die *Ndebele* und die Nichteinhaltung einer Grenzlinie zu den Europäern zum Vorwand. Vgl. Comaro, Zimbabwe, S. 102; Blake, R., A History of Rhodesia, S. 106 ff. Provoziert durch die Ermordung der Gesandten Lobengulas, kam es schließlich zu dem erwünschten brutalen Krieg, in dem die *Ndebele* angesichts der übermächtigen Schießkraft der europäischen Gewehre keine Chance hatten; so soll es auf ihrer Seite zu 15.000 Toten gekommen sein, auf Seiten der Briten nur zu wenigen. Vgl. Samkange, S., Origins of Rhodesia, S. 252 ff.; Schmidt, K. J., Der Weg nach Zimbabwe, S. 197; Ripken/ Krämer-Prein, Zimbabwe, S. 29. Als Belohnung sollten sich die freiwilligen europäischen Teilnehmer der Invasion eine Farm von 6.000 *Acres* in jedem beliebigen Teil von *Matabeleland* aussuchen dürfen. Weiter wurden ihnen Bergbaurechte und ein Anteil an der zu erzielenden Beute in Aussicht gestellt. Minter, W., Zur Geschichte eines Konflikts, S. 6; Samkange, S., a.a.O., S. 249; Mason, P., The Birth, S. 173: sog. **Victoria Vereinbarung**.

[131] Ripken/ Krämer-Prein, Zimbabwe, S. 29. Nach der blutigen Niederlage der Afrikaner errichteten die Briten sogenannte ***Native Affairs Departments*** mit Überwachung durch *Native Commissioners*, die für die Eintreibung der Steuern und Rinder zuständig waren. Schmidt, B., Der Zimbabwe-Vogel, S. 54. Durch diese wurden die Einheimischen oft in schikanösester Weise behandelt. Vgl. die Aussagen Betroffener bei Sauerwein, A., Mission und Kolonialismus, S. 207 f.

[132] Die BSAC etablierte ein weißes Kolonialregime aus dem vereinigten Territorium von *Mashona-* und *Matabeleland*, das ab 1895 zu Ehren von Cecil Rhodes den Namen „*Rhodesien*" erhielt und schließlich 1898 von der britischen Regierung anerkannt wurde. Vgl. Bertaux, P., Afrika, S. 192 f.; Blake, R., A History of Rhodesia, S. 114. 1897 wurde die Bezeichnung *Northern Rhodesia* (das heutige Sambia) und *Southern Rhodesia* (für das heutige Zimbabwe) eingeführt. Vgl. Loerzer, S., Zimbabwe, S. 80.

[133] Döpcke, W., Das koloniale Zimbabwe, S. 15.

[134] Einer Proklamation, mit der festgelegt wurde, dass den Afrikanern, soweit sie in den Bereichen Alkohol, Waffen, Munition, Recht auf Land und Hüttensteuer der britischen Gerichtsbarkeit unterfielen, die gleichen Rechte wie den Europäern eingeräumt werden sollten. Auret, D., A Decade of Development, S. 68; Schmidt, W., Rhodesien, S. 35. V.a. aber wurde der *Company* gewährt, dass sie anstelle der Krone das Gebiet gemäß der in der *Charta* festgelegten Regeln regieren durfte. Palley, C., The Constitutional History, S. 114.

[135] Zuvor wurde der *Company* in einer Vereinbarung mit Großbritannien vom 24.05.1894 die Verwaltung über *Mashona-* und *Matabeleland* übertragen. Vgl. Palley, C., The Constitutional History, S. 114. Als „Eroberer" betrachtete sich Großbritannien legitimiert, den verfassungsrechtlichen Status des Landes zu bestimmen und das Recht des „eroberten" Gebietes zu verändern. Palley, C., a.a.O., S. 110. Hins. des Landes erkannte das *Council* die von der *Company* vor dem Krieg gegenüber den Siedlern garantierten Gebiete an. Da die genaue Übertragung der verwaltungsrechtlichen Befugnisse der *Company* nicht festgelegt wurden, konnte diese handeln, als stünde ihr die Eigentumsverleihung sogar über das von den Afrikanern besiedelte Land zu. Tshuma, L., A matter of (in)justice, S. 16. Bei Streitigkeiten der Afrikaner untereinander sollte jedoch deren Gewohnheitsrecht Anwendung finden. Goldin/ Gelfand, African Law, S. 8.

[136] Die von Administrator Jameson in dem vertraulichen Victoria-Dokument jedem einzelnen Soldaten als Lohn versprochenen 6.000 *Acres* im *Matabeleland* - neben den obligatorischen Abbaurechten – beliefen sich bei über 670 Soldaten auf ungefähr 40.000.000 *Acres*. Durch Artikel 14 der ***Royal Charta*** war die *Company* jedoch verpflichtet geeignete Vorkehrungen zu treffen, um die Rechte der Einheimischen bzgl. des Zugangs zum Land zu gewähren, bevor das Land in die Hände der Europäer gegeben werden konnte. Mason, P., The Birth, S. 185; Floyd, B., Changing Patterns, S. 69; Rasmussen, K., Historical Dictionary, S. 66. Daher wurden die Reservate am *Gwaai River* und am *Shangani* geschaffen, die

ner noch die Europäer Land erwerben dürfen, sondern das traditionelle Landrecht herrschen.[137] Die einheimische Bevölkerung weigerte sich jedoch, in diese Reservate umzusiedeln, die ihnen wie Gefängnisse erschienen und blieben stattdessen als „*Squatter*"[138] auf ihrem Land, das von Gesetzes wegen zu individuellem Eigentum weißer Farmer wurde.[139] Um sich gegen die vorherrschende Zwangsarbeit, die gewaltsame Umstrukturierung ihrer Gesellschaft und den Landverlust durch die Weißen zu wehren, kam es nur zwei Jahre später im März 1896 zur Revolte der Unterdrückten (sogenannter ***Erster Chimurenga*, Volksaufstand**),[140] die nach einem Kriegsjahr niedergeschlagen werden konnte.[141] Zu diesem Zeitpunkt hatten sich mittlerweile bereits etwa 11.000 Europäer im Gebiet des heutigen Zimbabwes niedergelassen.[142]

Erst in der Spätzeit des Hochkolonialismus wurden völkerrechtliche Bestimmungen zum Schutze der farbigen Bevölkerung entwickelt, um Missbräuchen der schrankenlosen Kolonialherrschaft zu begegnen. Auf der Berliner Kongo-Konferenz von 1885 wurde durch Art. 6 (1) der Kongo-Akte eine Völkerrechtspflicht begründet, „die Erhaltung der eingeborenen Bevölkerung und die Verbesserung ihrer sittlichen und materiellen Lebenslage zu überwachen" und die religiöse Duldung und Gewissensfreiheit zu gewährleisten.[143] Mit der Errichtung einer *Land Commission* - jedoch nur für das *Matabeleland* - beabsichtigte man, die Interessen der Afrikaner durch Zuteilung von ausreichend landwirtschaftlich tauglichem Farm- und Weideland zu schützen.[144] Nicht geschützt wurde jedoch die Erhaltung der einheimischen Rechtsordnung, die somit zur Disposition der Kolonialmächte stand. Da dies insbesondere für die Eigentumsverfassungen der kolonisierten Völker galt, war es völkerrechtlich den kolonisierenden Völkern freigestellt, Land und Boden den einheimischen Nutzern wegzunehmen und für ihre eigene Ausbeutung zu verwenden.[145]

---

zuvor nicht besiedelt worden waren, weil sie eine sehr schlechte Boden- und Wasserqualität aufwiesen und teils durch Tsetsefliegen verseucht waren. Loerzer, S., Zimbabwe, S. 80; Christopher, A., Land Tenure in Rhodesia, S. 40 f.

[137] Palmer, R., Land and Racial Domination, S. 61.

[138] Der Begriff stellt nach dem ideologische gefärbten Sprachgebrauch einen schwarzen Siedler ohne Rechtstitel dar oder einen solchen auf regierungseigenem Land, der sich darauf illegal ohne ausreichende Erlaubnis aufhält, wohnt oder arbeitet. Vgl. Bismarck, J., Wiedergutmachung, S. 87.

[139] Vgl. Blake, R., A History of Rhodesia, S. 116.

[140] Auslöser waren v.a. die Landenteignungen und die Dezimierung der Rinderherden, als eine Rinderpest sowieso schon für große Verluste bei den Afrikanern gesorgt hatte. Dazu kamen Dürren, sowie Maßnahmen zur Errichtung eines Kolonialstaates, der auch den Zugang zu Land unter seine Kontrolle nahm. Vgl. Marx, C., Das Erbe kolonialer Landverteilung. Für die Afrikaner stellten sich diese Ereignisse als „Verärgerung" ihrer Ahnen dar, denen „ihr Boden" durch die weißen Eindringlinge streitig gemacht wurde. Sauerwein, A., Mission und Kolonialismus, S. 99 f. Als Jameson mit einer Armee die Krüger-Regierung in Südafrika angriff, sog. **Jameson Raid**, um die britische Vorherrschaft v.a. über die Witwatersrand - Goldfelder zu gewinnen (vgl. dazu Jaenecke, H., Die weißen Herren, S. 112 ff.), nutzten daher die *Ndebele* die Chance und organisierten 1896 eine Belagerung der Siedler in Bulawayo, der sich die *Shona* anschlossen. Loerzer, S., Zimbabwe, S. 80; Ruprecht, R., Kolonialzeit, S. 3. Zu den Details der Rebellion vgl. Blake, R., A History of Rhodesia, S. 123 ff.

[141] Von den Afrikanern als Guerillakrieg geführt, wurde er erst durch eine Politik der sog. verbrannten Erde mit Einsatz von Dynamit beendet. Auch wenn sich damit die Weißen als Herrscher durchsetzen konnten, so führte es zumind. auch dazu, dass die Willkürherrschaft beendet und ein geordnetes Verwaltungssystem eingerichtet wurde. Vgl. Döpcke, W., Das koloniale Zimbabwe, S. 16. Als direkte Folge der Niederlage wurde jedoch das Vieh der Afrikaner beschlagnahmt und ihr Land an die Pioniere verteilt. Niemann, R., Von Rhodesien zu Zimbabwe, S. 29.

[142] Vgl. Otzen, U., Die Geschichte der Enteignung.

[143] Dölle, H., Internationalrechtliche Betrachtungen, S. 19. Vergleichbare Schutzbestimmungen wurden in Art. 2 des *Brussels Act*, sowie in Art. 11 der *Convention of St. Germain*, welche die Anforderungen der Kongo-Akte auf alle afrikanischen Territorien ausdehnte, festgelegt. Lindley, M., The Acquisition, S. 333 ff.

[144] Palley, C., The Constitutional History, S. 118.

[145] Dölle, H., Internationalrechtliche Betrachtungen, S. 19 f. Man vertrat auch die Ansicht, dass man den Eingeborenen, die riesige Flächen für die Jagd und Viehweide verwendeten, einen Teil zur produktiveren Nutzung wegnehmen durfte; vorausgesetzt, diesen blieb noch ausreichend Land für ihren Lebensunterhalt. Vgl. Lindley, M., The Acquisition, S. 340, 342. Siehe die *Matabele Order in Council*, oben S. 17, Fn. 130.

f) Die *(Southern Rhodesia) Native Reserves Order in Council* vom 20.10.1898

Nach dem Sieg der Okkupatoren begannen die Siedler,[146] die nun mehr und mehr ins südliche Afrika strömten, endgültig von dem Boden Besitz zu ergreifen. Sie kauften das Land von der BSAC, gründeten erste Städte und Farmen und begannen das Land durch Eisenbahn und Straßen zu erschließen,[147] um den Abtransport der Bodenschätze zu ermöglichen, so dass in nur wenigen Monaten nach der Niederlage, fast das gesamte Kernterritorium der *Ndebele* in die Hände der Weißen übergegangen war. Noch diente das Land vorwiegend dem Abbau von Bodenschätzen und der Spekulation.[148] Die ***(Southern Rhodesia) Native Reserves Order in Council***[149] wiederholte noch einmal das Prinzip von 1894, nach dem als erstes die Bedürfnisse der Afrikaner zu stillen waren[150] und übertrug der BSAC-Verwaltung die Verantwortung, auch den Afrikanern Land zuzuteilen.[151] Dabei fungierten die *Chiefs* als Regierungsbeamte, die für das Verhalten ihrer Stammesangehörigen verantwortlich waren.[152] Die Einheimischen wurden zwangsweise in die 102 eigens für sie vom *Native Affairs Department* gegründeten Reservate, die weit entfernt von den Siedlungen der Weißen lagen, unter Verantwortung von *District Commissioners* eingewiesen.[153] Das Eigentum in den Reservaten fiel der *Company* in Eigenschaft des Kolonialstaates zu, da den Afrikanern Eigentumsrechte in den *Communal Lands* verweigert wurden.[154] Auch wenn nur wenige Afrikaner dazu im Stande waren, so konnten sie gemäß der *Order in Council* von 1898 außerhalb der Reservate überall Land erwerben.[155]

---

[146] Sie kamen aus den Gebieten des britischen Empires, aus Amerika und Europa. Während die Verwaltungsbeamten der BSAC zumeist aus Großbritannien rekrutiert wurden, gab es auch Buren aus Südafrika. Sauerwein, A., Mission und Kolonialismus, S. 129.

[147] Loerzer, S., Zimbabwe, S. 80. Bedeutsam waren dabei v.a. die großen Eisenbahnlinien von Südafrika durch das Protektorat Betchuanaland nach Bulawayo (1897) und von Beira in Mosambik nach Umtali und Salisbury (1899), die erheblich zur wirtschaftlichen Erschließung des Landes und zur Stärkung der Truppen beitrugen. Vgl. Ruprecht, R., Kolonialzeit, S. 3.

[148] Vgl. Palmer/ Parson, The Roots, S. 227; Reichert, C., Das neue Zimbabwe, S. 37.

[149] Veröffentlicht am 25.11.1898, stellte sie glz. die erste Verfassung Südrhodesiens dar. Goldin/ Gelfand, African Law, S. 8 f.

[150] Dabei betonte die *Council*, dass jeglicher zivile Rechtsstreit zwischen Afrikanern nach ihrem Gesetz und dem Gewohnheitsrecht zu regeln war. Vgl. § 3 (1) der *Council*: „*Notwithstanding the provisions of Article 49 of the Southern Rhodesia Order in Council 1898, in the determination of any civil case between natives by any court of law, decisions shall be in accordance with native law and custom, but if native law and custom is inapplicable to the cause or matter before the court (a) any court of law other than a native court shall determine the case in accordance with the law of the Colony; (b) a native court shall state all proceedings in the case to the Native Commissioner of the district for decision or transfer to a court of competent jurisdiction.*" Bennett, T., Customary Law, S. 69. Gemäß § 80 der *Southern Rhodesia Order in Council* von 1898 konnte die britische Regierung rhodesische Gesetzesakte ablehnen, wenn durch diese die Rechte der Einheimischen diskriminierend beschnitten wurden. Allerdings wurden der rhodesischen Regierung bereits die wichtigsten Elemente einer Selbstregierung und ein teilweiser selbstgewählter Rat (*Legislative Council*), bei dem das Wahlrecht von den Vermögensverhältnissen abhing, zugestanden. Vgl. Hasse, R., Wirtschaftliche Sanktionen, S. 28.

[151] Vgl. § 81 der Order in Council, der von der Company forderte: „to assign to the natives inhabiting Southern Rhodesia, land sufficient for their occupation whether as tribes, or portions of tribes, and suitable for their agricultural and pastoral requirements, including in all cases a fair and equitable proportion of springs or permanent water." Zitiert nach Floyd, B., Changing Patterns, S. 70; Mason, P., The Birth, S. 218: „no conditions, disabilities or restrictions shall, without the previous consent of a Secretary of State, be imposed upon natives by Ordinance which do not equally apply to persons of European descent, save in respect of the supply of arms, ammunition, and liquor." Vgl. § 80 der Order in Council.

[152] Palley, C., The Constitutional History, S. 139 f.

[153] Bis 1913 wurden insges. 104 Reservate geschaffen, die den heutigen *Communal Areas* entsprechen. Schmidt, B., Der Zimbabwe-Vogel, S. 71; Ripken/ Krämer-Prein, Zimbabwe, S. 30; Christopher, A., Land Tenure in Rhodesia, S. 41 f.

[154] Tshuma, L., A matter of (in)justice, S. 19 f.

[155] § 83 der *Council* lautete: „*a native may acquire, hold, encumber and dispose of land on the same conditions as a person who is not a native…*". Zitiert nach Ndlela, D., Dualism, S. 76; Zachrisson, P., An African Area in change, S. 228 f.; Christopher, A., Land Tenure in Rhodesia, S. 42.

2. 1908 – 1930: Entwicklung der Siedlungskolonie und der *Land Apportionment Act* von 1930

a) Systematische Besiedlungspolitik durch die *Native Reserve Commission*

Als es 1903 an der Londoner Börse nach dem Bekanntwerden der fehlerhaften Einschätzung der vorhandenen Bodenschätze zum Einbruch der BSAC-Aktien kam, begann die *Company* gezielt die landwirtschaftliche Besiedlung zu fördern.[156] Mit fünfzehn „*Gold Claims*“, einer Farm von etwa 3.000 *Acres* und Vieh, beides von den Einheimischen konfisziert, wurde versucht Siedler zu locken und die Farmwirtschaft systematisch zu fördern.[157] Aufgrund der Zunahme der weißen Siedler entstand das Problem zunehmender Landknappheit, da sich infolge der Spekulationspolitik viel Land in Händen abwesender *Landlords* befand.[158] 1914 wurde daher die *Native Reserve Commission* eingesetzt,[159] die dabei die wesentlichen Aufgaben der *Chiefs* übernahm, sich näher mit den etwa 100 Reservaten zu beschäftigen.[160] Während die auf deren Empfehlungen beruhenden Gesetze zum Schutz der einheimischen Bevölkerung vorgesehen waren (wie auch die *Order in Council* von 1894 und 1898),[161] verfolgte man seit dem Bericht der *Carter Commission* von 1925 die rassische Segregation, um auf der Rasse beruhende Reibungen zu vermeiden.[162] Daher wurden die Schutzvorschriften abgeschafft, die den Afrikanern angemessenes Land für die Landwirtschaft garantierten, und es siedelten sich stattdessen etwa 2.000 weiße Siedler auf den besten Landteilen an.[163] Als Hindernis sah die Kommission auch die althergebrachte Stammespacht (*Tribal Tenure of Land*), bei der die Bauern nur das Land bewirtschaften, welches ihnen der *Chief* zugeteilt hatte und auf dem mangels Eigentümerstellung kaum Investitionen vorgenommen wurden. Die weißen Farmer dagegen bekamen Subventionen und Kredite vom Staat und verfügten über eine ausgebaute Kommunikations- und Marketinginfrastruktur.[164]

---

[156] Loerzer, S., Zimbabwe, S. 80; Sauerwein, A., Mission und Kolonialismus, S. 130. Damit wurde der Boden für die „Rhodesische Siedlerkolonie“ geschaffen, und es begann nach 1908 bis 1914 eine Periode der sog. weißen landwirtschaftlichen Politik („*white agricultural Policy*“). Vgl. Palmer/ Parson, The Roots, S. 230 ff. Dies stellte den Unterschied zu der früheren reinen Extraktionskolonie dar. Biermann, W., Rhodesien, S. 19 ff., 34 ff.

[157] Kapungu, L., Rhodesia, the Struggle for Freedom, S. 4; Comaro, Zimbabwe, S. 105.

[158] Reichert, C., Das neue Zimbabwe, S. 37.

[159] Vgl. dazu Palley, C., The Constitutional History, S. 179 f.; Zachrisson, P., An African Area in change, S. 229; Lindley, M., The Acquisition, S. 343.

[160160] Da die ausgedehnte Landpolitik mehr Land forderte, erschien es am Einfachsten die Reservatgröße zu limitieren. Die Kommission entschied, dass ein „*indefeasible right could not be conceded to every unborn native to live on the soil and by the primitive and wasteful methods of cultivation practised by his forefathers*.“ Zitiert bei Blake, R., A History of Rhodesia, S. 200.

[161] Nach Expansion und Jahrhundertwende setzte ein Prozess der vermehrten Verfestigung der eroberten Gebiete ein, da man einen kontinuierlichen auf Interessenausgleich beruhenden Güteraustausch zwischen den kolonisierten Staaten und den Kolonialmächten bezweckte. Auch entstand nach dem Burenkrieg ein sozialistischerer Imperialismusgedanke in England, unterstützt von Revolutionen in China, Russland, Indien, Indochina und Indonesien. V.a. durch Präsident Wilsons 14-Punkte berief man sich auf das Selbstbestimmungsrecht, was sich gegen die Kolonialmächte richtete. Die Kolonialverwaltung sollte im Interesse der einheimischen Bevölkerung erfolgen und sich nach den Bestimmungen internationaler Organisationen richten. Vgl. Albertini v., R., Dekolonisation, S. 14 f.

[162] Vgl. Garbett, K., The Land Husbandry Act, S. 189; Christopher, A., Land Tenure in Rhodesia, S. 43. Die Zeit von Angst und Hass nach der afrikanischen Rebellion saß noch tief in der weißen Bevölkerung, die daher eine Trennung anstrebte. Blake, R., A History of Rhodesia, S. 160.

[163] Dies wurde verstärkt durch Zwangsumsiedlungen der Einheimischen in die Reservate erreicht. Zachrisson, P., An African Area in change, S. 231; Fiedler-Conradi, S., Arbeit und Recht, S. 255 ff. Mit der *Order in Council* von 1920 wurden 83 Reservate auch rechtlich anerkannt, die zum ausschließlichen Nutzen der einheimischen Bevölkerung ins Leben gerufen worden waren. Vgl. Floyd, B., Changing Patterns, S. 79.

[164] Durch Enteignung und Steuererhebung wurden die ärmsten Bauern, die nicht genügend „*cash crops*“ anbauen konnten zur Lohnarbeit gezwungen, so dass eine neue Klasse, die der Arbeiter entstand. Zerstört wurde jedoch weitgehend die Autonomie und Grundlage der vorkolonialen regierenden Klasse und der Händler und Handwerker. Vgl. Kreile, R., Zimbabwe, S. 17 ff. V.a. i.R.d. Weltwirtschaftskrise der 20er Jahre unterstützte die südrhodesische Regierung mit massiver staatlicher Finanzhilfe den Agrarsektor der Weißen. Döpcke, W., Das koloniale Zimbabwe, S. 93.

Abb.: Tabelle der Landverhältnisse von 1914[165]

Vor Beginn des Ersten Weltkrieges stellte sich die Landstatistik wie folgt dar:

Bevölkerungsgruppe	Acres:
Afrikaner	24.000.000
BSAC	48.000.000
Individuelle weiße Siedler	13.000.000
Andere private Gesellschaften	9.000.000

Die Bevölkerungszahl gliederte sich folgendermaßen auf:

Afrikaner	836.000 = 96,8 % der Gesamtbevölkerung
Weiße	28.000 = 3,2 % der Gesamtbevölkerung

Mit der bahnbrechenden gerichtlichen Entscheidung des *Privy Council* vom 29.07.1918 über die Eigentumsverhältnisse des noch nicht veräußerten Landes, wonach dieses zum Eigentum der britischen Krone erklärt wurde,[166] ließ das Interesse der BSAC am heutigen Zimbabwe allmählich nach, und die Siedler verlangten das Auslaufen der *Royal Charta*.[167] Zum 01.01.1923 beendete London die Herrschaft der BSAC zugunsten eines eigenständigen „*Responsible Government*,“[168] annektierte Südrhodesien als neue Kolonie und gab dieser die Verfassung vom 01.09.1923.[169] Gemäß Paragraph 43 dieser Verfassung durften Afrikaner Land zu denselben Konditionen wie Eu-

---

[165] Erstellt nach den Angaben von: *Land Issue- Fact Sheet*, der Regierung von Zimbabwe, unter http://www.zim.gov.zw/; besucht am 11.08.2004.

[166] Vgl. Wurst, D., Der Schutz des Grundeigentums, S. 94. Das *Council* sah die Lippert-Konzession mangels erfüllter Gegenleistung durch die *Company* als ungültigen Besitztitel an. Auch habe nicht die *Company* das Land durch die Eroberung von 1893 erworben, da diese alleine im Namen der britischen Krone erfolgt war. Mit Ausnahme der *Native Reserves* und öffentlicher Gebäude, wurde danach die Eigentumsstellung auf die neue südrhodesische Regierung übertragen. Vgl. Palmer, R., Land and Racial Domination, S. 133 f. Im übrigen gab es zu jener Zeit keine derartige Rechtspraxis, nach der die Kolonialgesellschaften Inhaber von Souveränität und damit zum völkergewohnheitsrechtlichen Erwerb im Stande gewesen wären. Schildknecht, J., Bismarck, S. 143.

[167] Vgl. Hasse, R., Wirtschaftliche Sanktionen, S. 29. In dem am 27.10.1922 abgehaltenen Referendum stimmten 8.774 Wähler entgegen dem Wunsch des Mutterlandes für die Selbstregierung, d.h. für Nationenwerdung der Kolonie auf Basis seiner eigenen Kultur. Vgl. Loerzer, S., Zimbabwe, S. 81; Ruprecht, R., Kolonialzeit, S. 3; Blake, R., A History of Rhodesia, S. 187 ff. Dazu zahlte die britische Regierung der BSAC für ihr Abtreten £ 2.000.000. Vgl. Blake, R., A History of Rhodesia, S. 206.

[168] Morvay, W., Decolonization, S. 977. Gemäß des *Durham-Reports* von 1839 sollte Großbritannien dem Anspruch auf *Self-Government* der britischen Siedlergemeinschaft nachkommen und auf den *Dominionstatus* der Siedler hinarbeiten. Albertini v, R., Dekolonisation, S. 175 f. 1924 wurde das Gebiet von Südafrika getrennt, und als „Südrhodesien“ bekam es den Sonderstatus einer von den weißen Siedlern selbst regierten Kolonie mit innerer Selbstverwaltung im britischen *Commonwealth*, einer Vorstufe zum *Dominionstatus*. Vgl. Schümperli, W., Die Vereinten Nationen, S. 103. Der Sonderstatus zeichnete sich dadurch aus, dass die Verantwortung für die auswärtigen Angelegenheiten und die Verteidigung bei der britischen Regierung lag, während bzgl. der Wahrung der Interessen der afrikanischen Bevölkerung und der Reservatrechte, des Ausbaus der Verkehrswege und der Wirtschaft, sowie bzgl. einer Verfassungsänderung britische Vorbehaltsrechte bestanden, die Großbritannien jedoch kaum wahrnahm. Vgl. Schramm, E., Völkerrechtliche Aspekte, S. 6. Die anderen Kolonien, wie *Nordrhodesien* (das heutige Sambia) und *Njassaland* (heute Malawi), waren britische Protektorate und der Krone als Treuhandschaftsgebiete anvertraut. Vgl. Bertaux, P., Afrika, S. 301; Albertini v., R., a.a.O., S. 101 ff.

[169] Vgl. Reynolds, T./ Arturo, A., Foreign Law-CD, Zimbabwe, S. 1. Zu Details vgl. Palley, C., The Constitutional History, S. 215 ff. Die Ursprünge der zimbabwischen Verfassung liegen bereits in der von Rhodes erhaltenen *Royal Charta*, die der BSAC legislative, gerichtliche und finanzielle Befugnisse im *Mashonaland* übertrug und in der *Order in Council*, die ihr das Verwaltungsrecht auch für das *Matabeleland* gewährte. Durch die *Southern Rhodesia Order in Council* wurde 1898 ein „*Legislative Council*“ errichtet, welches die Befugnis erhielt Verordnungen für Sicherheit und Frieden zu erlassen. Die Kontrolle über die Afrikaner wurde geteilt zwischen *Company*, *High Commissioner* und *Colonial Office*. Tabex Encyclopedia Zimbabwe, S. 85.

ropäer besitzen und kaufen,[170] was jedoch bald durch den *Land Apportionment Act* von 1930 abgeschafft wurde.[171] Die weiße Farmerorganisation befürchtete, dass mit der Zeit immer mehr Land an die Afrikaner verkauft werden würde und plädierte daher dafür, alle Eingeborenen, die noch immer auf „*unalienated*", d.h. auf nicht den Europäern verkauftem Land lebten, in Reservate zu schicken.[172]

Zunächst hatten die Ergebnisse der eingesetzten Landkommissionen die Einführung der *Land Apportionment Bill* von 1929 zur Folge, die eine Aufteilung der Kolonie in Gebiete für Europäer und Afrikaner im Auge hatte und durch den *Land Apportionment Act* von 1930 gesetzlich umgesetzt wurde.[173]

Mit der Kolonisierung begann auch die Geschichte der ausländischen Investitionen. Zunächst nur durch die BSAC, die ihre Aktivitäten weiter auf die Landwirtschaft und das Handwerk ausdehnte, dann aber auch durch Interessen neuer Gruppierungen aus Großbritannien, Südafrika und den USA.[174] Durch die Änderung der BSAC-Politik kam es nicht nur zu Kapitalinvestitionen in die Landwirtschaft, sondern es bildete sich auch nationales Kapital, das mit den Siedlern als Kapitalbesitzern ins Land gekommen war.[175] Insbesondere nach dem Ersten Weltkrieg verankerte sich ausländisches Kapital, das durch eine niedrige Lohnpolitik und eine gute Verkehrsinfrastruktur angezogen wurde, fest in der zimbabwischen Wirtschaft.[176] Insgesamt war die britische Kolonisation gekennzeichnet von kommerziellen Zielen und strebte daher – anders als beispielsweise die Franzosen im Rahmen ihrer Kolonialpolitik - nach der direkten Verwaltung der Kolonie.[177] So gewährte Großbritannien seinen Kolonien grundsätzlich ein Maximum an Autonomie und überließ es den großen Handelskompanien, wie der BSAC – ausgestattet mit einer Charta und Privilegien - in der Kolonie vorzugehen.

---

[170] Loerzer, S., Zimbabwe, S. 82. In der Praxis wurde dies jedoch meist verweigert. Vgl. Tabex Encyclopedia Zimbabwe, S. 206; Rasmussen, K., Historical Dictionary, S. 67, 146. So waren im Jahre 1925 lediglich 14 Farmen an Afrikaner verkauft worden. Vgl. Palmer, R., Land and Racial Domination, S. 135.

[171] Rasmussen, K., Historical Dictionary, S. 146.

[172] Mason, P., The Birth, S. 265. Aus Angst der Europäer vor Konkurrenz und um selbst über das beste Land verfügen zu können, wurde daher die Mehrheit der schwarzen Bevölkerung mittels einer starken Erhöhung der Pachtgebühr (oder der *grazing* bzw. *dip fees*) in die peripher gelegenen 174 landwirtschaftlich kaum tragfähigen „Reservate", die *Native Reserves* (später *Tribal Trust Lands*, heute *Communal Lands)* zwangsumgesiedelt. Minter, W., Zur Geschichte eines Konflikts, S. 9; Döpcke, W., Das koloniale Zimbabwe, S. 233 f. Es wurden Segregationsmaßnahmen nach südafrikanischem Vorbild festgeschrieben. Im Unterschied zu den südafrikanischen Buren waren die Südrhodesier allerdings prinzipiell bereit, die Afrikaner an den Früchten der europäischen Zivilisation zu beteiligen, gemäß den Worten von Cecil Rhodes: „Gleiche Rechte für alle zivilisierten Menschen." Pabst, M., Simbabwe, S. 44. I.R.d. Politik des Premierministers Godfrey Martin Huggins, der die regierende *Rhodesian Party* mit der *Reform Party* zur *United Party* vereinigte, wurde eine „parallele Entwicklung" der beiden Rassen verfochten, sog. „Zwei-Pyramiden-Prinzip." Vgl. Reichert, C., Das neue Zimbabwe, S. 5 f; Döpcke, W., Das koloniale Zimbabwe, S. 109 ff., 125 ff., 145 ff. und 159 ff. Die einzige Verbindung zwischen ihnen sollte das Verhältnis des weißen Herren zum schwarzen Diener sein. Ermöglicht wurde diese Politik durch Gesetze wie den ***Native Registration Act* von 1936**, der den Afrikanern vorschrieb sich eintragen zu lassen, immer einen Ausweis bei sich zu tragen und sich Erlaubnisse für Reisen einzuholen. Verstöße wurden mit Zwangsarbeit geahndet. Loerzer, S., Zimbabwe, S. 82 f.; Ripken/Krämer-Prein, Zimbabwe, S. 33.

[173] Palley, C., The Constitutional History, S. 265 f.; Moyana, H., The political economy, S. 68.

[174] Chimombo, T., Foreign Capital, S. 125; Reichert, C., Das neue Zimbabwe, S. 112; Chimombo, T., Foreign Capital, S. 125.

[175] Döpcke, W., Das koloniale Zimbabwe, S. 39.

[176] Chimombo, T., Foreign Capital, S. 125 f.

[177] Bertaux, P., Afrika, S. 224 f.

b) Inhalt des *Land Apportionment Act* (Landverteilungsgesetz)

Mit dem ***Land Apportionment Act***, in Kraft gesetzt im April 1931,[178] führte man eine Art territoriale Rassentrennung in „afrikanische“ und „europäische“ Zonen durch und verbot den Angehörigen jeder einzelnen rassischen Zugehörigkeit Landkauf und -pacht in den der anderen Gruppe zugeteilten Gebieten.[179] Für die Afrikaner, enteignet und auf wenig fruchtbarem Boden in Reservate gedrängt, wurde die theoretische Möglichkeit, auch außerhalb der Reservate Land zu erwerben, hiermit gesetzlich abgeschafft.[180] Möglich war der Landerwerb nur noch in den sogenannten *Native Areas* (seit der Änderung von 1950 als *Native Purchase Area* bezeichnet),[181] d.h. Gebiete, in denen individuelle afrikanische Farmer privates Grundeigentum erwerben durften.[182] Diese Gebiete wurden als Entschädigung dafür angesehen, dass die Afrikaner das Recht verloren hatten, im gesamten Staat Land zu erwerben.[183] Anstelle von Enteignungen sollten mit diesem Gesetz durch die simple Illegalisierung des Aufenthalts Schwarzer in den weißen ländlichen Gebieten, sowie rechtlich sanktionierte Umsiedlungen endgültig alle geographischen Probleme einer konsequenten Rassentrennung beseitigt werden. Die reicheren und besser ausgebildeten afrikanischen Farmer in den *Purchase Areas* konnten sich zu „*Master Farmer*“ ausbilden lassen.[184] Das nicht zugeteilte Gebiet hielt die Regierung inne, um es ggf. dem europäischen Gebiet oder den *Native Areas* zuzuteilen. Die Europäer, zahlenmäßig in der Unterzahl, waren nun offiziell legitimiert, unverhältnismäßig große Landanteile für ihre Zwecke zu beanspruchen.[185] In den „weißen Gebieten“ wurden Großfarmen geschaffen, die nach europäischem Landrecht *(Freehold)*, d.h. als zeitlich unbegrenztes Eigentumsrecht am Grundbesitz, an die Siedler aus Europa vergeben wurden.

Durch den *Land Apportionment Act* konnten die Siedlerprivilegien[186] und die bisherige Landergreifung rechtlich abgesichert und gleichzeitig die schwarze Bauernschaft an den Rand gedrängt werden.[187] Über diese Segregation

---

[178] Er erhielt die Empfehlungen der *Morris-Carter Commission* von 1925/ 26, die unter Vorsitz des ehemaligen ostafrikanischen *Chief Justice*, Sir William Morris-Carter, die Frage untersucht hatte, wie die etwa 45 % des nicht verteilten Landes zu vergeben seien. Sie kam bei ihren Umfragen zu dem Ergebnis, dass die Europäer eine Trennung ihres und des afrikanischen Farmlandes als Schutz vor afrikanischer Konkurrenz anstrebten bewahren wollten. Dagegen kam es den Afrikanern einfach auf die Zuteilung von mehr Land an, wofür sie auch die Segregation in Kauf genommen hätten. Auf dieser Grundlage schlug die Kommission die Landtrennung anhand rassischer Kriterien vor; für die Afrikaner aber nur eine geringfügig höhere Landzuteilung. Vgl. Floyd, B., Changing Patterns, S. 81 f.; Rasmussen, K., Historical Dictionary, S. 194. So empfahl sie, unrechtmäßig auf weißen Farmen lebende Afrikaner in Reservate umzusiedeln und als eine Art Entschädigung eine dritte Kategorie für eine afrikanische bäuerliche Mittelklasse einzuführen, in der Afrikaner Land kaufen können sollten. Vgl. Bannerman, J.H., The Land Apportionment Act, S. 104.

[179] Loerzer, S., Zimbabwe, S. 82; Reichert, C., Das neue Zimbabwe, S. 38; Christopher, A., Land Tenure in Rhodesia, S. 43. Dabei sollten ca. 30 % des Landes für die Afrikaner, die etwa 97 % der Gesamtbevölkerung ausmachten zur Verfügung stehen, dagegen etwa 51 % für die nur 3 % der restlichen europäischen Bevölkerung. Vgl. Kreile, R., Zimbabwe, S. 39; Herbst, J., The Dilemmas, S. 269.

[180] Vgl. Floyd, B., Changing Patterns, S. 83. Die entscheidende Vorschrift des Paragraphen 42 (1) lautete: „(a) No African shall acquire, lease or occupy land in the European Area; (b) No owner or occupier of land in the European Area, or his agent shall (i) dispose or attempt to dispose of any such land to an African; (ii) lease any such land to an African; (iii) permit, suffer or allow any African to occupy such land.“ Vgl. bei Reichert, C., Das neue Zimbabwe, S. 38.

[181] Mit deren Einführung sollte eine stabile Klasse einheimischer Farmer entstehen. Vgl. Floyd, B., Changing Patterns, S. 83 f., 88; Reichert, C., Das neue Zimbabwe, S. 103; 113.

[182] Dabei handelte es sich jedoch keinesfalls um den Erwerb individuellen Eigentums, da solches Land vom *Native Land Board* verwaltet wurde und im Falle nicht ordnungsgemäßer Besiedlung zu dessen Verlust führte. So schuf man eine Kategorie des zwar besiedelten, aber besitzlosen Landes, welches auf den Staat übertragen war. Tshuma, L., A matter of (in)justice, S. 20 f.; Tabex Encyclopedia Zimbabwe, S. 206.

[183] Ndlela, D., Dualism, S. 79. Diese bilden noch heute einen faktisch abgegrenzten Teil, „*small scale commercial Sector*“ genannt. Vgl. Floyd, B., Changing Patterns, S. 84; Reichert, C., Das neue Zimbabwe, S. 103.

[184] Ab 1953 wurde der Nachweis des *Master Farmer Certificate* zur Vorraussetzung für den Landerwerb in den *Purchase Areas*. Weitere Anforderungen, wie landwirtschaftliches *Know-how* und Kapitalausstattung, kamen in den 60er Jahren dazu. Vgl. Riddell, R., The Land Problem, S. 8.

[185] Loerzer, S., Zimbabwe, S. 82.

[186] Ein weiteres solches Privileg wurde mit dem ***Industrial Conciliation Act*** **(ICA)** von Mai 1934 geschaffen, einer Art legalen „Jobreservation“ für Weiße, welche die Afrikaner ausdrücklich von qualifizierten Arbeitsplätzen ausklammerte und auch afrikanische Gewerkschaften verbot. Vgl. Biermann, W., Rhodesien. S. 52; Döpcke, W., Das koloniale Zimbabwe, S. 109 ff., 125 ff., 145 ff. und 159 ff.

hinaus setzten die weißen Siedler fest, dass ihnen Wettbewerbsvorteile gegenüber den afrikanischen Produzenten zustünden. So durften die schwarzen Rhodesier gewisse lukrative Produkte wie Tabak nicht anbauen, und infolge der geringeren Qualität ihrer Erzeugnisse konnten sie auf dem Agrarmarkt nicht mehr mithalten.[188] Für viele schwarze Rhodesier bedeutete das Gesetz Elend und Entbehrungen; sie waren gezwungen ihre Farmen, auf denen sie geboren waren und Landwirtschaft betrieben, innerhalb von sechs Jahren zu verlassen und sich in die Reservate zu begeben, in denen weiterhin das traditionelle Landrecht (*Customary Law*) galt.[189] Dennoch machte die britische Regierung gegen diese oder spätere ähnlich diskriminierende Maßnahmen von ihrem in der Verfassung von 1923 verankerten Vetorecht keinen Gebrauch.[190] Über die Jahre wurde das Landverteilungsgesetz oft modifiziert und überarbeitet (an die 15 Mal zwischen 1945 und 1960), um sich an die veränderten Landverhältnisse und neuen Landkategorien anzupassen.[191] Die Aufteilung durch den *Land Apportionment Act* stellte sich wie folgt dar:

Abb.: Tabelle der Landverhältnisse um 1930[192]

Landkategorie	Prozent der Gesamtfläche	% der landwirtsch. Fläche
European Areas: etwa 19,9 Mio. ha	49.000.000 acres 50,8	46,8
Native Reserves: etwa 8,7 Mio. ha	29.000.000 acres 22,4	48,6
Native Areas (NPAs): etwa 3 Mio. ha	8.000.000 acres 7,7	4,5
Preliminarily not distributed Land:	6.000.000 acres 18,4	–
Forests:	3.000.000 acres 0,6	0,1

Dabei stellte sich die Bevölkerungszahl folgendermaßen dar:

Afrikaner:	1.100.000	= 95 % der Gesamtbevölkerung
Weiße:	50.000	= 5 % der Gesamtbevölkerung

[187] Vgl. Marx,C., Das Erbe kolonialer Landverteilung; Hasse, R., Wirtschaftliche Sanktionen, S. 33; Machingaidze, V., Agrarian Change, S. 586.
[188] Pabst, M., Simbabwe, S. 143. Zu nennen sind in diesem Rahmen auch v.a. der ***Cattle Levy Act***, eine Art Schlacht- und Exportsteuer. Vgl. Fiedler-Conradi, S., Arbeit und Recht, S. 260 ff.
[189] Fiedler-Conradi, S., Arbeit und Recht, S. 257. Diejenigen, die sich weigerten wurden eingesperrt, ihre Familien mit samt ihrem Hab und Gut auf Trucks geladen und in den vorgesehenen Arealen abgeladen. Dieses Vorgehen schürte den Hass gegenüber der Regierung, so dass sich 1920 erstmals aus der gebildeten schwarzen Elite der Widerstand bildete. Vgl. Palmer, R., History Repeating itself. Zunächst gründeten die Vertriebenen die *Southern Rhodesian Bantu Voters' Association* (SBVA), dann organisierten sie sich in der *Southern Rhodesia Native Welfare Association (*SNWA) und ab 1934 auch im *African National Congress of Southern Rhodesia (*ANCR). Auch für die arbeitende Bevölkerung bildete sich eine afrikanische Gewerkschaftsbewegung. Niemann, R., Von Rhodesien zu Zimbabwe, S. 29 f.
[190] Ostorwsky, J., Großbritannien und Zimbabwe, S. 510.
[191] Der ***Land Apportionment Act*** von 1941 sah vor, dass alle Afrikaner, die keine Arbeitsverträge vorweisen konnten, aus den europäischen Gebieten zu vertreiben waren und schrieb weitere etwa 50 Mio. *Acres* landwirtschaftlich nutzbares Land zum exklusiven Nutzen für die Europäer fest. Vgl. Dunlop, H., The development, S. 7. Den Anwendungsbereich des Gesetzes dehnte man auch auf die städtischen Gebiete aus und ließ afrikanische *Townships*, in denen die Afrikaner keinen Grundbesitz innehaben durften, inmitten der europäischen Gebiete entstehen. Vgl. den ***Native Accommodation Act*** bei Rasmussen, K., Historical Dictionary, S. 225; Loerzer, S., Zimbabwe, S. 82; Moyana, H., The political economy, S. 74 ff.
[192] Erstellt nach den Angaben von: Land Issue- Fact Sheet, der Regierung von Zimbabwe, unter http://www.zim.gov.zw; besucht am 11.08.2004.

Damit war die bis in das 21. Jahrhundert bestehende Grundstruktur der Landverteilung geschaffen,[193] auch wenn das Gesetz selbst 1969 abgeschafft und durch den *Land Tenure Act* ersetzt wurde (vgl. unten S. 32).

3. 1930 – 1980: Landpolitik nach dem Zweiten Weltkrieg

Mit Beginn der Industrialisierung in den 30er Jahren und v.a. durch den Auftrieb während und nach dem Zweiten Weltkrieg, floss viel Kapital aus Großbritannien nach Südrhodesien.[194] Die Phase der späten Kolonialwirtschaft (1945 – 1965) beinhaltete eine rasche Industrialisierung und Ausweitung der Märkte.[195] Viele Produkte wurden selbst im Land produziert und die hohen Preise für rhodesische Exportprodukte, wie Baumwolle, ließen viele europäische Siedler ins Land kommen, wodurch sich die Zahl der Weißen nahezu verdoppelte.[196] Aufgrund der Tatsache, dass der Staat die notwendige Unterstützung durch eine niedrige Lohnpolitik und Infrastruktur bot, wurde nach dem Krieg viel ausländisches Kapital in die Wirtschaft gelockt.[197] Dazu kam mit dem Tabakanbau der Durchbruch zur kommerziellen Farmwirtschaft bei den Weißen.[198] Hierdurch nahm allerdings auch der Wunsch nach noch mehr Land bei den Weißen zu.[199]

Gemäß den Vorschlägen des *Danziger Komitees* von 1949 wurde durch eine weitere Modifikation des *Land Apportionment Act* im Jahr 1950 eine weitere Untergruppe zur *Native Purchase Area* geschaffen, die *Special Native Area*.[200] Durch diese sollte die Hektarfläche für die Gebiete, die nach Reservatsbedingungen besiedelt waren, erhöht werden.[201] Es wurde dabei auch festgestellt, dass sich noch etwa 300.000 Afrikaner in den weißen Gebieten befanden, die man u.a. in die neuen *Special Native Areas* vertreiben wollte.[202] Später wurden diese Gebiete mit den Reservaten zu den neu festgelegten *Tribal Trust Lands* (siehe unten S. 34) zusammengeschlossen, in denen durch *Chiefs* verwaltetes Kollektiveigentum zur Regel wurde. Gleichzeitig wurde eine territoriale Rassentrennung vollzogen, um die schwarze Bauernschaft vom Wettbewerb völlig zu vertreiben.[203]

Auch wenn davon in Rhodesien noch nichts zu spüren war, trat zu dieser Zeit international, v.a. durch die USA, eine anti-koloniale Haltung auf.[204] Zumindest wurde in Rhodesien anstelle des Völkerrechtsmandats das 1945 von den

---

[193] Andererseits bescherte sie dem Land eine hochspezialisierte Agrarwirtschaft, die nicht nur die Gesamtbevölkerung ernähren, sondern auch Devisen erwirtschaften konnte. Insbes. nach 1945 kultivierten die weißen Farmer exportorientierte Produkte wie Rindfleisch, Tabak, Kaffee und Tee. Vgl. Pabst, M., Simbabwe, S. 143.

[194] Reichert, C., Das neue Zimbabwe, S. 113.

[195] Pabst, M., Simbabwe, S. 142.

[196] Marx, C., Das Erbe kolonialer Landverteilung.

[197] Chimombo, T., Foreign Capital, S. 125.

[198] Marx, C., Das Erbe kolonialer Landverteilung.

[199] Verstärkt wurde dieser Druck durch die zurückkehrenden Soldaten des Zweiten Weltkrieges, für die man ebenfalls Land reserviert hatte. Rukuni, M., The Evolution, S. 18 f.; Schmidt, K. J., Der Weg nach Zimbabwe, S. 199; Rakelmann, G., Zehn Jahre Republik Zimbabwe, S. 41.

[200] Floyd, B., Changing Patterns, S. 88; Christopher, A., Land Tenure in Rhodesia, S. 44.

[201] So wurden etwa 19 Mio. *Acres* zusätzlich den Reservaten angegliedert. Palley, C., The Constitutional History, S. 632, 635 ff.

[202] Rukuni, M., The Evolution, S. 18.

[203] Vgl. Marx, C., Das Erbe kolonialer Landverteilung. In den frühen 60er Jahren setzte die *United Federal Party* dazu an, die Landtrennung abzubauen und den *Land Apportionment Act* aufzuheben. Als die *Rhodesian Front* an die Macht kam, wurde dieser Trend jedoch wieder gestoppt, und mit der republikanischen Verfassung von 1969 wurde der *Land Apportionment Act* durch den noch strikteren *Land Tenure Act* (siehe unten S. 32) abgelöst. Rasmussen, K., Historical Dictionary, S. 147.

[204] Das in der *Atlantik-Charta* von 1941 (vgl. dazu Guggenheim, P., Lehrbuch des Völkerrechts, S. 273 f.) festgeschriebene Selbstbestimmungsrecht wurde als für alle Völker geltend interpretiert. Vgl. Albertini v., R., Dekolonisation, S. 36. In Ostafrika rief diese progressive „*pro-native*" Politik des Mutterlandes aufgrund der Bedrohung der „*white supremacy*" Ressentiments der Siedlerminderheit hervor, die in dem Zusammenschluss von Südrhodesien, Nordrhodesien und Nyassaland 1953 resultierten. In dieser neuen „*Dominion*" führte man zwar eine Partnerschaft

Vereinten Nationen ins Leben gerufene *Trusteeship*, welches u.a. zum Ziel hatte, die jeweiligen Gebiete auf ihre Unabhängigkeit vorzubereiten, eingeführt.[205]

a) Der *Native Land Husbandry Act* von 1951

Die Folgen der Überbevölkerung in den schwarzen Siedlungsgebieten, v.a. ökologische Schäden, Verschlechterung des Bodens und Überweidung sollten mit dem Landwirtschaftsgesetz, dem ***Land Husbandry Act*** (verabschiedet 1951) beseitigt werden.[206] Mit ihm sollte eine Neuregelung der Landnutzung in den Reservaten festgelegt werden,[207] v.a. aber die Agrarwirtschaft unter die Kontrolle der *Native Commissioners* gestellt werden,[208] um das System der traditionellen Stammespacht mit ihrer primitiven Subsistenzwirtschaft vollständig abzuschaffen. An dessen Stelle sollte die kommerzielle Farmwirtschaft mit verbesserten Anbaumethoden und der Einführung individueller Besitztitel zur Farmerlaubnis unter staatlicher Kontrolle treten.[209] Um eine Garantie für Investitionen auf den von den Afrikanern bewirtschafteten Böden in den sogenannten *Native Purchase Areas* (Erwerbsgebieten) zu gewähren, erhielten ausgewählte schwarze Farmer, die sich durch besondere Ausbildungsprogramme qualifiziert hatten, anstelle der gemeinschaftlichen Besitzungen ein lebenslanges registriertes Farm- und Weiderecht (*farming* bzw. *grazing right*) für etwa sechs *Acres*.[210] Damit sollten diese schwarzen Kleinfarmer die Verantwortung für die effektive Landbestellung übernehmen.[211]

Das Gesetz sah auch vor, dass den Familien auf dem Land wegen der Überweidung nur noch beschränkte 3,2 ha Land zustanden, so dass sie gezwungen waren, ihr Vieh zu schlachten bzw. zu verkaufen.[212] Tatsächlich verschlechterte das Landbewirtschaftungsgesetz jedoch eher die Verhältnisse.[213] Die Reaktion der Afrikaner war Empörung,

---

zwischen den Afrikanern und Weißen ein, blieb aber hinter den nationalistischen Entwicklungen in Westafrika deutlich zurück. Albertini v., R., a.a.O., S. 268 ff., 274 ff.

[205] Albertini v., R., Dekolonisation, S. 37 f.

[206] Vgl. Machingaidze, V., Agrarian Change, S. 567 f. Aufgrund der konsequenten Durchführung des LAA mit Ansiedlung von etwa 85.000 einheimischen Familien, waren als Folgen Überbevölkerung in den Reservaten, Versteppung, Überweidung großer Gebiete und Versorgungsprobleme aufgetreten, da die afrikanische Landwirtschaft aufgrund der schlechten Böden, zu kleiner Anbauflächen, überwiegendem Stammeseigentum und zuviel Rinderhaltung zu unproduktiv war. Vgl. Garbett, K., The Land Husbandry Act, S. 190 ff.; Schmidt, B., Der Zimbabwe-Vogel, S. 80.

[207] Drinkwater, M., The state and agrarian change, S. 66. Er zielte darauf ab, „To provide for the control of the utilisation and allocation of land occupied by natives and to ensure its efficient use for agricultural purposes; to require natives to perform labour for conserving natural resources and for promoting good husbandry". Southern Rhodesian Government: The Native Land Husbandry Act, Nr. 52 von 1951, Präambel, in: The Statute Law of Southern Rhodesia, 1951, S. 893 ff.

[208] Aufgrund seiner Erfahrung sah Südrhodesien davon ab, die ***Indirect Rule*** (vgl. Fn. 66) weiterzuführen; nicht nur die *Chiefs*, auch die Dorfoberhäupter und selbst Familienvorstände wurden der direkten Weisungsbefugnis und Kontrolle der Eingeborenen-Kommissare (*Native Commissioners)* ihrer Distrikte unterstellt. Fiedler-Conradi, S., Arbeit und Recht, S. 135 ff.; Albertini v., R., Dekolonisation, S. 255.

[209] Vgl. Dale, D., Transforming Traditional Institutions, S. 5; Loney, M., Rhodesia, S. 58. Dazu wurden weiße Experten eingesetzt, die den Afrikanern ökologische Landbestellung zur Produktivitätssteigerung beibringen sollten. Vgl. Marx, C., Das Erbe kolonialer Landverteilung.

[210] Vgl. Gerbett, K., The Land Husbandry Act, S. 191; Floyd, B., Changing Patterns, S. 4., 135 ff. Dieses konnte auf einen benannten Verwandten des verstorbenen Farmers übergehen. Tshuma, L., A matter of (in)justice, S. 25. Da der Erwerb dieses Weiderechts voraussetzte, dass ein Erwerber auch in der Vorsaison dort gearbeitet hatte, nahm dies einer Vielzahl von Wanderfarmern ihre traditionellen Landrechte. Reichert, C., Das neue Zimbabwe, S. 81.

[211] Hasse, R., Wirtschaftliche Sanktionen, S. 34; Kreile, R., Zimbabwe, S. 41.

[212] Loerzer, S., Zimbabwe, S. 85; Schmidt, B., Der Zimbabwe-Vogel, S. 80. Auch stellte das Gesetz einen Versuch dar, die traditionellen Verbindungen zwischen Stadt und Land zu überwinden und die Rhodesier entweder in *full-time* Arbeiter oder Farmer zu kategorisieren. Palmer, R., Mugabe's Land Grab.

[213] Minter, W., Zur Geschichte eines Konflikts, S. 9.

sahen sie doch in diesem Gesetz einen Angriff auf ihr tief verwurzeltes Stammessystem,[214] auf die Souveränität der Häuptlinge zur Landverteilung und die Garantie eines jeden Stammesmitglieds auf ein Stück Land, das ihm jederzeit die Rückkehr zu seinem Stamm erlaubte.[215]

Im Rahmen ihrer liberaleren Politik und auf Empfehlung der *Quinton Commission* von 1960, die zur Untersuchung der Landfrage eingesetzt wurde und für eine Abschaffung des *Land Acquisition Act* und die Einführung von privatem Landeigentum plädierte,[216] führte die Föderale Regierung Rhodesiens und Nyassalands die Kategorie des allgemein zugänglichen Landes ein. In diesem sogenannten „*unreserved Land*" konnte jedermann unabhängig von Rassenzugehörigkeit Land kaufen.[217] Dies war notwendig um die fundamentalen Grundrechte der **Verfassung von 1961**, die jedoch noch nicht gerichtlich durchgesetzt werden konnten, zu erfüllen.[218] Festgeschrieben waren u.a. das Recht auf individuelles Eigentum[219] und auf eine Entschädigung, wenn dennoch Land zum öffentlichen Zweck enteignet wurde.[220]

Im Zuge der Verfassungserarbeitung bremste die neue ***Rhodesian Front***-Regierung jedoch den beschrittenen Prozess der Veränderung der rigiden Landtrennung wieder aus.[221] Am 01.11.1962 trat die von der britischen und südrhodesischen Regierung mit Zustimmung der weißen Bevölkerung ausgearbeitete neue **Verfassung**, die zur Unab-

---

[214] Kein Gesetz in Afrika hat mehr den Widerstand der Schwarzen ausgelöst als dieser *Act*. Zum ersten Mal bildete sich ab den späten 50er Jahren auch in den ländlichen Gebieten eine breite populistische Widerstandsbewegung heraus. Vgl. Marx, C., Das Erbe kolonialer Landverteilung. Beeinflusst durch die Forderungen Nkrumahs aus Ghana auf Abschaffung des kolonialen Jochs und auf Selbstbestimmung der Völker, organisierte sich der afrikanische Widerstand weiter. Vgl. Bornemann, Recht./ Hämel, W., Zimbabwe, S. 31: Aus ***Afrikanischem Nationalkongress*** (ANC) und der radikalen ***City Youth League*** (CYL) formte sich ein neuer ***African National Congress*** (ANC) unter Vorsitz von **Joshua Nkomo**. Da dieser mit dem Aufzeigen der vorhandenen Missstände die Privilegien der weißen Vorherrschaft zu gefährden drohte, schritt man zur Verhaftung von über 500 führenden Afrikanern und verbot den Kongress. Allerdings gründete sich dieser bereits 1960 wieder unter neuem Namen, als ***National Democratic Party*** (NDP), mit dem obersten Ziel: „Ein Mann – eine Stimme" und der Einführung einer schwarzen Mehrheitsregierung. Als schließlich auch die NDP kurz nach der neuen **Verfassung von 1961** von der Regierung verboten wurde, bildete sich die ***Zimbabwe African People's Union*** (ZAPU), die sich aufgrund des Aufrufs die kommenden Wahlen zu boykottieren, ebenfalls im September 1962 ihr Verbot einhandelte. Vgl. Loerzer, S., Zimbabwe, S. 86. Vorwürfe mangelnder Führung führten 1963 zur Aufspaltung der ZAPU (vgl. M'Gabe, D., Rhodesia's African Majority, S. 18 f., insbes. S. 20), die in die Gründung der ***Zimbabwe African National Union*** (ZANU) unter dem methodistischen Pfarrer **Ndabaningi Sithole** und mit Generalsekretär **Robert Mugabe** resultierten. Vgl. Ripken/ Krämer-Prein, Zimbabwe, S. 37. Nkomo gründet im Gegenzug den ***People's Caretaker Council***. Als diese Parteien 1964, infolge von Terroranschlägen gegen Weiße, durch Premierminister Ian **Smith** verboten wurden, gingen die führenden Kräfte ins Exil und versuchten von Tansania oder Sambia aus ihre Landsleute, die jedoch mehr passiv auf ein Eingreifen Großbritanniens hofften, zu mobilisieren. Niemann, R., Von Rhodesien zu Zimbabwe, S. 32 ff. Diese Einigung des zersplitterten Widerstands der Afrikaner führte auf Seiten der Weißen dazu, dass deren rechter Flügel erstarken konnte. Als der gemäßigte Premierminister Reginald Stephen Garfield **Todd** die Mindestlöhne für die Afrikaner erhöhen wollte, verweigerte ihm sein Kabinett den Rückhalt und ersetzte ihn durch den rechtskonservativen Politiker Edgar Cuthbert Fremantle **Whitehead.** Dieser dämmte die Unruhen in der schwarzen Bevölkerung mit der Ausrufung des Notstands 1959, dem Verbot des ANC und der Verhaftung vieler afrikanischer Nationalistenführer ein. Die folgenden Wahlen vom 14.12.1962 gewann aber die im März gegründete ***Rhodesien Front*** (RF) unter Parteipräsident Winston **Field**, da sich Whitehead auf Drängen Großbritanniens mit der verfassungsrechtlichen Garantie von 15 Parlamentssitze für die Afrikaner einverstanden erklärt hatte. Dabei stellte die 1957 gegründete ***Dominion Party*** den personellen Kern der Rhodesien Front dar, die 1962 die regierende ***United Federal Party*** ablöste. Vgl. Loerzer, S., a.a.O., S. 86; Hasse, R., Wirtschaftliche Sanktionen, S. 40.

[215] Bourdillon, M., The Shona Peoples, S. 93. Daher wurde das Gesetz im Jahre 1961 auch wieder aufgehoben, als der *African Nationalist Congress* im Stande war, mehr Druck auf die Regierung auszuüben, und die Landzuteilung wurde allmählich wieder in die Hände der *Chiefs* zurückverlagert. Hasse, R., Wirtschaftliche Sanktionen, S. 34 f., 40 f.; Reichert, C., Das neue Zimbabwe, S. 82; Bowmann, L., Politics in Rhodesia, S. 49 f.

[216] Bowmann, L., Politics in Rhodesia, S. 38.

[217] Rukuni, M., The Evolution, S. 19; Christopher, A., Land Tenure in Rhodesia, S. 45.

[218] Palley, C., The Constitutional History, S. 568 f.; Morvay, W., Rhodesia, S. 247 f. Diese war ein erster Schritt in Richtung einer liberalen Verfassung.

[219] Ab dem *Land Acquisition Act* von 1960 (vgl. Paragraph 17 und 23 des LLA Nr. 54 von 1960) durften Afrikaner in ihren *Townships* auch erstmals Land im individuellen Eigentum halten (*freehold title*). Palley, C., The Constitutional History, S. 640.

[220] Speziell war auch geregelt, dass Afrikanern, die aus den *Tribal Trust Lands* vertrieben wurden, Entschädigung zu gewähren war (vgl. Paragraph 53 des *African Land Husbandry Act*). Palley, C., The Constitutional History, S. 599 f.

[221] Christopher, A., Land Tenure in Rhodesia, S. 47; Ostorwsky, J., Großbritannien und Zimbabwe, S. 511

hängigkeit von Großbritannien führen sollte, trotz internationaler Kritik in Kraft.[222] Diese enthielt eine Menschenrechts-Doktrin über die grundlegenden Rechte und Freiheiten, die theoretisch jedem Individuum unabhängig von Farbe, Rasse oder Herkunft zu gewähren waren; in der Praxis blieb es jedoch bei den *Native Reserves* für die afrikanische Bevölkerung. Sie enthielt weiter ein Diskriminierungsverbot bezüglich aller Legislativ- und Exekutivakte, wobei jede Grundrechtsverletzung vor dem *High Court* eingeklagt werden konnte.[223] Durch die idealen Landbedingungen für die weiße Minderheit, sowie durch niedriges Lohnniveau und eine gut ausgebaute Infrastruktur, war über die Jahre ein Großteil ausländischer Investitionen, v.a. aus Großbritannien, Südafrika und Amerika, getätigt worden.[224]

Exkurs: Völkerrechtliche Dekolonisierungspflicht

Während die **Monroe-Doktrin** von 1823 eine lokal begrenzte Forderung zur Dekolonisierung vorsah,[225] kam erst zur Zeit des Ersten Weltkrieges mit dem Erwachen des Gewissens der Kolonialmächte und ihrem Verantwortungsgefühl ein zunehmender Antikolonialismus und der Gedanke des Selbstbestimmungsrechts der Völker unter den Farbigen auf.[226] In der Satzung des **Völkerbundes** von 1919[227] wurde den Kolonisatoren nur die Treuhandschaft über eine Kolonie übertragen - im Gegensatz zur vorherigen Zuteilung der betroffenen Kolonie als „Beute" - und sie wurden zur Betreuung der anvertrauten Völker verpflichtet.[228] Eine echte Pflicht zur Dekolonisierung rief die Satzung dabei jedoch nur für die sogenannten A-Mandate hervor.[229]

Mit der **Satzung der Vereinten Nationen** (SVN) vom 26.06.1945 führte man schließlich die allgemeine Verpflichtung zur Entwicklung der Selbstregierung der Kolonie ein.[230] Man forderte jedoch eine gründliche Vorbereitung der in die Unabhängigkeit zu entlassenden Völker, da eine Befreiung ohne entsprechende Schaffung der dafür erforderlichen Bedingungen nur zu einer kurzlebigen Unabhängigkeit führen konnte.[231] Die Dekolonisierungspflicht wurde auch in der Resolutionspraxis der Vollversammlung der Vereinten Nationen bestätigt, was im Besonderen in der

---

[222] Nach Ansicht der an die Macht gekommenen Smith-Regierung genügte Rhodesien allen Anforderungen zur Erlangung der Unabhängigkeit. Vgl. Palley, C., The Constitutional History, S. 747; Zimmerli, C., Human Rights, S. 253. Dagegen weigerte sich Großbritannien Südrhodesien in die Unabhängigkeit zu entlassen, da dieses nicht die gestellten Bedingungen, den sog. 6-Punkte-Katalog, wie Mehrheitsregierung, Garantien gegen Diskriminierung jeglicher Art, Verbesserung des politischen Status der Afrikaner und unverzügliche Änderung des LAA erfüllte. Vgl. Schramm, E., Völkerrechtliche Aspekte, S. 12 f.; Hasse, R., Wirtschaftliche Sanktionen, S. 49. Zu diesem Katalog vgl. Baumhögger, G., Struggle for Independence, Vol. VI, S. 1048. Als es am 31.12.1963 zur Auflösung der Zentralafrikanischen Föderation kam, verblieb daher das Land, umbenannt in *Rhodesien*, als Kolonie mit beschränkter Selbstregierung unter britischer Herrschaft. Vgl. Rasmussen, K., Historical Dictionary, S. 87 ff.; Borbach, O., Die Vereinten Nationen, S. 5; Palley, C., a.a.O., S. 680.

[223] Southern Rhodesia, The Southern Rhodesia (Constitution) Order in Council 1961; Schramm, E., Völkerrechtliche Aspekte, S. 9 f.

[224] Vgl. einen Auszug der investierenden Firmen bei Ostorwsky, J., Großbritannien und Zimbabwe, S. 514.

[225] Zur Doktrin von Präsident Monroe vom 02.12.1823 vgl. Lindley, M., The Acquisition, S. 74 ff.

[226] Schümperli, W., Die Vereinten Nationen, S. 13; Dölle, H., Internationalrechtliche Betrachtungen, S. 22.

[227] Zu diesem vgl. Berber, Völkerrecht-Dokumentensammlung, Bd. 1; Brügel, J., Das Treuhandschaftssystem, S. 683 f.; Freytagh-Loringhoven, A., Die Satzung des Völkerbundes, S. 227 ff.

[228] Vgl. Art. 22 des Völkerbundes. Dölle, H., Internationalrechtliche Betrachtungen, S. 23; Freytagh-Loringhoven, A., Die Satzung des Völkerbundes, S. 225 ff.

[229] Dölle, H., Internationalrechtliche Betrachtungen, S. 23. Nach Art. 22 der Völkerbundsatzung gab es verschiedene Erscheinungsformen der Mandate, unter denen man bestimmte Territorien verstand, die durch den Mandant Völkerbund verliehen wurden und bei dem die Verfügungsgewalt lag. Im Gegensatz zu den Kolonien waren die Mandate nicht Bestandteil des Staates des jeweiligen Mandatar. In den A-Mandaten wurden durch die Mandatarmacht die externen Angelegenheiten kontrolliert, die Unverletzlichkeit des Gebietes gesichert, Religions- und Gewissensfreiheit garantiert und Diskriminierungen zu vermeiden versucht. Zu den Begriffsdefinitionen der unterschiedlichen Mandate vgl. Lindley, M., The Acquisition, S. 250 ff.; Umozurike, O., Introduction to international law, S. 43 f.

[230] Vgl. Art. 73 (b) SVN; Dölle, H., Internationalrechtliche Betrachtungen, S. 24.

[231] Schümperli, W., Die Vereinten Nationen, S. 33.

Entschließung 1514 (XV) über die Gewährung der Unabhängigkeit für die kolonialen Länder und Völker vom 13.12.1960 zum Ausdruck kam.[232] Daneben hat sich eine internationale Rechtsüberzeugung gebildet, die auf die Dekolonisierung gerichtet war.[233] Als Verwaltungsmacht Südrhodesiens war Großbritannien daher aus dem über Art. 73 (b) SVN hinausgehenden völkergewohnheitsrechtlichen Dekolonisierungsgebot zur Gewährung der vollen Unabhängigkeit für das rhodesische Volk verpflichtet, und zwar nicht nur gegenüber der weißen Minderheit, sondern vor allem auch gegenüber den eingeborenen Afrikanern.[234]
Inhaltlich ist diese Pflicht auf die völlige Loslösung von der bisherigen Kolonialmacht und auf den Souveränitätsanspruch der ehemaligen Kolonie gerichtet.[235] Unabhängigkeit bedeutete für die Generalversammlung der Vereinten Nationen die vollständige Selbstregierung, wie die Verfassungshoheit und die Befugnis, alle notwendigen Entscheidungen auch im Inneren alleine zu treffen.[236] Was unter Erlangung des vollen Maßes an Selbstregierung zu verstehen sei, regelt die Resolution 1514 (XV). Eine Selbstregierung, die nur einer Minderheit zugute kommt, fällt nicht darunter.[237] Großbritannien war daher dafür verantwortlich, dass die Kolonie Südrhodesien ihre Unabhängigkeit ohne jegliche Restriktionen erlangen würde.[238] Der Sonderausschuss für Dekolonisation der UNO urteilte, die Verfassung Südrhodesiens von 1961 wäre zur Erlangung der Unabhängigkeit ungeeignet, da sie weiterhin die Herrschaft der weißen Minderheit stärken würde. Großbritannien kritisierte dabei zunächst die Einmischung der Vereinten Nationen in die inneren Angelegenheiten Südrhodesiens gemäß Art. 2 Nr. 7 SVN und argumentierte, die Weißen seien keine Siedlerminderheit, sondern weiße Rhodesier.[239] Da der Kolonialmacht jedoch die letzte „Verantwortung" oblag, konnte sie die etwa drei Mio. Afrikaner nicht den 250.000 Weißen ausliefern und dadurch die Stabilität des *Commonwealth* gefährden.[240] Großbritannien hatte daher für die Einhaltung der Rahmenbedingungen für eine Dekolonisation Rhodesiens - wie es der britische Premierminister in seiner berühmten Rede über die „*winds of change*" formuliert hatte - die Einhaltung der Prinzipien des allgemeinen Wahlrechtes und einer demokratisch gewählten Regierung zu sorgen.[241] - Exkurs Ende –

---

[232] Morvay, W., Decolonization, S. 977; Dölle, H., Internationalrechtliche Betrachtungen, S. 32; Schümperli, W., Die Vereinten Nationen, S. 83; Amate, C., Inside the OAU, S. 375 ff. Zwar verfügte diese Resolution nicht über den gleichen Rechtsquellenwert wie die klassischen Völkerrechtsquellen [Gewohnheitsrecht, Vertragsrecht und allg. anerkannte Rechtsgrundsätze i.S.v. Art. 38 (1) c des Statuts des Internationalen Gerichtshofs (IGH-Statut)]; das in ihr enthaltene Dekolonisierungsgebot wurde jedoch weiterer Verhandlungsgegenstand späterer Resolutionen und mit zunehmenden Mehrheiten wiederholt bekräftigt. Daher kann in ihr auch von einer „pflichtbindenden Tragweite" gesprochen werden. Dölle, H., Internationalrechtliche Betrachtungen, S. 35.

[233] Dölle, H., Internationalrechtliche Betrachtungen, S. 37.

[234] Schramm, E., Völkerrechtliche Aspekte, S. 88 ff.; Borbach, O., Die Vereinten Nationen, S. 6.

[235] Dölle, H., Internationalrechtliche Betrachtungen, S. 38.

[236] Schulz, O., Sicherung und Konsolidierung, S. 31.

[237] Schümperli, W., Die Vereinten Nationen, S. 104.

[238] Die Vollversammlung erklärte Südrhodesien zu einem nicht selbstregierenden Terrain, so dass es den Vorschriften des Kapitel XI der SVN unterfiel. Amate, C., Inside the OAU, S. 381.

[239] Schümperli, W., Die Vereinten Nationen, S. 112.

[240] Albertini v., R., Dekolonisation, S. 289. Das *Commonwealth of Nations* (von 1931-46: *British Commonwealth of Nations)* ist eine freie Staatenverbindung von 54 souveränen Staaten (einschließlich Großbritannien und einer Vielzahl seiner früheren Kolonien) eigener Art, die sich um die Zeit während und nach dem Ersten Weltkrieg aus dem Britischen Empire entwickelt hat und im Unterschied zu diesem auf der Souveränität und Gleichberechtigung aller Mitgliedstaaten beruht. Vgl. Seidl-Hohenveldern, I., Völkerrecht, 2. Aufl., S. 38.

[241] In der Phase der Dekolonisierung gründete sich 1963 die Organisation für eine Afrikanische Einheit (OAU), die ihre Mitgliedstaaten dazu verpflichtete, für die Unabhängigkeit aller afrikanischen Staaten einzutreten. Cornaro, Zimbabwe, S. 108.

Exkurs: Unabhängigkeit von Großbritannien unter Ian Smith: „*Unilateral Declaration of Independence*“ (UDI)

Großbritannien fehlte allerdings auch die Macht, der rhodesischen Regierung etwas aufzuzwingen, so dass bald nach Ausrufung des Ausnahmezustandes am 11.11.1965 die von den Weißen[242] gewählte rassistische RF unter Führung des neu gewählten Premierministers **Ian Smith** einseitig die Unabhängigkeit Rhodesiens, die sogenannte *Unilateral Declaration of Independence*" (UDI) erklärte.[243] Damit war nach rhodesischer Meinung das Land nicht mehr Mitglied des *Commonwealth*, sondern vielmehr innen- und außenpolitisch unabhängig.[244]

Die neue Verfassung von 1965 legte fest, dass eine Berufung an das *Judicial Committee* des *Privy Councils* in London nicht mehr möglich (Art. 142) und auch die Rechtmäßigkeit der Verfassung nicht gerichtlich überprüfbar war.[245] Großbritanniens Reaktion auf die UDI war eine Reihe wirtschaftlicher und politischer Maßnahmen, von denen in wirtschaftlicher Hinsicht insbesondere das Außerkraftsetzen des *Ottawa*-Abkommens zu nennen ist.[246] In diesem Rahmen verabschiedeten die beiden Häuser des britischen Parlaments das **Rhodesien-Ermächtigungsgesetz** (*Southern Rhodesia Act 1965*), das Südrhodesien formell immer noch als Teil der britischen *Dominion* betrachtete, die neue Verfassung für ungültig erklärte und die Regierung Großbritanniens zum Verordnungserlass ermächtigte.[247] Den von den Vereinten Nationen verhängten Wirtschaftsboykott,[248] das Waffenembargo und die Einfuhrsperre für Öl und Erdölprodukte, konnte die RF jedoch mit Hilfe Südafrikas überstehen.[249] Ver-

---

[242] Die Gruppe der Weißen war in sich selbst nicht geschlossen. Während die Geschäftsleute mit dem Schritt in die Unabhängigkeit, die angedrohten Sanktionen fürchteten und eine schwarze Mehrheitsregierung akzeptiert hätten, äußerten einige Falken (*Hardliner*) ihre Farmen eher anzuzünden, wenn sie diese aufgeben müssten. Vgl. Weiss, R., Die Genfer Rhodesien-Konferenz, S. 68.

[243] Albertini v., R., Dekolonisation, S. 289 f.; Morvay, W., Rhodesia, S. 249. Nach Nordamerika, im Jahre 1776, war dies die zweite britische Kolonie, die sich einseitig vom Mutterland gelöst hatte. Die Kontrollrechte des britischen Parlaments und der Regierung wurden mit einer neuen Verfassung abgeschafft und durch einen *Officer administering the Government* ersetzt. Rasmussen, K., Historical Dictionary, S. 69. Da als Dekolonisation die völlige Aufgabe der die koloniale Abhängigkeit begründenden Rechtsbeziehungen durch die Kolonialmacht verstanden wird, wurde die einseitige Aufkündigung durch die weiße rhodesische Minderheit nicht als Dekolonisation anerkannt und weiterhin Großbritannien in die Verantwortung genommen. Schulz, O., Sicherung und Konsolidierung, S. 37. In völkerrechtlicher Hinsicht, war dieser Akt außerdem als klare Rebellion zu werten, da eine Zustimmung Großbritanniens nicht vorgelegen hatte. Loerzer, S., Zimbabwe, S. 88.

[244] Trotz dieser an sich unrechtmäßigen Unabhängigkeitserklärung - bei ca. 6 % welche die Weißen in der Bevölkerung ausmachten, ist jedenfalls schwer an eine Rechtfertigung aus dem Selbstbestimmungsrecht der weißen Minderheit zu denken (vgl. Quentin-Baxter, A., Rhodesia and the Law, S. 21) - bestand die Verbindung zu Großbritannien, das in mehreren Verhandlungsrunden eine für beide Seiten akzeptable Lösung anstrebte, stets weiter. Vgl. Schramm, E., Völkerrechtliche Aspekte, S. 16.

[245] Vgl. Schramm, E., Völkerrechtliche Aspekte, S. 17. Die *Declaration of Rights* wurde nun unmittelbar in der Verfassung verankert; sie enthielt im Anbetracht der Landrechte jedoch keine großen Veränderungen. Palley, C., The Constitutional History, S. 751. Bzgl. des Gerichtssystems sah die Verfassung vor, dass die Richter des *High Court*, soweit sie die neue Verfassung anerkannten, im Amt bleiben sollten (vgl. Art. 128). Die Richter sollten aus den Reihen der älteren Anwälte oder aus englischsprachigen Ländern, in denen ebenfalls das römisch-holländische Recht vorherrschte, rekrutiert werden, Art. 58. Zur Verfassung von 1965 vgl. Schramm, E., Völkerrechtliche Aspekte, S. 17.

[246] Bis dahin unterlagen die britischen Handelsbeziehungen mit Rhodesien diesem Abkommen von 1932, welches das System der den wirtschaftlichen Charakter des *Commonwealth* bestimmenden Präferenzzölle regelte. Hasse, R., Wirtschaftliche Sanktionen, S. 158 ff.

[247] Statutory Instrument 1965 No. 1952. Vgl. Zimmerli, C., Human Rights, S. 253; Quentin-Baxter, A., Rhodesia and the Law, S. 8; Morvay, W., Rhodesia, S. 251 f.

[248] Ob die Resolutionen des Sicherheitsrates nach Beendigung der Sezession auch völkerrechtlich zulässig waren, problematisiert Schramm, E., Völkerrechtliche Aspekte, S. 132 ff., da es nach seiner Ansicht am Erfordernis der Bedrohung des internationalen Friedens i. S. d. Art. 39 SVN gefehlt haben müsste. Allerdings legt Quentin-Baxter, A., Rhodesia and the Law, S. 21 ff., überzeugend dar, dass diese mehr politische als rechtliche Frage in das Ermessen des Sicherheitsrates fälle und dieser zu der Bejahung der Frage rechtlich imstande gewesen war.

[249] Zwar trafen die Sanktionen die Wirtschaft Südrhodesiens, insbes. bei der Tabakausfuhr, aufgrund von Sanktionsbrüchen vieler Staaten erholte sie sich aber relativ schnell. Hasse, R., Wirtschaftliche Sanktionen, S. 158 ff. Durch massive Unterstützung der weißen Farmer – während die schwarzen gleichzeitig vernachlässigt wurden - schaffte Smith sogar ein Anwachsen der Ein- und Ausfuhren mit hohem Wirtschaftswachstum, das zur autarken Selbstversorgung führte. Vgl. Halbach, A., Trendwende in Zimbabwe? S. 159. Obwohl der Sicherheitsrat das Embargo mehrmals verschärfte und ein Ausschuss zur Überwachung der Sanktionsbestimmungen eingesetzt wurde, der über Sanktionsverletzungen berichten sollte, hielten sich auch andere Staaten nicht an die verhängten Sanktionen. Neben Mocambique, Angola, Portugal und die BRD, er-

schiedene Versöhnungsgespräche zwischen Großbritannien durch **Premier Harald Wilson** und Rhodesien waren auf längere Sicht, trotz Verhandlungsbereitschaft auf beiden Seiten, an Smith's starrer Haltung zum Scheitern verdammt.[250] Von internationaler Seite wurde das Smith-Regime nie völkerrechtlich anerkannt.[251] Zwar ist umstritten, ob Rhodesien durch seine erfolgreiche Sezession nach dem Völkergewohnheitsrecht als neuer unabhängiger Staat anzusehen war,[252] für die vorliegende Arbeit kann diese Frage jedoch offen bleiben, da sich die rhodesischen Gerichte jedenfalls an die, durch die Regierung verabschiedeten Gesetze gebunden fühlten, so dass auch auf diese bezüglich des Eigentumsschutzes eingegangen wird.[253] - Exkurs Ende –

Abb.: Tabelle der Landverteilung 1964

Landkategorie:	Prozent der Gesamtfläche
European Areas	37
Tribal Trust Land	41
Native Purchase Areas (NPAs)	4,4
Unalienated Land	6,1
Forests	0,6
National Land with Reserves and National Parcs	10,9

möglichte auch die USA durch das **Byrd-Amendment** von 1971, die Einfuhr von Rohstoffen aus Südrhodesien. Borbach, O., Die Vereinten Nationen, S. 12 f.; Weiss, R., Der Rhodesien-Konflikt, S. 124 f., 130.

[250] Damit gingen versch. Resolutionen der Generalversammlung, die nunmehr auch die Anwendung von Gewalt nicht mehr ausschlossen einher. Quentin-Baxter, A., Rhodesia and the Law, S. 36 ff. Vgl. insbes. die Treffen auf der **H.M.S. Tiger** vom 02.- 04.12.1966 und auf der **Fearless** in Gibraltar vom 09.- 13.10.1968. Schramm, E., Völkerrechtliche Aspekte, S. 28 ff. Zu den Lösungsversuchen, Rasmussen, K., Historical Dictionary, S. 87, 324, 358 f.

[251] Die Generalversammlung der VN verurteilte die UDI und betrachtete Südrhodesien als ein Gebiet, welches noch nicht die volle Selbstregierung i.S.v. Art. 73 VN-Charta erreicht hatte. Zimmerli, C., Human Rights, S. 254.

[252] Vgl. Schramm, E., Völkerrechtliche Aspekte, S. 44 ff.: Er geht davon aus, dass der neue Staat Rhodesiens die erforderlichen 3-Elemente aufwies: Staatsgebiet, Staatsvolk und Staatsgewalt (dazu vgl. Kelsen, H., Allgemeine Staatslehre, S. 96 ff.). Löst sich ein neuer Staat von einem bestehenden, sei entscheidend, dass der neue Staat über eine dauerhafte und effektive Regierung verfügt, d.h. die Staatsgewalt müsste sich so verfestigt haben, dass die Dauerhaftigkeit ihrer Existenz als gesichert gelte. Quentin-Baxter, A., Rhodesia and the Law, S. 12 ff. problematisiert dabei, ob es für das Erreichen der Staatsgewalt alleine auf das Merkmal der Effektivität ankommen solle. Da dabei aber jedenfalls eine *ex-ante* Prognose anzuwenden ist, wäre zu prüfen, ob sich die neue Staatsgewalt objektiv bereits soweit durchgesetzt hatte, dass man mit ihrer Fortdauer rechnen könnte. Vgl. Lauterpacht, H., International Law, Vol. 2, S. 98 ff.; Verdross, A., Völkerrecht, 1964, S. 246. Strittig war, inwieweit Rhodesien seit 1923 mit der Verleihung des Status der selbstregierenden Kolonie und der Aufgabe Großbritanniens von noch vorbehaltenen Rechten im Jahre 1961 einen ausreichenden Grad an innerer Autonomie erreicht hatte. Für die Erlangung der Völkerrechtsqualität, vgl. Schramm, E., a.a.O., S. 70 ff. Dagegen Quentin-Baxter, A., a.a.O., S. 18, da auch - wenn weitgehend in der Rechtslehre die Anerkennung nicht als konstitutives Element für die Erlangung der Staatsqualität zu betrachten wäre - im vorliegenden entscheidend war, dass die Verweigerung der Anerkennung nicht passiv geschah.

[253] Vgl. zur Verfassungsdiskussion Zimmerli, C., Human Rights, S. 256 ff. Einige Richter meinten von Anfang an, dass die aktuelle Regierung nicht nur eine *de-facto* Regierung war, sondern auch internen *de jure Status* innehabe, so dass Verfassung und Gesetze bindende Wirkung hätten. Morvay, W., Rhodesia, S. 252; Quentin-Baxter, A., Rhodesia and the Law, S. 5 ff. Durch die *Lancaster House* Verfassung wurden u.a. diese Gesetze explizit für gültig erklärt. Tshuma, L., A matter of (in)justice, S. 59. (Siehe unten S. 37, Fn. 300) Mit dem *Communal Areas Act* von 1982, der inhaltlich dem *Tribal Trust Land* entsprach, lebte letzter auch nach der Unabhängigkeit weiter. Vgl. Dale, D., Transforming Traditional Institutions, S. 6.

b) Der *Tribal Trust Land Act* von 1965[254]

Die Afrikaner waren zwar zahlenmäßig den Europäern weit überlegen,[255] es stand ihnen jedoch, gemäß des ***Tribal Trust Land Act*** (TTL-*Act*) nur ca. die Hälfte des Landes zu. Im Rahmen dieses Gesetzes wurden die *Native Reserves* in *Tribal Trust Land* umbenannt. Beeinflusst durch den *Phillip's Report* von 1962 wurden durch den TTL-*Act* aber auch die Souveränität der *Chiefs*, das Land nach den an der Gemeinschaft orientierten Kriterien zu vergeben, wiederhergestellt. Dadurch wurde das traditionelle Recht wieder aufgefrischt, jedoch von vornherein nur als ein Nutzungsrecht für den Einzelnen (*right of avail*). Das Grundeigentum, an dem jedes Mitglied der Gemeinschaft automatisch teilhatte, sollte der Gemeinschaft zustehen, jedoch durch die *Chiefs* als Treuhänder verwaltetet werden.[256]

Zur selben Zeit bildete sich der Widerstand mehrerer Oppositionsgruppen[257] gegen das ungeliebte Smith-Regime, das die Rassentrennung und die Unterdrückung der Afrikaner verschärft hatte.[258] Ab 1966 begann die ZANU - später zusammen mit anderen Organisationen - den bewaffneten Guerilla-Kampf gegen die weiße Herrschaft.[259] Dieser wurde von der Masse der Freiheitskämpfer unter anderem mit dem Ziel geführt, Zugang zu mehr oder fruchtbarerem Land zu erhalten. Dieses Verlangen von großen Teilen der Bevölkerung nutzten die Führer der Guerillakämpfer, um ihre Unabhängigkeitsbewegung zu stärken.[260]

---

[254] Nach a.A. soll dieser erst 1967 erlassen worden sein. Vgl. Blume, A., Studie; Peters/ Malan, Caveats for Land Reform, S. 152.

[255] Verhältnis von etwa 22:1. Vgl. Borbach, O., Die Vereinten Nationen, S. 4.

[256] Rasmussen, K., Historical Dictionary, S. 66 f.; Dale, D., Transforming Traditional Institutions, S. 5.

[257] Ihre Parole lautete **„NIBMAR“** (*No Independence before Majority Rule*), d.h. keine Unabhängigkeit vor dem Zustandekommen einer Mehrheitsregierung. Vgl. Ripken/ Krämer-Prein, Zimbabwe, S. 38; Morvay, W., Rhodesia, S. 254.

[258] Vgl. das Beispiel der Vorgehensweise des Regimes bei Holman, M., A shaky grip: „Kurz vor Dämmerung am 18.09.1969 ließ Smith die Hütten und Ernte von Häuptling Rekayi Tangwenya und seinen Angehörigen durch Bulldozer niedermachen. Obwohl es das Land ihrer Vorfahren war, waren sie in den Augen des Regimes illegale *Squatter* auf dem Land, welches das Gesetz als „weißes“ erklärte. Entschädigung wurde keine gezahlt.

[259] Die seit 1961 bereits mehrmals verbotene und von **Joshua Nkomo** geführte ZAPU, stellte die ***Zimbabwe People's Revolution Army*** **(ZIPRA)**, die eine direkte militärische Konfrontation suchte und von der Sowjetunion und den meisten afrikanischen Staaten unterstützt wurde. Auch die ZANU unter **Ndabangingi Sithole** gründete einen militärischen Flügel, die ***Zimbabwe African National Liberation Army*** **(ZANLA)**, deren Kämpfer zunächst in China und Ghana ausgebildet wurden. Unter dem vorläufigen Vorsitz des Bischofs **Abel Muzorewa** schlossen sich ZANU und ZAPU nach jahrelangen Kämpfen mit einer dritten Bewegung, der ***Front for the Liberation of Zimbabwe*** **(FROLIZI)** mit Führer **James Robert Dambaza Chikerema** am 16.12.1971 zum ***African National Council*** (**ANC**), zusammen, das sich im März 1972 unter Bischof Muzorewa als politische Partei konstituierte. Vgl. Borbach, O., Die Vereinten Nationen, S. 10 f.; Kirkman/ Legum/ Laß, Rhodesien, S. 6 ff. Problematisch an der afrikanischen nationalen Bewegung war, dass diese immer wieder in rivalisierende Gruppierungen verfiel. Niemann, R., Von Rhodesien zu Zimbabwe, S. 208 f.

[260] Bezeichnet wurde dieser Kampf um das Land als ***Zweiter Chimurenga*** in Erinnerung an den ersten schwarzen Aufstand gegen die weiße Vorherrschaft (vgl. oben S. 18). Dieser Befreiungskampf kostete wohl 20.000 – 40.000 Menschen das Leben, endete aber schließlich erfolgreich mit dem Ende der weißen Minderheitsregierung. Vgl. Loerzer, S., Zimbabwe, S. 95. So verständlich der Kampf um die Unabhängigkeit von der unterdrückenden weißen Herrschaft auch erscheint, so erschreckend die teilweise destruktive Einstellung der Kämpfer. Vgl. den ZANU-Vorsitzenden Herbert Chitepo: „Ich habe nicht das geringste Bedenken, alles zu zerstören, was die Weißen gebaut haben, sogar Schulen und medizinische Einrichtungen. Wir müssen ganz von vorne anfangen.“ Zitiert nach Niemann, R., Von Rhodesien zu Zimbabwe, S. 214, aus einem persönlichen Interview am 23.11.1971 in Dar es Salaam.

c) Der *Land Tenure Act* von 1969

Gleichzeitig mit der neuen Verfassung von Oktober 1969[261] wurde eine Neuordnung des Bodens auf nur noch drei Landkategorien durchgeführt, welche die bisherige Ungleichheit der Landverteilung noch mehr verstärkte.[262] Den Afrikanern wurde damit nicht nur wie bisher der Besitz, sondern darüber hinaus die Bewirtschaftung des „weißen" Bodens verboten.[263] Die RF, die ihr Wahlversprechen der Verbesserung des *Land Husbandry Act* wahrmachen wollte, plante, einen Landtausch zwischen Europäern und Afrikanern, um für beide Bevölkerungsgruppen eine annähernd gleichgroße Landfläche schaffen zu können.[264] Damit reduzierte sich zwar die Fläche der Europäer um 15 %, abgegeben wurde jedoch fast ausschließlich landwirtschaftlich unbrauchbares Land, vorwiegend in regenarmen Gebieten.[265]

Der *Land Tenure Act* stellte das Kernstück der rhodesischen Landgesetzgebung dar, indem er das Kriterium der Rasse festlegte und damit letztendlich eine „Apartheidpolitik" der Regierung vollzog, welche die Rassentrennung in allen Bereichen vorschrieb.[266] Das Gesetz teilte das Land in zwei Hälften:[267] Etwa 46 % (entspricht 18 Mio. ha) verblieb der Minorität der Europäer mit ihren etwa 6.300 Farmen (von jeweils etwa 2.400 ha), während etwa dieselbe Größe den fünf Mio. Afrikanern zugeteilt wurde.[268] Der Rest, bestehend aus v.a. Nationalparks, war Staatsbesitz. Afrikaner, die noch Land in den den Europäern zugeteilten Gebieten besaßen, konnten enteignet werden.[269]

In den Gebieten der Europäer herrschte ein individuelles Landpachtsystem vor, das durch Eigentumsurkunden gesichert wurde. Dieses Land konnte im Gegensatz zu den afrikanischen TTL und *African Purchase Areas* ge- und verkauft werden.[270] Die *Purchase Areas* waren für den Erwerb durch einzelne afrikanische Bauern reserviert und wurden als Entschädigung dafür angesehen, dass die Afrikaner das Recht verloren hatten, im gesamten Staat Land zu erwerben.[271] Landkauf und –verkauf, wie in den europäischen Gebieten, war jedoch ebenfalls nicht möglich. Dem Gesetz folgten Maßnahmen der Regierung, mit denen die sogenannten afrikanischen „*Squatter*" von dem

---

[261] Ihr angehängter Grundrechtskatalog (*second schedule*) sollte nicht der gerichtlicher Entscheidung zugänglich sein. Vgl. Paragraph 84 *Southern Rhodesia Constitution*, 1969. Nach Paragraph 11 konnten Grundrechte, wie das Recht auf Eigentum im Falle des Notstands sogar ausgesetzt werden. Vgl. HRF, HR Monitor Nr. 19. Die Verfassung sah allerdings eine Vorschrift für den gleichen Schutz von europäischem und afrikanischem Land vor, die nicht ohne eine 2/3 Drittel Mehrheit im Senat und Parlament verändert werden konnte. Vgl. Tabex Encyclopedia Zimbabwe, S. 86. Dennoch hatte der Eigentumsschutz durch die rassistischen Landgesetze diskriminatorischen Inhalt. Zimmerli, C., Human Rights, S. 288.

[262] Vgl. Paragraphen 10 und 23 des *Southern Rhodesia Land Tenure Act*, 1969; Minter, W., Zur Geschichte eines Konflikts, S. 10; Christopher, A., Land Tenure in Rhodesia, S. 47 ff. Dabei war es eigentlich geplant gewesen, die Ungleichheiten bzgl. der Größe der Gebiete für Weiße und Schwarze zu beseitigen. Vgl. Otzen, U., Die Geschichte der Enteignung; Ropp v., K., Ein neuer Versuch, S. 64 f.

[263] Cornaro, Zimbabwe, S. 54; Christopher, A., Land Tenure in Rhodesia, S. 50.

[264] Rasmussen, K., Historical Dictionary, S. 148.

[265] Schmidt, K. J., Der Weg nach Zimbabwe, S. 226; Otzen, U., Die Geschichte der Enteignung.

[266] Sauerwein, A., Mission und Kolonialismus, S. 120. Erst mit dem ***Land Tenure Amendment Act***, Nr. 22 von 1977 wurde die Landverteilung nach der Rasse aufgehoben. Vgl. oben S. 34.

[267] Goldin/ Gelfand, African Law, S. 28.

[268] Reichert, C., Das neue Zimbabwe, S. 43 ff. Die durchschnittliche Farmgröße unter den Afrikanern betrug lediglich 125 ha. Riddell, R., The Land Problem, S. 52.

[269] Loerzer, S., Zimbabwe, S. 89.

[270] MacGarry, B., Land: For which people? S. 6. In den Reservaten wurde noch immer das traditionelle Landrecht ausgeübt, nach dem die interessierten Farmer die Erlaubnis ihres *Chiefs* benötigten. Das an sie vergebene Land konnte ihnen jederzeit wieder genommen werden, wenn sie es nicht nutzten. In den *Purchase Areas* wurde das Land allerdings auch im individuellen Besitz gehalten. Mit dem *African Law and Tribal Courts Act* Nr. 24 von 1969 wurde den Gerichten ermöglicht, Gewohnheitsrecht nicht nur zwischen Afrikanern untereinander, sondern auch bei Beteiligung eines Nichtafrikaners für anwendbar zu erklären. Allerdings war, wie bereits erläutert, das Institut des individuellen Landeigentums dem Gewohnheitsrecht fremd. Goldin/ Gelfand, African Law, S. 10 ff., 245.

[271] Ndlela, D., Dualism, S. 79.

europäischen Land vertrieben wurden.[272] Als am 02.03.1970 Rhodesien zur Republik ausgerufen wurde, basierend auf einem Referendum, in dem 81 % der weißen Bevölkerung für Ian Smith gestimmt hatten,[273] folgte ein noch besser organisierter Guerilla-Kampf mit Terrorangriffen auf Farmen der Weißen.[274]

d) Der *Land Acquisition Act* von 1971 und weitere *Amendment Acts*

Mit dem ***Land Acquisition Act* von 1971**, der den *Land and Arbitration Clauses Act* (siehe oben Fn. 109) ersetzte, erhielt der Präsident die Befugnis, Landenteignungen zu jedem Zweck vorzunehmen und die Entschädigung für solches Land auf den fairen Marktpreis („*fair market value*") festzulegen.[275] Die Landverteilung nach der Rasse wurde endgültig mit dem ***Land Tenure Amendment Act*, Nr. 22 von 1977**, und dem ***Land Tenure (Repeal) Act*, Nr. 5 von 1979**,[276] aufgehoben, so dass letztendlich wieder die Rechtslage vor 1930 herrschte, als jeder Land außerhalb der Reservate kaufen konnte, unabhängig von seiner Hautfarbe.[277] Etwa 47 % des Landes, die sogenannten *Communal Lands*, blieben jedoch für die Afrikaner reserviert.[278] Dadurch, dass sich diese meist jedoch den Kauf „weißer Farmen" nicht leisten konnten, änderte sich ihre Situation nicht wesentlich im Vergleich zu den Jahren davor.[279]

Dazu kam noch der erneuerte ***Tribal Trust Land Act*, Nr. 6 von 1979**, der gleichzeitig mit dem *Land Tenure (Repeal) Act* in Kraft trat. Er regelte, dass innerhalb der *Tribal Trust Lands* die Landzuteilung in den Händen der *Chiefs* verbleiben sollte. Die Kontrolle der Landverwendung sollte von einer *Tribal Authority* ausgeübt werden, der die *Chiefs* des jeweiligen Gebietes vorsaßen.[280] Die oberste Gewalt über die *Tribal Trust Lands* sollte dagegen formell beim Präsidenten des Landes liegen, der auf Empfehlung eines *Tribal Trust Land Board* den Status der TTL durch die Überführung in Privateigentum ändern konnte.[281]

---

[272] Rasmussen, K., Historical Dictionary, S. 148.

[273] Der Kampf weißer Kritiker, wie des früheren Premierministers Todd oder kirchlicher Organisationen, wie dem *Christian Council*, v.a. gegen die neue rassistische Verfassung, sowie weitere Wirtschaftssanktionen der VN blieben ohne Wirkung. Zumeist wurden letztere wieder von Boykottbrechern umgangen, ein Abbruch der konsularischen Beziehungen scheiterte im Sicherheitsrat. Vgl. Loerzer, S., Zimbabwe, S. 89. Unter dem britischen Außenminister **Douglas-Home** und Unterhändler Lord **Goodman** erzielte Großbritannien im November 1971 eine Vereinbarung mit Ian Smith über einige Vorschläge zur Beilegung des Konflikts. Diesen stimmte allerdings die Mehrheit der von der **Pearce-Kommission** befragten Afrikaner nicht zu, da es sonst in ihren Augen zu einer legalisierten Diskriminierung der Afrikaner gekommen wäre. Die südrhodesische Regierung sah in der Ablehnung eine Bestätigung der urspr. Verfassung von 1969, die durch das Abkommen geändert werden sollte. Vgl. Borbach, O., Die Vereinten Nationen, S. 9 f.; Ropp v., K., Ein neuer Versuch, S. 67.

[274] V.a. operierte die Befreiungsbewegung der ZANU von Mocambique mit Unterstützung der dortigen **FRELIMO**. Auch wenn es im November 1975 zum Zusammenschluss von **ZANLA und ZIPRA** zur ***Zimbabwe People's Army* (ZIPA)** kam, gingen die Kämpfe zwischen den beiden militärischen Einheiten weiter. Vgl. Schmidt, K. J., Der Weg nach Zimbabwe, S. 204. Zu den Verständigungsversuchen, vgl. Kirkman/ Legum/ Laß, Rhodesien, S. 1-37. Um dem Einhalt zu bieten, wurden von 1974-1978 etwa 600.000 Afrikaner in eingezäunte und bewachte **„*protected villages*"** zwangsumgesiedelt, sog. „Politik der geschützten Dörfer." Vgl. Ripken, P., Südliches Afrika, S. 98; Comaro, Zimbabwe, S. 131 f.

[275] Vgl. Tabex Encyclopedia Zimbabwe, S. 205.

[276] Vgl. Reichert, C., Das neue Zimbabwe, S. 260. Dieser trat am 02.02.1979 in Kraft.

[277] Riddell, R., The Land Question, S. 6.

[278] Herbst, J., The Dilemmas, S. 269.

[279] Riddell, R., The Land question, S. 7. Von den Weißen dagegen wurden zu dieser Zeit (1976) von den etwa 3,6 Mio. ha landwirtschaftlich nutzbaren Landes in den europäischen Gebieten nur um die 570.000 ha tatsächlich genutzt. MacGarry, B., Land: For which people? S. 8.

[280] Vgl. Paragraph 13 (1) des Tribal Trust Land Act, Nr. 6 von 1979: „A Tribesman may occupy or use land for agricultural or residential purposes in the tribal area of an authority with the consent of that authority." In: Government Gazette, Acts 1979-1980, S. 147 ff.

[281] Vgl. Paragraph 10 des *Tribal Trust Land Act*, Nr. 6 von 1979.

1979 erging ein neuer ***Land Acquisition Act*, Nr. 15**, der das Recht der Zwangsenteignung durch den Staat strikt beschränkte, so dass keine bedeutende Landreform durchführbar war.[282] Der *Act* sah vor, dass der Staat ein Gericht anzurufen hatte, das ihn zur Enteignung autorisierte. Dabei hatte der enteignende Staat zu beweisen, dass das Land in den letzten fünf Jahren nicht wesentlich landwirtschaftlich genutzt worden war und dass die gezahlte Entschädigung dem höchsten Marktwert während der letzten fünf Jahre entsprechen würde.[283]

e) Das *Lancaster House Agreement* 1979 zwischen der ehemaligen Kolonialmacht Großbritannien und dem heutigen Zimbabwe

Nach einem schrecklichen, aber siegreichen Kampf der Einheimischen gegen das rassistische Smith-Regime während der 70er Jahre,[284] kam es durch die Verabschiedung der *Lancaster House* Verfassung zu einer neuen rechtlichen Grundlage des individuellen Eigentums.[285] Mit der ***Commonwealth*-Gipfelkonferenz** in Lusaka vom 01.-07.08.1979 zwischen Vertretern der Nationalisten und der rhodesischen Regierung[286] wurde die Allparteien-Verhandlung im Londoner *Lancaster House* eingefädelt, die den Übergang zur Unabhängigkeit Rhodesiens regeln sollte.[287] Smiths Konfliktbewältigungsversuch von 1977/ 79, die sogenannte „interne Lösung" mit Machtübergabe an eine „gemäßigte" schwarz-weiße Koalition von Bischof Muzorewas UANC, Ndabangingi Sitholes ZANU-Fraktion und der RF, misslang.[288] Muzorewa wurde nach den Wahlen 1979 erster schwarzer Premierminister von *Zimbabwe-Rhodesien*, und es wurde eine neue Verfassung verabschiedet, die in Teil VII eine Erklärung über Menschenrechte (*Bill of Rights*) enthielt, um auf Basis der allgemeinen Erklärung der Menschenrechte (AEMR) die individuellen Menschenrechte zu schützen.[289] Da Muzorewa jedoch den Guerillakrieg nicht beenden und keinen Frieden schaffen konnte, repräsentierte er nicht die wirkliche Macht im Land, so dass *Zimbabwe-Rhodesien* auch inter-

---

[282] Obwohl auch dieses Gesetz im Rahmen der Verfassung von *Zimbabwe-Rhodesien* durch die Muzorewa Regierung (vgl. Fn. 281) erging, wurde dieses durch die *Lancaster Verfassung* für gültig erklärt. Tshuma, L., A matter of (in)justice, S. 59 (siehe unten Fn. 300).

[283] Vgl. Tabex Encyclopedia Zimbabwe, S. 205.

[284] Vgl. dazu Martin/ Johnson, The Struggle for Zimbabwe, the Chimurenga War, insbes. S. 191 ff. Diesem antikolonialen Kampf legten die kämpfenden Parteien sowohl der ZANU als auch der ZAPU die Landrückverteilung an die Afrikaner im Siegesfalle zugrunde. Tshuma, L., A matter of (in)justice, S. 28 f.

[285] Beeinflusst durch die politischen Veränderung im südlichen Afrika, durch die Unabhängigkeit von Mozambique und Angola, sowie durch wirtschaftliche Interessen, begann die einleitende Phase für die neuerliche Verfassungskonferenz ab 1974. Im Abkommen vom 03.03.1978 wurde bereits das Mehrheitsprinzip für Wahlen und eine provisorische einjährige Übergangsregierung unter Muzorewa, Sithole und Chirau festgeschrieben, bis es bei den Aprilwahlen zum Sieg des *United African Council* (UANC) unter Bischof Muzorewa kam. Loerzer, S., Zimbabwe, S. 92 f.; Doxey, M., The Making of Zimbabwe, S. 161. Der Namen Rhodesiens lautete von da an *Zimbabwe-Rhodesien*. Schmidt, B., Der Zimbabwe-Vogel, S. 102.

[286] Vgl. Niemann, R., Von Rhodesien zu Zimbabwe, S. 197 f.; Zürrer, W., Rhodesien wird unabhängige Republik Zimbabwe, S. 153 f.; Braun, G., Internationale Interessen, S. 380.

[287] Während es den Vorsitzenden Joshua Nkomo (für die ZAPU) und Robert Mugabe (für die ZANU) gelang ihre Differenzen untereinander im Vorfeld beizulegen und zusammen am 09.10.1976 die ***Patriotic Front* (PF)** zu bilden, folgten unversöhnliche Verhandlungen mit der RF, deren Ziele das Ende der gegen das Land verhängten Sanktionen, Hilfe zur Bekämpfung der Befreiungsbewegung und ein Auftrieb der Wirtschaft waren. Vgl. Ripken/ Krämer-Prein, Zimbabwe, S. 42; Weiss, R., Die Genfer Rhodesien-Konferenz, S. 49 ff. Auch die Initiativen von Henry Kissinger und die Genfer Konferenz scheiterten. Vgl. Stedman, S., Peacemaking in civil war, S. 85 ff. Die unter der Leitung von Lord Peter Alexander Carrington durchgeführte Gipfelkonferenz kam ebenfalls über Wochen nicht voran. Streitpunkte waren v.a. die Idee, in dem neuen Parlament 20 für die Weißen reservierte Plätze über eine eigene Liste wählen zu lassen. Die PF forderte dagegen eine Neuverteilung des Bodens und ein präsidiales Regierungssystem.

[288] Vgl. dazu Zürrer, W., Rhodesien wird unabhängige Republik Zimbabwe, S. 142 ff.; Braun, G., Internationale Interessen, S. 366.

[289] In dieser kurzlebigen Verfassung wurde wieder die gerichtliche Überprüfung der *Declaration of Rights* verankert. Vgl. Tabex Encyclopedia Zimbabwe, S. 86. Zum ersten Mal wurde durch Paragraph 134 die Möglichkeit eingeführt, sich direkt an die Berufungsabteilung des *High Court* (jetzt *Supreme Court*) zu wenden, wenn es sich um eine Verletzung der fundamentalen Grundrechte wie des Eigentums, handelte. HRF, HR Monitor Nr. 19.

national die Anerkennung versagt wurde.[290] Als im Mai 1979 in Großbritannien die Konservativen wieder die Regierung übernahmen, drängte daher Premierministerin Margaret Thatcher auf Neuverhandlungen, die im *Londoner Lancaster House* stattfanden.[291]

Am 21.12.1979 wurde bei der ***Lancaster House Konferenz*** zwischen den in der PF zusammengeschlossenen Befreiungsorganisationen ZANU und ZAPU, Großbritannien und der rhodesischen Regierung eine Verfassung[292] ausgehandelt, die nach dem Eintritt der Unabhängigkeit und dem Beschluss freier Wahlen in Kraft treten sollte.[293] Am 18.04.1980 wurde Rhodesien als Zimbabwe unabhängige Republik, Mitglied des *Commonwealth*, sowie im August Mitglied der Vereinten Nationen.[294] Die Frage des Bodenbesitzes war eines der Hauptanliegen des Unabhängigkeitskampfes gewesen. Die ungerechte Verteilung der besseren Böden auf etwa ein Prozent der gesamten Bevölkerung sollte mit dem Umverteilungsziel im *Lancaster House Agreement* vertraglich zwischen der zimbabwischen Regierung und der ehemaligen Kolonialmacht Großbritannien entschärft werden. Man wollte damit eine Einigung über die Rückführung der einheimischen Bauern auf freiwillig von weißen Farmern verkauftes Land erzielen.[295] In der Grundrechtsdeklaration, die inzwischen in jeder modernen Verfassung zu finden ist,[296] enthielt die Verfassung von Zimbabwe u.a. den Schutz des Privateigentums. Nach Paragraph 16 war der zwangsweise Eigentumserwerb durch den Staat ausgeschlossen. Eigentum durfte nur im Interesse der Verteidigung, öffentlicher Sicherheit und Ordnung, allgemeiner Sitte und Moral, öffentlichen Wohls und städtischer Planung erworben werden.[297] Es wurde der neuen Regierung jedoch auch die Einführung von Maßnahmen zur Bodenreform erlaubt, für die sie ungenutztes und unzureichend bewirtschaftetes Land, das für die Wiederansiedlung oder andere öffentliche Zwecke

---

[290] Grund war dafür, dass sich die Weißen eine Sperrminorität, d.h. die Kontrolle im Parlament und auch die Verfügungsgewalt über Armee, Polizei, Justiz und Wirtschaft, vor behielten. Ripken/Krämer-Prein, Zimbabwe, S. 43; Bornemann, R./Hämel, W., Zimbabwe, S. 32.

[291] Doxey, M., The Making of Zimbabwe, S. 162.

[292] Vgl. Southern Rhodesia, *The Zimbabwe constitution order 1979*. In ihrer urspr. Fassung war sie weitgehend von Elementen des **Westminster-Verfassungsmodells** geprägt, was auf die große Rolle Großbritanniens bei ihrer Aushandlung zurückzuführen war. Dieses Phänomen der Anlehnung der Verfassung an diejenige der ehemaligen Kolonialmacht war in Afrika weit verbreitet. Reiff, S., Das politische System, S. 60; Brownlie, I., Transition to Independence, S. 22, 31 ff. Inhaltlich sah die Verfassung ein parlamentarisches Mehrparteiensystem vor und einen Staatspräsidenten als Staatsoberhaupt, der von beiden Kammern des Parlaments (*Senat* und *House of Assembly*) auf sechs Jahre gewählt wurde, sowie zgl. Oberkommandierender der *Zimbabwe National Army* war. Die Mitglieder des Parlamentes wurden teils gemäß der allgemeinen Wählerliste (für Afrikaner) und zu ein Viertel nach der „weißen Wählerliste" auf fünf Jahre gewählt. Ripken/Krämer-Prein, Zimbabwe, S. 52.

[293] Vgl. Southern Rhodesia, *The Zimbabwe constitution order* 1979, Paragraph 1 (2). Vgl. Tabex Encyclopedia Zimbabwe, S. 86. 20 Parlamentssitze wurden für Weiße auf sieben Jahre reserviert; danach sollten diese durch eine Verfassungsänderung per Mehrheitsbeschluss abänderbar sein können. Wichtige Teile der Verfassung, wie die Eigentumssicherung sollten erst nach zehn Jahren verändert werden können. Loerzer, S., Zimbabwe, S. 94. Zu weiteren Bestimmungen der Verfassung, Hatchard, J., The Constitution of Zimbabwe, S. 80.

[294] Morvay, W., Decolonization, S. 978; Land, Housing and Property Rights in Simbabwe, S. 10; Madhuku, L., The Impact, S. 933. Am 31.12.1979 folgte der Waffenstillstand und für alle politisch motivierten Straftaten, die während der UDI begangen worden waren, wurde eine Amnestie verfügt. Loerzer, S., Zimbabwe, S. 94. Nachdem Rhodesien vorübergehend britisch verwaltete Kronkolonie wurde, kam es am 18.04.1980 zu seiner Unabhängigkeit. Bei den Wahlen vom 27.-29.02.1980 für die verbleibenden 80 Sitze, die nicht an die RF ergangen waren, gingen 62,9 % der Stimmen an Mugabes ZANU(PF), Nkomo's PF-ZAPU erhielt 24,1 % und Muzorewas UANC 8,2 %. Als Staatspräsident wurde **Reverend Canaan Banana**, ein ZANU(PF) und als Premierminister **Robert Mugabe** ernannt. Loerzer, S., Zimbabwe, S. 94; Ripken/Krämer-Prein, Zimbabwe, S. 44 f.; Braun, G., Internationale Interessen, S. 388.

[295] Krüger, D., Landhunger in Simbabwe, S. 1. Dieser Einigung ging jedoch ein Verhandlungsgefecht zwischen den Vertretern Großbritanniens und den Parteien Rhodesiens voraus. Um zu einem Ergebnis zu kommen, wurde u.a. auch der Ausschluss der PF von der Konferenz angedroht. Vgl. Anyaoku, E., Zimbabwe: Reflections, S. 4 f.

[296] Brownlie, I., Transition to Independence, S. 28 f.

[297] Vgl. Paragraph 16 (4) (5) des Zimbabwe Constitution Order: „Freedom from Deprivation of Property: 1. Every person will be protected from having his property compulsorily acquired except when the acquisition is in the interest of defence, public safety.... or, in the case of under-utilised land, settlement of land for agricultural purposes. When property is wanted for one of these purposes, its acquisition will be lawful only on condition that the law provides for the prompt payment of adequate compensation, and where the acquisition is contested, that a court order is obtained….2. Exception will be made for the taking of possession of property during a period of public emergency. 3. Compensation paid in respect of loss of land to anyone who is a citizen of or ordinarily resident in Zimbabwe (or to a company the majority of whose shareholders are such persons) will, within a reasonable time, be remittable to any country outside Zimbabwe…"; Tshuma, L., A matter of (in)justice, S. 39.

benötigt wurde, unter Zwang abkaufen durfte. In diesem Fall des Zwangsverkaufs war die einzige Bedingung, dass die Erwerbsbehörde eine „prompte" und „adäquate" Entschädigung zahlte.[298] Damit konnten weiße Farmer ihre Farmen behalten; es waren keine entschädigungslosen Landenteignungen vorgesehen.[299] Der Eigentumsschutz des bewohnten und genutzten Landes wurde auf zehn Jahre bis mindestens April 1990 nach dem Prinzip des „*willing buyer/ willing seller*" (d.h. Kauf und Verkauf nur mit Zustimmung des Eigentümers) in der Unabhängigkeitsverfassung verankert und konnte für diesen Zeitraum nur einstimmig vom *House of Assembly* mit Zustimmung der Zweidrittelmehrheit des Senats geändert werden.[300] Als Bezahlung war ein „fairer Marktpreis" für das abgekaufte Land vorgesehen.[301] In einer letzten Änderung des *Agreements* wurde vereinbart, dass die Entschädigung in ausländischer Währung zu leisten war.[302] Wurde der Erwerb gerichtlich bestritten, musste eine richterliche Anordnung eingeholt werden.[303] Auch konnte die Entschädigungshöhe vor dem *High Court* angegriffen werden. Paragraph 89 der Verfassung sah vor, dass das koloniale Rechtssystem, sowie die Gesetze der illegalen Smith-Regierung und der Muzorewa-Zeit übernommen wurden.[304]

Zum Zeitpunkt der Unabhängigkeit befanden sich etwa 75 % des landwirtschaftlichen Gebietes in Händen schwarzer Farmer. Dabei handelte es sich allerdings um dürre Gegenden mit geringen Niederschlägen, wo nur extensiver Anbau möglich war. Dagegen lagen etwa 80 % des Farmlandes der weißen kommerziellen Großfarmer in den fruchtbarsten Gebieten mit hohem Niederschlag.[305] Die Riddell Kommission fasste zusammen, dass wegen dieser Aufteilung die wirtschaftlichen Probleme Zimbabwes durch die ungerechte Landverteilung verursacht worden waren.[306] Allerdings produzierten die weißen Farmer den Hauptanteil des landwirtschaftlichen Ertrags des Landes[307] und stellte mit dieser Machtposition eine wichtige Lobby dar, deren Interessen die zimbabwische Regierung nicht einfach übergehen wollte.[308]

Die britische Regierung erkannte die Notwendigkeit einer Landreform und auch zu einem gewissen Grade ihre eigene Verantwortlichkeit an, Land zu kaufen und weiße Farmer, die das Land verlassen wollten, zu entschädigen.[309] Nur auf Grundlage der Versicherung einer multinationalen Finanzierungsregelung für den Ankauf von Land

---

[298] Vgl. Paragraph 16 (4) (e) (ii). Tabex Encyclopedia Zimbabwe, S. 205; Palmer, R., Land Reform, 1980-1990. Damit lehnte sich diese Vorschrift an das Hull-Prinzip des internationalen Rechts an. Tshuma, L., A matter of (in)justice, S. 39, 44; vgl. dazu unten 2. Teil, A. I. 1. a). Dennoch erklärte man zum Teil in radikaler Weise keine Entschädigungen zahlen zu wollen. Vgl. öffentliche Erklärung des Ministers für Legale und Parlamentsfragen Dr. E. Zvobgo: „Wir haben vor, Land zu enteignen und niemanden einen Pfennig zu zahlen!" Zitiert nach Neudeck, R., Fette Katzen, S. 5.

[299] Reichert, C., Das neue Zimbabwe, S. 204.

[300] Hatchard, J., The Constitution of Zimbabwe, S. 79; Ripken/ Krämer-Prein, Zimbabwe, S. 52 f.; Ncube, W., The constitution as a liability, S. 19 f., 22. Dies war damit praktisch ausgeschlossen, da die im Parlament vertretenen Weißen Enteignungen nie zugestimmt hätten.

[301] Peters, B./Malan, N., Caveats for Land Reform, S. 153; Palmer, R., Land Reform, 1980-1990.

[302] Palmer, R., Land Reform, 1980-1990; Ncube, W., The constitution as a liability, S. 16.

[303] Tshuma, L., A matter of (in)justice, S. 39.

[304] Tshuma, L., A matter of (in)justice, S. 47.

[305] Herbst, J., The Dilemmas, S. 269 f.; Statistical Yearbook, 1985, S. 132.

[306] Ridell-Report, Commission of Inquiry, S. 57: „...the major constraint on the development of peasant production and therefore on the growth and level of peasant incomes, is the inadequacy and poor quality of the land available...".

[307] Statistical Yearbook, 1985, S. 132.

[308] Herbst, J., The Dilemmas, S. 270.

[309] Da die britische Regierung der Ansicht war, dass eine geordnete Wiederansiedlung die politische Stabilität im Lande fördern und es den Menschen erlauben würde, ihr Leben so schnell wie möglich wieder zu normalisieren, wollte sie im Gegenzug für die Garantie der bestehenden Eigentumsrechte die Hälfte des Umsiedlungsprogramms zahlen. Palmer, R., Land Reform, 1980-1990; Stoneman, C., Land Reform's Contraints, S. 2. Es sollten sowohl die Kosten für den Kauf des Landes von den weißen Farmern gedeckt, als auch die notwendigen Infrastrukturmaßnahmen umfasst werden. Vgl. Palmer, R., a.a.O.

– die jedoch nicht Bestandteil des schriftlichen Abkommens wurde[310] - unterzeichneten Joshua Nkomo und Robert Mugabe 1979 das Abschlussdokument.[311] Auch ohne diese schriftliche Vereinbarung erwartete Zimbabwe, dass die ehemalige Kolonialmacht Großbritannien für die Landreform finanziell aufkommen würde.[312] Um Beschäftigungsmöglichkeiten für Zimbabwer zu schaffen, lud die zimbabwische Regierung explizit auch ausländische Investoren ein, ihr Kapital im Lande anzulegen, indem sie in den *Investment Guidelines* Sicherungsmechanismen und Anreize schuf.[313] Die Zeit nach der Unabhängigkeit war geprägt von stagnierenden Investitionen in Zimbabwe, was teilweise auch daran lag, dass die zimbabwische Regierung sich weigerte, das *United States Overseas Private Investment Corporation Agreement* (OPIC) zu unterzeichnen, welches garantierte, dass keine Nationalisierungen ohne Entschädigung stattfinden würden.[314] Die *Guidelines* der zimbabwischen Regierung sahen bei einer Nationalisierung im Falle der Verteidigung oder zur öffentlichen Sicherheit und Ordnung, wie nach der zimbabwischen Verfassung garantiert, eine Entschädigungszahlung vor.[315] Damit war die Dekolonisierung im Sinne der völkerrechtlichen Emanzipation vollendet. Nicht abgeschlossen dagegen war die sogenannte „innere Dekolonisierung", unter der die Beseitigung der „kolonialen Hinterlassenschaften" zu verstehen ist. Dabei handelt es sich in der Regel um Vorgänge im nationalen Recht, mit denen Privilegierungen der Angehörigen der ehemaligen Kolonialmacht beseitigt werden sollten.[316] Da die Regierung den weißen Farmern zugesichert hatte, sie im Lande behalten zu wollen, um die Wirtschaft zu stabilisieren (sogenannte Politik der Rassenversöhnung),[317] saß die weiße Minderheit[318] weiterhin an den

---

[310] Vgl. Reichert, C., Das neue Zimbabwe, S. 204; Fiedler-Conradi, S., Geschichte der verschleppten Landreform, Rn. 12. Daher war auch die Durchführung einer internationalen Geldgeberkonferenz *Zimbabwe Conference on Reconstruction and Development* (**ZIMCORD**), die vom 23.-27.03.1981 in Salisbury stattfand, notwendig, um die internationale Gemeinschaft u.a. zur Umsiedlungsfinanzierung zu mobilisieren. Dadurch konnte tatsächlich das Hauptvolumen der ausländischen Investitionen nach der Unabhängigkeit erzielt werden. Chimombo, T., Foreign Capital, S. 138. Als Ziel von ZIMCORD fiel gleichzeitig immer wieder das Schlagwort „***Growth with Equity***", d.h. man strebte für den landwirtschaftlichen Bereich die Verbindung von kommerziellen und afrikanischen Farmsektor, sowie einen faireren Ausgleich des Landeigentums an, wobei es jedoch nicht zu einer Gefährdung der kommerziellen Landwirtschaft kommen sollte. Vgl. Reichert, C., Das neue Zimbabwe, S. 204 ff.; Government of Zimbabwe: Growth with Equity; Jenkins, C./Kinght, J., The economic decline of Zimbabwe, S. 60-70.

[311] Ramose, M., Title to Territory, S. 203 f.

[312] Peters/Malan, Caveats for Land Reform, S. 153.

[313] Vgl. Government of the Republic of Zimbabwe, *Foreign Investment Policy*, Paragraph 1, 2; Speech by President at the opening of the 4th Session of the 2nd Parliament of Zimbabwe, 28.06.1988; Reichert, C., Das neue Zimbabwe, S. 211 f.; Chimombo, T., Foreign Capital, S. 127 f.; Jenkins, C./Kinght, J., The economic decline of Zimbabwe, S. 187 ff. Dabei strebte die zimbabwische Regierung Investitionen in den sog. *Priority Sectors* (wie dem Handwerks- und Industriebereich) an, weniger im kommerziellen Farmbereich. Price Waterhouse, Doing Business in Zimbabwe, 1990, S. 24. Später war es den ausländischen Investoren sogar versagt, Farmland zu erwerben. Price Waterhouse, Doing Business in Zimbabwe, 1995, S. 38. Für alle ausländischen Investitionen war die Zustimmung des *Foreign Investment Committee* notwendig. Vgl. Roussos, P., Zimbabwe, S. 171. Im Allgemeinen zögerten die ausländischen Investoren jedoch noch ihr Kapital mangels schützender Investitionsförderungsverträge anzulegen. Auch die recht ungünstigen Gewinntransfer- und Repatriierungsregeln taten ihr Übriges, die Investoren abzuhalten. DIE, Förderung der privatwirtschaftlichen Zusammenarbeit, S. 21 f.

[314] Jenkins, C./Kinght, J., The economic decline of Zimbabwe, S. 192 f. Das OPIC *Agreement* wurde erst 1990 von Zimbabwe signiert. Allen, T., The Law, S. 66, Fn. 164.

[315] Vgl. Government of the Republic of Zimbabwe, *Foreign Investment Policy*, Paragraph 3 (iii); Chimombo, T., Foreign Capital, S. 130. Auf Druck der Investoren, denen die Investitionsbestimmungen von 1982 nicht attraktiv genug erschienen, verfasste die zimbabwische Regierung im Jahre 1989 detailliertere Schutzbestimmungen. Vgl. Government of Zimbabwe, *The Promotion of Investment*, Paragraph 39 ff.; Gunning/Oostendorp, Zimbabwean firms, S. 12; Price Waterhouse, Doing Business in Zimbabwe, 1990, S. 20. Dieser Trend des Schutzes von Privatinvestitionen basierte auf dem erstarkenden Gedanken der wirtschaftlichen und sozialen Entwicklung der nordafrikanischen Staaten, die sich am 28.03.1961 in Jaunde für die Schaffung der OAMCE ausgesprochen hatten, die zum Ziel hatte, die erforderlichen Sicherheitsgarantien für Privatinvestitionen zu gewähren. De Lattre, Die Industrialisierung, S. 569.

[316] Dölle, H., Internationalrechtliche Betrachtungen, S. 48 f. Vgl. unten 2. Teil, A. IV.

[317] Bratton, M., Land Redistribution 1980 – 1990, S. 73; Blankenburg, P., Large Farms as Object of Land Reform, S. 361.

[318] 1980 bestand die Mehrheit der Bevölkerung zu rund 96,6 % aus Afrikanern, die sich zum größten Teil aus Einheimischen zusammensetzte, zum Teil aber auch aus zugewanderten Arbeiterfamilien aus Malawi, Zambia und Mozambique. Vgl. Reichert, C., Das neue Zimbabwe, S. 28.

wirtschaftlichen Schalthebeln.[319] Wenn auch die zimbabwische Wirtschaft nach wie vor durch Privatkapital dominiert wurde, so verstärkte Mugabe bereits sein Engagement v.a. im Bankensektor, im Bergbau, dem Stahlsektor und den Massenmedien.[320] Allerdings fanden keine Nationalisierungen statt, sondern die Regierung erwarb zu Marktpreisen Firmen aus dem privaten Sektor, die zum Verkauf standen.[321] Im Falle des gerade unabhängigen Zimbabwes, sah es die Regierung Mugabes als notwendig an, ausländische Investoren in das Land zu bringen, die dem Entwicklungsprozess behilflich sein konnten.[322] Entwicklungsländer verfügen über limitierte finanzielle Mittel, aber sie besitzen nicht selten relativ reiche Bodenschätze. Im Beispiel Afrika wurden diese natürlichen Quellen während der Kolonialzeit abgebaut, um die Wirtschaft der neuen Kolonialstaaten aufzubauen. Trotz ihrer späteren Unabhängigkeit versuchten diese Länder die kolonialen Strukturen in Takt zu lassen, um sich der weiteren Hilfe ihrer ehemaligen Kolonialmächte sicher zu sein.[323] Eine Summe von ungefähr US $ 2, 61 Mrd. war für Investitionen in Zimbabwe vorgesehen, wovon US $ 1, 68 Mrd. tatsächlich ausgegeben wurden. Im Rahmen von ZIMCORD stiegen die Zahlen an und durch direkte ausländische Investitionen kam es in hohem Grade zur Bildung ausländischen Kapitals im Land. Zusätzlich wurde Zimbabwe Mitglied des *International Money Fund* (IMF) und der *World Bank*.[324]

Abb.: Tabelle der Landverhältnisse von 1979[325]

Landkategorie	Prozent der Gesamtfläche	Geschätzte ha- Zahl in Millionen
Large Scale Commercial Farming (LSCF) Freehold	39,14	15.5
Small Scale Commercial Farming (SSCF) State Lease	3,53	1.4
Communal Areas Land held in trust by State for tribes	41,41	16,4
Forests and National Parks State Land	15,17	6,0
State Owned Farms State Land	0,75	0,3

[319] Melchers, K., in Nohlen/ Nuschler, Handbuch der Dritten Welt, S. 501. Wie die Financial Times, vom 22.04.1980: Zimbabwe IX, X, XIV schilderte, erwies sich Mugabe als pragmatischer Staatsmann, der eine gemäßigte „Politik der Versöhnung" vertrat und nicht das Erbe der Kolonialzeit über Nacht verändern wollte. Vgl. auch DeWaal, V., The politics of reconciliation, S. 45 ff. Nach dem Sieg seiner ZANU nach den Unabhängigkeitswahlen vom März 1980 rief Mugabe auf, „unsere schreckliche Vergangenheit zu vergessen und (den ehemaligen Feinden) zu verzeihen" (vgl. Die Zeit, vom 15.03.1985; Zürrer, W., Rhodesien wird unabhängige Republik Zimbabwe, S. 183; Loerzer, S., Zimbabwe, S. 95; Ripken/ Krämer-Prein, Zimbabwe, S. 45) und berief sogar David Smith und Dennis Norman, zwei weiße Minister in sein Kabinett. Vgl. Mühlmann, C., Simbabwe- eine afrikanische Ausnahme, S. 497; Weiss, N., Gründung und nationaler Aufbau, S. 184; Cornaro, Zimbabwe, S. 136. Auch verzichtete Mugabe auf Landkäufe von weißen Farmern zum Zweck der Ansiedlung schwarzer Kleinfarmer. Enteignungen waren noch immer durch das *Lancaster* Abkommen ausgeschlossen. Loerzer, S., Zimbabwe, S. 96. Unter den verfeindeten Guerilla-Armeen **ZANLA** (Befreiungsarmee der ZANU) und **ZIPRA** (Befreiungsarmee der ZAPU) stellte Mugabe durch Bildung einer zimbabwischen Armee eine Neutralisierung her. Schließlich erhielt auch die ZAPU Partei immerhin vier Kabinettsposten. Kreile, R., Zimbabwe, S. 57 ff. Dieser Integrationskurs änderte sich aber bald, als nach schweren bewaffneten Kämpfen zwischen den beiden Befreiungsarmeen, Waffenfunde auf ZAPU-Gelände – evtl. sogar von der Regierung als Vorwand zum Eingreifen dort deponiert – als vorbereitender Akt gegen den Staat gewertet wurden. Vgl. Kreile, R., a.a.O., S. 151; Loerzer, S., a.a.O., S. 96. In der Folge kam es zu zahlreichen Überfällen durch frustrierte ehemalige Guerillakämpfer, die aus Hass auf die bei der Landverteilung immer noch privilegierten Weißen, auch nicht vor deren Ermordung zurückschreckten und deren Ausreise forderten. Vgl. Die Zeit, vom 12.02.1988, S. 15; Cornaro, a.a.O., S. 138.

[320] Vgl. Kreile, R., Zimbabwe, S. 62 ff.

[321] Price Waterhouse, Doing Business in Zimbabwe, 1990, S. 21.

[322] Während der UDI hatte v.a. Südafrika in Zimbabwe investiert. Vgl. Ndlovu, L., The system of protection, S. 53.

[323] Vgl. Tetzlaff, R., Instrumente der deutschen Afrika-Politik, S. 58 ff.

[324] Chimombe, T., Foreign Capital, S. 123 f.

[325] Vgl. Quelle: COHRE, Land, Housing and Property Rights, S. 11.

Zum Vergleich betrug die Fläche einer LSCF- Farm durchschnittlich etwa 3.000 ha, während diejenige einer SSCF-Farm nur ca. 20 ha ausmachte.[326]

Exkurs: Grundbesitzarten im heutigen Zimbabwe

Im zimbabwischen formellen Rechtssystem,[327] kann sich das Land im öffentlichen oder privaten Besitz befinden. In ersteren ist der Präsident eingesetzt. Die wichtigste Form des privaten Besitzes stellt das absolute Eigentumsrecht dar (*full real title* oder *private freehold property*), bei dem der Eigentümer das Recht hat, mit dem Land zu tun, was er möchte.[328] Eine weitere allgemeine Form des Privatbesitzes, die einen beschränkt dinglichen Status verleiht, ist die der Pacht von einem Eigentümer, bei dem im Gegenzug eine Miet-/ Pachtzahlung oder eine ähnliche Vergütung zu erfolgen hat (*leasehold*).[329] Die ausgestellten Besitztitel werden in ein offizielles Register eingetragen.[330] Diese Besitzarten fallen unter den Schutz des Statutenrechts.[331]

Zusätzlich zu diesem System existiert in Zimbabwe das traditionelle Besitzrecht. Das Prinzip des individuellen Landrechts war im Gewohnheitsrecht unbekannt. (Siehe oben S. 7 f.) Es wurde als allgemeines Recht angesehen und nicht als ein Vermögensgegenstand zum Tausch, Verkauf oder zur Vererbung. Ein Besitztitel ist im *Communal Land* nicht erforderlich; die Menschen besitzen das Land gemäß Gewohnheit und Nutzungsberechtigung. Die Tradition verbietet es jedoch auch einem Stammesmitglied sein Recht auf Land, das wie ein Menschenrecht zu verstehen und gerichtlich einklagbar ist, zu versagen.[332] Auch wenn dieses Gewohnheitsrecht noch immer in den kommunalen Gebieten existiert und es keine individuellen Besitzrechte am Land gibt,[333] sondern dieses vielmehr als gemeinschaftlicher Grundbesitz bezeichnet wird, ist das gesamte kommunale Gebiet dem Präsidenten übertragen und soll von ihm treuhänderisch für die dort lebende Bevölkerung verwaltet werden.[334]

Trotz des Versuchs ein individuelles Bodenrecht einzuführen, das die für Wirtschaftsreformen essentiellen Investitionen in der Landwirtschaft und den Zugang der traditionell nicht zugelassenen Personen zu Grund und Boden auf Dauer sichern würde, hält die Bevölkerungsmehrheit der Afrikaner am traditionellen System fest. Genutzt wird das „moderne" Recht mit der Möglichkeit von Grundbucheintragungen, staatlichen Nutzungskonzessionen und Grundstücken als Kreditsicherheit meist nur von den städtischen Eliten und exportorientierten Unternehmen.[335] - Exkurs Ende -

---

[326] Neil, T., Land reform in Zimbabwe, S. 694.

[327] Im Wesentlichen entspricht das vom Englischen beeinflusste Recht Zimbabwes dem römisch-niederländischen Recht Südafrikas (*Common Law System*). Schramm, E., Völkerrechtliche Aspekte, S. 4. Es bezieht sich v.a. auf *Precedents*, die vom Berufungsgericht für afrikanische Zivilrechtsfälle gesetzt wurden und *Statutory Law*. Vgl. MacClung Nading, J., Property under siege, S. 771; Reynolds, T./ Arturo, A., Foreign Law-CD, Zimbabwe, S. 1.

[328] In registrierter Form wird es als Eigentum verstanden. Vgl. Bismarck, J., Wiedergutmachung, S. 84.

[329] Daneben existieren noch obligatorische „Landrechte" wie die Arbeitspacht, Farmpachtvereinbarungen und Rechte von Treuhandbegünstigten. Vgl. Bismarck, J., Wiedergutmachung, S. 78.

[330] Hansungule, M., Who Owns Land in Zimbabwe? S. 332.

[331] Hammar, A., Naming and Claiming, S. 122.

[332] Hansungule, M., Who Owns Land in Zimbabwe? S. 332.

[333] Statt eines papierbedruckten Besitztitels beweisen Erinnerung an Abstammung und kontinuierliche Nutzung des Landes dessen Zugehörigkeit. Hansungule, M., Who Owns Land in Zimbabwe? S. 309.

[334] Vgl. Tabex Encyclopedia Zimbabwe, S. 207; *Communal Land Act*, Nr. 20 von 1982, Paragraph 4 i.V.m. Teil II Paragraph 7 ff., in: Government Gazette, Acts 1982, S. 133 ff.; Wily, Liz A., Reconstructing the African Commons, S. 80.

[335] Henrÿ, H., Boden(rechts)ordnungen, S. 199 f.

B. EIGENTUMSSCHUTZ IM RAHMEN DER LANDREFORMVERSUCHE NACH DER UNABHÄNGIGKEIT

In den Wahlen vom Februar 1980 kam es zu einem eindeutigen Sieg der ZANU-PF, die eine neue gesellschaftliche Ordnung versprach.[336] Für die neue fachkräftige[337] Regierung Mugabes galt es, zunächst materielle Kriegszerstörungen zu beseitigen, ca. eine Millionen Flüchtlinge und Zwangsumgesiedelte in den sogenannten Schutzdörfern (*protected villages,* vgl. oben Fn. 270), die auf ihr altes Land zurück wollten zu repatriieren, die ungleiche Landverteilung zu korrigieren und der Mehrheit der Bevölkerung, die große Erwartungen an die neue Zeit stellte,[338] den Zugang zu Wohlstand und Land zu ermöglichen, ohne dabei die Produktivität einzubüßen.[339] Der Erfolgskurs Zimbabwes konstituierte sich dadurch, dass der Marxist Präsident Mugabe die landwirtschaftliche Stabilität der Volkswirtschaft im Rahmen seiner gemäßigten „*Politik der Versöhnung*" nicht antastete, den weißen Farmern zusicherte, sie im Lande behalten zu wollen[340] und auf Landkäufe zum Zweck der Ansiedlung schwarzer Kleinfarmer verzichtete.[341] Er kündigte an, im Geiste der Verfassung die Gesetzmäßigkeit und die zivilen Freiheits- und Bürgerrecht, die in diese Einklang gefunden hatten, zu respektieren.[342] So entwickelte sich eine Art Rechtsstaat mit einer gerichtlichen Infrastruktur.[343]

---

[336] Nachdem der Siedlerkolonialismus zu starken Veränderungen der traditionellen Strukturen geführt hatte, entwickelte sich eine Gesellschaft extrem sozialer Unterschiede. V.a. durch die Vertreibungsmaßnahmen der schwarzen Bevölkerung von den fruchtbaren Böden durch die Einführung von Hüttensteuer und Zwangsumsiedlungen (vgl. Fn. 130) waren diese als Lohnarbeiter in die Städte geflohen und viele auf dem Land zu armen Arbeitern oder Kleinbauern in den ehemaligen *Tribal Trust Lands* degradiert. Das weiße Bürgertum bestand dagegen aus Kapitalbesitzern, Selbständigen, kommerziellen Farmbesitzern und abhängig Beschäftigten in höheren Diensten. Seit dem Ende der 70er Jahre kauften sich allmählich auch reichere Afrikaner in die Vororte ein, die früher den Weißen vorbehalten waren und erwarben als ***Master Farmer*** Land in den *African Purchase Areas*. Zwar war daher in der Theorie die soziale Diskriminierung der schwarzen Afrikaner aufgehoben, im täglichen Leben konnte man jedoch noch immer Rassentrennungen vorfinden. Vgl. Ripken/ Krämer-Prein, Zimbabwe, S. 105 ff., 115.

[337] Vgl. Forschungsinstitut der FES, S. 1.

[338] Auret, D., A Decade of Development, S. 70. Schließlich hatten die schwarzen Farmer die Guerillakämpfer unterstützt, weil diese versprachen, ihnen das Land zurückzugeben, das die „weißen Herren" ihnen einst genommen hatten. So ging man auch innerhalb der Befreiungsbewegung davon aus, dass bei erfolgreichem Kriegsende, das Land automatisch und ohne Entschädigung der weißen Siedler, wieder dem schwarzen Volk gehören würde. Vgl. Reichert, C., Das neue Zimbabwe, S. 243; The National Post (Canada), 24.08.2001: Ottawa may back move to ban Mugabe.

[339] Reichert, C., Das neue Zimbabwe, S. 246; Schröder, S., Simbabwe, S. 18.

[340] Vgl. Forschungsinstitut der FES, S. 12; Halbach, A., Trendwende in Zimbabwe? S. 169. Getrieben wurde Mugabe dabei von der Furcht vor einem wirtschaftlichen Zusammenbruch, der einem weißen Massenexodus folgen würde, wofür Mozambique als Beispiel diente. Vgl. Jenkins, C./ Kinght, J., The economic decline of Zimbabwe, S. 26. Diejenigen weißen Zimbabwer, die aus Furcht vor dem Schreckensbild einer afrikanischen Herrschaft bereits aus dem Land geflohen waren, versuchte die zimbabwische Regierung zur Rückwanderung aus Südafrika zu bewegen. Vgl. Rakelmann, G., Zehn Jahre Republik Zimbabwe, S. 41.

[341] Melchers, K., in: Nohlen/ Nuschler, Handbuch der Dritten Welt, S. 501; Loerzer, S., Zimbabwe, S. 95; Ripken Krämer-Prein, Zimbabwe, S. 45. So fand im Jahre 1982 nur die Aufhebung des *Tribal Trust Land Act* zu Gunsten des *Communal Lands Act* statt, der nicht nur die Eigentümerstellung am kommunalen Land auf den Präsidenten übertrug, sondern ihn auch als Treuhänder des Landes für die dortige Bevölkerung einsetzte. Vgl. Wily, Liz A., Reconstructing the African Commons, S. 80.

[342] Tshuma, L., A matter of (in)justice, S. 55; Baumhögger, G., Struggle for Independence, S. 1389: Aus der Ansprache Mugabes vom 04.03.1980, als gerade gewählter *Prime Minister*: „*Whatever government I succeed in creating will certainly adhere to the letter and spirit of our Constitution, since that government will itself have been the product of such Constitution.... We intend to uphold these fundamental rights and freedoms to the full.*"

[343] Während die Gerichte unter dem Smith-Regime in der Regel regierungstreu entschieden hatten und wenig taten, um den verfassungsrechtlichen Schutz der individuellen Rechte zu garantieren (vgl. Borbach, O., Die Vereinten Nationen, S. 41), folgten in den Jahren nach der Unabhängigkeit einige politisch äußerst überraschende Entscheidungen, die dazu beitrugen, dem zimbabwischen Gerichtssystem einen unabhängigen Ruf in der internationalen Meinung einzubringen. Neudeck, R., Fette Katzen, S. 5; Omaar, R./ de Waal, A., Justice in Zimbabwe, S. 41. Auch wurde noch 1990 ein weißer *High Court* Richter des ehemaligen Smith-Regimes, **Anthony Gubbay,** zum Vorsitzenden Richter ernannt.

I. 1980-1989: Umsiedlung unter den Bedingungen der *Lancaster House* Verfassung

1. Intensives Landreform- und Umsiedlungsprogramm (1980-1990)

Zum Zeitpunkt der Unabhängigkeit im Jahre 1980 besaßen ca. 6.000 Großfarmer 46 % (etwa 15 Mio. ha) des landwirtschaftlich nutzbaren Landes, während den 700.000 einheimischen Kleinbauern nur etwa 49 % des Landes, das sich überwiegend in Gegenden mit unfruchtbaren Böden mit geringen Niederschlägen befand, zur Verfügung standen.[352] Dabei produzierten die weißen Farmer ca. 90 % der Nahrungsmittel des Landes,[353] so dass man sie als essentiell für das wirtschaftliche Überleben Zimbabwes ansah. Sie, gegen die man noch einige Monate zuvor den Guerillakrieg geführt hatte, wurden eine fast geschützte Elite. Aufgrund der Spekulationstätigkeit durch die weißen Siedler, lag der Großteil ihres Landes jedoch brach.[354] Unter diesen Gesichtspunkten führte die Regierung 1980 – 1990 das **erste Landreform- und Umsiedlungsprogramm (LRRP-1)** ein, um die Ziele von ZIMCORD, nämlich die Wiedergutmachung des in der Kolonialzeit erlittenen Unrechts umzusetzen und die tatsächlich in Not befindlichen Menschen, Flüchtlinge, Kriegsvertriebene, Landlosen oder solche mit unbrauchbarem Farmland zu begünstigen.[355] Mit diesem Programm wurde auch ein ***Integrated Plan for Rural Development*** veröffentlicht, in dem v.a. im Rahmen eines Siedlungsprogramms innerhalb von 10 Jahren etwa vier Mio. ha ungenutztes Farmland, das zur Umverteilung zur Verfügung stand, an etwa 10.000 Afrikaner zur Bewirtschaftung vergeben werden sollte.[356] Dazu wollte die Regierung Land zur Rücksiedlung der afrikanischen Bevölkerung aufkaufen, die sogenannten *Resettlement Areas*.[357]

a) Die Anfangsphase von 1979-1982

In der Anfangsphase nach der Unabhängigkeit nahm Zimbabwe zunächst mit Zuversicht ein großes Landreformprogramm in Angriff, verteilte mehr als 1,7 Mio. ha Land, welches es von den weißen Farmern aufgekauft hatte und siedelte darauf etwa 18.000 schwarze Familien um.[358] Enteignungen unzureichend genutzten Landes – die mit entsprechend angemessener Entschädigung auch nach der Verfassung möglich gewesen wären - wurden seinerzeit noch nicht durchgeführt. Grundsätzlich erwarb der Staat das umzuverteilende Land auf der Basis des freiwilligen Verkaufs durch den Anbieter. Die finanziellen Mittel für den Landkauf zu Marktpreisen kamen aus einem britischen Fond,[359] sowie aus dem zimbabwischen Staatshaushalt.

---

[352] Kinsey, B., Land Reform, S. 177. In diesen Gebieten konnte man nur dürreresistente Landwirtschaft und Viehzucht betreiben. Unter den Kleinbauern herrschte anstelle des individuellen Eigentumsrechts ein dauerhaftes Nutzungsrecht vor. Vgl. Burgess, S., Smallholders, S. 24 f. Zu den Verhältnissen in den *Communal Lands*, das zu fast 75 % in den NR IV und V lag vgl. auch Whithow, J., Environmental Constraints, S. 174 ff.

[353] Vgl. Palmer, R., Land Reform, 1980-1990.

[354] Beigetragen hatte dazu auch das Auswandern von etwa 2.000 Farmern in Anbetracht des Krieges und der Ungewissheit nach der Unabhängigkeit Zimbabwes in der Zeit von 1977 – 1980. Reichert, C., Das neue Zimbabwe, S. 64. Aufgrund der unterschiedlichen Angaben und der abweichenden Definition von „*underutilized land*" ist es schwer, die genaue Gebietesgröße des brachliegenden Landes auszumachen; sie dürfte jedoch ungefähr zwischen 3-4 Mio. ha im Jahr 1978/79 gelegen haben. Vgl. Ministry of Finance, Proposals for a Five-Year Programme, S. 51; Riddell, R., Zimbabwe's Land Problem, S. 4 f.

[355] Vgl. Magaramombe, G., Rural Poverty; Mbaya, S., Land Reform in Zimbabwe. Vgl. zu ZIMCORD oben Fn. 306.

[356] Das Programm beinhaltete auch die Entwicklung der *Tribal Trust Lands* durch ***Intensive Rural Development Areas*** und ländliche Zentren. Auch war vorgesehen, Privatbesitz statt des kommunalen Landbesitzes einzuführen. Vgl. Reichert, C., Das neue Zimbabwe, S. 254 f.

[357] Cornaro, Zimbabwe, S. 54.

[358] Schmidt, K. J., Der Weg nach Zimbabwe, S. 226.

[359] Großbritannien stellte 1981 etwa 30 Mio. Pfund für Landkäufe und Entwicklung der Wiederansiedlungsgebiete zur Verfügung und übernahm somit etwa die Hälfte der Kosten. Vgl. Reichert, C., Das neue Zimbabwe, S. 266; Chaminuka, P., Overview.

Im Rahmen dieser Phase wurde mit dem ***Communal Land Act*, Nr. 20 von 1982**, das *Tribal Trust Land*, welches für die afrikanischen Häuptlinge reserviert war, umbenannt.[352] Weiter wurde die gewohnheitsrechtliche Landkontrolle der *Chiefs* und *Headmen* dem Staat untergeordnet und auf Bezirksräte übertragen (sogenannte *District Councils* und *Village Development Committees)*.[353] Diese übten die Kontrolle über die Landnutzung aus und vergaben Landrechte nach Paragraph 8 des Gesetzes nur an Einwohner der jeweiligen Gemeinschaft, die über einen gewohnheitsrechtlichen Anspruch verfügten. Auch wurde der Präsident ermächtigt, jedes staatliche Land dem kommunalen Land einzuverleiben.[354] Im Gegensatz zu dem *Tribal Trust Land Act* fehlte aber eine Regelung der Umwandlung von *Communal Land* in individuelles Privateigentum, wie es durch den ***Integrated Plan for Rural Development*** vorgesehen war.[355] Die Anfangsphase scheiterte schließlich an der benötigten Menge und Qualität des Land, welches zumeist überteuert angeboten wurde und die Regierung zwang, letztendlich exorbitante Preise für meist schlechtes Land zu zahlen.[356]

b) Der *Three Year Transitional Development Plan* (Dreijahresplan 1982/83-1984/85)

Der ursprüngliche Umsiedlungsplan von 18.000 Neuansiedlungen wurde nach der ZIMCORD-Konferenz im Rahmen des ***Three Year Transitional National Development Plans***[357] auf die Umsiedlung von kaum zu realisierenden 162.000 afrikanischen Familien auf neun Mio. ha Land erweitert.[358] Auf dem ehemaligen weißen Farmland sollte jede umgesiedelte Familie etwa fünf ha Land, sowie Weiderechte im Gemeinschaftsbesitz oder im Rahmen landwirtschaftlicher Genossenschaften erhalten.[359] Diese Neuregelung der Landbesitzverhältnisse wurde Mitte 1983 mit einer neuen ***Land Tenure Bill*** festgeschrieben, die beabsichtigte, v.a. die Landpacht weiter auszudehnen. So sollten die Siedler in den Wiederansiedlungsgebieten vom Staat langfristige, nicht übertragbare Pachtrechte erhalten und generell ein Fortschreiten der Konzentration von Landbesitz in privater Hand der Großgrundbesitzer verhindert werden.[360]

Der ***Land Acquisition Act*, Nr. 21 von 1985**, der den LAA Nr. 15 von 1979 (modifizierte, beruhte ebenfalls auf dem *Riddel-Report* von 1981 (vgl. Fn. 354) und wurde im Hinblick auf die landwirtschaftliche Tragfähigkeit verabschiedet, da es durch die Überbevölkerung der zu klein bemessenen Reservate zur Verarmung der Kleinbauern gekommen war. Das neue Gesetz hielt sich an die Vorgaben von Paragraph 16 der Verfassung, wie an das Prinzip der

---

[352] Vgl. Paragraph 17, 3, 4 *Communal Land Act*, Nr. 20 von 1982.
[353] Vgl. Adams/ Sibanda/ Turner, Land Tenure Reform.
[354] Somit waren Städte, Dörfer und Industriestätten nicht mehr zwangsläufig vom kommunalen Land ausgeschlossen. Tabex Encyclopedia Zimbabwe, S. 207.
[355] Reichert, C., Das neue Zimbabwe, S. 262; Drinkwater, M., The state and agrarian change, S. 84 f.
[356] Dazu kam noch, dass komplizierte Verfahrensregelungen den Abruf eines großen Teils des Geldes erschwerten. Chaminuka, P., Overview.
[357] Dazu vgl. Ministry of Finance, Transitional National Development Plan 1982/ 83-1984/ 85, v.a. S. 63 ff.
[358] Mbaya, S., Land Reform in Zimbabwe; Reichert, C., Das neue Zimbabwe, S. 265; Otzen, U., Die Geschichte der Enteignung. Dies ging v.a. auf die Berechnungen, der mit der Qualifizierung von Landlosigkeit und Landknappheit beauftragten **Riddel-Kommission** zurück. Vgl. Riddell-Report, Commission of Inquiry, S. 147 f.; Reichert, C., a.a.O., S. 220 f. Diese Regierungskommission stellte fest, dass 58 % der Kleinbauern in den *Communal Lands* aus der Landwirtschaft ausscheiden müssten, um dem Rest eine Existenzmöglichkeit zu schaffen und riet daher zur Umsiedlung von 220.000 Familien in eigene Wiederansiedlungsgebiete. Letztere sollten von den weißen Farmern abgekauft werden. Weitere 235.000 Familien sollten ihre Lebensgrundlage im städtischen Sektor aufbauen. Loerzer, S., Zimbabwe, S. 137.
[359] Loerzer, S., Zimbabwe, S. 137; Schmidt, K. J., Der Weg nach Zimbabwe, S. 226; Auret, D., A Decade of Development, S. 70 f.; Reichert, C., Das neue Zimbabwe, S. 239.
[360] Dazu sollte insbes. ausländisches Eigentum an Farmland, an dem ein ausländischer Investor mit über 25 % Kapital beteiligt war, verboten werden. Vgl. Reichert, C., Das neue Zimbabwe, S. 262.

Preisabsprache (*willing buyer/ willing seller*), nach dem nur freiwillig angebotene Landgüter von der Regierung gekauft werden konnten. Dagegen durfte ungenutztes Land, das für Wiederansiedlungszwecke gebraucht wurde, gegen „adäquate" Kompensation zwangsenteignet werden [vgl. Paragraph 3 (1) (a) (iii) des LAA].[361] Mindestens drei Jahre musste der Boden landwirtschaftlich genutzt worden sein, damit die Voraussetzungen einer zweckgerichteten Enteignung für eine landwirtschaftliche Tätigkeit erfüllt waren. Jeglicher Streit über die Höhe der Entschädigung ging an das Verwaltungsgericht, welches unter Abwägung des öffentlichen Interesses und dem betroffenen Eigentumsrecht eine „faire und vernünftige" Entschädigung zu bestimmen hatte.[362]
Die Gesetzgebung führte nun das Konzept des „***Right of first refusal***", d.h. ein Vorkaufsrecht an zum Verkauf stehenden großen Farmen durch die Regierung, ein, falls sie Afrikaner wiederansiedeln wollte.[363] Danach musste eine Person, die Land verkaufen wollte, dieses zunächst dem Landminister zur Inspizierung anbieten. Akzeptierte der Minister das Angebot, konnte der Staat das Land für den verlangten Preis kaufen oder einen niedrigeren Preis aushandeln. Im Falle keiner Einigung hatte der Staat das Recht, das Land zwangsweise gegen Zahlung einer „adäquaten" Entschädigung zu erwerben. Zeigte der Minister an, dass der Staat kein Interesse an dem Kauf hatte, so stellte er dem Verkäufer ein sogenanntes „***Certificate of no present interest***" aus.[364] Erst dieses legitimierte den Verkäufer, das Land während eines Zeitraums von einem Jahr an eine andere Person zu verkaufen.[365] Eine weitere wichtige Bestimmung in diesem Gesetz erlaubte dem Staat die Eigentümerstellung an dem Land mittels sogenannter *reserved title deeds* weiterzuführen.
Mit diesen Änderungen gelang es der Regierung zwar ihr Umsiedlungsziel auf jährlich 15.000 Familien aufzustokken, ihr Fünfjahresziel von 162.000 Familien konnte sie jedoch nicht erreichen,[366] so dass sieben Jahre nach der Unabhängigkeit von den ursprünglich geplanten 162.000 nur 40.000 Familien umgesiedelt waren.[367] Für den Nichterfolg des Programms machte die Regierung die Dürre und die finanziellen Hindernisse,[368] v.a. aber auch das Prinzip des „*willing-seller/ willing-buyer*" verantwortlich, das es für die Regierung erschwerte, Land aufzukaufen.[369] Auf der anderen Seite wurde in den ersten Jahren nach der Unabhängigkeit etliches Geld in Prestigeobjekte, wie ein

[361] Im Gegensatz dazu war für die Enteignung von verlassenem Land nach der Verfassung keine Entschädigung zu zahlen. Zur Bestimmung, ob ein Land als verlassen galt und damit für den Staat einziehbar war, richtete der *Land Aquisition Act* von 1985 ein *Derelict Land Board* ein. Vgl. Tabex Encyclopedia Zimbabwe, S. 206.
[362] Tshuma, L., A matter of (in)justice, S. 65.
[363] Maposa, I., Land Reform in Zimbabwe, S. 64.
[364] Vgl. Palmer, R., Land Reform, 1980-1990.
[365] Cloete, F., Comparative lessons, S. 253 f. Die Wirksamkeit dieses Gesetzes war jedoch zweifelhaft, da die Regierung selten das nach dem Gesetz geforderte Verfahren beschritt. Vgl. Mupita, H., Brief Overview of the LAA, S. 60. Auch wurden in den Jahren 1986-1989 etwa 1,7 Mio. ha Land der Regierung angeboten, die jedoch mehr als 1,1 Mio. ha davon ablehnte, da ihr die Preise zu hoch und die angebotenen Flächen zu klein erschienen. Vgl. Englert, B., Koloniale Landpolitik.
[366] Drinkwater, M., The state and agrarian change, S. 85; Herbst, J., The Dilemmas, S. 270 f.
[367] Vgl. Land Issue – Fact Sheet der zimbabwischen Regierung. Großbritannien betrachtete die umzusiedelnde Zahl von 162.000 Familien von Anfang an als unrealistisch. Palmer, R., Land Reform, 1980-1990.
[368] Bratton, M., Land Redistribuation 1980-1990, S. 79.
[369] Herbst, J., The Dilemmas, S. 271. Dr. **Bernard Chidzero**, *Senior Minister of Finance, Economic Planing and Development* bestätigte, wie wichtig Zimbabwe die Einhaltung der *Lancaster* Prinzipien war: „... *we have a constitution that guarantees property rights. It is as watertight as any constitution you can ever imagine. We cannot therefore expropriate or nationalize without compensation, and, if we do, it requires changing the constitution and it is not very easy to change the constitution. We have accepted that constitution and we live by it. Therefore, we respect property rights."* Aus Hughes/ Novicki, Interview Bernard Chidzero, S. 7.

Nationalstadion gesteckt, anstelle dieses für damals noch preiswertes Land von emigrierenden weißen Farmern aufzuwenden.[370]

Auf vereinzelte Farmbesetzungen durch unzufriedene Afrikaner antwortete die Regierung mit den *Emergency Powers (Resolution of Disputes Over Occupation of Rural Land) Regulations*, die ihr das Recht gaben, privates Land, welches mehr als fünf Jahre von *Squattern* besetzt war, aufzukaufen. Den Klagen weißer Farmer von besetzten Ländereien gaben die Gerichte statt und verurteilten die Besetzer zur Räumung. Damit schützten sie die im Rahmen der kolonialen Gesetze entstanden Eigentumsrechte der Farmer.[371]

c) Der *First Five Year National Development Plan* (1986-1990)

Nachdem Mitte der 80er Jahre der Dreijahresplan mehr und mehr einschlief[372] und Umsetzungsprobleme – wie die Dürreperiode von 1982-84 - eine neue Zielsetzung verlangten, sah der ***First Five Year National Development Plan*** (1986-1990) nun als Ziel die Umsiedlung von lediglich 15.000 Familien pro Jahr vor.[373] Problematisch an der durchgeführten Umsiedlung war, dass es den neu angesiedelten Familien nicht unbedingt auch besser ging als vor ihrer Ansiedlung, da es am Zugang zu Märkten, Krediten, Beratungsdiensten, genügender Wasserversorgung, Schulen, Gesundheitseinrichtungen und ausreichender Ausbildung der Umgesiedelten mangelte. Weiterhin erhielten sie nicht so viel staatliche Subventionen und Dienstleistungen, wie die kommerziellen Farmer, und ihre Nutzungsrechte waren ungeklärt.[374] Prekär war auch, dass die schwarzen Bauern in den *Communal Lands* rechtlich gesehen landlos waren, da es ihnen nicht möglich war, sich einen sichernden Titel über ihr bewirtschaftetes Land zu verschaffen, um somit unter den Schutz des Privateigentums nach der Verfassung zu fallen.[375]

Das Umsiedlungsprogramm war auch all zu oft von großer Bürokratie und Rivalitäten zwischen den einzelnen Ministerien gekennzeichnet, die um die Kompetenz für die Kontrolle der Ansiedlung stritten.[376] Ende Juni 1990 waren daher nur 71.000 Familien angesiedelt worden, was weniger als der Hälfte der einst anvisierten 162.000 Familien entsprach, jedoch das Fünfjahresziel nur knapp verfehlte.[377] 1980 hatten etwa 6.000 weiße Farmer 42 % des Landes in ihrem Besitz. Im Oktober 1989 war die Zahl der kommerziellen Farmer - die nicht mehr ausschließlich Weiße waren[378] - auf 4.319 gesunken, die ca. 11,2 Mio. ha Land (ungefähr 29 % des gesamten Staatsgebietes) besaßen.

---

[370] Schmidt, K. J., Der Weg nach Zimbabwe, S. 227.
[371] Tshuma, L., A matter of (in)justice, S. 63 f.
[372] Der Grund dafür war, dass es nicht mehr viel produktiven Boden zu kaufen gab und sich die im Land gebliebenen weißen Farmer aufgrund der Versöhnungspolitik der schwarzen Mehrheitsregierung ihre Zukunft in Zimbabwe gesichert hatten. Vgl. Fiedler-Conradi, S., Geschichte der verschleppten Landreform, Rn. 12.
[373] Dazu waren zwei verschiedene Modelle für die zu besiedelnden Gebiete vorgesehen. Model A: Der individuelle Landbesitz, bei dem einzelne Haushalte 5-6 ha anbaufähiges Land plus einen Zugang zu allgemeinem Weideland erhielten, das von 20-200 ha, je nach der Gegend, variierte. Model B: Der kooperative Landbesitz, bei dem verlassene Farmen von genossenschaftlichen Produzenten übernommen wurden. Vgl. zu den Details Auret, D., A Decade of Development, S. 73; Herbst, J., The Dilemmas, S. 270.
[374] Die meisten produzierten auf Staatsland. Vgl. Fiedler-Conradi, S., Geschichte der verschleppten Landreform, Rn. 12.
[375] Wily, Liz A., Reconstructing the African Commons, S. 86.
[376] Palmer, R., Land Reform, 1980-1990.
[377] Vgl. Government of Zimbabwe: Land Issue - Fact Sheet; Government of Zimbabwe: The People First, S. 28.
[378] Etwa 300 schwarze Farmer hatten Ländereien auf dem freien Markt von weißen verkaufswilligen Farmern gekauft, an deren Land der Staat nicht interessiert war. So gelangten diese Farmen in die Hände vieler höherer Regierungsbeamte und der neuen schwarzen regierenden Elite. Vgl. Palmer, R., Land Reform, 1980-1990; Loerzer, S., Zimbabwe, S. 131.

Die Tatsache, dass sich noch immer etwa 900.000 Familien in den über 176 *Communal Lands* mit ca. 16 Mio. ha begnügen mussten, rief jedoch bereits zu diesem Zeitpunkt die Unzufriedenheit der Bevölkerung hervor, die enttäuscht war über die Nichterfüllung ihrer mit der Unabhängigkeit verbundenen Erwartungen.[379] 1985/ 86 fand diese ihren Ausdruck in einer gut organisierten illegalen Besetzungsaktion auf nicht hinreichend genutztem Farmland um Mutare durch ca. 90.000 *Squatter*.[380] Auf den Druck des Interessenverbandes der weißen Großfarmer, der *Commercial Farmers Union*, die wilden Siedler zu vertreiben, nahm die zunächst nicht eindeutige Haltung der Regierung bald strengere Formen an. Es kam zu Armee- und Polizeieinsätzen gegen die *Squatter*.[381] Durch die Etablierung eines quasi Ein-Parteienstaates[382] durch Zusammenlegung von ZANU-PF mit der ZAPU-Opposition durch Mugabe am 22.12.1987[383] und die Abschaffung der weißen Sitze im Parlament, erhöhte sich die Kritik an der Regierungspolitik.[384]

Im Ergebnis ging es den Begünstigten durch das Intensivprogramm hinsichtlich ihres Einkommens zwar besser,[385] die Regierung von Großbritannien bezweifelte jedoch bereits zu diesem Zeitpunkt, dass die zimbabwische Regierung eine ernsthafte Strategie zur Reduzierung der Armut verfolgen und sie ihre Prioritäten zu Gunsten der Landlosen setzen würde.[386] Verschärfend kam noch die zunehmende Korruption der Regierungsklasse dazu.[387] Wie man später feststellte, waren einige Farmen statt auf bedürftige Landlose, auf Minister und Regierungsmitarbeiter übergegangen - mancher Minister verfügte letztendlich sogar über drei oder mehr Farmen (vgl. unten Fn. 579). Kritikpunkte waren auch, dass die Anreize für die Siedler, in die anzusiedelnden Gebiete zu gehen, nicht sonderlich groß waren. Sie erhielten nur bedingte Besiedlungserlaubnisse und wurden dadurch abgeschreckt, dass sie ihr Zugangsrecht zu den *Communal Areas* verloren. Das Wiederansiedlungsprogramm war zu oft gekennzeichnet von großer Bürokratie, die an das vergangene Kolonialschema erinnerte. Schließlich war auch der Bevölkerungszuwachs in den *Communal Areas* derart hoch, dass die Entlastungen durch das Rücksiedlungsprogramm bei weitem zunichte gemacht wurden.[388]

---

[379] Palmer, R., Land Reform, 1980-1990.

[380] Reichert, C., Das neue Zimbabwe, S. 282 f. Im Einhalten der rechtlichen Anforderungen aus dem *Lancaster Abkommen* sahen die zahlreichen *Squatter* mehr einen Verrat der Regierung, als die Tendenz zur Rechtsstaatlichkeit. Vgl. Ripken/ Krämer-Prein, Zimbabwe, S. 55.

[381] Reichert, C., Das neue Zimbabwe, S. 283.

[382] Per schriftlicher Deklaration, d.h. durch Festschreibung des Einparteiensystems in der Verfassung, wäre dies laut *Lancaster House Abkommen* erst ab 1990 möglich gewesen. Um dennoch seine politische Macht zu erweitern, ließ sich Mugabe am 31.12.1987 - ermöglicht durch die Verfassungsänderung vom 30.10.1987 und die damit einhergehende Einführung des Präsidialsystems - zum Exekutivpräsidenten wählen und vereinigte damit in sich alle wichtigen Ämter des Staatsoberhauptes, Regierungschefs und Oberbefehlshabers der Streitkräfte. Schmidt, K. J., Der Weg nach Zimbabwe, S. 212. Durch das Absetzen der Weißen im Parlament konnte er schließlich auch die Mehrheit für die Verfassungsänderung erreichen. Vgl. Baumhögger, G., Neuanfang in Zimbabwe, S. 30 ff.; Hatchard, J., The Constitution of Zimbabwe, S. 81. Auch wenn dieses System nicht den europäischen Vorstellungen von Demokratie entspricht, diente es Zimbabwe zumind. gegen die internen Fehden eine nationale Einheit zu schaffen. Vgl. Die Zeit, vom 12.02.1988, S. 13.

[383] Am 22.12.1987 unterzeichneten Mugabe und Nkomo den ***Unity Acccord***, der zum Aufgehen der ZAPU in der ZANU-PF führen sollte. Vgl. Loerzer, S., Zimbabwe, S. 98. Nkomo wurde immerhin Vizepräsident.

[384] Positiv schlug jedoch zu Buche, dass Mugabe am 18.04.1989 einen ***Investment-Code*** bekannt gab, mit dem er an ausländische Investoren appellierte und eine liberalere Handelspolitik prognostizierte. Vgl. Schmidt, K. J., Der Weg nach Zimbabwe, S. 213.

[385] Vgl. *Kinsey Report* von 1999, in: Mbaya, S., Land Reform in Zimbabwe.

[386] DFID: Land Resettlement.

[387] Diese kam v.a. in dem im Dezember 1988 enthüllten sog. Willowvale-Skandal zum Ausdruck, bei dem höhere Minister einen regelrechten illegalen Autohandel betrieben. Vgl. zu den Details Kreile, R., Zimbabwe, S. 124 f. Zumind. im Bereich des Landerwerbs wurde als Folge der Anhäufung privaten Wohlstands durch die schwarze Elite mit dem ***Leadership Code*** von 1984, der den Landbesitz für Politiker auf 20 ha begrenzte, Einhalt geboten. Vgl. Loerzer, S., Zimbabwe, S. 99 ff.

[388] Cornaro, Zimbabwe, S. 56.

2. Beschleunigtes Umsiedlungsprogramm während der 90er Jahre

Das Thema Landverteilung tauchte Ende 1989 wieder als politisches Thema auf, stimuliert durch die bevorstehenden Wahlen[389] und das Ablaufen der Zehnjahresfrist bezüglich der Eigentumsgarantie in der *Lancaster House* Verfassung.[390]

Abb.: Tabelle der Landverhältnisse im Jahr 1990[391]

Landkategorie	Anzahl	Fläche insges. in ha
Grosse kommerzielle Farmen	4.500	11,0 Mio.
Kleine kommerzielle Farmen	10.000	1,4 Mio.
Kleinbauern	1 Mio.	16,3 Mio.
Schwarze umgesiedelte Farmer	52.000	3,3 Mio.

Während das frühere Intensivprogramm auf einer detaillierten Planung (einem Verfahren zur Auswahl der Neuansiedler und einem weiten Bereich an Infrastruktur und unterstützenden Ressourcen) basierte, war das beschleunigte Programm mehr mit der Umsiedlung und der Beseitigung des Bevölkerungsdrucks in den *Communal Areas* beschäftigt, was oft auf Kosten einer sorgfältigen Vorbereitung ging.[392] Zur Beruhigung der Massen zielte es darauf ab, mehr Familien als früher auf einer Notstandsbasis umzusiedeln. Als nachteilig für die Landreform wirkte sich zusätzlich die Einführung des *Economic Structural Adjustment Programme* (**ESAP** entworfen vom *Bretton Woods Institute*) im Jahre 1990 aus.[393] Wegen der mangelnden Verfügbarkeit eines Finanzierungsfonds und der begrenzten Menge von Land, das der Regierung von den Farmern zum Kauf und Wiederansiedlung angeboten wurde, kam das Landreformprogramm nahezu zum Erliegen.[394]

Das Versprechen Mugabes, ein revolutionäres Landreformprogramm einzuleiten, wurde von der CFU als Wahlpropaganda verharmlost. Der auf den Plan gerufene neue britische *High Commissioner* für Zimbabwe, **Kieran Prendergast**, warnte jedoch Mugabe bei Auslaufen der *Lancaster House* Verfassung, Land von den kommerziellen

---

[389] Mit den Wahlen 1990 mussten Wähler gewonnen werden. Die Regierung brauchte dringend ein Thema mit dem sie versuchen konnte, die Popularität wiederzugewinnen, die sie im Verlauf des berühmten und langwierigen **Willowgate** Korruptionsskandals verloren hatte. Bedroht fühlte sie sich auch von der neuen politischen Partei *Zimbabwe Unity Movement* (**ZUM**), die von **Edgar Tekere** gebildet wurde und einige sensible Thematiken, wie die Landreform zur Sprache brachte. Baumhögger, G., Zimbabwe 1995-96, S. 3.

[390] Dabei handelte es sich nicht um ein automatisches Auslaufen des *Lancaster House Agreement*. In der Verfassung war vielmehr bestimmt, dass nach dem Ablauf von zehn Jahren die Enteignungsklausel entfernt werden konnte. Vgl. Englert, B., Geschichte der Enteignung, S. 143.

[391] Vgl. die Daten aus Roe, E., More than Politics of Decentralization, S. 833 ff.

[392] Mbaya, S., Land Reform in Zimbabwe; Brink, R. v., Zimbabwe Land Reform Update.

[393] Vgl. Gunning/ Oostendorp, Zimbabwean firms, S. 16 ff.; Moyo, S., The political Economy, S. 9. I.R. von **ESAP** wurde die Streichung der Subventionen für Agrarprodukte in einer Höhe von etwa 200 Mio. Z$ und die Umgestaltung der *Marketing Boards* nach marktwirtschaftlichen Gesichtspunkten angekündigt. Zuvor wurden die wichtigsten landwirtschaftlichen Produkte zu einem festgesetzten Preis an vier staatliche *Marketing Boards* (Milch und Milchprodukte, Getreide, Fleisch, Baumwolle) verkauft und von diesen später an den Handel zu subventionierten Preisen verkauft, um so die Versorgung der Armen sicherzustellen. Loerzer, S., Zimbabwe, S. 131 f. Um das Ziel einer jährlichen Wachstumsrate von 5 % zu erreichen, konzentrierte sich die Regierung mehr auf die Kommerzialisierung des Agrarsektors, zu Lasten der Finanzierung des Landreformprogramms. Trotz dessen Liberalisierungsversuchen der Wirtschaft konnten keine weitgehenden Verbesserungen des zimbabwischen Economy erzielt werden. Mehlum, H., Zimbabwe: investments, S. 566.

[394] Chaminuka, P., Overview.

Farmern zu enteignen.[395] Als Kompromiss wollte die Regierung nach dem Ende des *Lancaster House* Abkommens im April 1990, nur dort wo nötig, kommerzielle Farmer enteignen und diese in heimischer Währung auszahlen. Dabei sollte das Freiwilligkeits-Prinzip erhalten bleiben, so dass die Regierung das Enteignungsrecht nur zum öffentlichen Nutzen ausüben sollte.

a) Die Verfassungsänderung von 1990 (*Constitution of Zimbabwe Amendment Act*, Nr. 11)[396]

Von 1990 an fanden verschiedene Modifikationen von Artikel 16 der Verfassung („Schutz des Eigentums vor Verlust und Entzug") statt, die zum Ziel hatten, Enteignungen der Großfarmer zur Umsiedlung zu erleichtern, sowie die finanziellen Forderungen der Enteigneten und langwierige Gerichtsverfahren auszuhebeln.[397] Infolge der Aufhebung der Unabänderlichkeit des Grundrechtskatalogs durch eine Zweidrittel-Mehrheit im Parlament konnte bereits am 12.12.1990 verfassungsmäßig verankert werden, dass jegliches, vor allem nun auch bewirtschaftetes Land, zwangsweise für Ansiedlungs- und landwirtschaftliche Zwecke aufgekauft werden durfte.[398]

Der geänderte Paragraph 16 der Verfassung sah nur noch eine „faire" statt einer „adäquaten" Entschädigung „innerhalb angemessener Frist", statt „prompt" vor.[399] Näheres sollte durch Gesetze festgelegt werden.[400] Die Festlegung, was unter einer „fairen" Entschädigung zu verstehen war, konnte nicht mehr durch die Gerichte überprüft werden.[401] Damit wurde das frühere Recht der zum Verkauf Verpflichteten, vor Gericht zu ziehen, wenn sie mit der Gegenleistung für ihr weggenommenes Land nicht zufrieden waren, aufgehoben.[402] Die Entschädigungskriterien und die Festsetzung des aufzukaufenden Landes sollten neuerdings auch nicht mehr vom Gericht, sondern vom Parlament festgelegt werden.[403] Abgeschafft wurde auch die Regelung, dass die Entschädigung in ausländischer

---

[395] Palmer, R., Land Reform, 1980-1990.

[396] Vgl. Republic of Zimbabwe: Constitution of Zimbabwe Amendment (No. 11) Act, 1990, 15.02.1991, in: Government Gazette, Acts 1990, S. 395 ff.; verabschiedet am 12.12.1990, in Kraft getreten am 17.04.1991.

[397] Schröder, S., Simbabwe, S. 19; Naldi, G., Constitutional Challenge, S. 80.

[398] Vgl. Paragraph 16: „,....the acquisition is reasonably necessary for the utilization of that or any other land - ... b) for purposes of land reorganization, ...c) for the relocation of persons dispossessed in consequence of the utilization of land for a purpose referred to in subparagraph a) or b)." Vgl. Naldi, G., Constitutional Challenge, S. 80. Paragraph 16 (2) der Verfassung legte die Grundlage nach der Land erworben werden konnte, die Art der Entschädigung und die Zeit, in der diese gezahlt werden musste fest.

[399] Hatchard, J., The Constitution of Zimbabwe, S. 94 f.; Blankenburg, P., Land reform in southern Africa, S. 19; Masoka, N., Land-Reform Policy, S. 309; Hlatshwayo, B., Compulsory acquisition, S. 52; Naldi, G., Constitutional developments, S. 380.

[400] Dies geschah mit dem LAA 1992, der die Vorstellung der Regierung von einer fairen Entschädigung und einer angemessenen Frist bestimmte. Vgl. Hlatshwayo, B., Land Expropriation Laws, S. 46.

[401] Paragraph 16 (2) der Verfassung lautete: „...*no such law shall be called into question by any court on the ground that the compensation provided by that law is not fair.*" Hlatshwayo, B., Compulsory acquisition, S. 52. Gerechtfertigt wurde die Versagung der gerichtlichen Überprüfung durch das Argument, dass der Staat der beste Richter sei, um zu beurteilen, was er sich als Entschädigungszahlung leisten könne. Vgl. Hatchard, J., The Constitution of Zimbabwe, S. 95; MacGarry, B., Land: For which people? S. 17; Ramose, M., Title to Territory, S. 204; Naldi, G., Constitutional developments, S. 372, 380. Diese Vorkehrung ist anhand der Tatsache verständlich, dass reiche Landeigentümer über Jahre hinweg die Gerichte mit der Entschädigungsfrage beschäftigen konnten. Mit den gesetzlich festgesetzten Preisen sollte diese Verzögerungstaktik verhindert werden. MacGarry, a.a.O., S. 18.

[402] Dewan, N./ Mehra, P., Democracy and human rights, S. 70. Paragraph 16 (2) (b) sagte insbes. aus, dass die Höhe der Entschädigung nicht gerichtlich mit dem Argument angefochten werden konnte, die Entschädigung sei nicht fair. Problematisch an dieser Änderung war ihr Verstoß gegen Paragraph 18 (9) der Verfassung, der lautete: „*Every person is entitled to be afforded a fair hearing within a reasonable time by an independent and impartial court or other adjudicating authority established by law in the determination of the existence or extent of his civil rights or obligations.*" Weiter sah Paragraph 52 der Verfassung vor, dass „*no law shall be deemed to amend, add to or repeal any provision unless it does so in express terms.*" Daher hätte es einer Bestimmung bedurft, die im Rahmen des Paragraph 16 (2) die Anwendung des Paragraph 18 (9) ausgeschlossen hätte. Da dies nicht geschehen war, mangelte es an einer effektiven Zuständigkeit der Gerichte. Dieser Verstoß wurde allerdings durch den LAA von 1992 geheilt. Mupita, H., Brief Overview of the LAA, S. 61; Naldi, G., Land Reform, S. 593 f.

[403] Vgl. Naldi, G., Constitutional developments, S. 380 f.; Englert, B., Geschichte der Enteignung, S. 144; Blankenburg, P., Land reform in southern Africa, S. 19.

Währung zu zahlen war, da diese im Land fehlte.[404] Trotz der theoretischen Möglichkeit nahm die Regierung damit aber nicht unmittelbar auch die eingeschlafene Landreform wieder auf. In der Zeit von 1990-1996 war der erzwungene Verkauf bei lediglich 130 Farmen versucht worden.[405]

b) Der *Land Acquisition Act* von 1992

Im Jahre 1991 wurde die „*National Land Policy*" in Kraft gesetzt, welche die Zahl der noch umzusiedelnden Familien auf weitere 110.000 veranschlagte, die auf 8,3 Mio. ha angesiedelt werden sollten.[406] Nachdem durch die Verfassungsänderung der Rahmen für Zwangsverkäufe geschaffen war, sollten rund 50 % der Ländereien weißer Farmer zur Umsiedlung freigemacht werden. Daher verabschiedete Zimbabwes Parlament am 19.03.1992 einstimmig das Gesetz über die Landenteignung (*Land Acquisition Act*), trotz Warnungen von Obersten Richtern, Menschenrechtsbewegungen und aus dem Ausland, dass das Landgesetz das Investitionsklima stark beeinträchtigen werde.[407] Der *Act* änderte eine Vielzahl der Bestimmungen des LAA von 1985[408] und ermöglichte es der Regierung, durch den zuständigen Minister erstmals Land auch gegen den Willen der Eigentümer anzukaufen.[409]
Eng mit dem Aspekt der abwesenden Landeigentümer (*absentee landlords)* waren Probleme mit ausländischen Eigentümern verknüpft. Die Regierung beschloss, sich an die Prinzipien der *Foreign Investment Guidelines* zu halten, nach denen Ausländer kein Land in Zimbabwe besitzen sollten.[410] Ihnen sollte eine langfristige Pacht garantiert werden, verbunden mit einer Entschädigung durch die Regierung für ihre zukünftigen dauerhaft getätigten Aufwendungen auf den Farmen. Ausländische Investitionen in die Landwirtschaft und Beteiligungen an *Joint Venture Projekten* wurden nur erlaubt, wo örtliche Technologie und Wissen fehlten.[411]
Dazu kam der ***Land Tax Act***, durch den der Besitz auf eine Farm beschränkt, deren Größe reduziert und eine Landsteuer eingeführt werden sollte.[412] Damit sollte die *National Land Policy* durchgesetzt werden, insbesondere die Prinzipien: „*Ein Mann, eine Farm*" und „*nicht mehr Land pro Farmer, als dieser bewirtschaften kann*".[413]

---

[404] Masoka, N., Land-Reform Policy, S. 309.
[405] Chaminuka, P., Overview ; Fiedler-Conradi, S., Es ist die Regierung, S. 31.
[406] In Zukunft sollten Landumsiedler auch nicht mehr nach Bedürftigkeitskriterien, sondern nur noch nach ihrem landwirtschaftlichen *Know-how* oder Besitz eines *Master Farmer Certificate* ausgewählt werden. Vgl. Melchers, K. in: Nohlen/ Nuschler, Handbuch der Dritten Welt, S. 509. Das Hauptziel der Landpolitik war es, eine gerechte, demokratische und effiziente Landwirtschaft zu schaffen. Chaminuka, P., Overview.
[407] Republic of Zimbabwe: *Land Acquisition Act, Act. No. 3 of 1992*, in: Government Gazette, LXX (1992), Vol. 34, 19.03.1992; in Kraft gesetzt am 08.05.1992.
[408] So wurde z. B. die Bestimmung des „*right of first refusal*" aufgehoben. Der neue LAA ermächtigte den *Minister of Lands und Water Resources* jedes Gebiet aus jeglichem Grund, auf den Paragraph 3 (1) verwies, zur Enteignung festzusetzen (vgl. Paragraph 12). Der *Minister of Lands* vertrat die Ansicht, dass diese Festsetzung den Erwerb von riesigen Flächen verbessere, wie sie für die Durchführung des Umsiedlungsprogramms benötigt würden. Dies wiederum würde die Planungen sowohl für die Regierung, als auch für die Farmer erleichtern, da klar wäre, welches Land die Regierung beabsichtige zu erwerben und zukünftige Investoren daher wüssten, wo sie investieren könnten. Mupita, H., Brief Overview of the LAA, S. 61.
[409] Vgl. Paragraph 12 (1); Krüger, D., Landhunger in Simbabwe, S. 2. Zu den Voraussetzungen unter denen Land zwangsenteignet werden durfte,siehe Paragraph 3 des LAA von 1992 „*Acquisition of land by President*": Bedingung war die Vornahme im öffentlichen Interesse und als Enteignungskriterien musste es sich handeln um: (a) ungenutztes und unterbewirtschaftetes Land; (b) Land großer Farmen, das über der Obergrenze lag; (c) Zweit- und Drittbetriebe einzelner Eigentümer; (d) Farmen von *absentee landlords*, deren Land nicht voll bewirtschaftet wurde und (e) an Gemeindeland angrenzendes Grundeigentum. Vgl. Otzen, U., Die Geschichte der Enteignung; Braeckman, C., Simbabwe nach Mugabes Wahlsieg; Hlatshwayo, B., Compulsory acquisition, S. 56; Naldi, G., Constitutional Challenge, S. 83.
[410] Dies wurde mit dem ***Rural Land Act Amendment*** bekräftigt, der an Nicht-Staatsbürger das Verbot erteilte, Land in Zimbabwe im Eigentum zu halten oder zu leasen. Palmer, R., Land Reform, 1980-1990. Wo sie bereits welches besaßen, sollten sie dazu angehalten werden, dieses an die Regierung zu verkaufen. Masoka, N., Land-Reform Policy, S. 311.
[411] Palmer, R., Land Reform, 1980-1990; Masoka, N., Land-Reform Policy, S. 311.
[412] DFID: Land Resettlement.

Neu war das Konzept der Differenzierung zwischen designiertem und nicht designiertem Land.[414] Während letzteres wie nach dem LLA von 1985 (siehe oben S. 43) zu behandeln war,[415] soll hier die Prozedur der Enteignung von designiertem Land dargestellt werden. Gegen die Designation des zu enteignenden Landes zur Umsiedlung konnte der Eigentümer seine Einwendungen beim zuständigen Minister vorbringen, der darüber unwiderruflich nach freiem Ermessen entschied [vgl. Paragraph 13 (1) und (3) LAA]. Die Designation verbot dem Eigentümer das Land zu verkaufen, oder in sonstiger Weise darüber ohne die Zustimmung des Ministers[416] zu verfügen. Er durfte jedoch weiterhin darauf wohnen und landwirtschaftlich tätig sein [Paragraph 14 (1) und 15 (2) (a) LAA]. Über die designierte Farm erhielt der Farmeigentümer einen Bescheid mit einer Fristsetzung von 30 Tagen, um einen schriftlichen Einspruch oder eine Entschädigungsforderung nach den Paragraphen 16 ff. vorzubringen [vgl. Paragraph 5 (1) (a) (iii) LAA].[417] Waren die Einwände nachvollziehbar, würde die Farm nicht designiert werden; im anderen Falle war die Farm für Schätzung und Entschädigung vorgesehen.[418] Ab dem Zeitpunkt der Bekanntgabe der bevorstehenden Enteignung verlor der Eigentümer das Recht, über das Land zu verfügen, oder weitere Aufwendungen darauf zu tätigen [vgl. Paragraph 5 (2) LAA], was mit Geld- oder Haftstrafe geahndet werden konnte [vgl. Paragraph 5 (8) LAA].[419] Wie schon in der modifizierten Verfassung wurde das Prinzip der Preisabsprache (*willing buyer/ willing seller*) aufgegeben und die Preisfestsetzung, die nicht gerichtlich überprüfbar sein sollte, durch die Regierung festgelegt.[420]

Problematisch hinsichtlich der Eigentumsgarantie war, dass Entschädigungen für designiertes Land mit einer zeitlichen Verzögerung von bis zu fünf Jahren und nur in der wenig stabilen Landeswährung des Zimbabwe-Dollars gewährt wurden, anstatt in einer Währung nach Wahl der Betroffenen [vgl. Paragraph 19 (5) LAA].[421] Sowohl für Enteignungen von designierten als auch nicht designierten Land - für dieses war früher eine „prompte und adäquate" Entschädigung nötig gewesen - war nur noch eine „faire Entschädigung" erforderlich, d.h. der zu zahlende Preis musste dem Marktwert des zu erwerbenden Eigentums entsprechen. Damit bestand auch kein Anspruch mehr auf Devisen [vgl. Paragraph 19 (6) LAA].

---

[413] Coldham, S., The LAA, S. 85.
[414] Hlatshwayo, B., Land Expropriation Laws, S. 47 f.
[415] Tshuma, L., A matter of (in)justice, S. 130. Vgl. zu diesem Verfahren Hlatshwayo, B., Compulsory acquisition, S. 57 f.
[416] Für den Fall der Versagung vgl. Coldham, S., The LAA, S. 84.
[417] Naldi, G., Land Reform, S. 590.
[418] Dabei sollte ein Schätzbeamter (*valuation officer)* zunächst eine vorläufige Schätzung abgeben, die im Anschluss zur Schätzung an das Entschädigungskomitee übermittelt wurde. Gegen diese war jede entschädigungsberechtigte Person aufgefordert, ihre abweichende Ansicht darzulegen. Vgl. Mupita, H., Brief Overview of the LAA, S. 62; Naldi, G., Land Reform, S. 590 f.; Coldham, S., The LAA, S. 84 f. Die Schätzung fand anhand der Kriterien des Paragraph 19 (1) LAA i.V.m. der Anhangsliste (*Schedule)* statt, die sich unter Berücksichtigung der allg. Inflation nach der ökologischen Zone, der Größe des Landes und dem Zustand der auf dem Land befindlichen Gebäude richtete. Vgl. Masoka, N., Land-Reform Policy, S. 306; Tshuma, L., A matter of (in)justice, S. 130. War der Kläger oder die Enteignungsbehörde mit dieser Entschädigungsfestsetzung nicht einverstanden, konnte diese zur Überprüfung der eingehaltenen Kriterien dem Verwaltungsgericht vorgelegt werden [Paragraph 23 (2) und (4) LAA]. Gegen eine Entscheidung des Verwaltungsgerichts war die Berufung zum *Supreme Court* möglich, das allerdings nur gemäß Paragraph 18 des *Administrative Court Act* von 1979 prüfte, ob besagte Kriterien eingehalten worden waren. Damit hatte die Legislative die Macht, die Entschädigungsprinzipien festzulegen und eine Kontrolle der Landpreise auszuüben. Da jedoch der *Supreme Court* die übersehende Kontrolle innehatte, war durch diese Gesetzesänderung die mangelnde Zuständigkeit des Gerichts aufgrund der Verfassungsänderung quasi geheilt. Vgl. Mupita, H., a.a.O., S. 63.
[419] Naldi, G., Constitutional Challenge, S. 83.
[420] Reiff, S., Das politische System, S. 56.
[421] Vgl. AdG, vom 20.03.1992, A 36599; Coldham, S., The LAA, S. 84; Hlatshwayo, B., Compulsory acquisition, S. 60 f.: Die Hälfte der Entschädigung war zum Zeitpunkt der Enteignung oder aber innerhalb einer „angemessenen Zeit" danach zu zahlen. Vom Restbetrag musste die eine Hälfte innerhalb weiterer zwei Jahre, die andere innerhalb von fünf Jahren nach der Enteignung gezahlt werden [vgl. Paragraph 19 (5) LAA].

Um die weißen Farmer nicht allzu sehr zu verärgern, sollten jedoch nur Brachland und Farmen von im Ausland lebenden Besitzern enteignet werden.[422] Der Hohe Gerichtshof von Harare erklärte am 11.11.1994 das Gesetz für zulässig: Zwar sei das Recht des Besitzers zu respektieren, zur Enteignung aufgelistete Farmen dennoch zu verkaufen; zu berücksichtigen sei jedoch auch das Recht des Staates, in die Besitzverhältnisse einzugreifen.[423] Im Falle der ursprünglich „prompten Entschädigung" waren die Möglichkeiten der Regierung, Land zu erwerben, besonders eingeschränkt gewesen. Auch die meisten Farmer teilten mit ihrem Repräsentativorgan CFU die Ansicht, dass eine Landreform zur gerechteren Verteilung der Landressourcen für Zimbabwe notwendig war.[424] Die Effizienz des neuen LLA hielt sich jedoch in Grenzen; die Designationen von etwa zwei Fünftel der Farmen wurde aufgrund der Anrufung des Ministers zurückgenommen.[425]

c) Weitere parallele Verfassungsänderungen

Mit dem *Constitution of Zimbabwe Amendment*, Nr. 12 von 1993 wurde die gerichtliche Kompetenz bezüglich der Untersuchung der Fairness der Entschädigung weiter reduziert, indem Klägern die Möglichkeit der Berufung an den *High Court* genommen wurde.[426] Am 05.11.1993 trat eine weitere Modifikation der Verfassung in Kraft, mit der gerichtliche Fragen ausgeschlossen wurden, die im Zusammenhang mit einer Entschädigung im Rahmen der Landenteignungen standen.[427]

d) Neufassung des *Land Acquisition Act* von 1995

Durch die Neufassung des *Land Acquisition Act* von 1995 wurden die zulässigen Kriterien für die Enteignung klarer und deren Durchführung besser durch die Gerichte überprüfbar. Eine abschließende Klärung der Entschädigungsfrage fehlte jedoch nach wie vor. Die Regierung vertrat dabei den Standpunkt, dass sie nur für infrastrukturelle Werte auf den enteigneten Ländereien eine Entschädigung zu zahlen habe, nicht aber für das Land selbst. Im Gegensatz dazu verbreitete sich in der Jurisprudenz die Ansicht, dass der Gesetzestext eine entschädigungslose Enteignung von Land nicht zulasse, fraglich sei jedoch, was unter einer „angemessenen" Entschädigung zu verstehen sei.[428] Das Reformprogramm lief jedoch auch nach dem Erlass dieses Gesetzes nur sehr schleppend.[429] Insofern wurden in den

---

[422] Loerzer, S., Zimbabwe, S. 138.

[423] AdG, vom 08.12.1994, A 39544.

[424] Auch wenn es natürlich viele Weiße gab, die sich nach den alten Zeiten vor der Unabhängigkeit zurücksehnten, in denen sie allein von der Staatspolitik profitierten. Da sich ihre Mehrzahl jedoch als die Stütze der zimbabwischen Landwirtschaft sah, hatten sie keine großen Befürchtungen. Blankenburg, P., Land reform in southern Africa, S. 23.

[425] Teils weil es sich um die Enteignung schwarzer Farmer handelte, aber auch weil die Farmen für die Versorgung der Umgebung von großer Bedeutung waren. Tshuma, L., A matter of (in)justice, S. 133.

[426] Vgl. Zimbabwe Government Gazette, Act. 1993, S. 7 ff.; Constitution of Zimbabwe Amendment Act, Nr. 12 von 1993, Zimbabwe Legislation, in: CLB, Vol. 20, 1994, S. 402; Naldi, G., Constitutional Challenge, S. 81; Ncube, W., The constitution as a liability, S. 22.

[427] Vgl. Paragraph 16 (1) (f) Constitution Act, Nr. 13 von 1993: „except where the property concerned is land or any interest or rights therein, enables any claimant for compensation to apply to the High Court or some other court for the determination of any question relating to compensation and to appeal to the Supreme Court." In Government Gazette, Act, 1993-1994, S. 65; Zimbabwe Legislation, in: CLB, Vol. 20, S. 404; Heyns, u.a., Human Rights law in Africa 1996, S. 409.

[428] Vgl. Fiedler-Conradi, S., Geschichte der verschleppten Landreform, Rn. 12.

[429] Grund dafür war seit 1991 die Beschäftigung Zimbabwes mit der Durchführung des ESAP-Programms, mit dem u.a. mehr ausländische Investitionen angezogen werden sollte (vgl. Fn. 389). Diesem Vorhaben wäre die Infragestellung der Eigentumsrechte, welche die entschädigungslose Enteignung von zur Landwirtschaft tauglichen Böden hervorgerufen hätte entgegengestanden, da dadurch potenzielle ausländische Investoren abgeschreckt worden wären. Vgl. Fiedler-Conradi, S., Geschichte der verschleppten Landreform, Rn. 12.

90er Jahren etwa 200.000 ha an einige Tausend Familien vergeben, wobei immer wieder Parteifunktionäre, deren Familien oder andere getreue Gefolgsleute der ZAPU besonders zum Zuge kamen.[430] Die zimbabwische Regierung zog es bei ihren Umsiedlungsmaßnahmen vor, den Neuangesiedelten keine individuellen Eigentumsrechte zu verleihen. Anhand der Einteilung in verschiedene Kategorien (Model A, B, C) sollte das verteilte Land im Staatseigentum bleiben und den Begünstigten verschiedene Erlaubnisscheine bzw. Pachtverträge ausgestellt werden.[431]
Trotz dieser bereits erkennbaren negativen Tendenzen wurde Robert Mugabe am 08.-09.04.1995 und 16.–17.03.1996 erneut bei der Parlaments- und der zweiten Präsidentschaftswahl mit 92,7 % der Stimmen in seinem Amt bestätigt, was darauf zurückzuführen war, dass die meisten Zimbabwer die ZANU-PF durch den erfolgreichen Befreiungskampf als legitimiert betrachteten.[432] In wirtschaftlicher Hinsicht verfolgte die Regierung weiterhin ihre Politik, ausländische Investoren anzuziehen, zu deren Schutz sie bilaterale Investitionsschutzverträge, u.a. mit Mozambique und (durch die OPIC) mit den USA abschloss. Weiter unterzeichnete sie die *Multilateral Investment Guarantee Agency* (MIGA), die *International Convention on the Settlement of Investment Disputes* (ICSID) der Weltbank, die *New York Convention on Recognition and Enforcement of Foreign Arbitral Awards,* sowie die *UN Commission on International Trade and Arbitration Law* (UNCITRAL). Zur weiteren Investitionsförderung gründete Zimbabwe schließlich das *Zimbabwe Investment Centre* (ZIC).[433]

Exkurs: Das zimbabwische Gerichtssystem

Für das bessere Verständnis der gerichtlichen Vorgänge um die Landreform, ist ein kleiner Überblick über das zimbabwische Rechtwesen in heutiger Zeit erforderlich.[434] Das Recht Zimbabwes beruht zum einen auf der Grundlage des südafrikanischen Rechts, das seinerseits auf das modifizierte römisch-holländische Recht zurückgeht. Zum anderen beinhaltet es ein traditionelles Recht, das nach der Unabhängigkeit in das zimbabwische Recht integriert wurde und seitdem auch für Weiße gilt.[435] Das Rechtssystem besteht in der Höchsten Instanz aus dem *Supreme Court* (mit Appellationsgericht) und auf nächster Stufe dem *High Court* mit einem Berufungsgericht und einer allgemeinen Abteilung mit Zuständigkeit für alle zivilen und strafrechtlichen Angelegenheiten. Regionalgerichte (*Regional Courts*) sind für Zivilstreitigkeiten, Amtsgerichte (*Magistrate's Courts)* zusätzlich für Strafsachen zuständig. Auf Bezirksebene stellen die *Headmen's Courts* bzw. *Primary Courts* die Gerichte erster Instanz dar. Die *Chief's Courts* werden *Community Courts* genannt und operieren sowohl als erstinstanzliche als auch als Berufungsgerichte. Berufungen vom *Community Court* gehen zu einem *Magistrate's Court.* Sowohl der *High Court* als auch der *Supreme Court* sind die Berufungsgerichte für den *Magistrate's Court.*[436] Der *Supreme Court*, der in Harare seinen Sitz hat,

---

[430] Hansungule, M., Who Owns Land in Zimbabwe? S. 336. Auch wenn Mugabe vorgab davon nicht gewusst zu haben und er eine Annullierung von 71 Pachtverträgen vornahm, so erlaubte er den Betroffenen doch auf ihren Farmen zu bleiben, da sich aus ihren Einwänden gute Gründe für ihren Aufenthalt ergeben hätten. Maposa, I., Landreform in Zimbabwe, S. 97 ff., insbes. S. 99.
[431] Vgl. Tshuma, L., A matter of (in)justice, S. 75.
[432] Reichert, C., Auf dem Weg zum Einparteienstaat, S. 19 f. Zu weiteren Gründen für die Schwäche der Opposition, sowie zu deren Wahlboykott vgl. Baumhögger, G., Zimbabwe 1995-96, S. 10 ff.
[433] Geplant war eine. Liberalisierung der Handelspolitik. Vgl. Government of Zimbabwe, a framework for economic reform (1991-95), S. 9 f.; Gunning/Oostendorp, Zimbabwean firms, S. 12; Price Waterhouse, Doing Business in Zimbabwe, 1995, S. 39.
[434] Dazu siehe auch Hatchard, J., The Constitution of Zimbabwe, S. 91 ff.
[435] Neudeck, R., Fette Katzen, S. 5.
[436] Thiis, Ø./Feltoe, G, Zimbabwe, S. 404.

ist zuständig für Fälle, in denen eine Verletzung der *Declaration of Rights* behauptet wird. Zwei höhere Gerichte sind zuständig für alle strafrechtlichen und zivilrechtlichen Fälle,[437] und 23 festeingerichtete regionale *Magistrate's Courts* sind in größeren Bevölkerungszentren eingerichtet. In den ländlichen Gebieten, wo über 55 % der Bevölkerung leben, sitzt dagegen keines der Gerichte.[438] Seit dem *Customary Law and Local Courts Act* von 1990 (CLLCA), mit dem ein einziges Gerichtssystem geschaffen wurde,[439] werden Gewohnheitsrechtsfälle auf allen gerichtlichen Ebenen bis zum *Supreme Court* gehört. Seit 1982 werden Beschwerden gegen Verwaltungs- und Behördenmaßnahmen von einem Ombudsmann bearbeitet.

Während die Gerichte unter dem Smith-Regime in der Regel regierungstreu entschieden hatten und wenig taten, um den verfassungsrechtlichen Schutz der individuellen Rechte zu garantieren,[440] folgten in den Jahren nach der Unabhängigkeit einige politisch äußerst überraschende Entscheidungen, die dazu beitrugen, dem zimbabwischen Gerichtssystem einen neutralen Ruf in der internationalen Gemeinschaft zu verleihen.[441] Der Jurisdiktion steht seit 1981 ausschließlich der Justizminister vor, während auf seinen Vorschlag der Justizpräsident durch den Staatspräsidenten ernannt wird. Noch 1990 wurde ein weißer *High Court* Richter der ehemaligen Smith-Regierung, Anthony Gubbay, als Vorsitzender Richter ernannt.[442] Die Macht der Judikative ist jedoch zugunsten der Exekutive durch die Notstandsvollmachten des Staates, die u.a. Straffreiheit für Taten der Sicherheitstruppen vorsehen, beschränkt.[443] - Exkurs Ende –

II. Zweite Phase des Landreform- und Umsiedlungsprogramms (*Fast Track Resettlement Phase*) und internationale Geberkonferenz

Als die Plünderung des Kriegsinvalidenfond „*War Victims Compensation Fund*" im Jahre 1997 bekannt wurde[444] und die Kriegsveteranen, die sich um ihren Anteil gebracht sahen, gewaltsam dagegen vorgingen, versprach ihnen Mugabe lebenslange Pensionen und sicherte ihnen einen Anspruch auf 20 % der Bodenfläche bei der zu beschleunigenden Landreform zu.[445] Um über die dafür erforderlichen Ländereien zu verfügen, veröffentlichte die Regierung am 27. November 1997 in ihrem Amtsblatt (*Government Gazette*) - nach einem undurchsichtigen Auswahlverfah-

---

[437] Sie sitzen in den beiden größeren Städten Harare und Bulawayo und reisen periodisch zu anderen Städten.

[438] Auch wenn es sog. *Circuit Courts* gibt, die 1-2 mal pro Woche in einige ländliche Städte fahren, ist es für viele schon oft aus Entfernungsgründen nicht möglich vor Gericht zu erscheinen. Sie lassen daher lieber ihre Ansprüche uneingeklagt, als dass sie hohe Fahrtkosten in Kauf nehmen. Vgl. Omaar, R./ de Waal, A., Justice in Zimbabwe, S. 27.

[439] Vgl. Thiis, Ø./ Feltoe, G., Zimbabwe, S. 404. Der Grund für die Zusammenlegung war, dass die Zusammenarbeit mit dem Kolonialregime viele Häuptlinge und *Chiefs*, die während des Smith-Regimes in den örtlichen Gerichten den Vorsitz geführt hatten, in Misskredit gebracht hatte. Vgl. Omaar, R./ de Waal, A., Justice in Zimbabwe, S. 27 f.

[440] Da die RF eine überwältigende Mehrheit in der Regierung inne hatte, waren die Richter auch meist der Regierung dienlich. Vgl. Borbach, O., Die Vereinten Nationen, S. 41.

[441] So zum Beispiel die Entscheidung des Vorsitzenden des *Supreme Courts*, **Enoch Dumbutshena**, im Fall S. ./. Slatter, 1983 (2) ZLR 144, in der sechs weiße Airforce-Angestellte aus dem Grund vom Vorwurf des Terrorismus freigesprochen wurden, dass ihr nach der Verfassung garantiertes Verfahrensrecht durch das Versäumnis ihnen den Zugang zu ihren Rechtsbeiständen zu gewähren, verletzt war. Zitiert nach: Omaar, R./ de Waal, A., Justice in Zimbabwe, S. 41.

[442] Hatchard, J., The Constitution of Zimbabwe, S. 92.

[443] Vgl. Schmidt, K. J., Der Weg nach Zimbabwe, S. 208, Ripken/ Krämer-Prein, Zimbabwe, S. 60.

[444] Dieser Staatsfond war zur Abfederung der sozialen Folgen der Wirtschaftsentwicklung gedacht gewesen. Sein Verlust, der durch fälschlich behauptete Kriegsverletzungen durch Regierungsmitglieder und ihre Freunde eingetreten war, belief sich auf schätzungsweise Z$ 45 Mio. Vgl. Thiis, Ø./ Feltoe, G., Zimbabwe, S. 390.

[445] Fiedler-Conradi, S., Geschichte der verschleppten Landreform, Rn. 12.

ren - 1.471 überwiegend der weißen Minderheit gehörende Farmen, die sie zu enteignen beabsichtigte („*compulsory Acquisition*") und leitete damit ein aggressiveres Programm der Landenteignung ein.[446]

1. Zweite Phase des Landreform- und Umsiedlungsprogramms

Die offizielle Grundlage für diese Enteignungsmaßnahme wurde Anfang 1998 als zweite Phase des Landreform- und Umsiedlungsprogramms (LRRP-2) bekannt gegeben.[447] Wurden in den frühen 90er Jahren die Länderein, die für Umsiedlungen in Frage kommen sollten, von Beamten des *Ministry of Lands and Agriculture* bestimmt, listeten diese nun die Gouverneure der einzelnen Provinzen mit Hilfe der Mitglieder der ZANU-PF auf. Die Kriterien hierfür (vgl. Fn. 405) hielt die Regierung nicht allzu genau ein.[448] Obwohl sie kurz nach der Bekanntmachung zahlreiche Fehler in ihrer Auflistung fand[449] und sie infolge des Druckes aus dem In- und Ausland die Liste einer neuerlichen Prüfung unterziehen musste, konnte auch die Herausnahme zahlreicher Farmen aus der Liste die negative Publicity für das Land nicht revidieren und für Beruhigung sorgen.[450]

Zu dieser Beunruhigung trug v.a. die teils widersprüchliche Verlautbarung zur Thematik der finanziellen Kompensation bei, da Präsident Mugabe immer wieder auf sein im Vorjahr verkündetes Prinzip zurückkam, dass nur für die durch Eigenarbeit der Farmer geschaffenen Werte, nicht jedoch für den Boden selbst, eine Entschädigung zu erwarten wäre.[451] Um die Bevölkerung für die sogenannte „*zweite Befreiung*"[452] zu mobilisieren, erklärte Mugabe, dass es für die Rücknahme des von der Kolonialmacht „gestohlenen Landes" keinen Cent Entschädigung geben würde. Großbritannien stünde es frei, eine solche zu leisten, falls der britische Gerechtigkeitssinn an der zimbabwischen Verfahrensweise Anstoß nehmen sollte.[453] Als Zimbabwe 1998 trotz seiner angespannten finanziellen Lage Truppen in den Kongo entsandte, setzten sowohl der IWF als auch die Weltbank ihre Finanzunterstützung aus.[454] Auch im eigenen Land fiel die Regierung, der korruptes Vorgehen nachgesagt wurde, in Ungnade.[455] Bereits im September 1998 gab die zimbabwische Regierung bekannt, dass sie nicht in der Lage sein würde, ihr Versprechen, Landlo-

---

[446] Vgl. AdG, vom 24.12.1997, A 42531; Afrika Jahrbuch, 1998, S. 419. Dies machte rund zwei Fünftel der Gesamtfläche der kommerziell genutzten Böden aus. Vgl. Fiedler-Conradi, S., Geschichte der verschleppten Landreform, Rn. 12. Überwiegend legten die Betroffenen dagegen Widerspruch mit der Begründung ein, dass sich die Regierung bei der Auswahl der Farmen nicht an die eigenen Kriterien gehalten habe, da v.a. die produktivsten Einzelfarmen zur Enteignung bestimmt wurden und der Regierung die gegenwärtigen Kapazitäten zur Neuansiedlung fehlten. Traub-Merz, R., Ein Regime vor dem Kollaps? S. 14; Brink, R. v., Zimbabwe Land Reform Update. Als Reaktion auf die sich häufenden Korruptionsvorwürfe stellte Großbritannien seine Unterstützung des Landreformprogramms nahezu vollständig ein. Vgl. Afrika-Jahrbuch, 1997, S. 420.

[447] Vgl. Chaminuka, P., Overview. Das Ziel war der Erwerb von fünf Mio. ha Land der kommerziellen (Groß)farmer zur Landverteilung, die Umsiedlung von über 150.000 Familien und die Reduzierung der Armut unter ländlichen Familien und Farmarbeitern, indem ihnen für die Landwirtschaft geeignetes Land gegeben werden sollte. Mbaya, S., Land Reform in Zimbabwe.

[448] Die Kriterien für die Neuerwerber waren: Alter über 25 Jahre, Kompetenz in der Landwirtschaft und Aufweisen des notwendigen Kapitals, um eine kommerzielle Farm führen zu können. Vgl. Brink, R. v., Zimbabwe Land Reform Update.

[449] Sei es, dass Farmen doppelt gezählt wurden, es sich um staatlich geleaste Farmen oder um Besitz schwarzer Farmer handelte. Zunächst reduzierte sich so die Zahl auf 1.436, nach einer weiteren Überprüfung auf 847 Farmen. Vgl. Brink, R., Zimbabwe Land Reform Update.

[450] Fiedler-Conradi, S., Geschichte der verschleppten Landreform, Rn. 13; Englert, B., Geschichte der Enteignung, S. 158; Afrika Jahrbuch, 1998, S. 419.

[451] Afrika-Jahrbuch, 1998, S. 419.

[452] Hieß es im Befreiungskampf noch: „Ein Mann – eine Stimme", so lautete es jetzt: "„Ein Mann – eine Farm!" Zimunya, H., Dictatorship packaged in Pan-Africanism, Kubatana-Archive, vom 29.08.2003.

[453] Fiedler-Conradi, S., Geschichte der verschleppten Landreform, Rn. 12.

[454] Peters/Malan, Caveats for Land Reform, S. 156.

[455] So ließ Mugabe selbst den Bau einer Residenz für seine neue Frau, die in etwa die Kosten für 1.200 einfache Häuser in Anspruch nahm, aus einem Fund, der Unterkünfte für die Armen bereitstellen sollten, finanzieren. Vgl. Thiis, Ø / Feltoe, G, Zimbabwe, S. 389.

sen Land zu geben, einzulösen.[456] Gleichzeitig berichtete der Außenminister D.I.S.G. Mudenge von ersten illegalen Farmbesetzungen.

2. Internationale Geberkonferenz und neue Hoffnung auf gerechte Landverteilung

Vom 09.–11. September 1998 fand auf der Grundlage des programmatischen LRRP-2 Dokumentes die internationale Konferenz über Landreform und Umsiedlung in Harare statt, bei der für die finanzielle Unterstützung dieses Landreformplans geworben wurde. Es wurde ein Communiqué mit Prinzipien entworfen, welche als Basis für die Vorbereitung eines zweijährigen Pilotprogramms (sogenannter „*Inception Phase Framework Plan*") gedacht waren,[457] das die Reform einleiten sollte. Die Vertreter der Industrieländer sprachen sich für die Landreform aus, wollten aber kein Geld für den Aufkauf des Farmlandes, sondern für die erforderliche Infrastruktur bieten.[458]

Das Geld der Geberländer (v.a. USA, Schweden, Norwegen, Niederlande) sollte nach der Erfüllung von drei Grundbedingungen fließen: Zunächst sollte ein transparentes Verfahren mit Respektierung der Gesetze bei Auswahl und Vergabe der zu enteignenden Böden an die neuen Siedlergruppen vorliegen; weiter sollte gesichert werden, dass die Produktivität der zimbabwischen Landwirtschaft nicht beeinträchtigt werde und schließlich sollte die Armut durch das Programm bekämpft werden.[459] Präsident Mugabe verlangte wegen der Eilbedürftigkeit der Landreform, die Entschädigungszahlungen erst nach der jeweiligen Umsiedlung auszuhandeln.[460]

Um das Gesamtziel der Reform, v.a. die Vergrößerung der Umsiedlungsgebiete auf 21 % bei gleichzeitiger Verkleinerung des kommerziellen Farmsektors auf 15 % der Landesfläche erreichen zu können, sollte sowohl Land kommerzieller Farmer gegen Entschädigung enteignet, als auch zum Kauf angebotenes und ungenutztes Farmland herangezogen werden. Das Programm sah die Indigenisierung des kommerziellen landwirtschaftlichen Sektors vor, indem man ausgewählten Personen langfristige Pacht- und Mietverträge als Besitztitel an kommerziellen Farmen übertrug, die zuvor von der Regierung erworben worden waren.[461]

3. Erneute Enteignungen

Es wurde jedoch schon sehr bald klar, dass das Pilotprogramm nicht funktionierte, und die Finanzierungen blieben aus.[462] Zum einen war die Entschädigungsfrage weiterhin nicht geklärt, zum anderen zweifelten die Mitglieder des

---

[456] Die internationalen Geber lehnten die Finanzierung einer Landreform ab, die auf Enteignung beruhte, zur Zerstörung hochproduktiver Farmen und zur Nichtberücksichtigung der großen Zahl der Landarbeiter führen würde, da sie eine Verschlechterung der wirtschaftlichen Lage im Lande befürchteten. Die internationale Kritik an dieser Art der Landreform wurde von der Regierung als Einmischung in die inneren Angelegenheiten Zimbabwes scharf verurteilt und als einseitige Parteinahme von Weißen (den Europäern) für Weiße (die Farmer) angesehen. Afrika-Jahrbuch, 2000, S. 436; Nkobi, E., Zur Geschichte der britischen Landokkupation in Simbabwe, S. 11.

[457] Chaminuka, P., Overview; Englert, B., Geschichte der Enteignung, S. 159. V.a. wollte man verstärkt begleitende Maßnahmen wie Beratung und Kapitalverfügbarkeit einsetzen. Brink, R. v., Zimbabwe Land Reform Update.

[458] Vgl. Mbaya, S., Land Reform in Zimbabwe. Die zimbabwische Regierung kündigte einen jährlichen Bedarf von etwa 1,5 Mrd. Z$ auf fünf Jahre verteilt an. Krüger, D., Landhunger in Simbabwe, S. 3; Afrika Jahrbuch, 1998, S. 420.

[459] Vgl. Brink, R. v., Zimbabwe Land Reform Update; Fiedler-Conradi, S., Geschichte der verschleppten Landreform, Rn. 13.

[460] Afrika-Jahrbuch, 1998, S. 420. Der LAA sah vor, dass eine faire Entschädigung innerhalb angemessener Zeit zu zahlen war. In der Praxis hatte die Regierung den Begriff „faire Entschädigung" mit „fairem Marktwert" und „innerhalb einer angemessenen Zeit" mit „vor Übergang des Eigentumstitels" interpretiert. Brink, R. v., Zimbabwe Land Reform Update.

[461] Die Prioritäten der Regierung waren jedoch unklar: Die Geberländer sollten den Landerwerb für arme Bauern finanzieren, während die Regierung aber das bereits erworbene Land an reiche Farmer und Regierungsbeamte verteilte. Brink, R. v., Zimbabwe Land Reform Update.

[462] Juni 2000 waren nach Angaben der Regierung lediglich 4.697 Familien auf 168.263 ha angesiedelt worden. Die Geberländer und die kommerziellen Farmer argumentierten, der Grund, dass sie das Pilotprogramm nicht unterstützten, wäre, dass die Regierung nicht ernsthaft an der Landreform interessiert wäre (vgl. Traub-Merz, R., Ein Regime vor dem Kollaps? S. 15), sondern nur um Wählerschaft warb, indem sie den

Geberkonsortiums an der Einhaltung der vorgesehenen Vereinbarungen.[463] Von den Geberländern als Verletzung der Prinzipien der *Donor Conference* gerügt, ordnete im November 1998 die Regierung gemäß Paragraph 8 des LAA die Enteignung von etwa 800 Farmen an, die von der 1997er Liste übriggeblieben waren, obwohl deren Widerspruchsverfahren noch nicht beendet waren.[464]

a) Verfassungsentwurf von 1999 und Referendum von 2000

Am 24.12.1999 wurde das Gesetz Nr. 419 (*Statutory Instrument* 419) verabschiedet, welches die maximale Farmgröße für die verschiedenen Landkategorien I-VI festsetzte.[465] Derjenige, der eine Farm über der maximal erlaubten Größe besaß, hatte nach dem Landessteuergesetz (*Land Tax Bill*) Steuern zu zahlen, durfte aber zumindest seine Farm behalten.[466]

Abb.: Tabelle der Landverhältnisse im Jahre 1999[467]

Landkategorie	Prozent der Gesamtfläche	ha- Zahl in Millionen
Large Scale Commercial Farming (LSCF) Freehold	30,05	11.9
Small Scale Commercial Farming (SSCF) State Land	3,53	1,4
Communal Areas (Land held in trust by State for tribes)	41,41	16,4
Forests and National Parks State Land	15,17	6,0
State Owned Farms State Land	0,75	3,0
Resettlement State Permit	9,09	3,6

Bedingt durch eine tiefgreifende Beschädigung des politischen Systems infolge der Korruption seit 1997, sollte mittels einer durch den Staatspräsidenten eingesetzten Untersuchungskommission,[468] die den Willen der Bevölkerung durch eine breite Befragung ermitteln sollte, ein Entwurf für eine neue Verfassung verabschiedet werden.[469] Die

---

Leuten Land versprach und lieber den DRK-Krieg zu Lasten der Landreform finanzierte. Als Verteidigung brachte die Regierung vor, die Farmer würden ihren Part nicht erfüllen, das notwendige Land zur Verfügung zu stellen. Brink, R., Zimbabwe Land Reform Update.

[463] Statt Transparenz erwies sich die Verteilung von Land, Darlehen und Umsiedlungsland mehr als Geheimaffäre. Vgl. Moyo, S., Land and democracy in Zimbabwe, S. 7. Auch bei anderen Programmen kam Zimbabwe seinen Vereinbarungen nicht nach, wie bei den **Bretton-Woods-Institutionen**, zu denen u.a. das Eindämmen des staatlichen Haushaltsdefizits und eine Offenlegung der Kosten des militärischen Engagements Zimbabwes in der DRK zählten. Vgl. Fiedler-Conradi, S., Geschichte der verschleppten Landreform, Rn. 13. Dazu kamen Äußerungen von höheren Regierungsbeamten, die explizit das Zahlen einer Entschädigung für das Land ausschlossen. Durch die Medien kam der das Prinzip zusammenfassende Slogan auf: „*take farm, pay later and not for the soil but only for farm improvements.*" Vgl. Brink, R. v., Zimbabwe Land Reform Update.

[464] Es hätte dafür noch der Bestätigung des Verwaltungsgerichts gemäß Paragraph 7 (1) (b) des LAA bedurft. Da es der Regierung nicht möglich war, diesem Erfordernis nachzukommen, stoppte das Verfahren, wofür die Regierung letztlich die Gerichte verantwortlich machte, obwohl es sie selbst war, der es misslang, ihre Gesetze zu befolgen. Vgl. HRF, the land crisis.

[465] 450 ha in *Natural Region(NR)* I; 650 ha in NR II; 800 ha in NR III; 1.500 ha in NR IV; 2.500 ha in NR V und 3.000 ha in NR VI. Vgl. Brink, R. v., Zimbabwe Land Reform Update.

[466] Brink, R. v., Zimbabwe Land Reform Update. Die Landsteuer war Teil des ZIMPREST (*Zimbabwe Programme for Economic and Social Transformation*) und versuchte v.a. das nicht bewirtschaftete Land auf den Markt zu bringen. Vgl. Huisman/ Harts-Broekhuis, Present-day, S. 7.

[467] Quelle: COHRE, Land, Housing and Property Rights, S. 12.

[468] Matshe, T., Just say no, S. 22. Zur *Constitution Commission* vgl. Hatchard, J., Some Lessons, S. 211 ff.

[469] Während die Oppositionsparteien alternative Verfassungsentwürfe einreichten, mit denen sich Präsident Mugabe – insbes. im Hinblick auf die Landfrage - nicht einverstanden erklärte, deformierte sich der Verfassungsreformprozess zunehmend zu einem politischen Machtkampf, in

vorgesehenen Gesetzesänderungen betrafen, neben weiteren Zugeständnissen für den Präsidenten, die Entschädigungszahlung für enteignetes Land. Fortan sollten Kompensationszahlungen nur noch für die auf dem enteigneten Land getätigte Investitionen geleistet werden, für den Verlust des Bodens selbst dagegen sollten Entschädigungen von Großbritannien übernommen werden.[470]

Die von Gewaltdrohungen geprägten pro und contra Kampagnen zu dem ausgearbeiteten Verfassungsentwurf endeten schließlich mit einer deutlichen Niederlage der Regierung. Vom 12.-13.02.2000 wurde durch das Referendum der Verfassungsentwurf mit 54,7 % der abgegebenen Stimmen abgelehnt.[471] Aufgrund dieses enormen Schlags für die Regierungspartei setzte sie für den Wahlkampf daher alles auf eine Karte. Das Land und der Kampf ums Land wurden sinnbildlich für den Kampf um Wählerstimmen.[472]

b) Eskalation Anfang 2000

Zu einer Eskalation des Konflikts kam es durch eine Serie von Farmbesetzungen nach dem gescheiterten Verfassungsreferendum, bei denen sich einheimische „ehemalige Guerilleros,“[473] die bis zur Unabhängigkeit des früheren Rhodesiens gegen die weiße Minderheitsregierung gekämpft hatten, bis zum 18.03.2000 etwa 600 Farmen aneigneten.[474] Sie wollten damit „ihr Recht“ auf Rückverteilung des Landes geltend machen.[475] Während die Polizei nicht einschritt, billigte Mugabe ausdrücklich das Vorgehen der Landbesetzer, das er als spontanen Ausdruck der Frustration und der friedlichen Demonstration der „Kriegsveteranen“ rechtfertigte.[476] Auch seien die Farmbesetzungen eine Strafe für die Ablehnung des Referendums durch die meisten Farmer. Dagegen warf die CFU der Regierung vor, hinter den Besetzungen zu stecken, wofür der Transport der Besetzer mit Armee- und Regierungsfahrzeugen auf die Farmen sprach.[477]

---

dessen Verlauf sich die MDC als politische Partei im Jahre 1999 unter dem Generalsekretär des Gewerkschaftsdachverband *Zimbabwe Congress of Trade Unions* (ZCTU), **Morgan Tsvangirai**, gründete. Vgl. MacClung Nading, J., Property under siege, S. 740.

[470] „The former colonial power has an obligation to pay compensation for agricultural land compulsorily acquired for resettlement through a fund established for the purpose. If the former colonial power fails to pay compensation through such a fund, the Government of Zimbabwe has no obligation to pay compensation for agricultural land compulsorily acquired for resettlement." Vgl. Bowyer-Bower, T.A.S./ Stoneman, C., Land Reform's Constraints, S. 11.

[471] Vgl. AdG, vom 29.02.2000, A 44109; Matshe, T., Just say no, S. 23; Hatchard, J., Some Lessons, S. 215. Die Gründe dafür waren darin zu sehen, dass die Bevölkerung ein Zeichen gegen Mugabes schlechte Wirtschaftspolitik, die sich in Mangel an Benzin und Arbeitslosigkeit ausgewirkt hatte, setzen wollten. Schließlich wollten die Zimbabwer auch vermeiden, dass Mugabe die im Entwurf enthaltene erweiterte Präsidentschaftsmacht erhalten würde. Hansungule, M., Who Owns Land in Zimbabwe? S. 323, 338.

[472] Die Wahlkampagnen breiteten sich im ganzen Land aus, und es gab sog. Umerziehungscamps, viele Verletzte und Tote. Vgl. Fiedler-Conradi, S., Geschichte der verschleppten Landreform, Rn. 13.

[473] Unter Schirmherrschaft von Präsident Mugabe wurden sie von dem Veteranen Dr. Hunzvi angeführt. Die meisten Besetzer waren allerdings für Kriegsteilnehmer aus dem über 20 Jahre zurückliegenden Unabhängigkeitskampf viel zu jung. Vgl. Bericht der Zimbabwe Mission 2001, IBA (IBA Delegation Report), London, unter: http://www.ibanet.org/pdf/final_report1.pdf, Kapitel 7.14, besucht am 11.08.2004; Fiedler-Conradi, S., Wenn all die Lügen Sprit wären, S. 15; AI, International community must take action now, April 2001.

[474] Insges. waren mehr als 1.500 Farmen bis zum Jahr 2000 besetzt worden, was etwa 28 % aller Farmen entsprach. Vgl. COHRE, Land, Housing and Property Rights, S. 27; Grund, J., Simbabwe, in: Die Aula, 2000, S. 20.

[475] The National Post (Canada) vom 24.08.2001: Ottawa may back move to ban Mugabe.

[476] AdG, vom 19.03.2000, A 44131; Fiedler-Conradi, S., Wenn all die Lügen Sprit wären, S. 15; Zimbabwe President defends land takeovers, in: Sapa/ AP (South Africa), vom 13.04.2000.

[477] AdG, vom 19.03.2000, A 44131; COHRE, Land, Housing and Property Rights, S. 28.

c) Erlangung politischer Stabilität und der *Constitution of Zimbabwe Amendment Act*, Nr. 16 vom 06.04.2000

Zwar wurde die Ablehnung des Referendums durch die Wähler von der Regierung akzeptiert, sie brachte daraufhin aber umgehend die 16. Verfassungsänderung (*Constitutional Amendment Bill*) im Parlament ein.[478] Durch diese wurde genau der Inhalt des Artikels aus dem abgelehnten Verfassungsentwurf, der sich mit der Zwangsenteignung beschäftigte, in der novellierten Verfassung festgeschrieben.[479] Dies ermöglichte der Regierung, Land zwangsweise ohne Entschädigungszahlungen zu enteignen.[480] Großbritannien als frühere Kolonialmacht wurde die Verpflichtung der Entschädigungszahlung für den Wert des enteigneten Bodens aufgebürdet.[481] Auch wenn Großbritannien seiner „Pflicht" nicht nachkommen würde, sollten die Enteignungen trotzdem rechtmäßig sein, ohne dass die zimbabwische Regierung irgendeine geartete Entschädigungsverpflichtung treffen würde.[482] Großbritannien wies jegliche Verpflichtung zur Zahlung von Kompensationen zurück, wie es schon 1998 eine finanzielle Unterstützung für eine derartig verlaufende Landreform abgelehnt hatte.[483] Außerdem sah die Novellierung vor, Teilflächen von Farmen, die im Verhältnis zur jeweiligen Bodenbeschaffenheit als zu groß erachtet wurden, zu enteignen. Dabei betonte die Regierung, dass diese Kriterien als Richtlinien gedacht seien und dass kein Farmer, der auf die Erzielung seines Lebensunterhalts durch die Landwirtschaft angewiesen sei, ohne Farm dastehen würde.[484]

4. Accelerated Land Reform and Resettlement Implementation Plan (Fast Track Programm)

a) Landinvasionen und die „Kriegsveteranen"

Angesichts der desolaten wirtschaftlichen Lage, verschärft durch die Folgen einer Flutkatastrophe Anfang 2000,[485] war die Durchführung des Landreformprogramms von enormer Wichtigkeit für die Wiedererlangung von Vertrauen in die Regierung. Äußerst gelegen kam ihr daher in dieser Situation die Farmbesetzungen (*jambanja*),[486] die sich ab Ende Februar 2000 zu landesweiten Besetzungen mit Gewaltanwendung ausweiteten.[487] Im Gegensatz zu den früheren Besetzungen der 80er Jahre, wurden diese nun unter dem Schlachtruf „***Third Chimurenga***" (dritter Befreiungskrieg) durch die „Kämpfer für die Unabhängigkeit" geführt, die nach ihrem Selbstverständnis durch den Unab-

---

[478] Am 01.03.2000 eingebracht, wurde die Novelle am 06.04.2000 verabschiedet, durch welche die Enteignungsentschädigung auf den Wert der getätigten Investitionen beschränkt wurde. Sie trat am 20.04.2000 in Kraft. Vgl. *Constitution of Zimbabwe, as amended* to Nr. 16 of 20.04.2000.

[479] Hatchard, J., Some Lessons, S. 215; Englert, B., Geschichte der Enteignung, S. 5.

[480] Peters/Malan, Caveats for Land Reform, S. 156.

[481] Vgl. den im Rahmen des Presidential Powers (Temporary measures) (Land Acquisition) neu eingeführten Paragraph 16 A.

[482] Vgl. Paragraph 16 A (1) (c) (ii). Fiedler-Conradi, S., Geschichte der verschleppten Landreform, Rn. 13.

[483] AdG, vom 18.04.2000, A 44133; Hansungule, M., Who Owns Land in Zimbabwe? S. 324; Buckle, C., African Tears, S. 81.

[484] Auch sollten Farmen ausländischer Staatsangehöriger, die durch ein bilaterales Investitionsschutzabkommen geschützt waren von der Liste der zur Enteignung stehenden Farmen gestrichen werden. Vgl. Government of Zimbabwe: The People First, S. 6.

[485] Anfang des Jahres 2000 war es infolge ungewöhnlich lang anhaltender Dauerregenfälle und verheerender Wirbelstürme zu einer Flutkatastrophe unbekannten Ausmaßes, v.a. in den östlichen Provinzen Zimbabwes, gekommen, die über 100 Todesopfer gefordert hatte. Vgl. Afrika Jahrbuch, 2000, S. 335.

[486] So konnte die Regierung die Landthematik nutzen, um von drückenden Problemen, wie der Wirtschaftssituation und der Korruption in der Regierung abzulenken. Vgl. HRF, The land crisis.

[487] Grund für die Invasionen waren, das weiterhin langsame Vorgehen der Regierung bei der Umsiedlung, die erfolgreiche Anfechtung fast der Hälfte der zur Enteignung angeordneten Farmen und die Ablehnung des Referendums. Vgl. Brink, R. v., Zimbabwe Land Reform Update. Laut der CFU verliefen über ein Drittel der Belagerungen gewaltsam ab und führten zu Schäden von ca. Z$ 145 Mio. Vgl. Afrika Jahrbuch, 2000, S. 427.

hängigkeitskampf einen Anspruch auf Land erworben zu haben glaubten.[488] Auch wenn allgemein von den Invasoren als „Kriegsveteranen" gesprochen wurde,[489] handelte es sich bei der Mehrzahl der Besetzer um Landlose und Arbeitslose,[490] als auch um viele Jugendligamitglieder der Regierungspartei und „*Squatter*" aus den dicht besiedelten *Communal Lands*, die sich ein Recht auf Selbstumsiedlung nahmen.[491] Verbände, wie die CFU und die Anti-Regierungs-Printmedien, werteten die Landbesetzungen ausschließlich als eine von der Regierungspartei veranlasste Maßnahme zum Gewinnen der Wahlen mittels Terror und Gewalt gegen die *MDC*-Unterstützer unter den Großfarmern.[492] So sprachen sie auch der Regierung jede ernsthafte Entschlossenheit zur Lösung der Landfrage ab.[493] Die Regierung selbst dagegen gab vor, dass sie nicht an diesen Farminvasionen beteiligt sei, vielmehr seien sie ein spontanes Manifest der landhungrigen Afrikaner.[494]

Der *Supreme Court* wies mit seinem Urteil vom 13.04.2000 den Polizeichef an, gegen die Besetzer vorzugehen und bezeichnete die Landnahme als illegal.[495] Ähnlich entschied auch Richter Chinhengo in einem *High Court* Fall: Er stellte fest, dass die Polizei die eindeutige Pflicht träfe, den Farmbesitzern den Schutz des Gesetzes, wie er in der Verfassung verankert sei, zukommen zu lassen. Er gab aber auch zu verstehen, dass das Parlament die Gesetze ändern könne, wenn sie nach dessen Ansicht einer gerechteren Landreform im Wege stünden. Solange die Gesetze jedoch in Kraft seien, habe das Gericht die Pflicht, diese auch durchzusetzen.[496]

Trotzdem dauerten die Besetzungen an, während die Polizei weiterhin nichts unternahm, um die Farmbelagerungen zu verhindern oder die Besetzer zu entfernen.[497] Am 19.04.2000 verurteilte der *High Court* unter Richter Garwe den Führer der Kriegsveteranen Dr. Hunzvi, dass er der früheren *High Court* Anordnung, die ihn vom Aufwiegeln der Kriegsveteranen zu den Farminvasionen abhalten sollte, nicht nachgekommen war.[498] Das Urteil wurde jedoch bis

---

[488] Sie erwarteten „freies Land" als Entlohnung für die Befreiung des Landes und „als Kriegsbeute" die Enteignung der alten Kriegsgegner. Vgl. Reichert, C., Das neue Zimbabwe, S. 243. Auch Präsident Mugabe unterstützte diesen Anspruch auf Land. Vgl. Afrika-Jahrbuch, 2000, S. 428; Zimbabwe Information Centre: Ottowa may back move to ban Mugabe, National Post (Canada) vom 24.08.2001.

[489] Dies dürfte darauf zurückzuführen sein, dass infolge der Medienpräsenz deren Spitzenfunktionäre, wie der Verbandschef Ch. Hunzvi, genannt Hitler (vgl. Holman, M., A shaky grip), gegenüber der Bevölkerung stets repräsentativ auftraten. Vgl. Afrika Jahrbuch, 2000, S. 427.

[490] Buckle, C., African Tears, S. 29. Nach einer Studie von Nelson Marongwe (ZERO) waren weniger als ein Drittel der Farmbestzungen von echten Kriegsveteranen durchgeführt. Vgl. Palmer, R., Zimbabwe in 2001.

[491] Auf den Farmen angelangt zerstörten die Besetzer komplette Ernten, um sich dort ein permanentes Heim zu schaffen. So wurden z.B. die riesigen Gummibäume auf der Farm der Buckle's gefällt und damit der Ertrag für die nächsten Jahre zerstört. Buckle, C., African Tears, S. 24 f.

[492] Krüger, D., Landhunger in Simbabwe, S. 3, der in der Duldung der Farmbesetzungen, der Nichtbeachtung ergangener Gerichtsentscheidungen und der eingesetzten Gewalt eine Verfestigung des Machterhaltes der Regierung erkennen will. Als Grund wird auch angeführt, dass viele Farmer mit finanziellen und logistischen Mitteln die Regierungsopposition unterstützten und Mugabe sie dafür quasi bestrafen wollte. Vgl. Grund, J., Simbabwe, in: Die Aula, 2000, S. 20.

[493] Auch das HRF teilte diese Ansicht, da hochrangige ZANU-PF Politiker mit „Kriegsveteranen" während dieses Prozesses in Verbindung standen und die Besetzer in Regierungsfahrzeugen zu den zu besetzenden Farmen transportiert wurden, wo sie monatliche Zahlungen und regelmäßige Verpflegung, geliefert in Regierungsfahrzeugen, erhielten. Vgl. HRF, The land crisis; Afrika-Jahrbuch, 2000, S. 428; IBA, Report of Zimbabwe Mission 2001, 7.16.

[494] Vgl. Mugabes Aussage vom 02./ 10.03.2000, der ein Vorgehen gegen die Demonstranten ablehnte, solange sie friedlich blieben; in: Afrika Jahrbuch, 2000, S. 428.

[495] Dem war ein Verfahren der CFU (Antrag der CFU vom 13.03.2000) u.a. gegen den Vorsitzenden der Kriegsveteranen Dr. Hunzvi vorausgegangen, in dem der *High Court* am 23.03.2000 urteilte, dass die Landbesetzungen durch Personen gesetzeswidrig seien, die ein diesbzgl. Demonstrationsrecht behaupteten. Die Besetzer wurden zur Räumung innerhalb von 24 Stunden verurteilt und der Polizeipräsident dazu, seine Bediensteten zur Durchsetzung der Räumung anzuhalten. Vgl. HRF, The land crisis; Dewan, N./ Mehra, P., Democracy and human rights, S. 73. Die Kriegsveteranen weigerten sich abzuziehen und die Polizei, die dies als politische Angelegenheit ansah, reichte eine Petition an das Gericht, in der sie vorgab, ein Einschreiten sei aufgrund des damit verbundenen Risikos für sie gefährlich und daher nicht vertretbar, da es sich mittlerweile um etwa 60.000 Invasoren handelte. Vgl. HRF, a.a.O.

[496] HRF, The land crisis.

[497] Vgl. Buckle, C., African Tears, S. 13 ff.

[498] IBA, Report of Zimbabwe Mission 2001, 7.22 f.; Schlicht, M., Gewalt in Simbabwe dauert an, S. 1.

05.05.2002 unter der Bedingung ausgesetzt, dass Dr. Hunzvi die Anordnung befolgen und der CFU zu Hilfe kommen würde, friedliche Farmräumungen zu erreichen.[499] Nach der Ermordung der ersten beiden weißen Farmer fanden Beratungen zwischen dem CFU und dem Kriegsveteranenverband statt, an denen sich nun auch Präsident Mugabe beteiligte. Auch wenn es am Ende zu einer Verständigung zwischen den Konfliktparteien kam, die vorsah, dass friedliche Besetzer auf den Farmen bleiben dürften, gegen Feindseligkeiten und Gewaltanwendung durchgegriffen werde und die Landwirtschaft ungestört fortbetrieben werden konnte, gingen die Brandschatzungen weiter. Weitere weiße Farmer kamen ums Leben und ein erneuter Aufruf zur Beendigung der Landbesetzungen durch den Innenminister verhallte ohne Beachtung, angeblich weil er nicht vom Präsidenten selbst gekommen war.[500] Zunehmend wurden die Besetzungen gewalttätiger.[501] Während der ersten beiden Monate der Farmbesetzungen waren bereits 5.780 Gewalttaten auf zimbabwischen Farmen begangen worden.[502] Die am 27.04.2000 stattfindenden Verhandlungen über eine finanzielle Beteiligung Großbritanniens, das über 120 Mio. Mark für Kompensationen in Aussicht gestellt hatte, scheiterten an den Bedingungen der Briten, die Farmbesetzungen zu beenden und faire freie Wahlen durchzuführen.[503] Auch stellten die *International Development Association* (IDA) und auf Intervention der USA auch der IWF ihre Zahlungen an Zimbabwe ein, das dadurch verstärkt unter finanziellen Druck geriet.[504] Im Rahmen der Instrumentalisierung der Landfrage[505] für die bevorstehenden Wahlen erfolgte am 02.06.2000 eine vorläufige Absichtserklärung zur erneuten Enteignung von etwa 804 Farmen mit einer nur 30-tägigen Einspruchsfrist im Regierungsamtsblatt.[506] Jedoch kam es noch vor deren Ablauf zu weiteren Besetzungen und eigenmächtigen Aneignungen von Landstücken. Über Nacht kündigte Mugabe die Enteignung von 3.000, der etwa 4.500 weißen Farmer an; besetzte Farmen sollten durch die Armee geräumt werden.[507]

Allerdings bewahrheitete sich die Hoffnung auf Räumung der besetzten Farmen nach den Wahlen nicht. Im Gegenteil wurden die Landbesetzungen noch intensiviert, unbestrafte Gewaltaktionen und Gesetzeslosigkeit gingen weiter, und es mehrten sich blutige Zusammenstösse mit der *MDC*-Opposition.[508] Die Beziehungen zur weißen Bevölkerungsminderheit waren geprägt durch zunehmend aggressivere Äußerungen des Präsidenten, der sie als „Betrüger" bezeichnete, die „man gerne loswerden würde".[509] Nach einer Umfrage der *Helen Suzman Foundation* machten

---

[499] HRF, The land crisis.
[500] Afrika Jahrbuch, 2000, S. 428.
[501] Laut einer im August 2001 erschienenen Statistik der *Armani Trust Gruppe*, die Menschenrechtsverletzungen in Zimbabwe beobachtet, fanden alleine im Juli 2002 etwa 11 politische Morde, 104 Verschleppungen durch die Behörden und 288 Folterfälle statt. Zimbabwe Information Centre: Zimbabwe Dissidents Pay Big Price, The Guardian (UK) vom 20.08.2001.
[502] Buckle, C., African Tears, S. 71.
[503] AdG, vom 18.04.2000; A 44196.
[504] Krüger, D., Landhunger in Simbabwe, S. 4.
[505] Ein tatsächlicher Wille zu einer echten Landreform wurde immer unglaubwürdiger. Trotz der Politisierung dieses Themas, um Wählerstimmen zu gewinnen, kam es jedoch nur zu einem sehr knappen Sieg der ZANU-PF bei den Wahlen vom 24./25.06.2000 mit etwa 48,8 % der Stimmen. Vgl. Englert, B., Koloniale Landpolitik; Haller, U., Zimbabwe. Angesichts des Einsatzes von Gewalt und massiver Einschüchterung mit Hilfe der Anhängern der Regierungspartei, vor allem aber von "Kriegsveteranen", Geheimdienst und Militär während der Wahlkampfphase, verwundert es jedoch nicht, dass die *MDC*-Opposition unter Morgan Tsvangirai nicht die Mehrheit erringen konnte. Vgl. Müller, B., Kein Ende der Konfrontation; Fiedler-Conradi, S., Geschichte der verschleppten Landreform, Rn. 13. Zur Unfairness der Wahlen vgl. Waltsgott, U., Wahlbeobachtungen in Zimbabwe, S. 243 ff.
[506] Vgl. Afrika-Jahrbuch, 2000, S. 429.
[507] AdG, vom 03.08.2000, A 44393; Müller, B., Kein Ende der Konfrontation.
[508] Müller, B., Kein Ende der Konfrontation.
[509] Afrika Jahrbuch, 2000, S. 435.

etwa 70 % der zimbabwischen Bevölkerung die Regierung für die ungelöste Landfrage verantwortlich. Nur 30 % verlangten, dass tatsächlich alle Großfarmen enteignet werden würden.[510]

b) Das „*Fast Track*" *Program* als Reaktion

Die Tatsache, dass auch noch im Jahre 2000 etwa 4.500 weiße Farmer 28 % des Landes besaßen, während sich mehr als eine Mio. schwarze Familien die überbevölkerten *Communal Areas* teilten, zwang die Regierung zum Handeln. Sie reagierte auf den Druck der Farmbesetzungen im Juni 2000 mit einer detaillierteren Bestimmung der Ziele des „*jambanja*" durch den Entwurf ihres „***Accelerated Land Reform and Resettlement Implementation Plan*** (allgemein als „*Fast Track*" *Program* bezeichnet).[511] Danach sollten Verfahren, die in beschleunigter Weise möglich waren, auf Grundlage der Vereinbarungen der Geberkonferenz rasch durchgeführt werden.[512] Im Wesentlichen stand „*Fast Track*" jedoch für die Landinvasionen.[513] Unter diesem Programm wollte die Regierung fünf Mio. ha Land in drei bis fünf Jahren erwerben, wobei die Landlosen und Armen vorrangig bei der Landverteilung berücksichtigt werden[514] und auch die Armee und andere Regierungsministerien zur Hilfeleistung berufen werden sollten.[515]

Ziel war die zügige Umsiedlung von etwa 48.000 Familien bzw. 160.000 Begünstigten (später sollten es noch bis zu 300.000 werden), wofür 9 Mio. ha (später bis zu 11 Mio. ha) Umsiedlungsland benötigt wurden.[516] Mitte 2000 wurden per vorläufiger Absichtserklärung 1.148 Farmen im Amtsblatt der Regierung ausgewiesen, sowie weitere 721 bis zum Jahresende. Begleitet waren diese Ausweisungen von etlichen Irrtümern wegen Manipulation von Besitztiteln.[517] Als problematisch hat sich dabei die mit dem „*Fast Track*" *Program* verbundene Unsicherheit für die Farmer erwiesen. Sie wurden im Ungewissen gelassen, wie viel Zeit vergehen würde zwischen Enteignungsanordnung und der tatsächlichen Ansiedlung schwarzer Farmer. Ebenso blieb unklar, wie das Entschädigungsthema gelöst werden würde, so dass viele Farmer trotz der Räumungsanordnung weiterhin „ihre" Farm betrieben.[518] Im Rahmen der ZJRI bot die CFU der Regierung im Juni 2000 etwa 200 Farmen, im März 2001 aufgestockt auf 562 Farmen, die 1 Mio. ha Land umfassten, an.[519] Allerdings war in der Zwischenzeit das politische Klima derart erhitzt,

---

[510] Vgl. Helen Suzman Foundation, Press Release, Promoting Liberal Democracy, vom 10.03.2000.

[511] Sachikonye, L., The Situation, S. 5, 7. Am 15.07.2000 kündigte Vizepräsident, Joseph Msika, den Beginn des Programms an. Vgl. Government of Zimbabwe, Land Issues in Zimbabwe, Mitteilung des Vizepräsidenten Msika bei der Ankündigung des *Accelerated Land Reform and Resettlement Programme* „*Fast Track*" *Approach*, 15. Juli 2000; Buckle, C., African Tears, S. 158; Mitchell, T., The Land Crisis in Zimbabwe, S. 597.

[512] Vgl. Government of Zimbabwe: The People First, S. 5. „This 'Fast Track' is an accelerated phase where the activities, which can be done quickly, shall be done in an accelerated manner."

[513] Vgl. Mbaya, S., Land Reform in Zimbabwe.

[514] Englert, B., Koloniale Landpolitik. Das Programm betonte, dass ein Minimum an Infrastruktur geschaffen und den neuangesiedelten Farmern unterstützende Dienstleistungen (wie Mittel für die Bodenbestellung) zur Verfügung gestellt würde. Magaramombe, G., Rural Poverty.

[515] Seitdem waren eine Vielzahl von Verhandlungen in Gange, die Kooperation zwischen den Parteien zeigten. Ein Höhepunkt war die Gründung der *Zimbabwe Joint Resettlement Initiative* (ZJRI), die aus Regierungsvertretern, der CFU und einem Privatsektor, wie Banken besteht. Chaminuka, P., Overview.

[516] Sachikonye, L., The Situation, S. 5.

[517] Afrika Jahrbuch, 2000, S. 439.

[518] Magaramombe, G., Rural Poverty.

[519] HRW, Fast Track Land Reform, S. 14; Sachikonye, L., The Situation, S. 8.

dass die Regierung nicht länger zu einem Kompromiss mit der CFU bereit schien. Stattdessen versuchte sie anhand neuer Gesetze den Landerwerb voranzutreiben.[520]

c) Der *Land Acquisition Amendment Act*, Nr. 15 vom 07.11.2000

Die CFU-Farmer griffen, enttäuscht von der Ankündigung der weiteren Landenteignungen, immer häufiger zu gerichtlichen Mitteln, um die Enteignungsverfahren zumindest zu blockieren.[521] Um weitere Erschwerungen bei der Enteignungspolitik der Regierung zu vermeiden, ließ Mugabe daher am 18.10.2000 im Schnellverfahren das Landerwerbsgesetz von 1992 modifizieren.[522] Die Änderung des Paragraph 16 A (1) der Verfassung machte sich der neue Paragraph 29 C (1) des modifizierten LAA zu Nutze, indem er festlegte, dass im Falle der Enteignung von Farmland, Entschädigung nur für getätigte Investitionen auf dem Lande, nicht aber für den Wert des zu enteignenden Landes selbst gezahlt werden würden. Dabei sollte die Höhe der Entschädigung, gemäß der in diesem Gesetz festgelegten Prinzipen, durch ein von der Regierung ernanntes Komitee bestimmt werden (vgl. Paragraph 29 A und B LAA). Extra festgelegt wurde auch, dass für Verluste durch die Räumung des Landes von Invasoren keine Entschädigung zu zahlen war [vgl. Paragraph 29 C (5) LAA]. Der Enteignungsprozess begann mit einem vorläufigen Bescheid (*notice*) gemäß Paragraph 5 des LAA, der nunmehr statt für ein Jahr unbefristet in Kraft bleiben sollte [vgl. Paragraph 5 (4)].[523] Dieser sollte den Landeigentümer darüber informieren, dass sein Land zur Enteignung anstand und es der Enteignungsbehörde (also der Regierung) ermöglichen, dem Eigentümer jegliche Aktivität auf dem Land zu verbieten. Auch wenn als Möglichkeit des gerichtlichen Vorgehens ein Einspruch innerhalb von 30 Tagen vorgesehen war [vgl. Paragraph 5 (1) (a) (iii A) LAA], sollte das Eigentum direkt auf die erwerbende Behörde übergehen [vgl. Paragraph 8 (3) LAA].[524]

d) Unabhängigkeit der Gerichte?

Mit Beschluss des *Supreme Courts* wurde das *„Fast Track" Program* für verfassungswidrig erklärt und es der Regierung untersagt, weitere Schritte im Rahmen der Enteignung zu Umsiedlungszwecken vorzunehmen, bis ein wirksames Landreformprogramm ausgearbeitet worden wäre.[525] Weiter stellte das Gericht fest, dass die Regierung nicht

---

[520] V.a. durch Einführung des Paragraphen 5 in die Verfassung im Juni 2001 und später des Paragraph 8-Bescheids, war es der Regierung möglich schließlich eine Fläche von 9,2 Mio. ha zum November 2001 zu enteignen. Sachikonye, L., The Situation, S. 37 ff.

[521] Einen ersten Erfolg konnte der Eilantrag der CFU vom 18.09.2000 beim *Supreme Court* verzeichnen, womit die auf den 27.09.2000 festgesetzten Räumungsverfügungen gegen die Großgrundbesitzer für ungültig erklärt und in einer einstweiligen Verfügung Fristen von 30 auf 90 Tage ausgeweitet wurden. Vgl. Afrika Jahrbuch, 2000, S. 439.

[522] In Kraft seit 07.11.2000. Allerdings legte Paragraph 24 des neuen LAA gleichzeitig fest, dass das Gesetz rückwirkend anzuwenden sei, als sei es mit den *Presidential Powers (Temporary Measures) (Land Acquisition) Regulations* am 23.05.2000 in Kraft getreten. Vgl. Afrika-Jahrbuch, 2001, S. 461.

[523] Eine faire Entschädigung war nun sowohl für designiertes, wie auch nicht designiertes Land in einer angemessenen Zeit zu bezahlen (vgl. Paragraph 16 LAA).

[524] Im Falle des tatsächlichen gerichtlichen Erfolgs des Enteigneten, sah daher die Neuerung gemäß Paragraph 10 A (1) (a) LAA die Rückübertragung des Eigentums von der Enteignungsbehörde auf den früheren Eigentümer vor.

[525] Vgl. das Verfassungsgerichtsurteil vom 10.11.2000 durch den Obersten Richter Anthony Gubbay. Vgl. HRF, The land crisis: Ein solches Programm wäre verfassungsrechtliche Grundvoraussetzung, bevor Landenteignungen zur Umsiedlung stattfinden dürften und „notwendig und in der Tat auch essentiell für zukünftigen Frieden und Wohlstand in Zimbabwe." Vgl. HRF, The land crisis. In seinem Urteil legte das Gericht eine dreimonatige Räumungsfrist fest. Es ordnete auch an, dass die Polizei alle Personen zu entfernen habe, die sich gesetzeswidrig Zutritt zu den Farmbesitztümern verschafft hatten oder sich sonst in einer rechtswidrigen Weise auf den Farmen verhalten hatten. Die Regierung habe ein ganzes Netzwerk an Organisationen mit absoluter Missachtung und Gleichgültigkeit gegenüber dem Gesetz zugelassen: Kriegsveteranen, Dörfler

gewillt sei, ein vernünftiges Programm für die Landreform im Rahmen ihrer eigenen Gesetze durchzuführen, wie es v.a. von Paragraph 16 A der zimbabwischen Verfassung gefordert wird. Die Ansiedlung auf den Farmen sei völlig willkürlich und ungesetzlich verlaufen.[526] Das Gericht erklärte, dass die Farmbesetzungen eine unfaire Diskriminierung darstellten, da oft nur Unterstützer der ZANU-PF auf den Ländereien angesiedelt wurden.[527] Der *Supreme Court* gab aber auch zu verstehen, dass es möglich sei, die Landreform im Einklang mit der Verfassung durchzuführen. Um der Regierung dazu die Möglichkeit zu geben, setzte das Gericht seinen Beschluss bis zum 01.07.2001 aus.[528]

Dem Urteil folgte verstärkte und gewalttätige Kritik aus Regierungskreisen. Im November 2000 suchten Kriegsveteranen sogar persönlich den *Supreme Court* heim[529] und der *Supreme Court* wurde neu besetzt.[530] Nachdem auch einige *High Court* Richter ersetzt wurden, kann inzwischen - wie auch die Mission der *Internationalen Bar Association* im April 2001 feststellte[531] - trotz der bewundernswerten Versuche, entgegen des Regierungsdrucks ihre Arbeit noch professionell durchzuführen - nicht mehr von einer unabhängigen Justiz im Lande die Rede sein.[532] Widersprachen die Urteile der Regierungspolitik, wurden sie oft von der Regierung ignoriert oder die Administration zur Nichtbeachtung angehalten, was die Verachtung des Rechtssystems in der Bevölkerung förderte.[533]

e) *„40 days and 40 nights"- „Fast Track"* Program

Unter dem Druck, den Worten über die beschleunigte Reform auch Taten folgen zu lassen, verkündete der Minister für Kommunalverwaltung, Ignatius Chombo, im Mai 2001, das *„40 days and 40 nights ‚Fast Track' Program"*, durch das in kürzester Zeit 35.000 Familien umgesiedelt werden sollten.[534] Um dieses Ziel zu erreichen, sollten Expertenteams und sogar Schüler in ihren Ferien bei der Demarkierung des akquirierten Landes helfen. Dennoch waren die zuständigen Ministerien mit der Aufgabe völlig überfordert; es fehlte an finanziellen, wie auch personellen

---

und arbeitslose Stadtbewohner wären einfach auf die Farmen gezogen. Dabei wären sie von offiziellen Regierungsmitgliedern, Staatsbeamten, der CIO und der Armee unterstützt, transportiert und sogar finanziert worden. Vgl. HRF, a.a.O.

[526] HRW, Fast Track Land Reform, S. 13. Auch wenn das Landproblem ein politisches wäre, obläge es der Politik, dies durch die Verabschiedung von Gesetzen zu lösen. Vgl. HRF, The land crisis Human.

[527] Nach Ansicht des Gerichts hätte keine Rassendiskriminierung vorgelegen, wenn die Regierung, um historisches Unrecht wieder gutzumachen, die weißen Farmer in einer rechtmäßigen Weise mit der Zahlung einer Entschädigung enteignet hätte. HRF, The land crisis.

[528] Es ist schwer zu verstehen, warum das Gericht zum Mittel der Aussetzung griff. Als es entschied, dass die Wiederansiedlung rechtswidrig war, hätte man erwartet, dass es das gesetzeswidrige Verfahren stoppen würde bis ein ordnungsgemäßes Programm auf den Plan gerufen war. Was das Gericht stattdessen tat, war der Regierung zu erlauben, ihr rechtswidriges Programm weiterhin auszuführen, während sie dabei Schritte unternahm eine rechtsgültige Reform zu entwickeln. Vgl. HRF, The land crisis.

[529] Dewan, N./ Mehra, P., Democracy and human rights, S. 75; AI, International community must take action now, April 2001. Die massiven Drohungen führten schließlich zum Rücktritt von *Chief Justice* Gubbay. An seiner Stelle wurde der engagierte ZANU-PF Unterstützer und Befürworter der Landenteignungen, Richter Godfrey Chidyausiku, ins Amt gerufen, dessen Qualifikation in seiner Regierungstreue gesehen wird. Schmidt, F., Simbabwe, FES-Skript; IBA, Report of Zimbabwe Mission 2001, 9.8.

[530] Angeblich konnte die Regierung die persönliche Sicherheit der Richter nicht länger garantieren, nachdem sie mit einigen Urteilen unzufrieden war. Mitchell, T., The Land Crisis in Zimbabwe, S. 591 f. Neben Richter Chidyausiku waren drei weitere *Supreme Court* Richter ernannt worden. Die Neuernannten wurden allgemein als wenig unabhängig angesehen, da sie so ausgewählt worden waren, dass Entscheidungen i.S.d. Regierung ergehen würden. Der einzige Richter, der an der urspr. Entscheidung vom 10.11.2000 mitgewirkt hatte, war Richter Ebrahim. Inzw. ist auch Letzterer zurückgetreten, nachdem unter seinem Vorsitz zwei Gesetze gekippt wurden, mit denen die Regierung Oppositionsanhänger, sowie Bürger mit doppelter Staatsangehörigkeit von den Wahlen ausschließen wollte. Vgl. Richter des Obersten Gerichts Simbabwes tritt zurück, in: NZZ, vom 04.03.2002.

[531] IBA, Report of Zimbabwe Mission 2001, S. 12; HRW, Fast Track Land Reform, S. 14; RSA Judges Voice deep concern over Zimbabwe Legal System, in: Sapa (South Africa) vom 12.02.2001.

[532] Vgl. Majome, F. J., Cry the beloved Country; Schmidt, F., Simbabwe, FES-Skript; Zimbabwe Monitor, Zimbabwe-South Africa Dialogue.

[533] Mair, S./ Sithole, M., Blockierte Demokratien in Afrika, S. 68.

[534] Jocelyn, A., Settling an Unsettled Land, S. 25.

Mitteln.[535] Mitte 2001 schien Minister Chombo endgültig aufzugeben. Die Siedler wurden angewiesen, sich einfach selbst „irgendwo" ein Stück Land zu demarkieren und dort niederzulassen.[536]

III. Das Abkommen von Abuja vom 06./ 07. September 2001 und weitere Maßnahmen zur Legitimierung der Landreform

Am 07. September 2001 kam es in Abuja, der neuen Hauptstadt Nigerias, zur Abfassung eines Abkommens bezüglich der Landfrage zwischen afrikanischen Führern, Großbritannien und Zimbabwes Regierungsspitze, das auf die ***Harare Commonwealth Declaration* von 1991** und die 1995 folgende Erweiterung im ***Millbrook Commonwealth Action Program*** in Neuseeland Bezug nahm.[537] Die Mugabe-Regierung sicherte die friedliche und gesetzmäßige Beendigung der illegalen Farmbesetzungen und die Durchführung der Landreform auf einem schrittweisen, fairen und transparenten Weg zu.[538] Im Gegenzug erkannte Großbritannien an, dass die gegenwärtigen Eigentumsverhältnisse das Resultat der Ungerechtigkeiten der Vergangenheit seien und sagte zu, die dringend notwendige Finanzhilfe zur Verfügung zu stellen, um die vertriebenen Farmer zu entschädigen und die Infrastruktur in den Wiederansiedlungsgebieten zu finanzieren.[539] Während man sich in Abuja Vielversprechendes erhoffte, kamen schon kurz nach der Unterzeichnung des Abkommens Zweifel auf, wie ernst es der zimbabwischen Regierung überhaupt wäre, Menschenrechte, Gesetzmäßigkeit, Transparenz und demokratische Prinzipien einzuhalten.[540]

1. Der Rural Land Occupiers (Protection from Eviction) Act vom 05. Juni 2001

Nachdem einige kommerzielle Farmer *High Court* Entscheidungen erzielt hatten, die die *Zimbabwe Republic Police* verpflichteten, Personen, die illegal das Land besetzt hatten, zu entfernen,[541] verabschiedete die Regierung neue Gesetze um dies zu stoppen. Zu nennen sind dabei insbesondere der *Rural Land Occupiers (Protection from Eviction) Act*, der die Invasoren für einen Zeitraum von sechs Monaten von einer Zwangsräumung befreien sollte.[542] Außerdem schützte er die Besetzer vor krimineller und ziviler Haftung wegen der illegalen Grundstücksbesetzungen

---

[535] So wurden viele Farmen doppelt designiert. An eine geordnete Ansiedlung der neuen Siedler war nicht zu denken. Dennoch wurde die umzusiedelnde Zielgröße noch höher geschraubt, v.a. als Reaktion auf das gerichtliche Vorgehen der CFU. Vgl. Jocelyn, A., Settling an Unsettled Land, S. 24.

[536] Jocelyn, A., Settling an Unsettled Land, S. 24. Die Folgen für die Wirtschaft des Landes waren beträchtlich. Die erheblichen Produktionsausfälle auf den besetzten Farmen (etwa 40 % der Produktion) und die fast halbierte Anbaufläche resultierten in einer stark reduzierten Mais- und Tabakernte. Auswirkungen hatte die politische Instabilität und die negativen Presseberichte auch auf den Tourismusbereich und die verarbeitende Industrie. Sie führte zu Devisenknappheit und hohen Zinsen, was für zahlreiche Firmenschließungen verantwortlich war. Vgl. Afrika Jahrbuch, 2000, S. 442.

[537] In diesen beiden Deklarationen waren die Prinzipien des *Commonwealth*, die 1971 in Singapur formuliert worden waren, bzgl. der Menschenrechte und des fairen Regierens festgeschrieben. Vgl. HRF, The land crisis.

[538] Vgl. Africa Online Correspondent, Full Text of the Abuja Agreement on Zimbabwe Land Reform, 06.09.2001.

[539] Vgl. ICG Africa Briefing Paper, Zimbabwe, Time for international Action, S. 3; FCO, Lancaster House and Land Reform since Independence.

[540] HRF, Complying with the Abuja Agreement. Im darauffolgenden Wahlkampf für die Wahlen vom März 2002, wurden die Versprechungen von der Regierung bereits völlig außer Acht gelassen und die Farminvasionen gingen weiter. Vgl. ICG Report: Zimbabwe: what next? S. 21. Die CFU meldete Invasionen, bei denen die Farmbesitzer von ihren Farmen vertrieben und einige Farmer sogar gewaltsam angegriffen wurden. Sie lieferte dabei Details von beträchtlichen Ernteausfällen durch den Anbaustopp, von zerstörten Ernten und vorsätzlichem Niederbrennen von Weideland. Als Folge weigerten sich auch die Geberländer dieses „Reformprogramm" finanziell zu unterstützen. Vgl. HRF, The land crisis.

[541] Feltoe, G., The onslaught against democracy, S. 3 f.

[542] Musarurwa, A., The Current Climate, S. 4; HRF, The land crisis. Später wurde dieser Befreiungszeitraum sogar auf ein Jahr ausgedehnt.

und damit verbundenen Einstandspflicht für die von ihnen beschädigten Gegenstände.[543] Damit legalisierte das Gesetz rückwirkend die oft gewalttätigen Landbesetzungen und hinderte die Farmbesitzer, sich gerichtlich gegen die Invasionen zu wehren, um wieder in Besitz ihrer Ländereien zu gelangen.[544]

2. Die zunehmende Verschlechterung der Eigentumslage

Im September 2001 revidierte der neu besetzte *Supreme Court* seine früheren Entscheidungen zur Landfrage und billigte die weitere Durchführung der Landreform, sowie die entschädigungslose Enteignung von Grundbesitz.[545] Nach Ansicht des Gerichts hätte die Regierung mittlerweile ein verfassungsmäßiges Reformprogramm und auch alle Bedingungen, die das Gericht vormals auferlegt hatte, erfüllt.[546] Das Gericht urteilte weiterhin, dass die Maßnahmen der Landreform außerhalb seines Zuständigkeitsbereiches liegen würden, da es sich um eine politische Angelegenheit handele.

Nicht getragen wurde diese Argumentation von Richter Ebrahim. Nach dessen Ansicht waren Recht und Ordnung nicht wieder hergestellt; auch hatte kein legales Landreformprogramm begonnen.[547] Die Entscheidung der vier übrigen Richter schien mehr auf politischer Zweckdienlichkeit zu basieren als auf dem Gesetz. Die Realität zeigte, dass die Gewalt auf den kommerziellen Farmen zugenommen hatte und wenig unternommen wurde, um diese zu stoppen. Auch wenn die *Zimbabwe Republic Police* den Abuja-Außenministern einen Bericht vorgelegt hatte, der eine Verbesserung der Situation auf den kommerziellen Farmen behauptete, stand dies ganz im Widerspruch zu dem Beweismaterial der CFU und des HRF.[548]

Durch eine weitere Änderung des LAA, Nr. 14 vom 12.06.2001 wurde die Möglichkeit Enteignungen anzuordnen, vom Präsidenten auf jeden autorisierten Minister erweitert (vgl. Paragraph 3 LAA). Festgelegt wurde ausdrücklich, dass die Ablehnung des Verwaltungsgerichts, den Landerwerb zu gestatten, keinen Einfluss auf die Gültigkeit der vorläufigen Anordnung haben sollte [Paragraph 7 (6) LAA]. Dadurch konnten die betroffenen Farmer zur sofortigen Beendigung ihrer landwirtschaftlichen Aktivitäten, sowie zum Verlassen der Farmen binnen drei Monaten gezwungen werden. Es spielte dabei keine Rolle, dass über ihren Einspruch gegen die vorläufige Absichtserklärung zur

---

[543] HRF, The land crisis.

[544] Das Gesetz erschien auch relativ willkürlich, da Paragraph 6 keine Amnestie für diejenigen Invasoren vorsah die im Staatseigentum befindliches Land belagerten. Vgl. HRF, HRMonitor Nr. 10. Dennoch wurde der Act von dem neu besetzten *Supreme Court* mangels Eigentumsverletzung für verfassungsmäßig erklärt: Nach Paragraph 8 (3) des LAA werde die enteignende Behörde zum Eigentümer des enteigneten Landes; somit könnten die urspr. Farmbesitzer, die nicht mehr Eigentümer, sondern selbst nur noch Besetzer seien, nicht Rechte von Eigentümern ausüben. HRF, The land crisis.

[545] Vgl. Auswärtiges Amt, Südliches Afrika, 6. Menschenrechtsbericht.

[546] Sie habe gezeigt, dass die Polizei angemessene Schritte eingeleitet habe, um das Recht durchzusetzen. Das Gesetz verlange nicht die Abwesenheit jeglicher krimineller Energie oder eine „*crime free environment*"; was es fordere, seien nur die richtigen Maßnahmen, um das Recht durchzusetzen. Vgl. HRF, The land crisis.

[547] Er argumentierte, dass das wirklich Entscheidende hinsichtlich der Gesetzmäßigkeit sei, ob die Reform auch in legaler Weise und in Einklang mit den Bestimmungen eines rechtmäßigen Prozesses durchgeführt würde. Wahllose Farmbelagerungen könnten kein legales Landreformprogramm konstituieren. Durch Verletzung der verfassungsmäßigen Rechte, beraube es die Landbesitzer ihrer Rechte an ihrem Eigentum ohne Entschädigung. Es erlaube Zugang zu ihrem Eigentum und Belagerung desselbigen, und es versage dem Eigentümer sein Recht auf Schutz durch das Gesetz und sein Recht auf Vereinigungsfreiheit. Vgl. HRF, The land crisis.

[548] HRF, The land crisis. Dafür sprechen auch die wöchentlichen Berichte der CFU, die im Internet auf ihrer Website abrufbar sind: http://www.samara.co.zw/cfu/farmininforbul.htm; besucht am 13.05.2003, sowie die Berichte der betroffenen Farmer im JAG OPEN LETTER FORUM. Vgl. auch Anhang der Zusammenfassung der einzelnen Vorfälle unter: HRF, The land crisis. Vermögen im Wert von 6,4 Mio. Z$ auf etwa 518 Farmen wurde beschlagnahmt und geplündert; mind. 95 % des Landes im Besitz von CFU-Mitgliedern wurde zur Enteignung im Regierungsblatt veröffentlicht.

Landübernahme noch nicht gerichtlich entschieden war.[549] Per Dekret verlangte Mugabe, dass die auf der Enteignungsliste befindlichen Farmen sofort ohne Einspruchsmöglichkeit bei Gericht verlassen werden müssten. In einer weiteren Maßnahme legte die Regierung die Obergrenze für das Land pro Farm auf 250 ha in Anbaugebieten, bzw. auf 2.000 ha für Ranchen fest.[550]

Ende 2001 gab Mugabe öffentlich den Kampf gegen den „weißen Feind" bekannt.[551] Als Gegenwehr bildete sich inzwischen aus der CFU eine neue Lobbygruppe der betroffenen Farmer, die *Justice for Agriculture* (JAG), die v.a. durch ihre wirksame Medienpräsenz im Ausland auf die Situation aufmerksam machen konnte.[552] Im Anschluss an die Vereidigung von Präsident Mugabe, nach den unter zweifelhaften demokratischen Bedingungen, stattgefundenen Präsidentschaftswahlen im März 2002,[553] drohte er weitere vernichtende Schläge gegen die weißen Farmer an. Außerdem versprach er die Fortführung seiner umstrittenen Landreform als Ausweg aus den wirtschaftlichen Problemen seines Landes.[554] Gerade weil in internationalen Kreisen die Rede von der Nichtanerkennung der Wahlen war, bemühte sich die Regierung, durch Unterdrückung kritische Stimmen aus allen gesellschaftlichen Reihen die Bevölkerung mundtot zu machen.[555]

Die Regierung Mugabes hat weiterhin mehrere höchstrichterliche Urteile zur Beendigung der illegalen Farmbesetzungen nicht befolgt.[556] Die Gemeinschaft des *Commonwealth* suspendierte daher aufgrund der zunehmend schlechteren Lage der Menschenrechte am 19.03.2002 die Mitgliedschaft Zimbabwes für ein Jahr. Inzwischen wurde diese Maßnahme um ein weiteres Jahr verlängert.[557]

---

[549] Afrika-Jahrbuch, 2002, S. 455.

[550] AdG, vom 14.12.2001, A 45366; HRF, The land crisis.

[551] „Our party must continue to strike fear in the heart of the white man, our real enemy." The Independent, vom 15.12.2001.

[552] Afrika-Jahrbuch, 2002, S. 456.

[553] Als Reaktion auf die von Einschüchterung der Bevölkerung und von gewaltsamer Verfolgung der Regierungsgegner geprägte Wahlphase wurden die Wahlen von mehreren Staaten nicht anerkannt. Vgl. MacClung Nading, J., Property under siege, S. 763. Die afrikanischen Beobachter sahen dies ganz anders und gaben der Wahl den Segen der Legitimität. Vgl. Bruder Mugabe – Europa muss Afrikas Demokraten unterstützen, in: Die Zeit vom, 21.03.2002. Einschüchterung, körperliche Verletzungen und gar Drohungen mit dem Tod waren zu alltäglichen Mitteln des Wahlkampfes geworden, dazu gehörte sogar das Bombardieren oppositioneller Druckereien. Vgl. Stauffer/ Baud, Nacht über Zimbabwe. Laut The Guardian vom 27.11.2003: „Army „faked" votes for Mugabe" sollen Tausende Wähler durch die Armee mit Gewalt zur Stimmabgabe für Mugabe gezwungen worden sein.

[554] „Mugabe für weitere Amtszeit als Präsident vereidigt", in: Die Welt, vom 18.03.2002.

[555] Durch Folterungen, Entführungen, Vertreibungen und Vergewaltigungen von Oppositionsverdächtigen, sowie die Verweigerung von Nahrungsmittelhilfe wurde versucht, das Volk in Schach zu halten. Dazu gehörte auch das nach der Wahl rasch in Kraft gesetzte Mediengesetz, das zu den repressivsten der Welt zählt, sowie das neue Gesetz zur öffentlichen Ordnung und Sicherheit, das in seiner freiheitsberaubenden Funktion seit Anfang 2002 zu weiteren schweren Rückschlägen für Demokratie und Menschenrechte im Lande geführt hat. Vgl. Fiedler-Conradi, S., Einführungsvortrag beim Zimbabwe Netzwerk in Bonn.

[556] Auswärtiges Amt, Südliches Afrika, 6. Menschenrechtsbericht.

[557] AdG, vom 09.03.2002, A 45521; FAZ vom 08.12.2003, S. 6. Mit einem „*Statement to Commonwealth*" ersuchte die *African Civil Society Consultation on Zimbabwe* nach einer Konferenz in Botswana vom 05./06.08.2003 den *Commonwealth*, weiterhin Zimbabwes Mitgliedschaft aufgrund der andauernden Menschenrechtsverletzungen auszusetzen. Mitgeteilt durch das JAG- Security Communique, vom 27.09.2003; BMZ-Länderstrategie, Simbabwe, S. 9. Nachdem der *Commonwealth* Zimbabwe durch Beschluss der Staats- und Regierungschefs der Vereinigung Großbritanniens und seiner ehemaligen Kolonien auf unbestimmte Zeit ausschließen wollte, ist es im Dezember 2003 schließlich selbst ausgetreten. Buckle, C., Die Menschen sind am Ende ihrer Geduld, in: FAZ, vom 14.12.2003, S. 9.

3. Die aktuellen Entwicklungen

Am 05.04.2002 kündigte Mugabe seine Vision, den sogenannte 10-Punkte-Plan, an, der v.a. eine Vollendung des „*Fast Track*“ *Programs* und eine intensivere Beteiligung des Staates in der Wirtschaft vorsah.[558] Auch auf dem Weltgipfel erklärte Präsident Mugabe, dass jedem Farmer eine Farm zustehen würde[559] und das Landreformprogramm in Einklang mit der Verfassung und den nationalen Gesetzen durchgeführt werde.[560] Währendessen wurden jedoch unzählige Besitzer, die nur eine Farm bewirtschafteten, enteignet, obwohl sie die Enteignungsanordnung gerichtlich angefochten hatten und ihnen damit theoretisch die Erlaubnis gegeben war, weiterhin landwirtschaftlich tätig zu sein.[561]

Am 10.05.2002 wurden die Änderungen des LAA, die auf einer Reihe von Präsidialdekreten des Jahres 2001 beruhten, verkündet (*Act* 6 von 2002).[562] Dadurch wurden fast alle Farmbetriebe im bisherigen Besitz von weißen Farmern zur entschädigungslosen Enteignung freigegeben.[563] Durch diese Änderung erlaubte der sogenannte Paragraph 8-Bescheid, welcher der enteignenden Behörde die Eigentumsposition verlieh, das Land zu vermessen und neuen Siedlern für landwirtschaftliche Zwecke zuzuteilen [Paragraph 8 (2) (b) LAA]. Ein solcher Enteignungsbescheid bedeutete nunmehr ein Verbot für die Alteigentümer, innerhalb von 45 Tagen nach dessen Erhalt noch Landwirtschaft zu betreiben und verlangte die Räumung des Besitztums innerhalb von 90 Tagen [vgl. Paragraph 9 (1) LAA].[564] Ein Verstoß sollte als kriminelles Vergehen mit einer Geldstrafe bis zu $ 20.000 und/ oder einer zweijährigen Freiheitsstrafe geahndet werden und die Räumungsanordnung durch ein kompetentes Gericht nach sich ziehen.[565]

Am 31.08.2002 erklärte die Regierung das „*Fast Track*“ *Program* für beendet und die Gesetzmäßigkeit im Land für wiederhergestellt.[566] Die Enteignungen gingen jedoch weiter, ebenso wie Besetzungen, Diebstahl und Zerstörung ohne polizeiliches Einschreiten.[567] Im Oktober 2002 befanden sich von ursprünglich etwa 4.500 weißen Großfar-

---

[558] Nach seiner Ansicht würde Zimbabwes landwirtschaftliche Revolution anhand der beiden Sub-Elemente „*land acquisition and land redistribution*“ durchgeführt, „*both handled in terms of our national Constitution, laws and policies*.“ Department of Information & Publicity, The People First: R.G. Mugabe speaking on the occasion of the 22nd Independence Anniversary on 18th April 2002.

[559] Im Sommer 2002 sagte Mugabe dem Langkawi Dialog in Malaysia, dass niemand landlos aus der Landreform herausgehen würde, da diese auf das Konzept des „*one man – one farm*“ gestützt sei. Die Zahlen der CFU und der JAG belegen jedoch das Gegenteil. Vgl. Zimbabwe Independent, vom 30.08 2002, in: Zimbabwe Press Mirror, Nr. 16, vom 31.08.2002. Auch noch im September 2002 erging eine Erklärung des *Ministry of Foreign Affairs*, dass die von der Regierung aufgestellten Kriterien respektiert werden würden und „*that no European Commercial Farmer who is prepared to farm as a Zimbabwean will remain landless.*“ Vgl. *Ministry of Foreign Affairs, Statement and Directive to all Diplomatic Missions and International Organisations Accredited to Zimbabwe*, vom 13.09.2002, zitiert in: Majome, F., Cry the beloved Country, S. 4.

[560] *President Robert Mugabe's Address at the Earth Summit*, Johannesburg, in: Zimbabwe Broadcasting Corporation, 02.09.2002.

[561] Vgl. u.a. das Beispiel des Farmers Jo Swath, berichtet von IRINnews Report: Southern Africa. Zimbabwe: Feature – Last commercial farmers hanging on. Dabei hatten die Farmer noch bestellte Felder, die noch nicht zur Ernte reif waren und rechtliche Dokumente, die erklärten, dass sie berechtigt waren auf dem Land zu sein. Palmer, R., History Repeating itself.

[562] CFU, Legislation shuts down farms, vom 24.06.2002.

[563] Als ausländische Eigentümer sind davon v.a. Dänen, Italiener und Schweizer betroffen. Swiss Farmers face eviction from Zimbabwe after land seizures, in: Business Day, vom 13.06.2002.

[564] Für Enteignungsbescheide, die vor dem 10.05.2002 ergangen waren, sollte dieser Tag für den Fristanlauf entscheidend sein, für später ergangene Bescheide der Tag ihrer Zustellung. Für alle Farmer, die damals bereits einen Bescheid erhalten hatten, bedeutete dies, dass ihre Räumungsfrist mit dem 10.08.2002 ablief.

[565] CFU, Legislation shuts down farms, vom 24.06.2002. Mit Änderung von Oktober 2002 wurde diese Strafe sogar auf $ 100.000 erhöht. CFU, The Current Status of commercial agriculture, S. 8. Vgl. unten Fn. 565.

[566] CFU Shoots down state claims on Land Reform, in: The Daily News vom 05.03.2003.

[567] CFU, The Current Status of commercial agriculture, S. 11. Mit der Maßnahme „*Operation Clean Sweep*“ wurden die Enteignungsankündigungen sogar auf eine 12 Stundenfrist verkürzt und weitere Enteignungen vorgenommen. Vgl. JAG, Press Release to SADC Member States, UNDP and the diplomatic Community, 05.09.2003.

mern nur noch ca. 600 auf ihrem Besitz.[568] Eine weitere Änderung des LAA im selben Monat entließ die Enteignungsbehörde bereits dann aus ihrer Nachweispflicht, wenn das zu enteignende Eigentum für die Landwirtschaft geeignet und dieses für die landwirtschaftliche Umsiedlung gedacht war [Paragraph 7 (4a) LAA]. Es war nun möglich auch ohne das Vorliegen eines Paragraph 7-Bescheids, der das Vorgehen gegen die Enteignungsanordnung vor dem Verwaltungsgericht ermöglicht hatte, eine Ausweisung anzuordnen.[569] Das bedeutet, dass ein Paragraph 8–Enteignungsbescheid sogar ergehen kann, wenn der Landeigentümer die Enteignungsankündigung angefochten und bevor ein Gericht über seinen Widerspruch entschieden hat. Dies macht es für die Alteigentümer ineffektiv und beinahe sinnlos, gegen die Enteignungsankündigung ihres Landes Widerspruch einzulegen, da selbst dessen Stattgabe für sie angesichts der Besetzung ihres Landes durch neue „Ansiedler" bedeutungslos wird.[570] In der Jurisprudenz wurde daher über die Verweigerung des verfassungsmäßigen Rechts der Farmer debattiert, gegen die Enteignungsanordnung ihrer Farmen beim Verwaltungsgericht Widerspruch einzulegen, bevor sie enteignet und vertrieben wurden.[571]

Im Frühjahr 2003 ernannte Präsident Mugabe das *Presidential Land Review Committee*, das am 21.05.2003 seine Arbeit aufgenommen hat. Es soll den bislang erzielten Erfolg der Landreform feststellen und innerhalb von zwei Monaten Empfehlungen abgeben.[572] Erstmals gesteht Mugabe Fehler in seiner Landreform ein, da ein großer Teil des beschlagnahmten Landes mittlerweile brach liegt.[573] Einigen schwarzen Landlosen waren sogenannte *Certificates of No Present Interest* ausgehändigt worden, die sie autorisierten Farmen zu kaufen, obwohl diese bereits wieder besiedelt waren, was zu einer Verdrängung der Angesiedelten führte.[574]

Ab 2002 begannen sich die Farmbesetzungen, nachdem es infolge der Nichtbestellung der besetzten Böden zu Ernteausfällen kam, auf die Wirtschaft auszuwirken.[575] Die Wirtschaft des Landes schlittert daher weiter in die Tiefe:

---

[568] Afrika-Jahrbuch, 2002, S. 457. Da es sich bei der urspr. Gesamtzahl der weißen Farmer auch um etwa 1.000 Kleinfarmer handelte - enteignet werden sollten dagegen nur Großfarmer vgl. oben Fn. 405 - war ein weiteres Enteignungskriterium der Regierung nicht eingehalten worden. Vgl. Moyo, S., The political Economy, S. 18 f.

[569] Die Regierung änderte Paragraph 9 (2) LAA dahingehend, dass im Falle einer ungültigen Enteignungsanordnung die Zustellung einer erneuten Anordnung innerhalb von 90 Tagen die erstere heilt. Danach muss der bisherige Eigentümer seine Farm spätestens sieben Tage nach Zustellung der zweiten Anordnung verlassen haben. Kommt er dem nicht nach, wird eine Geldstrafe von bis zu $ 100.000 und/ oder eine Freiheitsstrafe fällig. Dies war das Resultat, dass durch Urteil von Richter Charles Hungwe mehrere Enteignungsbescheide, denen der Mangel des vorherigen verwaltungsgerichtlichen Verfahrens nach Paragraph 7 anhaftete, für ungültig erklärt wurden. Vgl. „Section 8 illegal", in: Daily Newspaper, vom 22.08.2002.

[570] Marongwe, N., The Fast Track Resettlement.

[571] Vgl. dazu unten 3. Teil, A II 1. d).

[572] Vgl. The Herald Online vom 22.05.2003, Land Review Starts. Inzwischen kam das Komitee, das meist aus ehemaligen Parlamentsmitgliedern besteht, zu dem Ergebnis, dass die Landreform durch das gerichtliche Vorgehen der weißen Farmer bzw. ihres Interessenverbandes gehindert wurde. Allerdings beschuldigte das Komitee auch höhere Beamte innerhalb der ZANU-PF, sich mehrere Farmen angeeignet zu haben. Vgl. INISA-Mailverteilerliste: Zimbabwe: Feature – Last commercial farmers hanging on, vom 07.08.2003.

[573] Vgl. Mugabe will Landreform überprüfen, in: FAZ, vom 24.05.2003. Das Gwebi/ Hunyani ICA im Nyabira Gebiet des westlichen *Mashonalandes* mit fast 90 Farmen ist seit nahezu zwei Jahren unbesiedelt, weil sich der Hon. Governor, Resident Minister Cde. P. Chanetsa, die regierende Spitze der Distrikt ZANU-PF- Partei und der Hon. Minister der örtlichen Regierungsöffentlichkeitsarbeit Dr. I. Chombo, nicht einigen können, wem das Land zugute kommen soll. Boesch, N., Addendum to the land reform. Zudem waren letztendlich, wie die Regierung im April 2003 selbst äußerte, mehr als die angekündigten 5 Mio. ha Land enteignet worden, nämlich etwa 10,4 Mio. ha. Vgl. Numbers of resettled People inflated, in: The Zimbabwe Independent vom 25.04.2003.

[574] Vgl. Boesch, N., Addendum to the land reform.

[575] Auch die landwirtschaftliche Versorgung der eigenen Bevölkerung ist davon betroffen. Das Land hat keine Vorräte mehr an Grundnahrungsmitteln, woran u.a. das innenpolitische Chaos schuld ist. Zimbabwe muss mittlerweile Mais importieren, wofür jedoch meist die Devisen fehlen. Kommt es zur internationalen Nahrungsmittel-Nothilfe, wird befürchtet, dass die Regierung diese Hilfe in ihre Wahlpropaganda einbaut und sich dadurch einen Vorteil gegenüber der Oppositionspartei verschaffen wird. Schon bei der letzten Wahl wurde die Nahrungsmittelhilfe vom Besitz eines ZANU-Parteiausweises abhängig gemacht. Vgl. Afrika-Bulletin, von Februar/März 2002: Wohin steuert Zimbabwe?

Die Inflation steigt und zwei Drittel der Bevölkerung sind arbeitslos.[576] Dennoch geht das Vorgehen der zimbabwischen Regierung weiter und sie veröffentlichte am 01.12.2003 im *Herald* eine weitere *Land Acquisition Amendment Bill*. Mit dieser soll v.a. die Enteignungsabsicht (*preliminary notice*) nur noch durch öffentliche Bekanntgabe in der Regierungsgazette erfolgen - anstelle der persönlichen Mitteilung an den Betroffenen.[577] Zur Erleichterung der Enteignungen, die während des Jahres 2004 weitergingen,[578] soll auch die Verpflichtung zur Einhaltung der Enteignungskriterien des Landreformprogramms offiziell aufgehoben werden.[579] Sobald ein Paragraph 8 LAA-Bescheid ergangen ist, ist es den ehemaligen Eigentümern auch unter Strafe verwehrt, noch irgendwelche Gerätschaften oder Betriebsanlagen von ihrer Farm zu entfernen.

Im Juni 2004 verkündete der zuständige Landwirtschaftsminister, dass die Regierung alle bestehenden Eigentumstitel am produktiven Farmland für ungültig erkläre und dafür „*99-year leases*" ausgeben werde.[580] Mit einer weiteren Verschärfung des LAA vom September 2004 wurde v.a. die 30-tägige Frist zur theoretischen Einspruchsmöglichkeit gegen die Enteignungsankündigung auf lediglich fünf Tage verkürzt.[581]

Nach den von der ZANU-PF unter Druck und Gewalt gewonnen Parlamentswahlen Ende März 2005, wurde im Juli desselben Jahres eine erneute Änderung der Verfassung durch den Constitution of Zimbabwe Amendment (No. 17) Bill vollzogen. Dieser sieht vor, dass die Landenteignungen seit 2000 überhaupt nicht mehr gerichtlich angefochten werden können und der Eigentumstitel auf den Staat übergeht. Ein rechtliches Vorgehen gegen die Enteignung von Farmutensilien muß innerhalb von fünf Tagen erfolgen. Weitere Anordnung von Landenteignung sind an der Tagesordnung.[582]

C. ZUSAMMENFASSUNG

Nach Darstellung der stattgefundenen Ereignisse stellt sich die dringliche Frage, ob tatsächlich eine Reform im Sinne einer Verbesserung der Landverhältnisse stattgefunden hat. Die Kriegsveteranen haben sich enorm bereichert, Farmen geplündert und die Infrastruktur zerstört. Die Bewässerung auf den Farmen wurde in starke Mitleidenschaft gezogen. Selbst eine von der Regierung durchgeführte Revision wies auf eklatante Verstöße gegen die offiziellen

---

[576] Vgl. Der Spiegel, Nr. 46, 2003, S. 125. Während im Jahr 2000 12 Eier noch Z$36 gekostet haben, sind es im Jahr 2004 Z$ 7,500! Vgl. http://news.bbc.co.uk/1/hi/world/africa/3651656.stm; besucht am 19.09.2004.

[577] Eine solche Vereinfachung erachtet die Regierung als erforderlich, weil die Farmeigentümer sich oftmals nicht mehr auf ihrer Farm befinden und ihr neuer Aufenthaltsort schwierig auszumachen ist. Vgl. The Herald vom 01.12.2003.

[578] Vgl. The Harald, 07.04.2002. In diesem Rahmen hat die Regierung den Acquisition of Farm Equipment and Material Bill entworfen, mit dem der Minister of Special Affairs in the President's Office Responsible for Lands, Land Reform and Resettlement alle beweglichen Ausrüstungsgegenstände auf den zur Enteignung anstehenden Farmen – entweder durch Kauf oder wenn keine Einigung erzielt wird, durch Zwangsenteignung gegen Entschädigung in Höhe des entsprechenden Wertes, erwerben soll. Damit soll die absichtliche Zerstörung der Gerätschaften und Saatgüter durch die ehemaligen Eigentümer unter Strafe gestellt und verhindert werden. Vgl. JAG-PUBLIC RELATIONS COMMUNIQUÉ, vom 04.05.2004: FARM EQUIPMENT BILL GAZETTED in the HERALD vom 04.05.2004.

[579] Vgl. The Herald, 01.12.2003. Wie am 15.04.2004 im *Business Day/ South Africa* berichtet wurde, sind in der Folge beispielsweise von einer der größten Gemüse exportierenden Farm, deren mächtigster Kapitaleigner britischer Herkunft ist, mehr als 1500 Farmarbeiter inkl. ihrer Familien von Sicherheitsbeamten und bewaffneten Polizeieinheiten vertrieben worden – trotz einer *High Court* Anordnung von Richter Karwi zu Gunsten der Farmeigentümer vom Februar 2004. Dabei wurden Millionenschäden an Einrichtung und Equipment angerichtet. Vgl. Bericht über die Kondozi-Farm in Business Day/ South Africa vom 15.04.2004: Staff tossed off Zimbabwe Farm.

[580] „In the end all land shall be state land and there will be no such thing called private land," äußerte Landwirtschaftsminister Mkomo JAG PUBLIC RELATIONS COMMUNIQUÉ, vom 11.06.2004.

[581] JAG-COMMUNIQUÉ, vom 10.09.2004.

[582] JAG-COMMUNIQUE, vom 22.07.2005.

Richtlinien des Programms hin.[583] Viele leer gewordene Farmen wurden statt an bedürftige Landlose, an ZANU-PF-Funktionäre und ihnen nahestehende Persönlichkeiten des öffentlichen Lebens vergeben. Weiter wurde das von der Regierung propagierte Prinzip des *„one man, one farm“* verletzt.[584] Schließlich liegen viele der Farmen, die ursprünglich für Umsiedlungszwecke genutzt werden sollten, schon seit mehr als zwei Jahren brach.[585]
Nach einem Bericht der ICG von Juni 2002 gibt es seitens der ZANU-PF Regierung überhaupt keine Anzeichen, dass sie an einer fairen Lösung der Landreform interessiert ist. Vielmehr behauptet sie, dass ihr dies auch nicht möglich sei, da die Versprechungen, die im Rahmen des *Lancaster House* Abkommens getroffen worden waren, von den Geberländern nicht erfüllt worden seien.[586] Nach Ansicht der Opposition liegen die Probleme Zimbabwes auch tiefer, nämlich in den viel umfangreicheren Problemen der Einhaltung von Gesetzmäßigkeit und der Durchführung einer vernünftigen Wirtschaftspolitik.[587]
Auch nachdem die Regierung das *„Fast Track“ Program* für beendet erklärt hatte, gingen die Enteignungen, wie auch die gewaltsame Übernahme von Farmen ohne jegliche gesetzliche Grundlage mit illegalen Besetzungen, Diebstahl des beweglichen Eigentums, Unterbrechung der Produktion und Menschenrechtsverletzungen weiter.[588] Es sieht ganz danach aus, als habe die Regierung die Kontrolle über das Reformprogramm völlig verloren. Diese Entwicklungen haben ernsthafte Auswirkungen auf Zimbabwes Nahrungsmittelproduktion und Investitionsklima.[589] Nahrungs- und Benzinkrise verschlechtern sich;[590] die Inflation ist von etwa 444 % im August 2003 auf etwa 622 % im Februar 2004 gestiegen.[591]

Der Niedergang der Wirtschaft und der Nahrungsmittelproduktion hat Hoffnungslosigkeit unter den Menschen hervorgerufen. Die meisten weißen Farmer, die einst Farmen kauften, an denen die Regierung nicht interessiert war, mussten diese mittlerweile unter Zwang räumen. Eine Entschädigung dafür haben sie von der Regierung nicht erhal-

---

583 Vgl. Dzamara, I., Mugabe's missing 11m ha, in: The Zimbabwe Independent, 12.09.2003.

584 Afrika-Jahrbuch, 2002, S. 47; ICG Report: Zimbabwe: what next? S. 20. So ließen sich Mugabes Schwester Sabina, wie auch Informationsminister Jonathan Moyo gleich drei Farmen zuteilen. Durch drakonische Pressegesetze verbietet Letzterer, dass darüber berichtet werden kann. Vgl. Neudeck, R., Fette Katzen, S. 6; Auszug aus der Liste der illegal durch höherrangige Regierungsmitglieder und ZANU-PF- Offizielle erworbene Farmen, in: ZWNEWS, Land for the Zanu-PF ministers and not for the poor, vom 06.05.2003. Diese überschritten oft auch die zulässige Maximalgröße.

585 Government denies Existence of Land Audit Report, in: Sunday Mirror vom 02.04.2003.

586 Die Geberländer hatten mehrere Hundert Millionen U.S. $ für den landwirtschaftlichen Sektor vorgesehen, einschließlich technischer Hilfe. Die USA argumentiert, dass sie nie zugestanden habe, auch den Kauf von Land finanziell zu unterstützen. Großbritannien zog seine Unterstützung zurück, da die Gelder nicht in eine transparente Landreform geflossen sind. ICG report: Zimbabwe: what next? S. 21, Fn. 121.

587 Wie Umfragen der letzten Jahre ergeben haben, würden die meisten Zimbabwer eher einen guten Job als Ländereien bevorzugen. Dies spricht gegen die Propaganda der Politik, die Landverteilung als das wesentliche Hindernis für eine gutgehende Wirtschaft Zimbabwes zu deklarieren. ICG report: Zimbabwe: what next? S. 20.

588 Für etliche der verbleibenden etwa 650 weißen Farmer wurden im August 2003 weitere Enteignungen angekündigt. Vgl. Preliminary notice to compulsorily acquired land, in: The Herald, vom 08.08.2003. Von diesen arbeiten nur noch etwa 450 Farmer voll auf ihren Farmen. Vgl. The Daily News, vom 14.05.2003; BMZ-Länderstrategie Simbabwe, S. 7.

589 Während man immerhin 2001 noch etwa 20.000 t Sojabohnen selbst produzierte, musste im Jahr 2003 eine entsprechende Menge importiert werden. Vgl. Aussage von Doug Taylor-Freeme, Vizepräsident der CFU, zitiert in: The Daily News vom 14.05.2003. Der ehem. Präsident der deutsch-zimbabwischen Handelsvereinigung Werner Seidel macht die chaotische Landpolitik für Zimbabwes wirtschaftlichen Niedergang und das Ausbleiben der wichtigen ausländischen Investoren verantwortlich. Blessing, Z., German NGO servers ties with government, in: The Zimbabwe Independent, vom 12.09.2003. Problematisch ist dabei auch, dass viele der Neuangesiedelten keine Bauern sind, so dass sie mangels Wissen und Ausstattung nur 25 % ihre Flächen bewirtschaftet haben. BMZ-Länderstrategie, Simbabwe, S. 7.

590 The EIU, Country Report Zimbabwe, S. 3, 7.

591 ICG, A New Strategy, S. 2; The EIU, Country Report Zimbabwe, S. 11.

ten, auch nicht für die von ihnen getätigten Investitionen auf dem Land.[592] Die Farmen sind meist verwüstet, das Land liegt weitgehend brach.[593] Diejenigen, die nach der Unabhängigkeit auf Anregung von Präsident Mugabe in Zimbabwe investierten, wurden zu politischen Feinden des Regimes erklärt.[594]

Nur allmählich wird die Welt auf die Ereignisse in Zimbabwe aufmerksam. Aufgrund beschränkter Medienberichterstattung, aber auch wegen verfälschter und einseitiger Reportagen, fällt es oft nicht leicht, sich ein neutrales Bild von den tatsächlichen Ereignissen zu machen.[595] Insbesondere bei der Landverteilung ist es, aufgrund der chaotischen Zustände schwer, verlässliche Informationen zu erhalten.[596] Fest steht jedoch, dass die weiße Minderheit, die nach der Unabhängigkeit Zimbabwes von Präsident Mugabe offiziell - v.a. für ihren Beitrag zum wirtschaftlichen Aufschwung des Landes[597] - wertgeschätzt wurde, mittlerweile von ihm und seinem Regime terrorisiert und verfolgt wird.[598]

Die Argumente zur Radikalisierung des Enteignungsprozesses, wie das Ausbleiben der Gebergelder,[599] sind zwar zum Teil verständlich, können jedoch keinesfalls den gegenwärtigen Zustand von Recht- und Gesetzlosigkeit, sowie Willkür und Gewalt rechtfertigen. Der Eindruck verstärkt sich immer mehr, dass es der Regierung nicht - wie behauptet - um das Land, sondern um Stimmengewinn und Imageverbesserung geht.[600] Lovemore Madhuku, ein Rechtsprofessor an der University of Zimbabwe, stellt fest, dass Mugabe die Landangelegenheit „*as a permanent item on his agenda*" zumindest bis zum nächsten Jahr, in dem wieder Wahlen anstehen, als Entschuldigung nutzen wird, um mittels Menschenrechtsverletzungen seine Macht zu zementieren.[601]

---

592 Afrika-Jahrbuch, 2002, S. 457. Manche von ihnen glauben jedoch noch immer, dass sie ihre einzige Farm behalten dürfen, da sie dort einen sorgfältigen Anbau betreiben, zur Ausstattung der Infrastruktur für ihre Farmarbeiter beigetragen haben und diese auch sonst respektvoll behandeln. Vgl. Baud, G., Zimbabwe in der Krise, S. 3.

593 Vgl. JAG, Press Release to SADC Member States, UNDP and the diplomatic Community, 05.09.2003.

594 Vgl. JAG, Press Release to SADC Member States, UNDP and the diplomatic Community, 05.09.2003. Die Probleme begannen im Endeffekt im Jahre 2000, als Mugabe in seinem Referendum erstmals durch die quasi aus dem Nichts erschienene Opposition der MDC besiegt wurde. Um die Massen für sich zu gewinnen, wurden die Weißen in den regierungstreuen Medien als die Schuldigen der Regierungsfehler hingestellt. Vgl. Zimbabwe – Countdown, TV-Sendung vom 28.08.2003. Natürlich war die Regierung wütend auf die weißen Farmer, die immer mehr die MDC unterstützten. Zu einfach wäre jedoch der Rückschluss, dass die gegenwärtige Rechtlosigkeit in Zimbabwe, einschließlich der Landinvasionen, lediglich auf Mugabes Wunsch zurückzuführen sind, an der Macht zu bleiben. Vgl. Buckle, C., African Tears, S. xi. Zu beachten ist auch der extreme Druck, der von den Veteranen und Mugabes eigenen Parteimitgliedern ausgeht, das Landreformprogramm schneller und radikaler durchzuführen, sowie der finanzielle Druck, dem sich die Regierung ausgesetzt sah, nachdem sich die internationalen Geber und auch die internationalen Finanzinstitute aus ihrer Verantwortung zurückzogen. Vgl. Dashwood, H., Inequality, S. 211, 213, 215 f.

595 Als am 11.09.2003 der *Supreme Court* urteilte, dass die unabhängige Tageszeitung *The Daily News* aufgrund ihrer unterlassenen Registrierung unter den *Access to Information and Protection of Privacy Act* illegal publiziere, räumte eine bewaffnete ZANU-Einheit unmittelbar das Zeitungsbüro. Die Zeitung wurde sowohl gehindert gegen das Urteil vorzugehen, als auch die Registrierung zu beantragen. Mit Schließung der letzten unabhängigen Tageszeitung wird es beinahe unmöglich, noch unabhängige Berichte aus dem Lande und der Ereignisse vor Ort zu erhalten. Vgl. JAG-PR Communique: Bericht der Crisis in Zimbabwe Coalition, vom 19.09.2003.

596 Baud, G., Zimbabwe in der Krise, S. 3.

597 Vgl. Blankenburg, P., Land reform in southern Africa, S. 20.

598 Mit der Operation „*Clean Sweep*" will die Regierung auch alle noch verbliebenen weißen Farmer aus dem Land loswerden. Vgl. JAG, Conservation Communique, vom 05.09.2003.

599 Erschwernisse traten insbes. durch die urspr. fehlende Mithilfe der weißen Farmer, aber auch durch den finanziellen und radikalen Druck von den Geberländern und den zimbabwischen Interessengruppen auf. Vgl. Dashwood, H., Inequality, S. 213 ff.

600 Buckle, C., African Tears, S. 11 f. Auch für die schwarzen Farmarbeiter hat sich die Lage dramatisch verschlechtert. Wenn überhaupt auf den neubesiedelten Farmen landwirtschaftlicher Betrieb getätigt wird, so werden die schon bei den weißen Besitzern angestellten Farmarbeiter gar nicht oder nur zu etwa einem Drittel ihres früheren Lohnes bezahlt. JAG Communiqué, 09.02.2004: „*Farm Community Trust (FCT) director Godfrey Magaramombe said IRIN while the new farmers were offering Z$38,000 per month for a regularly employed farm worker, some white farmers had been paying Z$90,000.*"

601 „If he (Mugabe) stops the land grab there will be no justification or excuse for human rights abuses, especially against white farmers accused of supporting the opposition MDC…". JAG PUBLIC RELATIONS COMMUNIQUÉ, vom 22.04.2004.

Ein Ende der politischen Krise noch im Jahr 2004 war aufgrund der gescheiterten Verhandlungen zwischen ZANU-PF und MDC nicht mehr möglich, da Präsident Mugabe an seinem Posten als Vorsitzender weiterhin festhält.[602] Ein mögliches Szenario wäre, dass Mugabe aus altersbedingten oder gesundheitlichen Gründen zurücktreten muss und sich die ZANU-PF mangels Nachfolgerbenennung untereinander aufsplittert. Wahrscheinlicher scheint jedoch, dass der Kurs der ZANU-PF, nachdem Mugabe seinen Nachfolger - tendenziell seinen engen Verbündeten Emerson Mnangagwa - benannt hat, weitergeführt wird. Wie die Parlamentswahlen 2005 gezeigt haben, hat die ZANU-PF wieder „alles in ihrer Macht" stehende unternommen, um ihre Macht zu konsolidieren.

[602] ICG, A New Strategy, S. 1.

ZWEITER TEIL: EIGENTUMSSCHUTZ IM VÖLKERRECHT

Beim heutigen Stand der industriellen Entwicklung und v.a. im Blick auf die zukünftigen technischen Neuerungen, die einen immer größeren Aufwand an Kapital und technischem Wissen erfordern, sind die meisten Staaten nicht mehr in der Lage, sich selbst vollständig mit den erforderlichen Mitteln zu versorgen, so dass ausländischen Kapitalanlagen besondere Bedeutung zukommt. In großem Maße war dies auch bei den im Entstehen einer industriellen Struktur befindlichen Entwicklungsländern der Fall, die nicht nur der finanziellen Hilfe, sondern insbesondere der Unterstützung durch Fachkräfte und Unternehmen aus den Kapitalexportländern bedurften.

Private Investitionen erfolgen jedoch nur dann in dem gewünschten Umfang, wenn den privaten Unternehmen genügend Sicherheit für Existenz und Erträge ihrer ausländischen Anlagen im Rahmen eines günstigen Investitionsklimas geboten wird. Der zweite Teil dieser Arbeit konzentriert sich auf die Darstellung der verschiedenen rechtlichen Möglichkeiten zum Schutz der im Rahmen einer Direktinvestition eingebrachten und erworbenen Vermögenswerte. Dabei liegt das Augenmerk auf der spezifischen Situation einer Direktinvestition im Ausland, die im Vergleich zu den ausschließlich binnennationalen Investitionen um den Schutzbereich des Völkerrechts erweitert ist. Diese Auslandsinvestitionen unterliegen im Gaststaat gewissen Risiken bei deren Eintritts ein Vermögensnachteil für den Investor verbunden sein kann. Die Untersuchung bezieht sich dabei auf ausschließlich politische bzw. nicht-kommerzielle Risiken, die ihre Ursache in kriegerischen Auseinandersetzungen und hoheitlichen Eingriffen haben.[603]

Die Erörterung ist untergliedert in Rechtsschutzmöglichkeiten, die durch den direkten Schutz vor Eingriffen nach Völkergewohnheits- und Völkervertragsrecht gekennzeichnet sind, sowie den Schutzmöglichkeiten, die sich aus den menschenrechtlichen Konventionen ergeben. Verstaatlichungen und sonstige Eingriffe in private Vermögenswerte erfolgen in der Regel auf Grund gesetzgeberischer Erlasse. Diese Rechtsakte bestimmen, welche Werte in das Eigentum des Staates übergehen sollen, in welchem Verfahren dies zu geschehen hat und welche Entschädigung zu entrichten ist. Den betroffenen Personen sind in der Regel gewisse innerstaatliche Möglichkeiten zur Vertretung ihrer Ansprüche eingeräumt. So können sie bestreiten, dass ein bestimmter Gegenstand unter den entsprechenden Enteignungstatbestand fällt oder die Höhe der Entschädigung anfechten. Aufgrund der instabilen Verhältnisse im Beispielsland Zimbabwe soll auf die Einzelheiten der nationalen Gesetzgebung jedoch nicht eingegangen werden.[604]

Zur Frage steht auch, wie es internationalrechtlich zu beurteilen ist, wenn die ehemalige Kolonie Rhodesien nach Vollzug der „politischen" Dekolonisierung die anschließend erforderliche „wirtschaftliche", sogenannte „innere Dekolonisierung"[605] mit Enteignungen und Nationalisierungen zur Änderung der vorgefundenen Eigentumsverhältnisse vornimmt. Wie ist dabei eine Enteignung von Rechtspositionen, die während der Kolonialzeit von Ange-

---

[603] Daneben unterliegt ein Investor noch den Risiken im Falle von Naturereignissen und wirtschaftlichen Risiken, die aufgrund der Änderung der allg. wirtschaftlichen Bedingungen eintreten können, wie z.B. veränderte Rohstoffpreise oder Wechselkursschwankungen. Vgl. Rindler, H., Der Schutz, S. 9.

[604] Nur im Rahmen der Ausschöpfung des innerstaatlichen Rechtswegs wird diese kurz als Voraussetzung jeglichen internationalen Rechtschutzes dargestellt. Vgl. Teil 3, C. I. 2., S. 285 ff.

[605] Dölle, H., Internationalrechtliche Betrachtungen, S. 48. Vgl. 1. Teil, A. II. 3. e).

hörigen der früheren Kolonialmacht Großbritannien erworben worden waren, zu sehen? Können hierbei überhaupt die allgemeinen internationalrechtlichen Enteignungsgrundsätze uneingeschränkt Anwendung finden?[606]

A. ALLGEMEINE AUSSAGEN DES VÖLKERRECHTS ZUM EIGENTUMSSCHUTZ

I. Historische Entwicklung des geltenden Enteignungsvölkerrechts

1. Entwicklungen in der Vergangenheit

Zum Verständnis der heutigen Grundlagen des völkerrechtlichen Enteignungsrechts, scheint ein kurzer Überblick über dessen historische Entwicklung sinnvoll.[607] In der Antike schlossen die griechischen Staaten untereinander und mit anderen Mächten Verträge über den wechselseitigen Schutz ihrer Staatsangehörigen.[608] Auch die Römer gewährten Fremden einen gewissen Fremdenrechtsstandard, bei dem es sich jedoch stets um eine Privilegienverleihung im Einzelfall handelte und der einen speziellen Vertrag zwischen Rom und dem Fremden erforderlich machte.[609] Weitgehend war der Fremde im Altertum rechtlos und sein Vermögen ohne Schutz.

Im Mittelalter dagegen wurde seine Stellung immer mehr verbessert, insbesondere durch die Ausbildung des sogenannten Königsschutzes, der jedoch nicht vor dem staatlichen Zugriff auf das Vermögen des Ausländers schützte.[610] Mann legt dar, dass es etwa seit dem 13. Jahrhundert akzeptiert wurde, bei allen Enteignungen eine „*justa causa*" zu fordern.[611] Unter dem Einfluss Baldus' verlangte man einen „*pretium*" (Entschädigung/ Gegenwert) als weitere Bedingung.[612] Schließlich gab es ab dem 18. Jahrhundert einen allgemeinen Eigentumsschutz in den ersten wichtigen Urkunden, wie der *Virginia Bill of Rights von 1777*[613] und der *French Déclaration des Droits de l'Homme et du Citoyen* von 1789 und 1793.[614] Keiner der enteignenden Staaten bestritt die Verpflichtung, Entschädigung leisten zu müssen, wobei die zu zahlende Summe dem vollen und fairen Wert des enteigneten Gegenstandes entsprach.[615] Wenngleich auch die amerikanische und französische Staatenpraxis in der Beurteilung des Eigentumsschutzes als Menschenrecht uneinheitlich war, wurde nach seinerzeit geltendem Rechtsverständnis die entschädigungslose Enteignung zumindest als unzulässig erachtet.[616] Mit dem 17.-19. Jahrhundert kam es vermehrt zu Staatsverträgen, in

---

[606] Dölle, H., Internationalrechtliche Betrachtungen, S. 5.

[607] Zur Entwicklung und Geschichte der Auslandsinvestitionen vgl. unten 2. Teil, C. I.

[608] Dazu zählten zum einen die sog. Asylieverträge, die u.a. den Schutz des Fremden vor Wegnahme seines Eigentums sicherten. Vgl. Böckstiegel, K., Die allgemeinen Grundsätze, S. 4. Zum anderen gehörten dazu die sog. Isopolitieverträge, die den Fremden weiterreichende Bürgerrechte, wie Eigentumserwerb und Gewerbefreiheit garantierten. Vgl. Veith/ Böckstiegel, Der Schutz, S. 26.

[609] Zunächst versuchte man durch das Institut des *Hospitium*, bei dem der Fremde unter den persönlichen Schutz des römischen Gastgebers gestellt wurde, dann durch das *Hospitium Publicum* durch Vertrag zwischen dem Fremden und einer römischen Gemeinde und schließlich durch das *Commercium* eine vermögensrechtliche Schutzstellung des Fremden auf römischem Gebiet zu erreichen. Veith/ Böckstiegel, Der Schutz, S. 27.

[610] Böckstiegel, K., Die allgemeinen Grundsätze, S. 3 ff.; Veith/ Böckstiegel, Der Schutz, S. 27 ff.; Brandt, S., Eigentumsschutz, S. 37.

[611] Vgl. Mann, F., Outlines, S. 201.

[612] Mann, F., Outlines, S. 201; Weston/ Dawson, Prompt, adequate and effective, S. 729.

[613] 1791 wurde das „angeborene Recht" Eigentum zu besitzen - verankert im 5th *Amendment* der *American Bill of Rights* - der Verfassung von 1789 beigefügt. Es besagt, dass „*no-one shall be deprived of life, liberty and property without due process of law and that private property shall not be taken for public use without just compensation.*" Vgl. Banning, T., The Human Right to Property, S. 133.

[614] Dolzer, R, in: Bernhardt, R., EPIL, Vol. 2 (1995), S. 319; Ipsen, K., Völkerrecht, 4. Aufl., § 47 Rn. 13. Vgl. Art. XVII „Les propriétés étant un droit inviolable et sacré, nul ne peut en être privé, si ce n'est lorsque la nécessité publique, légalement constaté, l'exige évidemment, et sous la condition d'une juste et préable indemnité." Vgl. Banning, T., The Human Right to Property, S. 133.

[615] So auch die Note des britischen Premierministers Palmerston von 1946, vgl. bei Birke, W., Konfiskation, S. 48.

[616] Ipsen, K., Völkerrecht, 4. Aufl., § 47 Rn. 14. Vor allem die Amerikaner waren einer der stärksten Vertreter der klassischen Entschädigungsformel. Vgl. Jain, S., Nationalization, S. 25.

denen bestimmten Bevölkerungsgruppen – meist Kaufleuten – durch den Vertragspartner Schutz vor Eigentumsentziehungen gewährt wurde.[617] Diesen war gemein, dass sie zwar ausdrücklich nur die Konfiskation nach Kriegsausbruch für eine bestimmte Zeit verboten, indirekt ging man jedoch davon aus, dass in Friedenszeiten eine entschädigungslose Enteignung des fremden Privateigentums sowieso nicht gestattet war.[618] Insbesondere im 19. Jahrhundert bildete sich in der Staatenwelt ein Standard, der sich auf die Prinzipien des Fremdenrechts stützte.[619] Die „zivilisierten Staaten" verlangten bereits zu dieser Zeit von der Staatengemeinschaft die Einhaltung eines *international minimum standard of civilization*,[620] der in den nationalen Rechtsordnungen verankert sein sollte.[621] Dadurch genossen die Staatsangehörigen dieser Staaten untereinander einen deutlich besseren materiellen Schutz als die Angehörigen anderer Staaten. In anderen Teilen der Welt war es den „zivilisierten Staaten" möglich, durch ihre Kolonialpolitik ebenfalls einen hohen Schutzstandard für ihre Staatsangehörigen durchzusetzen.

Da die innerstaatlichen Rechtsordnungen der westlichen Länder über einen gleich hohen Eigentumsschutz verfügten, war es ausreichend, dass unter ihnen das Prinzip der Inländergleichbehandlung galt und somit ein Ausländer denselben Schutz wie ein Inländern erfuhr.[622] Danach stand es jedem Staat frei, ausländische Investoren in sein Hoheitsgebiet zuzulassen. Gewährte er ihnen allerdings den Zugang, so musste er anderen ausländischen Investoren die gleiche Behandlung zukommen lassen, d.h. auch deren Auslandsinvestitionen zulassen.[623] Davon war auch die Anerkennung einer rechtmäßig erworbenen Eigentumsposition erfasst. Mit der Erweiterung des Kapitalexports der reichen westlichen Länder stieg die Notwendigkeit, dass auch ihre Staatsangehörigen im Ausland in entsprechender Weise Behandlung finden würden. Mit der Existenz der sozialistischen Staaten und Entwicklungsländer, die von einer ganz anderen Eigentumskonzeption ausgingen, konnte die Inländergleichbehandlung jedenfalls nicht mehr als Standard für einen völkerrechtlichen Eigentumsschutz dienen, da auf Basis der nationalen Rechtsordnungen ein ausreichender Fremdenschutz nun nicht mehr zu gewährleisten war.[624] Dadurch stellte sich, insbesondere im internationalen Enteignungsrecht als einem der wichtigen Teile des internationalen Fremdenrechts, die Frage eines internationalen Standards im Sinne einer Minimalgarantie für Ausländer. Zu diesem Zeitpunkt begann die Auseinandersetzung zwischen der Lehre vom „internationalen Minimumstandard" und der aufkommenden Theorie von der „Inländergleichbehandlung", die das internationale Enteignungsrecht seit dem Beginn des 20. Jahrhunderts beschäftigte.

---

[617] Böckstiegel, K., Die allgemeinen Grundsätze, S. 5 f. Es fand sich auch bereits der Gedanke, dass ein Staat, der Ausländer in sein Staatsgebiet ließ, für deren Schutz verantwortlich sein sollte. Dolzer, R, in: Bernhardt, R., EPIL, Vol. 2 (1995), S. 319.

[618] Böckstiegel, K., Die allgemeinen Grundsätze, S. 8.

[619] Bader, T., Sicherungspotentiale, S. 50 f.; Dolzer, R., Eigentum, S. 14 ff.; Veith/ Böckstiegel, Der Schutz, S. 31 f.; Mann, F., Outlines, S. 188 ff.; Ipsen, K., Völkerrecht, 4. Aufl., § 47 Rn. 14. Zum Fremdenrecht vgl. Doehring, K., Die allgemeinen Regeln, S. 35 ff.

[620] Verwey/ Shrjiver, The Taking of Foreign Property, S. 7. Ein Unterschreiten dieses Mindestschutzes begründete einen völkerrechtlichen Verstoß.

[621] Das *Minimum Standard* - Konzept verneinte die Lehre der Calvo-Doktrin, nach der den Fremden nur solche Rechte zustehen sollten, die auch den eigenen Staatsbürgern zuerkannt wurden. Vagts, D., Minimum Standard, S. 408.

[622] Insofern wurde ein völkergewohnheitsrechtlichen Eigentumsschutz, welcher den Anforderungen einer Inländergleichbehandlung entsprach, eindeutig anerkannt. Stellvertretend seien hier die Haager Konventionen erwähnt, die in Art. 46 (2) der Anlagen der Haager Konvention II von 1899 und Haager Konvention IV von 1907 bestimmen, dass privates Eigentum nicht konfisziert werden darf. Dolzer, R., Eigentum, S. 15; Notter, M., Völkerrechtlicher Investitionsschutz, S. 25.

[623] Notter, M., Völkerrechtlicher Investitionsschutz, S. 24.

[624] Dolzer, R., Eigentum, S. 170; Hartmann, G., Nationalisierung, S. 119. Inzwischen ist dieser Minimumstandard auch deshalb kein Kriterium bei der Behandlung von fremden Staatsangehörigen mehr, da die meisten Privilegien, die ihnen gewährt wurden, sowieso in den völkerrechtlich anerkannten Menschenrechtkonventionen konstituiert sind.

a) Lehre vom internationalen Minimumstandard

Von den Industrienationen wurde vertreten, dass ein Staat nur dann völkerrechtsgemäß handele, wenn er bestimmte rechtliche Mindestanforderungen, den sogenannten internationalen Minimumstandard, einhalte.[625] Danach ist dem Ausländer ein Minimum an persönlichen, wirtschaftlichen und prozessualen Rechten zu gewähren, unter Umständen sogar ein Mehr an Rechten als einem Inländer, falls dessen Behandlung den internationalen Standard nicht erreicht.[626] So bestehe auch dann eine Pflicht zur Entschädigung enteigneter Ausländer, wenn die Inländer keine solche erhalten haben.[627]

Anhand einer Vielzahl von (Schieds-)Gerichtsentscheidungen wird deutlich, dass dieser internationale Minimumstandard, trotz der auftretenden Ansicht vornehmlich der lateinamerikanischen Staaten, allgemein anerkannt wurde.[628] Eine Enteignung war danach nur unter den Voraussetzungen zulässig, dass sie im öffentlichen Interesse stattfand, nicht diskriminierend war und von einer Entschädigung begleitet wurde. Hinsichtlich der Höhe der Entschädigung beriefen sich die westlichen Staaten auf eine Note des US-amerikanischen Außenministers Cordell Hull von 1938 und forderten eine sofortige, angemessene und effektive Entschädigung.[629] Bis 1945 repräsentierte der sogenannte Hull-Standard, hinter dem sich die Lehre vom internationalen Minimumstandard verbirgt, aufgrund des machtpolitischen Übergewichts der Industriestaaten den Stand des Völkergewohnheitsrechts.[630] Während für die Rechtslage des 19. Jahrhunderts der internationale Minimumstandard, auch wenn er stets wenig konkret und schwierig auf alle Situationen anzuwenden war,[631] als völkerrechtliche Regel zutreffend war, konnte dies für die zweite Hälfte des 20. Jahrhunderts aufgrund der unterschiedlichen nationalen Rechtsordnungen gerade im Bezug auf den Entschädigungsstandard nicht mehr bejaht werden.

b) Lehre von der Inländergleichbehandlung

Da die Einhaltung eines internationalen Minimumstandards insbesondere in weniger entwickelten Ländern eine Privilegierung der Ausländer gegenüber den Inländern bedeuten konnte, wurde v.a. in Lateinamerika vertreten, dass den ausländischen Staatsangehörigen höchstens ein Anspruch auf Inländergleichbehandlung zukommen könnte.[632] In einem Notenwechsel zwischen der mexikanischen Regierung und den Vereinigten

---

[625] Diese Pflicht beruht auf dem Gedanken, dass die Staaten untereinander dazu verpflichtet sind, die Menschenwürde in der Person eines Fremden zu wahren. Somit bilde das innerstaatliche Recht nicht den letzten Maßstab. Ausschlaggebend seien vielmehr die Normen, die aus diesem internationalen Mindeststandard herausgearbeitet würden. Verdross/ Simma, Universelles Völkerrecht, § 1213 f.

[626] Seidl-Hohenveldern, I., Alien, Property, S. 117.

[627] Dennoch vertrat früher v.a. auch die USA die sog. Doktrin vom „*National Treatment*" von 1889/ 90, die besagte, dass von einem Staat lediglich verlangt werden könnte, die Ausländer wie seine eigenen Staatsangehörigen zu behandeln. Vgl. Böckstiegel, K., Die allgemeinen Grundsätze, S. 76.

[628] Notter, M., Völkerrechtlicher Investitionsschutz, S. 26; Roth, A., The Minimum Standard, S. 86 ff.; Chorzów-Fall, in: PCIJ Series A Nr. 17, S. 47.

[629] Vgl. unten 3. Teil, A. III. 3. c) aa). Zum umstrittenen Inhalt des Mindeststandards Müller/ Wildhaber, Praxis des Völkerrechts, S. 519.

[630] Vgl. bei Oschmann, F., Calvo-Doktrin, S. 65; Schäfer, M., Entschädigungsstandard, S. 42; Dolzer, R., New Foundations, S. 558; Norton, P., A law of the future, S. 477 f.

[631] Jain, S., Nationalization, S. 119.

[632] Vgl. bei Vagts, D., Minimum Standard, S. 409. Calvo bestritt daher Ende des 19. Jahrhunderts die Existenz einer völkerrechtlichen Verpflichtung, Ausländern einen materiellen Mindestschutz zu gewähren. Stattdessen forderte er nur die Inländergleichbehandlung, d.h. die Ausländer sollten den eigenen Staatsangehörigen gleichgestellt und ihnen lediglich die innerstaatlichen Rechtsmittel zur Verfügung gegeben werden, sog.

Staaten anlässlich einer Agrarreform, brachte Mexiko erstmals Einwände gegen den Minimumstandard offen zur Sprache. Es fehlte zunächst jedoch noch an einem gemeinsamen Protest der Entwicklungsländer, die sich die Gewährung eines Fremdenschutzes, der dem Standard der westlichen Nationen entsprach, nicht leisten konnten. Mit der Gründung der Vereinten Nationen als globale Bühne, traten sie aber einheitlich mit der Forderung des Prinzips der Inländergleichbehandlung nach der sogenannte Calvo-Doktrin auf. Während man noch bis zum Jahre 1962 einen Konsens zwischen den divergierenden Ansichten erreichen konnte, strebten die wirtschaftlich schwächeren und gerade unabhängig gewordenen Staaten, die schon bald über eine deutliche Mehrheit in der Generalversammlung verfügten, ab diesem Zeitpunkt nach einer neuen Weltwirtschaftsordnung.

2. Debatte über eine neue internationale Wirtschaftsordnung: Die Seoul- Erklärung der *International Law Association* (ILA) vom 29./30.08.1986

Die Anregungen über die Herstellung einer neuen internationalen Wirtschaftsordnung (*new international economic order*, NIEO)[633] und der damit verbundene Nord-Süd Dialog können bis auf die erste Handels- und Entwicklungstagung der Vereinten Nationen (*United Nations Conference on Trade and Development*, UNCTAD-Konferenz) von 1964 zurück verfolgt werden.[634] Die Hauptforderung der neuen NIEO waren die Herstellung der permanenten Souveränität über die natürlichen Ressourcen, ein erleichterter Technologietransfer und die bessere Kontrolle der Tätigkeit multinationaler Unternehmen.[635]

Mit dem NIEO Dokument wurden die ersten Versuche unternommen, die nationale Souveränität der unabhängigen Staaten zu schützen, indem man den Vorrang des öffentlichen Eigentums gegenüber dem privaten (und oft ausländischen) Kapital garantierte.[636] Dabei entbrannte eine Kontroverse über das internationale Recht auf Enteignung von fremdem Eigentum[637] und die Haltung gegenüber Auslandsinvestitionen wurde restriktiver, um die ausländische Kontrolle der heimischen Wirtschaft zu verhindern.[638] Aus dieser geschlossenen Gruppe der Entwicklungsländer war die „Gruppe der 77" entstanden,[639] der es durch gemeinsames Agieren möglich war, einige Deklarationen trotz

---

Calvo-Doktrin. Vgl. bei Oschmann, F., Calvo-Doktrin, insbesondere S. 29 ff. Vgl. unten 2. Teil, A. III. 3. c) bb). Damit hätten die Ausländer kein Recht auf eine bessere Behandlung als Staatsangehörige, dürften jedoch auch nicht schlechter als diese behandelt werden.

633 Vgl. *Declaration on the Establishment of a New International Economic Order*, General Assembly, Res. 3201 (S-VI), vom 01.05.1974, in: ILM, Vol. 13, 1974, S. 715-719. Diese löste die alte Weltwirtschaftsordnung ab, die auf die Konferenz von Bretton-Woods (1944), Genf (1947) und Havanna (1948) zurückging. Notter, M., Völkerrechtlicher Investitionsschutz, S. 16.

634 Vgl. Jain, S., Nationalization, S. 9; Vitzthum/ Vitzthum, Völkerrecht, S. 516; Rozental, A., The Charter of Economic Rights, S. 310. Im Rahmen dieser Verhandlungen empfahl v.a. die Brandt Kommission eine größere Rolle der Entwicklungsländer im Wirtschaftsprozess und dem Management internationaler Einrichtungen, wie der *International Bank for Reconstruction and Development* (IBRD) und dem *International Monetary Fund* (IMF). Howard, R., Human Rights, S. 81.

635 Vgl. § 57 des *Draft Code of Conduct of Transnational Corporations* von 1987/ 1988; Ebenroth/ Bader, Wirksame Staatenbindung, S. 662 und ausführlich zum Programm der NIEO Kaltenborn, M., Entwicklungsvölkerrecht, S. 37 ff.; Odendahl, G., Das Recht auf Entwicklung, S. 89 ff.; García-Amador, F., The Proposed NIEO, S. 2 ff.

636 Howard, R., Human Rights, S. 79; García-Amador, F., The Proposed NIEO, S. 10 ff. Als Ausdruck der wirtschaftlichen Selbstbestimmung legten die gerade unabhängig gewordenen Staaten der Dritten Welt großen Wert darauf, sich ihrer nationalen Regelungskompetenz und der fortwährenden Souveränität ihrer natürlichen Ressourcen zu versichern, die jedoch zumeist mit Konzessionen der westlichen Kolonialmächte belastet waren. Dazu versuchten sie, sich der meist ungerechten Verpflichtungen aus den Kolonialtagen durch Enteignungen der kolonialen Investitionen zu entledigen.

637 Jain, S., Nationalization, S. 14, 17.

638 Zagel, G., Auslandsinvestitionen in Lateinamerika, S. 23.

639 Petersmann, E., Die Dritte Welt, S. 496 ff., 522 ff.

des Widerstands der Industrienationen durchzusetzen.[640] Im Vordergrund stand für jeden Staat das Recht, sein Wirtschafts-, politisches, soziales und kulturelles System ohne Einmischung von außen zu wählen und am Welthandel teilzunehmen.[641] Die neue Weltwirtschaftsordnung als Verfassung der neuen Weltwirtschaft scheiterte aber an der Konturlosigkeit des Konzepts und der zunehmenden Uneinigkeit der Entwicklungsländer.[642] Die Konfrontationsphase ging Mitte der 80er Jahre aufgrund der Entideologierung in einen Nord-Süd-Dialog über, in dessen Rahmen es v.a. zum Abschluss der Lomé-Abkommen kam.[643]

Die Entwicklungsländer wurden sich der Notwendigkeit von ausländischen Direktinvestitionen für ihre Wirtschaft bewusst.[644] Mit der Seoul-Erklärung der *International Law Association* (ILA) vom 29./ 30.08.1986 über die fortschreitende Entwicklung der Völkerrechtsprinzipien in einer neuen Weltwirtschaftsordnung,[645] konnte erstmals seit der kontroversen Verabschiedung der Charta von 1974[646] eine Übereinstimmung zwischen den westlichen Industriestaaten und den weniger entwickelten Ländern bezüglich ihrer Wirtschaftssouveränität, v.a. aber über die Grenzen dieser Souveränität, gefunden werden.[647] Durch eine Liberalisierung der nationalen Investitionsgesetze und den zunehmenden Abschluss zwischenstaatlicher Verträge konnte das Investitionsklima, d.h. die politischen, wirtschaftlichen und rechtlichen Gegebenheiten im Gaststaat, ab Ende der 80er Jahre verbessert und ein Anstieg der ausländischen Direktinvestitionen verzeichnet werden.[648] Eine vollständige Umsetzung der NIEO in die Staatenpraxis unterblieb jedoch.[649]

II. Der Standard des Eigentumsschutzes im Völkerrecht

Die völkerrechtlichen Enteignungsgrundsätze und v.a. die Frage des Enteignungsstandards gaben lange Zeit viel Zündstoff für Diskussionen.[650] Daher kam es immer wieder zu Versuchen, die völkerrechtlichen Eigentumsschutznormen zu kodifizieren.[651] Im Bereich des Investitionsschutzes gegen politische Risiken kommt dem Völkergewohnheitsrecht[652] eine Auffangfunktion zu, die dann relevant wird, wenn sich ein Gaststaat nicht freiwillig auf völ-

---

640 Einen Versuch zur Reformierung der Weltwirtschaftsordnung unternahm die UNO mit der „Erklärung über die Schaffung einer neuen internationalen Weltwirtschaftsordnung" und mit der „Charta der wirtschaftlichen Rechte und Pflichten" beide von 1974. Vgl. unten 2. Teil, A. III. 3 c) cc) bbb). Notter, M., Völkerrechtlicher Investitionsschutz, S. 18; Salow, J., Bundesgarantien, S. 16 f. Zu den weiteren Versuchen, wie der Lima-Erklärung von 1975, Generalversammlungen der VN und UNCTAD-Entschließungen vgl. Odendahl, G., Das Recht auf Entwicklung, S. 104 ff.

641 Zwar wurden die Industrieländer zu Investitionen in den Entwicklungsländern aufgefordert, multinationale Konzerne sollten jedoch unter Kontrolle der Gaststaaten gestellt werden. Salow, J., Bundesgarantien, S. 18 f.

642 Tomuschat, C., Die Charta, S. 490.

643 Vgl. unten 2. Teil, D. IV. 3.

644 Salow, J., Bundesgarantien, S. 20 f.; Shihata, I., Factors, S. 676. Beeinflusst wurde dieser Effekt besonders durch den Verfall der Rohstoffpreise durch die Weltwirtschaftskrise in den 70er Jahren. Vgl. Zagel, G., Auslandsinvestitionen in Lateinamerika, S. 23.

645 Vgl. ausführlich Schütz, R., Solidarität im Wirtschaftsvölkerrecht, S. 97 ff.

646 Vgl. unten 2. Teil, A. III. 3. c) cc) bbb).

647 Bippus, B., Internationalrechtlicher Schutz, S. 29.

648 Zagel, G., Auslandsinvestitionen in Lateinamerika, S. 23, 33. Vgl. die sog. *Consensus Period*, benannt nach dem Washingtoner Konsensus zwischen Weltbank, IMF und ihren Mitgliedern über die Tatsache, dass das Eigentum zu schützen sei. Vgl. Banning, T., The Human Right to Property, S. 160.

649 Odendahl, G., Das Recht auf Entwicklung, S. 87; Kaltenborn, M., Entwicklungsvölkerrecht, S. 53.

650 Schachter, O., Compensation for Expropriation, S. 121.

651 Von den Entwicklungsländern ging speziell die Bemühung aus, einen „Afrikanischen Kodex für Privatinvestitionen" zu schaffen. Vgl. De Lattre, Die Industrialisierung, S. 569.

652 Unter Völkergewohnheitsrecht fallen diejenigen Verhaltensregeln von Völkerrechtssubjekten, die von einer gewissen Dauer und zugleich Ausdruck einer bestimmten Rechtsüberzeugung sind. Durch diese Überzeugung von einer Rechtspflicht grenzt sich das Völkergewohnheitsrecht zur bloßen völkerrechtlichen Übung und Völkerrechtssitte ab. Vgl. Seidl-Hohenveldern, I., Völkerrecht, S. 99.

kerrechtlich verbindliche Weise verpflichtet hat, bestimmte Eingriffe in die Rechte ausländischer Direktinvestoren zu unterlassen. Dies ist dann der Fall, wenn der Gaststaat weder einen bilateralen oder multilateralen Investitionsschutzvertrag mit dem Heimatstaat des Investors abgeschlossen hat, noch ein Investitionsvertrag zwischen dem Investor und dem Gaststaat (sogenannter Staat-Investor-Vertrag) besteht. Bei Existenz solcher Verträge gehen diese als *leges speciales* dem Völkergewohnheitsrecht vor. Unabhängig von einer vertraglichen Regelung werden folgende Grundsätze heute von einer überwiegenden Rechtsauffassung getragen: Grundsätzlich sind Enteignungen, wie auch Nationalisierungen von ausländischem Vermögen, welches sich im Hoheitsbereich des enteignenden Staates befindet, aufgrund der Souveränität der Staaten zulässig und wirksam.[653] Bei einer Enteignungsmaßnahme müssen jedoch bestimmte Schutzgrundsätze[654] beachtet werden, deren Nichteinhaltung ein internationales Delikt darstellt.[655] Da die Voraussetzungen der Eingriffe noch immer umstritten sind, erscheint es notwendig, zuerst den Inhalt des völkerrechtlichen Eigentumsbegriffs zu untersuchen und im Anschluss die verschiedenen Eigentumseingriffe voneinander abzugrenzen.

1. Der Begriff des Eigentums im geltenden Völkerrecht

a) Der völkerrechtliche Eigentumsbegriff

Eine völlig einheitliche Definition des Eigentumsbegriffs herrscht im Völkerrecht nicht vor.[656] Zum Teil wird vertreten, dass der Begriff mit dem der „wohlerworbenen Rechte"[657] identisch sei und sich daher aus der jeweils maßgeblichen nationalen Rechtsordnung ergebe.[658] So müsse ein Staat die Rechte Dritter und damit auch die Eigentumsposition fremder Staatsangehöriger respektieren, wenn sie zu Recht nach dem geltenden nationalen Recht erworben wurde. Dabei ist jedoch problematisch, dass die Bestimmung dieser wohlerworbenen Rechte ebenso unbestimmt ist, wie diejenige des Eigentums, so dass der Begriff in der neueren Literatur abgelehnt wird.[659] Vor allen Dingen lässt sich gegen diese Ansicht anführen, dass eine Begriffsbestimmung nach den unterschiedlichen nationalen Rechtsordnungen mangels einheitlicher Übung nicht zu Völkergewohnheitsrecht i.S.d. Art. 38 (1) (b) IGH-Statut führen würde.[660]

Von anderen Völkerrechtlern wird eine positive Abgrenzung des völkerrechtlichen Eigentumsschutzes über eine enumerative Aufzählung vorgenommen.[661] Fraglich bleibt dabei jedoch, woraus sich die diesbezüglichen Merkmale ergeben sollen. Da somit der völkerrechtliche Eigentumsbegriff weder in einer bestimmten nationalen Rechtsord-

---

[653] Vgl. unten 2. Teil, A. II. 2.

[654] Diese Eigentumsschutzprinzipien stellen jedoch Generalklauseln dar, die eine wertende Subsumption erfordern und bei denen nicht von festen Regeln ausgegangen werden kann. Dölle, H., Internationalrechtliche Betrachtungen, S. 52; Seidl-Hohenveldern, I., Eigentumsschutz durch Resolutionen, S. 193 ff.

[655] Als solches führt es zu den hierfür vorgesehenen zwischenstaatlichen Sanktionen, insbes. wird eine Schadensersatzpflicht gegenüber dem Heimatstaat des betroffenen Ausländers ausgelöst. Vgl. Mann, F., Völkerrechtswidrige Enteignungen, S. 705 f., 708; Doehring, K., Die allgemeinen Regeln, S. 159 f.

[656] Kreutzfeld, J., Investitionsschutz, S. 58; vgl. die Verweise bei Dolzer, R., Eigentum, S. 148, Fn. 21; Banz, M., Völkerrechtlicher Eigentumsschutz, S. 136.

[657] Vgl. dazu Böckstiegel, K., Die allgemeinen Grundsätze, S. 60 ff.

[658] Ammann, U., Der Schutz, S. 26; Schäfer, M., Entschädigungsstandard, S. 43 ff.; Böckstiegel, K., Der Staat, S. 165; Mosler, H., Wirtschaftskonzessionen, S. 92; McNair, Q., The General principles of law, S. 16 ff.

[659] Ammann, U., Der Schutz, S. 33 ff.; Hartmann, G., Nationalisierung, S. 119 ff.

[660] Ipsen, K., Völkerrecht, § 16, Rn. 33, S. 191.

[661] Banz, M., Völkerrechtlicher Eigentumsschutz, S. 136 unter Hinweis auf Dolzer, R., Eigentum, S. 148 ff.

nung, noch im völkerrechtlichen Gewohnheitsrecht zu finden ist, muss seine Festlegung anhand der von den Staaten anerkannten allgemeinen Rechtsgrundsätze gemäß Art. 38 (1) (c) IGH-Statut erfolgen.[662] Daraus folgt, dass die nationalen Eigentumsordnungen, soweit sie Übereinstimmung aufweisen, als allgemeine Rechtsgrundsätze zur Ausfüllung des völkerrechtlichen Eigentumsbegriffs heranzuziehen sind.[663] Auch wenn der Begriff damit nicht abschließend im Detail geklärt ist, ist bei einem Vergleich der Grundsätze nationaler Rechtsordnungen davon auszugehen, dass der völkerrechtliche Eigentumsbegriff sämtliche vermögenswerten Interessen Privater umfasst, die üblicherweise auch in allen hochentwickelten nationalen Rechtsordnungen geschützt werden.[664] Naturgemäß hat der Begriff des völkerrechtlichen Eigentums das Eigentum im engen sachenrechtlichen Sinne zum Gegenstand, das eine natürliche oder juristische Privatperson erwerben kann, d.h. bewegliche und unbewegliche Sachen.[665] Umfasst sind ebenfalls andere dingliche Rechte, allen voran vertragliche Rechtspositionen, die aus Konzessionen, Käufen und Darlehen entstehen,[666] aber auch vermögenswerte obligatorische Privatrechte,[667] sowie die aus Konzessionen entstehenden Rechte eines Begünstigten.[668] Weiterhin zählen zum Eigentum das Recht am eingerichteten und ausgeübten Gewerbebetrieb,[669] Beteiligungen an Gesellschaften[670] und Immaterialgüterrechte.[671] Eine Verpflichtung des Staates zur Respektierung dieser Rechte ergibt sich jedoch erst dann, wenn diese Rechte vom Einzelnen erworben wurden.[672]

b) Chancen und *Goodwill*

Inzwischen zählt auch der „*Goodwill*" zu den vermögensrechtlichen Positionen.[673] Da jedoch Chancen, Erwartungen und Hoffnungen auch nicht in den nationalen Rechtsordnungen unter den Eigentumsschutz fallen und keine rechtliche Manifestation aufweisen können, werden sie nicht vom völkerrechtlichen Eigentumsbegriff umfasst.[674] In einem Fall des *U.S. Iran Claims Tribunal* nahm dieses jedoch neben dem Nettobuchwert des Vermögens auch Elemente wie den *Goodwill* und wahrscheinliche zukünftige Profite in die Berechnung mit auf.[675] Grundsätzlich soll diese Ausnahme greifen, wenn die Realisierung der Ertragschance so unmittelbar bevorsteht, dass sie bereits im Stande ist, den Marktwert des betreffenden Eigentumsgegenstandes zu erhöhen.[676]

---

[662] Im Ergebnis auch Danwitz/ Depenheuer/ Engel, Bericht zur Lage, S. 282.
[663] Es gilt somit das gemeinsame Minimum über das allg. Übereinstimmung besteht. Dolzer, R., Eigentum, S. 150 ff., 166 f.
[664] Brandt, S., Eigentumsschutz, S. 104 f. Vgl. zum Eigentumsumfang Dolzer, R., Eigentum, S. 153 ff., 170; Polter, Auslandsenteignungen, S. 28; Stoll, J., Vereinbarungen, S. 97 m.w.N.
[665] Herdegen, M., Internationales Wirtschaftsrecht, S. 220, § 17 Rn. 5; Banz, M., Völkerrechtlicher Eigentumsschutz, S. 136.
[666] Vgl. Schäfer, M., Entschädigungsstandard, S. 33; Veith/ Böckstiegel, Der Schutz, S. 203; Herz, J., Expropriation, S. 244 ff.; Dolzer, R., Eigentum, S. 171 ff.
[667] Veith/ Böckstiegel, Der Schutz, S. 50; *International Arbitral Awards of Östen Unden*, in: AJIL, Vol. 28, 1934, S. 766 ff.
[668] Böckstiegel, K., Die allgemeinen Grundsätze, S. 30 f.; Stoll, J., Vereinbarungen, S. 97.
[669] Banz, M., Völkerrechtlicher Eigentumsschutz, S. 137 m.w.N. in Fn. 838.
[670] Verdross/ Simma, Universelles Völkerrecht, § 1218; Rindler, H., Der Schutz, S. 149.
[671] Seidl-Hohenveldern, I., Internationales Konfiskations- und Enteignungsrecht, S. 99 ff.
[672] Dabei enthalten etwa die AEMR in Art. 17 oder die *American Declaration of the Rights and Duties of Man* von März 1958 in Bogota auch eine Garantie des Erwerbs von Eigentumsrechten. Böckstiegel, K., Die allgemeinen Grundsätze, S. 67 f.
[673] Brandt, S., Eigentumsschutz, S. 105; Dolzer, R., Eigentum, S. 181 ff.
[674] Dolzer, R., Eigentum, S. 184; Bergmann, H., völkerrechtliche Entschädigung, S. 114 f.; Brandt, S., Eigentumsschutz, S. 106.
[675] *American International Group*, in: ILM, Vol. 23, 1984, S. 11. Ähnliche Bewertungsmethoden wurden vom Schiedsgericht im Aminoil-Fall angewandt, in: ILM, Vol. 21, 1982, S. 976 ff.
[676] Dolzer, R., Eigentum, S. 184.

c) Ausländische Privatinvestitionen

Was für den Eigentumsbegriff im allgemeinen gilt, trifft auch auf den Begriff der Investition zu.[677] Da eine begriffliche Differenzierung nur dann sinnvoll erscheint, wenn daran auch bestimmte unterschiedliche Rechtsfolgen geknüpft werden würden, werden hier beide synonym behandelt. Auch private Auslandsinvestitionen fallen unter den Begriff des Eigentums und seinen Schutzumfang. Als private Investitionen werden alle Investitionen bezeichnet, die weder von der öffentlichen Hand noch von internationalen Organisationen getätigt werden. Dabei handelt es sich um langfristige Kapitalanlagen von Privatpersonen oder privaten Unternehmen,[678] die entweder als Direkt- oder Portofolioinvestitionen getätigt werden.[679] Die staatenrechtliche Zuordnung wird bei natürlichen Personen nach der Staatsangehörigkeit, die sich nach der innerstaatlichen Gesetzgebung richtet, bestimmt.[680]

2. Recht des Enteignungsstaates zur autonomen Gestaltung seiner Wirtschaftsordnung

a) Grundsatz der Zulässigkeit einer Enteignung

Einigkeit besteht mittlerweile – die Lehre von der Völkerrechtswidrigkeit ist spätestens seit dem Zweiten Weltkrieg überholt[681] - über den völkerrechtlichen Grundsatz, dass es in der Macht eines jeden Staates steht, das Vermögen von Privatpersonen zu enteignen und zu verstaatlichen, unabhängig davon, welcher Art das enteignete Vermögen ist und ob es einer natürlichen oder juristischen Person, einem Inländer oder einem Ausländer gehört.[682] Das allgemeine Völkerrecht hat niemals eine absolute Verpflichtung aufgestellt, keine Enteignungsmaßnahmen gegenüber ausländischem Vermögen vorzunehmen:[683] Art. 17 (2) AEMR hat keine Bindungswirkung, Art. 10 SVN gewährleistet kein Recht auf Eigentum. Auch aus Art. 1 des ZP zur EMRK folgt, dass es kein menschenrechtliches Enteignungsverbot gibt.[684] Argumentiert wird dabei mit der Gebietes- und Personalhoheit des enteignenden Staates, dem sogenannten Territorialitätsprinzip,[685] welches dem Staat eine generelle Berechtigung zugesteht, über die auf seinem Gebiet gelegenen Vermögensobjekte zu verfügen.[686]

---

[677] Notter, M., Völkerrechtlicher Investitionsschutz, S. 34. Im angelsächsischen Rechtskreis wird der Investitionsbegriff sogar mit demjenigen des Eigentums gleichgesetzt. Schwarzenberger, G., Foreign Investment, S. 17.

[678] Patzina, R., Rechtlicher Schutz, S. 11; Zagel, G., Auslandsinvestitionen in Lateinamerika, S. 16.

[679] Vgl. unten 2. Teil, C. I.

[680] Palm, U., Zur rechtlichen und wirtschaftlichen Bewältigung, S. 35 f. Zur Zuordnung bei juristischen Personen vgl. unten 2. Teil, C. IV. 3. b) bb).

[681] Damals bestand die Tendenz den Beweggrund für eine Vermögensentziehung als Maßstab für die Völkerrechtswidrigkeit einzustufen. Birke, W., Konfiskation, S. 197 ff.

[682] Seidl-Hohenveldern/ Stein, Völkerrecht, Rn. 1308; White, G., Nationalisation, S. 4, 35 ff., Hyde, J., Permanent Sovereignty, S. 862; Aréchaga de, E., State Responsibility, S. 179; Ammann, U., Der Schutz, S. 37.

[683] Nova de, R., Völkerrechtliche Betrachtungen, S. 122 f.

[684] Vitzthum/ Dolzer, R., Völkerrecht, S. 494; Seidl-Hohenveldern, I., Alien, Property, S. 118. Wie sich schon aus Art. 17 (2) AEMR ergibt, ist nur die willkürliche Vermögensentziehung verboten. Vgl. Dahm, G., Völkerrecht, 1958, Bd. I, S. 513. Schließlich besagt die *Charter of Economic Rights and Duties* vom 12.12.1974, dass jeder Staat das Recht hat: „*To nationalize, expropriate or transfer ownership of foreign property, in which case appropriate compensation should be paid by the State adopting such measures, taking into account its relevant laws and regulations and all circumstances that the State considers pertinent. In any case where the question of compensation gives rise to a controversy, it shall be settled under the domestic law of the nationalizing State and by its tribunals, unless [otherwise agreed]*, Art. 2 (2) (c). Auch Seidl-Hohenveldern, I., Alien, Property, S. 116.

[685] Vgl. dazu Seidl-Hohenveldern/ Stein, Völkerrecht, Rn. 1510 ff.; Strupp/ Schlochauer, Wörterbuch, Stichwort „Souveränität", S. 278 ff. Zum gleichen Ergebnis kommt die amerikanische *Act-of-State* Doktrin, wonach Enteignungsmaßnahmen als Hoheitsakte von souveränen Staaten auf dem Territorium des enteignenden Staates nicht justiziabel sind. Vgl. Matthias, A., Rechtsschutz von Unternehmen, S. 267.

[686] Vgl. Behrens, P., Rechtsfragen im Chilenischen Kupferstreit, S. 405. „Traditionally this right has been regarded as a discretionary power inherent in the sovereignty and jurisdiction which the State exercises over all persons and things in its territory, or in the so-called right of 'self-

Aus dem Souveränitätsrecht des Staates nehmen v.a. die Entwicklungsländer ein Recht auf Existenzsicherung und nationalen Selbsterhalt in Anspruch, das sie von unmittelbaren, auf Eigentumstiteln beruhenden ausländischen Einflüssen auf die nationale Wirtschaft befreien soll. Unter der Flagge der „*police power*", dem „öffentlichen Interesse" oder anderen Mitteln, stehe jedem Staat ein Notrecht zu, das ihn zu Enteignungen berechtige. Dieses Recht erkennen auch verschiedene Resolutionen der Vereinten Nationen an.[687] Die Berechtigung des Staates zur Vornahme von Eigentumseingriffen im Rahmen der Gestaltung seiner Wirtschaftspolitik, sowie zum öffentlichen Wohl, wird damit begründet, dass das Eigentum eines Ausländers, der zur Rechtsgemeinschaft seines Aufenthaltsstaates gehört, dem nationalen Recht des Gaststaates unterliegt.

b) Einschränkung

Während Eigentumseingriffe durch den Staat bei Staatsbürgern stets möglich sind, besteht diese Möglichkeit im Völkerrecht bei Fremden nur unter bestimmten Voraussetzungen.[688] Ist ein ausländischer Investor einmal rechtmäßig im Gaststaat zugelassen, muss letzterer das völkerrechtliche Fremdenrecht bei seiner Rechtssetzung beachten.[689] Daher darf der Ausländer in der Regel nicht entschädigungslos enteignet werden, weil er mit dem Gaststaat nicht in einer so engen Schicksalsgemeinschaft verbunden ist, dass es ihm zugemutet werden kann, für das Gemeinwohl sein Eigentum ggf. auch entschädigungslos aufzuopfern.[690]

3. Begriffsbestimmung der Enteignung im weitesten Sinne

Bevor näher auf den Gegenstand der Enteignung im engeren Sinne eingegangen werden soll, ist es erforderlich, einige Begriffe aufgrund der uneinheitlich verwendeten Terminologie im völkerrechtlichen Enteignungsrecht zu präzisieren. Hier wird der Ausdruck „Enteignung" bzw. „Enteignungsmaßnahme" als der umfassende Begriff verwendet, wenn durch die öffentliche Gewalt der Übergang eines Wirtschaftsgutes aus der Rechtssphäre einer oder einer Vielzahl von Privatpersonen in diejenige der öffentlichen Gewalt vollzogen wird. Im engeren Sinne, soll der Terminus „Enteignung" zum Begriff der Nationalisierung und Konfiskation abgegrenzt werden.

---

preservation', which allows it, inter alia, to further the welfare and economic progress of its population." Zitiert aus García-Amador's fourth report, in: YILC, Vol. 2, 1959, S. 11, Paragraph 41.

[687] Das generelle Recht der Staaten, ausländisches Vermögen zu enteignen, kommt in einigen wichtigen Resolutionen der VN zum Ausdruck, wie der Präambel der Resolution 626 (VII), vom 21.12.1952, die sich auf Natur- und Bodenschätze bezieht, „...*the right of peoples freely to use and exploit their natural wealth and resources is inherent in their sovereignty*...". Ähnliches erkennt auch die Resolution 1803 (XVII) über die "*Permanent Sovereignty over Natural Resources*" an, wenn sie in ihrer Präambel darauf hinweist, dass „*the inalienable right of all States freely to dispose of their natural wealth and resources in accordance with their national interests, and on respect for the economic independence of States.*" So Art. 2 der *Declaration on the Establishment of a New International Economic Order* und die Charta der wirtschaftlichen Rechte und Pflichten der Staaten. Vgl. Jain, S., Nationalization, S. 22. Schließlich wird in Art. 1 beider *Covenants on Human Rights* die Souveränität über Bodenschätze und Ressourcen als Ausdruck des Rechts auf Selbstbestimmung verstanden. Vgl. Gesetzestext in Sartorius II, Nr. 20, 21.

[688] Seidl-Hohenveldern, I., Investitionen in Entwicklungsländern, S. 21.

[689] D.h. es ist ein internationaler Mindeststandard bzw. ein rechtlicher Grundbestand, den jeder zivilisierte Staat den Menschen zuerkennt, zu beachten. Dessen genauer Inhalt – v.a. das Ausmaß eines Eigentumsschutzes – ist jedoch umstritten. Vgl. Brownlie, I., Principles, S. 524; Ipsen, K., Völkerrecht, 4. Aufl., § 50, Rn. 5 ff.; Verdross/ Simma, Universelles Völkerrecht, § 1213.

[690] Seidl-Hohenveldern/ Stein, Völkerrecht, Rn. 1605.

a) Die Enteignung im engeren Sinne

Unter Enteignung versteht man jede Entziehung einer einzelnen Vermögensposition durch hoheitlichen Einzelakt, Gesetz oder durch Unterlassen der Verwaltung.[691] Sie kann jedoch auch in der rechtlichen oder faktischen Beschränkung der Eigentumsnutzung liegen, welche einer Entziehung gleichkommt.[692] Als Formen der Enteignung stehen den Staaten drei verschiedene Möglichkeiten zur Verfügung. Durch eine Legislativenteignung wird der Eigentümerwechsel durch einen parlamentarischen Akt vollzogen. Dagegen ist nach der Administrativenteignung der Verwaltungsakt einer staatlichen Behörde für die Entziehung notwendig. Daneben besteht schließlich noch die Möglichkeit, dass ein Gericht eine Enteignung infolge gerichtlicher Entscheidung anordnet. Bei all diesen Formen muss der Staat das Eigentum nicht selbst erwerben, sondern kann sich auch dazu entschließen, dass es einer dritten Person übertragen wird, die sowohl eine natürliche als auch eine juristische sein kann.[693]

aa) Inhalts- und Schrankenbestimmung

Die erste Schwierigkeit besteht – wie auch im nationalen Recht – Schranken der Eigentumsausübung im Rahmen der Sozialbindung, die keine Eigentumsentziehung darstellen, von der Enteignung abzugrenzen.[694] Abgesehen von einer klaren Enteignungsmaßnahme durch formalen Hoheitsakt kann ein Staat eine Vielzahl von Maßnahmen ergreifen, die sich auf den ersten Blick als Maßnahmen im Rahmen der Sozialpflichtigkeit des Eigentums darstellen, aufgrund ihrer Wirkung jedoch vielmehr einer Enteignung gleichkommen, sogenannter enteignungsgleicher Eingriff. Dazu gehören auch „schleichende" Enteignungsmaßnahmen,[695] die den Eigentümer zwar nicht formal seiner Eigentumsposition entheben, die ihm jedoch dessen Nutzung durch Regierungsakte derart entziehen oder unmöglich machen, dass dies *de facto* zu einer Enteignung führt.[696] Besonderes Kennzeichen ist dabei, dass vom Eigentum quasi nur noch eine formale „Hülle" übrigbleibt.[697] Eine Abgrenzungsregel hat sich auf internationaler Ebene noch nicht herauskristallisiert, sondern ist konkret anhand des spezifischen Zwecks der Maßnahme und ihrer Folgen für den enteigneten Gegenstand zu beurteilen.[698]

bb) Zurechenbarkeit der enteignenden Maßnahme

Im Völkerrecht ist Bedingung, dass die Enteignungsmaßnahme dem Gaststaat in irgendeiner Weise zurechenbar sein muss. Zwar ist ein Staat bereits dann völkerrechtlich zur Verantwortung zu ziehen, wenn er seiner Pflicht zur Beseitigung einer Beeinträchtigung durch Privatpersonen nicht nachkommt,[699] soweit jedoch keine entsprechende Absicht des Staates dazukommt, lässt sich nicht von einer enteignungsgleichen Maßnahme sprechen.

---

[691] Herdegen, M., Internationales Wirtschaftsrecht, S. 192, § 17 Rn. 1; Verdross/ Simma, Universelles Völkerrecht, § 1216; Vitzthum/ Vitzthum, Völkerrecht, S. 498; Ipsen, K., Völkerrecht, § 43, Rn. 19, S. 597.
[692] Zagel, G., Auslandsinvestitionen in Lateinamerika, S. 198.
[693] Vgl. Banz, M., Völkerrechtlicher Eigentumsschutz, S. 137; ICSID-Schiedsspruch, AMCO, in: ILM, Vol. 24, 1985, S. 1025, Ziff. 158.
[694] Böckstiegel, K., Die allgemeinen Grundsätze, S. 42; Aust/ Pasternak, Enteignungsentschädigung, S. 285. Vgl. ausführlich zur Abgrenzung Dolzer, R., Eigentum, S. 186 ff.
[695] Seidl-Hohenveldern, I., Alien, Property, S. 117; Jain, S., Nationalization, S. 34 ff.
[696] Hoch, T., The Protection of Property, S. 10; Kreutzfeld, J., Investitionsschutz, S. 61; Herdegen, M., Internationales Wirtschaftsrecht, S. 220.
[697] Herdegen, M., Internationales Wirtschaftsrecht, S. 220.
[698] Vgl. Rindler, H., Der Schutz, S. 152.
[699] Banz, M., Völkerrechtlicher Eigentumsschutz, S. 164.

b) Die Nationalisierung

Die Nationalisierung wird als Untergruppe der Enteignung angesehen.[700] Von einer Nationalisierung oder Verstaatlichung spricht man bei Enteignungsmaßnahmen einer Vielzahl von Eigentümern, wobei es dabei um die Verstaatlichung oder Sozialisierung aller oder einzelner Unternehmenszweige einer Volkswirtschaft geht.[701] Die Nationalisierung ist die Übertragung von Eigentum oder privaten Interessen auf den Staat, durch einen staatlichen Akt im öffentlichen Interesse, der im Hinblick auf seine Ausbeutung oder staatliche Kontrolle oder seine Ausrichtung auf ein neues staatliches Ziel erfolgt.[702] Die Verstaatlichung zeichnet sich – im Gegensatz zur Enteignung, die ein staatlicher Eingriff in Vermögensrechte innerhalb einer existierenden Sozialordnung darstellt – dadurch aus, dass sie der Änderung dieser Sozialordnung dient.[703] Wenn auch theoretisch die Abgrenzung klar zu sein scheint, ist sie es im konkreten Einzelfall nicht immer, da sich beide Institute in ihrer Wirkung und oft auch in ihrer Methode nicht unterscheiden. In erster Linie liegt der Unterschied jedoch im Zweck der Maßnahme. Von manchen Völkerrechtlern wurde der Unterschied zur Enteignung auch in der fehlenden Entschädigung gesehen.[704] Erstmals war von einer Nationalisierung im sowjetischen Verwaltungsrecht von 1917 die Rede.[705] Dieses damals neue Phänomen wurde auch von der westlichen Welt angewendet und führte zu der Grundsatzfrage, ob - wie bei der Enteignung - eine prompte, adäquate und effektive Entschädigung geschuldet sei. Im Grunde unterliegt die Nationalisierung denselben Bedingungen wie die Enteignung. Einige Modifikationen sind jedoch zu machen, auf die im weiteren noch eingegangen werden wird.

c) Die Konfiskation

Der Begriff der Konfiskation zeichnet sich heute durch die Entschädigungslosigkeit des staatlichen Eingriffs in private Vermögensrechte aus.[706] Das frühere Erfordernis des Strafcharakters wird nicht mehr als alleiniges Abgrenzungskriterium aufrechterhalten[707] und soll auch nicht mehr zwingend notwendig sein, um eine Konfiskation auszumachen.[708] Natürlich wäre es erstrebenswert, dass die Staaten ihre Enteignungsabsicht und den Zeitpunkt der Entschädigungszahlung klar anzeigen. Dennoch ist es vorschnell jeden Zweifelsfall gleich als Konfiskation zu beurteilen. Nach der Meinung äußerst traditioneller Juristen stellt es nicht nur dann eine Konfiskation dar, wenn keine

---

[700] Böckstiegel, K., Die allgemeinen Grundsätze, S. 35; Friedman, S., Expropriation in International Law, S. 6, 12; Amerasinghe, C., State Responsibility, S. 126. Auch der *Harvard Draft* von 1961 unterschied nicht zwischen Enteignung und Nationalisierung, verzichtete dafür jedoch auch auf eine prompte Entschädigung. Vgl. den Text, in: AJIL, Vol. 55, 1961, S. 553 ff.; Harris, D., Cases and Materials, S. 541 f.
[701] Ipsen, K., Völkerrecht, § 47 Rn. 16, S. 659; Verdross/ Simma, Universelles Völkerrecht, § 1222.
[702] Vgl. Pradelle, M., Délibérations, S. 283. Die Gründe für ihre Durchführung sind die Übernahme der Kontrolle über die nationale Wirtschaft, sowie in politischer Hinsicht ein Schritt zu Sozialismus und Indigenisierung. Vgl. Rood, L., The Impact of Nationalisation, S. 489 ff.
[703] Alenfeld, J., Die Investitionsförderungsverträge, S. 151.
[704] „...the property subject to nationalisation is recognised to have a social function which is not recognised in the case of property subject to expropriation." Katzarov, K., The Theory of Nationalisation, S. 122; Katzarov, K., Zur Theorie der Nationalisierung, S. 205 f.
[705] Jain, S., Nationalization, S. 27; Alenfeld, J., Die Investitionsförderungsverträge, S. 149.
[706] Böckstiegel, K., Die allgemeinen Grundsätze, S. 37; Herdegen, M., Internationales Wirtschaftsrecht, S. 192; Vitzthum/ Vitzthum, Völkerrecht, S. 498; Ipsen, K., Völkerrecht, 4. Aufl., § 47 Rn. 16. Nova de, R., Völkerrechtliche Betrachtungen, S. 119. Eine klassische Äußerung in dieser Hinsicht ist diejenige des amerikanischen Staatssekretärs Hull: „*the taking of property without compensation is not expropriation. It is confiscation. It is no less confiscation because there may be an expressed intent to pay at some time in the future*." Zitiert in: Drucker, A., The nationalization, S. 108.
[707] García-Amador sieht in Motiven oder Zweck der Wegnahme ihren eigentlichen Charakter als Enteignung oder Konfiskation verkörpert. So solle eine Maßnahme, die strafenden Charakter habe oder auf politischen Gründen beruhe, eine Konfiskation darstellen. García-Amador's fourth report, in: YILC, Vol. 2, 1959, S. S. 17, Paragraph 65.
[708] Vgl. bei Ammann, U., Der Schutz, S. 27.

Entschädigung gezahlt wird, sondern auch schon, wenn keine adäquate Entschädigung erfolgt.[709] Katzarov – wie auch die weit verbreitete Meinung im Völkerrecht - sieht die Entschädigungsbeurteilung als einzige Grundlage, auf der man den Charakter der Eigentumswegnahme bestimmen könne.[710]

Eine Konfiskation, die ein Staat innerhalb seiner eigenen Grenzen vornimmt, ist nach allgemeiner Ansicht völkerrechtswidrig, wenn er hierbei auch das auf seinem Gebiet belegene Eigentum fremder Staatsangehöriger vereinnahmt.[711] Nach der vorherrschenden Praxis hat die Völkerrechtswidrigkeit solcher Konfiskationen aber nicht die Nichtigkeit des durch sie geschaffenen Eigentumstitels zur Folge.[712] Voraussetzung für die Respektierung der Maßnahme ist jedoch, dass es sich bei dieser überhaupt um einen Hoheitsakt eines anerkannten Hoheitsträgers handelt.[713] Aus dieser privatrechtlichen Anerkennung des Eigentumsübergangs auf den konfiszierenden Staat, folgt aber kein Verzicht auf das völkerrechtliche Recht, vom Konfiszierenden zu fordern, dass er ausländische Staatsbürger für ihr konfisziertes Eigentum auch entschädige.[714]

d) Die Boden- oder Landreform

Bodenreformen lassen sich definieren als Änderungen der Institutionen der Bodennutzung und des Bodenbesitzes, sowie Neuaufteilung landwirtschaftlicher Betriebsflächen, die von den Herrschenden durchgeführt werden, um wirtschaftliche und politische Widersprüchlichkeiten und Konflikte zu überwinden, ohne die dominanten sozialen Strukturen und Beziehungsgeflechte zu verändern.[715] Dabei werden die Begriffe Boden- und Landreform oft synonym gebraucht. Die landwirtschaftliche Reform, ein Konstrukt aus den Zeiten der kommunistischen Landreform des „Kalten Krieges", umfasst Verbesserungen sowohl der Besitzverhältnisses, als auch der landwirtschaftlichen Organisation. Sie versucht über die reine Landumverteilung und Umstrukturierung der Besitzverhältnisse hinauszugehen und gleichzeitig ländliche Entwicklungsmethoden, wie Kredite für die Farmer, mit einzubeziehen.[716]

Landreformen focusieren dagegen oft das Thema der Fairness und Gleichheit, führen meist in die Vergangenheit zurück, insbesondere wenn die Menschen der Ansicht sind, dass die aus früheren Zeiten stammenden Eigentums-

---

[709] Kollewijn, R., Nationalization, S. 142, 144.

[710] „Nationalisation is in principle an impersonal measure. It is the realisation of the idea that a given asset or activity should be utilised or exercised in the general interest. In consequence, the qualities or conduct of the owner of the property at the moment of nationalisation are generally irrelevant. In recent decades, however, nationalisations have been effected in times of crises… In such cases, quite apart from the reasons which led to the nationalisation in question, circumstances demanded that, in view of the personality of the proprietor, nationalisation should be effected by way of 'confiscation." Katzarov, K., The Theory of Nationalisation, S. 148 f. Vgl. zur allg. Meinung auch Herdegen, M., Internationales Wirtschaftsrecht, S. 659.

[711] Seidl-Hohenveldern, I., Internationales Konfiskations- und Enteignungsrecht, S. 43. Aufgrund des Territorialitätsgrundsatzes sind solche Akte bzgl. des Vermögens der Staatangehörigen des enteignenden Staates anzuerkennen. Vgl. Seidl-Hohenveldern, I., a.a.O., S. 173.

[712] Ohne Auswirkung erscheint daher, dass jede Konfiskation - selbst diejenige über Vermögen eigener Staatsangehöriger - als Verstoß gegen Art 17 (2) AEMR und damit als völkerrechtlich garantiertes Recht gesehen werden kann. Seidl-Hohenveldern, I., Internationales Konfiskations- und Enteignungsrecht, S. 36. I.d.R. werden von den meisten Gerichten, die im Gebiet des konfiszierenden Staates vorgenommenen Konfiskationen als gültige Eigentumstitel anerkannt. Seidl-Hohenveldern, I., a.a.O., S. 13. Für die Frage, inwieweit dabei die *public policy* des Annerkennungsstaates zu einer Nichtanerkennung führen kann, vgl. Seidl-Hohenveldern, I., a.a.O. S. 47 ff.

[713] Dies soll sich schon aus der Definition der Enteignungsmaßnahme als Hoheitsakt ergeben, da es sich sonst um einen Diebstahl oder Raub handeln würde. Vgl. auch zum Fall der Nichtanerkennung einer konfiszierenden Regierung, Seidl-Hohenveldern, I., Internationales Konfiskations- und Enteignungsrecht, S. 16 ff. Probleme können sich dabei insbes. aus der Ermittlung der Örtlichkeit des Vermögens ergeben; so wenn es sich um eine zu enteignende Gesellschaft handelt, die Teile ihres Vermögens in einem anderen Staat hat. Im Ergebnis verliert diese durch die Konfiskation ihre Rechtspersönlichkeit, auch außerhalb des konfiszierenden Landes. Allerdings hat dies keine Wirkung auf das außerhalb des konfiszierenden Staatesgelegene Vermögen. Vgl. Seidl-Hohenveldern, I., a.a.O., S. 105 ff.

[714] Seidl-Hohenveldern, I., Internationales Konfiskations- und Enteignungsrecht, S. 37.

[715] Vgl. bei Otzen/ Brandt, Bodenreform, in: E+Z von Nov. 2002, Fn. 2.

[716] Adams, M., Land Reform, S. 1.

rechte nicht fair seien.[717] Als Mittel findet eine neue Verteilung der Eigentumstitel statt.[718] Als Untergruppe der Landreform existiert noch die *Land Tenure Reform*. Während erstere einen revolutionären Prozess darstellt, der Macht, Eigentum und Status von einer Partei auf die andere überträgt, beinhaltet die *Land Tenure Reform* auch Änderungen in den Gesetzen, die das Land und die damit verbundenen Landrechte gestalten.[719] Wesentliche Voraussetzung für eine erfolgreiche Bodenreform ist eine für alle Beteiligten nachvollziehbare Bodenbewertung, die sich in fairen Land- und Pachtpreisen niederschlägt. Ursachen für den Misserfolg sind häufig die Ansiedlung von Personen, die der Aufgabe weder als Manager, noch als Landwirt gewachsen sind, sowie eine völlig unzureichende Ausstattung der Siedler mit Bewirtschaftungsvermögen. Auch die Engpässe bei den vor- und nachgelagerten Dienstleistungen (Beratung, Kredit, Bezug und Absatz) wirken erfolgsgefährdend. Schließlich haben sich Bodenreformen oft auf Grund von Verwaltungsengpässen sehr verzögert. Drei Hauptinteressen beeinflussen den Bodenreformprozess: Es sind dies der Landhunger der ländlichen Armen, das Streben der einheimischen Geld- und Machteliten nach repräsentativer Lebenshaltung auf dem Lande und historisch-ethnisch begründete Kollektivansprüche auf alte, durch die Kolonialisten enteignete Siedlungsgebiete.[720]

III. Voraussetzungen der Rechtmäßigkeit von Enteignungen und Nationalisierungen

Die Frage der Umverteilung des Siedlungsbesitzes wird meist – so auch in Zimbabwe - durch staatliche Enteignungen gelöst. Grundsätzlich ist anerkannt, dass ein Staat ausländisches Vermögen, das sich auf seinem Terrain befindet enteignen bzw. verstaatlichen darf.[721] Damit das Eigentum der ausländischen Staatsangehörigen nicht schutzlos dem Zugriff des Aufenthaltsstaates unterliegt, ist eine Enteignungsmaß-nahme völkerrechtlichen Beschränkungen unterworfen.[722] Grundsätzlich unterfallen die Enteignung, wie auch die Nationalisierung, den gleichen völkerrechtlichen Rechtmäßigkeitsvoraussetzungen.[723] Da eine Konfiskation ausländischer Staatsbürger mangels Entschädigung völkerrechtswidrig ist,[724] erübrigt sich eine Betrachtung ihrer Zulässigkeitsvoraussetzungen.

1. Öffentlicher Zweck

Eine Enteignungsmaßnahme ist nur dann völkerrechtsgemäß, wenn sie ausschließlich im öffentlichen Interesse vorgenommen wird.[725] Die völkerrechtlichen Autoren betonen daher, dass Enteignungen nur zum allgemeinen

---

[717] Der erste große Fall riesiger Enteignungen i.R. einer allg. Sozialreform war derjenige der mexikanischen Landreform. Herz, J., Expropriation, S. 258.

[718] Blankenburg, P., Large Farms as Object of Land Reform, S. 353. In Afrika sind Landreformen stets mit der Korrektur kolonialer Ungleichheiten verknüpft, in deren Rahmen privates Farmland in staatlichen Besitz oder auf heimische Kleinbauern überführt werden soll. Adams, M., Land Reform, S. 3.

[719] Rukuni, M., Why Land Tenure is central, S. 41.

[720] Schmidt, F., Simbabwe, FES-Skript.

[721] Banz, M., Völkerrechtlicher Eigentumsschutz, S. 135; Bader, T., Sicherungspotentiale, S. 48; Dolzer, R., Eigentum, S. 184 ff.; Gramlich, L., Rechtsgestalt, S. 218; Herdegen, M., Internationales Wirtschaftsrecht, S. 219, § 17 Rn. 2; Schanze, E., Investitionsverträge, S. 107.

[722] Menzel, E./ Knut, I., Völkerrecht, S. 177; Hefele, R., Ermittlung der Entschädigung, S. 12 f. Da der fremde Staatsangehörige von der politischen Willensbildung im Gaststaat ausgeschlossen ist und somit nicht die staatliche Schicksalsgemeinschaft teilt, sind ihm weder die Vorteile einer wirtschaftlichen Neuordnung im Rahmen von Enteignungen, noch die damit verbundenen Nachteile zuzurechnen. Seidl-Hohenveldern/ Stein, Völkerrecht, 4. Aufl., Rn. 1605 f.

[723] Ipsen, K., Völkerrecht, 4. Aufl., § 47 Rn. 16.

[724] Ammann, U., Der Schutz, S. 58. Vgl. oben S. 89, F.n. 706.

[725] Domke, M., Foreign Nationalizations, S. 585 ff.; Häde, U., Der völkerrechtliche Schutz, S. 202; Amoco Corp. ./. Iran, S. 222: „A very important evolution of the law has taken place since then, with the progressive recognition of the right of States to nationalize foreign property for a

Wohl der Gesellschaft, wie es die meisten Verfassungen der Staaten enthalten, eine juristische Basis haben.[726] Mit Ausnahme von Herz, der davon ausgeht, der Staat dürfe zu jedem beliebigen Zweck grundlos Privateigentum entziehen,[727] erkennen Staatenvertragspraxis, internationale Rechtsprechung und Literatur, ebenso wie Völkerbund, Vereinte Nationen, ILA und IBA das Erfordernis des öffentlichen Interesses als Teil des allgemeinen Völkerrechts an.[728] Eine Enteignungsmaßnahme ist daher nur dann zulässig, wenn dadurch eine Interessenkollision zwischen dem privaten Interesse am Bestand des Eigentums und dem öffentlichen Interesse an der ungehinderten Verfügung über das private Eigentum gelöst wird.

Die Frage, ob eine Enteignung dem öffentlichen Zweck dient, ist nicht anhand des Völkerrechts, sondern nach der jeweiligen staatlichen Festlegung, was dem allgemeinen Wohl des Staates nutzt, zu entscheiden.[729] Damit unterliegt die Überprüfung des verfolgten öffentlichen Interesses und der wahren mit der Enteignungsmaßnahme verfolgten Motive als innerstaatlicher Vorgang nicht den völkerrechtlichen Kontrollen.[730] Ein öffentliches Interesse an einer Enteignung ist dann gegeben, wenn diese nicht zur Bereicherung des Staates oder dritter Personen vorgenommen wird oder sie lediglich machtpolitischen, nicht aber nicht sozial- und gesellschaftspolitischen Interessen des Staates dient.[731]

Diskutiert wurde dagegen, inwieweit das Allgemeinwohlerfordernis auch für Nationalisierungen gelte.[732] Friedman lehnt es ab, dieses zu einem völkerrechtlichen Rechtmäßigkeitserfordernis zu erheben, v.a. weil das Völkerrecht über keine eigene Definition über den öffentlichen Nutzen verfüge.[733] Dagegen enthält die UN-Resolution 1803 (XVII) die Formulierung: „*The right of peoples and nations to permanent sovereignty over their natural wealth and resources must be exercised in the interest of their national development and of the well-being of the people of the State concerned*" und "*Nationalization, expropriation or requisitioning shall be based on grounds or reasons of public utility, security or the national interest which are recognized as overriding purely individual or private interests, both domestic and foreign.*"[734] Auch die meisten Völkerrechtler verlangen auch bei Nationalisierungen die Vornahme im öffentlichen Interesse.[735] Tatsächlich stellt sich im Hinblick auf die kaum präzisierbare Form des Tatbestandsmerkmals des öffentlichen Interesses die Frage nach seinem Sinn. Dieses Rechtmäßigkeitserfordernis jedoch nicht mehr

---

public purpose." Diese Bindung der Enteignung an das öffentliche Wohl des enteignenden Staates hat seinen Ursprung nicht in der völkerrechtlichen Lehre, sondern hat sich aus dem innerstaatlichen Recht der Individualenteignung des 19. Jahrhunderts entwickelt. Danach sollten Eingriffe in das grds. unverletzbare Privateigentum nur möglich sein, wenn diese im konkreten Fall auch übergeordneten Interessen entsprachen. Auch heute noch findet sich daher in den meisten Verfassungen eine Allgemeinwohlklausel, die einen Ausgleich zwischen dem betroffenen Eigentümer und dem enteignenden Staat sucht, z.B. Art. 14 (3) GG für die BRD. Vgl. Hartmann, G., Nationalisierung, S. 99.

726 Jain, S., Nationalization, S. 109.

727 Herz, J., Expropriation, S. 252 f.

728 Böckstiegel, K., Die allgemeinen Grundsätze, S. 69 f. So auch die Schiedsgerichtsentscheidungen AMCO, in: ILM, Vol. 24, 1985, S. 1025, Ziff. 158; *American International Group*, in: ILM, Vol. 23, 1984, S. 8; Ammann, U., Der Schutz, S. 43.

729 Alenfeld, J., Die Investitionsförderungsverträge, S. 121; Muchlinski, P., Multinational Enterprises, S. 504 f.

730 Daher haben es auch die internationalen Gerichte – wie im Shufeldt-Case vom 24.07.1930 zwischen den Vereinigten Staaten und Guatemala, in: AJIL, Vol. 24, 1930, S. 799 ff. – abgelehnt, hinter das vom Staat angegebene öffentliche Wohl zu blicken. Zustimmend Gramlich, L., Rechtsgestalt, S. 448; AMINOIL vom 24.03.1982, in: ILM, Vol. 21, 1982, S. 1019 ff., wo die Behauptung akzeptiert wurde, dass die Verstaatlichung der Erdölindustrie der allgemeinen Politik Kuwaits entsprach, ohne dabei zu prüfen, ob diese Politik auch durch öffentliche Belange gerechtfertigt war.

731 Verdross/ Simma, Universelles Völkerrecht, § 1216.

732 Vgl. Hartmann, G., Nationalisierung, S. 100 ff.

733 Friedman, S., Expropriation in International Law, S. 140 ff.; ebenso White, G., Nationalisation, S. 5 ff., 145 ff.

734 Vgl. Res. 1803, in: ILM, Vol. 2, 1963, S. 224.

735 Vgl. bei Ipsen, K., Völkerrecht, 4. Aufl., § 47, Rn. 16 f.

heranzuziehen, würde bedeuten, eines der ohnehin wenigen Reglementierungen einer Enteignungsmaßnahme, die das Völkerrecht gegenwärtig zum Schutz des Eigentums bietet, aufzugeben.[736]

2. Diskriminierungsverbot

Man scheint sich dagegen einig zu sein, dass sowohl Enteignung, wie auch Nationalisierung das Diskriminierungsverbot einzuhalten haben.[737] Auch wenn dieser Grundsatz sich noch nicht im gesamten Völkerrecht als gewohnheitsrechtlich anerkannt durchgesetzt hat, so hat er sich jedoch in Teilbereichen, wie dem Fremdenrecht, als solcher etabliert.[738] Eine diskriminierende Enteignungsmaßnahme liegt vor, wenn der Inhaber einer vermögensrechtlichen Position durch die Maßnahme willkürlich gegenüber einem anderen Inhaber einer vermögensrechtlichen Position behandelt wird, obwohl ein im Wesentlichen gleicher Sachverhalt vorliegt. Das Diskriminierungsverbot erstreckt sich dabei auch auf Unterscheidungen auf Grund der Rasse.[739] Es hat zwei verschiedene Aspekte:[740]

Abgestellt auf die Staatsangehörigkeit dürfen Angehörige eines bestimmten Staates nicht anders als Staatsangehörige eines anderen Staates behandelt werden; ihnen muss ein gewisser minimaler internationaler Standard zukommen.[741] So wäre es zum Beispiel nicht möglich, Enteignungsmaßnahmen nur gegen Staatsangehörige einer bestimmten Nation zu richten, ohne dass gleichzeitig auch alle anderen Ausländer – v.a. die im selben Wirtschaftszweig tätig sind - betroffen wären.[742] Mittels eines anderen Ansatzes könnte man auch auf den Gesichtspunkt der Willkür abstellen. Danach wären Inländer den gleichen Bedingungen wie Ausländer zu unterwerfen.[743] Enteignungsmaßnahmen dürften sich also nicht ausschließlich gegen Ausländer richten, ohne gleichzeitig die im entsprechenden Wirtschaftsbereich tätigen Inländer zu enteignen.[744]

Da sich in vielen Entwicklungsländern oft ganze Industriezweige in den Händen einer bestimmten Nation befinden, würde die erste Auslegung des Diskriminierungsverbotes praktisch auf ein Nationalisierungsverbot hinauslaufen.[745] Doch auch wenn das Hanseatische OLG Bremen 1959 entschied, dass eine Enteignungsmaßnahme, die sich nur gegen ehemalige Kolonialherren richtete, keine Diskriminierung darstelle,[746] wurde dies von der Mehrheit der Judikatur und des Schrifttums abgelehnt.[747] Daher ist das Diskriminierungsgebot als Willkürverbot zu verstehen. Wirtschaftspolitisch motivierte Nationalisierungen, die sich zwangsläufig gegen eine bestimmte Personengruppe richten,

---

[736] Brandt, S., Eigentumsschutz, S. 144.

[737] *Liamco ./. Libya*, in: ILM, Vol. 20, 1981, S. 114 ff. Zur Nationalisierung vgl. Hanseatisches OLG Bremen, in: AdV 1961/62, S. 359 f.; Nationalisierung Chilenischer Kupferminen, in: Behrens, P., Rechtsfragen im chilenischen Kupferstreit, S. 394 ff. Zwar sehen einige Autoren die Einhaltung des Diskriminierungsverbots als Teil des Rechtmäßigkeitserfordernisses eines öffentlichen Zwecks, jedoch zweifeln letztlich auch sie nicht daran, dass eine Diskriminierung dabei unterbleiben muss. Vgl. Malanczuk, P., Modern Introduction, S. 235; Muchlinski, P., Multinational Enterprises, S. 505.

[738] Kewenig, W., Nichtdiskriminierung, S. 43, dort auch zu Details des Diskriminierungsverbots.

[739] Vgl. Böckstiegel, K., Die allgemeinen Grundsätze, S. 114.

[740] Behrens, P., Rechtsfragen im Chilenischen Kupferstreit, S. 407.

[741] Nova de, R., Völkerrechtliche Betrachtungen, S. 124 f. Zur Lehre vom sog. Minimumstandard vgl. oben 2. Teil, A. I. 1. a).

[742] Amoco Corp. ./. Iran, S. 232.

[743] Danach kann ein Staat nicht verlangen, dass ein anderer Staat den Ausländern in diesem Staat eine bessere Behandlung gewährt als seinen eigenen Bürgern. Zu Lasten von Ausländern kann er nur gewisse Vorbeugungsmaßnahmen treffen, die für die Landesverteidigung wesentlich sind. Vgl. Nova de, R., Völkerrechtliche Betrachtungen, S. 124.

[744] Berber, F., Völkerrecht, Bd. 1, 1960, S. 397 f.; Schäfer, M., Entschädigungsstandard, S. 38.

[745] Behrens, P., Rechtsfragen im Chilenischen Kupferstreit, S. 408; Alenfeld, J., Die Investitionsförderungsverträge, S. 130 ff.

[746] Vgl. Hanseatisches OLG Bremen, in: RIW, 1959, S. 207 ff.; Böckstiegel, K., Die allgemeinen Grundsätze, S. 113; Verwey/ Shrjiver, The Taking of Foreign Property, S. 13 Fn. 37.

[747] Vgl. für viele Seidl-Hohenveldern, I., Ausländische Nationalisierungsmaßnahmen, S. 274, da der Friedensschluss bzw. die Wiederaufnahme der Beziehungen einen Schlussstrich unter die koloniale Vergangenheit setze.

sind nicht alleine deshalb völkerrechtswidrig.[748] Anders verhält es sich hingegen, wenn diese Enteignungsmaßnahmen rassisch oder religiös motiviert sind. Dabei soll eine solche Diskriminierung jedoch nur nach internationalem Recht illegal sein, wenn die Enteignungskriterien ausschließlich gewählt wurden, um diesen Diskriminierungseffekt zu erzielen.[749]

3. Entschädigungszahlung

a) Erforderlichkeit einer Entschädigungszahlung

Die Frage nach der Entschädigungspflicht bei Enteignungsmaßnahmen von ausländischem Kapital ist im modernen Völkerrecht noch nicht völlig geklärt. Das Verbot einer entschädigungslosen Enteignung ist bis heute kaum bestritten.[750] Die wissenschaftliche Diskussion im internationalen Enteignungsrecht dreht sich dabei aber um die Beantwortung der Frage, in welcher Höhe und unter welchen Voraussetzungen eine solche Entschädigung zu zahlen ist.[751] Auch wird für den Fall der Nationalisierung die Entschädigungsdiskussion noch einmal aufgerollt, da heftig umstritten ist, ob eine Nationalisierung auch bezüglich der Höhe der Entschädigung einer Enteignung gleichzusetzen ist.[752] Bevor jedoch auf die Höhe einer evtl. Entschädigung eingegangen werden kann, ist zunächst zu klären, ob nach Völkergewohnheitsrecht überhaupt eine Pflicht zur Entschädigung für den enteignenden Staat besteht.

aa) Ansicht der westlichen Industriestaaten

Die strenge Lehre westlicher Staaten beruft sich in Entschädigungsfragen – ohne zwischen Enteignung und Nationalisierung zu unterscheiden[753] - noch heute auf die Formel des Staatssekretärs Hull von 1938 in seiner Note an die mexikanische Regierung, in der er für die Enteignung von Agrarland im Eigentum von US-Bürgern eine „adäquate, prompte und effektive" Entschädigung forderte, die sogenannte Hull-Formel.[754] Auch wenn das Eigentum eines

---

[748] Vgl. Bremer Tabakstreit, Hanseatisches OLG Bremen, in: RIW, 1959, S. 207 ff.; Behrens, P., Multinationale Unternehmen, S. 44.

[749] Vgl. *Chilean Copper Nationalization*, in: Seidl-Hohenveldern, I., Chilean Copper Nationalization, S. 113 ff.; Behrens, P., Rechtsfragen im Chilenischen Kupferstreit, S. 407 f.; Seidl-Hohenveldern, I., Alien, Property, S. 117; Weil/ Rambaud, Chilean Copper Nationalization, S. 577 ff.

[750] Menzel, E./ Knut, I., Völkerrecht, S. 177 f.; Verdross/ Simma, Universelles Völkerrecht, § 1216; Herz, J., Expropriation, S. 254; Seidl-Hohenveldern/ Stein, Völkerrecht, Rn. 1606; Vitzthum/ Vitzthum, Völkerrecht, S. 498 f.; Herdegen, M., Internationales Wirtschaftsrecht, S. 219 f.; Verwey/ Shrjiver, The Taking of Foreign Property, S. 14; Schachter, O., Compensation for Expropriation, S. 127; Schanze, E., Investitionsverträge, S. 107; § 4 UN-Resolution Nr. 1803 (XVII) von 1962; Art. 2 (2) (c) UN-Resolution Nr. 3281 (XXIX) von 1974; Principle 5.5. der *Seoul Declaration on a Progressive Development of Principles of Public International Law Relating to a NIEO*, in: NILR, Vol. 33, 1986, S. 326-333; Art. 13 Energie-Charta vom 17.12.1994; Art. 54 des *UN Draft Code of Conduct on Transnational Corporations*, in: ILM, Vol. 23, 1984, S. 636. Auch wenn sich 1917 die Sowjetunion und in den 30er Jahren die mexikanische Regierung geweigert hatten, für die Eigentumswerte von ausländischen Staatsangehörigen, die im Rahmen der inneren Reformen entzogen wurden eine Entschädigung zu zahlen. Vgl. Böckstiegel, K., Die allgemeinen Grundsätze, S. 74; Fischer, J., International Law, S. 1 ff.

[751] Veith/ Böckstiegel, Der Schutz, S. 173 ff.; White, G., Nationalisation, S. 11 ff.; Schwarzenberger, G., Der Schutz von Auslandsinvestitionen, S. 19 ff.

[752] Banz, M., Völkerrechtlicher Eigentumsschutz, S. 157.

[753] Begründet wird diese durch solche Entscheidungen, wie etwa im *Norwegian Shipowners* Fall (vgl. Dolzer, R., Norwegian Shipowners' Claims Arbitration, S. 691 ff.), der *Spanish-Moroccan Claims Arbitration* (2 R. Int'l Arb. Awards 615, 1925) und dem berühmten *Diktum* des *Permanent Court of International Justice* im Chorzów-Fall, in: PCIJ Series A Nr. 17, S 47. So auch Prof. Re's Zitat: „*the law would indeed be strange if compensation is required in the taking of particular property but none need be made if an entire industry is expropriated by the State*" in: Rubin, S., Private Foreign Investment, S. 18; vgl. auch Schwarzenberger, G., Foreign Investment, S. 41.

[754] „Under every rule of law and equity, no government is entitled to expropriate private property, for whatever purpose without provision for prompt, adequate and effective payment therefore." Vgl. Dolzer, R., New Foundations, S. 553 ff. Nachweise bei Ipsen, Völkerrecht, 4. Aufl., § 43 Rn. 19, § 47 Rn. 18; Henkin/ Pugh/ Schachter/ Smit, International Law, S. 685 ff.; vgl. The Secretary of State of the United States to the Mexican Ambassador at Washington, in: AJIL 1938, Suppl. S. 193; Dolzer, R., Eigentum, S. 40; Robinson, D., Expropriation in the Restatement, S. 176-

Ausländers aufgrund seiner Zugehörigkeit zur Rechtsgemeinschaft des Aufenthaltsstaates enteignet werden kann, ist er diesem Staat nicht in einer derart engen Schicksalsgemeinschaft verbunden, dass dieser ihm in gleicher Weise, wie seinen eigenen Staatsangehörigen zumuten kann, für das Gemeinwohl sein Eigentum gegebenenfalls auch entschädigungslos aufzuopfern.[755] Dabei ignorieren die Vertreter dieser Lehre nicht die Tatsache, dass dies für viele Staaten, die nicht über die nötigen Mittel verfügen, bedeutet, dass sie keine Nationalisierungen durchführen können. Sie verneinen eine Verletzung der nationalen Souveränität, da ein Land, das ausländische Investoren zur Investition eingeladen hat, zunächst die rechtlichen Positionen respektieren müsse, die zum Zeitpunkt der Investition vorgeherrscht haben. Dabei sind sie der Meinung, dass ein Staat, der den Rechtsinhaber nicht voll entschädigen könne, eben auf die Nationalisierungsmaßnahme zu verzichten habe.[756] Diese Ansicht – die bis Ende des Zweiten Weltkriegs als Völkergewohnheitsrecht galt – stellt heute nicht mehr die herrschende Lehre dar.[757] Aufgrund der Entwicklungen nach dem Zweiten Weltkrieg wurde die Verpflichtung zur Zahlung einer adäquaten Entschädigung im Sinne des vollen Wertes des enteigneten Vermögensgegenstandes flexibler ausgelegt.[758] Fraglich ist, ob die gegenwärtige Auslegung angesichts der Ablehnung aus den Reihen der Entwicklungsländer eine Regel des allgemeinen Völkerrechts darstellt oder sogar durch einen anderen Standard ersetzt worden ist.[759]

bb) Auffassung der Entwicklungsländer und sozialistischen Staaten

In den späten 50er und frühen 60er Jahren erhielten Dutzende neuer Staaten ihre Unabhängigkeit und stellten das internationale Enteignungsrecht in Frage, v.a. da sie an seiner Entstehung nicht beteiligt gewesen waren.[760] Im Gegensatz zu den westlichen Industrieländern bestritten diese Staaten, wie auch die übrigen sozialistischen Länder, mittels der Calvo-Doktrin,[761] allgemein die Existenz einer solchen völkerrechtlichen Verpflichtung zur Entschädigungszahlung und des Erfordernisses von einzuhaltenden Mindestanforderungen an eine zulässige Enteignung.[762] Die Zulassung eines internationalen Minimumstandards würde eine überzogene und verhängnisvolle Privilegierung der Ausländer darstellen.[763] Das Völkerrecht verlange bei Betroffenheit ausländischen Vermögens nur, dass die

---

178; Bergmann, H., Die völkerrechtliche Entschädigung, S. 42. Die Hull-Formel wird auf den völkerrechtlichen Grundsatz des Minimumstandards für die Behandlung von Ausländern und ihnen zustehende Rechte zurückgeführt. Vgl. Verdross/ Simma, Universelles Völkerrecht, § 1217, Fn. 6.

[755] Seidl-Hohenveldern/ Stein, Völkerrecht, Rn. 1605.

[756] Banz, M., Völkerrechtlicher Eigentumsschutz, S. 158 m.w.N.

[757] Schachter, O., Compensation for Expropriation, S. 122 ff. m.w.N.

[758] Verwey/ Shrjiver, The Taking of Foreign Property, S. 19, 22.

[759] Dazu vgl. unten 2. Teil, A. III. 3. c) gg).

[760] Norton, P., A law of the future, S. 478; Potocnik, I., Die MIGA, S. 13. Die Debatte wurde in der *General Assembly* ausgetragen und erzielte den letzten gemeinsamen Konsens in der Resolution Nr. 1803 (XVIII).

[761] Diese Doktrin verkörperte die latein-amerikanische Version des Prinzips der Gleichheit unter Inländern und Ausländern und wurde als Reaktion auf die missbräuchliche Ausnutzung des Rechts des diplomatischen Schutzes im Ausland verkündet. García-Amador, F.V., Calvo Doctrine, S. 521; Oschmann, F., Calvo-Doktrin, S. 46 ff., 68 ff.; Zagel, G., Auslandsinvestitionen in Lateinamerika, S. 70 ff.; Seidl-Hohenveldern/ Stein, Völkerrecht, Rn. 1601 f.; Ipsen, K., Völkerrecht, 4. Aufl., § 43, Rn. 19; Graham, D., The Calvo Clause, S. 290. Nach Auffassung Calvos verbietet eine Besserstellung der Ausländer gegenüber den Inländern schon der Gleichheitssatz des innerstaatlichen Verfassungsrechts, sowie der völkerrechtliche Grundsatz der Gleichheit der Staaten. Die Doktrin wurde zum Inhalt mehrerer internationaler Instrumente gemacht; so zu Anfang im *Treaty of Commerce and Navigation* der latein-amerikanischen Staaten auf dem zweiten *Lima-Congress* von 1864-65. Später wurde sie auch noch in einigen inter-amerikanischen Konferenzen bestätigt: Z. B. auf der ersten internationalen Konferenz der amerikanischen Staaten in Washington 1889/ 90 und auf der siebten Konferenz in Montevideo 1933, wo sie in die *Convention on Rights and Duties of States* aufgenommen wurde. Vgl. García-Amador, F.V., Calvo Doctrine, S. 521.

[762] Für die Nationalisierung wurde dies auch von Friedman, Charles De Visscher, Rubin und Delson vertreten. Vgl. Friedman, S., Expropriation in International Law, S. 206.

[763] Calvo, C., Le droit international, S. 142.

Enteignungsmaßnahmen durchgeführt würden, ohne das Vermögen der eigenen Staatsangehörigen besser zu behandeln als das der Ausländer.[764] Das hätte zur Folge, dass sowohl in- als auch ausländischen Investoren ausschließlich der Rechtsschutz der nationalen Gerichte des Gaststaates zur Verfügung stünde.[765] Da die Staaten im innerstaatlichen Bereich nur unwesentlichen völkerrechtlichen Bindungen unterliegen und ihr Wirtschaftssystem selbst bestimmen können, stünde damit die Entscheidung, ob und in welcher Höhe Entschädigung zu leisten wäre, im Ermessen der nationalen Gesetzgebung.[766]

Dieser Ansatz hat sich jedoch im internationalen Recht nicht durchgesetzt.[767] Selbst in der Res. 1803 fand die internationale Gemeinschaft den Konsens, dass einem betroffenen Investor für eine Enteignungsmaßnahme eine „*appropriate compensation*" gezahlt werden sollte.[768] Die Calvo-Doktrin ist mittlerweile auch in Lateinamerika veraltet, da in der Praxis die Bedingungen für Auslandsinvestitionen stetig verbessert worden sind. Selbst die Heimat der Doktrin, Argentinien, ist vom Konzept des Inländerstandards abgewichen.[769] Viele lateinamerikanische Staaten schließen mittlerweile BITs mit ICSID-Schiedsklauseln ab und sind der Panama-Konvention,[770] der MIGA oder dem ICSID beigetreten.[771] So bleibt es bei der generellen Kompensationsverpflichtung für Enteignungen, die sich mittlerweile auch in der Staatenpraxis der kommunistischen Länder widerspiegelt.[772] Nach Ansicht kapitalimportierender Länder sollten die für die Enteignung entwickelten Grundsätze der Entschädigung aber auf keinen Fall für die Nationalisierung gesamter Industriezweige gelten, da sonst das Recht auf Souveränität aufgrund nicht finanzierbarer Entschädigungsansprüche verhinderbar wäre.[773] Auch würde durch die verabschiedeten UN-Resolutionen[774] eine

---

[764] Nova de, R., Völkerrechtliche Betrachtungen, S. 123; offizielle Linie der lateinamerikanischen und kommunistischen Staaten. Dennoch haben auch die Länder im Bereich der russischen Einflusssphäre in Nationalisierungsdekreten die Pflicht zur Entschädigungsleistung verankert. Nova de, R., a.a.O., S. 133; Rado, A., Czechoslovak Nationalization Decrees, S. 795-806; Vogel, O., Der Schutz ausländischer Vermögensrechte, S. 197-205. Schließlich hat sogar Russland Entschädigungen gezahlt. Vgl. Mosler, H., Wirtschaftskonzessionen, S. 135 f.

[765] Ipsen, K., Völkerrecht, 4. Aufl., § 50 Rn. 4; García-Amador, F.V., Calvo Doctrine, S. 521; Herdegen, M., Internationales Wirtschaftsrecht, S. 84, § 4 Rn. 21 f.; Graham, D., The Calco Clause, S. 289 ff. Vgl. Garcia-Mora, M., The Calvo Clause, S. 206: "*aliens were not entitled to a higher degree of protection than domestic creditors and therefore, foreign citizens had to submit their claims to local courts.*"

[766] Eine noch weitere Funktion kommt der sogenannten Calvo-Klausel zu, die durch einen völligen Verzicht des Investors auf die Beseitigung des Instituts des diplomatischen Schutzes abzielt. García-Amador, F.V., Calvo Doctrine, S. 522; Herdegen, M., Internationales Wirtschaftsrecht, § 4 Rn. 21. Die Folge eines solchen individuellen Verzichts im Völkerrecht sind zwar nicht völlig unumstritten, da dem Ausländer die rechtliche Fähigkeit fehlt, auf das Recht des diplomatischen Schutzes durch seinen Heimatstaat zu verzichten. García-Amador, F.V., a.a.O., S. 523. Eine Bindung des Heimatstaates des Investors wird dadurch jedenfalls nicht erreicht. Allerdings kann der individuelle Investor im Rahmen seiner materiellen Dispositionsbefugnis über ihm zustehende Ansprüche und wohl auch über deren Durchsetzung verfügen. Herdegen, M., Investitionsschutz in Lateinamerika, S. 344.

[767] Dolzer, R., New Foundations, S. 571; Vitzthum/ Vitzthum, Völkerrecht, S. 498; Graham, D., The Calvo Clause, S. 306; Veith/ Böckstiegel, Der Schutz, S. 173 ff.; Dicke, D., Die Intervention, S. 233.

[768] Vgl. Art. 4 (2) Res. 1803, in: ILM, Vol. 2, 1963, S. 225.

[769] Vgl. z.B. den Investitionsschutzvertrag mit den USA, in: ILM, Vol. 31, 1992, S. 124 ff. Ebenso hat sich auch Bolivien im Abkommen mit der BRD, in: BGBl. 1988 II, S. 255 ff., in Kraft seit 09.11.1990, von der Calvo-Doktrin verabschiedet, wie auch Mexiko, als es der NAFTA, die den Hull-Standard anerkennt, beigetreten ist. Vgl. ILM, Vol. 32, 1993, S. 289 ff.; Zagel, G., Auslandsinvestitionen in Lateinamerika, S. 227.

[770] Inter-American Convention on International Commercial Arbitration, vom 30.01.1975, abgedruckt unter YCA, Vol. 3, 1978, S. 15 ff.

[771] Die Abkehr ist nicht nur auf den Wettbewerb um ausländische Investitionen zurückzuführen, sondern auch auf den völkerrechtlichen Trend, zu einer vollen Entschädigungszahlung bei der Enteignung ausländischen Vermögens zurückzukehren. Theodorou, H., Investitionsschutzverträge, S. 76 f.

[772] Drucker, A., Compensation Treaties, S. 238 ff.; *United States of America – Rumanian People's Republic*, vom 30.03.1960, in: AJIL, Vol. 54, 1960, S. 742; *United States of America – Polish People's Republic*, vom 16.07.1960, in: AJIL, Vol. 55, 1961, S. 540.

[773] Vgl. Somarajah, M., The International Law, S. 254.

[774] Vgl. Erklärung über die Errichtung der Neuen Weltwirtschaftsordnung, Resolution 3201, in: ILM, Vol. 13, 1974, S. 715 ff.; Art. 2 (c) Charta der wirtschaftlichen Rechte und Pflichten der Vereinten Nationen, Resolution 3281 (XXIX) in: ILM, Vol. 14, 1975, S. 251 ff.

uneingeschränkte Kontrolle der Gaststaaten über die ausländischen Investitionen begründet.[775] Darüber hinaus stelle eine Nationalisierung etwas wesensmäßig Verschiedenes von den anderen Entziehungsarten dar.[776]

cc) Vermittelnde Ansicht

Während die strengen Hull-Anhänger auch im Fall der Nationalisierung eine volle Entschädigung verlangen - konträr zur Vertretung der uneingeschränkten Nationalisierungsmöglichkeit - versucht eine vermittelnde Ansicht zwischen diesen beiden Extrempositionen einen Kompromiss zu finden. In der Überzeugung, dass das staatliche Recht zur Nationalisierung nicht zu leicht versagt werden sollte, wird die Anwendung flexiblerer Standards gefordert. Diese Meinung zielt überwiegend auf die Leistungsfähigkeit des Enteignerstaates ab und erkennt daher an, dass eine angemessene Entschädigung auch unter dem Wert des nationalisierten Vermögens liegen kann.[777] Nach De Nova erfordere das Völkerrecht keine prinzipielle, sondern eine faktische Andersbehandlung der Nationalisierung bezüglich der Entschädigung. Der Staat dürfe nicht gehindert werden, die von ihm als gut erachteten sozialen und wirtschaftlichen Änderungen seiner inneren Ordnung durchzuführen.[778] Ähnlich vertritt auch Dahm, dass bei Nationalisierungen nicht mehr streng am Prinzip der vollen Entschädigung festgehalten werden dürfe, da sich internationales und nationales Recht geändert hätten.[779] Methodologisch wird entweder eine Lockerung der Hull-Formel bzw. einzelner ihrer Merkmale vertreten oder es sollen für individuelle Fälle Ausnahmen gelten.[780] Die meisten Anhänger dieser Ansicht sehen jedoch auch, dass ein kompletter Entschädigungsausschluss keine mögliche Alternative ist. Viele schlagen daher eine Reduzierung der zu zahlenden Entschädigung vor, wobei die finanziellen Möglichkeiten des Enteignerstaates mit zu berücksichtigen seien.[781]

b) Rechtsgrund für eine Entschädigungspflicht

Die traditionellen Völkerrechtler der westlichen Staaten vertreten eine Verpflichtung des enteignenden Staates, ausländische Enteignete für ihren Vermögensverlust zu entschädigen, unabhängig, ob auch die Einbußen der eigenen Staatsangehörigen ausgeglichen werden. Diese Argumentation hat ihren Ursprung im 19. Jahrhundert und der damals fasst ausschließlichen Einzelenteignungen. Grundsätzlich werden in der Literatur drei Theorien diskutiert, auf die sich die Ausgestaltung des Entschädigungsanspruchs stützen lässt:

---

[775] Seidl-Hohenveldern/ Stein, Völkerrecht, Rn. 1608 ff.
[776] Vgl. Böckstiegel, K., Die allgemeinen Grundsätze, S. 87 f.
[777] Verwey/ Shrjiver, The Taking of Foreign Property, S. 20; Verdross/ Simma, Universelles Völkerrecht, § 1222.
[778] Nova de, R., Völkerrechtliche Betrachtungen, S. 137 ff.
[779] Dahm, G., Völkerrecht, 1958, Bd. I, S. 516 ff. Für einen flexiblen Standard, der Einzelfallbetrachtungen ermöglicht, auch Brownlie, I., Principles, S. 537 f.; Stoll, J., Vereinbarungen, S. 98; Verwey/ Shrjiver, The Taking of Foreign Property, S. 17 ff., Dolzer, R., Eigentum, S. 293; Verdross/ Simma, Universelles Völkerrecht, § 1222; Seidl-Hohenveldern, I., Völkerrechtswidrige staatliche Eigentumseingriffe, S. 7 f.
[780] Verlangt wird zum Teil die Gestattung von Ratenzahlung vgl. Verwey/ Shrjiver, The Taking of Foreign Property, S. 17 ff.; Alenfeld, J., Die Investitionsförderungsverträge, S. 159 m.w.N. Andere wollen vom Erfordernis der prompten Entschädigungszahlung absehen. Vgl. Verdross/ Simma, Universelles Völkerrecht, § 1222.
[781] Auch Seidl-Hohenveldern ist im Fall der Nationalisierung für eine Lockerung der klassischen Formel. Seidl-Hohenveldern, I., Communist Theories, S. 548 ff. Oppenheimer äußert: „*Modification must be recognised in which fundamental changes in the political system and economic structure of the State of far-reaching social reforms entail interference, on a large scale, with private property. In such cases neither the principle of absolute respect for alien private property nor rigid equality with the disposed nationals offer a satisfactory solution of the difficulty. It is probable that, consistently with legal principle, such solution must be sought in the granting of partial compensation.*" Oppenheim/ Lauterpacht, International Law, Vol. I, 1955, § 155 d.

aa) Vertrauensgrundsatz

Das Gutglaubensprinzip findet sich als allgemeiner Rechtsgrundsatz auch in der völkerrechtlichen Ordnung.[782] Im Rahmen eines Enteignungsfalles rechtfertigt sich seine Anwendung daraus, dass ein Staat, der einem Fremden den Eigentumserwerb - ohne dazu völkerrechtlich verpflichtet zu sein[783] – gestattet hat, in diesem gewisse Erwartungen auf den Fortbestand seiner Rechte weckt. Der ausländische Investor, der sich auf die Zulassung seiner Kapitalanlage verlassen hat, geht davon aus, dass dies auch in Zukunft so bleiben wird und tätigt in diesem Vertrauen auf den Fortbestand seiner Anlage gewisse Aufwendungen.[784] Das Prinzip des „Guten Glaubens" kann jedoch nur soweit gehen, wie ein Vertrauenstatbestand nach dem gegenwärtigen Völkerrecht reicht. Da danach eine Enteignung von ausländischen Staatsangehörigen erlaubt ist, kann sich der Fremde nicht auf den absoluten Schutz seiner Investition und einen kompletten Ausschluss einer Enteignung verlassen. Vertrauen darf er jedoch darauf, dass ihm in einem solchen Falle eine Entschädigung gezahlt wird.

An dem Prinzip des Vertrauensschutzes ist jedoch zu kritisierten, dass es selbst über keinen materiellen Inhalt verfügt, sondern zur Bestimmung seines Regelungsgehaltes auf Normen des allgemeinen Völkerrechts zurückgreifen muss. Daher schützt es lediglich das Vertrauen, das von der völkerrechtlichen Ordnung gebilligt wird. Mit einer Änderung der völkerrechtlichen Normen würde als Konsequenz ein einmal erlangter Vertrauensschutz seine Wirkung verlieren.

bb) Lehre von den wohlerworbenen Rechten

Im traditionellen Völkerrecht sah man in Enteignungen und Nationalisierungen eine Verletzung „wohlerworbener Rechte" *(acquired rights)*.[785] Zu diesen Rechten sollten die auf besonderem Erwerbstitel beruhenden, wie auch die angeborenen Rechte zählen.[786] Die Achtung vor den „wohlerworbenen Rechten" drückt sich in dem Gedanken aus, dass die Schwere eines Eingriffs in das Privateigentum, wie ihn die Enteignung darstellt, durch eine Entschädigung kompensiert werden müsse.[787] Es gibt zwar keine völkerrechtliche Verpflichtung, fremden Staatsangehörigen den Erwerb aller Privatrechte zu erlauben; hat ein Staat dies jedoch gestattet, dürfe er dem Ausländer nicht dessen unter dem relevanten Verwaltungsrecht erworbenes Eigentum ohne Grund wieder wegnehmen.[788] Die Lehre lässt sich dabei bezüglich der Rechtsfolgen in zwei Positionen unterscheiden:

Nach der extremen Position ist die Enteignung „wohlerworbener Rechte" an sich schon rechtswidrig und daher das entzogene Eigentum zurückzugeben, sowie der vorherige Status wiederherzustellen.[789] Dies widerspricht allerdings dem höherrangigen Grundsatz der Staatensouveränität, der einem Staat die Veränderung seiner Wirtschaftsordnung, einschließlich der Möglichkeit, Enteignungen durchzuführen, garantiert.[790]

---

[782] Vgl. zum Grundsatz des Vertrauensschutzes Verdross/ Simma, Universelles Völkerrecht, § 60 ff.
[783] Asante, S., International Law, S. 616.
[784] Dolzer, R., New Foundations, S. 579.
[785] García-Amador's fourth report, in: YILC, Vol. 2, 1959, S. 9, § 32; Guggenheim, P., Lehrbuch des Völkerrechts, S. 301; zahlreiche Nachweise bei Stoll, J., Vereinbarungen, S. 97 f.
[786] Vgl. Ammann, U., Der Schutz, S. 35; Bindschedler, R., Verstaatlichungsmaßnahmen, S. 27.
[787] Nova de, R., Völkerrechtliche Betrachtungen, S. 128; Kronfol, Z., Protection, S. 19.
[788] Vgl. bei Seidl-Hohenveldern/ Stein, Völkerrecht, Rn. 1605; Jain, S., Nationalization, S. 177.
[789] *Lighthouse Arbitration*, in: ILR, Vol. 23, 1956, S. 659, 664 ff.; vgl. auch bei Francioni, F., Compensation for Nationalisation, S. 259 m.w.N.
[790] Francioni, F., Compensation for Nationalisation, S. 260.

Die gemäßigtere Auffassung entfernt sich daher von der Beschränkung des Rechts eines Staates, das Eigentum Fremder zu enteignen; dafür müsse der Enteignerstaat den Fremden jedoch entschädigen. Daher wendet diese Auffassung die Grundsätze der Staatenverantwortlichkeit für rechtswidriges Handeln an. Die Entschädigung solle aus dem für den Enteigneten entstandenen materiellen Schaden, einschließlich eines entgangenen Gewinns, bestehen.[791] Problematisch ist daran allerdings, dass die Lehre von den „wohlerworbenen Rechten", welche anhand des Landesrechts bestimmt werden müssen,[792] mangels Übereinstimmung der einzelnen nationalen Rechtsordnungen nicht als allgemeiner Rechtsgrundsatz im Sinne von Art. 38 (1) (c) IGH-Statut angesehen werden kann. Eine Übertragung dieser Lehre auf das Völkerrecht kann aufgrund anderer völkerrechtlicher Grundsätze nicht ohne Modifikation vorgenommen werden.[793] Außerdem wird der Begriff der „wohlerworbenen Rechte" vermehrt als unbefriedigend kritisiert, da der Inhalt dieses Terminus genauso vage ist wie derjenige des Eigentums.[794]

cc) Lehre von der unberechtigten Bereicherung

Zur Begründung einer Entschädigungspflicht wird in der Literatur auch das Prinzip der ungerechtfertigten Bereicherung (*unjust enrichment* oder *enrichissement sans cause*) vertreten, das als allgemeiner Rechtsgrundsatz im Sinne von Art. 38 (1) (c) IGH-Statut angesehen wird.[795] Danach würde sich ein enteignender Staat, der keine Entschädigung zahlt, wenn er ausländisches Eigentum enteignet, ohne Rechtfertigung bereichern.[796] Im Gegensatz zu aa) geht dieses Prinzip von der, dem enteignenden Staat zufallenden Bereicherung aus und orientiert sich nicht daran, was der Eigentümer verloren hat.[797] Nach dem Rechtsgedanken der „*equity*" solle ein gerechter Ausgleich zwischen den Forderungen des enteigneten Ausländers und den legitimen Interessen des Enteignerstaates an einer freien Gestaltung seiner Wirtschaftsordnung gefunden werden.[798] Das Prinzip erlaubt es auch, unangemessene Vorteile, die der Eigentümer vor der Enteignung besaß, unter Billigkeitserwägungen wegfallen zu lassen. Beispielsweise wäre dann ein Vermögenszuwachs des Staates nicht ungerechtfertigt, wenn sich dieser mit der Enteignung nur geholt hätte, was ihm ohnehin schon immer zustand oder er sich nur einer dauerhaften Ausnutzung durch multinationale Investoren entledigt hätte.[799]

Diese Theorie ist mit Vorsicht anzuwenden, um nicht kapitalimportierenden Staaten, die weder Gewinne noch Gewinnerwartungen der zu enteignenden Investoren in Ansatz zu bringen haben, erst Enteignungsanreize zu geben.[800]

---

[791] Dies soll sich aus dem vollen Ersatz oder der Gewährung gleichartiger neuer Titel von entsprechendem Wert ergeben. Francioni, F., Compensation for Nationalisation, S. 261; Bergmann, H., Die völkerrechtliche Entschädigung, S. 37; Aréchaga de, E., State Responsibility, S. 180 f.

[792] Bindschedler, R., Verstaatlichungsmaßnahmen, S. 27.

[793] Dolzer, R., New Foundations, S. 569 f.

[794] Hoch, T., The Protection of Property, S. 11; Hartmann, G., Nationalisierung, S. 119 f.

[795] Vgl. Hartmann, G., Nationalisierung, S. 121.

[796] Vgl. bei Aréchaga de, E., State Responsibility, S. 179.

[797] Lillich/ Bergin, The Valuation, Vol. 2, S. 16; Oschmann, F., Calvo-Doktrin, S. 106.

[798] Hefele, R., Ermittlung der Entschädigung, S. 16.

[799] Richter Levi Carneiro vertrat in seiner abweichenden Ansicht im *Anglo-Iranian Oil Co. Case* von 1952 vor dem ICJ folgenden Grund für eine Entschädigungszahlung und folgte damit dem Prinzip der unberechtigten Bereicherung: „*Where damage has been suffered by a member of the community in the interests of the latter it would be unjust that that member alone should bear the full burden of the sacrifice.*" Vgl. ICJ Reports 1952, S. 162. Auch im Zusammenhang mit dem *Lena Goldfields Arbitration Case* stützten die Schiedsrichter ihr Urteil besonders auf dieses Prinzip. Vgl. Lauterpacht, H., Annual Digest, S. 3 f.

[800] Oschmann, F., Calvo-Doktrin, S. 107. Ein enteignetes Unternehmen, das mangels Managementerfahrung in Händen des Staates wertlos ist und daher für ihn keine Bereicherung darstellt, könnte für den Unternehmer vor der Enteignung von großem Wert gewesen sein. Nach der Theorie der ungerechtfertigten Bereicherung hätte der Enteignerstaat dennoch keine Entschädigung zu leisten.

Problematisch ist auch, dass Begriffe wie „ungerechtfertigte Bereicherung" derart subjektiv sind, dass sie durchwegs Konfliktpotential erzeugen. Was sich für die eine Partei als gerechtfertigte Bereicherung darstellt, ist für die andere ungerecht.[801]

Im Ergebnis kann die Doktrin der ungerechtfertigten Bereicherung aus dem Zivilrecht, die eine Gleichrangigkeit der betroffenen Parteien voraussetzt, nicht mechanisch in das internationale Recht übertragen werden.[802] Ebenso wie auch die Doktrin der wohlerworbenen Rechte auf Billigkeit beruht, ist es problematisch, dieser Abwägung in einem Bereich Geltung verschaffen zu wollen, in dem öffentlich-rechtliche Erscheinungen den Vorrang genießen.[803] So kommt die Untersuchung der abstrakten Konzepte und Lehren zu dem Ergebnis, dass sich durch sie kein System eines internationalen Enteignungsrechts entwickeln lässt, da insbesondere ein materieller Gehalt der dargestellten Theorien im internationalen Recht umstritten ist.[804] Was sich aus ihnen jedoch entnehmen lässt, ist eine Begründung für das Erfordernis einer Entschädigung.[805]

c) Höhe der Entschädigungszahlung

Lässt sich für die grundsätzliche Entschädigungspflicht bei staatlichen Eigentumsentziehungen gegenüber Ausländern in der modernen völkerrechtlichen Meinung noch eine verhältnismäßig große Übereinstimmung feststellen, so kann davon hinsichtlich der Höhe der Entschädigung und der Art und Weise, wie diese Höhe festgelegt werden soll, keine Rede sein.[806] Früher ließ sich der wirtschaftliche Wert der enteigneten Güter einfach nach allgemeingültigen Bewertungsmaßstäben ermitteln, wobei sich eine Entschädigung nach dem Marktwert[807] richtete.[808] Mit der Durchführung einer Vielzahl von Verstaatlichungen nach dem Ende der Kolonialherrschaft änderte sich dies allerdings, ohne dass sich eine einheitliche Praxis bildete. In der Jurisprudenz dominieren Begriffe wie "angemessen", „geeignet", „gerecht" oder „fair" für die Bestimmung der Höhe der Entschädigung.[809] Damit lassen sich allerdings noch keine konkreten Antworten erzielen und die Bewertungsfrage bleibt bestehen.[810]

aa) Traditionelle Auffassung

Nach dem traditionellen Stand im Völkerrecht, der auch noch heute die Rechtsüberzeugung der kapitalexportierenden Staaten darstellt, obliegt dem Staat nach der Hull-Formel eine Verpflichtung zur Leistung einer „gerechten"

---

801 Malanczuk, P., Modern Introduction, S. 170.

802 Aréchaga de, E., State Responsibility, S. 182; Lillich/ Meessen, The Valuation, Vol. 4, S. 163 f. m.w.N. Vgl. auch die Entscheidung in *Dickson Car Wheel Company ./. United Mexican States*, in dem die US-*Mexican General Commission* äußerte: „*It is obvious that the theory of unjust enrichment as such has not yet been transplanted to the field of international law as this is of a juridical order distinct from local or private law... it is necessary to establish the international illegality of the causative act...* " in: Reports of International Arbitral Awards, United Nations, Vol. 4, S. 676.

803 Sornarajah, M., The International Law, S. 366 f.; im Ergebnis auch Amerasinghe, C., State Responsibility, S. 149.

804 So auch Schachter, O., in: Vorwort zu Lillich, The Valuation, Vol. 4, S. vii.; Dolzer, R., Eigentum, S. 282 f.

805 Hartmann, G., Nationalisierung, S. 122.

806 Kreutzfeld, J., Investitionsschutz, S. 63. Insofern ist Böckstiegels Feststellung aus dem Jahre 1963 noch immer gültig: „Die Frage nach der Höhe der Entschädigung ist zur Zeit der umstrittenste Punkt des gesamten Enteignungsvölkerrechts." Böckstiegel, K., Die allgemeinen Grundsätze, S. 82.

807 Mit der Erwähnung der Bewertung des zu enteignenden Gegenstandes soll keine Vermengung zwischen Entschädigungsstandard und Bewertungsmethode erfolgen. Vgl. Fn. 812.

808 Im allgemeinen gab es bis zum Ersten Weltkrieg auch noch kein nennenswertes Enteignungsrisiko. Menzel, E./Knut, I., Völkerrecht, S. 177.

809 Domke, M., Foreign Nationalizations, S. 608.

810 Hefele, R., Ermittlung der Entschädigung, S. 2.

(*just*) oder „angemessenen" (*adequate*) Entschädigung.[811] Dabei bleibt jedoch offen, was unter „angemessener" oder „gerechter" Entschädigung zu verstehen ist. Oft wurde der Begriff durch die Synonyme „*full*", „*just*", „*fair*", „*appropriate*" und „*reasonable*" ersetzt.[812] Art. 10 (2) (a) des *Harvard Law School Draft Convention on the International Responsibility of States for Injuries to Aliens* von 1961 sah eine „*just compensation*" nach einem fairen Marktwert des enteigneten Gegenstandes vor.[813] Dies wurde in dem *Restatement (Third) of the Foreign Relations Law of the United States von 1987* bestätigt, welches für eine Enteignung die Zahlung einer „*just compensation*" im Sinne der „*absence of exceptional circumstances*" forderte.[814] Auch der ständige Gerichtshof erklärte in einem seiner Urteile zur „Fabrik in Chorzów" eine „*fair compensation*" als völkerrechtlich geschuldet.[815]

Nach der streng traditionellen Ansicht soll der Grundsatz der vollen Entschädigung sowohl für Einzelenteignungen als auch für Nationalisierungen gelten.[816] Auch wenn im völkerrechtlichen Schrifttum oder in internationalen Abkommen keine Übereinstimmung in der Terminologie besteht, so verstehen die Anhänger der herkömmlichen Völkerrechtslehre – unabhängig von dem Begriff, den sie verwenden – dass eine Entschädigung dem Wert der enteigneten Sache entsprechen muss. Dies bedeutet, dass sie sich auf den vollen Wert des enteigneten Objekts, d.h. seinen Marktwert (*fair market value*)[817] zum Zeitpunkt der Enteignung oder der öffentlichen Ankündigung[818] der Enteignung beziehen soll.[819] Vor allem von den Vereinigten Staaten von Amerika wird immer wieder der Verweis auf die Hull- Formel betont.[820] Aber auch in Europa bekannte man sich ausdrücklich zum Erfordernis der prompten, adäquaten und effektiven Entschädigung, als die Bundesrepublik Deutschland, Frankreich und das Vereinigte König-

---

[811] Bergmann, H., Die völkerrechtliche Entschädigung, S. 42; Brownlie, I., Principles, S. 532; Dolzer, R., New Foundations, S. 557 f.; Baxter, R., Reflections on Codification, S. 756; Menzel, E./ Knut, I., Völkerrecht, S. 178. Gemäß Schachter, O., Compensation for Expropriation, S. 122 ff., hat diese Formel keine internationale Akzeptanz gefunden.

[812] Jain, S., Nationalization, S. 121. Nach Art. 25 des *Economic Agreement of Bogota*, unterzeichnet während der 9. Internationalen Konferenz der Amerikanischen Staaten von 1948, sollte jede Enteignung begleitet werden, „*by payment of fair compensation in a prompt, adequate and effective manner.*" García-Amador/ Sohn/ Baxter, Recent Codification, S. 55 Fn. 103.

[813] Harvard Draft Nr. 12, in: AJIL, Vol. 55, 1961, S. 548 ff. Paragraph 187 des Restatement of the Law by the American Law Institute bestimmt die „just compensation" als „adequate in amount, ...paid with reasonable promptness,...and paid in a form that is effectively realizable by the alien, to the fullest extent that the circumstances permit,....Vgl. American Law Institute, Restatement, second, S. 563.

[814] Vgl. Robinson, D., Expropriation in the Restatement, S. 176; Ijalaye, D., Indigenization Measures, S. 42. Dieselbe Ansicht kam bereits in den vorhergehenden *Restatement of the Foreign Relations Law of the United States* von 1982 und 1985 zum Ausdruck. Vgl. Gann, P., Compensation Standard, S. 615 ff.

[815] Chorzów-Fall, in: PCIJ Series A Nr. 17, S. 47: „...reparation must, as far as possible, wipe out all the consequences of the illegal act and re-establish the situation which would, in all probability, have existed if that act had not been committed. Restitution in kind, or, if this is not possible, payment of a sum corresponding to the value which a restitution in kind would bear;..."

[816] Vgl. Ammann, U., Der Schutz, S. 81 f.; Menzel, E./ Knut, I., Völkerrecht, S. 178; Ipsen, K., Völkerrecht, 4. Aufl., § 47 Rn. 18; Banz, M., Völkerrechtlicher Eigentumsschutz, S. 157.

[817] Dazu vgl. *Kuwait-Aminoil-Arbitration*, in: ILM Vol. 21, 1982, S. 1031 ff.; Chorzów-Fall, in: PCIJ Series A Nr. 17, S. 47; *Kuwait-Aminoil-Arbitration Aminoil ./. Kuwait*, ILM Vol. 21, 1982, 1031 ff.; Wesley, R., Establishing Minimum Compensation, S. 943; Vitzthum/ Vitzthum, Völkerrecht, S. 498; Comeaux/ Kinsella, Protecting, S. 81; Ipsen, K., Völkerrecht, 4. Aufl., § 47 Rn. 18; Verdross/ Simma, Universelles Völkerrecht, § 1217; Bergmann, H., Die völkerrechtliche Entschädigung, S. 43. Wird ein in Betrieb befindliches Unternehmen enteignet, für das ein Marktwert nicht vorhanden bzw. ermittelbar ist, soll der Ersatz der Nettoerträge bzw. der geschätzten künftigen Jahreserträge multipliziert mit einem bestimmten Kapitalisierungsfaktor ersetzt werden. Vgl. Dolzer, R., Eigentum, S. 47. Zur Unternehmensbewertung, die hier nicht in der erforderlichen Ausführlichkeit abgehandelt werden kann und für die vorliegende Problematik auch ohne Bedeutung ist vgl. Schäfer, M., Entschädigungsstandard, S. 101 ff. Zur Wertermittlung wird auf die sog. „*discounted-cash-flow*" Methode verwiesen. Vgl. Lillich/ Clagett, The Valuation, Vol. 4, S. 48 ff. Je nachdem ob es sich um ein florierendes Unternehmen handelt oder nicht, werden verschiedene Berechnungsmethode herangezogen. Vgl. Zagel, G., Auslandsinvestitionen in Lateinamerika, S. 204.

[818] Vgl. Chorzów-Fall, in: PCIJ Series A Nr. 17, S. 47.

[819] Veith/ Böckstiegel, Der Schutz, S. 173 ff., 180.

[820] Vgl. etwa das *Hickenlooper Amendment*, Sec. 2370 (e) (1) (C), wonach eine Entschädigungszahlung mit dem „*equivalent to the full value*" angegeben wird. Vgl. Dolzer, R., Eigentum, S. 40. Oder die amerikanischen Anträge vor dem *Iran-US Claims Tribunal*. Vgl. Lillich/ Clagett, The Valuation, Vol. 4, S. 40 ff. Auch in dem Standard-BIT der USA wird eine solche Entschädigungszahlung verlangt. Vgl. Gann, P., The U.S. bilateral Investment Treaty Program, S. 401.

reich anlässlich des Vorbehalts Portugals zum ZP der EMRK in ihren Stellungnahmen direkt auf die Hull-Formel Bezug nahmen.[821] Bei einer Untersuchung der verschiedenen nationalen Rechtsordnungen lässt sich jedoch feststellen, dass selbst die europäischen Staaten die Anforderungen der Hull-Formel nicht immer verwirklichen.[822] Es sind jedoch laute Stimmen in der Literatur vorhanden, die annehmen, dass es dennoch einen sogenannten „*Minimum Standard of International Justice*" im Rahmen des Eigentumsschutzes gibt, den ein Staat bei der Behandlung der Ausländer nicht unterschreiten darf.[823]

bb) Ansicht der Entwicklungsländer und sozialistischen Staaten

Infolge einer Welle von Nationalisierungen, ausgelöst durch die Unabhängigkeit der Kolonialstaaten, hielten die meisten Entwicklungsländer den Grundsatz der vollen Entschädigung, zumindest auf Verstaatlichungen, für nicht anwendbar, worin sie von den sozialistischen Staaten unterstützt wurden.[824] In Fällen von allgemeinen großflächigen Enteignungen argumentierten sie, wäre die Formel der „prompten, adäquaten und effektiven" Entschädigung unanwendbar, da diese sonst einem Staat praktisch die Möglichkeit zur Nationalisierung nehmen würde.[825] Im Falle der Nationalisierung verlange das Völkerrecht von den Staaten nicht mehr, als die Ausländer und deren Vermögen genauso gut (bzw. auch genauso schlecht) wie Inländer zu behandeln.[826] Sie müssten frei über ihre eigene wirtschaftliche Entwicklung entscheiden dürfen, was ihnen bei einer vollen Entschädigungsverpflichtung aufgrund ihrer beschränkten finanziellen Ressourcen verwehrt wäre.[827]

Einige Entwicklungsländer bestimmten die Höhe der Entschädigung, wenn eine solche überhaupt gezahlt wurde, nach dem Nettobuchwert, d.h. abzüglich der angefallenen Abschreibungen.[828] Andere waren der Ansicht, dass die Höhe der Entschädigung im Ermessen des enteignenden Staates läge.[829] Jedenfalls sollte kein Recht der Ausländer auf eine volle Entschädigung bestehen.

---

[821] Vgl. BGBl. 1979 II, S. 1044, BGBl. 1981 II, S. 1021; Dolzer, R., Eigentum, S. 40 f. Bestätigt wird diese Anschauung auch durch den Konsens in der am 17.12.1994 unterzeichneten Energie-Charta, bei der es sich um einen multilateralen Vertrag im Bereich des Energiesektors handelt. Postl, M., Eigentum, S. 141 f.

[822] In den Rechtsordnungen von Spanien, Schweden, Italien und Großbritannien findet sich beispielsweise keine Vorschrift über die zu zahlende Höhe einer Entschädigung. Vgl. bei Dolzer, R., Eigentum, S. 292. Der spanische Gesetzgeber verlangt eine „*justa compensacion*", vgl. Entscheidung des spanischen Verfassungsgerichts vom 26.03.1987, STC 37/ 1987, in: JC 1987, S. 405 ff. In Italien muss nach den Enteignungsgesetzen ebenfalls ein „*giusto prezzo*" gezahlt werden, der einen Abschlag bis zu 40 % in der Praxis erreichen kann. Vgl. Weber, A., Menschenrechte, S. 828 f.

[823] Vagts, D., Minimum Standard, S. 410; Böckstiegel, K., Die allgemeinen Grundsätze, S. 78. Eigentumsschutz zählt dabei zwar zum Mindeststandard, nicht aber zum unabänderbaren *ius cogens*. Selbst in der AEMR vom 10.12.1948 und in den Menschenrechtskonventionen von 1966 fehlt das Eigentumsrecht. Auch wären ansonsten völkerrechtliche Verträge über einen Eigentumsverzicht völkerrechtswidrig, was aber der Staatenpraxis entgegenstünde. Doehring, K, Völkerrecht, S. 366 f.

[824] Vgl. Menzel, E./ Knut, I., Völkerrecht, S. 178.

[825] Seidl-Hohenveldern, I., Alien, Property, S. 117; Dolzer, R., Eigentum, S. 293; Verdross/ Simma, Universelles Völkerrecht, § 1222; Berber, F., Lehrbuch des Völkerrechts, Bd. 1, 1975, S. 427 f.

[826] Damit beriefen sie sich ausgehend von der Calvo-Doktrin auf den formalen Grundsatz der Inländergleichbehandlung. Vgl. dazu Brownlie, I., Principles, S. 535 ff.; Oschmann, F., Calvo-Doktrin, S. 152 ff., auch zur Entwicklung und Gültigkeit der Calvo-Doktrin.

[827] Bergmann, H., Die völkerrechtliche Entschädigung, S. 44. Dieses Rechtsempfinden konnten die kapitalimportierenden Staaten aufgrund ihrer gestiegenen Vertretung in der Generalversammlung in einigen Resolutionen der Vereinten Nationen durchsetzen. Kreutzfeld, J., Investitionsschutz, S. 67.

[828] Kreutzfeld, J., Investitionsschutz, S. 66; Dolzer, R., Eigentum, S. 47.

[829] Ipsen, K., Völkerrecht, 4. Aufl., § 47 Rn. 19.

cc) Inhalt der UN-Resolutionen

Obwohl Resolutionen der Generalversammlung ihrem Charakter nach nicht verbindlich sind - trotz Namensgebung als Deklaration oder sogar Charta - und unmittelbar kein neues Völkerrecht schaffen können[830] - haben sie oft nicht geringen Einfluss auf den Entwicklungsprozess neuen Rechts, die Änderung alter Normen oder die öffentliche Meinung der internationalen Völkerschaft.[831] Die Resolution hat in der Regel das Ziel, den Status des bestehenden Rechts auszudrücken. So wie sie zum Ausgangspunkt neuen Völkergewohnheitsrechts werden kann, obliegt ihr auch die Möglichkeit traditionelles Gewohnheitsrecht zu zerstören.[832] Zunächst haben 1950 die Vereinten Nationen mit einer Resolution der Vollversammlung, dann auch die *International Bar Association* und die *International Law Association* ausgedrückt, dass eine Pflicht zur angemessener Entschädigung bei jeder Art von Entziehung anzuerkennen sei.[833]

aaa) Die UN-Resolution Nr. 1803 (XVII) und Nr. 3171 (XXVIII)

Nach einer Anzahl von Resolutionen über die souveränen Rechte der Staaten über ihre natürlichen Ressourcen, begann die Generalversammlung den Begriff der „Ständigen Souveränität" zu konkretisieren. Mit der Resolution 1803 (XVII) vom 14.12.1962,[834] die das fortwährende Recht der Staaten über ihre Bodenschätze betonte, wurde auch die Entschädigungsfrage gelöst und es konnte noch ein Kompromiss der westlichen Auffassung und der Ansicht der Entwicklungsländer getroffen werden.[835] Bedeutsam ist dabei, dass die Entwicklungsländer erstmals einen völkerrechtlichen Eigentumsschutz anerkannten, der neben ihren nationalen Rechtsordnungen bestehen sollte.[836] Für Nationalisierung und Enteignungen wurde eine angemessene Entschädigung („*appropriate*" anstelle von „*adequate*") vereinbart, wobei hierfür das nationale Recht des Anlagestaates und das Völkerrecht maßgeblich waren.[837] In unterschiedlicher Weise interpretierte man jedoch den mehrdeutigen Begriff „*appropriate compensation*", der

---

[830] Art. 10 und Art. 11 SVN sprechen ausdrücklich davon, dass die Vollversammlung zu allen Fragen, die unter die Charta fallen, Empfehlungen abgeben kann. Nach h.M. haben jedoch auch die als Deklarationen bezeichneten Beschlüsse keinen Status als formelles Völkerrecht, sondern attestieren - wie sich aus Art. 10, 12 SVN ergibt - lediglich eine moralische Verpflichtung. Vgl. Seidl-Hohenveldern, I., Die „Charta", S. 237; Tomuschat, C., Die Charta, S. 465, 486; Ipsen, K., Völkerrecht, 4. Aufl., § 47 Rn. 23; Seidl-Hohenveldern/ Stein, Völkerrecht, Rn. 490; Haight, G., The NIEO, S. 597.

[831] Hartmann, G., Nationalisierung, S. 84. Sog. „*soft law*", vgl. Notter, M., Völkerrechtlicher Investitionsschutz, S. 40 ff.

[832] Tomuschat, C., Die Charta, S. 486.

[833] Res. 390 A (V) der Vollversammlung vom 02.12.1950; http://www.un.org/documents/ga/res/5/ares5.htm; besucht am 02.07.2004.

[834] Deklaration betreffend die ständige Souveränität über die natürlichen Reichtümer, *Permanent Sovereignty over Natural Resources*, General Assembly Res. 1803 (XVII) vom 14.12.1962, in: ILM, Vol. 2, 1963, S. 223 ff.; auch in: AJIL, Vol. 57, 1963, S. 710 ff. Inhaltlich regelt die Resolution die Förderung von Entwicklungshilfe und betont die Gleichheit und Selbstbestimmung der Völker, welche die Grundlage der finanziellen Abkommen zwischen den Entwicklungsländern und westlichen Industriestaaten sein sollen. Weiter setzt sie die Bedingungsfreiheit der Gewährung von Direktinvestitionen und Anleihen fest. Hinsichtlich der Enteignungsfrage regelt sie, dass Verstaatlichungen und Enteignungen eine sogenannte Nationalisierungs-Causa zugrunde liegen muss, d.h. ein nationales Interesse an der Maßnahme, die öffentliche Sicherheit oder Gemeinnützigkeit. Im Fall des Streits über die Entschädigungszahlung empfiehlt die Resolution neben den internationalen Gerichten auch den nationalen Rechtsweg zu beschreiten. Vgl. Hartmann, G., Nationalisierung, S. 85.

[835] Dolzer, R., Eigentum, S. 22 f.; Notter, M., Völkerrechtlicher Investitionsschutz, S. 52; Menzel, E./ Knut, I., Völkerrecht, S. 178. Die Einigung kam hauptsächlich deshalb zustande, weil die Formulierung es jeder Seite erlaubte ihren eigenen Maßstab hineinzuinterpretieren. Auch ist dies aus der Überlegung heraus zu verstehen, dass die Entwicklungsländer einsahen, dass ihnen eine weitgehende Konfrontation mit den Industrienationen keinen Nutzen bescheren würde. Vgl. zur Entstehung der Kompromisslösung Schwebel, S., The Story of the U.N.'s Declaration, S. 463 ff.

[836] Oschmann, F., Calvo-Doktrin, S. 75.

[837] Paragraph 4 der Resolution sieht vor, dass „the owner shall be paid **appropriate**(von der Verfasserin hervorgehoben) compensation, in accordance with the rules in force in the State taking such measures in the exercise of its sovereignty and in accordance with international law. In any case where the question of compensation gives rise to a controversy, the national jurisdiction of the State taking such measures shall be exhausted." Zum Text vgl. ILM, Vol. 2, 1963, S. 223 ff.; Weston, B., The Charter of Economic rights, S. 448 ff.; Ipsen, K., Völkerrecht, 4. Aufl., § 47 Rn. 21.

sowohl eine Interpretation im Sinne der Hull-Formel, als auch Abweichungen von diesem Standard zuließ. Afghanistan und die Vereinigte Arabische Republik befürworteten die Auslegung der „*adequate compensation, when and where appropriate*“.[838] Dagegen verstanden die Vereinigten Staaten von Amerika unter der „*appropriate compensation*“ eine prompte, adäquate und effektive Entschädigung.[839] Zumindest bringt die Resolution zum Ausdruck, dass eine Pflicht zur Entschädigungszahlung grundsätzlich bestand;[840] über die umstrittene Frage der Höhe und Art der Entschädigungszahlung kam dagegen keine einheitliche Überzeugung zustande.[841]

Bis 1972 bezog sich auch das UNCTAD *Trade and Development Board* in seiner Resolution 88/ XII immer noch auf diese Resolution Nr. 1803. In der Folgezeit trieben jedoch die Bestrebungen der gerade unabhängig gewordenen Staaten nach einer ständigen Souveränität über ihre natürlichen Reichtümer, die weitere wirtschaftliche und politische Entwicklung voran. In den späteren Resolutionen, v.a. Resolution Nr. 3171 (XXVIII) [842] und Resolution Nr. 3281 (vgl. unten bbb) manifestierte sich nur noch die Verpflichtung zur Zahlung einer angemessenen bzw. möglichen Entschädigung. Diese sollte anhand des heimatstaatlichen Rechts des enteignenden Staates und durch seine Gerichte bestimmt werden.[843]

Mit der Resolution Nr. 3171, im Jahr 1973, unterzeichneten 86 Regierungen, dass der enteignende Staat selbst berechtigt sein sollte, die Höhe und Art der Entschädigung festzulegen und dass alle daraus entstehenden Streitigkeiten in Einklang mit dem nationalen Recht zu lösen seien.[844] Ein Verweis auf das internationale Recht wurde erstmals unterlassen.[845] Die Entschädigung als solche wurde nur noch als „*possible*“ bezeichnet.[846] Dies erweckt den Anschein, diese Resolution würde die Auffassung stützen, dass die Entschädigungszahlung im Ermessen des enteignenden Staates liegen würde. Aus dem Verweis in der Präambel der Resolution auf die Res. 1803 lässt sich dies jedoch nicht bestätigen.[847]

---

[838] Auch andere Entwicklungsländer legten die Formulierung als einen Handlungsspielraum bei der Festlegung der Entschädigungshöhe aus. Vgl. Salow, J., Bundesgarantien, S. 135. Eine spezifischere Formulierung wäre - trotz der Kritik an der Unsicherheit über die Definition - jedoch sicher an der ausreichenden Unterstützung in der Versammlung gescheitert. Jain, S., Nationalization, S. 123; Patzina, R., Rechtlicher Schutz, S. 89 f.

[839] Vgl. Schwebel, S., The Story of the U.N.'s Declaration, S. 465, Fn. 13; auch Fawcett/ Parry, Law, S. 28; Weston, B., The Charter of Economic rights, S. 448; Brower/ Tepe, The Charter of Economic Rights, S. 304; Dolzer, R., Eigentum, S. 22 m.w.N.; Salow, J., Bundesgarantien, S. 135; Comeaux/ Kinsella, Protecting, S. 67.

[840] Schwebel, S., The Story of the U.N.'s Declaration, S. 466.

[841] Banz, M., Völkerrechtlicher Eigentumsschutz, S. 142; Alenfeld, J., Die Investitionsförderungsverträge, S. 156; Ipsen, K., Völkerrecht, 4. Aufl., § 47 Rn. 21.

[842] Resolution vom 17.12.1973, abgedruckt in: AJIL, Vol. 68, 1974, S. 381-383 bzw. in: ILM, 1974, S. 238 ff.

[843] Vgl. Menzel, E./ Knut, I., Völkerrecht, S. 178; Verdross/ Simma, Universelles Völkerrecht, § 1223.

[844] Ipsen, K., Völkerrecht, 4. Aufl., § 47 Rn. 22. Der Grund für die kompromisslose Haltung der Entwicklungsländer bezüglich des Schutzes ausländischer Kapitalanlagen wird darin gesehen, dass diese Länder zur damaligen Zeit das Vertrauen in die Nützlichkeit solcher Investitionen für ihre eigenen Entwicklung weitgehend verloren hatten. Theodorou, H., Investitionsschutzverträge, S. 319.

[845] Norton, P., A law of the future, S. 474; García-Amador, F., The Proposed NIEO, S. 24; Dolzer, R., Eigentum, S. 28.

[846] Art. 3 der Resolution bestätigt, dass „...the application of the principle of nationalization carried out by States, as an expression of their sovereignty... implies that each State is entitled to determine the amount of possible compensation and the mode of payment, and that any disputes … should be settled in accordance with the national legislation of each State carrying out such measures." Dolzer, R., Eigentum, S. 28 ff.; Oschmann, F., Calvo-Doktrin, S. 76.

[847] Amerasinghe, C., Issues of Compensation, S. 32.

bbb) Die Charta über die wirtschaftlichen Rechte und Pflichten der Staaten von 1974

Am 12.12.1974 wurde die Charta der wirtschaftlichen Rechte und Pflichten der Staaten als Resolution 3281 (XXIX) durch die Generalversammlung angenommen.[848] Die Charta verabschiedete sich von dem überkommenen Prinzip der Staatenverantwortlichkeit und besagte, dass ein Staat nicht gezwungen werden dürfe, für Auslandsinvestitionen eine Vorzugsbehandlung zu gewähren [Art. 2 (2) (a) der Charta]. Von einem völkerrechtlichen Minimumstandard war in ihr keine Rede mehr. Sie nahm weder Bezug darauf, dass Verstaatlichungen nicht diskriminierend und zum öffentlichen Wohl erfolgen müssten, noch dass bei Nichterfüllung dieser Grundsätze dem Heimatstaat des Investors völkerrechtliche Ansprüche zustünden.[849] In Art. 2 (2) (c) spricht die Resolution von einer bloß „angemessenen" Entschädigung im Falle einer Enteignungsmaßnahme.[850] Da dies als eine Absage an die Forderung des Hull-Standards gewählt wurde, bedeutete dies im Ergebnis, dass zwar eine Entschädigung zu zahlen war,[851] diese aber weniger als eine volle Entschädigung zu sein brauchte.

Auch wenn die Verpflichtung zur Entschädigungszahlung mit der Resolution 3281 schwächer ausgedrückt wurde, kann daraus nicht die völlige Entbehrlichkeit entnommen werden. Vielmehr wird nach dieser Formulierung die regelmäßige Zahlung einer Entschädigung vorausgesetzt, deren Höhe nach den Gesetzen des enteignenden Staates und unter Berücksichtigung aller relevanter Umstände berechnet werden sollte. Damit beruhten die Details der Entschädigungszahlung auf einem Kompromiss des jeweiligen Einzelfalls, so dass man dieser Resolution auch nicht mehr Bedeutung entnehmen kann, als sie dem bereits nach Völkergewohnheitsrecht bestehenden Standard zukommt.[852]

ccc) Einfluss auf den völkerrechtlichen Eigentumsstandard

Aus den genannten Resolutionen entnahm man vielfach, dass eine volle Entschädigung vom internationalen Recht nicht mehr gefordert werden würde.[853] Um jedoch die Existenz eines neuen gegenteiligen Völkergewohnheitsrechts nachweisen zu können, bedarf es des Vorliegens einer entsprechenden Staatenpraxis (der sogenannten *consuetudo*) und einer Rechtsüberzeugung (der sogenannten *opinio iuris*).[854] UN-Resolutionen können zusammen mit allgemein

---

[848] Charta der wirtschaftlichen Rechte und Pflichten der Staaten (*Charter of the Economic Rights and Duties of States*), UN GA Res. 3281 (XXIX) vom 12.12.1974, in: ILM, Vol. 14, 1975, S. 251 ff.; Sternberg, H., Charta 1983, S. 74 ff.; Brower/ Tepe, The Charter of Economic Rights, S. 295, sowie zum historischen Hintergrund, S. 296 ff.; Rozental, A., The Charter of Economic Rights, S. 312 ff. Ihr grundlegendes Ziel war die Förderung der Errichtung einer NIEO, die auf Gleichheit, Souveränität, Unabhängigkeit und Gemeinschaftsarbeit unter den Staaten basierte, unabhängig von ihrem wirtschaftlichen und sozialen System. Petersmann, E., Charter of Economic Rights, S. 562.

[849] Salacuse, J., The Growth of BITs, S. 659 f.; Weston, B., The Charter of Economic rights, S. 437 ff.; Patzina, R., Rechtlicher Schutz, S. 91 f.

[850] Vgl. Art. 2 (2) (c): „To nationalize, expropriate or transfer ownership of foreign property, in which case **appropriate compensation should be paid** (von der Verfasserin betont) by the State adopting such measures, taking into account its relevant laws and regulations and all circumstances that the State considers pertinent. In any case where the question of compensation gives rise to a controversy, it shall be settled under the domestic law of the nationalizing State and by its tribunals, unless it is freely and mutually agreed by all States concerned that other peaceful means be sought on the basis of the sovereign equality of States and in accordance with the principle of free choice of means." GA Res. 3281 XXIX; Deutscher Text in: Europa-Archiv, Vol. 14, 1975, S. D 365 ff. Vgl. auch Haight, G., The NIEO, S. 597 f.; Petersmann, E., Charter of Economic Rights, S. 563; Brower/ Tepe, The Charter of Economic Rights, S. 305.

[851] Oschmann, F., Calvo-Doktrin, S. 77. A.A. aber Notter, M., Völkerrechtlicher Investitionsschutz, S. 56, wonach unklar bleibe, ob eine Entschädigungspflicht der enteignenden Staaten bestehe oder diese auf Freiwilligkeit beruhe.

[852] Patzina, R., Rechtlicher Schutz, S. 94 f.

[853] Schachter, O., Compensation for Expropriation, S. 121; Weston, B., The Charter of Economic Rights, S. 437; Dolzer, R., New Foundations, S. 553.

[854] Dicke, D., Die Intervention, S. 137.

anerkanntem Völkerrecht eine Völkerrechtsquelle bilden – nicht jedoch automatisch.[855] Dies soll möglich sein, wenn eine Resolution zum Ausdruck bringt, auf das allgemeine Völkerrecht Einfluss nehmen zu wollen und das Abstimmungsverhalten der Staaten einen breiten Konsens über den Inhalt der Resolution zum Ausdruck bringt. Auf alle Fälle können UN-Resolutionen ein überzeugendes Indiz für die Existenz und Auslegung der internationalen Regeln darstellen und dazu beitragen, die Staatenpraxis zu beeinflussen.[856]

Art. 2 der Resolution 3281 wurde daher von vielen als eine mehrheitliche Absage an die traditionelle gewohnheitsrechtliche Verpflichtung gesehen, einem enteigneten Ausländer eine „prompte, volle und effektive“ Entschädigung zu zahlen.[857] So vertreten auch Brower/ Tepe, dass lediglich durch das „*should*“ in der Resolution eine Garantie auf eine angemessene Entschädigung bestehe.[858] Auch wenn dieser Resolution von einigen Stimmen als Willensäußerung der Mehrheit der Generalversammlung bindende Kraft verliehen und sie als Ausdruck von sofort wirksamen Völkergewohnheitsrechts gesehen wird,[859] kann dies jedenfalls nicht für die Mitglieder gelten, die durch ihre Gegenstimme bzw. Enthaltung gezeigt haben, dass sie die verabschiedete Resolution nicht als Völkergewohnheitsrecht anerkennen.[860] Doch auch für die positiv votierenden Staaten ergibt sich aus der bloßen Stimmabgabe nicht eine für die Entstehung von neuem Gewohnheitsrecht erforderliche Rechtsüberzeugung.[861] Letztendlich muss festgehalten werden, dass die Resolutionen der UNO keine einheitliche Rechtsauffassung der Mitgliedstaaten zum Ausdruck bringen. Daher geben sie auch kein geltendes Völkergewohnheitsrecht wieder.

Auf die Resolution 3171 und 3281 bezogen, ist auch ein Einfluss auf das allgemeine Völkerrecht nach allgemeiner Meinung abzulehnen.[862] Weder war deren Inhalt als Ausdruck des geltenden Völkerrechts gedacht, noch wurde ihre Verabschiedung von einem einheitlichen Konsens getragen.[863] Anders ist hingegen für die frühere Resolution 1803 zu argumentieren, die eine breite Zustimmung hinsichtlich des Begriffs der „*appropriate compensation*“ sowohl unter den Entwicklungs- als auch den Industrieländern fand und zu dem Zweck verabschiedet wurde, Einfluss auf das allgemeine Völkerrecht auszuüben.[864] Ihr maß man die Bedeutung einer Deklaration bei; ein einheitlicher Entschädigungsstandard lässt sich jedoch auch aus ihr nicht entnehmen, da über die Interpretation des Begriffs der Ent-

---

[855] Borgsmidt, K., Rechtsverbindlichkeit, S. 234; Tomuschat, C., Die Charta, S. 467.

[856] Vgl. *Liamco ./. Libya*, in: Vol. 20, 1981, S. 110 ff.; Brower/ Tepe, The Charter of Economic Rights, S. 300; Petersmann, E., Charter of Economic Rights, S. 563.

[857] Petersmann, E., Charter of Economic Rights, S. 564; Salow, J., Bundesgarantien, S. 139 f.

[858] Dabei sei nur das nationale Recht und die bestehende Umstände in Betracht zu ziehen; das internationale Recht mit seinen Entschädigungsstandards sei nicht relevant. Brower/ Tepe, The Charter of Economic Rights, S. 305; Salow, J., Bundesgarantien, S. 137.

[859] Cheng, B., UN Resolutions, S. 23 ff.

[860] Seidl-Hohenveldern, I., Die „Charta“, S. 238. Belgien, die Bundesrepublik Deutschland, Dänemark, Luxemburg, die Vereinigten Staaten von Amerika und das Vereinigte Königreich stimmten gegen die Annahme; Australien, Frankreich, Israel, Italien, Japan, Kanada, die Niederlande, Norwegen und Spanien enthielten sich der Stimme. Vgl. Dolzer, R., Eigentum, S. 32; Verdross/ Simma, Universelles Völkerrecht, § 1223. Weiter wird für die rechtliche Unverbindlichkeit der UN-Resolutionen mit dem Wortlaut und der Systematik der Art. 10 ff. SVN, sowie mit dem von Art. 38 IGH-Statut geprägten System der Völkerrechtsquellen argumentiert. Vgl. Petersmann, E., Internationales Recht und NIEO, S. 35.

[861] Seidl-Hohenveldern/ Stein, Völkerrecht, Rn. 490. Eine vermittelnde Ansicht will den UN-Resolutionen aufgrund der großen Zustimmung der Staatengemeinschaft zumindest die Funktion zukommen lassen, bestehendes Völkergewohnheitsrecht zu verdrängen. So Dolzer, R., New Foundations, S. 563 f. Auf der anderen Seite kann die Minderheit der Industriestaaten aber auch nicht die Fortgeltung des alten Rechts legitimieren. Aus dem Grundsatz der Staatengleichheit folgt, dass ein nur von westlichen Staaten getragenes Recht keine Verbindlichkeiten für die übrigen Staaten der Welt kreieren kann.

[862] Brower/ Tepe, The Charter of Economic Rights, S. 300 ff.; Haight, G., The NIEO, S. 596 f.; Tomuschat, C., Die Charta, S. 468 ff. So auch die internationalen Schiedsgerichte im Fall *AMINOIL*, in: ILM, Vol. 21, 1982, S. 1021 f.; *LIAMCO*, in: ILM, Vol. 20, 1981, S. 76.

[863] Auch legen sie nicht fest, was unter dem derzeitigen internationalen Recht zu verstehen war, sondern vielmehr, was viele Staaten glaubten, wie dieses Recht sein sollte. Malanczuk, P., Modern Introduction, S. 236. So sollte v.a. Res. 2381 als reine Zielvorstellung fungieren. Vgl. Amerasinghe, C., Issues of Compensation, S. 35.

[864] Vgl. Verwey/ Shrjiver, The Taking of Foreign Property, S. 58, S. 78.

schädigungshöhe weite Uneinigkeit herrschte. Im Ergebnis kommt der Resolution daher kein eigenständiger rechtsbegründender Charakter zu.[865] Zwischenzeitlich wurden verschiedene Versuche unternommen,[866] einen gemeinsamen völkerrechtlichen Nenner für den Eigentumsschutz zu finden, was bislang allerdings nicht von Erfolg gekrönt worden ist. Mit der Enteignungsregelung in der Seoul-Erklärung der ILA (vgl. oben 2. Teil, A. I. 2.), wurde zwar die staatliche Souveränität bezüglich Enteignungsmaßnahmen festgestellt, man einigte sich jedoch, dass dies die Einhaltung der internationalen Grundsätze eines öffentlichen Zwecks, des Diskriminierungsverbots und einer angemessenen Entschädigung erforderte.[867] Was unter „*appropriate*" zu verstehen sein sollte, blieb allerdings offen.[868]

dd) Heutige Staatenpraxis

Betrachtet man die Rechtsüberzeugung der verschiedenen Staaten und ihre jeweilige tatsächliche Haltung in Fragen der Entschädigungszahlung, lässt sich feststellen, dass *opinio iuris* und Rechtspraxis oft auseinanderfallen. In der westlichen Lehre ist eine Lockerung der strikten Anforderungen an die Entschädigungszahlung – jedenfalls für allgemeine oder partielle Nationalisierungen ganzer Wirtschaftszweige - festzustellen.[869] Seitdem wird auch von der westlichen Völkerrechtslehre vertreten, dass im Falle einer Nationalisierung weniger als die volle Entschädigung gezahlt werden kann.[870] Auch der EGMR entschied, dass nur im Fall einer individuellen Enteignung volle Entschädigung geschuldet ist; bei globalen Enteignungs- und Nationalisierungsmaßnahmen soll die Zahlung dagegen angemessen sein – und so auch unter dem Marktwert liegen dürfen.[871] Auf der anderen Seite stimmt auch die Praxis der kapitalimportierenden Länder nicht mit der von ihnen vertretenen Ansicht der Entbehrlichkeit einer Entschädigungszahlung überein, da auch unter ihnen Entschädigungszahlungen nichts Ungewöhnliches sind.[872] Teilweise vereinbaren sie auch Verzichtsklauseln auf weitergehende Ansprüche und Entschädigungen und zeigen damit, dass solche Zahlungen generell bis zu einem etwaigen Verzicht existieren.[873]

---

[865] Dolzer, R., Eigentum, S. 53; Lillich/ Amerasinghe, The Valuation, Vol. 3, S. 113.

[866] 1977 wurde die Thematik von der Kommission der *Conference on International Economic Cooperation* diskutiert. Bis auf die Vereinbarung einer Meistbegünstigungsklausel kam es allerdings zu keinem weiteren Konsens im Rahmen der AKP-Vereinbarung von 1980. Das internationale Enteignungsrecht wurde auch eingehend im Rahmen der Vorbereitung des geplanten *Code of Conduct for Transnational Corporations* behandelt. Vgl. bei Dolzer, R., Eigentum, S. 33 f.

[867] Vgl. Punkt 5.5 der Seoul-Erklärung vom 29.-30.08.1986; Oppermann, T., Die Seoul-Erklärung, S. 460; Text abgedruckt in: Oppermann/ Petersmann, Reforming the International Economic Order, S. 47 ff.

[868] Bippus, B., Internationalrechtlicher Schutz, S. 30.

[869] Verwey/ Shrjiver, The Taking of Foreign Property, S. 19, 22; Hartmann, G., Nationalisierung, S. 127 f.; Postl, M., Eigentum, S. 154.

[870] Verdross/ Simma, Universelles Völkerrecht, § 1222; Patzina, R., Rechtlicher Schutz, S. 62 f.; Ijalaye, D., Indigenization Measures, S. 42. So regelt auch Art. 10 Ziff. 4 der Sohn/ Baxter *Draft Convention on the International Responsibility of States for the Injuries to Aliens*, dass eine „*just compensation ... may be paid over a reasonable period of years.*" Vgl. AJIL, Vol. 55, 1961, S. 553.

[871] Vgl. bei Danwitz/ Depenheuer/ Engel, Bericht zur Lage, S. 257. Im Rahmen der EMRK folgt der Anspruch auf Entschädigung aus den in Art. 1 (1) 1. ZP zur EMRK Bezug genommenen „allgemeinen Grundsätzen des Völkerrechts." Dabei lassen sie den Staaten jedoch einen weiten Ermessensspielraum zukommen, der erst verletzt sein soll, wenn die Entschädigung offensichtlich unangemessen ist. Vgl. EGMR vom 21.02.1986, *James and others*, Ser. A, Nr. 98, Ziff. 54.

[872] *Russian Federation*, in: ILM, Vol. 35, 1996, S. 1251 ff., 1271; *Russian Federation – US*, in: ILM, Vol. 31, 1992, S. 795. Auch ist anzumerken, dass das Lomé II Abkommen von 1980 zwischen 9 EU-Staaten und 58 Afrikanischen, Karibischen und Pazifischen Staaten in Art. 64 eine Klausel enthält, nach welcher der Eigentumsschutz in diesen Gebieten dem Hull-Standard beträchtlich nahe kommt. Dolzer, R., New Foundations, S. 565.

[873] Letztlich spielt die Abweichungsidee im Falle von Nationalisierungen keine große Rolle, da dieses Problem meist durch den Abschluss sog. „*lump sump*" Vereinbarungen umgangen wird, durch die der Ausländer eine höhere Entschädigung als ein Inländer erhält, wenn auch nicht die volle Entschädigung. Seidl-Hohenveldern, I., Alien, Property, S. 118. Diese Globalentschädigungsabkommen, die einen Streit über eine völkerrechtliche Entschädigungspflicht beilegen sollen, widersprechen nicht dem Gebot voller Entschädigung. Auch wenn damit viele Enteignungen unter ihrem tatsächlichen Wert abgegolten werden, spiegeln sie kein Völkergewohnheitsrecht wieder, sondern besitzen den Charakter eines Vergleichs. Vitzthum/ Vitzthum, Völkerrecht, S. 499.

aaa) Investitionsschutzabkommen

Es ist allgemein anerkannt, dass bei einem gesteigerten Interesse der Staatengemeinschaft unter bestimmten Umständen die Existenz einer identischen Regelung in einer großen Zahl internationaler Verträge zur Entstehung von Gewohnheitsrecht führen kann.[874] Beachtung verlangen daher die unzähligen Investitionsschutzabkommen, die eine ähnliche Klausel wie die Hull-Formel und zusätzlich eine Inländergleichbehandlungsklausel zum Inhalt haben und damit ein vergleichsweise hohes Schutzniveau aufweisen.[875]

Aus der Staatenpraxis der Vereinbarung einer prompten, adäquaten und effektiven Entschädigung kann jedoch nicht schon der Stand des aktuellen Völkergewohnheitsrechts entnommen werden.[876] Zu unterscheiden ist zwischen einer Vertragspraxis, die nur ein bereits bestehendes Gewohnheitsrecht bestätigt und einer solchen als Weiterentwickler eines erst noch zu gründenden Gewohnheitsrechts. Fraglich ist, inwieweit sich die Parteien - insbesondere die Entwicklungsländer - durch den Abschluss der Investitionsschutzverträge rechtlich binden wollten, so dass die Eigentumsklausel in bestehenden bilateralen Verträgen als ein Beweis für eine entsprechende gewohnheitsrechtliche Regel dienen könnte.[877] Zum Teil wird eine Kodifikation von Völkergewohnheitsrecht im Sinne einer „*constant and uniform practice*" auf diesem Gebiet tatsächlich vertreten.[878] Den bilateralen Abkommen fehlt es jedoch nach überwiegender Meinung bereits am Erfordernis der Allgemeinverbindlichkeit, da nicht davon ausgegangen werden kann, dass die Staaten eine Geltung der in den Verträgen enthaltenen Entschädigungsformel über die Vertragsbeziehung hinaus beabsichtigten.[879] Ihre Gleichartigkeit bezüglich der Vereinbarung eines Hull-Formel ähnlichen Standards deutet nicht zwangsläufig auf eine *opinio juris* hin, da es den Vertragsparteien offen steht, einen höheren Schutzstandard zu vereinbaren, als ihn das Völkerrecht verlangt.[880] Auch stellen sich die in den Verträgen verwendeten Entschädigungsformeln nicht als eine eindeutige und homogene Aussage dar.[881] Unterschiedliche Forderungen von einer „*adequate*", „*just*", „*full*" bis zu einer „*equivalent*" Entschädigungszahlung werden aufgestellt.[882] Für die Entstehung eines verbindlichen Gewohnheitsrechts mangelt es den Verträgen daher schon am Merkmal der entsprechenden Rechtsüberzeugung und damit der gemeinsamen „Übung" i.S.v. Art. 38 (1) b IGH-Statut.[883] Aus den BITs lassen sich daher keine allgemeingültigen Folgerungen für das Völkergewohnheitsrecht gewinnen.[884]

---

[874] Doehring, K., Gewohnheitsrecht, S. 92 f.; Baxter, R., Treaties and Custom, S. 31 ff., 75 ff.

[875] Art. 4 (2) 1 BIT D-Z, der eine umgehende, angemessene und wirksame Entschädigung verlangt, die dem Wert der enteigneten Kapitalanlage entsprechen muss. Vgl. auch den australisch-vietnamesischen BIT, den deutsch-polnischen BIT, den chinesisch-japanischen BIT und den BIT zwischen Panama und dem Vereinigten Königreich bei Comeaux/ Kinsella, Protecting, S. 111 f.; Ipsen, K., Völkerrecht, 4. Aufl., § 47, Rn. 4; Verwey/ Shrjiver, The Taking of Foreign Property, S. 72 f.; Banz, M., Völkerrechtlicher Eigentumsschutz, S. 85; Frick, H., Bilateraler Investitionsschutz, S. 215.

[876] Oschmann, F., Calvo-Doktrin, S. 80; Amerasinghe, C., Issues of Compensation, S. 30. So aber Mann, F., British Treaties, S. 249 f.

[877] Dolzer, R., New Foundations, S. 566 f.

[878] Robinson, D., Expropriation in the Restatement, S. 176.

[879] Zum Problem der Entstehung von Völkergewohnheitsrecht aus Verträgen vgl. Dolzer, R., Eigentum, S. 57 ff.

[880] Dolzer, R., Eigentum, S. 185 f.; Banz, M., Völkerrechtlicher Eigentumsschutz, S. 161.

[881] Schäfer, M., Entschädigungsstandard, S. 41; Amerasinghe, C., Issues of Compensation, S. 30.

[882] Amerasinghe, C., Issues of Compensation, S. 30. Des Weiteren fehlen auch Definitionen über die Art und Weise der Entschädigungsberechnung. Auch im Beispielsvertrag mit Zimbabwe besagt Art. 4 (2) BIT D-Z nur, dass die Entschädigung dem Wert der Kapitalanlage entsprechen muss. Offen bleibt jedoch, wie dieser Wert rechnerisch zu bestimmen ist. Vgl. zu einem Überblick über die verschiedenen Investitionsschutzsysteme Banz, M., Völkerrechtlicher Eigentumsschutz, S. 119 ff.

[883] Vgl. bei Oschmann, F., Calvo-Doktrin, S. 81.

[884] Dolzer, R., Eigentum, S. 286.

bbb) Globalentschädigungsabkommen zwischen westlichen und sozialistischen Staaten

Im Rahmen der Nationalisierung ihrer Wirtschaft haben nach dem Zweiten Weltkrieg viele Staaten mit den Heimatstaaten der enteigneten ausländischen Eigentümer Globalentschädigungsabkommen (*lump sum agreements*) geschlossen.[885] Die meisten Globalentschädigungsabkommen zwischen westlichen und sozialistischen Staaten sehen eine Entschädigung vor, die nur einem Bruchteil – der zwischen 20-80 % des Marktwertes liegen kann - des Wertes der entzogenen Güter entspricht.[886]

Aus der Tatsache, dass die Globalentschädigungsabkommen alle eine Entschädigung unter dem vollen Marktwert enthalten, kann jedoch auch nicht auf eine Absage an die Forderung einer prompten, adäquaten und effektiven Entschädigung oder auf eine derartige *opinio iuris* geschlossen werden.[887] Immerhin stellen sie von der Häufigkeit ihres Abschlusses den Regelungstypus für Enteignungsfälle dar. Außerdem spricht die Vergleichbarkeit der in ihnen enthaltenen vertraglichen Entschädigungsbestimmungen für eine Wertung als Ausdruck einer allgemeinen Staatenpraxis in Enteignungsfragen.[888]

Auf der anderen Seite zeichnen sich diese Abkommen zwar durch das zwischen den beteiligten Vertragsparteien bestehende Gegenseitigkeitsverhältnis aus,[889] die pauschalen Abgeltungen erfolgen dabei jedoch mehr als eine Art Vergleich und aufgrund politischer bzw. diplomatischer Zweckmäßigkeitserwä-gungen. Auf diese ließen sich die kapitalexportierenden Staaten in der Regel nur ein, um überhaupt eine Entschädigung zu erhalten, nicht weil sie diese Lösung als dem Völkerrecht entsprechend ansahen.[890] Es spricht daher vieles dafür, dass die Staaten bei Abschluss eines Globalentschädigungsabkommens nicht in der Absicht handelten, gemäß allgemeinen Völkerrechts dazu verpflichtet zu sein.[891] Aus den Globalenschädigungsabkommen folgt somit, dass im Völkergewohnheitsrecht grundsätzlich eine Entschä-digungspflicht auch bei Nationalisierungen anerkannt ist. Für die Höhe ergibt sich jedoch keine einheitliche und beständige Regelung, da sich diese nach den durch die Staatenpraxis nicht näher konkretisierten besonderen Umständen der Enteignungsmaßnahme richtet.[892]

ccc) Nationale Gesetzgebung

Trotz ihres Beharrens auf der Hull-Formel im internationalen Recht, halten sich die westlichen Staaten in der Regel weniger streng an die Entschädigungsanforderungen in ihren eigenen Verfassungen. Im Falle einer rechtmäßigen

---

885 Darunter versteht man einen völkerrechtlichen Vertrag, der im Anschluss an Umstände geschlossen wird, die eine Entschädigungsverpflichtung für zumind. einen der beteiligten Staaten zur Folge haben. Lillich, R., Lump Sum Agreements, S. 367 ff. Dabei erfolgt eine Gegenüberstellung und Saldierung der gegenseitigen Ansprüche. Derjenige der mit seinem Saldo im Minus ist, verpflichtet sich eine Abstandszahlung zur Befreiung von weiteren Ansprüchen zu leisten.

886 Lillich, R./ Weston, H., International Claims, Part I, S. 249 ff.; Herdegen, M., Internationales Wirtschaftsrecht, S. 223, § 17 Rn. 9.

887 García-Amador's fourth report, in: YILC, Vol. 2, 1959, S. 21 f.; im Ergebnis auch Seidl-Hohenveldern, I., Investitionen in Entwicklungsländern, S. 30 f.; Comeaux/ Kinsella, Protecting, S. 77; Vitzthum/ Vitzthum, Völkerrecht, S. 499.

888 Vgl. Streiterörterung bei Bippus, S. 214 f.

889 Dabei spielen Gründe der Staatsräson, diplomatische und politische Erwägungen, sowie wirtschaftliche Gesichtspunkte eine Rolle. Da viele Vereinbarungen darüber hinaus auch Regelungen über die weitere Form der Zusammenarbeit enthalten, wird es noch schwieriger auf die hinter dem Abkommen stehende allgemeine Rechtsüberzeugung zu schließen. Bergmann, H., Die völkerrechtliche Entschädigung, S. 56.

890 Dicke, D., Die Intervention, S. 137; Schäfer, M., Entschädigungsstandard, S. 70 f.; Veith/ Böckstiegel, Der Schutz, S. 177; Herdegen, M., Internationales Wirtschaftsrecht, S. 223, § 17 Rn. 9.

891 Döhring schlägt vor, durch internationale Verträge nur dann Gewohnheitsrecht entstehen zu lassen, wenn das darin zum Ausdruck gebrachte Staateninteresse ein solches Gewicht trägt, dass dessen Verletzung als Delikt anzusehen wäre. Doehring, K., Gewohnheitsrecht, S. 92. Danach bestünde kein ausreichender Beweis dafür, dass die Entwicklungsstaaten annehmen würden, im Falle des Abweichens von der vertraglich zugesicherten Behandlung des Eigentums läge eine deliktische Handlung vor. Dolzer, R., New Foundations, S. 568.

892 Amerasinghe, C., Issues of Compensation, S. 29; vgl. hierzu auch Dolzer, R., Eigentum, S. 45 ff.

Enteignung eines Privaten zum Wohle der Allgemeinheit durch oder auf Grund eines Gesetzes, welches Art und Ausmaß der Entschädigung regelt, entsteht zwischen diesem und der Ent-eignungsbehörde ein öffentlich-rechtliches Schuldverhältnis, durch das der Betroffene eine Enteignungs-entschädigung als angemessenen Ausgleich für den eingetretenen Vermögensverlust zu fordern berechtigt ist.[893] Die nationalen Rechtsordnungen vieler Entwicklungsländer stehen ebenfalls im Gegensatz zu ihrer ablehnenden Haltung bezüglich des Schutzes des ausländischen Kapitals im Rahmen des Völkerge-wohnheitsrechts. Die meisten Verfassungen der Entwicklungsländer enthalten eine Regelung über den Eigentumsschutz vor entschädigungslosen Enteignungen, die oft den Anforderungen an eine prompte, adäquate und effektive Entschädigung entspricht.[894] Diese Diskrepanz zur Ablehnung der eigentumsschützenden Normen des Völkergewohnheitsrechts lässt sich daran erklären, dass diese Staaten eine ausschließliche Geltung ihrer nationalen Gesetze bevorzugen, die sie auch jederzeit wieder verändern können.[895] Auf der anderen Seite zeigen jedoch auch die Entwicklungsländer ein verstärktes Interesse an Rechtssicherheit und Rechtsklarheit, da nur so eine Verbesserung ihres Investitionsklimas erreichbar ist.[896] Aus dieser Feststellung folgt jedoch kein unmittelbarer Einfluss auf das Völkerrecht, da sich die Staaten nicht durch eine nationale Vorschrift, die sie jederzeit ändern dürfen, einer weitreichenden völkerrechtlichen Verpflichtung auszusetzen beabsichtigen.

ee) Spruchpraxis internationaler (Schieds-) Gerichte

Im weiteren soll nun untersucht werden, wie die neuere Spruchpraxis der internationalen Schiedsgerichte die Entschädigungsproblematik beurteilt. Gerade den Schiedssprüchen kommt im Völkerrecht, das keinen Gesetzgeber kennt, eine bedeutende Rolle zu.

aaa) Internationale Gerichte

Die einzige Gelegenheit, die ein internationales Gericht hatte, eine Entscheidung über eine staatliche Enteignungsmaßnahme zu treffen, reicht auf den *Chorzów Factory* Fall aus dem Jahr 1928 zurück.[897] In dieser Entscheidung hat das Gerich teine volle Entschädigungssumme zugesprochen. Trotz eines diesbezüglichen Verbotes in einem gegenseitigen Abkommen, hatte die Regierung von Polen Eigentum eines deutschen Unternehmens enteignet. Dabei handelte es sich um einen rechtswidrigen Eigentumsentzug durch Polen, der auch durch eine Entschädigungszah-

---

[893] Aust/ Pasternak, Enteignungsentschädigung, S. 95 f. Es werden jedoch nicht sämtlich Vermögenseinbußen, wie der entgangene Gewinn, erfasst. Der Wert eines enteigneten Grundstücks richtet sich nach dessen Verkehrswert im Zeitpunkt der Wegnahme. Aust/ Pasternak, a.a.O., S. 70 f., 95. In Deutschland zum Beispiel kann die zahlende Entschädigung auch niedriger sein als der volle Wert, da gemäß Art. 14 (3) GG bei der Entschädigungsbestimmung eine gerechte Abwägung zwischen den Interessen der Allgemeinheit und des Betroffenen zu erfolgen hat. Leisner, W., Höhe der Enteignungsentschädigung, S. 1409 ff.

[894] Dolzer, R., Eigentum, S. 61. Vgl. dazu die Zusammenstellung der Investitionsgesetzgebung des ICSID, Investment Laws of the World. Als Beispiele seien hier erwähnt Vietnam (in: ILM, Vol. 30, 1991, S. 930 ff.), Ägypten (in: ILM, Vol. 29, 1990, S. 238 ff.), Russland (in: ILM, Vol. 31, 1992, S. 397 ff.), Polen (in: ILM, Vol. 30, 1991, S. 871 ff.), sowie Tansania (in: ILM, Vol. 30, 1991, S. 890 ff.). Zum Teil haben sie dabei den investitionsschützenden *Code* von UNCITRAL übernommen. Siehe unten 3. Teil, C. IV. 4. a).

[895] Dolzer, R., Eigentum, S. 61 f.

[896] Bergmann, H., Die völkerrechtliche Entschädigung, S. 58.

[897] Vgl. Chorzów-Fall, in: PCIJ Series A Nr. 17, S. 47. Diese Entscheidung wurde später im *Anglo-Iranian Oil Co. Case* auch als Begründung des britischen Anspruchs auf volle Entschädigung genutzt und als abweichende Meinung von Richter Carneiro vertreten, vgl. ICJ Reports 1952, S. 105 f. Zwei weitere Entscheidungen befassten sich nur im *Diktum* mit dem Enteignungsrecht, indem sie auf die „Theorie der wohlerworbenen Rechte" verwiesen. Vgl. *German Interests in Polish Upper Silesia*, in: PCIJ, 1926, Series A, No. 7, S. 42; *German Interests in Polish Upper Silesia*, in: PCIJ, 1925, Series A, No. 6, S. 36 f.

lung nicht zu einer legalen Enteignung geworden wäre.[898] Das Gericht urteilte, dass in diesem Fall eine Naturalrestitution geboten wäre, jedenfalls jedoch eine Geldleistung, die dem Wert einer Naturalrestitution entsprechen würde.[899]

bbb) Internationale Schiedsgerichte

Oftmals beantworteten die Schiedsgerichte die Frage der Entschädigungshöhe gar nicht, sondern versuchten einen angemessenen Standard am jeweiligen konkreten Fall zu ermitteln.[900] Dabei griffen sie auch auf das Institut der Billigkeit (*equity*) zurück.[901] Soweit eine Bestimmung in den Verträgen vorgenommen worden war, hielten sich die Gerichte an diese. Ansonsten versuchten sie in Übereinstimmung mit den Parteien deren legitime Erwartungen zur Bemessungsgrundlage zu machen, wobei sie darauf abstellten, wie das durch die Rechte und Pflichten der Parteien gebildete vertragliche Gleichgewicht verteilt war.[902] Dennoch soll untersucht werden, ob sich in den übrigen entschiedenen Fällen eine mehrheitliche Entscheidungslinie feststellen lässt.

aaaa) Die libyschen Ölfälle

Während die Entscheidungen bis zum Zweiten Weltkrieg regelmäßig eine volle Entschädigung im Sinne der Hull-Formel zusprachen[903] und in der Zeit von 1963-1974 keine Enteignungsentscheidung getroffen werden musste, begann eine neue Rechtsprechung mit den *Libyan Oil Cases* von 1974.[904] Im Fall BP verurteilte das Gericht Libyen aufgrund der rechtswidrigen Enteignung zu einer Entschädigung „*restitutio in integrum*", d.h. zu einer vollen Entschädigung für das enteignete Eigentum.[905] Im Fall LIAMCO,[906] bei dem das Gericht von einer rechtmäßigen Enteignung ausgegangen war, stellte das Gericht als Maßstab der Entschädigung für die Enteignung von Konzessionsrechten eine „*equitable compensation*" fest.[907]

---

[898] Sornarajah, M., The International Law, S. 378 f. Daher setzte das Urteil auch eine Enteignungsentschädigung und einen zusätzlichen Schadensersatz wegen der Rechtswidrigkeit der Handlung fest. Vgl. Chorzów-Fall, in: PCIJ Series A Nr. 17, S. 47; Dicke, D., Die Intervention, S. 126.

[899] Vgl. Chorzów-Fall, in: PCIJ Series A Nr. 17, S. 47. In einem *Diktum* kam das Gericht zu dem Ergebnis, dass auch bei einer rechtmäßigen Enteignung der volle Wert des enteigneten Gegenstandes zu erstatten wäre. Vgl. Comeaux/ Kinsella, Protecting, S. 59.

[900] So in *Kuwait-Aminoil-Arbitration*, in: ILM, Vol. 21, 1982, S. 1033, § 144, wo eine „*appropriate*" Entschädigung gemäß der UN-Resolution Nr. 1803 zugesprochen wurde. Vgl. Redfern, A., The Arbitration, S. 105; Seidl-Hohenveldern/ Stein, Völkerrecht, Rn. 1621a.

[901] Vgl. *Liamco ./. Libya*, in: ILM, Vol. 20, 1981, S. 1-87. So auch im Fall der ICSID-Schiedsbarkeit "*Benvenuti et Bonfant*" (vgl. in: ILM, Vol. 21, 1982, S. 748). Vgl. Gann, P., Compensation Standard, S. 623 ff.

[902] Vgl. ILM, Vol. 21, 1982, S. 1034, §§ 148 f.

[903] Norton, P., A law of the future, S. 476 f.; Lillich/ Clagett, The Valuation, Vol. 4, S. 38 ff.; Comeaux/ Kinsella, Protecting, S. 60.

[904] Zusammengefasst in: Mehren/ Kourides, International Arbitration, S. 476 und Gann, P., Compensation Standard, S. 626 ff. Vorausgegangen waren der Abschluss von Ölkonzessionen der *California Asiatic Oil Company* und *Texaco Overseas Petroleum Company* mit Libyen und darauf folgende Nationalisierungen der *Companies* zu einer libyschen Gesellschaft. In den Entscheidungen wurde die Verletzung internationalen Rechts festgestellt (im Fall BP und LIAMCO jedoch zusätzlich zu dem libyschen Recht), da die Konzessionen als bindende internationale Verträge eine Abweichung von ihrem Inhalt nur bei Übereinstimmung der Parteien erlaube, die nicht vorgelegen hatte. Dolzer, R., Libya Oil Companies Arbitration, S. 215 ff.; *Texaco Overseas Petroleum Company ./. California Asiatic Oil Company*, in: ILM, Vol. 17, 1978, S. 1 ff.

[905] BP, in: ILR, Vol. 53, 1979, S. 297 ff. Ebenso im Fall TEXACO, in: ILM, Vol. 17, 1978, S. 32 ff. In einem *Diktum* wurde festgestellt, dass für rechtmäßige Enteignungen nach dem geltenden Völkerrecht, wie es in der Res. 1803 zum Ausdruck gekommen sei, eine „*appropriate compensation*" geschuldet sei. Vgl. TEXACO, a.a.O., S. 30.; Comeaux/ Kinsella, Protecting, S. 70.

[906] Libyan American Oil Company (LIAMCO) ./. Government of the Libyan Arab Republic, in: ILM, Vol. 20, 1981, S. 1 ff.

[907] Gann, P., Compensation Standard, S. 630 ff.; Sornarajah, M., The International Law, S. 383. Im Ergebnis verurteilte das Schiedsgericht im Rahmen dieser Entschädigung zur Zahlung eines „*reasonable value of the property taken*." Vgl. Comeaux/ Kinsella, Protecting, S. 70.

bbbb) AMINOIL

Bei der Nationalisierung der Ölindustrie Kuwaits kam das Gericht im Fall AMINOIL[908] zu der Auffassung, dass die Enteignung rechtmäßig war und die Antragsteller einen Anspruch auf eine „*appropriate compensation*", wie in der UN Res. 1803 verankert, hatten.[909] Diese Entschädigung ermittelte das Gericht anhand von drei Wertfaktoren (Wert des Anlagevermögens, des Umlaufvermögens, sowie berechtigterweise zu erwartende Gewinne)[910] und kam anhand dessen ebenfalls zu einer vollen Entschädigung.

cccc) Das *Iran-U.S. Claims Tribunal*

Das *Iran-U.S. Claims Tribunal*[911] in Den Haag hält sich bei seinen Entscheidungen entweder an das allgemeine Völkerrecht oder an den *U.S.-Iran Treaty of Amity, Economic Relations, and Consular Rights*, der zwischen den beiden Staaten 1955 unterzeichnet worden war.[912] Bei seinen Entscheidungen kommt das *Tribunal* zu zwei unterschiedlichen Entschädigungsstandards:[913] Einerseits bekräftigt es, dass der Enteigner eine volle Entschädigung im Fall der rechtmäßigen Enteignung zu zahlen hat, wobei es sich sowohl auf Völkergewohnheitsrecht, als auch auf den US-iranischen Freundschaftsvertrag stützt, der eine „*just compensation*" als „*full value*" des entzogenen Eigentums definiert.[914] Auch im Fall INA ging die Gerichtspraxis davon aus, dass entzogenes Eigentum „*shall not be taken... without the prompt payment of just compensation. Such compensation shall be in an effectively realizable form and shall represent the* ***full equivalent***[915] *of the property taken.*"[916] Auf der anderen Seite gelangte das Schiedsgericht jedoch in einem *obiter Dictum* zum INA-Fall zu der Ansicht, dass das allgemeine Völkerrecht „*in the event of such large-scale nationalisations of a lawful character, international law has undergone a gradual reappraisal, the effect of which may be to undermine the doctrinal value of any 'full' or 'adequate'... compensation standard as proposed in this case*" bei der Verstaatlichung ganzer Wirtschaftszweige weniger als die volle Entschädigung

---

[908] *Kuwait-Aminoil-Arbitration*, in: ILM, Vol. 21, 1982, S. 976 ff.; Comeaux/ Kinsella, Protecting, S. 71.

[909] Amerasinghe, C., Issues of Compensation, S. 39. Nähere Ausführungen bei Hefele, R., Ermittlung der Entschädigung, S. 76 ff.; Lillich/ Young/ Owen, The Valuation, Vol. 4, S. 20 ff.; Gann, P., Compensation Standard, S. 635 ff.

[910] Vgl. ILM, Vol. 21, 1982, S. 1040 ff.

[911] Gegründet wurde das Tribunal durch die Declaration of the Government of the Democratic and Popular Republic of Algeria (vgl. in Iran-US CTR, Vol. 1, 1991, S. 3 ff.) und die Declaration of the Government of the Democratic and Popular Republic of Algeria Concerning the Settlement of Claims by the Government of the United States of America and the Government of the Islamic Republic of Iran, beide vom 19.01.1981, unter: http://www.iusct.org/claims-settlement.pdf, besucht am 11.08.2004. Zu dessen Rechtsnatur und der Kontroverse, ob seine Entscheidungen der Interstate Arbitration oder der International Commercial Arbitration zuzuordnen sind vgl. Sandrock, O., Das Haager, S. 110 ff. Dieser kommt zu dem Ergebnis, dass das Schiedsgericht der International Commercial Arbitration zuzurechnen ist. Für die vorliegende Untersuchung ist jedenfalls wichtig, dass es sich bei den Entscheidungen des Tribunals um judicial decisions i. S.d. Art. 38 (1) (d) IGH-Statut handelt und sie somit als Quelle zur Feststellung des gegenwärtigen Völkerrechts herangezogen werden können. Vgl. Lillich/ Clagett, The Valuation, Vol. 4, S. 33; Brower, C., The Iran-US Claims Tribunal, S. 231 f.

[912] Vgl. American International Group, in: ILM, Vol. 23, 1984, S. 14, Fn. 1. Die Entscheidungen decken vier Bereiche ab: Klagen von US-Bürgern gegen den Iran und umgekehrt, offizielle Klagen der Vereinigten Staaten und des Irans gegeneinander aufgrund vertraglicher Absprachen, Streitigkeiten über die Einhaltung von Verpflichtungen der USA und schließlich Streitigkeiten über die Interpretation und Anwendung der *Algiers Accord*. Malanczuk, P., Modern Introduction, S. 296 f. Dazu wandte das *Tribunal* eine Version der UNCITRAL *Arbitration Rules* von 1976 an. UNCITRAL *Arbitration Rules*, in: ILM, Vol. 15, 1976, S. 701 ff.

[913] Bergmann, H., Die völkerrechtliche Entschädigung, S. 66.

[914] Art. IV, Paragraph 2 des Treaty of Amity: „...it is a general principle of public international law that even in a case of lawful nationalization the former owner of the nationalized property is **normally** (von der Verfasserin betont) entitled to compensation for the value of the property taken." American International Group, in: ILM, Vol. 23, 1984, S. 8, 14. Vgl. auch Norton, P., A law of the future, S. 483; Sornarajah, M., The International Law, S. 388.

[915] Von der Verfasserin betont.

[916] Vgl. INA Corporation ./. Iran, S. 379.

genügen lasse.[917] Die Hull- Formel sei durch den Standard einer „*appropriate compensation*" – wie von Resolution 1803 bestimmt - abgelöst worden.[918]
Oft kommt das Schiedsgericht allerdings bei der Auslegung des Begriffs „*appropriate*" zu der Auffassung, dass unter gewöhnlichen Umständen eine volle Entschädigung zu leisten sei.[919] Eine Entschädigungsreduzierung für eine Nationalisierungsmaßnahme wurde auch in späteren Entscheidungen als geltendes Völkerrecht angesehen.[920] Die Änderung des Entschädigungsstandards im derzeitigen Völkerrecht auf eine angemessene Entschädigung, welche jedoch nicht stets weniger als der volle Wert des enteigneten Vermögensgegenstandes sein müsse, bestätigte auch ein jüngerer Fall.[921]
Zu beachten ist bei den Entscheidungen des *Tribunals* jedoch, dass sie nicht im Rahmen der „klassischen" Enteignungsmaßnahmen oder eines nachkolonialen Nationalisierungsprogramms stattgefunden haben. Stets waren nur bestimmte Wirtschaftsunternehmen oder Bereiche betroffen. Daher scheinen die Urteile in der Regel auch auf eine volle Entschädigung hinauszulaufen, ohne dass eine weniger als die volle Entschädigung rechtfertigende Ausnahme – wie sie in manchen *obiter dicta* dargestellt wurde - in Betracht gekommen wäre.[922]
Als Résumée lässt sich feststellen, dass in Fällen spezieller Enteignungen eher eine Entscheidung bezüglich einer „*full compensation*" getroffen wurde. Zunehmend abgewichen wurde dagegen von einer solchen, je mehr es sich um eine soziale und politische Enteignungsreform handelte, da bei dieser das Selbstbestimmungsrecht des enteignenden Staates über seine Wirtschaftsordnung zum Tragen kam.[923] Bei solchen Nationalisierungsfällen scheint das Schiedsgericht zwar mittlerweile tendenziell von einer „*appropriate compensation*" auszugehen, bezüglich deren Höhe besitzt es jedoch wiederum keine einheitliche Entscheidungspraxis und geht eher von einer individuellen und unabhängigen Analyse im konkreten Fall aus.[924] So bleibt es in Nationalisierungsfällen nur bei einer allgemeinen Interessenabwägung, die generell zugunsten der Enteignerstaaten ausfällt.[925] Im Rahmen dieser Abwägung soll bei der stärkeren Gewichtung der Interessen der Enteignerstaaten auch die Absicht und der Umfang der Einkommenserzielung des Investors berücksichtigt werden. So soll der Fall der Umverteilung von Grundeigentum im Rahmen einer Landreform von der vollen Entschädigungspflicht auszunehmen sein. Argumentiert wird dabei, dass die staat-

---

[917] *INA Corporation ./. Iran*, S. 378; Somarajah, M., The International Law, S. 389 f.
[918] Vgl. Richter Lagergren zu *INA Corporation ./. Iran*, S. 385, 389, was allerdings von Richter Holtzmann in seiner abweichenden Meinung zu *INA Corporation ./. Iran*, S. 393 ff. bestritten wird, der von der Weitergeltung der vollen Entschädigungsregel ausgeht.
[919] Vgl. *Sola Tiles ./. Islamic Republic of Iran*, in: Iran-US. C.T.R., Vol. 14, 1987 II, S. 235 ff., wobei es sich wiederum um eine Einzelmaßnahme handelte. So auch *Amoco Corp. ./. Iran*, S. 223 f.; vgl. Hefele, R., Ermittlung der Entschädigung, S. 79 ff.
[920] Vgl. *SEDCO ./.* NIOC, S. 187. Im Anschluss stellt das Gericht jedoch fest, dass in der vorliegenden Einzelenteignung „*full compensation should be awarded for the property taken.*"
[921] Von Vorteil sei dabei die flexiblere Ausgestaltungsmöglichkeit des Einzelfalls als sie der strenge Hull-Grundsatz biete. Ebrahimi, in: YCA, Vol. 20, 1995, S. 414 ff. Dagegen ist Schiedsrichter Allison der Meinung, die Hull-Formel sei auch weiterhin geltender Entschädigungsstandard. Vgl. Allison, *concurring opinion*, in: Ebrahimi, a.a.O., S. 438 ff.
[922] Amerasinghe, C., Issues of Compensation, S. 45 f.
[923] Vgl. das *obiter Dictum*, dass bei der Verstaatlichung ganzer Wirtschaftszweige weniger als die volle Entschädigung genügen ließ bei *INA Corporation ./. Iran*, S. 378.; Somarajah, M., The International Law, S. 389 f. A.A. Bergmann, H., Die völkerrechtliche Entschädigung, S. 65 ff., die darlegt, wie das Gericht auch in weiteren Entscheidungen unterschiedlichste Ansätze verfolge, die sich jedoch mehr auf die Berechnungsart bezogen. Wie sich aus der späteren Spruchpraxis ergibt, hat das Schiedsgerichts jedoch wiederholt zum Standard der vollen Entschädigung im Völkergewohnheitsrecht gegriffen. Vgl. *Sola Tiles Inc. ./. Islamic Republic of Iran*, in: Iran-US. C.T.R., Vol. 15, 1987 II, S. 234 ff.; *Amoco Corp. ./. The Government of the Islamic Republic of Iran*, S. 223.
[924] Bergmann, H., Die völkerrechtliche Entschädigung, S. 73; Somarajah, M., The International Law, S. 395 f.; Schachter, O., Compensation for Expropriation, S. 125.
[925] Oschmann, F., Calvo-Doktrin, S. 101.

liche Landübernahme nicht geeignet sei, hohe Erträge zu erzielen, aus denen die enteignende Regierung die Entschädigung zahlen könnte.[926]

dddd) ICSID

Die ICSID-*Tribunale* tragen mit ihren Entscheidungen wenig zur Aufklärung der internationalen Spruchpraxis bei, da sie gemäß der Auslegung von Art. 42 (2) ICSID-Konvention im Falle fehlender Rechtswahl grundsätzlich das Recht des Gaststaates anzuwenden haben.[927] Daher setzten die Schiedsrichter in der Regel die einem enteigneten Investor geschuldete Entschädigungszahlung nach dem nationalen Recht des Gaststaates fest.[928] Im Fall LETCO wandte das *Tribunal* libyerisches Recht an, stellte dabei jedoch fest, dass sich dieses im Einklang mit dem internationalen Recht befinden würde und daher Liberia eine *„appropriate compensation"* für die entzogenen Investitionen, einschließlich des entgangenen Gewinns, zu zahlen hätte.[929] Schließlich verurteilte das ICSID-Schiedsgericht in einer jüngeren Entscheidung zu einer Entschädigung in der Höhe des „*... full value of the investment lost as a result of said destruction and the damages incurred as a result thereof.*"[930]

eeee) Zusammenfassung

Im Ergebnis haben weder die Prinzipien der strengen Hull-Formel noch die Prinzipien aus der Charta der wirtschaftlichen Rechte und Pflichten Eingang in die internationalen Schiedsurteile gefunden.[931] Allerdings bestätigt die Mehrheit der schiedsgerichtlichen Entscheidungen eine volle Entschädigungszahlung auch für Nationalisierungsmaßnahmen, gemessen soweit möglich am Marktpreis.[932] Wenn es nach den Umständen für erforderlich gehalten wurde, nahmen die Richter dabei jedoch eine Minderung vor.[933] Schließlich ist noch zu erwähnen, dass eine volle Entschädigung in Nationalisierungsfällen in der Regel nur dann gewährt wurde, wenn sich herausgestellt hat, dass der Vermögensentzug selbst illegal war.[934] Daraus lässt sich als Aussage gewinnen, dass der Standard des 19. Jahrhunderts, der von einer „*just compensation*", definiert als „*full compensation*" ausging, nicht beseitigt, sondern nur weiterentwickelt wurde und in bestimmten Ausnahmefällen – wie großflächigen Nationalisierungen - weniger als die volle Entschädigungszahlung erlaubt.

---

[926] Vgl. bei Oschmann, F., Calvo-Doktrin, S. 102.
[927] Somarajah, M., The International Law, S. 384.
[928] Im *Benvenuti et Bonfant-Fall* (in: ILM, Vol. 21, 1982, S. 740 ff.) beispielsweise bezog sich das Schiedsgericht auf kongolesisches Recht um den erlittenen Schaden zu beziffern. In einer weiteren Entscheidung führte das ICSID-Schiedsgericht aus, dass das Völkerrecht eine volle Entschädigungszahlung gebiete. AMCO, in: ILM, Vol. 24, 1985, S. 1036 f.
[929] Liberian Eastern Timber Corporation (LETCO) ./. Government of the Republic of Liberia, in: ILM, Vol. 26, 1987, S. 665, 670.
[930] Asian Agricultural Products Limited (AAPL) ./. Democratic Socialist Republic of Sri Lanka, in: ILM, Vol. 30, 1991, S. 619.
[931] Harris, D., Cases and Materials, S. 570; Zagel, G., Auslandsinvestitionen in Lateinamerika, S. 211.
[932] Somarajah, M., The International Law, S. 357-384 (kritisch); Wälde, T., International Investments, S. 12. Zu weiteren Entscheidungen vgl. Norton, P., A law of the future, S. 484 ff. Auch wenn sich die Tribunale dabei nie ausdrücklich auf die Hull-Formel berufen haben oder sogar den *appropriate*- Standard anwandten, war das Ergebnis jedoch das gleiche. Schachter, O., Compensation for Expropriation, S. 122 f.; Mendelson, M., Compensation for Expropriation, S. 414.
[933] Theodorou, H., Investitionsschutzverträge, S. 456.
[934] Somarajah, M., The International Law, S. 396.

ff) Heutiger gewohnheitsrechtlicher Stand hinsichtlich der Kompensationszahlung

Der Standard des Gewohnheitsrechts spiegelt sich in Section 712 des Restatement (Third) of the Foreign Relations Law of the United States wider, die vorsieht: „A state is responsible under international law for injury resulting from: (1) a taking by the state of the property of a national of another state, when the taking is not for a public purpose, or is discriminatory, or when provision is not made for just compensation." Das Restatement erklärt, dass eine „just" Entschädigung „...in the absence of exceptional circumstances, be in an amount equivalent to the value of the property taken and be paid at the time of taking, or within a reasonable time thereafter with interest from the date of taking, and in a form economically usable by the foreign national."[935]
Gewohnheitsrecht ist auch wiedergegeben in den *Guidelines on the Treatment of Foreign Direct Investment* der Weltbank von 1992.[936] Diese sind zwar nicht rechtlich bindend, sind jedoch auf die Prüfung der existierenden Rechtsinstrumente und die bestehende Staatenpraxis hin ergangen.[937] Bezüglich der Entschädigungszahlung setzen sie eine „*appropriate compensation*" fest und verstehen darunter den vollen Ersatz des Wertes des enteigneten Gegenstandes.[938] Das *Restatement (Third)* schlägt jedoch auch vor, dass „*exceptional circumstances*" weniger als die volle Entschädigung rechtfertigen können. Dies sei der Fall bei einem nationalen Landreformprogramm und im Kriegsfall,[939] sowie wenn dadurch dem enteignenden Staat eine übermäßige finanzielle Last entstehen würde.[940] Für den Fall der Landreform sei davon allerdings nochmals eine Ausnahme zu machen, wenn das enteignete Vermögen unter staatliche Kontrolle fällt, die Enteignung gegenüber Fremden diskriminierend war oder sie anderweitig gegen die Prinzipien des internationalen Rechts verstoßen hat.[941]

gg) Zusammenfassung der Enteignungsproblematik und heutiger Stand

Der Kern der Enteignungskontroverse zwischen kapitalexportierenden und den **kapitalimportierenden Ländern** konzentriert sich auf die Höhe der Entschädigungszahlung. Viele der weniger entwickelten Staaten sahen in einer solchen die Fortsetzung des Kolonialismus, wenn auch mit anderen Mitteln. Aus ihrer Sicht müssten Langzeitverpflichtungen, die u.U. noch aus der früheren Kolonialzeit stammen, sofort beendet werden können, ohne dabei jedoch die entwicklungspolitischen Vorstellungen des Landes durch volle Entschädigungszahlungen zu gefährden. Auf der anderen Seite wiesen die **Industriestaaten** auf das gegenseitige Pflichtenverhältnis aus der Zulassung von Investitionen hin. Nachdem sich ein Land dazu entschlossen hat, ausländische Investoren in seinem Hoheitsgebiet investieren zu lassen und die sich daraus ergebenden Vorteile in Anspruch zu nehmen, müsste es auch den garantierten Schutz erfüllen. Sei ihm dies nicht möglich oder will es das nicht mehr, dann müsste es den Investor zumindest finanziell entschädigen.

---

[935] Restatement (Third), § 712, vgl. Text in: Henkin/ Pugh/ Schachter/ Smit, International Law, S. 727.
[936] Text der Guidelines, in: ILM, Vol. 31, 1992, S. 1379. Vgl. ausführlich Muchlinski, P., Multinational Enterprises, S. 598.
[937] Vgl. Präambel der Guidelines.
[938] Guidelines, in: ILM, Vol. 31, 1992, S. 1382; Muchlinski, P., Multinational Enterprises, S. 600.
[939] Amerasinghe, C., Issues of Compensation, S. 48. Auch im Fall *INA Corporation ./. Iran*, S. 378 wird für den Fall großflächiger Nationalisierungen keine volle Entschädigungszahlung vorgeschlagen. Vgl. Comeaux/ Kinsella, Protecting, S. 83.
[940] Sohn/ Baxter, Responsibility of States, S. 560.
[941] Brownlie, I., Principles, S. 536; Comeaux/ Kinsella, Protecting, S. 83.

Was die Höhe der Entschädigung angeht, wurde traditionell eine „volle" Entschädigung verlangt.[942] Da eine Verpflichtung zur Zahlung einer solchen Entschädigung jedoch an der fehlenden Übereinstimmung mit den Entwicklungsländern scheiterte, kommt als Entschädigungsstandard nur eine angemessene Entschädigung im Sinne der **Resolution 1803** in Frage. Diese soll die betroffenen Interessen des Staates und des enteigneten Ausländers in einen gerechten Ausgleich bringen, so dass es unter den gewöhnlichen Umständen angemessen ist, den vollen Wert des enteigneten Vermögensgegenstandes zu ersetzen. Eine andere als die volle Entschädigung ist jedoch angemessen, wenn der Ausländer das Eigentum rechtswidrig erlangt hat oder den Enteignerstaat Zahlungsprobleme treffen.

Die tatsächliche Praxis der Entwicklungsländer richtet sich allerdings selbst nicht nach den Grundsätzen der Charta von 1974 mit der optionalen Entschädigungsgewährung.[943] Die Entschädigungsbestimmung nach dem Ermessen der enteignenden Staaten hat zu keiner Zeit dem Völkergewohnheitsrecht entsprochen.[944] Die Untersuchung der Entschädigungsregelungen in **Investitionsschutzverträgen** unter Beteiligung der Entwicklungsländer hat ergeben, dass die meisten Staatsverträge Bestimmungen zumindest im Sinne der Hull-Regel treffen.[945] Investitionsschutzverträge, wie auch **Globalentschädigungsabkommen**, haben das Völkerrecht allerdings nicht unmittelbar beeinflusst, da es ihnen an der entsprechenden Rechtsüberzeugung und damit an einer als Recht anerkannte Übung von gewisser Dauer im Sinne des Art. 38 (1) (b) IGH-Statut mangelt.[946] Nicht einmal die Verfassungen der westlichen Industrienationen bieten zur Entschädigungshöhe ein einheitliches Bild.[947] Die strenge Hull-Formel – sofern sie jemals Völkergewohnheitsrecht darstellte – ist relativ unrealistisch, da ihre Anforderungen in der Praxis kaum – auch nicht von den Industrieländern - erfüllt werden können.[948]

Die Höhe der völkerrechtlich gebotenen Entschädigung lässt sich nicht mit Sicherheit angeben, wie auch die Spruchpraxis der **internationalen (Schieds-) Gerichte** zeigt. So haben die meisten Schiedsentscheidungen bestätigt, dass nach dem völkerrechtlichen Gewohnheitsrecht eine volle Entschädigung im Enteignungsfalle geschuldet ist.[949] Zur Klärung der Frage eines rechtlichen Entschädigungsstandards im Falle einer Nationalisierung haben die Entscheidungen letztendlich jedoch wenig beigetragen, da die Gerichte diesbezüglich meist eine allgemeine Interessenabwägung durchgeführt haben. Die internationale Rechtsprechung geht dabei jedoch von einer vollen Entschädigung im Falle einer illegalen Nationalisierung aus und nimmt ansonsten eine Reduzierung nach den Umständen vor.

---

[942] So noch immer Schwarzenberger, G., Der Schutz von Auslandsinvestitionen, S. 23 f.

[943] Seidl-Hohenveldern/ Stein, Völkerrecht, Rn. 1615. Der Versuch die Calvo-Doktrin auf völkerrechtlicher Ebene durchzusetzen ist gescheitert. Es besteht im Völkerrecht eine Pflicht zur Entschädigungsleistung, was sich schon aus den Theorien zur Begründung einer Entschädigungspflicht ergibt und inzwischen auch von den Entwicklungsländern nicht mehr bestritten wird. Selbst Calvo-Doktrin- Befürworter begeben sich bei Investitionsstreitigkeiten auf die zwischenstaatliche Ebene oder schließen Investitionsschutzabkommen ab. Oschmann, F., Calvo-Doktrin, S. 132.

[944] Verwey/ Shrjiver, The Taking of Foreign Property, S. 86; Dolzer, R., New Foundations, S. 572; Dolzer, R., Eigentum, S. 282; Banz, M., Völkerrechtlicher Eigentumsschutz, S. 159; Patzina, R., Rechtlicher Schutz, S. 78; Lillich, R./ Weston, H., International Claims, Part I, S. 247 ff.

[945] Verdross/ Simma, Universelles Völkerrecht, § 1223, S. 815; Blumenwitz, D., Das Offenhalten der Vermögensfrage, S. 51; Hailbronner, K., Foreign Investment Protection, S. 116; Dolzer, R., New Foundations, S. 565 f.; Verwey/ Shrjiver, The Taking of Foreign Property, S. 63. A.A. aber Asante, S., International Law, S. 601 f. Gegen Rückschlüsse aus Regelungen in Investitionsschutzverträgen für die Hull-Regel als Völkergewohnheitsrecht auch Robinson, D., Expropriation in the Restatement, S. 177 f.

[946] Auch wenn vertreten wird, in der Existenz dieser Investitionsschutzabkommen liege eine Bestätigung des traditionellen völkerrechtlichen Enteignungsstandards, so lässt sich dagegen jedoch einwenden, dass dann nicht verständlich ist, warum so viele Staaten eine völkerrechtliche Absicherung für notwendig halten, wenn das Völkergewohnheitsrecht ihnen diesen Schutz schon eindeutig gewähren würde.

[947] Zumind. wird jedoch auf der Ebene des einfachen Gesetzes bei Einzelenteignungen in der Regel volle Entschädigung gewährt. Vgl. Dolzer, R., Eigentum, S. 292.

[948] Jain, S., Nationalization, S. 138 f. Auch trägt sie in keinster Weise den Bedürfnissen der die Unabhängigkeit erlangten Staaten Rechnung. Sie schützt weder deren wirtschaftliche Interessen, noch hilft sie ihnen eine wirtschaftliche Unabhängigkeit zu erreichen. Vgl. Falk, R., *Alwyn v. Freeman ./. Myres S. McDougal*, S. 69 f.

[949] Amerasinghe, C., Issues of Compensation, S. 36 ff., 62.

Im Ergebnis lässt sich feststellen, dass einerseits die Durchsicht der Entschädigungspraxis und die Erwägungen zur *opinio iuris* zwar gewisse Entwicklungslinien erkennen lassen, andererseits sich aber keine konkrete Leitlinie für alle Fälle nachweisen lässt.[950] Für die Zwecke eines ausländischen Investors ist folgendes zusammenzufassen: Im Bereich der Einzelenteignung besitzt das Ergebnis der Hull-Formel grundsätzlich weiterhin Gültigkeit.[951] Die Formel selbst ist jedoch mittlerweile zu einer Art Maximum-Standard geworden, da sie nicht in allen Fällen zwingend anzuwenden ist, sondern durch Anwendung einer den Umständen angepassten Bemessungsgrundlage wieder relativiert werden kann.[952] Auch im Falle der Nationalisierung bildet der Grundsatz der vollen Entschädigung den Ausgangspunkt für die Festsetzung einer Entschädigung, da auch bei Nationalisierungen außergewöhnliche Umstände vorliegen müssen, um eine geringere als die volle Entschädigung zu rechtfertigen. Hierbei soll der Entschädigungsstandard jedoch so flexibel gehandhabt werden, dass entsprechende Abstufungen vorgenommen werden können, die den berechtigten Interessen der Beteiligten gerecht werden.[953] Die Angemessenheit der Entschädigung ist daher eine Frage des Einzelfalls, dessen jeweils konkrete Umstände zu berücksichtigen sind, um die Völkerrechtsmäßigkeit der Entschädigung beurteilen zu können.[954] Als Kriterien für die Höhe sind in erster Linie die finanzielle Leistungsfähigkeit des nationalisierenden Staates und die globale Verteil- sowie Kontrollfunktion der Enteignung zu betrachten. Das zu zahlende Minimum sollte aber in der für den enteignenden Staat zahlbaren Höhe liegen, ohne ihn in Zahlungsschwierigkeiten zu bringen und einen wesentlichen Teil des Wertes der nationalisierten Güter repräsentieren.[955] Im Rahmen einer Nationalisierung existiert damit im allgemeinen Völkerrecht weiterhin das Problem der Rechtsunsicherheit. Selbst wenn sich ein Konsens über den Standard der „angemessenen" Entschädigung erzielen lassen sollte, bleibt die Gefahr, dass dieser von den Staaten unterschiedlich interpretiert wird.

d) Weitere Anforderungen an die Entschädigungszahlung

aa) Effektivität der Entschädigung

Schließlich muss die Entschädigung die wirtschaftlichen Eigenschaften aufweisen, die das Enteignungsobjekt ausgezeichnet haben, da ihr sonst die Effektivität fehlen würde.[956] Dadurch soll die freie Verwertbarkeit der Entschädigungssumme durch den Begünstigten sichergestellt werden.[957] Effektivität bedeutet, dass die Entschädigung in einer vorteilhaften Art und Weise ausgezahlt wird, die von wirtschaftlich nutzbarem Wert für den ehemaligen Eigentümer ist,[958] d.h. Zahlung in einer konvertierbaren Währung[959] oder in Form von Schuldverschreibungen und börsenfähi-

---

[950] So auch Dolzer, R., Eigentum, S. 282 f.

[951] So auch Schäfer, M., Entschädigungsstandard, S. 97.

[952] Kreutzfeld, J., Investitionsschutz, S. 68; Hailbronner, K., Foreign Investment Protection, S. 115 ff.; Sen, B., A Diplomat's Handbook, S. 339 f. Dies hat insbes. im Falle einer Unzumutbarkeit im Rahmen der finanziellen Mittel des enteignenden Staates zu geschehen. Dolzer, R., New Foundations, S. 569; Dicke, D., Die Intervention, S. 139.

[953] So soll etwa bei umfassenden Landreformen oder anderen weitreichenden Verstaatlichungsmaßnahmen eine teilweise Entschädigung genügen. Vgl. Brownlie, I., Transition to Independence, S. 538 f. Zur Berechnung der Entschädigung für völkerrechtwidrige Maßnahmen vgl. Stern, T., Die MIGA, S. 227 f.

[954] Bei der konkreten Bemessung der Entschädigungssumme lässt sich feststellen, dass die Gerichte verschiedene Berechnungsmethoden anwenden und so verstärkt zu einer Schätzung tendieren, die sie im Einzelfall für gerecht erachten. Stern, Die MIGA, S. 105 f.

[955] Kreutzfeld, J., Investitionsschutz, S. 68; Behrens, P., Multinationale Unternehmen, S. 47.

[956] Böckstiegel, K., Die allgemeinen Grundsätze, S. 95.

[957] Veith/ Böckstiegel, Der Schutz, S. 184 ff.

[958] Domke, M., Foreign Nationalizations, S. 608. Dabei ist die Frage zu betrachten, inwieweit Ausfuhr- und Transferbestimmungen eines Staates, welche die Enteignungsentschädigung erfassen, mit dem Erfordernis der Effektivität vereinbar sind. Auch wenn das Völkerrecht den Staaten, die

gen Wertpapieren.[960] Die heute wohl überwiegende Meinung lässt allerdings zu, dass der Enteignungsstaat die Entschädigung in seiner eigenen Währung leistet, wenn die Höhe der Zahlung in einer „harten" Währung auf der Grundlage des Wechselkurses im Zeitpunkt der Enteignung berechnet wird.[961]

bb) Zeitpunkt der Entschädigungszahlung

Wann der Auszahlungszeitpunkt einer Entschädigung genau zu erfolgen hat, wird nicht ganz einheitlich beurteilt[962] und ist auch in der Praxis nicht festgelegt.[963] Nach traditioneller Ansicht hat sie prompt zu erfolgen, d.h. entweder bei vorheriger Zahlung[964] oder sofortiger Zahlung direkt nach Vollendung der Enteignung bzw. Zug-um-Zug mit dieser.[965] Nach der Ansicht von Weston sieht das internationale Recht überhaupt kein Erfordernis einer prompten Entschädigung vor.[966] In einigen Gerichtsfällen wurden Begriffe wie „*in due time*",[967] „*as quickly as possible*"[968] und „*reasonable period*"[969] verwendet." Prompt bedeutet dabei aber nicht, dass zwingend eine unverzügliche Zahlung zu erfolgen hat. Im allgemeinen wird ein Zeitraum von mehreren (maximal zehn) Jahren als möglich erachtet, wobei ein angemessener Teil der Gesamtsumme aber sofort zur Verfügung stehen muss.[970]

In der Praxis hat sich eingebürgert, Entschädigungszahlungen auf unterschiedliche Weise hinauszuzögern, wie durch Ausgabe von Schuldverschreibungen mit relativ langer Laufzeit oder das Versprechen hoher Provisionen aufgrund langfristiger Managementverträge.[971] Aufgrund dieser Staatenpraxis lässt sich ein Grundsatz einer prompten Ent-

---

freie Bestimmung ihrer Devisen- und Währungswirtschaft überlässt (vgl. Seidl-Hohenveldern, I., Internationales Konfiskations- und Enteignungsrecht, S. 174), geht die effektive Entschädigung als speziellere Regel vor und schränkt insoweit die Währungssouveränität des enteignenden Staates ein. Für einen Ausländer ergibt sich aus einer Entschädigung nur dann ein wirksamer Vermögensausgleich, wenn er sie transferieren und insbes. aus dem Enteignerland ausführen kann. Böckstiegel, K., Die allgemeinen Grundsätze, S. 97. Kritisch dazu Berber, Lehrbuch des Völkerrecht, 1969, S. 401.

959 Vitzthum/ Vitzthum, Völkerrecht, S. 499; Comeaux/ Kinsella, Protecting, S. 82; Seidl-Hohenveldern, I., International Economic Law, S. 144. Somit ist eine solche Entschädigung in der Währung des enteignenden Staates nicht effektiv, wenn dem Betroffenen die Möglichkeit fehlt, sie auch dort zu investieren. Jain, S., Nationalization, S. 133. Nach Schwarzenberger hängt die Effektivität davon ab, was der Betroffenen mit der Entschädigung vorhat. Schwarzenberger, G., Foreign Investment, S. 11.

960 Muller, M., Compensation for Nationalization, S. 47 f.

961 Wesley, R., Establishing Minimum Compensation, S. 943 ff.

962 Abzugrenzen ist davon der Enteignungszeitpunkt, der jedoch für die Bestimmung der Entschädigungshöhe von enormer Bedeutung ist. Das *Iran –US Claims Tribunal* hat, insbes. für den Fall der schleichenden Enteignung, den Zeitpunkt herangezogen, an dem die Kette der Maßnahmen zu einer irreversiblen Entziehung des Eigentums geführt hat. Stern, T., Die MIGA, S. 104.

963 So sah zum Beispiel das Ugandan Decree Nr. 27 von 1973 vor, dass die Entschädigung ausgedehnt werden kann „over such period as the Minister shall determine, having regard to period within which the said assets may generate sufficient income to offset the amount of compensation payable." Jain, S., Nationalization, S. 129. Auch das für das British Petroleum Co. (Libya) vorgesehene Committee zur Festlegung einer Entschädigung, legte kein Zeitlimit für die Zahlung fest. Jain, S., a.a.O., S. 130.

964 Seidl-Hohenveldern, I., Internationales Konfiskations- und Enteignungsrecht, S. 189.

965 Vgl. den *Goldenberg-Case*, in: ZaöRV 1929, S. 87 ff., S. 94; Ammann, U., Der Schutz, S. 91; Auffassung der Amerikaner bei den Verhandlungen der Konferenz von Bogota, 1948. Vgl. Böckstiegel, K., Die allgemeinen Grundsätze, S. 98. Letzteres würde die Möglichkeit der Ratenzahlung, die auf mehrere Jahre verteilt wird, ausschließen.

966 Vgl. Weston, B., The Taking of Property, S. 43 f.

967 *Norwegian Shipowners' Claims, Norway ./. USA*, in: Reports of International Arbitral Awards, 1948, Vol. 1, S. 332.

968 *Goldenber-Case*, in: ZaöRV 1929, S. 87 ff.; Wesley, R., Establishing Minimum Compensation, S. 942 Fn. 10.

969 Portugal v. Germany, vom 30.06.1930, S. 151. Laut Schwarzenberger bedeutet die prompte Entschädigung „compensation after a reasonable interval of discussions on all the relevant aspects of the expropriation, including the market value of the property concerned." Schwarzenberger, G., Foreign Investment, S. 11.

970 Lillich/ Wesley, The Valuation, Vol. 3, S. 40 f. Damit sind auch Ratenzahlungen möglich. Da jedoch Zahlungsverzögerungen in der Praxis unvermeidlich sind, sah der *Harvard* Entwurf Nr. 12 eine prompte Entschädigungszahlung nur dort vor, wo „*an express undertaking by the State in reliance on which the property was acquired or imported by the alien*" existierte. Art. 10 der *Convention on the International Responsibility of States for Injuries to Aliens*, Harvard Draft Nr. 12, in: AJIL, Vol. 55, 1961, S. 548.

971 Wesley, R., Establishing Minimum Compensation, S. 956 ff.

schädigungszahlung nicht mehr als allgemeine Rechtsüberzeugung der Mehrheit der Staaten aufrechterhalten.[972] Nach heute geltendem Völkerrecht ist daher davon auszugehen, dass das Erfordernis einer prompten Entschädigungsleistung fallengelassen wurde und an dessen Stelle eine Zahlung über einen den Umständen angemessenen Zeitraum getreten ist.[973]

4. Sonstige Anforderungen an eine rechtmäßige Enteignungsmaßnahme

a) Ordnungsgemäßes Verfahren bei der Eigentumsentziehung (*due Process of Law*)

Objekt der Enteignungsmaßnahme kann jede Sache und jedes Recht sein, an dem auch Eigentum erworben werden kann. Auch zwischen beweglichen und unbeweglichen Sachen wird im allgemeinen keine Unterscheidung gemacht.[974] Voraussetzung ist jedoch, dass die Enteignung von einer anerkannten Regierung ausgeführt wird und diese von der enteigneten Sache Besitz ergreift.[975] Weiter ist es völkerrechtliche Pflicht des entziehenden Staates, einen gewissen Mindeststandard im Entziehungsverfahren einzuhalten.[976] Zum Teil wird dabei auf einen materiell rechtmäßigen Verlauf des gesamten Verfahrens abgestellt, teils wird dabei allgemein auf Treu und Glauben zurückgegriffen.[977] Jedenfalls soll dazu die frühe Mitteilung der Entziehung an den Betroffenen gehören, damit ihm noch genügend Zeit bleibt, vor der endgültigen Entscheidung die Behörde auf besondere Umstände hinzuweisen, die gegen eine Enteignung sprechen könnten.[978] Eine Enteignung darf auch nicht gegen vertragliche Verpflichtungen verstoßen.[979] Dabei genügt allerdings nicht schon der Bruch jeder vertraglichen Verpflichtung, vielmehr muss diese auch „internationalisiert" sein, was z.B. der Fall ist, wenn die Enteignung gegen ein Investitionsschutzabkommen verstößt.

b) Verbot des Rechtsmissbrauchs

Zwar kann die bloße Bestimmung von Inhalt und Schranken des Eigentums durch den Staat entschädigungslos zulässig sein, dabei darf er eine tatsächliche Entziehung jedoch nicht als Inhalt- und Schrankenbestimmung verschleiern, die sogenannte mittelbare Konfiskation.[980] Ausnahmsweise wäre eine entschädigungslose Entziehung im Falle des Notstands gerechtfertigt, wobei das Vorliegen einer solchen Situation alleine durch das Völkerrecht zu bestimmen wäre.[981]

---

[972] Patzina, R., Rechtlicher Schutz, S. 66.
[973] Vgl. bei Behrens, P., Multinationale Unternehmen, S. 45.
[974] Seidl-Hohenveldern, I., Internationales Konfiskations- und Enteignungsrecht, S. 34.
[975] Seidl-Hohenveldern, I., Internationales Konfiskations- und Enteignungsrecht, S. 178.
[976] Vgl. Böckstiegel, K., Die allgemeinen Grundsätze, S. 104 ff.
[977] Veith/ Böckstiegel, Der Schutz, S. 156, S. 158 f., 165.
[978] Böckstiegel, K., Die allgemeinen Grundsätze, S. 105. Die Enteignung muss auf Grund der nationalen Rechtsordnung ergehen. Auch müssen Klageerhebung und Behandlung der Angelegenheit müssen innerhalb eines angemessenen Zeitraums vonstatten gehen. Ansonsten macht sich der Staat einer völkerrechtswidrigen Rechtsverweigerung schuldig. Ammann, U., Der Schutz, S. 44. Aus dem Verstoß gegen völkerrechtliche Grundsätze durch einen „*denial of justice*", kann allerdings noch nicht gefolgert werden, dass die prozessrechtlichen Anforderungen glz. auch eine konstitutive Rechtmäßigkeitsvoraussetzung einer Enteignung darstellen. In einigen Fällen wurde den enteigneten Ausländern kein „*due process of law*" gewährt und dennoch wurde die Enteignung als rechtmäßig angesehen. Vgl. *Benvenuti et Bonfant*-Fall, in: ILM, Vol. 21, 1982, S. 740 ff.
[979] Berber, F., Völkerrecht, S. 426; Verdross/ Simma, Universelles Völkerrecht, § 1216.
[980] Vgl. Verdross, A., Völkerrecht, 1964, S. 367 f.
[981] Böckstiegel, K., Die allgemeinen Grundsätze, S. 147 f.

5. Zusammenfassung

Im Grundsatz besteht darüber Einigkeit, dass das Völkerrecht von jedem Staat verlangt, für entzogene Eigentumsrechte Entschädigung zu leisten.[982] Es ist festzustellen, dass die westlichen Industrienationen und inzwischen auch die Nachfolgestaaten der ehemaligen Sowjetunion, sowie die Entwicklungsländer für Enteignungen eine Entschädigungspflicht anerkennen. Überwiegend wird eine solche auch im Falle der Nationalisierung vertreten.[983] Dies besagt allerdings nicht, dass in jedem Fall eine volle Entschädigung zu leisten ist; entscheidendes Regulativ ist die Angemessenheit. Hinsichtlich der Entschädigungshöhe – insbesondere ob an eine Reduzierung und Modifikationen der Entschädigungszahlung zu denken sind – ist ein allgemeiner Rechtsgrundsatz zur genauen Höhe gegenwärtig jedoch (noch) nicht feststellbar.[984] Es soll im Einzelfall ein billiger Ausgleich in Form eines Kompromisses zwischen dem entzogenen Vermögenswert und der Leistungsfähigkeit des nationalisierenden Staates getroffen werden.[985]

Weniger umstritten ist, dass die Zahlung der Entschädigung unter Einrechnung von Zinsen grundsätzlich vor oder unmittelbar nach der Enteignung stattfinden soll – zumindest aber innerhalb eines vernünftigen Zeitraums nach deren Durchführung. Darüber hinaus soll die Entschädigung in einer konvertiblen Währung, jedenfalls aber in einer für den ausländischen Investor wirtschaftlich verwertbaren Form geleistet werden.

Setzt man die Leistung einer angemessenen Entschädigung voraus, ist festzustellen, dass den staatlichen Eingriffen in das ausländische Eigentum nur verhältnismäßig schwache Schranken entgegenstehen. Bereits das Erfordernis eines öffentlichen Interesses bei Entziehungsmaßnahmen ist aufgrund seiner nationalen Bestimmung von geringer Bedeutung. Besonders wichtig für den Schutz des Investors wird daher das nach internationalen Gesichtspunkten zu beurteilende Diskriminierungsverbot.

IV. Problem der Dekolonisierungs-Enteignung

1. Verzicht auf die strengen Enteignungsanforderungen im Falle von Konzessionserteilungen vor Erlangung der Unabhängigkeit

Besonderer Betrachtung bedurfte für den Fall der Enteignung ehemaliger Kolonialeigentümer nach Erlangung der Unabhängigkeit - wie in Zimbabwe - die Frage, ob in der Dekolonisation u.U. ein weiterer Grund für die Herabsetzung bestimmter Entschädigungsforderungen zu sehen ist.[986] Dabei wird das Argument vorgetragen, das Vermögen wäre als Resultat kolonialer Ausbeutung entstanden.[987] Die dekolonisierten Länder vertraten oft die Meinung, es gäbe keinen Grund Entschädigung für die Altkolonialherren zu zahlen, da sich der Kolonialstaat während der Kolonialzeit schon genug bereichert habe.[988] Außerdem sei es für diese Länder schwierig, quasi das ganze Land zurück-

---

[982] Alenfeld, J., Die Investitionsförderungsverträge, S. 125; Catranis, A., Probleme der Nationalisierung, S. 24; Muller, M., Compensation for Nationalization, S. 37.

[983] Verdross/ Simma, Universelles Völkerrecht, § 1222, S. 813; Seidl-Hohenveldern/ Stein, Völkerrecht, Rn. 1615 ff.; Stern, T., Die MIGA, S. 342.

[984] So auch Schanze, E., Investitionsverträge, S. 107; Dolzer, R., Eigentum, S. 287.

[985] Vgl. auch Banz, M., Völkerrechtlicher Eigentumsschutz, S. 162; Verdross/ Simma, Universelles Völkerrecht, § 1222. Letztlich kann daher dahingestellt bleiben, ob die erforderliche Entschädigung als fair, angemessen, gerecht, adäquat oder vernünftig bezeichnet wird.

[986] Seidl-Hohenveldern/ Stein, Völkerrecht, S. 260, Rn. 1434.

[987] Dies kann jedoch nur greifen, wenn sich solche Behauptungen im konkreten Falle beweisen lassen – z.B. wenn wertvolles Land den Eingeborenen durch die Kolonialmacht zu unangemessen niedrigen Preisen weggenommen wurde.

[988] Jain, S., Nationalization, S. 85. In der Regel hätten ehemalige Angehörige der Kolonialmacht unter der Kolonialverwaltung ihren Landbesitz unter Vorzugsbedingungen erworben.

zukaufen, wenn sie tatsächlich für jede Enteignung Entschädigung zu zahlen hätten. Vermittelnd wird auch vertreten, dass in Fällen, der *„one-sided privileges, concessions and other advantages enjoyed under the protection of the colonial and protecting power, that can be made the subject of legal redress (...through nationalization and expropriation)....“* die traditionelle Formel der prompten, vollen und effektiven Entschädigung nicht anzuwenden sei.[989]

2. Anwendung der völkerrechtlichen Enteignungsgrundsätze

Nach der gegenteiligen Ansicht begegnet die „wirtschaftliche Dekolonisation“, d.h. die Überführung des wirtschaftlichen Potentials der früheren Kolonialmacht aus dem Eigentum von Angehörigen der früheren Kolonialmacht in einheimische Hände keinen völkerrechtlichen Bedenken. Ein entsprechendes Enteignungsprogramm würde keine ermessensüberschreitende Willkür darstellen, da aus Sicht des unabhängig gewordenen Staates Gemeinwohlinteressen von hoher Plausibilität und Dringlichkeit vorliegen können.[990] Dies trifft dann zu, wenn nach der Unabhängigkeit die wirtschaftlichen Positionen des Landes, wie der nutzbare Boden, noch derart im Eigentum von Angehörigen der ehemaligen Kolonialmacht stehen, dass die einheimische Bevölkerung keine Möglichkeiten zur eigenen wirtschaftlichen Entfaltung besitzt.[991] Enteignungsmaßnahmen wären daher ein legitimes Vorgehen. Es läge auch keine Diskriminierung vor, da sich der staatliche Eingriff aus der Natur der zu verwirklichenden Enteignungen gerade auf bestimmte Ausländer beschränken würde, so dass keine willkürliche und sachfremde Ungleichbehandlung vorliegen würde.[992]

Doch auch bei dieser Argumentation gilt, dass entschädigungslose Eingriffe in Ausländereigentum prinzipiell verboten sind und somit ein internationalrechtliches Delikt darstellen. Es stellt sich jedoch die Frage der Übertragbarkeit der Grundsätze des „normalen“ Auslandseigentums auf Tatbestände „kolonial erworbenen“ Kapitals *en bloc*. In der UN-Resolution Nr. 1803 ist daher auch von einer grundsätzlichen Entschädigungspflicht die Rede; ausdrücklich wird davon jedoch solches Eigentum ausgenommen, „das vor dem völligen Souveränitätserwerb früher kolonial beherrschter Staaten erworben worden ist.“

Ein ähnlicher Ansatzpunkt mit entschädigungsrechtlicher Sonderbehandlung folgt aus dem Gesichtspunkt der Staatensukzession.[993] Für eine solche gilt der Grundsatz, dass der Erwerberstaat, d.h. die ehemalige Kolonie als souveräner Staat, die volle Staatshoheit in Bezug auf das erworbene Gebiet erlangt und dass die vorgefundene Rechtsordnung zu ihrer freien Disposition steht.[994] Ebenso ist sie nicht an Verträge gebunden, die der frühere Gebietesherr mit Dritten – auch Privatpersonen – abgeschlossen hat. Dabei ist jedoch fraglich, inwieweit der Erwerberstaat zur Respektierung wohlerworbener privater Rechte aus der Zeit der ehemaligen Kolonialmacht verpflichtet ist. Auch wenn diese Frage relativ umstritten ist, erscheint gesichert, dass eine solche Rechtspflicht im Hinblick auf das Eigentum von Ausländern bzw. Staatsangehörigen der ehemaligen Kolonialmacht besteht.[995] Entweder sind die betroffenen

---

[989] Friedmann, W., Intervention, S. 222. Für weniger als die volle Entschädigung im Hinblick auf den Landbesitzerwerb unter den Vorzugsbedingungen der ehemaligen Kolonialmacht nur in den Fällen, in denen tatsächlich Unrecht geschah, das noch nicht verjährt ist vgl. Seidl-Hohenveldern, I., Dekolonisierung, S. 491.

[990] Dölle, H., Internationalrechtliche Betrachtungen, S. 55.

[991] Sog. „koloniale Hypothek“, vgl. Dölle, H., Internationalrechtliche Betrachtungen, S. 56.

[992] Dölle, H., Internationalrechtliche Betrachtungen, S. 56.

[993] Vgl. dazu Berber, F., Lehrbuch des Völkerrechts, Bd. I, 1960, S. 246 ff.

[994] Dahm, G., Völkerrecht, 1958, Bd. I, S. 110; Berber, F., Lehrbuch des Völkerrecht, Bd. 1, 1960, S. 254.

[995] Guggenheim, P., Lehrbuch des Völkerrechts, Bd. I, 1948, S. 431.

Rechtspositionen aufrechtzuerhalten oder es muß - im Fall der Entziehung - eine Entschädigung nach den allgemeinen völkerrechtlichen Enteignungsgrundsätzen geleistet werden.[996] Dabei gilt als wichtige Ausnahme jedoch die sogenannte Rechtsbegründung *mala fide*, bei der einem Erwerber geringerer Schutz zukommt. Darunter ist zu verstehen, dass einem Rechtserwerber unter der alten Regierung ein Vorteil zustatten gekommen ist, mit dessen Erlangung er unter dem Erwerberstaat nicht hätte rechnen können und den er sich vor dem bevorstehenden Hoheitswechsel verschafft hat, um etwaige spätere Widerstände im Erwerberstaat umgehen zu können.[997] Für die Annahme eines Rechtserwerbs *mala fide* sollte im kolonialen Bereich ausreichend sein, dass die dortigen Häuptlinge oder *Chiefs* zur Landüberlassung zu gänzlich inadäquaten Bedingungen bestimmt worden waren.[998]
Im Ergebnis ist damit entscheidend auf die Art und Weise des Rechtserwerbs durch die ehemalige Kolonialbevölkerung abzustellen.[999] Folglich trifft den Erwerberstaat die Pflicht, die „wohlerworbenen Privatrechte" von Ausländern grundsätzlich zu respektieren. Dies ergibt sich auch aus dem im allgemeinen völkerrechtlichen Schutz geltenden Institut des *venire contra factum proprium*. In der freiwilligen Gestattung des Staates, einem Ausländer in seinem Gebiet einen Eigentumserwerb zu ermöglichen, schafft er für diesen eine schutzwürdige Position. Bei Durchführung einer entschädigungslosen Enteignung geriete der Staat in widersprüchliches Verhalten, wenn er zuvor ausdrücklich zu Kapitalinvestitionen animiert hatte. Umgekehrt besteht ein solches Schutzbedürfnis nicht, wenn der Erwerb unter Ausnutzung diskriminatorisch begünstigenden Kolonialrechts erfolgt war.[1000] Zu berücksichtigen sind auch rechtliche Bedenken im Hinblick auf den Umstand, dass auch das Völkerrecht das Rechtsinstitut der Verjährung kennt. Zwar gebührt Rechtstiteln mit „negativen kolonialen Bezügen" kein voller Schutz, aber nicht alle Rechtstitel der Staatsangehörigen einer Kolonialmacht sind fragwürdig. Im Falle des kolonial erworbenen Eigentums kann bei Entziehung jedenfalls nicht (uneingeschränkt) allgemeines Völkerrecht über Enteignungen Anwendung finden, soweit nicht das Prinzip der rechtlichen Fortdauer der „wohlerworbenen Rechte" anzuerkennen ist, d.h. es sich nicht um normales Ausländereigentum handelt.[1001] Eine Enteignung oder Nationalisierung von Vermögensgegenständen, die mit negativen kolonialen Bezügen erworben wurden, ist daher nicht schon deshalb völkerrechtswidrig, weil sie eine vom allgemeinen Völkerrecht abweichende Entschädigungsregelung vornimmt.
Es bleibt die Frage der Höhe der Entschädigungsleistung. Keine Anwendung soll jedenfalls – bei nicht oder nicht gänzlich zu respektierenden Eigentumstiteln - die Formel der vollen, prompten und frei transferierbaren Entschädigung finden.[1002] Nach Dölle solle für die Bestimmung der Kompensationszahlung die Besitzdauer, die in das Land investierten Arbeitsleistung und das Kapital berücksichtigt werden.[1003] Friedmann will dagegen die Grundsätze der „ungerechtfertigten Bereicherung" anwenden. Als Verrechnungsposten sollten dem Wert des enteigneten Vermö-

---

[996] Seidl-Hohenveldern, I., Völkerrechtswidrige staatliche Eigentumseingriffe, S. 6 ff.; Guggenheim, P., Lehrbuch des Völkerrechts, S. 437 f.
[997] Mosler, Wirtschaftskonzessionen, S. 170 f.
[998] Mosler, Wirtschaftskonzessionen, S. 187; Lindley, M., The Acquisition, S. 316 f.
[999] Dölle, H., Internationalrechtliche Betrachtungen, S. 61; Mosler, H., Wirtschaftskonzessionen, S. 24.
[1000] Entsprechend drängt auch die Resolution Nr. 1817 (XVII) der Vollversammlung der VN vom 18.12.1962 auf die unverzügliche Rückgabe des den Eingeborenen weggenommenen Landes. Aus Dölle, H., Internationalrechtliche Betrachtungen, S. 64.
[1001] Berber, F., Lehrbuch des Völkerrechts, Bd. I, 1960, S. 262; Mosler, Wirtschaftskonzessionen, S. 173; Hartmann, G., Nationalisierung, S. 91.
[1002] Dölle, H., Internationalrechtliche Betrachtungen, S. 64; Berber, F., Lehrbuch des Völkerrechts, Bd. I, 1960, S. 262.
[1003] Dölle, H., Internationalrechtliche Betrachtungen, S. 64.

gensobjektes diejenigen Vorteile gegenübergestellt werden, die dem Titelinhaber aus der einseitigen kolonialrechtlichen Begünstigung erwachsen sind.[1004]

3. Zusammenfassung

In der Tat mag in der Vergangenheit mancher Eigentumstitel auf fragwürdige Umstände, insbesondere aufgrund von begünstigenden Regelungen für die Kolonialherren beim Grunderwerb zurückgehen. Für auf diese Art erworbenes Eigentum wäre ein voller Schutz tatsächlich nicht zu rechtfertigen.[1005] Sinnvoll erscheint es zunächst, eine Unterscheidung zwischen den Verstaatlichungen ehemaliger Kolonien bald nach der Erlangung der Unabhängigkeit und späteren Enteignungsmaßnahmen zu treffen.[1006] Bei ersteren konnten die Kolonialstaaten unter fremder Herrschaft meist keinen Einfluss auf die Investitionsbedingungen ausüben, um so ihre eigenen Interessen zu schützen. Vorgeschlagen wird hier daher eine Entschädigungsreduzierung nach der „Theorie der ungerechtfertigten Bereicherung".[1007] Im Umkehrschluss – nachdem sich heute kaum mehr neu entstandene Staaten von den Zwangsbindungen aus der Kolonialzeit befreien – ist davon auszugehen, dass derjenige Staat, der enteignet, den betroffenen Investor selbst zugelassen hat und damit einen Vertrauenstatbestand geschaffen hat. Dies spricht dafür, keine Ausnahme von oben dargelegten Grundgedanken zuzulassen und Entschädigungen in der Regel nach dem vollen Marktwert zu berechnen.[1008]

Die Versagung des Eigentumsschutzes kann jedoch auch nicht pauschal für alle Eigentümer, die einst Staatsangehörige der ehemaligen Kolonialmacht waren oder noch sind, gelten. Das begangene völkerrechtliche Unrecht während der Kolonialzeit kann nicht dazu führen, im Rahmen einer Kollektivhaftung aller Staatsangehörigen der früheren Kolonialmacht allein schon in deren Staatsangehörigkeit eine sachlich zu rechtfertigende Differenzierung in der Entschädigungszahlung zu sehen. Da die meisten Staaten eine Vergangenheit zu bewältigen haben, würde dies dazu führen, dass das völkerrechtliche Entschädigungsrecht in fast allen Fällen leer liefe. Entscheidend ist für einen etwaigen Entschädigungsausschluss, ob der Rechtserwerb der ehemaligen Kolonialbevölkerung *mala fide* erfolgte.

V. Zwischenergebnis

Der Überblick über das allgemeine Völkerrecht zeigt, dass dessen Schutzvorkehrungen für Auslandsinvestitionen unsicher und schon deshalb unzureichend sind. Für den Investor sind die allgemeinen völkerrechtlichen Regeln bezüglich des Eigentumsschutzes zu unklar, als dass er daraus einen verbindlichen Schutz für seine ausländischen Investitionen ableiten könnte. Die völkerrechtlichen Grundsätze verhindern nicht zukünftige Enteignungsmaßnahmen der Gaststaaten, sondern stellen für diese nur gewissen Anforderungen, die im Rahmen einer rechtmäßigen Enteignung zu beachten sind. Die Einhaltung dieser Bedingungen kann in der Regel auch nicht von den nationalen Gerichten des Gaststaates erreicht werden. Erst nach der durchgeführten Enteignung wäre ein Vorgehen vor interna-

---

[1004] Friedmann, W., The Use of General Principles, S. 297 ff.

[1005] Vgl. Dölle, H., Internationalrechtliche Betrachtungen, S. 62-65; Seidl-Hohenveldern, I., Dekolonisierung, S. 491.

[1006] Norton, P., A law of the future, S. 496.

[1007] So Malanczuk, P., Modern Introduction, S. 170.

[1008] Herdegen, M., Internationales Wirtschaftsrecht, S. 223, § 17 Rn. 10; Stern, T., Die MIGA, S. 105 f. Darauf stellen auch die Richtlinien der Weltbank über die Behandlung ausländischer Direktinvestitionen ab. Vgl. Art. IV (3) der *Guidelines on the Treatment of Foreign Direct Investment*, in: ILM, Vol. 31, 1992, S. 1382.

tionalen Gerichten oder Schiedsgerichten erfolgversprechend. Außerdem steht es grundsätzlich nur dem Heimatstaat des Investors zu, einen Rechtsanspruch auf Wiedergutmachung des Schadens gegen den enteignenden Gaststaat vorzubringen. Aus Gründen des öffentlichen Wohls kann der Heimatstaat darauf auch verzichten und mit dem Enteignerstaat ein Globalentschädigungsabkommen schließen, welches dem Investor unter Umständen nur eine Quote des enteigneten Vermögensgegenstandes als Entschädigung gewährt.[1009] Dieser Rechtszustand stellt jedoch kaum einen Anreiz für Investoren dar, Kapital in ausländischen Staaten anzulegen.

B. BESONDERE MENSCHENRECHTLICHE EIGENTUMSSCHUTZBESTIMMUNGEN

I. Stand der Menschenrechte im Völkerrecht

Das internationale Fremdenrecht wird zunehmend vom völkerrechtlichen Schutz der Menschenrechte überlagert. Die Menschenrechte verfügen über einen weitaus breiteren Schutzbereich, da sie nicht nur den Ausländer, sondern auch die Staatsangehörigen gegenüber ihrem Staat schützen.[1010] Von großer Bedeutung ist die Einwirkung völkerrechtlich anerkannter Menschenrechte auf die internationale Wirtschaftsordnung. Der gewohnheitsrechtliche Menschenrechtsstandard, die universellen Menschenrechtsverträge und regionale Menschenrechtsübereinkommen sichern die Stellung des Individuums als eigenverantwortlichen Träger subjektiver Rechte. In den internationalen Pakten ist das Eigentum als „Menschenrecht" in Art. 17 AEMR, Art. 1 des 1. ZP zur EMRK, Art. 15 ICESCR, Art. 17 EuGRCh,[1011] Art. 21 AMRK und Art. 14 AfrCh geschützt.

1. Begriff der Menschenrechte

Das moderne Menschenrechtsverständnis der westlichen Demokratien begreift die Menschenrechte als individuelle, dem Einzelnen aufgrund seiner Geburt zustehende, natürliche und unveräußerliche Personenrechte mit universaler Geltungskraft.[1012] Dabei ist grundsätzlich das Verhältnis vom Staat zum Individuum betroffen. Sie sollen unabhängig von Rasse, Hautfarbe, Geschlecht oder anderen Unterscheidungsmerkmalen gewährt werden und nicht durch Regierungen oder andere Einzelpersonen verweigert werden können.[1013] Die Universalität der Menschenrechte wurde in der allgemeinen Erklärung der Menschenrechte (AEMR) von 1948 bestätigt, welche die Einhaltung dieser Rechte als eine Verpflichtung für alle Mitglieder der internationalen Gemeinschaft versteht.[1014] Neben der Charta war von Anfang an gedacht, auch vertragliche Regelungen mit Durchführungsvorschriften – in Form der beiden Pakte, ICESCR und ICCPR, zu schaffen - die alle zusammen die internationale Menschenrechtscharta bilden sollten

---

[1009] Palm, U., Zur rechtlichen und wirtschaftlichen Bewältigung, S. 63.

[1010] Zur Universalität der Menschenrechte vgl. Kühnhardt, L., Die Universalität der Menschenrechte, S. 26 ff.

[1011] Zu dieser vgl. ausführlicher Pache, E., Die Europäische Grundrechtscharta, S. 475 ff.

[1012] Hilpert, K., Die Menschenrechte, S. 17 ff.; Kühnhardt, L., Die Universalität der Menschenrechte, S. 32; Schaber, T., Internationale Verrechtlichung, S. 68; Banning, T., The Human Right to Property, S. 168. Nach Umozurike sind Menschenrechte solche Ansprüche, „*which are invariably supported by ethics and which should be supported by law, made on society, especially on its official managers, by individuals or groups on the basis of their humanity.*" Umozurike, O., The African Charter, S. 5. Henkin verhindert mit seiner Definition eine weitere Ausdehnung des Menschenrechtsbegriffs in rein politische Ziele, wenn er feststellt: „*Human rights are those liberties, immunities and benefits which, by accepted contemporary values, all human beings should be able to claim 'as of right' of the society in which they live.*" Zitiert bei Tomuschat, C., Menschenrechte, S. 545.

[1013] Umozurike, O., The African Charter, S. 5.

[1014] Allerdings unterliegt dieser Grundsatz in der Praxis zahlreichen Ausnahmen, was zum Beispiel durch die Zulassung der Todesstrafe zum Ausdruck kommt. Vgl. Umozurike, O., The African Charter, S. 5 f.

(*International Bill of Rights*). Zu dem Gesamtwerk ist anzumerken, dass ein universeller Standard, der von allen Mitgliedern gebilligt wird, nicht mehr als ein Mindeststandard sein kann, da eine Orientierung an dem gemeinsamen Nenner der verschiedenen Rechtsordnungen zu erfolgen hat.[1015] Voraussetzung für die Qualifikation als ein Menschenrecht ist seine ausreichende Konkretisierung. Es bedarf eines Rechtsinhabers, eines Rechtsgegenstandes und eines Rechtsverpflichteten. Ein Menschenrecht muss durch seine Verwirklichbarkeit aber auch den Betroffenen die Heilung ihrer Verletzung bieten können und sich daher als ein effektives Rechtsmittel erweisen. Als Menschenrecht muss es mit den anderen Rechten in Einklang stehen und einen zusätzlichen Wert verkörpern.[1016]

2. Entwicklung der Menschenrechte

Aus der englischen *Magna Charta*, welche von König John 1215 unterzeichnet wurde und ihn und die Seinen dem Gesetz unterwarf, entstand zunächst die *Petition of Rights* von 1628 und die *Bill of Rights* von 1689. Waren diese zunächst nur als ethisch-moralisches Konzept gedacht, entwickelten Philosophen wie Grotius, Locke und Montesquieu daraus bald rechtliche Entwürfe.[1017] Zu erwähnen ist auch die *Virginia Bill of Rights* von 1776, deren Inhalt in die Amerikanische Unabhängigkeitserklärung von 1791 einging,[1018] die englische *Bill of Rights* und die Französische Erklärung der Menschen- und Bürgerrechte vom 26.08.1789,[1019] die ihre Prinzipien – wie die Gleichheit aller Menschen, sowie das Recht auf Eigentum und Freiheit - als universell erklärte.[1020] Diese Rechte fanden jedoch bis nach dem Zweiten Weltkrieg keine internationale Annerkennung, sondern waren lediglich in unterschiedlicher Weise den nationalen Verfassungen als Katalog beigegeben. Mit der sozialistischen Reform in der UdSSR kam es erstmals auch zur Anerkennung politischer Rechte und Bürgerrechte - sogenannte erste Generation der Menschenrechte - in den nationalen Verfassungen.[1021] Die Menschenrechtsidee wurde in der rechtsgesicherten Sphäre der Staatsordnung verankert, die subjektiv öffentlichen Rechte des Individuums hatten die Beschränkung der Staatsgewalt zum Ziel.[1022] Zwischen den beiden Weltkriegen wurden vereinzelt völkerrechtliche Verträge zum Schutz einzelner Men-

---

[1015] Tomuschat, C., Menschenrechte, S. 548.

[1016] Banning, T., The Human Right to Property, S. 171 ff.

[1017] Umozurike, O., The African Charter, S. 9 f.; Ncube, W., The Constitutional recognition, S. 63; Eide, A., The AEMR, S. 8. Der politische Philosoph John Locke führte z.B. das Recht auf Eigentum auf das Naturrecht zurück, das dem Mensch an den Früchten der eigenen Arbeit zustehe. Cranston, M., What are Human Rights, S. 48 ff.

[1018] Pappa, C., Das Individualbeschwerdeverfahren, S. 7 f. Vgl. Abschnitt 1 der *Virginia Bill of Rights vom* 12.06.1776: „Alle Menschen sind von Natur aus in gleicher Weise frei und unabhängig und besitzen bestimmte angeborene Rechte. Diese können sie ihren Nachkommen durch keinen Vertrag rauben oder entziehen, auch nicht, wenn sie eine staatliche Verbindung eingehen." Bei diesen Rechten handelte es sich v.a. um die Garantie auf Leben, Freiheit, sowie Mittel zum Erwerb und Besitz von Eigentum. Vgl. Postl, M., Eigentum, S. 9.

[1019] Maluwa, T. International Law, S. 124.

[1020] Umozurike, O., The African Charter, S. 10. In dieser Zeit entwickelte sich die Erkenntnis, dass den Menschen fundamentale und unveräußerliche Freiheitsrechte zustehen würden, die des besonderen Schutzes bedürften. Ihr Ursprung lag in den politischen Kämpfen in Frankreich und England im 17. bis 19. Jahrhundert. Durch die sich stärker formierende Bourgeoisie kam es zur Auflehnung gegen die absolute Feudalherrschaft, sowie zur Forderung von Mitsprache und politischen Freiheiten. Wie die ersten Naturphilosophen argumentierten, sei die Gesellschaft eine Verbindung von Individuen, die durch einen Vertrag zwischen ihnen, welcher das Glück und die Freiheit des Individuums zum Ziel erklärte, vereinigt sei. Vgl. Nhalapo, R., International Protection, S. 3. Die Allgemeingültigkeit der Menschenrechte ließ sich ebenfalls aus dem Naturrecht ableiten, da die menschliche Natur überall im Wesentlichen dieselbe sei und die Menschen daher auch überall dieselben Rechte besäßen. Cranston, M., What are Human Rights, S. 7, 23 f.

[1021] Ncube, W., The Constitutional recognition, S. 63. Sie waren das Ergebnis der Epoche der europäischen Aufklärung und eng mit deren Ideengeschichte verbunden. Tonndorf, U., Menschenrechte in Afrika, S. 18. Im Konstitutionalismus des 19. Jahrhunderts fand der Wechsel von der Fürsten- zur Volkssouveränität statt, womit der Wandel der vorstaatlichen Menschenrechte in verfassungsmäßig garantierte Grundrechte der Bürger einherging. Ipsen, K., Völkerrecht, 4. Aufl., § 2, Rn. 19; Tonndorf, U., a.a.O., S. 38.

[1022] Kühnhardt, L., Die Universalität der Menschenrechte, S. 45 ff., 49 ff.

schenrechte geschlossen,[1023] welche schließlich in der „Neuzeit“ nach dem Zweiten Weltkrieg Eingang in die UN-Charta von 1945 fanden,[1024] wenn auch noch in allgemeiner Weise. Weiterentwickelt wurden sie in der AEMR vom 10.12.1948,[1025] in der sie in verschiedene Kategorien eingeteilt wurden. Zur ersten Kategorie zählen die zivilen und Bürgerrechte,[1026] die traditionsgemäß anerkannt wurden. Die Rechte der zweiten Generation, die sozialen und kulturellen Teilhaberechte, traten erst Anfang des 20. Jahrhunderts auf[1027] und waren zunächst in der AEMR nur eine Aspiration für alle Staaten.[1028] Obwohl die AEMR der wichtigste Bezugspunkt im Hinblick auf die Menschenrechte bleibt, werden die Menschenrechte in den beiden Menschenrechtspakte näher definiert und mit einem internationalen Durchsetzungsmechanismus ausgestattet.[1029] Zu diesem Zeitpunkt befanden sich allerdings die meisten afrikanischen Staaten noch unter der Kolonialherrschaft und waren bei der Annahme der AEMR durch die Generalversammlung der Vereinten Nationen nicht vertreten.[1030] Mit der Dekolonisierung der Dritte Welt-Staaten in den 60er Jahren kam es zu einer neuen Gewichtung des Rechts auf Selbstbestimmung, Entwicklung, lebenswerte Umwelt und der Betonung der Gruppenrechte, womit eine sogenannte dritte Generation der Menschenrechte auf der internationalen Bühne entstanden ist.[1031]

3. Menschenrechte als Völkergewohnheitsrecht

Die AEMR war zunächst nicht als rechtlich verpflichtend gedacht, sondern mehr als „a guiding light to all those who endeavoured to raise man's material standard of living and spiritual condition... a moral obligation on the different countries to find ways and means of giving effect to the rights proclaimed therein.“[1032] Aufgrund konstanter Wiederholung und Bestätigung ihrer Rechte durch die universellen und regionalen Folgedeklarationen, sowie in den nationalen Verfassungen, argumentierte man jedoch, dass die AEMR zumindest in ihren wesentlichen Prinzipien Teil des internationalen Gewohnheitsrechts geworden war, welches alle Staaten auch ohne ihre ausdrückliche Zustimmung rechtlich binden würde.[1033] Auf der UN World Conference on Human Rights in Wien im Jahr 1993

[1023] Vgl. das Übereinkommen betreffend die Sklaverei vom 14.01.1929, in: RGBl. 1929 II, S. 63 ff.; das Übereinkommen über Zwang- oder Pflichtarbeit von 1930, in: BGBl. 1956 II, S. 641 ff.

[1024] Vgl. die normativen Menschenrechtsbestimmungen in Art. 1, 55, 56, wie auch im weiteren Sinne Art. 13, 62, 68 und 76 SVN. Text in BGBl. 1973 II, S. 431 ff. Die Charta sieht jedoch keine Institutionen oder Verfahren zum Schutz und zur Durchsetzung der Menschenrechte vor.

[1025] Vgl. Sommermann, K., Die Fortentwicklung der Menschenrechte S. 39; Postl, M., Eigentum, S. 13.

[1026] Die Bürgerrechte sind Rechte, die von einem bestimmten verfassungsrechtlichen Gesetz anerkannt werden und je nach Rechtssprechung unterschiedlich ausfallen können. Menschenrechte dagegen stehen weit darüber. Vgl. Umozurike, O., The African Charter, S. 6.

[1027] Diese wurden bereits von den Verfassungen von Mexiko von 1917, der russisch-sowjetischen föderalen sozialistischen Republik von 1918, der Weimar Republik von 1919, der USSR von 1937 und Irland im selben Jahre beinhaltet. Umozurike, O., The African Charter, S. 45.

[1028] Erst 1966 wurden sie in der *International Covenant on Economic, Social and Cultural Rights* für die Mitgliedstaaten als verbindlich verankert. Umozurike, O., The African Charter, S. 45.

[1029] Nowak, M., UNO-Pakt, S. XV.

[1030] Zweifel bestanden daher an der Universalität der Menschenrechte. In Afrika zumind. wurde ihre Gültigkeit durch die Unabhängigkeitsverfassungen der meisten afrikanischen Staaten begründet, in denen die wichtigsten Menschenrechte enthalten sind. Der Nachteil dieser Verfassungen ist jedoch wiederum, dass sie in der Regel von den Kolonialmächten entworfen und den afrikanischen Staaten als Bedingung für ihre Unabhängigkeit auferlegt wurden. Vgl. Motala, Z., Human Rights in Africa, S. 378.

[1031] Schaber, T., Internationale Verrechtlichung, S. 75; Umozurike, O., The African Charter, S. 11 f.; Maluwa, T. International Law, S 133. Von Karel Vasak, dem damaligen Direktor des Internationalen Menschenrechtsinstituts in Straßburg wurden sie erstmals als Rechte der „dritten Generation“ bezeichnet. Vgl. Vasak, K., Die AEMR 30 Jahre später, S. 29.

[1032] Vgl. Shaw, M., International Law, S. 207 f.

[1033] Waldock, H., Human Rights, S. 15.

wurde das Vienna Declaration and Programme of Action verabschiedet, mit welcher die Allgemeingültigkeit der Menschenrechte und ihr Schutz als eines der Hauptziele der Vereinten Nationen betont wurde.[1034]
Die Respektierung der Menschenrechte basiert nicht nur auf Verträgen, sondern hat sich in der Zwischenzeit zu einer gewohnheitsrechtlichen Regel im internationalen Recht entwickelt.[1035] Heutzutage gibt es kaum eine Regierung, die sich nicht zumindest zu den Menschenrechten bekennt.[1036] Inzwischen wurden drei regionale Menschenrechtskonventionen verfasst, um den Schutz der Menschenrechte weiter in Europa, Amerika und Afrika auszubilden.[1037]

4. Eigentumsrecht als Menschenrecht

Ohne Zweifel ist der Eigentumsschutz ein anerkanntes Bürgerrecht. Ob er darüber hinaus jedoch ein Menschenrecht darstellt, ist fraglich. Wäre dies der Fall, wie ist es dann zu erklären, dass viele Menschen keinen Zugang zu ihm haben? Der Unterschied zwischen dem Schutz als legales Recht und demjenigen als Menschenrecht liegt in der Ausübung staatlicher Macht. Nur bei Akzeptanz als Menschenrecht steht dessen Schutz über der legislativen Potenz des Staates.[1038] Andernfalls ist es zulässig, den Schutz eines Eigentumsrechts durch die nationalen Gesetze zu regeln.[1039] Als Recht ist das Eigentum praktisch universell in Verfassung und verfassungsrechtlicher Tradition anerkannt. Das bedeutet jedoch nicht, dass seine Merkmale auch klar bestimmt sind.[1040] Streitpunkte und Verwirrung in der Staatengemeinschaft über das Recht auf Eigentum verhinderten bislang seine Entwicklung zu einem effektiven universellen Standard.[1041] Insbesondere ist es noch nicht in den beiden Menschenrechtspakten verankert worden.
Gegen das Eigentumsrecht als Menschenrecht wird die Verteilungsungerechtigkeit vorgebracht. Soweit keine gleichen Möglichkeiten für die Menschen existieren, Zugang zum Eigentum zu erlangen, bestehen Bedenken, dieses als Menschenrecht einzuordnen.[1042] Des Weiteren wird die fragwürdige Legitimität der aktuellen Eigentumsposition angeführt, da ein Großteil des jetzigen Eigentums – unter meist zweifelhaften Bedingungen oder sogar in völlig illegaler Weise - oft vor Generationen erobert wurde. Der Schutz des Eigentums würde einen solchen *status quo* weiterhin aufrechterhalten.[1043]
Auf der anderen Seite steht der Eigentumsschutz für Sicherheit und andere fundamentale Werte, wie die menschliche Würde und die Kulturerhaltung. Er gewährt dem Eigentümer einen Grad an Autonomie, Privatsphäre und Un-

---

1034 Shaw, M., International Law, S. 208. Teile eines Vertrags, die Völkergewohnheitsrecht darstellen, sind sowohl für Mitglieder als auch Nichtmitglieder relevant und verpflichten sie die internationalen Standards in ihr nationales Recht zu inkorporieren. Umozurike, O., The African Charter, S. 7. Vgl. den Barcelona Traction Fall, in: ILR, Vol. 46, 1973, S. 1 ff.

1035 Im Übrigen hat auch jeder Staat ein spezielles Interesse daran, dass auch die anderen Staaten die Menschenrechte schützen. Umozurike, O., The African Charter, S. 113.

1036 Das Paradoxe an den Menschenrechten ist jedoch, dass ihre effektivsten Schützer, die Regierungen, oft auch ihre schlimmsten Verletzter sind. Umozurike, O., The African Charter, S. 8.

1037 Dies sind die Europäische Menschenrechtskonvention (EMRK) von 1950, die Inter-Amerikanische Konvention der Menschenrechte (AMRK) von 1969 und die Afrikanische Charta der Menschen- und Bürgerrechte (AfrCh) von 1981. Umozurike, O., The African Charter, S. 7, 12.

1038 Allerdings ergeben sich dabei auch Einschränkungen des Eigentums als Menschenrecht durch andere zu schützende Menschenrechte, wie die kulturellen Rechte und geistige Eigentumsrechte anderer, sowie durch das Diskriminierungsverbot. Vgl. Banning, T., The Human Right to Property, S. 201.

1039 Banning, T., The Human Right to Property, S. 185 f.

1040 Banning, T., The Human Right to Property, S. 165.

1041 Banning, T., The Human Right to Property, S. 57.

1042 Nedelsky, J., Should Property be Constitutionalized? S. 423.

1043 Banning, T., The Human Right to Property, S. 179 f.

abhängigkeit.[1044] Daneben weitet das Eigentumsrecht den Schutz anderer Menschenrechte, wie das Recht auf Freiheit und den Schutz vor Diskriminierung, aus oder ermöglicht erst die Existenz vieler sozial-wirtschaftlicher Rechte, wie das Recht auf angemessene Lebensbedingungen und Arbeit. Dazu tritt ein praktisches Element; ohne vorliegenden Eigentumstitel kann oft die Kreditwürdigkeit nicht bewiesen werden.[1045]

Die aufgeführten Argumente gegen einen Schutz des Eigentums als Menschenrecht sind nicht zwingend. Vielmehr bedeuten sie eine Rechtfertigung, um von den Staaten noch aktiveren Schutz und Förderung der Eigentumsrechte durch positive Maßnahmen zu fordern. Auch wenn die AEMR bestätigt, dass der Eigentumsschutz eines der Rechte darstelle, welche als universal geltend zu betrachten seien,[1046] ist das Eigentum als Menschenrecht nur in den regionalen Konventionen Europas, Amerikas und Afrikas anerkannt. Es ist daher anzustreben, das Recht auf Eigentum auch in einem der Menschenrechtspakte - aufgrund des Einzelbeschwerdeverfahrens vorzugsweise im ICCPR - zu verankern. Solange dies jedoch noch nicht geschehen ist, stellt das Eigentum kein völkergewohnheitsrechtlich anerkanntes Menschenrecht dar.

II. Universeller Eigentumsschutz

Das Jahr 1948, in welchem die AEMR unterzeichnet wurde, lässt sich als Startpunkt für den Beginn des Eigentumsschutzes als Menschenrecht ansehen.[1047] Der Schutz der Menschenrechte stellte jedoch nur ein anzustrebendes Ziel dar, dessen Förderpflicht die Vereinten Nationen als Organisation und nicht die einzelnen Staaten selbst traf und dessen vertragliche Absicherung erst mit der Rassendiskriminierungs-Konvention, sowie den beiden internationalen Pakten im Jahre 1966 begonnen hat.[1048] Wie schwierig die Anerkennung einer Universalität der Menschenrechte ist, zeigt, dass noch 1945 bei der Ausarbeitung der Charta der Vereinten Nationen in den Kolonien andere Anforderungen galten als in den übrigen Staaten.[1049] Das Eigentum beruht grundsätzlich auf einer vorgefundenen Privatrechtsordnung, die seine vielfältigen Erscheinungen erfasst und ausgestaltet. Daher ist es besonders von der normativen Ausgestaltung durch den Gesetzgeber abhängig, der dabei der Sozialbindung Rechnung zu tragen hat, indem er staatliche Eingriffe zur Verfolgung öffentlicher Zwecke erlaubt und so den Inhalt der Eigentumsgarantie festlegt. Dem Eigentumsrecht obliegen daher verschiedene Funktionen als subjektives Abwehrrecht, objektive Gewährleistung und institutionelle Garantie. Nach allgemeiner Ansicht unterliegt der Schutz des Eigentums Beschränkungen aufgrund des Allgemeininteresses oder des Gemeinwohls.[1050]

[1044] Banning, T., The Human Right to Property, S. 181 f.

[1045] Vgl. Banning, T., The Human Right to Property, S. 184.

[1046] Banning, T., The Human Right to Property, S. 132.

[1047] Banning, T., The Human Right to Property, S. 132. Zunächst hatte das Eigentumsrecht seine klassische menschenrechtliche Ausprägung in der französischen Menschenrechtserklärung von 1789 gefunden. Von einem fast absoluten liberalen Freiheitsrecht wandelte es sich jedoch zu einem von wirtschaftlichen und sozialen Komponenten beeinflussten Recht. Weber, A., Menschenrechte, S. 783.

[1048] V.a. existierte zunächst nur der Begriff „Menschenrechte"; welche Rechte den Individuen diskriminierungsfrei zustehen sollten, sagte die UN-Charta nicht. Fastenrath, U., Internationaler Schutz, S. 13.

[1049] So sollten in allen Staaten, einschließlich der Treuhandgebiete, die „Achtung der Menschenrechte" gefördert werden, vgl. Art. 1 Nr. 3, 55 Buchst. c, 76 Buchst. c SVN. Für die Kolonien forderte man jedoch nur eine „gerechte Behandlung" der Bewohner, vgl. Art. 73 Buchst. a SVN. Die EMRK enthält dagegen immer noch eine Klausel, die besagt, dass die in der Konvention garantierten Rechte in den Kolonien eines Mitgliedstaates nur aufgrund einer besonderen Erklärung gelten. Vgl. Fastenrath, U., Internationaler Schutz, S. 20.

[1050] So für das Gemeinschaftsrecht der EuGH, vom 13.12.1979, Rs. 44/79, Hauer, S. 3746 ff; im Bereich der europäischen Menschenrechte der EGMR vom 21.02.1986, *James and others*, Ser. A, Nr. 98, Ziff. 43, sowie die Rechtsprechung in den USA vgl. Nowak/Rotunda, Constitutional Law, S. 493.

1. Schutz durch die Allgemeine Erklärung der Menschenrechte (AEMR) vom 10.12.1948

a) Allgemeines

Die AEMR,[1051] der 1948 nur 48 Mitgliedern zustimmten, war als bloße Empfehlung der Generalversammlung gedacht, genießt aber mittlerweile die stärkste Publizität unter den Menschenrechtskonventionen. Eine eigene Unterzeichnung ist nicht notwendig, da sie als Teil der UNO-Verfassung von allen UNO-Mitgliedstaaten durch deren Beitritt zu den Vereinten Nationen automatisch anerkannt wird.[1052] Das Ziel der Erklärung ist die Entwicklung eines gemeinsamen Menschenrechtsstandards und die Festschreibung der zentral normativen Grundüberzeugung der internationalen Gemeinschaft über die besondere Bedeutung der Menschenrechte. Als bloße Erklärung bzw. Resolution der Vollversammlung der Vereinten Nationen verfügt sie an sich - im Gegensatz zu einer Konvention – über keine Rechtsverbindlichkeit.[1053] Zumindest einige ihrer Vorschriften gelten aber aufgrund ihrer universellen Anerkennung heute als Völkergewohnheitsrecht.[1054] Durch die zahlreichen Konventionen, die auf die AEMR zurückgehen, wurde den meisten Artikeln der Menschenrechtskonvention ein bindender Charakter verliehen.[1055] Die Vorschriften des Eigentumsschutzes spiegeln zwar nach Ansicht einiger Völkerrechtsgelehrter internationales Gewohnheitsrecht wider,[1056] nach Auffassung anderer ist der Eigentumsschutz mangels Bindungswirkung der AEMR jedoch recht notdürftig.[1057] Für die Tatsache, dass nur ein Minimum an Schutz international gewährleistet ist, spricht jedenfalls, dass zur Schaffung von Rechtsklarheit und zur Einführung von Überprüfungsverfahren zahlreiche Menschenrechtsverträge abgeschlossen wurden, mit denen u.a. der Eigentumsschutz verwirklicht werden sollte.[1058]

[1051] *Universal Declaration of Human Rights*; dt. Fassung abgedruckt bei Knipping/ v. Mangoldt/ Rittberger, Das System der Vereinten Nationen, Bd. I/ 1, S. 814-827. Zu ihrer Entstehung vgl. Eide, A., The AEMR, S. 1 ff.

[1052] Zimbabwe ist am 25.08.1980 nach Erlangung seiner Unabhängigkeit beigetreten. Vgl. Amate, C., Inside the OAU, S. 585; Ermacora,F., Menschenrechte, S. 41.

[1053] Vielmehr stellt sie einen deklaratorischen Bewertungsmaßstab dar, ohne dabei die Staaten direkt zur Umsetzung des angestrebten Standards zu zwingen. Vgl. Seidl-Hohenveldern, I., Eigentumsschutz durch Resolutionen, S. 199; Kelley, G. Multilateral Investment Treaties, S. 506.

[1054] Eide, A., The AEMR, S. 7; Fastenrath, U., Internationaler Schutz, S. 34 f.; Schabas, W., The Omission, S. 148. Zu den verschiedenen Auffassungen über die rechtliche Bindungswirkung der AEMR von einer völkerrechtlichen Unverbindlichkeit über die Annahme von Völkergewohnheitsrecht bis hin zu *ius cogens* vgl. Vitzthum/ Hailbronner, Völkerrecht, S. 236.

[1055] Für viele Staaten fungierte sie als Modell für ihre Verfassungen und auch die Entscheidungen des ICJ oder nationaler Gerichte beruhen auf ihr, so dass eine allg. Anerkennung durch die Kulturnationen vorliegt. Eide, A., The AEMR, S. 7; Fastenrath, U., Internationaler Schutz, S. 35 f. Jedenfalls bzgl. der grundlegenden Menschenrechte, wie dem Recht auf Leben, dem Verbot des Völkermords, der Sklaverei, der Folter und der Rassendiskriminierung, der Anerkennung des Menschen als Rechtsperson, dem Schutz vor willkürlicher Verhaftung, sowie dem Recht auf ein faires Verfahren vor den Gerichten, besteht nach ganz h.M. eine völkerrechtliche Bindung für alle Staaten. Malanczuk, P., Modern Introduction, S. 213.

[1056] Vgl. Waldock, H., Human Rights, S. 2 f.: „The question concerns the standard of compensation in the event of expropriation of property, and it may be doubted whether there is any divergence between the Universal Declaration and customary law upon this point." So auch Lillich, R., Duties of States, S. 406.

[1057] Schabas, W., The Omission, S. 148. Insbes. ist ihre Bedeutung im Fall der Individualbeschwerde deutlich begrenzt. Erst seit 1967 wurde die Kommission ermächtigt, Informationen über schwere Verletzungen zu prüfen und erst 1980 wurde ein Verfahren für die Behandlung von „Mitteilungen" vorgesehen. Dabei genügt die Behauptung eines Beschwerdeführers, er habe ausreichend eigene Kenntnis von dem Fall. Geringe Anforderungen werden an die Erschöpfung des innerstaatlichen Rechtswegs gestellt. Nach einer Mitteilung der schweren Verstöße an die betreffenden Regierungen, erhalten diese eine Äußerungsmöglichkeit. U.U. kommt es zur Entsendung einer Mission zur Tatsachenfeststellung. Der Erklärung kommt daher nur insoweit eine als Rechtsnorm bindende Kraft zu, als sie auf grobe und systematische Verstöße angewandt wird.

[1058] Fastenrath, U., Internationaler Schutz, S. 37.

b) Eigentumsschutz und Schutz vor Diskriminierung nach Art. 17 und Art. 2 AEMR

Die AEMR proklamiert das Recht auf Eigentum und das Verbot des willkürlichen Eigentumsentzuges (vgl. Art. 17 AEMR).[1059] Aus der Entstehungsgeschichte ist man sich einig, dass der Zweck des Eigentumsschutzes darin liegt, nur solches Eigentum zu schützen, welches bereits erworben wurde.[1060] Da die Bestimmung für „jeden" gilt, kommt sie auch Ausländern zugute. Das Recht auf Eigentum findet Anwendung sowohl auf persönliche als auch kollektive Formen der Eigentumsposition, wodurch der Schutz des Privateigentums in materieller Hinsicht eingeschränkt wird.[1061] Die schwierigen Einigungsdiskussionen in Kommission und Generalversammlung zeigen jedoch, wie wenig der Eigentumsschutz eine internationale und präzise Bedeutung erlangt hat, ebenso wenig, wie seine Grenzen in dieser Vorschrift verankert sind.[1062] So sind keine Hinweise auf Beschränkungen, wie die Übereinstimmung mit nationalen Gesetzen oder einen angemessenen Lebensstandard, zu finden. Allerdings ist das Eigentumsrecht auch nicht als eine absolute Garantie zu sehen, da unter bestimmten Bedingungen – die jedoch nicht willkürlich sein dürfen[1063] – ein Entzug stattfinden darf.[1064] Art. 17 AEMR ist auch im Zusammenhang mit anderen Artikeln der Konvention, wie Art. 2 AEMR, zu lesen, der jegliche Diskriminierung aufgrund von Besitztum verbietet.[1065] Verboten sind danach Diskriminierungen aller Art, insbesondere aufgrund der Rasse und des Vermögensstands. Der vom sachlichen Inhalt für das Eigentum des Ausländers ausgehenden Schutz der AEMR ist jedoch nur gering, und dieser geringe Schutz wiederum ist sowieso schon als Teil des allgemeinen Völkerrechts für die Staaten verbindlich.[1066]

2. Schutz durch den internationalen Pakt über wirtschaftliche, soziale und kulturelle Rechte (ICESCR) vom 16.12.1966

Aufgrund der Unverbindlichkeit der AEMR, wurden 1966 ihre Prinzipien in den beiden Menschenrechtspakten, dem ICESCR und dem ICCPR, verankert, denen bindende Wirkung zukommt.[1067]

a) Allgemeines

Der ICESCR vom 16.12.1966[1068] war zunächst vorgesehen, um einen vernünftigen Lebensstandard für alle geschützten Staatsangehörigen zu garantieren.[1069] Die Präambel des Pakts, die fast identisch mit der des ICCPR ist,

---

[1059] Seidel G., Handbuch der Grund- und Menschenrechte, S. 173. Der Eigentumsschutz wird in Art. 17 ausdrücklich anerkannt: „Jeder Mensch hat allein oder in der Gemeinschaft mit anderen Recht auf Eigentum." Hinzugefügt ist die Garantie, dass niemand willkürlich seines Eigentums beraubt werden darf.

[1060] Foighel, I., Nationalization and Compensation, S. 49.

[1061] Seidl-Hohenveldern, I., Eigentumsschutz durch Resolutionen, S. 199.

[1062] Banning, T., The Human Right to Property, S. 39 f.

[1063] Unter einer willkürlichen Enteignung ist eine solche zu verstehen, die in unangemessener Weise durch den Enteignerstaat durchgeführt wird und keine Entschädigung vorsieht. Eine klare Definition darüber enthält die Konvention jedoch nicht. Eide, A., The AEMR, S. 257.

[1064] Alfredsson/Eide, The AEMR, S. 359 f., 364.

[1065] Eide, A., The AEMR, S. 257; Banning, T., The Human Right to Property, S. 40. Zur historischen Entwicklung des Diskriminierungsverbots vgl. Eide, A., a.a.O., S. 58 ff.

[1066] Ammann, U., Der Schutz, S. 16; Drost, P., Human Rights as Legal Rights, S. 32 ff.; auch Böckstiegel, K., Die allgemeinen Grundsätze, S. 58.

[1067] Malanczuk, P., Modern Introduction, S. 215.

[1068] Vgl. *International Covenant on Economic, Social and Cultural Rights*, G.A. Res. 2200 A (XXI) 16.12.1966, U.N. GAOR, 21st Supp., No. 16, S. 49; in Kraft seit 03.01.1976. Zur Entwurfsentwicklung Craven, M., The ICESCR, S. 16 ff. Auch Zimbabwe gehört zu den Mitgliedstaaten des Pakts, vgl. Craven, M., The ICESCR, S. 383 Appendix II.

erinnert an die menschenrechtlichen Verpflichtungen, die den Staaten durch die UN-Charta auferlegt sind und weist darauf hin, dass diese die Grundlage von Freiheit, Gerechtigkeit und Frieden in der Welt sind.[1070] Der ICESCR ist die einzige internationale Menschenrechtskonvention, die sich intensiv mit den wirtschaftlichen, sozialen und kulturellen Rechten auseinandersetzt. Die Rechte, auf die sich der Pakt bezieht, sind Rechte für „jedermann"; die einzige Grenze findet sich in Art. 2 (3) ICESCR für Entwicklungsländer, die bestimmen können, inwieweit sie die in dem Pakt anerkannten wirtschaftlichen Rechte, Ausländern zuerkennen wollen.

Zu beachten ist außerdem, dass – anders als im ICCPR - die in der Konvention verankerten Rechte nicht als bindende Verpflichtungen für die Mitgliedstaaten dargestellt sind. Sie sollen nur von den Vertragsstaaten unter Ausschöpfung aller ihrer Möglichkeiten und geeigneten Mittel verwirklicht werden [Art. 2 (1) ICESCR].[1071] Hieraus folgt, dass es sich bei den Verpflichtungen nicht um unmittelbar rechtliche Gewährleistungsverpflichtungen der Vertragsstaaten handelt, sondern um Ziele, die anzustreben, jeder Mitgliedstaat verpflichtet ist. Durch diese schrittweise Verwirklichung mit allen geeigneten Mitteln, begründet der Pakt für seine Mitgliedstaaten quasi eine „*minimum core obligation*" und enthält echte völkerrechtliche Verhaltenspflichten.[1072] Zumindest lassen sich für die Individuen aus dem ICESCR keine direkten Rechtsfolgen mangels *self-executing* der Vorschriften ableiten,[1073] sondern ihnen steht nur die Möglichkeit zur Verfügung, die Aufmerksamkeit der Vereinten Nationen auf das entsprechende Land zu ziehen.[1074]

b) Prüfverfahren der Staatenberichte nach Art. 16 ff. ICESCR

Anders als die anderen Menschenrechtskonventionen der Vereinten Nationen enthält der ICESCR aufgrund seiner abgeschwächten Rechtsverpflichtungen weder ein Individualbeschwerdeverfahren, noch die Möglichkeit einer Staatenbeschwerde – auch nicht fakultativ.[1075] Die Berichtsprüfung ist obligatorische Staatenverpflichtung, d.h. jeder Vertragsstaat muss periodisch seinen Bericht vorlegen, um nicht vertragsbrüchig zu werden. In allen Menschenrechtsverträgen der Vereinten Nationen handelt es sich hierbei nur um eine zu beachtende Kontrolle, da die Ausschüsse zur Vertragsüberwachung nur „Empfehlungen" und „Bemerkungen" abgeben dürfen, die keine unmittelbare Rechtsfolge nach sich ziehen.[1076] Im Rahmen des ICESCR ist zur Überwachung der Durchführung des ICESCR der Ausschuss für wirtschaftliche, soziale und kulturelle Rechte zuständig, der 1985 durch eine Resolution des Wirt-

---

[1069] Oloka-Onyango, J., Beyond the Rhetoric, S. 13.

[1070] Das Hauptorgan für die Durchführung der enthaltenen Vorschriften ist das 1987 ins Leben gerufene Komitee (Alston, P., The ICESCR, S. 39; dazu ausführlich Sepúlveda, M., The Nature of Obligations, S. 29 ff.), welches sich mittlerweile bei der Respektierung der ICESCR- Rechte verdient gemacht hat. Zusätzlich zu dem Berichtsverfahren, nutzt das Komitee die Möglichkeit in den zweijährigen Treffen sog. „*general Comments*" abzugeben. Oloka-Onyango, J., Beyond the Rhetoric, S. 14; Malanczuk, P., Modern Introduction, S. 216; Alston, The Committee, S. 473 ff. Vgl. unten 2 b) Fn. 1076.

[1071] Malanczuk, P., Modern Introduction, S. 216; Simma, B., Der ICESCR, S. 87.

[1072] Vgl. bei Simma, B., Schutz wirtschaftlicher und sozialer Rechte, S. 385 f.; Künzli/ Kälin, Bedeutung des ICESCR, S. 109.

[1073] Engels, M., Verbesserter Menschenrechtsschutz, S. 35; Simma, B., Schutz wirtschaftlicher und sozialer Rechte, S. 391; Simma, B., Der ICESCR, S. 90 f.; Schaber, T., Internationale Verrechtlichung, S. 161.

[1074] Umozurike, O., The African Charter, S. 116.

[1075] Zur Einführung eines entsprechenden Fakultativprotokolls vgl. Engels, M., Verbesserter Menschenrechtsschutz, S. 27 ff.; Craven, M., The ICESCR, S. 98 ff.; Simma, B., Die internationale Kontrolle des ICESCR, S. 590 ff. Im Rahmen der 15. Sitzung des Komitees wurde 1996 der Entwurf eines *Optional Protocol* entsprechend demjenigen des ICCPR angenommen, welches von der Menschenrechtskommission der VN in Erwägung gezogen wurde. Vgl. De Wet, E., Recent Developments, S. 514 ff.

[1076] Strittig ist, inwieweit auch Kritik an den einzelnen Staaten möglich sein soll. Vgl. zur Diskussion Weschke, K., Internationale Instrumente, S. 9.

schafts- und Sozialrats (ECOSOC)[1077] gegründet wurde (Art. 16 ICESCR).[1078] Die Staaten sind verpflichtet, zwei Jahre nach ihrem Beitritt und danach alle fünf Jahre einen Bericht zur Umsetzung der im Pakt enthaltenen Rechte vorzulegen.[1079] Zur Konkretisierung dieser Berichte wurde ein detaillierter Fragekatalog, die sogenannten „*Guidelines*“, entwickelt, die von den Staaten zu beantworten sind.[1080] Darüber hinaus hat der Ausschuss in seinem ersten „allgemeinen Kommentar“ Grundsätze der Berichtspflicht niedergelegt und sich in weiteren „*general comments*“ zur Frage der Rechtsnatur der Staatenverpflichtung geäußert.[1081] Nach Lesung, Nachfrageverfahren zu den eingereichten Berichten und mündlichen Aussprachen zwischen ICESCR und den Staatenvertretern wird vom Ausschuss eine abschließende Beurteilung erstellt.[1082] Zwar sind die Interpretationen der ICESCR durch den Ausschuss, wie auch seine „*general comments*“, an sich nicht bindend, sie besitzen jedoch beträchtliches Gewicht bei der Auslegung und Anwendung der Konvention.[1083] Aufgrund der Erwähnung von individuellen Fällen bei der Prüfung des Staatenberichts wird im Rahmen des ICESCR auch von einem „*quasi-judicial*“- Verfahren gesprochen.[1084] Mittlerweile hat der Ausschuss das Instrument des Berichtsverfahrens fortentwickelt, indem er sich mehr als nur in diplomatischer Form äußert, sondern bereits von Rechtspflichtverletzungen der Staaten spricht. Mittels eines „*follow-up*“ Verfahrens fordert der Ausschuss die Staaten auch noch nach der mündlichen Verhandlung zur Informationsbeschaffung auf und macht sich durch Besuchsmissionen die Situation vor Ort klar.[1085] Dennoch bleibt die Effektivität des Verfahrens von der Mitwirkung der Staaten abhängig.[1086]

[1077] Das *Economic and Social Council* (ECOSOC), ein politisches Organ der VN, wurde 1946 ins Leben gerufen und beschäftigt sich mit den Menschenrechten weltweit. Seine wichtigste Verantwortung hins. der Entwicklung der Menschenrechte ist die Durchführung von Studien und die Abgabe von Empfehlungen. Vgl. ausführlich zu ECOSOC Craven, M., The ICESCR, S. 42 ff. Es bereitet Entwürfe für Menschenrechtskonventionen vor und untersucht behauptete Menschenrechtsverletzungen. Umozurike, O., The African Charter, S. 115 f. Urspr. war es der Kommission nicht möglich auch Individualbeschwerden anzunehmen. Durch die Resolution 1235 (XLII) wurde die Kommission von ECOSOC jedoch ermächtigt auch schwerwiegende Verletzungen des Apartheidregimes Südafrikas zu untersuchen. Mit Resolution 1503 (XLVII) wurde diese Ermächtigung auf alle schweren Menschenrechtsverletzungen ausgedehnt.

[1078] Craven, M., The ICESCR, S. 43; Simma, B., Schutz wirtschaftlicher und sozialer Rechte, S. 387. Der Ausschuss tagte zum ersten Mal im Jahr 1987 und tritt seitdem zweimal jährlich zu dreiwöchigen Tagungen in Genf zusammen. Der Ausschuss besteht aus 18 unabhängigen Sachverständigen, die von den Vertragsstaaten für vier Jahre gewählt werden. Dennoch ist der Ausschuss nicht vollständig unabhängig, da er dem Wirtschafts- und Sozialrat unterstellt ist. Vgl. Schaber, T., Internationale Verrechtlichung, S. 162.

[1079] In seinen Leitlinien für die Berichterstattung hat der Ausschuss folgende Ziele in Bezug auf die Berichtspflichten der Staaten festgelegt: Gewährleistung einer umfassenden Überprüfung der innerstaatlichen Rechtsvorschriften und -praktiken, Sicherstellung einer regelmäßigen Beobachtung der tatsächlichen Situation hinsichtlich der im Pakt niedergelegten Rechte, Empfehlungen für Regierungen, Erarbeitung von Strategien zur Durchführung des Sozialpakts, sowie Erleichterung des Informationsaustausches zwischen den Vertragsstaaten im Hinblick auf gemeinsame Probleme und mögliche Lösungswege bei der Verwirklichung der im Pakt niedergelegten Rechte. Der Ausschuss hat bisher 14 "Allgemeine Kommentare" zur Auslegung der im Pakt enthaltenen Rechte ausgearbeitet, die den Vertragsstaaten dabei helfen sollen, ihren Berichtspflichten nachzukommen. Vgl. http://www.unhchr.ch/tbs/doc.nsf/385c2add1632f4a8c12565a9004dc311/ca112c3a4ea8d6c53c1256d500056e56f/$FILE/G0441302.pdf; besucht am 11.08.2004. Bisherige Aussprachen betrafen u.a. das Recht auf Nahrung und auf Wohnung und den Entwurf eines Fakultativprotokolls zu dem Pakt.

[1080] Diese unterteilen sich in zwei Bereiche: Im allg. Teil werden Informationen über das Land, die Menschen, die allgemeinen politischen Strukturen und das rechtliche Umfeld des Menschenrechtsschutzes angefordert. Des Weiteren sollen auch die Schwierigkeiten bei der Verwirklichung der Konventionsgarantien dem Komitee übermittelt werden, indem eine detaillierte Beschreibung des Ist-Zustands vorzulegen ist. Vgl. Alston, P., The ICESCR, S. 40 ff. Inzwischen wurden diese Richtlinien noch detailgenauer abgefasst und durch eine Fragenliste, die eine „*pre-sessional working group*“ erstellt, ergänzt. Vgl. Simma, B., Die internationale Kontrolle des ICESCR, S. 585 f.; Simma, B., Schutz wirtschaftlicher und sozialer Rechte, S. 390 f.

[1081] Craven, M., The ICESCR, S. 89 ff.; Simma, B., Die internationale Kontrolle des ICESCR, S. 585.

[1082] Vgl. zu den Details des Verfahrens Engels, M., Verbesserter Menschenrechtsschutz, S. 24 ff.; Craven, M., The ICESCR, S. 66 f.

[1083] Craven, M., The ICESCR, S. 91; Simma, B., Die internationale Kontrolle des ICESCR, S. 585.

[1084] Vgl. bei Engels, M., Verbesserter Menschenrechtsschutz, S. 13.

[1085] Engels, M., Verbesserter Menschenrechtsschutz, S. 27; Sepúlveda, M., The Nature of Obligations, S. 43; dazu ausführlich Craven, M., The ICESCR, S. 84 ff.

[1086] Simma, B., Die internationale Kontrolle des ICESCR, S. 586; Craven, M., The ICESCR, S. 68 ff. Dies gilt auch, wenn der Ausschuss im Fall der 10 jährigen Säumnis mit dem Erstbericht und einer Nichtreaktion auf Aufforderung selbst über die Menschenrechtssituation in diesem

c) Eigentumsschutz

aa) Recht auf Eigentum

Das einzige wirtschaftliche, soziale und kulturelle Recht, das im Gegensatz zur AEMR im ICESCR fehlt, ist das Recht auf Eigentum.[1087] Der ICESCR stellt in Art. 15 ICESCR nur ein Segment des Eigentums, die Urheberrechte, unter seinen Schutz.[1088] Nach Art. 17 (1) ICESCR müssen die Staaten abschnittsweise ihrer Berichtspflicht über die Verwirklichung der in der Charta verankerten Rechte in ihrem Land nachkommen. Dazu sind die Mitgliedstaaten zwar verpflichtet und der vorgelegte Bericht wird auch überprüft.[1089] Es ergibt sich daraus jedoch kein direktes eigentumsschützendes Recht für einen enteigneten Investor.

bb) Recht auf angemessene Lebensbedingungen nach Art. 11 (1) ICESCR

„Die Vertragsstaaten erkennen das Recht eines jeden auf einen angemessenen Lebensstandard für sich und seine Familie an, einschließlich ausreichender ... Unterbringung...." an. Das Recht auf Unterbringung ist eines der zentralsten Menschenrechte und bedeutet „*to live somewhere in security, peace and dignity.*"[1090] Der Staat ist danach verpflichtet, den Wohnraum oder Landbesitz von Personen anzuerkennen und dafür durch Eintragung von Landtiteln Rechtsicherheit zu schaffen.[1091] Unabhängig um welche Art von Besitz es sich dabei handelt (Miete, Leasing, Eigentum, kooperatives Zusammenleben oder sogar Landbesetzung), soll diesen Personen ein solcher Grad an Sicherheit zukommen, der sie gegen Zwangsenteignungen, Belästigungen und andere Bedrohungen schützt.[1092] Räumungen und Enteignungen dürfen dabei nicht dazu führen, dass die ehemaligen Besitzer obdachlos werden, sondern der Staat muss geeignete Maßnahmen treffen, um den Zugang zu produktivem Land sicherzustellen. Illegale „Squatter" können daher ein Notstandsrecht für sich in Anspruch nehmen, wenn sie durch staatliche Vertreibung von dem Besitz entfernt werden, ohne dass adäquater Landersatz zur Verfügung steht.[1093] Dabei muss aus diesem Schutz auch

---

Staat Diskussionen und Untersuchungen führte und die erzielten Ergebnisse als allgemein zugängliches VN-Dokument veröffentlicht. Vgl. Simma, B., a.a.O., S. 587.

[1087] Der im Entwurf, in Anlehnung an Art. 17 AEMR vorgesehene Artikel, konnte aufgrund der internationalen Meinungsverschiedenheiten im Bereich von Enteignung und Entschädigung nicht textlich verankert werden. Vgl. Craven, M., The ICESCR, S. 25.

[1088] Vgl. Art. 15 „(1) Die Vertragsstaaten erkennen das Recht eines jeden an, ... c) den Schutz der geistigen und materiellen Interessen zu genießen, die ihm als Urheber von Werten der Wissenschaft, Literatur oder Kunst erwachsen." Vgl. Seidel G., Handbuch der Grund- und Menschenrechte, S. 173.

[1089] Tomuschat, C., Menschenrechte, S. 562 ff.

[1090] Zitiert bei Engels, M., Verbesserter Menschenrechtsschutz, S. 134; Steiner/ Alston, International Human Rights, S. 318. Auch wenn dies von Staat zu Staat aufgrund klimatischer und sozialer Faktoren verschieden sein dürfte, sind dabei stets das Vorhandensein wichtiger Infrastruktur, Bewohnbarkeit, Erschwinglichkeit und kulturelle Angemessenheit der Behausung in Betracht zu ziehen. Craven, M., The ICESCR, S. 335; Steiner/ Alston, International Human Rights, S. 318 f.

[1091] „As far as national legislation, policies, programmes and practices are concerned, States should, at a minimum, ensure that no violations of the right to adequate housing such as those elaborated in the Special Rapporteur's first progress report (E/ CN.4/ Sub.2/1993/15, para. 67: wie die Enthaltung von willkürlichen Zwangsräumungen, die Respektierung des Rechts der Menschen ihre eigenen Behausungen zu bauen und deren Umgebung so zu gestalten, dass es für ihre Kultur, Identität, Gebräuche und Wünsche am wirksamsten ist) are allowed to take place. In the event of any housing rights violations, States should undertake all necessary measures to halt any further violations and bring to justice any person(s) responsible for such infringements." Vgl. Sachar, R., The Right to Adequate Housing, S. 24.

[1092] Steiner/ Alston, International Human Rights, S. 318. Sie müssen auch dafür sorgen, dass keine inakzeptablen Wohnsituationen vorliegen, so dass jeder Zugang zu irgendeiner Form der Unterkunft erhält. Craven, M., The ICESCR, S. 332 ff.; Künzli/ Kälin, Bedeutung des ICESCR, S. 128.

[1093] Vgl. Engels, M., Verbesserter Menschenrechtsschutz, S. 135.

bei privaten Zwangsvertreibungen für die Betroffenen zumindest eine Einspruchsmöglichkeit bestehen.[1094] Die Rechtfertigung einer solchen Maßnahme kann jedoch dann gegeben sein, wenn diese im Einklang mit den einschlägigen Normen des internationalen Rechts steht.[1095] Zu bedenken ist jedoch auch, dass ein absoluter Schutz gegen jegliche Zwangsräumung in keinem Rechtssystem erreicht werden kann. Der Zweck des Art. 11 (2) ICESCR ist daher darin zu sehen, dass er auf ein geeignetes Verfahren hinarbeitet, um Missbräuche bei Zwangsräumungen zu verhindern.[1096] Im Interesse der öffentlichen Ordnung können daher Besitzräumungen zulässig sein; individuelle Eigentumsinteressen spielen nach dem Pakt keine Rolle.

d) Diskriminierungsverbot nach Art. 2 ICESCR

Gemäß Art. 2 (2) ICESCR verpflichten sich die Vertragsstaaten, die in diesem Pakt verankerten Rechte ohne Diskriminierung zu gewähren. Was unter einer solchen zu verstehen ist, definiert die Konvention nicht. Deshalb ist dazu auf Art. 1 ICERD zu verweisen.[1097] Diskriminierungsverbote beruhen auf dem Gedanken, dass eine Ungleichbehandlung rechtmäßig ist, solange sie nicht auf einem unzulässigen Anknüpfungspunkt, wie Rasse, Hautfarbe, Geschlecht, Sprache, Religion, politische oder sonstige Ansichten, nationale oder soziale Herkunft, Vermögen, Geburt oder sonstigen Status beruht.[1098] Das Diskriminierungsverbot ist aufgrund seiner Akzessorität – wie Art. 14 EMRK – nur im Zusammenhang mit einem garantierten Recht des Pakts zu verstehen.[1099] In Frage kommt diesbezüglich Art. 11 (1) i.V.m. Art. 2 (2) ICESCR, der jede Diskriminierung im Zusammenhang mit dem Recht auf Wohnen und Unterkunft verbietet. Dabei sollen v.a. die besonderen Wohnbedürfnisse benachteiligter Gruppen – wie Ausländer - in die Betrachtung mit einbezogen werden.[1100] Unter bestimmten Umständen könnte eine Ungleichbehandlung allerdings gerechtfertigt sein.[1101]

3. Schutz durch den internationalen Pakt über bürgerliche und politische Rechte (ICCPR) vom 19.12.1966

a) Allgemeines

Die wichtigste Konvention, die auch die von der Afrika Charta garantierten bürgerlichen und politischen Rechte der „ersten Generation" enthält, stellt der ICCPR vom 16.12.1966 dar.[1102] In Einklang mit Art. 28 ICCPR wurde 1976 der Menschenrechtsausschuss (*Human Rights Committee*, HRC) errichtet, welcher für die Überwachung von Staa-

---

[1094] Engels, M., Verbesserter Menschenrechtsschutz, S. 137 f. Zum Teil korreliert dieser Aspekt mit der Eigentumsanerkennung in Art. 17 AEMR. Wenn Grundeigentümer staatlicherseits in großflächigen Räumungsaktionen von ihrem Besitz vertrieben werden, ist jedoch Art. 11 ICESCR verletzt. Leckie, S., Another Step, S. 103.
[1095] Leckie, S., Another Step, S. 102.
[1096] Craven, M., The ICESCR, S. 339.
[1097] Alston, P., The ICESCR, S. 47. Vgl. unten 2. Teil, B. II. 4. c) aa).
[1098] Vgl. bei Künzli/ Kälin, Bedeutung des ICESCR, S. 112.
[1099] Alston, P., The ICESCR, S. 39; Künzli/ Kälin, Bedeutung des ICESCR, S. 112.
[1100] Craven, M., The ICESCR, S. 337 f.
[1101] „...a distinction is compatible with the principles of equality when it has an objective and reasonable justification, pursues a legitimate aim under the Covenant and there is a reasonable relationship of proportionality between the means employed and the aim sought to be realised." Vgl. Sepúlveda, M., The Nature of Obligations, S. 384.
[1102] *International Covenant on Civil and Political Rights*, in Kraft seit 23.03.1976. Zimbabwe ist seit dem 13.05.1991 Mitglied. Umozurike, O., The African Charter, S. 118; Oloka-Onyango, J., Beyond the Rhetoric, S. 16; De Zayas/ Möller/ Opsahl, Application of the ICCPR, S. 10. Vgl. zur Entstehungsgeschichte Nowak, M., UNO-Pakt, S. XVIII; Bossuyt, M., Guide, S. IX ff.

tenbericht, fakultativer Staatenbeschwerde und Individualbeschwerdeverfahren zuständig ist.[1103] Das Komitee ist zwar kein Gericht, es führt jedoch ähnliche Funktionen wie die Europäische Menschenrechtskommission aus.[1104]

b) Verfahren

aa) Staatenbericht nach Art. 40 ICCPR

Die Bemühungen von Verboten und Kontrollen bis hin zur Pflicht der Staaten, Menschenrechtsverletzungen von vornherein zu verhindern, ist bereits explizit im ICCPR enthalten, vgl. Art. 2 (1) ICCPR.[1105] Nach Art. 40 (1) ICCPR verpflichten sich die Vertragsstaaten innerhalb eines Jahres nach Inkrafttreten des Pakts einen Erstbericht, sowie seit Oktober 1980 periodisch alle fünf Jahre gemäß § 66 (2) VerfO - weitere Berichte abzugeben.[1106] Nach öffentlicher Prüfung der Berichts[1107] gibt der Ausschuss am letzten Tagungstag abschließende Bemerkungen und Stellungnahmen ab, in denen er die wesentlichen Anliegen zusammenfasst und den betreffenden Regierungen Vorschläge und Empfehlungen unterbreitet.[1108] Daneben ist er berechtigt, "Allgemeine Bemerkungen" (*„general comments*") zu zahlreichen einzelnen Artikeln des Zivilpakts zu formulieren und an alle Vertragsstaaten zu übersenden.[1109] Mangels Sanktionierungsmöglichkeit durch den Ausschuss handelt es sich bei dem einzigen verbindlichen Sicherungsverfahren im Rahmen des ICCPR jedoch um keinen geeigneten Schutzmechanismus der Menschenrechte.[1110]

bb) Staatenbeschwerdeverfahren nach Art. 41 und Art. 42 ICCPR

Die Möglichkeit zur Einleitung eines Staatenbeschwerdeverfahrens oder zwischenstaatlichen Dialogs ist nach Art. 41 bzw. Art. 42 ICCPR fakultativ.[1111] Hält ein Staat einen anderen der Verletzung der Konvention für schuldig, hat dieser drei Monate Zeit, zu dem Vorwurf Stellung zu nehmen. Bei gütlicher Regelung gelangt der Fall gar nicht erst

---

[1103] Zwart, T., The Admissibility, S. 7; Malanczuk, P., Modern Introduction, S. 215. Bei dem Ausschuss handelt es sich nicht um ein Organ der VN, sondern um ein durch den Pakt geschaffenes, autonomes Konventionsorgan.

[1104] De Zayas/Möller/Opsahl, Application of the ICCPR, S. 11. Daher sind seine Entscheidungen nicht bindende Empfehlungen und werden als *„views"* bezeichnet. Dennoch wurde durch die Interpretation der ICCPR-Vorschriften durch den Menschenrechtsausschuss ein regelrechtes *Case-Law* entwickelt. Die Staaten sind nach ihrem *„good faith"* an die Empfehlungen gebunden, so dass man das HRC letztendlich als ein quasigerichtliches Organ bezeichnen kann. Vgl. De Zayas, A., An International Court, S. 267.

[1105] Fastenrath, U., Internationaler Schutz, S. 49.

[1106] Hanz, M., Zur Völkerrechtlichen Aktivlegitimation, S. 31; Umozurike, O., The African Charter, S. 118. In den Zusatzberichten müssen die Vertragsstaaten dem Ausschuss Berichte über die Maßnahmen, die sie zur Verwirklichung der in dem Pakt niedergelegten Rechte getroffen haben und über die bei der Ausübung dieser Rechte erzielten Fortschritte vorlegen. Nowak, M., UNO-Pakt, S. 592 f. Alle Berichte werden dem Generalsekretär der VN zur Weiterleitung an den Ausschuss übermittelt [Art. 40 (2) ICCPR]. Umozurike, O., The African Charter, S. 119.

[1107] Vgl. zu den verschiedenen Verfahren bezüglich Erst-, Zusatz- und periodischer Berichte durch den Ausschuss Nowak, M., UNO-Pakt, S. 603 ff.

[1108] Fischer, D., Reporting under the ICCPR, S. 147 f. Er kann seine Bemerkungen auch an den Wirtschafts- und Sozialrat leiten [Art. 40 (4) ICCPR]. Die Prüfung eines Staatenberichts ist erst dann abgeschlossen, wenn der Ausschuss seine Schlussfolgerungen in einem eigenen Bericht zusammengefasst und allen Mitgliedstaaten übermittelt hat. In der Versammlung der Vertragsstaaten oder durch Stellungnahmen können die Mitgliedstaaten auf die Empfehlungen des Ausschusses eingehen [Art. 40 (5) ICCPR]. Vgl. Nowak, M., UNO-Pakt, S. 618 f.

[1109] Fischer, D., Reporting under the ICCPR, S. 148; Lauff, W., Der Schutz, S. 2612. Diesbzgl. ist auch auf die seit langem ausgeübte Praxis des Menschenrechtsausschusses zu verweisen, diese allg. Bemerkungen und die erarbeiteten Leitlinien zur Erfüllung des ICCPR und zur verbesserten Berichterstattung durch die Vertragsstaaten zu veröffentlichen. Alston, The Committee, S. 497 f.

[1110] Hanz, M., Zur Völkerrechtlichen Aktivlegitimation, S. 40 f.

[1111] Nowak, M., UNO-Pakt, S. 628, 631. Zulässig ist die Staatenbeschwerde selbst dann noch, wenn die betroffenen Staaten ihre Unterwerfungserklärung nach Art. 41 (1) ICCPR erst nach Zustellung der einleitenden Mitteilung an den verletzenden Staat abgegeben haben. Zimbabwe hat die Kompetenz des HRC anerkannt, zwischenstaatliche Beschwerden, die sich auf Zimbabwe beziehen, anzunehmen und zu erörtern. Vgl. Thiis, Ø./Feltoe, G., Zimbabwe, S. 383.

in die Öffentlichkeit.[1112] Wird nicht innerhalb von sechs Monaten im Vorverfahren[1113] zur gütlichen Einigung eine Lösung erzielt, kann jeder der beiden Staaten die Beschwerde an den Ausschuss leiten [Art. 41 (1) b-g ICCPR], der eine friedliche Lösung zu erzielen versucht. Als weitere Zulässigkeitsvoraussetzung müssen die innerstaatlichen Rechtsbehelfe erschöpft sein [Art. 41 (1) c ICCPR]. Das Verfahren endet mit dem Sachverhaltsbericht des Ausschusses, den dieser spätestens zwölf Monate nachdem er sich mit der Sache zu befassen begonnen hat, vorlegen muss [Art. 41 (1) h ICCPR]. Eine Stellungnahme zur behaupteten Vertragsverletzung enthält der Bericht allerdings nicht.[1114] Die Veröffentlichung des Berichtes steht dem Ausschuss frei.[1115] Von dem Verfahren wurde bis zum Jahr 2000 überhaupt kein Gebrauch gemacht, was mit der Tatsache zusammenhängen dürfte, dass Staaten untereinander glauben, mit diplomatischen Mittel mehr zu erreichen, als mit einem internationalen Verfahren, welches in der Regel nicht zu einer Berichtigung der Verletzung führt.[1116]

cc) Einzelbeschwerdeverfahren („*communication*") nach dem Fakultativprotokoll zum ICCPR

Keine Einigkeit konnte bei den Verhandlungen des ICCPR über die Einrichtung einer Individualbeschwerde erzielt werden. Da sich dies zu einem heftig umstrittenen Verhandlungspunkt entwickelte, wurde die Möglichkeit der Individualbeschwerde in ein gesondert zu ratifizierendes Fakultativprotokoll aufgenommen.[1117] Nur wenn der betroffene Mitgliedstaat des ICCPR auch das Fakultativprotokoll ratifiziert hat, ist eine Mitteilung (*communication*) gegen ihn möglich, ansonsten werden die Beschwerden vom Sekretariat nicht einmal registriert, da der Menschenrechtsausschuss keine Beschwerden annehmen darf, die sich auf protokollfremde Staaten beziehen.[1118] Die geringe Anzahl an Unterzeichnern verdeutlicht die noch immer vorherrschende Abneigung der Staaten, einen Einschnitt in ihre politische Handlungsautonomie zuzulassen.[1119] Im Rahmen einer Art Vorprüfung werden nur Beschwerden, die nach Ansicht aller fünf Mitglieder einer eigens zur Annahme von Beschwerden ins Leben gerufenen Arbeitsgruppe zulässig sind, angenommen, wodurch eine erste Selektion der eingegangenen „Mitteilungen" erfolgt.[1120] Die Zulässigkeitsvoraussetzungen prüft der Menschenrechtsausschuss dann nach einem *prima facie* -Verfahren. Als Beschwerdeführer kommt nur eine Einzelperson in Betracht, die der Jurisdiktion eines der Vertragsstaaten des ZP

[1112] Nowak, M., UNO-Pakt, S. 635.

[1113] Vgl. dazu Nowak, M., UNO-Pakt, S. 634 ff.

[1114] Für den Fall, dass eine Einigung nicht zustande kommt, kann der Ausschuss, soweit die Parteien zustimmen, auch eine *ad-hoc* Vergleichskommission einsetzen, die jedoch ebenfalls nur ihren Bericht ohne Stellungnahme zur Verletzung abgeben kann.

[1115] Nowak, M., UNO-Pakt, S. 646.

[1116] Engels, M., Verbesserter Menschenrechtsschutz, S. 13 f.

[1117] Meißner, F., Die Menschenrechtsbeschwerde, S. 39. Dieses seit 1977 praktizierte Verfahren, stellt eines der wichtigsten und weitgehenden Einzelbeschwerdeverfahren auf universell-vertraglicher Ebene dar. Seidel G., Handbuch der Grund- und Menschenrechte, S. 435; Schaber, T., Internationale Verrechtlichung, S. 160. Dabei ist es sowohl zulässig, dass eine große Anzahl von Betroffenen gemeinsam ihre Beschwerde vor das HRC bringt, wie auch, dass die Aktionäre und Geschäftsinhaber ein Einzelbeschwerdeverfahren, das ihre Firma betrifft, durchführen. Vgl. Zwart, T., The Admissibility, S. 42 ff.

[1118] Malanczuk, P., Modern Introduction, S. 215; De Zayas/ Möller/ Opsahl, Application of the ICCPR, S. 12; Nowak, M., UNO-Pakt, S. 699; Seidel G., Handbuch der Grund- und Menschenrechte, S. 436. Im Jahr 1996 hatten lediglich 81 Staaten dieses Protokoll unterzeichnet. Vgl. bei Malanczuk, P., a.a.O., S. 216. Zimbabwe ist bislang nicht Signatar des *Optional Protocol* geworden. Für die BRD ist das Protokoll seit dem 25.11.1993 gültig. Vgl. BGBl. 1992 II, S. 1246 ff.

[1119] Schaber, T., Internationale Verrechtlichung, S. 159.

[1120] Seidel G., Handbuch der Grund- und Menschenrechte, S. 435. Die schriftlich an das Menschenrechtszentrum der VN in Genf zu richtende Beschwerde soll mind. die in Art. 80 (1) VerfO des Menschenrechtsausschusses verankerten Angaben enthalten, wie Beschwerdegegenstand, verletzte Paktbestimmung, sowie Belege über die Ausschöpfung des innerstaatlichen Rechtsweges (Art. 2 des 1. ZP), wozu auch außergerichtliche Rechtsbehelfe gehören. Herndl, K., Die „views", S. 207; Pappa, C., Das Individualbeschwerdeverfahren, S. 26 ff.; Gandhi, R., The Human Rights Committee, S. 119 ff.

unterliegt. Beschwerdegegenstand muss die Behauptung der Verletzung eines im ICCPR verankerten Rechts (Art. 6-27 ICCPR) sein.[1121] Beschwerdegegner ist der betreffende Vertragsstaat.[1122] Weiter muss der Betroffene alle zur Verfügung stehenden Rechtsmittel ausgeschöpft haben,[1123] es sei denn, ein solches Verfahren hätte unangemessen lange gedauert [Art. 5 (2) (b) ZP].[1124] Im Fall, dass der Sachverhalt bereits bei einem anderen internationalen (Schieds-)Gericht anhängig ist, muss der Beschwerdeführer die Sache erst dort zurückziehen, bevor sich das HRC weiter damit beschäftigen kann [Art. 5 (2) (a) ZP]. Liegt auch kein Missbrauch des Beschwerderechts vor [Art. 3 (1) ZP], ist die Beschwerde zulässig. Diese Entscheidung hat bindende Wirkung. Bei Zurückweisung ist der Fall endgültig erledigt, da dem Beschwerdeführer dagegen kein Rechtsmittel zusteht.[1125] Das Vorbringen wird im weiteren Verlauf dem beschuldigten Staat zugeleitet, der innerhalb von sechs Monaten eine Erklärung an den Ausschuss abgeben muss.[1126] Im Hauptverfahren prüft der Menschenrechtsausschuss die ihm vorliegenden schriftlichen Erklärungen und Stellungnahmen der Parteien (*consideration*).[1127] Bleibt eine solche Stellungnahme aus, verstößt der Staat gegen Art. 4 ZP. Die im Ergebnis der vertraulichen Beratungen erarbeiteten Ansichten und Empfehlungen („*views*") des Menschenrechtsausschusses werden gem. Art. 5 (4) ZP dem Beschwerdeführer und dem betroffenen Staat mitgeteilt. Außerdem werden sie im Anhang zum Jahresbericht des Ausschusses an die Generalversammlung der Vereinten Nationen veröffentlicht. Die im Urteilsstil abgefassten „*views*" des Ausschusses treffen Feststellungen über Paktverletzungen und Möglichkeiten ihrer Überwindung, wie die Empfehlung eines effektiven Rechtsmittels oder einer Entschädigungszahlung.[1128] Auch wenn das Ergebnis der Erörterung des Ausschusses streng genommen als Empfehlung nicht bindend ist, so ist es ein klarer Beweis für eine Menschenrechtsverletzung.[1129] Zunehmend wird daher mittlerweile vertreten, dass der Ausschuss wie ein quasi-richterliches Organ handelt, dessen Entscheidungen zumindest autoritative Rechtsfeststellungen sind, die von den betroffenen Staaten zu berücksichtigen

---

[1121] Für die Beschwerdebefugnis muss der Beschwerdeführer schlüssig darlegen, dass er selbst „Opfer einer Verletzung der in diesem Pakt anerkannten Rechte" ist. Tomuschat, C., Menschenrechte, S. 556. Vgl. zu den Voraussetzungen De Zayas/ Möller/ Opsahl, Application of the ICCPR, S. 13 ff. Zu weiteren Details vgl. Schaber, T., Internationale Verrechtlichung, S. 180 ff.; Nowak, M., UNO-Pakt, S. 713 f.; Pappa, C., Das Individualbeschwerdeverfahren, S.110 ff. Eine Popularklage ist damit ausgeschlossen. Jedoch kann eine Beschwerde vertretungsweise eingelegt werden, wenn sie von einem der verletzten Person nahestehenden Menschen oder einem bevollmächtigten Rechtsanwalt eingebracht wird, vgl. 90 (2) (8b) der Verfahrensregeln; Nowak, M., a.a.O., S. 708; Zwart, T., The Admissibility, S. 71 ff.

[1122] Die behauptete Paktverletzung muss diesem Staat – i.d.R. durch Handeln oder Unterlassen seiner Organe – zurechenbar sein. Aufgrund von Art. 2 ICCPR sind die Vertragsstaaten auch zu positiven Leistungen und Maßnahmen zum Schutz dieser Rechte gegen Verletzungen von Privaten verpflichtet. Vgl. Nowak, M., UNO-Pakt, S. 701.

[1123] Was der betroffene Staat zu beweisen hat. Vgl. Lauff, W., Der Schutz, S. 2613.

[1124] Im Gegensatz zum Petitionsverfahren [s.u. 3. Teil, C. III. 2. e)] kann die Individualbeschwerde zeitlich unbegrenzt nach Erschöpfung des innerstaatlichen Rechtswegs eingelegt werden. Vgl. Meißner, F., Die Menschenrechtsbeschwerde, S. 45.

[1125] Pappa, C., Das Individualbeschwerdeverfahren, S. 75 f. Nur im Fall der Unzulässigkeitserklärung nach Art. 5 (2) ZP besteht die Möglichkeit der Wiederaufnahme des Verfahrens. Vgl. Nowak, M., UNO-Pakt, S. 718 f.; Zwart, T., The Admissibility, S. 9.

[1126] Tomuschat, C., Menschenrechte, S. 556. Äußert er sich nicht oder nicht ausreichend, so legt der Ausschuss die vom Beschwerdeführer behaupteten Rechtsverletzungen als wahr zugrunde - entsprechend einem Versäumnisurteil. Lauff, W., Der Schutz, S. 2613.

[1127] Da das Gebot der Waffengleichheit gilt, wird der betroffenen Staat verpflichtet, innerhalb von sechs Monaten eine schriftliche Stellungnahme zu den Vorwürfen des Beschwerdeführers und ggf. über die eingeleiteten Maßnahmen zur Beendigung der Paktverletzung zu übermitteln (Art. 93 VerfO). Vgl. Zwart, T., The Admissibility, S. 9.

[1128] Umozurike, O., The African Charter, S. 119; 130 ff.

[1129] So auch Engels, M., Verbesserter Menschenrechtsschutz, S. 236. Bis zum Jahr 1990 ging der Ausschuss selbst davon aus, dass die von ihm ergangenen Feststellungsurteile keine verbindliche Entscheidung darstellen würden. Tomuschat, C., Menschenrechte, S. 556; Nowak, M., UNO-Pakt, S. 756. Zur besseren Gewährleistung der Kontrolle und Durchsetzung hat der Ausschuss jedoch 1990 ein „*follow-up*" Verfahren beschlossen, wonach die betroffenen Staaten nach einem Zeitraum von höchstens 180 Tagen dem Ausschuss über die von ihm ergriffenen Maßnahmen zur Umsetzung der Empfehlungen berichten sollen. Herndl, K., Die „views", S. 216 ff. Dadurch soll unter Zuhilfenahme des sanktionsartig wirkenden Öffentlichkeitsfaktors der Verbindlichkeitsgrad der „*views*" verstärkt und die Wirksamkeit des gesamten Individualbeschwerdeverfahrens erhöht werden. Tomuschat, C., Making Individual Communications, S. 623 f.; Gandhi, R., The Human Rights Committee, S. 132 f.

sind.[1130] Diese Entwicklung der Praxis des Ausschusses in den letzten Jahren zeigt, dass dieser selbst mittlerweile von der prinzipiellen Verbindlichkeit seiner „Auffassungen" ausgeht.[1131] Aufgrund der fehlenden Durchsetzbarkeit des ergangenen Urteils spielt die Diskussion um die formelle Verbindlichkeit der Ausschussentscheidungen jedoch keine entscheidende praktische Rolle.[1132]

c) Diskriminierungs-/ Unterscheidungsverbot nach Art. 26 und Art. 27 ICCPR

Der ICCPR enthält kein Menschenrecht zum Schutz des Eigentums.[1133] Art. 1 (1) ICCPR garantiert zwar das Recht, die wirtschaftliche Entwicklung zu verfolgen, dies ist aber als kollektive Ausübung des Selbstbestimmungsrechts der Völker – nicht des Einzelnen zu verstehen.[1134] In einem tschechischen Enteignungsfall[1135] begründete der Menschenrechtsausschuss in Enteignungsfällen jedoch einen Restitutionsanspruch, wenn durch die Enteignungsmaßnahme gleichzeitig eine Diskriminierung im Sinne des Art. 26 ICCPR vorliegt[1136] oder durch großflächige Enteignungen die Lebensführung und Kultur der ansässigen Minderheit nach Art. 27 ICCPR verletzt wird.[1137]

Das Diskriminierungsverbot des Art. 2 (1) ICCPR, dessen Ursprung in Art. 2 (1) der AEMR liegt, hat im Verhältnis zu den anderen Bestimmungen des Pakts einschließlich der übrigen Gleichheitsregelungen gewissermaßen eine Dachfunktion. Es bestimmt, dass die Vertragsstaaten die in dem Pakt verankerten Menschenrechte achten müssen und zu garantieren haben, dass diese Rechte auf ihrem Hoheitsgebiet und gegenüber den ihrer Jurisdiktion unterstehenden Personen ohne Unterscheidung Anwendung finden.[1138]

Der Begriff der „Diskriminierung bzw. Unterscheidung"[1139] wird an keiner Stelle des ICCPR definiert. Der Menschenrechtsausschuss verweist deshalb – gewissermaßen hilfsweise - auf die Definitionen, die jeweils in Art. 1 des Übereinkommens über das Verbot der Rassendiskriminierung vom 07.03.1966 und im Übereinkommen gegen die Diskriminierung der Frau von 1979 enthalten sind und leitet daraus den allgemeinen Diskriminierungsbegriff ab.

[1130] Tomuschat, C., Menschenrechte, S. 556; Herndl, K., Die „views", S. 212; Nowak, M., UNO-Pakt, S. 541; Pappa, C., Das Individualbeschwerdeverfahren, S. 69; Alston/ Crawford, The Future, S. 30. Damit fungiert der Menschenrechtsausschuss als internationale Kontrollinstanz, dessen Ansichten in einem Einzelbeschwerdeverfahren vom belangten Staat *bona fide* beachtet werden müssen. Herndl, K., a.a.O., S. 221.

[1131] Pappa, C., Das Individualbeschwerdeverfahren, S. 312 ff.; Alston/ Crawford, The Future, S. 30.

[1132] Letztendlich bleibt als maximales Druckmittel nur die Veröffentlichung des Falles. Engels, M., Verbesserter Menschenrechtsschutz, S. 236; Alston/ Crawford, The Future, S. 37.

[1133] „One striking discrepancy… is its failure to protect private ownership of property – in contrast with Article 17 of the Universal Declaration of Human Rights, which expressly recognizes such right of ownership. The general principles of international law do, or did, contain principles protecting property interests, within certain limits … but international law does not say that a state must allow aliens or anyone else to acquire property in the first place." Vgl. Freeman, A., Human rights, S. 124 f.

[1134] Nowak, M., UNO-Pakt, S. 14.

[1135] Vgl. *Simmunek u.a. ./. Tschechien*, UN-Doc. ICCPR/ C/ 54/ D/ 516/ 1992 vom 31.07.1995, Nr. 516/ 1992; Joseph/ Schultz/ Castan, The ICCPR, S. 687.

[1136] Seidel G., Handbuch der Grund- und Menschenrechte, S. 173 f.; Alfredsson/ Eide, The AEMR, S. 371.

[1137] Vgl. bei Hanski/Markku, An Introduction, S. 82.

[1138] Nowak, M., UNO-Pakt, S. 39. Dabei legt Art. 2 (1) den Mitgliedstaaten eine Doppelverpflichtung auf. Die Vertragsstaaten müssen zum einen die Paktrechte selbst achten, woraus die Pflicht folgt, bei der Wahrnehmung dieser Rechte ungerechtfertigte Eingriffe zu unterlassen. Zum anderen sind sie verpflichtet die Menschenrechte des ICCPR zu gewährleisten, was die Pflicht zu positiven Leistungen einschließt. Nowak, M., UNO-Pakt, S. 40. Dabei geht es v.a. um die Schaffung der gesetzlichen Voraussetzungen, um die Wahrnehmung eines Rechts überhaupt erst zu ermöglichen. Gleichzeitig bedeutet die Pflicht der Vertragsstaaten zur Gewährleistung der Paktrechte, dass sie gesetzliche und tatsächliche Schutzvorrichtungen schaffen, die bewirken, dass der einzelne die zugesichertn Menschenrechte auch ohne Behinderung seitens anderer Privater wahrnehmen kann..

[1139] Im Gegensatz zum ICESCR, wo der Begriff der unterschiedlichen Behandlung zu Gunsten desjenigen der „Disrkiminierung" aufgegeben wurde, hielt die Konvention am Merkmal der „Unterscheidung" fest.

Danach versteht man unter einer Diskriminierung jede Unterscheidung, Ausschließung, Beschränkung oder Bevorzugung, die auf Gründen basiert, wie Rasse, Hautfarbe, Geschlecht, Sprache, Religion, politischer oder anderer Meinung, nationaler oder sozialer Herkunft, Vermögen, Geburt oder einem anderen Status und die das Ziel verfolgt, die gleichberechtigte Anerkennung, Inanspruchnahme oder Ausübung der Rechte und Freiheiten durch alle Menschen zu verhindern oder zu schmälern.[1140] Eine Diskriminierung liegt dann vor, wenn die vorgenommene Ungleichbehandlung nicht vernünftigen und objektiven Maßstäben standhält, unverhältnismäßig ist oder keinen vertragskonformen Zielen dient.[1141] Im Rahmen der Individualrechte (Art. 2 bis 5 ICCPR) besteht die Problematik, inwieweit sich Einzelpersonen darauf berufen können. Daher hat der Menschenrechtsausschuss entschieden, die allgemeine Verpflichtung des Art. 2 ICCPR könne von Einzelpersonen nicht allein, sondern nur in Verbindung mit anderen Artikeln des Paktes angerufen werden.[1142]

Im Fall der Diskriminierung in der Ausübung anderer Rechte kann allerdings Art. 26 ICCPR verletzt sein, der die Gleichheit aller vor dem Gesetz garantiert.[1143] Zu beachten ist dabei jedoch, dass gleiche Behandlung nicht bedeutet, dass die zu vergleichenden Gruppen identisch zu behandeln sind. Nur sachlich Gleiches soll gleich behandelt werden, so dass individuelle Eigenschaften bei der Vollziehung entscheidend sein können.[1144] Neben dem Diskriminierungsverbot enthält Art. 26 ICCPR auch eine positive Verpflichtung der Vertragsstaaten zu Schutzmaßnahmen gegen Diskriminierungen, was sich auf traditionelle und strukturelle Diskriminierungen bestimmter Personengruppen bezieht.[1145]

Schließlich sieht auch Art. 27 ICCPR einen Minderheitenschutz als spezifisches Gleichbehandlungsgebot vor. Dieses verbietet die Diskriminierung von Personen, nur weil sie einer ethnischen, religiösen oder sprachlichen Minderheit angehören und als solche im Hinblick darauf eine von der Bevölkerungsmehrheit abweichende Lebensführung aufweisen.[1146] Soweit die Gruppe oder mehrere Individuen einige wesentliche Gemeinsamkeiten aufweisen, wie eine gemeinsame Tradition, ethnische Gruppenidentität, kulturelle Homogenität, Spracheinheitlichkeit, religiöse oder ideologische Neigung, ein gemeinsames Territorium und Wirtschaftsleben,[1147] ist ganz gleich, ob die Angehörigen

---

[1140] Joseph/ Schultz/ Castan, The ICCPR, S. 681; Seidel G., Handbuch der Grund- und Menschenrechte, S. 389. Durch die Begriffe „insbesondere" und „sonstigen Status" kommt zum Ausdruck, dass die Aufzählung in Art. 2 (1) ICCPR keinen abschließenden Charakter hat, so dass weitere Differenzierungen bei der Gewährleistung der Menschenrechte des Pakts eine Diskriminierung darstellen können:

[1141] Obe eine Differenzierung zwischen verschiedenen Personen zulässig ist, hängt auch davon ab, ob sich diese in einer vergleichbaren Situation befinden. Nowak, M., UNO-Pakt, S. 505 f.

[1142] Vgl. bei Pappa, C., Das Individualbeschwerdeverfahren, S. 199. Dabei ist Art. 2 ICCPR akzessocirsch in dem Sinne, dass er nur in Verbindung mit den „in diesem Pakt anerkannten Rechten(n)" anwendbar ist. Seidel, G., Handbuch der Grund- und Menschenrechte, S. 388; Nowak, M., UNO-Pakt, S. 36.

[1143] Vgl. dazu Nowak, M., UNO-Pakt, S. 491 ff. Dies ist so zu verstehen, dass die bestehenden Gesetze und damit deren Vollzug auf alle Rechtsunterworfenen in gleicher Weise, d.h. nicht willkürlich angewendet werden müssen. Nowak, Ml, a.a.O., S. 500; Joseph/ Schultz/ Castan, The ICCPR, S. 686.

[1144] Der Ausschuss ist dabei allerdings nicht befugt, die Beweiswürdigung der nationalen Behörden zu überprüfen. Nowak, M., UNO-Pakt, S. 501.

[1145] Subjekt dieser Minderheitenrechte ist das Individuum als Teil der Minderheitengruppe, nicht aber eine kollektive Einheit. Art. 27 schützt insbes. das Recht der einer Bevölkerungsgruppe zugehörigen Person, die kulturellen und wirtschaftlichen Bedürfnisse ihrer Gemeinschaft zu verfolgen. Nowak, M., UNO-Pakt, S. 508.

[1146] Fall Ominayak ./. Canada, A/ 45/ 40, Teil I, S. 143, Teil II, S. 1 ff., Nr. 167/ 1984, in dem der Häuptling des *Lake Lubicon*-Stammes geltend machte, die kanadische Regierung habe u.a. das Recht auf freie Gestaltung der wirtschaftlichen, sozialen und kulturellen Entwicklung, sowie das Recht auf freie Verfügung über die natürlichen Reichtümer und Existenzmittel seines Stammes dadurch verletzt, dass sie der Regierung der Provinz Alberta die Genehmigung erteilte, das Stammesgebiet zum Zwecke der Ausbeutung von Bodenschätzen zu enteignen. Vgl. Joseph/ Schultz/ Castan, The ICCPR, S. 772 f.

[1147] Vgl. auch Kiwanuka, R., The Meaning of "People", S. 87 f.

dieser Minderheit die Staatsangehörigkeit des jeweiligen Staates besitzen.[1148] Ein Staat, auf dessen Territorium Minderheiten leben, muss nicht nur selbst die Minderheitenrechte achten, sondern er ist auch dazu angehalten die Ausübung dieser Rechte vor Eingriffen anderer Personen zu schützen.[1149]

In Art. 4 ICCPR enthält die Konvention jedoch eine Notstandsklausel, die es den Mitgliedstaaten erlaubt, im Falle des öffentlichen Notstands die in der Konvention gewährten Rechte – bis auf einige in Abs. 2 erwähnte Ausnahmen - unter bestimmten Bedingungen außer Kraft zu setzen. Voraussetzung ist dabei, dass das Leben der Nation durch die Notlage bedroht ist, der Notstand amtlich verkündet wurde und keine Diskriminierung aufgrund der Rasse oder sozialen Herkunft gegeben ist [Art. 4 (1) ICCPR].[1150] Zusammenfassend läst sich jedoch kein umfassend konkreter Eigentumsschutz aus dem ICCPR herleiten.

4. Schutz durch das internationale Übereinkommen zur Beseitigung jeder Form von Rassendiskriminierung (ICERD) vom 21.12.1965

a) Allgemeines

Auch das ICERD[1151] sieht einen Mechanismus für die Sicherung des Menschenrechtsschutzes vor und stellte mit seinem Ausschuss das erste Organ der Vereinten Nationen dar, das die Aktionen der Staaten in Bezug zu ihren Verpflichtungen unter bestimmten Menschenrechtsbestimmungen beobachten sollte.[1152] Das ICERD bindet seine Mitglieder völkerrechtlich. Es hat einen universellen und weitreichenden Diskriminierungsbegriff definiert, der Verstöße gegen die in den beiden Menschenrechtspakten garantierten Rechte beinhaltet.

Um dies für ICERD zu ermöglichen sieht die Konvention drei Verpflichtungen für die Staaten vor: Die periodischen Staatenberichte, die Staat-Staatenbeschwerde und die Individualbeschwerde gegen einen anderen Staat, die alle vom Ausschuss für die Beseitigung der Rassendiskriminierung (CERD) kontrolliert werden.[1153]

b) Verfahren

aa) Staatenbericht nach Art. 9 ICERD

Die Mitgliedstaaten haben regelmäßig alle zwei Jahre dem CERD[1154] Bericht über ihre Durchführung dieses Übereinkommens zu erstatten. Darüber berichtet dieser jedes Jahr der Vollversammlung und gibt nach Untersuchung der eingereichten Staatenberichte Vorschläge und allgemeine Empfehlungen ab. Probleme in der Praxis des Ausschusses sind, dass die Staaten oft die vorgesehenen Termine versäumen oder verspätet ihre periodischen Berichte einrei-

---

[1148] Die Bedingung für ihre Gewährung ist auch nicht ein ständiger Aufenthalt der betreffenden Person auf dem Gebiet des Staates. Vgl. bei Shaw, M., International Law, S. 219 f.

[1149] Allgemeine Bemerkung 23/50 zu Art. 27, UN-Doc. HRI/ GEN/ 1/ Rev, 1, Rn. 6.1. und 6.2, abgedruckt unter: http://www.hreoc.gov.au /ocial_justice/nt_report/append5.html, besucht am 11.08.2004.

[1150] Hanski/Markku, An Introduction, S. 90 f.

[1151] Die *International Convention on the Elimination of all Forms of Racial Discrimination*, unterzeichnet am 21.12.1965, ist seit 04.01.1969 in Kraft getreten. Trindade, C., Exhaustion under ICERD, S. 377 f. Zur Entstehung der Konvention vgl. Lerner, N., The ICERD, S. 1 ff. Zimbabwe ist seit 13.05.1991 Mitglied.

[1152] Human Rights: the CERD, S. 3. Mit weit über 100 Ratifikationen ist das ICERD auf dem besten Wege eine universale Ratifikation zu erreichen. Vgl. Partsch, K., The CERD, S. 345.

[1153] Human Rights: the CERD, S. 3; Partsch, K., The CERD, S. 339.

[1154] Dieser besteht, im Gegensatz zu den politischen Organen der VN - nicht aus Regierungsvertretern, sondern aus 18 unabhängigen von den Vertragsstaaten auf vier Jahre gewählten Sachverständigen und tritt zweimal jährlich in Genf zusammen. Vgl. Schaber, T., Internationale Verrechtlichung, S. 153; Partsch, K., The CERD, S. 346.

chen.[1155] Dem CERD bleibt in diesem Fall lediglich die Möglichkeit der Zusendung von Erinnerungsschreiben, die er in seinem Jahresbericht an die Generalversammlung veröffentlichen kann, sowie die direkte Kontaktierung der Staatsoberhäupter.[1156] Ein weiterer Nachteil ist, dass ein Staat keinen Bericht erstellen muss, wenn er der Ansicht ist, dass in seinem Gebiet keine Rassendiskriminierung stattgefunden hat.[1157]

bb) Staatenbeschwerde nach Art. 11 ICERD

Auch die Staatenbeschwerde, zu deren Einleitung es bislang nicht kam, ist obligatorisch.[1158] Das Verfahren beginnt mit der Mitteilung eines Vertragsstaates über eine angebliche Verletzung durch einen anderen Vertragsstaat an den Ausschuss. Dieser leitet die Mitteilung an den betroffenen Staat weiter, der innerhalb von drei Monaten Stellung nehmen muss [Art. 11 (1) ICERD]. Bei Scheitern einer für beide Seiten akzeptablen Lösung innerhalb von sechs Monaten nach Eingang der Mitteilung, kann der Ausschuss erneut befasst werden.[1159] Voraussetzung, dass sich der Ausschuss mit einer an ihn verwiesenen Sache befasst, ist jedoch, dass alle innerstaatlich zugänglichen Rechtsbehelfe ausgeschöpft wurden, soweit dadurch nicht das Verfahren über Gebühr in die Länge gezogen wird [Art. 11 (3) ICERD]. Nach Prüfung der zusätzlich einholbaren Angaben, gibt der Ausschuss, repräsentiert durch eine Kommission zur Streitschlichtung, einen Bericht mit Empfehlungen ab [Art. 13 (1) ICERD]. Daraufhin wird der Kommissionsbericht zusammen mit der Erklärung der beteiligten Staaten, diesen anzunehmen, den anderen Vertragsstaaten übermittelt [Art. 13 (3) ICERD].

cc) Individualbeschwerde nach Art. 14 ICERD

Die Möglichkeit der Individualbeschwerde gibt es erst seit 1982, nachdem zehn Staaten [vgl. Art. 14 (9) ICERD] die ICERD- Zuständigkeit akzeptiert haben. Sie ist nur möglich, wenn der betroffene Staat eine einseitige Unterwerfungserklärung abgegeben hat.[1160] Individuen oder einzelne Personengruppen können sich an den Ausschuss wenden, wenn sie „Opfer einer Verletzung eines in diesem Übereinkommen vorgesehenen Rechts" sind [Art. 14 (1) ICERD].[1161] Weitere Voraussetzung ist, dass die klagenden Staatsbürger in ihrem Land alle anderen zugänglichen Rechtsmittel ausgeschöpft haben, es sei denn, durch diese würde das Verfahren „*unreasonably prolonged*" [Art. 14 (7) (a) ICERD].[1162] Die dem Ausschuss zugegangene Mitteilung leitet dieser dem beschuldigten Staat weiter, ohne jedoch die Identität der betreffenden Person preiszugeben [Art. 14 (6) (a) ICERD]. Nach Stellungnahme des betroffenen Staates, die innerhalb von drei Monaten zu erfolgen hat, verfasst der Ausschuss abschließend eigene Vor-

---

[1155] Human Rights: the CERD, S. 10.
[1156] Partsch, K., The CERD, S. 349. Mittlerweile geht der CERD dazu über in solchen Fällen die Konventionserfüllung anhand von sonstigen Informationen, die ihm übermittelt wurden, zu untersuchen. Alston/ Crawford, The Future, S. 66.
[1157] Human Rights: the CERD, S. 6; Partsch, K., The CERD, S. 347.
[1158] Anfang 2000 hatten sich von den 155 Mitgliedstaaten der Konvention lediglich 28 der Staatenbeschwerde unterworfen. Vgl. Alston/ Crawford, The Future, S. 72.
[1159] Lerner, N., The ICERD, S. 79.
[1160] Human Rights: the CERD, S. 3 f., 7. Erst im Jahr 2001 hat die BRD, für die die Konvention seit dem 16.05.1969 rechtsverbindlich ist, eine Erklärung bzgl. des Individualbeschwerdeverfahrens abgegeben; allerdings unter dem Vorbehalt, dass die Angelegenheit nicht bereits i.R eines anderen internationalen Verfahrens untersucht wurde. Vgl. unter: http://www.unhchr.ch/tbs/doc.nsf/Statusfrset?OpenFrameSet; besucht am 03.07.2004. Von Zimbabwe wurde eine solche Anerkennungserklärung nicht abgegeben. Vgl. Thiis, Ø./ Feltoe, G, Zimbabwe, S. 383.
[1161] Vgl. dazu Lerner, N., The ICERD, S. 75 ff.
[1162] Lerner, N., The ICERD, S. 85; Trindade, C., Exhaustion under ICERD, S. 377 ff. Zu den weiteren Voraussetzungen vgl. Engels, M., Verbesserter Menschenrechtsschutz, S. 210 ff.

schläge und Empfehlungen [Art. 14 (8) ICERD]. Der Ausschuss hat jedoch keine Befugnis, Urteile zu verfassen und Strafen zu verhängen. Die Vorschläge – wie auch die individuelle Mitteilung und die Stellungnahme der Mitgliedstaaten – sollen vom Ausschuss in seinem Jahresbericht aufgeführt werden. Aufgrund des geringen Rückgriffs auf die Individualbeschwerde, besitzt diese Möglichkeit für Individuen zur Zeit jedoch praktisch keine Relevanz.

c) Diskriminierungsverbot im Bezug auf die „Eigentumsgarantie" nach Art. 5 (d) (v) CERD

Art. 2 (1) (a) ICERD verpflichtet die Signatarstaaten, „Handlungen oder Praktiken der Rassendiskriminierung gegenüber Personen, Personengruppen oder Einrichtungen zu unterlassen" und gleichzeitig auch solche Handlungen oder Unterlassungen von anderen (auch privaten) Personen oder Organisationen zu verhindern. Auch sollen die Vertragsstaaten ihr Rechtssystem von etwaigen rassistischen Vorschriften bereinigen und Rassendiskriminierungen gesetzlich verbieten. In Einklang mit diesen Anforderungen obliegt den Vertragsstaaten die Pflicht, in ihrem Herrschaftsbereich jegliche Ungleichbehandlung zu beseitigen, wobei diesbezüglich eine Liste der Rechte aufgeführt wird, auf die diese Pflicht Anwendung findet.

aa) Begriff der Diskriminierung

Der Begriff der„Diskriminierung"[1163] teilt sich wiederum in vier Diskriminierungsmerkmale auf:[1164] Zunächst muss eine Unterscheidung, Ausschließung, Beschränkung oder Bevorzugung vorliegen. Diese muss mit Rasse, Hautfarbe, Abstammung, nationalem Ursprung oder Volkstum im Zusammenhang stehen.[1165] Dabei liegt eine Diskriminierung nur vor, wenn die Unterscheidung auf den verbotenen Differenzierungsmerkmalen und nicht auf anderen Sachverhaltsunterschieden beruht. Weiter muss die Maßnahme auf eine Rechtsbeeinträchtigung abzielen oder diese jedenfalls bewirken. Eine Diskriminierungsabsicht ist dabei nicht erforderlich, vielmehr genügt eine diskriminierende Wirkung, so dass der Diskriminierungsbegriff auch faktische Diskriminierungen erfasst. Schließlich darf die unterschiedliche Behandlung nicht durch legitime Zwecke gerechtfertigt sein.[1166] In Art. 1 (4) ICERD wird das Diskriminierungsmerkmal jedoch dahingehend modifiziert, dass Sondermaßnahmen vorübergehend zulässig sind, wenn sie einzig zu dem Zweck getroffen werden, eine angemessene Entwicklung bestimmter Gruppen oder Personen zu gewähren, die für eine gleichberechtigte Ausübung ihrer Menschenrechte Schutz benötigen. In diesem Fall bedeutet eine differenzierende, insbesondere eine bevorzugende Behandlung von Benachteiligten, keine Diskriminierung.[1167] Auf der anderen Seite zielt das Abkommen jedoch auch nicht auf die dauerhafte Gewährung von

---

[1163] Eine Rassendiskriminierung wird definiert als: „jede auf der Rasse, der Hautfarbe, der Abstammung, dem nationalen Ursprung oder dem Volkstum beruhende Unterscheidung, Ausschließung, Beschränkung oder Bevorzugung, die zum Ziel oder zur Folge hat, dass dadurch ein gleichberechtigtes Anerkennen, Genießen oder Ausüben von Menschenrechten und Grundfreiheiten im politischen, wirtschaftlichen, sozialen, kulturellen oder jedem sonstigen Bereich des öffentlichen Lebens vereitelt oder beeinträchtigt wird." Vgl. Art. 1 (1) ICERD. Diese Begriffsbestimmung ist streng genommen ohne eigenständigen Regelungsgehalt, da das Verbot der Rassendiskriminierung erst in den folgenden Artikeln formuliert wird. Sie ist aber inhaltliche Grundlage für den ges. ersten Teil der Konvention, welcher das Verbot der Rassendiskriminierung durch die einzelnen Pflichten der Staaten konkretisiert.

[1164] Das vierte Merkmal ergibt sich nicht aus dem Wortlaut der Bestimmung, erfolgt jedoch durch die Interpretation des Ausschusses.

[1165] Lerner, N., The ICERD, S. 28.

[1166] General Recommendation XIV, A/ 48/ 18: 2.: „The Committee observes that a differentiation of treatment will not constitute discrimination if the criteria for such differentiation, judged against the objectives and purposes of the Convention, are legitimate or fall within the scope of article 1, paragraph 1."

[1167] Britz, G., Individualbeschwerde nach Art. 14 ICERD, S. 385: Nicht eindeutig ist jedoch, ob und inwieweit auch ohne Berücksichtigung der Umstände des Einzelfalles, bestimmte zu schützende Personen bevorzugt werden dürfen.

Sonderrechten ab, was Art. 1 (4) a.E. und Art. 2 (2) (2) ICERD deutlich machen.[1168] Während die Bevorzugung eine Sonderstellung einnimmt und bis zur Erlangung der Gleichheit mit der übrigen Bevölkerung als sogenannte positive Diskriminierung zulässig ist [Art. 1 (4) ICERD], sind die übrigen Tatbestandvarianten diskriminierend, wenn sie erstens auf den genannten Unterscheidungskriterien beruhen und zweitens den gleichberechtigten Genuss der Menschenrechte in allen Bereichen des öffentlichen Lebens beeinträchtigen oder zu vereiteln bezwecken. Damit sollen alle Rassendiskriminierungen erfasst werden.

bb) Merkmal der Rasse

Wenn auch keine Einigkeit bestand, ob das Merkmal der Rasse als weiter Begriff[1169] oder wissenschaftlich-biologischer Begriff[1170] zu verstehen ist, hat der Ausschuss in einer auf der Grundlage von Art. 9 (2) (1) ICERD ergangenen allgemeinen Empfehlung zu Art. 1 (1) ICERD seine Ablehnung der zweiten Alternative deutlich gemacht.[1171] Eine Differenzierung nach der Staatsangehörigkeit ist allerdings grundsätzlich zulässig,[1172] selbst wenn dadurch im Ergebnis auch ethnische Gruppen ungleich behandelt werden. Das gesetzliche Verbot der Rassendiskriminierung konkretisiert Art. 4 ICERD, indem er verlangt, rassistische Organisationen und ihre Propaganda zu verbieten und „jede Verbreitung von Ideen, die sich auf die Überlegenheit einer Rasse oder den Rassenhass gründen, jedes Aufreizen zur Rassendiskriminierung und jede Gewalttätigkeit oder jede Aufreizung dazu gegen eine Rasse oder eine Personengruppe anderer Hautfarbe oder Volkszugehörigkeit, sowie jede Unterstützung rassenkämpferischer Betätigung einschließlich ihrer Finanzierung zu einer nach dem Gesetz strafbaren Handlung zu erklären."

cc) „Eigentumsgarantie"

Zunächst verlangt der Eröffnungsabsatz des Art. 5 ICERD, der auf die grundsätzliche Verpflichtung der Mitgliedstaaten gemäß Art. 2 ICERD verweist, jede Diskriminierung aufgrund Rasse, Hautfarbe, Abstammung und nationalen Ursprungs zu verhindern.[1173] Art. 5 (d) (v) ICERD verlangt von den Mitgliedstaaten zu gewährleisten, dass alle Personen das Recht wahrnehmen können „,... allein oder in Verbindung mit anderen Vermögen als Eigentum zu besitzen" unabhängig von ihrer Rasse oder Hautfarbe.[1174] Auch wenn die Konvention grundsätzlich staatengerichtet formuliert ist und nicht unmittelbar subjektive Rechte gegen eine Diskriminierung begründet, verpflichtet sie die

---

[1168] Danach dürfen besondere Maßnahmen nicht die Beibehaltung ungleicher oder getrennter Rechte für verschiedene Rassengruppen zur Folge haben, nachdem die Ziele, für die sie getroffen wurden, erreicht sind. Meron, T., Human Rights, S. 36 ff.

[1169] Lerner, N., Group Rights, S. 49.

[1170] Duchrow, J., Völkerrechtlicher Minderheitenschutz, S. 30.

[1171] „,...is of the opinion that such identification shall, if no justification exists to the contrary, be based upon self identification by the individual concerned." General Recommendation VIII, A/ 45/ 18. Im Wesentlichen soll die Gruppenzugehörigkeit im rechtlichen Sinn an der Selbstidentifizierung des Betroffenen und nicht an biologisch/ genetischen Merkmalen festgemacht werden.

[1172] Ziffer 1 der General Recommendation XI, A/ 48/ 18: „Article 1, paragraph 2, excepts from this definition actions by a State Party, which differentiate between citizens and non-citizens."

[1173] In weiteren sechs Absätzen sind die wichtigsten Menschenrechte und Grundfreiheiten – die in der Regel denen in der AEMR entsprechen (Art. 5 (d) (v) ICERD bezieht sich auf Art. 17 AEMR) – genannt, deren Aufzählung jedoch nicht abschließend ist.

[1174] Dabei ist zu beachten, dass Art. 5 ICERD, weder die wirtschaftlichen, kulturellen und sozialen, noch die bürgerlichen und politischen Rechte selbst gewährt. Nur deren Genuss muss durch die Vertragsstaaten ohne Rassendiskriminierung garantiert werden. Buergenthal, T., Implementing the UN Racial Convention, S. 208.
zitiert bei Engels, M., Verbesserter Menschenrechtsschutz, S. 208.

Staaten dennoch, Antidiskriminierungsmaßnahmen für die Individuen zu ergreifen.[1175] Problematisch ist jedoch, dass Art. 1 (2) ICERD eine Ausnahme zur Anwendbarkeit der Konvention enthält, die sehr weit ist. Er erlaubt den Vertragsstaaten „Unterscheidungen, Ausschließungen, Beschränkungen oder Bevorzugungen ... zwischen eigenen und fremden Staatsangehörigen" vorzunehmen. Unter diesem Wortlaut können die Staaten geneigt sein, auch rassische Unterscheidungen gegenüber eigenen Staatsbürgern aufgrund ihrer ethnischen Andersartigkeit zu rechtfertigen. Die Beweislast, dass tatsächlich rassische Gesichtspunkte zu der Diskriminierung geführt haben, obliegt dabei den Klägern und nicht in exkulpierender Weise dem Staat.[1176]

III. Regionaler Eigentumsschutz

1. Bedeutung und Rechtscharakter von regionalen Menschenrechtspakten

Zwei Möglichkeiten stehen für die Interpretation des Rechtscharakters regionaler Menschenrechtspakte zur Verfügung: Sie könnten als rein vertragliche Vereinbarung zur Ausdehnung der Garantien des Fremdenrechts auf die Staatsangehörigen der Mitgliedstaaten zu verstehen sein, wenn die Geltung der darin verankerten Rechte ausschließlich von der Fortgeltung des Pakts abhängig wäre. Auf der anderen Seite besteht die Möglichkeit, einen solchen Pakt als Ausdruck eines menschenrechtlichen Bewusstseins in der Region auszulegen. Für ein bloß vertragliches Abkommen könnte die Tatsache sprechen, dass sowohl EMRK, als auch AMRK Kündigungsregelungen enthalten, durch die sich ein Mitgliedstaat ohne Angabe von Gründen wieder von der Vereinbarung lösen kann.[1177] Eine Kündigung hat jedoch nicht zwingender Weise Auswirkungen auf die Weitergeltung des materiellen Gehalts des Pakts. Des Weiteren enthalten die Konventionen Rechte, die in ihrer Mehrheit den gewohnheitsrechtlich anerkannten Menschenrechten zuzuordnen sind und verweisen in ihren Präambeln auf die AEMR und die Akzeptanz echter Menschenrechte. Im Ergebnis sind die regionalen Menschenrechtskonventionen daher als echte, nicht nur als vertraglich vereinbarte Menschenrechtspakte zu qualifizieren.[1178]

2. Bedeutung der Menschenrechte in Afrika

a) Historische Entwicklung: Dekolonisierung und Selbstbestimmungsrecht

Generell lassen sich in Afrika drei verschiedene Zeiträume unterscheiden: Die vor-koloniale Periode, die Kolonialzeit und die Jahre der Unabhängigkeit. In der vor-kolonialen Phase waren die Rechte der Menschen stark mit ihren Traditionen verbunden. Sie basierten auf der Gemeinschaft und wurden Fremden gegenüber versagt, die daher als Sklaven behandelt werden konnten.[1179] Die Idee der Gleichheit aller vor dem Gesetz, Schutz von Eigentum und Freiheit wurden fast völlig versagt; bewaffnete Auseinandersetzungen infolge ethnischer Konflikte waren an der

---

[1175] So können diese rügen, dass der Vertragsstaat seiner Rechtsgewährungspflicht nicht nachgekommen ist, dass ihnen Rechte erst gar nicht eingeräumt oder im konkreten Fall nicht gewährt wurden. Britz, G., Individualbeschwerde nach Art. 14 ICERD, S. 388.

[1176] Meron, T., Human Rights, S. 44.

[1177] Vgl. Art. 65 EMRK und Art. 78 AMRK. Die AfrCh enthält jedoch keine Kündigungsvorschrift.

[1178] Vgl. Dolzer, R., Eigentum, S. 108.

[1179] Umozurike, O., The African Charter, S. 17; Nguéma, I., Perspektiven der Menschenrechte in Afrika, S. 301; Mahalu, C., Africa and Human Rights, S. 3 f. Nur innerhalb der Gemeinschaft galten gewisse demokratische Rechte, wie das Recht auf Leben, Gemeinschaftseigentum, Zugang zu einem Stück Land, ein Recht auf Familie und Privatsphäre. Kotey, E., The AfrCh, S. 133; Gye-Wado, O., The Rule, S. 742. Diese Rechte stellten jedoch keinen Schutz gegenüber dem Souverän dar und können daher nur als soziale Normen verstanden werden. Worku, M., Entwicklungstendenzen, S. 55.

Tagesordnung.[1180] Das Individuum identifizierte sich durch die Gruppe, seinen Stamm oder Clan. Nur dieser konnte Eigentümer und Nutznießer sein. Die Mitgliedschaft in diesen Gruppen bedeutete ein grundlegendes Recht, aber auch eine Pflicht. Jeder, der diese Pflicht verletzte, verwirkte seine Stellung in der Gesellschaft und somit auch den damit verbundenen Schutz.[1181] Daher war es auch nicht nötig, einen Katalog von Individualrechten zu formulieren, die gegen staatliche Eingriffe schützen sollten. Rechte, die ein Individuum nur solange genießt, wie es Mitglied der Gruppe ist, sind mit dem universellen Verständnis von individuellen Menschenrechten nicht in Einklang zu bringen. Während der Kolonialzeit wurden durch den ersten staatenübergreifenden Vertrag von Berlin im Jahre 1885 erste Schutzbestimmungen für die einheimische Bevölkerung festgelegt (vgl. Art. VI des Berliner Vertrags).[1182] Man war jedoch noch weit entfernt von der Gewährung grundlegender Rechte, wie des Rechts auf Selbstbestimmung oder Rede- und Versammlungsfreiheit.[1183] 1957 begann mit Ghana als erstem Land der Dekolonisierungsprozess. Bezeichnend für das post-koloniale Afrika ist das *nation building*,[1184] in dessen Entwicklung nicht mehr nur die Gruppe oder der Stamm, sondern auch der Staat für die Gewährung von Rechten und Pflichten zuständig sein sollte.[1185] Aufgrund der gewaltsamen Begleitumstände oder Folgen des Unabhängigkeitskampfes, fällt es zwar schwer, an die Bedeutung der Menschenrechte zu glauben, jedoch fanden ab 1959 erste Schritte zu deren gesetzlicher Verankerung in überregionalen Charten, wie derjenigen der *Ghana-Guinea Union*, statt.[1186] Zu erwähnen ist hierbei auch die Casablanca Gruppe und die Konferenz von Lagos der Monrovia Gruppe von 1961, die bereits eine Afrikanische Menschenrechtscharta vorschlug und die, mit dem von ihr entwickelten *Law of Lagos* – obwohl ohne unmittelbare rechtliche Wirkung – einen Meilenstein für die Weiterentwicklung der Rechtsstaatlichkeit in Afrika legte.[1187] Weiter bekannte sich die Gründungscharta der Organisation of African Unity (OAU)[1188] von 1963 in ihrer Präambel durch den Verweis auf die Charta der Vereinten Nationen und die AEMR zur Beachtung der Menschenrechte.[1189] Schließlich hatten sich die meisten Staaten in ihren Unabhängigkeitsverfassungen einen Grundrechtskatalog gegeben,[1190] kannten die AEMR in ihren Verfassungen an und hatten oftmals den ICCPR und ICESCR ratifiziert.[1191]

[1180] Ncube, W., The Constitutional recognition, S. 66; Worku, M., Entwicklungstendenzen, S. 35. Auch eine Gleichstellung der Frau oder bestimmter Kasten sah das traditionelle Gewohnheitsrecht nicht vor. Vgl. Worku, M., a.a.O., S. 49 ff.

[1181] Motala, Z., Human Rights in Africa, S. 381.

[1182] Siehe 1. Teil, A. II. 1. a).

[1183] Umozurike, O., The African Charter, S. 21. Tatsächlich fanden auch noch schwerwiegende Menschenrechtsverletzungen, wie die Rassendiskriminierung, Unterdrückung, Sklavenhandel, Apartheidregime und die Plünderung der Bodenschätze, im Kolonialland statt. In Zimbabwe wurde den Einheimischen das Wahlrecht verweigert und sie wurden in meist unfruchtbare Reservate zusammengetrieben, diskriminatorischen Gesetzen unterworfen, ihr Land wurde enteignet und ihr Vieh weggenommen. Ncube, W., The Constitutional recognition, S. 66, 70 f.; Howard, R., Human Rights, S. 9 ff.; Mahalu, C., Africa and Human Rights, S. 4.

[1184] Bello, E., Human Rights, S. 907.

[1185] Worku, M., Entwicklungstendenzen, S. 57. I.R.d. Eliminierung des westlichen Mehrparteiensystems wurden jedoch oft Einparteiensysteme und Diktatoren eingesetzt, die sich mit Gewalt und Menschenrechtsverletzungen an der Macht auf Lebenszeit zu halten versuchen. Motala, Z., Human Rights in Africa, S. 391.

[1186] Bello, E., Organization of African Unity, S. 802.

[1187] Umozurike, O., The African Charter, S. 24; Koroma, A., The influence of AEMR in Africa, S. 8; Ankumah, E., The African Commission, S. 4. Ausführlich zum „*Law of Lagos*" vgl. ICJ, African Conference on the Rule of Law, Lagos, 03.-07.01.1961.

[1188] Organisation der Afrikanischen Einheit, mittlerweile African Union (AU), vgl. unten 2. Teil, B. III. 4. c).

[1189] „Conscious of our responsibility to harness the natural and human resources of our continent… [p]ersuaded that the Charter of the United Nations and the Universal Declaration of Human Rights, to the Principles of which we reaffirm our adherence, provide a solid foundation for peaceful and positive cooperation among states." Umozurike, O., The African Charter, S. 25; Naldi, G., Future Trends, S. 1.

[1190] Die Unabhängigkeitserklärungen bedeuteten allerdings noch nicht eine völlige Gleichstellung für die Afrikaner, jedoch zumindest eine justiziable *Bill of Rights*. Maluwa, T. International Law, S. 122. In der *Lancaster House* Verfassung in Zimbabwe fand keine Verankerung von sozialen und wirtschaftlichen Rechten statt. Die Landfrage wurde nicht gelöst und noch immer befanden sich die meisten Farmer in den unproduktiven *Communal Lands*. Ncube, W., The Constitutional recognition, S. 73 ff.; Benedek, W., Peoples' rights and Individuals' duties, S. 85 f.

Die postkoloniale Periode in Afrika war dennoch oftmals geprägt von der Vernachlässigung der bürgerlichen und politischen Rechte.[1192]

Die Abschaffung der Apartheidpolitik in Südafrika, die Unabhängigkeit Namibias und die Demokratisierungsprozesse nach Ablösung der Generation von Staatsgründern und „Revolutionsführern" haben in Afrika eine neue Ära eingeleitet. Die Staats- und Regierungschefs gaben jedoch erst im Jahr 1979, nachdem viele Afrikaner unter ihren rohen Herrschern zu leiden hatten, der OAU den Auftrag, einen vorläufigen Entwurf einer afrikanischen Charta der Menschen- und Bürgerrechte zu entwerfen, die sogenannte Monrovia-Resolution.[1193] Nach jahrelangen Verhandlungen und Konferenzen[1194] wurde durch die von dem OAU-Generalsekretär eingesetzte Arbeitsgruppe ein Entwurf für eine afrikanische Menschenrechtscharta herausgebracht (sogenannter Dakar-Entwurf),[1195] der am 27.06.1981 auf dem Nairobi Gipfel als *Banjul Charter on Human and Peoples' Rights* seine Zustimmung fand.[1196]

b) Afrikanisierung der Menschenrechte

Während im modernen Menschenrechtsverständnis der westlichen Demokratien das Verhältnis des Einzelnen zum Staat geschützt wird, beharren die Mitgliedstaaten der Afrika Charta auf den besonderen afrikanischen Wertvorstellungen und Traditionen.[1197] Aufgrund des fehlenden individuell auf Afrika ausgerichteten Charakters folgern einige afrikanische Völkerrechtsgelehrte die Unanwendbarkeit der meisten Menschenrechte.[1198] Die mehrheitlich weniger radikalen Stimmen erkennen die Universalität der Menschenrechte im Grundsatz an, argumentieren aber, dass noch Raum für kulturelle Besonderheiten bleiben solle.[1199]

Während in den westlichen Demokratien die subjektiven öffentlichen Rechte des Einzelnen in einem historischen Prozess von der Aufklärung bis zum modernen Sozialstaat entstanden sind, konnten die afrikanischen Staaten eine derartig lange Entwicklung nicht durchlaufen. Ihre natürliche geschichtliche Entfaltung war u.a. durch den Kolonialismus unterbrochen. Aufgrund der Übernahme fremder Rechtsysteme, mit deren Inhalt sich die afrikanische Bevölkerung nicht identifizieren konnte, existiert auf dem afrikanischen Kontinent ein Rechtspluralismus, der bis heute die

---

1191 Für die Anerkennung der AEMR in den Verfassungen der postkolonialen afrikanischen Staaten vgl. Burundi von 1962, Somalia von 1960 in Peaslee, A., Constitutions of Nations, S. 19, S. 776.

1192 Maluwa, T., International Law, S. 133 ff. Die afrikanischen Staatsmänner argumentierten, sie hätten eine Notsituation geerbt, in der man primär die ökonomischen und sozialen Ungleichheiten beseitigen müsse, so dass die Betonung eher auf den Pflichten des Individuums gegenüber der Gemeinschaft, als auf seinen individuellen Rechten lag. Nguéma, I., Perspektiven der Menschenrechte in Afrika, S. 302; Howard, R., Human Rights, S. 17. Zweifelhaft ist jedoch, ob Menschenrechtsverletzungen durch wirtschaftliche Fragen oder Geldknappheit bedingt sind oder nicht vielmehr auf den Versuch der herrschenden Elite zurückgehen, mit allen Mitteln an der Macht zu bleiben. Vgl. Nhalapo, R., International Protection, S. 5 f. Zu den Pflichten des Individuums vgl. Graf, M., Die Afrikanische Menschenrechtscharta, S. 40 ff.

1193 Ankumah, E., The African Commission, S. 4; Akwensioge, M., Die OAU, S. 94 ff. Zur Monrovia-Resolution vgl. Worku, M., Entwicklungstendenzen, S. 39 f.

1194 Vgl. das Seminar in Kairo im Jahr 1969 (bei Gittleman, R., The AfrCh, S. 671, Fn. 17), die UN-Konferenz 1971 in Addis Abeba und 1973 in Dar es Salaam (bei Welch, C., The OAU, S. 410), sowie die Einsetzung einer Arbeitsgruppe zur Erstellung eines Entwurfs für eine afrikanische Menschenrechtskommission aufgrund der Monrovia-Resolution von 1979, sog. Dakar-Entwurf.

1195 Vgl. bei Welch, The OAU, S. 408; Ramcharan, B., The Travaux Préparatoires, S. 307 f.; Worku, M., Entwicklungstendenzen, S. 40 ff.

1196 Umozurike, O., The African Charter, S. 26. Zunächst scheiterte der allzu schnell anhand der AEMR und der *Universal Declaration of the Rights of People* (Declaration von Algier, 04.06.1976, abgedruckt in: Shivji, I., The Concept, S. 111-115), entworfene Charta-Entwurf 1980 bei der Konferenz von Addis Abeba mangels spezifisch afrikanischen Charakter. Vgl. Ojo/ Sesay, The OAU and Human Rights, S. 94 f.

1197 „...the virtues of their historical tradition and the values of African civilization which should inspire and characterize their reflection on the concept of human and peoples' rights." Vgl. Präambel der AfrCh.

1198 Als Vertreter dieser Ansicht sind insbesondere Khushalani, Dunstan Wai und Lakshman Marasinghe zu nennen. Vgl. Shivji, I., The Concept, S. 12, 37.

1199 Vgl. Lindholt, L., Questioning the Universality, S. 27.

Stärkung der individuellen Menschenrechte erschwert.[1200] Der Unterschied zwischen der europäischen und der afrikanischen Menschenrechtsauffassung liegt jedoch im Wesentlichen nur im Bezugsrahmen. Während nach dem europäischen Verständnis das Individuum in den Vordergrund des Rechts gestellt wird, ist es nach der afrikanischen Tradition die Gruppe, die im Mittelpunkt steht.[1201] Subjektive Menschenrechte in Afrika sind aufgrund der Existenz einer besonderen afrikanischen Menschenrechtskonzeption nur unter Einbeziehung dieser kulturellen Besonderheiten möglich.

Im Ergebnis besitzen daher die Menschenrechte nicht überall dieselbe Gültigkeit, sondern sind abhängig von den historischen Entwicklungen und sozialen Erfahrungen, welche die Menschen in den verschiedenen Kulturen geprägt haben. Für die Geltung der Menschenrechte in Afrika musste daher den afrikanischen Rechts- und Wertevorstellungen entsprochen werden, was mit der Verabschiedung der AfrCh realisiert wurde.[1202] Sie versucht, die internationalen Standards mit traditionellen afrikanischen Gesellschaftskonzepten zu verbinden. Der Gemeinschaftsgrundsatz findet seinen Ansatz in der Form der Rechte der Völker, die nur kollektiv in Anspruch genommen werden können und daher die Gemeinschaft als Rechtssubjekt in den Vordergrund stellen.[1203] Nachdem auch die AU von ihrem Nichteinmischungsgrundsatz abgerückt ist, sind die Menschenrechte für Afrika als allgemeingültig anzusehen.[1204]

c) Recht auf Eigentum in Afrika

Zum Zeitpunkt der Errichtung der AfrCh fand sich unter den afrikanischen Staaten ein verständlicher Wunsch, die Herrschaft der ausländischen Plantagenbesitzer und Unternehmer zu beenden, die noch vor dem Zeitpunkt der Dekolonisation viele Rechte unter nicht länger akzeptablen Bedingungen begründet hatten. Eine andere Besonderheit war, dass die Beziehung zu Eigentum in Afrika meist in der Form von gewohnheitsrechtlich anerkanntem Eigentum bestand.[1205] War dieses einst im Überfluss vorhanden, wurde es in der späteren Kolonialzeit praktisch für die afrikanische Gemeinschaft nicht geschützt und im Rahmen der Dekolonisation entweder nationalisiert oder im Bezug auf den Schutz traditioneller Landrechte völlig vernachlässigt. In diesem Zusammenhang muss der Standard des afrikanischen Eigentumsschutzes gesehen werden.

[1200] Worku, M., Entwicklungstendenzen, S. 58; Tonndorf, U., Menschenrechte in Afrika, S. 103 ff. Zu berücksichtigen ist auch, dass das traditionelle Gewohnheitsrecht keine verfassungsrechtlichen modernen Regelungen enthält und die Macht einseitig in den Händen traditioneller Akteure liegt, die meist nicht durch demokratische Wahlen legitimiert sind. Einflussreiche Gruppen, wie Stammesfürsten und Clans fühlen sich als nichtstaatliche Akteure nicht an das Völkerrecht gebunden. Damit lässt sich erklären, dass die AfrCh keine Achtung der demokratischen Prinzipien und kein Bekenntnis zur Rechtstaatlichkeit vorsieht.

[1201] Nguéma, I., Perspektiven der Menschenrechte in Afrika, S. 301.

[1202] Motala, Z., Human Rights in Africa, S. 374.

[1203] Graf, M., Die Afrikanische Menschenrechtscharta, S. 15.

[1204] Benedek, W., Durchsetzung, S. 151 f.; Welch, C., The Organisation of African Unity, S. 555.

[1205] In Zimbabwe wurde noch in den 1990er Jahren mehr als ein Drittel des Landes im öffentlichen Eigentum gehalten. Vgl. Banning, T., The Human Right to Property, S. 61.

3. Schutz durch die Afrikanische Charta der Menschenrechte und Rechte der Völker (Afrika Charta) vom 27.06.1981

Die OAU, eine regionale zwischenstaatliche Organisation, nahm am 27.06.1981 die Afrikanische Charta der Menschenrechte und Rechte der Völker (AfrCh oder Banjul Charter)[1206] per Akklamation an.[1207] Dies bedeutet, dass die Charta nicht unterzeichnet wurde, sondern Unterzeichnung und Ratifikation den einzelnen Mitgliedstaaten selbst überlassen bleiben sollte.[1208] Hinsichtlich der Glaubwürdigkeit und Effektivität ihres vertraglichen Rahmens stand zu Anfangs viel in Zweifel - sogar ihr tatsächliches Inkrafttreten.[1209] Die Besonderheit der Charta ist, dass sie neben individuellen Rechten auch kollektive Rechte der Völker - wie die Souveränität über natürliche Reichtümer - regelt[1210] und in ihr alle drei Generationen von Menschenrechten verkörpert sind.[1211] Nach einer anfänglichen Begeisterungswelle über die Errichtung der AfrCh wurde es in den Jahren danach um sie sehr ruhig. Menschenrechtsverletzungen auf dem afrikanischen Kontinent gingen weiter, ohne Tätigwerden der afrikanischen Kommission.[1212]

a) Geltung der Afrika Charta in afrikanischen Staaten

Die universelle Anerkennung der Menschenrechte findet zahlreiche prominente Anhänger, wie Kofi Annan, den Generalsekretär der Vereinten Nationen. Auch wenn nicht viele afrikanische Staaten beim Entwurf der AEMR zugegen waren, so haben sie doch deren Prinzipien im Nachhinein durch die Ratifizierung zahlreicher Dokumente und Konventionen der Vereinten Nationen ihre Zustimmung erteilt.[1213] Jedenfalls lässt sich argumentieren, dass die übereinstimmende Erklärung der *UN Conference on Human Rights* mit ihrem *Vienna Declaration and Programme of Action* von 1993 die Diskussion über die Allgemeingültigkeit der Menschenrechte beilegte, indem sie erklärte, dass alle Menschenrechte „*universal, indivisible, interdependent and interrelated*“ sind.[1214] Es wird aber auch ange-

---

[1206] Zum Text und Verfahrensprotokoll vgl. Umozurike, O., The African Charter, S. 146 ff.; Heyns, u.a., Human Rights law in Africa 1996, S. 7-16; Murray/ Evans, Documents of the African Commission, S. 3 ff.; dt. Übersetzung nach der EuGRZ 1990, S. 348-352.

[1207] Vgl. Holl, N., OAE, S. 13; Umozurike, O., The African Charter, S. 27. Zum Annahmeprozess der Afrika Charta durch die OAU vgl. Naldi, G., The Organization of African Unity, S. 109-113; Ankumah, E., The African Commission, S. 4-8; Kufuor, K., Safeguarding Human Rights, S. 66-69; D'Sa, R, The AfrCh, S. 104 ff. Sie trat jedoch erst am 21.10.1986 in Kraft, nachdem die in Art. 63 (3) AfrCh festgelegte Anzahl von 26 Ratifikationsinstrumenten (einfache Mehrheit der Mitgliedstaaten) beim AU-Generalsekretär hinterlegt worden war. Mbaya, E., African Charter, S. 54. Mit den Nachzüglern Äthiopien und Eritrea 1999 haben inzwischen alle 53 AU-Mitgliedstaaten die Afrika Charta ratifiziert. Vgl. Murray, R., Africa, S. 350.

[1208] So erfolgte die Signatur Zimbabwes am 20.02.1986, die Ratifikation am 20.05.1986 und schließlich die Hinterlegung am 12.06.1986. Vgl. Nowak, M., AfrCh, S. 676.

[1209] Ojo/ Sesay, The OAU and Human Rights, S. 101. Pessimistisch war auch die Tatsache einzuschätzen, dass kaum einer der an der Verhandlung und Annahme der Charter 1981 in Nairobi beteiligten Staatsoberhäupter von sich die Bekleidung eines demokratischen Amts behaupten konnte. Oloka-Onyango, J., Beyond the Rhetoric, S. 43 f. Auch repräsentierten die Vertragsstaaten eine Vielzahl unterschiedlicher Auffassungen, wie Atheismus, Christentum, Hinduismus, Judentum, Islam, Marxismus-Lenismus, Kapitalismus, Sozialismus, Militärdiktatur, Einparteienstaat sowie demokratisches Regime. Vgl. Ermacora,F., Menschenrechte, S. 72 ff.

[1210] Vitzthum/ Hailbronner, S. 252; Scherer-Leydecker, C., Minderheiten, S. 207 f.

[1211] Koroma, A., The influence of AEMR in Africa, S. 10. Für einen Überblick vgl. Viljoen, F., Review of the African Commission, S. 47 ff.; Graf, M., Die Afrikanische Menschenrechtscharta, S. 1; Benedek, W., Peoples' rights and Individuals' duties, S. 62; Amoah, P., The AfrCh, S. 227. Für die wirtschaftlichen, sozialen und kulturellen Rechte vgl. ausführlich Naldi, G., The Organization of African Unity, S. 127 ff. Ein weiterer Unterschied zur EMRK und AMRK ist, dass die Charta auch den Individuen Pflichten vorschreibt, wie die Pflicht zur Arbeit und der Beitrag zur Gemeinschaft.

[1212] Takirambudde, P., Six Years of the AfrCh, S. 38.

[1213] Flinterman, C., The Universal Declaration, S. 20 f.; Graf, M., Die Afrikanische Menschenrechtscharta, S. 6. Auch wenn argumentiert wird, dass der Beitritt zu solchen Konventionen oft aus externen Druck geschehen ist – vgl. Motala, Z., Human Rights in Africa, S. 378 – ist auf der anderen Seite auch wahr, dass die afrikanischen Staaten maßgeblich am Abschluss wichtiger Menschenrechtsdokumente, wie der ICESCR beteiligt waren, was für die Gültigkeit der in den Konventionen enthaltenen Menschenrechte in Afrika spricht. Graf, M., Die Afrikanische Menschenrechtscharta, S. 7.

[1214] *Vienna Declaration and Programme of Action*, A/ CONF. 157/ 23, para 5. Vgl. oben 2. Teil, B. I. 3.

führt, dass trotz Anerkennung der Universalität einiger Menschenrechte, Rücksicht auf Örtlichkeit und Umstände genommen werden muss.[1215] Abdul Koroma, Richter des *International Court of Justice*, schlägt einen Lösungsansatz dergestalt vor, dass man zwar auf die Besonderheiten afrikanischer Kultur Rücksicht zu nehmen habe, aber dennoch bedenken müsse, dass die Menschenrechte schon immer Teil des afrikanischen Wertesystems gewesen waren.[1216]

aa) Einbeziehung in nationales Recht

Art. 1 AfrCh verpflichtet die Mitgliedstaaten, den in der Charta aufgeführten Rechten und Pflichten innerstaatliche Geltung zu verschaffen, ohne dabei ein bestimmtes Verfahren - d.h. einen deklaratorischen Rechtsakt nach angelsächsischem Recht oder eine förmliche Transformation - zur Umsetzung vorzuschreiben.[1217] Über die Einbeziehung völkerrechtlicher Verträge in das nationale Verfassungsrecht streiten Monisten[1218] und Dualisten.[1219] Dabei lässt sich allgemein sagen, dass die frankophonen und lusiphonen afrikanischen Staaten der monistischen Theorie angehören, während die anglophonen, wie Zimbabwe, die dualistische Inkorporationstheorie vertreten.[1220] Als Vertreter des Dualismus bedarf es in Zimbabwe für die innerstaatliche Geltung internationaler Verträge der Transformation in nationales Recht.[1221] Die Staaten sind jedoch verpflichtet, legislative Maßnahmen zu ergreifen, um den Rechten aus diesen internationalen Verträgen Effektivität zu verleihen.[1222] Art. 1 AfrCh ist daher auch im Zusammenhang mit Art. 2 AfrCh zu lesen, der besagt, dass „*Every individual shall be entitled to the enjoyment of the rights and freedoms recognised and guaranteed in the present Charter...* “.

Nachteilig ist an der Charta jedoch, dass die Staaten von den sogenannten „*clawback*“ Klauseln, welche die Durchsetzung der Chartarechte von dem nationalen Recht des Staates abhängig machen bzw. in dessen Ermessen stellen,

---

[1215] So seien die Menschenrechte im Licht der jeweiligen Kultur und Historie zu interpretieren. Pityana, B., The Challenge of Culture, S. 221 f.

[1216] Koroma, A., The influence of AEMR in Africa, S. 6. Diese Sicht wird geteilt von Richter Mokgoro: Ubuntu and the Law in South Africa, S. 22, sowie Richter Ajibola, Bola, Richter des ICJ, in: Problems of Human Rights, S. 25.

[1217] Naldi, G., The Organization of African Unity, S. 115 f.

[1218] Sie vertreten, dass internationales und nationales Recht zum selben System von Rechtsvorschriften gehört, welches die Menschen bindet. Das internationale Recht stehe dem nationalen Recht dabei jedoch voran. Daher würde ein ratifizierter Vertrag automatisch zum bindenden Recht für den Signatarstaat. Konsequenterweise ist daher das Völkerrecht direkt anzuwenden, ohne dass es einer Umsetzung in nationales Recht bedarf. Vgl. dazu Lauterpacht, H., The Function of Law; Verdross, A., Die Einheit des rechtlichen Weltbildes, S. 45 ff. Der Unterschied zur monistischen Theorie liegt darin, dass Völkerrecht nur dann Teil des nationalen Rechts werden kann, wenn es durch ein Gesetz transformiert wurde.

[1219] Vgl. zu den beiden Theorien Shaw, M., International Law, S. 100 ff. Die Dualisten vertreten, dass beide Rechtssysteme voneinander unabhängig seien. Einer ihrer Vertreter stellt fest, dass das nationale Recht von dem Prinzip bedingt wird, dass man ihm gehorchen muss, während das internationale Recht durch das Prinzip des *pacta sunt servanda* beherrscht wird.. Umozurike, O., Introduction to International law, S. 31.

[1220] Anyangwe, C., The obligations of States parties, S. 633; Alston/Crawford, The Future, S. 271.

[1221] Gonidec, P., The Relationship of International Law, S. 245. Die zimbabwische Verfassung erklärt daher in Art. 111 B (b), dass jedes mit einem anderen Staat geschlossene Abkommen: „*shall not form part of the law of Zimbabwe unless it has been incorporated into the law by or under an Act of Parliament.*“ Tshosa, O., National Law, S. 59, 61 f. Derzeit hat Zimbabwe einige für die vorliegende Problematik relevante Konventionen unterzeichnet [den ICCPR, ICESCR, ICERD, die Genfer Konvention von 1949 mit ihrem 1. Zusatzprotokoll (vgl. Art. 53 ff.) und die AfrCh], die einen universellen Schutz beinhalten. Damit werden diese internationalen Verträge seit dem Verfassungs-*Amendment* von 1993 solange nicht Teil des zimbabwischen Rechts, solange sie nicht durch einen Gesetzesakt durch das Parlament [Art. 111 B (1)] zu solchem erklärt werden. Maluwa, T. International Law, S. 41.

[1222] Art. 2 (2) ICCPR besagt: „Jeder Vertragsstaat verpflichtet sich, im Einklang mit seinem verfassungsmäßigen Verfahren und mit den Bestimmungen dieses Pakts, die erforderlichen Schritte zu unternehmen, um die gesetzgeberischen oder sonstigen Vorkehrungen zu treffen, die notwendig sind, um den in diesem Pakt anerkannten Rechten Wirksamkeit zu verleihen, soweit solche Vorkehrungen nicht bereits getroffen worden sind.“ Art. 1 AfrCh, welcher Art. 2 (1) der UN-Charter reflektiert, fordert die Mitgliedstaaten auf, sie sollten, „*recognise the rights, duties and freedoms enshrined in this Chapter and shall undertake to adopt legislative or other measures to give effect to them.*“ In Kombination mit Art. 65 sind die Staaten daher verpflichtet die Vorschriften der Charta in ihr nationales Rechtsystem einzuverleiben. Umozurike, O., The African Charter, S. 110. Diese Staatenverpflichtung enthält i.d.R. vier Bestandteile, nämlich diese Rechte zu respektieren, zu schützen, zu fördern und schließlich auch zu erfüllen. Shue, H., Basic Rights, S. 5 f.; Anyangwe, C., The obligations of States parties, S. 629 ff.

im Rahmen der politischen Rechte und Bürgerrechte[1223] regen Gebrauch gemacht haben.[1224] Problematisch ist an diesen Klauseln auch, dass sie relativ unbestimmt sind und daher zur Bedeutungslosigkeit der Menschenrechte führen können.[1225] Interessanterweise hat jedoch die *African Commission on Human and Peoples' Rights* einen völligen Rückzug auf das nationale Recht mit dessen Vorrang verneint und stattdessen die Charta im Lichte der internationalen Menschenrechtssprechung, wie von Art. 60 und 61 AfrCh gefordert, interpretiert.[1226] Anders als andere Menschenrechtskonventionen bezieht sich die Anwendbarkeit der AfrCh nicht ausdrücklich auch auf die sich in legaler Weise auf afrikanischem Territorium befindlichen Fremden. Allerdings legt es die Wortwahl der Charta nahe, dass die in ihr verkörperten Rechte und Pflichten allen Individuen unter der Gerichtsbarkeit eines Mitgliedstaates zustehen.[1227]

bb) Schutz von Gruppenrechten

Die Charta ist das erste bindende Menschenrechtsinstrument, das die verschiedenen Kategorien von Menschenrechten, wie Rechte des Einzelnen und Rechte der Völker, in einem Dokument vereint. In Umsetzung der sogenannten Drittgenerationsrechte (auch Solidaritätsrechte) entstand ein eigener Abschnitt über Gruppenrechte, Art. 16-24 AfrCh,[1228] welche keinen entsprechenden Schrankenklauseln unterliegen. Die Interpretation der Rechte der Völker, insbesondere nach Art. 19 und 21 ist strittig[1229] und wird näher bei der Frage erläutert, ob sich auch die weißen Farmer in Zimbabwe als eigene Volksgruppe auf diese Rechte berufen können.[1230]

[1223] Zum Beispiel die Art. 9 (2), 12 (1), 13 (1) AfrCh. In diesen Fällen scheint jegliche Begrenzung zulässig zu sein, so lange dies „*by law*" geschieht. Dieses „*law*" wurde von vielen Staaten als ihr nationales Recht interpretiert, unabhängig ob auch dieses dem internationalen Menschenrechtsstandard entsprach. Heyns, C., Civil and political rights, S. 142.

[1224] Heyns, C., Civil and political rights, S. 143; Ankumah, E., The African Commission, S. 176. Wie Art. 57 WVK bestimmt, können Vertragspartner bei Abschluss eines völkerrechtlichen Vertrags diesen unter bestimmten Bedingungen suspendieren. Im Unterschied zu den „*clawback*" Klauseln (vgl. zu diesen Higgins, R., Derogations under Human Rights Treaties, S. 281) unterliegen diese Vorbehalts- und Notstandsklauseln in den Menschenrechtskonventionen (z.B. Art. 15 EMRK, 27 AMRK) der Bedingung, dass die Beschränkung gesetzlich vorgeschrieben und in einer demokratischen Gesellschaft notwendig sein muss, sowie nur bei bestimmten aufgeführten Eingriffszwecken angewandt werden darf. Sie nehmen auch einige unabdingbare elementare Rechte (wie Rechtsfähigkeit, Leben, Sklaverei, menschenwürdige Behandlung) komplett von einer Suspendierung aus. Worku, M., Entwicklungstendenzen, S. 67; Takirambudde, P., Six Years of the AfrCh, S. 51.

[1225] Gittleman, R., The AfrCh, S. 692. Nur die fundamentalen Rechte der Art. 2-7 AfrCh sind aus keinen Gründen einschränkbar. Tonndorf, U., Menschenrechte in Afrika, S. 283.

[1226] Vgl. Naldi, G., Future Trends, S. 7; Ankumah, E., The African Commission, S. 176 f. Die Charta erfährt daher durch die Hintertür doch noch eine normative Konkretisierung, indem v.a. die AEMR und die beiden UNO-Pakte Leitlinien für die Rechtsinterpretationen der Kommission bereitstellen. Jedes in den internationalen Dokumenten verbriefte Recht kann geltend gemacht werden, auch wenn es nicht in der AfrCh selbst enthalten ist. Daher werden nunmehr auch afrikanische Staaten, die z.B. die beiden UNO-Pakte nicht ratifiziert haben, mittels ihrer Verpflichtung auf Einhaltung der afrikanischen Charta an deren Inhalt gebunden.

[1227] Naldi, G., The Organization of African Unity, S. 116.

[1228] Die EMRK garantiert keine sozialen Rechte, dafür bedurfte es extra der Errichtung der Europäischen Sozialcharter. Vgl. Kotey, E., The AfrCh, S. 139 f.

[1229] Vgl. Tonndorf, U., Menschenrechte in Afrika, S. 299, 361. Als „*all peoples*" interpretierte man zunächst die antikoloniale Befreiungsbewegung. Andere wiesen darauf hin, dieser Begriff sei lediglich der Verweis auf den Staat. Pityana, B., The Challenge of Culture, S. 231 f.; Benedek, W., Peoples' rights and Individuals' duties, S. 66 ff.; Riedel, E., Individuelle Menschenrechte, S. 58. Kiwanuka schlägt schließlich eine unterschiedliche Verwendung je nach anzuwendenden Artikel vor. Vgl. Kiwanuka, R., The Meaning of "People, S. 88 ff., 101.

[1230] Vgl. zur Diskussion der Volksgruppe unten 3. Teil, A, II, 2 b, bb) und d, bb).

b) Die Kommission

Die Aufgabe der Kommission[1231] ist in erster Linie die Förderung und der Schutz der Menschen- und Bürgerrechte in Afrika (vgl. Art. 30 AfrCh).[1232] Kritisiert wird von vielen Autoren, dass der Charta kein Machtinstrument zur Verfügung steht, den Erlass nationaler Gesetze, die gegen die Grundsätze der Charta verstoßen, zu verhindern.[1233] Auch stehen der Kommission kaum Durchsetzungs- und Untersuchungsmöglichkeiten oder sonstige effektive Rechtsmittel zur Verfügung.[1234] Ihre Entscheidungen sind rechtlich nicht bindend, aber zumindest von gleichem Charakter, der den „*Opinions*" des *UN Human Rights Committees* zukommt.[1235] Viele kritisieren auch, dass die Kommission vollständig der OAU/ AU untersteht und daher nicht zum Handeln als starker Wächter der Menschenrechte im Stande ist.[1236] Ihre Unabhängigkeit und Neutralität wird auch durch die Tatsache belastet, dass viele Kommissare gleichzeitig bestimmte Regierungspositionen innehaben, was zu Interessenskonflikten führen kann.[1237] Das größte praktische Hemmnis ist aber der Mangel an finanziellen Mitteln.[1238]

Inzwischen hat die Kommission begonnen, die Charta effektiver zu interpretieren.[1239] Seit der Überholung ihrer Verfahrensregeln im Oktober 1995[1240] hat die Kommission Versuche unternommen, den Einfluss der OAU/ AU dadurch zu vermindern, dass sie deren ursprüngliche Beteiligungsaufgaben auf das Kommissionssekretariat übertragen hat.[1241] Die Staaten erhalten inzwischen eine Frist von drei Monaten zur Stellungnahme. Erfolgt keine Reaktion, werden nach Ablauf von weiteren zwei Monaten bei der Zulässigkeitsprüfung im Rahmen einer Beschwerde die Angaben des Beschwerdeführers zu Grunde gelegt.[1242] Daneben hat sich die Kommission auf Grundlage von Art. 46 AfrCh ermächtigt, vorläufige Maßnahmen in Fällen, die eine Notsituation darstellen und zu irreparablem Scha-

---

[1231] Sie besteht aus 11 Mitgliedern, die in der Regel Juristen sind und auf sechs Jahre von der Versammlung der Staats- und Regierungschefs der AU gewählt werden. Naldi, G., The Organization of African Unity, S. 139; Takirambudde, P., Six Years of the AfrCh, S. 43.

[1232] Takirambudde, P., Six Years of the AfrCh, S. 43; Gye-Wado, O., The Rule, S. 743; Worku, M., Entwicklungstendenzen, S. 114 f. Dafür steht ihr als Mittel zur Verfügung, Dokumente zu sammeln, Untersuchungen vorzunehmen, Seminare und Konferenzen zu organisieren und ihre Ansichten und Empfehlungen abzugeben (vgl. Art. 45 AfrCh). Sie ist auch ermächtigt alle Vorschriften der Charta zum Schutz der garantierten Rechte auszulegen, was sie u.a. durch die Annahme einiger Resolutionen bzgl. bestimmter Charta-Vorschriften getan hat. Gye-Wado, O., a.a.O., S. 747; Ankumah, E., The African Commission, S. 26.

[1233] So wird sie auch von Umozurike als reiner „Papiertiger" bezeichnet. Vgl. Umozurike, O., The protection of Human Rights, S. 82 f.

[1234] Kufuor, K., Safeguarding Human Rights, S. 74, 76; Benedek, W., The African Charter, S. 31 f.; Ankumah, E., The African Commission, S. 74 f.; Naldi, G., The Organization of African Unity, S. 147. Das Verfahren nach der AfrCh litt auch lange Zeit unter der Unkenntnis über die Durchführung der langwierigen Prozedur. Vgl. Benedek, W., Durchsetzung, S. 167 f. Bis 1991 hatte die Kommission lediglich 105 Mitteilungen erhalten – wovon nur 16 auch konkret gegen einen Vertragsstaat gerichtete Beschwerden waren. Bartsch, H., Die Entwicklung, S. 1394. Die Wirksamkeit der Charta hängt damit hauptsächlich von der Bereitschaft der Mitgliedstaaten ab, ihren Verpflichtungen nachzukommen. Evans, M., The reporting mechanism, S. 37.

[1235] In den Entscheidungen 137/ 94; 139/ 94, 154/ 96 und 161/ 97 scheint die Kommission allerdings von einem Bindungscharakter ihrer Entscheidungen auszugehen. Vgl. Murray, R., Decisions by the African Commission, S. 431 (Entscheidung 129/ 94; 101/ 93); Murray, R., Africa, S. 93 f., 516-519.

[1236] Amoah, P., The AfrCh, S. 232-237; Welch, C., The African Commission, S. 47; Oloka-Onyango, J., Beyond the Rhetoric, S. 52-56. Zu einer positiveren Beurteilung vgl. Umozurike, O., The African Charter, S. 68 ff.; Ankumah, E., The African Commission, S. 9.

[1237] Ankumah, E., The African Commission, S. 18 f.

[1238] Shaw, M., International Law, S. 294; Ankumah, E., The African Commission, S. 32 f.; Murray, R., Decisions by the African Commission, S. 414; Odinkalu, C., The individual Complaints Procedures, S. 375 ff.; Benedek, W., Durchsetzung, S. 157.

[1239] Art. 45 (b) AfrCh stattet die Kommission mit einer quasi-legislativen Funktion aus, indem er ihr die Verantwortung zur Entwicklung von Prinzipien und Vorschriften überträgt, die der Lösung menschenrechtlicher Konflikte dienen. Dadurch kann die Kommission Einfluss auf die Mitgliedstaaten ausüben und eine Art Modellgesetz entwickeln. Naldi, G., The Organization of African Unity, S. 141.

[1240] Vgl. dazu die bei Pityana, B., The Challenge of Culture, S. 237-243 aufgeführten Entscheidungen; die neue Verfahrensordnung der Kommission bei Worku, M., Entwicklungstendenzen, S. 107 ff.

[1241] Verbesserungen wurden auch im Öffentlichkeitsbereich durchgeführt, indem das Verschwiegenheits- bzw. Vertraulichkeitsprinzip (*confidentiality*) zugunsten des Grundsatzes öffentlicher Sitzungen eingeschränkt worden ist. Ankumah, E., The African Commission, S. 45 f.; Benedek, W., Durchsetzung, S. 163 f.

[1242] Benedek, W., Durchsetzung, S. 168.

den führen können, auszusprechen. Für die Weiterentwicklung der Menschenrechte verabschiedete die Kommission Resolutionen, welche die menschenrechtsverletzenden Handlungen der Staaten verurteilen und festlegen, welche Maßnahmen zur Verbesserung der Situation notwendig sind.[1243] Trotz dieser positiven Entwicklung verbleibt die ultimative Macht jedoch bei der AU, sind die Kommissionsentscheidungen nur deklaratorisch oder besitzen empfehlenden Charakter.[1244]

c) Der *African Court on Human and Peoples' Rights*

Beim Entwurf der AfrCh war zwar bereits die Errichtung eines Gerichts in Betracht gezogen, jedoch mit der Begründung abgelehnt worden, dass Afrikaner es vorzögen ihre Streitigkeiten eher durch Schlichtung als durch offene gegnerische Konfrontation auszutragen.[1245] Aufgrund der Schwäche der Kommission kam es in den 90er Jahren verstärkt zur Forderung nach einem Afrikanischen Gerichtshof für Menschenrechte.[1246] Am 09.06.1998 nahm die OAU ein Protokoll zur Errichtung eines „Afrikanischen Gerichtes der Menschenrechte und Rechte der Völker" als integralen Bestandteil der OAU an.[1247] Der Gerichtshof besteht aus elf Richtern, die Staatsbürger eines der AU-Mitgliedstaaten sind [Art. 11 (1) Protokoll] und anlässlich der Konferenz der Staats- und Regierungschefs der AU im Juli 2004 gewählt werden sollten.[1248] Dabei ist zu beachten, dass der afrikanische Gerichtshof nicht das einzige juristische Organ in Afrika ist, welches mit dem Schutz der Menschenrechte betraut ist.[1249]

[1243] Als kürzliche Beispiele siehe die Resolution on the Peace Process in the Democratic Republic of Congo; die Resolution on the Peace and National Reconciliation Process in Somalia und die Resolution on Western Sahara; 13. Activity Report of the African Commission on Human and Peoples' Rights, 1999-2000, ACHPR/RPT/ 13th, Annex IV. Zitiert bei Dankwa, V., The promotional role, S. 338, Fn. 13.

[1244] Naldi/ Magliveras, The Proposed African Court, S. 945.

[1245] Odinkalu, C., The individual Complaints Procedures, S. 360; Umozurike, O., The AfrCh, S. 903; Naldi/ Magliveras, The Proposed African Court, S. 944.

[1246] Im Cape Town Treffen wurde ein Protokoll verfasst, das ein Gericht aus 11 Richtern, einschließlich ihrer hauptamtlichen Vorsitzenden, vorsah, die durch ihre Staaten ernannt und durch die OAU Versammlung gewählt werden sollten. *Government Legal Experts Meeting on the Question of the Establishment of an African Court on Human and Peoples' Rights*, 06.-12.09.1995, Cape Town/ South Africa, Report OAU/ LEG/ EXP/ AFC/ HPR (I), wiedergegeben in: AJICL, Vol. 8, 1996, S. 493-500. Von Anfang an war klar, dass die Hauptarbeit des Gerichts die Anhörung von Fällen sein sollte, in denen die Verletzung der Charta durch einen Mitgliedstaat zur Debatte stand. Nicht klar war dagegen zunächst, wem es erlaubt sein sollte solche Fälle vor das Gericht zu bringen. Harrington, J., The African Court, S. 310. Mangels Einigung trat im April 1997 abermals ein Expertenteam zusammen. Vgl. zweites *Government Legal Experts Meeting on the Establishment of an African Court on Human and Peoples' Rights*, 11.-14.04.1997, Nouakchott, Mauritania, Report, OAU/ LEG/ EXP/ AFC/ HPR/ RPT (II), wiedergegeben in: AJICL, Vol. 9, 1997, S. 423-439. Dessen Annahme durch die Staatsoberhäupter beim Treffen in Zimbabwe im Mai 1997 scheiterte jedoch abermals. Erst dem dritten *Government Legal Experts Meeting (enlarged to include diplomats) on the Question of the Establishment of an African Court on Human and Peoples' Rights*, 08.-11.12.1997 in Addis Ababa, Ethiopia, OAU/ LEG/ EXP/ AFCHPR/PROT (III), gelang es den endgültig angenommenen Entwurf zu verfassen. Vgl. zur Entwicklung Naldi, G., The Organization of African Unity, S. 147 f.

[1247] Vgl. Protocol to the African Charter on Human and Peoples' Rights on the Establishment of an African Court on Human and Peoples' Rights, angenommen durch die OAU Generalversammlung der Staatsoberhäupter bei ihrer 34. Generalsitzung in Ouagadougou im Jahre 1998, abgedruckt in: AJICL, Vol. 9, 1997, S. 953-970. Um in Kraft zu treten, erforderte das Protokoll die Ratifikation durch mind. 15 Staaten. Vgl. Maluwa, T., International Law-making, S. 205 f. Zwar war es im Jahre 2002 erst zur Ratifikation durch fünf Staaten gekommen, mit Hinterlegung der 15. Ratifikationsurkunde durch die Komoren am 26.12.2003 (zu den bereits ratifizierten Staaten Algerien, Ruanda, Togo, Burkina Faso, Burundi, Elfenbeinküste, Gambia, Mali, Mauritius, Senegal, Südafrika, Uganda, Lybien und Lesotho) konnte das Gericht am 25.01.2004 in Kraft treten. Zur Diskussion über das Errichtungsprotokoll vgl. Naldi/ Magliveras, Reinforcing the African System, S. 432 ff.

[1248] Bislang hat allerdings weder die Richterernennung noch die Sitzbestimmung des afrikanischen Gerichtshofs, die von der AU- Generalversammlung bestimmt werden soll (Art. 25 Protokoll), stattgefunden.

[1249] Es gibt den *Court of Justice*, geschaffen durch den OAU *Treaty Establishing the African Economic Community* (AEC-Vertrag), der sich direkt mit dem Menschenrechtsschutz beschäftigt [vgl. Art. 3 (g), 18 AEC -Vertrag]. Es wurde auch ein *Court of Justice* gemäß des revidierten *Treaty of the Economic Community of West African States* (ECOWAS) errichtet [vgl. Art. 4 (g) des revidierten ECOWAS-Vertrags], in: AJICL, Vol. 8, 1996, S. 193. Entsprechendes gilt für ein *Court of Justice of the Common Market for Eastern and Southern Africa* [vgl. Art. 6 (e) des COMESA-Vertrags]. Vgl. ILM, Vol. 33, 1994, S. 1111. Auch wenn die anderen Gerichte sich entsprechend ihrer zugrundeliegenden Verträge mit Wirtschaftsangelegenheiten beschäftigen, so liegt es nahe, dass diese auch in den Bereich der Menschenrechte fallen können. Zuständigkeitsfragen mit dem *African Court* sind daher vorprogrammiert. Naldi, G., Future Trends, S. 14. Der *African Court* ist jedoch der einzige, der zur Afrika Charta Stellung nehmen kann. Naldi, G., The Organization of African Unity, S. 150.

aa) Verhältnis zur Kommission

Art. 2 des Protokolls legt die Aufgabe des Gerichts fest *to „complement the protective mandate of the African Commission on Human and Peoples' Rights…,"* ohne diese dabei genau festzulegen. Einige Vorschriften selbst indizieren das Verhältnis zwischen Kommission und Gericht, meist wird jedoch die Zuständigkeitsabgrenzung den beiden Institutionen selbst überlassen.[1250] Der Zuständigkeitsbereich des Gerichts ist um ein Wesentliches größer als derjenige der Kommission, die lediglich die Vorschriften der Charta auf Aufforderung der Mitgliedstaaten, der AU oder eine durch diese anerkannte afrikanische Organisation, interpretieren darf [vgl. Art. 45 (3) AfrCh].[1251] Hier kann es zu Überschneidungen kommen, da natürlich auch der Gerichtshof die Charta zu interpretieren hat. Zu lösen dürfte der Konflikt derart sein, dass das Gericht die von der Kommission abgegebenen Interpretationen prüfen und endgültige Entscheidungen treffen darf.[1252] Die Aufgabe der Kommission besteht daher in einem vorgerichtlichen Filterorgan.[1253]

bb) Verfahrensberechtigte und Zulässigkeit

Mit Ratifikation des Protokolls sind die Kommission und jeder Mitgliedstaat, nachdem er eine Beschwerde an die Kommission gerichtet hat, nach Art. 5 (1) des Protokolls automatisch berechtigt, einen Fall dem Gericht vorzulegen (sogenannte privilegierte Verfahrensberechtigte).[1254] NGOs und Opfer von Menschenrechtsverletzungen müssen dagegen vom Gerichtshof in Einklang mit Art. 34 (6) des Protokolls ermächtigt werden, um eine Beschwerden einlegen zu können.[1255] Tatsächlich ist es aber nicht das Gericht, das eine solche Ermächtigung ausspricht. Vielmehr hat der Mitgliedstaat eine Erklärung abzugeben, dass er die Zuständigkeit des Gerichts in Fällen von Art. 5 (3) des Protokolls akzeptiert.[1256] Klageberechtigt sind damit in der Regel nur die Kommission, der verletzte Staat – wenn auch nur durch die Verletzung eines seiner Staatsbürger – und der verletzende Staat. Zu beachten ist jedoch, dass Individuen, NGOs und einer Gruppe von Individuen eine direkte Klagemöglichkeit zustehen soll – auch ohne zuvor das Verfahren nach Art. 55 AfrCh beschritten zu haben – wenn sie gemäß Art. 6 (1) des Protokolls „außergewöhnliche Gründe" vorbringen können.[1257] Im Rahmen einer Klage sind bei Individuen und NGOs gemäß Art. 6 (2) des Protokolls – im Gegensatz zur Zulässigkeitsprüfung durch die Kommission - nur die in Art. 56 AfrCh aufgeführten

---

[1250] Die Verfasser mögen einfach dem Vorbild von europäischer und amerikanischer Menschenrechtskonvention gefolgt sein, die urspr. auch über Kommission und Gericht verfügten, um dann auf die Ersetzung der Kommission hinzuarbeiten. Dem widerspricht allerdings die Tatsache, dass die Afrika Charta aufgrund ihrer afrikanischen Besonderheiten als sehr unterschiedlich zu den anderen Menschenrechtskonventionen angesehen wird. Dagegen spricht auch, dass durch Art. 2 des Protokolls die Aufgabe der Kommission zum Menschenrechtsschutz ergänzt und nicht ersetzt werden soll. Badawi El-Sheikh, I., Draft Protocol, S. 945; Naldi/ Magliveras, Reinforcing the African System, S. 433 f. Vielleicht war es in der Kürze der Zeit auch zu kompliziert, die technische und strittige Abgrenzung der Entscheidungszuständigkeiten zu regeln. Harrington, J., The African Court, S. 317.

[1251] Naldi, G., The Organization of African Unity, S. 142.

[1252] Naldi, G., The Organization of African Unity, S. 150. Die positivste Interpretation über das Protokoll geht dahin, dass alle Verfahren an den Gerichtshof, wie im inter-amerikanischen System, zuvor über die Kommission laufen müssen. Harrington, J., The African Court, S. 321. Effektiver ist es jedoch, nur solche Fälle, in denen es um neue Rechtsprobleme geht oder die von wesentlicher regionaler Bedeutung sind, an das Gericht weiterzuleiten, da sonst eine Doppelprüfung und –belastung stattfindet. Vgl. Viljoen/ Louw, The Status of the Findings, S. 3.

[1253] Naldi/ Magliveras, The Proposed African Court, S. 948.

[1254] Naldi/ Magliveras, Reinforcing the African System, S. 437.

[1255] Badawi El-Sheikh, I., Draft Protocol, S. 946 f.; Naldi/ Magliveras, Reinforcing the African System, S. 434.

[1256] Naldi, G., The Organization of African Unity, S. 149. Die Wahrscheinlichkeit, dass afrikanische Staaten diese Erklärung zum Schutz ihrer Staatsbürger abgeben würden, war – wie auch die Protokollverfasser wussten - äußerst gering. Verständlicherweise versuchen die Staaten die Beschwerden gegen sie zu beschränken, indem sie die Anzahl der potentiellen Kläger reduzieren.

[1257] Eine Definition dieser Gründe existiert nicht, sie sollen jedoch als ernsthafte und massive Menschenrechtsverletzungen verstanden werden, wie sie nach Art. 58 AfrCh definiert werden. Vgl. Naldi/ Magliveras, The Proposed African Court, S. 950.

Zulässigkeitskriterien zu berücksichtigen. Daher kann es dazu kommen, dass eine von der Kommission als unzulässig erklärte Klage dennoch vor Gericht eröffnet wird.[1258]
Die Besonderheit ist, dass es Art. 6 (1), (3) des Protokolls dem Gericht überlässt, die Meinung der Kommission zur Zulässigkeit der Verfahren einzufordern, oder diese an die Kommission zu verweisen.[1259] Gemäß Art. 7 soll das Gericht die Vorschriften der Charta und anderer Menschenrechtsinstrumente, die von den Mitgliedstaaten ratifiziert worden sind, anwenden.[1260] Mit der Anwendbarkeit aller Menschenrechtskonventionen ist die Gerichtsbarkeit des afrikanischen Gerichtshofs weiter als die der vergleichbaren Art. 32 EMRK und Art. 62 (3) AMRK.[1261] Probleme treten allerdings dann auf, wenn der afrikanische Gerichtshof auch über solche menschenrechtliche Konventionen entscheidet, wie z.B. die in der Beratung befindliche AEC-Menschenrechtscharta, die selbst über ein Gericht verfügen.[1262]

cc) Einfluss auf die Interpretation der Menschenrechte

Anhand der Vorschriften der AfrCh und der sonstigen relevanten Menschenrechtskonventionen soll der Gerichtshof im Falle einer Menschenrechtsverletzung ein angemessenes Urteil fällen. Im Rahmen seines Ermessens kann er dem Verletzerstaat die Wiedergutmachung der Verletzung und die Zahlung einer „*fair compensation*" oder „*fair reparation*" auferlegen [Art. 27 (1) des Protokolls]. Bei extremer Schwere der Verletzung oder besonderer Dringlichkeit kann das Gericht gemäß Art. 27 (2) des Protokolls auch ausnahmsweise vorläufige Maßnahmen anordnen, wenn es sonst zu einem irreparablen Schaden kommen würde. Mit der Möglichkeit der Wiedergutmachung ist auch die Naturalrestitution erfasst.[1263] In streitigen Fällen müssen die Urteile, die nicht berufungsfähig sind (Art. 28 des Protokolls),[1264] von der Mehrheit der Richter gefällt werden. Ein Urteil des Gerichts bindet die Parteien und muss von ihnen innerhalb des dafür vorgesehenen Zeitraums erfüllt werden. Zwar verfügt das Gericht über keinen Durchsetzungsmechanismus, und seine Entscheidungen werden durch die AU bzw. durch den Ministerrat kontrolliert.[1265] Es kann jedoch die Nichtbefolgung eines verurteilten Staates entweder in seinem Jahresbericht nach Art. 31 AfrCh der Generalversammlung oder mittels Berichterstattung der AU-Versammlung melden.[1266] Eine weite Interpretation des Art. 27 (1) könnte dem Gericht sogar die Möglichkeit einräumen, Strafsanktionen zu verhängen.[1267] Daneben verfügt der afrikanische Gerichtshof über die Möglichkeit, Empfehlungen (*advisory opinions*) bezüglich jeder Ange-

---

[1258] Naldi, G., The Organization of African Unity, S. 153.
[1259] Zu dieser Möglichkeit wird das Gericht greifen, wenn es nach den Umständen angemessener erscheint, die friedliche Streitbeilegung anzuwenden. Vgl. Naldi/ Magliveras, Reinforcing the African System, S. 438.
[1260] Badawi El-Sheikh, I., Draft Protocol, S. 948; Naldi/ Magliveras, Reinforcing the African System, S. 442. Im Vergleich zur Kommission stellt dies einen engeren Rahmen dar, da diese nach Art. 60 f. AfrCh allg. das internationale Recht heranziehen kann.
[1261] Magnarella, P., Achieving Human Rights in Africa.
[1262] Vgl. zu den dabei auftretenden Problemen Naldi/ Magliveras, The Proposed African Court, S. 947 f.; Naldi/ Magliveras, Reinforcing the African System, S. 435, die eine speziellere Zuständigkeit des afrikanischen Menschenrechtshofs befürworten, wenn über AEC-Vorschriften und ihre Vereinbarkeit mit der AfrCh zu urteilen ist.
[1263] Naldi/ Magliveras, The Proposed African Court, S. 962 f.
[1264] Harrington, J., The African Court, S. 325; APT, The African Court, S. 6. Treten neue Beweise auf, kann das Gericht jedoch eine Wiederaufnahme durchführen [Art. 28 (3) des Protokolls].
[1265] APT, The African Court, S. 6.
[1266] Ansonsten muss sich das Gericht im Bezug auf die Durchsetzung seiner Urteile mit der Bereitschaft der Mitgliedstaaten begnügen, seine Entscheidungen zu befolgen. Vgl. Wittinger, M. Die drei regionalen Menschenrechtsysteme, S. 410 f.; Naldi/ Magliveras, The Proposed African Court, S. 963 f.; Naldi/ Magliveras, Reinforcing the African System, S. 453.
[1267] Vgl. bei Naldi, G., The Organization of African Unity, S. 156; Magnarella, P., Achieving Human Rights in Africa.

legenheit im Zusammenhang mit der AfrCh abzugeben.[1268] Diese sind – wie auch diejenigen des ICJ – rechtlich nicht bindend, verfügen jedoch über einen eben solchen empfehlenden Charakter.[1269]
Mit der Errichtung des afrikanischen Gerichtshofs wurde ein praktischer Versuch zur Verbesserung des schwachen regionalen Menschenrechtsschutzes unternommen, der ohne Zweifel positiv gewirkt hat. Seine Bedeutung liegt in der Erwartung, dass durch ihn die Menschenrechte im Rahmen von rechtlich bindenden Entscheidungen durchgesetzt werden. Der große Nachteil an diesem afrikanischen Gericht ist jedoch, dass auch dieses von der AU abhängig ist, was aufgrund der desolaten Finanzsituation und dem Souveränitätsanspruch der AU-Mitglieder zu großen Erschwernissen führen wird.[1270]

d) Verfahren

aa) Staatenbericht nach Art. 62 AfrCh

Das Berichterstattungsverfahren findet sich in allen wichtigen Menschenrechtsverträgen der Vereinten Nationen und ist das einzige, das in allen Verträgen verpflichtend ist. Bei diesem handelt es sich um ein Verfahren ohne Gegner, mit dem nicht bestimmte Menschenrechtsverletzungen sanktioniert, sondern der konstruktive Dialog zwischen den beteiligten Staaten und der Kommission erreicht werden soll. Zur Erleichterung für die Staaten gibt die Kommission Richtlinien heraus, die sich nach den verschiedenen Menschenrechten aufgliedern. Für den Bereich der Menschen- und Bürgerrechte wird von den Staaten ein Bericht darüber erwartet, ob ihre nationalen Verfassungen einen Menschenrechtskatalog besitzen und inwieweit sie von den garantierten Rechten abweichen.[1271] Das Berichtsverfahren steht von seiner Effektivität her an unterster Stelle und wurde oft als unzureichend angesehen, um die Staaten zur Einhaltung ihrer Verpflichtungen zu zwingen.[1272] Problematisch ist an dem Verfahren, dass die Kommission auf die Mitwirkung der Staaten angewiesen ist und die meisten von ihnen der Berichterstellung nicht oder zumindest nur sehr spät nachkommen.[1273]

bb) Staatenbeschwerde nach Art. 47 AfrCh

Nach Art. 47 AfrCh kann ein Vertragsstaat gegen einen anderen jederzeit eine Staatenbeschwerde einreichen, ohne dass es dafür einer weiteren Anerkennung der Kommission bedarf.[1274] Nach Art. 49 AfrCh kann ein Mitgliedstaat unmittelbar die Kommission anrufen, wenn er der Ansicht ist, dass ein anderer Vertragsstaat Bestimmungen der

---

1268 Eine *Opinion* des Menschengerichtshofs kann jeder Mitgliedstaat der AU anfordern, auch wenn er keine Partei des Protokolls ist. Naldi/ Magliveras, Reinforcing the African System, S. 440.

1269 Naldi/ Magliveras, The Proposed African Court, S. 952. In der Praxis könnten sie sich daher zur dynamischen und weiter entwickelnden Interpretation der Vorschriften der AfrCh und anderer Menschenrechtskonventionen etablieren. Vgl. APT, The African Court, S. 3.

1270 Worku, M., Entwicklungstendenzen, S. 156.

1271 Ankumah, E., The African Commission, S. 82 ff.

1272 Evans, M., The reporting mechanism, S. 37; Worku, M., Entwicklungstendenzen, S. 118.

1273 Odinkalu, C., Implementing economic, social and cultural rights, S. 215; Ankumah, E., The African Commission, S. 79; Anyangwe, C., The obligations of States parties, S. 640 f., 659. So sind von den 53 verpflichteten Staaten, die z.B. im April 2001 301 Reporte hätten abliefern sollen, nur 41 abgeliefert worden. Die Reaktion der Kommission ist dabei darauf beschränkt, die Staaten anzuschreiben oder eine Liste der pflichtsäumig gebliebenen Staaten zu veröffentlichen. Der nächste Schritt der Erörterung der Berichte ist ebenfalls meist zum Scheitern verurteilt, da die Staaten der Entsendung ihrer Vertreter nicht nachkommen. Vgl. zu diesen Schwierigkeiten Evans, M., The reporting mechanism, S. 42 ff. Von Zimbabwe wurde 1997 vorbildlich ein äußerst ausführlicher Bericht abgegeben. Vgl. Zimbabwe's Second and third Report in Terms of Art. 62 of the AfrCh.

1274 Ankumah, E., The African Commission, S. 23; Worku, M., Entwicklungstendenzen, S. 138; Takirambudde, P., Six Years of the AfrCh, S. 45.

Charta verletzt hat. Dies geschieht durch eine an den Kommissionspräsidenten, den Generalsekretär der AU und den betroffenen Staat gerichtete Mitteilung.[1275] Allerdings soll möglichst gemäß Art. 49, 52 AfrCh und 98 *Rules of Procedure* eine friedliche Lösung erzielt werden. Wie auch bei der Individualbeschwerde müssen zuvor die lokalen Rechtsmittel ausgeschöpft worden sein und die Angelegenheit darf noch nicht entschieden sein.[1276] Die ultimative Möglichkeit der Kommission beschränkt sich darin, einen Bericht, begleitet von ihren Empfehlungen, an die Versammlung der Staats- und Regierungschefs zu senden. Sie ist jedoch nicht imstande, ihre Entscheidungen gegenüber den Staaten auch durchzusetzen.

cc) Individualschutz nach Art. 55 ff. AfrCh

In den Art. 55-59 AfrCh ist nicht ausdrücklich die Rede von individuellen Beschwerden, sondern der „*other communications.*“ Dies sind solche Mitteilungen, die nicht von Staaten eingereicht werden, so dass das Verfahren für Individuen und – anders als im Rahmen des *Optional Protocol* des ICCPR - solchen von NGOs offen steht.[1277] Anders als andere Menschenrechtsverträge, die den Terminus „Beschwerde“ („*complaints*“) oder „Klage“ („*petition*“) verwenden, zieht die Afrika Charta den Terminus „Mitteilung“ („*communication*“) vor, um zum Ausdruck zu bringen, dass die Kommission versuchen wird, den Konflikt durch Verhandlung und Schlichtung zu lösen.[1278]
Das Individualschutzverfahren beginnt damit, dass das Opfer (oder sein Vertreter, wenn das Opfer selbst dazu nicht im Stande ist)[1279] eine Beschwerde an die Kommission[1280] gegen einen Vertragsstaat einreicht, mit der es eine oder mehrere Verletzungen seiner in der Charta garantierten Rechte behauptet.[1281] Nach Art. 56 AfrCh i.V.m. ihren Verfahrensregeln entscheidet die Kommission über die Zulässigkeit einer Beschwerde so frühzeitig wie möglich (113 *Rules of Procedure*).[1282] Die Beschwerde muss auf der behaupteten Verletzung der Charta beruhen und nach dem

---

[1275] Das Rechtsmittel der Staatenbeschwerde wird jedoch – wie auch in den anderen Systemen des Menschenrechtschutzes - äußerst selten wahrgenommen. Krisch, N., Establishment of an African Court, S. 714. Bis 1996 hatte noch kein einziger Staat die Staatenbeschwerde erhoben. Takirambudde, P., Six Years of the AfrCh, S. 45; Ankumah, E., The African Commission, S. 23.

[1276] Regel 93 (2) (c) *Rules of Procedure*; Worku, M., Entwicklungstendenzen, S. 139; Kotey, E., The AfrCh, S. 149.

[1277] Wako, A., Comparison, S. 145.

[1278] Zu erklären ist der Begriff, der mehr mit dem Terminus Beschwerde in Verbindung zu bringen ist, auch aus der Furcht der afrikanischen Staaten vor Einmischung in ihre inneren Angelegenheiten. Worku, M., Entwicklungstendenzen, S. 141. Die Möglichkeiten der Kommission im Bereich der Individualbeschwerde stehen durch ihren weiten Handlungsspielraum demjenigen eines quasi-gerichtlichen Organs gleich.

[1279] In heutiger Zeit werden die meisten Beschwerden durch NGOs in Vertretung von Individuen eingereicht. Vgl. Ankumah, E., The African Commission, S. 52, Fn. 144.

[1280] Das Individuum hat nur dann auch eine Klagemöglichkeit, wenn von dem betreffenden Staat eine entsprechende Unterwerfungserklärung abgegeben wurde, Art. 34 (6) i.V.m. Art. 5 (3) *Protocol on Establishment of an African Court.* Wittinger, M. Die drei regionalen Menschenrechtsysteme, S. 410 f.

[1281] Eine Beschwerde kann gemäß Art. 58 AfrCh auch auf den Fall einer ernsthaften oder massiven Verletzung der Menschenrechte gestützt werden [Art. 58 (1) AfrCh]. Dieser Weg, der eine detaillierte Untersuchung durch die Kommission und ihren endgültigen Bericht nach sich zieht, scheint für die Behandlung individueller Beschwerden ausgeschlossen zu sein, da nur Fälle zugelassen sind, die auf eine Häufung von schwerwiegenden Verletzungen der Menschenrechte hindeuten. In der Praxis hat die AfrKMRV diese Bestimmung aber interpretierend fortentwickelt und Menschenrechtsverletzungen im allg. als schwerwiegend angesehen, so dass auch Individualbeschwerden diese Anforderungen erfüllen können. Benedek, W., Durchsetzung, S. 162.

[1282] Dazu zählt u.a. dass eine Verletzung der AfrCh-Vorschriften gerügt wird, ihr Autor benannt wird und sie nicht in beleidigender Form abgefasst ist. Ankumah, E., The African Commission, S. 59 f., 61 ff.; Worku, M., Entwicklungstendenzen, S. 141; Murray, R., Decisions by the African Commission, S. 418 ff.; Odinkalu/ Christensen, The African Commission, S. 249; Benedek, W., Durchsetzung, S. 159. Die Zulässigkeitsentscheidung hat die Kommission mit absoluter Mehrheit vorzunehmen. Worku, M., a.a.O., S. 143. Ist die Beschwerde unklar oder unvollständig fordert die Kommission eine Klärung innerhalb einer angemessenen Frist [vgl. 104 (2) *Rules of Procedure*].

ersten Anschein möglich sein. Sie muss gegen einen Staat gerichtet sein, der Mitglied der Afrika Charta ist.[1283] Aufgrund der Tatsache, dass der Beschwerdeführer nicht als „*victim*" benannt ist, können Beschwerden auch von Individuen derjenigen Staaten eingelegt werden, die nicht Mitglieder der Afrika Charta sind.[1284] Weiter darf die Beschwerde nicht ausschließlich auf Fakten gestützt sein, die in den Massenmedien verbreitet werden [vgl. Art. 56 (4) AfrCh]. Schließlich müssen vor Einlegung der Beschwerde alle nationalen Rechtsmittel erschöpft worden sein [Art. 56 (5) AfrCh], was der Beschwerdeführer zu beweisen hat.[1285] Aus der Formulierung „*if any*" in Art. 56 (5) AfrCh folgt, dass nur solche Rechtsmittel heranzuziehen sind, die tatsächlich verfügbar, angemessen und effektiv sind.[1286] Entbehrlich ist die Ausschöpfung, wenn die Rechtsmittel offensichtlich unter den Umständen nicht ausreichend sind.[1287]

Gemäß Art. 56 (6) AfrCh muss eine Beschwerde „within a reasonable period from the time local remedies are exhausted or from the date the Commission is seized of the matter" eingelegt werden.[1288] Die Afrikanische Kommission, der die Bestimmung einer „reasonable time" obliegt,[1289] hat diese Zeitspanne noch nicht interpretiert. Bedenkt man jedoch die geringe Sichtweite der afrikanischen Charta im Vergleich zur amerikanischen und europäischen, sind die dort geforderten sechs Monate nach der letzten Entscheidung[1290] wohl nicht entsprechend anzuwenden.[1291] Weiter bestimmt die Afrika Charta in Art. 56 (7), dass die Kommission keinen Fall annehmen kann, der durch die Staaten gemäß der Vorschriften der AEMR, OAU-Charta oder Afrika Charta bereits ausgetragen wurde, da ein Staat nicht zweimal für dieselbe Verletzung vor Gericht gezogen werden soll, die sogenannte ne bis in idem Regel.[1292] Nach Bejahung der Zulässigkeit prüft die Kommission das Vorliegen der behaupteten Rechtsverletzung,

---

[1283] Selbst wenn ein Individuum Akteur ist, der Staat aber an der Verletzung des Individuums beteiligt ist oder es versäumt hat seiner Unterbindungsmöglichkeiten der Verletzungshandlung nachzukommen, wird ihm das Handeln für das agierende Organ zugerechnet. Viljoen, F., Admissibility, S. 74.

[1284] Damit können sogar diejenigen gegen eine nationale Praxis Beschwerde einlegen, die nicht unmittelbar von dieser betroffen sind. Viljoen, F., Admissibility, S. 76; Odinkalu/Christensen, The African Commission, S. 250 f.

[1285] Odinkalu/Christensen, The African Commission, S. 256 ff. Dieses Prinzip des internationalen Rechts entspringt aus dem Grundsatz, dass es erforderlich ist, dem beschuldigten Staat die volle Möglichkeit zu geben, seinen internationalen Rechtspflichten, denen er zugestimmt hat, nachzukommen. Amerasinghe, C., Local Remedies in International Law, S. 69 f. Der Regierung soll die Menschenrechtsverletzung bekannt sein, um sie beseitigen zu können, bevor sie vor ein internationales Organ zitiert wird. Gye-Wado, O., The Rule, S. 749.

[1286] Viljoen, F., Admissibility, S. 85. Kann der Verletzerstaat darlegen, dass es weitere Rechtsmittel gegeben hätte, obliegt es wiederum dem Beschwerdeführer, zu beweisen, dass dieses Rechtsmittel unter den gegebenen Umständen unzugänglich oder seine Durchführung nicht effektiv gewesen wäre oder dass eine sonstige Ausnahmesituation vorgelegen hätte. Viljoen, F., a.a.O., S. 82. Dabei soll die Prüfung dieser Vorgaben aus der Sicht eines objektiven Dritten vorgenommen werden.

[1287] Heyns, C., Civil and political rights, S. 207 f. Das ist der Fall, wenn es offensichtlich ist, dass das Verfahren in ungebührlicher Weise in die Länge gezogen würde [Art. 56 (5)]. Benedek, W., Durchsetzung, S. 166; Naldi, G., The Organization of African Unity, S. 145. Nach der Praxis der Kommission ist es auch nicht von Nöten den Rechtsweg auszuschöpfen, wenn dem angeblichen Opfer der Zugang zu den innerstaatlichen Gerichten verweigert wurde oder die Gesetze keinen Zugang zu einem legalen Gerichtsverfahren ermöglichen. Da es das Prinzip der Rechtswegerschöpfung ist, den Staaten die Möglichkeit zur Korrektur ihrer internationalen Rechtsverletzungen zu geben, würde es keinen Sinn machen, die Beschwerdeführer an Gerichte zu schicken, deren Prüfungsstandard der Afrika Charta widerspricht. Ankumah, E., The African Commission, S. 68 f. Zu weiteren Ausnahmen Viljoen, F., Admissibility, S. 88 ff.

[1288] Naldi, G., The Organization of African Unity, S. 145.

[1289] Wako, A., Comparison, S. 147.

[1290] Vgl. Art. 35 EMRK: „...innerhalb einer Frist von sechs Monaten nach der endgültigen innerstaatlichen Entscheidung...". Davon werden jedoch Ausnahmen zugelassen, wenn nicht der staatliche Akt, sondern erst seine Folgen zu der Verletzung führen oder wenn der Beschwerdeführer schwer erkrankt oder sehr alt ist. Vgl. *X./. Federal Republic of Germany*, Collection of Decisions of the European Commission on Human Rights, Vol. 2, 1960, S. 1, Appl. 568/59; zitiert bei Ankumah, E., The African Commission, S. 65 f.

[1291] Viljoen, F., Admissibility, S. 92. So auch Benedek, W., Durchsetzung, S. 166, der dies als Vorzug gegenüber dem europäischen System sieht.

[1292] Viljoen, F., Admissibility, S. 93; Ankumah, E., The African Commission, S. 66.

wobei ihr zur Erhaltung der erforderlichen Informationen weite Untersuchungsmöglichkeiten zustehen.[1293] Bei Scheitern einer friedlichen Lösung nach Art. 52 AfrCh bereitet sie einen Bericht an die AU-Versammlung und die beteiligten Staaten vor, der die ermittelten Fakten und ihre Empfehlungen enthält. An eine Entscheidung der Kommission, in deren Rahmen sie auch auf andere international anerkannte Menschenrechtsinstrumente zurückgreift (Art. 60 AfrCh),[1294] müssen sich die nationalen Gerichte nicht zwingend halten, da es sich nicht um eine verbindliche Entscheidung handelt.[1295] Die Durchsetzung der Empfehlungen sieht die Charta für die Kommission nicht vor. Als Sanktionsmöglichkeit steht ihr nur - bei Einverständnis der AU-Staats- und Regierungschefs[1296] - die Veröffentlichung ihrer Entscheidung als Anhang zu ihrem Jahresbericht zur Verfügung.[1297] In dringenden Fällen kann die Kommission ein Notstandsverfahren durchführen, um den betroffenen Staat zu vorläufigen Maßnahmen zu bewegen.[1298]

e) Eigentumsschutz nach Art. 14 AfrCh

Art. 13 (3) AfrCh besagt, dass „*Every individual shall have the right of public property and services in strict equality of all persons before the law.*" In Art. 14 AfrCh wird daneben auch das individuelle Eigentumsrecht gewährt.[1299] Die Einbeziehung des Eigentumsrechts in die Charta wurde von vielen, besonders aufgrund der Komplexität der Besitzverhältnisse der nachkolonialen Gesellschaft in Afrika, als fragwürdiges Recht angesehen.[1300] Das in der AfrCh garantierte Recht auf Eigentum unterscheidet sich jedoch insoweit von Art. 17 AEMR, als es nicht speziell das individuelle Eigentumsrecht schützt, sondern sowohl solches im Besitz nach *Common Law,* wie auch nach Gewohnheitsrecht, so dass es damit im Einklang mit der afrikanischen Tradition steht.[1301]

aa) Eigentumsbegriff und Eingriffsanforderungen

Der Begriff des Eigentums bleibt im Rahmen des Art. 14 AfrCh allerdings undefiniert. Es wird auf „*property*" verwiesen, ohne zu klären, ob dies als das Recht „Eigentum innezuhaben" oder als das „Recht auf Zugang zu Eigentum" verstanden werden soll.[1302] Im Falle, dass eine Einzelperson bereits über die Eigentümerstellung verfügt, ist man sich jedoch einig, dass der Begriff weit interpretiert werden muss und auch die Nutzungs- und Verfügungsbe-

---

[1293] Im Falle der Abweisung als unzulässig, kann eine erneute Zulässigkeitsprüfung erfolgen, wenn der Beschwerdeführer eine Wiederaufnahme des Verfahrens begehrt. Worku, M., Entwicklungstendenzen, S. 143.

[1294] Ankumah, E., The African Commission, S. 74; Wako, A., Comparison, S. 150.

[1295] Benedek, W., Durchsetzung, S. 177.

[1296] Die auch darüber entscheiden, ob die Kommission eine Untersuchung durchführen und im Falle einer schwerwiegenden Verletzung einen „*factual report accompanied by its findings and recommendations*" machen soll. Vgl. Art. 58 (2) AfrCh; Murray, R., Decisions by the African Commission, S. 413.

[1297] Vgl. 108 *Rules of Procedure;* Hanski/ Markku, An Introduction, S. 394. Die Kommission veröffentlicht allerdings mittlerweile (*7th Activity Report* von Juni 1994) den Status und die grundlegenden Informationen bestimmter anhängiger Streitfälle, ihre Ansichten über deren Zulässigkeit und bzgl. einer Menschenrechtsverletzung. Ankumah, E., The African Commission, S. 75; Worku, M., Entwicklungstendenzen, S. 150.

[1298] Dies ist bereits in den Notstandsfällen Sudan und Ruanda geschehen. Vgl. Benedek, W., Durchsetzung, S. 161.

[1299] „Das Recht auf Eigentum ist gewährleistet. In dieses Recht darf nur aus öffentlicher Notwendigkeit oder im allgemeinen Interesse der Gemeinschaft unter Beachtung der einschlägigen gesetzlichen Bestimmungen eingegriffen werden." Vgl. dt. Text in: EuGRZ, 1990 S. 348 ff.

[1300] Oloka-Onyango, J., Beyond the Rhetoric, S. 49 f.

[1301] Motala, Z., Human Rights in Africa, S. 401.

[1302] Interpretiert man Art. 14 AfrCh als individuelles Recht, würde dem Einzelnen ein individueller Anspruch auf landwirtschaftlich günstigen Boden zustehen. Eine andere Begriffsbestimmung würde ergeben, dass die Vorschrift dem Einzelnen nur ein Zugangsrecht gewähren möchte, soweit er dies für seine Bedürfnisse benötigt.

fugnis des Eigentümers umfasst.[1303] Die Charta begrenzt die in ihr gewährten Rechte, zum einen allgemein durch Art. 27 (2) AfrCh im Hinblick auf die Rechte anderer, die allgemeine Sicherheit und Moral, sowie das allgemeine Interesse. Zum anderen enthalten viele Vorschriften ihrerseits eine interne Begrenzung.[1304] Die Eigentumsbefugnis darf nur nach der in Art. 14 AfrCh enthaltenen *clawback clause*, die sich auf die historischen Erfahrungen der Staaten gründet, beeinträchtigt werden.[1305] Die genauen Umstände einer Einschränkungsmöglichkeit des Eigentumsrechts werden dabei allerdings nicht klar dargestellt.[1306] Die Schrankenklausel wird vielmehr sehr weit formuliert, so dass den Regierungen ein relativ frei disponibler Bereich verbleibt. Allerdings müssen für eine solche Einschränkung wiederum legale Zwecke erfüllt sein. Zu den Rechtfertigungsgründen für einen Eingriff in das Eigentumsrecht zählen sowohl das öffentliche Interesse, als auch das Gemeinschaftsinteresse. Letztlich darf daher das Eigentum nicht willkürlich enteignet oder konfisziert werden.[1307]

Effektiven Schutz kann die Schranke des Eigentumsrechts jedoch nur bieten, wenn ihr Verweis auf die „einschlägigen gesetzlichen Bestimmungen" sich nicht nur auf solche des nationalen Gesetzgebers bezieht.[1308] Nach der Interpretation der Kommission ist diese befugt, als anwendbare Prinzipien u.a. auch die VN-Charta und andere von den afrikanischen Staaten im Bereich der Menschenrechte angenommene Konventionen zu nutzen.[1309] Danach kann die Kommission, immer wenn zu prüfen ist, ob sich eine Handlung „*within the law*" befindet, andere außerhalb der AfrCh befindliche Vorschriften internationaler Instrumente heranziehen. Aufgrund des Grundsatzes „*pacta sunt servanda*" ist ein Mitgliedstaat durch die vertragliche Verpflichtung auch an die Einhaltung der dortigen Vorschriften gebunden. Ebenso wie die Kommission zur Interpretation der Schranken eines garantierten Rechts andere internationale Konventionen als Grenze heranziehen kann, besteht auch die Möglichkeit, die dortigen Schranken, wie z.B. Art. 4 ICCPR im Falle des Notstands, interpretierend anzuwenden.[1310] Somit kann sich ein afrikanischer Staat nicht so einfach auf die Erforderlichkeit der Aussetzung der Menschenrechte als Folge einer Notstandssituation berufen, da deren Vorliegen nicht allein nach dem nationalen Recht zu bestimmen ist.

[1303] Vgl. Naldi, G., The Organization of African Unity, S. 126; Dolzer, R., Eigentum, S. 104.

[1304] Heyns, C., Civil and political rights, S. 139 f.

[1305] Ankumah, E., The African Commission, S. 176. Nach Art. 14 AfrCh wird die Garantie dieses Rechts im Einklang mit den Vorschriften entsprechend anwendbarer Gesetze Einschränkungen „*in the interest of public need or in the general interest of the community*..." unterworfen. Vgl. Mbaya, E., African Charter, S. 55; Gittleman, R., The AfrCh, S. 699; Umozurike, O., The AfrCh, S. 906.

[1306] So wird die Möglichkeit der Staatsregierungen quasi alles als „*public need*" zu deklarieren kaum eingeschränkt. Ankumah, E., The African Commission, S. 142; Gittleman, R., The AfrCh, S. 700.

[1307] Ankumah, E., The African Commission, S. 142. Dabei obliegt dem enteignenden Staat die Beweislast, dass solche besonderen Rechtfertigungsgründe für eine Enteignung tatsächlich vorliegen. Lindholt, L., Questioning the Universality, S. 140 f.

[1308] Wie die zimbabwische Verfassung in Art. 25 vorsieht, kann ein Akt des Präsidenten im Falle des Notstands „*derogate from certain provisions of the Declaration of Rights.*" Die Verfassung ermächtigt den Präsidenten insbes. die individuellen Freiheiten der Bürger und bestimmte Grundrechte zu beschränken. Dabei enthält die Verfassung zwar in Art. 31 J nähere Bestimmungen zum Erlass einer Notstandsresolution, eine Definition der „*public emergencies*" oder „*situation...which, if allowed to continue, may lead to a state of public emergency*" wird jedoch nirgends bestimmt. Auch wenn die Notstandserklärung nach Ablauf von 14 Tagen das Einverständnis des Politbüros erfordert, erscheint dies kaum als ausreichende Kontrolle, da der Präsident jederzeit die Möglichkeit hat, dessen Mitglieder zu entlassen. Außerdem sind die Mitglieder Angehörige der vom Präsident abhängigen Partei und sind daher meist sowieso auf dessen Seite. Dieses Beispiel zeigt, dass das nationale Recht als ein ungeeignetes Mittel angesehen werden muss, um die Vorschriften der AfrCh zu kontrollieren.

[1309] So Abs. 4 der Präambel und Art. 60, 61 AfrCh.

[1310] Da Zimbabwe jedenfalls auch Mitglied aller einschlägigen Menschenrechtskonventionen ist, würde es der Kommission obliegen, im Ermessen der Regierung getroffene Notstandsmaßnahmen, welche die Grundrechte der Bürger betreffen, zu überprüfen. Ein Notstand soll daher nach internationalem Standard des ICCPR vorliegen, wenn er die gesamte Nation erfasst und die Fortführung des geregelten Lebens in der Gesellschaft bedroht, sowie, wenn die normalen Beschränkungen für die Erhaltung der öffentlichen Gesundheit, Sicherheit und Ordnung nicht geeignet sind. Gittleman, R., The AfrCh, S. 706.

bb) Zahlung einer Entschädigung

In Art. 14 AfrCh wird eine Entschädigungspflicht nicht ausdrücklich erwähnt.[1311] Dass eine Entschädigungspflicht als allgemeine Gewährung durch die Charta nicht vorgesehen ist, ergibt sich aus der in Art. 21 (1) und (4) AfrCh vorgesehenen freien Verfügbarkeit des Volkes über seine Ressourcen. In Absatz 5 ist die Rede davon, dass dazu alle ausländischen Ausbeutungsformen beseitigt werden sollen. Art 21 (2) sieht dagegen vor, dass im Falle der Plünderung (*spoliation*) den betroffenen Leuten das Recht auf Wiedererlangung ihres Eigentums, ebenso wie auf angemessene Entschädigung zusteht. Aus Art. 21 (3) AfrCh ist zu entnehmen, dass die Verfügung über die eigenen Ressourcen auf der Grundlage der Prinzipien des Völkerrechts zu erfolgen hat, so dass danach ebenfalls die völkerrechtliche Entschädigungspflicht zu beachten ist. Eine Entschädigung ist auch in anderen Pakten – mit Ausnahme von Art. 21 AMRK[1312] – nicht enthalten und wird dennoch als Voraussetzung der zulässigen Enteignung gefordert. Die Kommission müsste daher bei der Auslegung von Art. 14 AfrCh und seiner Schrankenklausel auch auf andere internationale Menschenrechtspakte zurückgreifen. In Betracht kommen hierfür Art. 1 des 1. ZP zur EMRK und Art. 21 AMRK. Insofern könnte bei einer extensiven Auslegung der Charta eine völkergewohnheitsrechtliche Regel, wonach nur unter Einbeziehung einer Entschädigung enteignet werden darf, auch hier zur Anwendung kommen. Was dabei unter einer angemessenen Entschädigung zu verstehen ist, bleibt jedoch für Diskussion und Verhandlung offen.

Exkurs: Art. 1 des 1. ZP zur EMRK

Da es nach der hier vertretenen Ansicht zur Auslegung des Art. 14 AfrCh der Heranziehung anderer internationaler Eigentumsbestimmungen bedarf, wird hier stellvertretend der Eigentumsschutz nach Art. 1 des 1. ZP zur EMRK i.V.m. dem Diskriminierungsverbot des Art. 14 EMRK dargestellt.[1313] Als eigenständig entwickelter Eigentumsbegriff unterfallen ihm nur bereits bestehende Eigentumspositionen, sowie die Benutzung des Eigentums und die freie Verfügbarkeit über die eigenen Güter.[1314] Für die Anwendbarkeit des Art. 1 des 1. ZP zur EMRK ist ein Eingriff unmittelbar durch einen Akt der öffentlichen Gewalt in das Eigentum erforderlich. Nach der europäischen Rechtsprechung liegt eine Enteignung vor, wenn entweder eine Übertragung des Eigentumsrechts stattgefunden hat oder die grundsätzliche Möglichkeit beschränkt wurde, das Eigentum zu vermieten, zu verkaufen oder sonst wie zu nutzen.[1315] Damit solche Enteignungsmaßnahmen keine Verletzung der Eigentumsgarantie der EMRK darstellen, müssen sie gewissen Rechtmäßigkeitsanforderungen genügen. Aufgrund des Verweises auf das allgemeine Völkerrecht bedarf es hierfür zunächst des Vorliegens eines öffentlichen Interesses, damit die Maßnahme sozialstaatlichen

---

[1311] Mbaya, E., African Charter, S. 55; Graf, M., Die Afrikanische Menschenrechtscharta, S. 37.

[1312] Danach hat jeder Enteignete das Recht auf eine Entschädigung, dessen Eigentum „*for reasons of public utility or social interest*" enteignet wurde.

[1313] Wie die AEMR wurde auch die EMRK ohne eine Bestimmung über den Eigentumsschutz am 04.11.1950 in Rom unterzeichnet und man einigte sich auf den Entwurf eines Zusatzprotokolls, das am 20.03.1952 in Paris unterzeichnet wurde. Geändert wurde dieses durch Prot. Nr. 11 vom 11.5.1994, das seit 01.11.1998 in Kraft ist. Nach diesem ist nunmehr der Gerichtshof als einziges Kontrollorgan für Staaten- und Individualbeschwerden zuständig. Das Individuum kann damit als Partei selbst direkt den Gerichtshof anrufen, ohne dass es eines Kommissionsverfahrens, wie nach dem Zusatzprotokoll Nr. 9, bedarf. Weiter ist die Individualbeschwerde jetzt gegenüber allen Mitgliedstaaten automatisch zulässig (Art. 33, 34 EMRK).

[1314] Vgl. zu den einzelnen eigentumswerten Positionen Brandt, S., Eigentumsschutz, S. 108 ff.

[1315] EGMR, *Mellacher et autres*, in: EHRR, Vol. 169, 1990, S. 37 ff. Die Nationalisierung wird als die generelle, strukturändernde Maßnahme verstanden. Zur Abgrenzung vgl. Brandt, S., Eigentumsschutz, S. 123 ff.

Erwägungen entspricht. Da dafür im Wesentlichen die innerstaatlichen Ziele maßgeblich sind, können auch umfangreiche Nationalisierungen rechtmäßig sein, sofern sie nach der jeweiligen nationalen Rechtsordnung dem öffentlichen Wohl dienen. Als weitere Rechtmäßigkeitsvoraussetzung sieht Art. 1 1. ZP zur EMRK vor, dass eine Eigentumsentziehung nur bei Gesetzmäßigkeit des Eingriffs erfolgen darf, was die Existenz von zugänglichen und hinreichend bestimmten nationalen Gesetzen erfordert. Dabei umfasst der Begriff des Gesetzes sowohl geschriebenes, wie auch ungeschriebenes Recht.[1316]

Neben dem Verbot einer Diskriminierung fordern die allgemeinen Grundsätze des Völkerrechts – unstreitig für das europäische Völkerrecht – eine prompte, effektive und angemessene Entschädigung nach der Hull-Formel.[1317] Aus dem Prinzip von Treu und Glauben und dem Vertrauensschutz folgt die Verpflichtung zur vollen Entschädigungsleistung, die ihre Grenze in der wirtschaftlichen Leistungsfähigkeit des enteignenden Staates finden soll.[1318] Dabei ist der Grundsatz der Verhältnismäßigkeit, der zu einem gerechten Gleichgewicht zwischen den Interessen der Gemeinschaft und dem Individualinteresse führen muss, eine weitere elementare Voraussetzung.[1319] Den Mitgliedstaaten wird bei dieser Abwägung ein weiter Ermessensspielraum zugestanden.[1320]

Der EuGH bezieht den Verweis in Art. Art. 1 (1) ZP zur EMRK auf die allgemeinen Grundsätze des Völkerrechts nur auf die Enteignung von Ausländern. Bei der Enteignung eigener Staatsangehöriger leitet der Gerichtshof jedoch einen grundsätzlichen Anspruch auf Entschädigung aus dem Verhältnismäßigkeitsprinzip ab, das nach europäischer Rechtsauffassung von jeder staatlichen Gewalt zu beachten ist. Weiterhin dient als Argumentation, dass eine entschädigungslose Enteignung in der Regel ein Sonderopfer darstellen würde, welches dem von der EMRK bezweckten Schutz zuwiderliefe.[1321]

\- Exkurs Ende -

Für einen Anspruch des Enteigneten auf eine Entschädigung nach der AfrCh spricht die Tatsache, dass nach Sinn und Zweck der Vorschrift das Eigentum geschützt werden soll, was in Satz 2 des Art. 14 AfrCh zum Ausdruck kommt. Dies kann in effektiver Weise allerdings nur geschehen, wenn im Fall der Enteignung dem betroffenen Bürger eine Entschädigung zugesprochen wird. Im Grundsatz lässt Art. 14 AfrCh den Vorrang der Interessen des Eigentümers als unantastbaren Kern gegenüber der Gemeinschaft erkennen, so dass ein totaler Entzug ohne jegliche Kompensation nicht als zulässig angesehen werden kann.[1322]

f) Diskriminierungsverbot nach Art. 2 AfrCh

Art. 2 AfrCh spiegelt Art. 2 des ICCPR fast wortgenau wider, so dass auf die dortigen Ausführungen verwiesen wird. Auffällig ist die große Bedeutung des Rechts auf Nichtdiskriminierung, welches noch vor dem Recht auf Le-

---

[1316] Brandt, S., Eigentumsschutz, S. 134.

[1317] Seidl-Hohenveldern/ Stein, Völkerrecht, Rn. 1606; Verdross/ Simma, Universelles Völkerrecht, § 1216.

[1318] Dolzer, R., Eigentum, S. 289, 294.

[1319] Bei der Abwägung zwischen dem schutzwürdigen Vertrauen des Einzelnen am Bestand seines rechtmäßig erworbenen Eigentums und dem öffentlichen Interesse, muss das Individualinteresse um so schwerer wiegen, je verfestigter es durch eine bestehende Rechtslage oder behördliche Zusage ist. Vgl. bei Brandt, S., Eigentumsschutz, S. 152.

[1320] Die Angemessenheit der Entschädigung kann jedoch vom Gerichtshof im Einzelfall überprüft werden. Vgl. Bernhardt, R., Einwirkungen der EMRK, S. 69.

[1321] Vgl. Herdegen, M., Internationales Wirtschaftsrecht, S. 193; Brandt, S., Eigentumsschutz, S. 67.

[1322] Dolzer, R., Eigentum, S. 105; Nmehielle, V., The African Human Rights System, S. 120.

ben aufgeführt wird. Der Schutzumfang ist sehr weit gehalten, da Unterscheidungen jeglicher Art verboten sind, wie auch im allgemeinen Diskriminierungsverbot des Art. 2 AEMR. Auch Art. 3, sowie Art. 12 (4) und (5) im Zusammenhang mit der Vertreibung von Ausländern verweisen auf das Diskriminierungsverbot.[1323]

g) Zusammenfassung

Die AfrCh ist ein Vertragswerk mit einem umfassenden Menschenrechtskatalog. Die Chancen, die ein völkerrechtlich bindender Vertrag, wie die AfrCh zwischen den Vertragsparteien für die Einhaltung und Weiterentwicklung der Menschenrechte bieten kann, wurden aber bisher von der Kommission nicht in dem Umfang wahrgenommen, der notwendig gewesen wäre. Positiv schlägt allerdings zu Buche, dass auch die Menschenrechte der zweiten und dritten Generation als rechtlich durchsetzbare Rechte ausgestaltet sind.[1324] Außerdem ist der Kreis der Beschwerdeführer sehr weit gehalten, indem er statt des „Betroffenen" den Begriff des „Individuums bzw. der Organisation" verwendet.[1325] Bleibt zu hoffen, dass es Afrika nun durch das Gericht für Menschenrechte gelingt, einen Beitrag zu einer internationalen Menschenrechtsrechtssprechung zu leisten, indem es eine ausgeprägte afrikanische Rechtssprechung entwickelt, welche die Gerichte, Anwälte, Politiker und einfachen Leute des Kontinents in ihren Alltagsfällen beeinflusst.[1326]

4. Schutz durch die OAU/ AU

a) Charta der OAU

Am 25.05.1963 wurde von 30 afrikanischen Staaten in Addis Abeba die Charta der Organisation für eine afrikanische Einheit, d.h. ein Bündnis afrikanischer Staaten für eine innerafrikanische Zusammenarbeit in Politik, Wirtschaft, Kultur und Wissenschaft, unterzeichnet.[1327] Mit der Gründung dieser zwischenstaatlichen Organisation,[1328] der bis heute weitere 22 politisch unabhängige afrikanische Staaten und eine Befreiungsbewegung[1329] beigetreten sind, begann in dem von den Kolonialregime gebeutelten afrikanischen Kontinent eine neue Ära im Kampf um die Menschenrechte. Die Charta der OAU ist ein verbindlicher völkerrechtlicher Vertrag, der sich aus der Präambel und 33 unmittelbar wirkenden Artikeln zusammensetzt.[1330]

[1323] Heyns, C., Civil and political rights, S. 145.
[1324] Naldi, G., The Organization of African Unity, S. 127-138; Umozurike, O., The African Charter, S. 46 ff., 51 ff.; D'Sa, R, The AfrCh, S. 113-115, 116-122; Okere, O., The Protection of Human Rights, S. 148.
[1325] Naldi, G., The Organization of African Unity, S. 151; Benedek, W., The African Charter, S. 27 f.; Umozurike, O., The protection of Human Rights, S. 78; D'Sa, R, The AfrCh, S. 116.
[1326] Kufuor, K., Safeguarding Human Rights, S. 252-263.
[1327] Text abgedruckt in: ILM, Vol. 2, 1963, S. 766 ff. Zimbabwe trat am 18.06.1980 – nach Erlangung seiner Unabhängigkeit – der OAU bei. Vgl. Amate, C., Inside the OAU, S. 585.
[1328] Zur Diskussion über ihre Völkerrechtsfähigkeit vgl. Kunig, P., Das völkerrechtliche Nichteinmischungsprinzip, S. 81 ff.; bejaht von Akwensioge, M., Die OAU, S. 149.
[1329] Die „*Frente Popular para la Liberacion de Saguia el-Hamra y Rio de Oro*" (POLISARIO) in der West-Sahara ist seit dem Jahr 1984 Mitglied der OAU.
[1330] Akwensioge, M., Die OAU, S. 100.

aa) Aufgabe und Ziele

In der Präambel und in Art. II (1) (e) bezieht sich die OAU-Charta auf die Charta der Vereinten Nationen und auf die AEMR, welche im Zuge der internationalen Zusammenarbeit angemessen berücksichtigt werden sollen [vgl. Art. II (1) (e) OAU-Charta].[1331] Die ursprüngliche Aufgabe der OAU war die Verteidigung der Souveränität und die Ausrottung des Kolonialismus und Rassismus in Afrika (Art. II und III der OAU-Charta).[1332] So ist vielleicht auch zu verstehen, warum die OAU manchmal etwas nachlässig ist, ihre Staatsoberhäupter wegen der Verletzung der Menschenrechte zu kritisieren und das Nichteinmischungsprinzip oft benutzt wurde, um die Verletzung anderer Menschenrechte zu decken.[1333] Der Versammlung (*Assembly of Heads of States and Governments*), als eines der vier Hauptorgane der OAU, steht zur Durchführung ihrer Aufgaben gemäß Art. X, VIII die Verabschiedung sogenannter „Resolutionen" und das Treffen von Entscheidungen bezüglich jeder politischen Frage Afrikas zu.[1334] Erst im Jahre 1979 – mit dem Ende des Bokassa- Regimes und dem Militärputsch in Äquatorialguinea[1335] - fand ein Umdenken in der OAU bezüglich des Menschenrechtsschutzes statt.[1336] Vor diesen Veränderungen setzte die OAU unterschiedliche Maßstäbe bei der Bewertung von Menschenrechtsverletzungen innerhalb[1337] und außerhalb ihrer Mitgliedsländer an (sogenannter *double standard*), was in erheblicher Weise ihre Glaubwürdigkeit beeinträchtigte.

Als eines ihrer wichtigsten Ziele versteht die OAU die Streitbeilegung unter ihren Mitgliedern, die einem dafür spezialisierten Organ, der *Commission of Mediation, Conciliation and Arbitration*, übertragen wurde [vgl. Art. II (1) (e), III (4) OAU-Charta].[1338] In der Versammlung der OAU 1993 wurde ein Mechanismus für die OAU, das *Central Organ for Conflict Prevention, Management and Resolution*, mit dem Ziel verabschiedet, dass diese sich der friedli-

---

[1331] Ankumah, E., The African Commission, S. 4; Bello, E., Human Rights, S. 906.

[1332] Naldi, G., The Organization of African Unity, S. 3 ff. Daher ist auch eines der wichtigsten Prinzipien der OAU die Nichteinmischung in die inneren Angelegenheiten ihrer Mitgliedstaaten. Naldi, G., Future Trends, S. 2; Bello, E., Organization of African Unity, S. 803; Ankumah, E., The African Commission, S. 5; Amate, C., Inside the OAU, S. 211 ff. Mittlerweile wird von ihr jedoch auch anerkannt, dass die Menschenrechte oberhalb des Rechts auf Souveränität anzusiedeln sind. Shaw, M., International Law, S. 202.

[1333] Vgl. Graf, M., Die Afrikanische Menschenrechtscharta, S. 17; Amate, C., Inside the OAU, S. 471 ff. Zwar fanden vereinzelt Versuche statt, Regierungen oder bestimmte Staatsoberhäupter, die Menschenverletzungen in ihrem Land zuließen oder betrieben, von den jährlichen Gipfeltreffen auszuschließen – vgl. zur Kongo-Krise Welch, C., The OAU, S. 403 f.; Akinyemi, B., The Organization of African Unity, S. 398 f. und zum Bürgerkrieg in Nigeria Akinyemi, B., a.a.O., S. 397 f. – im Großen und Ganzen schwieg die OAU jedoch, z.B. zum Massaker der Hutu in Burundi 1972. Vgl. Umozurike, O., The AfrCh, S. 903; Umozuike, O., The Domestic Jurisdiction Clause, S. 198 f., 201. Auf der anderen Seite protestierte die OAU laut gegen die rassistische Politik des weißen Regimes in Rhodesien, Südafrika und Namibia, was ihr den Ruf der Anwendung zweierlei Standards einbrachte. Mahalu, C., Africa and Human Rights, S. 14 f.; Mower, A., Human Rights in Black Africa, S. 39, 64; Welch, C., The OAU, S. 401.

[1334] Eine Rechtsetzungsbefugnis und damit eine Bindung an die getroffenen Entscheidungen der OAU-Versammlung lehnen die Staaten überwiegend ab. Mazzeo/ Mathews, African Regional Organizations, S. 59; Akwensioge, M., Die OAU, S. 111, 140 f. Rechtsverbindliche Resolutionen sollen jedoch durch das Vorliegen eines entsprechenden Staatenverhaltens entstehen können. Kunig, P., Das völkerrechtliche Nichteinmischungsprinzip, S. 112 ff.

[1335] Kodjo, E., Die Afrikanische Charta, S. 307.

[1336] Welch, C., The organisation of African Unity, S. 538; Mathwes, K., The OAU, S. 90; Ojo/ Sesay, The OAU and Human Rights, S. 92 f. In neueren Abkommen – wie dem Abuja Vertrag zur Errichtung einer *African Economic Community* von 1991 – verweisen daher die Mitgliedstaaten der OAU direkt auf die Anerkennung und den Schutz der Menschenrechte im Einklang mit der Afrika Charta. Vgl. Thompson, B., Economic Integration Efforts, S. 746 ff.

[1337] Hier prangerte sie gar keine Menschenrechtsverletzungen an, mit dem Argument, dass sie nicht für die inneren Angelegenheiten des jeweiligen Staates zuständig sei. Vgl. bei Worku, M., Entwicklungstendenzen, S. 39.

[1338] Mazzeo/ Mathwes, African Regional Organizations, S. 66; Naldi, G., The Organization of African Unity, S. 24 f. Damit sollten die Mitgliedstaaten im Falle von Streitigkeiten die genannten drei friedlichen Streitbeilegungssysteme nutzen, wobei jedoch kein obligatorisches Gerichtssystem geschaffen wurde, sondern ein solches, das auf dem Einverständnis der Staaten beruht. Die OAU nimmt für sich auch nicht das Recht in Anspruch, aufbegehrenden Staaten Sanktionen aufzuerlegen. Nur politischer Druck ist möglich. Maluwa, T. International Law, S. 234, 238; Naldi, G., a.a.O., S. 28. 1964 schloss die OAU das *Protocol of the Commission of Mediation and Arbitration of the Organization of African Unity* als regionales Mittel zur friedlichen Beilegung ihrer Streitigkeiten ab. Text in: ILM, Vol. 32, 1993, S. 557 ff.; Akwensioge, M., Die OAU, S. 120 ff.

chen und schnellen Lösung von allen Konflikten in Afrika annehmen konnte.[1339] Als bedeutsame Neuerung[1340] ist dieses Zentralorgan zuständig, sich auch der innerstaatlichen Streitkonflikte auf dem afrikanischen Kontinent anzunehmen, wobei aber solche zwischen den Staaten ausgeklammert sind.[1341] Neben den Aufgaben des *peace-building*, also Maßnahmen der Konfliktlösung nach vergeblichen Versuchen der diplomatischen Konfliktverhütung, ist das *peace-keeping* nur eingeschränkt möglich und Zwangsmaßnahmen sind nur mit Ermächtigung des Sicherheitsrats nach Art. 53 (1) SVN durchführbar.[1342] Wesentlich an der Neuerung ist, dass der OAU nun mit Zustimmung des betroffenen Staates erstmals ein Eingreifen in interne Konflikte eines afrikanischen Staates möglich ist.
Trotz des Beitritts der OAU zu verschiedenen internationalen Verträgen, scheint sie bezüglich der Durchsetzung der Menschenrechte keine starke Position einzunehmen.[1343] Zusätzlich zu dem Fehlschlagen eines effektiven Menschenrechtsschutzes in Afrika, wurde der Kontinent in den letzten Jahren durch eine regelrechte Serie von Bürgerkriegen, internationalen Konflikten, Diktaturen, Wirtschaftskrisen und den Zerfall der Zivilgesellschaft heimgesucht, die noch mehr zur Verschlechterung der menschenrechtlichen Situation beigetragen haben.[1344]

bb) Schutzmechanismus

Trotz des Bezugs der OAU-Charta auf die Menschenrechte, sieht sie keine individuellen Rechte für die afrikanischen Menschen vor.[1345] Die Charta enthält keine Vorschriften zur Verhängung von Sanktionen gegen die Staaten, die nicht die Charta-Regeln einhalten. Auch gibt es in ihr keine Verpflichtung, die Resolutionen der OAU zu respektieren und auszuführen.[1346] Mittlerweile ist allerdings anerkannt, dass die Resolutionen der Generalversammlung, die von Natur aus nur als Empfehlungen gedacht sind, durchaus bindenden Charakter besitzen können.[1347] Da es innerhalb der OAU jedoch kein durchsetzendes Organ gibt, beruht der Erfolg der Resolutionen allein auf dem *Con-*

[1339] Declaration of the Assembly of Heads of State and Government on the Establishment within the OAU of a Mechanism for Conflict Prevention, Management and Resolution, AHG/ Dec. 3 (XXIX), sog. Cairo Declaration, in: AJICL, Vol. 6, 1994, S. 158; Maluwa, T. International Law, S. 249.

[1340] Vgl. zur früheren Streitbeilegung durch die Kommission nach Art. 19 OAU-Charta Hilf, J., Der neue Konfliktregelungsmechanismus, S. 1024 ff.

[1341] Vgl. Ziff. 10 der Deklaration: „... *in the search for speedy and peaceful resolution to all the conflicts in Africa.*" Als Beispiele jüngerer Zeit sind hier Vermittlungsaktivitäten in Ruanda, Burundi, dem Kongo, Somalia und Angola zu nennen. Mit dem neuen Konfliktregelungsmechanismus sollen Konflikte schon im Vorfeld ihrer Entstehung mit Hilfe diplomatischer Mittel verhindert werden und so eine Konfliktverhütung betrieben werden. Vgl. Naldi, G., The Organization of African Unity, S. 33; Hilf, J., Der neue Konfliktregelungsmechanismus, S. 1038 ff.

[1342] Hilf, J., Der neue Konfliktregelungsmechanismus, S. 1028 ff.

[1343] Naldi, G., Future Trends, S. 5.

[1344] Naldi, G., Future Trends, S. 17.

[1345] Worku, M., Entwicklungstendenzen, S. 38.

[1346] Naldi, G., The Organization of African Unity, S. 19. Art. X (2) besagt weder, dass Resolutionen der Generalversammlung Gesetzeskraft, noch dass sie zumind. Empfehlungscharakter haben, der es den Staaten nahe legt sie auszuführen. Was die Resolutionen des *Council of Ministers* angehen, so besagt Art. XIV (2), dass, „*all resolutions shall be determined by a simple majority of the Members of the Council of Ministers.*" Im Prinzip sind die Mitglieder des *Councils* durch diese Resolutionen gebunden. Da das *Council* jedoch der Generalversammlung verantwortlich ist, bedarf es immer noch der Zustimmung der Versammlung der Staatsoberhäupter. Bello, E., Organization of African Unity, S. 807; Maluwa, T., International Law-making, S. 216.

[1347] Als Verkörperung der Staatenpraxis können sie entweder als Beweis für eine bereits existierende oder für eine in der Entwicklung befindliche *opinio iuris* unter den Staaten dienen. Maluwa, T., International Law-making, S. 211 ff. Im Juli 2001 verabschiedete die Versammlung der Regierungs- und Staatsoberhäupter in Lusaka eine Resolution zur Landfrage in Zimbabwe. Indem sie eine Resolution der Außenminister aufhob, die Zimbabwe in seiner Position gegen Großbritannien volle Unterstützung zusagte, legte sie gleichzeitig in gemäßigteren Worten fest, dass es „*reiterated its demand for Britain to honour its colonial obligation to fund the land resettlement programme in Zimbabwe in accordance with the Lancaster House Agreement.*" Sie forderte aber auch Großbritannien auf, den Dialog mit der zimbabwischen Regierung zu suchen, um eine endgültige Lösung der früheren Kolonialzeit zu finden. HRW: Fast Track Land Reform, S. 41.

sensus-Prinzip.[1348] In der Praxis handelt es sich bei der OAU noch immer um eine politische Einheit, deren Hauptanliegen die Nichteinmischung in die inneren Angelegenheiten der Mitgliedstaaten ist.[1349] Ein Eingreifen bei Verletzung individueller Eigentumsrechte ist daher relativ unwahrscheinlich.

b) *Grand Bay Declaration*

Vom 12.-16.04.1999 nahm die OAU's *First Ministerial Conference on Human and Peoples' Rights* in Mauritius die *Grand Bay (Mauritius) Declaration (and Plan of Action)*[1350] im Hinblick auf verbesserte Strategien zur Förderung und zum Schutz der Menschenrechte in Afrika (vgl. Paragraph 3, 7, 9 und 10) an.[1351] Die Deklaration bemüht sich um eine Stärkung der Kommission und fordert ihre Mitglieder auf, alle wichtigen OAU/ AU- und VN-Menschenrechtskonventionen zu ratifizieren.[1352] Obwohl diese Erklärung über keinen bindenden Charakter verfügt, kann sie als maßgebende Interpretation der Bedeutung der Menschenrechte, wie sie in der Afrika Charta enthalten sind, angesehen werden.[1353] Allein durch den Bezug auf die dort verankerten Menschenrechte erfährt das Eigentumsrecht jedoch keinen effektiven Schutz.

c) Charta der *African Union*

Im März 2001 erklärte die OAU die Errichtung eines neuen pan-afrikanischen Organs, der Afrikanischen Union,[1354] welche die OAU inzwischen (Juli 2002) ersetzt hat. Anders als die OAU-Charta enthält diejenige der Union bereits die demokratischen Prinzipien, Gesetzmäßigkeit und den Menschenrechtsschutz [vgl. Art. 3 (g), (h), 4 (g) AU-Charta].[1355] Ein eigener *Court of Justice* ist zuständig für die Anwendung und Interpretation der AU-Charta.[1356] Entscheidungen in Form der Bestimmung (*regulation*) und Richtlinie (*directive*) müssen im offiziellen *Journal* der AU veröffentlicht werden und werden mittlerweile als bindend angesehen.[1357] Daneben kann die AU-Versammlung den Staaten, die den ergangenen Entscheidungen nicht nachkommen, wirtschaftliche und politische Sanktionen auferlegen.[1358] Festzustellen ist, dass Afrika durch die AU ein komplexes System zur Förderung und zum Schutz der Menschenrechte errichtet hat, das die Möglichkeit besitzt, sich zu einem effektiven regionalen System zu entwickeln. Im Wesentlichen entspricht die Charta dem internationalen Standard. Wo dies nicht der Fall ist,

---

[1348] Bello, E., Organization of African Unity, S. 803; Welch, C., The OAU, S. 403.

[1349] Unter diesem Aspekt ist z.B. die „Politik der stillen Diplomatie" des südafrikanischen Staatspräsidenten Mbeki zu verstehen, der sich trotz internationaler Kritik und Aufforderung nicht in den zimbabwischen Konflikt einmischt.

[1350] *Grand Bay Declaration*, CONF/HRA/DECL (I), in: AJICL, Vol. 11, 1999, S. 352; Text bei Evans/Murray, The AfrCh, S. 376 ff.

[1351] Sie bekräftigt das Prinzip, dass „*human rights are universal, indivisible, interdependent and inter-related*" und ruft zur Gleichheit für alle wirtschaftlichen, sozialen und kulturellen, sowie politischen Rechte und Bürgerrechte auf (vgl. Paragraph 1). Sie legt auch „*the interdependence of the principles of good governance, the rule of law, democracy and development*" fest (vgl. Paragraph 3). Der Durchsetzung dieser Prinzipien hat die OAU auf ihrem 35. Generalgipfel in Algier im Juli 1999 durch die Annahme des *Vienna Declaration and Programme of Action* (vgl. Teil I, Paragraph 9) den Weg geebnet.

[1352] Trotz dieser kürzlichen Fortschritte sind die demokratischen Wurzeln in Afrika noch nicht allzu weit verbreitet. Auch für die nationalen Gerichte ist es nicht einfach ihre Neutralität zu bewahren, da schon die Erreichung der Unabhängigkeit der afrikanischen Staaten zumeist unter Bedrohung durch das Militär oder die Exekutive stattfanden. Daher ist die Ausübung von Druck der Exekutive auf die nationalen Gerichte in Afrika alltäglich. Vgl. die Vorgänge in Zimbabwe trotz Art. 26 AfrCh; Ankumah, E., The African Commission, S. 125 f.

[1353] Naldi, G., Future Trends, S. 31.

[1354] Am 26.05.2001 in Kraft getreten, abgedruckt in: AJICL, Vol. 12, 2000, S. 629 ff.

[1355] Eine Demokratieklausel verbietet undemokratische Regierungswechsel, welche die Union durch die Auferlegung von Strafmaßnahmen und die Ausschließung von der Teilnahme an den AU-Treffen durchsetzen kann [vgl. Art. 4 (p), Art. 39 AU-Charta].

[1356] Naldi, G., Future Trends, S. 35.

[1357] Dagegen bleiben Empfehlungen, Deklarationen und Resolutionen empfehlender Natur.

[1358] Vgl. Viljoen/Louw, The Status of the Findings, S. 9.

lässt sich beobachten, dass die Kommission die Vorschriften der Afrika Charta derart interpretiert, dass sie den internationalen Anforderungen genügt. Allerdings ist noch viel zu tun, betrachtet man den oft nicht vorhandenen politischen Willen, zwischenstaatliche Konflikte und fehlende finanzielle Mittel.[1359]

d) AEC-Vertrag

Am 03.06.1991 wurde (von der OAU-Generalversammlung) der AEC-Vertrag angenommen, der am 12.05.1994 in Kraft getreten ist.[1360] Mit ihm sollte die wirtschaftliche, soziale und kulturelle Entwicklung, sowie die Integration Afrikas gefördert werden. Dazu wollte man – ähnlich wie in der EU - eine Handelsliberalisierung und gemeinsame Handelspolitik erzielen, sowie einen freien Handels- und Personenverkehr einführen.[1361] Die Einschaltung ihres eigenen *Court of Justice* ist möglich, wenn ein Mitgliedstaat oder die *Assembly* eine Klage wegen der Verletzung des Vertrags, einer legislativen Maßnahme oder wegen einer Kompetenzüberschreitung einer der AEC-Organe[1362] vorbringt. Bei seiner Entscheidung wendet das Gericht, dessen Hauptprinzip der Schutz der in der AfrCh verankerten Menschenrechte und die Streitbeilegung ist (Art. 3 e, g AEC-Vertrag), primär den AEC-Vertrag an. Dieser verpflichtet die Mitgliedstaaten ihr nationales Recht im Sinne des AEC-Vertrags zu interpretieren und geht den nationalen Rechtsordnungen als höherrangiges Recht vor.[1363] Die Entscheidungen des Gerichts sind für die Mitgliedstaaten bindend und nicht berufungsfähig [Art. 19 und 87 (2) AEC-Vertrag].[1364] Im Fall der Nichtbefolgung eines Urteils kann das Gericht Sanktionen gegenüber dem säumigen Mitgliedstaat auferlegen.[1365] Die Verletzung des AEC-Vertrags durch die Nichtbeachtung des Eigentumsrechts i.S.v. Art. 14 AfrCh könnte damit durch einen anderen afrikanischen Staat oder die *Assembly* gerügt werden.

e) Exkurs: Schutz durch die *Commonwealth-Declaration*

Die *Harare Commonwealth Declaration* von 1991[1366] und die darauffolgende Erweiterung im *Millbrook Commonwealth Action Programm* von 1995 in Neuseeland, schreiben die Prinzipien des *Commonwealth* bezüglich der Menschenrechte und des fairen Regierens fest.[1367] Als Folge der Nichtbeachtung dieser Prinzipien kann der *Commonwealth* die Mitgliedschaft des verletzenden Staates suspendieren.[1368]

[1359] Naldi, G., Future Trends, S. 35.

[1360] Vgl. Treaty Establishing the African Economic Community, in: ILM, Vol. 30, 1991, S. 1241 ff. Voraus ging diesem die Monrovia Declaration of Commitment of the Heads of State and Government of the Organization of African Unity on Guidelines and Measures for National and Collective Self-Reliance in Social and Economic Development for the Establishment of a New International Economic Order, die den Weg zu einer afrikanischen Wirtschaftsgemeinschaft ebnen sollte. Im Lagos Plan of Action von 1980 wurden diese wirtschaftlichen Ziele konkretisiert. Vgl. Naldi, G., The Organization of African Unity, S. 240 f.; Holl, N., OAE, S. 15 f. Zur Errichtung vgl. Senghor, J., The Treaty Establishing the AEC, S. 183 ff.

[1361] Senghor, J., The Treaty Establishing the AEC, S. 187 f.

[1362] Die AEC verfügt über die *Assembly* als das oberste gesetzgebende und kontrollierende Organ, das *Council* für Empfehlungen und bindende Regelungen für Organe und Mitgliedstaaten, das *Parliament*, das *Secretariat*, die *Commission*, die Politik und Wirtschaftsstrategien vorbereitet und schließlich den *Court of Justice*, der über die Einhaltung des AEC-Vertrags wacht.

[1363] Naldi, G., The Organization of African Unity, S. 249.

[1364] Senghor, J., The Treaty Establishing the AEC, S. 189.

[1365] Naldi, G., The Organization of African Unity, S. 245 ff.

[1366] Diese basiert auf der Deklaration der *Commonwealth*-Prinzipien, wie sie 1971 in Singapur formuliert worden sind. Siehe dazu Commonwealth Law Bulletin, Vol 18, 1992, S. 347 Nr. 4.

[1367] HRF, Complying with the Abuja Agreement; AI, Appeal to the EU, Oktober 2001. Alle *Commonwealth*-Mitglieder sind danach an die folgenden Standards gebunden: Schutz und Förderung der fundamentalen politischen Werte des *Commonwealth*; Demokratie, Gesetz und

5. Zwischenergebnis: Eigentumsgarantie als regional geltendes Menschenrecht

Es ist noch immer eine Diskussionsfrage, inwieweit internationale Menschenrechtskonventionen zur Entstehung von Völkergewohnheitsrecht dergestalt beigetragen haben, dass den verankerten Menschenrechten weltweite Bindung zuzusprechen ist. V.a. amerikanische Rechtsgelehrte bejahen dies,[1369] während dies von anderer Seite vehement bestritten wird.[1370] Feststehen dürfte, dass zumindest einigen wesentlichen Menschenrechten internationale Bedeutung zukommt, so dass schwerwiegende Menschenrechtsverletzungen entgegen Art. 2 (1) SVN nicht der Jurisdiktion der internationalen Gemeinschaft entzogen sind. Dies hat dazu geführt, dass sich einige „*basic rights of the human person*" (wie Schutz vor Sklaverei, Rassendiskriminierung oder Genozide) zu Verpflichtungen *erga omnes* entwickelt haben.[1371]

Fraglich ist jedoch, ob das Recht auf Eigentumsschutz eine gewohnheitsrechtliche Norm des internationalen Menschenrechtsschutzes darstellt, obwohl es in den *Covenants* nicht verankert wurde. Aufgrund der expliziten Ausgestaltung des Eigentumsrechts in den wichtigsten Menschenrechtskonventionen, wie Art. 17 AEMR, Art. 5 (d) v ICERD, Art. 1 des 1. ZP zur EMRK, Art. 21 AMRK und Art. 14 AfrCh, fällt es schwer nicht von seiner universellen Anerkennung auszugehen.[1372] Diese Kodifikationen spiegeln die internationale Ansicht hinsichtlich der Menschenrechte wider, wie sie im gegenwärtigen Völkerrecht anerkannt sind. Obwohl gemäß des internationalen Völkergewohnheitsrechts bezüglich der Behandlung von Ausländern ihr unbewegliches Eigentum (*real property*) oft beschränkt oder sogar verboten wurde, war das Recht Privateigentum zu erwerben, zu besitzen oder sich dessen zu entledigen durchwegs geachtet.[1373] Darüber hinaus besagt Art. 1 (2) (b) von García-Amador's Entwurf ausdrücklich, dass „*the right to own property*" ein wesentliches Menschenrecht darstellt.[1374] Dagegen spricht jedoch, dass die AEMR kein bindendes Menschenrechtsinstrument darstellt.[1375] Problematisch bleibt auch, wo die Grenze des

---

Unabhängigkeit der Justiz, allgemeine Menschenrechte, einschließlich gleicher Rechte und Möglichkeiten für alle Bürger unabhängig von Rasse, Hautfarbe, Glaube oder politischer Ansichten.

1368 Vgl. z.B. die Suspendierung Nigerias aufgrund seiner Menschenrechtsverletzungen 1995, in: Magliveras, K., Exclusion from Participation, S. 188-192. Für Zimbabwe geschah dies bereits im April 2002. Vgl. BMZ-Länderstudie, 2002, S. 9. Zur Möglichkeit stehen auch der Ausschluss von der Teilnahme in allen *Commonwealth*-Ministertreffen, und bi- und multilaterale Maßnahmen, v.a. im Rahmen des diplomatischen Kontakts und der Handelsbeziehungen. Diese Sanktionen stellen zwar mehr einen symbolischen Akt dar, sollen aber für das betroffene Land auch zu internationalen Schwierigkeiten führen, z.B. bei der Geldbeschaffung auf den Finanzmärkten. Vgl. Zeeb, H., Zur Position des *Commonwealth* gegenüber Zimbabwe, in: Zimbabwe Netzwerk Rundbrief, Nr. 42, Mai 2002, S. 11.

1369 Vgl. American Law Institute, Restatement third, S. 702.

1370 Vgl. bei Simma/ Alston, Sources of Human Rights Law, S. 92 f.

1371 Vgl. den Wortlaut im Barcelona-Traction Fall, in: ILR, Vol. 46, S. 1 ff.; Schwebel, S., The Treatment of Human Rights, S. 327 ff. Solche fundamentalen Menschenrechte werden sogar als *ius cogens* betrachtet. Vgl. Malanczuk, P., Modern Introduction, S. 220.

1372 Vgl. zur Begründung eines Menschenrechts auf Eigentum Dicke, K., Zur Begründung, S. 361 ff.

1373 Borchard, E., The Diplomatic Protection, S. 88. Sobald ein Ausländer rechtmäßiges Eigentum erworben hatte, waren die Staaten verpflichtet dieses zu respektieren. Auch das gegenwärtige internationale Recht fordert als Minimum zumind., dass Ausländern nicht willkürlich ihr Eigentum entzogen wird und sie im Fall der Enteignung eine angemessene Entschädigung erhalten. Lillich, R., Duties of States, S. 407; siehe oben Teil 2, A III.

1374 Art. 9 sieht detaillierte Vorkehrungen gegen eine willkürliche Enteignungsmaßnahme vor: „1. The State is responsible if it expropriates property of an alien and the expropriation is not in conformity with the provisions of the municipal law in force at the time when the property in question was acquired by the owner concerned. 2. In the case of nationalization or expropriation measures which are of a general nature and which are not directed against a particular person or against particular persons, the State is responsible if the measures are not taken on grounds of public interest, if they involve discrimination between nationals and aliens to the detriment of the latter in the matter of compensation for the property in question, or if unjustified irregularities which are prejudicial to aliens are committed in the interpretation or application of the said measures." García-Amador's sixth report, in: YILC, Vol. 2, 1961, S. 47.

1375 Alle Versuche, Art. 17 AEMR als bindende Verpflichtung in den beiden Pakten zu verankern, scheiterten an der Diskussion über die Festsetzung des Eigentumsrechts als Menschenrecht gegenüber der Festsetzung der permanenten Souveränität als staatlicher Verpflichtung. Higgins, R., The Taking of Property, S. 356. Während dem privaten Eigentum in früherer Zeit eine viel größere Bedeutung zukam, trat in den 60-70er Jahren zunehmend der Gedanke von einem Sozialsystem auf, was zu Beschränkungen des individuellen Eigentumsrechts zu Gunsten des öf-

Schutzes nach allgemeiner Ansicht zu ziehen ist, da in jeder Konvention das Eigentumslimit anders gezogen wird. Die AMRK und das 1. ZP der EMRK unterscheiden zwischen „*control of the use of property*" und „*outright expropriation.*"[1376] Die AEMR scheint nur den Eigentumsentzug im Sinne einer Enteignung als Grenze zu ziehen. Die AfrCh, die ebenfalls keine Unterscheidung zwischen Kontrolle und Entzug trifft, bestimmt, dass „ein Eingriff ... nur im öffentlichen Interesse oder im Interesse des Gemeinwohls zulässig ist und ... mit den Vorschriften der Enteignungsgesetze übereinstimmen" muss. Im Rahmen des Eigentumsentzugs fordert die AMRK eine „*just compensation*" und „*reasons of public utility or social interest.*" Während die EMRK in Art. 1 ihres ZP das Eigentum als Menschenrecht schützt und nur unter den Grundsätzen der Beachtung des internationalen Völkerrechts eine Beschränkung zulässt,[1377] erlauben Art. 21 AMRK[1378] und 14 AfrCh[1379] Einschränkungen der Eigentumsgarantie dem Wortlaut nach schon bei Übereinstimmung mit den nationalen Enteignungsgesetzen.[1380]

Der Schutz des Privateigentums fällt damit qualitativ hinter den Schutz der *erga omnes* Menschenrechte zurück. Als Menschenrecht befindet er sich immer noch in einem sehr rudimentären Stadium. Als Ergebnis lässt sich eine universelle Akzeptanz dergestalt feststellen, dass das Eigentum durch den Staat kontrolliert werden kann, wenn dies durch das öffentliche Interesse gerechtfertigt ist. Im Fall einer Enteignung ist eine angemessene Entschädigung zu zahlen und das Diskriminierungsgebot zu beachten. Obwohl damit die Mehrzahl der nationalen Rechtsordnungen den Eigentumsschutz gewährleistet, ist es jedoch nicht gelungen, ihn auch inhaltlich befriedigend als Menschenrecht in das allgemeine Völkerrecht einzuführen. Dagegen können regionale Menschenrechtssysteme als Grundlage eines völkerrechtlichen Eigentumsschutzes herangezogen werden.

C. BILATERALE SCHUTZABKOMMEN INSBESONDERE AM BEISPIEL DES DEUTSCH-ZIMBABWISCHEN INVESTITIONSSCHUTZVERTRAGS

In ihrem „*World Investment Report*" von 1996 schätzte die UNCTAD, dass die Gesamtsumme der weltweiten ausländischen Investitionen alleine im Jahr 1995 etwa 200 Billionen US-$ betrugen, wobei die Mehrzahl zwischen den drei Haupthandelsblöcken USA, EU und Japan stattfanden.[1381] Viele Staaten nutzen ihre nationale Gesetzgebung, um ausländische Investoren anzuziehen, wobei sie diesen entweder begünstigende Bedingungen (wie Steuervorteile) einräumen oder benachteiligende (wie Limitierung der Aktienanteile, die ein Ausländer kaufen kann) ausräumen. Zusätzlich versuchen manche Staaten aber auch die Investitionen ihrer Staatsangehörigen in dritte Staaten zu beein-

---

fentlichen Interesses führte. Vgl. Schabas, W., The Omission, S. 136. Das Fehlen eines expliziten Eigentumsschutzes wurde mit den ideologisch unterschiedlichen Auffassungen der Westmächte und der Sowjetunion zu erklären versucht, die über die Schranken eines allgemein anerkannten Eigentumsrechts keine Einigung erzielen konnten. Schabas, W., a.a.O., S. 158.

[1376] Die AMRK bestimmt in Art. 21 (1), dass „*The law may subordinate such use and enjoyment to the interest of society.*" Art. 1 (1) des 1. ZP zur EMRK sieht zur Eigentumskontrolle vor: "„Die vorstehenden Bedingungen beeinträchtigen jedoch in keiner Weise das Recht des Staates, diejenigen Gesetze anzuwenden, die er für die Regelung der Benutzung des Eigentums im Einklang mit dem Allgemeininteresse oder zur Sicherung der Zahlung der Steuern oder sonstigen Abgaben oder von Geldstrafen für erforderlich hält."

[1377] Im 1. ZP der EMRK heißt es, dass eine Enteignung nur erfolgen darf, wenn „das öffentliche Interesse es verlangt, und nur unter den durch Gesetz und durch die allgemeinen Grundsätze des Völkerrechts vorgesehenen Bedingungen." Der expliziten Erwähnung einer angemessenen Entschädigung hat der EMRG mittels seiner Rechtsprechung Rechnung getragen. Vgl. Schabas, W., The Omission, S. 170.

[1378] Art. 21 (2): „No one shall be deprived of his property except upon payment of just compensation, for reasons of public utility or social interest, and in the cases and according to the forms established by law...".

[1379] Art. 14 AfrCh: „In dieses Recht (auf Eigentum; von der Verfasserin ergänzt) darf nur aus öffentlicher Notwendigkeit oder im allgemeinen Interesse der Gemeinschaft unter Beachtung der einschlägigen gesetzlichen Bestimmungen eingegriffen werden."

[1380] Higgins, R., The Taking of Property, S. 375.

[1381] World Investment report 1996, S. 14.

flussen. So erlaubt zum Beispiel § 22 des deutschen Außenwirtschaftsgesetzes, die Reduzierung des Exports von Fonds im Privatbesitz, wobei die *Hermes Export Credit Guarantees* die möglichen Investoren zu mobilisieren versuchen. Während früher noch die traditionellen Verträge über Freundschaft, Handel und Schifffahrt Bestimmungen zum Schutze von Kapitalanlagen enthielten,[1382] hat sich seit einigen Jahrzehnten ein spezieller vertraglicher Investitionsschutz herausgebildet, der über ein höheres Maß an Konturenschärfe verfügt. Insbesondere die Bundesrepublik Deutschland hat ein weitreichendes Netz solcher bilateraler Abkommen mit Entwicklungsländern und anderen Staaten geschaffen, deren Grundlage ein Mustervertrag bildet.[1383] In den Abkommen verspricht der Staat in der Regel, das Vermögen der Staatsangehörigen des anderen Staates nur gegen angemessene Entschädigung zu enteignen und erteilte Konzessionen[1384] nicht zu entziehen.

I. Historische Entwicklung eines Investitionsschutzes

Auslandsinvestitionen (*Direct Foreign Investments*, DFI) lassen sich in zwei Formen unterscheiden: Direktinvestitionen und Portofolioinvestitionen.[1385] Die ausländischen Direktinvestitionen beinhalten den unmittelbaren Transfer von Gegenständen, Kapital oder *Know-how* in den Gaststaat mit der Maßgabe, direkt oder indirekt an dem wirtschaftlichem Erfolg der Tätigkeit von Unternehmern durch Ausübung von Kontrolle teilzuhaben.[1386] Hauptakteure und Risikonehmer sind ausschließlich private Unternehmer, v.a. multinationale Unternehmen, nicht aber Kapitalanleger der öffentlichen Hand.[1387] Auf der anderen Seite stehen die Portofolioinvestitionen, die in der Regel über den Kapitalmarkt getätigt werden,[1388] aber nicht Gegenstand der Arbeit sein sollen.[1389]

Die Entwicklung und Bedeutung der Auslandsinvestitionen begann im Zuge der „industriellen Revolution" Mitte des 19. Jahrhunderts, da diese die Erschließung neuer Rohstoffquellen und Absatzmärkte ermöglichte. Zunächst waren die europäischen Industriestaaten führend. Bald kamen auch die USA dazu, v.a. nach den beiden Weltkriegen, als die Europäer schwere Verluste erlitten hatten.[1390] Erst mit den 50er Jahren begannen Unternehmen der In-

---

[1382] Als klassischer Typ eines Wirtschaftsvertrags, sah ein solcher im Allgemeinen eine nichtdiskriminierende Behandlung sowohl der Angehörigen des jeweils anderen Staates, als auch deren Eigentums vor. Vgl. Herrmann, G., Commercial Treaties, S. 681.

[1383] Abgedruckt in: Handbuch für Internationale Zusammenarbeit, Teil II A 65, 2 (Stand 1972).

[1384] Darunter versteht man eine Vereinbarung zwischen einem Hoheitsträger und einem Investor, die es letzterem erlaubt gegen Zahlung i.d.R. erfolgsbezogener Abgaben, ein bestimmtes Investitionsprojekt gemäß einem Investitionsplan in einem bestimmten Gebiet auf bestimmte Zeit durchzuführen. Heute existieren daneben *Joint Venture*, d.h. Zusammenschlüsse zum vertraglich gesetzten Ziel, gemeinsam ein Unternehmen bei Gewinn- und Verlustteilung zu führen, sowie Dienstleistungsverträge durch Aufkaufen von Technologie und Managementwissen. Schanze, E., Investitionsverträge, S. 62 ff.

[1385] Gramlich, L., Rechtsgestalt, S. 125 ff.

[1386] Sornarajah, M., The International Law, S. 4. So ähnlich auch bei Salow, J., Bundesgarantien, S. 5 f.; Rindler, H., Der Schutz, S. 5; Luthra, T., Zulassung, S. 32. Die §§ 55 (I) und 57 (I) der Verordnung zur Durchführung des Außenwirtschaftsgesetzes in der Fassung der Bekanntmachung vom 22.11.1993 definieren Direktinvestitionen als „Leistungen ...welche die Anlage von Vermögen ... zur Schaffung dauerhafter Wirtschaftsverbindungen ... bezwecken." Vgl. BGBl. 1993 I, S. 1959 f. Sie erscheinen in der Form der Neuanlagen in ein neues Unternehmen oder in ein *Joint Venture*, Reinvestitionen von Gewinnen und Darlehen von Mutterunternehmen.

[1387] Häde, U., Der völkerrechtliche Schutz, S. 182; Patzina, R., Rechtlicher Schutz, S. 12.

[1388] Sornarajah, M., The International Law, S. 4 f.; Zagel, G., Auslandsinvestitionen in Lateinamerika, S. 17. Im Gegensatz zur Direktinvestition, die unmittelbar Einfluss auf die Geschäftstätigkeit des kapitalnehmenden Unternehmens nimmt, beinhaltet die Portofolioinvestition nur einen Dividenden- bzw. sonstigen Gewinnanspruch ohne jedoch eine betriebliche Mitsprache zu gewähren. Frick, H., Bilateraler Investitionsschutz, S. 26; Salow, J., Bundesgarantien, S. 6.

[1389] Da der Investor bewusst das Risiko eines Gewinns oder Verlustes eingeht (Spekulationsrisiko) ist er aus rechtlicher Sicht nicht schutzbedürftig. Dagegen ist der Vermögensgegenstand bei der Direktinvestition während der Amortisationsphase (in der die bei Erwerb des Gegenstandes entstandenen Kosten erwirtschaftet werden) im Gaststaat angelegt und daher dessen staatlicher Hoheitsgewalt ausgesetzt. Vgl. Kreutzfeld, J., Investitionsschutz, S. 56.

[1390] Zagel, G., Auslandsinvestitionen in Lateinamerika, S. 21.

dustriestaaten, vermehrt direkt ins Ausland zu investieren.[1391] Nach der Phase der Dekolonialisierung im 20. Jahrhundert und der Verschlechterung des Investitionsklimas in den Entwicklungsländern, insbesondere durch die dort durchgeführten Nationalisierungen ohne bzw. ohne volle Entschädigung,[1392] unternahmen die Entwicklungsländer vermehrt Anstrengungen, um wieder potentielle Investoren zu gewinnen.[1393] Mit der zunehmenden Globalisierung erhöhte sich zwar stetig der Umfang an Auslandsinvestitionen,[1394] die Industriestaaten waren jedoch nur bereit zu investieren, wenn die Rahmenbedingungen im Hinblick auf einen Investitionsschutz vorhanden waren.[1395] Noch in den 60er Jahren waren die westlichen Investoren sehr zögernd bei ihren Investitionen in unterentwickelte Staaten, da das zukünftige Verhalten der gerade unabhängig gewordenen Staaten hinsichtlich der Gewährleistung des Privateigentums nicht abzusehen war.[1396] Die nationale Gesetzgebung des Gastlandes gewährte die entsprechenden Rahmenbedingungen aufgrund der oft instabilen politischen Lage lediglich in beschränktem Umfang. Darüber hinaus konnte das nationale Recht stets geändert werden, was oftmals bei einem Regierungswechsel im Gastland der Fall war. Auf der anderen Seite sah das Völkerrecht aber auch kein allgemein akzeptiertes Schutzsystem vor, und es fehlte ein die Staaten bindender Mechanismus, um Investitionsstreitigkeiten zu lösen.[1397] Daher versuchten die Industrieländer, sich durch völkerrechtliche Vereinbarungen auf vertraglicher Basis unter Beteiligung des Gastlandes gegen diese Risiken abzusichern. Das Ziel war es (und ist es immer noch) investitionsschutzrechtliche Mechanismen gegen politische Risiken zu entwickeln, um nachteilige hoheitliche Eingriffe in die Investition selbst oder in die Rahmenbedingung zu vermeiden.[1398] Da das Völkergewohnheitsrecht im Bereich der ausländischen Privatinvestitionen nur in relativ geringem Umfang allgemein unter den Staaten als verbindlich akzeptierte Rechtsgrundsätze kennt, stellen die Investitionsschutzverträge als rechtlich bindende Verträge die Hauptquelle des Völkerrechts zur Regelung privater Auslandsinvestitionen dar.[1399] Auf zwischenstaatlicher Ebene sind dagegen verschiedene Wege möglich: Der Schutz ausländischen Vermögens oder speziell die Frage von Enteignungen und Nationalisierungen wird entweder durch direkte Verträge der Gaststaaten mit den ausländischen Investoren oder durch Staatsverträge geregelt.[1400] Daneben besteht noch die Möglichkeit der Einführung sogenannter Stabilisierungsklauseln.

[1391] Rindler, H., Der Schutz, S. 12.

[1392] Die Entwicklungsländer sahen ihre gerade erst erlangte Unabhängigkeit durch die mächtigen Investoren der Industrieländer gefährdet, so dass sie verstärkt versuchten diese Bereiche unter eigener Kontrolle zu halten. Dies geschah aber auch durch die politische Instabilität, die durch die Befreiungskriege hervorgerufen worden war. Vgl. Rindler, H., Der Schutz, S. 12.

[1393] Banz, M., Völkerrechtlicher Eigentumsschutz, S. 23.

[1394] Wilhelm, M., Neben dem Außenhandel, S. 26.

[1395] Salacuse, J., The Growth of BITs, S. 659.

[1396] Banz, M., Völkerrechtlicher Eigentumsschutz, S. 22.

[1397] Vgl. Barcelona Traction – Fall, vom 05.02.1970, in: ILR, Vol. 46, 1973, S. 220 f.: „Considering the important developments… the growth of foreign investments….which are often multinational, …it may at first sight appear surprising that the evolution of law has not gone further and that no generally accepted rules in the matter have crystallized on the international plane."

[1398] Auch wenn die BRD als Anreiz für ihre Investoren die politischen Risiken durch Garantien und Bürgschaften abzusichern versucht (vgl. unten 2. Teil, C. III. 2. b), ist dafür Voraussetzung, dass ein ausreichender Schutz für die abzusichernde Kapitalanlage im Ausland besteht. Dies muss ggf. durch Vereinbarung mit den Kapitalimportländern erreicht werden. Vgl. Banz, M., Völkerrechtlicher Eigentumsschutz, S. 23. Da jeder Staat unbestritten aufgrund seiner Souveränität das Recht hat, ausländisches Vermögen in seinem Hoheitsgebiet zu enteignen, kann eine Beschränkung dieser Souveränität nur durch das bindende Völkerrecht erfolgen. Sornarajah, M., The International Law, S. 253.

[1399] Karl, J., Neuere Entwicklungen, S. 815.

[1400] Zum Überblick vgl. Veith/ Böckstiegel, Der Schutz, S. 61 ff. Während sich bereits in der Staatsvertragspraxis zwischen den Weltkriegen diesbzgl. Schutzvorschriften finden, geht die Praxis nach 1945 mehr ins Detail und weist sogar einen besonderen Schutz vor staatlichen Eingriffen auf. Teilweise enthalten die Verträge die Voraussetzung des öffentlichen Interesses für eine Enteignung, das Verbot der Rechtsverweigerung, sowie die Verpflichtung des Staates prompte, adäquate und effektive Entschädigung zu leisten. Vgl. Böckstiegel, K., Die allgemeinen Grundsätze, S. 124.

II. Bedeutung der Investitionsschutzgesetze der Entwicklungsländer im Verhältnis zum eigentumsschützenden Völkergewohnheitsrecht

1. Allgemeine Kennzeichnung

Erst Jahrzehnte nach ihrer Unabhängigkeit zeichnete sich in den meisten Entwicklungsländern eine generell offenere Haltung gegenüber Auslandskapital ab, da die Wichtigkeit der Mobilisierung von Privatkapital aus den Industrienationen für den Aufbau erkannt wurde.[1401] In der Regel legen sich die meisten Entwicklungsländer gegenüber Auslandsinvestitionen nicht allzu gerne allgemeingültig fest. Sie befürchten Parallelen zur Kolonialzeit, Ausbeutung und Wirtschaftsüberfremdung, eine politische Einmischung in ihre inneren Angelegenheiten, eine Verschmelzung der ausländischen Unternehmen mit ihrer einheimischen Wirtschaft und außerdem eine Ausbeutung ihrer Reichtümer zugunsten ausländischer Interessen.[1402] Handelt es sich jedoch um ein einzelnes Investitionsprojekt, das die wirtschaftliche Entwicklung des Landes ihrer Meinung nach verbessern könnte, sind sie eher bereit, weitreichendere Vergünstigungen und Zusicherungen zu gewähren.[1403] Für die westlichen Geberländer ist die Förderung von Privatinvestitionen dagegen ein Teil der staatlichen Entwicklungshilfe, die dazu dient, in diesen Ländern ein sich selbst tragendes Wirtschaftssystem zu initiieren. Die wesentlichen Gesichtspunkte aus betriebswirtschaftlicher Sicht, überhaupt in Entwicklungsländern zu investieren, sind v.a. Gewinnerwartung, Marktverteidigung und –erweiterung, die Aussicht auf Zusatzgeschäfte und die niedrigeren Lohnkosten.[1404] Da auf Seiten der Entwicklungsländer diesen gewinnorientierten Interessen die Förderung der wirtschaftlichen und sozialen Entwicklung gegenübersteht, besteht Konfliktpotential.[1405] Die Bedeutung der bilateralen Investitionsvorschriften besteht darin, außerhalb der Rechtsordnung des jeweiligen Gaststaates eine konkrete Rechtsgrundlage für den Schutz von ausländischen Investitionen zu schaffen, die nicht der einseitigen Abänderungsmöglichkeit durch den Gaststaat unterfällt.[1406] Gleichzeitig dienen die BITs der Ergänzung und Konkretisierung völkergewohnheitsrechtlicher Grundsätze im Verhältnis der vertragsschließenden Parteien zueinander.[1407]

2. Regelungsbereiche der Investitionsschutzgesetze der kapitalimportierenden Staaten

An vorderer Stelle steht in den Investitionsgesetzen der Aspekt der Förderung und des Schutzes von Investitionen zur Entwicklung der nationalen Wirtschaft. Darauf folgt meist eine Definition, welches Kapital als ausländisches bzw. als Auslandinvestition anzusehen ist. Regelmäßig werden auch die Bereiche aufgezählt, in denen Investitionen

---

[1401] Shihata, I., Factors, S. 676 f.; Hefele, R., Ermittlung der Entschädigung, S. 9.
[1402] Vgl. den Peyrefitte-Bericht, zitiert bei: Alenfeld, J., Die Investitionsförderungsverträge, S. 23; Salow, J., Bundesgarantien, S. 25 m.w.N.
[1403] Frick, H., Bilateraler Investitionsschutz, S. 44. Das Interesse der Investitionsländer fremdes Kapital anzuziehen besteht darin, die Ressourcen des Landes ökonomischer zu nutzen, eine höhere Produktivität der Gesamtwirtschaft zu erreichen, an technischem und organisatorischem Wissen aus den Industrienationen teilzuhaben, neue Produktionsmethoden ins Land zu bekommen und das Volkseinkommen zu erhöhen. Potocnik, I., Die MIGA, S. 28 f. Daneben spielt aber auch die Bezahlung einheimischer Arbeitskräfte, die Inanspruchnahme lokaler Dienstleistungen, die Zahlung von Steuern und die Ersetzung einst notwendiger Importe eine Rolle. Frick, H., Bilateraler Investitionsschutz, S. 27 f.; Salow, J., Bundesgarantien, S. 25.
[1404] Hartmann, G., Nationalisierung, S. 24 f.; Ipsen, K., Völkerrecht, § 47 Rn. 1; Jenkins, C., Foreign direct investment, S. 28; Hiby, T., Desinvestitionen, S. 23 ff.
[1405] Notter, M., Völkerrechtlicher Investitionsschutz, S. 10 f. Auf eine Untersuchung der positiven und negativen Wirkungen von Direktinvestitionen im einzelnen muss hier verzichtet werden. Insofern ist auf das einschlägige Schrifttum zu verweisen. Wie z.B. Karl, J., Neuere Entwicklungen, S. 809 f.; Neumann, M., Innovationen, S. 279 ff. Shihata, I., Factors, S. 675 f.
[1406] Alenfeld, J., Die Investitionsförderungsverträge, S. 23 ff.; Burckhardt, H., Investment Protection Treaties, S. 101; Seidl-Hohenveldern, I., International Economic Law, S. 149.
[1407] Salacuse, J., The Growth of BITs, S. 656 ff.

von Ausländern besonders gerne gesehen werden. Neben diesen allgemeinen Grundsätzen enthalten die Investitionskodizes in der Regel noch die folgenden Regelungsbereiche.

a) Genehmigung von Investitionsvorhaben und Investitionsbeschränkungen

Neben generellen nationalen Regelungen des allgemeinen Zivil-, Handels-, Gesellschafts-, Arbeits-, Steuer-, Wettbewerbs- und Kartellrechts existieren in vielen Staaten spezielle Regelungen für Auslandsinvestitionen.[1408] Mit diesem Investitionsrecht versuchen die Länder das Auslandskapital in entwicklungspolitisch vorrangige Wirtschaftsbereiche zu dirigieren und lokales Kapital an den ausländischen Investitionsprojekten zu beteiligen. Je besser ein Ausgleich zwischen den Rechten, die dem ausländischen Investor in den nationalen Bestimmungen zuerkannt werden und den sozialen Verpflichtungen des Entwicklungslandes erzielt wird, desto erfolgreicher kann das Investitionsrecht operieren.[1409] Eine generelle Zulassungspflicht von ausländischen Direktinvestitionen findet man nur in Ausnahmefällen. In der Regel ist für die Genehmigung ein Zulassungsverfahren vorgesehen, das sich nach bestimmten Kriterien richtet. Viele Entwicklungsländer verlangen dabei die Vereinbarkeit der Investition mit dem nationalen Entwicklungsplan oder die Produktion von Investitionsgütern.[1410] In den meisten Investitionsgesetzen sind auch Beschränkungen für ausländische Investitionen zu finden. So werden bestimmte Bereiche für ausländische Investoren nur bedingt oder gar nicht geöffnet. In der Regel betreffen solche Bereiche die Rüstungsindustrie und öffentliche Versorgung, aber auch empfindliche Sektoren, wie die Massenmedien oder den Handelssektor.[1411]

b) Investitionsanreize

Im institutionellen Bereich spielen für ein gutes Investitionsklima v.a. die politische Stabilität und die Wirtschaftspolitik des Gaststaates eine wesentliche Rolle.[1412] Daneben geben strukturelle Gesichtspunkte, wie das Vorhandensein und die Effektivität von Infrastruktur und Arbeitskräften, einen weiteres Kriterium, um sich als ausländischer Investor in das Gastland zu wagen.[1413] Schließlich ist das rechtliche Instrumentarium maßgeblich, um Anreizen für ausländische Privatinvestoren zu schaffen.[1414] So zum Beispiel der Erlass von Investitionsgesetzen (*investment codes*), deren Grundstruktur aufgrund ähnlicher Interessenlage gleich ist und die den ausländischen Investoren besondere Steuervergünstigungen, Zolltarife und Devisenerleichterungen zusichern.[1415] Dabei ist v.a. die sachgerechte und effektive Durchführung, sowie die Kontinuität von präzisen Investitionsvorschriften und der verfassungsrechtlichen Eigentumsschutzklausel ein wesentliches Kriterium für die Bereitschaft von Ausländern im entsprechenden Land zu investieren.[1416] Daneben reichen die Förderungsmittel von Garantien unterschiedlicher Art, über Ausnahmegenehmigungen für Personal und Materialbeschaffung bis hin zu zahlreichen finanziellen Vergünstigungen, einschließlich

---

[1408] Gramlich, L., Rechtsgestalt, S. 380 ff.
[1409] Frick, H., Bilateraler Investitionsschutz, S. 37.
[1410] Vgl. für Zimbabwe unter http://www.sadcreview.com/country_profiles/zimbabwe/zimbabwe.htm; Business Environment/ Incentives; besucht am 28.08.2004.
[1411] Vgl. für Zimbabwe unter http://www.sadcreview.com/country_profiles/zimbabwe/zimbabwe.htm; Business Environment/ Incentives; besucht am 28.08.2004.
[1412] Shihata, I., Factors Influencing, S. 679.
[1413] Shihata, I., Factors Influencing, S. 683 f.
[1414] Vgl. Nwogugu, E., Legal Problems, S. 178 ff.
[1415] Vgl. *Zimbabwe Investment Incentives*; Staudenmeyer, C., Das Wirtschafts- und Vertragsrecht, S. 38.
[1416] Staudenmeyer, C., Das Wirtschafts- und Vertragsrecht, S. 38.

Steuervorteilen.[1417] In diesem Rahmen leistet die „Organisation Afrika Initiative Deutsche Wirtschaft“ (SAFRI), die 1996 ins Leben gerufen wurde, Unterstützung bei dem Aufbau von Handelsbeziehungen zu den 12 Mitgliedstaaten der *Southern African Development Community* (SADC), also auch zu Zimbabwe. Ihre Aufgabe ist die Durchführung verschiedener wirtschaftsbezogener Projekte, wie Handwerks- und Industrieparks, Verbesserung der Rahmenbedingungen für Investitionen (Steuern, Devisen, Arbeitsrecht, usw.), Unterstützung von Investitionen und Kooperationen kleinerer und mittlerer Unternehmen, Organisation von Messen, Untersuchung von Finanzierungsmöglichkeiten und Standortbedingungen, sowie Schaffung von Ausbildungsplätzen.[1418]

III. Garantie- und Schutzmöglichkeiten

Jede Auslandsinvestition ist mit ökonomischen, politischen und sozialen Risiken verbunden, die der Investor bei seiner Entscheidung, sein Kapital in einem fremden Staat anzulegen, zu bedenken hat. Die ambivalente Haltung der Entwicklungsländer gegenüber Auslandsinvestitionen hat oft die Änderung der rechtlichen Bedingungen für die Investitionen zur Folge. Im Rahmen der politischen Risiken gelten Nationalisierung und Enteignung als eine der größten Bedrohungen für jegliche Art der Auslandskapitalanlage.[1419] Daher versuchen viele Entwicklungsländer schon im eigenen Interesse, ein gutes Investitionsklima durch eine umfangreiche Investitionsgesetzgebung zu schaffen, um damit den Zufluss neuen Auslandkapitals zu fördern und die bereits existierenden Anlagen zu schützen.[1420] Auch durch Investitionsverträge, sei es direkt mit den privaten Investoren oder mit ihren Heimatstaaten, wird versucht, den Investoren ein stärkeres Maß an Sicherheit zu gewähren.

1. Staatliche Verträge mit den Investoren

a) Definition des Investitionsvertrags

Die Möglichkeit, einen rechtlichen Rahmen für eine Investition zu gestalten, lässt sich durch staatliche Verträge zwischen Investor und Empfangsstaat erzielen, welche die Investorenpflichten und –privilegien festschreiben und für gewöhnlich Klauseln enthalten, welche die Sicherheit der Investition auf eine gewisse Dauer garantiert (sogenannte *State Contracts*).[1421] Bei diesen vereinbaren der Investor, eine natürliche oder juristische Person, und der kapitalim-

---

[1417] Noch im Jahre 1996 konnte Zimbabwe besondere Anreize bieten, mit denen Präsident Mugabe bei seinem letzten Besuch in Deutschland im September 1996 auf einer Konferenz zur Handels- und Investitionsförderung deutsche Investoren gewinnen wollte. Dazu zählten v.a. die geographische Nähe zu Südafrika, eine für afrikanische Verhältnisse hervorragende Infrastruktur, ein funktionierendes Gesundheitswesen, stabile politische Rahmenbedingungen, billige aber gut ausgebildete Arbeitskräfte und ein hohes Maß an Rechtssicherheit. Schmidt, F., Simbabwe, FES-Skript. Inzwischen kann Zimbabwe damit keine Interessenten mehr überzeugen. Alle Standortvorteile, die Zimbabwe einst als attraktives Land für Investoren auszeichneten, wurden allmählich von Mugabe zunichte gemacht. Das *World Economic Forum* stufte Zimbabwe im Oktober 2001 sogar als die am wenigsten leistungsfähige Volkswirtschaft von 75 untersuchten Ländern ein. Vgl. Schmidt, F., a.a.O. Vier Fünftel der Firmen mit Investitionen in Zimbabwe leiden bei ihren Operationen unter negativen Konsequenzen und werden zum Teil nur noch durch ihre Hauptfirmen im Ausland am Leben gehalten. Als weitere Determinanten für den Rückgang der Investitionen werden die unsicheren politischen Entwicklungen, Preiskontrollen und die Politik der zimbabwischen Regierung genannt. Vgl. Jenkins, C., Determinants of Private Investments, S. 35, 44, 51.

[1418] World Investment report, 1998, S. 192.

[1419] Frick, H., Bilateraler Investitionsschutz, S. 34. Für Zimbabwe werden als Hauptrisiken die wirtschaftliche Instabilität und politische Unsicherheit genannt. Jenkins, C., Foreign direct investment, S. 42.

[1420] Zu den verschiedenen Investitionsgesetzen vgl. ICSID, Investment Laws of the World.

[1421] Vitzthum/ Vitzthum, Völkerrecht, S. 502 f.; Schanze, E., Investitionsverträge, S. 45 f., 49. Die Bandbreite der Vertragsgegenstände ist weit und die Bezeichnungen variieren zwischen *„joint venture agreements“*, *„service contracts- und Dienstleistungsverträge“*, *„mining conventions“*, *„master agreements“*, *„agreements on foreign capital investment“*, *„production-sharing-agreements“*, etc. Vgl. zu den neueren Formen der Konzessionsverträge Bergmann, H., Die völkerrechtliche Entschädigung, S. 18 ff. Sie reichen zwar schon in frühere Jahrhunderte zurück und

portierende Gaststaat, die investitionsrechtlichen und wettbewerbsrechtlichen Rahmenbedingungen, insbesondere um spezielle Regelungen auf ein bestimmtes Investitionsvorhaben zu schneidern.[1422] Zur Absicherung der erworbenen Rechtspositionen müssen die Investitionsverträge dabei so ausgestaltet sein, dass sie nicht durch einseitige Änderung der garantierten Vorschriften durch den Gaststaat zunichte gemacht werden können.[1423]

b) Rechtsnatur des Investitionsvertrags

Grundsätzlich müssen sich die Gaststaaten an ihren, in den Verträgen mit den ausländischen Investoren abgegebenen Willenserklärungen festhalten lassen. Dies bedeutet jedoch noch nicht, dass ein Vertragsbruch gleichzeitig auch eine Völkerrechtsverletzung darstellt.[1424] Soweit die Parteien kraft ihrer Parteiautonomie Bezug auf das Völkerrecht nehmen, ist diese Rechtswahl zulässig. Höchst umstritten ist dagegen die Frage nach der rechtlichen Einordnung und der Geltung des Völkerrechts für Verträge ohne Rechtswahlklausel. Eine ausführliche Streiterörterung würde den Rahmen der vorliegenden Arbeit sprengen. Vertreten werden u.a. die „Vakuum-Theorie",[1425] die Theorie der „*lex mercatoria*",[1426] sowie die Theorie der „Vertragsinternationalisierung."[1427] Insoweit ist die Feststellung ausreichend, dass die überwiegende Meinung in Völkerrechtslehre und -praxis annimmt, die These vom völkerrechtlichen Charakter des Vertrags treffe nicht zu. Nach nahezu einhelliger Ansicht gibt es keine allgemeine Regel, dass ein gegenseitiges Rechtsverhältnis nicht einseitig zu Lasten einer Vertragspartei abgeändert werden darf, denn der Grundsatz des „*pacta sunt servanda*" ist – anders als bei einem völkerrechtlichen Vertrag - nicht als allgemeine Regel auf einen Investitionsvertrag heranziehbar.[1428] Da es sich somit um eine landesrechtliche Vereinbarung handelt,

---

erreichten ihre eigentliche Relevanz im 19. Jahrhundert. Dennoch ist dieser Vertragstyp noch immer für die Gestaltung der internationalen Wirtschaftsbeziehungen von großer Bedeutung. Als Überblick dazu vgl. Hecke van, G., Contracts, S. 54 ff.

[1422] Vitzthum/ Vitzthum, Völkerrecht, S. 502 f. Es werden darin die Anforderungen an eine Kapitalanlage im Gaststaat bestimmt, sowie Voraussetzungen und rechtliche Folgen einer etwaigen Enteignungsmaßnahme im Anlagestaat konkretisiert. Bippus, B., Internationalrechtlicher Schutz, S. 191. Oft enthalten die Staatenverträge auch besondere Anreize für den Investor, wie Zollbefreiungen, Steuerprivilegien, besondere Bestimmungen im Umwelt-, Arbeits-, Wettbewerbs- und Patentrecht. Häde, U., Der völkerrechtliche Schutz, S. 188; Frick, H., Bilateraler Investitionsschutz, S. 38 ff.

[1423] Frick, H., Bilateraler Investitionsschutz, S. 47; Schanze, E., Investitionsverträge, S. 46 f.

[1424] Wäre dies der Fall, stünde dem Investor als Folge ein unmittelbarer Schadensersatzanspruch zu. Dieser, auf Naturalrestitution gerichtet (vgl. Verdross, A., Völkerrecht, 1964, S. 399), würde den Investor anstelle eines Geldersatzes berechtigen, die uneingeschränkte Wiederherstellung seiner vertraglich zugesicherten Position zu verlangen. Frick, H., Bilateraler Investitionsschutz, S. 48 f. Vertritt man dagegen die Ansicht, dass die Vereinbarung rein privatrechtlichem Charakter entspräche, würde sie der Rechtsordnung des Gaststaates unterliegen, falls keine anderweitige Rechtswahl getroffen wurde. Dabei würden die vertraglichen Rechtspositionen des Investors als „wohlerworbenes Recht" gelten, das jedoch in einem rechtmäßigen Verfahren enteignet werden könnte. Vgl. Frick, H., a.a. O., S. 48 f.; Patzina, R., Rechtlicher Schutz, S. 120.

[1425] Danach enthalte der Vertrag selbst sein anzuwendendes Recht, ohne zur Regulierung auf ein Rechtssystem, wie das innerstaatliche oder das Völkerrecht zu verweisen. Vielmehr liege der Vertrag in einem Sonderrecht, außerhalb der Rechtsordnung. Vgl. bei Bowett, D., State Contracts with Aliens, S. 49 f.; McNair, Q., The General principles of law, S. 9 f. Von dem Schiedsgericht im Fall Aramco wurde diese Argumentation bereits mit dem Argument abgelehnt, dass ganz offensichtlich kein Vertrag in einem Vakuum existieren könne, ohne auf irgendein rechtliches System gestützt zu sein. ARAMCO, in: ILR, Vol. 27, 1958, S. 165.

[1426] Kaufmann/ Berman, International Commercial Transactions, S. 221 ff.; dazu auch Herdegen, M., Internationales Wirtschaftsrecht, S. 25 ff.; Sornarajah, M., The International Law, S. 353 f. Ihr Nachteil ist, dass sie wenige vorhersehbare Regeln zur Verfügung stellt und stattdessen auf ein weites Ermessen des Schiedsrichters verweist. Bowett, D., State Contracts with Aliens, S. 52.

[1427] Vgl. die Internationalisierungsdiskussion bei Schanze, E., Investitionsverträge, S. 111 ff.; Theodorou, H., Investitionsschutzverträge, S. 275 ff.

[1428] Frick, H., a.a.O., S. 49; Stoll, J., Vereinbarungen, S. 36-42. Dazu wird argumentiert, dass eine Beteiligung von Völkerrechtssubjekten auf beiden Vertragseiten fehle. Vgl. Ipsen, K., Völkerrecht, 4. Aufl., § 9 Rn. 8; Aréchaga de, E., State Responsibility, S. 198 f. Außerdem sei die Rolle des Gaststaates als Gesetzgeber bzw. Exekutive und damit seine aus der staatlichen Souveränität abgeleitete Enteignungshoheit höherwertig als seine Bindung gegenüber dem ausländischen Investor. Schwarzenberger, G., Foreign Investment, S. 6, 116, 164; Frick, H., Bilateraler Investitionsschutz, S. 49 ff. Eine beschränkte Völkerrechtspersönlichkeit des privaten Investors zu konstruieren, wäre inkonsequent, da es fraglich ist, ob es einen einseitigen Anerkennungsakt des vertragsschließenden Gaststaates überhaupt geben kann, der es ihm gestattet, Private auf die völkerrechtliche Ebene zu heben. Inzwischen ist es relativ unbestritten, dass ein Staat aufgrund der Wahrung des öffentlichen Wohls unter bestimmten

könnte der betroffene Investor in einer daraus resultierenden Streitigkeit nur auf dem innerstaatlichen Rechtsweg gegen den Anlagestaat vorgehen und wäre darauf beschränkt, dass sein Heimatstaat im Wege des diplomatischen Schutzes einschreiten würde.[1429] Auch die völkerrechtliche Schiedspraxis hat – wenn sie überhaupt dazu Stellung nehmen konnte – entschieden, dass eine über die Vertragsverletzung hinausgehende Völkerrechtsverletzung nur vorliege, wenn zusätzliche Umstände, wie eine Rechtsverweigerung oder Willkürhandlung durch den Gaststaat, dazutreten würden.[1430]

c) Stabilisierungsklauseln und Internationalisierung der Staat-Investor-Verträge

Da die Staat-Investor-Verträge keinen völkerrechtlichen Vertrag darstellen[1431] und der ausländische Investor somit der Rechtsordnung des Gaststaates, mit dem er eine Investitionsvereinbarung getroffen hat, unterworfen bleibt, versucht man eine höhere Stufe des Schutzes durch sogenannte Stabilisierungsklauseln zu erreichen.[1432] Diese können verwendet werden, um die Möglichkeit von Enteignungen schlechthin auszuschließen oder um einen rechtlichen *Status quo* festzulegen.[1433] Im Falle der Nichteinhaltung der vertraglichen Vereinbarung wird keine völkerrechtliche Verpflichtung des Gaststaates gegenüber dem Investor begründet, sondern nur eine diplomatische Parallelverpflichtung gegenüber dem Heimatstaat des Investors, derer sich der Gaststaat nicht per Gesetzesänderung und unter Berufung auf seine Souveränität einseitig entledigen kann.[1434]

Um durch die Stabilisierungsklauseln eine effektive Absicherung des Investors zu erreichen, versuchte man die Klauseln gewissermaßen durch Verweis auf das Völkerrecht zu „internationalisieren"[1435] und dem Investor ein unabhängiges Gericht zur Überprüfung der Streitigkeit an die Hand zu geben.[1436] In manchen Vereinbarungen wird

---

Bedingungen einen einmal geschlossenen Investitionsvertrag mit dem Privaten einseitig zurücknehmen kann, soweit er diesem eine angemessene, prompte und effektive Entschädigung zahlt. Theodorou, H., Investitionsschutzverträge, S. 326.

[1429] Frick, H., a.a.O., S. 52; Patzina, R., a.a.O., S. 120.

[1430] Mann, F., State Contracts, S. 582, 590; Stoll, J., Vereinbarungen, S. 14; Amerasinghe, C., State Breaches, S. 881, insbes. S. 891.

[1431] So auch Bippus, B., Internationalrechtlicher Schutz, S. 195.

[1432] Eine Auflistung der verschiedenen Arten von Stabilisierungsklauseln findet sich bei Merkt, H., Investitionsschutz durch Stabilisierungsklauseln, S. 255 ff. Für ein Beispiel einer ausführlichen Stabilisierungsklausel vgl. Sandrock, O., Internationales Wirtschaftsrecht, S. 33 f.

[1433] Stoll, J., Vereinbarungen, S. 108; Theodorou, H., Investitionsschutzverträge, S. 457 f. m.w.N. Durch die Stabilisierung eines Vertragsverhältnisses soll das bestehende Recht quasi fest zementiert werden und alle einseitigen Abänderungen für rechtswidrig erklärt werden. Frick, H., Bilateraler Investitionsschutz, S. 50; Stoll, J., Vereinbarungen, S. 130-132.

[1434] Stoll, J., Vereinbarungen, S. 95; Herdegen, M., Internationales Wirtschaftsrecht, S. 234, § 18 Rn. 8. In diesem Zusammenhang wurde teilweise zwar vertreten, dass sich aus den UN-Resolutionen zur Souveränität über Naturreichtümer, insbes. aus Art. 103 UN-Charta, ergebe, dass ein Gaststaat nicht durch die Vereinbarung eines Enteignungsverbots auf seine Souveränität verzichten könne. Vgl. Verdross/ Simma, Universelles Völkerrecht, § 1022 ff.; Vitzthum/ Vitzthum, Völkerrecht, S. 33 ff.; Hartmann, G., Nationalisierung, S. 167 f. Dabei handelt es sich jedoch tatsächlich nicht um einen Verzicht, sondern gerade um die Ausübung der staatlichen Souveränität. Vgl. Comeaux/ Kinsella, Protecting, S. 25 ff., 139 f.; Häde, U., Der völkerrechtliche Schutz, S. 190 f.; Verwey/ Shrjiver, The Taking of Foreign Property, S. 90; Böckstiegel, K., Die allgemeinen Grundsätze, S. 132, insbes. Anm. 508. Erst eine unbefristete und unklare Bindung könnte einen unzulässigen Souveränitätsverzicht auslösen. *Amoco Corp. ./. Iran*, in: Iran-U.S.C.T.R., 1987 II, S. 232; TEXACO, in: ILM, Vol. 17, 1978, S. 482; Aminoil, in: ILM, Vol. 21, 1972, S. 1023; Ebenroth/ Bader, Wirksame Staatenbindung, S. 663 ff. Meist behalten die Staaten einen minimalen Einfluss auf ihre eigenen Ressourcen, die Abkommen beinhalten einen Zulassungsvorbehalt für Direktinvestitionen und sind kündbar. Notter, M., Völkerrechtlicher Investitionsschutz, S. 198 f.; auch Bauer/ Hobe/ Herdegen, Rechtsprobleme, S. 23. Aus dem Umkehrschluss des Art. 2 (2) (2) (a) der Resolution 3281, nach der kein Staat zu einer bevorzugten Behandlung von Auslandsinvestitionen verpflichtet werden kann, soll sich auch ergeben, dass es dem Gastland möglich sein müsse, freiwillig eine solche Behandlung zu gewähren, um damit als entwicklungspolitisches Mittel die geeigneten Investoren anzuziehen. Stoll, J., Vereinbarungen, S. 97.

[1435] Vitzthum/ Vitzthum, Völkerrecht, S. 503, Rn. 187; Herdegen, M., Internationales Wirtschaftsrecht, S. 232, § 18 Rn. 2; Schwarzenberger, G., Foreign Investment, S. 5 f.; Mann, F., The Law Governing State Contracts, S. 11 ff.

[1436] Frick, H., Bilateraler Investitionsschutz, S. 50; Salow, J., Bundesgarantien, S. 143 f. Möglich ist dies durch Vereinbarung der Anrufung eines internationalen Schiedsgerichts in auftretenden Streitfällen und einer Rechtswahlklausel auf das Völkerrecht als Entscheidungsgrundlage des Schiedsgerichts. Vgl. Stoll, J., Vereinbarungen, S. 106 ff.; Patzina, R., Rechtlicher Schutz, S. 124; Comeaux/ Kinsella, Protecting, S. 30 ff.

der Vertrag direkt dem Völkerrecht unterstellt, andere erklären die allgemeinen im Staatenverkehr anerkannten Rechtsgrundsätze für anwendbar[1437] oder es wird ausdrücklich die einseitige Abänderung des Vertrags durch eine hoheitliche Maßnahme für rechtswidrig erklärt. Voraussetzung für eine Internationalisierung ist dabei jedoch, dass die nichtstaatliche Vertragspartei ein Investor von Bedeutung ist, z.B. ein multinationaler Konzern, so dass zwischen den Parteien ein Verhältnis der Gleichrangigkeit herrscht.[1438] Es ist an dieser Stelle allerdings nicht möglich und auch nicht beabsichtigt, auf die - noch immer äußerst umstrittene[1439] - rechtliche Einordnung dieser internationalisierten Verträge ausführlich einzugehen. Da der Investor als Vertragspartner keine volle völkerrechtliche Stellung einnimmt – beispielsweise kann er im Fall der Vertragsverletzung keine völkerrechtlichen Sanktionen, wie Repressalien verhängen – werden die Staat-Investor-Verträge als „quasi-völkerrechtliche" Verträge bezeichnet.[1440]
Nach einer Ansicht soll es sich jedenfalls durch diese Internationalisierung um einen völkerrechtlichen Vertrag handeln.[1441] Vertreten wird auch, dass diese Verträge zwischen dem Völker- und Landesrecht anzusiedeln seien, sozusagen als dritte Rechtsordnung.[1442] Eine Lösung über den Versuch, den nichtstaatlichen Investor auf die Ebene des Vertragspartners zu heben und ihm damit eine beschränkte Völkerrechtsubjektivität zu verleihen, sogenannter beschränkt- völkerrechtlicher Vertrag,[1443] ist ebenfalls abzulehnen. Eine völkerrechtliche Zuordnung der internationalisierten Staat-Investor-Verträge lässt sich auch gewohnheitsrechtlich nicht nachweisen. Soweit in diesen Verträgen auf das Völkerrecht Bezug genommen wird, interpretiert dies die Völkerrechtslehre nur dahin, dass die Rechte und Pflichten der Parteien untereinander unter Anwendung der einschlägigen Normen des Völkerrechts bestimmt werden müssen und dass das Völkerrecht als Korrektiv des nationalen Rechts dienen soll, wenn das nationale Recht mit völkerrechtlichen Normen nicht vereinbar ist. Damit bieten die Klauseln zwar keine Gewähr für die Unveränderbarkeit der Rechtsstellung des privaten Investors, sie bewirken jedoch, dass die Veränderung nicht sanktionslos geschieht und der enteignende Staat zumindest eine Entschädigung zu leisten hat.[1444]
Ausnahmsweise erkennt die Schiedsgerichtsbarkeit jedoch – wenn auch zurückhaltend – im Falle des ausdrücklichen Verstaatlichungsverzichts im Rahmen der Stabilisierungsklausel den vertraglichen Ausschluss von Verstaatlichungen an.[1445] Da die Vereinbarung grundsätzlich im Hinblick auf die schnelle wirtschaftliche Entwicklung des

---

[1437] Mann, F., The Law Governing State Contracts, S. 11; Rudolf, W., Völkerrecht und deutsches Recht, S. 58.
[1438] Ipsen, K., Völkerrecht, 4. Aufl., § 9 Rn. 10.
[1439] Vgl. Böckstiegel, K., Der Staat, S. 105 ff.; Frick, H., Bilateraler Investitionsschutz, S. 49; Stoll, J., Vereinbarungen, S. 28 ff.; Schanze, E., Investitionsverträge, S. 116 ff.
[1440] In der Literatur wird dieser Vertragstyp auch „internationaler Vertrag eigener Art" oder „übernationaler Vertrag" genannt. Vgl. Ammann, U., Der Schutz, S. 103 m.w.N. Merkt, H., Investitionsschutz durch Stabilisierungsklauseln, S. 136; Vitzthum/ Vitzthum, Völkerrecht, S. 503 f.; Schwarzenberger, G., Foreign Investment, S. 5; Stoll, J., Vereinbarungen, S. 29; McNair, Q., The General principles of law, S. 1 ff.
[1441] So Verdross, A., Die Sicherung von ausländischen Privatrechten, S. 640 ff.; Seidl-Hohenveldern, I., International Economic Law, S. 42 ff. Als Voraussetzung sei allerdings erforderlich, dass sich der Vertragsstaat durch den Vertrag völkerrechtlich gebunden fühle.
[1442] Vgl. bei Salow, J., Bundesgarantien, S. 144 f. Dagegen spricht allerdings, dass die Vertragsparteien nicht die Rechtsmacht besitzen, durch den Vertragsschluss eine neue selbständige und außerhalb des Vertrags liegende Rechtsordnung zu schaffen. Vgl. Heintschel von Heinegg, in: Ipsen, Völkerrecht, 4. Aufl., § 9 Rn. 11.
[1443] Böckstiegel, K., Der Staat, S. 250 ff., der zur Umgehung dieses Problems eine begrenzte Völkerrechtsfähigkeit der Privaten konstruiert. Dagegen Heintschel von Heinegg, in: Ipsen, Völkerrecht, 4. Aufl., § 9 Rn. 11, der kritisiert, dass das Einverständnis eines einzelnen Staates nicht die – wenn auch nur partielle – Völkerrechtssubjektivität eines privaten Vertragspartners begründen kann.
[1444] Sandrock, O., Internationales Wirtschaftsrecht, S. 35 f.
[1445] Die Internationalisierung und ihr Effekt auf die Haftung für einen Bruch der Klauseln wurden z.B. im Kuwait-AMINOIL Fall, in: ILM, Vol. 21, 1982, S. 976 ff., S. 1023 anerkannt: „... *limitations on the State's right to nationalise are possible, but what that would involve would be a particularly serious undertaking which would have to be expressly stipulated for, ...* ". Vgl. Riesenfeld, Foreign Investment, S. 437 f. Als eine besondere Bestätigung der staatlichen Souveränität wird es angesehen, auf die Ausübung bestimmter hoheitlicher Befugnisse zu verzichten,

Gastlands ausgerichtet ist und nur über einen bestimmten Zeitraum den Vertragsstaat beschränkt, kann sie im Allgemeininteresse liegen und kommt keiner Souveränitätsaufgabe gleich.[1446] Wenn sich auch der Nachweis einer völkerrechtlichen Grundlage der internationalisierten Verträge nicht erbringen lässt, so ist dennoch nicht abzustreiten, dass die Problematik von Vereinbarungen zwischen Staaten und ausländischen Investoren nicht mehr als eine ausschließlich innere Angelegenheit betrachtet wird und allmählich ins Bewusstsein der Staatengemeinschaft rückt.[1447] Da die Vertragsparteien fast durchwegs die Anwendbarkeit einer nationalen Rechtsordnung vereinbaren, hat sich dieses Problem mittlerweile aufgrund des zurückgehenden Abschlusses derartiger Verträge relativiert.[1448] Dabei sind die Rechtsordnungen vieler nicht so hoch entwickelten Länder heute bereits derart ausgestaltet, dass sie auch für die privaten Auslandinvestoren einen adäquaten Schutzstandard darstellen. Regulierend wirken daneben bi- und multilaterale Investitionsschutzabkommen.[1449]

d) Schutz durch die Staat-Investor-Verträge

aa) Schutz vor Enteignung aus der Theorie der „wohlerworbenen Rechte"?

Steht nun fest, dass es grundsätzlich jedem Staat gestattet ist, das in seinem Hoheitsgebiet befindliche Eigentum ausländischer Investoren zu entziehen, bleibt die Frage, ob ihm eine derartige Befugnis selbst dann eingeräumt werden kann, wenn er dieses durch einen Vertrag mit den Investoren garantiert hat. Unter Berufung auf die Lehre von den „wohlerworbenen Rechten" [siehe oben 2. Teil, A. III. 3. b) bb)] weisen die Befürworter der „absoluten Unberührbarkeit" der Staat-Investor-Verträge eine solche staatliche Enteignungsbefugnis zurück.[1450] Von der Zulässigkeit der Enteignungen ausländischen Privateigentums müssten solche ausländischen Vermögenswerte ausgenommen werden, die nicht aufgrund der Rechtsordnung eines Staates, sondern durch einen zwischen dem Gastland und einem ausländischen Investor abgeschlossenen Vertrag erworben und abgesichert worden sind.[1451] Die vertragliche Garantie ziele daher auf eine unterschiedliche Behandlung von „wohlerworbenen Rechten" und „gesetzlichem Eigentum" ab.[1452]

Gerade diese Unterscheidung prangern die Anhänger des „Selbstbestimmungsrechts der Völker" an. Jede Vereinbarung, die den Staat an der Ausübung seiner Souveränität hindere, sei unwirksam. Das Recht über die natürlichen Reichtümer stelle unabdingbares *ius cogens* dar, das auch vertragliche Abkommen, welche die staatliche Souveräni-

---

indem sich ein Staat gegenüber einem ausländischen Investor vertraglich selbst beschränkt. García-Amador's fourth report, in: YILC, Vol. 2, 1959, S. 32. Zur Frage der Verfassungsmäßigkeit eines solchen Verzichts vgl. Schwarzenberger, G., Foreign Investment, S. 6 f.

[1446] Es ist jedoch noch nicht eindeutig geklärt, wie weit es der Vertrag dem Staat als Hoheitsträger unter Anwendung des *clausula rebus sic stantibus* – Grundsatzes erlaubt, sich über ein im Rahmen der Wirtschaftsverwaltung einer Privatperson gegebenes Versprechen aus Gründen des öffentlichen Wohls hinwegzusetzen. Seidl-Hohenveldern, I., International Economic Law, S. 115 ff. Nicht möglich ist der Verzicht auf die Souveränitätsausübung jedenfalls dann, wenn er einer Souveränitätsaufgabe gleichkommt und zum Nachteil des Gastlandes zu unangemessenen Gewinnen des Investors führen würde. Ebenroth/ Bader, Wirksame Staatenbindung, S. 665.

[1447] Theodorou, H., Investitionsschutzverträge, S. 327.

[1448] So beispielsweise für den Iran, vgl. Liemen, E., Erdöl-Produktionsverträge des Iran, S. 166 ff.

[1449] Bauer/ Hobe/ Herdegen, Rechtsprobleme, S. 20.

[1450] García-Amador's fourth report, in: YILC, Vol. 2, 1959, S. 32; Nachweise bei Stoll, J., Vereinbarungen, S. 97 f.

[1451] Als Argument führen sie dafür die Entscheidungen der Schiedsgerichte an. Vgl. AMCO *Asia Corp. et al.* ./. Indonesien, in: ILM, Vol. 24, 1985, S. 1035. Nach dieser können „*... these acquired rights ... not be withdrawn by the Republic, except by observing the legal requisites of procedural conditions established by law, and for reasons admitted by the latter.*" Für die Aufhebung eines gesetzmäßig zustande gekommenen Abkommens bedürfte es danach des gegenseitigen Einverständnisses der Parteien.

[1452] Mann, F., State Contracts, 572-591; Schwarzenberger, G., Foreign Investment, S. 24 ff.

tät in unzumutbarer Weise einschränken, verdränge.[1453] Diese Ansicht verdient den Vorzug. Da Investitionsanlagen in der Regel langfristig angelegt und von wesentlicher Bedeutung für die Gastländer sind, dürfen diese das öffentliche Wohl nicht ignorieren. Der Staat kann für die Dauer eines zwischen ihm und einem Privatinvestor abgeschlossenen Vertrags wirksam darauf verzichten, seine hoheitliche Gewalt bezüglich des im Vertrag geregelten Gegenstands auszuüben. Grundsätzlich kann sich ein Staat dann nicht mehr unter Berufung auf seine Gesetzgebungskompetenz von dieser laufenden Verpflichtung lösen. Wenn es öffentliche Belange allerdings zwingend erfordern, muss er einen Investitionsschutzvertrag jedoch den Verhältnissen anpassen und die den Investoren garantierten Rechtspositionen unter den Voraussetzungen einer völkerrechtlich rechtmäßigen Enteignung entziehen können.[1454] Insbesondere, wenn der Gaststaat eine wirtschaftliche Umstrukturierung des Landes verfolgt und neue politische und wirtschaftliche Grundsatzentscheidungen durchführen muss, kann er nicht durch existierende privatrechtliche Verträge auf Dauer politisch festgelegt bleiben, so dass das Recht seines Volkes auf Selbstbestimmung zunichte gemacht wird.[1455]

bb) Direkter Eigentumsschutz aus der vertraglichen Vereinbarung

Da diese Verträge keine völkerrechtliche Verpflichtung gegenüber dem Heimatstaat des Investors begründen, ist auch ihr Schutz beschränkt.[1456] Während bis in die 20er Jahre aus einer solchen Vertragsverletzung mangels „Staatseigenschaft“ des einzelnen Ausländers[1457] kein völkerrechtliches Unrecht entstanden war, ist seit den Konferenzen der *International Bar Association* und dem *Aramco Arbitration Award* zumindest das Prinzip des *pacta sunt servanda*, nicht nur in Abkommen zwischen Staaten, sondern auch in solchen zwischen einem Staat und einem Individuum anerkannt. Aus der Verletzung dieses Grundsatzes ergibt sich jedoch nicht gleichzeitig auch schon eine Völkerrechtsverletzung bzw. eine Gleichsetzung mit einem völkerrechtlichen Vertrag.[1458] Zwar liegt durch die hoheitsrechtliche Beeinträchtigung der vertraglichen Pflichten aus der Vereinbarung eine völkerrechtswidrige Handlung gegenüber dem ausländischen Investor vor, im allgemeinen handelt es sich bei vertraglichen Rechten jedoch um „*vested rights*“, die gegen Entschädigung enteignet werden dürfen. Wie nach der traditionellen Völkerrechtslehre auch, ist der Privatinvestor auf den diplomatischen Schutz durch seinen Heimatstaat angewiesen, wenn sich ein Disput zwischen dem Investor und dem Gaststaat nicht durch Konsultationen beilegen lässt.[1459] Die Ausübung des

---

[1453] Vgl. bei Redfern, A., The Arbitration, S. 100; Catranis, A., Probleme der Nationalisierung, S. 24; Gruss, H., Enteignung, S. 802.

[1454] Die freiwillige Beschränkung der Souveränität könne den Staat nicht völlig rechtlich binden. Diese Auffassung wurde von den jüngeren Schiedssprüchen geteilt. Vgl. *Kuwait-Aminoil-Arbitration*, in: ILM, Vol. 21, 1982, S. 1023; *AMCO*, in: ILM, Vol. 24, 1985, S. 1029 f.; *Amoco Corp. ./. Iran*, in: Iran-US C.T.R., 1987 II, S. 242 f.; *Liamco ./. Libya*, in: ILM, Vol. 20, 1981, S. 1-87.

[1455] Alenfeld, J., Die Investitionsförderungsverträge, S. 101; Frick, H., Bilateraler Investitionsschutz, S. 49.

[1456] Sobald eine ausländische Investition getätigt wurde, befindet sich der Gaststaat aufgrund seiner Souveränität in der stärkeren Position. Er kann daher den Vertrag einseitig abändern. Schanze, E., Investitionsverträge, S. 43 ff.; Somarajah, M., The International Law, S. 86; Herdegen, M., Internationales Wirtschaftsrecht, S. 208, § 18 Rn. 1.

[1457] Vgl. Metzger, S., Multilateral conventions, S. 133 ff.

[1458] Mann, F., State Contracts, S. 580 ff. AMCO, in: ILM, Vol. 24, 1985, S. 1030 f.; Böckstiegel, K., Der Staat, S. 285 f. Selbst nach der abzulehnenden Theorie des „beschränkt völkerrechtlichen Vertrags“, ergibt sich kein völkerrechtlicher Anspruch des privaten Investors gegenüber dem Gaststaat. Die Geltendmachung einer Verletzung der Stabilisierungsklausel als vertragliche Vereinbarung steht dem Investor selbst zu, da diese den Investitionsvertrag nicht auf völkerrechtliche Ebene zu heben im Stande ist und der Heimatstaat nicht zum Vertragspartner wird. So Bippus, B., Internationalrechtlicher Schutz, S. 198.

[1459] Kreutzfeld, J., Investitionsschutz, S. 81; Stoll, J., Vereinbarungen, S. 53; Böckstiegel, K., Der Staat, S. 368. Ein originärer völkerrechtlicher Anspruch gegen den Gaststaat auf Beachtung der Vereinbarung mit dem fremden Investor, sei dieser gerichtet auf positive Erfüllung oder Unterlassen von rechtlichen oder faktischen hoheitlichen Eingriffen, kann nur dem Heimatstaat des Investors zustehen, da der diplomatische Schutz ein Recht des Heimatstaates ist. Bader, T., Sicherungspotentiale, S. 59 f. Es ist der Privatperson nicht möglich, selbst diese völkerrechtlichen Verträge

diplomatischen Schutzes steht zwar im Ermessen des Heimatstaates, dem würde der Investor jedoch auch unterliegen, wenn er im eigenen Staat investiert hätte.
Ebenso wie die Schutzmöglichkeiten nach den Staat-Investor-Verträgen, dürfen auch diejenigen nach den Stabilisierungsklauseln nicht überschätzt werden. Beide führen nicht zu einer Verpflichtung zwischen dem Gast- und dem Heimatstaat des Investors nach dem internationalen Recht, sondern bieten dem Investor lediglich Zugang zu streitschlichtenden Mechanismen, mit denen er im Zweifel sein Recht durchsetzen kann. Probleme bereitet dem Investor jedoch die Absicherung der getroffenen Vereinbarung gegen einseitige Eingriffe in den Vertag seitens des Gaststaates, da der Abschluss internationalisierter Investitionsverträgen nur einer bestimmten Gruppe von Investoren zusteht. Kleinere Unternehmen können diese mangels fehlender Verhandlungsmacht nicht abschließen. Insoweit kann der Abschluss von Investitionsverträgen nur in begrenztem Umfang den Schutz ausländischer Investitionen sichern.

2. Investitionsversicherungsprogramme

Ein privater Investor kann zum Schutz seiner Kapitalanlage gegen politische und sonstige nichtkommerzielle Risiken eine sogenannte Investitionsversicherung abschließen. Im Gegensatz zu einem nationalen Investitionsschutz wird mit der Versicherung nicht versucht, den Eintritt des schädigenden Ereignisses zu verhindern, sondern nur den Investor bei Versagen des materiellrechtlichen Schutzsystems schadlos zu halten. Von den verschiedenen ihm zur Verfügung stehenden Versicherungssystemen sollen hier als Wichtigste die OPIC und stellvertretend die deutsche Praxis dargestellt werden. Den eigentlichen Versicherungsvertrag schließt der Investor mit seiner Regierung oder einer hiermit beauftragten Institution ab.[1460]

a) Investitionsversicherungsprogramm der *Overseas Private Investment Corporation* (OPIC)

Das weltweit älteste Investitionsversicherungsprogramm wurde 1948 in den USA eingerichtet und bis 1970 von der *Agency for International Development* (AID) geleitet.[1461] Seit dem 01.01.1971 ist dafür die der AID angegliederte OPIC zuständig.[1462] Investitionsgarantien können danach nur gewährt werden, wenn das Gastland mit den USA ein Garantieabkommen abgeschlossen hat.[1463] Der Grund liegt darin, dass die OPIC nach privatwirtschaftlichen Grundsätzen arbeitet und daher den Versicherungsschutz nur übernimmt, wenn ein geeigneter materieller Investitionsschutz durch ein zwischenstaatliches Abkommen vorliegt.[1464] Weitere Voraussetzung für eine Garantie ist die Zulassung der Investition durch das Gastland.[1465]

---

zu schließen und somit Völkerrecht zu erzeugen. Ein ausländischer Investor ist nur dann schutzbedürftig – und sein Heimatstaat nimmt mittelbar an diesem Schutz teil – wenn und weil er sich aufgrund besonderer Zusicherungen des Gaststaates im Hinblick auf die betreffende Investition aus der schützenden Obhut des Heimatstaates herausbegeben hat. Insoweit bleibt er allerdings auch in die Solidargemeinschaft des Heimatstaates eingebunden. Stoll, J., Vereinbarungen, S. 147 f.

[1460] Zu den inhaltlichen Bestimmungen solcher Versicherungsverträge vgl. Frick, H., Bilateraler Investitionsschutz, S. 57 f.

[1461] Vgl. zur OPIC Dolzer, R., Eigentum, S. 195-198; Patzina, R., Rechtlicher Schutz, S. 127; Salow, J., Bundesgarantien, S. 40.

[1462] Patzina, R., Rechtlicher Schutz, S. 127; Comeaux/ Kinsella, Protecting, S. 152.

[1463] Comeaux/ Kinsella, Protecting, S. 161. Ein solches OPIC *Agreement* wurde 1990 von Zimbabwe signiert. Allen, T., The Law, S. 66, Fn. 164. Im April 1999 schlossen die Regierung von Zimbabwe und die US-amerikanische Regierung eine Erneuerung des Vertrags. Vgl. zum OPIC-Standardvertrag Comeaux/ Kinsella, a.a.O., S. 270 ff.

[1464] Oschmann, F., Calvo-Doktrin, S. 345 f.

[1465] Vgl. bei Patzina, R., Rechtlicher Schutz, S. 127 f.

Die Enteignungsversicherung schützt gegen Nationalisierung, Konfiskation oder andere Enteignungsmaßnahmen, ebenso wie gegen eine schleichende Enteignung. Bezüglich der Höhe der Entschädigung wird der Buchwert der Investition zum Zeitpunkt der Enteignung festgelegt. Um diese Zahlung zu erhalten, muss die Enteignungsmaßnahme internationales Recht oder einschlägige nationale Gesetze verletzt haben.[1466] Damit sich ein Investor bei der OPIC versichern lassen kann, muss er entweder die US-Staatsbürgerschaft besitzen, sein Unternehmen nach amerikanischen Recht organisiert haben oder sich zumind. 95 % seines Unternehmens in amerikanischer Hand befinden.[1467] Weiterhin muss es sich bei dem zu versichernden Vorhaben um eine neue Investition handeln. Der Investor ist verpflichtet, alle Rechtsmittel gegen den Schädiger geltend zu machen und nach Festsetzung der auszuzahlenden Versicherungssumme alle seine Ansprüche an die OPIC abzutreten. Allerdings enthalten solche Garantieabkommen – im Gegensatz zu den deutschen Investitionsförderungsgesetzen – statt materiellrechtlicher Schutzbestimmungen zugunsten des Investors und seiner Kapitalanlage - ausschließlich formelle Regelungen über die Beziehung zwischen den Vertragspartnern im Falle des Garantieeintritts.[1468]

b) Nationales Investitionsversicherungsprogramm der BRD

Zur Verringerung des politischen Risikos bei Direktinvestitionen übernimmt die Bundesrepublik Deutschland bzw. eine von ihr kontrollierte Institution,[1469] in Ergänzung zu dem Netz an abgeschlossenen BITs, Kapitalanlagegarantien oder Bürgschaften für private Investoren, sogenannte Kapitalanlagegaran-tien.[1470] Unter solchen sind versicherungsähnliche Verträge zu verstehen, in denen der Garant Kapital-anlegern gegen Entgelt den Ersatz des Investitionsverlusts verspricht, der durch politische Ereignisse im Anlageland entstanden ist.[1471] Sie wurden etabliert, weil die in diesem Kapitel genannten Sicherungs-mechanismen dem Investor keinen eigenen Anspruch gegen den Gaststaat gewähren und bei der Durchsetzung der Rechtspositionen im Ausland oft zahlreiche Schwierigkeiten aufgetreten sind.

[1466] Comeaux/Kinsella, Protecting, S. 156.

[1467] Comeaux/Kinsella, Protecting, S. 159 f.

[1468] Dolzer, R., Nationale Investitionsversicherung, S. 483 f.

[1469] Die BRD hat die Umsetzung des Versicherungsprogramms der Euler Hermes Kreditversicherungs-Aktiengesellschaft (bzgl. der Ausfuhrgarantien hins. der Versicherung von Forderungen aus Lieferungen) und der PricewaterhouseCoopers Deutsche Revision Aktiengesellschaft, Wirtschaftsprüfungsgesellschaft, Steuerberatungsgesellschaft (bzgl. der Kapitalanlagengarantien hins. der Versicherung des Kapitaltransfers ins Ausland) übertragen. Vgl. Internet Homepage der Euler Hermes Kreditversicherungs-AG: http://www.agaportal.de/pages/aga; besucht am 10.07.2004; Siebelt, J., Garantien für Kapitalanlagen im Ausland, S. 2863. Zur Bundesgarantie vgl. Bader, T., Sicherungspotentiale, S. 146 f.; Gramlich, L., Rechtsgestalt, S. 499 f.; Salow, J., Bundesgarantien, S. 47-49.

[1470] Bippus, B., Internationalrechtlicher Schutz, S. 182. Das deutsche Kapitalanlagenversicherungssystem wurde durch die Richtlinie für die Übernahme von Garantien für Kapitalanlagen, die am 07.10.1993 erging und am 01.11.1993 in Kraft trat, errichtet. Vgl. Merkblatt für Übernahme von Bundesgarantien für Kapitalanlagen im Ausland, Hrsg.: PwC Deutsche Revision Aktiengesellschaft, Wirtschaftsprüfungsgesellschaft, Steuerberatungsgesellschaft, abgedruck in BMW, Bundesgarantien, S. 14. Rechtsgrundlage bildet Art. 115 (1) GG i.V.m. dem BHG. Davor sah erstmals § 18 HaushaltsG für das Jahr 1959 (vgl. zu diesem BGBl. 1959 II, S. 793) eine Bestimmung vor, die den Bundesminister für Finanzen berechtigte, förderungswürdigen Kapitalanlagen derartige Leistungen zu gewähren. Voraussetzung war dafür jedoch, dass mit dem Anlageland eine Vereinbarung über die Behandlung von Kapitalanlagen bestand oder die Rechtsordnung dieses Landes einen ausreichenden Schutz für die Kapitalanlage vorsah. Da die Rechtsordnungen der Entwicklungsländer oftmals nicht über diesen erforderlichen Schutzcharakter verfügten, war wiederum der Abschluss von Investitionsschutzverträgen notwendig. Vgl. Banz, M., Völkerrechtlicher Eigentumsschutz, S. 23; Ipsen, K., Völkerrecht, 4. Aufl., § 47 Rn. 2.

[1471] Häde, U., Der völkerrechtliche Schutz, S. 184 f.

Versicherbar sind nach dem deutschen Haushaltsgesetz Investitionen natürlicher und juristischer Personen mit Wohn- bzw. Geschäftssitz in der Bundesrepublik Deutschland.[1472] Daneben muss es sich um eine förderungswürdige Investition in ein Entwicklungsland handeln, d.h. sie muss im Rahmen des wirtschaft-lichen und sozialen Entwicklungsplans des Anlagelands stehen.[1473] Unter die Garantie können nur solche Investitionen fallen, bei denen es sich um zukünftige Direktinvestitionen handelt.[1474] Schließlich ist noch Voraussetzung für eine Garantiegewähr, dass im Anlageland ein rechtlicher Mindestschutz für die Kapitalanlage anzutreffen ist, was in der Regel durch existierende Investitionsschutzverträge der Bundes-republik Deutschland mit dem Gaststaat der Fall ist.[1475] Ob die Voraussetzungen für eine Garantie-übernahme vorliegen, entscheidet das Bundesministerium für Wirtschaft im Einvernehmen mit dem Bundesministerium für Finanzen [§ 39 (2) BHO], dem Auswärtigen Amt und dem Bundesministerium für wirtschaftliche Zusammenarbeit und Entwicklung.[1476] Versichert werden ausschließlich politische Risiken, wie das Enteignungsrisiko, welches alle Verstaatlichungen oder Enteignungen ohne angemessene Entschä-digung, sowie alle sonstigen staatlichen Maßnahmen, die eine Fortführung des Unternehmens unmöglich machen, umfasst.[1477]

Grundsätzlich decken sich die Bundesgarantien inhaltlich mit den Investitionsschutzabkommen. Sie begründen aber im Gegensatz zu diesen privatrechtliche Ansprüche des einzelnen Investors gegen den Garanten. Aufgrund des Gewährleistungsvertrags mit dem Bund - vertreten durch den Bundesminister für Wirtschaft und Arbeit - der wiederum durch die beiden AGs als Mandatare vertreten wird,[1478] erhält der private Investor einen Entschädigungsanspruch gegen den Bund, falls sich das versicherte Investitionsrisiko realisiert.[1479] Mit der Schadensliquidation erwirbt der Bund durch Abtretung des Investors die Ansprüche des Investors gegen den Gaststaat und kann diese anschließend auf zwischenstaatlicher Ebene geltend machen.[1480] Durch diese Versicherungssysteme kann sich ein Investor für einen gewissen Zeitraum gegen politische Risiken, die seine Anlage treffen können, absichern. Nicht verhindern kann er dabei jedoch zukünftige Eingriffe des Gastlands in sein Eigentum, da die Garantien keine materiellen Schutzrechte enthalten.[1481] Da dem (deutschen) Investor kein Anspruch auf eine Garantieübernahme zusteht, können die Investitionsversicherungsprogramme lediglich als zusätzlicher Schutz wirken.

[1472] Comeaux/ Kinsella, Protecting, S. 179; Salow, J., Bundesgarantien, S. 91-93. Für juristische Personen ggf. mit Haftungsausschluss, worauf sie jedoch keinen Anspruch haben. Vgl. bei Luthra, T., Zulassung, S. 201.

[1473] Oschmann, F., Calvo-Doktrin, S. 351; Siebelt, J., Garantien für Kapitalanlagen im Ausland, S. 2861; Salow, J., Bundesgarantien, S. 69-75, 78-81.

[1474] Vgl. zu dem Gegenstand der Garantien Salow, J., Bundesgarantien, S. 95-109; Schöber, M., Die MIGA, S. 57.

[1475] Salow, J., Bundesgarantien, S. 54-58, 62; Burckhardt, H., Auslandsinvestitionsschutz, S. 127 f.; Siebelt, J., Garantien für Kapitalanlagen im Ausland, S. 2861.

[1476] Siebelt, J., Garantien für Kapitalanlagen im Ausland, S. 2863.

[1477] Staudenmeyer, C., Das Wirtschafts- und Vertragsrecht, S. 25; Siebelt, J., Garantien für Kapitalanlagen im Ausland, S. 2862; Schöber, M., Die MIGA, S. 57. In der Regel wird nur der Anschaffungswert einer Kapitalbeteiligung im Ausland abgesichert, nicht dagegen ein im Laufe der Jahre erzielter Wertzuwachs. Eine Unterscheidung zwischen einer Enteignung und einer Nationalisierung findet nicht statt, da es letztlich für den Investor unerheblich ist, ob ihm seine Kapitalanlage durch eine Einzel- oder eine Verstaatlichungsmaßnahme entzogen wird. Alenfeld, J., Die Investitionsförderungsverträge, S. 153.

[1478] http://www.agaportal.de/pages/dia/index.html; besucht am 10.08.2004.

[1479] Bippus, B., Internationalrechtlicher Schutz, S. 183. Dabei trägt jeder Investor allerdings eine Selbstbeteiligung von mind. 5 %. Schöber, M., Die MIGA, S. 57; Banz, M., Völkerrechtlicher Eigentumsschutz, S. 27; Salow, J., Bundesgarantien, S. 205.

[1480] Herdegen, M., Internationales Wirtschaftsrecht, S. 216, § 19 Rn. 18.

[1481] Zagel, G., Auslandsinvestitionen in Lateinamerika, S. 41.

Exkurs: Private Investitionsversicherungen

Seit Mitte der 70er Jahre existiert zusätzlich ein privater Markt an Versicherungen für Investitions-streitigkeiten,[1482] der es aufgrund der Vertragsfreiheit ermöglicht, bereits bestehende Kapitalanlagen zu versichern.[1483] Anzuführen wären als Beispiele die *American International Group*[1484] oder die *Lloyd's Underwriter Association*.[1485] Als Vorteil aus besagter Vertragsfreiheit ergibt sich die Möglichkeit, flexibel und individuell den Transfergegenstand und die Investitionsempfängerländer zu bestimmen. Da sich die privaten Versicherungsnehmer jedoch an wirtschaftlichen Gesichtspunkten orientieren, sind Kriegsrisiken in der Regel nicht versicherbar.[1486] Meist wird die Laufzeit der Versicherungen auf etwa vier Jahre beschränkt, da über einen längeren Zeitraum politische Risiken für die Versicherer schwer kalkulierbar sind.[1487] Von Nachteil ist auch, dass die Grenzen der Versicherbarkeit gerade bei größeren Investitionen schnell erreicht und die Versicherungen auf nationale Investoren beschränkt sind, so dass eine Investition von interna-tionalen Firmenkonsortien aus dem Versicherungsrahmen fällt.[1488] Aus den genannten Gründen ist das private Versicherungsangebot ebenfalls selten eine echte Alternative zu den staatlichen Angeboten; sie sollten daher nur als „Co-Versicherer" betrachtet werden. - Exkurs Ende -

3. Globalentschädigungsabkommen

Aufgrund der Unsicherheiten über die völkergewohnheitsrechtliche Entschädigungshöhe gehen viele Staaten dazu über, für den Fall von Enteignungsmaßnahmen im Gastland, mit diesem ein Globalentschädigungsabkommen abzuschließen.[1489] Gaststaat und Heimatstaat vereinbaren dabei eine Entschädigungssumme, deren Auszahlung an den Heimatstaat erfolgt, wobei gleichzeitig die Ansprüche des privaten Investors gegen den Gaststaat erlöschen.[1490] Nach der hier vertretenen Ansicht – vgl. auch den IGH, der ihnen den Charakter einer *lex specialis* beimisst[1491] – können diese Abkommen jedoch nicht als Ausdruck einer allgemeinen Staatenpraxis in Enteignungsfragen gewertet werden.[1492] Auch erzielen die pauschalen Abgeltungen in der Regel nur einen Bruchteil zwischen 20-80 % des Wertes der entzogenen Güter,[1493] auf den – wie auch auf den Abschluss des Abkommens - der Enteignete keinen Anspruch hat.

4. Bilaterale Investitionsschutzabkommen zwischen Heimatstaat und Gaststaat

Nach der Zurückhaltung vieler Entwicklungsländer, fand Anfang der 90er Jahre bei ihnen ein Bewusstseinswandel statt, der zu einer zunehmenden Bereitschaft führte, den rechtlichen Schutz der ausländischen Investoren durch völ-

---

[1482] Vitzthum/ Vitzthum, Völkerrecht, S. 501.
[1483] Bippus, B., Internationalrechtlicher Schutz, S. 186.
[1484] Vgl. die Internet Homepage: http://www.aig.com/GW2001/home/; besucht am 12.08.2004.
[1485] Vgl. die Internet Homepage: http://www.lloyds.com/index.asp; besucht am 12.08.2004; Kreutzfeld, J., Investitionsschutz, S. 118; Herdegen, Internationales Wirtschaftsrecht, § 19, Rn. 19.
[1486] Comeaux/ Kinsella, Protecting, S. 181 f.; Bader, T., Sicherungspotentiale, S. 164; bei Luthra, T., Zulassung, S. 204.
[1487] Bader, T., Sicherungspotentiale, S. 165.
[1488] Schöber, M., Die MIGA, S. 58; Palm, U., Zur rechtlichen und wirtschaftlichen Bewältigung, S. 66.
[1489] Vgl. Bippus, B., Internationalrechtlicher Schutz, S. 213 m.w.N.
[1490] Veith/ Böckstiegel, Der Schutz, S. 65.
[1491] IGH Barcelona Traction – Fall, vom 05.02.1970, in: ILR, Vol. 46, 1973, S. 1-17.
[1492] Vgl. oben 2. Teil, A, III, 3., c), dd), bbb..
[1493] Lillich, R./ Weston, H., International Claims, Part I, S. 249 ff.; Herdegen, M., Internationales Wirtschaftsrecht, S. 223, § 17 Rn. 9.

kerrechtliche Verträge auf die zwischenstaatliche Ebene zu heben.[1494] Unter einem *Bilateral Investment Treaty* (BIT) ist ein zweiseitiger Staatsvertrag zu verstehen, nach dem sich der eine Vertragsstaat verpflichtet, ausländischen Investitionen aus dem anderen Vertragsstaat eine bestimmte vertraglich festgesetzte Behandlung einzuräumen.[1495] Aufgrund der Abstraktheit der oben genannten Investitionsschutzmodelle, haben BITs in den letzten Jahren immer mehr an Bedeutung gewonnen und sind zu einer der wichtigsten rechtlichen Schutzeinrichtungen geworden, auch wenn sie nur die beiden Signatarstaaten binden.[1496] Da sie in vielen Bereichen gleichförmige Regelungen enthalten, könnten sie in Zukunft zum Kern eines entstehenden Völkergewohnheitsrechts werden.[1497]

a) Historische Entwicklung

Vorreiter der heutigen Investitionsschutzverträge waren die klassischen Verträge über Freundschaft, Handel und Schifffahrt, sogenannte *Treaties of Friendship, Commerce and Navigation (FCN-Treaties),* die sich im 15. und 16. Jahrhundert aus den Handelsabkommen europäischer Staaten entwickelten.[1498] Trotz ihres allgemeinen Charakters als Handelsverträge waren in ihnen u.a. Regelungen enthalten, die sich mit dem überstaatlichen Handeltreiben und der Eigentumsfähigkeit der Staatsbürger in anderen Staaten befassten.[1499] Nachdem als erstes die USA nach Erlangung ihrer Unabhängigkeit am 04.07.1776 mit dem Abschluss bilateraler Handelsabkommen begonnen hatten,[1500] änderte sich nach dem Ende des Ersten Weltkriegs der Inhalt der FCN-Verträge.[1501] Mit der Erweiterung ihrer Investitionspolitik schlossen die Vereinigten Staaten ein ganzes Netzwerk an bilateralen Freundschaftsverträgen ab, die zusätzlich zu den Wirtschaftsaspekten verbesserte Schutzbestimmungen für die amerikanischen Auslandsanlagen, sowie für die Investoren und deren wirtschaftliche Betätigung enthielten.[1502]

Als mit dem Wirtschaftswachstum nach dem Zweiten Weltkriegs eine weitere Steigerung auf den eigenen Märkten nicht mehr realistisch war, expandierten die Industrienationen in die Entwicklungsländer, um neue Absatzmärkte zu

---

[1494] Herdegen, M., Investitionsschutz in Lateinamerika, S. 342.

[1495] Bippus, B., Internationalrechtlicher Schutz, S. 200. Der Begriff des Investitionsschutzabkommens wird von den Entwicklungsländern meist ungern verwendet und ist heute aufgrund der glz. Förderung auch nicht mehr genau. Vielmehr verwendet man den Ausdruck „Abkommen über die gegenseitige Förderung und über den gegenseitigen Schutz von Investitionen." Vgl. Maschke, O., Investitionsschutzabkommen, S. 207; Kreutzfeld, J., Investitionsschutz, S. 53.

[1496] Riesenfeld/ Buxbaum, Investment Codes, S. 1441; Salacuse, J., The Growth of BITs, S. 655; Dolzer/ Stevens, Bilateral Investment Treaties, S. 1. Allein Deutschland hat mehr als 100 solcher Verträge abgeschlossen; weltweit sind etwa 1.800 BITs in Kraft. Vgl. http://www.bmwi.de/bmwa/generator/Navigation/aussenwirtschaft-und-europa,did=8094.html; besucht am 14.07.2004.

[1497] Allgemein dazu Doehring, K., Gewohnheitsrecht, S. 77 ff.

[1498] Blumenwitz, D., Treaties on Friendship, Commerce and Navigation, S. 953 ff.; Banz, M., Völkerrechtlicher Eigentumsschutz, S. 19; Herdegen, M., Internationales Wirtschaftsrecht, S. 238, § 19 Rn. 3; Häde, U., Der völkerrechtliche Schutz, S. 191; Burckhardt, H., Investment Protection Treaties, S. 99 f.; Salacuse, J., The Growth of BITs, S. 656 f.; Pappas, A., References on Bilateral Investment Treaties, S. 189.

[1499] Salacuse, J., The Growth of BITs, S. 656; Scheuner, U., Zweiseitige Handelsverträge, S. 103 ff. So zum Beispiel der Freundschafts-, Handels- und Schifffahrtsvertrag zwischen dem deutschen Zollverein und Argentinien vom 19.09.1857, der bis heute in Kraft ist und in Art. 8 und 13 den vollen Eigentumsschutz für die Bürger der Vertragsparteien zusichert. Vgl. Abl. EG 1984 Nr. L 339/ 10; Ammann, U., Der Schutz, S. 126.

[1500] Vgl. den wohl ersten dieser Verträge mit Frankreich im Jahre 1778, sog. *Treaty of Amity and Commerce.* Sinn und Zweck war die Erlangung von Schutzmöglichkeiten gegen die Beschlagnahmung von Handelswaren anderer Nationen. Vgl. Wilson, R., United States Commercial Treaties, S. 2 ff.; Walker, H., Provisions on Companies, S. 374; Walker, H., Modern Treaties, S. 805 ff.; Vandevelde, K., The Bilateral Investment Treaty, S. 203-206; Frick, H., Bilateraler Investitionsschutz, S. 77.

[1501] Während die USA zunächst als unterbevölkerter kapitalarmer Staat auf Arbeitskräfte und Schiffsverkehr und damit auf den Handel angewiesen war, entwickelte sie sich durch den wirtschaftlichen Aufschwung nach dem Ersten Weltkrieg zur kapitalstärksten Nation und unternahm wirtschaftliche Aktivitäten durch Direktinvestitionen. Vgl. Notter, M., Völkerrechtlicher Investitionsschutz, S. 73 f. Dazu kam bald der Abschluss des GATT (vgl. BGBl. 1951 II, S. 173), welches den Welthandel auf multilateraler Ebene liberalisierte und damit sämtliche Fragen der Handelsliberalisierung in den FCN-Verträgen entbehrlich machte. Jackson, J., The World Trading System, S. 34. Die daraus folgende Konzentration der FCN-Verträge auf Investitionsbestimmungen wurde durch die Konvention und das Statut von Barcelona vom 20.04.1921 (vgl. RGBl. 1924 II, S. 387) und der Konvention von Genf vom 06.03.1948 (vgl. BGBl. 1965 II, S. 313) noch unterstützt.

[1502] Vgl. Gramlich, L., Rechtsgestalt, S. 91 f.; Frick, H., Bilateraler Investitionsschutz, S. 79.

erschließen. Da viele Entwicklungsländer jedoch erst seit kurzer Zeit unabhängig waren, bestand die Gefahr einer politischen Instabilität.[1503] Um der Abänderung schützender Gesetze vorzubeugen, wurden die Bestimmungen des Eigentumsschutzes ab den 60er Jahren konkreter und schärfer in den bilateralen Verträgen formuliert.[1504] Nachdem Deutschland beide Weltkriege und damit fasst alle seine Auslandsinvestitionen verloren hatte, schloss es als erstes Land einen „Vertrag zur Förderung und zum Schutz von Kapitalanlagen" mit Pakistan.[1505] Diese neue Vertragsart, beschränkte sich im Gegensatz zu den Freundschaftsverträgen allein auf den materiellen Kapitalschutz, ohne dass sie Vorschriften über Handels- oder Niederlassungsbestimmungen enthielt.[1506] Damit war ein neuer völkerrechtlicher Vertragstyp geschaffen,[1507] der bald von den USA und anderen europäischen Staaten in ihre Vertragspraxis aufgenommen wurde.[1508]

b) Zweck

Auch wenn nur ein einseitiger Kapitalfluss aus den kapitalexportierenden Staaten in die Gaststaaten vorliegt,[1509] so stellen die freiwillig abgeschlossenen zwischenstaatlichen Verträge verbindliche völkerrechtliche Abkommen dar,[1510] die den gegenseitigen Schutz durch die abschließenden Staaten garantieren. Um den investierenden eigenen Staatsangehörigen Schutz vor der Ausübung der staatlichen Gewalt des Gastlands, insbesondere vor Enteignungen und Nationalisierungen, zu gewähren und den Transfer ihrer Gewinne zu ermöglichen, ging die Initiative BITs zu vereinbaren, vornehmlich von den westlichen kapitalexportierenden Nationen aus.[1511] Doch auch den Entwicklungsländern ist an dem Abschluss von BITs gelegen, da sie nur durch Schaffung eines verlässlichen Investitionsmarkts in der Lage sind, potentielle Investoren zu gewinnen, ihre internationale Kreditwürdigkeit zu demonstrieren und so ein wirtschaftliches Wachstum in ihrem Lande zu fördern.[1512] Heutzutage werden BITs von fast allen Staaten verwendet und es hat sich seit den 80er Jahren ein umfangreiches Netzwerk derartiger Abkommen entwickelt.[1513]

[1503] Insbes. war zu befürchten, dass das noch von den Kolonialherren geprägte Rechtssystem durch die neue Regierung abgeändert werden könnte, womit private Investoren im Falle einer Enteignung ohne Rechtsschutz stünden. Auch verhielten sich viele ehemalige Kolonialstaaten skeptisch gegenüber Direktinvestitionen aus den früheren Kolonialländern, da sie eher versuchten die Kontrolle über ihre eigenen Volkswirtschaften zu erlangen. Notter, M., Völkerrechtlicher Investitionsschutz, S. 74 f.

[1504] Vitzthum/ Vitzthum, Völkerrecht, S. 501; Salacuse, J., The Growth of BITs, S. 657. Sie regelten insbes. das unbeschränkte Zugangsrecht der Investitionen, die Ausweitung des persönlichen Anwendungsbereichs auf juristische Personen der beteiligten Staaten, die Niederlassungsfreiheit und die Streitbeilegung und sahen eine sog. Meistbegünstigungsklausel vor. Vgl. Frick, H., Bilateraler Investitionsschutz, S. 83 f.; Ipsen, K., Völkerrecht, 4. Aufl., § 47 Rn. 3, S. 654. Es wurden Vorschriften über Kapitalzulassung, Einreise und Tätigkeit der Investoren, sowie Wettbewerbsbedingungen und Transferfragen hinzugefügt. Der erste unabhängige und umfassende *Investmentcode*, der alle Aspekte des ausländischen Investors mit dem Gastland umfasste, wurde 1950 von Israel geschlossen. Riesenfeld/ Buxbaum, Investment Codes, S. 1442.

[1505] Vgl. BGBl. 1961 II, S. 793: *Treaty for the Protection of Investment*, vom 25.11.1959, West Germany-Pakistan, Vol. 457, UNTS. 23; Salacuse, J., The Growth of BITs, S. 657; Notter, M., Völkerrechtlicher Investitionsschutz, S. 79; Banz, M., Völkerrechtlicher Eigentumsschutz, S. 25.

[1506] Alenfeld, J., Die Investitionsförderungsverträge, S. 25; Frick, H., Bilateraler Investitionsschutz, S. 80.

[1507] Salow, J., Bundesgarantien, S. 41.

[1508] Ammann, U., Der Schutz, S. 128 f.; Vandevelde, K., U.S. BITs, S. 621 ff.; Bader, T., Sicherungspotentiale, S. 80; Salacuse, J., The Growth of BITs, S. 657; Frick, H., Bilateraler Investitionsschutz, S. 80.

[1509] Häde, U., Der völkerrechtliche Schutz, S. 192.

[1510] Seidl-Hohenveldern/ Stein, Völkerrecht, Rn. 200; Sornarajah, M., The International Law, S. 238.

[1511] Neben dem Vorteil für die heimische Wirtschaft sahen diese Länder auch eine Chance, den unterentwickelten Ländern Hilfe zukommen zu lassen (*Aid by Trade*) und dadurch die Beziehungen zu ihnen zu verbessern. Vgl. Ipsen, K., Völkerrecht, 4. Aufl., § 47 Rn. 1.

[1512] Kreutzfeld, J., Investitionsschutz, S. 74; Comeaux/ Kinsella, Protecting, S. 101; Patzina, R., Rechtlicher Schutz, S. 104.

[1513] Riesenfeld/ Buxbaum, Investment Codes, S.1442; Pappas, A., References on Bilateral Investment Treaties, S. 189; Schäfer, M., Entschädigungsstandard, S. 74; Dolzer, R., Eigentum, S. 56. Ermutigt durch die europäischen Erfahrungen schlossen auch die USA spezielle

Mit dem Abschluss ihrer BITs verfolgen die meisten Industrienationen, wie Deutschland, v.a. die Förderung von Kapitalanlagen, die wirtschaftliche Entwicklung des Gaststaates, sowie die Stärkung der eigenen außenwirtschaftlichen Beziehungen.[1514] Durch den BIT soll ein günstiges Investitionsklima geschaffen werden, da damit die Risikoschwelle des Investors, im Ausland sein Kapital anzulegen, gesenkt wird.[1515] Des Weiteren liegt der große Vorteil der BITs im Rechtsschutz des einzelnen Investors, indem sie ihn gegen sogenannte nichtwirtschaftliche oder politische Risiken im Gaststaat zu schützen versuchen.[1516] Für Deutschland ist ein Investitionsschutzvertrag auch deshalb von Bedeutung, weil ein solcher für die deutschen Investoren eine wesentliche Voraussetzung für die Gewährung von Bundesgarantien zur Absicherung ausländischer Kapitalanlagen gegen politische Risiken darstellt.[1517]

IV. Ausgestaltung und Inhalt bilateraler Investitionsschutzverträge anhand des deutsch-zimbabwischen Investitionsschutzvertrags

Obwohl die inhaltliche Gestaltung und der Rechtsschutz in den unzähligen BITs divergiert,[1518] lassen sich doch eine Reihe von Gemeinsamkeiten feststellen.[1519] Dies dürfte unter anderem darauf zurückzuführen sein, dass oftmals Musterverträge als Verhandlungsgrundlage für die Ausgestaltung der BITs dienen.[1520] Um dieses Schutzsystem darzustellen, wurde der deutsch-zimbabwische BIT, gerade auch weil Deutschland eine entscheidende Rolle im Rahmen der Entwicklung der Investitionsschutzverträge eingenommen hat, ausgewählt. Stellvertretend für alle anderen BITs, die von Zimbabwe abgeschlossen wurden,[1521] soll im folgenden dieser BIT untersucht werden, wobei v.a. die für den Investor bedeutenden Bestimmungen im Vordergrund stehen.

Schutzabkommen mit Entwicklungsländern ab. Vgl. Gann, P., The U.S. bilateral Investment Treaty Program, S. S. 373. Eine Aufstellung der bis 1998 abgeschlossenen und in Kraft getretenen BITs der BRD findet sich in BGBl. II Fundstellennachweis B – Völkerrechtliche Vereinbarungen, am 31.12.1998, Hrsg.: Bundesministerium der Justiz, S. 673 f.

[1514] Auch wenn der traditionelle BIT zwischen einem kapitalexportierenden Staat und einem Entwicklungsland geschlossen wurde, existieren inzwischen aber auch BITs ausschließlich unter Entwicklungsstaaten bzw. Industriestaaten. Vgl. den BIT zwischen Singapur und Sri Lanka „*Agreement on the promotion and protection of investment*", vom 09.05.1980, *Singapore-Sri Lanka, Treaties Supp. (Singapore)*, Government Gazette, No. 21, 28.11.1980 und der BIT zwischen den Vereinigten Staaten und Kanada „*United States-Canada Free Trade Agreement*", vom 02.01.1988, abgedruckt in I.L.M., Vol. 27, 1988, S. 281 ff. Siehe dazu im Allgemeinen Walton, C., International Trade, S. 572.

[1515] Böckstiegel, K., Der Staat, S. 150.

[1516] Böckstiegel, K., Die allgemeinen Grundsätze, S. 125; Salacuse, J., The Growth of BITs, S. 661. Auch versuchen sie klare und verständliche Regeln des Investitionsschutzes und einen Streitschlichtungsmechanismus zu errichten. Diese Rechtssicherheit ist v.a. für kleine Betriebe, die den Schritt ins Ausland wagen von großer Bedeutung, da diese sie vor Benachteiligung schützen.

[1517] Herdegen, M., Investitionsschutz in Lateinamerika, S. 432; Alenfeld, J., Die Investitionsförderungsverträge, S. 27 f.; Dolzer/ Stevens, Bilateral Investment Treaties, S. 12 f.; Ipsen, K., Völkerrecht, 4. Aufl., § 47 Rn. 2; Theodorou, H., Investitionsschutzverträge, S. 509.

[1518] Paulsson, J., Arbitration Without Privity, S. 236; Bergmann, H., völkerrechtliche Entschädigung, S. 52.

[1519] Comeaux/ Kinsella, Protecting, S. 102 f.; Bader, T., Sicherungspotentiale, S. 84 ff.; insbes. zu den BITs Großbritanniens vgl. Mann, F., British Treaties, S. 241 ff.

[1520] Dolzer/ Stevens, Bilateral Investment Treaties, S. 12 ff.; Vitzthum/ Vitzthum, Völkerrecht, S. 501. Die urspr. Fassung der BRD (Fassung der 60er Jahre abgedruckt bei Alenfeld, J., Die Investitionsförderungsverträge, S. 175 ff.) ist seit 1991 aktualisiert worden; der offizielle Text ist abgedruckt im Handbuch für internationale Zusammenarbeit, Bd. 14, Stand: 320. Lieferung Mai 1994, Teil II A 65, 11; Dolzer/ Stevens, a.a.O., Annex S. 165 ff. bzw. Kreutzfeld, J., Investitionsschutz, S. 75 Fn. 349.

[1521] Dies sind derzeit die BITs mit folgenden Staaten: Malaysia (1994), Portugal (1994), Großbritannien (1995), Deutschland (1995), China (1996), Dänemark (1996), Iranisch-Islamische Republik (1996), Niederlande (1996), Schweiz (1996), Serbien und Montenegro (1996), Schweden (1997), Tschechische Republik (1999), Ägypten (1999), Indien (1999), Indonesien (1999), Iran-Islamische Republik (1999), Italien (1999), Jamaika (1999), Österreich (2000), Mauritius (2000), Singapur (2000) und Thailand (2000). Vgl. Internet Homepage UNCTAD unter http://www.unctad.org/fdistatistics, besucht am 11.08.2004.

1. Zustandekommen des Vertrags

Am 29.09.1995 unterzeichneten die Bundesrepublik Deutschland und Zimbabwe in Harare einen bilateralen Investitionsförderungs- und schutzvertrag zum Anreiz deutscher Investoren, der am 14. April 2000 nach Austausch der Ratifizierungsurkunden in Kraft trat.[1522] Bis dato kamen nur Unternehmen, die sich in den neu von Zimbabwe eingerichteten *Export Processing Zones* etabliert hatten, in den Genuss der dort vorgesehenen Annehmlichkeiten, wie einer fünfjährigen Steuerfreiheit mit darauf folgendem reduzierten Einkommenssteuersatz, Steuerfreiheit auf Dividendenzahlungen an im Ausland ansässigen Kapitaleignern und die Befreiung von Importzöllen.[1523] Die zimbabwische Investitionspolitik stützte sich dabei auf die durch das *Zimbabwe Investment Centre* (ZIC), welches durch den *Investment Centre Act* von 1993 errichtet worden war, verfolgten Investitionsgrundsätze.[1524]

Für die Bundesrepublik stand mit dem Abschluss in wirtschaftspolitischer Hinsicht die langfristige Erschließung von Absatzmärkten und Rohstoffquellen im Vordergrund. Außenpolitisch sollte neben der allgemeinen Verbesserung der Beziehungen zu Zimbabwe die Präsenz der Bundesrepublik in der Dritten Welt mit besonderem Bezug auf die innerdeutschen Beziehungen gestärkt werden. Innenpolitisch sollte der BIT die Funktion einer materiell-rechtlichen Ergänzung und notwendigen Voraussetzung für die Absicherung des politischen Risikos im Rahmen des deutschen Garantiesystems wahrnehmen.[1525]

2. Inhaltliche Regelungen des Eigentumsschutzes im Investitionsschutzabkommen mit Zimbabwe

a) Präambel

Zwar sind Präambeln keine Vertragsvorschriften im eigentlichen Sinne, sie lassen allerdings einen Schluss auf die politische Grundhaltung, Motive und Erwägungen der Parteien zu und dienen somit als Interpretationshilfe.[1526] Die Präambel des deutsch-zimbabwischen BITs erläutert als Zielsetzung die Vertiefung der wirtschaftlichen Zusammenarbeit zwischen den beiden Staaten und die Errichtung günstiger Bedingungen für private Kapitalanlagen im Hoheitsgebiet des anderen Vertragsstaats. Durch die Absicherung des Rechtschutzes auf Grundlage eines völkerrechtlichen Vertrags sollen Investitionsanreize gegeben und das Privatkapital gefördert werden.[1527]

[1522] Vgl. Abkommen zwischen der Bundesrepublik Deutschland und der Republik Zimbabwe über die Förderung und den gegenseitigen Schutz von Kapitalanlagen, (*Agreement between the Federal Republic of Germany and the Republic of Zimbabwe concerning the Encouragement and Reciprocal Protection of Investments*), vom 29.09.1995, in: BGBl. 1997 II, S. 1839 ff. Vgl. http://www.simbabwe-botschaft.de: Simbabwe im Überblick; besucht am 22.08.2004.

[1523] Schmidt, F., Simbabwe, FES-Skript; Investitionsführer Südliches Afrika, Simbabwe, S. 242, 252 auch zu weiteren Fördermaßnahmen der zimbabwischen Regierung.

[1524] Diese orientierten sich an den Richtlinien für ausländische Investoren, den *Promotion of Investment Policy and Regulations* von Mai 1989, die im September 1991 aktualisiert wurden, sog. *Investment Code*. Darin ist bestimmt, dass die Förderung ausländischer Unternehmen zu verwirklichen ist. In besonders wichtigen Bereichen wollte man allerdings zur Vermeidung einer Wirtschaftsüberfremdung eine zimbabwische Mehrheit behalten. So wurde 1994 mit einer Ergänzung der Investitionsvorschriften eine Liste von Bereichen veröffentlicht, die der nationalen Investition vorbehalten bleiben sollten. Vgl. dazu auch allgemein Patzina, R., Rechtlicher Schutz, S. 38 f.

[1525] Vgl. Alenfeld, J., Die Investitionsförderungsverträge, S. 27 f.; Salow, J., Bundesgarantien, S. 54; Burckhardt, H., Investment Protection Treaties, S. 104; Herdegen, M., Investitionsschutz in Lateinamerika, S. 342.

[1526] Zimmer, R., Investitionsschutz der deutschen Kapitalanlagen, S. 25; Dolzer/ Stevens, Bilateral Investment Treaties, S. 20. BITs mit Deutschland verfügen stets über eine Präambel, die lediglich in groben Zügen einige Punkte der Zielsetzung des Abkommens hervorhebt. Patzina, R., Rechtlicher Schutz, S. 109.

[1527] Alenfeld, J., Die Investitionsförderungsverträge, S. 23.

b) Materieller Anwendungsbereich

Der materielle Anwendungsbereich legt fest, welche Arten von Investitionen dem Schutzbereich des Vertrags unterfallen (sachlicher Anwendungsbereich), welche Personen geschützt sind (persönlicher Anwendungsbereich), wo die Investition getätigt werden muss, um Gegenstand des BITs zu werden (örtlicher Anwendungsbereich) und ab wann, sowie in welchem Zeitraum der Schutz zur Verfügung gestellt wird (zeitlicher Anwendungsbereich).

aa) Geschützte Vermögenswerte

Zunächst beinhalten die BITs alle eine Definition ihres Anwendungsbereichs und des Begriffs der „Investition" bzw. „Kapitalanlage".[1528] Der sachliche Anwendungsbereich des deutsch-zimbabwischen BITs umfasst Kapitalanlagen und Erträge.[1529] Darunter versteht der Vertrag Vermögenswerte jeder Art, was durch eine beispielhafte, nicht abschließende Aufzählung näher bestimmt wird.[1530] Zunächst wird das Eigentum an beweglichen und unbeweglichen Sachen als Vermögenswert, sowie andere dingliche Rechte, wie Hypotheken und Pfandrechte genannt.[1531] Daneben werden vom Begriff der Kapitalanlage Anteilsrechte und Beteiligungen an Gesellschaften erfasst.[1532]

Nach Art. 1 Nr. 1 (c) BIT D-Z stellen auch Ansprüche auf Geld oder vertragliche Leistungen, die einen wirtschaftlichen Wert haben, sowie Forderungsansprüche eine Kapitalanlage dar.[1533] In der Regel handelt es sich bei den relevanten Forderungen um solche aus einem Darlehen, das ein deutscher Investor einem zimbabwischen Unternehmen zur Verfügung gestellt hat.[1534] Auch immaterielle Rechte, wie das geistige Eigentum, sind vom Schutzbereich des BITs umfasst. Dabei sind insbesondere Urheberrechte, Patente, Gebrauchsmuster, gewerbliche Muster und Modelle, Marken, Handelsnamen, Betriebs- und Geschäftsgeheimnisse, technische Verfahren, *Know-how* und *Good Will* erwähnt.[1535] Auf den Meinungsstreit, ob der *Good Will* als Kapitalanlage in den Schutzbereich eines BITs fällt, muss nicht eingegangen werden, da er hier ausdrücklich mitaufgezählt wird.[1536] Schließlich sind noch öffentlich-rechtliche Konzessionen als nähere Bestimmung der Kapitalanlage aufgeführt. Voraussetzung für ihren Schutz ist

---

[1528] Salacuse, J., The Growth of BITs, S. 664. Eine allgemeingültige Definition des Begriffs der Investition bzw. Kapitalanlage hat sich bisher allerdings noch nicht herausgebildet.

[1529] Art. 1 Nr. 1 und Nr. 2 des Abkommens zwischen der BRD und der Republik Zimbabwe über die Förderung und den gegenseitigen Schutz von Kapitalanlagen; abgekürzt: BIT D-Z.

[1530] Banz, M., Völkerrechtlicher Eigentumsschutz, S. 40 f.; Alenfeld, J., Die Investitionsförderungsverträge, S. 28 f.; Frick, H., Bilateraler Investitionsschutz, S. 178. Dadurch soll zum Ausdruck gebracht werden, dass der Schutzbereich möglichst weit auszulegen ist und auch neuen Investitionsformen gegenüber aufgeschlossen ist. Zu beachten ist dabei allerdings auch, dass nur die Rechtspositionen und Interessen hierunter fallen können, die nach der innerstaatlichen Ordnung des jeweiligen Vertragslandes gültig zustande gekommen sind. Mosler, H., Wirtschaftskonzessionen, S. 25 ff., insbes. S. 27.

[1531] Art. 1 Nr. 1 (a) BIT D-Z; Banz, M., Völkerrechtlicher Eigentumsschutz, S. 41.

[1532] Art. 1 Nr. 1 (b) BIT D-Z. Aus der Tatsache, dass die Anteilsrechte und Beteiligungen getrennt genannt werden, ist zu folgern, dass Anteilsrechte i.S.v. Mitgliedschaftsrechten gemeint sind, während unter anderen Arten von Beteiligungen bloße Kapitalbeteiligungen ohne Stimm- oder Kontrollrechte zu verstehen sind. Alenfeld, J., Die Investitionsförderungsverträge, S. 30.

[1533] Voraussetzung ist bei diesen Forderungen, dass sie im Zusammenhang mit einer Auslandsinvestition stehen. Nicht Gegenstand des BIT sind daher Ansprüche aus normalen Handelsgeschäften, wie Forderungen aus Warenlieferungen oder private Forderungen. Banz, M., Völkerrechtlicher Eigentumsschutz, S. 42; Frick, H., Bilateraler Investitionsschutz, S 180. Solche Forderungen werden als Exportforderungen verstanden und daher nicht im innerdeutschen Schutzsystem durch Garantien für Kapitalanlagen, sondern durch Garantien für Forderungen aus Exportlieferungen abgesichert. Alenfeld, J., Die Investitionsförderungsverträge, S. 31. Erfasst werden aber die Geld- und Sachforderungen des Investors im Gaststaat, die seine wirtschaftliche Betätigung garantieren. Frick, H., a.a.O., S. 180.

[1534] Alenfeld, J., Die Investitionsförderungsverträge, S. 31. Schließlich muss die Forderung in Zimbabwe auch dem deutschen Investor zustehen. Nicht ausreichend ist, wenn dieser nur an einer zimbabwischen Gesellschaft beteiligt ist, da sonst die Forderung dieser Gesellschaft zustünde.

[1535] Art. 1 Nr. 1 (d) BIT D-Z.

[1536] Vgl. die vertretenen Ansichten bei Banz, M., Völkerrechtlicher Eigentumsschutz, S. 44 ff.

jedoch, dass sie wirtschaftlich werthaltig und von gewisser Dauer sind.[1537] Das Vermögen eines deutschen Investors wird geschützt, wenn er selbst im Gastland als Inhaber von Rechten in Erscheinung tritt (Direktinvestition). Umstritten ist, ob auch Portofolioinvestitionen, vom Schutzbereich des BITs umfasst sind. Zum Teil wird dies mit dem Argument verneint, dass der BIT zwischen Kapitalanlagen differenziert, die „im Eigentum oder unter Einfluss des Investors“ [vgl. Art. 3 (1) BIT D-Z] stehen, so dass sich die Vertragspartner der Unterscheidung bewusst gewesen sein müssten.[1538]

Auf der anderen Seite ist es Ziel des BITs einen extensiven und umfassenden Vermögensschutz des Investors zu ermöglichen; v.a. der Bundesrepublik dürfte daran gelegen sein, möglichst alle Investitionsarten unter den Anwendungsbereich fallen zu lassen. Darüber hinaus sind Portofolioinvestitionen objektiv schwer von Direktinvestitionen abzugrenzen, da nur die subjektive Intention des Investors hinsichtlich der Einflussnahme auf die Kapitalgesellschaft beide Investitionsarten unterscheidet. Zutreffend erscheint daher, auch diese mit in den Schutzbereich des BITs aufzunehmen.[1539]

bb) Erträge

Neben Kapitalanlagen werden auch Erträge vom sachlichen Anwendungsbereich geschützt.[1540] Der BIT definiert diese als diejenigen Beträge, die auf eine Kapitalanlage in einem bestimmten Zeitraum anfallen, wie Gewinnanteile, Dividenden, Zinsen, Lizenzen oder andere Entgelte.[1541] Auch Erträge, die in die Kapitalanlage reinvestiert wurden, genießen denselben Schutz wie Kapitalanlagen.[1542]

cc) Zeitlicher Schutzbereich und Zulassung

Nach Art. 9 BIT D-Z genießen Kapitalanlagen den vollen Schutz des BITs, die nach den Rechtsvorschriften des Gastlandes vorgenommen worden sind. Der Beginn des Vertragsschutzes ist für den Investor demnach identisch mit der Erteilung der Zulassung, d.h. mit dem Zeitpunkt, in dem alle rechtlichen und tatsächlichen Voraussetzungen erfüllt wurden, welche von den innerstaatlichen Investitionsgesetzen verlangt werden. Dies gilt auch für solche Anlagen, die vor dem Inkrafttreten des Vertrags getätigt wurden, soweit sie gemäß der darin gültigen Rechtsvorschriften zustande gekommen sind.[1543] Der deutsch-zimbabwische BIT trat einen Monat nach Austausch der Ratifikationsurkunden zunächst für eine gewöhnliche Mindestlaufzeit von zehn Jahren in Kraft [Art. 12 (1) BIT D-Z].[1544] Nach

[1537] Art. 1 Nr. 1 (e) BIT D-Z. Banz, M., Völkerrechtlicher Eigentumsschutz, S. 47. Geschützt sind damit Konzessionen zur Ausbeutung und Verarbeitung von Bodenschätzen und zum Betrieb öffentlicher Einrichtungen. Alenfeld, J., Die Investitionsförderungsverträge, S. 32 f.

[1538] Burckhardt, H., Auslandsinvestitionsschutz, S. 131; Alenfeld, J., Die Investitionsförderungsverträge, S. 29 f.

[1539] So auch Bippus, B., Internationalrechtlicher Schutz, S. 207 f.; Bader, T., Sicherungspotentiale, S. 87 ff.; Patzina, R., Rechtlicher Schutz, S. 109 ff.; Frick, H., Bilateraler Investitionsschutz, S. 182 ff.

[1540] Patzina, R., Rechtlicher Schutz, S. 110.

[1541] Art. 1 Nr. 2 BIT D-Z. Dabei sind jeweils die Nettoerträge gemeint, so dass Steuern und andere Abgaben abzuziehen sind. Banz, M., Völkerrechtlicher Eigentumsschutz, S. 53.

[1542] Auch wenn die nicht ausgeschütteten Reinvestitionen keine Erträge mehr darstellen, sind sie als Wertsteigerungen vom Schutzbereich umfasst. Dem BIT unterliegt die Kapitalanlage in ihrem jeweiligen Wert und nicht nur das urspr. Kapital. Alenfeld, J., Die Investitionsförderungsverträge, S. 35; Frick, H., Bilateraler Investitionsschutz, S. 185.

[1543] Banz, M., Völkerrechtlicher Eigentumsschutz, S. 52.

[1544] Reed/ Paulsson/ Blackaby, Guide to ICSID Arbitration, S. 61.

deren Ablauf soll er weiterhin in Kraft bleiben und sich auf unbegrenzte Zeit verlängern.[1545] Mit einer Frist von zwölf Monaten frühestens zum Ende der Mindestlaufzeit können die Vertragsparteien den BIT kündigen [Art. 12 (3) BIT D-Z].[1546] Von großer Wichtigkeit für die Sicherheit der bestehenden Kapitalanlagen ist auch, dass ihr Schutz noch für weitere 20 Jahre fortgilt, was sich vom Tag des Außerkrafttretens des Abkommens an berechnet [Art. 12 (2) BIT D-Z].

c) Persönlicher Schutzbereich

Nach dem deutsch-zimbabwischen BIT sind als Investoren nur die jeweiligen Staatsangehörigen,[1547] sowie die Gesellschaften[1548] der beiden Vertragsstaaten erfasst.

aa) Natürliche Personen

Der Begriff des Staatsangehörigen soll sich aus dem nationalen Recht der Vertragsstaaten ergeben. Regelmäßig wird in der Praxis auf den Besitz eines nationalen Reisepasses abgestellt, wie Ziff. 1 b des Protokolls zu dem deutsch-zimbabwischen BIT bestimmt.[1549] Dies ist jedoch nur als Fiktion zur Erleichterung der Feststellung der Nationalität gedacht; als materielles Kriterium ist die Staatsangehörigkeit des jeweiligen Staates maßgeblich.[1550]
Für die Bundesrepublik Deutschland gilt als Inhaber der deutschen Staatsangehörigkeit jeder Deutsche im Sinne des Art. 116 GG. Für Zimbabwe bestimmt sich der Begriff der Staatsangehörigkeit nach dem Terminus des „*nationals*" i.S.d. verfassungs- und verwaltungsrechtlichen Bestimmungen. Eine gesonderte Regelung für natürliche Personen, die sowohl die deutsche als auch die zimbabwische Staatsangehörigkeit besitzen, sieht der BIT nicht vor. Im internationalen Recht ist aber anerkannt, dass im Fall der doppelten Staatsangehörigkeit die effektive Staatsangehörigkeit maßgebend sein soll. Das bedeutet, dass eine Person mit doppelter Staatsangehörigkeit nur dann unter den Schutz des BITs fällt, wenn sie ihre Investitionen in einem anderen Land, als dem ihres Lebensmittelpunktes, getätigt hat.[1551]

bb) Juristische Personen des Vertragsstaates

Der nationale Bezug eines Unternehmens bestimmt sich grundsätzlich nach dessen Zugehörigkeit, wofür das Völkerrecht im Rahmen des „*genuine link*" Erfordernisses auf die staatlichen Rechtsordnungen verweist. Da dafür nicht der Begriff der Staatsangehörigkeit dienen kann, stellt man zur Bestimmung des Personalstatuts der juristischen Person auf drei grundlegende Theorien ab: Nach der im angelsächsischen Raum vorherrschenden Gründungs- oder Inkorporationstheorie, ist auf den Staat abzustellen, nach dessen Recht das Unternehmen gegründet oder eingetragen

---

[1545] Auch für den Fall eines zwischen den Vertragsparteien entstehenden Konfliktes bleibt das Abkommen in Kraft. Private Vermögensrechte dürfen danach nicht allein aus diesem Grund, sondern nur nach den Voraussetzungen des Art. 4 enteignet werden. Zeitweilige Maßnahmen nach den allg. Regeln des Völkerrechts, wie Kontrollmaßnahmen, bleiben jedoch zulässig.
[1546] Nach Ablauf der Mindestlaufzeit können beide Vertragspartner jederzeit unter Einhaltung der einjährigen Kündigungsfrist den BIT aufkündigen. Banz, M., Völkerrechtlicher Eigentumsschutz, S. 62.
[1547] Art. 1 Nr. 3 BIT D-Z.
[1548] Art. 1 Nr. 4 BIT D-Z.
[1549] Vgl. Protokoll vom 29.09.1995; Alenfeld, J., Die Investitionsförderungsverträge, S. 41.
[1550] Banz, M., Völkerrechtlicher Eigentumsschutz, S. 55.
[1551] Banz, M., Völkerrechtlicher Eigentumsschutz, S. 56 f.; Dolzer/ Stevens, Bilateral Investment Treaties, S. 34; Verdross/ Simma, Universelles Völkerrecht, § 1197.

worden ist (Gründungstheorie).[1552] In Kontinentaleuropa herrscht dagegen die Sitztheorie vor, für die der Geschäftssitz des Unternehmens entscheidend ist, d.h. der Ort, wo die grundlegenden Entscheidungen der Unternehmensleitung effektiv in laufende Geschäftsführungsakte umgesetzt werden.[1553] Die Kontrolltheorie schließlich löst das Problem einer etwaigen Sitzverlegung, indem sie auf die Staatsangehörigkeit der Mehrheit der Kapitaleigner abstellt.[1554]

Der deutsch-zimbabwische BIT enthält die Vereinbarung, dass jede juristische Person, die ihren Sitz im Hoheitsgebiet der Bundesrepublik Deutschland hat - unabhängig, ob ihre Tätigkeit auf Gewinn gerichtet ist oder nicht - vom Anwendungsbereich erfasst wird.[1555] Auch in der Vertragspraxis der Bundesrepublik Deutschland war die Sitztheorie bislang das maßgebende Kriterium bei der Bestimmung des Personalstatus einer juristischen Person. Es ist davon auszugehen, dass dies wohl auch weiterhin für Nicht-EG-Vertragsstaaten der Fall sein wird.[1556] Für Zimbabwe dagegen ist eine Mischung aus Gründungs- und Sitztheorie ausschlaggebendes Kriterium zur Bestimmung der Zugehörigkeit einer Gesellschaft. Deutsche Gesellschaften, die nach diesem Abkommen behandelt werden wollen, müssen daher nach dem in Zimbabwe geltenden Recht entweder eingetragen oder gegründet worden sein.[1557]

d) Behandlung der Investoren

Die vom Anlageland zugelassenen Investitionen unterstehen nach dem BIT einer besonderen Behandlung gegenüber nichtgeschützten Auslandsinvestitionen. Hinsichtlich der Zulassung einer Kapitalanlage sieht der BIT keine Pflicht vor,[1558] sondern überlässt es dem Gastland,[1559] ob und welche ausländischen Investitionen es zulassen möchte.[1560]

[1552] Dazu Vitzthum/ Vitzthum, Völkerrecht, S. 502; Seidl-Hohenveldern/ Stein, Völkerrecht, Rn. 1344. Sie hat in verschiedenen Entschädigungsabkommen Anwendung gefunden, wobei für sie spricht, dass sie sich auf bestimmte unveränderbare ontologische Anknüpfungsmerkmale, die Rechtssicherheit gewähren, stützt. Polter, Auslandsenteignungen, S. 113.

[1553] BGHZ 97, 269, 272; Palandt/ Heldrich, Anhang zu Art. 12 EGBGB, Rn. 2, 3; Salow, J., Bundesgarantien, S. 91.

[1554] Seidl-Hohenveldern/ Stein, Völkerrecht, Rn. 1346; Bippus, B., Internationalrechtlicher Schutz, S. 42 f. m.w.N.; Verdross/ Simma, Universelles Völkerrecht, § 1204.

[1555] Art. 1 Nr. 4 BIT D-Z. Der Begriff Gesellschaft umfasst für die deutsche Seite jede Kapital- und Personengesellschaft, die in der BRD ihren Sitz hat. Diese Definition stützt sich allein auf das Sitzprinzip als Kriterium für die Festlegung der Zugehörigkeit einer Gesellschaft (vgl. Patzina, R., Rechtlicher Schutz, S. 111).

[1556] BGHZ 25, 134 (144); 78, 318 (334); 97, 269 (272); OLG Hamburg, in: NJW 1986, 2199; OLG München, in: NJW 1986, 2197; Palandt/ Heldrich, Anhang zu Art. 12 EGBGB, Rn. 2. Diese Rechtssprechung ist allerdings aufgrund der Entscheidung des EuGHs im Fall *Centros Ltd. ./. Erhvervs- og Selskabsstyrelsen* (in: EWS 1999, S. 140 ff.) neu zu überdenken. Vgl. EuGH vom 09.03.1999, RS C-212/ 97, sowie Art. 43 EG und 48 EG. Der EuGH räumt dabei der Gründungstheorie tendenziell den Vorrang ein. Vgl. Geyrhalter, V., Niederlassungsfreiheit contra Sitztheorie, S. 201 ff.

[1557] Vgl. Art. 1 Nr. 4b BIT D-Z.

[1558] Gattiker, H., Behandlung von Auslandsinvestitionen, S. 31.

[1559] Jeder Staat besitzt aufgrund seiner Territorialhoheit das Recht, die Rechtsordnung für sein Land zu bestimmen und daher auch über die Zulassung von Fremden und deren wirtschaftliche Tätigkeit auf seinem Staatsgebiet zu entscheiden. Diese allgemeinen fremdenrechtlichen Grundsätze gelten auch im Bereich des internationalen Wirtschaftsrechts für die Zulassung von ausländischem Kapital. Da dem jeweiligen Gaststaat die alleinige Souveränität über die Zulassung von Direktinvestitionen obliegt und somit kein entsprechender völkergewohnheitsrechtlicher Anspruch besteht [vgl. Art. 2 (2) a Charta der wirtschaftlichen Rechte und Pflichten der Staaten und die OECD-Deklaration von 1976], wird daher in einigen BITs ein Zulassungsrecht vereinbart. Ob sich daraus ein völkerrechtlicher Anspruch ergibt, ist zweifelhaft und lässt sich jedenfalls im Falle verneinen, wenn die Zulassung unter dem Vorbehalt der Bestimmungen der Rechtsordnung des Gaststaates steht. Vgl. Häde, U., Der völkerrechtliche Schutz, S. 193 f.; Notter, M., Völkerrechtlicher Investitionsschutz, S. 122; Langer, G., Rechtsschutz, S. 22 f.; Zagel, G., Auslandsinvestitionen in Lateinamerika, S. 104 ff.

[1560] Im Falle des Investitionswunsches in Zimbabwe, geäußert durch einen Antrag auf ein *Investment Certificate*, hat das ZIC zuvor einem potentiellen Vorhaben zuzustimmen, sog. Notifizierungsverfahren (vgl. Alenfeld, J., Die Investitionsförderungsverträge, S. 36). Grds. steht die Zulassung allen ausländischen Investitionen offen. Einige Bereiche, wie die Landwirtschaft, hat die Regierung allerdings ihren inländischen Investoren reserviert. Vgl. http://www.zic.co.zw; besucht am 23.08.2004.

aa) Inländergleichbehandlung, Meistbegünstigung, gerechte und billige Behandlung

Ganz allgemein garantieren die Vertragsparteien, die Kapitalanlagen von Investoren der anderen Seite nach Möglichkeit zu fördern und diese in Übereinstimmung mit ihrem innerstaatlichen Recht zuzulassen, sogenanntes Wohlwollensgebot.[1561] Von zentraler Bedeutung für den ausländischen Investor und Mindestziel eines jeden BITs ist der Grundsatz der Inländergleichbehandlung. Mit dieser verpflichten sich die Vertragsparteien, die ausländische Investition bzw. deren Investoren nicht weniger günstig zu behandeln, als sie in diesem Zusammenhang ihre eigenen Staatsangehörigen oder Gesellschaften behandeln würden. Der deutsch-zimbabwische BIT regelt in zwei Absätzen[1562] die Nichtdiskriminierung von Kapitalanlagen[1563] und von wirtschaftlicher Tätigkeit im Zusammenhang mit Kapitalanlagen, indem er eine uneingeschränkte Inländerbehandlung vorsieht. Verhindert werden soll insbesondere, dass deutsche (oder zimbabwische) Investoren schlechtere Ausgangsbedingungen im Gastland vorfinden als ihre inländischen Konkurrenten.[1564] Dabei handelt es sich jedoch nicht um einen völligen Ausschluss jeglicher ungleichen Behandlung. Maßnahmen, die aus Gründen der öffentlichen Sicherheit und Ordnung, der Volksgesundheit oder der Sittlichkeit erfolgen, sind vom Diskriminierungsgebot ausgenommen.[1565]

Nach dem Grundsatz der Meistbegünstigung darf die Behandlung durch den Anlagestaat nicht weniger günstig sein als diejenige, welche er den Staatsangehörigen oder Gesellschaften der am meisten privilegierten Nation gewährt, sofern diese günstiger ist als die Behandlung der Inländer.[1566] Sachlich zu rechtfertigende Diskriminierungen sind ebenso wie im Rahmen der Inländergleichbehandlung zulässig. Ergänzt wird die Nichtdiskriminierungsklausel durch die Bestimmung, dass Kapitalanlagen in jedem Falle „gerecht und billig" behandelt werden sollen [Art. 2 (1) BIT D-Z]. Bei dieser Klausel handelt es sich um die auch am schwersten fassbare Bestimmung, da sie das Prinzip der Billigkeit aus den nationalen Rechtsordnungen in das Völkerrecht überträgt. Inhaltlich verlangt diese von den Vertragsparteien die Treue zu den von den Parteien vereinbarten Bestimmungen, sogenanntes Gebot des „*pacta sunt servanda*."[1567] Die *fair and equitable treatment*-Klausel entspricht letztlich jedoch nicht mehr als einem Schikaneverbot, da sich insbesondere die Bundesrepublik Deutschland nicht darauf verlassen kann, dass sich Zimbabwe an

---

[1561] Vgl. Art. 2 (1) BIT D-Z; vgl. bei Luthra, T., Zulassung, S. 167. Damit soll eine möglichst weite Integration des ausländischen Privatkapitals in die innerstaatliche Wirtschaft bezweckt werden.

[1562] Der Grund dafür, dass der Aspekt der Nichtdiskriminierung in zwei Absätzen des Art. 3 (1) und (2) BIT D-Z geregelt wurde (für die Kapitalanlage selbst und dann für die Tätigkeit des Investors im Zusammenhang mit seiner Kapitalanlage) dürfte allein in der sprachlichen Schwierigkeit liegen, den Vorgang in einem Satz auszudrücken. Alenfeld, J., Die Investitionsförderungsverträge, S. 48.

[1563] Kapitalanlagen i.S.d. Art. 3 BIT D-Z sind nicht nur die Direktinvestitionen, sondern auch die indirekten, die unter der Kontrolle bzw. dem Einfluss eines ausländischen Investors stehen. Darunter ist zu verstehen, dass der Investor die Entscheidungen der Unternehmensorgane entscheidend beeinflussen kann, was durch einen entsprechenden Kapitalanteil (in Höhe der Sperrminorität) oder Kontrollrechten aus Darlehensverträgen der Fall sein kann.

[1564] Vgl. Ziff. 3 a des Protokolls, nach der als eine weniger günstige Behandlung i.S.d. Art. 3 die „Einschränkungen des Bezuges von Roh- und Hilfsstoffe, Energie und Brennstoffen sowie von Produktions- und Betriebsmitteln aller Art, die unterschiedliche Behandlung im Falle von Behinderungen des Absatzes von Erzeugnissen im In- und Ausland, sowie sonstige Maßnahmen mit ähnlicher Auswirkung" anzusehen sind.

[1565] Vgl. Ziff. 3 a und b des Protokolls.

[1566] Dahingestellt kann die strittige Frage bleiben, ob der Anwendungsbereich der Meistbegünstigungsklausel die einem Drittstaat gewährte Inländerbehandlung mitumfasst, da dies aufgrund der explizit daneben geregelten Inländerbehandlung ohne praktische Auswirkung ist. Vgl. Frick, H., Bilateraler Investitionsschutz, S. 97 f.

[1567] Vasciannie, S., The fair and equitable Treatment Standard, S. 131. Jede Behandlung und Entscheidung ist damit an dem von den Parteien gewollten Zweck der Vereinbarung auszurichten. Je nach Fall kann die Billigkeitsbestimmung lediglich als Interpretationsmaßstab bis hin zur Vervollständigung des Vertragsrechts und sogar zu dessen Korrektur dienen. Dahm, G., Völkerrecht, Bd. I/ 1, S. S. 41 f. Von einigen Stimmen wird dazu vertreten, dass darin ein völkergewohnheitsrechtlicher Standard zu sehen sei, nach dem gewisse Mindestregeln für den Schutz des Lebens und Vermögens eines Ausländers zu beachten seien. Vasciannie, S., The fair and equitable Treatment Standard, S. 139 f. Andere verstehen darunter umfassenderen Schutz und Sicherheit im Gaststaat (vgl. Vasciannie, S., a.a.O., S. 130 ff.) oder lediglich die Garantie der Gleichbehandlung der ausländischen Investoren. Vandevelde, K., The Political Economy of a BIT, S. 630; Sornarajah, M., The International Law, S. 251.

ein traditionelles europäisches Fremdenrecht gebunden fühlt. Sie kommt dann zur Anwendung, wenn für die Meistbegünstigung keine Vergleichsbasis besteht, weil alle Investoren gleichermaßen schlecht behandelt werden.[1568]

bb) Transfergarantie

Genauso wichtig wie der Schutz seiner Kapitalanlagen ist für den Investor die Sicherheit, dass er die erwirtschafteten Erträge ungehindert aus dem Anlagestaat transferieren und sein Anlagekapital wieder zurückführen kann. Angesichts einer ungünstigen Zahlungsbilanz in vielen Entwicklungsländern haben die Investoren zu befürchten, dass bei schwindenden Devisenreserven die Anlagestaaten den Zahlungsverkehr beschränken. Aus diesem Grund enthalten viele BITs eine Transfergarantie, durch die der Investor, unabhängig von der wirtschaftlichen Lage im Gastland, einen Anspruch auf uneingeschränkten Transfer erwirbt.[1569]

Der deutsch-zimbabwische BIT gewährt den Staatsangehörigen oder Gesellschaften, die im Hoheitsgebiet der anderen Vertragspartei Investitionen getätigt haben, den freien Transfer der Kapitalerträge und eines eventuellen Liquidationserlöses.[1570] Das Verfahren zur Durchführung der Überweisung wird in Art. 6 BIT D-Z näher bestimmt: Danach gilt als Überweisungskurs der am Transferierungstag gültige Kurs.[1571] Weiter ist vorgesehen, dass alle Überweisungen unverzüglich durchgeführt werden müssen. Als unverzüglich definiert das Protokoll eine Frist, die normalerweise zur Beachtung der Förmlichkeiten für einen Transfer erforderlich ist, begrenzt diese aber auf höchstens zwei Monate.[1572] Eine Ausnahme von der freien Transferierbarkeit sieht Ziff. 5 des Protokolls bezüglich solcher Kapitalanlagen vor, die vor dem 01.05.1993 getätigt worden sind. Diese sollen über einen Zeitraum von höchstens 18 Monaten, in Höhe eines gestaffelten Prozentsatzes des Gesamterlöses in Raten transferiert werden können.

cc) Besserstellungs- und Abschirmungsklausel

Der deutsch-zimbabwische BIT soll, soweit er die Behandlung von Kapitalanlagen selbst festlegt, einem höheren Behandlungsniveau nicht im Wege stehen. Art. 8 (1) BIT D-Z bestimmt, dass Vorschriften aus bestehenden oder in Zukunft begründeten innerstaatlichen oder völkerrechtlichen Verpflichtungen des Gaststaates durch den Vertrag unberührt bleiben.[1573] Die Wirkung der Abschirmungsklausel des Art. 8 (2) besteht darin, dass der verpflichtete Staat für die Dauer des BITs darauf verzichtet, in Bezug auf den im Vertrag geregelten Gegenstand seine hoheitliche Gewalt auszuüben und das Rechtsverhältnis nach Maßgabe des öffentlichen Interesses einseitig zu ändern oder aufzuheben.

[1568] Alenfeld, J., Die Investitionsförderungsverträge, S. 69 ff.; Banz, M., Völkerrechtlicher Eigentumsschutz, S. 70.

[1569] Karl, J., Das MAI, S. 436; Burckhardt, H., Investment Protection Treaties, S. 101.

[1570] Art. 5 BIT D-Z. Das Abkommen geht noch darüber hinaus und sichert den freien Transfer für weitere Tatbestände zu, wie Gewinne, laufende Erträge, vertraglich vereinbarte Rückerstattungen, Beträge, die zur Kostendeckung der Investitionsverwaltung bestimmt sind, Abgaben und andere Zahlungen aus Lizenzrechten und aus wirtschaftlicher, administrativer oder technischer Unterstützung, zusätzliche Kapitalleistungen, die für die Erhaltung oder die Entwicklung der Investitionen benötigt werden, Erlöse aus Verkauf und aus teilweiser oder gänzlicher Kapitalliquidation, einschließlich eines eventuellen Wertzuwachses.

[1571] Dieser darf nicht wesentlich vom Kreuzkurs abweichen, der sich aus denjenigen Umrechnungskursen ergibt, die der Internationale Währungsfond in Sonderziehungsrechten zugrunde legen würde [Art. 6 (1) BIT D-Z].

[1572] Vgl. Ziff. 6 Protokoll. Diese Maximalfrist ist mit dem Umstand zu erklären, dass nach Ablauf von zwei Monaten auch der Bund aus seiner Transfergarantie in Anspruch genommen werden kann. Vgl. Alenfeld, J., Die Investitionsförderungsverträge, S. 73 Rn. 92.

[1573] Diese Besserstellungsgarantie gilt jedoch nur bzgl. solcher Rechtsvorschriften des Anlagestaates, die für den Investor günstiger sind. Dabei richtet sich nach dem Recht des Anlagestaates, ob die neue günstigere Rechtsvorschrift auch auf Kapitalanlagen Anwendung findet, die vor ihrem Erlass getätigt wurden. Nur dann kann der Investor auch einen Anspruch auf Änderung der Bedingungen für seine Kapitalanlage herleiten. Die Bestimmung ist aber keine Meistbegünstigungsklausel. Vgl. Alenfeld, J., Die Investitionsförderungsverträge, S. 105 f.

Der deutsch-zimbabwische BIT enthält – im Gegensatz etwa zu dem Konventionsentwurf der OECD von 1967 oder der EMRK - keine allgemeine Abweichungsklausel.[1574] Die in diesen Konventionen verankerten Grundsätze gelten allerdings als Völkergewohnheitsrecht auch für den vorliegenden BIT. Danach ermöglichen Gründe zwingender Not oder höherer Gewalt, die den Bestand des Staates gefährden, Abweichungen vom Vertrag. Bloße Erfüllungsschwierigkeiten genügen dabei jedoch nicht.[1575] Die Abschirmungsklausel gibt dem Investor erhöhten Schutz vor staatlichen Eingriffen in seine Rechtsposition, indem sie sein innerstaatliches Rechtsverhältnis zu dem Anlagestaat durch eine Parallelverpflichtung auf der Ebene des Völkerrechts absichert. Allerdings steht sie wie alle Verpflichtungen unter dem Grundsatz der Vertragstreue und setzt daher gegenseitige Kooperation voraus.

e) Zulässigkeitsvoraussetzungen staatlicher Eingriffe in die Kapitalanlage

Die Vermögensschutzklausel des Art. 4 BIT D-Z ist eines der Kernstücke des Vertrags, da der Schutz vor Vermögenseinbußen infolge staatlicher Eingriffe das entscheidende investitionsfördernde Instrument darstellt. Die Klausel besteht aus vier Absätzen: Absatz 1 enthält eine Generalklausel, nach der Kapitalanlagen voller Schutz und Sicherheit in allgemeiner Form zugesichert wird. Absatz 2 regelt die Voraussetzungen zulässiger Enteignungen und enteignungsgleicher Eingriffe, sowie ihrer Rechtsfolgen, v.a. Art, Zahlungsweise und Höhe der Entschädigungszahlung. Absatz 3 betrifft in Anlehnung an die allgemeinen Garantiebedingungen Kriegs- und Aufruhrschäden. Schließlich ergänzt Absatz 4 die vertraglich vereinbarten absoluten Regeln für die Behandlung von Kapitalanlagen und ihrer Erträge im Falle von Enteignung und von Kriegs- und Aufruhrschäden durch die Vereinbarung der Meistbegünstigung.

aa) Kapitalanlagen und die Generalklausel

Die Generalklausel stellt die allgemeine Verpflichtung des vertraglichen Schutzes von ausländischen Investitionen dar. Art. 4 BIT D-Z versteht den Begriff der Kapitalanlage enger als im Rahmen der Nichtdiskriminierung des Art. 3.[1576] Er spricht nur generell von Kapitalanlagen, ohne dabei auch die mittelbaren Kapitalanlagen ausdrücklich zu erwähnen.[1577] Als Kapitalanlagen in diesem Sinne sind alle Vermögenswerte – einschließlich der Erträge - zu verstehen, die einem Investor als Rechtsträger unmittelbar zuzuordnen sind.[1578]

[1574] Vgl. Art. 15 EMRK; Art. 6 des OECD-Entwurf, der Abweichungen vom Vertrag erlaubt, wenn „war, hostilities or other grave national emergency due to force majeure or provoked by unforeseen circumstances or threatening its essential security interests" vorliegen.

[1575] Auf Teilgebieten des modernen Völkerrechts wurden bereits neue Abweichungsregeln entwickelt, die es dem Staat ermöglichen, im Falle des Eintritts schwerer wirtschaftlicher und finanzieller Störungen, seine Zusage rückgängig zu machen. Alenfeld, J., Die Investitionsförderungsverträge, S. 103.

[1576] Vgl. Art. 3, der Kapitalanlagen vor Diskriminierung schützt, wenn sie „im Eigentum oder unter dem Einfluss von Staatsangehörigen oder Gesellschaften der anderen Vertragspartei stehen."

[1577] Angesichts der weiten Begriffsbestimmung des Art. 1 hätte auch die Ansicht vertreten werden können, dass die mittelbar gehaltene Kapitalanlage dem Schutz des Art. 4 unterfallen. In Anbetracht der ausdrücklichen Begriffserweiterung in Art. 2 bleibt jedoch nur der Umkehrschluss, dass solche Beteiligungen in Art. 4 nicht geschützt sein sollen. Der Grund für diese Einschränkung liegt im Zusammenhang mit der deutschen Garantiegesetzgebung, nach der mittelbare Beteiligungen und mittelbar gehaltene Darlehensforderungen auch nicht geschützt werden. Vgl. Alenfeld, J., Die Investitionsförderungsverträge, S. 111.

[1578] Banz, M., Völkerrechtlicher Eigentumsschutz, S. 74; Frick, H., Bilateraler Investitionsschutz, S. 206 f.

Unter dem Begriffspaar Schutz und Sicherheit des Art. 4 (1) ist die Wahrung und Verteidigung des äußeren Bestands der Kapitalanlage, wie der Schutz vor Zerstörung und Beschädigung, zu verstehen.[1579] Im deutsch-zimbabwischen BITs liegt die Bedeutung der allgemein gehaltenen Verpflichtung, Kapitalanlagen vollen Schutz und Sicherheit zu garantieren, v.a. darin, dass sie ein Schikaneverbot für Fälle darstellt, in denen es sich noch nicht um eine Enteignung handelt.[1580] Zum Teil wird in der Klausel auch die Niederlegung des völkerrechtlichen Mindeststandards gesehen.[1581] Allerdings dürfte diese Klausel aufgrund ihrer Unbestimmtheit nicht geeignet sein, die Rechtsposition des Investors über die durch den Vertrag bereits geschaffene Position hinaus zu verbessern.

bb) Enteignungstatbestände

Die Enteignungsklausel des Art. 4 (2) BIT D-Z sieht als Arten der Eigentumseingriffe die Enteignung, die Nationalisierung und jede enteignungsgleiche Besitzentziehung vor und unterwirft damit qualitativ verschiedene Maßnahmen denselben vertraglichen Regeln. Eine Definition, was unter Enteignung oder Nationalisierung zu verstehen ist, kommt im BIT nicht vor. Es ist deshalb auf die Grundsätze des allgemeinen Völkerrechts abzustellen[1582] (vgl. oben 2. Teil, A. II. 3.). Bezüglich mittelbarer Enteignungen, also Maßnahmen, die formaljuristisch die Rechtsposition des Investors unangetastet lassen, jedoch seine Rechtsausübung beschränken, werden nur solche vom Schutzbereich des BIT erfasst, die in ihrer Auswirkung einer Enteignung oder Verstaatlichung gleichkommen.[1583] Dabei kann jedoch nicht jede Maßnahme Zimbabwes, welche die Kapitalanlage eines deutschen Investors in irgendeiner Weise betrifft, eine Enteignung darstellen, da sonst jegliche wirtschaftliche Betätigung des Entwicklungslandes ausgeschlossen würde.[1584] Daher legt das Protokoll ergänzend zu Art. 4 fest, dass es sich nur dann um einen solchen Eingriff handelt, wenn dadurch die wirtschaftliche Substanz des Unternehmens erheblich beeinträchtig wurde.[1585] Die Bestimmung der Enteignung bezieht sich grundsätzlich nur auf staatliche Maßnahmen, wie sich schon aus den Begriffen der Enteignung bzw. Nationalisierung ergibt. Aus den allgemeinen Schutzpflichten der Vertragsstaaten muss aber zurecht gefolgert werden, dass auch private Eingriffe in Eigentumsrechte unter dem Gesichtspunkt des Abkommens relevant werden können, wenn es ein Vertragsstaat schuldhaft unterlässt, seinen Schutzpflichten nachzukommen.[1586]

[1579] Dahm, G., Völkerrecht, Bd. I, 1958, S. 519. Dabei ist an die straf- und polizeirechtliche Absicherung der Geschäfts- und Fabrikationsräume des Investors gegen Übergriffe zu denken, etwa bei Demonstrationen oder Streikexzessen. Dies kann jedoch nur soweit gelten, als der Gaststaat in der Lage ist, die öffentliche Ordnung in seinem Hoheitsbereich aufrecht zu erhalten, da für den Fall des Krieges oder sonstigen bewaffneten Konflikts die Kriegsklausel eine andere Rechtsfolge bestimmt (siehe unten Fn 1578).

[1580] Da der Inhalt der Klausel im Vertrag nicht geregelt ist, muss sie negativ von den Fällen der Kapitalbeeinträchtigung abgegrenzt werden, die der Enteignungsregelung unterworfen sind. Außerdem ist sie als Grundnorm in solchen Fällen anzusehen, in denen ausländische Kapitalanlagen nicht durch hoheitliche Eingriffe, sondern durch die Untätigkeit des Staates in Aufruhrfällen Schaden erleiden. Salow, J., Bundesgarantien, S. 188 f.

[1581] Schwarzenberger, G., The Abs-Shawcross Draft Convention, S. 152 f.

[1582] So auch Banz, M., Völkerrechtlicher Eigentumsschutz, S. 74.

[1583] Vgl. Art. 4 (2) 1 BIT D-Z; Banz, M., Völkerrechtlicher Eigentumsschutz, S. 79.

[1584] Frick, H., Bilateraler Investitionsschutz, S. 211. Die Unterscheidung kann nur nach Lage des Einzelfalls beurteilt werden, wobei die Gerichte die dem innerstaatlichen Recht vertraute Abgrenzung für die Auslegung mit Vorbehalt heranziehen werden. Daneben werden im Zweifel für den Investor die in der Präambel und in der Generalklausel niedergelegten investitionsfreundlichen Grundsätze berücksichtigt werden.

[1585] Vgl. auch Banz, M., Völkerrechtlicher Eigentumsschutz, S. 80.

[1586] Alenfeld, J., Die Investitionsförderungsverträge, S. 112; Frick, H., Bilateraler Investitionsschutz, S. 209; Banz, M., Völkerrechtlicher Eigentumsschutz, S. 83.

cc) Allgemeinwohl

Der deutsch-zimbabwische BIT folgt der traditionellen Auffassung, wonach eine Enteignung nur zulässig ist, wenn die Maßnahme im öffentlichen Interesse ist und im Rahmen eines Rechtsverfahrens erfolgt, nicht diskriminierend ist und eine effektive und angemessene Entschädigung vorsieht [Art. 4 (2) BIT D-Z]. Da das Völkerrecht mangels einer gemeinsamen Wirtschaftsordnung keinen einheitlichen Begriff des öffentlichen Zwecks kennt, ist es die Angelegenheit eines jeden Staates, dies für sich im Rahmen seiner nationalen Gesetzgebung zu bestimmen.[1587] Meist wird es sich um wirtschafts-, sozial- oder entwicklungspolitische Zielsetzungen handeln, ohne dass ein Staat darauf beschränkt wäre. Begrenzung findet der völkerrechtliche Begriff des allgemeinen Wohls jedoch zum einen in dem Verbot der Enteignung lediglich aus Privatinteresse,[1588] zum anderen dann, wenn die Enteignungsmaßnahme als außenpolitisches Druckmittel verwendet wird. Dabei sind allerdings entwicklungspolitisch motivierte Enteignungen, die im Interesse der nationalen Wirtschaft und der Unabhängigkeit des Landes erfolgen, zulässig.[1589] Abgesehen von einigen extremen Fällen, dient allerdings fast jede Maßnahme dem öffentlichen Wohl, wenn sie nur einem sozialen oder wirtschaftlichen Ziel entspricht.

dd) Diskriminierungsverbot und Meistbegünstigung

Nach allgemeiner Staatenpraxis ist die Nichtdiskriminierung eine weitere Voraussetzung der Zulässigkeit einer Enteignung.[1590] Mangels Regelung in Art. 4 ist diesbezüglich auf das allgemeine Diskriminierungsverbot des Art. 3 (1) BIT D-Z zurückzugreifen. Daraus folgt, dass es dem Anlagestaat untersagt ist, ausländische Investoren in willkürlicher Diskriminierung gegenüber Inländern und anderen Ausländern nur aufgrund ihrer Nationalität zu enteignen.[1591] Nach Art. 4 (3) BIT D-Z sollen Investoren, die Schäden durch Krieg, Aufruhr oder Notstand erlitten haben hinsichtlich der Höhe ihrer Entschädigung nicht schlechter behandelt werden als Inländer, sogenannte Inländergleichbehandlung. Dabei muss es sich jedoch um Schäden an der Kapitalanlage handeln, die durch diese Ereignisse verursacht worden sind; bei einer Enteignung während dieser Zeit greift dieser relative Schutz daher nicht.[1592] Nach

---

[1587] Alenfeld, J., Die Investitionsförderungsverträge, S. 121; Frick, H., Bilateraler Investitionsschutz, S. 215; García-Amador's fourth report, in: YILC, Vol. 2, 1959, S.41; Veith/ Böckstiegel, Der Schutz, S. 165 ff. Im Allgemeinen lehnen es die internationalen Schiedsgerichte ab, hinter den vom Staat bestimmten öffentlichen Zweck zu blicken und den wahren Enteignungsmotiven nachzugehen, da es jedem Staat freistehe, seine Wirtschaft durch entwicklungspolitisch motivierte Enteignungen erfolgreicher Unternehmen zu gestalten.

[1588] Es könne nicht Ziel der Enteignung zum öffentlichen Zweck sein, dass an die Stelle des enteigneten Privatmanns ein anderer Privatmann tritt, soweit dadurch keine Allgemeinwohlförderung durch die private Tätigkeit wahrgenommen wird. Dahm, G., Völkerrecht, Bd. I, 1958, S. 514; Veith/ Böckstiegel, Der Schutz, S. 168; Mangoldt/ Klein, Das Bonner Grundgesetz, Art. 14, Rn. 435.

[1589] Alenfeld, J., Die Investitionsförderungsverträge, S. 122 f; Frick, H., Bilateraler Investitionsschutz, S. 215; Veith/ Böckstiegel, Der Schutz, S. 167 f.

[1590] Burckhardt, H., Investment Protection Treaties, S. 102 f. Das gilt für die Zulassung, das Management, die Nutzung und die Liquidierung jeder im Rahmen der nationalen Gesetze des Gaststaates getätigten Investition.

[1591] Damit deckt sich diese Zulässigkeitsvoraussetzung mit der Anforderung an den öffentlichen Zweck. Eine Enteignung, die nur dem Zweck dient Eigentümer einer bestimmten Nation zu treffen, kein (wirtschafts-) politisches Ziel, sondern eine politische Kampfmaßnahme verfolgt, ist daher schon nach der Zulässigkeitsvoraussetzung des öffentlichen Zwecks unzulässig. Zu berücksichtigen ist dabei allerdings das Recht auf wirtschaftliche Unabhängigkeit als wesentlicher Bestandteil der staatlichen Souveränität. Jedes Land, dessen wirtschaftliche Unabhängigkeit durch den kontrollierenden Einfluss ausländischer Gesellschaften beeinträchtigt wird, ist danach berechtigt, durch Enteignung Einzelner oder Verstaatlichung ganzer Wirtschaftszweige das Niveau an Selbständigkeit herzustellen, das es im nationalen Interesse für erforderlich hält. Das gilt auch, wenn infolge der historisch bedingten Wirtschaftsstruktur des Landes solche Maßnahmen nur Ausländer einer bestimmten Nationalität treffen.

[1592] Alenfeld, J., Die Investitionsförderungsverträge, S. 161.

Art. 4 (4) BIT D-Z, der sogenannten Meistbegünstigungsklausel, dürfen schließlich ausländische deutsche Investoren nicht schlechter behandelt werden als Investoren aus Drittstaaten.[1593]

ee) Kein Verstoß gegen besondere Verpflichtungen

Zu den allgemeinen Enteignungsvoraussetzungen gehört auch, dass besondere Verpflichtungen des Gaststaates in Bezug auf die betreffende Kapitalanlage der Enteignung nicht entgegenstehen dürfen. Vertragliche Verpflichtungen des enteignenden Staates mit einem ausländischen Investor (z.B. in einem Staat-Investor-Vertrag), in denen der Staat auf sein Enteignungsrecht auf Dauer oder zeitlich begrenzt verzichtet, sind bindend.[1594] Da sich die Vertragsstaaten mit der Abschirmklausel des Art. 8 (2) BIT D-Z verpflichtet haben, derartige Vereinbarungen einzuhalten, ist in einem Verstoß gegen diese Vereinbarung mit dem ausländischen privaten Investor zugleich ein Bruch des Investitionsschutzvertrags gegenüber dessen Heimatstaat zu sehen.[1595]

ff) Entschädigungszahlung

Da jede Investition ihre wichtigste Wertsicherung dadurch erfährt, dass ihr Entzug nur gegen wertentsprechende, d.h. volle Entschädigung zulässig ist,[1596] wird dem enteigneten Investor nach der Entschädigungsformel des Art. 4 (2) BIT D-Z als Voraussetzung für eine zulässige Enteignung eine „umgehende, angemessene und wirksame Entschädigung" garantiert.[1597] Wie der BIT präzisiert, bedeutet eine solche, dass „spätestens im Zeitpunkt der Enteignung, Verstaatlichung oder anderen vergleichbaren Weise... für die Festsetzung und Leistung der Entschädigung Vorsorge getroffen worden sein" muss. Danach ist für die Zulässigkeit der Enteignung nicht Voraussetzung, dass zu deren Vornahmezeitpunkt der Betroffene bereits eine Entschädigung erhält, sondern nur, dass die Regierung des Gastlandes in „geeigneter Weise Vorsorge getroffen" hat.[1598] Auf welche Weise dies erfolgt, hängt von den Umständen des Einzelfalls, wie von der Natur der Enteignungsmaßnahme und von der Art der betroffenen Kapitalanlage ab. Für ausreichend wird dabei erachtet, wenn das nationale Enteignungsgesetz eine solche Entschädigung und Bestimmungen über deren Festsetzung in Aussicht stellt.[1599]

gg) Zeitpunkt der Entschädigung

Das Abkommen bringt zum Ausdruck, dass die Entschädigung unverzüglich ausbezahlt werden soll [Art. 4 (2) 3 BIT D-Z]. Diese Zeitangabe enthält ein Moment der Flexibilität, da sie - anders als der Zeitpunkt des Transfers der Entschädigung - nicht durch das Protokoll in eine fest bestimmte Frist umgewandelt wird. Unverzüglich ist dabei als „ohne schuldhaftes Zögern" oder „nicht unnötig lang" zu verstehen. Die Frist soll dem Gaststaat jedenfalls ermögli-

---

[1593] Veith/ Böckstiegel, Der Schutz, S. 136; Salacuse, J., The Growth of BITs, S. 668.
[1594] Alenfeld, J., Die Investitionsförderungsverträge, S. 132 ff.
[1595] Alenfeld, J., Die Investitionsförderungsverträge, S. 133; Banz, M., Völkerrechtlicher Eigentumsschutz, S. 77.
[1596] Dahm, G., Völkerrecht, Bd. I, 1958, S. 514.
[1597] I.d.R. versuchen alle westlichen Industriestaaten bei der Entschädigungsregelung als Maßstab die Hull-Formel in die BITs zu inkorporieren. Vgl. Luthra, T., Zulassung, S. 169; Salacuse, J., The Growth of BITs, S. 670; Bergmann, H., völkerrechtliche Entschädigung, S. 53; Schäfer, M., Entschädigungsstandard, S. 73; Somarajah, M., The International Law, S. 258; Verwey/ Shrjiver, The Taking of Foreign Property, S. 70 ff.; Herdegen, M., Investitionsschutz in Lateinamerika, S. 349.
[1598] Frick, H., Bilateraler Investitionsschutz, S. 216; Banz, M., Völkerrechtlicher Eigentumsschutz, S. 76.
[1599] Alenfeld, J., Die Investitionsförderungsverträge, S. 125.

chen, die Bewertung der Kapitalanlage durchführen zu können.[1600] Andererseits soll aber auch der Gefahr von Geldentwertung und Zinsverlusten vorgebeugt werden. Nach einer Ansicht soll im Falle der Nationalisierung eine Ausnahme von der Forderung nach einer unverzüglichen Leistung erfolgen und auch eine Ratenzahlung zulässig sein.[1601] Dagegen spricht allerdings, dass der deutsch-zimbabwische BIT ausdrücklich die Nationalisierung den gleichen Anforderungen wie die Enteignung unterwirft. Hätten die Vertragspartner weniger strenge Voraussetzungen für Nationalisierungen aufstellen wollen, so hätten sie dies in dem BIT entsprechend regeln können und müssen.[1602]

f) Folgen der Enteignung

Die Folgen einer durchgeführten Enteignung sind in Art. 4 (2) 2 BIT D-Z genannt: Der betroffene Investor muss in bestimmter Weise entschädigt werden. Die Höhe der Entschädigung, Zeitpunkt und Art der Leistung und das dabei zu beachtende Verfahren ergeben sich direkt aus dem BIT.

aa) Wertentsprechung

Der BIT sieht als Entschädigung eine „angemessene" Zahlung vor. Da die deutsche Praxis die Entschädigungsformel nach dem traditionellen Völkerrecht versteht, bestimmt auch Art. 4 (2) BIT D-Z, dass die Höhe der Entschädigung dem Wert der enteigneten Investition entsprechen muss.[1603] Der Wert ist nach einer objektiven Methode zu bestimmen; bei einem Unternehmen etwa nach dem Ersatzwert oder den aktualisierten Investitionskosten. Daraus folgt auch, dass nur das „*damnum emergens*", nicht aber ein entgangene Gewinn geschuldet ist.[1604] Wird ein Grundstück enteignet, so ist dessen Marktwert zur Entschädigungsbestimmung heranzuziehen.[1605] Da der Wert nach betriebswirtschaftlichen Aspekten ermittelt wird, hat bei der Festsetzung der Entschädigung ein Vorteilsausgleich, z.B. eine Schuldenbefreiung des Investors infolge der Enteignung, stattzufinden. Die Entschädigung muss, da sie dem Wert der enteigneten Kapitalanlage entsprechen soll und eine Pflicht zur unverzüglichen Leistung besteht, vom Tage der Enteignung bis zur vollständigen Leistung verzinst werden. Nach dem BIT wird dabei der geschäftsübliche Zinssatz geschuldet.[1606]

bb) Verwertbarkeit und Transferierbarkeit

Das Abkommen bestimmt, dass die Entschädigung tatsächlich verwertbar sein muss, d.h. dass sie einen effektiven wirtschaftlichen Wert für den Investor besitzen muss. In der Regel wird die Entschädigung in bar gezahlt, da dadurch

---

[1600] Alenfeld, J., Die Investitionsförderungsverträge, S. 145; Frick, H., Bilateraler Investitionsschutz, S. 218 f.

[1601] Langer, G., Rechtsschutz, S. 34.

[1602] Banz, M., Völkerrechtlicher Eigentumsschutz, S. 89 f.

[1603] Dabei kann der Zeitpunkt der Bewertung ziemlich entscheidend sein für die Höhe der Entschädigung. Werden Enteignungsabsichten des betreffenden Staates frühzeitig bekannt, kann der Wert eines Unternehmens erheblichen Beeinträchtigungen unterworfen sein. Eine klare Lösung für diese Frage weist der BIT derart auf, dass die Entschädigung dem Wert der enteigneten Investition entsprechen muss, unmittelbar bevor die Enteignung öffentlich bekannt wurde. Dieser Zeitpunkt kann den Investor begünstigen, wenn die Enteignungsmaßnahme aus heiterem Himmel stattgefunden hat und daher der Wert der Kapitalanlage am Tage vor der Bekanntgabe der Enteignung mit großer Wahrscheinlichkeit viel höher gewesen ist. Nach erfolgter Bekanntgabe dürfte die Kapitalanlage meist nur noch einen Spekulationswert besitzen. Zum Nachteil des ausländischen Investors wird dieser Zeitpunkt jedoch, wenn die Enteignung das Resultat langanhaltender parlamentarischer Debatten war.

[1604] Banz, M., Völkerrechtlicher Eigentumsschutz, S. 85 f.; Böckstiegel, K., Die allgemeinen Grundsätze, S. 83 f., 94.

[1605] Frick, H., Bilateraler Investitionsschutz, S. 216.

[1606] Banz, M., Völkerrechtlicher Eigentumsschutz, S. 89.

die Dispositionsmöglichkeit des Investors am geringsten beeinflusst wird. Bei der Leistung einer anderen Enteignungsentschädigung – wie einer Naturalleistung oder Wertpapieren mit garantiertem Ertrag - ist jedoch notwendig, dass sie der Investor jederzeit entsprechend seiner Vorstellung nutzen kann.[1607] Da eine Entschädigung auch tatsächlich verwertbar sein kann, wenn sie - statt in bar - in Staatsanleihen geleistet wird, bestimmt der deutsch-zimbabwische BIT, dass die geleistete Entschädigung über die tatsächliche Verwertbarkeit hinaus auch frei in das Ausland überwiesen werden kann.[1608] Dazu muss der Transfer „unverzüglich" ermöglicht werden. Im Gegensatz zur Unverzüglichkeit der Entschädigungszahlung ist dieser Zeitraum in der Protokollbestimmung zu Art. 6 als die Frist bestimmt, die normalerweise zur Beachtung der Transferförmlichkeiten von Nöten ist. Als zeitliche Obergrenze soll die Frist zwei Monate ab Einreichung des kompletten Transferantrags nicht übersteigen.[1609]

cc) Nachprüfbarkeit in einem ordentlichen Rechtsverfahren

Die Regelung, dass die „Rechtmäßigkeit der Enteignung ... in einem ordentlichen Rechtsverfahren nachgeprüft werden" müsse, stellt sowohl Enteignungsvoraussetzung als auch Folge dar. Zum einen besagt sie, dass als Voraussetzung einer rechtmäßigen Enteignung ein ordentliches Rechtsverfahren stattgefunden haben und die Höhe der Entschädigung nachprüfbar sein muss. Andererseits steht die Rechtmäßigkeitsanforderung nach Wortlaut und Stellung im Text unter den Folgen einer zulässigen Enteignung. Dennoch dient die Bestimmung primär der Justiziabilität des innerstaatlichen Enteignungsverfahrens.[1610] Dem Investor muss danach das Recht auf Gehör ermöglicht werden, entweder durch Nachprüfung der Rechtmäßigkeit der Enteignung und der Höhe der Entschädigung durch ein ordentliches Gericht oder durch eine Verwaltungsbehörde.[1611] Von besonderer Bedeutung ist schließlich die Möglichkeit im Streitfall, neben den nationalen Gerichten, auch ein internationales Schiedsgericht, etwa UNCITRAL (Wien), ICSID (New York) oder der ICC (Paris), einzuschalten.[1612]

3. Zusammenfassung

Der deutsch-zimbabwische BIT enthält einen wesentlichen Schutz der Investoren. Dieser kommt v.a. durch die im besonderen Interesse des Investors liegende Abschirmklausel zum Ausdruck, durch welche die mit dem Gaststaat geschlossenen Sondervereinbarungen dem Völkerrecht unterstellt werden. Positiv zu werten ist auch die dem Investor dienende Streitbeilegung. Wünschenswert wäre dagegen - neben der allgemeinen Wohlverhaltensklausel - eine konkretere Bestimmung zum Eigentumsschutz, sowie eine Abgrenzung von indirekter Eigentumsentziehung zur

---

[1607] Frick, H., Bilateraler Investitionsschutz, S. 220.

[1608] Vgl. Art. 4 (2) 3 BIT D-Z. Anders im Falle der mit der Kapitalanlage im Zusammenhang stehenden Zahlungen. Deren Transfer wird lediglich gewährleistet und impliziert damit die Möglichkeit von Transferbeschränkungen. Im Rahmen des Transfers von Entschädigungsleistungen für Aufruhrschäden, wird noch weitergehend nur eine Meistbegünstigung gewährt, die im Extremfall sogar ein Ausfuhrverbot zulassen kann. Vgl. Frick, H., Bilateraler Investitionsschutz, S. 226 f.

[1609] Banz, M., Völkerrechtlicher Eigentumsschutz, S. 91.

[1610] Da für zwischenstaatliche Rechtmäßigkeitsprüfungen laut Vertrag das internationale Schiedsgericht zuständig ist, kann es sich hierbei nur um ein innerstaatliches Rechtsverfahren handeln.

[1611] Anderenfalls würde ein Fall der Rechtsverweigerung eintreten. Vgl. Verdross, A., Völkerrecht, 1964, S. 384 ff.; Veith/ Böckstiegel, Der Schutz, S. 162.

[1612] Herdegen, M., Investitionsschutz in Lateinamerika, S. 349 f. Die Entscheidungen betreffen – auf Initiative eines Vertragsstaates – Fragen der Anwendbarkeit bzw. Interpretation des Abkommens („Staat-Staat-Schiedsverfahren") oder - auf Antrag eines Investors – diesem entstandene Schäden („Investor-Staat-Schiedsverfahren"). In beiden Verfahren sind die Schiedssprüche endgültig, bindend und vollstreckbar.

vertraglich zulässigen Eigentumsbeschränkung.[1613] Das Abkommen verlangt im Besonderen eine wertentsprechende, prompt zu zahlende, effektiv verwertbare, sowie frei und unverzüglich transferierbare Entschädigung. Daraus ergibt sich, dass aufgrund dieser Anforderung eine Enteignung für das Anlageland in der Regel nur äußerst schwer finanzierbar sein dürfte und so quasi einer Bestandsgarantie des Eigentums in dem Anlagestaat gleichkommt. Die Bedeutung des BITs liegt zunächst in der Absicherung der ausländischen Investoren gegen politische, nicht kommerzielle Risiken auf Ebene eines völkerrechtlichen Vertrags. Dies birgt nicht die Gefahr nachteiliger Rechtsänderungen in sich, da auf die BITs unstreitig der Grundsatz des *pacta sunt servanda* anzuwenden ist.[1614] Ein BIT zeichnet sich – im Vergleich zu den nationalen Investitionsgesetzen oder dem verfassungsrechtlichen Schutz – durch den besonderen Vorteil aus, dass er nicht einseitig vom Gastland verändert werden kann. Er garantiert dem Investor damit während seiner Geltungsdauer einen gleichbleibenden Schutz.

Nachteilig erweist sich jedoch – v.a. gegenüber einem multilateralen Investitionsschutzabkommen – die nicht einheitliche Regelung der Durchsetzbarkeit der vertraglichen Bestimmungen in den verschiedenen BITs. Durch die jeweilige *inter partes* Wirkung, kann im Fall eines Verstoßes einer Vertragspartei auch nicht mit einem solidarischen Handeln anderer Staaten gerechnet werden. Problematisch ist daneben, dass die getroffenen Regelungen keine konkreten einklagbaren Anspruchsgrundlagen darstellen, sondern nur abstrakt formulierte Grundsätze. Auch kann der Investor nicht selbst Rechte aus einem BIT ableiten, sondern ist auf die Wahrnehmung durch seinen Heimatstaat angewiesen. Als Instrument zur Lösung wirtschaftsrechtlicher Probleme stellt der BIT zwar ein zwischen den Vertragsparteien verbindliches Abkommen dar, welches als *lex specialis* jedoch anderen Vereinbarungen vorgeht und daher nicht einer allgemeingültigen kodifizierten Konvention gleichstehen kann.[1615]

D. SCHRITT ZU EINEM MULTILATERALEN EIGENTUMSSCHUTZ

Trotz der ständig zunehmenden Anzahl von Investitionsschutzabkommen, werden oft Stimmen laut, die ein klar übersichtliches und völkerrechtlich verbindliches multilaterales Investitionsschutzabkommen (MIT) fordern.[1616] Außerdem ermöglicht ein MIT, dass der Investor seine Investitionen in den verschiedenen beteiligten Vertragsstaaten zu den gleichen rechtlichen Bedingungen tätigen kann. Ein weiterer Vorteil eines MITs gegenüber den BITs ist der höhere Druck auf Einhaltung der Verpflichtungen aufgrund der Möglichkeit anderer Staaten, Sanktionen gegen das vertragsbrechende Land auszusprechen.

I. Historische Entwicklung

Die ersten Versuche einer multilateralen Kodifikation wurden bereits 1902 von der zweiten Internationalen Konferenz amerikanischer Staaten in Mexiko-City mit einer Konvention unternommen, die dem ausländischen Eigentum

---

[1613] Frick, H., Bilateraler Investitionsschutz, S. 253.
[1614] Vgl. bei Patzina, R., Rechtlicher Schutz, S. 118.
[1615] Muchlinski, P., Multinational Enterprises, S. 639.
[1616] Bader, T., Sicherungspotentiale, S. 72. So war auch die Europäische Kommission eindeutig für eine solche Reform, um dadurch unfaire Praktiken und protektionistische Tendenzen zu verhindern.

den gleichen Schutz wie dem inländischen Eigentum zukommen ließ.[1617] Darauf folgten 1925 einige „*Conclusions*", die auf die Frage von Eigentumsentziehungen eingingen.[1618] 1928 veröffentlichte das Wirtschaftskomitee des Völkerbunds einen „Konventionsentwurf über die Behandlung von Ausländern."[1619] Die Pariser Fremdenrechtskonferenz des Jahres 1929 scheiterte dagegen an dem Versuch, sich auf einen multilateralen Vertrag zu einigen,[1620] ebenso wie die Bemühungen der Haager Konferenz für die Kodifikation des Völkerrechts von 1930.[1621] Nach dem Zweiten Weltkrieg wurden mit der Havanna-Charta vom 23.03.1948[1622] weitere Bemühungen der Gründung einer *International Trade Organization* (ITO) in die Wege geleitet, die einige Investitionsschutzklauseln - insbesondere in Art. 12 eine äußerst gastfreundliche Regelung hinsichtlich ausländischer Direktinvestitionen - enthielt.[1623] Mangels Zustimmung des US-Kongresses trat sie jedoch nie in Kraft.[1624] Dasselbe Schicksal ereilte das *Economic Agreement of Bogota* von 1948.[1625] Im selben Jahr wurde die AEMR beschlossen, in deren Art. 17 dem Eigentum ein geringer Schutz eingeräumt wurde.[1626] Einen weiteren Vorschlag über die gerechte Behandlung der Kapitalanlagen im Ausland machte 1949 die *International Chamber of Commerce*[1627] und die *die Buenos Aires Economic Conference* von 1957.[1628] Verschiedene Versuche wurden sowohl von der *International Law Commission*,[1629] als auch im *Havard Law School* Entwurf Nr. 12[1630] und in Teil 4 *des American Law Institute's Restatement of the Foreign Relations Law of the United States*,[1631] sowie im Entwurf einer *Convention on Investment Abroad* von 1959, die von der Bundesrepublik Deutschland unterstützt wurde,[1632] unternommen.[1633] 1961 begann die Weltbank eigene

[1617] *The International conferences of American States*, vgl. bei Böckstiegel, K., Die allgemeinen Grundsätze, S. 151; Ammann, U., Der Schutz, S. 148.

[1618] Dazu entwarf auch das *Institut de Droit International* in Lausanne 1927 einen Kodifikationsentwurf. Vgl. Ammann, U., Der Schutz, S.148.

[1619] Vgl. Ammann, U., Der Schutz, S. 148; Schöber, M., Die MIGA, S. 26.

[1620] *Conference Internationale sur le Traitement des Etrangers, Documents Preparatoires*, Offizielles Dokument des Völkerbunds, vgl. Ammann, U., Der Schutz, S. 148; Veith/ Böckstiegel, Der Schutz, S. 81.

[1621] Ammann, U., Der Schutz, S. 148.

[1622] In diesem Konventionsentwurf, der mit Beteiligung der Entwicklungsländer zustande gekommen war, konnte jedoch die geplante gerechte Entschädigung im Falle einer Enteignung nicht verankert werden. Vgl. Patzina, R., Rechtlicher Schutz, S. 96 f.; Notter, M., Völkerrechtlicher Investitionsschutz, S. 75; Wälde, T., International Investments, S. 11; Jackson, J., The World Trading System, S. 37.

[1623] Riesenfeld, Foreign Investment, S. 436; Jain, S., Nationalization, S. 262 f.; Schöber, M., Die MIGA, S. 28. Die Vorschriften über den Schutz ausländischer Investitionen waren jedoch beschränkt, da sie mehrere Ausnahmen für den Investitionsschutz vorsahen und sich meist nur auf das Diskriminierungsverbot bezogen. Vgl. Kronfol, Z., Protection, S. 31.

[1624] Vitzthum/ Vitzthum, Völkerrecht, S. 496; Sauernheimer, K., Die neue Welthandelsordnung, S. 238; Veith/Böckstiegel, Der Schutz, S. 83.

[1625] Riesenfeld, Foreign Investment, S. 436; Ammann, U., Der Schutz, S. 149. Die Investitionsschutzbestimmungen des Bogota-Abkommens über faire Behandlung und Nichtdiskriminierung von ausländischen Investitionen ähnelten der Havanna-Charter und enthielten ausdrücklich das Erfordernis der Zahlung einer „*prompt, adequate and effective*" Entschädigung. Allerdings verwies das Abkommen bzgl. der Kapitalanlagen auf das nationale Recht. Vgl. Kronfol, Z., Protection, S. 31.

[1626] Eine Aufnahme des Eigentumsschutzes 1953 in den *Covenant on Human Rights* der Menschenrechtskommission der VN misslang dagegen. Vgl. Patzina, R., Rechtlicher Schutz, S. 85.

[1627] *International Code of Fair Treatment of Foreign Investments*. Vgl. Miller, A., Protection, S. 371 f. Als Entschädigungszahlung im Falle einer Enteignung sah der Entwurf eine „*fair compensation according to international law*" vor. Patzina, R., Rechtlicher Schutz, S. 97 ff.; Ammann, U., Der Schutz, S. 149 ff.

[1628] „*Economic Conference of the Organization of American States*", Buenos Aires/ Argentina, 15.08.-04.09.1957, Pan-American Union.

[1629] Vgl. García-Amador's fourth report an die ILC, in: YILC, Vol. 2, 1959, S. 1-36.

[1630] *Draft Convention on the International Responsibility of States for Injuries to Aliens*. Vgl. zu dem Entwurf Sohn/ Baxter, Reporters, Harvard Law School, 18.02.1961, in: AJIL, Vol. 55, 1961, S. 548 ff. Der Entwurf sah ein Diskriminierungsverbot und eine prompte und gerechte Entschädigung, d.h. den „*fair (market) value*" vor. Patzina, R., Rechtlicher Schutz, S. 101 ff.; Ammann, U., Der Schutz, S. 153.

[1631] Olivier, C., The American Law Institute's Draft Restatement of the Foreign Relations, S. 428 f.

[1632] Metzger, S., Multilateral conventions, S. 134 ff. Sog. Abs- Shawcross Entwurf, *Draft Convention on Investment Abroad*, vgl.: JPL 1960, S. 147 ff. Dieser machte eine effektive und gerechte, d.h. dem wirklichen Wert der enteigneten Sache entsprechende Entschädigung zur Voraussetzung einer rechtmäßigen Enteignung. Vgl. auch Notter, M., Völkerrechtlicher Investitionsschutz, S. 76; Wälde, T., International Investments, S. 11; Schwarzenberger, G., Foreign Investment, S. 109 ff.; Schöber, M., Die MIGA, S. 29 f.

Aktivitäten zur Gründung einer Versicherungsagentur, was in den *Report on Multilateral Investment Insurance* (MII) resultierte. Dieser wurde von der OECD 1965 im *Report on the Establishment of a Multilateral Investment Guarantee Corporation* (MIGC) überarbeitet und schließlich mit dem Entwurf zur *International Investment Guarantee Corporation* (IIGC) verabschiedet.[1634]

Aussichtsreicher war 1965 die Errichtung des **ICSID** (internationales Zentrum zur Beilegung von Investitionsstreitigkeiten), das eng mit der Weltbank verbunden ist und ein Forum für internationale Streitschlichtung darstellt. Dagegen scheiterte 1973 der dritte Versuch der Weltbank zur Schaffung einer Investitionsversicherung.[1635] Am 11.10.1985 wurde die **MIGA** (*Multilaterale Investitions-Garantie-Agentur*) gegründet, die seit 1988 operiert und privaten Investoren die Möglichkeit gewährt, Versicherungen für nicht kommerzielle Risiken (wie Enteignungen) zu erwerben.[1636] Zusätzlich gewährt die **OECD** ihren Mitgliedstaaten mit rechtlich bindenden Richtlinien einige Klauseln, die Direktinvestitionen betreffen.[1637] Auch die Weltbankgruppe versucht Investitionen gegen gewisse kommerzielle Risiken abzusichern, um so Investitionen in die Entwicklungsländer attraktiver zu machen.[1638] Erwähnung verdient auch das **Lomé IV**-Abkommen zwischen der EU und den 68 AKP Staaten, welches am 01.09.1991 in Kraft getreten ist.[1639]

Von regionaler Bedeutung sind schließlich noch das ASEAN (*Association of Southeast Asia Nations*) Investitionsschutzabkommen,[1640] das NAFTA-Abkommen,[1641] das Mercosur Investitionsprotokoll[1642] und schließlich die APEC Investitionsprinzipien von 1994. Möglicher Einfluss kann auch den Weltbank-Investitionsrichtlinien von 1992[1643] zugesprochen werden, die – obwohl nicht bindend - zu einem hohen Standard des Investitionsschutzes beitragen, genauso wie das **WTO/ GATT** 1994-Abkommen. Einem effizienten Durchsetzungsmechanismus unterliegen auch die verbindlichen Regeln des Energie-Charta-Vertrags aus dem Jahr 1994. Die aktuellsten Entwicklungen in dieser Hinsicht wurden durch die OECD hinsichtlich eines multilateralen Investitionsschutzabkommens

---

[1633] Zu diesen ersten Versuchen und weiteren Kodifikationsvorschlägen bis 1962, denen gemeinsam ist, dass sie alle erfolglos blieben, vgl. Schöber, M., Die MIGA, S. 30 ff.; Miller, A., Protection, S. 371 ff., 378. Der Grund dafür, dass keine Hoffnung auf Realisierung bestand, dürfte darin zu suchen sein, dass die Entwürfe fast ausschließlich ohne die Beteiligung der Entwicklungsländer entstanden und daher einseitig auf den Schutz der ausländischen Kapitalanlage ausgerichtet waren. Vgl. Frick, H., Bilateraler Investitionsschutz, S. 72 f.

[1634] Vgl. Schöber, M., Die MIGA, S. 33 f. m.w.N.

[1635] Vgl. den Entwurf für eine *International Investment Insurance Agency* (IIIA) von 1972. Dazu Shihata, I.,The MIGA, S. 42. Weitere erfolglose Versuche sind zu verzeichnen durch den *Code of Conduct on Transnational Corporation* der VN (vgl. ILM, Vol. 23, 1984, S. 626-640), den *Fonds d'entraide et de Garantie des Emprunts* (vgl. bei Stern, T., Die MIGA, S. 7), den Anden Code (vgl. Gramlich, L., Rechtsgestalt, S. 226), die zentral-afrikanische Zoll- und Wirtschaftsunion (vgl. Gramlich, a.a.O., S. 227), die *International Resource Bank* und das *International Insurance System* der UNIDO (vgl. bei Schöber, M., Die MIGA, S. 45 m.w.N.).

[1636] Vitzthum/ Vitzthum, Völkerrecht, S. 501.

[1637] Häde, U., Der völkerrechtliche Schutz, S. 205.

[1638] Vgl. das *Guaranteed Recovery of Investment Principal* (GRIP) durch die IFC von 1987, vgl. bei Schöber, M., Die MIGA, S. 45 f. m.w.N.

[1639] Im Ergebnis entstand jedoch durch die angestrebten Schutzmechanismen kein System zur Absicherung der außereuropäischen Vermögenswerte. Vgl. Schöber, M., Die MIGA, S. 44.

[1640] Die Regierungen der Republik Indonesien, Malaysia, Singapur, Thailand und den Philippinen errichteten durch Signatur der *Bangkok Declaration* 1967 die ASEAN, die sich v.a. die wirtschaftliche Kooperation und Entwicklung zum Ziel gemacht hat. Zu weiteren Details vgl. Kodama, Y., APEC and ASEAN, S. 383 ff.

[1641] Vgl. dazu Price, D., An Overview of the NAFTA, S. 727 ff.

[1642] Der *Mercado Común del Cono Sur* wurde am 26.03.1991 - inspiriert vom Vorbild der Europäischen Gemeinschaft - mit dem Vertrag von Asunción zwischen einigen südamerikanischen Staaten als Grundstein für die Verwirklichung der Ziele Freihandelszone, Zollunion und zukünftigen gemeinsamen Markt geschlossen.

[1643] *Guidelines on the Treatment of Foreign Direct Investment.* Vgl. Häde, U., Der völkerrechtliche Schutz, S. 207 f.; Karl, J., Neuere Entwicklungen, S. 809; Rindler, H., Der Schutz, S. 184 f. Text der Richtlinien abgedruckt in: ILM, Vol. 31, 1992, S. 1379 ff.

(MAI) unternommen. Zur Steigerung der Effektivität auf globaler Ebene sollte es auch für Nicht-OECD Mitglieder offen sein.[1644]

Bislang waren jedoch alle Versuche, eine multilaterale Investitionsversicherung zu schaffen erfolglos,[1645] - mit Ausnahme der *Inter-Arabische Investment Guarantee Corporation* (IAIGC) von 1971.[1646] Aus verständlichen Gründen kamen die meisten Bestrebungen zur Verbesserung des Schutzes ausländischer Vermögenswerte aus den kapitalexportierenden Ländern. Die Entwicklungsländer sahen sich dagegen oft außerstande, einem höheren Standard und einer völkerrechtlichen Kodifikation des Eigentumsschutzes zuzustimmen.

II. Das Übereinkommen zur Errichtung der Multilateralen Investitions-Garantie-Agentur (MIGA-Übereinkommen) vom 11.10.1985 - ein versicherungsrechtliches Instrument zum Enteignungs-schutz

1. Allgemeines

Das wichtigste multilaterale Abkommen über einen Versicherungsschutz ist immer noch das vom Gouverneursrat der Weltbank initiierte Übereinkommen über die Errichtung der Multilateralen Investitions-Garantie-Agentur (MIGA) vom 11.10.1985.[1647] Sie ist ein Versuch, einen entscheidenden Schritt zur Beseitigung der völkergewohnheitsrechtlichen Unsicherheiten in Fragen des Investitionsschutzes unter Beteiligung vieler Staaten zu gehen.[1648] Die MIGA stellt einen selbständigen Teil der Weltbankgruppe,[1649] eine unabhängige durch völkerrechtlichen Vertrag gegründete Organisation dar, die Kapitalanlagen gegen sogenannte nicht kommerzielle Risiken in Entwicklungsländern versichert [Art. 11 (a) MIGA-Konvention].[1650] Ein solcher Schutz auf multilateraler Ebene wird damit Ländern gewährt, die nicht oder nur lückenhaft über ein nationales System zur Versicherung von Investitionen verfügen.[1651] Der Zugang steht daher nur den Mitgliedern der Weltbank, sowie der Schweiz offen (Art. 4 MIGA-Konvention).[1652] Ziel der MIGA ist die Förderung internationaler Direktinvestitionen in und zwischen Entwicklungsländern (Art. 2 MIGA-Konvention).[1653] Sie ist dabei insbesondere zur Koordination und Zusammenarbeit mit

---

[1644] Dies war glz. auch einer seiner Hauptkritikpunkte, da die Verhandlungen durch die OECD-Mitgliedstaaten geführt wurden, die gerade keinem weiten Kreis offen stehen.

[1645] Vgl. Bippus, B., Internationalrechtlicher Schutz, S. 216.

[1646] *The Arab Investment Guarantee Corporation* mit Sitz in Kuwait, die 1975 in Kraft trat, war zur Investitionsförderung unter den arabischen Mitgliedstaaten gedacht. Hailbronner, K., Foreign Investment Protection, S. 103; Riesenfeld, Foreign Investment, S. 436. Der arabischen Liga gelang es 1981 einen multilateralen Investitionsschutzvertrag für arabische Länder zu schaffen. Dieser setzt fest, dass Enteignungen nur bei Zahlung einer prompten, adäquaten und effektiven Entschädigung zulässig sind. Vgl. Art. 15 des *Agreement for Promotion, Protection and Guarantee of Investment among Member States of the OIC*, abgedruckt in: ICSID Review FILJ, Vol. 1, 1986, S. 412.

[1647] Vitzthum/ Vitzthum, Völkerrecht, S. 501. Vgl. *Convention on the Establishment of the Multilateral Investment Guarantee Agency*, in: ILM, Vol. 24, 1985, S. 1598 ff.; Übereinkommen über die Errichtung der Multilateralen Investitions-Garantie-Agentur, in: BGBl, 1987 II, S. 454 ff. Zu dem Zustandekommen und den verschiedenen Entwürfen seit 1972 vgl. Schöber, M., Die MIGA, S. 72 ff.; Rindler, H., Der Schutz, S. 54 ff.; Potocnik, I., Die MIGA, S. 19 ff. Am 12.04.1988 mit Erfüllung der Errichtungsvoraussetzungen nahm die MIGA ihre Tätigkeit auf. Zur Zeit gehören ihr 163 Staaten an. Vgl. Internet Homepage der MIGA: http://www.miga.org/screens/about/members/members.htm; Stand 02.06.2003, besucht am 05.08.2004. Zimbabwe trat ihr im September 1989 bei.

[1648] Ihre Intention war auch, die sich anfangs der 80er Jahre verschlechterte Situation der Direktinvestitionen in Entwicklungsländer durch ein sichereres Investitionsklima zu verbessern. Notter, M., Völkerrechtlicher Investitionsschutz, S. 92 f.; Schöber, M., Die MIGA, S. 68, 72.

[1649] Zur Weltbankgruppe gehören die Weltbank oder *International Bank for Reconstruction and Development* (IBRD), die IDA, die IFC und das ICSID.

[1650] Ipsen, K., Völkerrecht, 4. Aufl., § 47 Rn. 8 ff.; Bippus, B., Internationalrechtlicher Schutz, S. 186 f.; Potocnik, I., Die MIGA, S. 42 ff.

[1651] Herdegen, M., Internationales Wirtschaftsrecht, S. 243, § 19 Rn. 15; Ipsen, K., Völkerrecht, 4. Aufl., § 47 Rn. 7 f.; Vitzthum/ Vitzthum, Völkerrecht, S. 501.

[1652] Oschmann, F., Calvo-Doktrin, S. 355.

[1653] Rindler, H., Der Schutz, S. 59; Petersmann, H., Die MIGA, S. 758; Ipsen, K., Völkerrecht, 4. Aufl., § 47 Rn. 8. Im Gegensatz zu den privaten oder staatlichen Versicherungssystemen ist es das Ziel der MIGA, den Gaststaat bei der Gestaltung seiner Investitionsbedingungen zu unteranderen internationalen Organisationen verpflichtet und diesen gegenüber geprägt von einem additionellen bzw. subsidiären Prinzip [vgl. Art. 35 bzw. 23 (a) (iii) MIGA-Konvention].[1654]

2. Anwendungsbereich und formelle Voraussetzungen

a) Persönlicher Anwendungsbereich

Zugang zum Versicherungssystem der MIGA haben Angehörige von Vertragsstaaten, sowie Gesellschaften, die nach dem Recht eines Vertragsstaates - der nicht der Gaststaat sein darf[1655] - gegründet worden sind und dort ihren Hauptverwaltungssitz haben oder deren Kapitalmehrheit von Angehörigen von Vertragsstaaten gehalten wird (Art. 13 MIGA-Konvention).[1656] Eine juristische Person muss zusätzlich auf kommerzieller Basis arbeiten [Art. 13 (a) (iii) MIGA-Konvention].[1657]

b) Sachlicher Anwendungsbereich und geschützte Rechtsgüter

Versicherbar sind Kapitalanlagen in der Form von Kapitalbeteiligungen an Anlageunternehmen in Entwicklungsländern und beteiligungsähnliche Darlehen.[1658] Um den Investitionsbegriff dynamisch an neue Investitionsformen anpassen zu können, hat die MIGA-Konvention bewusst auf eine konkrete Definition des Investitionsbegriffs verzichtet.[1659] Auf jeden Fall stellen Kapitalbeteiligungen, einschließlich die von den Kapitalinhabern gewährten Gesellschafterdarlehen, versicherungsfähige Investitionen dar.[1660] Ebenfalls können Portofolioinvestitionen durch die MIGA abgesichert werden.[1661] Bereits getätigte Investitionen können jedoch nicht mehr versichert werden.[1662] Erfasst werden allerdings Investitionen des Devisentransfers zur Modernisierung, zum Ausbau oder zur Erweiterung vorhandener Investitionen, sowie die Reinvestition von Erträgen aus vorhandenen Investitionen, die sonst ins Ausland exportiert werden könnten [Art. 12 (c) MIGA-Konvention]. Für den örtlichen Anwendungsbereich, muss es sich schließlich um eine Investition handeln, die in einem als Entwicklungsland eingestuften Mitgliedsland getätigt wird [Art. 3 (c), 14 MIGA-Konvention].[1663]

---

stützen, auftretende Streitigkeiten zu schlichten, den Abschluss von BITs zwischen Gast- und Heimatstaat der Investoren zu fördern und damit über das reine Garantiegeschäft hinauszugehen (Art. 23 MIGA-Konvention). Auf diese Weise könnte die MIGA zu einer Weiterführung des internationalen Eigentumsschutzes beitragen. Petersmann, H., Die MIGA, S. 763 f.

[1654] So sichert die IFC die Finanzierung und die IBRD gewährt Darlehen zu Ergänzung der MIGA-Tätigkeit. Vgl. Rindler, H., Der Schutz, S. 76 ff., 85 ff.

[1655] Art. 13 (c) MIGA-Konvention beinhaltet jedoch eine Ausnahme: Auf Antrag von Investor und Gaststaat kann das Direktorium beschließen, dass Staatsangehörige des Gaststaates bzw. juristische Personen, welche im Gaststaat gegründet wurden, sich versichern können. Voraussetzung ist allerdings, dass das investierte Kapital aus einem Land außerhalb des Gaststaates transferiert wird. Vgl. Stern, T., Die MIGA, S. 175.

[1656] Herdegen, M., Internationales Wirtschaftsrecht, S. 215; Stern, T., Die MIGA, S. 174 f.; Rindler, H., Der Schutz, S. 113.

[1657] Comeaux/ Kinsella, Protecting, S. 172.

[1658] Ausführlich zu den deckungsfähigen Kapitalbeteiligungen Rindler, H., Der Schutz, S. 115.

[1659] Shihata, I.,The MIGA, S. 111 ff. Das Direktorium kann unter Berücksichtigung des von der Weltbank zur MIGA-Konvention beigefügten Kommentars bestimmen, welche Formen von Direktinvestitionen unter der MIGA Berücksichtigung finden sollen [Art. 12 (a) (b) MIGA-Konvention]. Ipsen, K., Völkerrecht, 4. Aufl., § 47 Rn. 10; Oschmann, F., Calvo-Doktrin, S. 356.

[1660] Stern, T., Die MIGA, S. 162 ff. Vgl. auch die sog. „*Long Term*"-Versicherungen von 3 bis zu 20 Jahren, Internet Homepage der MIGA: http://www.miga.org/index.htm; besucht am 11.08.2004.

[1661] Schöber, M., Die MIGA, S. 115; Potocnik, I., Die MIGA, S. 130.

[1662] Stern, T., Die MIGA, S. 169.

[1663] Rindler, H, Der Schutz, S. 121. Zur Einstufung als Industrie- und Entwicklungsland vgl. Internet Homepage der MIGA unter http://www.miga.org/screens/about/members/members.htm; besucht am 05.01.2004.

c) Versicherung von Investitionsvorhaben

Um eine Investition bei der MIGA versichern zu können, muss ein Investor zunächst einen Antrag auf Deckungszusage stellen.[1664] Da ein solcher Antrag bereits vor Vornahme der ersten Investition vorliegen muss, sind nur Neu-Investitionen in Entwicklungsländern versicherbar [Art. 12 (c) MIGA-Konvention].[1665] Gemäß Art. 15 MIGA-Konvention bedarf es zum Abschluss eines Garantievertrags noch der Zustimmung des Gaststaates, dass durch die Garantieübernahme das von ihr bezeichnete Risiko geschützt werden soll.[1666] Zudem müssen gemäß Art. 12 (d) (iv) MIGA-Konvention die Rahmenbedingungen im Gastland eine gerechte Behandlung und einen angemessenen Rechtsschutz gewährleisten. Das bedeutet, dass die nationale Rechtsprechung dem Völkerrecht entsprechen soll, was ggf. durch das Direktorat überprüft wird.[1667] Führt die Überprüfung zu keinem befriedigenden Ergebnis, kann die Agentur nur dann Garantien gewähren, wenn mit dem Gaststaat gemäß Art. 23 (b) (ii) MIGA-Konvention eine eigene investitionsschützende Vereinbarung eingegangen worden ist.[1668]

3. Enteignungsrisiko bei der MIGA

a) Gedecktes Risiko

Versicherungsfähig sollen im Rahmen der MIGA in erster Linie politische Risiken, wie das Transferrisiko (im Hinblick auf Beschränkungen des Währungsumtausches und des Devisentransfers durch den Gaststaat)[1669] und das Enteignungsrisiko sein, einschließlich gesetzlicher und administrativer Unterlassungen des Gastlandes. Das System der MIGA enthält jedoch keine umfassende Definition des „politischen Risikos" und verwendet stattdessen eine typologische Aufzählung von vier verschiedenen Kategorien von Risiken.[1670] Neben Tranfer- und Enteignungsrisiko sind bei der MIGA weiterhin das Risiko des Vertragsbruchs durch den Gaststaat ohne angemessenen Rechtsschutz[1671] und das Risiko eines bewaffneten Konflikts oder Bürgerkriegsunruhen [Art. 11 (a) MIGA-Konvention] versicherbar.[1672] Soweit bezüglich eines Risikos bereits ein Versicherungsschutz durch eine andere nationale oder internationale Institution angeboten wird, ist derjenige der MIGA nicht ausgeschlossen, sondern tritt gemäß Art. 19 MIGA-Konvention ergänzend daneben („Prinzip der Additionalität").[1673] Nicht möglich ist die Versicherung bei

---

1664 Vgl. zum Antragsverfahren Potocnik, I., Die MIGA, S. 131 f.

1665 Schöber, M., Die MIGA, S. 114; Rindler, H., Der Schutz, S. 117.

1666 Rindler, H., Der Schutz, S. 119; Comeaux/ Kinsella, Protecting, S. 173. Die MIGA stellt nur für solche Investitionen eine Versicherungs-police aus, die geeignet sind die wirtschaftliche Entwicklung des Gastlandes zu fördern, was von der *Guarantee*-Abteilung geprüft wird. Häde, U., Der völkerrechtliche Schutz, S. 205; Ipsen, K., Völkerrecht, 4. Aufl., § 47 Rn. 11. Diese müssen in Übereinstimmung mit der nationalen Gesetzeslage und den entwicklungspolitischen Zielen des Gastlandes liegen [Art. 12 (d) MIGA-Konvention]. Schöber, M., Die MIGA, S. 115.

1667 Liegt bereits ein BIT zwischen dem Heimat- und dem Gaststaat des Investors vor, ist diese Untersuchung nicht notwendig. Schöber, M., Die MIGA, S. 117 ff.; Stern, T., Die MIGA, S. 185 ff.

1668 Rindler, H., Der Schutz, S. 122; Ebenroth/ Karl, MIGA-Kommentar, S. 233.

1669 Schöber, M., Die MIGA, S. 106 f.; Rindler, H., Der Schutz, S. 126; Potocnik, I., Die MIGA, S. 125.

1670 Gemäß Art. 11 (b) sieht die Konvention vor, dass das Direktorium entscheiden kann, ob auch für nicht genannte politische Risiken eine Garantie übernommen werden kann. Schöber, M., Die MIGA, S. 111.

1671 Vgl. dazu ausführlich Stern, T., Die MIGA, S. 134 ff.; Potocnik, I., Die MIGA, S. 128; Schöber, M., Die MIGA, S. 109 f.

1672 Ipsen, K., Völkerrecht, 4. Aufl., § 47 Rn. 9; Schöber, M., Die MIGA, S. 107 f.; Stern, T., Die MIGA, S. 126 ff. Für den Fall eines Investitionsvorhabens in den ländlichen Gebieten Zimbabwes wäre fraglich, ob die durch die Besetzungsaktionen verursachten Schäden unter das gedeckte Risiko der MIGA fallen. Den Begriff der zivilen Unruhe legt die Agentur zwar weit aus; darunter ist jedoch nur die organisierte Gewalt gegen die Regierung und deren beabsichtigter Sturz zu verstehen. Insoweit würde es hier an der politischen Motivation der Handlungen fehlen, da sich die Protest- und Besetzungsaktionen speziell gegen die Garantienehmer richten. Sind diese aber politisch oder ideologisch motiviert, könnte das Direktorium auf gemeinsamen Antrag des Investors und des Gaststaates mit qualifizierter Mehrheit die Deckung auf diese Gewaltform ausdehnen [Art. 11 (b) MIGA-Konvention].

1673 Theodorou, H., Investitionsschutzverträge, S. 545.

Ereignissen, die vor Abschluss der Garantie stattgefunden haben, sowie bei staatlichen Handlungen, denen der Garantienehmer zugestimmt hat [Art. 11 (c) MIGA-Konvention].
Den bedeutendsten Anteil am Deckungsvolumen der versicherten Risiken nimmt das Enteignungsrisiko ein.[1674] Der Investor kann sich gegen direkte wie auch indirekte schleichende Enteignungen versichern lassen.[1675] Die MIGA geht dabei von einem weiten völkerrechtlichen Eigentumsbegriff aus, dem alle vermögenswerten Positionen einer Privatperson unterfallen.[1676] Da nur gesetzgeberische und administrative Maßnahmen erwähnt sind, wirkt der Schutz nicht gegenüber richterlichen Maßnahmen.[1677] Ausdrücklich festgelegt ist auch, dass Währungsab- und -entwertungen nicht bei der MIGA versicherbar sind [Art. 11 (b) MIGA-Konvention]. Die enteignende Maßnahme muss dem Gaststaat zurechenbar sein; ggf. wird im Garantievertrag vereinbart, dass auch *de-facto*-Regierungen mit eingeschlossen werden.[1678] Die MIGA kann Schutz für den vollständigen oder teilweisen Verlust einer Investition einräumen.[1679] Ein Vertragsbruch stellt in der Regel eine Verletzung des Investitionsvertrags des Investors mit dem Gaststaat dar. Diese kann zum einen durch die Nichtanerkennung eines rechtswirksam bestehenden Vertrags oder zum anderen durch dessen Verletzung eintreten.[1680] Damit das Vertragsbruchrisiko von der MIGA versichert wird, muss dem ausländischen Investor ohne sein Verschulden noch zusätzlich im Gaststaat der Zugang zu einem (schieds-) gerichtlichen Forum verweigert werden, sogenannter *denial of justice*.[1681]
Die MIGA kann auch die Verpflichtungen von nationalen Garantieagenturen rückversichern.[1682] Außerdem ist sie ermächtigt, als Treuhänderin Garantien für Mitgliedstaaten zu vergeben. Ein Investor hat damit bei der MIGA die Möglichkeit seine Risiken umfassend abzudecken. Dabei ist es jedoch möglich, dass die von der MIGA angebotenen Garantien so teuer kommen, dass es sich nicht lohnt gewisse Investitionen zu versichern.[1683]

b) Eintritt des Garantiefalls

Im Falle einer zurechenbaren Handlung oder Unterlassung des Gastgeberstaates, die einen Garantiefall auslösen könnte, ist der Versicherungsnehmer verpflichtet, die MIGA innerhalb von 18 Monaten nach dessen Eintritt zu in-

---

1674 Rindler, H., Der Schutz, S. 123.
1675 Zum Begriff der schleichenden Enteignung vgl. Stern, T., Die MIGA, S. 49 m.w.N.; diese soll für die vorliegende Arbeit jedoch außer Betracht bleiben.
1676 Ebenroth/ Karl, MIGA-Kommentar, S. 116; Potocnik, I., Die MIGA, S. 126. Problematisch kann dabei die Abgrenzung zur entschädigungslosen Sozialbindung sein. Ausgeschlossen ist jedoch die Versicherung von nichtdiskriminierende Maßnahmen, die üblicherweise der Regelung der Wirtschaftstätigkeit dienen [Art. 11 (a) (ii) MIGA-Konvention]. Ipsen, K., Völkerrecht, 4. Aufl., § 47 Rn. 9; Notter, M., Völkerrechtlicher Investitionsschutz, S. 97. Solche Risiken würden grds. auch bei einer Investitionstätigkeit im eigenen Land bestehen. Vgl. ggf. Ebenroth/ Karl, MIGA-Kommentar, S. 120 f. Ebenso regelt auch Paragraph 1.36 der *Operational Regulation*, dass „... *coverage shall not be provided against non-discriminatory measures of general application which governments normally take in the public interest for the purpose of regulating economic activity in their territories, such as bona fide imposition of general taxes, tariffs and price controls and other economic regulations...*". Vgl. Ebenroth/ Karl, a.a.O., S. 377. Damit sind v.a. Regelungen des Steuerrechts, der Gefahrenabwehr oder des Umweltschutzes gemeint. Herdegen, M., Internationales Wirtschaftsrecht, S. 215.
1677 Vgl. bei Schöber, M., Die MIGA, S. 108; Rindler, H., Der Schutz, S. 124.
1678 Rindler, H., Der Schutz, S. 125.
1679 Dabei wird ersteres angenommen, wenn der Investor über einen Zeitraum von 365 Tage gehindert wurde, ein von der Garantie gedecktes Recht auszuüben. Rindler, H., Der Schutz, S. 125.
1680 Vgl. Stern, T., Die MIGA, S. 141 f.
1681 Rindler, H., Der Schutz, S. 129. Dem steht es gleich, wenn trotz seiner Anstrengungen das Verfahren nicht voranzutreiben ist, wobei mind. zwei Jahre erforderlich sind. Stern, T., Die MIGA, S. 142.
1682 Vgl. Potocnik, I., Die MIGA, S. 284 f.
1683 Schöber, M., Die MIGA, S. 113.

formieren, damit diese versuchen kann, den Entschädigungsfall durch Konsultationen zu verhindern.[1684] Ein eingetretener Verlust ist der MIGA unverzüglich zu melden.[1685] Bevor der Investor sich mit seinem Entschädigungsverlangen an die MIGA wenden kann, muss er alle angemessenen und leicht zugänglichen Rechtsmittel im Gaststaat ergriffen haben; den innerstaatlichen Instanzenzug muss er jedoch nicht ausgeschöpft haben.[1686] Nach der positiven Feststellung der Haftung, die beim Enteignungsrisiko innerhalb von 180 Tagen gefällt werden muss, ist die Agentur bei Vorliegen aller Voraussetzungen verpflichtet, die Schadensumme innerhalb von 60 Tagen in jeder frei konvertiblen Währung zu bezahlen.[1687] Für die Entschädigungshöhe gilt keine feste Wertberechnungsmethode, sie wird vielmehr in jedem einzelnen Garantievertrag gesondert festgelegt. Dabei darf die Entschädigungshöhe jedoch weder den Garantiebetrag noch den Investitionswert übersteigen.[1688] Im Falle einer Kapitalinvestition soll vom Netto-Buchwert bzw. einem angemessenen Marktwert der Investition direkt vor Wirksamwerden der Enteignung ausgegangen werden.[1689] Die MIGA geht damit vom vollen Wert der Investition aus; der Selbstbehalt ist nicht als teilweise Entschädigung zu verstehen.[1690] Gewinnaussichten (*lucrum cessans*) erfasst die Entschädigungszahlung der MIGA allerdings nicht, womit sie dem Entschädigungsstandard für völkerrechtmäßige Enteignungen entspricht.[1691] Wird der geschädigte Investor von der MIGA entschädigt, gehen seine Ansprüche gegen den Gaststaat automatisch[1692] auf die MIGA über (sogenannte Subrogation) und werden von ihr gegenüber dem Gaststaat geltend gemacht (Art. 18 MIGA-Konvention).[1693] Dies ist jedoch nur in der Höhe möglich, in der die Ansprüche auch auf die MIGA übergehen.[1694]

4. Materieller Umfang des Versicherungsschutzes

Obwohl die MIGA nicht ausdrücklich auch materielle Schutzvorschriften enthält, existieren wichtige Verbindungen zum materiell-rechtlichen Investitionsschutz.[1695] Bereits in der Präambel verpflichten sich die Mitgliedstaaten der MIGA, dass der Kapital- und Technologiefluss in die Entwicklungsländer auf „der Grundlage gerechter und dauer-

---

[1684] Rindler, H., Der Schutz, S. 132.

[1685] Als maximale Meldefrist sieht Paragraph 4.06 der *Operational Regulation* eine Frist von drei Jahren vor. A.a. Stern, T., Die MIGA, S. 250, der von einer Frist von 365 Tagen bzw. 90 Tagen ausgeht.

[1686] Stern, T., Die MIGA, S. 252; Rindler, H., Der Schutz, S. 143 f.; Ebenroth/ Karl, MIGA-Kommentar, S. 110, 185.

[1687] Stern, T., Die MIGA, S. 252 f.; Rindler, H., Der Schutz, S. 161.

[1688] Vgl. Paragraph 4.11 der *Operational Regulations*.

[1689] Vgl. bei Schöber, M., Die MIGA, S. 127 f.; Rindler, H., Der Schutz, S. 166. Abzuziehen sind davon jedoch die Selbstbeteiligung von mind. 10 % und alle Vorteile, die der Versicherungsnehmer durch den Verlust erhalten hat. Stern, T., Die MIGA, S. 255 f.; Rindler, H., a.a.O., S. 132.

[1690] Rindler, H., Der Schutz, S. 162.

[1691] Im Gegensatz zu den Bundesgarantien bestehen dabei keine Wartefristen vor Auszahlung der Entschädigung. Stern, T., Die MIGA, S. 259.

[1692] Nach a.A. ist der Garantienehmer zur Abtretung verpflichtet. Vgl. Potocnik, I., Die MIGA, S.135 f.

[1693] Oschmann, F., Calvo-Doktrin, S. 357. Zur Subrogation siehe auch Ebenroth/ Karl, MIGA-Kommentar, S. 189 ff.; Stern, T., Die MIGA, S. 260 ff. Die MIGA kann die von dem Investor erworbenen Rechte ggf. im Wege der internationalen Schiedsgerichtsbarkeit verfolgen. Das Streitbeilegungsverfahren ist dabei stark an das Verfahren nach der ICSID-Konvention angelehnt. Vgl. zum MIGA-Verfahren Stern, T., a.a.O., S. 272 ff.

[1694] Ist eine Kapitalanlage nur zu 75 % versichert worden, muss der Investor selbst die ihm verbleibenden 25 % des Gesamtwerts nach den allg. Vorschriften – ggf. i.R.d. diplomatischen Schutzes - gegen den Gaststaat geltend machen. Rindler, H., Der Schutz, S. 145. Zwar besteht die Möglichkeit auch diese auf die MIGA zu übertragen und von ihr geltend machen zu lassen; dazu muss der Gaststaat allerdings ausdrücklich zugestimmt haben. Oschmann, F., Calvo-Doktrin, S. 361.

[1695] Daher sind stets die Vorschriften über den materiellen Investitionsschutz, v.a. die BITs, anzuwenden, so dass sich beide zu einem vollkommenen Eigentumsschutz ergänzen können. Existiert kein BIT kommen stattdessen die allg. Standards des Völkerrechts zur Anwendung. Oschmann, F., Calvo-Doktrin, S. 359.

hafter Normen für die Behandlung ausländischer Investitionen" verstärkt werden soll.[1696] Weiter enthalten die Abkommen, welche die MIGA gemäß Art. 23 (b) (ii) MIGA-Konvention mit allen Gaststaaten schließt, eine Meistbegünstigungsklausel, die in der Regel einen Investor zumindest so günstig wie durch ein BIT oder ähnliches Abkommen schützt.[1697]

5. Unterwerfung unter die in der MIGA-Konvention konstituierte Schiedsgerichtsbarkeit und Sanktionen

Mit dem Beitritt zur Konvention haben die Mitgliedstaaten ihre Unterwerfung unter eine verbindliche Schiedsgerichtsbarkeit der MIGA anerkannt.[1698] Als materielles Recht werden dabei die MIGA-Konvention, einschlägige Abkommen zwischen den Streitparteien, das innerstaatliche Recht, ein existierender Investitionsschutzvertrag und die Regeln des Völkerrechts angewendet.[1699] Für den Investor ergibt sich der Vorteil, dass an die Stelle seines Ermessensanspruchs auf diplomatischen Schutz durch seinen Heimatstaat ein gegenüber der MIGA durchsetzbarer Anspruch aus dem Garantievertrag tritt. Dabei kann das Schiedsgericht auch ohne Kooperation des Gastlandes einberufen werden. Die von ihm ergehenden Schiedssprüche sind für die Parteien des Schiedsverfahrens verbindlich und in ihrem Hoheitsgebiet, wie ein rechtskräftiges innerstaatliches Urteil, vollstreckbar.[1700]

Im Fall eines Vertragsbruchs durch ein Mitgliedsland kann der Rat mit Mehrheit der Stimmen eine Suspendierung der Mitgliedschaft des Staates aussprechen. Damit ist das Land aller Rechte unter der Konvention enthoben [Art. 52 (b) MIGA-Konvention] und verliert die Möglichkeit einer Garantievergabe bzw. Rückversicherung.[1701] In einem weiteren Schritt kann die MIGA geeignete Sanktionen der Weltbankgruppe gegen den vertragsbrüchigen Mitgliedstaat veranlassen.[1702] Bereits im Vorfeld eines Vertragsbruchs kann die MIGA auf erhöhte politische Risiken reagieren, indem sie beispielsweise durch eine Prämienerhöhung bestimmte Signale setzt. Die dadurch unterlassenen Investitionen können das Gastland u.U. stark treffen und es veranlassen, sich an die MIGA-Regeln zu halten. Schließlich hat die MIGA die Möglichkeit eine Vertragsverletzung eines Mitgliedstaates der Weltöffentlichkeit zugänglich zu machen und so weitere Staaten und Organisation zu Sanktionen veranlassen.[1703]

Mit der Gründung der MIGA ist erstmals eine multilaterale Einrichtung für den Schutz von ausländischen Investitionen ins Leben gerufen worden. Der Schutzumfang der MIGA-Versicherung ist bei vielen Risiken, wie bezüglich des Enteignungsrisikos, weiter gefasst als bei vergleichbaren privaten und nationalen Versicherungsagenturen.[1704] Einen weiteren Vorteil stellt die Versicherbarkeit von Investitionen dar, die von Investoren aus verschiedenen Ländern getätigt wurden. Die Bedeutung der MIGA liegt auch in ihrer Fähigkeit zur Verbesserung der Rahmenbedin-

---

[1696] Shihata, I.,The MIGA, S. 218 f.

[1697] Somit verfügt die MIGA über einen relativ guten Schutz, den sie versucht, durch die Förderung weiterer Investitionsschutzabschlüsse zwischen ihren Mitgliedstaaten auszuweiten. Rindler, H., Der Schutz, S. 146 f.

[1698] Für Streitigkeiten der MIGA mit dem Gaststaat finden gemäß Art. 57 MIGA-Konvention entweder die im Anhang II vereinbarte Streitschlichtung, die sich bei Festlegung ihrer formellen Regeln durch diejenigen des ICSID leiten lassen soll (vgl. dazu Potocnik, I., Die MIGA, S. 213 ff.) oder eine besondere zwischen MIGA und Gaststaat ausgehandelte Schiedsgerichtsbarkeit Anwendung. Bippus, B., Internationalrechtlicher Schutz, S. 189 f.

[1699] Potocnik, I., Die MIGA, S. 202 ff.; Rindler, H., Der Schutz, S. 135.

[1700] Rindler, H., Der Schutz, S. 135; Theodorou, H., Investitionsschutzverträge, S. 552.

[1701] Vgl. Schöber, M., Die MIGA, S. 100.

[1702] Eine Sanktionierung kann erfolgen durch Verweigerung einer Kreditgewährung, solange erteilte Auflagen nicht erfüllt wurden oder durch Einstellung von sonstigen Vergünstigungen. Vgl. bei Schöber, M., Die MIGA, S. 158 f.

[1703] Schöber, M., Die MIGA, S. 159 f.

[1704] Vgl. Stern, T., Die MIGA, S. 67.

gungen des Investitionsschutzes.[1705] Dadurch sind die Voraussetzungen gegeben, dass die MIGA im Laufe der Zeit Präzedenzfälle schafft und damit zur Bildung allgemein anerkannter Rechtsgrundsätze des Investitionsschutzes beiträgt. Dadurch hat sie die Möglichkeit hervorgerufen, auch den materiellen Rechtsschutz multilateral zu regeln, wie es bis dahin nur in den BITs der Fall war. Im Gegensatz zu den BITs ist der Druck zur Einhaltung der MIGA jedoch viel höher.

III. Weitere multilaterale Investitionsschutzprojekte

1. Formeller Schutz durch das Übereinkommen zur Beilegung von Investitionsstreitigkeiten zwischen Staaten und Angehörigen anderer Staaten (ICSID-Abkommen) vom 18.03.1965[1706]

a) Entwicklung

Nachdem der Ständige Schiedshof in Den Haag im Februar 1962 eine Schieds- und Vergleichsordnung für Streitigkeiten zwischen einem Staat und einer nichtstaatlichen Partei erarbeitet hatte und eine Reihe von unabhängig gewordenen Entwicklungsländern dieser Institution beigetreten waren,[1707] wurde offensichtlich, dass die geschaffene Streitschlichtung nicht speziell genug auf Investitionsstreitigkeiten zugeschnitten war.[1708] Das Weltbankübereinkommen (WBÜ)[1709] vom 18.03.1965 errichtete daher das *International Centre for Settlement of Investment Disputes* (ICSID) mit Sitz in Washington/ D.C.[1710] Es ist in die Gruppe der Weltbankinstitutionen integriert[1711] und stellt das erste Abkommen zum Schutz von Auslandsinvestitionen mit weltweiter Geltung dar.[1712] Der Konvention können alle Mitglieder der Weltbank, sowie Mitglieder des Statuts des internationalen Gerichtshofs, beitreten.[1713] Das Zentrum bietet den Rahmen für die Durchführung von Vergleichs- und Schiedsverfahren im Rahmen von investitionsrechtlichen Streitigkeiten zwischen Staaten und Investoren, wenn sich beide seiner Zuständigkeit unterworfen haben [Art. 1 (2) ICSID-Konvention].[1714]

Zu beachten gilt jedoch, dass die Mitglieder durch die Konvention nicht verpflichtet werden, bei Investitionsstreitigkeiten mit Investoren aus anderen Mitgliedstaaten auf die Streitschlichtungsverfahren vor einem ICSID-Gericht zurückzugreifen. Wenn sie sich jedoch dafür entschieden haben, kommen die Vorschriften von ICSID zur Anwen-

---

[1705] Potocnik, I., Die MIGA, S. 302.

[1706] Das Gründungsstatut ist enthalten im Übereinkommen zur Beilegung von Investitionsstreitigkeiten zwischen Staaten und Angehörigen anderer Staaten, in: BGBl. 1969 II, 371 ff.; Sartorius II, Nr. 475; ILM Vol. 4, 1965, S. 532 ff.

[1707] Schieds- und Vergleichsordnung des Ständigen Schiedshofes für Streitigkeiten zwischen einem Staat und einer nichtstaatlichen Partei, von Februar 1962, in: AdV, Vol. 12, 1964/ 1965, S. 187-196; Schlochauer, H., Die Verfahrensordnung, S. 175.

[1708] Schwarzenberger, G., Der Schutz von Auslandsinvestitionen, S. 137 ff.

[1709] *Convention on the Settlement of Investment Disputes between States and Nationals of other States*, Übereinkommen zur Beilegung von Investitionsstreitigkeiten zwischen Staaten und Angehörigen anderer Staaten, Text in: ILM Vol. 4, 1965, S. 532 ff., BGBl. 1969 II, S. 369 ff.

[1710] Frick, H., Bilateraler Investitionsschutz, S. 59; Pirrung, J., Die Schiedsgerichtsbarkeit nach ICSID, S. 34. Diese, auch *Washington Convention* genannt, ist am 16.10.1966 in Kraft getreten.

[1711] Banz, M., Völkerrechtlicher Eigentumsschutz, S. 101 f.; Herdegen, M., Internationales Wirtschaftsrecht, S. 241, § 19 Rn. 10.

[1712] Vgl. Sinare, H., Legal and Economic Effects, S. 206.

[1713] Patzina, R., Rechtlicher Schutz, S. 135. Zimbabwe hat die Konvention am 25.03.1991 unterzeichnet und am 20.05.1994 die Ratifikationsurkunde hinterlegt, so dass die In-Krafttretung am 19.06.1994 erfolgen konnte. Vgl. Liste der Signatarstaaten, unter: http://www.worldbank.org/icsid/constate/c-states-en.htm; besucht am 19.08.2004.

[1714] Vgl. Gramlich, L., Rechtsgestalt, S. 220; Stoll, J., Vereinbarungen, S. 137; Frick, H., Bilateraler Investitionsschutz, S. 62 f.

dung.[1715] Am Ende des Verfahrens steht eine völkerrechtlich bindende Entscheidung, (Art. 53 f. ICSID-Konvention), die nicht mehr mit weiteren Rechtsmitteln angegriffen werden kann (Art. 26 ICSID-Konvention).[1716] Dieses völkerrechtliche Regime nimmt dem privaten Investor das Risiko, welches mit der Unterwerfung unter das Verfahrensrecht seines staatlichen Vertragspartners verbunden wäre. Es handelt sich dabei um eine „gemischte" Schiedsgerichtsbarkeit in dem Sinne, dass einerseits private Streitparteien beteiligt sind und andererseits das Verfahren völkerrechtlich abgesichert ist. Durch das ICSID-Schiedsverfahren wird das System des diplomatischen Schutzes ersetzt und die politische Komponente von Investitionsstreitigkeiten entschärft.[1717]

b) Verfahrensvoraussetzungen

aa) Staatenzustimmung und Parteifähigkeit

Die Zuständigkeit von ICSID setzt voraus, dass sowohl die staatliche Partei als auch der Heimatstaat des Investors das ICSID-Übereinkommen ratifiziert haben [Art. 1 (2) ICSID-Konvention].[1718] Als Besonderheit wird einem privaten Investor ermöglicht, eine Streitigkeit mit einem ausländischen Staat vor einer internationalen Stelle trotz fehlender Völkerrechtssubjektivität auszutragen [Art. 25 (2) ICSID-Konvention].[1719] Nicht beteiligungsfähig sind die Investoren mit Staatsangehörigkeit des Gaststaates [Art. 25 (2) (a) ICSID-Konvention],[1720] was sich nach dem Recht des Staates richtet, dem die Partei anzugehören behauptet.[1721] Außerdem müssen sich die Streitparteien, d.h. der Gaststaat und der Investor, schriftlich der Streitbeilegung durch das Zentrum im Voraus oder bei Entstehung der Streitigkeit unterwerfen [Art. 25 (1) ICSID-Konvention].[1722] Die einmal erteilte Zustimmung zu dem Verfahren können die Parteien nicht einseitig widerrufen [Art. 25 (1) (2) ICSID-Konvention].[1723] Sie gilt zugleich als Verzicht auf jeden anderen Rechtsbehelf [Art. 26 Satz 1 ICSID-Konvention]. Darüber hinaus verpflichtet sich der Heimatstaat des Investors, sich jeglicher Einmischung in einen Streit zwischen diesem und dessen Anlagestaat zu enthalten, v.a. keinen diplomatischen Schutz oder sonstige völkerrechtliche Ansprüche geltend zu machen [Art. 27 (1) ICSID-Konvention].[1724]

[1715] Theodorou, H., Investitionsschutzverträge, S. 103.

[1716] Vitzthum/ Vitzthum, Völkerrecht, S. 503.

[1717] Herdegen, M., Internationales Wirtschaftsrecht, S. 211.

[1718] Dolzer/ Stevens, Bilateral Investment Treaties, S. 137; Lamm, C., Jurisdiction of the ICSID, S. 467 f.

[1719] Vgl. Pirrung, J., Die Schiedsgerichtsbarkeit nach ICSID, S. 65.

[1720] Das ICSID soll nicht für innerstaatliche Dispute zur Verfügung stehen. Daher fallen auch Doppelstaatsangehörige als Parteien nicht in den Anwendungsbereich, was einem Grundsatz des allg. Völkerrechts entspricht, Art. 4 des Haager Abkommens über die Konflikte der Staatsangehörigkeit, vom 12.04.1930.

[1721] Pirrung, J., Die Schiedsgerichtsbarkeit nach ICSID, S. 68. Anders liegt der Fall, wenn es sich um eine juristische Person mit Nationalität des Gastlandes handelt und diese unter ausländischer Kontrolle steht. Diese ist als Angehörige des ausländischen Staates nach der ICSID-Konvention anzusehen [Art. 25 (2) (b) ICSID-Konvention].

[1722] Schöber, M., Die MIGA, S. 37; Lamm, C., Jurisdiction of the ICSID, S. 464 f. Diese kann durch eine zu jedem Zeitpunkt mögliche Generalerklärung gegenüber dem Zentrum erfolgen, die auch durch den Vertragsstaat in einem Investitionsgesetz verankert werden kann. Sie kann jedoch auch durch eine konkrete Anerkennung des Zentrums in einem BIT, einem Staat-Investor-Vertrag oder einer *ad-hoc* Vereinbarung zwischen den Beteiligten abgegeben werden. Vgl. ICSID ad-hoc Erklärung, in: ICSID-Review, Vol. 6, 1991, S. 526 ff.; Schanze, E., Investitionsverträge, S. 206; Art. 11 (2) BIT D-Z.

[1723] Notter, M., Völkerrechtlicher Investitionsschutz, S. 85; Patzina, R., Rechtlicher Schutz, S. 136. Im Falle der generellen Unterwerfungserklärung haben die Staaten jedoch die Möglichkeit, die Zuständigkeit des Zentrums auf bestimmte Arten von Investitionsstreitigkeiten sofort oder nachträglich zu beschränken [Art. 25 (4) ICSID-Konvention].

[1724] Davon ist nur dann eine Ausnahme zulässig, wenn der andere Vertragsstaat dem in der Streitigkeit erlassenen Schiedsspruch nicht nachkommt [Art. 27 (2) ICSID-Konvention].

bb) Investitionsstreitigkeit

Für die Zulässigkeit der Streitbeilegung ist weiterhin erforderlich, dass es sich um eine Streitigkeit im Zusammenhang mit einer Investition handelt.[1725] Den Begriff der „Investition" definiert die ICSID-Konvention zwar nicht, in der Praxis hat sich jedoch ergeben, diesen weit auszulegen, um auch den Transfer innovativer Formen von Investitionen, Technologien und Dienstleistungen erfassen zu können.[1726] Den Staaten obliegt es zudem, dem Zentrum im Voraus bekannt zu geben, bezüglich welcher Art von Streitigkeiten sie sich der Zuständigkeit des Zentrums unterwerfen werden (Art. 28 ICSID-Konvention). Nicht erfasst werden allerdings politische, wirtschaftliche und rein kommerzielle Streitigkeiten.[1727]

c) Anzuwendendes Recht und Schiedsspruch

Das Verfahren ist nach Art. 44 ICSID-Konvention in Einklang mit den Verfahrensvorschriften der Art. 41-49 ICSID-Konvention und – soweit die Parteien nichts anderes vereinbaren – den aktuellen *Arbitration Rules* zu führen.[1728] Das von den Schiedsrichtern anzuwendende materielle Recht bestimmt sich in erster Linie nach dem Parteiwillen (Art. 29-31, 37-39 ICSID-Konvention).[1729] Die ICSID-Konvention lässt jedoch offen, welches Recht das Schiedsgericht jenseits der Parteivereinbarung anzuwenden hat. Sie nimmt lediglich allgemein auf das Recht des Gaststaates und die völkerrechtlichen Regeln Bezug, die im konkreten Fall anwendbar sein können [Art. 42 (1) ICSID-Konvention].[1730] Nach mehrheitlicher Auffassung wendet das Gericht bei Fehlen einer diesbezüglichen Vereinbarung gemäß Art. 42 (1) (2) ICSID-Konvention das Recht des Vertragsstaates an, der Streitpartei ist, einschließlich seines internationalen Privatrechts und der einschlägigen Regeln des Völkerrechts.[1731] Dies stellt einen wesentlichen Vorteil gegenüber den Verfahrensordnungen der ICC und UNCITRAL dar, die in diesem Fall die Festlegung des anwendbaren Rechts nach dem Ermessen des Schiedsgerichts vorsehen.[1732] Vorausgesetzt die entsprechende Einwilligung der Parteien liegt vor, steht dem Gericht auch die Möglichkeit zu, „*ex aequo et bono*" zu entscheiden [Art. 42 (3) ICSID-Konvention].[1733]

[1725] Schöber, M., Die MIGA, S. 37; Comeaux/ Kinsella, Protecting, S. 203 f. Vgl. Art. 25 ICSID-Konvention: „...any legal dispute directly arising out of an investment, between a Contracting State ... and a national of another Contracting State...".

[1726] Butler/ Finsen, Arbitration, S. 303 ff.; Redfern/ Hunter, Law and Practice, S. 54 ff.; Lamm, C., Jurisdiction of the ICSID, S. 475 f.

[1727] Vgl. auch Kronfol, Z., Protection, S. 146.

[1728] Derzeit gelten die *Rules of Procedure for Arbitration Proceedings*, in Kraft seit dem 01.01.2003. Zum Text vgl. Reed/ Paulsson/ Blackaby, Guide to ICSID Arbitration, S. 136 ff.

[1729] Oschmann, F., Calvo-Doktrin, S. 327.

[1730] Damit lässt das Übereinkommen ungeklärt, ob die Parteien ihre vertragliche Beziehung wirksam dem Völkerrecht (etwa durch „Stabilisierungsklauseln" in den Investitionsverträgen) unterstellen können. Herdegen, M., Internationales Wirtschaftsrecht, S. 213.

[1731] Patzina, R., Rechtlicher Schutz, S. 136; Palm, U., Zur rechtlichen und wirtschaftlichen Bewältigung, S. 68; Bauer/ Hobe/ Herdegen, Rechtsprobleme, S. 21; Oschmann, F., Calvo-Doktrin, S. 327; Zagel, G., Auslandsinvestitionen in Lateinamerika, S. 242; Rindler, H., Der Schutz, S. 42. Höchst umstritten ist jedoch die Frage, ob ein ICSID-Schiedsgericht, sofern sich die Parteien in ihren Rechtswahlklauseln ausschließlich auf das Heimatrecht des Gaststaates stützen, dennoch auf das Völkerrecht zurückgreifen darf. Nach dem Wortlaut des Art. 42 ICSID-Konvention scheint dieser Rückgriff ausgeschlossen, da der Artikel nur dann auf das Völkerrecht verweist, wenn keine Rechtswahl getroffen wurde. Es ist allerdings nicht zu vermuten, dass die Parteien mit ihrer Wahl eines nationalen Rechts den Rückgriff auf das Völkerrecht – mit den völkerrechtlichen Mindeststandards - abbedingen wollten. Bauer/ Hob/ Herdegen, a.a.O., S. 22. Im Ergebnis auch LETCO, in: ILM, Vol. 26, 1987, S. 658.

[1732] Art. 17 (1) ICC *Rules of Arbitration* (1998), Art. 33 (1) UNCITRAL *Arbitration Rules*.

[1733] Nach schiedsgerichtlichen Grundsätzen ist jedoch auch hierbei eine rechtliche Abwägung erforderlich, so dass die Anwendung des internationalen Wirtschaftsrechts und der Handelsbräuchen in Frage kommt. Vgl. Pirrung, J., Die Schiedsgerichtsbarkeit nach ICSID, S. 154. Gemäß Art. 42 (2) ICSID-Konvention muss das Gericht entscheiden, wenn es sich einmal für zuständig erklärt hat; ein *non-liquet* ist nicht zulässig. Kronfol, Z., Protection, S. 149.

Die ICSID-Schiedssprüche sind für die Parteien bindend und nicht berufungsfähig (Art. 53 ICSID-Konvention). Jeder Vertragsstaat hat daher ein Schiedsurteil wie ein Urteil seiner Gerichte anzuerkennen.[1734] Weiter sieht die Konvention vor, dass sich die Durchsetzung eines Urteils nach dem Gesetz des Staates richtet, in dem auch die Einklagung vorzunehmen ist. Allerdings kann ein Urteil unter bestimmten Umständen aufgehoben werden. Ein solcher Antrag auf Nichtigerklärung muss innerhalb von 120 Tagen nach dem ergangenen Schiedsspruch ergehen und einen der in Art. 52 ICSID-Konvention aufgeführten Gründe erfüllen.[1735]

d) Zusatzeinrichtung

1978 wurde dem ICSID noch ein Zusatzorgan (*Additional Facility for the Administration of Conciliation, Arbitration, and Fact Finding Proceedings*) beigeordnet. Dieses schlichtet Streitigkeiten, die nicht unter die Zuständigkeit von ICSID fallen, deren Beilegung durch eine ICSID-Institution jedoch sinnvoll erscheint.[1736] Dies ist der Fall, wenn der Heimat- oder Gaststaat des Investors nicht der ICSID-Konvention beigetreten ist, es sich um keine Investitionsstreitigkeit handelt oder diese nicht auf einer rechtlichen Streitigkeit beruht (Art. 25 ICSID-Konvention, Art. 2 *Additional Facility Rules*).[1737] Da es sich letztlich aber um ein Streitschlichtungsverfahren außerhalb des Anwendungsbereichs von ICSID handelt, sind dessen Schlichtungssprüche auch nicht nach der Konvention durchsetzbar.[1738]

Nachdem die Errichtung von ICSID zunächst als Fehlschlag beurteilt worden war,[1739] ist es heute eine weit akzeptierte unabhängige internationale Organisation mit eigener Rechtspersönlichkeit.[1740] ICSID brachte die völkerrechtliche Neuerung, dass auch privaten juristischen und natürlichen Personen vor einem internationalen Schiedsgericht die volle Parteifähigkeit im Streitverfahren eingeräumt wird. Aufgrund der Verpflichtung der Heimatstaaten, sich jeglichen diplomatischen Schutzes ihrer Investoren zu enthalten, wird eine Nichteinmischung Dritter und eine Entpolitisierung der Investitionsstreitigkeiten erzielt.[1741] Nachteilig für einen umfassenden Schutz stellt sich jedoch die

---

[1734] Comeaux/ Kinsella, Protecting, S. 208.

[1735] Dazu zählen die unrichtige Besetzung des Tribunals, die Überschreitung der Kompetenzen des Tribunals, ein Korruptionsvorfall eines Tribunalmitglieds, ein schwerwiegendes Abrücken von einer wesentlichen Verfahrensregel oder die unterlassene Darlegung der Gründe, auf denen der Schiedsspruch beruht.

[1736] Dolzer/ Stevens, Bilateral Investment Treaties, S. 139 f.; Comeaux/ Kinsella, Protecting, S. 212; Redfern/ Hunter, Law and Practice, S. 57.

[1737] Schreuer, C., The ICSID Convention, S. 167; Reed/ Paulsson/ Blackaby, Guide to ICSID Arbitration, S. 9 f.

[1738] Comeaux/ Kinsella, Protecting, S. 212.

[1739] Innerhalb der ersten 10 Jahre seiner Existenz wurden dem Zentrum lediglich sechs Investitionsstreitigkeiten vorgelegt. Vgl. Patzina, R., Rechtlicher Schutz, S. 138.

[1740] Mehr als 150 Staaten haben die ICSID-Konvention unterzeichnet, 140 sie ratifiziert (vgl. List of Contracting States and other Signatories of the Convention, vom 03.11.2003; http://www.worldbank.org/icsid/constate/constate.htm; besucht am 03.08.2004) und damit zu großer internationaler Verbreitung beigetragen. Hailbronner, K., Foreign Investment Protection, S. 103. Nicht nur die steigende Anzahl der Mitgliedstaat, auch ihre Bereitschaft, Bezugnahmen auf ICSID in ihre nationale Investitionsgesetzgebung und in bi- und multilaterale Investitionsverträge zu übernehmen, dokumentiert das breite internationale Vertrauen in die Konvention. Arnoldt, T., Praxis von ICSID, S. 23. Der Grund dürfte darin liegen, dass ICSID ein neutrales Forum darstellt, die Investitionsstreitigkeiten, die oft aus politischen Interessen des Gaststaates und wirtschaftlichen Interessen des Investors entstehen, in einem Vergleichs- (*conciliation*) und/ oder Schiedsverfahren (*arbitration*) abzuwägen (Art. 43, 48 ICSID-Konvention).

[1741] Seidl-Hohenveldern, I., Investitionen in Entwicklungsländern, S. 44 f.

Tatsache dar, dass die Konvention keine materiellen Regelungen zum Schutz von Direktinvestitionen enthält,[1742] sondern diese gemäß der Parteiautonomie der Beteiligten zu bestimmen sind (Art. 42 ICSID-Konvention).[1743]

2. Die Organisation für wirtschaftliche Zusammenarbeit und Entwicklung (OECD)

Die OECD[1744] mit Sitz in Paris, der mittlerweile nahezu alle westlichen Industrieländer angehören, befasst sich hauptsächlich mit der Zusammenarbeit in der allgemeinen Wirtschafts- und Währungspolitik, der Koordinierung der Entwicklungshilfe und der Erörterung handelspolitischer Fragen. Die OECD-Länder haben in ihrer Gesamtheit über 600 bilateraler Investitionsschutzverträge mit in der Regel nicht OECD-Mitgliedern abgeschlossen.[1745]

a) Die Entwürfe aus den Jahren 1967 und 1976

Die OECD unternahm - neben anderen Institutionen - ebenfalls einige Versuche zur Errichtung eines multilateralen Investitionsschutzregimes. Rechtliche Verbindlichkeit konnten die Kodizes zur „Liberalisierung des Kapitalverkehrs und der laufenden unsichtbaren Transaktionen“ von 1961, deren Ziel der Abbau von Grenzbarrieren zwischen den Mitgliedstaaten, das Prinzip der Nichtdiskriminierung und die Festigung des damaligen Liberalisierungsstandes waren, erlangen.[1746] Im weitesten Sinne schlossen die Kodizes auch Direktinvestitionen ausländischer Investoren ein.[1747] Erwähnung verdient v.a. der Entwurf bezüglich des Schutzes ausländischen Eigentums vom 12.10.1967.[1748] Wenngleich dieser nie von den Mitgliedstaaten angenommen wurde, so hat er doch die Folgeresolution[1749] entscheidend beeinflusst. Der modifizierte Konventionsentwurf von 1967 sichert zusätzlich zur Abs-Konvention von 1962 eine faire und billige Behandlung des Eigentums der ausländischen Investoren zu und gewährt die Inländergleichbehandlung.[1750] Mit der „Erklärung über internationale Investitionen und multilaterale Unternehmen“ von 1976 wurde versucht die Gleichstellung von Unternehmen aus anderen OECD-Staaten sicherzu-

---

[1742] Vgl. Theodorou, H., Investitionsschutzverträge, S. 479; Bippus, B., Internationalrechtlicher Schutz, S. 218; Notter, M., Völkerrechtlicher Investitionsschutz, S. 81.

[1743] Auch die Möglichkeit der Rücknahme der einseitigen Unterwerfungserklärung, die Zuständigkeitsbeschränkung des Zentrums auf nur einzelne Investitionsbereiche und die erforderliche Mitwirkung der Staaten bei der Vollstreckung der Schiedssprüche ist hinderlich. Frick, H., Bilateraler Investitionsschutz, S. 66.

[1744] Diese ging 1960 aus der Organisation für europäische wirtschaftliche Zusammenarbeit (OEEC) hervor, die am 16.04.1948 gegründet worden war, um die Nutzung der amerikanischen Finanz- und Wirtschaftshilfen für den Wiederaufbau i.R.d. Marshallplans zu dirigieren.

[1745] Brittan, L., Investment Liberalization, S. 7. Zimbabwe gehört jedoch nicht zu den beteiligten Vertragspartnern.

[1746] Vgl. *Codes of Liberalization of Capital Movements* und *the Code of Current Invisibles*; Wälde, T., International, S. 13; Kelley, G. Multilateral Investment Treaties, S. 491; Canner, S., The MAI, S. 661 f.

[1747] Kreutzfeld, J., Investitionsschutz, S. 83.

[1748] Vgl. *Draft Convention on the Protection of Foreign Property and Resolution of the Council of the OECD on the Draft Convention*, Paris 1967, vom 12.10.1967, in: ILM, Vol. 7, 1968, S. 117 ff. Eine ausführliche Darstellung des Konventionsentwurfs findet sich bei Schwarzenberger, G., Der Schutz von Auslandsinvestitionen, S. 94-114.

[1749] Hailbronner, K., Foreign Investment Protection, S. 102; Dolzer/ Stevens, Bilateral Investment Treaties, S. 2. Dieser Entwurf geht auf den Konventionsentwurf aus dem Jahr 1962 zurück, der auf der Abs-Konvention (vgl. Entwurf der „Gesellschaft zur Förderung des Schutzes von Auslandsinvestitionen,“ *Draft Convention on the Protection of Foreign Property*, OECD-Publikation Nr. 15637, abgedruckt in: ILM, Vol. 7, 1968, S. 117 ff. Vgl. zu dem Entwurf Veith/ Böckstiegel, Der Schutz, S. 108) beruht. Danach sollen Enteignungen ausländischer Investoren für einen Zeitraum von 30 Jahren gänzlich untersagt sein, wobei Ausnahmen im Fall von Verstaatlichungen und öffentlichem Notstand gestattet sind. Als Voraussetzung einer zulässigen Enteignung nennt der Entwurf u.a. die Zahlung einer effektiven und gerechten, d.h. dem wirklichen Wert des enteigneten Vermögensgegenstandes entsprechenden Entschädigung. Vgl. Art. 3 (3) des Entwurfs: „...*The measures are accompanied by provision for the payment of just compensation. Such compensation shall represent the genuine value of property affected*...“; Patzina, R., Rechtlicher Schutz, S. 100; Muller, M., Compensation for Nationalization, S. 43; ausführlich dazu Schwarzenberger, G., Der Schutz von Auslandsinvestitionen, S. 109-111.

[1750] Schwarzenberger, G., Der Schutz von Auslandsinvestitionen, S. 98 f.; Kronfol, Z., Protection, S. 34.

stellen.[1751] Dies sollte durch die Vereinbarung der Inländergleichbehandlung für ausländische Unternehmen erreicht werden.[1752] Im Bereich der Streitschlichtung empfehlen die Richtlinien einen angemessenen internationalen Streitschlichtungsmechanismus. Gemäß des vorgesehenen Konsultations- und Überprüfungsverfahrens sind 1979 einzelne Teile verbessert worden.

Ziel aller dieser Abkommen der OECD war jedoch die Absicherung politischer Risiken im Gastland und weniger die Verabschiedung materieller Regeln zum Investitionsschutz.[1753] Es handelte sich bei ihnen um nicht bindende Leitsätze, also Richtlinien und Kodizes, vergleichbar derjenigen der UNO.[1754] Als solche stellen die Richtlinien ein Beispiel des sogenannten „*soft law*" dar.[1755] Zudem beschränkt sich die Anwendbarkeit auf die OECD-Mitglieder und schließt daher die Entwicklungsländer insgesamt aus.[1756]

b) Der OECD-Entwurf des multilateralen Investitionsabkommens (MAI) von 1995

Der Entwurf des multilateralen Investitionsabkommens (MAI)[1757] bestätigt auf multilateraler Ebene den derzeitigen Stand des Völkerrechts, da mit ihm die aus Hunderten von BITs entnommenen und bereits bestehenden Investitionsregeln zusammengefasst worden sind. Mit ihm sollte ein einheitliches, transparentes und faires System für die Förderung des Welthandels geschaffen werden, insbesondere Investitionsschutz und Streitbeilegung zusammengelegt werden. Durch ein multilaterales Investitionsabkommen wollte man einheitliche, für alle Akteure geltende Rechtsvorschriften schaffen, statt eines unübersichtlichen und u.U. sogar widersprüchlichen Netzes von bilateralen Abkommen. Obwohl es sich bei dem MAI um ein Abkommen der OECD handelt, sollten ihm auch Nichtmitgliedstaaten beitreten können.[1758]

aa) Anwendungsbereich

Dem Schutzbereich des MAI unterfällt jeder Investor, der die Staatsangehörigkeit einer Vertragspartei besitzt oder sich dauerhaft auf deren Territorium aufhält, sowie jede juristische Person, die nach dem geltenden nationalen Recht einer Vertragspartei gegründet wurde.[1759] Als Investition soll jegliches Vermögen geschützt sein, das im Besitz eines Investors steht bzw. direkt oder indirekt von ihm kontrolliert wird.[1760] Im Gegensatz zu den meisten BITs

---

[1751] OECD-*Declaration on International Investment and Multinational Enterprises* vom 21.06.1976, in: Fawcett/ Parry, Law, S. 190 ff.; auch Zagel, G., Auslandsinvestitionen in Lateinamerika, S. 46; Muchlinski, P., Multinational Enterprises, S. 579.

[1752] Vgl. dazu Muchlinski, P., Multinational Enterprises, S. 583 ff.; Scheibach, R., Importrelevante Investitionsschutzauflagen, S. 54.

[1753] Kreutzfeld, J., Investitionsschutz, S. 83.

[1754] Geiger, R., Towards a Multilateral Agreement, S. 473. Allerdings gaben sie die allg. verbreitete Ansicht der Industrienationen wieder und waren damit von nicht zu vernachlässigender Bedeutung für die *opinio iuris* der ges. Wirtschaftswelt. Hailbronner, K., Foreign Investment Protection, S. 102; Muchlinski, P., Multinational Enterprises, S. 580.

[1755] Unter solchem versteht man in der Entstehung befindliche Verhaltensmuster, die zwar als solche nicht rechtlich verbindlich sind, die aber als Aussage über das geltende Recht, über Rechtsüberzeugungen oder über Tendenzen zur Weiterentwicklung des Völkerrecht gelten. Vgl. bei Vitzthum/ Vitzthum, Völkerrecht, S. 37. Zur Problematik des Begriffs vgl. Ipsen, K., Völkerrecht, 4. Aufl., § 20, Rn. 22 m.w.N.

[1756] Vgl. Notter, M., Völkerrechtlicher Investitionsschutz, S. 77 Rn. 17, S. 78 f.

[1757] Über die Verhandlungen ab 1995 vgl. http://www1.oecd.org/daf/mai/; zum Text siehe http://www.oecd.org/dorument/20/0,2340,en_2649_33725_2074580_119672_1_1_1,00.html, besucht am 16.07.2004.

[1758] Karl, J., Das MAI, S. 432; Häde, U., Der völkerrechtliche Schutz, S. 210.

[1759] Abschnitt II. 1. MAI-Entwurf, S. 11 (Scope and Application, Definition Investor).

[1760] Dazu gehört die Kapitalanlage im Gaststaat, Gewinnerwartung und Risikoübernahme, aber auch Darlehen, vertragliche Ansprüche, Portofolioinvestitionen, Konzessionen und jedes bewegliche und unbewegliche Vermögen. Abschnitt II. 2. MAI-Entwurf, S. 11 (*Scope and Application, Definition Investment*); Karl, J., Das MAI, S. 433.

schützt das MAI auch solche Investitionen, die über im Ausland ansässige Holdinggesellschaften bzw. als sogenannte Brückenkopf-Investitionen getätigt werden, zumindest wenn diese über einen MAI-Vertragsstaat erfolgen.[1761]

bb) Inhaltliche Ausgestaltung

Der MAI-Entwurf entspricht von seinem Aufbau her größtenteils demjenigen der BITs und enthält somit - neben der Definition der Investition und des Investors - das Gebot der Inländergleichbehandlung und des Meistbegünstigungsprinzip.[1762] Zur Durchsetzung der Nichtdiskriminierung steht dem Investor ein einklagbares Recht sowohl vor nationalen als auch internationalen Gerichten zu. Beide Grundsätze gelten auch schon in der Vorinvestitionsphase.[1763] Des Weiteren umfasst der Schutzbereich des MAI bereits getätigte Investitionen.[1764] Auch sieht der MAI-Entwurf eine Transfergarantie in konvertierbarer Währung auf alle im Zusammenhang mit der Investition getätigten Zahlungen vor. Allerdings gewährt er dem Gastland auch das Recht, im Falle schwerwiegender Zahlungsbilanzkrisen vorübergehende Transferbeschränkungen zu verhängen.[1765]

Da Staaten, die häufig willkürlich Enteignungen vornehmen, für ausländische Investoren wenig attraktiv sind, folgt der MAI-Entwurf den im allgemeinen Völkerrecht entwickelten und in den BITs vorgesehenen Enteignungsbedingungen.[1766] Enteignungsmaßnahmen sind danach nur zulässig, wenn sie im öffentlichen Interesse und im Rahmen eines fairen Verfahrens erfolgen, nicht diskriminierend sind, sowie von einer Entschädigung, entsprechend der Hull-Formel, begleitet werden.[1767] Mit Ausnahme der Enteignungs- und Entschädigungsregeln kann jeder Vertragsstaat notwendige Maßnahmen zum Schutz der nationalen Sicherheit und öffentlichen Ordnung treffen, auch wenn sie nicht mit dem MAI vereinbar sind.[1768] Damit enthält das MAI eine relativ große Schutzlücke, da es bereits genügt, dass sich ein Staat auf seine nationalen Sicherheitsinteressen beruft, um von seinen MAI-Verpflichtungen suspendiert zu werden.

Zur Durchsetzung der Rechte des Investors gewährt der MAI-Entwurf ein eigenes Klagerecht gegen den Gaststaat, wenn er selbst oder seine Investition einen Schaden aufgrund eines Vertragsverstoßes des Gaststaates erlitten hat.[1769] Im Falle der gescheiterten Streitbeilegung kann der Investor entweder vor einem nationalen Gericht oder im Wege der Schiedsgerichtsbarkeit (ICSID, UNCITRAL, ICC) vorgehen.[1770] Anstelle des Investors kann als andere Mög-

---

[1761] Karl, J., Das MAI, S. 434.

[1762] Geiger, R., Towards a Multilateral Agreement, S. 469 ff. Für den Fall, dass zwischen zwei MAI-Vertragsparteien bereits ein BIT besteht, hat nach Art. 30 (3) WVK das jüngere Abkommen Vorrang.

[1763] Abschnitt IV 7. MAI-Entwurf, S. 59 (*Investment Protection, Protecting Existing Investments*); Karl, J., Das MAI, S. 434.

[1764] Geiger, R., Towards a Multilateral Agreement, S. 471; Abschnitt III. MAI-Entwurf, S. 13 (*Treatment of Investors and Investment, National Treatment and Most Favoured Nation Treatment*). Daneben beinhaltet das MAI Vorschriften, die in anderen Investitionsschutzabkommen in der Regel nicht vorzufinden sind, wie Investitionsbeschränkungen und –anreize. Karl, J., Das MAI, S. 435; Kodama, Y., The MAI, S. 34 f.

[1765] Abschnitt IV 4. MAI-Entwurf, S. 59 (*Investment Protection, Transfer*). Dies ist mit der Weite des Investitionsbegriffs zu erklären. Problematisch ist dabei jedoch, dass davon auch Direktinvestitionen erfasst sind, die i.d.R. kaum eine Zahlungskrise auslösen werden. Karl, J., Das MAI, S. 437.

[1766] Kodama, Y., The MAI, S. 32 f.

[1767] Canner, S., The MAI, S. 667. Die Höhe der Entschädigung soll nach dem Marktwert des enteigneten Gegenstands festgelegt werden, den dieser vor der enteignenden Maßnahmen innehatte. Abschnitt IV 2. MAI-Entwurf, S. 59 (*Investment Protection, Expropriation and Compensation*).

[1768] Abschnitt VI. MAI-Entwurf, S. 77 (*Exception and Safeguards*); Abschnitt IX. MAI-Entwurf, S. 90 (*Country Specific Exceptions*).

[1769] Geiger, R., Towards a Multilateral Agreement, S. 471; Kodama, Y., The MAI, S. 29.

[1770] Abschnitt V. D. MAI-Entwurf, S. 70 (Dispute Settlement, Investor-State Procedure).

lichkeit auch sein Heimatstaat gegen den Gaststaat klagen.[1771] Die ergangene Entscheidung, welche die Feststellung eines Verstoßes des Gaststaates und die Verpflichtung zur Zahlung eines Schadensersatzes enthält, ist für die streitenden Vertragsstaaten rechtlich bindend.[1772]

cc) Aktuelle Situation

Nachdem zunächst Einigkeit über die Verabschiedung eines effektiven Streitschlichtungsverfahrens, eine Meistbegünstigungsbehandlung und prompte, adäquate und effektive Kompensationszahlung für enteignete Investitionen erzielt werden konnte,[1773] waren die Hindernisse der MAI-Verhandlungen größer als von der OECD vorausgesehen. Die Bemühungen um die Aushandlung dieses multilateralen Abkommens sind bekanntlich vorerst gescheitert. Der Hauptgrund dürfte in einer publikumswirksamen Anti-Globalisierungskampagne verschiedener NGOs gelegen haben, v.a. aber auch in den Differenzen zwischen den Vereinigten Staaten und der Europäischen Union.[1774] Auch der umstrittene völkergewohnheitsrechtliche Schutz des ausländischen Kapitals hat es verhindert, dass sich die Völkergemeinschaft auf einen materiellen Standard einigen konnte.[1775] Schließlich spielt die noch immer vorherrschende skeptische Einstellung einiger Entwicklungsländer, die um ihre einheimischen Industrien fürchten, eine wesentliche Rolle; v.a. weil die Verhandlungen alleine zwischen den OECD-Staaten geführt wurden.[1776]
Trotz der Vorteile eines internationalen Versicherungssystems im Vergleich zu den bestehenden einzelstaatlichen Investitionsgarantien sind die Aussichten für dessen Verwirklichung noch immer gering.[1777] Voraussetzung wäre der Beitritt einer Vielzahl von Kapitalimportländern, was sich als schwierig erweist.[1778] Das Problem eines effektiven internationalen Investitionscodexes ist v.a. die Berücksichtigung von Besonderheiten, die für bestimmte Situationen gelten, da ein internationaler Investitionscodex als allgemeingültiges Abkommen ergehen muss. Weiter müsste die staatliche Souveränität beschränkt werden, um ausländischen Investoren einen entsprechenden Schutz anbieten zu können. Auf der anderen Seiten dürften die Vorschriften nicht ausschließlich fremde Investoren begünstigen, sondern müssten auch auf die Interessen des Gaststaates Rücksicht nehmen.

[1771] Abschnitt V. A.-C. MAI-Entwurf, S. 63 ff. *(Dispute Settlement, State-State Procedure)*. Davon können die Vertragsstaaten allerdings eine länderspezifische Ausnahme machen und wahlweise dem Investor nur den nationalen oder internationalen Rechtsschutz zur Verfügung stellen, so dass damit letztlich eine Rechtsschutzverkürzung eintritt.

[1772] Abschnitt V. C., D. MAI-Entwurf, S. 67, 76 (Dispute Settlement, State-State, Investor-State Procedure).

[1773] Kelley, G. Multilateral Investment Treaties, S. 494.

[1774] Karl, J., in: Bauer/ Hobe, Rechtsprobleme, S. 41. Angeführt werden auch Bedenken bzgl. eines Souveränitätsverlustes durch das zwischenstaatliche Streitbeilegungsverfahren und bzgl. einer Schwächung umweltpolitischer Vorschriften der nationalen Gesetze. Vgl. Kelley, G. Multilateral Investment Treaties, S. 495 f.; Canner, S., The MAI, S. 677 f. Zu weiteren Gründen des Scheiterns vgl. Karl, J., Internationaler Investitionsschutz, S. 145 ff.

[1775] Rindler, H., Der Schutz, S. 29.

[1776] Karl, J., Das MAI, S. 432; Karl, J., Internationaler Investitionsschutz, S. 146.

[1777] Vgl. Schwarzenberger, G., Der Schutz von Auslandsinvestitionen, S. 179 ff., der auch bereits darauf hinwies, dass mit der steigenden Zahl an nationalen Versicherungsplänen auch das Interesse der Kapitalexportländer an einer multilateralen Lösung erlöschen könnte.

[1778] Sie fürchten zum einen die finanzielle Belastung, zum anderen werden sie durch die nationalen Versicherungsprogramme von jeder Risikoübernahme bereits entlastet. Frick, H., Bilateraler Investitionsschutz, S. 70.

3. Das Übereinkommen über die Errichtung der Welthandelsorganisation (WTO), insbesondere das Abkommen über handelsrelevante Investitionsmaßnahmen (TRIMs)

a) Allgemeines zur investitionsrechtlichen Ausgestaltung der WTO

Als Nachfolgeorganisation des GATT (*General Agreement on Tarifs and Trade*)[1785] verkörperte die neue Welthandelsorganisation [*World Trade Organization* (WTO)][1786] erstmals spezielle Investitionsvorschriften im multilateralen System und sicherte die volle Transparenz der Kapitalinvestitionen zu.[1787]

Die WTO besteht aus multilateralen Abkommen über den Handel mit Waren[1788] und führt insbesondere die Grundprinzipien des alten GATT 47 im Abkommen zur weiteren Liberalisierung und Bindung des internationalen Güterhandels fort (GATT 94, Anlage 1A WTO-Charta).[1789] Ergänzt wird sie durch das Abkommen über handelsrelevante Aspekte geistiger Eigentumsrechte (Anlage 1C WTO-Charta),[1790] das allgemeine Abkommen über den internationalen Dienstleistungshandel (Anlage 1B WTO-Charta),[1791] sowie den Streitbeilegungsmechanismus (Anlage 2 WTO-Charta).[1792] Auch das GATS-Übereinkommen (*General Agreement on Trade in Services*)[1793] sieht weitgespannte Investitionsvorschriften vor.[1794] Abgesehen von den *plurilateral* optionalen Abkommen (Anlage 4

1785 Das GATT wurde in revidierter Fassung als GATT 94 in das Vertragswerk (bestehend aus 20 internationalen Verträgen) inkorporiert, der am 01.01.1995 in Kraft trat. Vgl. Vitzthum/ Vitzthum, Völkerrecht, S. 505. Zimbabwe ist am 05.03.1995 beigetreten. Deutschland und Großbritannien sind seit dem 01.01.1995 WTO-Mitglieder. Vgl. Internet Homepage der WTO unter http://www.wto.org/english/thewto_e/whatis_e/tif_e/org6_e.htm, besucht am 15.07.2004.

1786 Übereinkommen über die Errichtung der Welthandelsorganisation (WTO), BGBl. 1994 II, S. 1625-1630, verabschiedet am 15.04.1994 in Marrakesch. Vgl. zum Aufbau der WTO die Internet Homepage der WTO: http://www.wto.org./english/thewto_e/thewto_e.htm, besucht am 08.07.2004; Herdegen, M., Internationales Wirtschaftsrecht, S. 121 ff., § 7; Jackson, J., The World Trading System, S. 306 ff.; Jackson, J., From GATT to the World Trade Organization, S. 29 ff.; Otten, A., Improving, S. 67 ff.; Thürer/ Kux, GATT 94, S. 1 ff, 28 f. Zu ihrem Vorgänger dem GATT 1947 und ihrer Entwicklung nach der Uruguay Runde, vgl. Jackson, J., The World Trading System, S. 33 ff.; Internet Homepage unter http://www.wto.org/english/thewto_e/whatis_e/tif_e/fact4_e.htm#GATT; besucht am 15.07.2004.

1787 Brittan, L., Investment Liberalization, S. 7; Häde, U., Der völkerrechtliche Schutz, S. 208. Die Minister der WTO-Mitgliedstaaten kamen auf der *Singapore Ministerial Conference* 1996 überein, drei neue Arbeitsgruppen ins Leben zu rufen, die sich mit Handel und Investitionen, Wettbewerbspolitik, sowie Transparenz bei den Regierungsverfahren beschäftigen sollten. Vgl. Internet Homepage der WTO unter http://www.wto.org/english/thewto_e/whatis_e/tif_e/bey3_e.htm; besucht am 15.07.2004. Dem folgten Verhandlungen der *Cancún Ministerial Conference* von 2003, auf der die Arbeitsgruppen beauftragt wurden, Konsultations- und Schlichtungsverfahren, Transparenz und Diskriminierungsverbot detaillierter zu definieren.

1788 In diesen sind die Prinzipien der Meistbegünstigung, der Nicht-Diskriminierung und der Inländergleichbehandlung verankert, um sichere Handelsbedingungen zu garantieren. Vgl. Internet Homepage der WTO unter http://www.wto.org/english/thewto_e/whatis_e/tif_e/fact2_e.htm, besucht am 07.07.2004.

1789 Herdegen, M., Internationales Wirtschaftsrecht, S. 121 ff.; Jackson, J., The World Trading System, S. 306; vgl. unter http://www.wto.org./english/docs_e/legal_e/legal_e.htm#finalact; besucht am 09.07.2004.

1790 *Agreement on Trade-Related intellectual property Rights* (TRIPS), in: BGBl. 1994 II, S. 1565 bzw. 1730. Dieses sieht einen bestimmten Mindeststandard und den Schutz des geistigen Eigentums von direkten ausländischen Investitionen vor. Jackson, J., The World Trading System, S. 312; Thürer/ Kux, GATT 94, S. 11, 193 ff.; Vitzthum/ Vitzthum, Völkerrecht, S. 512; Danwitz/ Depenheuer/ Engel, Bericht zur Lage, S. 284 ff. Nach Art. 41, 42 TRIPS-Abkommen muss grds. jedes WTO-Mitglied privaten natürlichen und juristischen Personen der anderen Vertragsstaaten den Schutz des geistigen Eigentums gewähren. Als Besonderheit regeln Art. 41-50 TRIPS-Abkommen, dass Streitigkeiten des ausländischen geistigen Eigentumsrechtsinhabers nach nationalem Recht des Gastlandes durchzusetzen sind. Durch Meistbegünstigungsklausel (Art. 4 TIRPS), Inländergleichbehandlung (Art. 3 TIRPS), höheres Schutzniveau und vereinfachte Verfahren konnten ausländische Standorte für Investitionen attraktiver gemacht werden. Thürer/ Kux, a.a.O., S. 12.

1791 Allgemeines Übereinkommen über den Handel mit Dienstleistungen, in: BGBl. 1994 II, S. 1643 ff.

1792 *Dispute Settlement Mechanism Body* (DSB), in: BGBl. 1994, S. 1749 ff.

1793 Dazu vgl. Stoll, P., Die WTO, S. 323 ff.; Internet Homepage der WTO unter http://www.bmwa.gv.at/BMWA/Aktuelles/International/gats.htm, besucht am 15.07.2004.

1794 Es regelt den Handel mit Dienstleistungen und erfasst dabei auch ausländische Direktinvestitionen [Art. XXVIII (f) GATS-Abkommen]. Es enthält Meistbegünstigungsprinzip (Art. II GATS-Abkommen), Inländergleichbehandlung und Transparenzerfordernis. Jackson, J., The World Trading System, S. 307, Thürer/ Kux, GATT 94, S. 9, 136 f.; Vitzthum/ Vitzthum, Völkerrecht, S. 511; Internet Homepage unter http://www.wto.org/english/thewto_e/whatis_e/tif_e/agrm6_e.htm, besucht am 15.07.2004.

WTO-Charta),[1789] können die beteiligten Staaten der WTO nicht mehr einzelnen Abkommen beitreten (sogenanntes „GATT à la carte"), sondern nur noch dem gesamten Regelwerk.[1790]
Mit dem TRIMS-Abkommen,[1791] das kein eigenständiger Anhang zur WTO-Charta, sondern Teil des GATT 1994 ist, sind erstmalig investitionsschutzrechtliche Vorschriften im Bereich der Direktinvestitionen bei Handelswaren zum Gegenstand des GATT 1994 geworden.[1792] Um die unterschiedlichen regionalen und bilateralen Investitionsabkommen zu vereinheitlichen, sollte der Investitionsbereich multilateral geregelt werden und dafür die Grundprinzipien, wie Diskriminierungsverbot, fairer Handel und offene Märkte hinsichtlich direkter Auslandsinvestitionen durchgesetzt werden.[1793] Gemäß Art. 2 (1) TRIMs-Abkommen ist die Intention des Abkommens die Inländergleichbehandlung und das Verbot der quantitativen Beschränkungen.[1794] Von den im Annex des Abkommens aufgelisteten Verboten dürfen die Entwicklungsländer ausnahmsweise abweichen, wenn sie die in Art. XVIII GATT 1994 genannten Voraussetzungen, z.B. staatliche Unterstützung der wirtschaftlichen Entwicklung, insbesondere bezüglich Zahlungsbilanzbedingungen (Art. 4 TRIMs-Abkommen) erfüllen.

b) Voraussetzungen und Folgen des TRIMs

aa) Handelsrelevante Investitionsmaßnahmen

Unter einer handelsrelevanten Investitionsmaßnahme (*Trade Related Investment Measure*) im Sinne des TRIMs ist die Beeinflussung der Rahmenbedingungen für Auslandsinvestitionen durch einen Gaststaat mittels Gewährung von besonderen Investitionsanreizen oder Forderung von Auflagen zu verstehen.[1795] Das Abkommen enthält im Anhang eine Liste mit verbotenen TRIMs, wie Auflagen bezüglich eines bestimmten Verhältnisses zwischen Im- und Exporten [Art. 2 (1) TRIMs-Abkommen].[1796]

[1789] Diese (vier) sind nur für die jeweiligen Signatare verpflichtend.

[1790] Hauser/ Schanz, Das neue GATT, S. 56 ff.; Jackson, J., The World Trading System, S. 47. Neu war, dass für Teilbereiche auch Unternehmen der Vertragsstaaten subjektive Rechte gegenüber den Gaststaaten eingeräumt wurden. Für den investitionsrechtlichen Bereich finden sich Regelungen z.B. in Art. 42 TRIPS-Abkommen.

[1791] *Agreement on Trade Related Investment Measure*, vom 15.04.1994, in: ABL. 1994 L 336/ 100; dt. Text Benedek, W., Die WTO, S. 238 ff. Vgl. zum Abkommen Frenkel, M./ Radeck, K., Die Beschlüsse der Uruguay-Runde, S. 30 ff.; Hauser/ Schanz, Das neue GATT, S. 117 ff.; Stoll, P., Die WTO, S. 308 ff.; Herdegen, M., Internationales Wirtschaftsrecht, S. 121; Jackson, J., The World Trading System, S. 316 f.; Thürer/ Kux, GATT 94, S. 29.

[1792] Thürer/ Kux, GATT 94, S. 29. Dem war eine langjährige Diskussionsdebatte zwischen den Entwicklungsländern und den Industrienationen vorausgegangen, die einen multilateralen Investitionscode forderten, der staatliche Maßnahmen verhindern sollte, die gegen multinationale Unternehmen gerichtet waren und nicht im Einklang mit dem GATT-Abkommen standen. Die Entwicklungsländer vertraten die Ansicht die bestehenden GATT-Regelungen seien ausreichend und ein multilateraler Code würde die Staatensouveränität verletzen. Vgl. Graham/ Krugman, TRIMs, S. 155. Aufgrund der sich verändernder Investitionspolitik auf Seiten neuer Investitionsnehmerländer und der Marktöffnung der Entwicklungsländer kam es schließlich zur Annahme des jetzigen TRIMs-Abkommens. Vgl. Graham/ Krugman, a.a.O., S. 156 ff.

[1793] Kreutzfeld, J., Investitionsschutz, S. 94.

[1794] Vgl. Frenkel, M./ Radeck, K., Die Beschlüsse der Uruguay-Runde, S. 32 f.; Luthra, T., Zulassung, S. 183. Für einen vollkommenen Schutz vor einer Diskriminierung fehlt es jedoch an der glz. Garantie einer Meistbegünstigung.

[1795] Stoll, P., Die WTO, S. 308 ff.; Hauser/ Schanz, Das neue GATT, S. 117. Zu den wichtigsten Investitionsmaßnahmen zählen Zahlungsbilanz, Export-, Handelsbilanz- und Mindestinlandsauflagen. Vgl. Frenkel, M./ Radeck, K., Die Beschlüsse der Uruguay-Runde, S. 30 f. Nicht erfasst werden dabei Investitionsmaßnahmen, die sich auf den Güterhandel beziehen, wie im Dienstleistungshandel oder bzgl. des geistigen Eigentums, sowie rein finanzielle Bewegungen, der Edelmetall- und Wertpapierhandel (Art. 1 TRIMs-Abkommen).

[1796] Frenkel, M./ Radeck, K., Die Beschlüsse der Uruguay-Runde, S. 32.

bb) Notifikation

Alle verbotenen TRIMs müssen innerhalb von 90 Tagen nach Inkrafttreten des Abkommens dem zuständigen WTO-Organ, dem Rat für den Handel mit Waren gemeldet werden [Art. 5 (1) TRIMs-Abkommen].[1797] Während den Industrienationen zum Abbau der gemeldeten TRIMs zwei Jahre zustehen, gewährt man den Entwicklungsländern 5 bzw. bei besonders schwachen Ländern 7 Jahre [Art. 5 (2) TRIMs-Abkommen].[1798]

cc) Streitschlichtung

Nach Art. 8 TRIMs-Abkommen kann auf Streitigkeiten hinsichtlich handelsrelevanter Investitionsmaßnahmen der multilaterale Streitschlichtungsmechanismus der WTO, wie auch Konsultationen nach Art. XXII und XXIII GATT 1994 Anwendung finden. Im Rahmen der Uruguay Runde wurde ein einheitliches Streitschlichtungssystem für alle Teile des GATT/ WTO errichtet. Durch das GATT 94 wurde das Streitbeilegungsverfahren bereits zu einem gerichtsähnlichen Verfahren mit verpflichtender Einlassung, automatischer Berichtsannahme (soweit kein Fall eines negativen Konsensus vorliegt) und einem ständigen Berufungsgremium weiterentwickelt.[1799] Falls eine unterliegende Streitpartei ihren Verpflichtungen gemäß den Schlichtungsempfehlungen des DSB nicht in genügender Weise nachkommt, d.h. die Vertragsverletzung nicht beendet, sieht der Text der Streitschlichtung nun explizit eine Entschädigung vor, über deren Höhe im Streitfall ein Schiedspanel entscheidet.[1800] Des Weiteren besteht die Möglichkeit als Sanktion vertragliche Zugeständnisse auszusetzen.[1801] Schon aufgrund der Sanktionsmöglichkeit und des Charakters als völkerrechtlicher Vertrag besitzt die Entscheidung des DSB Bindungswirkung.[1802]

c) Weiterentwicklung der WTO

Durch das TRIMs wurde zwar der Grundstein in Richtung eines Diskriminierungsverbots, fairen Handels und offener Märkte gelegt, ein kompletter Investitionsschutzmechanismus wurde damit jedoch nicht geschaffen. Statt eines umfassenden Schutzes ausländischer Direktinvestitionen, bezieht sich das Abkommen nur punktuell auf handelsbezogene Aspekte der Direktinvestitionen und lässt das Problem der Rechtssicherheit außen vor.[1803] Insbesondere

---

[1797] Otten, A., Improving, S. 89.

[1798] Frenkel, M./ Radeck, K., Die Beschlüsse der Uruguay-Runde, S. 32 f. Innerhalb dieser Anpassungsfristen können Neuinvestoren mit den für bereits ansässige Firmen gültigen TRIMs belastet werden, wenn zwischen ihren Gütern Ähnlichkeit besteht und die TRIMs zum gleichen Zeitpunkt auslaufen sollen [Art. 5 (5) TRIMs-Abkommen], um so Wettbewerbsverzerrungen zwischen eingesessenen und neu ansiedelnden Unternehmen zu vermeiden.

[1799] Vgl. Thürer/ Kux, GATT 94, S. 26, 31; Danwitz/ Depenheuer/ Engel, Bericht zur Lage, S. 306. Zunächst sind Konsultationen zwischen den beiden betroffenen Streitparteien vorgesehen, die innerhalb von 30 Tagen beginnen sollen. Bei Erfolglosigkeit setzt das *Dispute Settlement Body* (DSB) in dieser zweiten Phase ein *Panel* ein, das die Streitangelegenheit zu untersuchen hat. Dieses erarbeitet einen empfehlenden Bericht für das DSB innerhalb von sechs Monaten, u.a. über Möglichkeiten der Wiederherstellung des vertragskonformen Zustands. Ergeht keine Berufung oder einstimmige Ablehnung durch das DSB gilt die *Panel*-Empfehlung als angenommen. Danwitz/ Depenheuer/ Engel, a.a.O., S. 306 f.

[1800] Jackson, J., The World Trading System, S. 125, 134 f.; Thürer/ Kux, GATT 94, S. 31.

[1801] Danwitz/ Depenheuer/ Engel, Bericht zur Lage, S. 306. Mit dem GATT 94 wurde auch das *cross-retaliation* [(Art. 22 (3) (c): *Understanding on Rules and Procedures Governing the Settlement of Disputes*] eingeführt, d.h. dass die Nichterfüllung von Verpflichtungen durch Sanktionen nicht nur im Bereich des verletzten Teilabkommens, sondern subsidiär auch in anderen Bereichen beantwortet werden kann. Thürer/ Kux, GATT 94, S. 2.

[1802] A.A. vgl. bei Schroeder, W., WTO-Streitbeilegungssystem, S. 659 f.

[1803] Sauernheimer, K., Die neue Welthandelsordnung, S. 239; Luthra, T., Zulassung, S. 185. V.a. durch das Scheitern der 5. WTO-Ministerkonferenz in Cancún hins. der Singapur-Themen (zur Singapur Konferenz von 1996 Kreutzfeld, J., Investitionsschutz, S. 99 f.) Investitionen und öffentlichen Vergaben, wurde dem ges. multilateralen Wirtschaftssystem schwerer Schaden zugefügt. Internet Homepage der WTO

nach dem Rückschlag durch die WTO-Ministerkonferenz in Seattle im November 1999 und dem Scheitern der MAI-Verhandlungen sind die Erfolgsaussichten für ein WTO-Abkommen ebenfalls äußerst gering aus.[1804]

IV. Regionale Investitionsschutzabkommen

Die wichtigsten handelsrelevanten Abkommen für Zimbabwe sind die *Southern African Development Coordination* (SADC) und der *Common Market for Eastern and African States* (COMESA). Jedoch hat die Vergangenheit demonstriert, dass verschiedene Versuche – es wurden schätzungsweise 150 Handelsvereinbarungen in den vergangenen drei Dekaden auf dem afrikanischen Kontinent geschlossen – erfolglos waren, eine einheitliche Handels- und Schutzzone in Afrika zu errichten.[1805]

1. Die Southern African Development Coordination (SADC) von 1992

1992 löste die Südafrikanische Entwicklungsgemeinschaft, SADC,[1806] die im Jahr 1980 gegründete Vorgängerorganisation *Southern African Development Coordination Conference* (SADCC) ab.[1807] Deren Hauptziel war die Lockerung der Abhängigkeit von Südafrika, v.a. im Transport- und Verkehrswesen, aber auch im Nahrungsmittelbereich.[1808]

Als eine internationale Wirtschaftsorganisation stellt die SADC, mit Hauptsitz in Botswana, eine juristische Persönlichkeit dar.[1809] Ihre Ziele sind u.a. die Entwicklung allgemeiner politischer Werte und Institutionen, Förderung von Frieden und Sicherheit, sowie Entwicklung von Lebensstandard und –qualität unter der Bevölkerung des südlichen Afrikas. Im Gegensatz zu anderen Zusammenschlüssen, wie der COMESA, verfügt der SADC-Vertrag nur über limitierte Sanktionsmöglichkeiten gegen ein Mitglied, das dauerhaft den Verpflichtungen und Zielen der SADC nicht nachkommt. Gemäß Art. 33 können die Sanktionen durch den *Summit*, der sich aus den Staats- oder Regierungsoberhäuptern zusammensetzt, beschlossen werden. Im Vertragstext fehlen jedoch Details über die Art und Weise der Sanktionen. 1996 wurde daher das *Organ on Politics, Defence and Security* ins Leben gerufen, das mit Hilfe diplomatischer Mittel versucht, Streitpunkte dem Weg zu räumen. Schlägt dies fehl, kann das Organ dem

---

unter http://www.bmwa.gv.at/BMWA/Aktuelles/International/wto_ministerkonferenz_cancun.htm, besucht am 15.07.2004. Ob es Vorschriften für eine Investitionspolitik geben sollte, war Diskussionsstoff der *Doha Development Agenda* im November 2001.

[1804] Karl, J., Internationaler Investitionsschutz, S. 143.

[1805] Halbach, A., Südafrika: Gesuchter Kooperaationspartner, S. 24. Sie scheiterten an der mangelnden Diversifizierung der Produkte, fehlenden Kreditmöglichkeiten und überregionaler Orientierung des Außenhandels, sowie der mangelnden Überbrückung von Devisenengpässen. Halbach, A., a.a.O.., S. 56 f.; Röhm/ Halbach, Südafrikas zukünftige Rolle, S. 359; McCarthy, C., Regional Integration, S. 5 ff. Zusätzlich verstärkte die politische Instabilität der beteiligten Länder das Scheitern der Verhandlungen.

[1806] Durchgeführt durch den *Treaty of the Southern African Development Community* in Windhoek, 17.08.1992, zu dessen Gründungsmitgliedern Zimbabwe gehörte. Vgl. Text unter ILM, Vol. 32, 1993, S. 116 ff.

[1807] Für die Zusammenarbeit in der SADCC wurde ein Kompromiss zwischen Freihandels- und integriertem Planungsansatz, den beiden traditionellen Grundtypen regionaler Kooperationsmuster, geschlossen. Die SADCC war keine supranationale Organisation, sondern eine Multiregierungsorganisation, deren Entscheidungen im Konsens getroffen werden mussten. Auch wenn die SADCC über ein zentrales Sekretariat und einen Exekutivsekretär verfügte, so lag doch die Projektdurchführung bei den einzelnen Staaten. Vgl. Kreile, R., Zimbabwe, S. 205 ff.

[1808] Zu Entwicklung und Zielen der SADCC vgl. Walraven, K., Some Aspects, S. 120 ff.; Mazzeo/ Meyns, African Regional Organizations, S. 196 ff. Bereits während der Kolonialzeit gab es zwischen Nord- und Südrhodesien, sowie Nyassaland den Versuch eines regionalen Zusammenschlusses durch die Errichtung der Zentralafrikanischen Föderation von 1953, die jedoch nur 10 Jahre hielt. Weitere Anstrengungen wurden auf dem afrikanischen Kontinent durch die Ostafrikanische Gemeinschaft zwischen Uganda, Kenia und Tansania im Jahr 1967 unternommen. Nach deren Zusammenbruch gilt als wichtigstes Resultat der verstärkten Zusammenarbeit das Lusaka-Manifest von 1969, in dem zu grds. Fragen der politischen Entwicklung und des Befreiungskampfes im südlichen Afrika Stellung genommen wurde, sowie die Frontstaatenbildung zwischen Angola, Mozambique, Botswana, Tansania, Sambia, Zimbabwe (seit 1980), Lesotho, Malawi und Swaziland.

[1809] Mwenda, K., Legal Aspects, S. 344.

Summit die Auferlegung von Strafsanktionen anraten.[1810] Derzeit arbeitet die SADC an einer Menschenrechtscharta, die ebenfalls über ein Gericht verfügen soll, womit ein besserer Durchsetzungsmechanismus vorliegen würde.[1811]

Exkurs: Die UNCTAD

Die *United Nations Conference on Trade and Development* (UNCTAD) mit ständigem Sitz in Genf, die am 30.12.1964 als Hilfsorgan der UNO gegründet wurde, zielt auf die entwicklungsfreundliche Integration der Entwicklungsländer in die Weltwirtschaft ab, indem sie eine integrative Behandlung von Handel und Entwicklung, sowie den damit verbundenen Bereichen, wie Technologie und Investitionen, vorsieht.[1812] Im Falle der Verletzung der Verpflichtung von Art. 55 UNCTAD-Charta *to „promote ... universal respect for, and observance of, human rights for all without distinction as to race"* steht der UNCTAD als Reaktionsmöglichkeit die Suspendierung oder der Ausschluss zur Verfügung.[1813] Als bedeutendster Schritt wird der Vertrag zur Errichtung einer Freihandelszone bis zum Jahre 2005 angesehen. Seit der Errichtung der WTO 1994 ist der UNCTAD jedoch in allen ihren Arbeitsgebieten Konkurrenz durch mindestens eine andere internationale Organisation erwachsen.[1814] - Exkurs Ende -

2. Der Common Market for Eastern and African States (COMESA) von 1992

Der COMESA wurde am 05.11.1993 durch Vertrag 16 afrikanischer Staaten[1815] als Nachfolger der *Preferential Trade Area for Eastern and Southern African States* (PTA), die 1982 ins Leben gerufen wurde, geschlossen.[1816] Sein Ziel war Ost- und Südafrika von einer bevorzugten Handelsregion zu einem gemeinsamen ost- und südafrikanischen Markt zu entwickeln. Dabei sollten neben der Handelsharmonisierung auch der Schutz der Menschenrechte in Einklang mit der Afrika Charta, Gesetzmäßigkeit, Förderung eines demokratischen Regierungssystems und die friedliche Streitbeilegung beachtet werden (Art. 6 COMESA-Vertrag).

Die Entscheidungen von *Council* und *Authority* der COMESA sind für alle Mitgliedstaaten bindend, da diese nur einstimmig ergehen können.[1817] Auch die Entscheidungen des COMESA- Gerichts über die Interpretation der Vertragsvorschriften haben Vorrang gegenüber den Entscheidungen nationaler Gerichte [Art. 29 (2) COMESA-Vertrag]. Falls ein Mitgliedstaat Verpflichtungen des Vertrags nicht nachkommt oder sein Verhalten den Zielen des Gemeinsamen Marktes zuwiderläuft, kann die COMESA-*Authority* gemäß Art. 171 (2) Sanktionen – wie Suspen-

---

[1810] Magliveras, K., Exclusion from Participation, S. 94. Als weitere Möglichkeiten stehen der SADC nur die Distanzierung und der Ausschluss von der SADC-Vizepräsidentschaft zur Verfügung.

[1811] Vgl. Nyika, T., SADC, S. 743.

[1812] Vgl. Internet Homepage unter http://www.unctad.org/en/docs/edmmisc200337_en.pdf, besucht am 18.07.2004; Altmann/ Kulessa, Wirtschaftsorganisationen, S. 218 und zur Entwicklung S. 223 ff. Mitglied sind daher alle Mitgliedstaaten der VN, so auch Zimbabwe. Vgl. Internet Homepage http://www.unctad.org/Templates/Page.asp?intItemID=1929&lang=1, besucht am 16.07.2004. I.d.R. analysiert sie die Trends bzgl. ausländischer Direktinvestitionen und unterstützt die Staaten bei ihrer Investitionspolitik (*World Investment Directory*). Vgl. Altmann/ Kulessa, Wirtschaftsorganisationen, S. 22.

[1813] Magliveras, K., Exclusion from Participation, S. 148 f.

[1814] Walters, R., UNCTAD, S. 527 f.

[1815] Vgl. *Treaty Establishing the Common Market for Eastern and Southern Africa*, in: ILM, Vol. 33, 1994, S. 1073 ff. In Kraft ist er seit dem 04.12.1994. Später kamen noch sechs weitere Staaten hinzu, einschließlich Zimbabwe.

[1816] Mwenda, K., Legal Aspects, S. 325.

[1817] Mwenda, K., Legal Aspects, S. 328 f.

dierung und Aussetzung der Mitgliedschaft – auferlegen bzw. mit Hilfe des *Court of Justice* Strafmaßnahmen verhängen.[1818]

3. Das Abkommen zwischen der Europäischen Gemeinschaft und den Staaten Afrikas, der Karibik und des Pazifik (AKP) - Lomé-Abkommen IV von 1989 und Cotonou von 2000

a) Allgemeines

Mit dem Beitritt Großbritanniens zur damaligen EG im Jahr 1973 wurde die Assoziierung der ehemaligen anglophonen, zumeist afrikanischen Kolonialgebiete in analoger Weise vorgenommen.[1819] Das Abkommen Lomé IV von 1989[1820] enthält ein Kapitel über Investitionen, in dem der Investitionsschutz ausdrücklich angesprochen wird.[1821] Darin wird deutlich, dass sich die AKP-Staaten zur Förderung von Privatinvestitionen verpflichten wollten,[1822] wofür sie im Gegenzug bei ihren Strukturanpassungsprogrammen unterstützt werden sollten.[1823] Im Falle von auftretenden Streitigkeiten fand bei Einverständnis der Parteien die nationale Gesetzgebung eines der AKP-Staaten oder ein Schlichtungs-Verfahren Anwendung.[1824] Mit dem Ende des Ost-West Konflikts und der Schaffung neuer Absatz- und Beschaffungsmärkte, entsprach eine unveränderte Weiterführung aber nicht mehr den Interessen der Beteiligten.[1825] Bei dem neuen Partnerschaftsabkommen von Cotonou/ Benin[1826] vom 23.06.2000 handelt es sich damit nicht um eine weitere Fortschreibung der bisherigen Konvention, sondern um ein Nachfolgeabkommen, das aus Sicht der Vertragspartner – 71 Entwicklungsländer und 15 EU-Staaten – die Beziehungen für die nächsten 20 Jahre auf eine neue Grundlage stellen soll.[1827] Das Übereinkommen fordert die Respektierung der *„essential elements*", wie Menschenrechte, demokratische Prinzipien und Einhaltung der Gesetzmäßigkeit.[1828]

[1818] Magliveras, K., Exclusion from Participation, S. 88 ff.

[1819] Mit der Yaoundé-Konvention von 1963 bzw. 1969 und der Arusha-Konvention ebenfalls von 1969 begann die Entwicklung einer Gemeinschaft zwischen der EEC und einer Zahl von Entwicklungsländern in Afrika, der Karibik und dem Pazifik. Vgl. dazu Simmonds, K., Lomé Conventions, S. 245 f. Die Lomé-Abkommen haben mit ihrem breiten Ansatz von Handel und Hilfe den AKP-Staaten eine im Vergleich zu anderen Entwicklungsländern zweifellos privilegierte Stellung eingeräumt. Auf der anderen Seite entsprachen sie auch ohne Zweifel den Interessen der EU-Staaten, da dadurch die Rohstoffversorgung Europas gerade in unruhigen Zeiten der Ölkrise sichergestellt werden konnte.

[1820] In Kraft getreten am 01.03.1990 und 1995 erneuert. Vgl. Brwon, W., The EU, S. 75.

[1821] Vgl. Überschrift zu Art. 260-262 Lomé IV; dazu auch Scheibach, R., Importrelevante Investitionsschutzauflagen, S. 56 f.; Theodorou, H., Investitionsschutzverträge, S. 484. In Lomé II vom 31.10.1979 fand zwar die Förderung und Schaffung eines sicheren Investitionsklimas statt, dies beruhte aber nur auf der Feststellung, dass im beiderseitigen Interesse zwischenstaatliche Investitionsschutz- und förderungsabkommen geschlossen werden sollten. Vgl. Theodorou, H., Investitionsschutzverträge, S. 483; Simmonds, K., Lomé Conventions, S. 251.

[1822] Vgl. Art. 258 Lomé IV: „(b) accord fair and equitable treatment to such investors; (c) take measures and actions which help to create and maintain a predictable and secure investment climate as well as enter into negotiations on agreements which will improve such climate…" Sowie Art. 260, der bestimmt: „ The Contracting Parties affirm the need to promote and protect either party's investments on their respective territories, and in this context affirm the importance of concluding between States, in their mutual interest, investment promotion and protection agreements which could also provide the basis for insurance and guarantee schemes."

[1823] SozB. Bei dem ESAP-Programm in Zimbabwe im Jahr 1991. Vgl. Brown, W., The EU, S. 83.

[1824] Paulsson, J., Arbitration Without Privity, S. 242 f.

[1825] Afrika Jahrbuch, Jahrgang, S. 49. Die Lomé-Konvention, die über 25 Jahre die Entwicklungszusammenarbeit zwischen der Europäischen Union und den Entwicklungsländern bestimmt hat, ist am 29.02.2000 offiziell abgelaufen.

[1826] Vgl. Abl. EG 2000, Nr. L 317, S. 3.

[1827] Die USA und lateinamerikanischen Länder protestierten gegen eine grds. Fortführung des Lomé-Abkommens aufgrund der enthaltenen bevorzugten Behandlung, die im Gegensatz zum WTO-Recht stand: Nach Art. XXIV GATT ist es Entwicklungsländern gestattet, regionale Präferenzräume, wie Zollunionen oder Freihandelszonen zu errichten, um die Zöllle in diesen Gebieten zu reduzieren, ohne dass diese Vergünstigung allen anderen WTO Mitgliedern eingeräumt werden müssten. Kreutzfeld, J., Investitionsschutz, S. 45 f.; Carim, X., Engaging the Bretton Woods institutions, S. 334 ff.

[1828] AI, Appeal to the EU, Oktober 2001.

b) Verfahren

Um der Befolgung des AKP-EU Partnerschaftsabkommens Nachdruck zu verschaffen, besteht die Möglichkeit die Konsultationen, sowie die Finanzierung von Haushaltszuschüssen und Projekten der allgemeinen technischen Zusammenarbeit einzustellen. Des Weiteren können Sanktionen durch den „Gemeinsamen Standpunkt“ verhängt werden, die Lieferungsstopp für Rüstungsgüter, Einreiseverweigerung für 72 regierungsnahe Personen und Einfrieren ausländischer Konten umfassen.[1829]

4. Weitere regionale Ansätze zum multilateralen Investitionsschutz

a) Die Energiecharta von 1994

Im Anschluss an die nicht bindende Europäische Energiecharta von 1991 wurde in Lissabon am 17.12.1994 von der Europäischen Gemeinschaft und 49 weiteren Staaten der Vertrag über die Energiecharta (ECV) unterzeichnet.[1830] Im afrikanischen Bereich spielt sie jedoch keine Rolle, insbesondere ist Zimbabwe kein Signatarstaat, weshalb die Charta, die eines der wichtigsten und umfassenden internationalen Vertragswerke im grenzüberschreitenden Energiebereich darstellt, nur kurz abgehandelt wird. Letztlich handelt es sich um einen Vertrag der meisten OECD-Staaten, der mittel- und osteuropäischen Staaten, sowie der GUS-Staaten. Die Energiecharta stellt ein völkerrechtliches Abkommen dar und enthält ausführliche Regelungen zum Schutz ausländischer Investitionen im Energiebereich.[1831] Ihr unterliegen alle Vermögenswerte, die einem Investor unmittelbar oder mittelbar gehören oder von ihm kontrolliert werden [Art. 1 (Nr. 6) ECV],[1832] soweit die Investitionen mit einer wirtschaftlichen Tätigkeit im Energiesektor verbunden sind, wie Produktion, Lagerung, Überlandtransport, Handel oder Verkauf. Geschützt sind die Investitionen bereits ab der Vorinvestitionsphase (*soft obligation*).[1833]

Nach dem ECV müssen die Auslandsinvestitionen fair, gerecht und nicht ungünstiger als nach dem Völkerrecht behandelt werden [Art. 10 (1) ECV].[1834] Im Falle auftretender Streitigkeiten kann der Investor drei Monate nach dem Versuch einer gütlichen Einigung den Gaststaat vor den nationalen Gerichten in Anspruch nehmen oder ein

---

[1829] BMZ-Länderstudie, 2002, S. 9.

[1830] Vgl. Energiecharta Vertrag in: BGBl. 1997 II, S. 5 –102; am 16.04.1998 in Kraft getreten. Heute gehören der Charta 53 Mitgliedstaaten, 18 Beobachterstaaten und 10 internationale Organisationen als Mitglied an. Vgl. Häde, U., Der völkerrechtliche Schutz, S. 207; Internet Homepage der Energiecharta: http://www.encharter.org/index.jsp?psk=04&ptp=tDetail.jsp&pci=37&pti=20; besucht am 10.08.2004; Wälde, T., International Investments, S. 5; Wolfgram, S., Investitionsschiedsgerichtsbarkeit nach der ECV, S. 1; Reed/ Paulsson/ Blackaby, Guide to ICSID Arbitration, S. 68.

[1831] Vgl. dazu ausführlich Wolfgram, S., Investitionsschiedsgerichtsbarkeit nach der ECV, S. 1 ff. Durch seine Struktur und seinen Inhalt deutet sie zunehmend auf eine Multilateralisierung des Investitionsschutzes hin.

[1832] Damit zählen dazu eigentlich alle wirtschaftlichen oder finanziellen Vermögenswerte, wie Exporterlaubnisse, das Recht zum Pipelinegebrauch, Gesellschaftsanteile, vertragliche Ansprüche und Gewinne. Wälde, T., International Investments, S. 24 f., 28.

[1833] Wolfgram, S., Investitionsschiedsgerichtsbarkeit nach der ECV, S. 13, 112 ff.; Wälde, T., International Investments, S. 35 ff. Dabei fehlt es allerdings noch an der Möglichkeit eines Schiedsverfahrens, da der Ergänzungsvertrag zu Art. 10 (4) ECV zum Schutz der Investitionen in der Vorinvestitionsphase noch immer nicht abgeschlossen ist. Vgl. Vertragstext der ECV Fn. 22 zu Art. 19 (4) ECV.

[1834] Wolfgram, S., Investitionsschiedsgerichtsbarkeit nach der ECV, S. 80 ff. Es sind weiterhin Meistbegünstigungsklausel [Art. 10 (7) ECV] (vgl. Wolfgram, S., a.a.O., S. 85; Wälde, T., International Investments, S. 46) und Inländergleichbehandlungsprinzip [Art. 10 (3) ECV] festgelegt (vgl. Wolfgram, S., a.a.O., S. 84; Wälde, T., a.a.O., S. 43 ff.), sowie eine Transfergarantie der erzielten Gewinne, die sich sogar auf das Gründungskapital erstreckt (Art. 14 ECV). Vgl. Wälde, T., a.a.O., S. 55 ff. Eine Enteignungsmaßnahme – einschließlich der Verstaatlichung - ist nach Art. 13 ECV nur möglich, wenn sie im öffentlichen Interesse erfolgt, nicht diskriminierend ist (vgl. Comeaux/ Kinsella, Protecting, S. 121) und eine der Hull-Formel in Höhe des Marktwertes entsprechende Entschädigung vorsieht. Vgl. Wälde, T., a.a.O., S. 52 ff.; Wolfgram, S., a.a.O, S. 100.

zuvor mit dem Staat individuell ausgehandeltes Schiedsverfahren einleiten (Art. 26 ECV).[1835] Dabei handelt es sich um ein direktes Recht des Investors, das einseitig ohne Mitwirkung des Gastlandes durchführbar ist.[1836] Daneben kann auch der Heimatstaat des Investors gemäß Art. 27 ECV gegen den Gaststaat im Rahmen einer Streitschlichtung zwischen den Staaten vorgehen.[1837] In materieller Hinsicht ist die Streitigkeit in Einklang mit der Charta selbst, sowie den anwendbaren Vorschriften und Grundsätzen des internationalen Rechts zu lösen.[1838]

b) Sonstige regionale Investitionsgrundsätze

Als weitere Ansätze für einen regionalen Investitionsschutz sind zu nennen: Die Asiatisch-Pazifische Wirtschaftskooperation (APEC) von 1994,[1839] das seit Dezember 1992 zwischen den USA, Kanada und Mexiko bestehende *North American Free Trade Agreement* (NAFTA),[1840] die *Association of Southeast Asian Nations* (ASEAN),[1841] das *Agreement for Promotion, Protection and Guarantee of Investments among Member States of the Organisation of Islamic Conference* (OIC) von 1981[1842] und schließlich das *Agreement among the Governments of Brunei Darussalam, the Republic of Indonesia, Malaysia, the Republic of Philippines, the Republic of Singapore and the Kingdom of Thailand for the Promotion and Protection of Investments* von 1987.[1843] Für den Schwerpunkt dieser Arbeit, dem Schutz ausländischer Investoren im südlichen Afrika, spielen diese regionalen Übereinkommen jedoch keine große Rolle.

Ein wichtiges aber lediglich handelsrelevantes Abkommen für das südliche Afrika ist dagegen die *South African Customs Union* (SACU), die als ältestes regionales Handelsabkommen Afrikas 1910 gegründet wurde.[1844] Der Inhalt des Abkommens ist der zollfreie Binnenhandel zwischen den Mitgliedstaaten, die Errichtung eines *Common Revenue Pool* für Zölle und Verbrauchssteuern, die Festlegung auf einen gemeinsamen südafrikanischen Außentarif und die Bestimmung über die Aufteilung der Pooleinnahmen.[1845]

E. ZWISCHENERGEBNIS

Auslandsinvestitionen haben in den letzten Jahren zunehmend in den verschiedensten Formen an Bedeutung gewonnen. Die Entwicklungsländer haben erkannt, welchen Beitrag Direktinvestitionen für ihre Wirtschaft bedeuten

---

[1835] Das ECV-Verfahren verlangt jedoch eine zuvor vereinbarte Schiedsgerichtsklausel. Die Besonderheit besteht dabei darin, dass der Investor seine Streitigkeit auch einer nach den Vorschriften der Charta gebildeten internationalen Schiedskommission, wie dem ICSID, vorlegen kann, die nach seiner Wahl die ICSID- oder UNCITRAL-Regeln oder die Schiedsordnung der SCC anwendet. Wolfgram, S., Investitionsschiedsgerichtsbarkeit nach der ECV, S. 48 ff.; Luthra, T., Zulassung, S. 182; Comeaux/ Kinsella, Protecting, S. 124; Paulsson, J., Arbitration Without Privity, S. 249; Reed/ Paulsson/ Blackaby, Guide to ICSID Arbitration, S. 69.

[1836] Indem die Charta die Schiedsgerichtsbarkeit als verbindlich betrachtet, geht sie weiter als die ICSID-Konvention, bei der es dafür noch der jeweiligen Unterwerfung bedarf. Wälde, T., International Investments, S. 6, 19.

[1837] Karl, J., Neuere Entwicklungen, S. 814. Ein solches Schiedsverfahren findet nach der bewährten UNCITRAL-Schiedsordnung statt, da die Charta selbst keine Prozessregeln aufstellt. Wolfgram, S., Investitionsschiedsgerichtsbarkeit nach der ECV, S. 1.

[1838] Reed/ Paulsson/ Blackaby, Guide to ICSID Arbitration, S. 70.

[1839] Vgl. dazu Somarajah, M., Protection of Foreign Investment, S. 105 ff., 128 ff.

[1840] Text in: ILM, Vol. 32, 1993, S. 289 ff., 605 ff. Vgl. dazu Theodorou, S. 558 ff.; Price, D., An Overview of the NAFTA, S. 727 ff.; auch Karl, J., Neuere Entwicklungen, S. 809 ff.; Comeaux/ Kinsella, Protecting, S. 117 ff. Als Besonderheit sind die Grundsätze der Meistbegünstigung und Inländergleichbehandlung auch bzgl. der Investitionszulassung selbst verankert. Häde, U., Der völkerrechtliche Schutz, S. 206.

[1841] Vgl. dazu Kodama, Y., APEC and ASEAN, S. 383 ff.

[1842] Vgl. Moinuddin, H., The charter of OIC, S. 10 ff.

[1843] Vom 15.12.1987, abgedruckt in: ILM, Vol. 27, 1988, S. 612 ff.

[1844] Zu den Mitgliedstaaten gehören neben Südafrika Botswana, Lesotho, Swasiland und Namibia.

[1845] Page/ Stevens, Trading with South Africa, S. 10 f.

können. Ein attraktiver Schutzstandard für ausländische Investoren ist jedoch nur in unterschiedlichem Maße gelungen: Es besteht sowohl auf privatrechtlicher, nationaler und auch völkerrechtlicher Ebene eine Garantie des Eigentums. Hoheitliche Maßnahmen, wie Enteignungen und Verstaatlichungen, sind nach heutigem Völkerrecht *prima facie* zulässig. Sie müssen jedoch bestimmte Voraussetzungen einhalten, wie u.a. die Zahlung einer Entschädigung. Mit der Umgestaltung des internationalen Wirtschaftsrechts und den Bemühungen um eine neue Weltwirtschaftsordnung änderte sich allerdings die ursprüngliche Rechtsauffassung zur vollen Wertentschädigung, insbesondere in Nationalisierungsfällen. Nach allgemeinem Völkerrecht gibt es bei Verstaatlichungen keine Verpflichtung mehr zur vollen Kompensation des betroffenen Eigentümers. Insgesamt konnten sich bisher weder die Industriestaaten untereinander, noch zusammen mit den Entwicklungsländern auf einen für alle Staaten geltenden, gleichartigen Eigentumsschutz einigen. Somit stellen die allgemeinen völkerrechtlichen Regeln bezüglich des Eigentumsschutzes für den Investor keinen effektiven Schutzstandard für seine Investition dar. Ein Vorgehen mit Hilfe der internationalen (Schieds-) Gerichte kommt für ihn erst nach Durchführung einer illegalen Enteignungsmaßnahme in Betracht.
Dagegen setzen die Investitionsschutzverträge heute einen eigenen Sicherheitsstandard für Auslandsinvestoren, den das allgemeine Völkerrecht nicht mehr bietet. Sie enthalten detaillierte Bestimmungen über die Investitionszulassung, den Eigentumsschutz, die Streitbeilegung, das Diskriminierungsverbot, sowie die Grundsätze der Inländergleichbehandlung und der Meistbegünstigung. Durch den Abschluss eines BITs verpflichtet sich der Gaststaat völkervertraglich gegenüber dem Heimatstaat. Eine dennoch durchgeführte Enteignungsmaßnahme stellt daher nicht nur eine Verletzung des Eigentums des Investors, sondern auch eine Verletzung des BITs selbst dar und ist damit als Verstoß gegen das Völkerrecht zu werten. Infolge der Schiedsklausel haben sowohl der Heimatstaat, als auch der Investor die Möglichkeit, unabhängigen Rechtsschutz zu erlangen. Eine unmittelbare Berufung auf das Völkerrecht steht jedoch nur dem Heimatstaat zu. Dass sich die BITs zu einer der bedeutendsten Mechanismen der Absicherung etabliert haben, zeigt sich an der stetig und rapide zunehmenden Zahl derartiger Verträge. Insoweit bieten die völkervertraglichen Regeln eine größere Klarheit, da sie schriftlich in bestimmten Verträgen fixiert sind. Bislang hat dieses Schutzniveau der Verträge jedoch noch nicht – wie von Dolzer grundsätzlich für möglich gehalten[1846] – den Rang von Gewohnheitsrecht erreicht.
Bei den multilateralen Abkommen wurden wichtige Fortschritte und tatsächliche Erfolge in einigen Teilbereichen erzielt. Hierzu zählen v.a. das GATT und das GATS, die sich zwar im Wesentlichen nur auf den Handel beziehen, mit dem TRIMs- und dem TRIPs-Übereinkommen jedoch auch Investitionen umfassen. Besonders vorteilhaft erweist sich für den Investor die rechtliche Absicherung seiner Kapitalanlage durch die MIGA oder durch den Abschluss von Kapitalanlagegarantien seines Heimatstaates. Er braucht sich im Falle des Garantieeintritts nicht auf ein für ihn unkalkulierbares Risiko gegen den Gaststaat einlassen oder sich um die Vollstreckungsproblematik kümmern. Als problematisch erweist sich hierbei jedoch, dass sich nicht alle Risiken versichern lassen und ein solcher Schutz v.a. bei bereits existierenden Kapitalanlagen ausscheidet. Es ist unwahrscheinlich, dass es in naher Zukunft einen globalen und multilateralen allgemeinen Investitionsschutzvertrag geben wird. Alle Versuche einen solchen zu umzusetzen, sind bislang an der Uneinigkeit der zu beteiligenden Staaten, sowie ihren zahlreichen und umfangreichen Bedenken gescheitert. Selbst wenn ein solcher irgendwann einmal zustande kommen sollte, ist fraglich, ob er

---

[1846] Dolzer, R., Eigentum, S. 57.

im ausreichenden Maß die Infrastruktur und das bestehende wirtschaftliche Regulationsrisiko der Gaststaaten abdecken wird. Die Zukunft liegt daher weiterhin in der Fortführung der BITs. Wo es jedoch am Abschluss eines zwischenstaatlichen BITs fehlt, bleibt als Schutz nur das Völkergewohnheitsrecht und die allgemeinen Rechtsgrundsätze. Als Ergänzung zu den Möglichkeiten des unmittelbaren Investitionsschutzes kann sich der Investor daher durch den Abschluss einer Versicherung – wie bei der MIGA - vor den wirtschaftlichen Folgen eines Eingriffs in seine vermögenswerten Rechte schützen.

Der zweite Teil dieser Arbeit hat ergeben, dass eine Vielzahl unterschiedlicher rechtlicher Instrumente zur unmittelbaren Absicherung privater Kapitalanlagen im Ausland besteht. Aus der Kombination der staatlichen und völkerrechtlichen Instrumente lässt sich durchaus ein effektiver und im Falle des staatlichen Übergriffs auch durchsetzbarer Abwehr-, zumindest jedoch Entschädigungsanspruch erzielen. Hierfür sind jedoch umfassendes Wissen und Einblick in die Rechtsmaterie erforderlich.

DRITTER TEIL: KONKRETE EINGRIFFE IN DAS PRIVATE GRUNDEIGENTUM IN ZIMBABWE

Gegenstand des dritten Teils sind die in Betracht kommenden Rechtsschutzmittel der enteigneten und von ihren Farmen vertriebenen weißen Grundbesitzer in Zimbabwe gegen die ihnen seitens des zimbabwischen Staates widerfahrenen Enteignungsmaßnahmen. Die umfangreichen und großflächigen Enteignungen zimbabwischer und ausländischer Farmeigentümer lassen die Frage nach den Grenzen der Regierung aufkommen. Im Rahmen der Eingriffe in das Vermögen von ausländischen Staatsangehörigen spielen völkerrechtliche Gesichtspunkte eine Rolle; aber auch die Behandlung der eigenen Staatsangehörigen kann nicht im völkerrechtsfreien Raum erfolgen. Da im Völkerrecht grundsätzlich nur Staaten als Rechtssubjekte anerkannt werden, spielt daher der Gesichtspunkt, welche Rechte den betroffenen Farmern gegen die zimbabwische Regierung zustehen und wie solche Rechte durchgesetzt werden können eine entscheidende Rolle. Zur Debatte steht auch die Frage, ob die Regierung – wie angekündigt – das Land ohne jegliche Entschädigung bzw. nur gegen eine solche für getätigte Aufwendungen enteignen darf.

Ist geklärt, dass ausländischen Investoren und zimbabwischen Staatsangehörigen überhaupt „Eigentum" entzogen wurde, stellt sich die Frage, ob der Eingriff als Enteignung anzusehen ist oder ob er noch im Rahmen der Sozialbindung des Eigentums zu dulden ist. Sowohl Enteignung, als auch Nationalisierung dürfen nicht gegen ein allgemeines völkerrechtliches Verbot verstoßen. Zum einen gilt hier der Grundsatz der Nichtdiskriminierung von Ausländern, zum anderen der Gemeinwohlvorbehalt. Weiterhin gilt die völkerrechtliche Regel, dass hoheitliche Eingriffe in das ausländische Eigentum vom enteignenden Staat zu entschädigen sind. Aber auch eigene Staatsangehörige dürfen nicht willkürlich diskriminiert oder in einer gegen die Menschenrechte verstoßenden Weise behandelt werden.

Neben den möglichen Restitutions- oder Entschädigungsansprüchen der Alteigentümer ist sodann noch die Frage zu klären, ob und von wem hier diplomatischer Schutz gewährt werden kann. Im Rahmen der Prüfung der Klageaussichten ist neben den in Frage kommenden Verfahren vor nationalen Gerichten, dem IGH und verschiedenen internationalen Organen, eine Klage vor dem Afrikanischen Gerichtshof für Menschenrechte wegen eines Verstoßes gegen die Afrikanische Charta der Menschenrechte und Rechte der Völker zu untersuchen.

A. DARSTELLUNG DER ZIMBABWISCHEN ENTEIGNUNGEN

Seit die Befreiungsbewegungen die Macht in den dekolonisierten Staaten am Ende des zwanzigsten Jahrhunderts übernommen haben, erwartete die Mehrzahl der Bevölkerung von den neuen Regierungen einen Transformationsprozess, der die geerbten Ungerechtigkeiten beseitigen sollte. Das Landproblem ist dabei nur ein – wenn gleich der populärste - Aspekt der Umverteilung des durch die Kolonialmächte angehäuften Reichtums.[1847] In Zimbabwe führte das *Lancaster House Agreement* dazu, dass der *status quo* bezüglich der Minderheitenrechte der weißen Siedler verfassungsgemäß auf einen Zeitraum von zehn Jahren nach der Unabhängigkeit gesichert wurde. Die Landeigentümer waren daher im Zeitpunkt der Unabhängigkeit im Besitz rechtlicher Titel für ihr Privateigentum und durch das *Common Law* geschützt.[1848] Trotz der dadurch begrenzten Möglichkeiten, die eine Erschwernis für eine soziale

[1847] Melber, H., Contested Territory, S. 2.

[1848] Dabei spielte es keine Rolle unter welchen Umständen sie ihre Eigentumstitel erlangt hatten und erschwerend kam hinzu, dass die Eigentumsstellung über mehrere Generationen aufgrund von Eigentumsverfügungen gewechselt hatte. Melber, H., Contested Territory, S. 2.

Transformation darstellten, bedeutete dies aber nicht, dass es keine Optionen für die Regierung gegeben hätte, mehr Gleichheit bei der Landverteilung herzustellen. Doch trotz der offensichtlichen Relevanz der Landfrage, zollte die Regierung den entwickelten Lösungen viel zu wenig Aufmerksamkeit und nutzte stattdessen ihre Macht aus, um selbst Land zu erwerben.[1849] Seit dem Jahr 2000 werden jedoch gemäß der sogenannten „Landreform" aufgrund von Paragraph 5 und 8 des LAA landwirtschaftliche Großbetriebe von über 3.000 weißen Farmern ohne Entschädigung enteignet und an Schwarzafrikaner vergeben.[1850] Dabei geschieht die Vertreibung von ihrem Eigentum unter Androhung oder unmittelbarer Vollziehung staatlichen Zwangs. In anderen Fällen unterlassen Polizeikräfte das gebotene Einschreiten,[1851] sofern die Farmbesetzungen durch die sogenannten „Kriegsveteranen" durchgeführt werden. Aufgrund eines präsidialen Dekrets vom 10.05.2002 ist der Rechtsweg gegen die nach Paragraph 5 und 8 vorgenommenen Enteignungen nicht mehr offen. Darüber hinaus ermutigte die Regierung Mugabes unzufriedene Anhänger, insbesondere die sogenannten „Kriegsveteranen", wilde Besetzungen und Enteignungen, zuweilen unter Einschluss von Plünderungen und Gewalt, durchzuführen.

I. Eigentumseingriff in das Grundeigentum

1. Enteignungsanordnung durch den Präsidenten

a) Enteignungen durch Gesetz bzw. Verfassung

Schon vor dem LAA von 2002 wurden in Zimbabwe Gesetze und Verordnungen erlassen, die auf die Entziehung des privaten Farmeigentums weißer Betreiber gerichtet waren. Diese Maßnahmen dienten der gezielten Verfolgung und Vertreibung der weißen Farmer von ihren Ländereien. Die landwirtschaftlichen Grundstücke weißer Zimbabwer und ausländischer Staatsangehöriger wurden durch den LAA von 2002 unentgeltlich in das Eigentum des zimbabwischen Staates übergeleitet (vgl. Paragraph 8 LAA). Grundstücke schwarzer Farmeigentümer wurden nicht enteignet bzw. wenn dies geschehen war, rückgängig gemacht.[1852] Weiter wurden die Gründe für die zwangsweise Landnahme immer weiter ausgedehnt und die Regierung von Entschädigungszahlungen freigestellt. Stattdessen sollte jedoch die ehemalige Kolonialmacht Großbritannien für die Entschädigung für das enteignete Land aufkommen (vgl. Paragraph 16 A (1) (c) der zimbabwischen Verfassung).

b) Enteignung oder Nationalisierung

Bei der Nationalisierung handelt es sich um Enteignungsmaßnahmen, die eine Vielzahl von Eigentümern betreffen und die die Verstaatlichung oder Sozialisierung aller oder einzelner Unternehmenszweige einer Volkswirtschaft zum Ziel hat.[1853] Sie bedeutet die Übertragung des Eigentums auf den Staat, im Hinblick auf staatliche Kontrolle oder

---

[1849] „The same government that failed to address the issue now seeks popular support by advocating militant ways of land redistribution, blatantly ignoring the rule of law it established at Independence ." Melber, H., Contested Territory, S. 6.

[1850] Vgl. auch FAZ, vom 25.06.02. In Betracht kommt daher auch eine Völkerrechtswidrigkeit aufgrund der mit den Konfiskationen einhergehenden Vertreibung der weißen Farmer, sowie aufgrund der Verwehrung des Rückkehrrechts in ihre Heimat. Die Handlungen wurden z.T. unter Anwendung von Zwang vorgenommen, so dass der Tatbestand der Vertreibung erfüllt ist. Teilweise verließen die weißen Farmer ihre Heimat allerdings auch aufgrund von Drohungen oder ausgeübtem Druck. In diesem Fall ist terminologisch „Flucht" anzunehmen, die völkerrechtlich gleichwohl wie die „Vertreibung" zu bewerten ist.

[1851] Vgl. Commissioner of Police ./. Commercial Farmer's Union, in: ZLR 2000 (1), S. 503 (H).

[1852] Vgl. oben Fn. 480.

[1853] Ipsen, K., Völkerrecht, § 47 Rn. 16, S. 659; Verdross/ Simma, Universelles Völkerrecht, § 1222.

Ausrichtung auf ein neues staatliches Ziel (wie z.B. eine Landreform),[1854] wobei sie der Verbesserung der bestehenden Sozialordnung dienen soll.[1855] Durch die Anordnungen gemäß Paragraph 5 und 8 des LAA wurden seit Februar des Jahres 2000 über 3.000 Farmer gezwungen, ihr Land zu verlassen.[1856] Dabei ging ihr entzogenes Landeigentum unmittelbar in das Eigentum des zimbabwischen Staates über, der dadurch eine Neuordnung der Bodenverhältnisse und somit der bestehenden Sozialordnung beabsichtigte. Es handelt sich daher um eine Nationalisierung, die aufgrund fehlender Entschädigung die Merkmale einer Konfiskation aufweist.

2. Farmbesetzungen durch die „Kriegsveteranen" und das ZANU-PF Militär

Das Squatterproblem ist in Zimbabwe keine Neuerscheinung; bereits während der Kolonialzeit „besetzten" schwarze Bauern „ihr" einst bewohntes und bearbeitetes Land, das ihnen von den weißen Eroberern im Rahmen der Kolonialgesetze weggenommen worden war. Zunächst teilte man den „Squattern" ein zeitlich befristetes Bleiberecht auf ihrem alteingesessenen Land zu, vorausgesetzt sie zahlten Miete bzw. Pacht.[1857] Nach der Unabhängigkeit gestand die neue Regierung den „Besetzern", die sich während des Unabhängigkeitskriegs auf unbewohntem Land niedergelassen hatten, sowie Farmarbeitern, die ihren Job verloren hatten als die Besitzer ihre Farmen verließen und rückkehrenden Flüchtlingen ein moralisches Recht auf Land bzw. Umsiedlung zu.[1858]

Neben der gesetzlichen Enteignungsanordnung fanden in Zimbabwe aus dem Blickwinkel des Völkerrechts zum Teil auch wilde Enteignungen statt. Im Rahmen der aktuellen Landreform ließen sich auf den Ländereien weißer Großgrundbesitzer zahlreiche schwarze „Squatter" nieder. Zum Teil handelte es sich bei diesen um ehemalige Kämpfer des Unabhängigkeitskrieges. Die Mehrzahl von ihnen stammte jedoch aus Mugabes Jugendgangs oder sind Militärangehörige. Durch die von der Regierung geduldeten Invasionen wurden die Betroffenen terrorisiert, beträchtliches Vermögen zerstört und einige der weißen Farmer, die der politischen Opposition MDC im Wahlkampf (finanziell) geholfen hatten, sogar umgebracht.[1859]

a) Schutzproblematik und Zurechnung

Eine völkerrechtliche Verantwortlichkeit und damit eine Entschädigungspflicht gegenüber dem Heimatstaat ausländischer Investoren wegen der Zerstörung ihrer Vermögenswerte besteht nur, wenn dem Gaststaat eine Völkerrechtsverletzung zur Last zu legen ist, d.h. ihm die schädigende Handlung auch zugerechnet werden kann. Bei Angehörigen der Streitkräfte ist dies immer der Fall, wenn die Vorkommnisse in – sei es auch nur in angeblicher – Ausübung ihres Dienstes geschehen. Handelt ein Beamter oder Angehöriger der Streitkräfte jedoch in privater Weise, ist die

---

[1854] Pradelle, M., Délibérations, S. 283. Die Gründe für ihre Durchführung sind die Übernahme der Kontrolle über die nationale Wirtschaft, sowie in politischer Hinsicht ein Schritt zu Sozialismus und Indigenisierung. Vgl. Rood, L., The Impact of Nationalisation, S. 489 ff.

[1855] Alenfeld, J., Die Investitionsförderungsverträge, S. 151.

[1856] Vgl. The Washington Times, Editorial, vom 26.08.2002: Zimbabwe in black and white.

[1857] Cheater, A., Formal and Informal Rights, S. 78.

[1858] Cheater, A., Formal and Informal Rights, S. 79 f.

[1859] Wie zum Beispiel Farmer David Stevens oder Henry Elsworth. Die Invasoren attackierten auch etwa 70.000 schwarze Farmarbeiter, zwangen sie ihre Heime zu verlassen, ZANU-PF Lieder zu singen und dabei zu tanzen, während sie diese (sogar bis zum Tod) schlugen, quälten und deren Kinder bedrohten, damit sie nicht zur Polizei gingen. Vgl. AI, Appeal to the EU, Oktober 2001.

Maßnahme nur dann dem Gaststaat zurechenbar, wenn sie im Auftrag, auf Veranlassung oder unter Ermutigung von Staatsorganen vorgenommen worden ist.[1860]

Die in Zimbabwe ausgeübte Gewalt ist eindeutig vom Regime veranlasst. Die Farmbesetzungen wurden durch eine Schlägertruppe, die „Kriegsveteranen", geführt, die eine gut organisierte und direkte Kommandostruktur außerhalb der Regierung besitzt.[1861] Mit Hilfe von Teilen der Armee, der lokalen Verwaltungsapparate und des Geheimdienstes *Central Intelligence Organisation* (CIO) wurden die Besetzungen zentral gesteuert.[1862] Mugabe ist es gelungen die „Kriegsveteranen" intelligent in seine eigene Machterhaltungsstrategie einzubinden. Sie dienen als seine Parallelarmee, ihre Kommandostrukturen führen direkt ins Präsidentenamt. Es besteht kein Zweifel, dass die organisierten Farmbesetzungen auf das Konto der ZANU-PF Führung gehen. Die Besetzungen wurden von der Regierung regelrecht begrüßt und gefördert.[1863] Sie sind damit – gemäß der allgemeinen völkerrechtlichen Grundsätze – dem zimbabwischen Staat zuzurechnen.

b) Nichteingreifen der Polizei und Versäumnis der Regierung

Die völkerrechtliche Verantwortlichkeit des Gaststaates kann aber auch durch eine Verletzung von Verhinderungspflichten entstehen, wenn die staatlichen Organe nicht die gebotene Sorgfalt *(due diligence)* walten lassen, um die Schädigung von Ausländern durch Privatpersonen zu verhindern.[1864] Die durchgeführten gewaltsamen Farmbesetzungen im Rahmen des *Fast Track Programs* – wie auch sonstige von den Jugendmilizen und ZANU-PF Unterstützern verübte Gräueltaten gegen Dutzende weißer Farmer und ihre Farmarbeiter – geschahen oft unter den Augen der Polizei, die unter strikten Anweisungen handelte, sich nicht in Regierungsangelegenheiten einzumischen.[1865] Die Polizei äußerte mehrfach ihren Unwillen einzugreifen, da die Invasionen ein politisches Thema darstellen würden, welches sie daher nicht zum Tätigwerden zwänge.[1866] Die Polizei hat nicht nur versäumt Recht und Ordnung wiederherzustellen,[1867] oft nahm sie sogar direkt an den Menschenrechtsverletzungen teil, wie die Verhaftung des Vorsitzenden des *Zimbabwe Lawyer for Human Rights*, Tawanda Hondora, zeigt.[1868] Das Muster der Attacken ist Teil einer strukturellen Straflosigkeit, in der sich die Regierung selbst als über dem Gesetz stehend betrachtet und illegale Mittel der Gewalt durch die Milizen akzeptiert.[1869] Die „Kriegsveteranen" konnten gerade deshalb ihre Ge-

---

[1860] Ipsen, K., Völkerrecht, 4. Aufl., § 40, Rn. 29.

[1861] Die tatsächlichen Veteranen führten die Invasionen auf den Farmen in treuer Ergebenheit zum Regime durch und erhielten dafür über 20 Mio. Z$. Vgl. Feltoe, G., The onslaught against democracy, S. 2. Die sich in der Truppe befindlichen Jugendlichen wurden eingezogen und in regelrechten Kampfcamps - getarnt als Streitkräfte – einer derartigen Gehirnwäsche unterzogen, die sie ebenfalls in beugsame und regierungstreue Gefolgsleute verwandelte. Musarurwa, A., The Current Climate, S. 1.

[1862] Schmidt, F., Simbabwe, FES-Skript. Mugabe bezweckt damit einerseits das Landthema für die Wahlen aktuell zu halten und andererseits Chaos und Gesetzeslosigkeit herzustellen, um die Ausrufung des Notstands zu seiner Machterhaltung durchführen zu können. In den ersten Farmbesetzungen von 2000 sieht man auch eine Bestrafung der weißen Farmer, welche die Regierung als treibenden Motor für die Mobilisierung gegen das einberufene Referendum erklärte. FES: Socio-economic implications, S. 12, 16 f.

[1863] Vgl. oben 1. Teil, S. 58.

[1864] Brownlie, I., Principles, S. 526.

[1865] Musarurwa, A., The Current Climate, S. 1.

[1866] FES: Socio-economic implications, S. 4. Allerdings sind auch gelegentliche Beispiele bekannt, in denen Polizisten eingegriffen haben, folglich als MDC-Unterstützer beschuldigt und teilweise sogar von „Kriegsveteranen" zur Bestrafung getötet wurden. Vgl. Feltoe, G., The onslaught against democracy, S. 8.

[1867] Vgl. Zimbabwe HRF: HRM, Juni 2001, S. 2.

[1868] AI, Appeal to the EU, Oktober 2001.

[1869] Wie eng die Verknüpfung zwischen Regierung und „Kriegsveteranen" war, demonstrierte die Verherrlichung des im Juni 2001 verstorbene Veteranenführers, Chenjerai Hunzi, der sich selbst den Beinamen „Hitler" als Zeichen seines Hasses auf die Weißen gegeben hatte, zum Nationwaltaktionen durchführen, weil sie wussten, dass die Behörden nicht gegen sie einschreiten würden.[1870] Die Regierung erklärte immer wieder, dass sie sich an die Urteile in den Landfragen nicht gebunden fühle und trug damit zur Vertiefung der Gesetzeslosigkeit im Lande bei. Mindestens drei *High Court* Urteile im Monat August 2001 versuchten erfolglos den Polizei-*Commissioner* Chihuri, wie auch andere örtliche Autoritäten, zur Räumung der „*Squatter*" zu zwingen.[1871] Nach den durch die „Kriegsveteranen" bei den Gerichten erfolgreich durchgeführten Interventionen,[1872] die zum Rücktritt der meisten neutralen Richter führten,[1873] ist aus den Reihen der Judikative mittlerweile jedoch kein Hindernis mehr zu erwarten.

Oft wird die Frage gestellt, ob diese marodierenden Banden überhaupt noch und insbesondere durch den Präsidenten kontrollierbar sind, da sich unter ihnen auch viele gewöhnliche Kriminelle befinden. Dennoch muss davon ausgegangen werden, dass angesichts der streng hierarchischen Führung, diese Gruppen weiterhin zielgerichtet unter Mugabes Kontrolle gesteuert werden. Läge der politische Wille vor, könnte der Gewalt daher ein Ende bereitet werden.[1874]

3. Differenzierung aufgrund der Nationalität der Betroffenen

a) Fremde Staatsangehörige

In den 90er Jahre kamen eine Reihe von Neuinvestoren nach Zimbabwe, die keine zusätzliche zimbabwische Staatsangehörigkeit erlangten, sondern sich als Ausländer registrieren ließen. Die meisten davon sind Briten oder Südafrikaner.[1875] Enteignung von Ausländern unterwirft das Völkergewohnheitsrecht bestimmten Voraussetzungen im Sinne des fremdenrechtlichen Mindeststandards, da sie anders als die Staatsangehörigen des enteignenden Staates von der politischen Willensbildung ausgeschlossen und nicht in die staatliche „Schicksalsgemeinschaft" eingebunden sind.[1876] In Betracht kommt hier ein Verstoß gegen das Gebot einer angemessenen Entschädigung im Falle einer Enteignung, gegen die Anforderungen eines ordnungsgemäßen Gerichtsverfahrens, sowie die Verletzung des Diskriminierungsverbots.

Bei privilegierten fremden Staatsangehörigen kommt zusätzlich ein Verstoß gegen ein Kapitalschutzabkommen in Betracht. Seit 1995 bestehen sowohl mit Deutschland, als auch mit Großbritannien solche Investitionsschutzabkommen, die eine Enteignung von gewissen Voraussetzungen, wie Diskriminierungsverbot und Entschädigungszahlung abhängig machen.

---

alhelden. Seine „Heldentaten" bestanden dabei in erster Linie darin, Terror über das Land zu bringen und durch den Einsatz seiner Schlägertruppe, die Wähler so einzuschüchtern, dass sie sich nicht mehr zur Stimmabgabe für die Opposition trauten. Schmidt, F., Simbabwe, FES-Skript.

[1870] Bestärkt wurden sie durch Mugabes Amnestiegesetz, durch das jeder Person, die wegen eines politisch motivierten Verbrechens im Zeitraum vom 01.01. bis 31.07.2000 gerichtlich verfolgt und deren Schuld nicht durch ein Gericht festgestellt worden war, Amnestie gewährt wurde. AI, Appeal to the EU, Oktober 2001; Musarurwa, A., The Current Climate, S. 4.

[1871] AI, Appeal to the EU, Oktober 2001.

[1872] Schmidt, F., Simbabwe, FES-Skript.

[1873] Dazu kamen auch Aktionen aus Regierungsreihen, um die Richterschaft zum Rücktritt zu veranlassen. So drohte der *Minister of Information and Publicity* wiederholt das Gesetz zu nutzen, um die widersprechenden Richter zu entfernen. Vgl. bei AI, Zimbabwe, the toll of impunity, 25.06.2002.

[1874] Ein Indiz für die Beendigungsmöglichkeit ist, dass einige Fabrikbesetzungen ein sofortiges Ende fanden, als deren Belagerung im Kabinett als ungünstig und negativ erklärt wurde. Schmidt, F., Simbabwe, FES-Skript.

[1875] Zur Feststellung des Vermögens einer Gesellschaft als ausländisches Vermögen vgl. Birke, W., Konfiskation, S. 13.

[1876] Herdegen, M., Internationales Wirtschaftsrecht, S. 219, § 17, Rn. 3. Vgl. oben 2. Teil, A. II. 2. b).

b) Zimbabwische Staatsangehörige und Doppelstaatsangehörige

aa) Grundsatz der Gebietes- und Personalhoheit des zimbabwischen Staates

Beim Entzug des Eigentums eigener Staatsangehöriger genießen die Staaten weitgehende Regelungsfreiheit.[1877] Bei der Konfiskation inländischen Vermögens entsteht nach herrschender Ansicht – abgesehen von vertraglich geregelten Sonderfällen, wie völkischen Minderheiten[1878] – kein völkerrechtliches Problem. Auf die Alteigentümer, die ausschließlich die zimbabwische Staatsangehörigkeit besitzen, können die völkerrechtlichen Enteignungsgrundsätze daher keine Anwendung finden. In diesem Fall ist entsprechend der *Act of State* – Doktrin die Zuständigkeit zu Enteignungen durch den zimbabwischen Staat gegeben. Allerdings könnte bei einer Überlagerung des herkömmlichen Fremdenrechts durch das völkerrechtliche Anliegen des Menschenrechtsschutzes auch von einer Anwendung auf Inländer auszugehen sein. Wie bereits im allgemeinen Teil festgestellt, kann dies jedoch nicht unbeschränkt gelten. Andernfalls würde jede *domaine réservée* beschnitten werden. Da es sich bei dem Recht auf Achtung des Privateigentums nicht um eines der herausragenden Menschenrechte handelt, ist die Anwendung der Fremdenrechtsnormen zum Eigentumsschutz auf Inländer in Zimbabwe abzulehnen. Dies bedeutet aber nicht, dass es sich dabei um eine rein innere Angelegenheit Zimbabwes handeln muss. Maßnahmen, wie Enteignungen, unterliegen auch der Beurteilung des Staates gemäß seinem *ordre public*, dessen Inhalt sich aus seiner Verfassung oder seiner Rechtsordnung ergibt. Beschränkungen des innerstaatlichen Verfassungsrechts und damit der Enteignungsmaßnahmen können sich dabei aus den Verträgen zum Menschenrechtsschutz ergeben.

In Zimbabwe ist der am häufigsten vorzufindende Besitzstatus derjenige des einfachen Eigentums (*sole proprietorship*), gefolgt von Kooperativen, sowie beschränkt haftenden Gesellschaften (*limited liability enterprises*).[1879] Einige der Eigentümer der großen Farmen in Zimbabwe sind in der Tat alteingesessen und hatten ihre Firmen selbst gegründet.[1880] Dabei kann zunächst dahingestellt bleiben, ob der einstige Kolonialerwerb bzw. der Folgeerwerb zur Erlangung eines wirksamen Eigentums der weißen Zimbabwer geführt hat,[1881] da alle Inländer als Inhaber des entzogenen Rechts gleich zu behandeln sind.[1882] Auch bedarf es daher hier noch keiner Unterscheidung, ob der entsprechende Eigentumserwerb vor oder nach Erlangung der Unabhängigkeit Zimbabwes stattgefunden hat.

bb) Möglichkeit eines völkerrechtlichen Eingriffs

Da es sich bei dem Devolutionsabkommen, der *Lancaster-House* Verfassung, um einen völkerrechtlichen Vertrag handelt, könnte durch die Nationalisierung, entgegen deren Abmachungen, eine Völkerrechtsverletzung vorliegen. Ein völkerrechtlicher Verstoß könnte sich auch aus einer willkürlichen Schlechterstellung der weißen zimbabwischen Staatsangehörigen gegenüber ihren schwarzen Mitbürgern ergeben, wenn es sich um die Verletzung einer *erga omnes* Verpflichtung handelt. Die Haltung und Rolle der Regierung in der Problematik der Farminvasionen

---

[1877] Herdegen, M., Internationales Wirtschaftsrecht, S. 193.
[1878] Ob es sich bei den weißen Zimbabwern um eine solche handelt vgl. unten 3. Teil, A. II. 2. b) bb).
[1879] Gunning/ Oostendorp, Zimbabwean firms, S. 44.
[1880] Zu den landwirtschaftlichen Großgrundbesitzern gehören z.B. die Oppenheimer, Meikle, Shawl, Skinner, Dyer, Guthries, Theron, Style, Whealer und Machipisas. Vgl. Moyo, S., The Economic and Social Implications, 4.0.
[1881] Vgl. unten 3. Teil, A. II. 3.
[1882] Birke, W., Konfiskation, S. 12.

lässt den Schluss zu, dass die Invasionen aus rein rassistischen Gründen durchgeführt worden sind.[1883] Darin könnte eine aus ethnischen Gründen vollzogene Diskriminierung gerade der weißen Bevölkerung liegen, da sie als Minderheit zumindest im landwirtschaftlichen Sektor beseitigt werden sollten, um die Voraussetzungen einer Neubesiedlung zu schaffen.

II. Eigentumsschutz fremder Staatsangehöriger

Ein Schutz ausländischer Privatinvestoren gegen Enteignungen könnte zunächst durch die Eigentumsschutzbestimmungen der zimbabwischen Verfassung gewährleistet werden.[1884] Für den Vermögensschutz eines Investors ist jedoch genauso entscheidend, inwieweit die Verfassungsvorschriften in dem Gaststaat tatsächlich eingehalten werden. Die Verfassungsinterpretation durch die dazu autorisierten innerstaatlichen Einrichtungen sind meist wenig kontinuierlich und insbesondere nach Regierungswechseln kaum vorhersehbar, so dass die verfassungsrechtlichen Eigentumsschutzbestimmungen wenig zum tatsächlichen Schutz der Auslandsinvestitionen beitragen.

1. Schutz nach dem allgemeinen Enteignungsvölkerrecht

Für eine mögliche Rechtfertigung eines Eingriffs in das Eigentum von Ausländern wird vorausgesetzt, dass er zum öffentlichen Wohl und gegen eine gerechte und angemessene Entschädigung geschieht. Im Übrigen besteht im Rahmen der fremdenrechtlichen Mindestanforderungen die Notwendigkeit eines fairen Verfahrens und eines effektiven Gerichtsschutzes.[1885] Durch die Zwangsenteignung der weißen Farmer, die nicht im Besitz der zimbabwischen Staatsangehörigkeit sind, könnte Zimbabwe daher gegen das allgemeine Völkergewohnheitsrecht verstoßen haben. Das ICJ und nationale Gerichte berufen sich in ihren Entscheidungen oftmals auf die AEMR.[1886] Art. 17 AEMR garantiert u.a. das individuelle Eigentumsrecht. Die Vorschrift des Eigentumsschutzes spiegelt zwar nach Ansicht einiger Völkerrechtsgelehrter internationales Gewohnheitsrecht wieder,[1887] nach Auffassung anderer ist der Eigentumsschutz mangels Bindungswirkung der AEMR jedoch notdürftig.[1888] Für die Tatsache, dass international nur ein Minimum an Schutz gewährleistet ist, spricht jedenfalls, dass zur Schaffung von Rechtsklarheit und zur Einführung von Überprüfungsverfahren zahlreiche Menschenrechtsverträge abgeschlossen wurden, mit denen u.a. der Eigentumsschutz verwirklicht werden sollte.[1889] Bei diesem Minimum eines gewohnheitsrechtlich anerkannten Rechtsschutzes handelt es sich jedoch um keine absolute Eigentumsgarantie, da Enteignungen unter bestimmten Bedingungen, soweit sie nicht willkürlich

---

[1883] COHRE, Land, Housing and Property Rights, S. 47.
[1884] Die meisten Verfassungen der Entwicklungsländer garantieren das Institut des Eigentumsschutzes als solches. Gleichzeitig wird jedoch die Sozialbindung des Eigentums formuliert, wobei Enteignungen in der Regel zum Wohle der Allgemeinheit zulässig sind und die Entschädigung nicht dem vollen Gegenwert zu entsprechen braucht. Vgl. Art. 16 der zimbabwischen Verfassung.
[1885] Seidl-Hohenveldern, in: Neuhold/Hummer/Schreuer, Rn. 1022.
[1886] Eide, A., The AEMR, S. 7.
[1887] Vgl. Waldock, H., Human Rights, S. 2 f.: „The question concerns the standard of compensation in the event of expropriation of property, and it may be doubted whether there is any divergence between the Universal Declaration and customary law upon this point." So auch Lillich, R., Duties of States, S. 406.
[1888] Schabas, W., The Omission, S. 148.
[1889] Fastenrath, U., Internationaler Schutz, S. 37.

geschehen, zulässig sind (vgl. Art. 17 Nr. 2 AEMR). Der Begriff „willkürlich" impliziert das Verbot von unangemessenen Eingriffen durch den Staat und die Eigentumswegnahme ohne Entschädigung,[1893] wie es das Enteignungsvölkerrecht vorsieht.

a) Öffentlicher Zweck der Enteignung

Wie im ersten Teil dargestellt bedarf es für die Durchführung einer völkerrechtmäßigen Enteignung eines öffentlichen Zwecks, der sich aus der innerstaatlichen Festlegung des allgemeinen Wohls ergibt.[1894] Aufgrund der ungleichen Landverteilung war eine Umverteilung in Zimbabwe dringend notwendig geworden. Da diese nicht ausschließlich durch die Verteilung von Land im Staatsbesitz erreicht werden konnte, war die Enteignung von Privatbesitz erforderlich. Die Macht der Regierung, dieses Privatland zu enteignen, ist dabei an die Einhaltung eines öffentlichen Zwecks geknüpft. Neben öffentlichem Nutzen oder Interesse, wird er heutzutage in einem weiteren Sinne verwendet.[1895] Ein öffentlicher Zweck verlangt insbesondere nicht, dass der Enteigner selbst das enteignete Land nutzt.[1896] Im Rahmen eines legitimen Enteignungsprogramms werden den Staaten weite Ermessenspielräume in der Entprivatisierung der eigenen Wirtschaft eingeräumt und dabei auch ideologische Motive toleriert.[1897] Der Verankerung eines individuellen Eigentumsschutzes sind im Laufe der Zeit in vielen Staaten kollektive Eigentumsgesichtpunkte gefolgt. Landreformen, die permanente Souveränität der Völker, alte Traditionen und Gewohnheiten stehen oft an höherer Stelle als das Eigentum eines Einzelnen. Die Aktivitäten einiger Organe der Vereinten Nationen gehen in eine ähnliche Richtung. Eines der Ziele des *UN Centre for Human Settlements (Habitat)* ist die Förderung und die Nutzung des Bodens in einer Art und Weise, die mit den Interessen der gesamten Gesellschaft in Einklang steht, insbesondere um die Bedürfnisse der Armen zu stillen.[1898] Daher kann grundsätzlich der Überführung der wirtschaftlichen Macht der unabhängigen Kolonie, aufgrund von Gemeinwohlinteressen aus den Händen der Angehörigen der ehemaligen Kolonialmacht in heimisches Potential, nicht die Legitimität abgesprochen werden.[1899] Dies gilt insbesondere in dem Fall, dass wirtschaftliche Positionen – wie der nutzbare Grund und Boden – nach der Unabhängigkeit noch so überwiegend im Eigentum der Angehörigen der ehemaligen Kolonialmacht stehen, dass die einheimischen Bevölkerung keine Möglichkeit zum eigenen wirtschaftlichen Entfalten besitzt.

Hier handelt es sich bei den enteigneten Farmern jedoch in der Regel um Staatsangehörige und ausländische Investoren, die nach dem Abschluss des *Lancaster House* Abkommens ins Land gekommen waren und damit gerade nicht um eine durch die Verselbständigung einer früheren Kolonie gebotene „globale" Vermögensumschich-

---

[1893] Eide, A., The AEMR, S. 257.

[1894] Alenfeld, J., Die Investitionsförderungsverträge, S. 121; Muchlinski, P., Multinational Enterprises, S. 504 f.

[1895] Eisenberg, A., Public Purpose, S. 208 f.

[1896] Man müsse unterscheiden, zwischen den Fällen, die nur einer Privatpartei dienen und solchen, die einen öffentlichen Zweck und eine öffentliche Politik verfolgen. Eisenberg, A., Public Purpose, S. 221.

[1897] Es scheint völkerrechtlich keinen Bedenken zu begegnen durch Nationalisierungen politische Programme zu verwirklichen, wonach sich etwa ein bestimmter Industriezweig nicht in der Hand privaten (ausländischen) Eigentums befinden soll. Vgl. Dölle, H., Internationalrechtliche Betrachtungen, S. 55.

[1898] Auch die *Food and Agriculture Organization* (FAO) hat Strategien zur Förderung von Landverteilungen und –reformen, sowie ländlicher Entwicklung entfaltet, die auf Kosten des privaten Eigentumsschutzes gehen. Eide, A., The AEMR, S. 261.

[1899] Dahm, G., Völkerrecht, 1958, Bd. I, S. 514.

tung.[1897] Damit kommt es hier auf die Beurteilung des öffentlichen Zwecks anhand der allgemeinen völkerrechtlichen Kriterien ohne Privilegierung infolge einer Dekolonisationsenteignung an. Ein öffentliches Interesse an einer Enteignung liegt danach vor, wenn diese nicht zur bloßen Bereicherung des Staates oder dritter Personen vorgenommen wird oder sie lediglich macht- und nicht sozial- bzw. gesellschaftspolitischen Interessen des Staates dient.[1898] Die Tatsache, dass bei einer Landumverteilung das in Frage stehende Land von einer Privatperson an eine andere übergeben wird, schließt ebenfalls nicht den öffentlichen Zweck aus, da nicht ein direkter öffentlicher Nutzen zu verlangen ist. Zusammenfassend lässt sich daher sagen, dass Landreformprogramme generell unter die Definition des öffentlichen Zwecks fallen. Nicht verlangt werden kann dabei, dass eine Neuverteilung automatisch auch zu mehr Gerechtigkeit führt. Zum einen würde eine gerechte Verteilung darin resultieren, dass keiner mehr über einen ha Land verfügen würde, was für ein effektives Wirtschaften nicht mehr ausreicht. Zum anderen wäre das Ergebnis der Enteignung einer schwerpunktmäßig zum Florieren der nationalen Wirtschaft beitragenden Minderheit in Zimbabwe zunächst der Niedergang der inländischen Wirtschaft und des Wohlstands im Lande.[1899]
Nationalisierungen großflächiger Gebiete können grundsätzlich zur Durchführung einer gerechteren Landverteilung in Form einer Landreform geeignet sein und einen achtenswerten öffentlichen Zweck darstellen. Problematisch ist jedoch, dass viele der enteigneten Farmen, statt an Bedürftige an gutsituierte Regierungstreue verteilt wurden und dass die Farmen nach der Enteignung und Vertreibung ihrer Besitzer mittlerweile brach liegen, weil *Know-how* und finanzielle Mittel für die weitere Bewirtschaftung fehlen. Gegen einen öffentlichen Zweck spricht auch, dass Tausende ehemalige Farmarbeiter nach dem Wegzug der ehemaligen Farmer ohne Beschäftigung dastehen, weil die neuen „Herren" sie nicht bezahlen können und dass schließlich durch den fehlenden Anbau die nationale Wirtschaft und Nahrungsmittelversorgung gefährdet ist. Konkret lässt sich fragen, worin der öffentliche Nutzen einer derartigen Landreform liegt. An die Rechtfertigungsanforderungen dürfen jedoch auch nicht zu hohe Erwartungen gestellt werden. Bezweckt wurde mit den Enteignungen in Zimbabwe die Begünstigung der Landlosen. Auch wenn dabei nur die einzelnen Neuangesiedelten begünstigt werden sollten, ist darin ein grundsätzlicher Vorteil für die öffentliche Gemeinschaft zu bejahen.[1900] Die Enteignung weitflächiger Großfarmen zur Umverteilung verkörpert daher ein öffentliches Interesse.[1901] Dies umso mehr, als Kleinfarmen sowohl wirtschaftlich als auch ökologisch ertragreicher und haltbarer sein können.[1902] Auch wenn die Landreform u.a. als Mittel zum Machterhalt des Präsidenten genutzt wurde und viele Grundstücke statt an die Landlosen an Regierungstreue gingen, lässt sich daraus noch nicht der allgemeine öffentliche Nutzen verneinen.[1903] Dies sind Begleiterscheinungen, die zum einen nicht stets bei Landre-

---

[1897] Selbst wenn man davon ausgeht, dass es sich zumindest für einige „Altfarmer" um eine nachträgliche Enteignungsmaßnahme i.R.d. einstigen Dekolonisierung handelt, wären auch diese Enteignungen generell den Grundsätzen des Völkerrechts unterworfen und stünde nicht in einem rechtsfreien Raum. Dölle, H., Internationalrechtliche Betrachtungen, S. 54. Vgl. oben 2. Teil, A. IV. 2.

[1898] Verdross/ Simma, Universelles Völkerrecht, § 1216.

[1899] Banning, T., The Human Right to Property, S. 330 f.

[1900] Eisenberg, A., Public Purpose, S. 221.

[1901] Vgl. Argumentation des EGMR bei Banning, T., The Human Right to Property, S. 80 ff.

[1902] Vgl. Deiningen/ Binswanger, The World Bank's Land Policy, S. 256 ff.

[1903] Ebenso wenig, wie aus dem kompletten Fehlschlagen des Ziels der Begünstigung der Landlosen aufgrund der mangelnden Infrastruktur und Ausbildung der Begünstigten. Boyle, H, The Land Problem, S. 685.

formen auftreten müssen, zum anderen besteht generell das öffentliche Interesse der zimbabwischen Regierung, die Landreform zur Zufriedenheit ihrer Wähler durchzuführen.[1904]

b) Diskriminierungsverbot

In Betracht kommt dagegen ein Verstoß gegen das allgemeine Diskriminierungsverbot. Eine diskriminierende Enteignung liegt dann vor, wenn Vermögen der weißen Grundbesitzer nur aufgrund ihrer Hautfarbe enteignet, das der restlichen Bevölkerung hingegen von diesen Maßnahmen verschont bleibt. Es müsste sich also um eine ungleiche Behandlung vergleichbarer Objekte handeln und sich ein hieraus folgender Nachteil für die Betroffenen ergeben.[1905] Auch wenn sich das Verbot der Diskriminierung noch nicht im gesamten Völkerrecht als gewohnheitsrechtlich anerkannt durchgesetzt hat, so hat es sich jedoch in Teilbereichen, wie dem Fremdenrecht bzw. der Diskriminierung beruhend auf rassischen Gründen, als solches etabliert.[1906] Anerkannt ist das Verbot der Rassendiskriminierung als fundamentaler nicht vertraglich abdingbarer Grundtatbestand der Menschenrechte. Wirtschaftspolitisch motivierte Nationalisierungen, die sich zwangsläufig gegen eine bestimmte Personengruppe richten, sind jedoch nicht alleine deshalb völkerrechtswidrig.[1907] Anders verhält es sich hingegen, wenn diese Enteignungsmaßnahmen rassisch oder religiös motiviert sind. Dabei soll eine solche Diskriminierung jedoch nur nach internationalem Recht illegal sein, wenn die Enteignungskriterien ausschließlich gewählt wurden, um diesen Diskriminierungseffekt zu erzielen.[1908] Da bei dem in Rede stehenden Fall von den bislang durchgeführten Maßnahmen ausnahmslos das Eigentum der Angehörigen der weißen Farmerschaft betroffen ist, handelt es sich nach der hier vertretenen Auffassung um eine völkerrechtswidrige diskriminierende Nationalisierung. Zunächst erfolgten die Enteignungen zwar unter dem Deckmantel einer sozialeren Landverteilung. Inzwischen geht es jedoch nur noch darum, die zum Feindbild erklärten Weißen aus dem Land zu vertreiben. Eine Rassendiskriminierung liegt daher vor.

Allerdings kann auch im Rahmen der zwingenden Menschenrechte aufgrund staatlicher Notwendigkeit eine Beschränkung des Diskriminierungsverbots notwendig sein. Der Fall wäre dies, wenn Zimbabwe in eine Existenzkrise oder einen Notstand geraten wäre. Davon war jedoch zum Zeitpunkt der Enteignungen nicht auszugehen, so dass keine Rechtfertigung der Diskriminierung in Betracht kommt. Der einseitige Zugriff nur auf Angehörige der früheren Kolonialmacht könnte zwar u.U. eine sachlich zu rechtfertigende Differenzierung im Rahmen einer Dekolonisierungsenteignung darstellen,[1909] dies kann jedoch keinesfalls für ausländische Investoren gelten, die nach Erlangung der Unabhängigkeit – sogar auf expliziten Wunsch der zimbabwischen Regierung – ihr Kapital im Land angelegt haben.

1904 Das gilt ebenso dafür, dass die wilden Besetzungen von Farmen in keinem Zusammenhang mit einer sozialen Landreform stehen. Die Landumverteilung hätte nach Änderung der einschlägigen Gesetze auch auf rechtlichem Weg erfolgen können. Grund, J., Simbabwe, in: Die Aula, 2000, S. 20.

1905 Vitzthum/ Dolzer, Völkerrecht, S. 479.

1906 Vgl. bei Shaw, M., International Law, S. 213; Doehring, K., Völkerrecht, S. 364; Kewenig, W., Nichtdiskriminierung, S. 43, dort auch zu Details des Diskriminierungsverbots.

1907 Vgl. Bremer Tabakstreit, Hanseatisches OLG Bremen, in: RIW, 1959, S. 207 ff.; Behrens, P., Multinationale Unternehmen, S. 44.

1908 Vgl. Chilean Copper Nationalization, in: Seidl-Hohenveldern, I., Chilean Copper Nationalization, S. 113 ff.; Behrens, P., Rechtsfragen im Chilenischen Kupferstreit, S. 407 f.; Seidl-Hohenveldern, I., Alien, Property, S. 117; Weil/ Rambaud, Chilean Copper Nationalization, S. 577 ff.

1909 Dölle, H., Internationalrechtliche Betrachtungen, S. 53; Hanseatisches OLG Bremen, in: RIW, 1959, S. 207 ff.; Böckstiegel, K., Die allgemeinen Grundsätze, S. 113; Verwey/ Shrjiver, The Taking of Foreign Property, S. 13 Fn. 37. Dies wird jedoch auch von der Mehrheit in Judikatur und Schrifttum abgelehnt. Vgl. für viele Seidl-Hohenveldern, I., Ausländische Nationalisierungsmaßnahmen, S. 274.

c) Verstoß gegen die Entschädigungspflicht

Die dargestellten Enteignungen erfolgten ohne jegliche Entschädigung der Betroffenen. Bereits für eine völkerrechtsgemäße Nationalisierung besteht der Grundsatz der Entschädigungspflicht. Erst recht gilt dies im Falle der illegalen Nationalisierung, insbesondere wenn diese dazu noch diskriminierend ist. Den ehemaligen Eigentümern gebührt eine „angemessene" Entschädigungszahlung, die grundsätzlich - wie bei der Enteignung - von dem vollen Wert des enteigneten Grund und Bodens auszugehen hat.[1910] Die Angemessenheit reduziert sich hier auch nicht aufgrund einer Dekolonisation, da Zimbabwe die betroffenen Investoren selbst zugelassen und damit einen Vertrauenstatbestand geschaffen hat. Darüber hinaus hat die Nationalisierung auch nicht kurz nach Erlangung der Unabhängigkeit Zimbabwes stattgefunden.

An eine Abweichung von einer vollen Kompensation ist jedoch aufgrund der Tatsache zu denken, dass es sich um eine Nationalisierung im Rahmen einer Landreform handelte. Da die zimbabwische Regierung aus der reinen Landübernahme von den ehemaligen weißen Farmern keine hohen Erträge erzielen konnte, aus denen sie die Entschädigung hätte zahlen können, wäre es unbillig, vom zimbabwischen Staat eine Entschädigung der enteigneten Ländereien in voller Höhe zu verlangen. Nach dem *Restatement Third* ist von dieser Ausnahme allerdings wiederum eine Einschränkung vorzunehmen, wenn das entzogene Vermögen unter staatliche Kontrolle gestellt wurde, es sich um diskriminierende Enteignungen gegenüber Ausländern handelte und ein Verstoß gegen die Prinzipien des internationalen Rechts vorliegt.[1911]

Das enteignete Farmland ist durch die Nationalisierung auf den zimbabwischen Staat übergegangen, die Enteignungen wurden ausschließlich gegen weiße Farmer vollzogen, so dass ein Verstoß gegen das menschenrechtliche Diskriminierungsverbot vorliegt. Somit wäre von einer vollen Entschädigungspflicht des zimbabwischen Staates auszugehen. Die lediglich für das enteignete Equipment auf den Farmen in Aussicht gestellte Entschädigung genügt dem jedenfalls nicht. Selbst wenn man eine Reduzierung der Kompensation bejaht, dürfte aufgrund der Tatsache, dass die internationalen Geberländer bei einer rechtmäßigen Landreform zur finanziellen Hilfe bereit wären, eine Entschädigung in Höhe von ¾ des Marktwerts der enteigneten Grundstücke angemessen sein. Zwar versuchte die Regierung, durch Einführung von Art. 16 A im Rahmen der Verfassungsänderung, ihre Entschädigungspflicht der ehemaligen Kolonialmacht Großbritannien aufzuerlegen; die Verfassung eines Staates kann jedoch einem anderen Staat keine Pflichten aufoktroyieren, es sei denn, dies beruht auf einer bindenden gegenseitigen Vereinbarung zwischen diesen beiden.[1912] Im Lichte der zimbabwischen Geschichte könnte man eventuell von einer moralischen Pflicht Großbritanniens sprechen, die für den Umsiedlungsprozess Enteigneten für ihren Verlust zu entschädigen. Es wird argumentiert, dass die Charta der Vereinten Nationen in Art. 55 und 56 SVN eine solche Verpflichtung vorsehe. Dabei wird jedoch übersehen, dass die Charta zwar die Mitgliedstaaten verpflichtet, die Einhaltung der Menschenrechte zu beachten, eine internationale Pflicht unterentwickelten Staaten (finanzielle) Unterstützung zur Erfüllung ihrer in den Menschenrechtspakten verankerten Obligationen zukommen zu lassen, jedoch nicht existiert.[1913] Die zimbabwische

---

[1910] Dazu vgl. oben 2. Teil, A. III. 5.

[1911] Vgl. oben 2. Teil, A. III. 3. c) ff).

[1912] Vgl. MacClung Nading, J., Property under siege, S. 755.

[1913] Banning, T., The Human Right to Property, S. 352.

Verfassung kann daraus keine rechtliche Verpflichtung konstruieren.[1914] Großbritannien gab bei Erlangung von Zimbabwes Unabhängigkeit das Versprechen, den Landkauf auf Grundlage des „*willing-seller/ willing-buyer*"-Prinzips zu finanzieren. Aus zimbabwischen Kreisen wird von einem Bruch dieser Vereinbarung gesprochen, wenn Großbritannien nun mit neuen Bedingungen, wie der Einhaltung der Gesetzmäßigkeit, kommt. Im Rahmen einer moralischen Pflicht ist es jedoch mehr als legitim, Finanzierungshilfe von der Einhaltung der „*rule of law*" und der Respektierung der Menschenrechte abhängig zu machen.[1915] Da die radikalen Enteignungsmethoden, wie sie der zimbabwische Staat durchführt, eine Verletzung der Menschenrechte darstellen,[1916] ist den Geberländern, insbesondere Großbritannien, ein derzeitiger Rückzug aus ihrer „Finanzierungsverpflichtung" zuzugestehen. Mangels rechtmäßiger Abwälzung der eigenen Entschädigungspflicht Zimbabwes, handelt es sich bei der entschädigungslosen Nationalisierung des weißen Farmsektors um einen völkerrechtlichen Verstoß.

d) Due Process und equal Protection of the Law

Gewohnheitsrechtlich haben die Staaten einem Ausländer die Gleichheit vor dem Gesetz und den Gerichten, einschließlich eines geordneten Verfahrens und rechtlichen Gehörs, zu garantieren.[1917] Dies ergibt sich aus dem Gleichheitsgebot des Art. 7 AEMR und dem Anspruch auf gleichen Rechtschutz, wie er in Art. 8 AEMR verankert ist. Zwar sieht die AEMR keine individuell einklagbaren Rechte vor, der Bereich des diskriminierungslosen Rechtschutzes ist jedoch bereits gewohnheitsrechtlich anerkannt.

Die AEMR beginnt mit der Aussage, dass „es wesentlich ist, die Menschenrechte durch die Herrschaft des Rechts zu schützen." In Art. 7 AEMR ist diese Rechtstaatlichkeit definiert als die Gleichheit vor dem Gesetz, einschließlich ohne Diskriminierung, gleichen Schutz vor den Gerichten zu erhalten. Unter dem „Gesetz" sind sowohl das allgemeine Gesetz des ungeschriebenen Gewohnheitsrechts als auch geschriebene Gesetze und solche, die vom Parlament erlassen wurden, zu verstehen. Jede Person in einem Land ist gleich zu behandeln, ohne irgendeine Form der Diskriminierung durch Gesetzgebung, Polizei oder Gerichte. Das gerichtliche Verfahren darf nicht durch Bestechung, politische Einflussnahme oder Gewalt unterbrochen werden. Wie die beiden früheren Obersten Richter E-nock Dumbutshena und Anthony Gubbay wiederholt betont haben, ist es hinsichtlich der Einhaltung der Menschenrechte essentiell, dass die Rechtstaatlichkeit beachtet wird. Unakzeptabel ist es dabei, wenn Herrscher sich diejenigen Gesetze auswählen, an die sie sich halten wollen, indem sie manche Angelegenheiten als politische definieren und damit verschiedene Standards setzen.[1918]

Durch die Enteignungsgesetzgebung Zimbabwes werden faktisch lediglich die Angehörigen der weißen Bevölkerung betroffen, wenn auch diese Zielrichtung nicht explizit im Landreformgesetz erwähnt wird. Eine *de facto* Diskriminierung ist somit gegeben. Zwar enthält Art. 7 AEMR selbst keine Schranken-bestimmung, eine zulässige Diskriminierung könnte jedoch vorliegen, wenn die Differenzierung zwischen schwarzen und weißen Farmern auf

---

1914 COHRE, Land, Housing and Property Rights, S. 46 f.

1915 Laut einer Studie der Weltbank, sog. *David Dollar Study*, erweist sich auch jede Hilfe in ein gesetzloses Programm als unproduktiv und sinnlos. Vgl. Dollar/ Prittchett, Assessing Aid, S. 34 f.

1916 Die Enteignungen führten auch zu einer unverhältnismäßigen Belastung der Einzelnen – sowohl der Farmeigentümer, als auch anderer Träger rechtlicher Interessen, wie Pächter, Hauseigentümer und Farmbeschäftigte (insges. etwa über 800.000 Menschen). Vgl. bei Banning, T., The Human Right to Property, S. 333.

1917 Ipsen, K., Völkerrecht, 4. Aufl., § 50, Rn. 6.

1918 http://www.hrforumzim.com/frames/inside_frame_monitor.htm, besucht am 03.08.2004.

objektive und vernünftige Gründe gestützt wäre.[1919] Dies ist jedoch nicht der Fall. Es gibt keinen ersichtlichen Grund als Folge der diskriminierenden Behandlung vor Gericht, nur die weißen Farmer einer entschädigungslosen Enteignungsmaßnahme auszusetzen. Dies umso mehr als zum Teil weiße Kleinfarmer enteignet werden, während schwarze Großfarmer weiterwirtschaften dürfen. Daneben sind bezüglich eines innerstaatlichen Verfahrens Unabhängigkeit, Unparteilichkeit und ein sogenanntes „*fair trial*" zu gewähren. Dazu gehört auch die Rechtsschutzgarantie.[1920] Dabei ist entschei-dendes Merkmal, dass die Richter bei der Ausübung ihrer richterlichen Funktionen nicht weisungsgebunden sind und keine Rechenschaft abzulegen haben. Es muss daher eine Unabhängigkeit von Exekutive, Legislative und Parteien bestehen.[1921] Die Unparteilichkeit liegt in der Einstellung der Richter. Befangenheit ist anzunehmen, wenn Umstände vorliegen, die geeignet sind, Misstrauen in die Unparteilichkeit eines Richters zu erwecken, die auch in äußeren Gegebenheiten liegen kann.

Grundsätzlich spielten die zimbabwischen Gerichte eine große Rolle in der Umsetzung der Grund- und Menschenrechte, wie sie in der zimbabwischen Verfassung garantiert waren.[1922] Dabei bediente sich der *Supreme Court* im Rahmen der Interpretation der zimbabwischen Verfassung v.a. auch internationaler Menschenrechtsnormen.[1923] Die Verurteilung der illegalen Enteignungsmaßnahmen, sowie der damit verbundenen Gesetzesverletzungen,[1924] wurde jedoch für die zimbabwischen *Supreme Court* Richter eindeutig erschwert.[1925] Durch die Ersetzung der objektiv entscheidenden obersten Richter durch loyale ZANU-PF Gefolgsleute, die inzwischen dem Landreformprogramm der Regierung seine Gesetzmäßigkeit bescheinigt haben, ist mittlerweile keine Objektivität mehr gegeben.[1926] Zum Anspruch auf Rechtsschutz gehört auch die Garantie auf Zugang zu einem wirkungsvollen Rechtsschutz.[1927] Problematisch erschien bereits der Ausschluss der Verwaltungsgerichte bei der Überprüfung der Entschädigungshöhe durch den *Land Aquisition Act*, Nr. 15 vom 07.11.2000.[1928] Ein völliger Ausschluss der Gerichte

[1919] Vgl. Alfredsson/Eide, The AEMR, S. 183.

[1920] Art. 8 AEMR, das „Recht auf den gesetzlichen Richter", umfasst inhaltlich auch die Verknüpfung mit dem Aspekt der Unabhängigkeit und Unparteilichkeit des Richters. Weber, A., Menschenrechte, S. 976.

[1921] Weber, A., Menschenrechte, S. 980.

[1922] Ncube, W., The constitution as a liability, S. 20 f.

[1923] Bei der Entscheidung im *Ncube's Case*, in dem es um die Interpretation von Art. 15 der zimbabwischen Verfassung ging, hat es sogar die EMRK herangezogen: Die Beiziehung der europäischen Menschenrechtsrechtssprechung stelle eine allgemein abstrakte Interpretation einer Vorschrift der EMRK dar, die fast identisch mit derjenigen der zimbabwischen Verfassung sei. Entscheidend für die Inkorporierung einer menschenrechtlichen Norm in nationales Recht sei die Heranziehungsmöglichkeit der Vorschrift an sich, nicht ihre Zugehörigkeit zu irgendeiner Konvention. Vgl. Nherere, P., The Limits of Litigation, S. 126.

[1924] In vielen Gebieten versuchten die Farmer die Besetzer zu vertreiben. 10.400 Farmbewohner waren unmittelbar betroffen, 3.000 waren von ihren Häusern vertrieben, 1.600 attackiert, 427 entführt und 26 getötet worden; damit eine Gesamtziffer von über 14.770 Menschenrechtsverletzungen. Dabei handelt es sich laut des HRF um Minimumzahlen, vgl. http://hrforumzim.com/frames/inside_frame_monitor/.htm, besucht am 03.08.2004.

[1925] Urteile, die nicht in das Konzept der Regierung passten wurden als nebensächlich abgetan und als Hass gegen die zimbabwische Regierung abgewiesen. Chenjerai Hunzvi legte noch entschiedener dar, wie wenig er die Gerichte fürchte: Diese müssten zurückzutreten, ihre Tage wären gezählt. Auch der Justizminister Patrick Chinamasa äußerte sich ähnlich: Wenn sich die Richter wie unlenkbare Waffen benehmen, dann schmeißen wir sie hinaus! Präsident Mugabe meinte nur, dass die Gerichte machen könnten was sie wollten, aber kein juristisches Urteil ihm im Wege stehen würde. Nach seiner Meinung sollten die Weißen nicht einmal ihren Standpunkt vor Gericht verteidigen dürfen. Vgl. http://www.hrforumzim.com/frames/inside_frame_monitor.htm, besucht am 03.08.2004.

[1926] HRW, Fast Track Reform. Die gegenwärtigen Tendenzen der benachteiligenden Rechtsprechung der zimbabwischen regierungstreuen Gerichte gegenüber der weißen Farmerschaft zur Landreform von 2000, zeigen Ansätze einer Fortsetzung eines apartheidähnlichen Systems und damit eines neuerlich umgekehrten Diskriminierungsproblems. Vgl. zum System der Rassentrennung Kießwetter, A., Verfassungsentwicklung, S. 116 f.

[1927] Weber, A., Menschenrechte, S. 1010 f.

[1928] Vgl. oben 1. Teil, B. II. 4. c), S. 63 f. Dieser war zur Beschleunigung der Landreform gedacht und hatte einen Sturm der Empörung unter den Rechtswissenschaftlern hervorgerufen, da er einem Ausschluss der Anwendung internationaler Vorschriften gefährlich nahe kam. Hlatshwayo,

fand durch Art. 16 (2) der Verfassung jedoch nicht statt,[1929] da dabei die von den zimbabwischen und britischen Gerichten aufgestellten Prinzipien zu beachten waren.[1930] Ob ein Verstoß gegen internationales Recht vorliegt, hängt davon ab, ob dem betroffenen Individuum Zugang zu einem unabhängigen Gericht ermöglicht wird. Ein solcher Zugang bestand zum Verwaltungsgericht, das in der ersten Instanz die Entschädigung für nicht designiertes Land überprüfte. Fraglich waren allerdings die Fälle, in denen ein Entschädigungskomitee, das aus größtenteils Regierungsbeamten bestand und damit in der Regel parteiisch war, über designiertes Land entschieden hat. Dessen getroffene Entscheidung konnte jedoch durch das Verwaltungsgericht und den *Supreme Court* anhand der Prüfung der im Gesetz enthaltenen Prinzipien revidiert werden.[1931] Ein Verstoß gegen internationales Recht war daher nicht gegeben.[1932] Mit Änderungen des LAA vom 10.05.2002[1933] wurde allerdings die Möglichkeit der Farmer, gegen die Enteignungsanordnung ihrer Farmen beim Verwaltungsgericht Widerspruch einzulegen, bevor sie enteignet und vertrieben wurden, komplett ausgeschlossen. Somit ist nunmehr auch ohne das Vorliegen eines entsprechenden Enteignungsbescheids nach Paragraph 7 des LAA eine Ausweisung möglich. Ein gerichtliches Vorgehen ist nach Paragraph 29D LAA nur gegen die Nichteinhaltung der im LAA aufgestellten Entschädigungsprinzipien möglich und dies auch nur innerhalb eines Zeitraums von fünf Tagen.[1934] Da der Rechtsweg gegen die nach Paragraph 5 und 8 des LAA vorgenommenen Enteignungen der weißen Farmer nicht mehr offen steht, liegt die Verweigerung des Zugangs zu einem effektiven gerichtlichen Verfahren vor. Die Anforderungen des fremdenrechtlichen Mindeststandards wurden durch die diskriminierende, ohne Entschädigung erfolgende Nationalisierung und den Verstoß gegen ein faires gerichtliches Verfahren nicht eingehalten, so dass das Fremdenrecht verletzt ist.[1935]

2. Schutz durch die allgemeinen Konventionen des Völkerrechts

a) Schutz durch Art. 11 (1) ICESCR: Recht auf angemessenen Lebensstandard

Zum Schutz des angemessenen Lebensstandards (*right to housing*) nach Art. 11 (1) ICESCR gehört das Recht auf eine akzeptable Unterbringung. Durch die Enteignung und Vertreibung der weißen Farmer von ihrem Besitz, wurde ihnen ihre bisherige Behausung untersagt. Grundsätzlich ist durch den Eigentumsentzug von Haus und Grundstück an Ort und Stelle kein angemessener Lebensstandard für die betroffenen Eigentümer mehr gewährleistet. Allerdings hält die Wegnahme ihrer Unterkunft sie nicht davon ab, sich woanders, beispielsweise in der Stadt, weiterhin einen angemessenen Standard einzurichten. Das Wohnrecht wird dadurch nicht vereitelt. Im Übrigen ist es eine Selbstentscheidung der Entwicklungsländer, inwieweit sie fremde Staatsangehörige unter gebührender Berücksichtigung der Menschenrechte und der Erfordernisse ihrer Volkswirtschaft am Schutz dieses Pakts beteiligen wollen (vgl. Art. 2 (3) ICESCR).

B., Compulsory acquisition, S. 54. Die Einhaltung der im Gesetz enthaltenen Prinzipien in Enteignungsfällen sollten gemäß Paragraph 29 A und B LAA durch ein von der Regierung ernanntes Komitee bestimmt werden. Maposa, I., Landreform in Zimbabwe, S. 85 f.

[1929] Naldi, G., Constitutional developments, S. 383.

[1930] Schwartz, B., Lions over the Throne, S. 46; Willis, J., The Parliamentary powers, S. 103 f.

[1931] Hlatshwayo, B., Land Expropriation Laws, S. 54.

[1932] So auch Banning, T., The Human Right to Property, S. 333.

[1933] Vgl. oben 1. Teil, B III. 3., S. 68.

[1934] Vgl. oben 1. Teil, B III. 3., S. 70.

[1935] So auch Banning, T., The Human Right to Property, S. 333.

b) Schutz durch Art. 2 (1) i.V.m. Art. 14, Art. 27 und Art. 26 ICCPR

aa) Nach Art. 2 (1) i.V.m. Art. 14 ICCPR: Gleichheit vor Gericht

Da Art. 2 (1) ICCPR als allgemeines Diskriminierungsverbot nur im Zusammenhang mit einem im ICCPR geschützten Recht zu verstehen ist, kommt diesbezüglich die Gleichheit vor Gericht nach Art. 14 ICCPR in Betracht. Nach Art. 2 (1) i.V.m. Art. 14 ICCPR darf niemand willkürlich einem neutralen Gerichtsverfahren entzogen werden. Danach ist eine Diskriminierung jede Unterscheidung, Ausschließung, Beschränkung oder Bevorzugung, die auf Gründen, wie Rasse, Hautfarbe, Geschlecht, Sprache, Religion, politischer oder anderer Meinung, nationaler oder sozialer Herkunft, Vermögen, Geburt oder einem anderen Status basiert und die das Ziel verfolgt, die gleichberechtigte Anerkennung, Inanspruchnahme oder Ausübung der Rechte und Freiheiten durch alle Menschen zu verhindern oder zu schmälern.[1936] Zwar bestimmt Art. 4 ICCPR, dass die Vertragsstaaten im Falle des öffentlichen Notstands einige Rechte suspendieren können; eine „Diskriminierung wegen der Rasse, der Hautfarbe,..." ist danach aber nicht möglich.[1937] Art. 14 ICCPR enthält den Anspruch auf ein „unabhängiges, unparteiisches Gericht."[1938]
Die Merkmale der Unabhängigkeit und Unparteilichkeit sind wie oben zu Art. 8 AEMR zu interpretieren und werden in Verbindung mit dem Grundsatz des „*fair trial*" gebracht.[1939] Da das zimbabwische Rechtssystem insgesamt einen Niedergang gefunden hat, so dass auch bei der Verurteilung sonstiger Menschenrechtsverletzungen, die nur die schwarze Bevölkerung (wie z.B. die Landarbeiter) betreffen, dieselben Maßstäbe angewandt werden, kann man nicht von einer generellen Benachteiligung der weißen Farmer gegenüber der schwarzen Bevölkerung sprechen. Ein gerichtliches Verfahren im Zusammenhang mit der Überprüfung einer stattgefundenen Enteignung kommt faktisch jedoch nur hinsischtlich der enteigneten weißen Farmer in Betracht. Die in Art. 14 (1) ICCPR erwähnte Ausnahme ist nur bezüglich des Öffentlichkeitsausschlusses einschlägig und kommt damit vorliegend nicht in Betracht. Eine Diskriminierung wegen ungleicher Behandlung vor den Gerichten liegt daher für die ausländischen weißen Investoren vor.

bb) Nach Art. 27 ICCPR: Minderheitenschutz

Weiter könnte Art. 27 ICCPR, der einen Minderheitenschutz als spezifisches Gleichbehandlungsgebot vorsieht, in Betracht kommen. Dieser verbietet die Diskriminierung von Personen, die einer ethnischen, religiösen oder sprachlichen Minderheit angehören und als solche im Hinblick darauf, eine von der Bevölkerungsmehrheit abweichende Lebensführung aufweisen.[1940] Subjekt dieser Minderheitenrechte ist das Individuum als Teil der Minderheitengruppe, nicht aber eine kollektive Einheit. Fraglich ist daher, ob die weißen Farmer eine Minderheitengruppe darstellen: Im Rahmen der ethnischen Differenzierung könnte man davon ausgehen, dass diese Unterscheidbarkeit auf den verschiedenen „menschlichen Rassen" der Weißen und der andersfarbigen Mehrheitsbevölkerung beruht.[1941] Unabhängig, ob man dabei eine humanbiologische Sichtweise der Rasse annimmt, genügen die rein äußerlich feststell-

---

[1936] Joseph/ Schultz/ Castan, The ICCPR, S. 680 f. Sie liegt dann vor, wenn die vorgenommene Ungleichbehandlung nicht vernünftigen und objektiven Maßstäben standhält, unverhältnismäßig ist oder keinen vertragskonformen Zielen dient. Nowak, M., UNO-Pakt, S. 48.
[1937] Dies verdeutlicht, welche Rolle dem Diskriminierungsverbot selbst unter den Bedingungen instabiler Situationen beigemessen wird.
[1938] Nowak, M., UNO-Pakt, S. 258.
[1939] Weber, A., Menschenrechte, S. 985.
[1940] Vgl. Joseph/ Schultz/ Castan, The ICCPR, S. 772 f.
[1941] Vgl. Duchrow, J., Völkerrechtlicher Minderheitenschutz, S. 30.

baren Unterscheidungsmerkmale zwischen „Weißen" und „Afrikanern." So dürfte auch der in den völkerrechtlichen Abkommen verwendete Begriff der „Rasse,"[1942] der letztlich auch eine Unterscheidbarkeit aus soziologischer Sicht beinhaltet, nur im Sinne einer allgemein ethnischen Unterscheidbarkeit der Gruppen zu verstehen sein.[1943] Dabei ist irrelevant, ob die Angehörigen dieser Minderheit die Staatsangehörigkeit des jeweiligen Staates besitzen.[1944]
Die weiße Bevölkerung Zimbabwes müsste daher wesentliche Gemeinsamkeiten, wie eine gemeinsame Tradition, ethnische Gruppenidentität, kulturelle Homogenität, Spracheinheitlichkeit, religiöse oder ideologische Neigung, sowie ein gemeinsames Territorium und Wirtschaftsleben aufweisen,[1945] um objektiv als eine Volksgruppe betrachtet werden zu können. Aufgrund der Akklimatisierung vieler Weißer durch Annahme der *Shona*-Sprache und Emigration aus verschiedenen europäischen Staaten, wie z.B. England, Österreich, Dänemark, Deutschland,[1946] dürfte es allerdings bereits an einer gemeinsamen Tradition mangeln.[1947] Des Weiteren müsste die Gruppe als ganzes den Willen haben, sich als Angehörige einer speziellen Gruppe anzusehen, sogenanntes Solidaritätsbekenntnis der Mitglieder zur Gruppe. Gerade im südlichen Afrika hat sich ein Zusammengehörigkeitsgefühl der weißen Bevölkerung in der Vergangenheit nicht zuletzt durch die kontinuierliche Auseinandersetzung mit der schwarzen Bevölkerung entwickelt.[1948] Von den gegenwärtigen Enteignungs- und Vertreibungsmaßnahmen sind *de facto* ausschließlich Angehörige der weißen Minderheit betroffen. Aufgrund dieses Betroffenseins haben sich Foren und Interessenverbände der weißen Farmer gebildet und das Solidargefühl weiter verstärkt.[1949] Der Gruppe fehlt es jedoch am Merkmal der Minderheiteneigenschaft. Zwar ist das Erfordernis erfüllt, dass die Gruppe der weißen Farmer zahlenmäßig kleiner ist als der Rest der Bevölkerung, das Kriterium der vergleichsweise schwächeren Position, das sich nicht nur auf die politische Macht, sondern auch auf die ökonomische, kulturelle oder soziale Stellung der Minderheit bezieht, ist jedoch nicht gegeben. Die weiße Farmerschaft hatte bis zur Durchführung der Enteignungen, insbesondere in wirtschaftlicher Hinsicht, eine dominante Stellung inne, die sie erst durch die Vertreibung verloren hat.[1950] Nach dem Wortlaut des Art. 27 ICCPR muss es sich jedoch bereits aufgrund der aufgezählten Kriterien um eine Minderheit handeln, was in der Regel durch politische oder völkerrechtliche Gegebenheiten der Fall ist.[1951] Die weißen Zimbabwer können daher nicht den Schutz von Art. 27 ICCPR in Anspruch nehmen.

[1942] So z. B. in Art. 1 (3) SVN; Art. 2 (1) der AEMR; Art. 2 (1) ICCPR.
[1943] Zu diesem Schluss kommt auch Duchrow, J., Völkerrechtlicher Minderheitenschutz, S. 38 f.; Nowak, M., UNO-Pakt, S. 525.
[1944] Vgl. bei Shaw, M., International Law, S. 219 f.; Riedel, E., Individuelle Menschenrechte, S. 73.
[1945] Vgl. auch Kiwanuka, R., The Meaning of "People", S. 87 f.
[1946] Vgl. z.B. Financial Gazette vom 10.08.2000: Danes demand full land compensation from government.
[1947] Auch liegt in dem Bereich der Konfessionszugehörigkeit keine Unterscheidbarkeit gegenüber der restlichen zimbabwischen Bevölkerung vor, da die meisten Afrikaner ebenfalls Christen sind. Vgl. Duchrow, J., Völkerrechtlicher Minderheitenschutz, S. 41 f.
[1948] In Betracht kommt hier ein vergleichbares Bewusstsein, wie es von den „Afrikanern" in Südafrika entwickelt wurde. Vgl. Steinmeyer, B., Verfassungsrechtliche Ansätze, S. 8 f.; Ankumah, E., The African Commission, S. 161; Naldi, G., The Organization of African Unity, S. 132.
[1949] So z. B. die Vereinigung des JAG oder der Verband der CFU.
[1950] Nowak, M., UNO-Pakt, S. 520 f.
[1951] Nowak, M., UNO-Pakt, S. 527.

cc) Nach Art. 26 ICCPR: Gleichheit vor dem Gesetz

Aufgrund der unterschiedlichen Behandlung der weißen Farmer käme jedoch ein Verstoß gegen Art. 26 ICCPR in Frage, der die Gleichheit aller vor dem Gesetz garantiert.[1952] Dabei soll sachlich Gleiches gleich behandelt werden, so dass individuelle Eigenschaften bei der Vollziehung entscheidend sein können. Bei dem landwirtschaftlichen Sektor in Zimbabwe, der sich aus weißen und schwarzen Farmern zusammensetzt, handelt es sich um etwas vergleichbar Gleiches. Eine gerechtfertigte unterschiedliche Behandlung unter ihnen kommt daher nicht in Betracht.[1953] Die faktische Unterwerfung lediglich der weißen Farmerschaft unter den LAA verstößt damit gegen Art. 26 ICCPR.

c) Schutz durch Art 4 (1) ICERD: Verbot der Rassendiskriminierung

aa) Vorliegen einer Diskriminierung

Der Begriff der „Diskriminierung" unterteilt sich in vier Merkmale:[1954] Zunächst muss eine Unterscheidung, Ausschließung, Beschränkung oder Bevorzugung gegenüber anderen vorliegen.[1955] Diese Differenzierungshandlung muss mit Rasse, Hautfarbe, Abstammung, nationalem Ursprung oder Volkstum im Zusammenhang stehen.[1956] Dabei liegt eine Diskriminierung nur dann vor, wenn die Unterscheidung auf den verbotenen Differenzierungsmerkmalen und nicht auf anderen Sachverhaltsunterschieden beruht. Weiter muss die Maßnahme darauf abzielen, den gleichberechtigten Genuss der Menschenrechte und Grundfreiheiten in allen Bereichen des öffentlichen Lebens zu beeinträchtigen. Eine Diskriminierungsabsicht ist dabei nicht erforderlich, es genügt vielmehr eine diskriminierende Wirkung. Damit erfasst der Diskriminierungsbegriff auch faktische Diskriminierungen. Da sich die in Zimbabwe vollzogene Nationalisierung des landwirtschaftlichen Sektors ausschließlich gegen die weißen Farmer richtet, liegt eine Diskriminierung vor.

In Art. 1 (4) ICERD wird die Definition der Diskriminierung allerdings dahingehend modifiziert, dass Sondermaßnahmen vorübergehend zulässig sind. Diese müssen jedoch einzig zu dem Zweck getroffen werden, eine angemessene Entwicklung bestimmter Gruppen oder Personen zu gewähren, die für eine gleichberechtigte Ausübung ihrer Menschenrechte Schutz benötigen. Wenn dies der Fall ist, bedeutet eine differenzierende, insbesondere eine bevorzugende Behandlung von Benachteiligten, keine Diskriminierung (sogenannte positive Diskriminierung).[1957] Die Herausnahme der bislang benachteiligten schwarzen Farmer aus der zimbabwischen Enteignungspraxis könnte eine solche positive Diskriminierung darstellen. Dabei ist jedoch zu beachten, dass bislang nur die landlosen Zimbabwer benachteiligt wurden, nicht dagegen die von der Nationalisierung ausgesparten, zum Teil reichen schwarzen Großgrundbesitzer. Aufgrund der Vergleichbarkeit der schwarzen und weißen Farmer ist eine Sonderbehandlung von

---

[1952] Vgl. dazu Nowak, M., UNO-Pakt, S. 491 ff. Dies ist so zu verstehen, dass die bestehenden Gesetze und damit deren Vollzug auf alle Rechtsunterworfenen in gleicher Weise, d.h. nicht willkürlich angewendet werden müssen. Nowak, M., a.a.O., S. 500; Joseph/ Schultz/ Castan, The ICCPR, S. 686.

[1953] Vgl. oben 3. Teil, A. II. 1. d).

[1954] Das vierte Merkmal ergibt sich nicht aus dem Wortlaut der Bestimmung, erfolgt jedoch durch die Interpretation des Ausschusses.

[1955] Zur Rassendiskriminierung vgl. Art. 1 (1) ICERD. Diese Begriffsbestimmung ist streng genommen ohne eigenständigen Regelungsgehalt, da das Verbot der Rassendiskriminierung erst in den folgenden Artikeln formuliert wird. Der Begriff ist aber inhaltliche Grundlage für den gesamten ersten Teil der Konvention, welcher das Verbot der Rassendiskriminierung durch die einzelnen Pflichten der Staaten konkretisiert.

[1956] Lerner, N., The ICERD, S. 28.

[1957] Britz, G., Individualbeschwerde nach Art. 14 ICERD, S. 385: nicht eindeutig ist jedoch, ob und inwieweit auch ohne Berücksichtigung der Umstände des Einzelfalls, bestimmte zu schützende Personen bevorzugt werden dürfen.

Ersteren daher nicht zu rechtfertigen. Auch ist zu bedenken, dass das Abkommen nicht auf die dauerhafte Gewährung von Sonderrechten abzielt, was Art. 1 (4) a.E. und Art. 2 (2) (2) ICERD deutlich machen.[1958]

bb) Merkmal der Rasse

Wenngleich keine Einigkeit besteht, ob das Merkmal der Rasse als weiter Begriff[1959] oder wissenschaftlich-biologischer Begriff[1960] zu verstehen ist, hat der Ausschuss in einer auf Grundlage von Art. 9 (2) (1) ICERD ergangenen allgemeinen Empfehlung zu Art. 1 (1) ICERD seine Ablehnung der zweiten Alternative deutlich gemacht.[1961] Eine Differenzierung nach der Staatsangehörigkeit ist allerdings grundsätzlich zulässig,[1962] selbst wenn dadurch im Ergebnis auch ethnische Gruppen ungleich behandelt werden.

Das gesetzliche Verbot der Rassendiskriminierung definiert Art. 4 ICERD ausführlicher, indem er konkret verlangt rassistische Organisationen und ihre Propaganda zu verbieten und „jede Verbreitung von Ideen, die sich auf die Überlegenheit einer Rasse oder den Rassenhass gründen, jedes Aufreizen zur Rassendiskriminierung und jede Gewalttätigkeit oder jede Aufreizung dazu gegen eine Rasse oder eine Personengruppe anderer Hautfarbe oder Volkszugehörigkeit, sowie jede Unterstützung rassenkämpferischer Betätigung, einschließlich ihrer Finanzierung, zu einer nach dem Gesetz strafbaren Handlung zu erklären." Die weißen Farmer stellen im Vergleich zu den schwarzen Zimbabwern eine andere Rasse dar und werden aufgrund dieser Tatsache anderes behandelt. Diese unterschiedliche Behandlung darf schließlich nicht durch legitime Zwecke gerechtfertigt sein.[1963] Die Durchführung einer Landreform zur gerechteren Verteilung des Bodens stellt für sich gesehen einen solchen zulässigen Zweck dar. Jedoch muss es sich dafür auch um eine legale Reform handeln. Keine Rechtfertigung kann sich aus dieser ergeben, wenn lediglich die weißen Farmer enteignet werden, dagegen schwarze Farmer, die in Besitz mehrerer Farmen sind, diese behalten dürfen.

cc) Ausschluss aufgrund der Staatsangehörigkeit

Gemäß Art. 1 (2) ICERD ist eine Differenzierung nach der Staatsangehörigkeit jedoch grundsätzlich zulässig.[1964] Dies steht im Ermessen des enteignenden Staates. Selbst wenn dadurch im Ergebnis auch ethnische Gruppen ungleich behandelt werden, läge daher bei einer Enteignung von weißen ausländischen Investoren im Gegensatz zu weißen zimbabwischen Eigentümern keine unzulässige Diskriminierung vor. Hier ging es jedoch nicht darum, aus-

---

[1958] Danach dürfen besondere Maßnahmen nicht die Beibehaltung ungleicher oder getrennter Rechte für verschiedene Rassengruppen zur Folge haben, nachdem die Ziele, um derentwillen sie getroffen wurden, erreicht sind. Meron, T., Human Rights, S. 36 ff.

[1959] Lerner, N., Group Rights, S. 49.

[1960] Vgl. bei Duchrow, J., Völkerrechtlicher Minderheitenschutz, S. 31 ff.

[1961] „...is of the opinion that such identification shall, if no justification exists to the contrary, be based upon self identification by the individual concerned." General Recommendation VIII, A/ 45/ 18. Im Wesentlichen soll die Gruppenzugehörigkeit im rechtlichen Sinne an der Selbstidentifizierung des Betroffenen und nicht an biologisch-genetischen Merkmalen festgemacht werden.

[1962] Ziffer 1 der General Recommendation XI, A/ 48/ 18: „Article 1, paragraph 1 of the International Convention on the Elimination of all Forms of Racial Discrimination defines racial discrimination. Article 1, paragraph 2, excepts from this definition actions by a State Party, which differentiate between citizens and non-citizens."

[1963] General Recommendation XIV, A/ 48/ 18: 2.: „The Committee observes that a differentiation of treatment will not constitute discrimination if the criteria for such differentiation, judged against the objectives and purposes of the Convention, are legitimate or fall within the scope of article 1, paragraph 1.

[1964] Ziffer 1 der General Recommendation XI, A/ 48/ 18: „Article 1, paragraph 1 of the International Convention on the Elimination of all Forms of Racial Discrimination defines racial discrimination. Article 1, paragraph 2, excepts from this definition actions by a State Party, which differentiate between citizens and non-citizens."

ländische Investoren aufgrund ihrer Staatsangehörigkeit zu enteignen, sondern vielmehr um eine Rassendiskriminierung aller – auch der zimbabwischen – weißen Farmer. Damit liegt auch ein Verstoß gegen Art. 4 ICERD vor.

d) Schutz durch Art. 3 (1) und Art. 14 AfrCh

aa) Art. 3 (1) AfrCh: Gleichheitsgebot

Da Kapitel 1 der AfrCh regelt, dass die Charta „jedem einzelnen Menschen" offen stehen soll, können sich auch die in Zimbabwe ansässigen fremden Staatsangehörigen auf diese berufen. Aufgrund der einseitigen Konfiskations- und Vertreibungsmaßnahmen gegenüber den weißen Farmern kommt ein Verstoß gegen das Gleichheitsgebot nach Art. 3 (1) AfrCh in Betracht. Dieser regelt sowohl die Gleichheit vor dem Gesetz, als auch den gleichen Schutz durch das Gesetz. Dabei darf keine Unterscheidung aufgrund der Hautfarbe erfolgen. Durch die Enteignungsgesetzgebung Zimbabwes werden faktisch lediglich die Angehörigen der weißen Bevölkerungsgruppe betroffen. Eine Ungleichbehandlung ist somit gegeben. Art. 3 AfrCh enthält selbst keine Schrankenbestimmung. Es ist jedoch anerkannt, dass das Prinzip der Gleichbehandlung nicht absolut gilt, sondern eine unterschiedliche Behandlung entsprechend individueller Umstände, wie einer erforderlichen Landreform, zulässig ist.[1965] Für den vorliegenden Fall ergibt sich daraus jedoch keine Rechtfertigung.

bb) Art. 14 AfrCh: Eigentumsrecht

Nach Art. 14 AfrCh wird grundsätzlich das Eigentum garantiert. Eingeschränkt wird dieses Recht jedoch bereits in S. 2, wenn dies der öffentlichen Notwendigkeit oder dem allgemeinen Interesse der Gemeinschaft entspricht. Als öffentlicher Zweck sollen die Enteignungen der Ansiedlung der unzureichend mit Land versorgten schwarzen Bevölkerung dienen und ein Landreformprogramm zur gerechteren Verteilung der ungleich verteilten Farmbesitztümer ermöglichen.[1966] Auch wenn die Landreform u.a. als Mittel zum Machterhalt des Präsidenten genutzt wurde und viele Grundstücke statt an die Landlosen an Regierungstreue gingen, lässt sich daraus noch nicht der allgemeine öffentliche Nutzen verneinen.[1967] Dies sind Begleiterscheinungen, die zum einen nicht stets bei Landreformen auftreten müssen, zum anderen besteht generell das öffentliche Interesse der zimbabwischen Regierung, ihre Wähler zufrieden zu stellen. An die Rechtfertigungsanforderungen dürfen auch nicht zu hohe Erwartungen gestellt werden. Jedes Landreformprojekt, das nicht nach den Vorschriften des Art. 14 S. 2 AfrCh eine Rechtfertigung findet, ist jedoch zumindest als gerecht, billig oder wünschenswert gerechtfertigt.[1968] Schon aufgrund der Notwendigkeit der Durchführung der Landreform ist diese damit zulässig.

Im Rahmen der weiteren Beschränkung der Enteignungsmaßnahmen, diese nur unter Beachtung der einschlägigen gesetzlichen Bestimmungen zuzulassen (vgl. Art. 14 S. 2 AfrCh), ist jedoch zu fragen, ob die Art und Weise der Durchführung der *Fast-Track* Landreform gemäß angemessener Gesetze stattgefunden hat.

[1965] Umozurike, O., The African Charter, S. 30; Acheampong, K., The AfrCh, S. 29 ff.

[1966] Zu bedenken ist, dass in einem Rechtssystem, das der Mehrheit der Bevölkerung den Zugang zu landwirtschaftlich günstigen Land über 50 Jahre verweigert hat, eine Reform dringend nötig ist. Diese muss jedoch in Einklang mit Gerechtigkeit und Stabilität ergehen, was bei der Landverteilung am Besten durch transparente Richtlinien für die zur Enteignung bestimmten Farmen und eine Entschädigungszahlung zu erreichen ist. Diesbzgl. hat die zimbabwische Regierung jedoch versagt. Omaar, R./Waal de, A., Justice in Zimbabwe, S. 43.

[1967] Vgl. oben zum öffentlichen Zweck 3. Teil, A. II. 1. a).

[1968] Heyns, C., Civil and political rights, S. 191.

Zunächst könnte sich ein Entschädigungsanspruch aus Art. 21 (2) AfrCh ergeben, der vorsieht, dass im Falle der Plünderung *(spoliation)* dem enteigneten Volk das Recht auf Wiedererlangung seines Eigentums, ebenso wie auf angemessene Entschädigung zusteht. Es erscheint nicht völlig abwegig in den terrorisierenden und zerstörerischen Besetzungsaktionen auf den Farmen eine Art Plünderung zu sehen; jedenfalls könnte jedoch die freie Verfügbarkeit über die Ressource Land in Frage kommen. Um unter den Terminus des Volks nach den Art. 19 ff. AfrCh zu fallen, müsste die weiße Farmerschaft als abgetrennte Gemeinschaft oder ethnische Gruppe einige wesentliche Gemeinsamkeiten aufweisen, wie eine gemeinsame Tradition oder ethnische Gruppenidentität.[1969] Des Weiteren müsste sie als Ganzes den Willen haben, als ein Volk angesehen zu werden.[1970] Die h.M. versteht unter dem Begriff des Volks das Staatsvolk, nicht das Recht ethnischer Gruppen, da die Art. 20 f. AfrCh den Völkern das Selbstbestimmungsrecht garantieren und sonst ein Widerspruch zum Prinzip der territorialen Integrität in der OAU-Satzung bestünde.[1971] Da dabei sehr stark auf das Selbstbestimmungsrecht der Völker und damit auf Völkerschaften abgestellt wird, kann der Minderheitenschutz im eigentlichen Sinne nicht darunter fallen. Im Übrigen ist auch fraglich, ob es sich bei den weißen Farmern überhaupt um eine Volksgruppe handelt.[1972] Im Rahmen der „angemessenen Gesetze" sind jedoch, wie bereits dargelegt, auch die VN-Charta und andere von Zimbabwe ratifizierte Menschenrechtsabkommen, wie auch die Auslegung der einschlägigen Menschenrechtskonventionen, heranzuziehen.[1973] Aufgrund des Verweises auf das einschlägige Völkerrecht ergibt sich damit ein Anspruch auf Durchführung der Enteignung ohne Diskriminierung gefolgt von einer Entschädigungszahlung.[1974] Hinsichtlich der Höhe der zu zahlenden Entschädigung gilt Entsprechendes wie für die Anforderungen zur Entschädigungszahlung nach dem allgemeinen Völkerrecht.[1975] Damit liegt durch die entschädigungslose Nationalisierung eine Verletzung von Art. 14 AfrCh vor.

Die Enteignungen in Zimbabwe verstießen gegen das Gleichheitsrecht vor Gericht und vor dem Gesetz, sowie das Recht auf effektive Rechtsmittel. Es wurden alleine Farmen im Eigentum von weißen Farmern enteignet, was einen klaren Verstoß gegen das Rassendiskriminierungsverbot darstellt. Des Weiteren stellten die Enteignungen, da sie entschädigungslos und in diskriminierender Weise erfolgten, eine Verletzung des Eigentumsrechts dar.

3. Rechtfertigung durch eine Notstandsordnung

Grundsätzlich könnte die völkerrechtliche Verantwortlichkeit Zimbabwes hinsichtlich der Eingriffe in das ausländische Vermögen infolge einer Rechtfertigung auszuschließen sein. Ein möglicher Fall ist der (Staats-) Notstand (*state of necessity*), der im Jahre 2000 von der zimbabwischen Regierung erklärt wurde. Bei einem solchen müsste nach der Definition der ILC das Enteignungsvorgehen Zimbabwes das einzige Mittel darstellen, um dessen wesentliche

---

[1969] Vgl. auch Kiwanuka, R., The Meaning of "People", S. 87 f. Die afrikanische Kommission hat den Begriff in Einklang mit der Afrika Charta zu bestimmen. Es ist ihre Aufgabe gemäß Art. 45 (3) AfrCh die Bestimmung der Charta nach Anrufung eines Mitgliedstaats der AU, einer Institution der AU oder einer von der AU anerkannten afrikanischen Organisation auszulegen.

[1970] Ankumah, E., The African Commission, S. 161; Naldi, G., The Organization of African Unity, S. 132.

[1971] Bestätigt wurde diese Interpretation in *Katangese Peoples' Congress ./. Zaire*, in: NQHR, Vol. 13, 1995, S. 478. Vgl. Shaw, M., International Law, S. 293 f. Je nachdem, um welches Recht es sich in der Charta handelt, wird der Begriff „*people*" oder „*peoples*" an anderer Stelle aber auch als die Bevölkerung bzw. Gruppe mit gemeinsamen Charakteristika oder einer geographischen Grenze verstanden, die versucht die politische Unabhängigkeit zu erreichen. Dies können sogar alle Personen innerhalb eines Staates sein. Kiwanuka, R., The Meaning of "People", S. 100 f.

[1972] Vgl. oben zu Art. 27 ICCPR Teil 3, II. 2. b) bb).

[1973] Vgl. oben 2. Teil, B III. 3. e) aa).

[1974] Vgl. Umozurike, O., The African Charter, S. 41: „... *the UN standard would be followed.*"

[1975] Vgl. oben zur Entschädigungszahlung 3. Teil, A. II. 1. c).

Interessen vor einer schweren und unmittelbar bevorstehenden Gefahr zu schützen.[1976] Unter Umständen könnte man noch argumentieren, dass die damals bevorstehenden Gewaltausschreitungen der aufbegehrenden „Kriegsveteranen" gegen die ungleiche Landverteilung als drohende Gefahr für das Interesse Zimbabwes an einer weiterhin florierenden Landwirtschaft zu betrachten sind. Allerdings dürfte Zimbabwe bei Eingreifen dieses Ausnahmetatbestands nicht selbst zu dessen Vorliegen beigetragen haben, was aufgrund der teilweisen Anstiftung zur bzw. des Nichteinschreitens gegen die Besetzung bejaht werden muss. Selbst bei Vorliegen eines tatsächlichen Notstands wären die erforderlichen Enteignungen jedoch nur mit einer Entschädigungszahlung vertretbar.

4. Korrektur der Kolonialzeit als Rechtfertigung

a) Schutz des nach Landesrecht rechtmäßig erworbenen Eigentums

Die von der zimbabwischen Regierung begangenen Rechtsverletzungen könnten jedoch zu rechtfertigen sein, wenn das betroffene Eigentum von den Farmern infolge eines unrechtmäßigen Erwerbs im Rahmen der Kolonialzeit begründet worden war. Anlass zu Zweifeln an der Rechtmäßigkeit des einstigen Eigentumserwerbs resultieren aus der Betrachtung der Verhältnismäßigkeit von Kaufpreis zu Marktwert, sowie Art und Weise des Erwerbs. Insofern haben sich die ehemaligen Siedler und die BSAC, als sie unwissenden Häuptlingen für geringes Geld „deren" Land abkauften, Unregelmäßigkeiten zu Schulden kommen lassen. Auf der anderen Seite könnte die jahrhundertelange unangefochtene Kontrolle und Bewirtschaftung dieses Grundbesitzes mittels des Rechtsinstituts der Ersitzung zu einem unbestreitbaren Eigentumstitel geführt haben.

Seit der Unabhängigkeit ist Zimbabwe nach jahrelanger Stagnation von dem Wunsch beseelt, Verpasstes aufzuholen. Die Verteilung des Grundeigentums gab schon immer Anlass zu Spannungen in Zimbabwe. Großgrundbesitz ist bei der Mehrzahl der Bevölkerung verpönt, weshalb die Massen seit Jahrzehnten immer wieder mit einer geschürten Hoffnung auf Landzuteilung politisch mobilisierbar gewesen sind. Dieses Problem ist nicht einfach mit dem allgemeinen Begriff von Recht und Unrecht im völkerrechtlichen Sinne zu lösen. Man wird nicht so weit gehen können, dass Eigentumsrechte an Großfarmen nie eine umfassend rechtliche Sicherung erlangt hätten. Es zeigt sich jedoch, dass jedenfalls eine Beurteilung der Eigentumsrechte an ausländischem Grundbesitz nicht ausschließlich auf der Basis der heutigen westlichen Rechtsvorstellungen erfolgen kann. Als Gesichtspunkt ist insofern anzuführen, dass nach allgemeiner Ansicht nur solche Eigentumstitel völkerrechtlich geschützt sind, die nach dem jeweiligen Landesrecht in rechtmäßiger Weise erworben worden sind.

b) Afrikanisches Verständnis

aa) Traditionelles afrikanisches Gewohnheitsrecht

Während nach dem westlichen Konzept Land wie jedes andere Eigentum behandelt wird, welches ein Individuum auf dem freien Markt und ein Staatsoberhaupt durch Eroberung oder Zustimmung des ehemaligen Eigentümers erwerben kann, sind beide Eigentumsbegründungen dem afrikanischen Verständnis unbekannt.[1977] Die schwarze

[1976] Ipsen, K., Völkerrecht, 4. Aufl., § 40, Rn. 62.

[1977] Wie im 1. Teil, A. I. erörtert, gehört das Land der Gemeinschaft. Derjenige, der als Erster dort lebt, hat zwar entsprechende Rechte daran, er kann es jedoch nicht verkaufen – was i.ü. auch nicht der Häuptling darf. Über bestehende Rechte existieren keine Urkunden, vielmehr wird

Bevölkerung Zimbabwes versteht daher nicht, wie durch ein fremdes Recht in der Kolonialzeit „ihr" Land weggenommen werden konnte und sie – wenn sie sich weiterhin darauf befand – als „*Squatter*" angesehen wurde. Nach ihrer Ansicht hatte kein Landübergang durch alteingessene Rechte stattgefunden, ebenso wenig wie die Eroberung des afrikanischen Landes, bei der sich die Eroberer mit der besiegten Gemeinschaft hätten assimilieren müssen. Nur durch die Annahme der Werte und Gebräuche der Besiegten würde den Eroberern das Recht zustehen, das eroberte Land zu beanspruchen.[1978] Ein Versuch der europäischen Eroberer, in Einklang mit der einheimischen Bevölkerung zu leben, hatte jedoch nie stattgefunden.[1979] Nach altem afrikanischen Rechtsverständnis konnten daher die Europäer nie ein Recht an dem Land erwerben.[1980]

Angehörige der afrikanischen Bevölkerungsgruppe vertraten auch die Ansicht, dass darüber hinaus – trotz der jahrhundertelangen Bebauung durch die Großgrundbesitzer – kein Rechtsanspruch auf das Eigentum der von ihnen einst in Besitz genommenen Landstriche bestehe, da meist kein (angemessener) Kaufpreis dafür entrichtet worden war. Das Rechtsinstitut der Ersitzung ist ihnen nicht bekannt.[1981] Damit stellt sich die Frage, nach welchem Recht diese zu beurteilen ist. In Anbetracht der damaligen politischen Machtverhältnisse erscheint es daher naheliegend, Zimbabwe zu dem westlichen Rechtsanwendungskreis zu zählen und damit einen über die Jahre erworbenen Gebietsanspruch nicht auszuschließen.[1982] Eine weitere Rechtfertigung könnte in dem Gebot liegen vergangenes Unrecht zu heilen, da nach Ansicht vieler Afrikaner das Land der afrikanischen Bevölkerung einst regelrecht gestohlen worden war.[1983] Die Durchführung einer Landreform und der damit erforderlichen Enteignung weißer Großfarmer sehen sie daher als eine Art Wiedergutmachung von erlittenem kolonialen Unrecht.[1984] Dabei sei Großbritannien als ehemalige Kolonialmacht moralisch in die Pflicht zu nehmen und habe für Kompensationszahlungen für den enteigneten Boden aufzukommen.[1985] Auch Präsident Mugabe machte sich diese Denkansicht zu nutzen, indem er postulierte, dass Landtitel in den Händen europäischer Siedler der Rechtsgrundlage nach traditionellem afrikanischen

---

anhand des Gewohnheitsrechts und mündlicher Weitergabe die Berechtigung bewiesen. Hansungule, M., Who Owns Land in Zimbabwe? S. 309.

[1978] Hansungule, M., Who Owns Land in Zimbabwe? S. 310.

[1979] Noch heute wird behauptet, dass die weiße Bevölkerung im südlichen Afrika sich nicht geändert habe, immer noch die Züge von Kolonisatoren trage und die schwarze Bevölkerung als „*monkeys*" oder „*kaffirs*" bezeichnen würde. Auch würden sie Zimbabwe noch immer Rhodesien nennen und die stattgefundenen Veränderungen nicht akzeptieren. Vgl. Hansungule, M., Who Owns Land in Zimbabwe? S. 315.

[1980] Hansungule, M., Who Owns Land in Zimbabwe? S. 309.

[1981] Ammann, U., Der Schutz, S. 87.

[1982] Zwar erstreckte sich das Rechtsystem der Kolonialmacht nicht auf alle Landesteile und es blieb weiterhin traditionelles Recht anwendbar. Dies war jedoch nur der Fall, wenn es nicht im gegenläufigen Interesse der Kolonialmacht stand. Vgl. Ammann, U., Der Schutz, S. 87.

[1983] Auch wenn vorgebracht wird, dass diese Ereignisse lange zurück liegen, so ist zu beachten, dass noch bis in die Siebzigerjahre Enteignungen der ansässigen Bevölkerung stattfanden. Neil, T., Land reform in Zimbabwe, S. 695.

[1984] Ankomah, B., Righting Colonial Wrongs, S. 32.

[1985] Während Mugabe zunächst noch, wenn ausreichend finanzielle Unterstützung durch die Geberländer vorgelegen hätte, eine volle Kompensation - auch für den Boden – gewähren wollte (vgl. Jahrbuch für Afrika 1998, S. 420; Präsident Mugabe bei einer Rede vor dem ZANU-PF *Central Committee*, am 17.09.1993: „*The land is the people's [das landhungrige schwarze Volk] heritage! It is land they [die Weißen] have ....held illegally all along and not under any title form our ancestors. If it is argued that the fact of conquest and defeat can transfer title, and actually did transfer such title, in 1893 and 1897 and thereafter, then it can similarly be argued that the fact of their defeat by us in 1980 has the equivalent effect of re-transferring the land title to the Blacks.... If White settlers just took the land from us without paying for it, we can, in a similar way, just take it from them without paying for it..... Perhaps our weakness has been that we have tried to act morally and legally, when they acted immorally and illegally.*" Zitiert bei Englert, B., Geschichte der Enteignung, S. 151; Hansungule, M., Who Owns Land in Zimbabwe? S. 324), war davon 1999 keine Rede mehr. Nur für getätigte Aufwendungen auf den Farmen sollte etwas gezahlt werden. Dewan, N./ Mehra, P., Democracy and human rights, S. 72.

Bodenrecht entbehren würden.[1986] Er spielte zur Wahlpropaganda[1987] besonders die Karte des traditionellen Landanspruchs und einer Anti-Weißen-Kampagne aus, sprach von den „*sons of the soil*", die ihr „*ancestral land, land of our birth*" verloren hätten.[1988]

bb) Meinungsäußerungsrecht und „Gesetz in eigene Hände nehmen" gemäß der Präambel der AEMR

Die „Squatter" sehen ihre Besetzungen als Demonstrationsausübung aufgrund ihrer Frustration über das Nichtvorankommen der Landfrage zur Rückführung ihres einst „verlorenen" Landes durch die Politik.[1989] Die Invasion stelle dabei auch eine Form der Meinungsäußerung dar. Mit ihr wollen die schwarzen Zimbabwer die Verteidigung „ihres" Landes und die Landrückgabe erzielen, die zum Zeitpunkt der Unabhängigkeit nicht erfolgt war. Die gewaltsamen Invasionen sehen viele Afrikaner folglich auch als Notwendigkeit, ihr Recht in die eigene Hand zu nehmen und v.a. den Westen überhaupt auf ihr Problem aufmerksam zu machen, da nicht einmal die Vereinten Nationen für die landlosen Afrikaner eingetreten sind.[1990] Dabei berufen sie sich auf Absatz 3 der Präambel der AEMR, die ein solches Verhalten im Falle der Unterdrückung zulasse.[1991] Nach der Untersuchung von James Gibson (2001) sind 85 % der schwarzen Afrikaner der Meinung, „*most land in South Africa was taken unfairly by white settlers, and they therefore have no right to the land today.*"[1992] Sie sagen, dass sie für das Land in den Krieg gingen und bereit wären dafür zu sterben. Die Tatsache, dass es zu einigen weißen Toten bei den Landbesetzungen gekommen sei, wäre bedauerlich. Eine gewisse Rechtfertigung wäre aber im Unabhängigkeitskrieg zu sehen, in dem es weit mehr Tote auf Seiten der Schwarzen gegeben hätte.[1993]

cc) Recht auf Selbstbestimmung der Völker

Mit der dritten Phase der Menschenrechtsentwicklung wurde mit der Dekolonisierungserklärung und dem gleichlautenden Art. 1 der beiden Menschenrechtspakte der Vereinten Nationen von 1966 das Selbstbestimmungsrecht der Völker, welches die juristische Grundlage für die Dekolonisierung bildet, in einen menschenrechtlichen Kontext gestellt.[1994] Dabei soll dem Selbstbestimmungsrecht ausnahmsweise für den einmaligen Vorgang der Erlangung

---

[1986] „Jetzt werden wir uns nehmen, was dem Volk vor hundert Jahren gestohlen wurde – koste es, was es wolle." Robert Mugabe, in: Brandt, H., Hetze gegen Opponenten, S. 20.

[1987] Mit der Verhärtung der Positionen zwischen Regierung und CFU, sowie der internationaler Gebergemeinschaft kam es zum Ende der Politik der „Versöhnung zwischen Schwarzen und Weißen". Im Verlauf der Parlamentswahlen 1995 forderte die Regierungspartei auf, Druck auf die Privatwirtschaft der Weißen auszuüben (*black economic empowerment*) und die Landfrage auf die Straße zu tragen.

[1988] Vgl. bei Feltoe, G., The onslaught against democracy, S. 3; Hammar, A., Naming and Claiming, S. 126. Die heutigen weißen Farmer besäßen Ackerland, das ihre Vorfahren, die kolonialen Eroberer, den Schwarzen ohne jede Entschädigung geraubt hätten bzw. sie hätten geraubtes Gut gekauft, was nach jedem Rechtsystem illegal sei.

[1989] FES: Socio-economic implications, S. 4, 8.

[1990] Hansungule, M., Who Owns Land in Zimbabwe? S. 324; FES: Socio-economic implications, S. 14.

[1991] Vgl. die Präambel der AEMR: „da es wesentlich ist, die Menschenrechte durch die Herrschaft des Rechts zu schützen, damit der Mensch nicht zum Aufstand gegen Tyrannei und **Unterdrückung** (von der Verfasserin hervorgehoben) als letztem Mittel gezwungen wird, ..."

[1992] 68 % von ihnen stimmten dabei überein, dass ihnen dieses Land zurückzugeben sei, unabhängig von den daraus entstehenden Konsequenzen für die gegenwärtigen Eigentümer und die politische Instabilität im Lande. Auf die Frage, wie er sagen könne, dass die Leute die zehn Jahre nach der Unabhängigkeit ihre Farm gekauft hatten, das Land von seinen afrikanischen Vorfahren geraubt hätten, antwortet ein „Kriegsveteran": „*yes, but what about the people that were there before them, and before them?*" Zitat aus Buckle, C., African Tears, S. 29.

[1993] Vgl. The Herald – Online, vom 26.06.2002.

[1994] Nachdem sich der IGH bereits in seinem Namibia-Gutachten unter Berufung auf Art. 1 (2) SVN und die Resolution 1514 (XV) über das Selbstbestimmungsrecht der unselbständigen Völker geäußert hatte, bestätigte er im West-Sahara-Gutachten (vgl. ICJ Recueil 1975, S. 12) dessen Bedeutung. Mit der Prinzipienerklärung von 1970 gipfelte das Selbstbestimmungsrecht in ein Recht der kolonial beherrschten Völker der Dritten Welt gegenüber den Kolonialmächten und wurde als unabdingbares „Recht der Völker" eingefordert. Rechtsdogmatisch berief man sich

staatlicher Unabhängigkeit eine externe Dimension zukommen.[1995] Auch Art. 20 (2) AfrCh gesteht den kolonisierten Völkern das Recht zu, sich von den Fesseln der Fremdherrschaft zu befreien.
Nach dem UNESCO-Kriterienkatalog, der dabei zur Definition der „Rechte der Völker" herangezogen werden soll, muss es sich um eine Gruppe von Einzelnen mit einer gemeinsamen geschichtlichen Überlieferung, rassischer oder ethnischer Identität, kultureller Gleichartigkeit, sprachlicher Einheit, religiöser oder ideologischer Verwandtschaft, Gebietesbezogenheit und mit einem gemeinsamen Wirtschaftsleben handeln.[1996] Die Gruppe muss ferner eine gewisse Zahl aufweisen, sie muss als solche den Willen besitzen, als Volk identifiziert zu werden und sie sollte auch über Einrichtungen und Mittel verfügen, um ihre Gemeinsamkeiten und ihre Gruppenidentität pflegen zu können.[1997] Unproblematisch erfüllt die Gruppe der schwarzen Afrikaner diese Voraussetzungen. Zum Zeitpunkt der Unabhängigkeitserlangung hatte eine Selbstbestimmung der schwarzen Zimbabwer aufgrund der *Lancaster House* Verfassung nicht stattgefunden und Eigentumsänderungen waren für zehn Jahre ausgeschlossen. Mit Erlangung der Unabhängigkeit erwarteten die Menschen eine Änderung des Status quo, vor allem eine gleiche Landverteilung. Sie wollten „ihr Land" von den „weißen Eroberern" zurück.[1998] Einige Vorwärtsdrängende haben die Bestimmung fast aller Farmen im weißen Besitz für die Wiederansiedlung von Kleinbauern durch Mugabe sogar als den verspäteten Abschluss des Kampfes gegen den Siedlungskolonialismus gefeiert.[1999] Unabhängig von der Diskussion, ob es sich bei dem Recht auf Selbstbestimmung um ein individuelles Recht oder ein solches der Staaten handelt, sind die negativen Auswirkungen, die sich aus einer Enteignung des Volkes ergeben haben zu verhindern, zu entschädigen oder zumindest zu reduzieren.[2000] Damit steht dem zimbabwischen Volk aus seinem Selbstbestimmungsrecht zumindest ein Anspruch auf ausreichenden Zugang zu Land zu.

dd) ILO (International Labour Organisation) Konvention Nr. 169

Als weitere Einwände gegen einen völkerrechtlichen Anspruch weißer Zimbabwer auf Wiedergutmachung der völkerrechtswidrigen Enteignungen machen die Zimbabwer ein Recht auf Land aus Art. 14 ILO-Konvention geltend. Diese Konvention, welche die Rechte der Eingeborenen und Stämme in den unabhängigen Staaten betrifft, trat

---

entweder auf spontanes Völkergewohnheitsrecht, auf einen allgemeinen Rechtsgrundsatz des Völkerrechts i.S. eines UN-Charta-Prinzips nach Art. 1 (2) und 55 SVN oder auch auf die Vertragsnormen des Art. 1 der UN-Pakte von 1966. Zwar maßen westliche Völkerrechtler den UN-Resolutionen zunächst - außer moralischer und politischer - keine rechtliche Bedeutung zu und lehnten vielfach auch die Entstehung neuen Völkergewohnheitsrechts als neue „Organpraxis" i. R. internationaler Organisationen" neben einer Rechtsüberzeugung ab. Inzwischen sind aber die UN-Pakte von mehr als 100 Staaten ratifiziert worden und haben damit dem Selbstbestimmungsrecht der Völker eine breite vertragliche Grundlage geschaffen. Simma/Doehring, Charta der VN, Art. 1, Rn. 14 ff.

[1995] Riedel, E., Individuelle Menschenrechte, S. 57. Unstreitig ist die Dekolonisation eine besondere Konkretisierung des Rechts auf Selbstbestimmung. Vgl. Simma/Doehring, Charta der VN, Art. 1, Rn. 17.

[1996] Partsch, K., Problem der „Rechte der Völker", S. 80.

[1997] Riedel, E., Individuelle Menschenrechte, S. 59.

[1998] Neil, T., Land reform in Zimbabwe, S. 694; Mugabes Landreform, in: taz, vom 12.08.2002. Den Afrikanern stellte sich die Frage, warum sie dabei die europäischen Siedler zu einem fairen Marktpreis für den Verlust des Landes entschädigen sollten, wo doch dieses Prinzip des Minimumstandards bei der Enteignung der afrikanischen Bevölkerung in der Kolonialzeit ebenfalls keine Beachtung gefunden hatte. Hansungule, M., Who Owns Land in Zimbabwe? S. 321. Außerdem würde eine Entschädigungszahlung als Zugeständnis der Legitimität der Enteignung der Afrikaner über die Jahrhunderte angesehen werden.

[1999] Ihre Ansicht ist, dass die Landrückgabe an die armen afrikanischen Massen sogar die Mittel legitimiere, die sich gegen allgemeine Werte der Demokratie und der Menschenrechte richten. Rutherford B., The Politics of Land and the Political Landscape.

[2000] Banning, T., The Human Right to Property, S. 356.

am 05.09.1991 in Kraft.[2001] Sie bezieht sich auf Völker in unabhängigen Staaten, die aufgrund ihrer Abstammung von der Bevölkerung, die das Land ursprünglich bewohnte, als einheimische Bevölkerung angesehen werden [vgl. Art. 1 (1) (b) ILO-Konvention]. Die Konvention besagt, dass die Regierung angemessene Mittel, wie z.B. Landreformen, Art. 19 ILO-Konvention, ergreifen soll, um die traditionell genutzten Territorien der einheimischen Bevölkerung für diese sicherzustellen. Diesbezüglich soll ihnen auch ein nationales Verfahren zur Verfügung stehen, damit sie ihre Landansprüche geltend machen können [vgl. Art. 14 (3) ILO-Konvention]. Von Zimbabwe ist die Konvention bis heute jedoch nicht ratifiziert worden.[2002]

ee) „Indigenous land rights" gemäß Art. 27 ICCPR und ICERD General Recommendation 23

Art. 27 ICCPR schützt nach seinem expliziten Wortlaut nur die Ausübung des kulturellen und religiösen Lebens der einheimischen Minderheit. Aufgrund der spirituell-religiösen Beziehung der einheimischen Völker zu „ihrem" Land, unterfallen diesem Artikel jedoch auch Landansprüche,[2003] was auch aus der ICERD *General Recommendation* 23 hervorgeht.[2004] Auch wenn es sich bei der schwarzen zimbabwischen Landbevölkerung um keine Minderheit i.S.v. Art. 27 ICCPR handelt,[2005] sind sie doch als direkte Nachfahren der eingeborenen *Ndebele* und *Shona*-Siedler als *„indigenous people"* zu betrachten, die das Land vor der Kolonialzeit bebauten. Nach Ansicht des Menschenrechtsausschusses sollen gerade die Rechte der Eingeborenen an dem von ihnen einst bewohnten Land anerkannt werden.[2006] Ihnen steht daher theoretisch ein Recht auf Rückgabe des Landes zu. Wie sich jedoch auch aus der ICERD *General Recommendation* 23 ergibt, soll ihnen, wenn die Rückgabe aus tatsächlichen Gründen nicht möglich ist, Entschädigung gezahlt werden.[2007]

c) Ansicht Großbritanniens

aa) Koloniale Landnahme als Besitzrecht

Nach britischer Ansicht mag es sich in den 90er Jahren des 19. Jahrhunderts tatsächlich vereinzelt um betrügerischen Landankauf von unerfahrenen Häuptlingen zur vertraglichen Landannektierung gehandelt haben. Der Landübergang auf die britische Krone sei jedoch später in gerichtlicher Überprüfung für rechtmäßig erklärt worden.[2008] Jedenfalls aber sei das Land durch das Vorrücken der Siedlertruppen im Jahr 1890 in Besitz genommen worden. Zur historischen Legitimierung führen die Vertreter dieser Ansicht auch die völkerrechtliche Aufteilung Afrikas unter den Europäern in der Berlin-Konferenz von 1883-86 auf. Tatsächlich führt der Vorwurf des "Landraubs" in den Irrgarten unlösbarer historischer Rechnungen: Die Kolonialverwaltung verkaufte das Land an die britische Regie-

---

[2001] Vgl. Convention concerning Indigenous and Tribal Peoples in Independent Countries, ILO Nr. 169, vom 07.06.1989, 72 ILO Official Bull. 59.

[2002] Vgl. http://www.ilo.org/ilolex/german/docs/gc169.htm, besucht am 03.08.2004.

[2003] Vgl. Joseph/ Schultz/ Castan, The ICCPR, S. 779.

[2004] Nach dieser sollen die Staaten: „.recognise and protect the rights of indigenous peoples to own, develop, control and use their communal lands,...where they have been deprived of their land and territories traditionally owned or otherwise inhabited or used without their free and informed consent, to take steps to return these lands and territories." Zitiert bei Vgl. Joseph/ Schultz/ Castan, The ICCPR, S. 780.

[2005] Vgl. Nowak, M., UNO-Pakt, S. 521.

[2006] Joseph/ Schultz/ Castan, The ICCPR, S. 780.

[2007] „Only when this is for factual reasons not possible, the right to restitution should be substituted by the rights to just, fair and prompt compensation. Such compensation should as far as possible take the form of lands and territories." Zitiert bei Joseph/ Schultz/ Castan, The ICCPR, S. 780.

[2008] Hansungule, M., Who Owns Land in Zimbabwe? S. 326, 333.

rung, die es für zwei Mio. Pfund an die weißen Siedler weiterverkaufte. Mit dem Erlös baute sie jene Infrastruktur auf, die später in den zimbabwischen Staatsbesitz überging. Damit könnte auch die britische Regierung als Beraubte verstanden werden. Darüber hinaus argumentiert v.a. Palmer, dass die europäischen Siedler sich ein „Recht“ auf das zimbabwische Land erkämpft hätten.[2009]

bb) Nichteinmischung in innere Angelegenheiten

Nachdem Präsident Mugabe Großbritannien auf „seine Aufgabe“ aufmerksam gemacht hatte, sich um die Entschädigungszahlungen für „seine weißen Kinder" zu kümmern, argumentierte Tony Blair, dass die Kolonialzeit vorbei wäre und man sich nicht in die inneren Angelegenheiten Zimbabwes einmischen werde.[2010]

cc) Einhaltung der Geberkonferenz

Bei der Geberkonferenz kamen alle Parteien überein, die Landreform unter bestimmten Rechtmäßigkeitskriterien fortzuführen. Großbritannien stimmte dabei zu, einen Anteil der Kosten zu finanzieren, wenn diese Kriterien eingehalten werden würden. Aufgrund Großbritanniens Einstellung zur Finanzierung, beschuldigt die zimbabwische Regierung diese, sich nicht an ihr Wort gehalten zu haben. Die britische Regierung argumentiert dagegen, ihr Finanzierungsstopp sei nur darauf zurückzuführen, dass Zimbabwe sich nicht an seinen Part gehalten habe.[2011]

d) Dekoloniale Besonderheiten

aa) Diskriminierung

Im Dölle-Zweigert Gutachten von 1959, zur globalen Vermögensumschichtung infolge der Verselbständigung einer früheren Kolonie, wurde argumentiert, dass der einseitige Zugriff ausschließlich auf Angehörige der ehemaligen Kolonialmacht eine sachlich zu rechtfertigende Diskriminierung bedeute.[2012] Der staatliche Zugriff, gerade auf bestimmte Ausländer, ergebe sich bereits aus der Natur der Sache der auf Dekolonisation gerichteten Nationalisierung. Eine willkürliche und sachfremde Ungleichbehandlung läge daher nicht vor. Eine solche Begründung schlägt für den vorliegenden Fall jedoch fehl. Zum einen waren die Enteignungen nicht nur auf Angehörige der britischen Kolonialmacht beschränkt, sondern richteten sich generell gegen alle weißen Farmer im Land. Zum anderen kann bei einer Nationalisierung über 20 Jahre nach der eigentlichen Unabhängigkeit nicht mehr von einer Dekolonisierungsenteignung die Rede sein.

[2009] „...that by occupying the country themselves, by defeating the Ndebele in 1893 and by crushing the Shona and Ndebele Risings of 1896 -7 at the cost of a good many white lives, the European settlers gained a ‘right’ to the country in a manner not paralleled in Kenya, Northern Rhodesia, and elsewhere where ‘pacification’ was carried out by government officials and their African auxiliaries. Though today the majority of Rhodesia’s white population was not born in the country, the conviction that ‘we’ have conquered it is used to justify the continuation of white political dominance.” Vgl. Palmer, R., Land and Racial Domination, S. 11 f.

[2010] Human Rights Abuses of Commercial Farmers and their Workers in Zimbabwe and the Commonwealth Human Rights Initiative, presented to the CFU, siehe JAG OPEN LETTER FORUM.

[2011] Human Rights Abuses of Commercial Farmers and their Workers in Zimbabwe and the Commonwealth Human Rights Initiative, presented to the CFU, siehe JAG OPEN LETTER FORUM.

[2012] Dölle, H., Internationalrechtliche Betrachtungen, S. 53.

bb) Entschädigung

Bei der Verselbständigung einer früheren Kolonie handelt es sich um einen Fall der Staatensukzession,[2013] für die der Grundsatz gilt, dass der Erwerberstaat (das frühere Rhodesien) die volle Staatshoheit in Bezug auf das erworbene Gebiet erlangt und somit die vorgefundene Rechtsordnung frei zu seiner Disposition steht.[2014] Dabei ist der Erwerberstaat zur Respektierung wohlerworbener privater Rechte aus der Kolonialzeit insoweit verpflichtet,[2015] dass er diese entweder aufrechterhält oder bei Entziehung eine Entschädigung nach den allgemeinen völkerrechtlichen Enteignungsgrundsätzen leistet.[2016] Von dieser grundsätzlichen Respektierung ist jedoch eine Ausnahme zu machen, wenn der Eigentumserwerb „*mala fide*" erfolgte.[2017] Dabei ist zu berücksichtigen, dass jene „Rechte, welche auf den spezifischen öffentlichen Einrichtungen des Verliererstaates beruhen" einer Sonderbeurteilung bedürfen.[2018] Diese Gedanken mögen zur Verdeutlichung der Problematik der Staatensukzession von kolonialrechtlich erworbenen Vermögenspositionen genügen. Eine abstrakt geltende Lösung lässt sich auf diese Vorgänge nicht finden. Fest steht jedoch, dass die allgemeinen Völkerrechtsregeln über Enteignung und Nationalisierung, insbesondere die Entschädigungspflicht, bei der Entziehung von nicht (vollständig) zu respektierenden Titeln keine uneingeschränkte Anwendung finden können. Im Einzelfall ist vielmehr eine differenzierende Entschädigungsregelung vorzunehmen, nach der Rechtstitel mit „negativen kolonialen Bezügen" anders behandelt werden, als solche die dem normalen Ausländereigentum zufallen. Für die etwa 430 Farmen, die noch aus Erwerbsvorgängen während der Kolonialzeit stammen, müsste die zimbabwische Regierung daher einzeln nachweisen, ob dieser Erwerb bösgläubig erfolgt war. In allen sonstigen Fällen bleibt es bei dem Verstoß gegen das Gleichbehandlungs- und Entschädigungsgebot.

e) Abgrenzung zum Farmerwerb nach der Unabhängigkeit

Wie bereits erörtert, kamen viele der betroffenen Farmer, angelockt von Mugabes offener Investitionspolitik, erst nach der Unabhängigkeit Zimbabwes in das Land. Nach Angaben von landwirtschaftlichen Lobbygruppen wurden 80 % der weißen Farmen von der zimbabwischen Unabhängigkeitsregierung erst nach 1980 gekauft.[2019] Dennoch hat die Regierung auch vor deren gültigen Erwerbs- und Eigentumstiteln nicht Halt gemacht und ihre Farmen enteignet.[2020] Für diese bleibt es daher ebenfalls bei einer völkerrechtswidrigen Enteignung aufgrund des Verstoßes gegen das Diskriminierungsverbot und Entschädigungsprinzip.

[2013] Berber, F., Völkerrecht, Bd. 1, S. 249 ff.

[2014] Mosler, H., Wirtschaftskonzessionen, S. 23.

[2015] Diese Verpflichtung rechtfertigt sich daraus, dass der Erwerb von privaten Rechten während der Kolonialzeit unter Voraussetzungen stattfand, wie sie von den Mitgliedern der Völkerrechtsgemeinschaft wechselseitig anerkannt wurden.

[2016] Mosler, H., Wirtschaftskonzessionen, S. 24 ff.; McNair, Q., The Seizure, S. 237 ff.

[2017] Ein solcher Fall soll gegeben sein, wenn der Rechtserwerber unter der alten Regierung einen Vorteil erworben hat, mit dessen Erlangung er unter dem Erwerberstaat nicht hätte rechnen können und den er sich vor dem bevorstehenden Hoheitswechsel verschaffte, um etwaige spätere Widerstände im Erwerberstaat zu umgehen. Vgl. Mosler, H., Wirtschaftskonzessionen, S. 170 f.

[2018] Dazu zählen jene Merkmale, die zur einseitigen eigentumsrechtlichen Begünstigung der Kolonialmachtsangehörigen geführt haben. Mosler, H., Wirtschaftskonzessionen, S. 33.

[2019] Vgl. bei MacClung Nading, J., Property under siege, S. 739, Fn. 6.

[2020] Stellvertretend dafür das Beispiel von Ian und Catherine Buckle (geboren in Zimbabwe), die ihre Farm 1990, nachdem die Regierung auf den Ankauf der Farm verzichtet hatte, mit Regierungszustimmung gekauft hatten. Buckle, C., African Tears, S. 11.

f) Zusammenfassung und eigene Würdigung

Die Frage des Landbesitzes in Zimbabwe hängt zum großen Teil sowohl von kulturellen und politischen Definitionen, als auch von verschiedenen Eigentumskonzepten, der Gesellschaft und der Nationalität ab. Gegen eine historische Legitimation aufgrund der Entscheidung des *Privy Council* und durch die Berlin- Konferenz spricht, dass beide ohne Teilnahme auch nur eines einzigen Afrikaners stattgefunden haben. Auch wenn es formell richtig sein mag, dass die Farmen im Besitz der Weißen fast alle durch Ankauf erworben worden waren, lässt diese Argumentation völlig außer Acht, dass es den schwarzen Zimbabwern seit dem *Land Apportionment Act* von 1930 und bis in die späten 70er Jahre verboten war, Land außerhalb der kleinen *African Purchase Area* zu kaufen. Dennoch ist mit Blick auf geltendes innerstaatliches Zivilrecht in Zimbabwe, das wirksame Eigentumsrecht der betroffenen weißen Farmer nicht abzustreiten. Andernfalls bedürfte es keiner Enteignungsdekrete. Das Argument der wirtschaftlichen Dekolonisierung schlägt darüber hinaus fehl. Nachdem die meisten Kolonialeigentümer ihre Farmen im Verlauf des Unabhängigkeitskampfes Ende der 70er verkauft hatten, sind die Mehrzahl, der nunmehr von der Landreform Betroffenen, Späterwerber, die ihre Ländereien nach Erlangung der Unabhängigkeit und explizit auf Anwerben Mugabes erworben hatten.[2021] Aufgrund der ungleichen Landverteilung als Folge des Kolonialismus war in den 90er Jahren eine Landreform dringend erforderlich. Mit einer Landreform wird bezweckt, wirtschaftliche Aktivitäten zu fördern, die politische Stabilität zu steigern und soziale Gerechtigkeit durch Verbesserung des Status der Landlosen zu erreichen.[2022] Mugabe hatte über 20 Jahre Zeit, dieses Thema anzugehen; seltsamerweise erwacht der Enthusiasmus für die Landreform jedoch immer nur dann zum Leben, wenn Wahlen ins Haus stehen.[2023]

Zum Teil wird Mugabes entschädigungsloses Vorgehen als einzig vernünftige Lösung propagiert, da Zimbabwe für Entschädigungszahlungen das Geld fehle und jeder, der dies fordere eigentlich meine, dass keine Landreform stattfinden solle. Diese Ansicht verkennt jedoch, dass Zimbabwe bei Durchführung einer gewaltfreien transparenten Landreform anhand nachvollziehbarer Kriterien, die den Bedürftigen zu Gute kommt, Unterstützung durch die internationalen Geber, einschließlich Großbritannien erhalten würde. Es gab zwei bis drei Anläufe zu einer Bodenreform, die von der britischen Regierung als ehemaliger Kolonialmacht finanziell unterstützt, aber wegen Korruption wieder eingestellt wurden.[2024] Außerdem sind mit jeder Landreform Hindernisse, wie ungenügende finanzielle Unterstützung und unzureichende Infrastruktur, verknüpft. Unabhängig davon, wie notwendig eine Landreform auch ist, muss die Rechtsstaatlichkeit dabei beachtet werden. Illegale Landbesetzungen, Übernahmen von ausschließlich weißen Ländereien, „*Squatter*" ohne Rechtstitel, Verletzungen der zimbabwischen Verfassung, Rassismus und Gewalt sind kein Weg, soziale Ungerechtigkeiten zu lösen.[2025] Eine Rechtfertigung der vollzogenen Nationalisierung anhand der vorgetragenen Argumente scheidet damit aus.

[2021] „An analysis of the 1.471 farms listed in the gazette and sent a Preliminary Notice of Compulsory Acquisition, shows that they were all paid for by their current and previous owners. It is more significant that only 433, or 30 % of these properties were in the possession of their current owners before 1980. 1.038 properties on the list have been purchased and paid for since Independence under the laws and constitution of the Zimbabwean Government." Vgl. Commercial Farmers' Union director, David Hasluck, Jan. 1998.

[2022] Ein weiterer Grund für die Durchführung einer solchen Reform ist, dass sich damit die Regierung die politische Unterstützung der Begünstigten erhofft. Boyle, H, The Land Problem, S. 671 f.

[2023] Palmer, R., Robert Mugabe.

[2024] N-TV-Interview, 08.08.2002.

[2025] Seabrook Jeremy: Land-Grabbers.

III. Eigentumsschutz privilegierter fremder Staatsangehöriger

Neben dem bislang erörterten Schutzmöglichkeiten nach dem allgemeinen völkerrechtlichen Fremdenrecht und den menschenrechtlichen Konventionen, stehen privilegierten ausländischen Investoren zusätzlich die Schutzvorschriften der multi- und bilateralen Investitionsschutzverträge zu. Zimbabwes Investitionsstaaten heißen: Großbritannien, China, Deutschland, Mozambique, Malaysia, Niederlande, Portugal, Schweiz, Ägypten, Jugoslawien, Iran, Dänemark, Schweden, Indien, Indonesien, Jamaika und Italien.

1. Schutz durch multilaterale Investitionsschutzprojekte

a) Schutz durch das MIGA-Übereinkommen

Hat ein Investor vor den Enteignungsvorgängen seine Kapitalanlage bereits bei der MIGA gegen sogenannte nicht kommerzielle Risiken, wie das Enteignungsrisiko oder die Verletzung eines Investitionsvertrags des Investors mit dem Gaststaat, abgesichert, so steht ihm aus dem Garantievertrag ein durchsetzbarer Anspruch gegen die MIGA zu.[2026] Zugang zum Versicherungssystem der MIGA haben Angehörige von Vertragsstaaten, sowie Gesellschaften, die nach dem Recht eines Vertragsstaates, wie Deutschland oder Großbritannien, gegründet worden sind, dort ihren Hauptverwaltungssitz haben oder deren Kapitalmehrheit von Angehörigen von Vertragsstaaten gehalten wird.[2027] Bei Zimbabwe handelt es sich um ein als Entwicklungsland eingestuftes Mitgliedsland (Art. 3 (c), 14 MIGA-Konvention). Als weitere Voraussetzung müssen die ausländischen Investoren in Zimbabwe ihr zu versicherndes Kapital als Neu-Investition angelegt haben.

In den 90er Jahren, als die meisten ausländischen Investitionen vorgenommen wurden, sahen die Rahmenbedingungen in Zimbabwe noch eine gerechte Behandlung und einen angemessenen Rechtschutz der Investoren vor.[2028] Damit das Vertragsbruchrisiko von der MIGA versichert wird, muss dem ausländischen Investor schließlich ohne sein Verschulden der Zugang zu einem (schieds-) gerichtlichen Forum in Zimbabwe verweigert werden. Ein faires Verfahren und der zu gewährende Gerichtschutz ist in Zimbabwe für die enteigneten Farmer zweifelhaft. Ihnen wurde durch das präsidiale Dekret vom 10.05.2002 der Rechtsweg versagt, so dass die Anforderungen an den Versicherungsschutz der MIGA erfüllt sind. Nach der durchgeführten Enteignung muss der Betroffenen die MIGA innerhalb von 18 Monaten informieren, damit diese versuchen kann, durch Konsultationen den Entschädigungsfall zu verhindern. Scheitern die Verhandlungen, muss die Schadenssumme innerhalb von 60 Tagen in jeder frei konvertiblen Währung bezahlt werden. Da diese jedoch keine Gewinnaussichten umfasst, entspricht der Entschädigungsstandard demjenigen für völkerrechtmäßige Enteignungen.

b) Schutz durch das ICSID-Abkommen

Durch die Ratifikation Zimbabwes als Gaststaat und des Heimatstaates des Investors gemäß Art. 1 (2) ICSID-Konvention, sowie die schriftliche Unterwerfung der Streitparteien unter die Streitbeilegung durch das Zentrum nach Art. 25 (1) ICSID-Konvention, sind die Zuständigkeitsvoraussetzungen des ICSID erfüllt. Vom Anwendungsbe-

---

[2026] Nach der Enteignungsankündigung kann jedoch kein Garantienvertrag mehr hinsichtlich des Enteignungsrisikos abgeschlossen werden.
[2027] Herdegen, M., Internationales Wirtschaftsrecht, S. 215.
[2028] Inzwischen müsste die MIGA, wenn sie Garantien gewähren möchte, mit Zimbabwe eine eigene investitionsschützende Vereinbarung eingehen.

reich der Investitionsstreitigkeit sind Auseinandersetzungen über Enteignungen einer Kapitalanlage auf jeden Fall erfasst. Da bei einer Parteivereinbarung bezüglich des anzuwendenden Rechts keine Einigkeit mit Zimbabwe zu finden sein dürfte, würde zimbabwisches Recht in Einklang mit den einschlägigen Regeln des Völkerrechts zur Anwendung gelangen. Trotz des Verweises auf das für die ausländischen Investoren wenig Schutz bietende nationale Recht Zimbabwes, käme es damit zu einer Prüfung durch eine unabhängige Instanz. Zu beachten ist jedoch, dass eine Aufhebung oder Ungültigkeitserklärung des Hoheitsaktes der Nationalisierung nicht angeordnet werden kann, ebenso mangelt es der Konvention an der Lösung materieller Fragen des Investitionsschutzes.
Aufgrund der Berücksichtigung der völkerrechtlichen Grundsätze wäre danach eine Empfehlung zur Entschädigung aufgrund der Vertragsverletzung durch Zimbabwe für die enteigneten Investoren möglich. Außerdem wäre Zimbabwe nach dem Völkerrecht verpflichtet, den Schiedsspruch zu befolgen (Art. 53 ICSID-Konvention), und ihn im Hinblick auf finanzielle Leistungsverpflichtungen innerstaatlich zu vollstrecken (Art. 54 (1) ICSID-Konvention).

c) Schutz durch das TRIMs?

Mit dem TRIMs wurden erstmals investitionsschutzrechtliche Vorschriften im Bereich der Direktinvestitionen im Rahmen eines multilateralen Systems verkörpert. Es beinhaltet Grundprinzipien, wie das Diskriminierungsverbot und sichert die volle Transparenz zu.[2029] Auch besteht die Möglichkeit, durch das DSB im Falle einer Vertragsverletzung eine Entschädigung zu verhängen, sowie vertragliche Zugeständnisse als Sanktion auszusetzen. Die vorgesehenen Schutzprinzipien werden allerdings nur im Rahmen einer handelsrelevanten Investitionsmaßnahme gewährt. Da es sich im vorliegenden Fall jedoch nicht um die Beeinflussung der Rahmenbedingungen für Auslandinvestitionen durch spezielle Investitionsanreize handelt, sondern um einen direkten Schutz vor Enteignungen ausländischer Investoren, kann aus dem TRIMs kein effektiver Eigentumsschutz für die in Zimbabwe enteigneten ausländischen Investoren entnommen werden.

2. Schutz nach dem deutsch-zimbabwischen Investitionsschutzvertrag

a) Ausländische Investitionen während der Geltungszeit eines Schutzabkommens

Deutschland ist einer der wichtigsten Handelspartner Zimbabwes.[2030] Durch den BIT zwischen der Bundesrepublik und Zimbabwe sind Kapitalanlagen deutscher Staatsangehöriger in Zimbabwe vor staatlichen Eingriffen geschützt.[2031] Zwar werden Enteignungen nicht schlechthin verboten, sie dürfen jedoch nur zu einem öffentlichen Zweck und gegen eine umgehende, angemessene und wirksame Entschädigung erfolgen [Art. 4 (2) BIT D-Z]. Laut dieser Vorschrift muss die Entschädigung dem Wert der enteigneten Kapitalanlage unmittelbar vor dem Zeitpunkt entsprechen, in dem die Enteignungsmaßnahme stattgefunden hat. Wenn man den öffentlichen Zweck bejaht, der in der Nationalisierung des landwirtschaftlichen Sektors liegt, so hätte die zimbabwische Regierung den betroffenen

---

[2029] Brittan, L., Investment Liberalization, S. 7.
[2030] Im Jahr 2001 nahm es Rang 1 als Abnehmer (vor Großbritannien und Südafrika) und Rang 4 als Lieferant Zimbabwes ein. Deutsche Investoren sind in den Sektoren Landwirtschaft, Tourismus, Holzverarbeitung und Textilien vertreten. Die Hauptexportprodukte nach Deutschland sind landwirtschaftliche Erzeugnisse (171 Mio. DM) und Eisen- und Stahlerzeugnisse. Vgl. http://www.simbabwe-botschaft.de: Simbabwe im Überblick, besucht am 22.08.2004.
[2031] Wenn auch die mangelnde Durchsetzung des Investitionsschutzabkommens durch die zimbabwische Regierung auf dem Landwirtschaftssektor Sorge bereitet. Vgl. http://www.auswaertiges-amt.de/www/de/index_html; Länderinformationen: Simbabwe: Wirtschaftsbeziehungen; besucht am 22.08.2004.

deutschen Investoren - die hier stellvertretend für alle anderen ausländischen Investoren stehen, mit deren Heimatstaat ein Investitionsschutzabkommen besteht - den vollen Wert ihrer Kapitalanlage als Kompensation zahlen müssen. Bei den Kapitalanlagen handelt es sich in der Regel um landwirtschaftlich genutzte Farmen, große Plantagen und Ranchen. Nach Art. 1 BIT D-Z gehört zu einer Kapitalanlage explizit auch das unbewegliche Eigentum wie Grundstücke. Für das Land und das dazugehörige Inventar hätte die zimbabwische Regierung daher spätestens zwei Monate nach der Enteignung Entschädigung in einer frei transferierbaren Währung aufbringen müssen. Wie bereits erörtert, greift die Kriegsklausel des Art. 4 (3) BIT D-Z nicht entschädigungsreduzierend ein.[2032] Infolge der Enteignungen ohne Entschädigung für das entzogene Land, liegt daher ein nicht gerechtfertigter Verstoß Zimbabwes gegen das deutsch-zimbabwische Kapitalschutzabkommen vor.

b) Vor Abschluss des Investitionsschutzabkommens errichtete Kapitalanlagen

Dem Schutz des BITs unterfallen dabei nicht nur solche Investoren, die nach dessen Abschluss ihre Kapitalanlage gegründet haben, sondern auch diejenigen, die gemäß der zimbabwischen Rechtsvorschriften ihre Investitionen vorgenommen haben (Art. 9 BIT D-Z). Der Beginn des Vertragsschutzes ist für den Investor demnach identisch mit der Erteilung der Zulassung, d.h. mit dem Zeitpunkt, in dem alle rechtlichen und tatsächlichen Voraussetzungen erfüllt sind, welche die innerstaatlichen Investitionsgesetze verlangen. Dies gilt damit auch für solche Anlagen, die vor dem Inkrafttreten des Vertrags getätigt wurden, soweit sie im Rahmen der hier gültigen Rechtsvorschriften zustande gekommen sind.[2033]

IV. Eigentumsschutz der zimbabwischen Staatsangehörigen nach dem Völkerrecht

Eine Enteignung bzw. Nationalisierung von spezifisch dekolonisatorischem Charakter, d.h. ein Eingriff in Vermögenspositionen, die durch Angehörige der früheren Kolonialmacht zur Kolonialzeit begründet worden waren, ist nicht schon deshalb völkerrechtswidrig, weil – wenn auch unter Abweichung von sonstigen völkerrechtlichen Enteignungsgrundsätzen – eine differenzierende Entschädigungsregelung vorgenommen wird, welche die Rechtstitel mit „negativen kolonialen Bezügen“ anders behandelt als jene, die – insbesondere nach Art und Weise ihrer Entstehung - dem Typus des „normalen“ (Ausländer-) Eigentums zugerechnet werden müssen.[2034]

1. Eigentumsbindung und Frage eines Nachwirkungsschutzes durch Devolutionsabkommen wie die *Lancaster House* Verfassung

Der Kompromiss im *Lancaster House Agreement* legalisierte ein Jahrhundert der weißen Landnahme im südlichen Afrika, in dessen Verlauf Millionen Menschen von dem Land ihrer Vorfahren, oft mit unglaublicher Grausamkeit und immer ohne Zahlung einer Entschädigung, entwurzelt worden sind. Für den vorliegenden Fall von Zimbabwe ist jedoch zu fragen, wie es sich verhält, wenn durch den Souveränitätsübertragungsvertrag zwischen der bisherigen Kolonialmacht und der Kolonie (sogenanntes Devolutionsabkommen) abweichende Regeln, wie das weitgehende

---

[2032] Vgl. oben. Fn. 1578.
[2033] Banz, M., Völkerrechtlicher Eigentumsschutz, S. 52.
[2034] Dölle, H., Internationalrechtliche Betrachtungen, S. 65.

Enteignungsverbot, vereinbart worden sind. Als bilaterales Abkommen stellt diese Sonderabmachung eine *lex specialis* gegenüber den allgemeinen Rechtsprinzipien dar.[2035]
Fraglich ist allerdings, inwieweit eine solche Zementierung des kolonialen Besitzstands in einer verselbständigten Kolonie von Rechtsbeständigkeit ist. Eine Bindung an diese Bestimmung würde dann nicht vorliegen, wenn es sich um eine einseitige völkerrechtswidrige Belastung handeln würde.[2036] Im Gegenzug zu dem vertraglich vereinbarten Eigentumsschutz hatte sich Großbritannien jedoch damit einverstanden erklärt, die Kosten für das freiwillig an den zimbabwischen Staat zur Umverteilung verkaufte Land mitzutragen.[2037] Diese Enteignungsbeschränkung des zimbabwischen Staates wird häufig als eine der wesentlichen Gründe für das Scheitern der Landreform angeführt. Tatsächlich hat diese Einschränkung jedoch nicht die staatlichen Möglichkeiten des Landerwerbs zur Umverteilung zunichte gemacht. Insbesondere war es der Regierung durch Art. 16 der zimbabwischen Verfassung von 1980 erlaubt, nicht ausreichend genutztes Farmland aufgrund öffentlicher Notwendigkeit zu enteignen und das Territorialitätsprinzip auszuüben- vorausgesetzt dies war von einer vollen Entschädigung begleitet.[2038] Somit hätte die zimbabwische Regierung die Möglichkeit gehabt, bereits in den 80er Jahren das Landreformprogramm schrittweise durchzuführen. Mit Ablauf der 10-Jahresfrist 1990, die nicht verlängert wurde, war Zimbabwe auch nicht mehr an die Einhaltung des „*willing-seller/ willing-buyer*" Prinzips aus der Unabhängigkeitsverfassung gebunden. Ein Nachwirkungsschutz des Eigentums aus der *Lancaster House* Verfassung kommt daher nicht in Betracht.

2. Verstoß der Enteignungen gegen das Völkerrecht - Problem seiner direkten Anwendbarkeit

Grundsätzlich sind Enteignungsmaßnahmen für die Staatsbürger als innerstaatliche Angelegenheiten von den nationalen Gesetzen abhängig. Beschränkungen des Zugriffs auf das Eigentum zimbabwischer Staatsangehöriger können sich aus den Verträgen zum Menschenrechtsschutz ergeben, soweit diese in die nationalen Gesetze verankert wurden. Zimbabwe ist Mitglied einer Reihe von internationalen Instrumenten, einschließlich der AEMR, ICCPR, ICESCR, ICERD und der AfrCh.[2039] Gemäß dieser Abkommen hat die Regierung die Pflicht, allen Personen ohne Diskriminierung den gleichen Gesetzesschutz zukommen zu lassen und ernsthafte Verletzungen der gewährten Rechte zu ahnden.[2040] Zimbabwe besitzt eine Verfassung mit einem justiziablen Grundrechtskatalog. In diesem findet sich zwar eine Garantie des Eigentums die internationalen Standards entspricht; seit der Einführung des zusätzlichen Paragraph 16 A in die zimbabwische Verfassung ist dies allerdings für das farmwirtschaftliche Grundeigentum nicht mehr der Fall. Entschädigungslose Enteignungen ohne ausreichenden Rechtschutz sind danach zulässig.[2041]

[2035] Dölle, H., Internationalrechtliche Betrachtungen, S. 66.
[2036] In diesem Fall wäre aufgrund der Dekolonisationspflicht der Kolonialmächte an einen Wegfall der Geschäftslage und damit den Wegfall der Bedingung zu denken. Dölle, H., Internationalrechtliche Betrachtungen, S. 67.
[2037] Der Gesichtspunkt einer Äquivalenzstörung in der Abmachung kommt damit nicht zum Tragen, da aufgrund der Vereinbarung eines Finanzierungsfonds eine tatsächliche Gegenleistung durch Großbritannien vorlag.
[2038] Boyle, H, The Land Problem, S. 687; Maposa, I., Landreform in Zimbabwe, S. 65.
[2039] Diesen Konventionen ist die zimbabwische Regierung insgesamt erst nach Erlangung ihrer Unabhängigkeit beigetreten, so dass sich das Problem, inwieweit ein gerade unabhängig gewordener Staat an Verträge gebunden ist, welche die ehemalige Kolonialregierung abgeschlossen hat, nicht stellt. Vgl. dazu Burnett, R., Negotiation of International Agreements, S. 239 ff.
[2040] Hansungule, M., Who Owns Land in Zimbabwe? S. 338.
[2041] Vgl. unten 3. Teil, C. I. 2. a) bb).

a) Verhältnis zum internationalen Recht

Bezüglich des Verhältnisses des Völkerrechts zur staatlichen Rechtsordnung ist Zimbabwe Anhänger der dualistischen Theorie, so dass es eines Rechtsakts zur Umsetzung in das innerstaatliche Recht bedarf. Aufgrund der Ratifikation der menschenrechtlichen Konventionen ist Zimbabwe zu dieser Umsetzung völkerrechtlich verpflichtet. Im Falle des Unterlassens würde es völkerrechtliches Unrecht begehen und sekundäre Schadensersatzpflichten gegenüber dem Heimatstaat auslösen, wenn diesem durch die mangelnde Umsetzung ein Schaden entstanden ist.[2042]

Eine anderer Frage ist jedoch diejenige der unmittelbaren Anwendbarkeit der internationalen Menschenrechtsschutznormen für die zimbabwischen Bürger. Wie auch in der englischen Rechtstradition, steht das Völkerrecht in Zimbabwe einem einfachen nationalen Gesetz gleich. Als höchstes Recht fungiert in Zimbabwe die Verfassung: Jeder staatliche Akt, der nicht mit dieser Verfassung in Einklang steht, ist nichtig (vgl. Paragraph 3 der Verfassung). Die zimbabwischen Staatsangehörigen besitzen daher keinen direkten Schutzanspruch aus den internationalen Menschenrechtskonventionen. Dennoch können sie von der Mitgliedschaft in diesen Konventionen indirekt mittels Anwendung der internationalen Menschenrechtssprechung durch die örtlichen Gerichte profitieren.[2043] Die zimbabwischen Gerichte waren große Verfechter der Umsetzung der Grund- und Menschenrechte, wie sie in der zimbabwischen Verfassung garantiert sind.[2044] Dabei steht es ihnen im Rahmen der Interpretation der Verfassung frei, auch Auslegungen anderer ähnlicher Vorschriften in internationalen und regionalen Menschenrechtspakten, wie der *International Bill of Human Rights*, der EMRK, der AMRK und der AfrCh anzuwenden, so dass letztendlich internationale Menschenrechtsnormen Teil der nationalen Menschenrechte werden können.[2045] V.a. die EMRK wurde vom *Supreme Court* gerne im Zusammenhang mit Menschenrechtsverletzungen angeführt, da sie auch als Vorbild für die Afrika Charta gedient hatte.[2046]

Bei der Prüfung einer Eigentumsverletzung gemäß Paragraph 16, 16 A der Verfassung kommt die Heranziehung der Grundsätze über den „*due Process*" und die „*equal Protection of the Law*", wie sie auch in Art. 7, 8 AEMR, Art. 2 i.V.m. Art. 14 und Art. 26 ICCPR zum Ausdruck kommen, in Betracht. Aufgrund der regierungstreuen Besetzung vieler Gerichte, ist die Unabhängigkeit und Unparteilichkeit der Richterschaft in vielen Fällen jedoch nicht mehr gewährleistet. Durch den Widerspruchsauschluss gegen die Enteignungsanordnung beim Verwaltungsgericht steht den enteigneten Farmern auch der Rechtsweg nicht mehr offen, worin eine Verweigerung des Zugangs zu einem effektiven gerichtlichen Verfahren vorliegt. Auch wurden Urteile des höchsten Gerichts, die eine weitere Farmbesetzung untersagten, nicht umgesetzt.[2047] Des Weiteren waren bezüglich des Diskriminierungsverbots nach Paragraph 23 der Verfassung, die Interpretationen nach Art. 3 (1) AfrCh und Art. 4 ICERD anzuwenden. Bei den weißen Staatsangehörigen Zimbabwes kann die Ausnahmeregelung der unterschiedlichen Behandlung im Rahmen der Staatsangehörigkeit noch weniger eingreifen.[2048] Durch die Enteignungsmaßnahmen, die lediglich die weiße Farmerschaft betreffen, liegt daher eine Rassendiskriminierung vor.

[2042] Doehring, K., Völkerrecht, S. 109 f.
[2043] Alston/ Crawford, The Future, S. 277.
[2044] Ncube, W., The constitution as a liability, S. 20 f.
[2045] Vgl. Richter Dumbutshena in: S.V. A Juvenile, in: ZSC, 1990, Nr. 4, S. 155; zitiert bei Alston/ Crawford, The Future, S. 278; Madhuku, L., The Impact, S. 934 ff.
[2046] Heyns, C., African Human Rigths Law, S. 253.
[2047] So auch Banning, T., The Human Right to Property, S. 333.
[2048] Vgl. oben 3. Teil, A. II. 2. c), cc).

Schließlich ist bei der Prüfung der Verletzung des Eigentumsrechts die Auslegung zu Art. 17 AEMR und Art. 14 AfrCh heranzuziehen, was nach dem internationalen Standard zu einer angemessenen Entschädigungszahlung für den enteigneten Grund und Boden führen würde. Die Kompensationspflicht soll dabei auch bei Enteignungen eigener Staatsangehöriger zum Tragen kommen. Die Entschädigungspflicht ergibt sich dann aber nicht aus den allgemeinen Grundsätzen des Völkerrechts, sondern aus dem Verhältnismäßigkeitsprinzip, da eine entschädigungslose Enteignung in der Regel ein unzumutbares Sonderopfer darstellen würde.[2049] Solche Entscheidungen wurden jedoch nicht gerne von der zimbabwischen Gesetzgebung gesehen, so dass versucht wurde, die unabhängige Entscheidungsfreudigkeit der zimbabwischen Richter durch eine Verfassungsänderung (*Constitution of Zimbabwe Amendment*, Act 13 von 1993) einzuschränken.[2050] Aufgrund der aktuellen gerichtlichen Entscheidungen „pro Landreform" scheint es auch mehr als unwahrscheinlich, dass die jetzige Besetzung des zimbabwischen *Supreme Courts* noch immer die internationalen Grundsätze zum Schutz der Enteigneten heranziehen wird.

b) Menschenrecht als Verpflichtung *erga omnes*

Das Verbot der rassischen Diskriminierung ist im universellen ungeschriebenen Völkerrecht verankert und für alle Staaten bindend, d.h. es wird als Verpflichtung *erga omnes* betrachtet.[2051] Dabei soll für das vom IGH als *ius cogens* betrachtete Verbot der Rassendiskriminierung erforderlich sein, dass es sich um eine massive und systematisch durchgeführte Diskriminierung handelt. Die Diskriminierungen ergingen gerade nur gegen die weiße Landbevölkerung mit dem Ziel, diese aus dem Land zu vertreiben. Es liegt daher eine massive Diskriminierung vor. Weiterhin stellt sich das Problem, ob die Staaten auch Individuen gegenüber verpflichtet sind, eine *erga omnes* Norm einzuhalten. Zwar ist noch immer umstritten, ob Individuen im Völkerrecht Rechtssubjektivität zukommt,[2052] der IGH hat jedoch in seiner Entscheidung im Fall „*Barcelona Traction*" implizit festgestellt, dass auch Einzelpersonen Inhaber von Rechten sein können, die jeweils durch die Staatengemeinschaft geschützt sind. Dennoch stehen die Rechte der Staatengemeinschaft nur allen Staaten als Mitgliedern der Staatengemeinschaft zu.[2053]

Den zimbabwischen Staatsbürgern bleibt daher nur die Berufung auf den Schutz nach der Verfassung vor den nationalen Gerichten mit der vagen Chance, dass diese die internationalen Grundsätze heranziehen, sowie die Hoffnung, dass sich ein Staat der Staatengemeinschaft - am ehesten Großbritannien als ehemalige Kolonialmacht - aufgrund der Rassendiskriminierung im Wege von Retorsion und diplomatischen Schritten gegen das rechtswidrig handelnde Zimbabwe wendet.[2054]

[2049] So bereits vertreten vom EGMR in *Lithgow ./. United Kingdom*, in: EHRR, Vol. 8, 1986, S. Ziff. 116; Postl, M., Eigentum, S. 152 ff.
[2050] Alston/ Crawford, The Future, S. 279.
[2051] Vgl. Empell, H-M., Die Staatengemeinschaftsnormen, S. 250 f.
[2052] Verneint wird dies von Kimminich, O., Völkerrecht, S. 201 ff. Doehring dagegen ist der Ansicht, dass die Individuen zumind. im Hinblick auf die fundamentalen Menschenrechte als Rechtspersonen zu qualifizieren seien. Vgl. Doehring, K, Völkerrecht, S. 109 ff.
[2053] Vgl. Empell, H-M., Die Staatengemeinschaftsnormen, S. 135.
[2054] Vgl. Empell, H-M., Die Staatengemeinschaftsnormen, S. 288; dazu untten 3. Teil, C. II 2. a) bb).

V. Sonstiger Schutz gegen das Verhalten Zimbabwes

1. Schutz durch das Lomé-Abkommen

Das Lomé-Abkommen, insbesondere das neue Partnerschaftsabkommen von Cotonou, fordert die Respektierung der Menschenrechte, wie die Einhaltung der demokratischen Prinzipien und der Gesetzmäßigkeit. Bei Nichtbefolgung könnten die EU-Partnerstaaten die Konsultationen zu Zimbabwe, sowie die Finanzierung von Haushaltszuschüssen und Projekten der allgemeinen technischen Zusammenarbeit einstellen. Des Weiteren können Sanktionen durch den „Gemeinsamen Standpunkt" verhängt werden, was Lieferungsstopps für Rüstungsgüter, Einreiseverweigerung für 72 regierungsnahe Personen und Einfrieren ausländischer Konten umfassen würde.[2055]

2. Schutz durch die *Commonwealth*-Declaration

Seit der Errichtung der *Commonwealth Ministerial Action Group* (CMAG) in Millbrook, Neuseeland, besitzt der *Commonwealth* einen Mechanismus, um die von ihm geschützten Prinzipien auch durchzusetzen.[2056] Im Abkommen zwischen dem *Commonwealth* und Zimbabwe von 2001 in Abuja/ Nigeria versprach Zimbabwe die Einhaltung der wesentlichen Prinzipien und Werte des *Commonwealth* (Demokratie, Wahrung der Menschenrechte und Rechtsstaatlichkeit als Basis der Mitgliedschaft), wie sie in der *Harare Declaration* festgelegt sind.[2057] Danach sollte die Landreform mit Rücksicht auf Menschenrechte, Gesetz, Transparenz und demokratische Regeln durchgeführt werden und der zimbabwische Staat dafür finanzielle Unterstützung durch Großbritannien und andere Geberländer erhalten.[2058] Auch wenn dem *Commonwealth* bei Nichtbeachtung seiner Prinzipien die Möglichkeit der Suspendierung der Mitgliedschaft des verletzenden Staates zusteht, scheitert dies mittlerweile daran, dass Zimbabwe aus ihm ausgetreten ist.

3. Schutz durch die AU bzw. AEC

Die Charta der AU, wie auch der AEC-Vertrag, verlangen von den Mitgliedern die Einhaltung der demokratischen Prinzipien, der Gesetzmäßigkeit und des Menschenrechtsschutzes. Dabei steht der Union, welche durch die Auferlegung von Strafmaßnahmen und die Ausschließung von der AU- Teilnahme die Einhaltung diese Werte durchsetzen kann, ein eigener *Court of Justice* zu. Die gerichtlichen Entscheidungen in Form der Verordnung (*regulation*) und Richtlinie (*directives*) werden mittlerweile als bindend angesehen. Daneben kann die AU-Versammlung den Staaten, die den ergangenen Entscheidungen nicht nachkommen, wirtschaftliche und politische Sanktionen auferlegen.[2059] Die Verletzung des AEC-Vertrags durch die Nichtbeachtung des Eigentumsrechts i.S.v. Art. 14 AfrCh

---

[2055] Vgl. oben 2. Teil, D. IV. 3. b).

[2056] Beim 15. Treffen der CMAG im März 2001 gaben die Minister von Botswana, Australien, Bangladesh, Barbados, Kanada, Malaysia, Nigeria und des Vereinigten Königreichs eine Erklärung zur aktuellen Krise in Zimbabwe ab. Trotz der vorsichtigen gemäßigten Diplomatensprache trugen sie einige sehr ernste Bedenken vor: „*They recalled that at their thirteenth meeting in May 2000, Ministers had expressed concerns over a number of issues in the run-up to Zimbabwe's parliamentary elections. They were concerned that problems continue, and noted especially recent reports of intimidation of the judiciary and the media. They recalled and affirmed the principles embodied in the Commonwealth Harare Declaration to which all Commonwealth members have pledged their commitment.*" HRF, Complying with the Abuja Agreement.

[2057] AI, Appeal to the EU, Oktober 2001.

[2058] In Abuja wurde jedoch nichts über die Entschädigung der ehemaligen Eigentümer geregelt, die in einer ordnungsgemäßen Landreform enteignet worden waren. Die Vereinbarung schwieg sich weiter über die systematische politische Gewalt, die Position der Gerichte und das Aufwiegeln zum Rassenhass aus. HRF, unter: http://www.hrforumzim.com/frames/inside_frame_reps.htm; besucht am 18.08.2004.

[2059] Vgl. Viljoen/ Louw, The Status of the Findings, S. 9.

könnte durch einen anderen afrikanischen Staat oder die *Assembly* gerügt werden. Im Fall der Nichtbefolgung eines entsprechenden Urteils bestünde für das AEC- eigene Gericht die Möglichkeit Sanktionen gegenüber Zimbabwe zu verhängen.[2068] Bei der Qualifizierung des Eigentumsrechts als regional anerkanntes Menschenrecht könnten AU und AEC daher bei Verletzung ihrer Rechte durch den zimbabwischen Staat mittels der aufgeführten Maßnahmen einschreiten.

4. Möglichkeiten der SADC und COMESA

Auch im Rahmen von SADC und COMESA bestehen für die Mitgliedstaaten Verpflichtungen bezüglich der Beachtung der Menschenrechte. Bei deren Nichteinhaltung durch den zimbabwischen Staat wäre ein gemeinsames Vorgehen der Staats- und Regierungschefs der afrikanischen Staaten möglich. Als weitere Möglichkeiten stehen der SADC im Falle Zimbabwes nur die Distanzierung (wie durch Botswana, Malawi, Kenia) und - wie bereits geschehen – der Ausschluss Zimbabwes von der SADC-Vizepräsidentschaft zur Verfügung. Die tatsächliche Reaktion auf das *Fast Track Programm* der zimbabwischen Regierung war jedoch lediglich eine sehr vorsichtige Kritik, nachdem der Repräsentant der SADC noch im Jahr 2000 auf die Einhaltung der britischen Verpflichtungen gedrängt hatte.[2069] Die Möglichkeit, Zimbabwe zum Einhalten seiner aggressiven Landpolitik zu zwingen, können jedoch weder vom betroffenen Enteigneten selbst, noch durch seinen Heimatstaat durchgeführt werden. Sie obliegen alleine der afrikanischen Staatengemeinschaft und dürften aufgrund deren restriktiver Maßnahmen einen äußerst geringen Schutz bieten.

B. VÖLKERRECHTLICHE KONSEQUENZEN DER ZIMBABWISCHEN MAßNAHMEN

I. Nach dem allgemeinen Völkergewohnheitsrecht

Die Rechtsfolge einer Enteignung hängt davon ab, ob der Eingriff rechtmäßig oder rechtswidrig erfolgt ist und fällt je nachdem unterschiedlich aus:

1. Abgrenzung zur Entschädigungspflicht

Zu unterscheiden ist die tatbestandlich erforderliche Entschädigungspflicht von der Schadensersatzpflicht, die einen Staat als Folge einer völkerrechtswidrigen Behandlung eines Ausländers, d.h. als Folge eines Völkerrechtsdelikts, trifft. Letztere setzt eine Verletzung des Völkerrechts voraus, während sich Erstere aus einer grundsätzlich zulässigen Maßnahme ergibt. Bei einem Völkerrechtsverstoß ist der Staat verpflichtet, den aus seinem Verstoß entstandenen Schaden wieder gutzumachen,[2070] d.h. den ursprünglichen Zustand wiederherzustellen. Allerdings kann auch eine Eigentumsentziehung ohne Entschädigung ein Völkerrechtsdelikt darstellen, wenn sie zusätzlich das Diskriminierungsverbot verletzt oder im Widerspruch zu vertraglichen Verpflichtungen des Staates steht. Anders als bei der reinen Entschädigung, die nur den Ersatz des vollen Wertes des enteigneten Vermögensstücks erfordert, müssen bei

---

[2068] Naldi, G., The Organization of African Unity, S. 245 ff.
[2069] HRW: Fast Track Land Reform, S. 41.
[2070] Allg. Ansicht vgl. Verdross, A., Völkerrecht, 1964, S. 398 ff. (*Indonesian Tobacco-Case* aufgehoben durch das Berufungsgericht Bremen, vgl. Domke, M., Indonesian Nationalization Measures, S. 305); Münch, F., Sumatra –Tabak-Urteil, S. 84; Hanseatisches OLG Bremen, in: RIW, 1959, S. 207 ff.

der Schadensersatzzahlung alle für die Entziehung kausalen Vermögensnachteile erstattet werden. Dazu zählt auch die Verzinsung der geschuldeten Geldsumme, sowie der entgangene Gewinn, wenn nachgewiesen wird, dass der Betroffene ihn ohne die Entziehung nach dem gewöhnlichen Verlauf der Dinge erzielt hätte.[2071]

2. Verstoß gegen das Völkerrecht

Die Entschädigung ist nur eine der Voraussetzungen, die der enteignende Staat einzuhalten hat. Kommt der Staat dieser nicht nach, verstößt er gegen das Völkerrecht.[2072] Bei völkerrechtswidrigen Staatsakten besteht eine völkerrechtliche Verpflichtung, alle schädigenden Folgen aus der Welt zu schaffen und Wiedergutmachung zu leisten.[2073] Dieser Grundsatz ist damit auch auf rechtswidrige Enteignungen anzuwenden.[2074] Im Fall einer Enteignung, die unabhängig von der Entschädigung völkerrechtswidrig ist – z.B. weil sie in diskriminierender Weise durchgeführt wurde - muss als Rechtsfolge der eingetretene Schaden ausgeglichen und umfassende Wiedergutmachung geleistet, d.h. der *Status quo ante* wiederhergestellt werden.[2075] Erst wenn eine Naturalrestitution nicht oder nicht mehr möglich wäre, käme ein geldwerter Schadensersatz in Betracht, um einen Ausgleich des aktuellen Vermögensverlusts zu gewähren (*damnum emergens*).[2076] Neben diesem ist auch der entgangene Gewinn (*lucrum cessans*) zu erstatten, der nach dem gewöhnlichen Lauf der Dinge zu erwarten gewesen wäre.[2077] Eine Naturalrestitution würde hier die Wiedereinräumung des eingezogenen Eigentums bedeuten. Hinsichtlich der sich noch im Staatseigentum Zimbabwes befindlichen Farmgüter ist eine Wiedereinräumung des Eigentums rechtlich möglich. Soweit das Eigentum nicht mehr im Besitz des zimbabwischen Staates sein sollte, sondern anderen Staatsangehörigen übertragen wurde, gilt der Grundsatz, dass die völkerrechtliche Pflicht zur Wiederherstellung des früheren Zustands nicht dadurch ausgeschlossen ist, dass dritte Personen an dem betroffenen Gegenstand private Rechte erworben haben. Der Staat ist dann ggf. verpflichtet, sich durch Enteignung den Gegenstand wieder zu verschaffen, um so die Naturalrestitution zu ermöglichen.[2078] Zwar könnte hier an Unzumutbarkeit gedacht werden, jedoch konnte aufgrund der erst kurzen neuen Besitzausübung der neu Angesiedelten noch kein Vertrauensschutz erworben werden, welcher das schützenswerte Interesse der Alteigentümer an der Herausgabe überwiegen würde. Im Übrigen stünde einer Ersatzlei-

---

[2071] So das Urteil im Shufeldt-Case, vom 24.07.1930, in: AJIL, Vol. 24, 1930, S. 819.

[2072] Foighel, I, Nationalization and Compensation, S. 140. Eine fehlende Entschädigung als Voraussetzung der rechtmäßigen Enteignungsmaßnahme hebt jedoch nicht die Wirksamkeit derselben auf oder führt zum Anspruch auf Rückgängigmachung. Vielmehr verlangt sie nur die Behebung des Mangels, also die – zumind. nachträgliche – Entschädigung. Vgl. für viele Seidl-Hohenveldern, I., Communist Theories, S. 544 f. Eine Enteignung ohne solche Entschädigung, eine Konfiskation, wird daher im allgemeinen als illegal betrachtet, nicht aber als nichtig. Behrens, P., Rechtsfragen im Chilenischen Kupferstreit, S. 418. A.A. dagegen Mann, F., Völkerrechtswidrige Enteignungen, S. 709, der in ihr ein absolutes Unrecht sieht.

[2073] Verdross/ Simma, Universelles Völkerrecht, § 1294; Ipsen, K., Völkerrecht, 4. Aufl., § 40, Rn. 65 f.

[2074] Chorzów-Fall, in: PCIJ Series A Nr. 17, S. 47; Kronfol, Z., Protection, S. 95 f. Dagegen wird im Falle einer rechtmäßigen Enteignung nur der derzeitige Wert des Eigentums (*damnum emergens*) ersetzt. Die Entschädigungspflicht folgt dabei aus der Lehre der ungerechtfertigten Bereicherung oder anderer völkerrechtlicher Prinzipien, wie der Lehre von den wohlerworbenen Rechten oder dem Prinzip des Vertrauensschutzes. Vgl. bei Schäfer, M., Entschädigungsstandard, S. 43 ff. Der enteignende Staat hat kein Unrecht begangen; allerdings erfordert der Interessensausgleich zwischen diesem und dem enteigneten Ausländer die Zahlung einer Entschädigung.

[2075] Zum Beispiel einer *restitution in integrum* vgl. *Temple of Préah-Vihéar-Case*, in: ICJ Rep. 1962, S. 36; Herdegen, M., Internationales Wirtschaftsrecht, S. 221.

[2076] Vgl. Schäfer, M., Entschädigungsstandard, S. 40; Herdegen, M., Internationales Wirtschaftsrecht, S. 221, § 17 Rn. 6; Verdross/ Simma, Universelles Völkerrecht, § 1295; Kronfol, Z., Protection, S. 98 f.

[2077] Verdross/ Simma, Universelles Völkerrecht, § 1296; Bowett, D., State Contracts with Aliens, S. 61. Dies soll zumind. in dem Fall gelten, dass der Enteignung nicht nur die Entschädigungszahlung fehlt, sondern sie auch noch aus anderen Gründen völkerrechtswidrig ist. Brownlie, I., Principles, S. 537 ff.; Shufeldt-Case, vom 24.07.1930, in: AJIL, Vol. 24, 1930, S. 81; Stern, T., Die MIGA, S. 93.

[2078] Verdross/ Simma, Universelles Völkerrecht, § 1295.

stung in Form der Ansiedlung der enteigneten weißen Farmer auf anderem Land – wie in Südafrika, freilich auf Land minderer Qualität - in Zimbabwe auch keine Unmöglichkeit entgegen.

II. Bei Verletzung eines bilateralen Abkommens

1. Verletzung des deutsch-zimbabwischen BITs durch rechtswidrige Eingriffe des Anlagestaates

a) Durch Enteignungsmaßnahmen

Enteignungsmaßnahmen stellen dann einen rechtswidrigen Eingriff dar, wenn die in dem BIT aufgestellten Voraussetzungen nicht eingehalten wurden, also ein Bruch des Investitionsschutzvertrags und damit ein völkerrechtliches Delikt vorliegt.[2079] Die Folge eines rechtswidrigen Eingriffs[2080] in die Kapitalanlage ist demnach keine Entschädigung, sondern Schadensersatz. Soweit möglich, soll dieser in Form der Naturalrestitution – wie durch Aufhebung der rechtwidrigen Maßnahme oder Herausgabe des entschädigungslos enteigneten Kapitals - geleistet werden.[2081] Im anderen Fall, dass die Naturalrestitution nicht oder nicht völlig möglich ist, muss ein Geldersatz erfolgen, der zu einer vollständigen Wiedergutmachung des entstandenen Schaden führt.[2082] Zu beachten ist allerdings, dass dem Investor aus dem Vertragbruch entstandene Vermögensvorteile und sein Mitverschulden mindernd anzurechnen sind.[2083] Schließlich gebührt dem betroffenen Investor für den Fall, dass die Entschädigung nicht prompt gezahlt wird, ab dem Zeitpunkt der Schädigung ein frei transferierbarer angemessener Zins.[2084]

b) Durch bewaffnete Auseinandersetzungen

Bei durch Feindseligkeiten entstandenen Schäden[2085] an den ausländischen Kapitalanlagen – wenn es sich überhaupt um solche im Falle Zimbabwes handelt[2086] - sieht das Investitionsschutzabkommen gemäß Art. 4 (3) BIT D-Z keine Verpflichtung zur Leistung einer Entschädigung vor, so dass insoweit das allgemeine Völkerrecht gilt.[2087]

c) Durch rechtswidrige Eingriffe von Privatpersonen

Den Fall eines rechtswidrigen Eingriffs einer Privatperson, der zwar mit Sanktionen belegt ist, kann ein betroffener ausländischer Investor grundsätzlich nicht gegen den Gaststaat geltend machen. Vielmehr muss er den direkten

---

[2079] Banz, M., Völkerrechtlicher Eigentumsschutz, S. 94. Der Vertragsbruch des enteignenden Staates ist gemäß des Prinzips *pacta sunt servanda* als internationale Rechtsverletzung anzusehen. Comeaux/ Kinsella, Protecting, S. 99.

[2080] Handelt es sich dagegen um einen rechtmäßigen Eingriff des Anlagestaates, so ist eine Entschädigung in der durch das betreffende Abkommen vereinbarten Höhe geschuldet. Diese ist jedoch niedriger bemessen als im Falle der rechtswidrigen Enteignung. Vgl. AMINOIL, in: ILM, Vol. 21, 1982, S. 1031 § 138 und das Schiedsgericht im *Amoco Corp. ./. Iran*, in: Iran-US C.T.R., Vol. 15, 1987 II, S. 246: *„Undoubtedly... a clear distinction must be made between lawful and unlawful expropriations, since the rules applicable to the compensation to be paid by the expropriating State differ according to the legal characterization of the taking."*

[2081] Frick, H., Bilateraler Investitionsschutz, S. 209; Verdross/ Simma, Universelles Völkerrecht, § 1295. Das Prinzip des Primärschutzes wird allerdings zu Gunsten des Geldersatzes kaum angewendet. Vgl. Nwogugu, E., Legal Problems, S. 222.

[2082] Daher ist auch ein entgangener Gewinn, der nach dem gewöhnlichen Lauf der Dinge zu erwarten gewesen wäre, zu ersetzen. Nwogugu, E., Legal Problems, S. 222 ff.; Verdross/ Simma, Universelles Völkerrecht, § 1295 f.; Seidl-Hohenveldern/ Stein, Völkerrecht, Rn. 1686 f.

[2083] Banz, M., Völkerrechtlicher Eigentumsschutz, S. 94.

[2084] Seidl-Hohenveldern/ Stein, Völkerrecht, Rn. 1688.

[2085] Unter den erlittenen Schäden sind grds. nur solche zu verstehen, die dort eingetreten sind, wo sich die Auseinandersetzungen auch abgespielt haben, so dass Verluste der Muttergesellschaft, die sich im Gebiet des Heimatstaates des Investors befindet, nicht darunter fallen. Banz, M., Völkerrechtlicher Eigentumsschutz, S. 95 f.

[2086] Vgl. oben 2. Teil, C. IV. 2. e) dd).

[2087] Banz, M., Völkerrechtlicher Eigentumsschutz, S. 94. Dafür enthalten die BITs jedoch i.d.R. eine Klausel, die den Geschädigten eine Inländergleichbehandlung garantiert.

Rechtsweg gegen den handelnden Privaten beschreiten. Eine Ausnahme von diesem Prinzip gilt jedoch, wenn das Anlageland schuldhaft nicht gegen das rechtswidrige Vorgehen seiner Privatpersonen vorgegangen ist. In diesem Fall ist dieses dem unterlassenden Staat wie sein eigenes Handeln zuzurechnen. Da die Polizei ausdrücklich von Regierungsseite angehalten wurde, nicht gegen die terrorisierenden „*Squatter*" vorzugehen, sind die infolge der Farmbelagerungen entstandenen Zerstörungen am Eigentum der ehemaligen Besitzer, wie Gerätschaften und Gebäude, vom zimbabwischen Staat zu verantworten und damit zu ersetzen. Ausländische Investoren, die unter den Schutz eines BITs ihrer Heimatstaaten mit Zimbabwe fallen, haben daher primär einen Anspruch auf Herausgabe ihrer enteigneten Farmen. Nur soweit dies nicht mehr möglich ist, muss ihnen in entsprechender Höhe Geldersatz geleistet werden.

2. Verletzung eines Staat-Investor-Vertrags

In der Regel ist den Schiedsrichtern die Befugnis zur Beurteilung der Wirksamkeit der durchgeführten Enteignungsmaßnahmen in den Staat-Investor-Verträgen ausdrücklich entzogen. Manche Verträge sehen in einem Enteignungsfall als Rechtsfolge von Anfang an nur eine finanzielle Entschädigung vor. Auch hier stellt sich wieder das Problem der Höhe der festzusetzenden Entschädigung. Während man sich im Grundsatz darüber einig ist, dass das Völkerrecht von jedem Staat verlangt, für entzogenes Eigentum Entschädigung zu leisten, findet sich keine Übereinstimmung hinsichtlich der Höhe.[2080]

Soweit die Vertragsparteien eine Rechtswahlklausel auf das Völkerrecht getroffen haben, ergibt sich der Anspruch aus dieser. Fehlt es jedoch an einer solchen Vereinbarung, ist zumindest inzwischen anerkannt, dass ein Staat aufgrund der Wahrung des öffentlichen Wohls unter bestimmten Bedingungen einen einmal geschlossenen Investitionsvertrag mit dem Privaten einseitig zurücknehmen kann, soweit er diesem eine angemessene Entschädigung zahlt.[2081] Entgegen den Schiedssprüchen des Haager Internationalen Schiedsgerichtshofs und der teilweise vertretenen Ansicht, dass im Fall einer *per se* völkerrechtswidrigen Enteignung[2082] dem Geschädigten die Wiederherstellung des früheren Zustands (*restitutio in integrum*) zustehe,[2083] hat sich die herrschende Meinung nicht diesem Prinzip angeschlossen. War die Enteignung völkerrechtswidrig sollen keine Ansprüche Privater gegenüber dem fremden Gaststaat auf Erfüllung vertraglicher Verpflichtungen (*specific performance*) oder auf Wiedereinräumung der entzogenen Rechte anerkannt werden.[2084] Die Entscheidung muss auch schon deshalb auf eine Entschädigungspflicht des

---

[2080] Es ist allerdings eine Tendenz ersichtlich, im Falle einer rechtswidrigen Enteignung einen höheren Schadensersatz zuzusprechen, als es bei einer rechtmäßigen Enteignung der Fall wäre. Vgl. das Schiedsgericht in *Kuwait-Aminoil-Arbitration*, in: ILM, Vol. 21, 1982, S. 976-1053. Bei einer rechtswidrigen Handlung soll der Schadensersatz so bemessen werden, dass der Enteignete finanziell so wie vor dem schädigenden Akt steht. Daher ist ihm auch neben dem Verlust des investierten Kapitals der zu erwartende Gewinn zu ersetzen. *AMCO*, in: ILM, Vol. 24, 1985, S. 1036 ff.; *Agip*-Fall, in: ILM, Vol. 21, 1982, S. 737; *Benvenuti et Bonfant*-Fall, in: ILM, Vol. 21, 1982, S. 758, § 4. 65.

[2081] Theodorou, H., Investitionsschutzverträge, S. 326.

[2082] Im Falle, dass der bestehende Vertrag durch eine rechtmäßigen Enteignung beendet wird, richtet sich das Maß des zu leistenden Schadensersatzes grds. nach dem allg. Völkerrecht. Zu diesem vgl. 2. Teil, A. III. 3. c) gg); Ebenroth/ Bader, Wirksame Staatenbindung, S. 666; Theodorou, H., Investitionsschutzverträge, S. 454.

[2083] Vgl. z.B. den Chorzów-Fall, in: PCIJ Series A Nr. 17; Hefele, R., Ermittlung der Entschädigung, S. 14.

[2084] Ebenroth/ Bader, Wirksame Staatenbindung, S. 665; Theodorou, H., Investitionsschutzverträge, S. 456; Mehren/ Kourides, International Arbitration, S. 551. Zwar kam der Schiedsspruch im *Texaco*-Fall unter Bezugnahme auf die Völkerrechtspraxis zum dem Schluss, dass aufgrund der Vertragsverletzung Libyen verpflichtet sei den Vertrag zu erfüllen. Vgl. *Texaco Overseas Petroleum Company ./. California Asiatic Oil Company* und die Regierung der lybisch-arabischen Republik, in: ILM, Vol. 17, 1978, S. 1-37. Dieses Urteil hat jedoch heftige Kritik ausgelöst und in der späteren Schiedspraxis keine Beachtung mehr gefunden. Catranis, A., Probleme der Nationalisierung, S. 26; Bowett, D., State Contracts with Aliens, S. 60. Ausdrücklich abgelehnt auch in: *AMCO*, in: ILM, Vol. 24, 1985, S. 1032, § 202: „*It is obvious that this Tribunal can not*

Staates und nicht auf die Wiedereinsetzung in den vorigen Stand abzielen, weil die Verurteilung des Staates, bestimmte Hoheitsakte in seinem Gebiet zugunsten Privater vorzunehmen oder zu unterlassen, einen unzulässigen Eingriff in seine Souveränität darstellen würde. Somit ist der geschädigte Eigentümer anstelle der Naturalrestitution finanziell so zu stellen, wie wenn der schädigende Akt nicht eingetreten wäre. Der zu zahlende Schadensersatz soll dabei sowohl den Verlust des investierten Kapitals, als auch den entgangenen, für gewöhnlich zu erwartenden Gewinn ersetzen.[2085]

C. INTERNATIONALE VERFAHREN ZUR GELTENDMACHUNG DER INTERNATIONALEN RECHTE

Das Funktionieren eines internationalen Investitionsschutzes hängt entscheidend von den Möglichkeiten seiner Geltendmachung und Durchsetzung ab. Dafür bietet sich einmal eine Klage vor den zimbabwischen Gerichten an, die als nationales Verfahren, jedoch nicht als eigene Rechtsmöglichkeit, untersucht werden soll.[2086] Zum anderen stehen die internationale Gerichtsbarkeit und Schiedsgerichtsbarkeit, sowie zulässige völkerrechtliche Zwangsmaßnahmen zur Verfügung. Dabei ist zu differenzieren, inwieweit der individuell betroffene Investor seine Rechte vor den Gerichten geltend machen kann und inwieweit er auf die Ausübung des diplomatischen Schutzes durch seinen Heimatstaat angewiesen ist.

I. Erschöpfung des innerstaatlichen Rechtswegs

Trotz internationaler Abkommen sind die nationalen Vorschriften von enormer Wichtigkeit.[2087] Im Falle einer Verletzung der Rechte ausländischer Investoren in Zimbabwe sind diese zunächst – der Hierarchie der Normen entsprechend - auf die jeweilige nationale Gerichtsbarkeit angewiesen. Dies ergibt sich schon aus der Regel des Völkergewohnheitsrechts, nach der die innerstaatlichen Rechtsschutzmöglichkeiten auszuschöpfen sind, bevor internationaler Schutz gewährt werden darf.[2088] Trotz gesetzlich verankerter Schutzvorschriften ist der Investor im Rahmen der nationalen Gerichtsbarkeit einem weiten Ermessensspielraum der Exekutive des Gaststaates ausgeliefert, der häufig auch der Überprüfung durch die nationalen Gerichte entzogen ist.

1. Grundsatz der „exhaustion of local remedies“

Die unbestrittene internationale Rechtspraxis bestätigt das Prinzip, dass die Ausübung diplomatischen Schutzes, aber auch ein individuelles Vorgehen eines Einzelnen – soweit es denn überhaupt möglich ist - so lange ausgeschlossen

---

substitute itself for the Indonesian Government, in order to cancel the revocation and restore the licence; such actions are not even claimed, and it is more than doubtful that this kind of restitutio in integrum could be ordered against a sovereign state."

[2085] *Agip*-Fall, in: ILM, Vol. 21, 1982, S. 737; *Benvenuti et Bonfant*-Fall, in: ILM, Vol. 21, 1982, S. 758 § 4. 65; *AMCO*, in: ILM, Vol. 24, 1985, S. 1036 ff., Bowett, D., State Contracts with Aliens, S. 69 ff. Zur Rechtsprechung des *Iran-US. Claims Tribunals* vgl. auch Theodorou, H., Investitionsschutzverträge, S. 456. Ein pauschaler Ersatz des entgangenen Gewinns für die restliche Laufzeit soll jedoch nicht gewährt werden, da ein privater Investor, der mit einem Gaststaat einen Investitionsschutzvertrag schließt, nicht davon ausgehen kann, dass die staatlichen Interessen und die Bewertung des öffentlichen Wohls auf Dauer zementiert sind. Theodorou, H., a.a.O., S. 457.

[2086] Abgehandelt wird das innerstaatliche Verfahren allerdings im Rahmen der Erschöpfung des nationalen Rechtswegs.

[2087] Eines der Kriterien der MIGA, die sie i.R.d. Beurteilung der Investitionsbedingungen in den Gastländern nach Art. 12 (d) (iv) der MIGA-Konvention heranzieht, ist der Verfassungsschutz des Gastlandes bzgl. des Eigentums.

[2088] Vgl. unten C.I. 1.

ist, bis alle verfügbaren Rechtsmittel des Aufenthaltsstaates ausgeübt wurden, die sogenannte *local remedies rule*.[2089] Als Gründe für die Anwendung dieser Voraussetzungen, wird die Respektierung der Souveränität der Staaten, der Schutz vor missbräuchlichem Ausnutzen des diplomatischen Schutzes und die Möglichkeit des Staates genannt, sein Verhalten anhand seines eigenen Rechtssystems zu rechtfertigen.[2090] Zwar ist für das Individuum das einklagbare Recht bereits mit der Rechtverletzung entstanden, es kann aber zunächst nur im innerstaatlichen Rechtsweg verfolgt werden (vgl. Art. 56 Nr. 5 AfrCh, Art. 5 (2) (b) ICCPR).[2091] Die Intervention anderer Staaten in die inneren Verhältnisses des Aufenthaltsstaates soll nur als *„ultima ratio"* erfolgen.[2092] Dabei muss sich jedoch auch der enteignende Staat in Ausübung seiner Gerichtsbarkeit an bestimmte Regeln halten. In prozessualer Hinsicht verlangt man von ihm, dass er wesentliche Verfahrenserfordernisse beachtet.[2093]

2. Innerstaatliches Vorgehen im Rahmen des zimbabwischen Eigentumsschutzes

Vielfach schützen die Verfassungen des jeweiligen Gaststaates subjektive Rechtspositionen, wobei deren Ausgestaltung im einzelnen sehr unterschiedlich ausfällt.[2094] Den Investor interessieren dabei zwei Fragestellungen: Zunächst, ob ihm ein bestimmtes verfassungsmäßiges Recht, also die Rechtsträgerschaft zusteht und schließlich, ob ein solches verfassungsmäßiges Recht auch durchsetzbar ist. Es bleibt die Frage nach den Möglichkeiten der Überprüfung von Enteignungsmaßnahmen, insbesondere ihrer Entschädigungsregelung in einem ordentlichen Rechtsverfahren.[2095] Zum einen geht es um die völkerrechtliche Verpflichtung des Enteignungsstaates, gewisse Mindeststandards für den Rechtsschutz von Ausländern einzuhalten, zum anderen um die Zuständigkeit internationaler Instanzen. Die Entscheidung der internationalen Gerichte ist für die Staaten bindend. Auch wenn die nationalen Verfassungen für die afrikanischen Staaten als ihr heiligstes und oberstes Gebot angesehen werden, hat das Verfassungsgericht im Falle eines Widerspruchs zwischen der nationalen Verfassung und dem internationalen Recht grundsätzlich die Pflicht Erstere dem internationalen Level anzugleichen.[2096]

a) Berufung auf die zimbabwische Verfassung

Die Verfassung Zimbabwes enthält in Teil III einen Grundrechtskatalog, welcher unter anderem einen allgemeinen Gleichheitssatz (Paragraph 11), sowie eingehende Regelungen über das Verbot der Diskriminierung aus rassischen

---

[2089] Zur Pflicht der Erschöpfung des nationalen Rechtswegs Mummery, D., The Content of the Duty to Exhaust, S. 390 ff. Siehe zu diesem Rechtsinstitut ausführlich Law, C., The local Remedies rule, insbes. S. 63 ff.; Jain, S., Nationalization, S. 193 ff.; Doehring, K., Local Remedies, S. 238; Comeaux/ Kinsella, Protecting, S. 38.

[2090] Trindade, C., Exhaustion, S. 334. Zu weiteren Gründen vgl. Doehring, K., Local Remedies, S. 238; Kronfol, Z., Protection, S. 124. Durch diese Regelung will das Völkerrecht dem jeweiligen Staat die Gelegenheit geben, Streitigkeiten zwischen sich und den ausländischen Investoren möglichst aus eigener Anstrengung zu verhindern. Polter, Auslandsenteignungen, S. 126 ff.; Frick, H., Bilateraler Investitionsschutz, S. 239.

[2091] Vgl. auch Art. 50 AfrCh, Art. 41 (1) (c) ICCPR; Trassl, M., Wiedergutmachung, S. 110. Zur *local remedies rule* vgl. Ipsen, K., Völkerrecht, 4. Aufl., § 24 Rn. 38 ff. Dabei ist auch zu beachten, dass der Betroffene eine innerstaatliche Rechtsbehelfsfrist einhält. Andernfalls wäre der Rechtsweg nicht erschöpft und mangels Nachholbarkeit auch nicht mehr erschöpfbar. Der in Anspruch genommene Staat könnte der Geltendmachung des Betroffenen auf Dauer die Einrede der Nichterschöpfung des Rechtswegs entgegenhalten, es sei denn, die Frist wäre unangemessen kurz oder der Betroffene vom verantwortlichen Staat an der Fristeinhaltung gehindert worden. Vgl. Trassl, M., a.a.O., S. 112.

[2092] Generell müssen sich die anderen Staaten mit einem reinen Hinweis auf eine Menschenrechtsverletzung begnügen. Vgl. Art. 47 Satz 1 AfrCh, Art. 41 (1) (a) Satz 1 ICCPR.

[2093] Vgl. Böckstiegel, K., Die allgemeinen Grundsätze, S. 106 ff.

[2094] Herdegen, M., Investitionsschutz in Lateinamerika, S. 342. Eine detaillierte Analyse kann im Rahmen dieser Arbeit jedoch nur anhand der zimbabwischen Verfassung erfolgen.

[2095] Dazu vgl. Alenfeld, J., Die Investitionsförderungsverträge, S. 145 ff.

[2096] Gonidec, P., The Relationship of International Law, S. 247 f.

Gründen (Paragraph 23) und des Eigentumsschutzes (Paragraph 16) vorsieht. Da die Grundrechte der zimbabwischen Verfassung als „unverletzlich" gelten, ist nach der zimbabwischen Verfassungsrechtsdogmatik ihre Einschränkung nur möglich, soweit sie selbst unter einem Schrankenvorbehalt stehen (vgl. Paragraph 11 der Verfassung). In verfahrensrechtlicher Hinsicht sind die Grundrechte durch Paragraph 24 der Verfassung abgesichert, der die grundrechtlich gewährleistete Rechtsweggarantie beinhaltet und es allen Grundrechtsträgern ermöglicht, sowohl wegen der möglichen Verletzung eines eigenen Grundrechts, als auch, soweit ein ausreichendes öffentliches Interesse hierfür besteht, wegen der Verletzung von Grundrechten anderer, das zimbabwische Verfassungsgericht anzurufen.[2097]

aa) Rechtsträger

Gemäß der Eröffnungsvorschrift der Verfassung ist *„every person ... entitled to the fundamental rights and freedoms of the individual..."*. Dabei scheinen dem Begriff des Individuums auch Körperschaften zu unterliegen, da später aufgeführte Rechte auf die *„person"* verweisen und das *Privy Council* diesbezüglich entschieden hat, dass Körperschaften durch ähnliche Vorschriften in anderen Verfassungen geschützt sind.[2098] Ob darunter auch abwesende Eigentümer fallen ist ungeklärt.[2099] Im Zeitpunkt der Nationalisierung befanden sich jedoch die betroffenen Farmeigentümer noch in Zimbabwe, so dass dies dahingestellt bleiben kann.

bb) Verletztes Grundrecht

Bei der Berufung auf eine Verletzung des Gleichheitsgrundsatzes nach der Verfassung ist für die Betroffenen jedoch problematisch, dass bei einer unterschiedlichen Behandlung im Bezug zum afrikanischen Gewohnheits- und Bodenrecht gerade keine Diskriminierung vorliegen soll.[2100] Ein Verstoß gegen das Diskriminierungsverbot nach der Verfassung ist daher nicht gegeben.

In Betracht kommt allerdings eine Verletzung des Eigentumsschutzes, der sich im Grundrechtseil der Verfassung in Paragraph 11 i.V.m. 16 befindet.[2101] Es gibt zwei Möglichkeiten, wie das Eigentumsrecht verletzt sein kann: Zum einen kann das Enteignungsgesetz selbst verfassungswidrig sein. Zum anderen kann das Gesetz rechtmäßig sein, jedoch halten sich die staatlichen Behörden nicht an seine Vorgaben.[2102] Da sich der LAA und die zimbabwische Verfassung inhaltlich mittlerweile entsprechen, käme eine Eigentumsverletzung bei Nichteinhaltung der in beiden Gesetzen vorgesehenen Kriterien in Betracht. Die Frage des Eigentumsschutzes ist zwar ausführlich vom zimbabwi-

---

[2097] Im Falle einer möglichen Verletzung der verfassungsmäßig garantierten Rechte, kann sich der Verletzte direkt an den *High Court* wenden, der zur Durchsetzung dieser Rechte befugt ist, *to „make such orders, issue such writs and give such direction as it may consider appropriate for the purpose of enforcing or securing the enforcement ...*". Vgl. Paragraph 24 (4).

[2098] Vgl. Allen, T., The Law, S. 70.

[2099] Allen, T., The Law, S. 70.

[2100] Ermacora,F., Menschenrechte, S. 554.

[2101] Soweit Enteignungen im Raume standen, folgte Paragraph 16 der Verfassung von 1980 zunächst dem Hull-Standard und forderte eine Ankündigung der anstehenden Enteignung, einen öffentlichen Zweck für die Maßnahme und die Zahlung einer prompten, adäquaten und effektiven Entschädigung. Unter einer adäquaten Entschädigung verstand die zimbabwische Rechtssrpechung den Marktwert des zu enteignenden Gegenstandes. Vgl. *May & Ors ./. Reserve Bank of Zimbabwe*, in: Roux, T., Constitutional Property Rights, S. 765. Es wurde zwar ein individuelles Eigentumsrecht als Schutz der weißen Bevölkerung auf 10 Jahre in der *Lancaster House* Verfassun verankert, dieses Recht konnte danach jedoch durch parlamentarische Geseztesänderunge neu definiert werden. Horn van, A., Redefining „Property", S. 148. I.d.R. wurde die Verfassung derart geändert, dass eine Entschädigung fair und innerhalb angemessener Frist zu zahlen war. Die Entschädigungskriterien sollten nicht mehr vom Gericht, sondern dem Parlament festgelegt werden. Vgl. oben 1. Teil, B. I. 2. b).

[2102] Allen, T., The Law, S. 81.

schen Verfassungsgeber geregelt, eine positive Formulierung zur grundrechtlichen Garantie des Eigentums ist jedoch nicht vorgesehen. Der Begriff des Eigentums ist daher im gegenständlichen Sinn zu verstehen und nicht als Rechtsinstitut. Nach Paragraph 16 der aktuellen Verfassung besteht Eigentumsschutz für jedes Eigentum – egal ob es nach *Common Law* oder Gewohnheitsrecht gehalten wird. Der Begriff „*property*" ist dabei weitumfassend und schließt sowohl bewegliches, als auch unbewegliches Eigentum mit ein. Ihm unterfallen auch Investitionslizenzen. Nach allgemeiner Ansicht im Völkerrecht haben die Staaten ein souveränes Recht inne, Eigentum von ihren eigenen oder von fremden Staatsangehörigen zu enteignen, wofür Paragraph 16 (1) der Verfassung als Rechtsgrundlage für die zimbabwische Regierung dient. Danach sind - wie auch im internationalen Recht - Eingriffe in das Eigentum nur unter bestimmten Bedingungen zulässig. Dieser Gesetzesvorbehalt wird näher bestimmt: Enteignungen sind dann möglich, wenn sie im Interesse der Verteidigung der öffentlichen Sicherheit, Ordnung, Moral, Gesundheit, der Stadt- oder Raumplanung oder im Interesse der Entwicklung und Nutzung bestimmten Eigentums zur Förderung des allgemeinen Wohls notwendig werden. Außerdem muss ein allgemeines Gesetz Bestimmungen über eine faire Entschädigungszahlung innerhalb angemessener Zeit und die Möglichkeit eines gerichtlichen Rechtsschutzes zur Sicherung der Rechtmäßigkeit der Enteignung und der Höhe der Entschädigung vorsehen.

Die Notwendigkeit der Enteignung muss dabei auf einer vernünftigen Rechtfertigung beruhen, welche die Verfassung in der Ansiedlung aus landwirtschaftlichen oder ähnlichen Gründen, in der Landreorganisation oder in der Wiederansiedlung enteigneter Personen sieht.[2103] Damit hält sich die zimbabwische Verfassung an internationales Recht. Der StIGH entschied in einem Fall, der bestimmte deutsche Interessen in *Polish Upper Silesia* betraf, dass nur eine Enteignung aufgrund öffentlichen Nutzens, gerichtlicher Überprüfung und ähnlicher Maßnahmen völkerrechtmäßig ist.[2104] Auch in „*Sporrong and Lönnroth ./. Schweden*" bestimmte der EGMR, dass ein fairer Ausgleich zwischen der Anforderung des allgemeinen Interesses und den individuellen Grundrechten getroffen werden muss.[2105] Weiterhin entspricht auch die Zeitspanne der Enteignung „innerhalb angemessener Zeit" nach dem zimbabwischen Recht dem internationalen Standard. In „*Erkner and Hofauer ./. Austria*" entschied z.B. der EGMR, dass eine Menschenrechtsverletzung nur dann gegeben sei, wenn das Entschädigungsverfahren eine unangemessene Zeit von mehr als 16 Jahren in Anspruch nähme.[2106] Problematisch war allerdings die Verfassungsänderung hinsichtlich der Enteignung von Land zu Umsiedlungszwecken. Dabei ist ein geringerer als der volle Entschädigungsmaßstab nach dem ebenfalls modifizierten LAA[2107] im Rahmen von Landreformen akzeptabel, da dem enteignenden Staat kein Profit an dem enteigneten Land zukommt.[2108] Dies bestätigt auch die Rechtsprechung des

[2103] Beispiele sind auch die Sicherung der Mineralquellen oder die Gefährlichkeit für Mensch und Tier. Vgl. Tshosa, O., National Law, S. 237.

[2104] Vgl. *German Interests in Polish Upper Silesia*, in: PCIJ, 1926, Series A, No. 7, S. 22.

[2105] EGMR vom 23.09.1982, *Sporrong ./. Lönnroth*, in: EHRR, Vol. 5, 1983, S. 35 ff., Ziff. 35 ff. Die Afrika Charta macht die Enteignung in Art. 14 ebenfalls vom öffentlichen Nutzen oder allg. Interesse der Gesellschaft in Übereinstimmung mit den Vorschriften des Enteignungsrechts abhängig. Vgl. dazu oben 2. Teil, B. III. 3. e).

[2106] EGMR vom 23.04.1987, *Erkner and Hofauer ./. Austria*, Ser. A, Nr. 117, Ziff. 65; Hlatshwayo, B., Land Expropriation Laws, S. 55.

[2107] Als Generalnorm verlangt die Verfassung, dass das Enteignungsverfahren gem. eines später erlassenen Spezialgesetzes ergeht. Gedacht war dies, damit das Parlament Willkürlichkeiten anhand der Gesetzesmodalitäten aus der Welt schaffen konnte. Stattdessen hat Präsident Mugabe auf die Ermächtigung, der zeitlich beschränkten „*Presidential Powers*" im Falle des Notstands, zurückgegriffen. Aufgrund seiner reduzierten Anhänger im Parlament, ging er davon aus, ein neuer LAA würde dort keine Zustimmung mehr finden, so dass er das „*Fast Track*" Programm zur Begründung seiner Notstandsermächtigung kreierte. Hansungule, M., Who Owns Land in Zimbabwe? S. 335.

[2108] Es ist anerkannt, dass der Entschädigungsrahmen flexibel ausgestaltet, die legitimen Interessen von Enteigner und Enteigneten ausbalanciert werden und garantiert wird, dass die Entschädigungshöhe und die Art der Zahlung nicht den Zweck der Enteignung zunichte machen. Carasco, E., A nationalization compensation framework, S. 678 f.; Hlatshwayo, B., Land Expropriation Laws, S. 49.

EGMR.[2109] Auch die Entschädigungsaufspaltung über einen Zeitraum von bis zu fünf Jahren [Paragraph 19 (5)], ist generell nach internationalem Recht und sogar nach der Hull-Formel zulässig.[2110] Mit der Formulierung einer fairen Entschädigung innerhalb angemessener Zeit genügen Verfassung und LAA daher dem internationalen Enteignungsrahmen.[2111]

Durch die Einführung von Paragraph 16 A in die Verfassung hat die zimbabwische Regierung jedoch die Entschädigungszahlung im Rahmen der Landreform einem Drittstaat, nämlich Großbritannien als früherer Kolonialmacht, auferlegt. Ist dieses bereit, die Zahlung für die enteigneten Farmen zu übernehmen, ist der internationalen Forderung einer Entschädigung Genüge getan. Großbritannien hat zwar wiederholt Geld für die zimbabwische Landreform bereitgestellt, ist jedoch nicht willens, die mittlerweile undurchsichtigen und mit illegalen Mitteln vorangetriebenen Enteignungsverfahren finanziell zu unterstützen. Bei Zahlungsverweigerung Großbritanniens ist der zimbabwische Staat nach der Verfassung nicht zu einer Entschädigungszahlung verpflichtet [Paragraph 16 A (1) (c) (ii)] und der Enteignete würde keine Kompensation erhalten. Paragraph 16 A (2) zählt u.a. den Preis, der zuletzt für das Land gezahlt worden ist und die auf dem Land getätigten Investitionen, als in die Entschädigungsfestsetzung mit einzubeziehende Kriterien auf. Dies ist jedoch nur in Betracht zu ziehen, falls überhaupt eine Entschädigung gezahlt wird. Dabei kann man „*any compensation that may be payable...*" sowohl auf die von Großbritannien zu zahlende Entschädigung, als auch auf eine von Zimbabwe freiwillig übernommene beziehen. Da letzteres jedoch nicht die zimbabwische Staatspraxis widerspiegelt und Großbritannien die Zahlung nicht übernimmt, bleibt es in der Realität für die Enteigneten bei der Entschädigungslosigkeit der Enteignungen. Damit verstoßen die zimbabwische Verfassung und der entsprechende LAA gegen internationales Recht, so dass es auch nicht mehr auf die Einhaltung dieser Gesetze durch die staatlichen Behörden ankommt.

b) Eigentumsschutz durch nationale Investitionsschutzgesetze

Wie die meisten Entwicklungsländer hat Zimbabwe zur Regelung der Investitionstätigkeit allgemeine Investitionsgesetze und Investitionsbestimmungen erlassen.[2112] Von wenigen Ausnahmen abgesehen, gelten die Förderungsmaßnahmen dabei für nationale und ausländische Investoren im gleichen Maße. Für die Einhaltung dieser Entwicklungspläne sorgt ein besonderes Zulassungsverfahren, dem die Auslandsinvestitionen unterworfen sind.[2113] Die konkreten Anforderungen für die Zustimmung zu einer ausländischen Investition sieht der *Zimbabwe Investment*

[2109] Vgl. *Lithgow ./. United Kingdom*, wo das Gericht bei der Nationalisierung verschiedener Industrien entschied, dass die Wegnahme ohne eine Entschädigungszahlung, die dem Wert des enteigneten Objekts entspricht, in der Regel eine unverhältnismäßige Verletzung darstelle, die nicht nach Art. 1 des ZP der EMRK gerechtfertigt sei. Allerdings sehe dieser Artikel kein Recht auf eine volle Entschädigung unter allen Umständen vor, da das legitime Ziel des öffentlichen Interesses für eine geringere Entschädigung sprechen könne. Vgl. EGMR, in: EHRR, Vol. 8, 1986, S. 329 ff., Ziff. 54.

[2110] Uk ./. Iran, memorial in the Anglo-Iranian Oil Co Case, in: ICJ Pleadings, 1952, S. 105 f.

[2111] Hlatshwayo, B., Land Expropriation Laws, S. 52. Dennoch war strittig, ob bereits die Designation einer Enteignung gleichkam und daher zu einer Entschädigung führen müsste. Im Fall „*Starret Housing Corp. ./. Government of Islamic Republic of Iran*" (vgl. ILM, Vol. 23, 1984, S. 1090) differenzierte das Gericht zwischen einer entschädigungsbedürftigen Enteignung und bloßen Maßnahmen, die das Eigentum beschränken. Da letztere nicht zu einer Eigentumsübertragung und Wegnahme des Eigentums führen, sei diesbzgl. keine Entschädigung erforderlich.

[2112] Einleitend definieren sie die ausdrückliche Zielsetzung, die in der Lenkung und Förderung der privaten Investitionstätigkeit besteht. Grds. beschränken sich die Begünstigungen auf solche Investitionen, die im Einklang mit den nationalen Entwicklungsplänen stehen. So hat die zimbabwische Regierung bestimmte Sektoren (Transport, landwirtschaftliche Primärproduktion) für die lokalen Investoren reserviert. Für ausländische Investoren stehen dagegen bevorzugt die Bereiche Tourismus und Bergbau zur Verfügung. Vgl. http://www.zic.co.zw/rules.pdf; besucht am 28.08.2004.

[2113] Vgl. dazu die allg. Prüfungskriterien bei Petersmann, E., Wirtschaftsintegrationsrecht, S. 152 f.

Center Act von 1992 vor.[2114] Eine weitere Investitionsbestimmung stellt der *Export Processing Zones Act* von 1996 dar, der für die Einführung neuer Investitionsprojekte Anwendung findet. Als Anreiz sieht er Steuervergünstigungen und zum Teil ein permanentes Wohnrecht für ausländische Investoren vor.[2115]

Aus der Sicht der Investoren müsste bei den Investitionsgesetzen der Schwerpunkt auf dem Schutz vor nichtkommerziellen Risiken, wie Enteignungsmaßnahmen, liegen.[2116] Stattdessen wird keine Konkretisierung der in der Verfassung niedergelegten Grundsätze über die Zulässigkeit von Enteignungen und die Voraussetzungen der Entschädigungsregelungen vorgenommen. Die grundsätzliche Bedeutung der Investitionsgesetzgebung für den Investor besteht in der überprüfbaren rechtlichen Basis für seine Kapitalanlage. Eine Sicherheit für seine Investition entsteht ihm daraus jedoch nicht. Auch nimmt die Regierung durch den starken sozialen Druck nicht selten einschneidende rechtliche Veränderungen im Bereich des Investitionsrechts, vor,[2117] so dass dem Investor daraus keine Schutzmöglichkeiten zustehen.

c) Praxis der Gerichte von Zimbabwe

Nachdem sich insbesondere das Verfassungsgericht noch im Dezember 2000 für die Illegalität der durchgeführten Landreform aussprach und das „*Fast Track*" *Program* untersagte,[2118] konnte man von einer stabilen fortschrittlichen und unabhängigen Gerichtsbarkeit in Zimbabwe ausgehen.[2119] Infolge der Neubesetzung durch regierungstreue Richter wurde jedoch zum großen Teil die Politik der „Landreform" von Präsident Mugabe sanktioniert,[2120] da nunmehr ein gesetzmäßiges Programm einer Landreform durch die Regierung durchgeführt werden sollte. Im Ergebnis ist die Praxis der zimbabwischen Gerichte für die Regierung jedoch irrelevant. Da sich Präsident Mugabe als über dem Recht stehend ansieht, fühlt er sich auch an keine Gerichtsurteile gebunden. Insbesondere, wenn diese nicht im Einklang mit seinen Zielen in der Landreform standen, erklärte er sogar öffentlich, solche Urteile zu ignorieren.[2121]

d) Zusammenfassung

Zimbabwes Gesetze enthielten tiefgreifende, dem internationalen Recht entsprechende Eigentumsgarantien.[2122] Mit der Einführung von Paragraph 16 A und dessen einseitiger Delegierung der Entschädigungszahlung auf einen Drittstaat, ist dies jedoch nicht mehr der Fall. Entscheidend für einen wirklichen Schutz ist auch nicht alleine der Wortlaut der Verfassung, sondern die Tatsache, wie die Verfassung angewendet und interpretiert wird. Durch nationale Einrichtungen – wie die zimbabwischen Gerichte – wird die Nationalisierung im Rahmen des Landreformprogramms mittlerweile als verfassungsmäßig beurteilt. Tatsächlich verstößt die Enteignungsdurchführung aufgrund von Ge-

---

[2114] Vgl. dazu http://www.rbz.co.zw/inc/publications/legaldept/rbzpdfs/ZIMBABWE%20INVESTMENT%20CENTRE%20ACT.pdf; besucht am 28.08.2004.
[2115] Vgl. http://www.sadcreview.com/country_profiles/zimbabwe/zimbabwe.htm; Business Environment/ Incentives; besucht am 28.08.2004.
[2116] Frick, H., Bilateraler Investitionsschutz, S. 38.
[2117] Patzina, R., Rechtlicher Schutz, S. 40.
[2118] Roux, T., Constitutional Property Rights, S. S. 762 ff.; Hansungule, M., Who Owns Land in Zimbabwe? S. 323.
[2119] MacClung Nading, J., Property under siege, S. 751.
[2120] Vgl. Madhuku, L., The Impact, S. 934.
[2121] MacClung Nading, J., Property under siege, S. 741, Fn. 15.
[2122] Allen, T., The Law, S. 83.

walt, Ungleichbehandlung und Willkür jedoch gegen allgemeines Völkerrecht. Nimmt der zimbabwische Staat in evident verfassungswidriger Weise einen Eingriff in vermögenswerte Güter eines Investors vor, dürfte es schwierig sein, erfolgreich einen diesbezüglichen Rechtsverstoß vor den nationalen zimbabwischen Gerichten geltend zu machen. In einem derartigen Fall ist für den Betroffenen vielmehr entscheidend, ob er sich unter Berufung auf das Völkerrecht an ein internationales Gremium wenden kann. In der Literatur wird deswegen auch die Effizienz des Rechtsschutzes durch das Verfassungsrecht eines Gaststaates als relativ gering bewertet.[2123]

3. Ausnahme vom Erfordernis der innerstaatlichen Rechtswegerschöpfung

Ausnahmen von dem Erfordernis der Rechtswegerschöpfung werden zugelassen, wenn im nationalen Rechtssystem kein angemessenes und effektives Rechtsmittel[2124] zur Verfügung steht. Dies ist auch der Fall, wenn klar feststeht, dass keine Aussicht auf Erfolg eines solchen Rechtsmittels besteht, weil die Gerichte sich in der Vergangenheit konsequent und eindeutig geweigert haben, den Anspruch des Rechtsuchenden zu dessen Gunsten zu beurteilen.[2125] Die Erschöpfung des innerstaatlichen Rechtswegs ist ebenfalls nicht erforderlich, wenn ein *denial of justice* vorliegt. Darunter versteht man jeden Mangel in der gerichtlichen Organisation oder in der Rechtsausübung, der hinsichtlich des Rechtsschutzes des Fremden zu einer Verletzung der rechtlichen Pflichten der Staaten führt.[2126] Ein weiterer solcher Fall liegt vor, wenn das Rechtsmittel vor dem nationalen Gericht keine Aussicht auf Erfolg hat, weil das Gericht z.B. eine ständige völkerrechtswidrige Praxis aufweist oder es keinen Anspruch auf eine Entschädigung gibt.[2127] Dazu gehört auch der Fall, dass es an der Unabhängigkeit des Gerichts fehlt, weil es von Regierungsseite unter Druck gesetzt wird, seine Urteile mit einem bestimmten Inhalt zu fällen.[2128]

Problematisch an der zimbabwischen Verfassung ist Paragraph 79 (2) (a) der es dem Parlament erlaubt, „*adjudicating functions in a person or authority other than a court....*" aufzuerlegen und damit eine Bedrohung der Unabhängigkeit der Gerichte durch die Einsetzung einer weniger neutralen Institution hervorzurufen.[2129] Die Ernennung der Richter, insbesondere auch derjenigen des *Supreme Courts,* obliegt alleine dem Präsidenten.[2130] Die Entfernung eines einmal eingesetzten Richters unterliegt formellen Voraussetzungen, die der Präsident nicht selbst initiieren

---

[2123] Patzina, R., Rechtlicher Schutz, S. 35 f.

[2124] Zum Erfordernis der Effektivität vgl. z.B. den Ciulla-Case, Urteil vom 22.02.1989, in: ECHR Ser. A, Vol. 148, Nr. 31 f.

[2125] Doehring, K., Local Remedies, S. 240.

[2126] Die exakte Begriffsdefinition ist jedoch umstritten. Vgl. Brownlie, I., Transition to Independence, S. 529 f. Dies kann der Fall sein, wenn dem Investor der Zugang zu den nationalen Gerichten verweigert wird, oder auch wenn das völkerrechtliche Unrecht auf diese Weise nicht beseitigt werden kann, weil das Gericht zur Überprüfung derartiger Fragen nicht zuständig ist. Vgl. die Entscheidung über die chilenischen Kupferminenenteignungen in: ILM, Vol. 11, 1972, S. 1013 ff.

[2127] Verdross/ Simma, Universelles Völkerrecht, § 1306; Comeaux/ Kinsella, Protecting, S. 39. Ausnahmsweise kann auch ohne Rechtswegerschöpfung direkt das internationale Organ angerufen werden, wenn die Rechtsverletzung auf einer Gesetzgebung oder Verwaltungspraxis beruht, die ihrerseits gegen die Menschenrechte verstößt. Diese Ausnahme soll allerdings dann nicht greifen, wenn es sich um ein Schadensersatzverlangen handelt, da es sich dabei nicht um einen Fall einer derartigen Dringlichkeit handelt, wie bei der Verhinderung künftiger Verstöße. Trassl, M., Wiedergutmachung, S. 111 f.

[2128] Zagel, G., Auslandsinvestitionen in Lateinamerika, S. 231.

[2129] Madhuku, L., Constitutional Protection, S. 233.

[2130] Paragraph 84 (1) der Verfassung sieht vor, dass: „The Chief Justice and other judges of the Supreme Court and the High Court shall be appointed by the President after consultation with the Judicial Service Commission." Die Tatsache, dass der Präsident dabei Rücksprache mit der Kommission zu halten hat, die vornehmlich aus vom Präsidenten nominierten Personen besteht (vgl. Paragraph 90 der Verfassung), bedeutet jedoch nicht, dass er an diese gebunden ist. Art. 84 (2) der Verfassung stellt eindeutig klar: „If the appointment of a Chief Justice or a judge of the Supreme Court or the High Court is not consistent with any recommendation made by the Judicial Service Commission in terms of subsection (1), the President shall cause Parliament to be informed as soon as is practicable." Somit bleibt es bei der Ernennung, sofern nur das Parlament informiert wurde. Madhuku, L., Constitutional Protection, S. 235.

kann [Paragraph 87 (3) der Verfassung]. Die Absetzung unliebsamer Richter haben in Zimbabwe jedoch die „Kriegsveteranen“ mit ihrer Gewaltausübung übernommen und damit der erneuten Ernennung regierungstreuer Richter durch den Präsidenten den Weg geebnet. Wie bereits erörtert wurde, ist von den unter Regierungsdruck stehenden Gerichten kein wirksamer Schutz für die Betroffenen mehr zu erwarten. Der betroffene Kläger hat dabei zu beweisen, dass er die nationalen Rechtsmittel ausgeschöpft hat. Dabei obliegt dem Gaststaat die Beweislast, dass solche Rechtsmittel im Land überhaupt existieren. Gelingt ihm dies, kann der Kläger wiederum versuchen darzulegen, dass die vorhandenen Rechtsmittel ineffektiv sind.[2131] Zum Teil haben die betroffenen Farmer sich mit allen Mitteln gegen die Enteignungen erfolglos gerichtlich zur Wehr gesetzt, so dass der innerstaatliche Rechtsweg von ihnen erschöpft worden ist. Für den anderen Teil, der ein solches Vorgehen aufgrund der beschriebenen Umstände für aussichtslos erachtet hat, greift die Ausnahme von der Rechtswegerschöpfung.

II. Klage vor einem internationalen Gericht

1. Parteifähigkeit

Für eine Klage vor dem IGH in Den Haag, einem der Hauptorgane der Vereinten Nationen,[2132] müssten die betroffenen weißen Farmer eine für dieses Verfahren zugelassene Streitpartei sein. Es gilt auch hier Art. 34 IGH-Statut, nach der die Parteifähigkeit den Staaten vorbehalten ist.[2133] Selbst wenn man für die Gruppe der weißen Farmer in Zimbabwe die Eigenschaft als Volksgruppe bejahen würde, wären sie als solche nicht parteifähig, so dass ein eigenes Verfahren vor dem IGH ausscheidet. Auch im Falle der mindestens partiellen Zuerkennung von Völkerrechtssubjektivität für Volksgruppen wäre nach der hier vertretenen Ansicht der Weg zum IGH als Staatengerichtshof der weißen Minderheit nicht eröffnet. Da nach Art. 34 IGH-Statut nur Staaten als Parteien vor dem IGH auftreten können, sind völkerrechtswidrige Enteignungen oder Nationalisierungen ausschließlich von den Heimatstaaten der Investoren im Wege der internationalen Klage geltend zu machen.[2134] Dazu müsste der jeweilige Heimatstaat den eingetretenen Schaden der Enteigneten zu dem seinigen machen, indem er gegenüber Zimbabwe erklärt, er selbst betrachte sich durch das Unrecht geschädigt *(espousal of claim)*.[2135] Die Kompetenz des IGH zur Entscheidung internationaler Streitigkeiten besteht jedoch nur dann, wenn die an der Streitigkeit beteiligten Staaten ihre Unterwerfung unter die Gerichtsbarkeit des Gerichtshofs erklärt haben, wovon nur wenige Staaten Gebrauch gemacht haben.[2136]

[2131] Robertson, B., Exhaustion of Local Remedies, S. 191 ff.
[2132] Er ist die Nachfolgeeinrichtung des Ständigen Internationalen Gerichts des Völkerbunde von 1922 und nahm seine Arbeit 1946 auf.
[2133] Ipsen, K., Völkerrecht, 4. Aufl., § 62 Rn. 43.
[2134] Die betroffenen Investoren haben darauf allerdings keinen Anspruch. Vgl. Seidl-Hohenveldern/ Stein, Völkerrecht, Rn. 1697.
[2135] Seidl-Hohenveldern/ Stein, Völkerrecht, Rn. 1695 f.
[2136] Malanczuk, P., Modern Introduction, S. 286 f. Zimbabwe hat eine solche Unterwerfungserklärung nicht abgegeben, vgl. unter: http://www.icj-cij.org/icjwww/ibasicdocuments/ibasictext/ibasicdeclarations.htm; besucht am 10.09.2004.

2. Materieller Teil der Staatenklage vor dem IGH

a) Aktivlegitimation

Die Aktivlegitimation steht nur demjenigen zu, der an der Einhaltung der Verpflichtung ein rechtlich geschütztes Interesse hat.[2137] Im Falle einer Wiedergutmachungspflicht nach dem Fremdenrecht ist das derjenige, dessen Interesse durch die verletzte Primärnorm geschützt werden soll. Nach dem traditionellen Völkerrecht wird gerade der Schutz der Staaten bezweckt, selbst wenn die Rechte von Individuen in Frage stehen. Daher ist nur der Heimatstaat aktivlegitimiert.[2138]

Währendessen gelten die Menschenrechte v.a. zugunsten der Individuen. Anders als bei Verletzungen des Fremdenrechts, wo die Aktivlegitimation dem Heimatstaat zugerechnet wird, sind in vielen Menschenrechtskonventionen Mechanismen für die eigene Durchsetzung durch das Opfer vorgesehen.[2139] Manche Autoren wollen ein subjektives Recht des Betroffenen allerdings davon abhängig machen, dass ihm auch ein Recht zur Geltendmachung seines Begehrens in einem völkerrechtlich geregelten Verfahren vor internationalen Organen zustehen würde.[2140] Fest steht allerdings, dass nach der noch immer herrschenden Meinung im Völkerrecht, den Individuen im nicht vertraglich geregelten Bereich die Völkerrechtssubjektivität fehlt.[2141] Daher kann das Recht auf Wiedergutmachung im Rahmen des allgemeinen Völkergewohnheitsrechts nur den übrigen Vertragsstaaten zustehen, da diese aufgrund des Gemeinschaftsinteresses am Schutz der Menschenrechte ebenfalls in einem rechtlich geschützten Interesse betroffen sind.[2142] Sie können jedoch nur Entschädigung an das betroffene Individuum verlangen.

b) Entscheidungsmöglichkeiten

Im Rahmen der Prüfung durch den IGH ist das gesamte anwendbare Völkerrecht gemäß Art. 38 (1) IGH-Statut Grundlage der Entscheidung. Zur Kontrolle steht bezüglich der ausländischen Investoren daher der Verstoß gegen das Enteignungsrecht nach dem allgemeinen Fremdenrecht, das Diskriminierungsverbot nach Art. 2 i.V.m. 14 bzw. 26 ICCPR und Art. 3 (1) AfrCh, die Rassendiskriminierung nach Art. 4 (1) ICERD, sowie das Recht auf Eigentum nach Art. 14 AfrCh. Die Feststellung der Völkerrechtswidrigkeit dieser Rechte durch die zimbabwischen Enteignungsmaßnahmen bindet gemäß Art. 59 IGH-Statut nur das beklagte Zimbabwe und den klagenden Heimatstaat.

Bei Feststellung des verletzten Menschenrechts sieht die AEMR keine konkrete Möglichkeit vor, dieses wieder gutzumachen oder zu sanktionieren. Angesichts des Fehlens einer zentralen völkerrechtlichen Zwangsgewalt ist die Staatengemeinschaft überwiegend auf kooperative, der koordinationsrechtlichen Natur des Völkerrechts entsprechende Formen der Durchsetzung des Diskriminierungsverbots und des Eigentumsrechts angewiesen. Möglichkeiten der gerichtlichen Verfolgung werden für das Individuum, aber auch für Staaten bis heute nur im Rahmen der

---

[2137] Vgl. Urteil des Barcelona-Traction-Fall, in: ILR, Vol. 46, 1973, S. 1 ff.

[2138] Vgl. The Mavrommatis Palestine Concessions, vom 30.08.1924, in: PCIJ, 1924, Series A, No. 2, S. 11 f.: „The latter Power (Greece; von der Verfasserin eingefügt) is asserting its own rights by claiming form His Britannic Majesty's Government an indemnity on the ground that M. Mavrommatis, one of its subjects, has been treated by the Palestine or British authorities in an manner incompatible with certain international obligations…"

[2139] Trassl vertritt daher, dass die Durchsetzungsbefugnis bei Menschenrechtsverstößen direkt dem Individuum zustehe. Vgl. Trassl, M., Wiedergutmachung, S. 108.

[2140] Verdross/ Simma, Universelles Völkerrecht, § 424.

[2141] Richter, D., Kommentar, S. 228. Selbst in der EMRK wurde der Individualanspruch erst nach 30 Jahren eingeführt.

[2142] Hanz, M., Zur Völkerrechtlichen Aktivlegitimation, S. 152.

regionalen Menschenrechtssysteme in Europa und in Amerika gewährt, vgl. die Individualbeschwerde in Art. 13 f. EMRK, 24 f. AMRK.[2143] Bisweilen hat der Menschenrechtsausschuss (HRC) vertreten, dass bei Verstößen gegen den ICCPR eine Wiedergutmachungspflicht aus Art. 2 (3) ICCPR entspringen würde.[2144] In neueren Entscheidungen[2145] nimmt der HRC zu Recht jedoch nicht mehr darauf Bezug, sondern gewährt vielmehr nur noch ein Recht auf Beschwerde, Einspruch oder Klage.[2146] Allerdings können sich Wiedergutmachungspflichten aus der Staatenverpflichtung ergeben, das verletzte Recht zu achten [vgl. Art. 2 (1) ICCPR]. Dazu zählen v.a. organisatorische Maßnahmen zur Verhinderung künftiger Verstöße, das Anerkenntnis, dass überhaupt eine Rechtsverletzung vorliegt, die Verfolgung der für die Rechtsverletzung verantwortlichen Organe, sowie Naturalrestitution und Entschädigung.[2147] Auch Art. 6 ICERD enthält ein Recht auf eine gerechte und angemessene Wiedergutmachung einer erlittenen Diskriminierung. Die Pflicht kann sich u.U. auch aus der gewohnheitsrechtlichen Wiedergutmachungspflicht ergeben, die grundsätzlich auch bei Menschenrechtsverstößen gilt.[2148] Die Entscheidung des IGH über den Völkerrechtsverstoß und eine evtl. Wiedergutmachung ist endgültig; eine Revision ist nicht möglich. Wird Zimbabwe rechtskräftig verurteilt und beugt sich diesem Urteil nicht, so besteht nur die Möglichkeit, den Sicherheitsrat der Vereinten Nationen zur Durchsetzung des Urteils einzuschalten. Nach Art. 94 SVN ist der *Security Council* zwar ermächtigt, „Empfehlungen abzugeben oder Maßnahmen zu beschließen, um dem Urteil Wirksamkeit zu verschaffen", die einzigen Maßnahmen, die es jedoch ergreifen kann, sind streitschlichtende nach Kapitel VI.[2149] Da sich die Staaten dem Gericht freiwillig unterwerfen und die Gerichtsentscheidung nicht durchsetzbar ist, muss die Effektivität der Streitentscheidung durch den IGH als relativ beschränkt angesehen werden. Aufgrund der seltenen Anerkennung der obligatorischen Entscheidungsgewalt des IGH, sowie der Vielzahl bilateraler Verträge mit Schiedsgerichtsklauseln, wodurch die Investitionsstreitigkeit einer bestimmten Schiedsgerichtsbarkeit unterworfen wird, kommt dem IGH beim Schutz gegen völkerrechtswidrige Vermögensentziehungen nur eine untergeordnete Rolle zu.[2150] Aufgrund der bislang fehlenden Unterwerfungserklärung Zimbabwes, die es auch in Zukunft nicht von sich aus abgeben wird, hat eine Staatenklage daher kaum Aussicht auf Erfolg.

[2143] Im Rahmen der Afrika Charta ist ein Individuum grds. nur zur Beschwerde vor der Kommission berechtigt, es sei denn, es liegt eine Erklärung nach Art. 34 (6) i.V.m. Art. 5 (3) *Protocol on the Establishment of an African Court* vor. Typisch für die universale Durchsetzung des Eigentums- und Diskriminierungsschutzes ist die Überprüfung der Einhaltung einschlägiger Völkerrechtsnormen durch internationale Kommissionen, denen Berichte der an menschenrechtlichen Verträgen beteiligten Staaten über ihre Fortschritte bei der Realisierung des Diskriminierungsschutzes bzw. der Menschenrechte vorzulegen sind. Der Plan, dem Diskriminierungsverbot, wie den Menschenrechten generell internationale Wirkung durch die Einrichtung des Amtes eines Hochkommissars der VN für Menschenrechtsfragen zu verleihen, ist wegen der in diesem Zusammenhang vorgesehenen Kompetenzen zum Eingriff in innerstaatliche Angelegenheiten bisher auf den Widerstand einer Reihe von Staaten gestoßen. Wolfrum, R., Vereinte Nationen, S. 88 f.

[2144] Danach habe jeder Vertragsstaat sicherzustellen, dass jede in ihren dort garantierten Rechten verletzte Person über ein „*effective remedy*" verfüge. Vgl. Boven van, T., The Right to Restitution, S. 307 f.

[2145] Vgl. *Acosta ./. Uruguay*, vom 25.10.1988, GAOR 44th Sess., Supp. No. 40 (A/44/40), S. 188 Nr. 12.

[2146] Aus Art. 2 Abs. 3 ICCPR folgt daher nur, dass der Vertragsstaat einen effektiven Rechtsbehelf in seiner Rechtsordnung schaffen muss, mit dem auch eine Wiedergutmachung erlangt werden kann. Auch aus Parallelvorschriften, wie Art. 13 EMRK, lässt sich keine solche Wiedergutmachungspflicht entnehmen. Vgl. BVerfG, in: ZaöRV 1986, S. 293 f. (Pakelli-Beschluß). Ob sich aus Art. 9 (5) ICCPR eine tatsächliche direkte Entschädigungspflicht oder nur eine innerstaatliche Zahlungspflicht ergibt (vgl. zum Streit Trassl, M., Widergutmachung, S. 39 ff., der Letzteres vertritt), ist zumind. für den vorliegenden Fall der Eigentumsverletzung unerheblich, da sich Art. 9 ICCPR nur mit Freiheitsentziehungen beschäftigt.

[2147] Trassl, M., Wiedergutmachung, S. 42 ff.

[2148] Zu den erforderlichen Modifikationen, wie der Erweiterung des Schadens auch auf „entgangene Chancen" und die Ausschlussmöglichkeit der Verpflichtung zur Naturalrestitution vgl. Trassl, M., Wiedergutmachung, S. 53 ff.

[2149] Malanczuk, P., Modern Introduction, S. 288 f.

[2150] Veith/Böckstiegel, Der Schutz, S. 215 ff.

III. Entscheidungsbefugnis internationaler Menschenrechtsorgane

Ein verbindlicher zwischenstaatlicher Menschenrechtsschutz existiert nur auf vertraglicher Grundlage im Rahmen der Unterwerfungserklärung oder eines Fakultativprotokolls.[2151] Bei der Durchsetzung der Entscheidungen internationaler Menschenrechtsorgane ist v.a. die verfahrensrechtliche Entscheidungsbefugnis des jeweiligen Organs zu beachten. Diese muss sich nicht zwingend mit dem materiellen Recht decken. So ist es denkbar, dass Zimbabwe materiellrechtlich zur Aufhebung bzw. Entschädigung verurteilt wird, es jedoch von dem im Wege der Menschenrechtsbeschwerde angerufenen Organ nicht verurteilt werden kann, weil dem Organ die Befugnis für eine solche Anordnung fehlt. Im Grunde ist zu unterscheiden, ob ein Organ die Befugnis zur völkerrechtlich verbindlichen Anordnung oder lediglich zur Aussprache von Empfehlungen ohne rechtliche Bindung hat.

1. Verbindliche Entscheidungen

Während der Interamerikanische Gerichtshof (IAGHMR) gem. Art. 63 (1) AMRK - im Gegensatz zum EuGHMR[2152] - nicht nur Entschädigung zuspricht, sondern auch anordnen darf, dass ggf. eine Naturalrestitution zu gewähren ist,[2153] können der Menschenrechtsausschuss, der aufgrund des ICCPR eingerichtet wurde, sowie der Ausschuss gegen Rassendiskriminierung gem. Art. 8 ff. ICERD und die Afrikanische Menschenrechtskommission gemäß Art. 30 ff. AfrCh nur Anregungen und Empfehlungen aussprechen.[2154]

a) Europäischer Gerichtshof für Menschenrechte (EuGHMR) gemäß Art. 50 EMRK

Zweifelhaft ist, ob der Geltungsbereich der EMRK den Fall der Enteignung der weißen Farmer in Zimbabwe überhaupt erfasst. Dies könnte anzunehmen sein, da es sich bei den Betroffenen auch um Staatsangehörige eines Vertragsstaates, hauptsächlich Großbritanniens, handelt. Die rechtsverletzenden Maßnahmen wurden aber gerade nicht von den Organen eines Signatarstaates vorgenommen. Die EMRK-Beschwerde scheidet daher *ratione materiae* aus.

b) Befugnisse des Afrikanischen Gerichtshofes gemäß Art. 27 f. seines Protokolls

Mangels Erklärung Zimbabwes, die Zuständigkeit des Afrikanischen Gerichts in Fällen von Art. 5 (3) des Protokolls zu akzeptieren, wären nur der Heimatstaat und die Kommission gemäß Art. 5 (1) des Protokolls klageberechtigt. Bei einer Klage könnte der Gerichtshof gegen Zimbabwe eine angemessene Maßnahme treffen, um den eingetretenen Schaden für die Enteigneten wieder gutzumachen.[2155] Ein Urteil des Gerichts würde Zimbabwe binden und müsste von ihm innerhalb des dafür vorgesehenen Zeitraums erfüllt werden. Zwar verfügt das Gericht über keinen Durch-

---

[2151] Trassl, M., Wiedergutmachung, S. 18 ff.
[2152] Vgl. Art. 41 EMRK.
[2153] Vgl. Art. 63 (1) Satz 2, HS 1 AMRK: „...dass die Folgen der Maßnahme oder Situation, welche die Rechtsverletzung beinhaltete, beseitigt werden...".
[2154] Aufgrund ihrer politischen Wirkung sollen ihre Entscheidungen einer völkerrechtlich verbindlichen relativ nahe kommen. Vgl. Trassl, M., Wiedergutmachung, S. 34 f.
[2155] Gemäß seinem Ermessen kann das Gericht dem Verletzerstaat die Wiedergutmachung der Verletzung und die Zahlung einer „*fair compensation*" oder „*fair reparation*" auferlegen [Art. 27 (1) des Protokolls]. Mit der zweiten Möglichkeit der Wiedergutmachung ist auch die Naturalrestitution erfasst. Naldi/Magliveras, The Proposed African Court, S. 962 f.

setzungsmechanismus und die Überwachung seiner Entscheidungen wird durch die AU bzw. durch den Ministerrat kontrolliert;[2156] es kann jedoch die Nichtbefolgung eines verurteilten Staates in seinem Jahresbericht nach Art. 31 AfrCh der Generalversammlung[2157] oder mittels Berichterstattung der AU-Versammlung melden.[2158] Eine weite Interpretation des Art. 27 (1) AfrCh könnte dem Gericht sogar die Möglichkeit zugestehen, Strafsanktionen zu verhängen.[2159] Das Afrikanische Menschengericht ist bis heute von Zimbabwe mangels Ratifikation des Errichtungsprotokolls nicht anerkannt worden, so dass ein diesbezügliches Verfahren gegen Zimbabwe bislang ausscheiden muss.

2. Nicht verbindliche Entscheidungen

Trotz fehlender völkerrechtlicher Verbindlichkeit verdienen die Entscheidungen der unten aufgeführten Organe besondere Beachtung, da sie aufgrund ihrer politischen Wirkung und Autorität zumeist ebenso befolgt werden, wie Entscheidungen mit bindender Wirkung.[2160]

a) Beschwerde zum Menschenrechtsausschuss

aa) Staatenbeschwerde nach Art. 41 f. ICCPR

In Betracht kommt eine Staatenbeschwerde, beispielsweise durch Großbritannien oder Deutschland für ihre betroffenen Staatsbürger, gemäß Art. 41 f. ICCPR als besonderes Staatenstreitverfahren über die Auslegung oder Anwendung des ICCPR. Mangels Erzielung einer gütlichen Einigung mit Zimbabwe könnten diese Staaten ihre Beschwerde an den Ausschuss leiten [Art. 41 (1) b-g ICCPR], der versuchen würde eine friedliche Lösung zu erzielen. Die Tatsache, dass die Staaten jedoch keinen Gebrauch von dem Verfahren machen, dürfte auch damit zusammenhängen, dass das Verfahren mit dem Sachverhaltsbericht des Ausschusses endet, da dieser nicht einmal eine Stellungnahme zu der behaupteten Vertragsverletzung enthält.

bb) Individualrechtsbeschwerde nach Art. 5 (4) 1. ZP des ICCPR

Die Ausschusspraxis geht seit einigen Jahren von der prinzipiellen Verbindlichkeit seiner „Auffassungen" nach Art. 5 (4) 1. ZP des ICCPR aus.[2161] In ständiger Praxis spricht der Menschenrechtsausschuss eine Entschädigungsverpflichtung – wenn auch ohne Nennung der konkreten Höhe - sowie die Änderungspflicht innerstaatlicher Gesetze aus.[2162] Da Zimbabwe jedoch noch immer nicht das Fakultativprotokoll zum ICCPR ratifiziert hat, ist eine individu-

---

[2156] Dadurch ist es von der AU abhängig. APT, The African Court, S. 6.
[2157] Wittinger, M., Die drei regionalen Menschenrechtsysteme, S. 410 f.
[2158] Naldi/ Magliveras, The Proposed African Court, S. 963 f.; Naldi/ Magliveras, Reinforcing the African System, S. 453.
[2159] Vgl. bei Naldi, G., The Organization of African Unity, S. 156; Magnarella, P., Achieving Human Rights in Africa. Daneben verfügt der Afrikanische Gerichtshof über die Möglichkeit, Empfehlungen (*advisory opinions*) bzgl. jeder Angelegenheit im Zusammenhang mit der AfrCh abzugeben. Eine *Opinion* des Menschengerichtshofs kann jeder Mitgliedstaat der AU anfordern, auch wenn er keine Partei des Protokolls ist. Naldi/ Magliveras, Reinforcing the African System, S. 440. Diese ist– wie auch diejenigen des ICJ – rechtlich nicht bindend, verfügt jedoch über einen ebensolchen empfehlenden Charakter. Naldi/ Magliveras, a.a.O., S. 952. In der Praxis könnten sich die *Opinions* daher zur dynamischen und fortentwickelnden Interpretationsheranziehung der Vorschriften der AfrCh und anderer Menschenrechtskonventionen etablieren. Vgl. APT, The African Court, S. 3.
[2160] McGoldrick, D., The Human Rights Committee, S. 151 f.
[2161] Pappa, C., Das Individualbeschwerdeverfahren, S. 312 ff.; Alston/ Crawford, The Future, S. 30.
[2162] Vgl. Trassl, M., Wiedergutmachung, S. 36 f.

elle Mitteilung (*communication)* durch die Betroffenen nicht möglich. Somit würde eine Individualbeschwerde vom Sekretariat nicht einmal registriert werden. Damit kann die Kommission nach dem ICCPR, hinsichtlich der Eigentumsverletzungen im Fall Zimbabwes, lediglich die Regierung zu näheren Erklärungen befragen und Empfehlungen abgeben.[2163]

b) Ausschuss gegen Rassendiskriminierung gemäß Art. 8 ff. ICERD

Dem Ausschuss gegen Rassendiskriminierung steht ausdrücklich die Befugnis zu, im Fall der Feststellung einer Konventionsverletzung, Anregungen und Empfehlungen auszusprechen (Art. 96 VerfO des CERD). Gemäß Art. 5 (d) (v) i.V.m. Art. 2 ICERD liegt eine Ungleichbehandlung der weißen Zimbabwer gegenüber ihren schwarzen Mitbürgern hinsichtlich des Schutzes ihrer Immobilien vor. Das Verfahren zur Prüfung der Zulässigkeit der Mitteilung eines zimbabwischen Staatsangehörigen nach Art. 14 (1) ICERD i.V.m. Art. 80 ff. VerfO des CERD scheitert jedoch daran, dass Zimbabwe die Zuständigkeit des Ausschusses bislang nicht anerkannt hat.

c) Menschenrechtsausschuss der VN

Fraglich ist, ob eine Beschwerde vor dem Menschenrechtsausschuss der Vereinten Nationen Aussicht auf Erfolg hätte. Im Lichte der Entscheidungen des Menschenrechtsausschusses, beispielsweise zu den Anliegen der enteigneten Sudetendeutschen, erscheint die Hinwendung der weißen Zimbabwer zu diesem Organ aufgrund ihrer Diskriminierung durchaus erfolgversprechend. Nach Art. 72 ff. der VO kommt ein Verfahren vor dem Menschenrechtsausschuss jedoch erst nach Ablauf der sechsmonatigen Frist im Rahmen der Staatenbeschwerde nach Art. 41 ICCPR in Betracht. Weiter würde eine Übermittlung der Mitteilung einer individuellen Beschwerde von dem Ausschuss nur angenommen, wenn Zimbabwe als betroffener Staat auch das Fakultativprotokoll unterzeichnet hätte [Art. 5 (2), 1 i.V.m. Art. 78 (3) der VO]. Im Übrigen gibt der Menschenrechtsausschuss lediglich eine Stellungnahme ab (Art. 94 der VO). Seine Entscheidungen haben eher politische Bedeutung. Eine effektive Rechtsdurchsetzung vor dieser Institution scheidet somit für die betroffenen weißen Farmer aus.

d) Afrikanische Menschenrechtskommission

Neben dem Afrikanischen Gerichtshof steht zur Kontrolle der Afrika Charta die Beschwerdemöglichkeit bei der Afrikanischen Kommission für Menschenrechte und Rechte der Völker zur Verfügung.[2164] Diese ist - ebenso wie die ehemalige EKMR - für die Staaten- und Individualbeschwerde zuständig. Aufgrund der Tatsache, dass der Beschwerdeführer nicht als „*victim*" benannt ist, können Beschwerden auch von Individuen derjenigen Staaten eingelegt werden, die nicht Mitglieder der Afrika Charta sind, so dass grundsätzlich eine Individualbeschwerde ausländischer Investoren gegen Zimbabwe nach Art. 55 AfrCh in Betracht käme. Allerdings stehen der Afrikanischen Kommission keine bindenden Entscheidungen mit effektiver Rechtsdurchsetzung zur

[2163] Malanczuk, P., Modern Introduction, S. 216; Alston/Crawford, The Future, S. 270.
[2164] Vgl. Ipsen, K., Völkerrecht, 4. Aufl., § 49 Rn. 22; Enonchong, N., The AfrCh, S. 214; Umozurike, O., The African Charter, S. 67-83, 91 f.

Verfügung,[2165] sondern lediglich die Veröffentlichung ihrer Entscheidung, die von der Zustimmung der Versammlung der OAE-Staats- und Regierungschefs abhängig ist. Somit ist eine Durchsetzung der konkreten bestehenden Ansprüche vor der Kommission nicht möglich.

e) Petitionsverfahren vor der Menschenrechtskommission der VN

Da im ICCPR kein konkreter Schutz vor Enteignungen zu finden ist, wäre die einzige Möglichkeit, bei schwerwiegenden durch ein systematisches Muster gekennzeichneten Eigentumsverletzungen, eine individuelle Beschwerde an die Vereinten Nationen zu erreichen, das sogenannte Petitionsverfahren.[2166] Dessen Ziel ist primär die friedliche Streitschlichtung und die Informationsverbesserung, um politischen Druck ausüben zu können.[2167] Im Rahmen des Beschwerdeverfahrens können Verstöße gegen alle Menschenrechtskonventionen und -pakte vorgebracht werden, soweit es sich um systematische Menschenrechtsverletzungen handelt. Dabei ist eine Menschenrechtsverletzung dann als systematisch anzusehen, wenn wenigstens 20 Einzelfälle vorliegen oder ein Einzelfall mit mindestens 20 Betroffenen. Der erforderliche große Umfang der Maßnahmen ist mittlerweile hier unproblematisch zu bejahen, so dass die Menschenrechtsverletzungen als systematisch anzusehen sind. Die Staaten werden dabei von der Kommission aufgefordert, zu den gegen sie vorgebrachten Vorwürfen Stellung zu beziehen. Nach einer eingehenden Prüfung der eingegangenen Mitteilung des Individuums und der Stellungnahme des betroffenen Staates entscheidet die Kommission über die von ihrer Arbeitsgruppe erstellten Vorschläge und Empfehlungen.[2168] Am Ende bleibt die Öffentlichmachung und die Überleitung des Verfahrens gemäß Res. 1235.[2169] Nach Resolution 1235 hat die Kommission das Recht, eine eingehende Untersuchung zu veranlassen und dem Wirtschafts- und Sozialrat einen Bericht darüber zukommen zu lassen.[2170] Den unverbindlichen Empfehlungen der Kommission, gegenüber kooperationsunwilligen Staaten, kommt mangels Maßnahmen zur Rechtsdurchsetzung kein großes Gewicht zu.[2171] Sie verfügt jedoch über große Autorität in der Staatengemeinschaft.[2172]

[2165] Ipsen, K., Völkerrecht, 4. Aufl., § 49 Rn. 22; Nmehielle, V., The African Human Rights System, S. 236. In dringenden Fällen kann die Kommission ein Notstandsverfahren durchführen, um den betroffenen Staat zu vorläufigen Maßnahmen zu bewegen. Dies ist bereits kürzlich in den Notstandsfällen Sudan und Ruanda geschehen. Vgl. Benedek, W., Durchsetzung, S. 161.

[2166] Text abgedruckt in Meißner, F., Die Menschenrechtsbeschwerde, S. 73 ff. Dieses wurde 1970 durch die Resolution 1503 des ECOSOCs geschaffen, ist jedoch als wenig effektives Instrument des Menschenrechtsschutzes zu charakterisieren. Eide, A., The AEMR, S. 259 f.; Schaber, T., Internationale Verrechtlichung, S. 124; vgl. dazu ausführlich Meißner, F., a.a.O., S. 20 ff. Da die hier relevanten Vertreibungen und Enteignungen gegenüber den weißen Farmer in der Hauptsache im Jahre 2000 und danach stattgefunden haben, ist der Geltungszeitraum erfüllt.

[2167] Schaber, T., Internationale Verrechtlichung, S. 205.

[2168] Somit ist das Verfahren entscheidend von der Durchführungsbereitschaft des betroffenen Staates abhängig. Tonndorf, U., Menschenrechte in Afrika, S. 71.

[2169] Dt. Fassung in Simma/ Fastenrath: Menschenrechte, S. 17 ff.; vgl. Schaber, T., Internationale Verrechtlichung, S. 122. Diese war zwar urspr. zum Vorgehen gegen Südafrikas Apartheidpolitik gedacht, mittlerweile lassen sich jedoch alle Menschenrechtsverletzungen zum Gegenstand des Verfahrens machen. Schaber, T., a.a.O., S. 125.

[2170] Daraus entwickelte sich ein spezifisches Länderverfahren, das die politische Einschätzung der Menschenrechtskommission und der Generalversammlung wiederspiegelt. Daneben besteht als wichtige Neuerung in der Tätigkeit der Kommission die Einberufung von Sondersitzungen, wenn die Mehrheit der Mitglieder einer solchen zustimmen. Der Vorteil besteht darin, dass auch Staaten untersucht werden können, die sich keinem vertraglichen Menschenrechtsschutz unterworfen haben.

[2171] Schaber, T., Internationale Verrechtlichung, S. 125 ff.

[2172] Tonndorf, U., Menschenrechte in Afrika, S. 70.

f) Zusammenfassung

Beurteilt man Art und Wirksamkeit der Rechtsmittel, die bei staatlicher Entziehung ausländischer Vermögenswerte den Geschädigten selbst zustehen, so ist festzustellen, dass diese noch immer unzureichend sind. Selbst wenn ihnen der Rechtsweg vor den Gerichten des entziehenden Staates offen steht, ist dieser Weg oft zeitraubend und mangels Unabhängigkeit der Richter – wie in Zimbabwe - oftmals ineffektiv. Die vor den internationalen Organen mögliche Staatenbeschwerde nach dem ICCPR, die Individual- und Staatenbeschwerde zur Afrikanischen Menschenrechtskommission, sowie das Petitionsverfahren vor den Vereinten Nationen, haben lediglich Empfehlungen und Veröffentlichungen der Entscheidung zur Folge und können den Enteigneten daher keinen effektiven Rechtsschutz gewähren. Als einzig wirksames Verfahren käme eine Staatenklage des Heimatstaates vor dem IGH in Betracht, dessen Entscheidung auf Wiedergutmachung des Menschenrechtsverstoßes lauten würde. Dazu wäre jedoch Voraussetzung, dass sich Zimbabwe dessen Zuständigkeit unterwerfen würde.

IV. Verfahren vor internationalen Schiedsgerichten

Größere Bedeutung für die Beilegung von Investitionsstreitigkeiten als vor dem IGH, kommt der internationalen Schiedsgerichtsbarkeit zu. Diese findet im vorliegenden Fall v.a. im Rahmen der Investitionsschutzverträge, wie dem BIT D-Z Anwendung.[2173] Der BIT sieht in Art. 10 vor, dass die Vertragsparteien Meinungsverschiedenheiten hinsichtlich der Anwendung und Auslegung der Bestimmungen des Abkommens, über die sie sich nicht auf diplomatischen Wege befriedigend einigen konnten, einem Schiedsgericht unterbreiten können. Die Bildung dieses *ad hoc* Schiedsgerichts findet auf Antrag einer der beiden Parteien statt.[2174] Soweit keine andere Vereinbarung getroffen wurde, wird die Streitigkeit vor das ICSID gebracht. Da eine völkerrechtliche Bindungswirkung zwischen den vertragsschließenden Parteien besteht, bedeutet jede vermögensverletzende Maßnahme des Gaststaates gegen den Investor auch einen Verstoß gegen die vertragliche Verpflichtung und damit gegen das Völkerrecht.[2175] Die Schiedsgerichtsbarkeit steht nur den Vertragsparteien offen. Der ausländische Investor ist nicht unmittelbar Partei des BIT.[2176] Der Heimatstaat des Investors kann in diesem Fall auf der Grundlage des Investitionsschutzvertrags völker-

---

[2173] Auch im Rahmen eines Staat-Investor-Vertrags wird im Falle der Nichteinhaltung der vertraglichen Vereinbarung bei Vorliegen einer Stabilisierungsklausel keine völkerrechtliche Verpflichtung des Gaststaates gegenüber dem Investor begründet, sondern nur eine diplomatische Parallelverpflichtung gegenüber dem Heimatstaat des Investors. Dem Investor selbst steht der Zugang zu streitschlichtenden Mechanismen offen, mit denen er im Zweifel sein Recht durchsetzen kann.

[2174] Durch die Bestimmung über die Bildung dieses Schiedsgerichts in Absatz 3 und 4 soll verhindert werden, dass keine der beteiligten Parteien durch ihre Untätigkeit bei der Ernennung eines Schiedsrichters den weiteren Ablauf verhindern kann. Kommt eine Partei der erforderlichen Ernennung nicht nach – auch im Fall der Uneinigkeit der Parteien – kann die andere Seite den Präsidenten des IGH um die notwendige Ernennung bitten. Frick, H., Bilateraler Investitionsschutz, S. 237 f.

[2175] Verdross/ Simma, Universelles Völkerrecht, § 1221.

[2176] Da der BIT jedoch gerade zur Absicherung seiner Kapitalanlage geschlossen wurde, ist meistens eine Vereinbarung getroffen, nach der sich die beteiligten Staaten gegenseitig verpflichten, die gegenüber den Investoren des jeweils anderen Staates eingegangenen Verpflichtungen einzuhalten [vgl. die sog. Abschirmklausel, oben 2. Teil, C. IV. d) cc)]. Auch hat der private Investor auf Grundlage der Schiedsklausel die Möglichkeit, selbst ein Verfahren gegen den vertragsverletzenden Staat anzustrengen (Art. 11 BIT D-Z). Vertragsverletzungen begründen jedoch nach h. A. keine eigenen Ansprüche des betroffenen Investors; anspruchsberechtigt ist allein der Heimatstaat. Gramlich, L., Rechtsgestalt, S. 516 f.; Frick, H., Bilateraler Investitionsschutz, S. 168; Bippus, B., Internationalrechtlicher Schutz, S. 211 f. Diese Vertragsgestaltung erinnert an die im deutschen Schuldrecht entwickelte Rechtsfigur des „Vertrags zu Gunsten Dritter“. Dazu allgemein Seidl-Hohenveldern, I., Völkerrecht, S. 75 ff.

rechtliche Abwehr- und Entschädigungsansprüche geltend machen. Einen Anspruch hat der Investor darauf allerdings nicht, da die Durchsetzung allein im pflichtgemäßen Ermessen des Heimatstaates liegt.[2177]

Mangels vorrangiger Verweisung des Investors auf den innerstaatlichen Rechtsweg,[2178] steht dem Investor im Rahmen der Streitigkeit mit dem Gaststaat, der Zugang zu der internationalen Schiedsgerichtsbarkeit erst nach Ablauf einer sechsmonatigen Frist zu.[2179] Weitere Voraussetzung ist das Scheitern eines gütlichen Beilegungsversuchs durch Verhandlungen der betroffenen Regierungen [Art. 11 (1) BIT D-Z]. Grundsätzlich unterliegt die Streitregelung den nationalen Gerichten des Gastlandes, was jedoch einen äußerst zweifelhaften Schutz darstellt, da diese Gerichte nach dem nationalen Recht urteilen. Daher wird in der Regel ein Schiedsverfahren vor einem neutralen Forum vereinbart. Dieses kann so ausgestaltet sein, dass es in einem sogenannte *ad- hoc-* Verfahren[2180] oder im Rahmen einer institutionellen Schiedsgerichtsbarkeit abgehalten wird.[2181] Der deutsch-zimbabwische BIT bestimmt, dass als Grundsatz das Verfahren vor dem ICSID zu führen ist, bei dem der private Investor selbst als Partei auftreten kann.[2182] Durch eine abweichende Regelung können die Parteien jedoch vereinbaren, Investitionsstreitigkeiten vor den Investor-Schiedsgerichten des Haager Schiedsgerichtshofs und der ICC zu lösen.[2183] Zur Alternative stünden – soweit nicht die Zuständigkeit des ICSID-Zentrums begründet ist - auch bilaterale (Staaten-) Schiedsgerichte.[2184] Das Schiedsgericht stützt sich bei seinem Schiedsspruch auf das Abkommen, auf andere Verträge zwischen den beiden Vertragsparteien, sowie auf die allgemeinen Regeln des Völkerrechts.[2185] Der Schiedsspruch ist für die Vertragsparteien bindend.[2186]

[2177] Bippus, B., Internationalrechtlicher Schutz, S. 211 f.; Banz, M., Völkerrechtlicher Eigentumsschutz, S. 97 f.; Rindler, H., Der Schutz, S. 38.

[2178] Die Entscheidung der Frage, ob nationale Rechtsverfahren vor der Einleitung des Schiedsverfahrens ausgeschöpft sein müssen, kann für diesen Fall, in dem der BIT keinerlei Hinweise enthält, nicht mit abschließender Sicherheit festgestellt werden. Frick, H., Bilateraler Investitionsschutz, S. 239. Dafür würde sprechen, dass Art. 26 I ICSID besagt, dass die Unterwerfung unter seine Zuständigkeit in der Regel die Vorschaltung innerstaatlicher Rechtsmittel ausschließt.

[2179] Herdegen, M., Investitionsschutz in Lateinamerika, S. 350; Art. 11 (2) BIT D-Z. Als Kläger im innerstaatlichen Verfahren tritt jedoch grds. der betroffene Investor selbst auf. Der Vertrag kennt jedoch eine Subrogationsklausel zugunsten des Heimatstaates des Investors. Die Rechte des Investors gehen danach auf seinen Heimatstaat über, sofern letzterer aufgrund einer gewährten finanziellen Garantie gegen nicht kommerzielle Risiken eine Zahlung an den Investor leisten musste. Der Heimatstaat kann jedoch keine weitergehenden Rechte geltend machen, als dem Investor zustanden. So muss er sich Gegenforderungen entgegenhalten lassen und ist an die gleichen Bedingungen der Rechtsausübung gebunden wie der Investor. Auch bleiben die Ansprüche des Investors weiterhin bestehen. Durch Art. 7 BIT D-Z wird die vertragliche Verknüpfung des völkerrechtlichen Investitionsförderungsvertrags mit der innerstaatlichen deutschen Garantiegesetzgebung hergestellt. Der BRD wird es somit ermöglicht, die auf sie übergegangenen Rechte des Investors in ihrem Namen geltend zu machen. Dadurch soll der Bund sowohl Rechtsnachfolger im Titel (Inhaber von Aktien, Forderungen, Patenten, Konzessionen), wie auch Rechtsnachfolger von Ersatzansprüchen werden. Alenfeld, J., Die Investitionsförderungsverträge, S. 164.

[2180] Dabei wird das Verfahren entsprechend den bestehenden Schiedsregeln von den Parteien initiiert und organisiert. Üblicherweise geschieht dies unter Verwendung der *UNCITRAL Arbitration Rules*, in: ILM, Vol. 15, 1967, S. 701 ff.

[2181] Im Gegensatz zur *ad-hoc* Schiedsgerichtsbarkeit wird bei der institutionellen Schiedsgerichtsbarkeit das Schiedsverfahren nach den Regeln einer bestimmten Institution durchgeführt. In der Regel geschieht dies gemäß den Regeln der Internationalen Handelskammer (*International Chamber of Commerce*, ICC) in Paris. Entschieden wird die Streitsache von dieser Institution jedoch nicht.

[2182] Daneben ist der Heimatstaat des Investors vom Verfahren ausgeschlossen, selbst wenn er aufgrund einer innerstaatlichen Garantie eine Entschädigung gezahlt hat. Vgl. Alenfeld, J., Die Investitionsförderungsverträge, S. 165 f.

[2183] Seit 1962 hat der Internationale Schiedsgerichtshof ein Reglement verabschiedet, nach dem natürliche und juristische Personen ein Verfahren vor diesem anstrengen können. Vgl. Schlochauer, H. Die Verfahrensordnung, S. 180 ff. Im Weiteren hat auch die Internationale Handelskammer darauf hingewiesen, dass ihr Schiedsgerichtshof für Handelsstreitigkeiten von natürlichen und juristischen Personen zur Verfügung steht. Vgl. Ammann, U., Der Schutz, S. 118.

[2184] Eine parallele Anrufung wäre wohl nicht möglich. Vgl. zur den diesbezüglich Meinungen Banz, M., Völkerrechtlicher Eigentumsschutz, S. 112 f.

[2185] So im Ergebnis auch Alenfeld, J., Die Investitionsförderungsverträge, S. 172.

[2186] Frick, H., Bilateraler Investitionsschutz, S. 239 f.

1. Ständiger Haager Schiedshof

Der Ständige Haager Schiedshof wurde aufgrund den Haager Konventionen von 1899 und 1907 zunächst als Staaten-Schiedsgericht zur friedlichen Erledigung internationaler Streitfälle eingerichtet.[2187] Seit Februar 1962 steht er durch seine Schieds- und Vergleichsordnung für Streitigkeiten zwischen einem Staat und einer nichtstaatlichen Partei auch der Anrufung durch nichtstaatliche Parteien offen.[2188] Dabei können auch dann Privatpersonen an einem solchen Verfahren teilnehmen, wenn ihr Heimatstaat nicht dem Haager Abkommen beigetreten ist.[2189] Bei Streitigkeiten zwischen Staaten ist jedoch nur ein Signatar der Haager Konvention parteifähig. Einst war problematisch, dass zu den Signatarstaaten der Haager Konvention kaum Entwicklungsländer gehörten.[2190] Wenngleich inzwischen, nach Erlangung ihrer Unabhängigkeit, eine zunehmende Zahl von Entwicklungsländern der Konvention beigetreten ist, ist die Schieds- und Vergleichsordnung dennoch nicht ausreichend auf Investitionsstreitigkeiten spezialisiert.[2191] Von Nachteil ist auch, dass keine Vollstreckungsregeln für die Schiedssprüche vorgesehen sind. Diese sind zwar endgültig, sie binden die Parteien jedoch nur nach Treu und Glauben.[2192]

2. Staaten-Schiedsgerichte und Schiedskommission

Scheitern die in einem BIT vorgesehenen Verhandlungen und Konsultationen zwischen den Vertragsparteien, so kann die Streitigkeit auf Antrag einer der beiden Parteien auch einem bilateralen Schiedsgericht zur Entscheidung vorgelegt werden.[2193] Dieses wird von Fall zu Fall von den Regierungen der Vertragsparteien zusammengestellt und besteht aus je einem Mitglied der Vertragsparteien, sowie einem dritten und vorsitzenden Schiedsrichter.[2194] Die *ad-hoc* Schiedsgerichte, die außerhalb des Ständigen Gerichtshofs fungieren, wenden in der Regel schiedsgerichtliches Modellrecht[2195] an und beziehen sich auf Präzedenzfälle, soweit nach dem BIT nichts anderes geregelt ist.[2196] Wie von den prozessualen Verfahrensregeln bestimmt, entscheidet das Schiedsgericht, dessen Entscheidungen bindend sind, nach Stimmenmehrheit. Der Schiedsspruch ergeht am Ort der Schlichtung, so dass sich die Durchsetzung nach den Regeln dieses Staates richtet.[2197] Die Vollstreckung eines Staates gegen den anderen wird jedoch meist an dessen Immunität scheitern.[2198] Der Erfolg der *ad-hoc* Gerichtsbarkeit hängt von der Initiative der Parteien ab, die ihre eigenen Vorkehrungen für das Verfahren und die Auswahl der neutralen Schiedsrichter treffen müssen. Der Vorteil besteht darin, dass diese Vorgänge konkret auf den Einzelfall der Parteien zugeschnitten werden

---

[2187] Vgl. Haager Abkommen zur friedlichen Erledigung internationaler Streitfälle, vom 29.07.1899 und 18.10.1907, in: RGBl. 1910, S. 5 ff. Dazu Seidl-Hohenveldern/ Stein, Völkerrecht, Rn. 1732 f.; Kronfol, Z., Protection, S. 129.
[2188] Vgl. Schiedsgerichts- und Vergleichsordnung des Ständigen Schiedshofes für Streitigkeiten zwischen einem Staat und einer nichtstaatlichen Partei, Februar 1962, in: AdV, Vol. 12, 1964/ 1965, S. 187 ff.; Banz, M., Völkerrechtlicher Eigentumsschutz, S. 108.
[2189] Schlochauer, H., Die Verfahrensordnung, S. 181.
[2190] Patzina, R., Rechtlicher Schutz, S. 134.
[2191] Ammann, U., Der Schutz, S. 118; Patzina, R., Rechtlicher Schutz, S. 133 f. Daher kam es auch zu verschiedenen Versuchen, eine neue schiedsgerichtliche Institution zu errichten. Zu nennen sind dazu die Vorschläge der IBA von 1960 in Salzburg und 1962 in Edinburgh und der ILA. Vgl. Ammann, U., Der Schutz, S. 157; Seidl-Hohenveldern, I., Investitionen in Entwicklungsländern, S. 45 ff.
[2192] Schlochauer, H., Die Verfahrensordnung, S. 184.
[2193] So z.B. Art. 11 BIT D-Z.
[2194] Letzterer wird bei Nichteinigung auf Antrag durch den Präsidenten des Internationalen Gerichtshofs bestimmt. Vgl. Art. 11 BIT D-Z.
[2195] Als wichtigste sind dabei die UNCITRAL *Arbitration Rules* zu nennen. Butler/ Finsen, Arbitration, S. 304.
[2196] Kronfol, Z., Protection, S. 130.
[2197] Comeaux/ Kinsella, Protecting, S. 197. Die Vertragsparteien können unter UNCITRAL jedoch die Anwendung des materiellen Rechts regeln.
[2198] Berger, R., Vermögensschutz im Ausland, S. 8.

können und die getroffene Entscheidung dabei ggf. im Rahmen einer gegenüber beiden Parteien neutralen Rechtsordnung erlangt wird. Problematisch ist jedoch, dass das Verfahren ganz von der durch die Parteien ausgehandelten Vereinbarung abhängt, die in der Regel je nach Stärke einer Partei zu deren Gunsten ausfallen wird. Weiterhin können Schwierigkeiten bei der Wahl eines neutralen Schiedsrichters oder bei der Einigung über das anzuwendende Recht auftreten. Daher greifen die Staaten eher auf eine institutionalisierte Gerichtsbarkeit zurück.[2199]
Auch die *International Claims Commission* orientiert sich an Präzedenzfällen, verfügt allerdings noch über kein sogenanntes *Case Law*.[2200] Als Beispiel ist die1954 errichtete *United States Foreign Claims Settlement Commission* zu nennen. Ein weiteres Beispiel ist die *United Nations Compensation Commission*, die 1991 eingerichtet wurde, um Ansprüchen, die aus der Invasion des Iraks in Kuwait aufgetreten sind, abzugelten.[2201] Das Problem, mit dem alle Schiedskommissionen kämpfen, ist die Durchsetzbarkeit ihrer getroffenen Schiedssprüche. Daher sind eine Vielzahl von Staaten multilateralen Verträgen beigetreten, welche die Durchsetzung der Entscheidung sicherstellen. Zu nennen sind das *Geneva Protocol on Arbitration Clauses* von 1923,[2202] die *General Convention on the Execution of Foreign Arbitral Awards* von 1927[2203] und die *New York Convention* von 1958 zu nennen.[2204]

3. Schiedsabkommen des Washingtoner Gremiums (ICSID)

a) Allgemeines

Von besonderer Bedeutung für die Beilegung von institutionalisierten Investitionsstreitigkeiten zwischen Investor und Gaststaat ist das ICSID, welches ein komplettes in sich geschlossenes System der Streitbeilegung darstellt. Im Gegensatz zur privaten Schiedsgerichtsbarkeit beruht das ICSID auf einem völkerrechtlichen Vertrag.[2205] Das Schiedsverfahren nach dem WBÜ wird nicht durch das Zentrum selbst geführt, sondern durch Schiedsgerichte, die im Einklang mit Art. 37 ff. ICSID-Konvention zusammengesetzt sind und die nach den von ICSID erlassenen Schiedsverfahrensregeln verhandeln.[2206]

b) Anerkennung und Durchsetzung der Schiedsgerichtsentscheidung

Wenn die Voraussetzungen wie Parteifähigkeit, Investitionsstreitigkeit und schriftliche Zustimmung der Parteien vorliegen,[2207] ist die Zuständigkeit durch das ICSID eröffnet.

[2199] Muchlinski, P., Multinational Enterprises, S. 538.
[2200] Kronfol, Z., Protection, S. 130.
[2201] Vgl. zu dieser Alford/ Bekker, International Courts, S. 502 ff.
[2202] Ziel dieses Abkommens war die internationale Durchsetzbarkeit der Schiedssprüche in dem Staat in dem sie ergangen sind, wobei die Konvention jedoch nur auf Schiedsvereinbarung Anwendung findet. Vgl. Redfern/ Hunter, Law and Practice, S. 66.
[2203] Mit dieser Konvention sollte der Anwendungsbereich des *Geneva Protocol* auf Anerkennung und Durchsetzung seiner Schiedssprüche im Gebiet der beteiligten Staaten ausgeweitet werden. Vgl. Redfern/ Hunter, Law and Practice, S. 67.
[2204] Zur NY-Konvention vgl. unten 3. Teil, C. IV. 4. b).
[2205] Herdegen, M., Internationales Wirtschaftsrecht, S. 241.
[2206] Vgl. Art. 44 ICSID-Konvention.
[2207] Vgl. oben 2. Teil, D. III. 1. b).

aa) Vergleichsverfahren

Das ICSID-Verfahren wird durch schriftlichen Antrag einer oder beider Streitparteien eingeleitet und besteht entweder aus einem Vergleichs- oder Schiedsverfahren (Art. 28-35 ICSID-Konvention), die jedoch auch miteinander verbunden werden können. Das Vergleichsverfahren wird gemäß Art. 28 ICSID-Konvention durch ein Begehren an den Generalsekretär eingeleitet. Die Vergleichskommission, die entweder aus einem Einzelvermittler oder einer ungeraden Zahl von Vermittlern besteht, versucht die Streitfragen zu klären und zu einer für beide Streitparteien akzeptablen Lösung zu kommen [Art. 34 (1) ICSID-Konvention].[2208] Dabei müssen die Parteien nach Treu und Glauben mit der Kommission zusammenarbeiten und ihren Empfehlungen Beachtung schenken. Ein Bericht, der u.U. die Einigung zwischen den Parteien enthält, schließt das Verfahren ab. Da die ICSID-Konvention über die Vollstreckung eines Vergleichs keine Regelung enthält und dieser über die Wirkung des Art. 35 ICSID-Konvention auch keine weiterreichenden Wirkungen hat, ist davon auszugehen, dass er auch nicht durchsetzbar ist.[2209] Dies wäre daher den klagenden Investoren nicht anzuraten.

bb) Schiedsverfahren

Eine oder beide Parteien können gemäß Art. 36 ICSID-Konvention auch schriftlich den Antrag auf Einleitung des Schiedsverfahrens stellen, wobei sie Angaben über den „Streitgegenstand“ und die Parteien zu machen haben. Nach Zuständigkeitsprüfung und Registrierung des Antrags durch den Generalsekretär, wogegen keine Rechtsmittel möglich sind, wird das Verfahren rechtshängig und an das Schiedsgericht abgegeben.[2210] Die Entscheidung des Schiedsgerichts muss mit absoluter Mehrheit der Mitglieder 120 Tage nach Beendigung des Verfahrens getroffen werden [Art. 48 (1) ICSID-Konvention].[2211] Nicht von der Ermächtigung der Schiedsgerichte ist die Möglichkeit umfasst, die Aufhebung oder Ungültigkeitserklärung von Hoheitsakten der beteiligten Staaten zu verlangen, da sonst zu stark in die innerstaatlichen Vorschriften eingegriffen werden würde. Auch können vorläufige Maßnahmen zur Sicherung der Rechte beider Parteien nur empfohlen, nicht aber angeordnet werden (Art. 47 ICSID-Konvention). Nach Art. 53 (1) (1) ICSID-Konvention wird der Schiedsspruch mit seinem Erlass sowohl formell, als auch materiell rechtskräftig und kann nicht mit einer Berufung überprüft werden.[2212] Damit werden die Parteien auch inhaltlich an die in der Entscheidung getroffenen Rechtslage gebunden.[2213]

[2208] Pirrung, J., Die Schiedsgerichtsbarkeit nach ICSID, S. 36.

[2209] Vgl. bei Pirrung, J., Die Schiedsgerichtsbarkeit nach ICSID, S. 37.

[2210] Pirrung, J., Die Schiedsgerichtsbarkeit nach ICSID, S. 96 f. Das Schiedsgericht entscheidet v.A.w. selbst über seine Zuständigkeit [Art. 41 (1) ICSID-Konvention, wie auch über Verfahrensfragen, die weder in der Konvention, in der Schiedsordnung, noch in einer anderen von den Parteien angenommenen Regelung behandelt wurden (Art. 44 ICSID-Konvention). Zuständigkeitsrügen müssen von einer Partei so bald wie möglich vorgebracht werden. Hält das Gericht sie für begründet, ergeht ein Schiedsspruch der das Verfahren beendet. Vgl. Reed/ Paulsson/ Blackaby, Guide to ICSID Arbitration, S. 85. Die Parteien können dabei bestimmen, ob das Verfahren mündlich oder schriftlich ablaufen soll.

[2211] Sie ist schriftlich zu erlassen und zu begründen. Pirrung, J., Die Schiedsgerichtsbarkeit nach ICSID, S. 145 f.; Reed/ Paulsson/ Blackaby, Guide to ICSID Arbitration, S. 89 f.

[2212] Davon ausgenommen ist das Aufhebungsverfahren des Art. 52 ICSID-Konvention. Die anderen Rechtsbehelfe, wie Auslegung und Wiederaufnahme, sind dagegen nicht direkt gegen den Schiedsspruch gerichtet, sondern verhelfen nur seinem Inhalt zur Durchsetzung. Vgl. Pirrung, J., Die Schiedsgerichtsbarkeit nach ICSID, S. 164; Reed/ Paulsson/ Blackaby, Guide to ICSID Arbitration, S. 97 ff.

[2213] Pirrung, J., Die Schiedsgerichtsbarkeit nach ICSID, S. 160 f.

cc) Vollstreckung des Schiedsspruchs

Die getroffene Entscheidung ist völkerrechtlich für die Parteien und jeden Mitgliedstaat verbindlich[2214] und begründet eine einzuhaltende Verpflichtung.[2215] Zimbabwe hätte den vom Schiedsgericht erlassenen Schiedsspruch als verbindlich anzuerkennen und dafür Sorge zu tragen, dass dieser in seinem Hoheitsgebiet in Übereinstimmung mit seiner nationalen Rechtsordnung, wie ein rechtskräftiges Urteil eines seiner innerstaatlichen Gerichte, vollstreckt werden würde.[2216] Dabei unterscheidet Art. 54 zwischen „*monetary*" und „*non-monetary awards*" und verlangt nur für solche Schiedssprüche die Vollstreckungspflicht, welche die Verurteilung zur Bezahlung einer Geldleistung enthalten.[2217] Für die Zwangsvollstreckung des für vollstreckbar erklärten Schiedsspruchs verweist die ICSID-Konvention auf die *lex fori* des Vollstreckungsstaates. Die Staatenimmunität im nationalen Vollstreckungsrecht wird dabei jedoch nicht berührt (Art. 55 ICSID-Konvention).[2218] Insgesamt bietet das ICSID-Verfahren - im Vergleich zu anderen Mechanismen - privaten Investoren einen hohen Schutz hinsichtlich der Durchsetzung schiedsvertraglicher Verpflichtungen,[2219] auch wenn sie selbst wenig Möglichkeiten besitzen, wenn sich Zimbabwe - entgegen seiner Konventionsverpflichtungen – weigert, der Durchsetzung eines ICSID- Schiedsspruchs nachzukommen.[2220] In einem solchen Fall kann der Investor aber den diplomatischen Schutz seines Heimatstaates beanspruchen, den die Konvention zwar gemäß Art. 27 (1) grundsätzlich ausschließt,[2221] in einem solchen Fall aber ausdrücklich wieder zulässt.[2222] Die Nichtbeachtung des Schiedsspruchs stellt gleichzeitig einen Verstoß des Mitgliedstaates gegen seine völkerrechtliche Verpflichtung aus Art. 53 (1) ICSID-Konvention dar, den der Heimatstaat gemäß Art. 64 ICSID-Konvention dem IGH vorlegen kann.[2223] Ebenso drohen einem nichterfüllenden Mitgliedstaat negative Konsequenzen bei der Vergabe zukünftiger Kredite durch die Weltbank.[2224]

[2214] Sie muss nicht nur von den Gerichten des Gaststaates, sondern auch von denen aller Vertragsstaaten des Übereinkommens vollstreckt werden. Art. 54 (1) ICSID-Konvention lautet: „Jeder Vertragsstaat erkennt jeden im Rahmen dieses Übereinkommens erlassenen Schiedsspruch als bindend an und sorgt für die Vollstreckung der darin auferlegten finanziellen Verpflichtungen in seinem Hoheitsgebiet, als handle es sich um ein rechtskräftiges Urteil eines seiner innerstaatlichen Gerichte."

[2215] Vgl. Art. 53 (1) ICSID-Konvention: „Der Schiedsspruch ist für die Partei bindend und unterliegt keiner Berufung und auch keinen anderen Rechtsmitteln als denen, die in diesem Übereinkommen vorgesehen sind." Durch die Zustimmung der Mitgliedstaaten zu dem ICSID-Verfahren, ist jedes weitere Rechtsmittel gegen die getroffene Entscheidung (Art. 26 ICSID-Konvention), sowie Gegenklagen oder zusätzliche Klagen (Art. 46 ICSID-Konvention) ausgeschlossen. Auch die Überprüfung des Schiedsspruches durch nationale Gerichte oder einstweilige Verfügungen sind nicht zulässig.

[2216] Pirrung, J., Die Schiedsgerichtsbarkeit nach ICSID, S. 158, 177-182.

[2217] Reed/ Paulsson/ Blackaby, Guide to ICSID Arbitration, S. 105 f. Zur Erteilung der Exequatur bedarf es lediglich der Vorlage einer authentischen Ausfertigung des Schiedsspruchs [Art. 54 (2) ICSID-Konvention].

[2218] Ob sich in einem Staat befindliche Vermögenswerte auf Grundlage eines Schiedsurteils zur Zwangsvollstreckung herangezogen werden können oder ob der Staat sich auf Vollstreckungsimmunität berufen kann, ist nach den Immunitätsgesetzen des betroffenen Mitgliedstaates zu entscheiden. Reed/ Paulsson/ Blackaby, Guide to ICSID Arbitration, S. 107. Entscheidend ist dabei, ob der fremde Staat in Ausübung seiner Hoheitsgewalt oder als Träger eines privatrechtlichen Anspruchs gehandelt hat. I.R. einer Investitionsstreitigkeit ist i.d.R. Ersteres der Fall, weshalb die Vollstreckung eines Schiedsspruchs dann auf Schwierigkeiten stoßen kann, wenn der unterlegene Vertragsstaat seine Verpflichtungen nicht erfüllt. Vgl. Notter, M., Völkerrechtlicher Investitionsschutz, S. 88 ff.

[2219] Herdegen, M., Internationales Wirtschaftsrecht, S. 214.

[2220] Reed/ Paulsson/ Blackaby, Guide to ICSID Arbitration, S. 109.

[2221] Auch bereits durch eine ICSID-Schiedsklausel wird der diplomatische Schutz des Heimatstaates des Investors ausgeschlossen. Allerdings lebt das diplomatische Schutzrecht wieder auf, wenn sich der Gaststaat weigert, einem ICSID-Schiedsspruch Folge zu leisten. In diesem Fall ist auch eine Klage vor dem IGH möglich (vgl. Art. 64 ICSID-Konvention). Oschmann, F., Calvo-Doktrin, S. 326.

[2222] Patzina, R., Rechtlicher Schutz, S. 137; Reed/ Paulsson/ Blackaby, Guide to ICSID Arbitration, S. 109 f.

[2223] Pirrung, J., Die Schiedsgerichtsbarkeit nach ICSID, S. 163; Patzina, R., Rechtlicher Schutz, S. 137. Bevor nicht das ICSID-Verfahren abgeschlossen ist, sind die Gerichte der Signatarstaaten gehindert, in der gleichen Sache ein weiteres Verfahren zu eröffnen. Vgl. Art. 64 ICSID-Konvention, sog. *Rule of Abstention*.

[2224] Patzina, R., Rechtlicher Schutz, S. 137; Böckstiegel, K., Rechtsschutz der Auslandsinvestitionen, S. 151.

4. Schiedsgerichtsbarkeit privater Organisationen, insbesondere die Schiedsregelung nach der ICC (*International Chamber of Commerce*)

Der Schlichtung von Investitionsstreitigkeiten haben sich auch private Institutionen angenommen, die eigens für diese Aufgabe ins Leben gerufen worden sind. Von Bedeutung sind hier die *American Arbitration Association* mit Hauptsitz in New York,[2225] das *British Institute of Arbitrators*, der *London Court of International Arbitration*,[2226] das *Comité Francaise de l'Arbitrage*, die *Inter-American Arbitration Commission*,[2227] das *Netherlands Arbitration Institute*, das *Arbitration Institute of the Stockholm Chamber of Commerce* in Schweden und die Schiedsgerichtsbarkeit der Internationalen Handelskammer (ICC).[2228] Dabei ist die ICC, 1919 auf privatrechtlicher Ebene mit Hauptsitz in Paris gegründet, die einzige weltweite Businessorganisation, die Unternehmen und Investitionen innerhalb des multilateralen Handelssystems fördert.[2229] Die wesentliche Aufgabe des ICC ist die Beilegung internationaler Handelsstreitigkeiten durch die ICC-eigene Schiedsgerichtsbarkeit. Während die meisten Streitschlichtungseinrichtungen nur im nationalen oder regionalen Bereich tätig werden, agiert das ICC Gericht auf internationalem Feld.[2230] Die ICC Mitgliedschaft steht allen Unternehmen weltweit offen, die sich mit einem nationalen ICC Komitee zusammenschließen oder selbst direkt Mitglied des *ICC International Secretariat* werden (z.B. *British American Tobacco Zimbabwe Holdings Ltd., PricewaterhouseCoopers, Clifford Chance,* etc.). Nachdem dieses Verfahren zunächst meist nur von Unternehmen wahrgenommen wurde, nehmen mittlerweile auch häufiger Staaten daran teil.[2231]

Die ICC führt nicht selbst die streitigen Schiedsverfahren durch, sondern überwacht nur deren Durchführung anhand der ICC-Regeln.[2232] Dem eigenen *International Court of Arbitration* können jedoch auch Schiedsurteile zur Überprüfung und Modifizierung vorgelegt werden. Die Parteien können sich darauf verständigen, eine Streitsache der ICC-Schiedsgerichtsbarkeit zu unterwerfen, selbst wenn der Vertrag keine ICC-Schiedsklausel enthält.[2233] Weitere Voraussetzung ist das Vorliegen eines „*business disputes*", was jedoch weit ausgelegt wird, so dass sämtliche Streitigkeiten darunter fallen, die aus der Transaktion und Abwicklung von internationalem Handel und Wirtschaftstätigkeiten entstehen können. Schließlich muss es sich um eine internationale Angelegenheit handeln, was nicht bedeutet, dass die Streitparteien unterschiedliche Nationalität besitzen müssen; ausreichend ist, dass es sich um einen Vertrag mit Auslandsbezug handelt.[2234] Die *ICC Rules* sehen vor, dass das Tribunal innerhalb von zwei Monaten, nachdem

---

[2225] Vgl. Redfern/ Hunter, Law and Practice, S. 52.

[2226] Der LCIA wurde 1892 gegründet und ist eines der ältesten noch funktionierenden Schiedsinstitutionen. Dem Gericht obliegt als Hauptaufgabe die Ernennung schiedsgerichtlicher Tribunale und die Streitlösung nach den im Jahr 1985 modifizierten LCIA-Rules. Vgl. Butler/ Finsen, Arbitration, S. 303; Redfern/ Hunter, Law and Practice, S. 51 f.

[2227] Die Schiedsregeln der AAC werden im Gegensatz zu denen der ICC längst nicht in diesem Umfang angewendet. Dies ist darauf zurückzuführen, dass die AAC eng mit den Vereinigten Staaten verbunden ist und es daher schwierig für einen US-Investor ist, seinen Gaststaat zu überzeugen, sich auf diese Regeln einzulassen. Comeaux/ Kinsella, Protecting, S. 214.

[2228] Vgl. Butler/ Finsen, Arbitration, S. 302 ff.

[2229] Vgl. Internet Homepage der ICC unter http://www.iccwbo.org/home/menu_what_is_icc.asp; besucht am 14.09.2004. Sie arbeitet eng mit den VN zusammen und gestaltet praxisnahe, global abgestimmte Richtlinien und Standardformulierungen für den Wirtschaftsverkehr. Vgl. die *International Commercial Terms* (INCOTERMS).

[2230] Vgl. Internet Homepage der ICC unter http://www.iccwbo.org/court/english/arbitration/introduction.asp; besucht am 19.08.2004.

[2231] Banz, M., Völkerrechtlicher Eigentumsschutz, S. 109.

[2232] Redfern/ Hunter, Law and Practice, S. 50 f.

[2233] Eine Unterwerfung kann entweder im Voraus erfolgen oder nach Entstehung der Streitigkeit. Kronfol, Z., Protection, S. 140.

[2234] Kronfol, Z., Protection, S. 140.

es die Streitakte erhalten hat, dem Gericht ein Dokument übergibt, in dem es die *Terms of Reference* bestimmt.[2242] Aufgrund der genauen Streituntersuchung ist es sehr unwahrscheinlich, dass die Schlichtungssprüche von den nationalen Gerichten aufgehoben werden. Da die Schiedsurteile nicht Gegenstand einer Berufung sind, stellt das ICC Verfahren eines der verlässlichsten weltweit dar.[2243]

Der Vorteil des Verfahrens liegt auch in seiner Vertraulichkeit, welche die Öffentlichkeit vom Verfahren ausschließt und den ergangenen Schiedsspruch nur im Falle des Einverständnisses der Parteien mit deren Namen veröffentlicht. Die Parteien können auch frei über die Anwendung des für den Streitfall relevanten Rechts entscheiden. Mangels Einigung darüber entscheidet das Schiedsgericht selbst, welche Normen es anwendet.[2244] Als positiv ist auch anzumerken, dass ICC als private Institution nicht der Regierungskontrolle und damit der staatlichen Beeinflussung unterliegt.

Problematisch ist an der privaten Schiedsgerichtsbarkeit jedoch, dass beide Parteien an der Schlichtung mitwirken und sich der Schiedsgerichtsbarkeit unterwerfen müssen, da die Institutionen die Streitigkeit nicht selbst beilegen. Dieses Erfordernis ermöglicht es den betroffenen Staaten grundsätzlich die Streitschlichtung zu verhindern.[2245] Auch findet sich eine ablehnende Haltung der Entwicklungsländer gegenüber Institutionen, die bereits vor ihrer Unabhängigkeit entstanden sind.[2246] Insofern dürfte es im Falle Zimbabwes nicht erfolgversprechend sein, im Rahmen der privaten Schiedsgerichtsbarkeit vorzugehen, zumal es sich bei den meisten von der Nationalisierung Betroffenen nicht um Gesellschaften, sondern Privatinvestoren handelt.

Exkurs:

a) *UN Commission on International Trade and Arbitration Law* (UNCITRAL)

Als Ergänzung zum Verfahren der ICC werden auch in einem Überblick die jahrzehntelangen, weltweit erfolgreichen Bemühungen um eine Harmonisierung der internationalen Schiedsgerichtsbarkeit durch die Kommission der Vereinten Nationen für Internationales Handelsrecht (UNCITRAL) dargestellt.[2247] Die Kommission befasst sich mit Förderung der Fortentwicklung und Vereinheitlichung des internationalen Handelsrechts und Harmonisierungsbemühungen, u.a. im Bereich der internationalen Gerichtsbarkeit und des Schlichtungswesens.[2248]

[2242] Redfern/ Hunter, Law and Practice, S. 51. Diese dienen dazu die Schiedsrichter und Parteien zusammenzubringen, die Angelegenheit abzugrenzen, die Verfahrensdetails zu bestimmen oder sogar die Sache bereits gütlich zu regeln.

[2243] Vgl. Internet Homepage der ICC unter http://www.iccwbo.org/court/english/arbitration/introduction.asp; besucht am 19.08.2004.

[2244] Vgl. bei Banz, M., Völkerrechtlicher Eigentumsschutz, S. 109.

[2245] Frick, H., Bilateraler Investitionsschutz, S. 60 f.

[2246] Patzina, R., Rechtlicher Schutz, S. 134.

[2247] Die Kommission der UNCITRAL, die eine Institution mit verschiedenen Konventionen und Modellrechten im Wirtschaftsrecht darstellt, wurde durch die Generalversammlung am 17.12.1966 errichtet. Butler/ Finsen, Arbitration, S. 298; Altmann/ Kulessa, Wirtschaftsorganisationen, S. 216.

[2248] Ihre diesbzgl. aufgestellten allgemeingültigen Regeln, die in verschiedenen Rechtsakten, wie den UNCITRAL *Arbitration Rules*, festgelegt sind und das von ihr ausgearbeitete Modellgesetz fanden zunehmend Akzeptanz bei den nationalen Gesetzgebern. Theodorou, H., Investitionsschutzverträge, S. 168 ff.; Berger, K., Schiedsgerichtsbarkeit, S.11.

aa) UNCITRAL *Arbitration Rules* von 1976 und UNCITRAL *Conciliation Rules* von 1980

Den ersten größeren Erfolg im Bereich der Streitschlichtung erzielte die UNCITRAL 1976 mit ihren *Arbitration Rules*, die 1980 von den *Conciliation Rules* gefolgt wurden.[2249] Ihr Hauptziel ist die Harmonisierung von Vorschriften, wie sie in der wirtschaftlichen Schiedssprechung verwendet werden, in dem sie ein freiwilliges und allgemein akzeptables System an Verfahrensvorschriften zur Durchführung solcher Schiedsverfahren bereithält.[2250] Im Rahmen der Streitschlichtung können sich die Parteien *ad hoc* oder durch vorherige Vereinbarung in ihrem Vertrag auf die Schlichtung eines entstehenden Konflikts nach den *Conciliation Rules* einigen, wie sie zur jeweiligen Zeit in Kraft sind.[2251] Allerdings besteht keine rechtliche Verpflichtung der Parteien, sich an die UNCITRAL- Vorschriften zu halten, so dass Anerkennung und Durchsetzung der Schiedssprüche von dem Willen der Parteien abhängen. Der Einfluss der UNCITRAL *Rules* bei internationalen Wirtschaftsstreitigkeiten kann nicht übersehen werden, da sie von zahlreichen Staaten angenommen wurden. Jedoch liegt ihre Hauptanwendung mehr im Bereich der internationalen Wirtschaftsdispute zwischen Privatparteien, als in dem der ausländischen Investitionsstreitigkeiten zwischen einem Privatinvestor und seinem Gaststaat.[2252]

bb) *Model Law on International Commercial Arbitration* von 1985

Das Modellrecht, durch die Vollversammlung der Vereinten Nationen am 21.06.1985 angenommen,[2253] ist dazu bestimmt, den Staaten bei der Bildung und Reformierung ihrer Gesetze bezüglich eines Schiedsverfahrens Hilfestellung zu leisten.[2254] Dabei schlägt es international akzeptierte Standards des Schiedsprozesses vor, die in einem nationalen Rechtssystem in bindende Rechtsvorschriften überführt werden können.[2255] Daraus erwächst jedoch keine multilaterale Verpflichtung. Auch zeigt sich daran bereits das Problem eines Modellgesetzes, da die Staaten dieses nur mit vielen Abweichungen und Änderungen in ihr nationales Gesetz übernehmen.[2256]

cc) UNCITRAL *Model Law on International Commercial Conciliation* von 2002

Dieses Modellgesetz ist unter umfassender Beteiligung der internationalen Gemeinschaft zustande gekommen und ist als Kodifizierung weltweit anerkannt. Mit ihm sollte den nationalen Gesetzgebern ein komplexes System für die internationalen Wirtschaftsschiedsverfahren zur Übernahme in das eigene nationale Recht vorgegeben werden.[2257] Auch wenn es zum Teil Kompromisse enthält, hat es dazu geführt, dass die internationale

[2249] Die Arbitration Rules wurden angenommen als eine Zusammenfassung „.. of rules for ad hoc arbitration that are acceptable ... in countries with different legal, social and economic systems“ und die „would significantly contribute to the development of harmonious economic relations...“ Vgl. Präambel der UNCITRAL Arbitration Rules, in: ILM, Vol. 15, 1976, S. 701.

[2250] Verwendung fanden diese Regeln beispielsweise vom *US-Claims Tribunal*, vgl. Malanczuk, P., Modern Introduction, S. 539.

[2251] Redfern/ Hunter, Law and Practice, S. 34 f.

[2252] Malanczuk, P., Modern Introduction, S. 540.

[2253] Engl. Fassung abgedruckt in: Calavros, C., Das UNCITRAL-Modellgesetz, S. 191 ff.; vgl. zur deutschen Fassung Berger, K., Schiedsgerichtsbarkeit, S. 65 ff.

[2254] Sein Zweck ist dagegen nicht die Errichtung eines institutionellen Systems der internationalen Wirtschaftsschiedsgerichtsbarkeit, insbes., da ein Modellrecht für wesentlich flexibler zur realistischen Harmonisierung erachtet wurde. Malanczuk, P., Modern Introduction, S. 540; Butler/ Finsen, Arbitration, S. 298 f.

[2255] Auch die zimbabwische Gesetzgebung beruht auf dem Modellrecht, auch wenn ein *Zimbabwean Arbitration Act* urspr. bereits zur Kolonialzeit im Jahre 1928 ergangen war und auf die englische Schiedsgesetzgebung zurückreicht. Vgl. Butler/ Finsen, Arbitration, S. 299.

[2256] Vgl. Calavros, C., Das UNCITRAL-Modellgesetz, S. 7.

[2257] Daneben war Ziel des Modellgesetzes, die national unterschiedlichen Prozesssituationen zu beseitigen.

Schiedsgerichtsbarkeit als besonderer Rechtsbereich akzeptiert wurde, der von nationalen Besonderheiten weitgehend neutral ist.

b. ***United Nations Convention on the Recognition and Enforcement of Foreign Awards*** **(„New York Convention")**

Die am 10.06.1958 verabschiedete[2251] sogenannte *New York Convention* erleichtert die Anerkennung und Vollstreckung ausländischer Schiedssprüche, die nicht im Rahmen des ICSID, sondern etwa nach den Regeln der UNCITRAL oder der ICC ergangen sind.[2252] Sie ist der bedeutendste internationale Vertrag, der sich auf die internationale Wirtschaftsschiedsgerichtsbarkeit bezieht und eine weitgehende Verbesserung und Vereinfachung der Durchsetzung der Schiedssprüche im Vergleich zur *Geneva Convention* von 1927 vorsieht.[2253] Die Konvention verpflichtet die nationalen Gerichte eines Signatarstaates, Schiedssprüche jedes anderen Staates durchzusetzen – unabhängig, ob sie aufgrund von *ad-hoc* oder einer institutionellen Schiedsgerichtsbarkeit ergangen sind.[2254] Die Partei, welche die Durchsetzung ihres Schiedsspruchs wünscht, bedarf nur einer beglaubigten Abschrift hiervon (Art. IV NY-*Convention*) und der Unterwerfung unter die Schiedsgerichtsbarkeit.[2255] Die Durchsetzung wird bei Vorliegen eines der fünf in Art. V NY-*Convention* aufgezählten Gründe versagt, insbesondere, wenn es an dem Vorliegen einer gültigen Schiedsabrede fehlt. Eine Besonderheit besteht darin, dass die Konvention auf die Durchsetzung ausländischer Schiedssprüche Anwendung findet, die aus Verträgen zwischen einem Individuum und einer ausländischen Regierung resultieren. Das ist zwar nicht ausdrücklich geregelt, ergibt sich aber aus der Formulierung „*between persons, whether physical or legal.*"[2256] Gemäß Art. III NY-*Convention* erkennen alle Staaten ergangene Schiedssprüche als verbindlich an und setzen sie nach dem nationalen Recht des Staates durch, in dem der Schiedsspruch ausgesprochen wurde. Falls sich die enteigneten Investoren mit Zimbabwe auf ein schiedsgerichtliches Vorgehen außerhalb von ICSID einigen, wären die erzielten Schiedssprüche nach der *NY-Convention* gegen Zimbabwe durchsetzbar. - Exkurs Ende -

5. WTO-Schiedsgerichtsbarkeit

Seit der Gründung der WTO besteht für die Mitgliedstaaten auch in deren Rahmen die Möglichkeit, Rechte ihrer Investoren geltend zu machen. Voraussetzung ist dabei jedoch, dass in den Abkommen im Annex zur WTO-Charta – z.B. GATS, TRIMs und TRIPs - investitionsrelevante Regelungen enthalten sind. Das dafür vorgesehene Verfahren ist im *Dispute Settlement Understanding* festgesetzt. Dabei wird vom DSB im Streitfall auf Antrag einer Streitpartei ein *Panel* eingesetzt, das den Fall untersucht und den *Panel-Report* erstellt. Gegen diesen Bericht kann beim

---

[2251] Sie trat mit dem 07.06.1959 in Kraft und wurde von Zimbabwe 1994 ratifiziert. Vgl. Hansohm/ Nepembe, Yearbook, Vol. 2, S. 62. Zum Entwicklungsprozess vgl. Berg, A., NY Arbitration Convention, S. 6 ff.; Text abgedruckt, S. 398 ff.

[2252] Dies ist erforderlich, da es nach dem allgemeinen Völkerrecht keine Verpflichtung der Staaten gibt, ergangene Schiedssprüche anzuerkennen. Comeaux/ Kinsella, Protecting, S. 237.

[2253] Redfern/ Hunter, Law and Practice, S. 67 f.

[2254] Berg, A., NY Arbitration Convention, S. 12 ff. Allerdings haben eine Vielzahl von Staaten Vorbehalte eingelegt, nach der sie nur Schiedssprüche aus anderen Signatarstaaten anerkennen werden. Comeaux/ Kinsella, Protecting, S. 239.

[2255] In einigen Fällen dürfen die nationalen Gerichte eines betroffenen Staates den ausländischen Schiedsspruch überprüfen, insbesondere wenn es an einem *due process* mangelt. Vgl. Art. V *New York Convention*.

[2256] Kronfol, Z., Protection, S. 133.

unabhängigen *Appelate Body* Berufung eingelegt werden. Das Ergebnis des Verfahrens ist für die Parteien verbindlich. Es handelt sich dabei jedoch um ein rein zwischenstaatliches Verfahren, für das Private keine Zugangsmöglichkeit besitzen.[2257] Im Übrigen ist Zimbabwe kein Mitglied.

6. Zusammenfassung

Die Erfahrung zeigt, dass sich die Begeisterung der Staaten, eine internationale Gerichtsbarkeit zu akzeptieren, in Grenzen hält. Viele Staaten bevorzugen kleinere *Tribunale* als den Internationalen Gerichtshof, die spezialisierter sind und eine höhere Kontrolle der ergehenden Entscheidung bieten. Ein anderer Grund für die Staatenzurückhaltung bei der häufigen Anrufung der internationalen Gerichtsbarkeit ist das Gefühl, durch die Verklagung eines anderen Staates einen „*unfriendly act*" zu begehen.[2258] Streitigkeiten, bei denen sich die Staaten weigern, sich an die internationale Gerichtsbarkeit zu wenden, werden in der Regel im Wege politischer Maßnahmen der Verhandlung und Mediation beigelegt. Manchmal kommt es auch zu einem Stillstand und der betroffene Staat wartet ab, bis sich Gesetze oder politisches Gleichgewicht verändert haben und ein günstigeres Verhandlungsklima herrscht.[2259] Nachteilig erweist sich, dass die Aufgabe des Schiedsrichters nicht darin besteht, darüber zu entscheiden, ob die Enteignungsmaßnahme zulässig ist, sondern nur darin, die Höhe der Entschädigung für den staatlichen Eingriff festzusetzen. Dabei ist oftmals die Befugnis zur Beurteilung der Wirksamkeit des staatlichen Akts sowieso durch den Konzessionsvertrag entzogen oder es wird im Enteignungsfall als Rechtsfolge lediglich eine finanzielle Entschädigung vorgesehen. Die meisten Investoren sind allerdings mit der Zusprechung eines Schadensersatzes zufrieden, da andere Maßnahmen, wie *die restitutio in integrum* nicht durchsetzbar wären, insbesondere, wenn sie einen Verstoß gegen die staatliche Souveränität darstellen würde.[2260]

Auch wenn die Effektivität der Schiedsverfahren von der Zustimmung der Staaten abhängt, ist bei den Schiedsgerichten nicht von einem wirkungslosen Rechtsmittel zu sprechen. Nicht übersehen werden darf die Tatsache, dass ein Staat mit der Nichtbefolgung eines gegen ihn ergangenen Schiedsspruchs an Glaub- und Kreditwürdigkeit einbüßt. Insbesondere birgt dies die Gefahr, die finanzielle Unterstützung der Weltbank zu verlieren, was viele Entwicklungsländer nicht riskieren wollen.[2261] Solange sich Großbritannien, Deutschland oder ein anderer Heimatstaat der von den Enteignungsmaßnahmen Betroffenen nicht auf eine internationale Klage einlässt, ist ein Verfahren nach ICSID, auf das auch die meisten BITs verweisen, für die privilegierten ausländischen Investoren am Erfolgversprechendsten, insbesondere, da dieses direkt nach ICSID vollstreckbar wäre.

[2257] Vgl. zur Streitbeilegung im Rahmen der WTO Petersmann, E., The GATT/WTO Dispute Settlement System, insbes. S. 186 ff.

[2258] Malanczuk, P., Modern Introduction, S. 303.

[2259] Malanczuk, P., Modern Introduction, S. 304.

[2260] Theodorou, H., Investitionsschutzverträge, S. 450 f.

[2261] Auch die internationale Entwicklungsorganisation (IDA) berücksichtigen bei ihrer zukünftigen Vergabe von Darlehen die Kreditwürdigkeit ihrer Mitglieder, die im Fall einer Streitigkeit über eine Entschädigung von enteigneten Auslandseigentum gefährdet ist. Durch den Bruch eines Investitionsschutzvertrags wäre die Folgewirkung für andere ausländische Investoren, dass sie ihr Kapital und *Know-how* abziehen würden. Alenfeld, J., Die Investitionsförderungsverträge, S. 174. Allerdings darf sich die Weltbank nicht in politische Angelegenheiten eines Mitgliedstaates einmischen. Vgl. Art. IV, Abschn. 10, des Abkommens über die Internationale Bank für Wiederaufbau und Entwicklung, abgedruckt in: Sartorius II, Nr. 45.

V. Diplomatischer Schutz

1. Voraussetzungen des diplomatischen Schutzes durch den Heimatstaat

Unter diplomatischem Schutz ist der repressive oder präventive Schutz natürlicher oder juristischer Personen gegenüber völkerrechtswidrigen Handlungen einer fremden Hoheitsgewalt durch den Heimatstaat zu verstehen. Dieser kann durch die diplomatischen und konsularischen Organe des Heimatstaates vor Ort ausgeübt werden. Sind diplomatische Mittel erfolgreich, kann der Heimatstaat des Investors eine Vereinbarung zu Gunsten des enteigneten Investors aushandeln. In der Regel handelt es sich dabei um ein Globalentschädigungsabkommen, welches für den verletzenden Staat bindend ist.[2262]

Der Heimatstaat kann jedoch auch selbst sein Recht gegen den Territorialstaat auf Wiedergutmachung für Schäden ausüben, die er durch die völkerrechtswidrige Behandlung eines seiner Angehörigen im Territorialstaat erlitten hat. Dieser aus dem völkerrechtlichen Unrecht entspringende Entschädigungsanspruch ist nach allgemeiner Ansicht völkerrechtlicher Natur und kann nur auf diplomatischem Wege gemäß Art. 33 (1) SVN durch den Heimatstaat des Betroffenen geltend gemacht werden.[2263] Zunächst muss der Betroffene seinen Fall dem zuständigen Ministerium präsentieren. Ob daraufhin die Regierung tätig wird, steht in der Regel in ihrem Ermessen.[2264] Aufgrund der Unklarheit, ob es sich noch um die zulässige Ausübung diplomatischen Schutzes oder bereits um eine rechtswidrige Einmischung in die inneren Angelegenheiten handelt, sind die Industriestaaten mit der Ausübung des diplomatischen Schutzes allerdings eher zurückhaltend.[2265]

a) Völkerrechtswidriges Handeln

Für die Ausübung des Rechts auf diplomatischen Schutz ist zunächst das völkerrechtswidrige Handeln eines Drittstaates erforderlich. Dies kann entweder die Verletzung des völkergewohnheitsrechtlichen Mindeststandards oder besonderer vertraglicher Verpflichtungen durch den Gaststaat sein. Die Völkerrechtswidrigkeit der Konfiskation des Vermögens der weißen Farmer in Zimbabwe wurde sowohl nach allgemeinem Fremdenrecht, wie auch nach den einschlägigen menschenrechtlichen Konventionen und einem BIT festgestellt.

b) Bestimmung der Schutzmacht

Weitere Voraussetzung für den diplomatischen Schutz ist die Zugehörigkeit der verletzten Person zum Herkunftsstaat zum Zeitpunkt der Schädigung durch eine sogenannte *genuine connection.* Eine solche Beziehung besteht grundsätzlich zu demjenigen Staat, dessen Staatsangehörigkeit die Betroffenen aufweisen.[2266] Allerdings besitzen die weißen Farmer nicht alle die Staatsbürgerschaft desselben ausländischen Staates, so dass die Bestimmung der Schutzmacht aufgrund co-nationaler Aspekte nicht gelingt. In Betracht könnte für die zimbabwischen Staatsangehörigen – mit Blick auf die Kolonialzeit – Großbritannien als Schutzmacht kommen, da aus der historisch-faktischen

---

[2262] Comeaux/Kinsella, Protecting, S. 218.

[2263] Herdegen, M., Internationales Wirtschaftsrecht, S. 210; Bippus, B., Internationalrechtliche Schutz, S. 4 ff; Verdross/ Simma, Universelles Völkerrecht, § 682.

[2264] Kronfol, Z., Protection, S. 127.

[2265] Gramlich, L., Rechtsgestalt, S. 512 f.

[2266] Die Staatsangehörigkeit nach den innerstaatlichen Regeln genügt dafür jedoch nicht, wenn diese nur rein formal besteht. Bader, T., Sicherungspotentiale, S. 61.

Situation heraus der Staat zu ermitteln ist, der eine enge Beziehung zu den Betroffenen aufweist[2267] und der sich für die Belange der weißen Farmer fortgesetzt engagiert hat.[2268] Im Übrigen kann ebenso aus der mittlerweile menschenrechtlichen Erweiterung des Schutzrechts abgeleitet werden, dass bei der Verletzung von Menschenrechtsnormen des Völkervertragsrechts, wie auch des Völkergewohnheitsrechts, andere Staaten ein Recht auf diplomatische Protektion im weiteren Sinne[2269] geltend machen können.[2270] Danach wäre Großbritannien berechtigt, diplomatischen Schutz zu Gunsten der weißen Farmerschaft auszuüben.

Was die ausländischen Investoren anbelangt, muss sich jeder von ihnen individuell an seinen Heimatstaat wenden, damit dieser für ihn völkerrechtlich in Erscheinung tritt. Nicht anwendbar ist dies jedoch für diejenigen ausländischen Investoren, die gleichzeitig auch über die zimbabwische Staatsbürgerschaft verfügen.[2271]

c) Anspruch gegen den Heimatstaat auf Ausübung des diplomatischen Schutzes

Bei der Ausübung des diplomatischen Schutzrechts, macht sich der Heimatstaat den Anspruch des Investors zu eigen.[2272] Vorliegend stellt sich die weitergehende Frage, ob – indem Großbritannien nicht primär Rechte eigener Staatsbürger, sondern vielmehr die Rechte der weißen Farmerschaft geltend macht – dem Gedanken der Prozeßstandschaft mehr Kontur zu geben ist.[2273] Eine völkerrechtliche Verpflichtung des Staates, die wirtschaftlichen Auslandsinteressen seiner Staatsangehörigen gegenüber dem enteignenden Gaststaat wahrzunehmen, besteht nicht. Der betroffene Staatsbürger hat damit keinen rechtlichen Anspruch auf Vornahme des diplomatischen Schutzes, so dass die Effektivität dieses Anspruchs vom Schutzrecht und dem Ermessen des Staates für seine Staatsangehörigen abhängt.[2274]

2. Umfang des diplomatischen Schutzes

Nach Ausschöpfung der innerstaatlichen Rechtsmittel bzw. dem Eingreifen der Ausnahme aufgrund vorliegender ineffektiver Rechtsmittel, kann der Heimatstaat wegen der Ansprüche seiner Staatsbürger beim verletzenden Staat vorstellig werden; oft wird über eine Vielzahl kleinerer Ansprüche im Ganzen verhandelt und ein Globalentschädigungsabkommen abgeschlossen. Die weitere Verteilung der Entschädigungssumme an die einzelnen Investoren obliegt dann dem Heimatstaat.[2275] Die diplomatischen Methoden umfassen die verschiedenen diplomatischen Ver-

---

[2267] Hafner, G., Minderheitenproblematik, S. 128.

[2268] So hat auch Großbritannien im Zuge der ersten Übergriffe gegen die weißen Farmer im Jahre 2001 Evakuierungspläne für diese Bevölkerungsgruppe geplant.

[2269] Im eigentlichen Sinne handelt es sich – konzeptionell betrachtet – jedoch nicht um diplomatischen Schutz, da eben nicht der Schutz eigener Staatsangehöriger bezweckt wird.

[2270] Vgl. oben 3. Teil, IV, 2. b).

[2271] Vgl. Ipsen, K., Völkerrecht, 4. Aufl., § 24, Rn. 34.

[2272] Oschmann, F., Calvo-Doktrin, S. 139 ff. Die völkerrechtliche Grundlage sah man früher in einer Ehrverletzung des Staates durch die Rechtsverletzung seiner Staatsangehörigen. Vgl. bei Somarajah, M., The Pursuit, S. 10. Mittlerweile sieht man in der Verletzung des Kapitals des Investors zugleich eine Minderung des Nationalvermögens des Heimatstaates und damit eine eigene Interessensbeeinträchtigung des Heimatstaates. Zagel, G., Auslandsinvestitionen in Lateinamerika, S. 233.

[2273] Bejahend Herdegen, M., Völkerrecht, S. 193: es müsse sich auch um einen Anspruch des Staatsangehörigen handeln, da dieser auf Bestand und Umfang seines Anspruchs, z.B. durch Nichtausschöpfung der innerstaatlichen Rechtsbehelfe, Einfluss habe.

[2274] Vgl. Ammann, U., Der Schutz, S. 119; Bader, T., Sicherungspotentiale, S. 59 f. Ggf. kann der Enteignete ein Vorgehen seines Schutzstaates auf innerstaatlichem Wege verlangen. Vitzthum/ Vitzthum, Völkerrecht, S. 500. So kann im deutschen Recht die aufgrund pflichtwidriger Ermessensausübung unterlassene Schutzgewährung Staats- und Amtshaftungsansprüche auslösen.

[2275] Gramlich, L., Rechtsgestalt, S. 517-522.

fahren, wie Verhandlung, Vermittlung, gute Dienste etc.[2276] Weiter bestehen die Möglichkeiten Protest, Retorsion (z.B. Einstellung der Handelsbeziehungen) und Repressalie (z.B. die Nichterfüllung bestehender vertraglicher Verpflichtungen oder das Einfrieren ausländischer Bankguthaben) auszuüben.[2277]

VI. Maßnahmen zur Durchsetzung des Investitionsschutzes

Neben den bestehenden Möglichkeiten die materiell-rechtlichen internationalen Ansprüche eines enteigneten Investors festzustellen, ist noch die Frage möglicher Mittel zur Durchsetzung dieser Ansprüche zu klären. Um verletzten Menschenrechten Effizienz zu verleihen, stehen den Staaten außenpolitische Druckmittel zur Verfügung.[2278]

1. Gewalt- und Interventionsverbot

Die Anwendung militärischer Gewalt ausschließlich zum Zweck des Vermögensschutzes, wird heute nahezu einhellig unter Hinweis auf das umfassende Gewaltverbot des Art. 2 Ziff. 4 SVN bzw. auf das inhaltsgleiche völkergewohnheitsrechtliche Gewaltverbot abgelehnt.[2279] Selbst bei Anerkennung des Konzepts des „internationalen Verbrechens", das bei schweren und systematischen Menschenrechtsverletzungen eine *erga omnes* Verpflichtung aller Staaten begründet und jeden Staat aufgrund der daraus resultierenden Selbstverletzung zu einer humanitären Intervention berechtigt, läge nur ein minder schwerer Fall vor. Bei einem solchen steht den anderen Staaten nur die Staatenbeschwerde zu.[2280] Während Art. 51 SVN die Selbstverteidigung erlaubt, ist die Selbsthilfe als Ausnahme zum Gewaltverbot im Rahmen der Wiederbeschaffung des Eigentums nicht anerkannt.[2281] Gemäß Art. 2 Ziff. 3, Art. 33 SVN sind die Staaten zur friedlichen Beilegung ihrer Streitigkeiten verpflichtet.[2282] Nach inzwischen allgemeiner Ansicht handelt es sich bei wirtschaftlichen Sanktionen auch nicht um die Durchführung eines bewaffneten Angriffs, so dass zumindest unter diesem Aspekt ein Verstoß gegen das Gewaltverbot nicht vorliegt.[2283] Daneben ist auch die Einmischung eines Staates in die innerstaatlichen Angelegenheiten eines anderen Staates verboten, wenn diese unter Androhung von Zwang erfolgt, sogenanntes gewohnheitsrechtliches Interventionsverbot.[2284] Inwieweit das Interventionsverbot wirtschaftliche Zwangsmaßnahmen erfasst, kann nicht allgemeingültig bestimmt werden. Entscheidend für die Bejahung eines Verstoß dürfte die Intensität der Sanktion und der Zusammenhang zwischen der Sanktion und der erhofften Verhaltensänderung sein, sowie die Tatsache, dass auf die mit der Sanktion bezweckte Verhaltensänderung des betroffenen Staates kein Rechtsanspruch besteht.[2285]

[2276] Ipsen, K., Völkerrecht, 4. Aufl., § 62 Rn. 4 ff.
[2277] Vgl. unten 3. Teil, C. VI..
[2278] Blumenwitz/ Zieger, Menschenrechte, S. 9.
[2279] Veith/ Böckstiegel, Der Schutz, S. 217; Verdross/ Simma, Universelles Völkerrecht, § 1338; Ammann, U., Der Schutz, S. 124; Comeaux/ Kinsella, Protecting, S. 228 f.; Borgsmidt, K., Rechtsverbindlichkeit, S. 49.
[2280] Fastenrath, U., Internationaler Schutz, S. 44 f.
[2281] Comeaux/ Kinsella, Protecting, S. 230.
[2282] Vgl. auch die im Zusammenhang mit dem Versuch der bewaffneten Eintreibung vertraglicher Schulden aufgekommene Drago-Doktrin aus dem Jahre 1902, die das Prinzip beinhaltete, *„..that public debt cannot give rise to armed intervention or even to the material occupation of the soil of American nations by a European Power."* Vgl. Drago, L., State Loans, S. 709; Seidl-Hohenveldern, I., Investitionen in Entwicklungsländern, S. 54.
[2283] Schneider, H., Wirtschaftssanktionen, S. 96.
[2284] Ipsen, K., Völkerrecht, 4. Aufl., § 59 Rn. 53 ff.
[2285] Vgl. Schneider, H., Wirtschaftssanktionen, S. 97. So soll nach allg. Ansicht zulässiger Druck bei Verweigerung oder Unterbrechung von Wirtschafts- und Entwicklungshilfe vorliegen. Ipsen, K., Völkerrecht, 4. Aufl., § 59 Rn. 62.

In Betracht kommen allerdings wirtschaftliche Sanktionen, wie Boykott oder Handelsembargo,[2286] wenn sie gemäß Art. 41 SVN durch den Sicherheitsrat der Vereinten Nationen zur Pflicht aller Mitgliedstaaten gemacht werden können. In Anbetracht der unterschiedlichen Auffassungen der Mitglieder der Vereinten Nationen im Rahmen des internationalen Investitionsschutzes ist jedoch ein gemeinsames Vorgehen meist nicht zu erwarten.[2287]

2. Wirtschaftssanktionen: Retorsion und Repressalien

Eine Wirtschaftssanktion kann als Retorsion erfolgen, d.h. durch ein zwar unfreundliches, aber nicht völkerrechtswidriges Verhalten des Heimatstaates. Im Rahmen des wirtschaftlichen Bezugs kämen insbesondere die Einstellung einseitig gewährter Leistungen, wie Entwicklungshilfe, Nichtverlängerung oder Kündigung wichtiger Verträge, sowie Importbeschränkungen in Betracht.[2288] Verboten ist eine Retorsion mit militärischen Mitteln. Nach westlicher Ansicht sind wirtschaftliche Eingriffe jedoch zulässig und unterfallen nicht dem Gewaltverbot.[2289] Zu beachten sind dabei weitere völkerrechtliche Schranken, wie der Vertrauensschutz,[2290] Individualrechte – wie der Eigentumsschutz, der zur Einbeziehung von Entschädigungsregelungen führen kann -, der Verhältnismäßigkeitsgrundsatz oder bestehendes Vertragsvölkerrecht.[2291]

Daneben kommt als weitere Möglichkeit eine Repressalie in Betracht, also eine eigentlich völkerrechtswidrige Maßnahme, die aber als Reaktion auf ein vorhergehendes Delikt des anderen Staates gerechtfertigt ist.[2292] Voraussetzung für die Zulässigkeit und Begründetheit einer Repressalie ist die vorherige Ankündigung, die Verhältnismäßigkeit zu dem begangenen Unrecht und die Möglichkeit, durch sie den früheren Zustand wiederherzustellen.[2293] Um verhältnismäßig zu sein wäre sie z.B. in Form der Beschlagnahme von zimbabwischen Guthaben, Beendigung der Erfüllung vertraglicher Verpflichtungen[2294] oder Verhängung von Handels- oder Ausfuhrsperren möglich.[2295] Auf die Durchführung der genannten Maßnahmen kann der Investor zwar hinwirken, sie stehen jedoch im politischen Ermessen seines Heimatstaates. Damit sind die Erfolgsaussichten für die tatsächliche Befriedigung des Investors als gering einzustufen.[2296]

[2286] Auch Abbruch der diplomatischen Beziehungen, Sperre oder Einziehung der Konten von verantwortlichen Staatsangehörigen des Enteignerstaates stellen mögliche Druckmittel dar. Vgl. ausführlich Dicke, D., Die Intervention, S. 204 ff.; Nwogugu, E., Legal Problems, S. 251 ff.; Ammann, U., Der Schutz, S. 124; Comeaux/ Kinsella, Protecting, S. 219.

[2287] Vgl. Patzina, R., Rechtlicher Schutz, S. 139.

[2288] Verdross/ Simma, Universelles Völkerrecht, § 1335; Dicke, D., Die Intervention, S. 225 ff.; Vitzthum/ Schröder, Völkerrecht, S. 597.

[2289] Verdross/ Simma, Universelles Völkerrecht, § 1346.

[2290] Dieses sog. *Estoppel*-Prinzip kann zu einer abgestuften Sanktionsdurchführung verpflichten.

[2291] Schneider, H., Wirtschaftssanktionen, S. 98 ff.

[2292] Doehring, K, Völkerrecht, S. 443 f. Bei Verletzung von Konventionsrechten ist jedoch umstritten, ob es sich nicht um *self-contained regimes* handelt und damit allein die vertraglich vorgesehenen Kontrollmechanismen anzuwenden wären. Vgl. Simma, in: Blumenwitz/ Zieger, Menschenrechte, S. 80. In der Praxis ist dies jedoch weitgehend irrelevant, da die Staaten auf internationaler Ebene eigentlich nie von der Staatenbeschwerde Gebrauch machen. Vgl. Fastenrath, U., Internationaler Schutz, S. 45. Außerdem sprechen Vorschriften wie Art. 44 ICCPR dagegen, die den Staaten auch andere Streitschlichtungsverfahren neben den vertraglich vorgesehenen erlauben. Vgl. Karl, W., Besonderheiten der internationalen Kontrollverfahren, S. 91.

[2293] Seidl-Hohenveldern/ Stein, Völkerrecht, Rn. 1779; Doehring, K, Völkerrecht, S. 444 ff.; Hanz, M., Zur Völkerrechtlichen Aktivlegitimation, S. 155 ff.

[2294] Vgl. auch Art. 60 WVK.

[2295] Verdross/ Simma, Universelles Völkerrecht, § 1344.

[2296] Vgl. die amerikanischen Maßnahmen im Falle der kubanischen Nationalisierungen bei Lillich/ Lockwood, The Valuation, Vol. 1, S. 117 ff.

3. Länderresolutionen der Menschenrechtskommission und nationales Verhalten

Schließlich besteht noch die Möglichkeit der MRK, Länderresolutionen zu erlassen. Die Reaktion betroffener Staaten auf solche Resolutionen zeigt sehr deutlich, dass dieses Instrument ein wirkungsvolles Mittel ist. Kein Staat will von der Staatengemeinschaft wegen seiner Menschenrechtslage verurteilt werden. Er unternimmt deshalb häufig nicht nur diplomatische Schritte, sondern bemüht sich um konkrete Verbesserungen, um eine Verurteilung zu vermeiden.[2297] Angesichts des bisherigen Verhaltens der zimbabwischen Regierung muss jedoch bezweifelt werden, ob durch die MRK tatsächlich derartige Verbesserungen erzielt werden können. Als letzte Alternative stünde dem Heimatstaat des Investors die Möglichkeit zur Verfügung, die rechtswidrige Eigentumsentziehung eines seiner Staatsbürger wegen eines Verstoßes gegen den *ordre public* nicht anzuerkennen, so dass diesem sein Vermögen weiterhin als rechtmäßigen Eigentümer zugeordnet wird.[2298] Internationalrechtlich hätte dieses Vorgehen jedoch keine Auswirkungen und würde dem Enteigneten auch finanziell nicht helfen.

D. ZWISCHENERGEBNIS

Das vom zimbabwischen Staat in diskriminierender Weise konfiszierte Eigentum ist herauszugeben. Enteignungen sind nur nach völkerrechtlichen Grundsätzen gegen Zahlung einer Entschädigung entsprechend dem allgemeinen Völkerrecht zulässig. Eine Ausnahme von dieser Regelung durch Unzumutbarkeit der Herausgabe ist nicht gegeben. Insbesondere können sich die Neuangesiedelten nicht auf Vertrauensschutz berufen. Ein Verstoß gegen das allgemeine Völkerrecht ergibt sich auch infolge der Versagung eines effektiven Rechtschutzes gegen die erfolgten Enteignungen gemäß des „*fair trial*" Prinzips. Dabei handelt es sich gleichzeitig auch um die Missachtung der Vorschriften aus den Menschenrechtspakten, insbesondere des Verbots der Rassendiskriminierung, das eine *erga omnes* Verpflichtung für die Staatengemeinschaft darstellt. Für Zimbabwe ergibt sich auch keine Rechtfertigung der Vorgänge aus dem Aspekt der „wirtschaftlichen Dekolonisation" oder einer Wiedergutmachung des während der Kolonialzeit erlittenen Unrechts. Diejenigen ausländischen Investoren, die ihre Kapitalanlagen wirksam nach den zimbabwischen Zulassungsvorschriften angelegt haben, können darüber hinaus einen Schadensersatzanspruch für die vollzogene Nationalisierung auf einen mit Zimbabwe bestehenden BIT stützen. Entsprechendes gilt für Vertragsparteien eines Staat-Investor-Vertrags mit Zimbabwe.

Mangels wirksamen nationalen Rechtsschutzes nach der zimbabwischen Verfassung und den Investitionsgesetzen bleibt den Enteigneten selbst nur ein Vorgehen mittels einer Individualbeschwerde zur afrikanischen Menschenrechtskommission und mittels des Petitionsverfahrens vor der Menschenrechtskommission der Vereinten Nationen. Die Durchsetzung ihrer Ansprüche können sie damit aber nicht erzielen. Im Rahmen der Staatenklage der Heimatstaaten der Enteigneten könnte der IGH zwar den Völkerrechtsverstoß verurteilen und eine evtl. Wiedergutmachung

---

[2297] Die Reaktionen können in zweifacher Weise ausfallen: Indem sich ein Staat entweder zur Kooperation mit der MRK bereit findet - in diesem Falle ist eine *Consens-Resolution*, evtl. ein "*Chairperson's Statement*" erreichbar - oder versucht, eine Resolution über die Menschenrechtslage in seinem Lande abzuwehren. Vgl. unter: http://www.auswaertiges-amt.de/www/de/aussenpolitik/menschenrechte/mr_inhalte_ziele/mrb6/teil_b/2/2_3_html; besucht am 28.09.2004.

[2298] Entscheidung des LG Hamburg vom 22.01.1973, S. 163 ff. Der Verstoß gegen Art. 30 EGBGB führt damit zur Nichtanwendbarkeit des ausländischen Enteignungsrechts, das an sich aufgrund der deutschen Kollisionsnorm zur Anwendung berufen wäre. Dadurch würde der Enteignungstitel des Enteignungsstaates in der Bundesrepublik Deutschland nicht akzeptiert und verbliebe bei der rechtswidrig enteigneten Person. Vgl. Behrens, P., Multinationale Unternehmen, S. 57.

ansetzen, solange sich Zimbabwe jedoch nicht dessen Zuständigkeit unterworfen hat, hat eine Klage keine Aussicht auf Erfolg. Auch die Staatenbeschwerde nach dem ICCPR und zum Menschenrechtsausschuss können nur zu einer Stellungnahme der entscheidenden Organe führen.
Die Geltendmachung der Verletzung des BITs kann durch die Heimatstaaten vor den internationalen Schiedsgerichten, insbesondere vor einem Staaten-Schiedsgericht, einer Schiedskommission oder einer privaten Schiedsorganisation durchgeführt werden. Diese wenden meist schiedsgerichtliches Modellrecht v.a. nach der UNCITRAL oder ICC an. Aufgrund des Einigungsproblems über das anzuwendende Recht und der Vollstreckung des ergangenen Schiedsspruchs bevorzugen die Staaten jedoch eine institutionalisierte Gerichtsbarkeit, wenngleich sie auch aufgrund der *New York Convention* zur Durchsetzung ausländischer Schiedssprüche, die aus Verträgen zwischen einem Individuum und einer ausländischen Regierung resultieren, verpflichtet wären. Am Erfolgversprechendsten für die ausländischen Investoren wäre hinsichtlich der Durchsetzung der schiedsvertraglichen Verpflichtungen daher ein Verfahren nach ICSID, auf das auch die meisten BITs direkt verweisen.
Schließlich besteht für die Investoren noch die Möglichkeiten im Rahmen des diplomatischen Schutzes durch ihre Heimatstaaten - auf dessen Durchführung sie allerdings keinen Anspruch haben - ihre Ansprüche gegen den zimbabwischen Staat verhandeln zu lassen. Im Rahmen der diplomatischen Methoden können Wirtschaftssanktionen in Form der Repressalie, z.B. die Nichterfüllung bestehender vertraglicher Verpflichtungen oder das Einfrieren von Bankguthaben der wichtigsten Regierungsangehörigen effektiv sein, um die zimbabwische Regierung von ihrem rassistischen und völkerrechtswidrigen Kurs abzubringen.

ERGEBNIS UND AUSBLICK

Die mit der Landreform durchgeführten Maßnahmen der entschädigungslosen Enteignungen der Angehörigen der weißen Farmerschaft in Zimbabwe sind völkerrechtswidrig. Zimbabwe ist ein interessantes Beispiel dafür, wie sich nationales und internationales Recht widersprechen kann. Das zimbabwische Recht ermächtigt die Regierung, Grundeigentum von privaten Farmern zu enteignen, ohne diesen eine Entschädigung zu zahlen. Im internationalen Recht sind dagegen bestimmte Mindeststandards festgelegt, die von den Staaten bei einer Enteignung einzuhalten sind. Zum einen gilt dabei der Grundsatz der Nichtdiskriminierung von Ausländern, zum anderen der des Gemeinwohlvorbehaltes.
Auf den ersten Blick scheint es schwierig, diesen Widerspruch zu heilen. Eine mögliche Erklärung findet sich in Art. 2 (2) SVN, welcher die Staaten ermächtigt, ihre eigenen inneren Angelegenheiten frei von jeglicher Einmischung anderer Staaten zu regeln. Dieses Nicht-Einmischungsprinzip bietet den Staaten Souveränität und erlaubt ihnen, ihre eigenen rechtlichen Anordnungen zu treffen. Daraus ergeben sich allerdings fatale Konsequenzen für die zimbabwischen Bürger, deren Land ohne Entschädigung enteignet wird und denen keine Abwehrmöglichkeit nach ihrem nationalen Recht zusteht. Da es sich um eine interne Angelegenheit handelt, stehen die weißen Zimbabwer auf der selben Ebene wie alle anderen Zimbabwer; ein internationaler Enteignungsstandard greift für die weißen Zimbabwer nicht ein. Die Durchsetzung ihrer Belange ist davon abhängig, wie sehr sich ggf. Großbritannien als Mitglied der Staatengemeinschaft gegen die von der zimbabwischen Regierung begangenen Rassendiskriminierungen einsetzen wird.

Dagegen haben die ausländischen Staatsangehörigen, die in Zimbabwe eine enteignete Farm betrieben haben, eine stärkere rechtliche Position inne, eine Entschädigung wegen der Verletzung ihrer Rechte zu erhalten. Einen wirksamen Schutz privater ausländischer Investoren vor nachteiligen hoheitlichen Maßnahmen Zimbabwes kann die nationale Rechtsordnung selbst nicht bieten, da sie jederzeit von der zimbabwischen Regierung zu eigenen Gunsten abgeändert werden kann und darüber hinaus keine effektive Entschädigung vorsieht. Wenn ein Staat einen anderen verletzt, ist er dafür jedoch nach dem internationalen Recht verantwortlich, die sogenannte Staatenverantwortlichkeit. Eine indirekte Staatenverantwortlichkeit folgt zum einen aus der Verletzung der Rechte der Staatsangehörigen eines anderen Staates, die sich auf zimbabwischem Territorium befinden, das sogenannte Fremdenrecht. Zum anderen besteht eine direkte Staatenverantwortlichkeit gegenüber anderen Staaten, denen Zimbabwe aus einem Bilateral Investment Treaty (BIT) zur entschädigungsgewährenden Enteignung verpflichtet ist.

Erwirbt ein Ausländer in einem fremden Land Eigentum, wird von diesem erwartet, dass er auch die Gesetze dieses Landes akzeptiert. Er kann nicht erwarten, genauso behandelt zu werden wie in seinem Heimatstaat. Trotz ideologischer Unterschiede erkennen sowohl die Industriestaaten, als auch die Entwicklungsländer an, dass jeder Staat (einschließlich Zimbabwe) ein legitimes Recht hat, Eigentum zu enteignen. So sieht das internationale Recht Möglichkeiten der Lösung sozialer Ungerechtigkeiten im Wege von Enteignungen und Nationalisierungen vor. Kommt es zu einem Zusammenstoss der Interessen eines Einzelnen an seinem Eigentum und denen der Öffentlichkeit, hat in der Regel das Individualinteresse einer Sozialreform für die breite Öffentlichkeit den Weg frei zu machen. Das internationale Recht verlangt dabei jedoch, dass ein bestimmter Mindeststandard bei der Behandlung von Ausländern einzuhalten ist. Nur bei Beachtung des öffentlichen Interesses, des Diskriminierungsverbots und des Erfordernisses einer angemessenen Entschädigung, stellt die Enteignung nach dem internationalen Standard eine rechtmäßige dar. In der seit dem Jahr 2000 durchgeführten Nationalisierung des „weißen" Farmsektors zur „gerechteren Aufteilung" der Landverhältnisse in Zimbabwe, ist ein öffentlicher Zweck i.S.d. internationalen Enteignungsrechts zu sehen. Eine nach dem Völkerrecht vorgesehene Entschädigung wird den Enteigneten für das entzogene Land jedoch nicht gezahlt. Seit der Umgestaltung des internationalen Wirtschaftsrechts und den Bemühungen um eine neue Weltwirtschaftsordnung, gibt es mittlerweile bei Verstaatlichungen keine Verpflichtung mehr zu einer „vollen", sondern zu einer „angemessenen" Kompensation des betroffenen Eigentümers. Grundsätzlich ist es nach überwiegender Ansicht angemessen, dem Betroffenen den vollen Wert des enteigneten Vermögens zu ersetzen. Die in Betracht zu ziehenden Ausnahmen, wie mangelnde finanzielle Leistungsfähigkeit oder das Vorgehen im Rahmen einer Dekolonisierung, sind für Zimbabwe 20 Jahre nach der Unabhängigkeit nicht einschlägig.

Zwar schreibt der *Land Aquisition Act* nicht die Enteignung von ausschließlich weißen Farmern vor, doch werden von der zimbabwischen Regierung tatsächlich nur Weiße enteignet, um diese aus dem Land zu vertreiben. Aufgrund dieser unterschiedlichen Anwendung des Landerwerbsgesetzes auf nur weiße Farmer ist damit auch ein Verstoß gegen ihre Gleichheit vor Gesetz und vor Gericht, sowie gegen das menschenrechtliche Diskriminierungsverbot gegeben. Mangels Etablierung zu Völkergewohnheitsrecht stellen die allgemeinen völkerrechtlichen Regeln bezüglich des Eigentumsschutzes für den Investor allerdings keinen verbindlichen Schutzstandard für seine Investition dar.

Ein Vorgehen mit Hilfe der internationalen (Schieds-) Gerichte kommt für ihn erst in Betracht, nachdem eine illegale Enteignungsmaßnahme ergangen ist.

Zimbabwe ist für die von ihm begangenen illegalen Akte nach internationalem Recht verantwortlich. Davon kann es sich nicht exkulpieren indem es darauf verweist, dass sein Verhalten nach seinem nationalen Recht legal gewesen wäre. Zimbabwe kann sich auch nicht darauf berufen, dass teilweise die illegalen Maßnahmen durch Privatpersonen begangen wurden, da auch dieses Verhalten aufgrund der Initiierung bzw. des fehlenden Einschreitens der zimbabwischen Regierung dieser zuzurechnen ist.

Gegen dieses völkerrechtswidrige Verhalten können die Heimatstaaten der ausländischen Investoren, z.B. Großbritannien oder Deutschland, im Wege einer internationalen Klage vor dem IGH vorgehen und eine Verletzung des allgemeinen Völkergewohnheitsrechts, des Diskriminierungsverbots und der Eigentumsgarantie nach der AfrCh bzw. der AEMR geltend machen. Das Erfordernis der Ausschöpfung der nationalen Rechtsmittel für ein staatliches Vorgehen ist erfüllt. Unzweifelhaft greift vorliegend die Ausnahme von diesem Grundsatz, dass es offensichtlich ist, dass die örtlichen Gerichte dem Begehren der Betroffenen nicht nachkommen werden. Die Beweislast, dass noch weitere Rechtsmittel zur Verfügung stehen, würde Zimbabwe als beklagtem Staat obliegen. Aus der zimbabwischen Verfassung ist jedoch offensichtlich, dass hierfür keine nationalen Rechtsmittel mehr existieren. Die privilegierten ausländischen Staatsangehörigen haben - ebenso wie ihre Heimatstaaten als Vertragspartner Zimbabwes - zusätzlich noch die Möglichkeit, ein Schiedsverfahren im Rahmen von ICSID wegen der Verletzung des jeweiligen BITs anzustreben. Eine Enteignung ohne die erforderliche Entschädigung verletzt das Eigentum der Investoren und stellt zugleich einen Völkerrechtsverstoß dar.

Im Rahmen der multilateralen Investitionsschutzprojekte steht nur den Investoren, die ihre Investitionen bereits durch die MIGA oder durch den Abschluss von Kapitalanlagegarantien ihrer Heimatstaaten versichert haben, ein finanzieller Ausgleich für die durch die Enteignungsmaßnahmen erfolgten Nachteile zu. Weiter kommt eine Staatenbeschwerde im Rahmen des ICCPR, sowie durch den einzelnen Betroffenen ein Verfahren vor der VN- und der afrikanischen Menschenrechtskommission in Betracht. Erzielen lassen sich damit jedoch nur Sachverhaltsberichte, Veröffentlichung und unverbindliche Empfehlungen der jeweiligen Menschenrechtsorgane. Ein finanzieller Ausgleich kann damit nicht erreicht werden. Ebenso wenig wird mangels Ratifikation durch Zimbabwe eine Individualbeschwerde i.R. des ICCPR oder eine Klage zu dem mittlerweile in Kraft befindlichen afrikanischen Menschengerichtshof erfolgreich sein. Um den menschenrechtsverletzenden Maßnahmen in Zimbabwe ein Ende zu bereiten, bietet sich ein Vorgehen der Heimatstaaten im Wege des diplomatischen Schutzes an, auf dessen Durchführung die Investoren allerdings keinen Anspruch haben. In dessen Rahmen könnten Wirtschaftssanktionen in Form der Repressalien, wie die Nichterfüllung bestehender vertraglicher Verpflichtungen oder das Einfrieren von Bankguthaben der wichtigsten Regierungsangehörigen, die zimbabwische Regierung von ihrem rassistischen Kurs abbringen.

Als strategische Möglichkeit käme auch die vollständige Isolation Zimbabwes in Betracht. Dies würde jedoch dazu beitragen, die „Wagenburg-Mentalität" der Regierungspartei noch zu stärken und einen „neuen Sport" kreieren: Wer schafft es, wie oft, wo und wie, die Sanktionen zu umgehen?[2299] Problematisch sind jedoch auch Wirtschaftssanktionen jedweder Art. Unter den Entscheidungsträgern in der ZANU-PF scheint es kaum noch solche zu geben, die sich um die Zukunft des Landes sorgen – und diese ist es, die von Wirtschaftssanktionen betroffen würde. Als Begleiterscheinung würden Wirtschaftssanktionen auch einen neuen Markt für Krisengewinnler eröffnen.[2300] Es ist aber auch unbefriedigend und im Übrigen wenig konstruktiv, abwartend zu verharren, bis Präsident Mugabe abgewählt wird. Dass dies geschehen wird, ist sicher, wie und wann es geschieht, ist völlig offen. Letztendlich dürfte eine Kombination aus Suspendierung entsprechender Mitgliedschaftsrechte und internationalen Sanktionen mit allerdings gleichzeitiger gezielter Entwicklungshilfe Erfolg versprechend sein, sofern sich die internationale Gemeinschaft daran hält.

Aus dem Menschenrecht auf Nahrung ergibt sich die menschenrechtliche Staatenpflicht auf Agrarreformen. Dieses zentrale Menschenrecht verpflichtet die Regierungen völkerrechtlich, den Landlosen Zugang zu Land, Saatgut, Wasser und anderen produktiven Ressourcen zu verschaffen, damit sie sich selbst ernähren können. Als Alternative zu den eigentumsverletzenden radikalen Enteignungsmaßnahmen hätte die zimbabwische Regierung bereits ab 1990, nach dem Ablauf der *Lancaster House*- Sperrvorschrift, ein ausgewogenes System an Steuern, Subventionen und Umlagen, sowie effektiven Rechtsmitteln vorsehen können, um so allmählich die erforderlichen grundlegenden Veränderungen zu erzielen. Eine Landsteuer, die bei Überschreitung einer Flächenhöchstgrenze - von angenommen 1000 ha – fällig wird, wäre viel effektiver gewesen, die Eigentümer freiwillig zur Reduzierung ihrer Großfarmen zu bewegen. Bei der durchgeführten Landreform hätte es zumindest der Einhaltung der einst aufgestellten Enteignungskriterien, wie „1 Mann – 1 Farm", der Zahlung einer Entschädigung und der Transparenz bei der Umverteilung dringend bedurft. Bei Beachtung dieser Forderungen wäre die Gesetzmäßigkeit im Land gewahrt geblieben und die finanziellen Hilfen der Geberländer wären nicht versiegt. Als Folge hätte damit auch das Problem, Entschädigungen für die Enteigneten aufzubringen, für den zimbabwischen Staat gelöst werden können. In Fällen, in denen das Eigentum auf einen unrechtmäßigen kolonialen Erwerb zurückzuführen ist, hätte dieser vor den zimbabwischen Gerichten geltend gemacht werden müssen, auch wenn dies ein langwieriges Verfahren nach sich gezogen hätte.[2301] Ein weiterer Weg hätte eine Reform des *Tenure*- Systems beinhaltet, wobei die Position der Pächter hätte gestärkt werden müssen.[2302]

Erfolgreich wäre letztlich eine Verknüpfung der verschiedenen Möglichkeiten gewesen, wobei auch das von der Weltbank favorisierte Prinzip des Landerwerbs eines „bereiten Käufers von einem freiwilligen Verkäufer" hätte Anwendung finden müssen.[2303] Die zimbabwische Regierung hätte dies in Form von Langzeitmaßnahmen unterstützen und für attraktive Anreize sorgen müssen. Eine erfolgreiche Landreform, so lautet die zugrunde liegende

---

[2299] Mbaya S., Land Reform in Zimbabwe.

[2300] Wie es jetzt auch die festgelegten Wechselkurse tun, gegen deren schrittweise Liberalisierung sich hohe Parteifunktionäre auch deshalb wehren, weil ihre eigenen Devisengeschäfte in höchstem Maße davon profitieren (zwei Kabinettsmitglieder eingeschlossen). Fiedler-Conradi, S.: Einführungsvortrag beim Zimbabwe Netzwerks in Bonn Netzwerks in Bonn, unter: http://www.afrikaprojekte.de/ger/zimbabwe/artikel4.htm; besucht am 25.08.2004.

[2301] So hätte - wie in Südafrika - ein Gesetz zur Restitution von im Zuge der gewaltsamen Räumungen (aufgrund von rassendiskriminierenden Gesetzen) entzogenen Landstücken erfolgen können. Vgl. dazu Bismarck, J., Wiedergutmachung, S. 60 ff.

[2302] Vgl. die Erfahrungen in Südafrika bei Claassens, A., South-African Proposals for Tenure Reform, S. 247-266.

[2303] Mit Hilfe einer flexiblen Kombination aus Krediten und Subventionen sollen Zusammenschlüsse von landlosen Bauern dem verkaufswilligen Grundbesitzer Ländereien abkaufen und notwendige Erstinvestitionen zu deren Bewirtschaftung tätigen. Die sofortige Auszahlung des vollen Marktpreises soll den Widerstand der Landbesitzer aufweichen, die Landmärkte stimulieren und für die Begünstigten darüber hinaus den Anreiz zu einer effizienten und marktorientierten Produktion schaffen. Zyl van/ Kirsten/ Binswanger, Agricultural Land Reform, S. 96 f.

These, setze Anreize zu einer freiwilligen Beteiligung der Grundbesitzer voraus.[2304] Agrarreformen dürfen sich auch nicht in einer Umverteilung von Land erschöpfen, sondern müssen in ein umfassendes Konzept zur Förderung einer nachhaltigen ländlichen Entwicklung im Rahmen einer umfänglichen Sicherung durch private Landrechte für die neuen Farmer und deren staatliche Unterstützung eingebettet werden.[2305]

Für Zimbabwe selbst ist es für eine rechtmäßige und ökonomische Landreform bereits zu spät. Doch sollten die namibische und südafrikanische Regierung nicht auch den Verlockungen des Machterhaltes erliegen, um durch das Ausspielen der Karte von „Rassismus" und „ungerechter Kolonialzeit" die afrikanischen Massen zu mobilisieren. Schon ergehen an die weißen Siedler dieser Länder willkürliche Enteignungsbescheide und ertönen Äußerungen der Zustimmung und Nachahmung des „zimbabwischen Vorbilds."[2306] Wünschenswert wäre, dass sich die internationale Gemeinschaft im Rahmen ihrer Möglichkeiten bereits im Vorfeld in die dort anstehenden Prozesse einmischt, bevor es auch hier zu spät sein wird, die bewirtschafteten Felder brach liegen und zwei weitere afrikanische Länder auf Nahrungsmittelversorgung durch die Vereinten Nationen angewiesen sein werden.

[2304] Paasch, A., Zugang zu Land, unter: http://www.inwent.org/E+Z/1997-2002/ez1102-7.htm; besucht am 23.08.2004.
[2305] Zyl van/ Kirsten/ Binswanger, Agricultural Land Reform, S. 94 ff.
[2306] Vgl. Rienhardt, J., Die Weißen haben das Land geklaut, S. 46.

SUMMARY

History:

Land has always been a contentious issue and a source of political conflict in Zimbabwe. In 1888, when the country was known as Rhodesia, white colonists under the auspices of the British South Africa Company, led by Cecil Rhodes, expropriated the country's best agricultural lands and began to colonize the land and the indigenous black communities. By the 1950s, the struggle for self-determination by the black majority was evident. Although the British supported voting rights for the black population, the white minority government refused to share power. In 1965, Ian Smith's regime declared independence from England and UN-sanctions were placed on Rhodesia. The war for liberation began in 1968 and lasted through 1979. At independence in 1980, around two-fifths of the total land area was occupied by the minority white commercial farmers, while the majority black peasants remained in less arable communal areas.

The Lancaster-House-Agreement, which gave Zimbabwe its independence, protected white commercial farmers from governmental land acquisition for the first ten years. During this decade, land redistribution would be on a „willing buyer, willing seller" basis. In 1990, the Government of Zimbabwe amended the Constitution and enabled land acquisitions. But nevertheless President Mugabe, more interested in a prospering economy, abstained a long time from expropriating white farmers (so called Policy of Reconciliation). By 1999, about 11 million hectares of the best agricultural lands were still owned by 4.500 commercial farmers, the great majority of them white. Most rural black Zimbabweans continued to suffer immense poverty. In the face of government's failure, land occupations were already taking place in the 1990s and in many cases governmental security forces removed people from the land with some brutality. The land conflict continued to grow as veterans from the war for independence demanded compensation for their disabilities incurred during the fighting. After an inquiry of the war veterans compensation fond had discovered abuses in the payment system Mugabe announced a pension for life for each member. It has not been clear how the state would pay for this commitment. Later it accepted the veterans occupying white farm land. After the February 2000 referendum the parliamentary elections were accompanied by much worse violence and intimidation, supported by public statements by senior ZANU-PF officials, particularly directed against MDC-Opposition candidates and supporters, white farm owners and black farm workers. The Zimbabwean government formally announced the „fast track" resettlement program in July 2000, intended to redress land inequality by acquiring more than 3.000 farms for redistribution. By the year 2001, there were about 2.700 farms listed for compulsory acquisition. But the government was not the only actor in the land seizures. War-veterans and youth brigades began squatting and occupying white commercial farms. Farmers were forcibly displaced along with their workers. According to reports from human rights groups, resistance resulted in brutal beatings and/or death. At the end of 2002, although 11.5 million hectares were transferred from white commercial farmers to black Zimbabweans, much of this land was taken by ministers of state, elites or by dubious war veterans. Moreover, after commercial farms had been seized, the employed farm workers were chased off the land as well. This process has sustained Zimbabwe's already precarious economic situation and has created rampant food insecurity throughout the country. Although the government claimed fast track land reform was over in 2003, evidence is still proving the contrary. By 2003 about 1.000 white commercial farmers still had their property; approximately 650 of them were still farming. Land seizures have continued, as many small-scale farmers who were resettled from the communal areas are now being removed from their farms because ZANU-PF officials are claiming that land.

Protection of property under international law

Land reform is the redistribution of agricultural land, initiated or backed up by the government. The right of governments to acquire land in the public interest is commonly recognized. Executed by expropriating its citizen or foreign investors or by nationalizing a whole economic sector a land reform by the state can be acceptable by general rules as it is stated in the principle of State sovereignty. Whereas the expropriation of citizen is judged according to national laws, expropriation and nationalization have to fulfil certain conditions according to international law:

a) Pursuant to general international law expropriation and nationalization have to be executed for the public welfare without discrimination as well as against fair and just compensation.

aa) A **public interest** for nationalization is given if it is not executed for reasons of enrichment or political power of the state or third parties but for its social or sociopolitical interests. The respective state's definition of public welfare defines whether this applies. To the inequal distribution of land a redistribution has become a necessity. The expropriation of private land has been considered appropriate because the stated objective has been out of reach by the pure distribution of state owned land.The Zimbabwean expropriations are a violation of the international law. Even though they fulfiled the legal requirement of being executed for the public welfare, they constitute a violation of the rule of Non-discrimination and fair compensation.

bb) **Discrimination** can be assumed if the holder of a proprietary position is treated arbitrarly in comparision to another holder of a proprietary position although basically the same facts are applicable. Taken the fact that only the property of the group of the white farmers has been subject to the expropriating measures they can be defined as discriminating nationalization that breaches public international law. Although economic-political motivated nationalizations that are directed against a particular group of people are not per se a breach of public international law, things are different if an additional rassistic reason enters like in the case of Zimbabwe: Firstly, measures of expropriation have been executed disguised for social distribution of land; nowadays the only reason is the obvious dispossesion of the white farmers who have been declared state's enemy.

cc) While in the case of an expropriation the prevailing opinion emanates from a state's obligation to full **compensation**, the adequate amount of the compensation in the case of a nationalization is not clear, yet. However, due to international jurisdicticion it is certain that in the case of an illegal (discriminating) nationalization there exists an obligation to full compensation. The adequacy of the compensation is a question of each individual case. It can be reduced under certain circumstances, e.g. in the case of a nationalization during a national program of land reform. The Zimbabwean government was not able to get high earnings from the land taken over by the white farmers to pay for a compensation. That is why it would be inequitable to claim a full compensation for the dispossessed land. However, this result has to be cut back if the dispossessed estate is put under governmental control or if it is discriminating expropriation towards foreigners which constitutes a breach of principles of international law. As this is the case here, an obligation of the Zimbabwean government to full compensation can be justifiable. Even if a reduction of the compensation could be approvable, the announced compensation only for the dispossessed equipment is by no means appropriate. Taken the fact, that international donor countries are willing to financially support a lawful land reform, a compensation of ¾ of the market value of the dispossessed land would be appropriate. The case of a discriminating nationalization without compensation constitutes an infringement of the legal minimum standard for foreigners.

b) Article 17 of the Universal Declaration of Human Rights, 1948 states that „ everyone has the right to own property alone as well as in association with others," and that „ no one shall be arbitrarily deprived of his property." This right, which is neither included in the International Covenant on Civil and Political Rights, nor in the International Covenant on Economic, Social, and Cultural Rights, is not accepted as a right of man and therefore not directly legally binding.

Article 14 of the African Charter on Human and Peoples' Rights, however, provides that: „ The right to property shall be guaranteed. It may only be encroached upon in the interest of public need or in the general interest of the community and in accordance with the provisions of appropriate laws." Applying the rules of interpretation it follows that in case of unlawful expropriation the dispossessed people shall have the right to the lawful recovery of their property as well as to an adequate compensation.

c) Virtually all human rights treaties include clauses stating that the rights they enumerate shall be enjoyed **without discrimination**. They also include provisions for all people to have **equal protection** of the law. The expropriations in Zimbabwe are a violation of the prohibition of racial discrimination according to the Convention on the Elimination of All Forms of Racial Discrimination (ICERD). In Article 5 this convention sets forth „ the right of everyone to equality before the law without distinction as to race, colour, or national or ethnic origin", including the enjoyment of „ the right to own property alone as well as in association with others." Furthermore Article 26 of the ICCPR provides: „ All persons are equal before the law and are entitled without any discrimination to the equal protection of the law. In this respect, the law shall prohibit any discrimination and guarantee to all persons equal and effective protection against discrimination on any ground such as race, colour, sex, language, religion, political or other opinion, national or social origin, property, birth or other status". The Human Rights Committee, which interprets states' obligations under the ICCPR, has made clear that Article 26 provides protection against discrimination in the enjoyment of all rights, including rights not mentioned in the ICCPR, such as the right to property. These provisions make clear that a program of land reform that discriminates in law or fact on the grounds of political belief or other grounds is not in accordance with international human rights law.

d) Finally, expropriations/nationalizations that are covered by a **bilateral agreement** for the protection of investment between Zimbabwe and another country are eligible for full compensation. The agreement about the reciprocal protection of capital investments between the Federal Republic of Germany and the Republic of Zimbabwe states that after two months the dispossessing government must raise an adequate and freely transferable amount of capital to compensate for the expropriation/nationalization.

e) Zimbabwe can not argue that the nationalization is a kind of „**economical decolonisation**". The expropriations have not been limited to members of the British colonial power but also have been directed against all white farmers in Zimbabwe in general. As most of the colonial owners had sold their farms in the course of the war for independence at the end of the 70ies, the majority (about 80%) of the farmers who are nowadays affected by the land reform are people who have acquired their land after the obtained independence following the initiative of Mugabe. Towards the about 430 farms that stem from an acquisition during the British colonial period, Zimbabwe as the legal successor of „Rhodesia" is obliged to respect the legally acquired private rights from this period. This can be fulfilled through the maintainance of these rights or in the case of an expropriation through payment of a compensation that applies international principles of compensation.
Only in the case that those private rights have been acquired „*mala fide*", an exception to the general obligation to compensation can be applied. This means that for the 430 farms from the British colonial period the Zimbabwean government would have had to have proved in every single case that the respective farm had been acquired „*mala fide*". Therefore the enforced nationalization by Zimbabwe breaches public international law for non-compliance with the obligation to fair and just compensation. The only justification would be the presentation of evidence that the acquisition of single farms has been due to legal titles with a so called „negative colonial basis".
The crisis in Zimbabwe has been presented as a racial one by the government, which states that it is finally redressing the injustices of colonial expropriation. Land reform is generally advocated in Zimbabwe as urgently necessary to address the huge inequalities in land distribution and wealth. Effective protection of economic and social rights may require redistribute measures, including measures which do not provide for full market value compensation for land that is expropriated. The complete protection of existing property rights can only be justified in a situation where everyone has a minimum standard to maintain a decent standard of living.

Thus, the issue with the Zimbabwean government is not the concept of redistribution, but the need for land reform to follow basic criteria of due process and non-discrimination, as required by the African Charter in relation to property rights, and by other international instruments. Finally, a land reform – as necessary as it may be – must comply with principles of due process. Illegal occupation of land of exclusively white farmers, „*squatter*" without legal entitlement, racism and violence are no adequate way to answer social inequalities.

LITERATURVERZEICHNIS

1. Aufsätze und Monographien

Acheampong, Kenneth Asamoa: The African Charter and the Equalization of Human Rights, in: LesothoLJ, Vol. 7, 1991, Nr. 2, S. 21-34; zitiert: Acheampong, K., The AfrCh, S.

Adams, Martin: Land Reform: New Seeds on old Ground? In: Overseas Development Institute (ODI) Natural Resource Perspectives, Nr. 6, London, Oktober 1995; zitiert: Adams, M., Land Reform, S.

Adams, Martin/ Sibanda, Sipho/ Turner, Stephen: Land tenure reform and rural livelihoods in Southern Africa, in: Overseas Development Institute (ODI) Natural Resource Perspectives, Nr. 39, London, Februar 1999, S. 1- 6; unter: http://www.oneworld.org/odi/odi/nrp/39.html, Kopierdatum: 17.01.2001; zitiert: Adams/ Sibanda/ Turner, Land Tenure Reform, S.

Africa Online Correspondent: Full Text of the Abuja Agreement on Zimbabwe Land Reform, 06.09.2001; unter: http://www.africaonline.com/site/Articles/1,3,35771.jsp; besucht am 13.08.2003; zitiert: Africa Online Correspondent: Full Text of the Abuja Agreement on Zimbabwe Land Reform, 06.09.2001

Afrika Jahrbuch: Politik, Wirtschaft und Gesellschaft in Afrika südlich der Sahara; Hrsg.: Institut für Afrika-Kunde, Hofmeier, Rolf/ Jakobeit, Cord, Opladen, verschiedene Jahrgänge; zitiert: Afrika Jahrbuch, Jahrgang, S.

Ajibola, Bola: Problems of Human Rights and the Rule of Law, in: Africa Legal Aid Quarterly, Juli/ Sept. 1997, S. 19-25; zitiert: Ajibola, B., Problems of Human Rights, S.

Akwensioge, Moses Ngole: Die Organisation für Afrikanische Einheit – Entstehungsgeschichte und Entwicklung seit 1963, eine völkerrechtliche und außenpolitische Untersuchung unter besonderer Berücksichtigung der Staatenpraxis, München 1974; zitiert: Akwensioge, M., Die OAU, S.

Albertini von, Rudolf: Dekolonisation: die Diskussion über Verwaltung und Zukunft der Kolonien, 1919-1960, Beiträge zur Kolonial- und Überseegeschichte, Bd. 1, Köln 1966; zitiert: Albertini, R., Dekolonisation, S.

Alenfeld, Justus: Die Investitionsförderungsverträge der Bundesrepublik Deutschland, Frankfurt 1971; zitiert: Alenfeld, J., Die Investitionsförderungsverträge, S.

Alford, Roger P./ Bekker, Peter H.F.: International Courts and Tribunals, in: IntLawyer, Vol. 32, 1998, S. 499-514; zitiert: Alford/ Bekker, International Courts, S.

Alfredsson, Gudmundur/ Eide, Asbjørn: The Universal Declaration of Human Rights, a common standard of Achievement, Den Haag u.a. 2001; zitiert: Alfredsson/ Eide, The AEMR, S.

Allen, Thomas J.: The Law relating to private foreign investment in manufacturing in Botswana, Zambia and Zimbabwe; in: AJICL, Vol. 4, 1992, S. 44-83; zitiert: Allen, T., The Law, S.

Alston, Philip: The International Covenant on Economic, Social and Cultural Rights, in: Manual on Human Rights Reporting, 1992, S. 39-77; zitiert: Alston, P., The ICESCR, S.

Alston, Philip: The Committee on Economic, Social and Cultural Rights, in: Alston, P.: The United Nations and Human Rights, a critical Appraisal, Oxford 1992; zitiert: Alston, P., The Committee, S.

Alston, Philip/ Crawford, James: The Future of UN Human Rights Treaty Monitoring, Cambridge 2000; zitiert: Alston/ Crawford, The Future, S.

Altmann, Jörn/ Kulessa, Margareta E.: Internationale Wirtschaftsorganisationen, ein Taschenlexikon, Stuttgart 1998; zitiert: Altmann/ Kulessa, Wirtschaftsorganisationen, S.

Amate, C.O.C.: Inside the OAU: Pan-Africanism in Practice, London 1986; zitiert: Amate, C., Inside the OAU, S.

Amerasinghe, Chittharanjan F.: Local Remedies in International Law, Cambridge 1990; zitiert: Amerasinghe, C., Local Remedies in International Law, S.

Amerasinghe, Chittharanjan F.: State Responsibility for Injuries to Aliens, Oxford 1967; zitiert: Amerasinghe, C., State Responsibility, S.

Amerasinghe, Chittharanjan F.: State Breaches of Contracts with Aliens and International Law, in: AJIL, Vol. 58, 1964, S. 881-913; zitiert: Amerasinghe, C., State Breaches, S.

Amerasinghe, Chittharanjan F.: Issues of Compensation for the Taking of Alien Property in the Light of Recent Cases and Practice, in: ICLQ, Vol. 41, 1992, S. 22-65; zitiert: Amerasinghe, C., Issues of Compensation, S.

American Law Institute: Restatement of the Law, second, Foreign Relations law of the United States, as adopted and promulgated by the American Law Institute at Washington/ DC., St. Paul/ Minn., 1965; zitiert: American Law Institute, Restatement second, 1965, S.

American Law Institute: Restatement of the law, third of the Foreign Relations Law of the United States, Vol. 2, 1987; zitiert: American Law Institute, Restatement third, S.

Ammann, Ulrich: Der Schutz ausländischer Direktinvestitionen in Entwicklungsländern aus völkerrechtlicher, volkswirtschaftlicher und betriebswirtschaftlicher Sicht, Zürich, St. Gallen 1967; zitiert: Ammann, U., Der Schutz, S.

Amnesty International: Zimbabwe, International community must take action now, April 2001, unter: http://web.amnesty.org/library/index/engafr460032001; besucht am: 27.09.2004; zitiert: AI, International community must take action now, April 2001

Amnesty International: Zimbabwe, Appeal to the European Union and the Commonwealth, Oktober 2001; unter: http://web.amnesty.org/library/index/engafr460102001; besucht am: 27.09.2004; zitiert: AI, Appeal to the EU, Oktober 2001

Amnesty International: Zimbabwe, the toll of impunity, 25.06.2002; unter: http://web.amnesty.org/library/index/engafr460342002; besucht am: 27.09.2004; zitiert: AI, Zimbabwe, the toll of impunity, 25.06.2002

Amoah, Philip: The African Charter on Human and Peoples' Rights – an effective Weapon for Human Rights, in: AJICL, Vol. 4, 1992, S. 226-240; zitiert: Amoah, P., The AfrCh, S.

Andersson, Jens A.: The Politics of Land Scarcity: Land Disputes in Save Communal Area, Zimbabwe, in: Journal of Southern African Studies, Hrsg.: Centre for Development Studies, University of Leeds, Hrsg.: Jocelyn, Alexander/ Beall, Jo/ Sapire, Hilary, University of Bristol, London, Vol. 25, Nr. 4, 1999, S. 553-578; zitiert: Andersson, J., The Politics of Land Scarcity, S.

Ankomah, Baffour: Righting Colonial Wrongs – Zimbabwe's Example, in: the African Courier, Febr./ März 2002; zitiert: Ankomah, B., Righting Colonial Wrongs, S.

Ankumah, Evelyn A.: The African Commission on Human and Peoples' Rights: Practices and Procedures, Den Haag 1996; zitiert: Ankumah, E., The African Commission, S.

Anyangwe, Carlson: The obligations of States parties to the African Charter on Human and Peoples' Rights, in: African Journal of International and Comparative Law, London, Vol. 10, 1998, S. 625-659; zitiert: Anyangwe, C., The obligations of States parties, S.

Anyaoku, Emeka: Zimbabwe: reflections on the Lancaster House Conference. A lecture delivered at the Nigerian Institute of International Affairs, Bd. 28, Lagos 31.01.1980; zitiert: Anyaoku, E., Zimbabwe: reflections, S.

Archiv der Gegenwart: Die weltweite Dokumentation für Politik und Wirtschaft, Mitteilungen zu Zimbabwe, Königswinter, verschiedene Jahrgänge; zitiert: AdG, vom ...., A..

Aréchaga de, Eduardo Jiménez: State Responsibility for the Nationalization of Foreign Owned Property, in: NYU JIntLP, Vol. 11, 1978-1979, S. 179-195; zitiert: Aréchaga de, E., State Responsibility, S.

Arnoldt, Thomas: Praxis des Weltbankübereinkommens (ICSID): Anwendbares Recht und Kontrollverfahren beim Internationalen Zentrum zur Beilegung von Investitionsstreitigkeiten, 1. Aufl., Baden-Baden 1997; zitiert: Arnoldt, T., Praxis von ICSID, S.

Asante, Samuel K.B.: International Law and Foreign Investment: a Reappraisal, in: ICLQ, Vol. 37, 1988, S. 588-628; zitiert: Asante, S., International Law, S.

Association pour la Prévention de la torture (APT): The African Court on Human and Peoples' Rights, Presentation, Analysis and Commentary : The Protocol to the African Charter on Human and Peoples' Rights, establishing the Court, Genf 2000; zitiert: APT, The African Court, S.

Auret, Diana: A Decade of Development, Zimbabwe 1980-1990; the Catholic Commission for Justice and Peace in Zimbabwe, Harare 1990; zitiert: Auret, D., A Decade of Development, S.

Aust, Manfred/ Pasternak, Dieter: Die Enteignungsentschädigung, 5. Aufl., Berlin 2002; zitiert: Aust/ Pasternak, Enteignungsentschädigung, S.

Auswärtiges Amt: Südliches Afrika, 6. Menschenrechtsbericht: Simbabwe; unter: http://www.auswaertiges-amt.de/www/de/aussenpolitik/menschenrechte/mr_inhalte_ziele/mrb6/teil_c/afrika_subsahara/suedliches_afrika_html#2Simbabwe, besucht am 23.09.2004; zitiert: Auswärtiges Amt, Südliches Afrika, 6. Menschenrechtsbericht.

Badawi El-Sheikh, Ibrahim Ali: Draft Protocol to the African Charter on Human and Peoples' Rights on the Establishment of an African Court on Human and Peoples' Rights, Introductory Note, in: RADIC, Vol. 9, 1997, S. 943-952; zitiert: Badawi El-Sheikh, I., Draft Protocol, S.

Bader, Tom: Sicherungspotentiale verschiedener Formen transnationaler Investitionen, München 1992; Bader, T., Sicherungspotentiale, S.

Bannerman, J.H.: The Land Apportionment Act. A Paper Tiger? In: Zimbabwe Agricultural Journal, Vol. 79, Nr. 3, Harare 1982, S. 101-106; zitiert: Bannermann, J.H., The Land Apportionment Act, S.

Banning, Theo R.G.: The Human Right to Property, School of Human Rights Research Series, Vol. 14, Antwerpen u.a. 2002; zitiert: Banning, T., The Human Right to Property, S.

Banz, Michael: Völkerrechtlicher Eigentumsschutz durch Investitionsschutzabkommen: insbes. die Praxis der Bundesrepublik Deutschland seit 1959, Berlin 1988; zitiert: Banz, M., Völkerrechtlicher Eigentumsschutz, S.

Bartsch, Hans-Jürgen: Die Entwicklung des internationalen Menschenrechtsschutzes im Jahre 1990, in: NJW 1991, S. 1390-1397; zitiert: Bartsch, H., Die Entwicklung, S.

Baud, Gertrud: Zimbabwe in der Krise, ein Kommentar; in: Afrika-Bulletin, Nov./ Dez. 2002, S. 3 f.; zitiert: Baud, G., Zimbabwe in der Krise, in: Afrika-Bulletin, Nov./ Dez. 2002, S.

Bauer, Jürgen F./ Hobe, Stephan: Rechtsprobleme von Auslandsinvestitionen, Konzessionen, Vertragsanpassung, Vergabeverfahren, Köln 2003; zitiert: Bauer/ Hobe/ Bearbeiter, Rechtsprobleme, S.

Baumhögger, Goswin mit Unterstützung von Engel, Ulf/ Diedrichsen, Telse: The Struggle for Independence, Documents on the Recent Development of Zimbabwe (1975-1980), Vol. VI und VII, Hrsg.: Institut für Afrika-Kunde, Hamburg 1984; zitiert: Baumhögger, G., Struggle for Independence, S.

Baumhögger, Goswin: Zimbabwe 1995-96: Wahlboykott, Demokratie und Reputation, in: Focus Afrika, IAK-Diskussionsbeiträge, Hrsg.: Institut für Afrika-Kunde, Hamburg 1996; zitiert: Baumhögger, G., Zimbabwe 1995-96, S.

Baumhögger, Goswin: Neuanfang in Zimbabwe, Weichenstellung für stärkeren Einfluss der Partei, in: Informationsdienst Südliches Afrika (ISSA), Nr. 3, Bonn 1988, S. 30-34; zitiert: Baumhögger, G., Neuanfang in Zimbabwe, S.

Baxter, R.R.: Treaties and Custom, in: RdC, Vol. 129, 1970 I; zitiert: Baxter, R., Treaties and Custom, S.

Baxter, R.R.: Reflections on Codification in light of the international law of State responsibility for injuries to aliens, in: SyracuseLR, Vol. 16, 1965, S. 745-761; zitiert: Baxter, R., Reflections on Codification, S.

Beach, David: The Shona and their Neighbours, the Peoples of Africa, Hrsg.: Phillipson, David W., Oxford 1994, zitiert: Beach, D., The Shona and their Neighbours, S.

Beach, David: The Shona & Zimbabwe, 900-1850, an Outline of Shona History, London 1980; zitiert: Beach, D., The Shona & Zimbabwe, S.

Behrens, Peter: Multinationale Unternehmen im internationalen Enteignungsrecht der Bundesrepublik Deutschland, Wirtschaftsrecht und Wirtschaftspolitik, mit Unterstützung von Biedenkopf, Kurt/ Hoppmann, Erich, Hrsg.: Mestmäcker, Ernst-Joachim, Bd. 66, 1. Aufl., Baden-Baden 1980; zitiert: Behrens, P., Multinationale Unternehmen, S.

Behrens, Peter: Rechtsfragen im Chilenischen Kupferstreit, in: RabelsZ, Vol. 37, 1973, S. 394-435; zitiert: Behrens, P., Rechtsfragen im Chilenischen Kupferstreit, S.

Bello, Emmanuel G.: Organization of African Unity, in: Bernhardt, R., Encyclopedia of Public International Law (EPIL), herausgegeben unter dem Max-Planck-Institute für vergleichendes Öffentliches und Internationales Recht, Vol. 3: Jan Mayen to Pueblo Incident, North-Holland 1997, S. 802-808; zitiert: Bello, E., Organization of African Unity, S.

Bello, Emmanuel G.: Human Rights, African Developments, in: Bernhardt, R., EPIL, Vol. 2: 1995, S. 902-910; zitiert: Bello, E., Human Rights, S.

Berg van den, Albert: The New York Arbitration Convention of 1958, Boston 1981; zitiert: Berg, A., NY Arbitration Convention, S.

Benedek, Wolfgang: Peoples' Rights and Individuals' Duties as special features of the African Charter on Human and Peoples' Rights, in: Kunig, Philip/ Benedek, Wolfgang/ Mahalu, Costa R.: Regional Protection of Human Rights by International Law: the emerging African System, Baden-Baden, 1985, S. 59-94; zitiert: Benedek, W., Peoples' Rights and Individuals' Duties, S.

Benedek, Wolfgang: Durchsetzung von Rechten des Menschen und der Völker in Afrika auf regionaler und nationaler Ebene, in: ZaöRV, Bd. 54, 1994, S. 150-182; zitiert: Benedek, W., Durchsetzung, S.

Benedek, Wolfgang: Die Welthandelsorganisation (WTO), alle Texte einschließlich GATT (1994), GATS und TRIPS, München 1998; zitiert: Benedek, W., Die WTO, S.

Benedek, T. Wolfgang: The African Charter and Commission on Human and Peoples' Rights; how to make it more effective, in: NQHR, Vol. 11, 1993, S. 25–40; zitiert: Benedek, W., The African Charter, S.

Bennett, T. Wolfgang: Conflict of Laws - The Application of Customary Law and the Common Law in Zimbabwe, in: International and Comparative Law Journal of Southern Africa, Vol. 30, 1981, S. 59-103; zitiert: Bennett, T., Customary Law, S.

Berber, Friedrich: Lehrbuch des Völkerrechts, Bd. 1, Allgemeines Friedensrecht, München/ Berlin 1960; zitiert: Berber, F., Lehrbuch des Völkerrechts, Bd. 1, 1960, S.

Berber, Friedrich: Lehrbuch des Völkerrechts, Bd. 1, Allgemeines Friedensrecht, 2. Aufl., München/ Berlin 1975; zitiert: Berber, F., Lehrbuch des Völkerrechts, Bd. 1, 1975, S.

Berber, Friedrich: Völkerrecht, Dokumentensammlung, Bd. 1, Friedensrecht, München/ Berlin 1967 (Völkerbundsatzung)

Berger, Klaus Peter: Das neue Recht der Schiedsgerichtsbarkeit, Köln 1998; zitiert: Berger, K., Schiedsgerichtsbarkeit, S.

Berger, Rolf: Vermögensschutz im Ausland durch Investitionsförderungsverträge, in: Außenwirtschaftsdienst des Betriebs-Beraters, Bd. 11, 1965, S. 1-11; zitiert: Berger, R., Vermögensschutz im Ausland, S.

Bergmann, Heidi: Die völkerrechtliche Entschädigung im Falle der Enteignung vertragsrechtlicher Positionen: Insbesondere zum Problem der „Lost Future Profits"; Nomos Universitätsschriften: Recht, Bd. 240, 1. Aufl., Baden-Baden 1997; zitiert: Bergmann, H., Die völkerrechtliche Entschädigung, S.

Bertaux, Pierre: Afrika, von der Vorgeschichte bis zu den Staaten der Gegenwart, Fischer Weltgeschichte, Bd. 32, Frankfurt a.M. 1966; zitiert: Bertaux, P., Afrika, S.

Biermann, Werner: Rhodesien, Sozioökonomische Analyse eines kolonial-peripheren Landes. Ein regionalanalytischer Beitrag zur neueren Imperialismusdiskussion, Bochum 1976; zitiert: Biermann, W., Rhodesien, S.

Bindschedler, R. L.: Verstaatlichungsmaßnahmen und Entschädigungspflicht nach Völkerrecht unter besonderer Berücksichtigung der schweizerischen Praxis über den Schutz schweizerischer Vermögenswerte im Ausland, Nendeln/ Liechtenstein 1977; zitiert: Bindschedler, R., Verstaatlichungsmaßnahmen, S.

Bippus, Birgit: Der internationalrechtliche Schutz von Investitionen im Ausland unter besonderer Berücksichtigung des diplomatischen Schutzrechts der Staaten, in: Konstanzer Schriften zur Rechtswissenschaft, Bd. 14, Konstanz 1989; zitiert: Bippus, B., Internationalrechtlicher Schutz, S.

Birke, Wolfgang: Die Konfiskation ausländischen Privatvermögens im Hoheitsbereich des konfiszierenden Staates nach Friedensvölkerrecht, Hamburg 1960; zitiert: Birke, W., Konfiskation, S.

Bismarck von, Johannes: Wiedergutmachung von Enteignungsunrecht, Landesrestitution nach einem Systemwechsel: Das südafrikanische Gesetz zur Restitution von Landrechten von 1994 unter vergleichender Berücksichtigung des deutschen Rechts der offenen Vermögensfragen, Aachen 1999; zitiert: Bismarck, J., Wiedergutmachung, S.

Blake, Robert: A History of Rhodesia, New York 1978; zitiert: Blake, R., A History of Rhodesia, S.

Blankenburg von, Peter: Large Farms as Object of Land Reform, the case of Zimbabwe, in: Quarterly Journal of International Agriculture, Vol. 32, Oktober - Dezember 1993, Nr. 4, S. 351-370; Blankenburg, P., Large Farms as Object of Land Reform, S.

Blankenburg von, Peter: Land reform in Southern Africa, the case of Zimbabwe, in: Land reform, land settlement and cooperatives, Hrsg.: FAO, Human Resources, Institutions and Agrarian Reform Division, Hrsg.: Riddell, J., Rome 1994, S. 17-26; zitiert: Blankenburg, P., Land reform in Southern Africa, S.

Blessing, Zulu: German NGO servers ties with government, in: The Zimbabwe Independent, vom 12.09.2003; auch http://www.theindependent.co.zw/news/2003/september/Friday12/885.html; besucht am 24.09.2004

Blume, Achim: Studie zum Orientierungsrahmen, Bodenrecht und Bodenordnung, 1996, Deutsche Gesellschaft für Technische Zusammenarbeit, OE 4250/ Div. 4250, unter: http://www.gtz.de/orboden/blume/blu1_2.htm; besucht am 14.08.2004; zitiert: Blume, A., Studie

Blumenwitz, Dieter: Das Offenhalten der Vermögensfrage in den deutsch-polnischen Beziehungen, Forschungsergebnisse der Studiengruppe für Politik und Völkerrecht, Kulturstiftung der Deutschen Vertriebenen, Bonn 1992; zitiert: Blumenwitz, D., Das Offenhalten der Vermögensfrage, S.

Blumenwitz, Dieter: Treaties on Friendship, Commerce and Navigation, in: Bernhardt, R., EPIL, herausgegeben unter dem Max-Planck-Institute für vergleichendes Öffentliches und Internationales Recht, Vol. 4: Quirin, Ex Parte to Zones of Peace, North-Holland 2000, S. 953-958; zitiert: Blumenwitz, D., Treaties on Friendship, Commerce and Navigation, S.

Blumenwitz, Dieter/ Zieger, Gottfried: Menschenrechte und wirtschaftliche Gegenleistungen, Aspekte ihrer völkerrechtlichen Verknüpfung, Staats- und völkerrechtliche Abhandlungen der Studiengruppe für Politik und Völkerrecht, Bd. 5, Köln 1987; zitiert: Blumenwitz/ Zieger: Menschenrechte, S.

Böckstiegel, Karl-Heinz: Die allgemeinen Grundsätze des Völkerrechts über Eigentumsentziehung, eine Untersuchung zu Art. 1 des Zusatzprotokolls zur Europäischen Menschenrechtskonvention, Berlin 1963; zitiert: Böckstiegel, K, Die allgemeinen Grundsätze, S.

Böckstiegel, Karl-Heinz: Der Staat als Vertragspartner ausländischer Privatunternehmen, Völkerrecht und Internationales Wirtschaftsrecht, Frankfurt a.M., 1971; zitiert: Böckstiegel, K., Der Staat, S.

Böckstiegel, Karl-Heinz: Rechtsschutz der Auslandsinvestitionen durch Schiedsgerichte, in: Esser/ Meesen: Kapitalinvestitionen im Ausland - Chancen und Risiken, Köln 1984, S. 135-151; zitiert: Böckstiegel, K., Rechtsschutz der Auslandsinvestitionen, S.

Böhme, Hans: Die Erwerbung der deutschen Schutzgebiete. Eine staats- und völkerrechtliche Studie. Hamburg 1902; zitiert: Böhme, H., Die Erwerbung der deutschen Schutzgebiete, S.

Borgsmidt, Kirsten: Rechtsverbindlichkeit der UNO/ UNCTAD-Resolutionen im Bereich der allgemeinen Präferenzen für Entwicklungsländer, Juristische Schriftenreihe, Nr. 104, Hamburg 1998; zitiert: Borgsmidt, K., Rechtsverbindlichkeit, S.

Bornemann, Reiner/ Hämel, Wolfgang: Zimbabwe (nicht nur) für Einzelreisende: Mit Sonderteil Botswana, Malawi und Zambia, Berlin 1986; zitiert: Bornemann, R./ Hämel, W., Zimbabwe, S.

Borbach, Otto: Die Vereinten Nationen und Südrhodesien, Dokumentation, in: Schriftenreihe der Deutschen Gesellschaft für die Vereinten Nationen, UN-Texte Nr. 20, Bonn 1975; zitiert: Borbach, O., Die Vereinten Nationen, S.

Borchard, Edwin Montefiori: The Diplomatic Protection of Citizens Abroad or the Law of International Claims, New York, 1919; zitiert: Borchard, E., The Diplomatic Protection, S.

Boesch, Nathalie: Addendum to the land reform and resettlement programme national audit interim report, Hrsg.: Deputy Head of Mission Embassy of Switzerland, Harare; vertretung@har.rep.admin.ch; zitiert: Boesch, N., Addendum to the land reform and resettlement programme national audit interim report

Bourdillon, Michael F.C.: The Shona Peoples: An ethnography of the contemporary Shona, with special reference to their religion, Shona heritage series, Vol. I, Gwelo, 1976; zitiert: Bourdillon, M., The Shona Peoples, S.

Boven van, Theo: The Right to Restitution, Compensation and Rehabilitation, in: International Commission of Jurists: Impunity of Perpetrators of Gross Human Rights Violations, International Meeting, 02.-05.11.1992, Genf 1993, S. 301-321; zitiert: Boven van, T., The Right to Restitution, S.

Bowett, Derek William: State Contracts with Aliens: Contemporary Developments on Compensation for Termination or Breach, in: BYIL, Vol. 59, 1988, S. 49-74; zitiert: Bowett, D., State Contracts with Aliens, S.

Bowman, Larry W.: Politics in Rhodesia, White Power in an African State, Cambridge/ Massachusetts 1973; zitiert: Bowmann, L., Politics in Rhodesia, S.

Bowyer-Bower, T.A.S./ Stoneman, Colin: Land Reform's Constraints and Prospects: Policies, Perspectives and Ideologies in Zimbabwe Today, in: Land Reform in Zimbabwe: Constraints and Prospects, Hrsg.: Bowyer-Bower, T.A.S./ Stoneman, Colin, School of Oriental and African Studies (SOAS), studies in development geography; Aldershot, u.a. Ashgate, England 2000; zitiert: Bowyer-Bower, T.A.S./ Stoneman, C., Land Reform's Constraints, S.

Boyle, Heather: The Land Problem: What does the Future hold for South Africa's Land Reform Program? A Comparative Analysis with Zimbabwe's Land Reform Program: A Lesson on what not to do. In: Indiana International & Comparative Law Review, Vol. 11, 2001, S. 665-696; zitiert: Boyle, H, The Land Problem, S.

Braeckman, Colette: Simbabwe nach Mugabes Wahlsieg, Günstlingswirtschaft als Landreform, in: Le Monde Diplomatique, Nr. 6751, vom 17.05.2003

Brandt, Hans: Hetze gegen Opponenten, in: Südwind Magazin 2000, Nr. 6, S. 20, Onlineversion unter: http://www.suedwind-magazin.at/start.asp?artid=572&ausg=200006&b=0&artart=; besucht am 10.09.2004; zitiert: Brandt, H., Hetze gegen Opponenten, S. 20

Brandt, Sven: Eigentumsschutz in europäischen Völkerrechtsvereinbarungen, EMRK, Europäisches Gemeinschaftsrecht, KSZE- unter Berücksichtigung der historischen Entwicklung, Schriften zum internationalen und zum öffentlichen Recht, Nr. 6, Frankfurt a.M. u.a. 1994; zitiert: Brandt, S., Eigentumsschutz, S.

Bratton, Michael.: Land Redistribution 1980 – 1990, in: Zimbabwe's Agricultural Revolution, Hrsg. Rukuni, Mandivamba/ Eicher, Carl K., University of Zimbabwe Publications, Harare 1994; zitiert: Bratton, M., Land Redistribution 1980 – 1990, S.

Braun, Gerald: Internationale Interessen und regionale Konflikte im südlichen Afrika: Die Dekolonisation Zimbabwes, in: VRÜ, 16. Jhg., 1983, S. 365-392; zitiert: Braun, G., Internationale Interessen, S.

Braun, Gerald: Zimbabwe: Sozialistisches Land ohne Sozialismus, in: VRÜ, 21. Jhg., 1988, S. 40-54; zitiert: Braun, G., Zimbabwe, S.

Brink von den, Rogier: Zimbabwe Land Reform Update, unter: http://www.oxfam.org.uk/what_we_do/issues/livelihoods/landrights/Zimbabwe; besucht am 23.08.2004; zitiert: Brink, R., Zimbabwe Land Reform Update

Brittan, Leon: Investment Liberalization: The Next Great Boost to the World Economy, in: Transnational Corporations, New York, NY, Band 4, 1. Heft, April 1995, S. 1-10; zitiert: Brittan, L., Investment Liberalization, S.

Britz, Gabriele: Die Individualbeschwerde nach Art. 14 des Internationalen Übereinkommens zur Beseitigung jeder Form von Rassendiskriminierung - Zur Einführung des Individualbeschwerdeverfahrens in Deutschland, in: EuGRZ 2002, 381-391; zitiert: Britz, G., Individualbeschwerde nach Art. 14 ICERD

Brower, Charles N./ Tepe, John B.:The Charter of Economic Rights and Duties of States: a reflection of rejection of international law? In: IntLawyer, Vol. 9, 1975, S. 295-318; zitiert: Brower/ Tepe, The Charter of Economic Rights, S.

Brower, Charles N.: The Iran-United States Claims Tribunal, in: Rec. Cours, Vol. 224, 1990 V, S. 123-395; zitiert: Brower, C., The Iran-US Claims Tribunal, S.

Brown, William: The EU and Structural Adjustment: The Case of Lomé IV and Zimbabwe, in: Review of African Political Economy, Vol. 79, S. 75-91; zitiert: Brown, W., The EU, S.

Brownlie, Ian: Transition to Independence/ The Legal Aspects, in: Review of Contemporary Law, Hrsg.: International Association of Democratic Lawyers, Brüssel, 1961, Nr. 1, S. 19-40; zitiert: Brownlie, I., Transition to Independence, S.

Brownlie, Ian: Principles of Public International Law, Oxford, 4. Aufl., 1990; zitiert: Brownlie, I., Principles, S.

Brügel, J.W.: Das Treuhandschaftssystem der Vereinten Nationen, 1945-1960, in: Europa-Archiv, Halbmonatsschrift der deutschen Gesellschaft für Auswärtige Politik, Bonn, 15. Jhg., Hrsg.: Cornides Wilhelm, Teil 1: Beiträge und Berichte, 1960, S. 683-694; zitiert: Brügel, J., Das Treuhandschaftssystem, S.

Bucher, Herbert: Spirits and Power. An Analysis of Shona cosmology, Cape-Town 1980; zitiert: Bucher, H., Spirits and Power, S.

Bundesministeriums für Wirtschaftliche Zusammenarbeit und Entwicklung (BMZ): Länderstudie Simbabwe: Analyse der schwierigen Rahmenbedingungen und Empfehlungen einer mittelfristigen EZ- Strategie. Im Auftrag des Bundesministeriums für Wirtschaftliche Zusammenarbeit und Entwicklung (BMZ) erstellt von Dr. Volker Mönikes/ Peter Girke, Eschborn/ Pulheim, Dezember 2002; zitiert: BMZ-Länderstudie, 2002

Bundesministerium für Wirtschaft, Referat Öffentlichkeitsarbeit: Bundesgarantien für Kapitalanlagen im Ausland: Jahresbericht 1996, Bonn 1997; zitiert: BMW, Bundesgarantien, S.

Buckle, Catherine: African Tears: the Zimbabwe Land Invasions, Johannesburg 2001; zitiert: Buckle, C., African Tears, S.

Buckle, Catherine: Die Menschen sind am Ende ihrer Geduld, die Stimmung in Zimbabwe wird immer explosiver, in: FAZ, vom 14.12.2003; zitiert: Buckle, C., Die Menschen sind am Ende ihrer Geduld, in: FAZ, vom 14.12.2003, S.

Buergenthal, Thomas: Implementing the UN Racial Convention, in: ILJ, Nr. 187, 1977, S. 205-217; zitiert: Buergenthal, T., Implementing the UN Racial Convention, S.

Burckhardt, Hans-Martin: Investment Protection Treaties: Recent Trends and Prospects, in: Außenwirtschaft, Bd. 41, 1986, S. 99-104; zitiert: Burckhardt, H., Investment Protection Treaties, S.

Burckhardt, Hans-Martin: Auslandsinvestitionsschutz durch bilaterale Verträge und Risikoabsicherung, in: Esser/ Meesen: Kapitalinvestitionen im Ausland - Chancen und Risiken, Köln 1984, S. 125-134; zitiert: Burckhardt, H., Auslandsinvestitionsschutz, S.

Burgess, Stephen F.: Smallholders and Political Voice in Zimbabwe, Oxford 1997; zitiert: Burgess, S., Smallholders, S.

Burnett, Robin: Negotiation of International Agreements in the Field of Commerce and Investment, Problems of Relevance to Newly-Independent States, in: Journal of World Trade Law, Vol. 9, 1975, S. 231-265; zitiert: Burnett, R., Negotiation of International Agreements, S.

Butler, David/ Finsen, Eyvind: Arbitration in South Africa – Law and Practice, Cape Town, Johannesburg 1993; zitiert: Butler/ Finsen, Arbitration, S.

Calavros, Constantin: Das UNCITRAL- Modellgesetz über die internationale Handelsschiedsgerichtsbarkeit, Bielefeld 1988; zitiert: Calavros, C., Das UNCITRAL- Modellgesetz, S.

Calvo, Charles M.: Le droit international théorique et pratique, précédé d'un exposé historique des progrès de la science du droit des gens, 5. Ausgabe 1896, Vol. 3; zitiert: Calvo, C., Le droit international, S.

Canner, Stephen J.: The Multilateral Agreement on Investment, in: CornellIntLJ, 1998, S. 657-681; zitiert: Canner, S., The MAI, S.

Carasco, Emily: A nationalization compensation framework in the new international economic order, in: Snyder, Frederick E./ Sathirathai, Suakiart: Third World Attitudes toward international law: an introduction, Dordrecht, u.a. 1987, S. 659-691; zitiert: Carasco, E., A nationalization compensation framework, S.

Carim, Xavier: Engaging the Bretton Woods institutions: Policy implications for South Africa, in: Development Southern Africa, Vol. 12, 1995, Nr. 3, S. 333-346; zitiert: Carim, X., Engaging the Bretton Woods institutions, S.

Catranis, Alexander: Probleme der Nationalisierung ausländischer Unternehmen vor internationalen Schiedsgerichten, in: RIW, Vol. 28, 1982, S. 19-27; zitiert: Catranis, A., Probleme der Nationalisierung, S.

Chaminuka, Petronella: Overview of Zimbabwe's Land Reform Process, Dezember 2001, unter: http://afronet.org.za/theobserver/volume6_9.htmVolume6; besucht am 12.12.2003; zitiert: Chaminuka, P., Overview of Zimbabwe's Land Reform Process

Cheater, Angela P.: The ideology of „communal" land tenure in Zimbabwe: Mythogenesis enacted? In: Africa, Hrsg.: International African Institute (IAI), London, Vol. 60, 1990, Nr. 2, S. 188 – 206; zitiert: Cheater, A., The ideology, S.

Cheater, Angela P.: Formal and Informal Rights to Land in Zimbabwe's Black Freehold Areas: a case Study from Msengezi, in: Africa, Hrsg.: International African Institute (IAI), London, Vol. 52, 1982, Nr. 3, S. 77-9 1; Cheater, A., Formal and Informal Rights, S.

Cheng, Bin: United Nations Resolutions on Outer Space, "Instant" International Customary Law? In: Indian Journal of International Law, Vol. 5, 1965, S. 23-48, zitiert: Cheng, B., UN Resolutions, S.

Chimombe, Theresa: Foreign Capital, in: Zimbabwe – The political economy of Transition 1980 –1986, Hrsg.: Mandaza, Ibbo, Senegal, Dakar 1986, S. 123-140; zitiert: Chimombo, T., Foreign Capital, S.

Christopher, A.J.: Land Tenure in Rhodesia, in: South African Geographical Journal, a record of the proceedings of the South African geographical society, Bramfontein, Transvaal/ South Africa, Vol. 53, 1971, S. 39-52; zitiert: Christopher, A., Land Tenure in Rhodesia, S.

Central Intelligence Agency (CIA): The World Factbook – Zimbabwe; unter: http://cia.gov./cia/publications/factbook/geos/zi.html; besucht am 11.08.2004; zitiert: The World Factbook

Claassens, Aninka: South African Proposals for Tenure Reform, The Draft Land Rights Bill, in: Toulmin, Camilla/ Quan, Julian: Evolving land rights, policy and tenure in Africa, DFID, London 2000, S. 247 ff.

Cloete, Fanie: Comparative lessons for land reform in South Africa, in: Afrika Insight, Hrsg.: The Africa Institute of South Africa, Pretoria, South Africa, Vol. 22, 1992, Nr. 4, S. 249-258; zitiert: Cloete, F., Comparative lessons, S.

Centre on Housing Rights and Evictions (COHRE): Land, Housing and Property Rights in Zimbabwe, COHRE Africa Programme Mission Report, September 2001; zitiert: COHRE, Land, Housing and Property Rights, S.

Coldham, Simon: The Land Acquisition Act, 1992, of Zimbabwe, in: Journal of African Law, Hrsg.: Coldham, S./ Hatchard, J./ Slinn, P.E., School of Oriental and African Studies, University of London, Vol. 37, 1993, Nr. 1, S. 82-88; zitiert: Coldham, S., The LAA, S.

Comeaux, Paul E./ Kinsella, N. Stephan: Protecting Foreign Investment under International Law, Legal Aspects of Political Risk, New York 1997; zitiert: Comeaux/ Kinsella, Protecting, S.

Commercial Farmers' Union: Legislation shuts down farms, vom 24.06.2002; zitiert: CFU, Legislation shuts down farms, vom 24.06.2002

Conference Documentation: Let's build Zimbabwe together; Zimbabwe Conference on Reconstruction and Development (ZIMCORD), Report on Conference Proceedings, Salisbury 23.-27.03.1981

Cornevin, Robert und Marianne: Geschichte Afrikas, von den Anfängen bis zur Gegenwart, Gütersloh 1980, zitiert: Cornevin, Geschichte Afrikas, S.

Cornaro, Astrid und Marcus: Zimbabwe: das afrikanische Hochland zwischen den Flüssen Zambesi und Limpopo, Köln 1991; zitiert: Cornaro, Zimbabwe, S.

Cranston, Maurice William: What are Human Rights, New York 1973; zitiert: Cranston, M., What are Human Rights, S.

Craven, Matthew C.R.: The International Covenant on Economic, Social and Cultural Rights, a perspective on its Development, Oxford 1995; zitiert: Craven, M., The ICESCR, S.

Dahm, Georg: Völkerrecht, Bd. I, Stuttgart 1958; zitiert: Dahm, G., Völkerrecht 1958, Bd. I, S.

Dahm, Georg: Völkerrecht, Bd. I/ 1, Kiel 1988; zitiert: Dahm, G., Völkerrecht, Bd. I/ 1, S.

Dale, Dore: Transforming Traditional Institutions for sustainable Natural Resource Management: History, Narratives and Evidence from Zimbabwe's Communal Areas, in: African Studies Quarterly, the Online Journal of African Studies, Center for African Studies, University of Florida, Gainesville, Vol. 5, Ausgabe 3, 2001,1. Titel, Kopierdatum: 18.04.2002, unter http://www.africa.ufl.edu/asq/v5/v5i3a1.htm; besucht am 27.09.2004; zitiert: Dale, D: Transforming Traditional Institutions

Dankwa, Victor: The promotional role of the African Commission, in: Evans, M./ Murray, R., The African Charter on Human and Peoples' Rights, the system in Practice, 1986-2000, Cambridge 2002, S. 335-352; zitiert: Dankwa, V., The promotional role, S.

Danwitz von, Thomas/ Depenheuer, Otto/ Engel, Christoph: Bericht zur Lage des Eigentums, Berlin u.a. 2002; zitiert: Danwitz/ Depenheuer/ Engel, Bericht zur Lage, S.

Dashwood, Hevina S.: Inequality, leadership, and the crisis in Zimbabwe, in: International Journal: Poverty Reduction Critical Perspectives, Vol. 57, 2002, Nr. 2, S. 209-226; zitiert: Dashwood, H., Inequality, S.

Deininger, Klaus/ Binswanger, Hans: The Evolution of the World Bank's Land Policy, Principles, Experiences, and Future Challenges, in: The World Bank Research Observer, Vol. 14, 1999, S. 247-276; zitiert: Deininger/ Binswanger, The World Bank's Land Policy, S.

Denisov, Vladimir N.: Rechtssysteme in Entwicklungsländern, 1. Aufl., Berlin 1981, zitiert: Denisov, V., Rechtssysteme in Entwicklungsländern, S.

Department of International Development: Land Resettlement in Zimbabwe, in: DFID, März 2000, unter: http://www.oxfam.org.uk/what_we_do/issues/livelihoods/landrights/downloads/zimdfidbrief.rtf; besucht am 11.08.2004; zitiert: DFID: Land Resettlement

Despagnet, Frantz Clément René: Cours de Droit International Public, 4. Auflage, Paris 1910; zitiert: Despagnet, F., Cours de Droit, S.

Deutscher Bundestag – 15. Wahlperiode, Drucksache 15/ 613, Berlin vom 17.03.2003

Deutsches Bundesministerium für Entwicklungszusammenarbeit: Simbabwe, vorläufige BMZ-Länderstrategie, Autor: Dr. Tekülve, April 2003; zitiert: BMZ-Länderstrategie Simbabwe, S.

Deutsches Institut für Entwicklungspolitik (DIE): Förderung der privatwirtschaftlichen Zusammenarbeit mit Simbabwe, Mali und Benin, von Gsänger, Hans/ Zehender, Wolfgang, Berlin, August 1985; zitiert: DIE, Förderung der privatwirtschaftlichen Zusammenarbeit mit Simbabwe, S.

Dewan, Nakul/ Mehra, Priya: Democracy and human rights, a case study of Zimbabwe, in: Indian Journal of International Law, Vol. 42, 2002, Nr. 1, S. 62-84; zitiert: Dewan, N./ Mehra, P., Democracy and human rights, S.

Dicke, Detlev Christian: Die Intervention mit wirtschaftlichen Mitteln im Völkerrecht, Völkerrecht und Internationales Wirtschaftsrecht, Bd. 10, Hrsg.: Seidl-Hohenveldern, Ignaz, Baden-Baden 1978; zitiert: Dicke, D., Die Intervention, S.

Dicke, Klaus: Zur Begründung eines Menschenrechts auf Eigentum, in: EuGRZ, 1982, S. 361-367; zitiert: Dicke, K., Zur Begründung, S.

Document of Information & Publicity, Office of the President and Cabinet: People First, Zimbabwe's Agrarian Revolution, April 2002, Harare, unter: http//:www.docuweb.ca/Zimbabwe/peoplefirst.html; besucht am 15.08.2004; zitiert: Department of Information & Publicity, The People First.

Doehring, Karl: Völkerrecht, Heidelberg 1999; zitiert: Doehring, K, Völkerrecht, S.

Doehring, Karl: Handelt es sich bei einem Recht, das durch diplomatischen Schutz eingefordert wird, um ein solches, das dem die Protektion ausübenden Staat zusteht, oder geht es um die Erzwingung von Rechten des betroffenen Individuums? In: Ress, Georg/ Stein, Torsten (Hrsg.): Der diplomatische Schutz im Völker- und Europarecht, aktuelle Probleme und Entwicklungstendenzen, 1. Aufl., Baden-Baden, 1996; zitiert: Doehring, K., diplomatischer Schutz, S.

Doehring, Karl: Die allgemeinen Regeln des völkerrechtlichen Fremdenrechts und das deutsche Verfassungsrecht, Köln/ Berlin 1963; zitiert: Doehring, K., Die allgemeinen Regeln, S.

Doehring, Karl: Gewohnheitsrecht aus Verträgen, in: Zeitschrift für ausländisches öffentliches Recht und Völkerrecht (ZaöRV), Max-Planck-Institut für Öffentliches Recht und Völkerrecht, Stuttgart, Bd. 36, 1976, S. 77-95; zitiert: Doehring, K., Gewohnheitsrecht, S.

Doehring, Karl: Local Remedies, Exhaustion of, in: Bernhardt, R., EPIL, Vol. 3: Jan Mayen to Pueblo Incident, North-Holland 1997, S. 238-241; zitiert: Doehring, K., Local Remedies, S.

Dölle, Hans: Internationalrechtliche Betrachtungen zur Dekolonisierung: ein Rechtsgutachten; Recht und Staat in Geschichte und Gegenwart; 280/ 281, Tübingen 1964; zitiert: Dölle, H., Internationalrechtliche Betrachtungen, S.

Dollar, David/ Pritchett, Lant: Assessing Aid, what works, what doesn't, and why, a World Bank policy research report, Oxford 1998, unter: http://www.worldbank.org/research/aid/pdfs/ch1.pdf; besucht am 10.09.2004; zitiert: Dollar/ Prittchett, Assessing Aid, S.

Döpcke, Wolfgang: Das koloniale Zimbabwe in der Krise, eine Wirtschafts- und Sozialgeschichte 1929-1939; Studien zur afrikanischen Geschichte, Hrsg.: Bley, Helmut/ Harding, Leonhard, Bd. 7, Hamburg 1992; zitiert: Döpcke, W., Das koloniale Zimbabwe, S.

Dolzer, Rudolf: Eigentum, Enteignung und Entschädigung im geltenden Völkerrecht, Berlin 1985; zitiert: Dolzer, R., Eigentum, S.

Dolzer, Rudolf: Wirtschaft und Kultur im Völkerrecht, in: Graf von Vitzthum, Wolfgang: Völkerrecht, Berlin 2001; zitiert: Vitzthum/ Dolzer, R., Völkerrecht, S.

Dolzer, Rudolf/ Stevens, Margarete: Bilateral Investment Treaties, Hague/ Boston/ London 1995; zitiert: Dolzer/ Stevens, Bilateral Investment Treaties, S.

Dolzer, Rudolf: Expropriation and Nationalization, in: Bernhard, R., EPIL, Vol. 2: East African community to Italy-United States Air Transport Arbitration (1965), North-Holland 1995, S. 319-326; zitiert: Dolzer, R., in: Bernhardt, R., EPIL, Vol. 2 (1995), S.

Dolzer, Rudolf: New Foundations of the Law of Expropriation of Alien Property, in: AJIL, Vol. 75, 1981, S. 553-589; zitiert: Dolzer, R., New Foundations, S.

Dolzer, Rudolf: Libya Oil Companies Arbitration, in: Bernhardt, R., EPIL, Vol. 3: Jan Mayen to Pueblo Incident, North-Holland 1997, S. 215-218; zitiert: Dolzer, R., Libya Oil Companies Arbitration, S.

Dolzer, Rudolf: Norwegian Shipowners' Claims Arbitration, in: Bernhardt, R., EPIL, Vol. 3, 1997, S. 691-694; zitiert: Dolzer, R., Norwegian Shipowners' Claims Arbitration, S.

Dolzer, Rudolf: Nationale Investitionsversicherung und völkerrechtliches Enteignungsrecht, in: ZaöRV, Bd. 42, 1982, S. 480-507; zitiert: Dolzer, R., Nationale Investitionsversicherung, S.

Domke, Martin: Foreign Nationalizations, some aspects of contemporary international law, in: The American Journal of International law (AJIL), Hrsg.: American Society of International Law, Washington/ D.C., Vol. 55, 1961, S. 585-616; zitiert: Domke, M., Foreign Nationalizations, S.

Domke, Martin: Indonesian Nationalization Measures before Foreign Courts, in: AJIL, Vol. 54, 1960, S. 305-323; zitiert: Domke, M., Indonesian Nationalization Measures, S.

Doxey, Margaret: The Making of Zimbabwe: From Illegal to legal Independence, in: YBWA, 1982, S. 151-165; zitiert: Doxey, M., The Making of Zimbabwe, S.

Drago, Luis M.: State Loans in their Relation to International Policy, in: AJIL, Vol. 1, 1907, S. 693-726; zitiert: Drago, L., State Loans, S.

Drinkwater, Michael: The state and agrarian change in Zimbabwe's communal areas, London 1991; zitiert: Drinkwater, M., The state and agrarian change, S.

Drost, Pieter N.: Human Rights as Legal Rights, the Realization of Individual Human Rights in Positive International Law, 2. Aufl., Leiden 1965; zitiert: Drost, P., Human Rights as Legal Rights, S.

Drucker, Alfred: The nationalization of United Nations Property in Europe, in: Transactions of the Grotius Society for the year 1950: Problems of public and private international law, London, Vol. 36, 1951, S. 75-114; zitiert: Drucker, A., The nationalization, S.

Drucker, Alfred: Compensation Treaties between Communist States, in: ICLQ, Vol. 10, 1961, S. 238-254; zitiert: Drucker, A., Compensation Treaties, S.

D'Sa, R.M.: The African Charter on Human and Peoples' Rights: Problems and Prospects for Regional Action, in: AustYIL, Vol. 10, 1981-1983, S. 101-130; zitiert: D'Sa, R, The AfrCh, S.

Duchrow, Julia: Völkerrechtlicher Minderheitenschutz in einem multikulturellen Staat? Das Beispiel der weißen Bevölkerung Südafrikas, Baden-Baden, 2000; zitiert: Duchrow, J., Völkerrechtlicher Minderheitenschutz, S.

Dunlop, H.: The development of European agriculture in Rhodesia 1945-1965, Department of Economics, University of Rhodesia, Salisbury 1971; zitiert: Dunlop, H., The development, S.

Dzamara, I., Mugabe's missing 11m ha, in: The Zimbabwe Independent, 12.09.2003; auch unter: http://www.theindependent.co.zw/news/2003/september/Friday12/896.html; besucht am 15.09.2004

Ebenroth, Carsten Thomas/ Karl, Joachim: Die Multilaterale Investitions-Garantie-Agentur, Kommentar, Heidelberg 1989; zitiert: Ebenroth/ Karl, MIGA-Kommentar, S.

Ebenroth, Carsten Thomas/ Bader, Tom O.: Wirksame Staatenbindung in internationalen Investitionsverträgen, in: WM, 1991, S. 661-667; zitiert: Ebenroth/ Bader, Wirksame Staatenbindung, S.

The Economist Intelligence Unit (EIU): Country Report, September 2003: Zimbabwe, UK; zitiert: The EIU, Country Report Zimbabwe, S.

Eide, Asbjørn u.a.: The Universal Declaration of Human Rights, A Commentary, London u.a. 1993; zitiert: Eide, A., The AEMR, S.

Eisenberg, Andra: Public Purpose and Expropriation: Some comparative Insights and the South African Bill of Rights, in: South African Journal on Human Rights, Vol. 11, 1995, Teil 2, S. 207-221; zitiert: Eisenberg, A., Public Purpose, S.

Empell, Hans-Michael: Die Staatengemeinschaftsnormen und ihre Durchsetzung, die Pflichten erga omnes im geltenden Völkerrecht, Heidelberg 2003; zitiert: Empell, H-M., Die Staatengemeinschaftsnormen, S.

Engels, Markus: Verbesserter Menschenrechtsschutz durch Individualbeschwerdeverfahren? Zur Frage der Einführung eines Fakultativprotokolls für den Internationalen Pakt über wirtschaftliche, soziale und kulturelle Rechte, München 2000; zitiert: Engels, M., Verbesserter Menschenrechtsschutz, S.

Englert, Birgit: Die Geschichte der Enteignungen: Landpolitik und Landreform in Zimbabwe 1890 – 2000, Studien zur Afrikanischen Geschichte, Bd. 27, Hamburg 2001; zitiert: Englert, B., Geschichte der Enteignung, S.

Englert, Birgit: Koloniale Landpolitik und post-koloniale Landreform in Zimbabwe, unter: http://www.univie.ac.at/ecco/VO_landpolitik03_zimbabwe_05.htm; besucht am 20.08.2004; zitiert: Englert, B., Koloniale Landpolitik

Ermacora, Felix: Menschenrechte in der sich wandelnden Welt, Vol. 2: Theorie und Praxis, die Verwirklichung der Menschenrechte in Afrika und im Nahen Osten, Wien 1983; zitiert: Ermacora,F., Menschenrechte, S.

Enonchong, Nelson: The African Charter on Human and Peoples' Rights: effective remedies in domestic law? In: J.AfricL, Vol. 46, 2002, Nr. 2, S. 197-215; zitiert: Enonchong, N., The AfrCh, S.

Evans, Malcolm/ Murray, Rachel: The African Charter on Human and Peoples' Rights, the system in Practice, 1986-2000, Cambridge 2002; zitiert: Evans/Murray, The AfrCh, S.

Evans, Malcolm/ Ige, Tokunbo/ Murray, Rachel: The reporting mechanism of the African Charter on Human and Peoples' Rights, in: Evans, Malcolm/ Murray, Rachel, The African Charter on Human and People's Rights, the system in Practice, 1986-2000, Cambridge 2002, S. 36-60; zitiert: Evans, M., The reporting mechanism, S.

Falk, Richard A.: International Legal Order, Alwyn v. Freeman ./. Myres S. McDougal, in: AJIL, Vol. 59, 1965, S. 66-71; zitiert: Falk, R., Alwyn v. Freeman ./. Myres S. McDougal, S.

Fastenrath, Ulrich: Internationaler Schutz der Menschenrechte, Entwicklung – Geltung - Durchsetzung, Aussöhnung der Opfer mit den Tätern, Dresdner Juristische Beiträge, Bd. 6, München 2000; zitiert: Fastenrath, U., Internationaler Schutz, S.

Fawcett J.E.S./ Parry, Audrey: Law and International Resource Conflicts, Oxford 1981; zitiert: Fawcett/ Parry, Law, S.

Feltoe, G.: The onslaught against democracy and rule of law in Zimbabwe, Statement 2001; zitiert: Feltoe, G., The onslaught against democracy, S.

Fiedler-Conradi, Sabine: Zweite Befreiung, Die Geschichte der verschleppten Landreform in Zimbabwe, in: Blätter des iz3w (Informationszentrum 3. Welt) Nr. 247; August 2000; zitiert: Fiedler-Conradi, S., Geschichte der verschleppten Landreform, Rn.

Fiedler-Conradi, Sabine: Wenn all die Lügen Sprit wären… oder: „Last kicks of a dying animal", vor den Wahlen steckt Simbabwe in einer tiefen Krise, in: africa süd, 2000, Nr. 3, S. 13-16; zitiert: Fiedler-Conradi, S., Wenn all die Lügen Sprit wären, S.

Fiedler-Conradi, Sabine: Es ist die Regierung die die Landreform blockiert, zum Beitrag „Zur Geschichte der britischen Landokkupation in Simbabwe" von Nkobi, Edelgard, in: Afrika Süd, 2000, Nr. 4, S. 31; zitiert: Fiedler-Conradi, S., Es ist die Regierung, S.

Fiedler-Conradi, Sabine: Arbeit und Recht im kolonialen Zimbabwe, Geschichte einer nachhaltigen Entwicklung, Studien zur afrikanischen Geschichte, Bd. 14, Hrsg.: Bleuy Helmut/ Harding Leonhard, Gießen 1995; zitiert: Fiedler-Conradi, S., Arbeit und Recht, S.

Fiedler-Conradi, Sabine: Zimbabwe nach den Präsidentschaftswahlen, Rede von Sabine Fiedler-Conradi, gehalten am 13. Juli 2002 als Einführungsvortrag auf dem Tagesseminar des Zimbabwe Netzwerks in Bonn, veröffentlicht unter: http://www.afrikaprojekte.de/ger/zimbabwe/artikel4.htm; besucht am 28.09.2004; zitiert: Fiedler-Conradi, S., Einführungsvortrag beim Zimbabwe Netzwerks in Bonn Netzwerks in Bonn

Fischer, Dana D.: Reporting under the Covenant on Civil and Political Rights: The First Five Years of the Human Rights Committee, in: AJIL, Vol. 76, 1982, S. 142-153; zitiert: Fischer, D., Reporting under the ICCPR, S.

Fischer, John Williams: International Law and the Property of aliens; in: BYIL, Vol. 9, 1928, 1-30; zitiert: Fischer, J., International Law, S.

Fischer Weltalmanach, Zahlen Daten Fakten, Begr. von Gustav v. Fochler-Hauke, Hrsg.: Baratta, Marion von, Frankfurt/ Hamburg 1998 und weitere Jahrgänge; zitiert: Fischer Weltalmanach Jahrgang, Sp.

Flinterman, Cees: The Universal Declaration of African Human Rights and the Protection of Human Rights in Africa, in: Africa Legal Aid Quarterly, Okt.-Dez., 1998, S. 19-22; zitiert: Flinterman, C., The Universal Declaration, S.

Floyd, Barry Neil: Changing Patterns of African Land Use in Southern Rhodesia, London 1953; zitiert: Floyd, B., Changing Patterns, S.

Foighel, Isi: Nationalization, a Study in the Protection of Alien Property in International Law, London u.a. 1957; zitiert: Foighel, I., Nationalization, S.

Foighel, Isi: Nationalization and Compensation, Kopenhagen 1964; zitiert: Foighel, I., Nationalization and Compensation, S.

Foreign & Commonwealth Office, (FCO): Zimbabwe, Land reform: Lancaster House and Land Reform since Independence, unter: http://www.fco.gov.uk/servlet/Front?pagename=OpenMartekt/Xcelerate/ShowPage&c= Page &cid=1019745050212; besucht: am 08.09.2004; zitiert: FCO, Lancaster House and Land Reform since Independence

Forschungsinstitut der Friedrich-Ebert-Stiftung, Abteilung Entwicklungsländerforschung, Gruppe Information und Dokumentation: Zimbabwe – friedlicher Übergang zur Demokratie, Bonn November 1981; zitiert: Forschungsinstitut der FES, S.

Francioni, Francesco: Compensation for Nationalisation of Foreign Property: The Borderland between Law and Equity, in: ICLQ, Vol. 24, 1975, S. 255-283; zitiert: Francioni, F., Compensation for Nationalisation, S.

Freeman, Alwyn V.: Human Rights and the Rights of Aliens, in: ASIL Proc., Vol. 45, 1951, S. 120-139; zitiert: Freeman, A., Human Rights, S.

Frenkel, Michael/ Radeck, Karin: Die Beschlüsse der Uruguay-Runde: Hintergrund, Inhalt und Bewertung, in: Frenkel, Michael/ Bender, Dieter: GATT und neue Welthandelsordnung – Globale und Regionale Auswirkungen, Wiesbaden 1996, S. 13-43; zitiert: Frenkel, M./ Radeck, K., Die Beschlüsse der Uruguay-Runde, S.

Freytagh-Loringhoven, Axel: Die Satzung des Völkerbundes, mit Einleitung und Erläuterung, Stikle's Rechtsbibliothek, Nr. 51, Berlin 1926, zitiert: Freytagh-Loringhoven, A., Die Satzung des Völkerbundes, S.

Frick, Helmut Bilateraler Investitionsschutz in Entwicklungsländern, ein Vergleich der Vertragssysteme der Vereinigten Staaten von Amerika und der Bundesrepublik Deutschland, Berlin 1975; zitiert: Frick, H., Bilateraler Investitionsschutz, S.

Friedman, Sany: Expropriation in International Law, the library of world affairs, Bd. 20, London 1953; zitiert: Friedman, S., Expropriation in International Law, S.

Friedmann, Wolfgang: The Use of General Principles in the Development of International Law, in: AJIL, Vol. 57, 1963, 279 ff.; Friedmann, W., The Use of General Principles, S.

Friedmann, Wolfgang: Intervention and the Developing Countries, in: VaJIntL, Vol. 10, 1970, S. 205-222; zitiert: Friedmann, W., Intervention, S.

Friedrich-Ebert-Stiftung: Socio-economic implications of the current farm invasions in Zimbabwe, workshop on behalf of the organisers the Zimbabwe Economic Society and the Friederich-Ebert-Stiftung, 16.03.2000, Meikles Hotel, Harare, proceedings compiled by Emerson Zhou; zitiert: FES: Socio-economic implications, S.

M'Gabe, Davis: Rhodesia's African Majority, in: Africa Report, Vol. 12, Februar 1967, S. 14- 20; zitiert: M'Gabe, D., Rhodesia's African Majority, S.

Gandhi, P.R.: The Human Rights Committee, in: Pathak, Justice R./ Dhokalia, R.P.: International Law in Transition, New Delhi/ Indien 1992; zitiert: Gandhi, R., The Human Rights Committee, S.

Gann, Pamela B.: Compensation Standard for Expropriation, in: ColJTransL, Vol. 23, 1985, S. 615-653; zitiert: Gann, P., Compensation Standard, S.

Gann, Pamela B.: The U.S. bilateral Investment Treaty Program, in: StanJIL, Vol. 21, 1985, S. 373-441; zitiert: Gann, P., The U.S. bilateral Investment Treaty Program, S.

Garbett, G. Kingsley: The Land Husbandry Act of Southern Rhodesia, in: Biebuyck, Daniel., Hrsg.: African Agrarian Systems, London 1963, S. 185-202; zitiert: Garbett, K., The Land Husbandry Act, S.

García-Amador, F.V.: Calvo Doctrine, Calvo Clause, in: Bernhardt, R., EPIL, Vol. 1: Aaland islands to Dumbarton Oaks conference (1944), North-Holland 1992, S. 521-523; zitiert: García-Amador, F.V., Calvo Doctrine, S.

García-Amador, F.V.: State responsibility, International responsibility, responsibility of the state for injuries caused in its territory to the person or property of aliens – measures affecting acquired rights, fourth report, Doc. A/ CN.4/ 119, in: YILC, Vol. 2, 1959, S. 1-36; zitiert: García-Amador's fourth report, in: YILC, Vol. 2, 1959, S.

García-Amador, F.V.: State responsibility, International responsibility, sixth report, Doc. A/ CN.4/ 134, in: YILC, Vol. 2, 1961, S. 1-54; zitiert: García-Amador's sixth report, in: YILC, Vol. 2, 1961, S.

García-Amador, F.V.: The Proposed new International Economic Order: a new Approach to the Law governing Nationalization and Compensation, in: LawAm, Vol. 12, 1980, S. 1-58; zitiert: García-Amador, F., The Proposed NIEO, S.

García-Amador, F.V./ Sohn, Louis B./ Baxter, R.R.: Recent Codification of the Law of State Responsibility for Injuries to Aliens, New York 1974; zitiert: García-Amador/ Sohn/ Baxter, Recent Codification, S.

Garcia-Mora, Manuel: The Calvo Clause in Latin American Constitutions and international Law, in: Marquette Law Review, Vol. 33, 1950, S. 205-219; zitiert: Garcia-Mora, M., The Calvo Clause, S.

Gattiker, Heinrich: Behandlung und Rolle von Auslandsinvestitionen im modernen Völkerrecht: eine Standortbestimmung, in: SchweizJIR, Bd. 37, 1981, S. 25-58; zitiert: Gattiker, H., Behandlung von Auslandsinvestitionen, S.

Geiger, Rainer: Towards a Multilateral Agreement on Investment, in: CornellIntLJ, 1998, S. 467-475; zitiert: Geiger, R., Towards a Multilateral Agreement, S.

Genscher, Hans-Dietrich: Deutsche Außenpolitik, Ausgewählte Grundsatzreden 1975-1980, Rede vor der 11. Sondergeneralversammlung der Vereinten Nationen in New York am 27.08.1980, Stuttgart 1981; zitiert: Genscher, H-D., Deutsche Außenpolitik, S.

Geyrhalter, Volker: Niederlassungsfreiheit contra Sitztheorie – Good Bye „Daily Mail"? In: EWS, 1999, S. 201-203; zitiert: Geyrhalter, V., Niederlassungsfreiheit contra Sitztheorie, S.

Gittleman, R., The African Charter on Human and Peoples' Rights: a legal analysis, in: VaJIntL, Vol. 22, 1982, S. 667-714; zitiert: Gittleman, R., The AfrCh, S.

Goebel, Julius: The struggle for the Falkland Islands, a study in legal and diplomatic History, New Haven/ Conn. 1927; zitiert: Goebel, J., The struggle, S.

Goldin, Bennie/ Gelfand, Michael: African Law and Custom in Rhodesia, Cape Town 1975; zitiert: Goldin/ Gelfand, African Law, S.

Gonidec, P.F.: The Relationship of International Law and National Law in Africa, in: AJICL, Vol. 10, 1998, S. 244-249; zitiert: Gonidec, P., The Relationship of International Law, S.

Government of Zimbabwe: Speech by President at the opening of the 4th Session of the 2nd Parliament of Zimbabwe on Tuesday, 28.06.1988; zitiert: Speech by President at the opening of the 4th Session of the 2nd Parliament of Zimbabwe on Tuesday, 28.06.1988

Government of the Republic of Zimbabwe: Foreign Investment. Policy, Guidelines and Procedures, Harare September 1982, veröffentlicht Oktober 1982; zitiert: Government of the Republic of Zimbabwe, Foreign Investment Policy, Paragraph

Government of Zimbabwe: Land Issue - Fact Sheet, unter: http://www.gta.gov.zw; besucht am 15.08.2003; zitiert: Government of Zimbabwe, Land Issue – Fact Sheet

Government of the Republic of Zimbabwe: The Promotion of Investment Policy and regulations, Harare, April 1989; zitiert: Government of Zimbabwe, The Promotion of Investment, Paragraph

Government of Zimbabwe: Growth with Equity, an economic policy statement, Harare Febr. 1981; zitiert: Government of Zimbabwe: Growth with Equity

Government of Zimbabwe: The People First, vorbereitet durch das Ministry of Lands, Agriculture and Rural Resettlement und das Department of Information & Publicity, Harare 2001; zitiert: Government of Zimbabwe, The People First, S.

Government of Zimbabwe: Land Issues in Zimbabwe, Mitteilung des Vizepräsidenten Joseph Msika bei der Ankündigung des Accelerated Land Reform and Resettlement Programm „Fast Track" Approach, 15. Juli 2000, http://www.gta.gov.zwischen/Land%20Issues/Land.htm; besucht am 16.05.2003

Government of Zimbabwe: Zimbabwe: a framework for economic reform (1991-95), Harare, Government Printer 1991; zitiert: Government of Zimbabwe, a framework for economic reform (1991-95), S.

Graf, Michael: Die Afrikanische Menschenrechtscharta und ihre Bedeutung für einschlägiges innerstaatliches Recht am Beispiel Tansanias, Arbeiten aus dem Institut für Afrika-Kunde, Nr. 96, Hamburg 1997; zitiert: Graf, M., Die Afrikanische Menschenrechtscharta, S.

Graham, David E.: The Calvo Clause, its current status as a Contractual Renunciation of diplomatic Protection, in: TexIntLF, Vol. 6, 1971, S. 289-308; zitiert: Graham D., The Calvo Clause, S.

Graham, Edward/ Krugman, Paul R.: Trade Related Investment Measures, in: Schott, Jeffrey: Completing the Uruguay Round, a Results-Orientated Approach to the GATT Trade Negotiations, Washington/ D.C. 1990, S. 147-163; zitiert: Graham/ Krugman, TRIMs, S.

Gramlich, Ludwig: Rechtsgestalt, Regelungstypen und Rechtsschutz bei grenzüberschreitenden Investitionen, 1. Aufl., Baden-Baden, 1984; zitiert: Gramlich, L., Rechtsgestalt, S.

Grewe, Wilhelm G.: Epochen der Völkerrechtsgeschichte, Baden-Baden 1988; zitiert: Grewe, W., Epochen der Völkerrechtsgeschichte, S.

Grotius; Hugo: De Jure Belli ac Pacis, Libri Tres, In Quibus jus Naturae & Gentium, item Juris Publici praecipua explicantur. Cum annotatis auctoris, ex postrema ejus ante obitum cura. Accesserunt ejusdem differtatio de Mari Libero, Amsterdam 1712 (CCXII), Mare Liberum, five, de jure, quod Batavis competit ad Indicana Commercia, Dissertatio, S. 905-939

Grund, Johanna Christina: Simbabwe: Enteignung von Farmern, in: Die Aula, das freiheitliche Magazin, Monatsschrift österreichischer Akademieverbände und Korporationen, Graz 2000, Nr. 9, S. 20-21; zitiert: Grund, J., Simbabwe, in: Die Aula, 2000, S.

Gruss, Hans Jürgen: Enteignung und Aufhebung von Erdölkonzessionen: Der Schiedsspruch im libyschen Erdölstreit, in: ZaöRV, Bd. 39, 1979, S. 782-806; zitiert: Gruss, H., Enteignung, S.

Guggenheim, Paul: Lehrbuch des Völkerrechts: Unter Berücksichtigung der internationalen und schweizerischen Praxis, Bd. 1, Basel 1948; zitiert: Guggenheim, P., Lehrbuch des Völkerrechts, S.

Gunning, Jan Willem/ Oostendorp, Remco H.: Zimbabwean firms under structural adjustment, Centre for the study of African Economies, University of Oxford, Hampshire/ UK. 2002; zitiert: Gunning/ Oostendorp, Zimbabwean firms, S.

Gye-Wado, Onje: The Rule of Admissibility under the African Charter on Human and Peoples' Rights, in: AJICL, Vol. 3, 1991, S. 742-755; zitiert: Gye-Wado, O., The Rule, S.

Häde, Ulrich: Der völkerrechtliche Schutz von Direktinvestitionen im Ausland, vom Fremdenrecht zum Multilateralen Investitionsabkommen, in: Archiv des Völkerrechts (AdV), Vol. 35, 1997, S. 181-212; zitiert: Häde, U., Der völkerrechtliche Schutz, S.

Hafner, Gerhard: Allgemeine Fragestellungen zur Minderheitenproblematik, in: Ermacora/ Tretter/ Pelzl: Volksgruppen im Spannungsfeld von Recht und Souveränität in Mittel- und Osteuropa, Wien 1993; zitiert: Hafner, G., Minderheitenproblematik, S.

Haight, G.W.: The new international Economic Order and the Charter of Economic Rights and Duties of States, in: IntLawyer, Vol. 9, 1975, S. 591-604; zitiert: Haight, G., The NIEO, S.

Hailbronner, Kay: Foreign Investment Protection in Developing Countries in Public International Law, in: Oppermann, Thomas/ Petersmann, Ernst-Ulrich: Reforming the International Economic Order, German legal comments, Tübinger Schriften zum Internationalen und Europäischen Recht, Bd. 1, Berlin 1987, S. 99-124; zitiert: Hailbronner, K., Foreign Investment Protection, S.

Halbach, Axel J.: Wirtschaftliche und politische Trendwende in Zimbabwe? In: Internationales Afrikaforum, Zeitschrift mit Mitteilungen zu Zimbabwe; Hrsg.: Braun, Hans-Gert/ Graf von Waldburg-Zeil, Alois, in Zusammenarbeit mit dem Ifo-Institut für Wirtschaftsforschung e.V., München u.a., Vol. 18, 2. Quartal 1982, S. 157-170; zitiert: Halbach, A., Trendwende in Zimbabwe? S.

Halbach, Axel: Südafrika: Gesuchter Kooperationspartner in einem Geflecht konfliktreicher regionaler Gruppierungen, in: Ifo-Schnelldienst, Bd. 25-26, 1997, S. 24-37; zitiert: Halbach, A., Südafrika: Gesuchter Kooperationspartner, S.

Haller, Ueli: Zimbabwe, von irritierenden Begegnungen mit der Macht, in: Afrika –Bulletin, Februar/ März 2000; zitiert: Haller, U., Zimbabwe

Hammar, Amanda: Naming and Claiming: Land-Authorising strategies in Post-Independence Zimbabwe, in: Berner, Boel/ Trulsson, Per: Manoeuvring in an Environment of Uncertainty, Aldershot 2000, S. 109-149; zitiert: Hammar, A., Naming and Claiming, S.

Hanski, Raija/ Suki, Markku: An Introduction to the International Protection of Human Rights, a Textbook, 2. Aufl., Turku/ Finnland 1997; zitiert: Hanski/ Markku, An Introduction, S.

Hansohm, Dirk/ Nepembe, Maano: Macroeconomic trends in SADC, aus: Monitoring Regional Integration in Southern Africa, Yearbook, Vol. 2, KAS, 2002 Windhoek/ Namibia; zitiert: Hansohm/ Nepembe, Yearbook, Vol. 2, S.

Hansungule, Michelo: Who Owns Land in Zimbabwe? In Africa? In: IntJMGR, Vol. 7, Ausg. 4, S. 305-340; zitiert: Hansungule, M., Who Owns Land in Zimbabwe? S.

Hanz, Martin: Zur Völkerrechtlichen Aktivlegitimation zum Schutze der Menschenrechte, München 1985; zitiert: Hanz, M., Zur Völkerrechtlichen Aktivlegitimation, S.

Harrington, Julia: The African Court on Human and Peoples' Rights, in: Evans, M./ Murray, R., The African Charter on Human and Peoples' Rights, the system in Practice, 1986-2000, Cambridge 2002; S. 305-334; zitiert: Harrington, J., The African Court, S.

Harris, D.J.: Cases and Materials on International Law, 5. Aufl., London 1998, zitiert: Harris, D., Cases and Materials, S.

Hartmann, Gode: Nationalisierung und Enteignung im Völkerrecht, Völkerrechtliche Probleme der politischen und ökonomischen Beziehungen zwischen den westlichen Entwicklungsländern im Lichte neuerer Rechtsentwicklungen in den Vereinten Nationen, Schriften zum Völkerrecht, Bd. 57, Berlin 1977; zitiert: Hartmann, G., Nationalisierung, S.

Hasse, Rolf: Wirtschaftliche Sanktionen als Mittel der Außenpolitik, Das Rhodesien-Embargo, Volkswirtschaftliche Schriften, Heft 265, Berlin 1977; zitiert: Hasse, R., Wirtschaftliche Sanktionen als Mittel der Außenpolitik, Wirtschaftliche Sanktionen, S.)

Hatchard, John: The Constitution of Zimbabwe: Towards a Model for Africa? In: Journal of African Law, Vol. 35, 1991, Nr. 1 und 2 , S. 79-101; zitiert: Hatchard, J., The Constitution of Zimbabwe, S.

Hatchard, John: Some Lessons on Constitution-Making from Zimbabwe, in: Journal for African Law, Vol. 45, 2001, S. 210-216; zitiert: Hatchard, J., Some Lessons, S.

Hauser, Heinz/ Schanz, Kai-Uwe: Das neue GATT, die Welthandelsordnung nach Abschluss der Uruguay-Runde, 2. Aufl., München/ Wien 1995; zitiert: Hauser/ Schanz, Das neue GATT, S.

Hazdra, Peter: Afrikanisches Gewohnheitsrecht und „modernes" staatliches Recht, eine Analyse des Spannungsverhältnisses unter besonderer Berücksichtigung der aktuellen Situation im Südlichen Afrika, Europäische Hochschulschriften, Reihe 31, Politikwissenschaft, Bd. 389, Frankfurt a.M. 1999; zitiert: Hazdra, P., Afrikanisches Gewohnheitsrecht, S.

Hecke van, Georges: Contracts between States and Foreign Private Law Persons, in: Bernhardt, R., EPIL Instalment Nr. 7, herausgegeben unter dem Max-Planck-Institute für vergleichendes Öffentliches und Internationales Recht, North-Holland 1984, S. 54-58; zitiert: Hecke van, G., Contracts, S.

Hefele, Robert: Ermittlung der Entschädigung bei Enteignung von Direktinvestitionen im Ausland nach modernem Völkerrecht: betrachtet aus der Sicht neuester betriebswirtschaftlicher Unternehmensbewertungslehre; Europarecht – Völkerrecht, Bd. 35, München 1991; zitiert: Hefele, R., Ermittlung der Entschädigung, S.

Heimburger, Karl: Der Erwerb der Gebietshoheit. Eine staats- und völkerrechtliche Studie, 1. Teil, Karlsruhe 1888; zitiert: Heimburger, K., Der Erwerb der Gebietshoheit, S.

Helen Suzman Foundation: Press Release: Promoting Liberal Democracy, vom 10.03.2000, Harare; zitiert: Helen Suzman Foundation, Press Release, Promoting Liberal Democracy, vom 10.03.2000

Henkin, Louis/ Pugh, Richard Crawford/ Schachter, Oscar/ Smit, Hans: International Law, Cases and Materials, 3. Aufl., St. Paul/ MN 1980; zitiert: Henkin/ Pugh/ Schachter/ Smit, International Law, S.

Henrÿ, Hagen: Boden(rechts)ordnungen in Afrika südlich der Sahara. Am Ende der Skandale ein Entwicklungsskandal? In: Verfassung und Recht in Übersee, Baden-Baden, Nr. 31, 1998/ 2, S. 196-214; zitiert: Henrÿ, H., Boden(rechts)ordnungen, S.

Herbst, Jeffrey: The Dilemmas of land policy in Zimbabwe, in: Africa Insight, Hrsg.: The Africa Institute of South Africa, Pretoria, Jhg. 21, 1991, Nr. 4, S. 269-276; zitiert: Herbst, J., The Dilemmas, S.

Herdegen, Matthias: Internationales Wirtschaftsrecht, 3. Aufl., München 2002; zitiert: Herdegen, M., Internationales Wirtschaftsrecht, S.

Herdegen, Matthias: Investitionsschutz in Lateinamerika: Neue Entwicklungen im Verfassungs- und Völkerrecht, in: ZVglRW, Vol. 94, 1995, S. 341-352; zitiert: Herdegen, M., Investitionsschutz in Lateinamerika, in: ZVglRW, Vol. 94, 1995, S.

Herdegen, Matthias: Völkerrecht, Bonn 2000; zitiert: Herdegen, M., Völkerrecht, S.

Herndl, Kurt: Zur Frage des rechtlichen Status der Entscheidungen eines Staatengemeinschaftsorgans: die „views" des Menschenrechtsausschusses, in: Festschrift für Karl Zemanek zum 65. Geburtstag: Völkerrecht zwischen normativem Anspruch und politischer Realität, Hrsg.: Ginther, Konrad u.a., Berlin 1994, S. 203-250; zitiert: Herndl, K., Die „views", S.

Hertslet, Sir E.: The map of Africa by Treaty, Vol. III, Nos. 260-382: Great Britain and Germany to United States, Cass library of African studies, General studies, Nr. 45, revised and completed to the end of 1908 by Bryant, R.W./ Sherwood, H., 3. Wiederauflage, London 1967; zitiert: Hertslet, E., The map of Africa by Treaty, Vol. III, No.

Herrmann, Gerold: Commercial Treaties, in: Bernhardt, R., EPIL, Vol. 1: Aaland islands to Dumbarton Oaks conference (1944), North-Holland 1992, S. 677-683; zitiert: Herrmann, G., Commercial Treaties, S.

Herz, John H.: Expropriation of Foreign Property, in: AJIL, Vol. 35, 1941, S. 243-262; zitiert: Herz, J., Expropriation of Foreign Property, S.

Heyns, Christof: Civil and political rights in the African Charter, in: Evans, M./ Murray, R., The African Charter on Human and Peoples' Rights, the system in practice, 1986-2000, Cambridge 2002, S. 137-177; zitiert: Heyns, C., Civil and political rights, S.

Heyns, Christof: African Human Rights Law and the European Convention, in: SAJHR, Vol. 11, 1995, Nr. 2, S. 252-263; zitiert: Heyns, C., African Human Rights Law, S.

Heyns, Christof/ Salem, Hatem Ben/ Umozuike, Oji: Human Rights law in Africa 1996, in: Human rights law in Africa Series, Nr. 1, Den Haag, u.a. 1996; zitiert: Heyns, u.a., Human Rights law in Africa 1996, S.

Hiby, Thomas: Desinvestitionen im Internationalen Recht, Abhandlungen zum Recht der Internationalen Wirtschaft, Hrsg.: Otto Sandrock, Bd. 35, Heidelberg 1996; zitiert: Hiby, T., Desinvestitionen, S.

Higgins, Rosalyn: Derogations under Human Rights Treaties, in: The British Yearbook of International Law (BYIL), Hrsg.: Royal Institute of International Affairs, London u.a., Vol. 48, 1976-77, S. 281-320; zitiert: Higgins, R., Derogations under Human Rights Treaties, S.

Higgins, Rosalyn: The Taking of Property by the State: Recent developments in International Law, in: RdC, Vol. 176, 1982 III, S. 259-392; zitiert: Higgins, R., The Taking of Property, S.

Hilf, Juliane: Der neue Konfliktregelungsmechanismus der OAU, Deklaration der Versammlung der Staats- und Regierungschefs der OAU über die Errichtung eines Mechanismus für Konfliktverhütung, -bewältigung und –lösung vom 30.06.1993, in: ZaöRV, Vol. 54, 1994, S. 1023-1047; zitiert: Hilf, J., Der neue Konfliktregelungsmechanismus, S.

Hilpert, Konrad: Die Menschenrechte, Geschichte, Theologie, Aktualität, 1. Aufl., Düsseldorf 1991; zitiert: Hilpert, K., Die Menschenrechte, S.

Hlatshwayo, Ben: Compulsory acquisition of land in Zimbabwe, in: Zimbabwe Law Review, Hrsg.: Ncube, W./ Feltoe, G./ Hlatshwayo, B., Faculty of Law, University of Zimbabwe, Harare, Vol. 12, 1995, S. 50-64; zitiert: Hlatshwayo, B., Compulsory acquisition, S.

Hlatshwayo, Ben: Land Expropriation Laws in Zimbabwe and their Compatibility with international legal norms, in: Zimbabwean Law Review, Hrsg.: Ncube, W./ Feltoe, G./ Hlatshwayo, B., Faculty of Law, University of Zimbabwe, Harare, Vol. 2, 1993, S. 41-58; zitiert: Hlatshwayo, B., Land Expropriation Laws, S.

Hoch, Temba: The Protection of Property under International Public Law, in: Journal der DZJV, The Legal Exchange Programme 1999, S. 10 ff.; zitiert: Hoch, T., The Protection of Property, S.

Holman, Michael: A shaky grip on Zimbabwe's Moral High Ground, in: Financial Times, vom 13.04.2000, unter: http://www.oxfam.org.uk/what_we_do/issues/livelihoods/landrights/Zimbabwe; besucht am 15.09.2004; zitiert: Holman, M., A shaky grip

Holl, Norbert Heinrich: Organisation der Afrikanischen Einheit (OAE) – politische und institutionelle Aspekte, in: Afrika Spectrum, Bd. 20, 1985, S. 5 ff.; zitiert: Holl, N., OAE, S.

Hopkins, K: Taking without compensating, in: de rebus, Ausgabe 396, 2001, S. 26-29; zitiert: Hopkins, K., Taking without compensating, S.

Horn van, Alison: Redefining "Property": The Constitutional Battle over Land Redistribution in Zimbabwe, in: Journal of African Law, Vol. 38, 1994, S. 144-172; zitiert: Horn van, A., Redefining "Property", S.

Howard, Rhoda E.: Human Rights in Commonwealth Africa, Totowa/ New Jersey 1986; zitiert: Howard, R., Human Rights, S.

Hughes, Anthony J./ Novicki, Margaret A.: Interview Bernard Chidzero, Zimbabwean Minister of Finance, Economic Planning, and Development, in: Africa Report, Mai–Juni 1982, S. 4-11; zitiert: Hughes/ Novicki, Interview Bernard Chidzero, S.

Huisman, Henk/ Harts-Broekhuis, Annelet: Present-day and land reform policy in Zimbabwe: is it economically justified? Geographical studies of development and resource use, Department of Geography of the Developing Countries, Faculty of Geographical Sciences, Utrecht University 1999, S. 1-26; zitiert: Huisman/ Harts-Broekhuis, Present-day, S.

Human Rights Forum Zimbabwe: Human Rights Monitor Nr. 10, vom Januar 2001, unter: http://www.hrforumzim.com/frames/inside_frame_monitor.htm, besucht am 23.08.2004; zitiert: HRF, HRMonitor Nr. 10

Human Rights Forum Zimbabwe: Human Rights Monitor Nr. 19, vom Oktober 2001, unter: http://www.hrforumzim.com/frames/inside_frame_monitor.htm; besucht am 23.08.2004; zitiert: HRF, HR Monitor Nr. 19

Human Rights Forum Zimbabwe: The land crisis and farm invasions, unter: http://www.hrforumzim.com/frames/inside_frame_reps.htm; besucht am 23.09.2004; zitiert: HRF, The land crisis

Human Rights Forum Zimbabwe: Press Statement on the Zimbabwe Human Rights NGO Forum Report: Complying with the Abuja Agreement: Two months report, ohne Ort und Zeit, http://www.hrforumzim.com/frames/inside_frame_reps.htm.; besucht am 25.08.2004; zitiert: HRF, Complying with the Abuja Agreement

Human Rights Watch: Zimbabwe: Fast Track Land Reform in Zimbabwe, Vol. 14, Nr. 1 (A), März 2002, unter: http://www.hrw.org/reports/2002/zimbabwe/; besucht am 15.09.2004; zitiert: HRW: Fast Track Land Reform

Hyde, James: Permanent Sovereignty over Natural Wealth and Resources, in: AJIL, Vol. 50, 1956, S. 854-867; zitiert: Hyde, J., Permanent Sovereignty, S.

ICSID, Investment Laws of the World, Law and Treaties, Loseblattsammlung, compiled by International Centre for Settlement of Investment Disputes, New York; zitiert: ICSID, Investment Laws of the World

Ijalaye, David Adedayo: Indigenization Measures and multinational corporations in Africa, in: RdC, Vol. 171, 1981, S. 9-80; zitiert: Ijalaye, D., Indigenization Measures, S.

INISA-Mail-Liste: Zimbabwe: Feature – last commercial farmers hanging on, vom 07.08.2003

International Bar Association: Report of Zimbabwe Mission 2001, 23. April 2001, London, unter: http://www.ibanet.org; besucht am 27.08.2004; zitiert: IBA, Report of Zimbabwe Mission 2001, Ziff.

International Commission of Jurists, African Conference on the Rule of Law, Lagos, Nigeria, 03.-07.01.1961: a report on the proceedings of the Conference, Genf 1961; unter: http://www.diplomacy.edu/africancharter/human_historic_conferen.asp; besucht: 03.07.2004; zitiert: ICJ, African Conference on the Rule of Law, Lagos, 03.-07.01.1961

International Crisis Group: Africa Briefing Paper: Zimbabwe, Time for international Action, Harare/ Brüssel, 12.10.2001; zitiert: ICG Africa Briefing Paper, Zimbabwe, Time for international Action, S.

International Crisis Group: Zimbabwe: what next? 14.06.2002 Harare/ Brüssel; zitiert: ICG, Zimbabwe: what next? S.

International Crisis Group: Crisis Watch Report Nr. 1, Trends and watchlist summary, 01.09.2003 Harare/ Brüssel; zitiert: ICG, Crisis watch report September 2003, S.

International Crisis Group Africa report, Nr. 78: Zimbabwe in Search of a New Strategy, 19.04.2004 Harare/ Brüssel; zitiert: ICG, A New Strategy, S.

Ipsen, Knut: Völkerrecht, 4. Aufl., München 1999; zitiert: Ipsen, K., Völkerrecht, 4. Aufl., §

IRINnews: Zimbabwe: Feature – Last commercial farmers hanging on, Report: Southern Africa, vom 07.08.2003; in: www.irinnews.org/report.asp?ReportID=35859&SelectRegion=Southern_Africa; besucht am 27.09.2004

Jackson, John H.: The World Trading System, Law and Policy of International Economic Relations, 2. Aufl., Cambridge, u.a. 1997; zitiert: Jackson, J., The World Trading System, S.

Jackson, John H.: From GATT to the World Trade Organization: Implication for the World Trading System, in: Cottier, Thomas: GATT-Uruguay Round, Bern 1995, S. 29 ff.; zitiert: Jackson, J., From GATT to the World Trade Organization, S.

Jaenecke, Heinrich: Die weißen Herren, 300 Jahre Krieg und Gewalt in Südafrika, 5. akt. Ausgabe Hamburg 1986; zitiert: Jaenecke, H., Die weißen Herren, S.

JAG, Press Release to SADC Member States, UNDP and the diplomatic Community, vom 05.09.2003; zitiert: JAG, Press Release to SADC Member States, UNDP and the diplomatic Community, 05.09.2003, Emailverteiler: justice@telco.co.zw; justiceforagriculture@zol.co.zw

JAG, Conservation Communique, vom 05.09.2003

JAG-PR Communique: Bericht der Crisis in Zimbabwe Coalition, vom 19.09.2003

JAG-COMMUNIQUÉ, vom 19.05.2003: Compensation the full story, the law and compensation; Information bei Chris Shepherd at hopeisvital@africaonline.co.zw

JAG-PUBLIC RELATIONS COMMUNIQUÉ, vom 04.05.2004:FARM EQUIPMENT BILL GAZETTED in the HERALD vom 04.05.2004

JAG OPEN LETTER FORUM: Kerry Kay, In 2001 Iain and Kerry led the Zimbabwe Civic Society Human Rights delegation to CHOGM in Brisbane Australia, vgl. 12 page document: Human Rights Abuses of Commercial Farmers and their Workers in Zimbabwe and the Commonwealth Human Rights Initiative, presented to the CFU

Jain, Subhash C.: Nationalization of foreign property, a study in north-south dialogue, New Delhi 1983; zitiert: Jain, S., Nationalization, S.

Jenkins, Caroly M./ Knight, John B.: The economic decline of Zimbabwe: Neither growth nor equity, Hampshire 2002; zitiert: Jenkins, C./Knight, J., The economic decline of Zimbabwe, S.

Jenkins, Carolyn: Determinants of Private Investments in Zimbabwe, in: Journal of African Economies, Vol. 7, 1998, Nr. 1, S. 34-61; zitiert: Jenkins, C., Determinants of Private Investments, S.

Jenkins, Carolyn: Foreign direct investment in Southern Africa: Determinants, Characteristics and Implications for Economic Growth and Poverty Alleviation, Oxford 2002; zitiert: Jenkins, C., Foreign direct investment, S.

Jocelyn, Alexander: Settling an Unsettled Land: Squatters, Veterans and the State in Zimbabwe, Kopenhagen 2001; zitiert: Jocelyn, A., Settling an Unsettled Land, S.

Joseph, Sarah/ Schultz, Jenny/ Castan, Melissa: The International Covenant on Civil and Political Rights, Cases, Materials and Commentary, 2. Aufl., Oxford 2004; zitiert: Joseph/ Schultz/ Castan, The ICCPR, S.

Kaltenborn, Markus: Entwicklungsvölkerrecht und Neugestaltung der internationalen Ordnung, rechtstheoretische und rechtspolitische Aspekte des Nord-Süd-Konflikts, Münsterische Beiträge zur Rechtswissenschaft, Bd. 113, Berlin 1997; zitiert: Kaltenborn, M., Entwicklungsvölkerrecht, S.

Kammerer-Grothaus, Heike: Goldland Simbabwe, zur Archäologie eines afrikanischen Königreichs, in: Von Nashornmenschen und Antilopenfrauen, Hrsg.: Iwalewa-Haus, Afrikazentrum der Universität Bayreuth, 1987; zitiert: Kammerer-Grothaus, H., Goldland Simbabwe, S.

Kapungu, Leonard T.: Rhodesia, the Struggle for Freedom, New York, 1974; zitiert: Kapungu, L., Rhodesia, the Struggle for Freedom, S.

Karl, Joachim: Das Multilaterale Investitionsabkommen (MAI), in: RIW, 1998, S. 432-440; zitiert: Karl, J., Das MAI, S.

Karl, Joachim: Internationaler Investitionsschutz – Quo vadis? In: ZVglRW, 2000, S. 143-169; zitiert: Karl, J., Internationaler Investitionsschutz, S.

Karl, Joachim: Neuere Entwicklungen beim internationalen Investitionsschutz, in: RIW, 1994, S. 809-817; zitiert: Karl, J., Neuere Entwicklungen, S.

Karl, Wolfram: Besonderheiten der internationalen Kontrollverfahren zum Schutz der Menschenrechte, in: Kälin u.a.: Aktuelle Probleme des Menschenrechtsschutzes, Heidelberg 1994, S. 83-125; zitiert: Karl, W., Besonderheiten der internationalen Kontrollverfahren, S.

Katzarov, Konstantin: The Theory of Nationalisation, the Hague, 1964; zitiert: Katzarov, K., The Theory of Nationalisation, S.

Katzarov, Konstantin: Zur Theorie der Nationalisierung, in: Osteuroparecht, Hrsg.: Deutsche Gesellschaft für Osteuropakunde, Jhg. 7, Stuttgart 1961, S. 199-213; zitiert: Katzarov, K., Zur Theorie der Nationalisierung, S.

Kaufmann, Colin/ Berman, Harold J.: The Law of International Commercial Transactions (Lex Mercatoria), in: HILJ, Vol. 19, 1978, S. 221-229; zitiert: Kaufmann/ Berman, International Commercial Transactions, S.

Kelley, Glen: Multilateral Investment Treaties: A balances Approach to Multinational Corporations, in: ColJTransL, 2000-2001, S. 483-532; zitiert: Kelley, G. Multilateral Investment Treaties, S.

Kelsen, Hans: Allgemeine Staatslehre, unveränderter Nachdruck der 1. Aufl. von 1925, Wien 1993; zitiert: Kelsen, H., Allgemeine Staatslehre, S.

Kewenig, Wilhelm: Der Grundsatz der Nichtdiskriminierung im Völkerrecht der internationalen Handelsbeziehungen, Der Begriff der Diskriminierung, Bd. 1, Frankfurt a.M. 1972; zitiert: Kewenig, W., Nichtdiskriminierung, S.

Kießwetter, Antjs: Die Verfassungsentwicklung in Namibia, Schriften zum Staats- und Völkerrecht, Bd. 51, Frankfurt a.M. 1993; zitiert: Kießwetter, A., Die Verfassungsentwicklung, S.

Kimminich, Otto: Einführung in das Völkerrecht, 6. Aufl., Tübingen 1997; zitiert: Kimminich, O., Völkerrecht, S.

Kinsey, Bill H.: Land Reform, Growth with Equity: Emerging Evidence from Zimbabwe's Resettlement Program, in: Journal of Southern African Studies, Hrsg.: Centre for Southern African Studies, University of York, Heslington, Vol. 25, Nr. 2, 1999, S. 173-196; zitiert: Kinsey, B., Land Reform, S.

Kirkman, W.R./ Legum, C./ Laß, H.D.: Rhodesien 1975/ 76, Analyse und Dokumentation zum Konflikt um Rhodesien/ Simbabwe, Arbeiten aus dem Institut für Afrikakunde, Heft 7, Hamburg 1976; zitiert: Kirkman/ Legum/ Laß, Rhodesien, S.

Kiwanuka, Richard N.: The Meaning of „People" in the African Charter on Human and Peoples' Rights, in: AJIL, Vol. 82, 1988, S. 80-101; zitiert: Kiwanuka, R., The Meaning of „People", S.

Knipping, Franz/ v. Mangoldt, Hans/ Rittberger, Volker: Das System der Vereinten Nationen und seine Vorläufer, Bd. I/ 1, Vereinte Nationen, München 1995; zitiert: Knipping/ v. Mangoldt/ Rittberger, Das System der Vereinten Nationen, Bd. I/ 1, S.

Kodama, Yoshi: Asia-Pacific Region: APEC and ASEAN, in: IntLawyer, Vol. 30, 1996, S. 367-389; zitiert: Kodama, Y., APEC and ASEAN, S.

Kodama, Yoshi: The Multilateral Agreement on Investment and its legal Implications for newly industrialising Economies, in: Journal of World Trade, Vol. 32, 1998, S. 21-40; zitiert: Kodama, Y., The MAI, S.

Kodjo, Edem: Die Afrikanische Charta der Rechte des Menschen und der Völker in ihrem historischen Zusammenhang, in: EuGRZ, 1990, S: 306-311; zitiert: Kodjo, E., Die Afrikanische Charta, S.

Kollewijn, R.D.: Nationalization without compensation and the transfer of property, in: NedTIR, Vol. 6, 1959, S. 140-173; zitiert: Kollewijn, R., Nationalization, S.

Koroma, Abdul H.E.: The influence of the Universal Declaration of Human Rights in Africa – fifty years after its adoption – a legal perspective, in: Africa Legal Aid Quarterly, Okt.-Dez., 1998, S. 6-13; zitiert: Koroma, A., The influence of AEMR in Africa, S.

Kotey, E.N.: The African Charter on Human and Peoples' Rights, an Exposition, Analysis and Critique, in: University of Ghana Law Journal (UGLJ), Vol. 16, 1982/ 85, S. 130-152; zitiert: Kotey, E., The AfrCh, S.

Kreile, Renate: Zimbabwe: Von der Befreiungsbewegung zur Staatsmacht, Sozialwissenschaftliche Studien zu internationalen Problemen, Hrsg.: Breitenbach, Diether/ Werth, Manfred; Bd. 144, Saarbrücken 1990; zitiert: Kreile, R., Zimbabwe, S.

Kreutzfeld, Jörn: Investitionsschutz für einen deutschen Investor in der Republik Südafrika, insbesondere das bilaterale Investitionsschutzabkommen zwischen der Bundesrepublik Deutschland und der Republik Südafrika, Hamburg 2000; zitiert: Kreutzfeld, J., Investitionsschutz, S.

Krisch, Nico: The Establishment of an African Court on Human and Peoples' Rights, in: Zeitschrift für ausländisches öffentliches Recht und Völkerrecht 1998, S. 713 ff.; zitiert: Krisch, N., Establishment of an African Court, S.

Kronfol, Zouhair: Protection of Foreign Investment, a Study in International Law, Leiden 1972; zitiert: Kronfol, Z., Protection, S.

Krüger, Dirk: Landhunger in Simbabwe, Mugabes Ansiedlungspolitik dient vor allem dem Machterhalt, Oktober 2002, unter: http://www.uni-kassel.de/fb10/frieden/regionen/Simbabwe/krueger.html; besucht am 04.09.2004; zitiert: Krüger, D., Landhunger in Simbabwe, S.

Kufuor, K.O.: Safeguarding Human Rights: A critique of the African Commission on Human and Peoples' Rights, in: Africa Development, Vol. 18, 1993, Nr. 2, S. 66-77; zitiert: Kufuor, K., Safeguarding Human Rights, S.

Kühnhardt, Ludger: Die Universalität der Menschenrechte, Studie zur ideengeschichtlichen Bestimmung eines politischen Schlüsselbegriffs, München 1987; zitiert: Kühnhardt, L., Die Universalität der Menschenrechte, S.

Kunig, Philip: Das völkerrechtliche Nichteinmischungsprinzip, zur Praxis der Organisation der afrikanischen Einheit (OAU) und des afrikanischen Staatenverkehrs, Baden-Baden 1981; zitiert: Kunig, P., Das völkerrechtliche Nichteinmischungsprinzip, S.

Küng, Ruedi: House-Musik, Brot und Butter, Die ZANU-PF hat keine Politik für die Jungen, in: Afrika–Bulletin, von September/ Oktober 2000; zitiert: Küng, R., House-Musik

Künzli, Jörg/ Kälin, Walter: Bedeutung des Paktes über wirtschaftliche, soziale, kulturelle Rechte für das schweizerische Recht, in: Kälin, Walter/ Malinverni, Giorgio/ Nowak, Manfred: Die Schweiz und die UNO-Menschenrechtspakte, 2. Aufl., Basel 1997, S. 105-232; zitiert: Künzli/ Kälin, Bedeutung des ICESCR, S.

Lamm, Carolyn B.: Jurisdiction of the International Centre for Settlement of Investment Disputes, in: ICSID-Review FILJ, Vol. 6, 1991, S. 462-483; zitiert: Lamm, C., Jurisdiction of the ICSID, S.

Langer, Gerd: Rechtsschutz für Kapitalanlagen in Entwicklungsländern, Baden-Baden 1973; zitiert: Langer, G., Rechtsschutz, S.

De Lattre, Jean-Michel: Die Industrialisierung – eine Notwendigkeit für Afrika, Grundlagen für ein Abkommen zwischen der OAMCE und der EWG, in: Europa-Archiv, Teil 1: Beiträge und Berichte, 16. Jhg., 1961, S. 563-569; zitiert: De Lattre, Die Industrialisierung, S.

Lauff, Werner: Der Schutz bürgerlicher und politischer Rechte durch die Vereinten Nationen, in: NJW, 1981, S. 2611-2614; zitiert: Lauff, W., Der Schutz, S.

Lauterpacht, Hersch: International Law, being the collected papers of Hersch Lauterpacht, Vol. 2, Part I: International Law in General, Cambridge u.a. 1975, S. 95-145; zitiert: Lauterpacht, H., International Law, Vol. 2, S.

Lauterpacht, Hersch: Annual Digest of Public International Law Cases, being a Selection from the Decisions of International and National Courts and Tribunals given during the Years 1929 and 1930, London 1935; zitiert: Lauterpacht, H., Annual Digest, S.

Lauterpacht, Hersch: The Function of Law in the international Community, Oxford 1933; zitiert: Lauterpacht, H., The Function of Law, S.

Law, Castor H.P.: The local Remedies Rule in International Law, travaux de jurisdiction internationale, Nr. 4, Genf 1961; zitiert: Law, C., The local Remedies Rule, S.

Leckie, Scott: Another Step Towards Indivisibility, Identifying the Key Features of Violations of Economic, Social and Cultural Rights, in: HRQ, Vol. 20, 1998, S. 81-124; zitiert: Leckie, S., Another Step, S.

Legal Resources Foundation: Index to the Legislation in force in Zimbabwe 2000, Harare 2000; unter: http://www.icaz.org.zw/library/indlegislation.htm; besucht am 28.09.2004

Leisner, Walter: Die Höhe der Enteignungsentschädigung, Unterschreitung des Verkehrswertes, in: NJW 1992, S. 1409-1415; zitiert: Leisner, W., Höhe der Enteignungsentschädigung, S.

Lerner, Natan: Group Rights and Discrimination in International Law, Dordrecht u.a. 1991; zitiert: Lerner, N., Group Rights, S.

Lerner, Natan: The U.N. Convention on the Elimination of all Forms of Racial Discrimination, 2. Aufl., Alphen aan den Rijn/ Niederlande 1980; zitiert: Lerner, N., The ICERD, S.

Liemen, Erhard: Erdöl-Produktionsverträge des Iran, Rechtsgrundlagen und Praxis der Zusammenarbeit mit transnationalen Unternehmen, Bochumer Materialien zur Entwicklungsforschung und Entwicklungspolitik, Bd. 19, Bochum 1981; zitiert: Liemen, E., Erdöl-Produktionsverträge des Iran, S.

Lillich, Richard B.: The Valuation of Nationalized Property in International Law, [Vol. 1], Charlottesville 1972; zitiert: Lillich/ Bearbeiter, The Valuation, Vol. 1, S.

Lillich, Richard B.: The Valuation of Nationalized Property in International Law, Vol. 2, Charlottesville/ Va. 1973; zitiert: Lillich/ Bearbeiter, The Valuation, Vol. 2, S.

Lillich, Richard B.: The Valuation of Nationalized Property in International Law, Vol. 3, Charlottesville 1975; zitiert: Lillich/ Bearbeiter, The Valuation, Vol. 3, S.

Lillich, Richard B.: The Valuation of Nationalized Property in International Law, Vol. 4, Charlottesville 1987; zitiert: Lillich/ Bearbeiter, The Valuation, Vol. 4, S.

Lillich, Richard B.: Lump Sum Agreements, in: Bernhardt, R., EPIL, Vol. 8, Amsterdam u.a. 1985, S. 367-372; zitiert: Lillich, R., Lump Sum Agreements, S.

Lillich, Richard B.: Duties of States regarding the Civil rights of Aliens, in: RdC, Vol. 161,1978 III, S. 329-442; Lillich, R., Duties of States, S.

Lillich, Richard B./ Weston, H.: International Claims: Their settlement by lump sum agreements, Part I: The Commentary, Charlottesville, 1975; zitiert: Lillich, R./ Weston, H., International Claims, Part I, S.

Lindholt, Lone: Questioning the Universality of Human Rights, the African Charter on Human and Peoples' Rights in Botswana, Malawi and Mozambique, Aldershot/ England 1997; zitiert: Lindholt, L., Questioning the Universality, S.

Lindley, M. F.: The Acquisition and Government of Backward Territory in International Law, being a treatise on the law and practise relating to colonial expansion, London 1926, reprinted New York 1966; zitiert: Lindley, M., The Acquisition, S.

Loerzer, Sven: Zimbabwe, Wuppertal 1993; zitiert: Loerzer, S., Zimbabwe, S.

Loney, Martin: Rhodesia: White Racism and Imperial Response, London 1975; zitiert: Loney, M., Rhodesia, S.

Luthra, Tim Goro: Zulassung und Rechtsschutz von Direktinvestitionen in den Entwicklungsländern unter Berücksichtigung Indiens, VRÜ, Beiheft 19, Baden-Baden 2002; zitiert: Luthra, T., Zulassung, S.

MacGarry, Brian: Land: For which people? Some unanswered questions, Silveira House Social Series, Nr. 8, Gweru 1994; zitiert: MacGarry, B., Land: For which people? S.

MacClung Nading, John: Property under siege; the legality of land reform in Zimbabwe, in: Emory international law review, Vol. 16, 2002, Nr. 2, S. 737-800; zitiert: MacClung Nading, J., Property under siege, S.

Machingaidze, Victor E.M.: Agrarian Change from above, the Southern Rhodesia Native Land Husbandry Act and African Response, in: The International Journal of African Historical Studies, Vol. 24, 1991, S. 557-588; zitiert: Machingaidze, V., Agrarian Change, S.

Madhuku, Lovemore: The Impact of the European Court of Human Rights in Africa: The Zimbabwean Experience, in: AJICL, Vol. 8, Nr. 4, London 1996, S. 932-943, zitiert: Madhuku, L., The Impact, S.

Madhuku, Lovemore: Constitutional Protection of the independence of the judiciary, in: J.AfricL, Vol., 2002, S. 232-245; zitiert: Madhuku, L., Constitutional Protection, S.

Magaramombe Godfrey: Rural Poverty: Commercial Farm Workers and Land Reform in Zimbabwe; unter: http://www.oxfam.org.uk/what_we_do/issues/livelihoods/landrights/africa_south.htm#Zimbabwe; besucht am 27.09.2004

Magliveras, Konstantinos D.: Exclusion from Participation in International Organisations, the Law and Practice behind Member States' Expulsion and Suspension of Membership, studies and materials on the settlement of international disputes, Vol. 5, Den Haag u.a. 1999; zitiert: Magliveras, K., Exclusion from Participation, S.

Magnarella, Paul J.: Achieving Human Rights in Africa: The Challenge for the New Millennium, in: African Studies Quarterly, the Online Journal of African Studies, Vol. 4, Ausgabe 2, Eingang: 22.09.2000; zitiert: Magnarella, P., Achieving Human Rights in Africa

Mahalu, Costa R.: Africa and Human Rights, in: Kunig, Philip/ Benedek, Wolfgang/ Mahalu, Costa R.: Regional Protection of human Rights by international law: the emerging African System, Baden-Baden 1985, S. 1-30; zitiert: Mahalu, C., Africa and Human Rights, S.

Mair, Stefan/ Sithole, Masipula: Blockierte Demokratien in Afrika, der Fall Simbabwe, Konrad-Adenauer-Stiftung, Harare 2002, KAS-AI 5/ 02, S. 63-87; zitiert: Mair, S./ Sithole, M., Blockierte Demokratien in Afrika, S.

Majome, Fungayi Jessie: Cry the beloved Country, the continuing crisis of land allocation and occupation in Zimbabwe, a short paper presented to the Friedrich-Ebert-Stiftung international Expert Talk on land Reform, 28.05.2003, Berlin; zitiert: Majome, F., Cry the beloved Country, S.

Malanczuk, Peter: Modern Introduction to International Law, 7. Aufl., New York 1997; zitiert: Malanczuk, P., Modern Introduction, S.

Maluwa, Tiyanjana: International Law in Post-Colonial Africa, Studies and Materials on the Settlement of International Disputes, Vol. 4, Den Haag u.a. 1999; zitiert: Maluwa, T. International Law, S.

Maluwa, Tiyanjana: International Law-making in the Organization of African Unity: An Overview, in: African Journal of International and Comparative Law, Vol. 12, 2000, S. 201-225; zitiert: Maluwa, T., International Law-making, S.

Mangoldt/ Klein, Das Bonner Grundgesetz, Kommentar, Hrsg.: Starck, Christian, Bd. 1, 4. Auflage, München 1999; zitiert: Mangold/ Klein, Das Bonner Grundgesetz

Mann, Fritz Alexander: Outlines of a History of Expropriation, in: LQR, Vol. 75, 1959, S. 188-219; zitiert: Mann, F., Outlines, S.

Mann, Fritz Alexander: British Treaties for the promotion and protection of investment, in: BYIL, Vol. 52, 1981, S. 241-254; zitiert: Mann, F., British Treaties, S.

Mann, Fritz Alexander: The Law Governing State Contracts, in: BYIL, Vol. 21, 1944, S. 11-33; zitiert: Mann, F., The Law Governing State Contracts, S.

Mann, Fritz Alexander: Völkerrechtswidrige Enteignungen vor nationalen Gerichten, in: NJW 1961, S. 705-710; zitiert: Mann, F., Völkerrechtswidrige Enteignungen, S.

Mann, Fritz Alexander: State Contracts and State Responsibility, in: AJIL, Vol. 54, 1960, S. 572-591; zitiert: Mann, F., State Contracts, S.

Maposa, Isaac: Landreform in Zimbabwe, an inquiry into the Land Acquisition Act (1992) combined with a case Study Analysis of the Resettlement Programme, Catholic Commission for Justice and Peace in Zimbabwe, Harare 1995; zitiert: Maposa, I., Landreform in Zimbabwe, S.

Marongwe, Nelson: The Fast Track Resettlement and Urban Development Nexus: the Case for Harare, unter: http://

www.oxfam.org.uk/what_we_do/issues/livelihoods/landrights/downloads/harare_fast_track.doc; besucht am 10.09.2004; zitiert: Marongwe, N., The Fast Track Resettlement

Martin, David/ Johnson, Phyllis: The struggle for Zimbabwe: The Chimurenga War, London 1981; zitiert: Martin/ Johnson, The Struggle for Zimbabwe, the Chimurenga War, S.

Marx, Christoph: Das Erbe kolonialer Landverteilung in Zimbabwe/ Ein Blick auf die eine Seite der Landfrage, in: Afrika–Bulletin, von September/ Oktober 2000; zitiert: Marx, C., Das Erbe kolonialer Landverteilung

Maschke, Otto M.: Investitionsschutzabkommen, neue vertragliche Wege im Dienste der österreichischen Wirtschaft, in: ÖZöR, Vol. 37, 1986, S. 201-259; zitiert: Maschke, O., Investitionsschutzabkommen, S.

Masoka, Ngoni: Land-Reform Policy and Strategy, in: Rukuni/ Eicher, Zimbabwe's Agricultural Revolution, Harare 1994, S. 304-316; zitiert: Masoka, N., Land-Reform Policy, S.

Mason, Philip: The Birth of a Dilemma, The Conquest and Settlement of Rhodesia, London 1958; zitiert: Mason, P., The Birth, S.

Matshe, Thoko: Just say no, Zimbabwe's National Constitutional Assembly and the Constitutional Referendum, Giving insight into change in Africa, in: Afrika Insight, Mai 2000, S. 20-25; zitiert: Matshe, T., Just say no, S.

Matthias, Anette: Rechtsschutz von Unternehmen bei internationalen Enteignungen, in: Schwarze, Jürgen/ Vitzthum, Wolfgang Graf: Grundrechtsschutz im nationalen und internationalen Recht, Festschrift für Werner von Simson, Baden-Baden 1983, S. 263-276; zitiert: Matthias, A., Rechtsschutz von Unternehmen, S.

Mazzeo, Domenico: African Regional Organizations, Cambridge u.a. 1984; zitiert: Mazzeo/ Bearbeiter, African Regional Organizations, S.

Mbaya, Etienne-R.: African Charter on Human and Peoples' Rights, in: Bernhardt, R., EPIL, Vol. 1: Aaland islands to Dumbarton Oaks conference (1944), North-Holland 1992, S. 54-58; zitiert: Mbaya, E., African Charter, S.

Mbaya Sue: Land Reform in Zimbabwe: Lessons and Prospects from a Poverty Alleviation Perspective, unter: unter http://www.oxfam.org.uk/what_we_do/issues/livelihoods/landrights/africa_south.htm#Zimbabwe; besucht am 26.08.2004; zitiert: Mbaya, S., Land Reform in Zimbabwe

McCarthy, Colin: Regional Integration of Developing Countries at Different Levels of Economic Development – Problems and Prospects, in: Transnational Law & Contemporary Problems, Vol. 4, 1994, Nr.1, S. 1-20; zitiert: McCarthy, C., Regional Integration, S.

McGoldrick, Dominic: The Human Rights Committee, its role in the Development of the International Covenant on Civil and Political Rights, Oxford 1991; zitiert: McGoldrick, D., The Human Rights Committee, S.

McNair Lord, Q.C.: The general Principles of Law recognized by civilized Nations, in: BYIL, Vol. 33, 1957, S. 1-19; zitiert: McNair, Q., The General principles of law, S.

McNair Lord, Q.C.: The Seizure of Property and Enterprises in Indonesia, in: NedTIR, Vol. 6, 1959, S. 237 ff.; zitiert: McNair, Q., The Seizure, S.

Mehlum, Halvor: Zimbabwe: investments, credibility, and the dynamics following trade liberalization, in: Economic Modelling, Bd. 19, 2002, Nr. 4, S. 565-584; zitiert: Mehlum, H., Zimbabwe: investments, S.

Mehren von, Robert B./ Kourides, Nicholas P.: International Arbitration between states and foreign Private Parties: the Libyan nationalization cases, in: AJIL, Vol. 75, 1981, S. 476-552; zitiert: Mehren/ Kourides, International Arbitration, S.

Meißner, Friedrich: Die Menschenrechtsbeschwerde vor den Vereinten Nationen, Völkerrecht und Außenpolitik, Bd. 24, Baden-Baden 1976; zitiert: Meißner, F., Die Menschenrechtsbeschwerde, S.

Melber, Henning: Contested Territory: Land in Southern Africa, The Case of Namibia, präsentiert auf dem Research Seminar „Rethinking Land, State and Citizenship through the Zimbabwe Crisis" des Centre for Development Research in Kopenhagen, 04./05.09.2001; unter: http://nai.uu.se/lidesa/publication/ JOURNALNWG2002.pdf; besucht am 24.01.2004; zitiert: Melber, H., Contested Territory, S.

Melchers, Konrad: Zimbabwe, in: Handbuch der Dritten Welt, Ostafrika und Südafrika, Hrsg.: Nohlen, Dieter/ Nuscheler, Franz, Bd.5, 3. Aufl., Berlin 1993; zitiert: Melchers, K. in Nohlen/ Nuschler, Handbuch der Dritten Welt, S.

Mendelson, M.H.: Compensation for Expropriation: the Case law, in: AJIL, Vol. 79, 1985, Nr. 1, S. 414-420; zitiert: Mendelson, M., Compensation for Expropriation, S.

Menzel, Eberhard/ Ipsen, Knut: Völkerrecht, 2. Aufl., München 1979; zitiert: Menzel, E./ Knut, I., Völkerrecht, S.

Menzel, Eberhard: Völkerrecht, ein Studienbuch, juristische Kurzlehrbücher, München-Berlin 1962; zitiert: Menzel, M., Völkerrecht, 1962, S.

Merkt, Hanno: Investitionsschutz durch Stabilisierungsklauseln, Abhandlungen zum Recht der Internationalen Wirtschaft, Bd. 16, Heidelberg 1990; zitiert: Merkt, H., Investitionsschutz durch Stabilisierungsklauseln, S.

Meron, Theodor: Human Rights Law-Making in the United Nations, a Critique of Instruments and Process, Oxford 1986; zitiert: Meron, T., Human Rights, S.

Metzger, Stanley D.: Multilateral conventions for the Protection of Private Foreign Investment, in: JPL, Vol. 9, 1960, S. 133-146; zitiert: Metzger, S., Multilateral conventions, S.

Miller, Arthur S.: Protection of private foreign investment by multilateral convention, in: AJIL, Vol. 53, 1959, S. 371-378; zitiert: Miller, A., Protection, S.

Ministry of Finance, Economic Planning and Development: Zimbabwe, Transitional National Development Plan 1982/ 83-1984/ 85, Vol. 1, Harare November 1982; zitiert: Ministry of Finance, Transitional National Development Plan 1982/ 83-1984/ 85, S.

Ministry of Finance, Economic Planning and Development: Proposals for a Five-Year Programme of Development in the Public Sector, Salisbury Januar 1979; zitiert: Ministry of Finance, Proposals for a Five-Year Programme, S.

Minter, Willian: Zur Geschichte eines Konflikts, in: Rhodesiens Zukunft heißt Zimbabwe, Zwischen Kolonialismus und Selbstständigkeit; Texte zum kirchlichen Entwicklungsdienst, Nr. 13, Frankfurt a. M. 1977; zitiert: Minter, W., Zur Geschichte eines Konflikts, S.

Mitchell, Thomas W.: The Land Crisis in Zimbabwe: Getting Beyond the Myopic focus upon Black & White, in: Indiana International and Comparative Law Review, Bd. 11, 2001, S. 588-603; zitiert: Mitchell, T., The Land Crisis in Zimbabwe, S.

Mokgoro, Yvonne: Ubuntu and the law in South Africa, in: BuffHRLR, Vol. 4, 1998, S. 15-23; zitiert: Mokgoro, Y., Ubuntu and the law in South Africa, S.

Moinuddin, Hasan: The charter of the Islamic Conference and legal framework of economic co-operation among its member states, a study of the charter, the General Agreement for Economic, Technical and Commercial Co-operation and the Agreement for Promotion, Protection and Guarantee of Investments among Member States of the OIC, Oxford 1987; zitiert: Moinuddin, H., The charter of OIC, S.

Morvay, Werner: Decolonisation: British Territories, in: Bernhardt, R., EPIL, Vol. 1: Aaland islands to Dumbarton Oaks conference (1944), North-Holland 1992, S. 976-983; zitiert: Morvay, W., Decolonisation, S.

Morvay, Werner: Rhodesia/ Zimbabwe, in: Bernhardt, R., EPIL, Vol. IV, North-Holland 2000, S. 246-261; zitiert: Morvay, W., Rhodesia, S.

Mosler, Hermann: Wirtschaftskonzessionen bei Änderungen der Staatshoheit, eine völkerrechtliche Studie zum Hoheitswechsel und zur Hoheitsausübung auf fremdem Staatsgebiet, Stuttgart 1948; zitiert: Mosler, H., Wirtschaftskonzessionen, S.

Motala, Ziyad: Human Rights in Africa: a cultural, ideological, and legal Examination, in: HastIntCLR, Vol. 12, 1989, Nr. 2, S. 373-410; zitiert: Motala, Z., Human Rights in Africa, S.

Mower, Afred Glenn: Human Rights in Black Africa: A double standard? In: Revue des Droits de l'homme, Vol. 9, 1976, S. 39-70; zitiert: Mower, A., Human Rights in Black Africa, S.

Moyana, Henry V.: The political economy of land in Zimbabwe, Gweru/ Harare 1984; zitiert: Moyana, H., The political economy, S.

Moyo, Sam: The political Economy of Land Acquisition and Redistribution in Zimbabwe, 1990-1999, in: JSAS, Vol. 26, 2000, Nr. 1, S. 5-28; zitiert: Moyo, S., The political Economy, 2000, S.

Moyo, Sam: Land and democracy in Zimbabwe, Monograph Series, Nr. 7, Harare 1999; zitiert: Moyo, S., Land and democracy in Zimbabwe, S.

Moyo, Sam: The Economic and Social Implications of recent land designations, Paper presented to the Friedrich-Ebert-Stiftung (FES)/Zimbabwe Economics Society (ZES) seminar on: The Land Reform Challenge: An Economic and Social Perspective, Harare, 27 February, 1998; zitiert: Moyo, S., The Economic and Social Implications

Muchlinski, Peter: Multinational Enterprises and the Law, 2. Neuauflage, Oxford, 1997; zitiert: Muchlinski, P., Multinational Enterprises, S.

Mühlmann, Christoph: Simbabwe – eine afrikanische Ausnahme, Privilegien und Gefährdung einer jungen Nation, in: Europa-Archiv, Zeitschrift für internationale Politik, Halbmonatsschrift der deutschen Gesellschaft für Auswärtige Politik, Bonn, Hrsg.: Cornides Wilhelm, Teil 1: Beiträge und Berichte, Jhg. 35, 1980, S. 491-500; zitiert: Mühlmann, C., Simbabwe- eine afrikanische Ausnahme, S.

Müller, Barbara: Kein Ende der Konfrontation: Zimbabwe nach den Wahlen - eine Einschätzung, in: Afrika – Bulletin, von September/ Oktober 2000; zitiert: Müller, B., Kein Ende der Konfrontation

Müller, Jörg Paul/ Wildhaber, Luzius: Praxis des Völkerrechts, 3. Aufl., unter Mitarbeit von Kolb, Robert/ Binder, Andrea, Bern 2001; zitiert: Müller/ Wildhaber, Praxis des Völkerrechts, S.

Muller, Maarten H.: Compensation for Nationalization: A North-South Dialogue, in: ColJTransL, Vol. 19, 1981, S. 35-54; zitiert: Muller, M., Compensation for Nationalization, S.

Mummery, David R.: The Content of the Duty to Exhaust local judicial remedies, in: AJIL, Vol. 58, 1964, S. 389-414; zitiert: Mummery, D., The Content of the Duty to Exhaust, S.

Mupita, Heather: Brief Overview of the Land Acquisition Act, in: Journal der Deutsch-Zimbabwischen Juristenvereinigung (DZJV), Berlin 1999, S. 60-63; zitiert: Mupita, H., Brief Overview of the LAA, S.

Murray, Rachel: Africa, in: NQHR, Vol. 17, 1999, S. 93 ff., 350 ff., 518 ff.; zitiert: Murray, R., IV. Africa, S.

Murray, Rachel: Decisions by the African Commission on Individual Communications under the African Charter on Human and Peoples' Rights, in: ICLQ, Vol. 46, 1997, S. 412-434; zitiert: Murray, R., Decisions by the African Commission, S.

Murray, Rachel/ Evans, Malcolm: Documents of the African Commission on Human and Peoples' Rights, Oxford 2001; zitiert: Murray/ Evans, Documents of the African Commission, S.

Musarurwa, Albert: The Current Climate for Rule of Law in Zimbabwe: The Search for legal remedies for victims, National Director of the Legal Resources Foundation, Harare 2002; zitiert: Musarurwa, A., The Current Climate, S.

Mwenda, Kenneth Kaoma: Legal Aspects of Regional Integration: COMESA and SADC on the Regulation of Foreign Investment in Southern and Eastern Africa, in: African Journal of International and Comparative Law, Vol. 9, 1997, Teil 1, S. 324-348; zitiert: Mwenda, K., Legal Aspects, S.

Naldi, Gino J.: Constitutional Challenge to Land Reform in Zimbabwe, in: The Comparative and International Law Journal of Southern Africa, Vol. 31, 1998, S. 78-91; zitiert: Naldi, G., Constitutional Challenge, S.

Naldi, Gino J.: Constitutional developments in Zimbabwe and their compatibility with international human rights, in: AJICL, Vol. 3, 1991, S. 372 –385; zitiert: Naldi, G., Constitutional developments, S.

Naldi, Gino J.: Land Reform in Zimbabwe: Some Legal Aspects. In: JMAS, Vol 31, 1993, Nr. 4, S. 585-600; zitiert: Naldi, G., Land Reform, S.

Naldi, Gino J.: Future Trends in Human rights in Africa: the increased role of the OAU? In: Evans, M./ Murray, R., The African Charter on Human and Peoples' Rights, the system in Practice, 1986-2000, Cambridge 2002, S. 1- 35; zitiert: Naldi, G., Future Trends, S.

Naldi, Gino J.: The Organization of African Unity, an Analysis of its Role, 2. Aufl., London 1999; zitiert: Naldi, G., The Organization of African Unity, S.

Naldi, Gino J./ Magliveras, Konstantinos D.: Reinforcing the African System of Human Rights: The Protocol on the Establishment of a Regional Court of Human and Peoples' Rights, in: NQHR, Vol. 16, 1998, S. 431-456; zitiert: Naldi/ Magliveras, Reinforcing the African System, S.

Naldi, Gino J./ Magliveras, Konstantinos D.: The Proposed African Court of Human and Peoples' Rights: Evaluation and Comparison, in: RADIC, Vol. 8, 1996, S. 944-969; zitiert: Naldi/ Magliveras, The Proposed African Court, S.

Ncube, Welshman: The Constitutional recognition and popular enjoyment of human rights in Zimbabwe, in: ZLR, Vol. 5, 1987, S. 54-94; zitiert: Ncube, W., The Constitutional recognition, S.

Ncube, Welshman: The constitution as a liability: Zimbabwe's experience with a Bill of Rights, in: Legal Forum, Unit of legal resources Foundation, Harare, Vol. 7, 1995, Ausg. 1, S. 14-25; zitiert: Ncube, W., The constitution as a liability, S.

Ndlela, Daniel Boda: Dualism in the Rhodesian Colonial Economy, Lund Economic Studies, Nr. 22, University of Lund, Lund 1981; zitiert: Ndlela, D., Dualism, S.

Ndlela, Daniel B.: The Rhodesian Economy in a Historical perspective, in: Zimbabwe Towards a New Order: An Economic and Social Survey, Working paper Vol. II, United Nations 1980 Teil 1; zitiert: Ndlela, D., The Rhodesian Economy, S.

Ndlovu, Lindani B.: The system of protection and industrial development in Zimbabwe, Department of Rural and Urban Planning, University of Zimbabwe, Hants/ Großbritannien 1994; zitiert: Ndlovu, L., The system of protection, S.

Nedelsky, Jennifer: Should Property be Constitutionalized? In: Van Maanen/ van der Walt: Property Law on the Threshold of the 21st century, Antwerpen 1996, Proceedings of an International Colloquium Property Law on the Threshold of the 21st Century', 28.-30.08.1995, Maastricht, S. 417 ff.; zitiert: Nedelsky, J., Should Property be Constitutionalized? S.

Neil, H. Thomas: Land reform in Zimbabwe, in: Third World Quarterly, Vol. 24, 2003, Nr. 4, S. 691-712; zitiert: Neil, T., Land reform in Zimbabwe, S.

Neudeck, Rupert: Fette Katzen - Ein Land verliert seine Institutionen, in: Afrika-Post, Nr. 2, April/ Mai 2003, S. 5 ff.; zitiert: Neudeck, R., Fette Katzen, S.

Neumann, M. Innovationen, Wettbewerb und Wettbewerbspolitik in den langen Wellen wirtschaftlicher Entwicklung, in: Gahlen, B./ Hesse, H./ Ramser, H.: Wachstumstheorie und Wachstumspolitik, Tübingen 1991, S. 279 ff.; zitiert: Neumann, M., Innovationen, S.

Nguéma, Issac: Perspektiven der Menschenrechte in Afrika, in: EuGRZ, Bd. 17, 1990, S. 301-305; zitiert: Nguéma, I., Perspektiven der Menschenrechte in Afrika, S.

Nhalapo, Roland Thandabantu: International Protection of Human Rights and the Family: African Variations on a common theme, in: International Journal of Law and the Family, Vol. 3, 1989, Nr. 1, S. 1-20; zitiert: Nhalapo, R., International Protection, S.

Nherere, Pearson: The Limits of Litigation in Human Rights Enforcement, in: Nherere, Pearson: The Institutionalisation of Human Rights in Southern Africa, Nordic Human Rights Publications, Kopenhagen u.a. 1993; zitiert: Nherere, P., The Limits of Litigation, S.

Niemann, Rolf: Von Rhodesien zu Zimbabwe, Emanzipation der Afrikaner durch Guerillakampf oder Verfassungskonferenz, Frankfurt a.M. 1976; zitiert: Niemann, R., Von Rhodesien zu Zimbabwe, S.

Nkobi, Edelgard: Zur Geschichte der britischen Landokkupation in Simbabwe, in: afrika Süd, 2000, Nr. 3, S. 11; zitiert: Nkobi, E., Zur Geschichte der britischen Landokkupation in Simbabwe, S.

Nmehielle, Vincent O. Orlu: The African Human Rights System, its Laws, Practice, and Institutions, Den Haag u.a. 2002; zitiert: Nmehielle, V., The African Human Rights System, S.

Norton, Patrick M.: A law of the future or a law of the past? Modern Tribunals and the international law of expropriation, in: AJIL, Vol. 85, 1991, S. 474-505; zitiert: Norton, P., A law of the future, S.

Notter, Markus Peter: Völkerrechtlicher Investitionsschutz – Unter besonderer Berücksichtigung der bilateralen Investitionsschutzverträge der Schweiz, Zürich 1989; zitiert: Notter, M., Völkerrechtlicher Investitionsschutz, S.

Nova de, Rodolfo: Völkerrechtliche Betrachtungen über Konfiskation und Enteignung, in: Die Friedenswarte, Bd. 52, 1953/ 55, S. 116-141; zitiert: Nova de, R., Völkerrechtliche Betrachtungen, S.

Nowak, John E./ Rotunda, Ronald D.: Constitutional Law, 6. Aufl., St. Paul 2000; zitiert: Nowak/ Rotunda, Constitutional Law, S.

Nowak, Manfred: UNO-Pakt über bürgerliche und politische Rechte und Fakultativprotokoll, CCPR-Kommentar Kehl u.a. 1989; zitiert: Nowak, M., UNO-Pakt, S.

Nowak, Manfred: Afrikanische Charta der Rechte der Menschen und Völker, in: EuGRZ 1986, S. 675-677; zitiert: Nowak, M., AfrCh, S.

N-TV: D-Day für die weissen Farmer in Simbabwe, Interview mit Anton Bösl, Auslandsmitarbeiter der KAS in Simbabwe, vom 08.08.2002; zitiert: N-TV-Interview, 08.08.2002

Nwogugu, E.: Legal Problems of Foreign Investments, in: RdC, Vol. 153, 1976, S. 167-262; zitiert: Nwogugu, E., Legal Problems, S.

Nyika, Tambayi: SADC, A blow for human rights, in: West Africa, 13.-19.05.1996, S. 743; zitiert: Nyika, T., SADC, S.

Odendahl, Guido: Das Recht auf Entwicklung, Entstehungsgeschichte, systematische Stellung und Inhalt eines individuellen sowie kollektiven Menschenrechts und Grundprinzipien der Völkerrechtsordnung, Aachen 1997; zitiert: Odendahl, G., Das Recht auf Entwicklung, S.

Odinkalu, Chidi Anselm: The individual Complaints Procedures of the African Commission on Human and Peoples' Rights: a preliminary Assessment, in: Transnational Law and Contemporary Problems (TransLCP), a journal of the University of Iowa, College of Law, Iowa City/ Iowa, Vol. 8, 1998, S. 359-398; zitiert: Odinkalu, C., The individual Complaints Procedures, S.

Odinkalu, Chidi Anselm/ Christensen, Camilla: The African Commission on Human and Peoples' Rights: The development of its non-State Communications Procedures, in: HRQ, Vol. 20, 1998; zitiert: Odinkalu/ Christensen, The African Commission, S.

Odinkalu, Chidi Anselm: Implementing economic, social and cultural rights under the African charter on human and peoples' rights, in: Evans, Malcolm/ Murray, Rachel: The African Charter on Human and People's Rights, the system in Practice, 1986-2000, Cambridge 2002, S. 178-218; zitiert: Odinkalu, C., Implementing economic, social and cultural rights, S.

Ojo, Olusola/ Sesay, Amadu: The OAU and Human Rights: prospects for the 1980s and Beyond, in: HRQ, Vol. 8, 1986, S. 89-103; zitiert: Ojo/ Sesay, The OAU and Human Rights, S.

Okere, Obinna B.: The Protection of Human Rights in Africa and the African Charter on Human and Peoples' Rights: A comparative Analysis with the European and American Systems, in: HRQ, Vol. 6, 1984, S. 141-165; zitiert: Okere, O., The Protection of Human Rights, S.

Olivier, Covey T.: The American Law Institute's Draft Restatement of the Foreign Relations law of the United States, AJIL, Vol. 55, 1961, S. 428-440; zitiert: Olivier, C., The American Law Institute's Draft Restatement of the Foreign Relations law, S.

Oloka-Onyango, J.: Beyond the Rhetoric: Reinvigorating the struggle for Economic and Social Rights in Africa, in: CalWestIntLJ, Vol. 26, 1995, S. 1-71; zitiert: Oloka-Onyango, J., Beyond the Rhetoric, S.

Omaar, Rakiya/ Waal de, Alex: Justice in Zimbabwe, in: African Rights, Hrsg.: African Rights, London 1996; zitiert: Omaar, R./ Waal de, A., Justice in Zimbabwe, S.

Oppenheim, L./ Lauterpacht, H.: International Law, A Treatise, Vol. I: Peace, 8. Aufl., London 1955; zitiert: Oppenheim/ Lauterpacht, International Law, Vol. I, 1955, §

Oppermann, Thomas: Die Seoul-Erklärung der International Law Association vom 29.-30. August 1986 über die fortschreitende Entwicklung von Völkerrechtsprinzipien einer neuen Weltwirtschaftsordnung, in: Festschrift für Seidl-Hohenveldern: Völkerrecht, Recht der Internationalen Organisationen, Weltwirtschaftsrecht, Hrsg.: Böckstiegel, Karl-Heinz/ Folz, Hans-Ernst/ Mössner, Jörg/ Zemanek, Karl, Köln u.a. 1988, S. 449-471; zitiert: Oppermann, T., Die Seoul-Erklärung, S.

Oppermann, Thomas/ Petersmann, Ernst-Ulrich: Reforming the International Economic Order, German Legal Comments, Berlin 1987; zitiert: Oppermann/ Petersmann, Reforming the International Economic Order, S.

Oschmann, Friedrich: Calvo-Doktrin und Calvo-Klauseln: wechselnde Realitäten im internationalen Wirtschaftsrecht Lateinamerikas, Abhandlungen zum Recht der Internationalen Wirtschaft, Bd. 30, Münster 1993; zitiert: Oschmann, F., Calvo-Doktrin, S.

Ostorwsky, Jürgen: Großbritannien und Zimbabwe (Rhodesien), in: Blätter für deutsche und internationale Politik, Hrsg.: Bentele, Hilde, u.a., Bonn, 17. Jhg., 1972, Nr. 5, S. 504-520; zitiert: Ostorwsky, J., Großbritannien und Zimbabwe, S.

Otten, Adrian: Improving the Playing Field for Exports: The Agreements on Intellectual Property, Investment Measures and Government Procurement, in: Cottier, Thomas: GATT–Uruguya Round, neun Beiträge, Bern 1995; zitiert: Otten, A., Improving, S.

Otzen, Uwe/ Brandt, Hartmut: Bodenreform – Voraussetzung aller Entwicklung, in: E+Z- Entwicklung und Zusammenarbeit, http://www.inwent.org/E+Z/1997-2002/ez1102-5.htm; besucht a. 28.09.2004; November 2002, Nr. 11, November 2002, S. 304-308, zitiert: Otzen/ Brandt, Bodenreform, in: E+Z, Nov. 2002

Otzen, Uwe: Die Geschichte der Enteignung bis zur Unabhängigkeit Zimbabwes, unter: http://www.epd.de/entwicklungspolitik/2000/23otzen.htm; besucht am 22.08.2004; zitiert: Otzen, U., Die Geschichte der Enteignung

Paasch, Armin: Zugang zu Land als Menschenrecht, die marktgestützte Landreform ist gescheitert, in: E+Z - Entwicklung und Zusammenarbeit, (Nr. 11, November 2002, S. 309-311; unter: http://www.inwent.org/ E+Z/1997-2002/ez1102-7.htm; besucht am 23.08.2004; zitiert: Paasch, A., Zugang zu Land

Pabst, Martin: Simbabwe, Beck'sche Reihe, Nr. 878: Länder, München 1999; zitiert: Pabst, M., Simbabwe, S.

Pache, Eckhard: Die Europäische Grundrechtscharta – ein Rückschritt für den Grundrechtsschutz in Europa? In: EuR, Bd. 36, 2001, S. 475-494; zitiert: Pache, E., Die Europäische Grundrechtscharta, S.

Page, Sheila/ Stevens, Christopher: Trading with South Africa, the Policy Options for the EC, Hrsg.: Overseas Development Institute, London 1992; zitiert: Page/ Stevens, Trading with South Africa, S.

Palandt/ Heldrich: Bürgerliches Gesetzbuch, Anhang zu Art. 12 EGBGB, 63. Aufl., München 2004; zitiert: Palandt/ Heldrich, Anhang zu Art. 12 EGBGB, Rn.

Palley, Claire: The Constitutional History and Law of Southern Rhodesia 1888-1965 with Special Reference to Imperial Control, Oxford 1966; zitiert: Palley, C., The Constitutional History, S.

Palm, Ulrich: Zur rechtlichen und wirtschaftlichen Bewältigung des politischen Risikos von Direktinvestitionen in den Entwicklungsländern, Konstanzer Dissertationen, Bd. 109, Konstanz 1986; zitiert: Palm, U., Zur rechtlichen und wirtschaftlichen Bewältigung, S.

Palmer, Robin: The Agricultural History of Rhodesia, in: Palmer, Robin/ Parson, Neil: The Roots of Rural Poverty in Central and Southern Africa, London 1977; zitiert: Palmer/ Parson, The Roots, S.

Palmer, Robin: Land and Racial Domination in Rhodesia, London 1977; zitiert: Palmer, R., Land and Racial Domination, S.

Palmer, Robin: History Repeating itself in Zimbabwe? – Evictions in 2002 and 1948; unter: http://www.oxfam.org.uk/what_we_do/issues/livelihoods/landrights/africa_south.htm#Zimbabwe; besucht am 26.08.2004; zitiert: Palmer, R., History Repeating itself

Palmer, Robin: Mugabe's Land Grab in Regional Perspective, unter: http://www.oxfam.org.uk/what_we_do/ livelihoods/landrights/africa_south.htm#Zimbabwe; besucht am 26.08.2004; zitiert: Palmer, R., Mugabe's Land Grab

Palmer, Robin: Land Reform in Zimbabwe, 1980-1990, unter: http:/www.oxfam.org.uk/what_we_do/issues/ uk/what_we_do/issues/livelihoods/landrights/africa_south.htm#Zimbabwe; besucht am 26.08.2004; zitiert: Palmer, R., Land Reform, 1980-1990

Palmer, Robin: Robert Mugabe and the Rules of the Game, unter: http:/www.oxfam.org.uk/what_we_do/issues/ livelihoods/landrights/africa_south.htm#Zimbabwe; besucht am 26.08.2004; zitiert: Palmer, R., Robert Mugabe

Palmer, Robin: Zimbabwe in 2001: The Land Question, Farm Workers and the September Conference Season; unter http://www.oxfam.org.uk/what_we_do/issues/livelihoods/landrights/africa_south.htm#Zimbabwe; besucht am 26.08.2004; zitiert: Palmer, R., Zimbabwe in 2001

Pappas, Athena J.: References on Bilateral Investment Treaties, in: ICSID Review FILJ, Vol. 4, 1989, S. 189-203.; zitiert: Pappas, A., References on Bilateral Investment Treaties, S.

Pappa, Christoph: Das Individualbeschwerdeverfahren des Fakultativprotokolls zum Internationalen Pakt über bürgerliche und politische Rechte, Bern 1996; zitiert: Pappa, C., Das Individualbeschwerdeverfahren, S.

Partsch, Karl Josef: The Committee on the Elimination of Racial Discrimination, in: Alston, P.: The United Nations and Human Rights, a critical Appraisal, Oxford 1992; zitiert: Partsch, K., The CERD, S.

Partsch, Karl Josef: Neue Überlegungen zum Problem der „Rechte der Völker", in: EuGRZ 1990, S. 77-83; zitiert: Partsch, K., Problem der „Rechte der Völker", S.

Patzina, Reinhard: Rechtlicher Schutz ausländischer Privatinvestoren gegen Entschädigungsrisiken in Entwicklungsländern; R. v. Decker's rechts- und sozialwissenschaftliche Abhandlungen, Bd. 11, Hamburg 1981; zitiert: Patzina, R., Rechtlicher Schutz, S.

Paulsson, Jan: Arbitration Without Privity, in: ICSID Review FILJ, Vol. 10, 1995, S. 232 ff.; zitiert: Paulsson, J., Arbitration Without Privity, in: ICSID Review FILJ, Vol. 10, 1995, S. 232-257; zitiert: Paulsson, J., Arbitration Without Privity, S.

Peaslee, Amos J.: Constitutions of Nations, Vol. I, Africa, 3. Aufl., Den Haag 1965; zitiert: Peaslee, A., Constitutions of Nations, S.

Peters, Beverly L./ Malan, Naudé: Caveats for Land Reform in South Africa: Lessons from Zimbabwe, in: South African Journal of International Affairs, Nr. 7, 2000, S. 151-162; zitiert: Peters/ Malan, Caveats, S.

Petersmann, Ernst-Ulrich: Charter of Economic Rights and Duties of States, in: Bernhardt, R.: EPIL, Vol. 1: Aaland islands to Dumbarton Oaks conference (1944), North-Holland 1992, S. 561-566; zitiert: Petersmann, E., Charter of Economic Rights, S.

Petersmann, Ernst Ulrich: Internationales Recht und Neue Internationale Wirtschaftsordnung, in: AdV, Bd. 18, 1978-80, S. 17-44; zitiert: Petersmann, E., Internationales Recht und NIEO, S.

Petersmann, Ernst Ulrich: Die Dritte Welt und das Wirtschaftsvölkerrecht, „Entwicklungsland" als privilegierter Rechtsstatus, in: ZaöRV, Bd. 36, 1976, S. 492-548; zitiert: Petersmann, E., Die Dritte Welt, S.

Petersmann, Ernst-Ulrich: Wirtschaftsintegrationsrecht und Investitionsgesetzgebung der Entwicklungsländer, Grundprobleme, rechtsvergleichende und multidisziplinäre Aspekte, Baden-Baden 1974; zitiert: Petersmann, E., Wirtschaftsintegrationsrecht, S.

Petersmann, Ernst Ulrich: The GATT/ WTO Dispute Settlement System, International Law, International Organizations and Dispute Settlement, London u.a. 1997; zitiert: Petersmann, E., The GATT/ WTO Dispute Settlement System, S.

Petersmann, Hans G.: Die Multilaterale Investitions-Garantie-Agentur (MIGA), ein neues Instrument zur Fortbildung des internationalen Wirtschaftsrechts, in: ZaöRV, Bd. 46, 1986, S. 758-773.; zitiert: Petersmann, H., Die MIGA, S.

Pirrung, Jörg: Die Schiedsgerichtsbarkeit nach dem Weltbankübereinkommen für Investitionsstreitigkeiten, unter besonderer Berücksichtigung der Rechtslage bezüglich der Bundesrepublik Deutschland, Berlin 1972; zitiert: Pirrung, J., Die Schiedsgerichtsbarkeit nach ICSID, S.

Pityana, Barney N.: The Challenge of Culture for human rights in Africa: the african charter in a comparative context, in: Evans, M./ Murray, R., The African Charter on Human and Peoples' Rights, the system in Practice, 1986-2000, Cambridge 2002; zitiert: Pityana, B., The Challenge of Culture, S.

Polter, Dirk-Meints: Auslandsenteignungen und Investitionsschutz, Schriften zum Völkerrecht, Bd. 41, Berlin 1975; zitiert: Polter, Auslandsenteignungen, S.

Postl, Michael: Eigentum und Enteignung, Aspekte der jüngeren europäischen und österreichischen Judikatur, Wien 1996; zitiert: Postl, M., Eigentum, S.

Potocnik, Ines: Die Multilaterale Investitions-Garantie-Agentur (MIGA), Völkerrechtliche Analyse der Rechts-, Organisations- und Handlungsformen der Multilateralen Investitions-Garantie-Agentur sowie deren Streitbeilegungsmechanismen unter Berücksichtigung neuerer Entwicklungen, München 1999; zitiert: Potocnik, I., Die MIGA, S.

Pradelle, M.A.: Délibérations: Nationalisations, les effets internationaux des nationalisations, in: Annuaire de l'Institut de Droit International, Vol. 44 II, 1952, S. 251-323; zitiert: Pradelle, M., Délibérations, S.

Price, Daniel M.: An Overview of the NAFTA Investment Chapter: Substantive Rules and Investor-State Dispute Settlement, in: IntLawyer, Vol. 27, 1993, S. 727-736; zitiert: Price, D., An Overview of the NAFTA, S.

Price Waterhouse Centre for Transnational Taxation: Doing Business in Zimbabwe, Hrsg.: Price Waterhouse Firm, New York 1990; zitiert: Price Waterhouse, Doing Business in Zimbabwe, 1990, S.

Price Waterhouse Centre for Transnational Taxation: Doing Business in Zimbabwe, Hrsg.: Price Waterhouse Firm, New York 1995; zitiert: Price Waterhouse, Doing Business in Zimbabwe, 1995, S.

Quentin-Baxter, Alison: Rhodesia and the Law; a commentary on the Constitutional and International Law Aspects of the Rhodesian Situation, New Zealand Institute of International Affairs, Wellington 1970; zitiert: Quentin-Baxter, A., Rhodesia and the Law, S.

Rado, Alan: Czechoslovak Nationalization Decrees: some international Aspects, in: AJIL, Vol. 41, 1947, S. 795-806; zitiert: Rado, A., Czechoslovak Nationalization Decrees, S.

Rakelmann, Georgia A.: Zehn Jahre Republik Zimbabwe, die „Schweiz Afrikas" – ein Modell für die Nachbarn? In: Spiegel der Forschung, Wissenschaftsmagazin, Universität Gießen, 1990, Nr. 1, S. 39-43; zitiert: Rakelmann, G., Zehn Jahre Republik Zimbabwe, S.

Ramcharan, B. G.: The Travaux Préparatoires of the African Commission on Human Rights, in: HRLJ, Vol. 13, 1992, S. 307-317; zitiert: Ramcharan, B., The Travaux Préparatoires, S.

Ramose, M. B: Title to Territory: Its Constitutional Implications for Contemporary South Africa and Zimbabwe, in: Recht in Afrika, Zeitschrift der Gesellschaft für afrikanisches Recht, Köln, 2000, S. 189-210; zitiert: Ramose, M., Title to Territory, S.

Rasmussen, R. Kent/ Rubert, S.: Historical Dictionary of Zimbabwe, African Historical Dictionaries No 86, third Edition, London 2001; zitiert: Rasmussen, K., Historical Dictionary, S.

Redfern, Alan/ Hunter, Martin: Law and Practice of International Commercial Arbitration, 3. Aufl., London 1999; zitiert: Redfern/ Hunter, Law and Practice, S.

Redfern, Alan: The Arbitration between the Government of Kuwait and Aminoil, in: BYIL, Vol. 55, 1984, S. 65-110; zitiert: Redfern, A., The Arbitration, S.

Reed, Lucy/ Paulsson, Jan/ Blackaby, Nigel: Guide to ICSID Arbitration, Den Haag 2004; zitiert: Reed/ Paulsson/ Blackaby, Guide to ICSID Arbitration, S.

Reeler, A.P.: The role of militia groups in maintaining ZanuPF's political power; Reeler: Former Director, Amani Trust, Member of Executive Committee, International Rehabilitation Council for Torture Victims; März 2003; zitiert: Reeler, A., The role of militia groups

Reichert, Christoph: Auf dem Weg zum Einparteienstaat, in: ISSA, Bonn,1984, Nr. 7; zitiert: Reichert, C., Auf dem Weg zum Einparteienstaat, S. 19 f.

Reichert, Christoph: Das neue Zimbabwe – Gesellschaft im Übergang, Informationsstelle südliches afrika (issa) - wissenschaftliche Reihe Nr. 18, Bonn 1984; zitiert: Reichert, C., Das neue Zimbabwe, S.

Reiff, Susanne: Das politische System in Zimbabwe im Spannungsfeld zwischen autoritärer Herrschaft und Demokratie, Studien zur Politikwissenschaft, Abt. D: Schwerpunkt Asien und Afrika, Bd. 5, Hrsg.: Kevenhörster, Paul, Münster 1999; zitiert: Reiff, S., Das politisches System, S.

Reynolds, Thomas H./ Arturo, A. Flores: Foreign Law: Current Sources of Codes and Basic Legislation in Jurisdictions of the World, Zimbabwe, CD-Rom-Release #37/ 6/ 03, Buffalo/ New York 14209; zitiert: Reynolds, T./ Arturo, A., Foreign Law-CD, Zimbabwe

Richter, Dagmar: Kommentar, in: Klein, Eckart: Menschenrechtsschutz durch Gewohnheitsrecht, Berlin 2003; zitiert: Richter, D., Kommentar, S.

Riddell, Roger C.: The Land Problem in Rhodesia, Alternatives for the Future, Socio-Economic Series Nr. 11, London, 1978, zitiert: Riddell R., The Land Problem, S.

Riddell, Roger: Zimbabwe's Land Problem: the Central Issue, In: Morris-Jones, W.H.: From Rhodesia to Zimbabwe. Behind an Beyond Lancaster House, London 1980, S. 1-13; zitiert: Riddell, R., Zimbabwe's Land Problem, S.

Riddell, Roger C.: The Land Question, From Rhodesia to Zimbabwe, Catholic Institute for international Relations, London 1978; zitiert: Riddell, R., The Land Question, S.

Riddell-Report: Commission of Inquiry into Incomes, Prices, Conditions of Service under the Chairmanship of Roger Riddell, Salisbury 1981; zitiert: Riddell-Report: Commission of Inquiry, S.

Riedel, Eibe: Gruppenrechte und kollektive Aspekte individueller Menschenrechte, Aktuelle Probleme des Menschenrechtsschutzes, in: Kälin/ Riedel/ u.a.: Aktuelle Probleme des Menschenrechtsschutzes, Berichte der Deutschen Gesellschaft für Völkerrecht, Bd. 33, Heidelberg 1994, S. 49-82; zitiert: Riedel, E., Individuelle Menschenrechte, S.

Rienhardt, Joachim: Die Weißen haben das Land geklaut, in: Stern, Ausgabe 34, von August 2004; zitiert: Rienhardt, J., Die Weißen haben das Land geklaut, S.

Riesenfeld, Stefan A.: Foreign Investment, in: Bernhardt, R., EPIL, Vol. 2: East African Community to Italy-United States Air Transport Arbitration (1965), North-Holland 1995, S. 435-439; zitiert: Riesenfeld, Foreign Investment, S.

Riesenfeld, Stefan/ Buxbaum, Richard M.: Investment Codes, in: Bernhardt, R., EPIL, Vol. 2: East African community to Italy-United States Air Transport Arbitration (1965), North-Holland 1995, S. 1439-1447; zitiert: Riesenfeld/ Buxbaum, Investment Codes, S.

Rindler, Heinz: Der Schutz von Auslandsinvestitionen durch die MIGA unter besonderer Berücksichtigung der Beteiligungsgarantie des Bundes und des völkerrechtlichen Investitionsschutzes, Wien 1999; zitiert: Rindler, H., Der Schutz, S.

Ripken, Peter/ Krämer-Prein, Gabriele: Zimbabwe, Mai's Weltführer, Buchschlag bei Frankfurt 1986; zitiert: Ripken/ Krämer-Prein, Zimbabwe, S.

Ripken, Peter: Südliches Afrika, Geschichte , Befreiungskampf und politische Zukunft; Berlin 1978; zitiert: Ripken, P., Südliches Afrika, S.

Robertson, Bernard: Exhaustion of Local Remedies in International Human Rights Litigation - the Burden of Proof reconsidered, in: ICLQ, Vol. 39, 1990, S. 191-196; zitiert: Robertson, B., Exhaustion of Local Remedies, S.

Robinson, Davis R.: Expropriation in the Restatement, in: AJIL, Vol. 78, 1984, S. 176 f.; zitiert: Robinson, D., Expropriation in the Restatement, S.

Roe, Emery M.: More than the Politics of Decentralization: Local Government Reform, District Development and Public Administration in Zimbabwe, in: World Development, Vol. 23, Nr. 5, 1995, S. 833-845; zitiert: Roe, E., More than Politics of Decentralization, S.

Röhm, Thomas/ Halbach, Axel: Südafrikas zukünftige Rolle im südlichen Afrika, in: Internationales Afrikaforum, Vol. 34, 1998, S. 359-369; zitiert: Röhm/ Halbach, Südafrikas zukünftige Rolle, S.

Rood, Leslie L.: The Impact of Nationalisation, in: JMAS, Vol. 15, S. 489-494; zitiert: Rood, L., The Impact of Nationalisation, S.

Ropp, Klaus von der: Ein neuer Versuch zur Lösung des Rhodesien-Problems, das britisch-rhodesische Abkommen vom November 1971, in: Europa-Archiv 1972, S. 61-68; zitiert: Ropp v., K., Ein neuer Versuch, S.

Roth, Andreas H.: The Minimum Standard of International Law applied to Aliens, Leiden 1949; zitiert: Roth, A., The Minimum Standard, S.

Roussos, Peter: Zimbabwe: an introduction to the economics of transformation, Harare 1988; zitiert: Roussos, P., Zimbabwe, S.

Roux, Theunis: Constitutional Property Rights Review in Southern Africa: The Record of the Zimbabwe Supreme Court, in: AJICL, Vol. 8, Nr. 4 von 1996, S. 755-788, London; zitiert: Roux, T., Constitutional Property Rights, S.

Rozental, Andres: The Charter of Economic Rights and Duties of States and the New International Economic Order, in: VaJIntL, Vol. 16, 1976, S. 309-322; zitiert: Rozental, A., The Charter of Economic Rights, S.

Rubin, Seymour J.: Private Foreign Investment, legal & economic realities, Baltimore u. London 1956; zitiert: Rubin, S., Private Foreign Investment, S.

Rudolf, Walter: Völkerrecht und deutsches Recht –Theoretische und dogmatische Untersuchungen über die Anwendung völkerrechtlicher Normen in der Bundesrepublik Deutschland, Tübingen 1967; zitiert: Rudolf, W., Völkerrecht und deutsches Recht, S.

Rukuni, Mandivamba: The Prime Movers of Zimbabwe's Agricultural Revolution, in: Rukuni/ Eicher, Zimbabwe's Agricultural Revolution, Harare 1994, S. 1-14; zitiert: Rukuni, M., The Prime Movers, S.

Rukuni, Mandivamba: The Evolution of Agricultural Policy: 1890 - 1990, in: Rukuni/ Eicher, Zimbabwe's Agricultural Revolution, Harare 1994, S. 15-39; zitiert: Rukuni, M., The Evolution, S.

Rukuni, Mandivamba: Why Land Tenure is central to Africa's Future Governance, Economic and Social Progress, in: Journal der Deutsch-Zimbabwische Juristenvereinigung, S. 40 ff.; zitiert: Rukuni, M., Why Land Tenure is central, S.

Ruprecht, Ronald: Kolonialzeit, Bürgerkrieg, Unabhängigkeit, Simbabwe seit 100 Jahren, in: Von Nashornmenschen und Antilopenfrauen, Hrsg.: Iwalewa-Haus, Afrikazentrum der Universität Bayreuth, 1987; zitiert: Ruprecht, R., Kolonialzeit, S.

Rutherford Blair: Working on the Margins: Black Workers, White Farmers in Postcolonial Zimbabwe, Harare, London and New York 2001; zitiert: Rutherford B., Working on the Margins, S.

Sachar, Rajindar: The Right to Adequate Housing, Centre for Human Rights, New York/ Genf 1996; zitiert: Sachar, R., The Right to Adequate Housing, S.

Sachikonye, Lloyd M.: The Situation of Commercial Farm Workers after Land Reform in Zimbabwe, A report prepared for the Farm Community Trust of Zimbabwe, Harare March 2003; unter: http://www.oxfam.org.uk/what_we_do/issues/livelihoods/landrights/Zimbabwe, besucht am 15.09.2004; zitiert: Sachikonye, L., The Situation, S.

Salacuse, Jeswald W.: BIT by BIT: The Growth of Bilateral Investment Treaties and Their Impact on Foreign Investment in Developing Countries, in: IntLawyer, Vol. 24, Nr. 3, 1990, S. 655-675; zitiert: Salacuse, J., The Growth of BITs, S.)

Salow, Jochen: Bundesgarantien für Kapitalanlagen im Ausland und internationaler Investitionsschutz; Rechtswissenschaftliche Forschung und Entwicklung (Hrsg. Lehmann, Michael), Bd. 44, München 1984; zitiert: Salow, J., Bundesgarantien, S.

Sandrock, Otto: Internationales Wirtschaftsrecht in Theorie und Praxis, Münsteraner Studien zur Rechtsvergleichung, Sonderbd. 1, Hamburg 1995; zitiert: Sandrock, O., Internationales Wirtschaftsrecht, S.

Sandrock, Otto: Das Haager Iranisch-USamerikanische Schiedsgericht: keine nachahmenswerte Institution? In: AdV, Bd. 29, 1991, S. 104-130; zitiert: Sandrock, O., Das Haager, S.

Samkange, Stanlake: Origins of Rhodesia, London 1968; zitiert: Sankange, S., Origins of Rhodesia, S.

Sauerwein, Astrid: Mission und Kolonialismus in Simbabwe 1840-1940, Kollisionen, Konflikte und Kooperation, Giessen, 1990; zitiert: Sauerwein, A., Mission und Kolonialismus in Simbabwe, S.

Sauernheimer, Karlhans: Die neue Welthandelsordnung: Forststehender Handlungsbedarf, in: Frenkel, Michael/ Bender, Dieter: GATT und neue Welthandelsordnung – Globale und Regionale Auswirkungen, Wiesbaden 1996, S. 227-243.; zitiert: Sauernheimer, K., Die neue Welthandelsordnung, S.

Schaaf, Stefan: Der Terror der „Grünen Bomber“, Reportage des Weltspiegels vom 27.04.2003, in: www.swr.de/weltspiegel/2003/04/27/index2.html; besucht am 27.09.2004

Schabas, William A.: The Omission of the Right to Property in the International Covenants, in: HYIL, Vol. 4, 1991, S. 135-170; zitiert: Schabas, W., The Omission, S.

Schaber, Thomas: Internationale Verrechtlichung der Menschenrechte, eine reflexive institutionentheoretische Analyse des Menschenrechtsregimes der Vereinten Nationen, Baden-Baden 1996; zitiert: Schaber, T., Internationale Verrechtlichung, S.

Schachter, Oscar: Compensation for Expropriation, Editorial comment, in: AJIL, Vol. 78, 1984, S. 121-130; zitiert: Schachter, O., Compensation for Expropriation, in: AJIL, Vol. 78 1984, S.

Schäfer, Martin: Entschädigungsstandard und Unternehmensbewertung bei Enteignungen im allgemeinen Völkerrecht, Abhandlungen zum Recht der Internationalen Wirtschaft, Bd. 43, Hrsg.: Sandrock, Otto, Münster unter Mitwirkung von Großfeld, Bernhard/ Trinkner, Reinhold, Heidelberg 1997; zitiert: Schäfer, M., Entschädigungsstandard, S.

Schanze, Erich: Investitionsverträge im internationalen Wirtschaftsrecht, Studien zum internationalen Rohstoffrecht, Bd. 9, Frankfurt a.M. 1986; zitiert: Schanze, E., Investitionsverträge, S.

Scheibach, Ralf: Importrelevante Investitionsschutzauflagen und das GATT, Frankfurt 1992; zitiert: Scheibach, R., Importrelevante Investitionsschutzauflagen, S.

Scherer-Leydecker, Christian: Minderheiten und sonstige ethnische Gruppen, eine Studie zur kulturellen Identität im Völkerrecht, Menschenrechtszentrum der Universität Potsdam, Nr. 4, Berlin 1997; zitiert: Scherer-Leydecker, C., Minderheiten, S.

Scheuner, Ulrich: Zweiseitige Handelsverträge und multilaterale Handelsvereinbarungen, in: Die Friedenswarte, Bd. 52, 1953/ 55, S. 97-115; zitiert: Scheuner, U., Zweiseitige Handelsverträge, S.

Schildknecht, Jörg: Bismarck, Südwestafrika und die Kongokonferenz, die völkerrechtlichen Grundlagen der effektiven Okkupation und ihre Nebenpflichten am Beispiel des Erwerbs der ersten deutschen Kolonie, Juristische Schriftenreihe, Bd. 135, Hamburg 2000; zitiert: Schildknecht, J., Bismarck, S.

Schlicht, Michael: Gewalt in Simbabwe dauert an, als Regionalbeauftragter der Konrad-Adenauer-Stiftung für das südliche und zentrale Afrika, Harare April 2000; zitiert: Schlicht, M., Gewalt in Simbabwe dauert an, S.

Schlochauer, Hans-Jürgen: Die Verfahrensordnung des Ständigen Schiedshofes für Streitigkeiten zwischen einem Staat und einer nichtstaatlichen Partei, in: AdV, Vol. 12, 1964/ 1965, S. 173-186; zitiert: Schlochauer, H. Die Verfahrensordnung, S.

Schmidt, Bettina: Zimbabwe, die Entstehung einer Nation, Sozialwissenschaftliche Studien zu internationalen Problemen, Bd. 154, Saarbrücken 1991; zitiert: Schmidt, B., Zimbabwe, S.

Schmidt, Bettina: Der Zimbabwe-Vogel: Die Rekonstruktion eines Symbols nationaler Identität, Mainz 1990; zitiert: Schmidt, B., Der Zimbabwe-Vogel, S.

Schmidt, Felix: Simbabwe, [Electronic ed. Skript der Friedrich-Ebert-Stiftung zur Landreform] Bonn 2002; http://library.fes.de/fulltext/stabsabteilung/01189.htm; besucht am 28.09.2004; zitiert: Schmidt, F., Simbabwe, FES-Skript.

Schmidt, Klaus Jürgen: Der Weg nach Zimbabwe, Ergebnisse; Lüneburg 1990; zitiert: Schmidt, K. J., Der Weg nach Zimbabwe, S.

Schmidt, Werner: Rhodesien, Bonn 1970; zitiert: Schmidt, W., Rhodesien, S.

Schneider, Henning C.: Wirtschaftssanktionen, die VN, EG und Bundesrepublik Deutschland als konkurrierende Normgeber beim Erlass paralleler Wirtschaftssanktionen, Berlin 1999; zitiert: Schneider, H., Wirtschaftssanktionen, S.

Schöber, Michael: Die Multilateral Investment Guarantee Agency (MIGA) der Weltbank - Auswirkungen des internationalen Vertrages, Rechtswissenschaftliche Forschung und Entwicklung, Hrsg.: Lehmann, Michael, Bd. 405, München 1994; zitiert: Schöber, M., Die MIGA, S.

Schramm, Erhard: Völkerrechtliche Aspekte des Rhodesienkonfliktes, Bonn 1970; zitiert: Schramm, E., Völkerrechtliche Aspekte, S.

Schreuer, Christoph: The ICSID Convention: A Commentary, a Commentary on the Convention on the Settlement of Investment Disputes between States and Nationals of Other States, Cambridge 2001; zitiert: Schreuer, C., The ICSID Convention, S.

Schroeder, Werner: Die Effektivität des WTO-Streitbeilegungssystems, zur Umsetzung von Streitschlichtungsentscheidungen in Theorie und Praxis, in: RIW, 2001, S. 658-664; zitiert: Schroeder, W., WTO-Streitbeilegungssystem, S.

Schröder, Siegfried: Simbabwe: 20 Jahre unabhängig. Korruption erklärt längst nicht alles, in: epd, 2000, Nr. 6, S. 18-20; zitiert: Schröder, S., Simbabwe, S.

Schümperli, Walter: Die Vereinten Nationen und die Dekolonisation, Europäische Hochschulschriften, Reihe III: Geschichte und ihre Hilfswissenschaften, Bd. 5, Bern 1970; zitiert: Schümperli, W., Die Vereinten Nationen, S.

Schulz, Otto: Sicherung und Konsolidierung der Ergebnisse der Dekolonisation, der Schutz der Unabhängigkeit der neuen afrikanischen Staaten südlich der Sahara, Marburg 1981; zitiert: Schulz, O., Sicherung und Konsolidierung, S.

Schütz, Raimund: Solidarität im Wirtschaftsvölkerrecht, eine Bestandsaufnahme zentraler entwicklungsspezifischer Solidarrechte und Solidarpflichten im Völkerrecht, Schriften zum Völkerrecht, Berlin 1994; zitiert: Schütz, R., Solidarität im Wirtschaftsvölkerrecht, S.

Schwartz, Bernard: Lions over the Throne: the Judicial Revolution in English Administrative Law, New York/ London 1987; zitiert: Schwartz, B., Lions over the Throne, S.

Schwarzenberger, Georg: Der Schutz von Auslandsinvestitionen – Multilaterale Kodifikationsversuche, Völkerrecht und Außenpolitik, Bd. 6, Berlin u.a. 1969; zitiert: Schwarzenberger, G., Der Schutz von Auslandsinvestitionen, S.

Schwarzenberger, Georg: Foreign Investment and international Law, the library of world affairs, Bd. 68, London 1969; zitiert: Schwarzenberger, G., Foreign Investment, S.

Schwarzenberger, Georg: The Protection of British Property Abroad, in: Current Legal Problems, Vol. 5, 1952, S. 295-323; zitiert: Schwarzenberger, G., The Protection of British Property Abroad, S.

Schwarzenberger, Georg: The Abs-Shawcross Draft Convention on Investment Abroad, a Critical Commentary, in: Journal of Public Law (JPL), Vol. 9, 1960, S. 147-187; zitiert: Schwarzenberger, G., The Abs-Shawcross Draft Convention, S.

Schwebel, Stephen M.: The Story of the U.N.'s Declaration on Permanent Sovereignty Over Natural Resources, in: American Association Journal (ABAJ), Vol. 49, 463-469; zitiert: Schwebel, S., The Story of the U.N.'s Declaration, S.

Schwebel, Stephen M.: The Treatment of Human Rights and of Aliens in the International Court of Justice, in: Lowe, V./ Fithmaurice, M.: Fifty Years of the International Court of Justice, Cambridge 1996, S. 327-350; zitiert: Schwebel, S., The Treatment of Human Rights, S.

Seidel, Gerd: Handbuch der Grund- und Menschenrechte auf staatlicher, europäischer und universeller Ebene, Baden-Baden, eine vergleichende Darstellung der Grund- und Menschenrechte des deutschen Grundgesetzes, der Europäischen Menschenrechtskonvention von 1950 und des Internationalen Pakts über bürgerliche und politische

Rechte von 1966 sowie der Entscheidungspraxis des Bundesverfassungsgerichts und der zuständigen Vertragsorgane, 1. Aufl., Baden-Baden 1996; zitiert: Seidel, G., Handbuch der Grund- und Menschenrechte, S.

Seidl-Hohenveldern, Ignaz/ Stein, Thorsten: Völkerrecht, 10. Aufl., Köln 2000; zitiert: Seidl-Hohenveldern/ Stein, Völkerrecht, Rn.

Seidl-Hohenveldern, Ignaz: Internationales Konfiskations- und Enteignungsrecht, Beiträge zum Ausländischen und internationalen Privatrecht, Tübingen 1952; zitiert: Seidl-Hohenveldern, I., Internationales Konfiskations- und Enteignungsrecht, S.

Seidl-Hohenveldern, Ignaz: Communist Theories on Confiscation and Expropriation: Critical Comments, in: AJCL, Vol. 7, 1958, S. 541-571; zitiert: Seidl-Hohenveldern, I., Communist Theories, S.

Seidl-Hohenveldern, Ignaz: Die „Charta" der wirtschaftlichen Rechte und Pflichten der Staaten, in: RIW, Vol. 21, 1975, S. 237-239; zitiert: Seidl-Hohenveldern, I., Die „Charta", S.

Seidl-Hohenveldern, Ignaz: International Economic Law, 3. Aufl., Dordrecht/ Niederlande 1999; zitiert: Seidl-Hohenveldern, I., International Economic Law, S.

Seidl-Hohenveldern, Ignaz: Völkerrecht, Lexikon des Rechts, 3. Aufl., Neuwied 2001; zitiert: Seidl-Hohenveldern, I., Völkerrecht, S.

Seidl-Hohenveldern, Ignaz: Völkerrecht, Lexikon des Rechts, 2. Aufl., Neuwied 1992; zitiert: Seidl-Hohenveldern, I., Völkerrecht, 2. Aufl., S.

Seidl-Hohenveldern, Ignaz: Eigentumsschutz durch Resolutionen internationaler Organisationen, in: Der Schutz des privaten Eigentums im Ausland, Festschrift für Hermann Janssen zum 60. Geburtstag (Hrsg.: Kränzlin, Fritz/ Müller, H.E.A.), Heidelberg 1958, zitiert: Seidl-Hohenveldern, I., Eigentumsschutz durch Resolutionen, S.

Seidl-Hohenveldern, Ignaz: Investitionen in Entwicklungsländern und das Völkerrecht, mit einer Bibliographie über Staatseingriffe in ausländisches Privateigentum, Köln u.a. 1963, S. 63 ff.; zitiert: Seidl-Hohenveldern, I., Investitionen in Entwicklungsländern, S.

Seidl-Hohenveldern, Ignaz: Völkerrechtswidrige staatliche Eigentumseingriffe und deren Folgen, in: Die Friedenswarte, Bd. 53, 1955/ 56, S. 1-27; zitiert: Seidl-Hohenveldern, I., Völkerrechtswidrige staatliche Eigentumseingriffe, S.

Seidl-Hohenveldern, Ignaz: Chilean Copper Nationalization Cases before German Courts, in: AJIL, Vol. 69, 1975, S. 110-119; zitiert: Seidl-Hohenveldern, I., Chilean Copper Nationalization, S.

Seidl-Hohenveldern, Ignaz: Ausländische Nationalisierungsmaßnahmen und ihre Beurteilung durch deutsche Gerichte, zum Urteil des Hanseatischen Oberlandesgerichts Bremen im Bremer Tabakstreit, in: RIW, 1959, S. 272-276; zitiert: Seidl-Hohenveldern, I., Ausländische Nationalisierungsmaßnahmen, S.

Seidl-Hohenveldern, Ignaz: Alien, Property, in: Bernhardt, R., EPIL, Vol. 1: Aaland islands to Dumbarton Oaks conference (1944), North-Holland 1992, S. 116-119; zitiert: Seidl-Hohenveldern, I., Alien, Property, S.

Seidl-Hohenveldern, Ignaz: Dekolonisierung, Politik und positives Recht, in: JZ 1964, S. 489-492; zitiert: Seidl-Hohenveldern, I., Dekolonisierung, S.

Sen, Biswanath: A Diplomat's Handbook of International Law and Practice, 3. Aufl., London u.a. 1988; zitiert: Sen, B., A Diplomat's Handbook, S.

Senghor, Jeggan: The Treaty Establishing the African Economic Community, an Introductory Essay, in: African Yearbook of International Law, Vol. 1, 1993, S. 183-193; zitiert: Senghor, J., The Treaty Establishing the AEC, S.

Sepúlveda, Magdalena: The Nature of Obligations under the International Covenant on Economic, Social and Cultural Rights, Antwerpen u.a., 2003; zitiert: Sepúlveda, M., The Nature of Obligations, S.

Shaw, Malcolm Nathan: International Law, 4. Aufl., Cambridge 1997; zitiert: Shaw, M., International Law, S.

Shihata, Ibrahim F.I.: Factors Influencing the Flow of Foreign Investment and the Relevance of a Multilateral Investment Guarantee Scheme, in: IntLawyer, Vol. 21, 1987, S. 671-694; zitiert: Shihata, I., Factors, S.

Shihata, Ibrahim F.I.: Multilateral Investment Guarantee Agency and Foreign Investment, Origins, Operation, Policies and Basic Documents of the Multilateral Investment Guarantee Agency, Dordrecht 1988; zitiert: Shihata, I.,The MIGA, S.

Shivji, Issa G.: The Concept of Human Rights in Africa, London 1989; zitiert: Shivji, I., The Concept of Human Rights in Africa, S.

Shue, Henry: Basic Rights, Subsistence, Affluence and U.S. Foreign Policy, Princeton University Press, 1980; zitiert: Shue, H., Basic Rights, S.

Sicard, Harald von: Das Gebiet zwischen Sambesi und Limpopo, in: Die Völker Afrikas und ihre Traditionellen Kulturen, Hrsg.: Baumann, Hermann, Teil 1: Allgemeiner Teil und Südliches Afrika, Wiesbaden 1975, S. 459-472; zitiert: Sicard, H., Das Gebiet zwischen Sambesi und Limpopo, S.

Siebelt, Johannes: Garantien für Kapitalanlagen im Ausland, in: NJW 1994, S. 2860-2863; zitiert: Siebelt, J., Garantien für Kapitalanlagen im Ausland, S.

Simma, Bruno: Die internationale Kontrolle des VN-Paktes über wirtschaftliche, soziale und kulturelle Rechte: neue Entwicklungen, in: Festschrift für Rudolf Bernhardt: Recht zwischen Umbruch und Bewahrung, Hrsg.: Beyerlin, Ulrich, u.a., Beiträge zum ausländischen öffentlichen Recht und Völkerrecht, Bd. 120, Berlin u.a. 1995, S. 579-594; zitiert: Simma, B., Die internationale Kontrolle des ICESCR, S.

Simma, Bruno/ Alston, Philip: The Sources of Human Rights Law, Custom, Jus Cogens, and General Principles, in: AustYIL, Vol. 12, 1992, S. 82-108; zitiert: Simma/ Alston, Sources of Human Rights Law, S.

Simma, Bruno: Der Schutz wirtschaftlicher und sozialer Rechte durch die Vereinten Nationen, in: VRÜ, Vol. 25, 1992, S. 382-393; zitiert: Simma, B., Schutz wirtschaftlicher und sozialer Rechte, S.

Simma, Bruno: Soziale Grundrechte und das Völkerrecht, der Internationale Pakt über wirtschaftliche, soziale und kulturelle Rechte in der gegenwärtigen Verfassungsdiskussion, in: Festschrift für Peter Lerche: Wege und Verfahren des Verfassungslebens, Hrsg.: Badura/ Scholz, München 1993, S. 83-94; zitiert: Simma, B., Der ICESCR, S.

Simma, Bruno: Charta der Vereinten Nationen, Kommentar, München 1991; zitiert: Simma/ Verfasser, Charta der VN, Art.

Simma, Bruno/ Fastenrath, Ulrich: Menschenrechte - ihr internationaler Schutz, 4. Aufl. 1998; zitiert: Simma/ Fastenrath: Menschenrechts, S.

Simma, Bruno: Menschenrechtspolitik mit wirtschaftlichen Mitteln, ihr völkerrechtlicher Rahmen, in: Blumenwitz, Dieter/ Zieger, Gottfried: Menschenrechte und wirtschaftliche Gegenleistungen, Köln 1987, S. 73-85; zitiert: Simma, in: Blumenwitz/ Zieger, Menschenrechte, S.

Simmonds, K.R.: Lomé Conventions, in: Bernhardt, R., EPIL, Vol. 3: Jan Mayen to Pueblo Incident, North-Holland 1997, S. 245-252; zitiert: Simmonds, K., Lomé Conventions, S.

Sinare, Hawa: Legal and Economic Effects of Expropriation and Nationalisation of Foreign Investments, Konstanz 1983; zitiert: Sinare, H., Legal and Economic Effects, S.

Sohn, Louis B./ Baxter, R.R.: Responsibility of States for Injuries to the Economic Interests of Aliens, in: AJIL, Vol. 55, 1961, S. 545-584; zitiert: Sohn/ Baxter, Responsibility of States, S.

Sommerlatte, Herbert. W.A.: Gold und Ruinen in Zimbabwe, aus Tagebüchern und Briefen des Schwaben Karl Mauch (1837-1875), Gütersloh 1987; zitiert: Sommerlatte, H., Gold und Ruinen in Zimbabwe, S.

Sommermann, Karl-Peter: Die Fortentwicklung der Menschenrechte seit der Allgemeinen Erklärung von 1948, in: Zeitschrift für Politik, Vol. 37, 1990, Nr. 1, S. 37-51; zitiert: Sommermann, K., Die Fortentwicklung der Menschenrechte, S.

Sornarajah, M.: The International Law on Foreign Investment, Cambridge 1994; zitiert: Sornarajah, M., The International Law, S.

Sornarajah, M.: Protection of Foreign Investment in the Asia-Pacific Economic Co-operation Region, in: JWT, Vol. 29, 1995, Nr. 2, S. 105-129; zitiert: Sornarajah, M., Protection of Foreign Investment, S.

Sornarajah, M.: The Pursuit of Nationalized Property, Dordrecht u.a. 1986; zitiert: Sornarajah, M., The Pursuit, S.

Staudenmeyer, Carola: Das Wirtschafts- und Vertragsrecht transnationaler Gemeinschaftsunternehmen in Entwicklungsländern, Hrsg.: Horn, Norbert: Recht des internationalen Wirtschaftsverkehrs, Bd. 5, Berlin/ New York 1990; zitiert: Staudenmeyer, C., Das Wirtschafts- und Vertragsrecht, S.

Stauffer, Hans-Ulrich/ Baud, Gertrud, Nacht über Zimbabwe, ein Kommentar zur aktuellen Entwicklung, in: Afrika –Bulletin, von November/ Dezember 2002; zitiert: Stauffer/ Baud, Nacht über Zimbabwe

Stedman, Stephan John: Peacemaking in civil war. International Mediation in Zimbabwe. 1974-1980, 1991; zitiert: Stedman, S., Peacemaking in civil war, S.

Steiner, Henry J./ Alston, Philip: International Human Rights in Context, Law, Politics, Morals, Oxford 1996; zitiert: Steiner/ Alston, International Human Rights, S.

Steinmeyer, Bernadette: Verfassungsrechtliche Ansätze zur Neuordnung der multirassischen Gesellschaft Südafrikas unter Berücksichtigung des Vorschlages des Verhandlungsforums der „KwaZulu Natal Indaba", Schriften zum Staats- und Völkerrecht, Bd. 44, Frankfurt 1991, zitiert: Steinmeyer, B., Verfassungsrechtliche Ansätze, S.

Stern, Thomas: Die Multilaterale Investitions-Garantie-Agentur (MIGA), ein neues versicherungsrechtliches Instrument zur Verbesserung des Schutzes deutscher Investitionen im Ausland; Deutscher Wirtschaftsdienst, Köln 1990; zitiert: Stern, T., Die MIGA, S.

Sternberg, Harald: Die Charta der wirtschaftlichen Rechte und Pflichten der Staaten, Tendenzen und Wandel der völkerrechtlichen Ordnung wirtschaftlicher Beziehungen zwischen den Staaten, Schriften zum Völkerrecht, Bd. 77, Berlin 1983; zitiert: Sternberg, H., Die Charta, S.

Stoll, Jutta: Vereinbarungen zwischen Staat und ausländischem Investor, Rechtsnatur und Bestandsschutz, Beiträge zum ausländischen öffentlichen Recht und Völkerrecht, Berlin u.a. 1982; zitiert: Stoll, J., Vereinbarungen, S.

Stoll, Peter-Tobias: Die WTO: Die Welthandelsorganisation, neue Welthandelsordnung, Ergebnisse der Uruguay-Runde des GATT, in: ZaöRV, Bd. 54, 1994, S. 241-339; zitiert: Stoll, P., Die WTO, S.

Stoneman, Colin: Land Reform's Constraints and Prospects: Policies, Perspectives and Ideologies in Zimbabwe Today; in: Boyer-Bower, T.A.S./ Stoneman, C., Land Reform in Zimbabwe: Constraints and Prospects, School of Oriental and African Studies (SOAS), studies in development geography; Aldershot, England 2000; zitiert: Stoneman, C., Land Reform's Constraints, S.

Strupp, Karl/ Schlochauer, Hans-Jürgen: Wörterbuch des Völkerrechts; zitiert: Strupp/ Schlochauer, Wörterbuch, S.

Tabex, Encyclopedia Zimbabwe, Harare 1987 (Erstausgabe); zitiert: Tabex Encyclopedia Zimbabwe, S.

Takirambudde, Peter: Six Years of the African Charter on Human and Peoples' Rights: an Assessment, in: Lesotho LJ, Vol. 7, 1991, Nr. 2, S.35-67; zitiert: Takirambudde, P., Six Years of the AfrCh, S.

Tetzlaff, Rainer: Instrumente der deutschen Afrika-Politik: staatliche Steuersubventionen und die Deutsche Entwicklungs-Gesellschaft, in: Afrika und Bonn, Versäumnisse und Zwänge deutscher Afrika-Politik, Hrsg.: Bley, Helmut/ Tetzlaff, Rainer, Hamburg 1978, S. 53-60; zitiert: Tetzlaff, R., Instrumente der deutschen Afrika-Politik, S.

Theodorou, Heleni: Investitionsschutzverträge vor Schiedsgerichten, Berlin 2001; zitiert: Theodorou, H., Investitionsschutzverträge, S.

Thiis, Øyvind/ Feltoe, Geoff: Zimbabwe, in: Human Rights in Developing Countries, Yearbook 1997, (Ed.: Stokke, Hugo/ Suhrke, Astri/ Tostensen, Arne), Den Haag 1998, S. 377-440; zitiert: Thiis, Ø./ Feltoe, G, Zimbabwe, S.

Thirlway, H.W.A.: International Customary Law and Codification, an examination of the continuing role of custom in the present period of codification of international law, Leiden 1972; zitiert: Thirlway, H., International Customary Law, S.

Thompson, Bankole: Economic Integration Efforts in Africa: A Milestone – The Abuja Treaty, in: AJICL, Vol. 5, 1993, S. 743-767; zitiert: Thompson, B., Economic Integration Efforts, S.

Thürer, Daniel/ Kux, Stephan: GATT 94 und die Weltorganisation, Herausforderung für die Schweiz und Europa, Zürich 1996; zitiert: Thürer/ Kux, GATT 94, S.

Tomuschat, Christian: Die Charta der wirtschaftlichen Rechte und Pflichten der Staaten, zur Gestaltungskraft von Deklarationen der UN-Generalversammlung, in: EuR 1976, S. 444 ff. bzw. in ZaöRV, Bd. 36, 1976, S. 444-491; zitiert: Tomuschat, C., Die Charta, S.

Tomuschat, Christian: Menschenrechte, in: Wolfrum, Rüdiger/ Philipp, Christiane: Handbuch Vereinte Nationen, 2. Aufl., München 1991, Kap. 73, S. 544 ff.; zitiert: Tomuschat, C., Menschenrechte, S.

Tomuschat, Christian: Making Individual Communications an effective Tool for the Protection of Human Rights, in: Festschrift für Rudolf Bernhardt: Recht zwischen Umbruch und Bewahrung, Hrsg.: Beyerlin, Ulrich, u.a., Beiträge zum ausländischen öffentlichen Recht und Völkerrecht, Bd. 120, Berlin u.a. 1995, S. 615-634; zitiert: Tomuschat, C., Making Individual Communications, S.

Tonndorf, Uwe: Menschenrechte in Afrika: Konzeption, Verletzung und Rechtsschutz im Rahmen der OAU, Freiburger Beiträge zu Entwicklung und Politik, Nr. 24, Freiburg, 1997; zitiert: Tonndorf, U., Menschenrechte in Afrika, S.

Trassl, Michael: Die Wiedergutmachung von Menschenrechtsverletzungen im Völkerrecht, Schriften zum Völkerrecht, Bd. 111, Berlin 1994; zitiert: Trassl, M., Wiedergutmachung, S.

Traub-Merz, Rudolf: Ein Regime vor dem Kollaps? Simbabwe zum Jahresbeginn 1999, FES, Internationale Entwicklungszusammenarbeit, Referat Afrika, Harare, Januar 1999; zitiert: Traub-Merz, R., Ein Regime vor dem Kollaps? S.

Trindade, A.A. Cançado: Exhaustion of Local Remedies under the United Nations International Convention on the Elimination of All Forms of Racial Discrimination, in: GYIL, Vol. 22, 1979, S. 374-383; Trindade, C., Exhaustion of Local Remedies under ICERD, S.

Trindade, A.A. Cançado: Exhaustion of Local Remedies in International Law and the Role of National Courts, in: AdV, Vol. 17, 1977, S. 333-370; zitiert: Trindade, C., Exhaustion, S.

Tshosa, Onkemetse: National Law and International Human Rights Law, Cases of Botswana, Namibia and Zimbabwe; Law, social Change and Development, 2001, Aldershot u.a.; zitiert: Tshosa, O., National Law, S.

Tshuma, Lawrence: A matter of (in)justice: law, state and the agrarian question in Zimbabwe, Harare 1997; zitiert: Tshuma, L., A matter of (in)justice, S.

Umozurike, U. Oji: The African Charter on Human and Peoples' Rights, The Raoul Wallenberg Institute Human Rights Library, Vol. 2, The Hague/ Boston/ London, 1997; zitiert: Umozurike, O., The African Charter, S.

Umozurike, U. Oji: The Domestic Jurisdiction Clause in the OAU Charter, in: African Affairs, Vol. 78, April 1979, Nr. 311, S. 197-209; zitiert: Umozurike, O., The Domestic Jurisdiction Clause, S.

Umozurike, U. Oji: Introduction to International law, Spectrum Law Series, Ibadan u.a. 1993; zitiert: Umozurike, O., Introduction to International law, S.

Umozurike, U. Oji: The African Charter on Human and Peoples' Rights, in: AJIL, Vol. 77, 1983, S. 902-912; zitiert: Umozurike, O., The AfrCh, S.

Umozurike, U. Oji: The protection of Human Rights under the Banjul (African) Charter on Human and Peoples' Rights, in: African Journal of International Law, Hrsg.: International Society of African Lawyers, London, Vol. 1, 1988, S. 65-83; zitiert: Umozurike, O., The protection of Human Rights, S.

Vagts, Detlev F.: Minimum Standard, in: Bernhardt, R., EPIL, Vol. 3: Jan Mayen to Pueblo Incident, North-Holland 1997, S. 408-410; zitiert: Vagts, Detlev F., Minimum Standard, S.

Vandevelde, Kenneth J.: The Bilateral Investment Treaty Program of the United States, in: Cornell Int. LJ, Vol. 21, 1988, S. 201-272; zitiert: Vandevelde, K., The Bilateral Investment Treaty, S.

Vandevelde, Kenneth J.: The Political Economy of a Bilateral Investment Treaty, in: AJIL, Vol. 92, 1998, S. 621 ff.; zitiert: Vandevelde, K., The Political Economy of a BIT, S.

Vandevelde, Kenneth J.: U.S. Bilateral Investment Treaties, the Second Wave, in: MJIL, Vol. 14, 1993, S. 621-704; zitiert: Vandevelde, K., U.S. BITs, S.

Vasak, Karl: Die allgemeine Erklärung der Menscherechte 30 Jahre später, in: UNESCO Kurier, 1977, Nr. 11, S. 29 ff.; zitiert: Vasak, K., Die AEMR 30 Jahre später, S.

Vasciannie, Stephen: The fair and equitable Treatment Standard in International Investment Law and Practice, in: BYIL, 2000, S. 99-164; zitiert: Vasciannie, S., The fair and equitable Treatment Standard, S.

Veith, Werner/ Böckstiegel, Karl-Heinz: Der Schutz von ausländischen Vermögen im Völkerrecht, Studien zum Europäischen Wirtschaftsrecht, Baden-Baden 1962; zitiert: Veith/ Böckstiegel, Der Schutz, S.

Verdross, Alfred: Völkerrecht, Rechts- und Staatswissenschaften, 5. Aufl. Wien 1964; zitiert: Verdross, A., Völkerrecht, 1964, S.

Verdross, Alfred/ Simma, Bruno: Universelles Völkerrecht – Theorie und Praxis, 3. Aufl., Berlin 1984; zitiert: Verdross/ Simma, Universelles Völkerrecht, §

Verdross, Alfred: Die Einheit des rechtlichen Weltbildes auf Grundlage der Völkerrechtsverfassung, Tübingen 1923; zitiert: Verdross, A., Die Einheit des rechtlichen Weltbildes, S.

Verdross, Alfred: Die Sicherung von ausländischen Privatrechten aus Abkommen zur wirtschaftlichen Entwicklung mit Schiedsklauseln, in: ZaöRV 1957/ 58, S. 635-651; zitiert: Verdross, A., Die Sicherung von ausländischen Privatrechten, S.

Vereinigung für Internationale Zusammenarbeit (VIZ): Handbuch für Internationale Zusammenarbeit, Teil II A 65, 2, Baden-Baden 1960; zitiert: Handbuch für Internationale Zusammenarbeit, Teil II A 65

Verwey, Wil D./ Shrijver, Nico J.: The Taking of Foreign Property under International Law: a new Legal Perspective, in: NYIL, Vol. 15, 1984, S. 3 -96; zitiert: Verwey/ Shrjiver, The Taking of Foreign Property, S.

Viljoen, Frans: Admissibility under the African Charter, in: Evans, Malcolm/ Murray, Rachel, The African Charter on Human and Peoples' Rights, the system in Practice, 1986-2000, Cambridge 2002, S. 61-99; zitiert: Viljoen, F., Admissibility, S.

Viljoen, Frans: Review of the African Commission on Human and Peoples' Rights: 21.October.1986 to 1 January 1997, in: Heyns, Christof: Human Rights Law in Africa 1997, Den Haag u.a. 1999, S. 47-116; zitiert: Viljoen, F., Review of the African Commission, S.

Viljoen, Frans/ Louw, Lirette: The Status of the Findings of the African Commission, from moral Persuasion to Legal Obligation, in: J.AfricL, Vol. 48, 2004, S. 1-22; zitiert: Viljoen/ Louw, The Status of the Findings, S.

Vincent, V./ Thomas, R.G.: An agricultural survey of Southern Rhodesia, Part 1: agro-ecological survey, Government Printer, Salisbury, 1960

Vitzthum Graf, Wolfgang (Hrsg.): Völkerrecht, Berlin, New York 1997; zitiert: Vitzthum/ Bearbeiter, Völkerrecht, S.

Vogel, Oscar: Der Schutz ausländischer Vermögensrechte gegen Verstaatlichungen, die Abkommen der Schweiz mit der Tschechoslowakei und Jugoslawien, in: Die Friedenswarte, 1949, S. 197-205; zitiert: Vogel, O., Der Schutz ausländischer Vermögensrechte, S.

DeWaal, Victor: The politics of reconciliation, Zimbabwe's first Decade, London 1990; zitiert: DeWaal, V., The politics of reconciliation, S.

Wako, Amos: Comparison of the African Charter on Human and Peoples' Rights and the Optional Protocol to the International Covenant on Civil and Political Rights, in: CanHRY, 1991/ 92, S. 145-150; zitiert: Wako, A., Comparison, S.

Wälde, Thomas W.: International Investments under the 1994 Energy Charter Treaty – Legal, Negotiating and Policy Implications for International Investors within Western and Commonwealth of Independent States/ Eastern European Countries, in: JWT, Vol. 29, Nr. 5, 1995, S. 5-72; zitiert: Wälde, T., International Investments, S.

Waldock Sir, Humphrey Claud: Human Rights in Contemporary International Law and the Significance of the European Convention, 1965, in: International and Comparative Law Quarterly Supplementary Publication Nr. 11, 1965, S. 1-23; zitiert: Waldock, H., Human Rights, S.

Walker, Herman: Provisions on Companies in United States Commercial Treaties, in: AJIL, Vol. 50, 1956, S. 373-393; zitiert: Walker, H., Provisions on Companies, S.

Walker, Thomas Alfred: A History of the Law of Nations, Vol. I, from the earliest times to the peace of Westphalia, 1648, Cambridge 1899; zitiert: Walker, T., A History, Vol. I, S.

Walker, Herman: Modern Treaties of Friendship Commerce and Navigation, in: MinnLR, Vol. 42, 1958, S. 805-824; zitiert: Walker, H., Modern Treaties, S.

Walraven van, Klaas: Some Aspects of Regional Economic Integration in Africa, in: HYIL, Vol. 4, 1991, S. 106-126; zitiert: Walraven, K., Some Aspects, S.

Walters, Robert: UNCTAD: Intervener between poor and rich States, in: Journal of World Trade, Vol. 7, 1973, S. 527-554; zitiert: Walters, R., UNCTAD, S.

Walton, Christopher: International Trade, United States-Canada Free Trade Agreement, in: HarvIntLJ, Vol. 29, 1988, S. 572-580; zitiert: Walton, C., International Trade, S.

Waltsgott, Uwe: Wahlbeobachtungen in Zimbabwe, Eindrücke einer EU-Wahlbeobachtergruppe in Harare, Bulawayo und Mashonaland-West, Juni 2000, in: Afrika Spectrum, Bd. 35, 2000, S. 243 – 255; zitiert: Waltsgott, U., Wahlbeobachtungen in Zimbabwe, S.

Weber, Albrecht: Menschenrechte, Texte und Fallpraxis, München 2004; zitiert: Weber, A., Menschenrechte, S.

Weil, Prosper/ Rambaud, Patrick: Chilean Copper Nationalization, Review by Courts of Third States, in. Bernhardt, R., Vol. 1: Aaland islands to Dumbarton Oaks conference (1944), North-Holland 1992, S. 577-579; zitiert: Weil, P./ Rambaud, P., Chilean Copper Nationalization, S.

Weiss, Nikolaus: Gründung und nationaler Aufbau der Republik Zimbabwe, Die politischen und ökonomischen Grundlagen ihrer Entwicklung, Stuttgart, 1984 ; zitiert: Weiss, N., Gründung und nationaler Aufbau, S.

Weiss, Ruth: Die Genfer Rhodesien-Konferenz und Zur Lage der Weißen in Zimbabwe, in: Rhodesiens Zukunft heißt Zimbabwe, Zwischen Kolonialismus und Selbständigkeit; Texte zum kirchlichen Entwicklungsdienst, Nr. 13, Frankfurt a. M. 1977; zitiert: Weiss, R., Die Genfer Rhodesien-Konferenz, S.

Weiss, Ruth: Der Rhodesien-Konflikt, die Politik der Frontstaaten und die Haltung der Bundesrepublik, in: Afrika und Bonn, Versäumnisse und Zwänge deutscher Afrika-Politik, Hrsg.: Bley, Helmut/ Tetzlaff, Rainer, Hamburg 1978, S. 121-144; zitiert: Weiss, R., Der Rhodesien-Konflikt, S.

Welch, Claude E.: The OAU and Human Rights: Towards a new Definition, in: JMAS, Vol. 19, 1981, Nr. 3, S. 401-420; zitiert: Welch, C., The OAU, S.

Welch, Claude E.: The African Commission on human and peoples' Rights: a five-Year Report and Assessment, in: human rights quarterly (HRQ), a comparative and international journal of the social sciences, humanities, and law, Hrsg.: Urban Morgan Institute for Human Rights, University of Cincinnati, College of Law, New York/ NY, Vol. 14, 1992, S. 43-61; zitiert: Welch, C., The African Commission, S.

Welch, Claude E.: The Organisation of African Unity and the Promotion of Human Rights, in: JMAS, Vol. 29, 1991, Nr. 4, S. 535-555; zitiert: Welch, C., The Organisation of African Unity, S.

Weschke, Katrin: Internationale Instrumente zur Durchsetzung der Menschenrechte, Menschenrechtszentrum der Universität Potsdam (Hrsg.: Klein, Eckart), Bd. 10, Berlin 2001; zitiert: Weschke, K., Internationale Instrumente, S.

Wesley, Roger C.: Establishing Minimum Compensation Criteria for Use in Expropriation Disputes, in: VandLR, Vol. 25, 1972, S. 939-974; zitiert: Wesley, R., Establishing Minimum Compensation, S.

Weston, Burns H.: The Charter of Economic rights and duties of State and the Deprivation of foreign-owned wealth, in: AJIL, Vol. 75, 1981, S. 437-475; zitiert: Weston, B., The Charter of Economic Rights, S.

Weston, Burns H./ Dawson, Frank G.: Prompt, adequate and effective: a universal standard of compensation, in: Fordh.LR, Vol. 30, 1961-1962, S. 727-758; zitiert: Weston/ Dawson, Prompt, adequate and effective, S.

Weston, Burns: The Taking of Property – Evaluation of Damages: A Comment, in: Proceedings of the American Society of International Law, 1968, S. 43 ff.; zitiert: Weston, B., The Taking of Property, S.

De Wet, Erika: Recent Developments Concerning the Draft Optional Protocol to the International Covenant on Economic, Social and Cultural Rights, in: South African Journal on Human Rights, Vol. 13, 1997, S. 514-548; zitiert: De Wet, E., Recent Developments, S.

White, Gillian: Nationalisation of Foreign Property, London 1961; zitiert: White, G., Nationalisation, S.

Whithow, J.R.: Environmental Constraints and Population pressures in the tribal areas of Zimbabwe, in: Zimbabwe Agricultural Journal, Official Journal of the Ministry of Agriculture, Salisbury, Vol. 77, 1980, Nr. 4, S. 173-181; zitiert: Whithow, J., Environmental Constraints, S.

Wilhelm, Markus: Neben dem Außenhandel haben Direktinvestitionen als Internationalisierungsstrategie an Bedeutung gewonnen, Institut für Wirtschaftsforschung, München, ifo-Schnelldienst 7-8, 1996, S. 26-38; zitiert: Wilhelm, M., Neben dem Außenhandel, S.

Willis, John: The Parliamentary powers of English Government Departments, Cambridge, 1933; zitiert: Willis, J., The Parliamentary powers, S.

Wilson, Robert Renbert: United States Commercial Treaties and international law, New Orleans 1960; zitiert: Wilson, R., United States Commercial Treaties, S.

Wily, Liz Alden: Reconstructing the African Commons, Special Issue: Africa and the Environment, in: Africa Today, Vol. 48, Nr. 1-3, 2001, S. 77-99; zitiert: Wily, Liz A., Reconstructing the African Commons, S.

Wittinger, Michaela: Die drei regionalen Menschenrechtssysteme, Ein vergleichender Überblick über die EMRK, die Amerikanische Menschenrechtskonvention und die Afrikanische Charta der Menschenrechte und der Rechte der Völker, in: Jura 1999, S. 405 ff; zitiert: Wittinger, M. Die drei regionalen Menschenrechtsysteme, S.

Wolfgram, Susann: Investitionsgerichtsbarkeit nach dem Vertrag der Energiecharta, Europäisches und Internationales Integrationsrecht, Bd. 3, Hamburg 2001; zitiert: Wolfgram, S., Investitionsgerichtsbarkeit nach dem ECV, S.

Wolfrum, Rüdiger: Handbuch Vereinte Nationen, 2. Aufl., München 1991; zitiert: Wolfrum, R., Handbuch Vereinte Nationen, S.

World Investment report, Trends and Determinants, Hrsg.: United Nations Conference on Trade and Development, Genf/ New York 1998, auch unter: http://www.unctad.org/en/docs//wir98_en.pdf, besucht am 16.09.2004; zitiert: World Investment report 1998, S.

World Investment Report von 1996: UNCTAD: Gesamtsumme der weltweiten ausländischen Investitionen alleine im Jahr 1995 etwa 315 Bilionen US-$ betrug, wobei die Mehrheit zwischen den drei Haupthandelsblöcken USA, EU und Japan stattfindet unter: http://www.unctad.org/Templates/WebFlyer. tasp?intItemID=2429&lang=1, besucht am 16.09.2004; zitiert: World Investment Report 1996, S. 14

Worku, Messeletch: Entwicklungstendenzen des regionalen Menschenrechtsschutzes, die Afrikanische Charta der Rechte des Menschen und der Völker, Bochumer Schriften zur Friedenssicherung und zum Humanitären Völkerrecht, Bd. 40, Berlin 2000; zitiert: Worku, M., Entwicklungstendenzen, S.

Wurst, Dagmar: Der Schutz des Grundeigentums in Zimbabwe seit der Kolonialzeit - ein Überblick über seine historische Entwicklung, in: Blumenwitz, Dieter/ Wehner, Gerd (Hrsg.), Pol-educ 4 Schritte in eine neue Rechtsordnung. Die aktuelle Entwicklung des Völker- und Europarechts mit ihren historischen Bezügen, München 2003, S. 89-104; zitiert: Wurst, D., Der Schutz des Grundeigentums, S.

Zachrisson, Per: An African Area in change. Belingwe 1894-1946. A study of colonialism, missionary activity and African response in Southern Rhodesia. Bulletin of Department of History, Nr. 17, University of Gothenburg, Gothenburg 1978; zitiert: Zachrisson, P., An African Area in change, S.

Zagel, Gudrun: Auslandsinvestitionen in Lateinamerika, völkerrechtliche und staatliche Regelungen zwischen Protektionismus und Neoliberalismus, Schriften zum Völkerrecht, Berlin 1999; zitiert: Zagel, G., Auslandsinvestitionen in Lateinamerika, S.

De Zayas, Alfred/ Möller, Jakob/ Opsahl, Torkel: Application of the International Covenant on Civil and Political Rights under the Optional Protocol by the Human Rights Committee, GYIL, Vol. 28, 1985, S. 9-64; zitiert: De Zayas/ Möller/ Opsahl, Application of the ICCPR, S.

De Zayas, Alfred: An International Court of Human Rights, in: NJIL, Vol. 61/ 62, 1994, S. 267-270; zitiert: De Zayas, A., An International Court, S.

Zeeb, Hajo: Zur Position des Commonwealth gegenüber Zimbabwe, in: Zimbabwe Netzwerk Rundbrief, Nr. 42, Mai 2002, S. 11 ff.

Zimbabwe Human Rights NGO Forum: The Human Rights Monitor, Nr. 15, Juni 2001; zitiert: Zimbabwe HRF: HRM, Juni 2001, S.

Zimbabwe Mission 2001, International Bar Association (IBA Delegation Report), London, unter: http://www.ibanet.org/pdf/final_report1.pdf; besucht am 17.09.2004; zitiert: Bericht der Zimbabwe Mission 2001, International Bar Association (IBA Delegation Report), London, unter: http://www.ibanet.org/pdf/final_report1.pdf, Kapitel 7.14

Zimbabwe Monitor, Institute for Justice and reconciliation, Ed.: Mafundikwa, Eunice: Zimbabwe-South Africa Dialogue: Report; unter: http://www.ijr.org.za/monitors/mon_pgs/zim/events/Zimikhaya/dialoguereport.html; besucht am 29.09.2004; zitiert: Zimbabwe Monitor, Zimbabwe-South Africa Dialogue.

Zimmer, Reinhard: Investitionsschutz der deutschen Kapitalanlagen in den Republiken der ehemaligen Sowjetunion in: RIW, Vol. 40, 1994, S. 25-27.; Zimmer, R., Investitionsschutz der deutschen Kapitalanlagen, S.

Zimmerli, Christopher H.: Human Rights and the Rule of Law in Southern Rhodesia, in: ICLQ, Vol. 20, Part 2, April 1971, S. 239-300; zitiert: Zimmerli, C., Human Rights, S.

Zimunya, Hai Masatsha: Dictatorship packaged in Pan-Africanism, Kubatana-Archive, vom 29.08.2003; unter http://www.kubatana.net/html/archive/opin/030829iz.asp?sector=OPIN, besucht am 06.10.2004; zitiert: Zimunya, H., Dictatorship packaged in Pan-Africanism, Kubatana-Archive, vom 29.08.2003

Zuchan, Knut: Zimbabwe, Reise Handbuch, 1. Aufl., Kronshagen, 1994

Zürrer, Werner: Rhodesien wird unabhängige Republik Zimbabwe, in: Weltgeschehen, Analysen und Berichte zur Weltpolitik für Unterricht und Studium, im Auftrag der deutschen Gesellschaft für Auswärtige Politik, Bonn, herausgegeben in Zusammenarbeit mit der Akademie für politische Bildung, Tutzing, Hrsg.: Heinrich Siegler, St. Augustin, April-Juni 1980/2, S 141-184; zitiert: Zürrer, W., Rhodesien wird unabhängige Republik Zimbabwe S.

Zwart, Tom: The Admissibility of Human Rights Petitions, the Case Law of the European Commission of Human Rights and the Human Rights Committee, Dordrecht 1994; zitiert: Zwart, T., The Admissibility, S.

ZWNEWS: land for the Zanu-PF ministers and not for the poor; vom 06.05.2003

Zyl van, Johann/ Kirsten, Johann/ Binswanger, Hans P.: Agricultural Land Reform in South Africa, Policies, Markets and Mechanisms, Oxford 1996; zitiert: Zyl van/ Kirsten/ Binswanger, Agricultural Land Reform, S.

2. Zeitschriften

Africa, Hrsg.: International African Institute (IAI), London

Africa Development, a quarterly journal of the council for the development of Economic and Social Research in Africa, (= Afrique et dévelopement), Dakar

Africa Legal Aid Quarterly, Hrsg.: Africa Legal Aid, Maastricht

Africa Report, Hrsg.: African-American Institute, Washington/ D.C.

Africa Today, Hrsg.: Indiana University Press, Bloomington, IN, Ed.: Clark, Garcia/ Gibson, Clark/ Hanson, John/ Stone, Ruth

African Affairs, The Journal of the Royal African Society, Oxford, UK

African Journal of International and Comparative Law (AJICL), auch Revue Africaine de Droit International et comparatif (RADIC), Hrsg: African Society of International and Comparative Law, London; zitiert: African Journal of International and Comparative Law

African Journal of international law (AJIntL) (journal africain de droit international) Hrsg.: International Society of African Lawyers, London

African Studies Quarterly, the Online Journal of African Studies, Centre for African Studies, University of Florida, Gainesville, Kopierdatum: 18.04.2002; unter: http://www.africa.ufl.edu/asq;

African Yearbook of International Law, annuaire africain de droit international, African Society of International law, Den Haag

Afrika-Bulletin: Hrsg.: Afrika-Komitee, Basel; zitiert: in Afrika –Bulletin, vom

Afrika Insight, Hrsg.: The Africa Institute of South Africa, Pretoria, South Africa, Ed.: Le Roux, Elizabeth, Randburg, South Africa

Afrika-Post: Hrsg.: Deutsche Afrika Stiftung e.V., Berlin; zitiert: in Afrika-Post, von April/ Mai 2003, S.

Afrika Report: Hrsg.: African-American Institute, New York/ USA

Afrika Spectrum, Deutsche Zeitschrift für moderne Afrikaforschung, Hrsg.: Institut für Afrika-Kunde (IAK), Hamburg

afrika süd: Zeitschrift zum südlichen afrika (ehem. ISSA); Hrsg.: Informationsstelle südliches Afrika e.V. (Issa), Bonn

American Bar Association Journal (ABAJ), Chicago

American Journal of Comparative Law, published by The American Society of Comparative Law. - Berkeley, Calif.

The American Journal of International law (AJIL), Hrsg.: American Society of International Law, Washington/ D.C.

Amtsblatt der Europäischen Gemeinschaften, Rechtsvorschriften (Abl. EG))

Annuaire de l'Institut de Droit International, Session de Sienne, Verlag für Recht und Gesellschaft AG, Bale (Annuaire de l'Institut de Droit International)

Annual Digest and reports of public international Law Cases, Decisions of International and National Courts and Tribunals, Hrsg.: Hersch Lauterpacht, London u.a.

Archiv des Völkerrechts, Hrsg.: Schätzel, Walter, u.a., Tübingen

Die Aula, das freiheitliche Magazin, Monatsschrift österreichischer Akademieverbände und Korporationen, Graz

The Australian Yearbook of international law (AustYIL), a survey of current problems of Public and Private International Law with a section of Australian Practice in International Law, Hrsg.: Centre for International and Public Law, Faculty of Law, Australian National University

Außenwirtschaft, Schweitzer Zeitschrift für Internationale Wirtschaftsbeziehungen, Hrsg.: Schweizerische Institut für Außenwirtschafts-, Struktur- und Regionalforschung an der Hochschule St. Gallen

Außenwirtschaftsdienst des Betriebs-Beraters (RIW), Recht der Internationalen Wirtschaft mit Nachrichten der Studiengesellschaft für privatrechtliche Auslandsinteressen e.V., Heidelberg

Blätter für deutsche und internationale Politik, Hrsg.: Bentele, Hilde, u.a., Bonn

The British Yearbook of International Law (BYIL), Hrsg.: Royal Institute of International Affairs, London u.a.

Buffalo Human rights law review (BuffHRLR), Hrsg.: University at Buffalo School of law, State university of New York, Buffalo/ NY

Bundesgesetzblatt (BGBl.)Hrsg.: Bundesministerium der Justiz

Business Day, Johannesburg/ South Africa: Swiss Farmers face eviction from Zimbabwe after land seizures, in: Business Day, vom 13.06.2002 und Staff tossed off Zimbabwe Farm, in: Business Day/ South Africa, vom 15.04.2004

California Western International Law Journal, (CalWestIntLJ), California Western School of Law of the United States International University, San Diego/ Calif.

Canadian Human Rights Yearbook (Annuaire Canadien des droits de la personne), (CanHRY) University of Ottawa, Human Rights Research and Education Centre, Ottawa

The Comparative and International Law Journal of Southern Africa, Hrsg.: Institute of Foreign and Comparative Law, Pretoria

Columbia Journal of Transnational Law (ColJTransL), Columbia Society of International Law, New York/ NY

Commonwealth law Bulletin, Commonwealth Secretariat, London

Cornell International Law Journal (CornellIntLJ), the Cornell Law School, Ithaca/ NY.

Current Legal Problems, annual journal of the Faculty of Laws at University College, Hrsg.: Keeton, G./ Schwarzenberger, G., London

The Daily News, Harare, http://www.daily-news.co.za; (Pro-Opposition), The Daily News, vom 14.05.2003 (Zitat von Doug Taylor-Freeme) und CFU Shoots down state claims on Land Reform, in: The Daily News vom 05.03.2003

Daily Newspaper (entspricht daily news): „Section 8 illegal", in: Daily Newspaper, vom 22.08.2002

De rebus, SA Attorneys' Journal; auch unter http://www.derebus.org.za/index.htm;

Development Southern Africa, Quarterly Journal, Hrsg.: Development Bank of Southern Africa

Economic Modelling, Amsterdam/ Holland, Frisch Centre, Department of Economics, University of Oslo, Norway

Emory International Law Review (Ed.: Emory University School of Law), Atlanta

Entwicklung und Zusammenarbeit (E+Z); Hrsg: DSE – Deutsche Stiftung für internationale Entwicklung, Bonn; unter: http://www.inwent.org

Entwicklungspolitik (epd), Hrsg.: Gemeinschaftswerk der Ev. Publizistik (GEP), Frankfurt/ Main

Europa-Archiv, Zeitschrift für internationale Politik, Halbmonatsschrift der deutschen Gesellschaft für Auswärtige Politik, Bonn, Hrsg.: Cornides Wilhelm, Teil 1: Beiträge und Berichte

Europarecht (EuR), Baden- Baden

Europäische Grundrechte-Zeitschrift, EuGRZ, Hrsg.: Engel, Norbert Paul, Kehl a.R.

European human Rights reports, EHRR, European Law Centre, London

Financial Gazette, Harare, http://www.fingaz.co.zw; (INDEPENDENT)

Financial Times, London; http://www.ft.com

Fordham law review (Fordh.LR) , New York Fordham University, School of Law, Hrsg.: Estroff, Stephe E., u.a., New York/ NY

Frankfurter Allgemeine Zeitung, Frankfurt; http://www.faz.de; zitiert: FAZ, Nr. vom , S.

Die Friedenswarte, Journal of international peace and organisation, Blätter für internationale Verständigung und zwischenstaatliche Organisation, Begr.: Fried, Afred, 1899, Hrsg.: Corti, Robert/ Guggenheim, Paul, u.a., Basel

German Yearbook of International Law (GYIL) (=Jahrbuch für internationales Recht), Institut für Internationales Recht an der Universität Kiel, Berlin

The Guardian, U.K., http://www.guardian.co.uk

The Hague International Journal of International Law (HYIL), Association of Attenders and Alumni of the Hague Academy of International Law

Hastings International and Comparative law review (HastIntCLR), University of California, Hastings College of law, San Francisco/ Calif.

Harvard International Law Journal, (HarvIntLJ), Harvard International Law Club, Cambridge/ Mass.

The Herald, Harare, http://www.herald.co.zw; (Government-owned)
Preliminary notice to compulsorily acquired land, in: The Herald, vom 08.08.2003 und The Herald Online vom 22.05.2003, Land Review Starts

Human Rights Law Journal (HRLJ), Kehl/ Straßbourg u.a.

Human Rights Quarterly (HRQ), a comparative and international journal of the social sciences, humanities, and law, Hrsg.: Urban Morgan Institute for Human Rights, University of Cincinnati, College of Law, New York/ NY

Human Rights-Watch, New York; http://www.hrw.org;

ICJ Reports, International Court of Justice, Reports of Judgements, Advisory Opinions and Orders, Leiden

ICSID Review, Foreign Investment Law Journal, (ICSID Review FILJ), International Centre for the Settlement of Investment Disputes, Baltimore/ Md.

IFO-Schnelldienst, Ifo-Institut für Wirtschaftsforschung, München

The Independent, UK, http://www.independent.co.uk, „Our party must continue to strike fear in the heart of the white man, our real enemy." The Independent, vom 15.12.2001

Indian Journal of International Law (Indian JIL), Ed.: Indian Society of international Law, New Delhi

Indiana International & Comparative Law Review, Ed.: Indiana University school of Law, Indianapolis

Informationsdienst südliches Afrika (IDSA), Hrsg.: Informationsstelle südliches Afrika e. V. (issa), Bon, (seit 1995: afrika süd)

(Blätter des) Informationszentrum dritte Welt (iz3w), Freiburg

International Crisis Group report, African Report, Johannesburg/ Brussels

The International Court of Justice (ICJ), Yearbook of the International Court of Justice, Den Haag

The International and Comparative Law Quarterly, ICLQ, the journal of the society of comparative legislation, British Institute of International and Comparative Law, London

International and Comparative Law Journal of Southern Africa, Hrsg.: Institute of Foreign and Comparative Law, University of South Africa, Pretoria/ South Africa

International Journal; Canadian Institute of International Affairs, Ontario, Toronto

International Journal of African Historical Studies, Boston University African Studies Center, Boston/ USA

International journal of law and the family, Hrsg.: Eekelaar, John/ Dingwall, Robert, Oxford

International Journal on Minority and Group Rights (IntJMGR), Deventer/ Netherlands

International Law Journal (ILJ), London

International Law Reports (annual digest) (ILR), Lauterpacht Research Centre for International Law, University of Cambridge, Cambridge

The International Lawyer (IntLawyer), Quarterly Publication of the Section of International and Comparative Law of the American Bar Association, Chicago/ Ill.

International Legal Materials (ILM), The American Society of international law, Washington/ D.C.

Internationales Afrika-Forum, Zeitschrift mit Mitteilungen zu Zimbabwe; Hrsg.: Braun, Hans-Gert/ Graf von Waldburg-Zeil, Alois, in Zusammenarbeit mit Ifo-Institut für Wirtschaftsforschung e.V., München u.a.; zitiert: Internationales Afrika-Forum, S.

Iran-United States Claims Tribunal Reports (Iran-US CTR), Hrsg.: M.E. Macglashan, Cambridge

Jahrbuch für internationales Recht, Begr. Rudolf Laun, Göttingen

Journal der Deutsch-Zimbabwische Juristenvereinigung (DZJV): The Legal Exchange Programme 1999 - Result Journal, Hrsg.: Deutsch-Zimbabwische Juristenvereinigung (DZJV) Berlin 1999; zitiert: in: Journal der Deutsch-Zimbabwische Juristenvereinigung, S.

Journal für Entwicklungspolitik 1997, Mattersburger Kreis für Entwicklungspolitik an den österreichischen Universitäten, Frankfurt/ Main

Journal of African Economies, Oxford

Journal of African Law (J.AfricL), Hrsg.: Coldham, S.F.R./ Hatchard, J./ Slinn, P.E., School of Oriental and African Studies, University of London

Journal of International Law and economics, National law Center, George Washington University, Washington/ D.C.

Journal of Modern African Studies (JMAS); Cambridge University Press, Cambridge

Journal of Public Law (JPL), Emory University Law School, (später Emory law Journal), Atlanta/ Georgia

Journal of Southern African Studies (JSAS), Hrsg.: Centre for Southern African Studies, University of York, Heslington

Journal of World Trade Law, Hrsg.: Thompson, Dennis, London

Journal of World Trade (JWT): law, economics, public policy, Hrsg.: Jacques Werner, Genf/ Schweiz

Jura, juristische Ausbildung, Berlin

Jurisprudencia Constitucional, Tribunal Constitucional (JC), Madrid/ Spanien

Juristenzeitung (JZ), Hrsg.: Bader/ Ehard, u.a., Tübingen

The Law Quarterly Review (LQR), Ed.: Goodhart, A.L./ Megarry, R.E., London

Lawyer of the Americas (LawAm), Institute for Inter-American legal Studies, University of Miami, School of Law, Miami, Florida

Lesotho Law Journal (LesothoLJ), a journal of law and development, Faculty of Law, National University, Lesotho

Marquette Law Review, Marquette University, School of Law, Milwaukee/ Wis.
Michigan Journal of International Law (MJIL), University of Michigan, Law School, Ann Arbor/ Mich.)

Minnesota Law Review (MinnLR), Law School, University of Minnesota, Minneapolis/ Minn.

Le Monde Diplomatique, Paris

The National Post, Canada, unter Zimbabwe Information Centre: http://www.zic.com.au/news.htm

Nederlands Tijdschrift Voor Internationaal Recht (NedTIR), Netherlands International Law Review (Fortsetzung: Netherlands international law review (NILR), Leiden/ The Hague

Netherlands Quarterly of Human Rights (NQHR), Hrsg.: Studie- en Informatiecentrum Mensenrechten, Den Haag

Netherlands Yearbook of International law (NYIL), Hrsg. Netherlands International law review, unter Aufsicht des Stichting T.M.C. Asser Instituut, Instiut for Private and Public Commercial Arbitration and European Law, Den Haag

Neue Juristische Wochenzeitschrift, NJW

Neue Zürcher Zeitung, Zürich: Richter des Obersten Gerichts Simbabwes tritt zurück; in: NZZ, vom 04.03.2002

New York University Journal of International Law and Politics (NYU JintLP), New York

Nordic Journal of International Law (NJIL), acta scandinavica juris gentium, Hrsg.: Harhoff, Frederik, Dordrecht u.a.

Österreichische Zeitschrift für öffentliches Recht und Völkerrecht (ÖzöR), Hrsg.: Koja/ Seidl-Hohenveldern u.a., Wien

PCIJ, Permanent Court of International Justice, Publikationen des Ständigen Gerichtshofes, Dokumente zu den Entscheidungen 1922-1931, Leiden

Proceedings of the American Society of International Law (ASIL Proc.), Washington/ D.C.

Quarterly Journal of International Agriculture, Zeitschrift für ausländische Landwirtschaft, Frankfurt am Main

Rabels Zeitschrift für ausländisches und internationales Privatrecht (RabelsZ), Max-Planck-Institut für Ausländisches und Internationales Privatrecht, Berlin

Recht in Afrika, Zeitschrift der Gesellschaft für afrikanisches Recht, Köln

Recht der internationalen Wirtschaft (RIW), Außenwirtschaftsdienst des Betriebs-Beraters, Heidelberg

Recueil des Cours (RdC), Académie de Droit International, Collected Courses of the Hague Academy of International Law, Académie de Droit International de la Haye, Den Haag

Reports of International Arbitral Awards, United Nations, Leyden/ Holland

Review of African Political Economy, wechselnde Verlagsorte: Carfax Publ.

Review of contemporary Law, Hrsg.: International Association of Democratic Lawyers, Brüssel

Revue Africaine de Droit international et comparatif (AJICL) = African Journal of international and comparative law, London

Revue des Droits de l'homme, droit international et droit comparé = Human Rights Journal, Paris

Sapa/ AP south Africa, Johannesburg: Zimbabwe President defends land takeovers, in: Sapa/ AP (South Africa), vom 13.04.2000 und RSA Judges Voice deep concern over Zimbabwe Legal System, vom 12.02.2001

Schweizerisches Jahrbuch für internationales Recht (SchweizJIR) = Annuaire suisse de droit international / hrsg. von der Schweizerischen Vereinigung für Internationales Recht, Zürich

South African Geographical Journal, a record of the proceedings of the south African geographical society, Bramfontein, Transvaal/ South Africa

South African journal of International Affairs (SAIIA), the South Africa Institute of International Affairs, Bramfontein, Johannesburg

South African Journal on Human Rights (SAJHR), Centre for Applied Legal Studies in conjunction with lawyers for human rights, University of the Witwatersrand, Kenwyn/ Juta, Johannesburg

Der Spiegel, Hamburg, http://www.spiegel.de

Spiegel der Forschung, Wissenschaftsmagazin, Universität Gießen

Stanford Journal of International Law (StanJIL), School of Law, Stanford University, Stanford/ Calif.

Südwind-Magazin, Magazin für internationale Politik, Kultur und Entwicklung, Wien; Online unter: http://www.suedwind-magazin.at/start.asp; besucht am 10.09.2004

The Sunday Mirror, Harare, http://www.africaonline.co.zw.mirror; (CENTRIST): Government denies Existence of Land Audit Report, in: Sunday Mirror vom 02.04.2003

Syracuse Law Review (SyracuseLR), Syracuse University, College of Law, Syracuse/ NY.

Tageszeitung, Berlin; http://www.taz.de; Mugabes Landreform, in: taz, vom 12.08.2002

Texas International Law Forum (TexIntLF), University of Texas International Law Society, University of Texas School of Law, Austin/ Tex.

Third World Quarterly, journal of emerging areas/ Centre for developing Areas Research, University of London, Department of Geography, Royal Holloway & Bedford New College, Basington/ Hants

Transactions of the Grotius Society, London, British Institute of International & Comparative Law, London (aufgegangen in the international and comparative law quarterly)

Transnational Corporations, New York

Transnational Law and Contemporary Problems, a journal of the University of Iowa, College of Law, Iowa City/ Iowa

Tulane Law Review, Tulane University of Louisiana, New Orleans/ La.

University of Ghana Law Journal (UGLJ), London

Der Überblick, Zeitschrift für ökonomische Begegnung und internationale Zusammenarbeit, Quartalsschrift der Arbeitsgemeinschaft Kirchlicher Entwicklungsdienst (AGKED), Hamburg

Vanderbilt Law Review (VandLR), Vanderbilt University, School of Law, Nashville/ Tenn.

Verfassung und Recht in Übersee (VRÜ), Vierteljahresschrift für Fragen des Verfassungs- und Rechtsentwicklung der Staaten Asiens, Afrikas und Lateinamerikas, Hrsg.: Hamburger Gesellschaft für Völkerrecht und Auswärtige Politik e.V., im Institut für internationale Angelegenheiten der Universität in Verbindung mit dem Institut für Afrikakunde, Institut für Asienkunde, Iberoamerika-Kunde und dem deutschen Orient-Institut

Virginia journal of international Law (VaJIntL), Hrsg.: Basset, John, Moore Society of International law, Charlottesville, Va.

The Washington Times, Washington, DC: Simbabwe in black and white, Editorial, 26.08.2002

Die Welt, Berlin; zitiert: in Die Welt, vom

Weltgeschehen, Analysen und Berichte zur Weltpolitik für Unterricht und Studium, im Auftrag der deutschen Gesellschaft für Auswärtige Politik, Bonn, herausgegeben in Zusammenarbeit mit der Akademie für politische Bildung, Tutzing, Hrsg.: Heinrich Siegler, St. Augustin

West Africa, Ashford/ UK

World Development: the multi-disciplinary international journal devoted to the study and promotion of world development, Washington/ D.C.

Yearbook of Commercial Arbitration (YBCommArb), International Council for Commercial Arbitration, Den Haag u.a.

Yearbook of the international Law Commission (YILC), United Nations, International Law Commission, New York/ NY

Yearbook of World Affairs (YBWA), London Institute of World Affairs, Faculty of Law, University College, London

Die Zeit, Wochenzeitung für Politik, Wirtschaft, Handel und Kultur, Hamburg

Zeitschrift für ausländisches öffentliches Recht und Völkerrecht (ZaöRV), Max Planck Institut für öffentliches Recht und Völkerrecht, Stuttgart

Zeitschrift für ausländisches und internationales Privatrecht, Max-Planck-Institut für Ausländisches und Internationales Privatrecht, Berlin

Zeitschrift für Politik, Organ der Hochschule für Politik, München, Baden-Baden

Zeitschrift für vergleichende Rechtswissenschaft (ZVglRW), Archiv für internationales Wirtschaftsrecht, Heidelberg

Zeitschrift für Wirtschaft- und Bankrecht (WM), Frankfurt a.M.

Zimbabwe Agricultural Journal, Hrsg.: Ministry of Agriculture, Department of Research and specialist Services, Salisbury

Zimbabwe Broadcasting Corporation: President Robert Mugabe's Address at the Earth Summit, Johannesburg, in: Zimbabwe Broadcasting Corporation, 02.09.2002; www.zbc.co.zw/news.cfm?id=7453&pubdate=2002%2D09%2D03; besucht am 29.09.2004

The Zimbabwe Independent, Zimind Publishers limited, Harare; (Pro-Opposition), http://www.theindependent.co.zw; zitiert: in: The Zimbabwe Independent, vom

Zimbabwe Information Centre: Zusammengestellte Nachrichten vom 25.08.2001; unter: http://www.zic.com.au/updates/2001/25august2001.htm; besucht am 29.09.2004; National Post (Canada) vom 24.08.2001: Ottowa may back move to ban Mugabe und The Guardian (UK) vom 20.08.2001: Zimbabwe Dissidents Pay big price

Zimbabwe Law Review, Hrsg.: Ncube, W./ Feltoe, G./ Hlatshwayo, B., Faculty of Law, University of Zimbabwe, Harare

Zimbabwe Law Review (ZLR), University of Zimbabwe, Department of Law, Harare

Zimbabwe News (ZWNEWS), the world's leading webside on Zimbabwe; http://www.zwnews.com;
Land for the ZANU-PF ministers and not for the poor, vom 06.05.2003

3. Sonstige Materialien

E-mails der JAG Rundmails (jag@mango.zw; justiceforagriculture@zol.co.zw)

TV-Sendung:
Schaaf, Stefan: Der Terror der „Grünen Bomber", Reportage des Weltspiegels vom 27.04.2003, in: www.swr.de/weltspiegel/2003/04/27/index2.html besucht am 27.04.2003

„Zimbabwe – Countdown, „TV-Sendung" vom 28.08.2003

4. Fundstellen der Urteile

Agip-Fall: ICSID- Arbitration Tribunal: Award in the Case of AGIP Company ./. Popular Republic of the Congo, in: ILM, Vol. 21, 1982, S. 726 ff.
AMCO Asia Corporation ./. The Republic of Indonesia, vom 21.11.1984, in: ILM, Vol. 24, 1985, S. 1022 ff. bzw. vom 16.05.1986, in: ILM 25,1986, S. 1439 ff.; zitiert: AMCO, in: ILM, Vol. 24, 1985, S.

Kuwait-Aminoil-Arbitration: Arbitration Tribunal, Award in the Matter of an Arbitration Between Kuwait and the American Independent Oil Company (AMINOIL), vom 24.03.1982, in: ILM, Vol. 21, 1982, S. 976-1053; zitiert: AMINOIL, in: ILM, Vol. 21, 1982, S.

American International Group Inc./ American Life Insurance Company ./. The Government of the Islamic Republic of Iran, vom 19.12.1983, in: ILM, Vol. 23, 1984, S. 1 ff.; zitiert: American International Group, in: ILM, Vol. 23, 1984, S.

Amoco International Finance Corp. ./. The Government of the Islamic Republic of Iran, vom 14.07.1987, in: Iran-US. C.T.R., Vol. 15, 1987 II, S. 189 ff.; abgedruckt auch unter: http://tldb.uni-koeln.de/php/pub_show_

document.php?pubdocid=231900&pubwithtoc=ja&pubwithmeta=ja&pubmarkid=965000#mark965000; besucht am 02.07.2004; zitiert: Amoco Corp. ./. Iran, S.

Anglo-Iranian Oil Co. Case, United Kingdom ./. Iran, vom 22.07.1952, in: ICJ Reports 1952, S. 93 ff.; zitiert: Anglo-Iranian Oil Co. Case, in: ICJ Reports 1952, S.

Saudi Arabia ./. Aramco Arabian American Oil Co (ARAMCO), in: ILR, Vol. 27, 1958, S. 117-233; zitiert: ARAMCO, in: ILR, Vol. 27, 1958, S.

Asian Agricultural Products Limited (AAPL) ./. Democratic Socialist Republic of Sri Lanka, in: ILM, Vol. 30, 1991, S. 577 ff.

Barcelona-Traction Fall: Barcelona Traction, Light and Power Co., Ltd. (Belgium ./. Spain), Urteil vom 24.07.1964 und Urteil vom 05.02.1970, in: ILR, Vol. 46, 1973; zitiert: Barcelona-Traction Fall, vom 05.02.1970, in: ILR, Vol. 46, 1973, S.

Benvenuti et Bonfant-Fall: ICSID- Arbitration Tribunal: Award in the Case of Benvenuti et Bonfant ./. People's Republic of the Congo, in: ILM, Vol. 21, 1982, S. 740 ff.

BP Exploration Company (Libya) Limited ./. Government of the Libyan Arab Republic, in: ILR, Vol. 53, 1979, S. 297 ff.; zitiert: BP, in: ILR, Vol. 53, 1979, S.

Bremer Tabakstreit: Oberlandesgericht Bremen, Urteil vom 21.08.1959 – 1 U 159/ 1959 – 1 U 201/ 1959, in: RIW, 1959, S. 207 ff.

Centros Ltd. ./. Erhvervs- og Selskabsstyrelsen, EuGH, Urteil vom 09.03.1999 – Rs. C-212/ 97, in: Europäisches Wirtschaft- & Steuerrecht (EWS), 1999, S. 140 ff.

Ciulla-Case, Urteil vom 22.02.1989, in: ECHR Ser. A, Vol. 148, Nr. 31 f.

Chorzów-Fall: Factory at Chorzów, vom 13.09.1928, in: PCIJ Series A Nr. 17, http://tldb.uni-koeln.de/php/pub_show_document.php?pubdocid=380600&pubwithtoc=ja&pubwithmeta=ja&pubmarkid=965000#mark965000; besucht: 02.07.2004; zitiert: Chorzów-Fall, in: PCIJ Series A Nr. 17, S.

Chile-Kupfer-Streit: Anerkennung völkerrechtswidriger Enteignung trotz Verstoßes gegen den deutschen ordre public? Entscheidung des LG Hamburg vom 22.01.1973, in: Außenwirtschaftsdienst des Betriebs-Beraters, Bd. 19, 1973, S. 163 ff.; zitiert: Entscheidung des LG Hamburg vom 22.01.1973, S.

Chilenische Kupfersondergericht: Special Copper Tribunal Decision on the Question of Excess Profits of Nationalized Copper Companies, zitiert: Chilenische Kupferminenenteignungen in: ILM, Vol. 11, 1972, S. 1013-1061

Dickson Car Wheel Company (USA)./. United Mexican States, vom Juli 1931, in: Reports of International Arbitral Awards, United Nations, Vol. 4, S. 669 ff.; zitiert: Dickson Car Wheel Company ./. United Mexican States, in: Reports of International Arbitral Awards, United Nations, Vol. 4, S.

Ebrahimi, Case Nr. 44, Schiedsspruch vom 12.10.1994, in: YCA, Vol. 20, 1995, S. 405-453; zitiert: Ebrahimi, in: YBCommArb, Vol. 20, 1995, S.

Erkner and Hofauer ./. Austria, European Court of Human Rights, Judgement of 23.04.1987, Ser. A: Arrêts et décisions, Nr. 117; zitiert: EGMR vom 23.04.1987, Erkner and Hofauer ./. Austria, Ser. A, Nr. 117, Ziff.

German Interests in Polish Upper Silesia, vom 25.08.1925 und vom 25.05.1926, in: PCIJ, 1925, Series A, No. 6, und in: PCIJ, 1926, Series A, No. 7; zitiert: German Interests in Polish Upper Silesia, PCIJ, 1925/ 1926, Series A, No. 6/ 7, S.

David Goldenberg et Fils ./. Etat Allemand, vom 27.09.1928, in: ZaöRV 1929, S. 87 ff.; zitiert: Goldenberg-Case, in: ZaöRV 1929, S.

INA Corporation ./. The Government of the Islamic Republic of Iran, vom 12.08.1985, in: Iran-US. C.T.R. Vol. 8, 1985 I, S. 373 ff.; zitiert: INA Corporation ./. Iran, S.

Hanseatisches OLG Bremen, Urteil vom 21.08.1959 – 1 U 159/ 1959 – 1 U 201/ 1959, in: Außenwirtschaftsdienst des Betriebs-Beraters, 1959, S. 207 ff.; zitiert: Hanseatisches OLG Bremen, in: RIW, 1959, S.

Hauer ./. Land Rheinland-Pfalz, Judgement of the Court of Justice of the European Communities, vom 13.13.1979, Liselotte Hauer ./. Land Rheinland-Pfalz, Case 44/ 79, in: Reports of Cases before the Court, Luxembourg 1979 III, S. 3727-3765; zitiert: EuGH, vom 13.12.1979, Rs. 44/ 79, Hauer, S.

International Court of Justice: http://www.worldcourts.com/

International Arbitral Awards of Östen Unden, in: AJIL, Vol. 28, 1934, S.766 ff.

James and Others, European Court of Human Rights, Judgement of 21.02.1986, Ser. A: Arrêts et décisions, Nr. 98; zitiert: EGMR vom 21.02.1986, James and others, Ser. A, Nr. 98, Ziff. 54

Lena Goldfields Arbitration, bei Lauterpacht, H., Annual Digest of Public International Law Cases, S. 3 f.

LETCO: Liberian Eastern Timber Corporation (LETCO) ./. the Government of the Republic of Liberia vom 31.03.1986, in: ILM, Vol. 26, 1987, S. 647 ff.; LETCO, in: ILM, Vol. 26, 1987, S.

Liamco ./. Libya: Award of the arbitral tribunal in the dispute between Libyan American Oil Company (LIAMCO) and the Government of the Libyan Arab Republic relating to petroleum concessions, vom 12.04.1977, in: ILM, Vol. 20, 1981, S. 1-87 bzw. in: YBCommArb, Vol. 6, 1981, S. 89-124; zitiert: LIAMCO, in: ILM, Vol. 20, 1981, S.

Lighthouse Arbitration: The Arbitration Treaty, Lighthouses Arbitration between France and Greece, Permanent Court of Arbitration, vom 24.07.1956, in: ILR, Vol. 23, 1956, S. 659 ff.

Lithgow ./. United Kingdom, Nationalisation Legislation, European Court of Human Rights, Urteil vom 08.07.1986, Ser. A: Arrêts et décisions, Nr. 102, in EHRR, Vol. 8, 1986, S. 329 ff.; zitiert: Lithgow ./. United Kingdom, in: EHRR, Vol. 8, 1986, S.

The Mavrommatis Palestine Concessions, vom 30.08.1924, in: PCIJ, 1924, Series A, No. 2

Arrêt Mellacher et autres, European Court of Human Rights, vom 19.12.1989, in: Sér. A: Arrêts et décisions, Vol. 169, 1990; zitiert: EGMR, Mellacher et autres, in: EHRR, Vol. 169, 1990, S.

EGMR vom 23.09.1982, Sporrong et Lönnroth, in: EHRR, Vol. 5, 1983, S. 35 ff., Ziff. 35 ff.

Nationalisierung Chilenischer Kupferminen: in: Behrens, P., Rechtsfragen im chilenischen Kupferstreit, in: RabelsZ, Vol. 37, 1973, S. 394 ff.

Nationalisierung der International Petroleum Company in Peru, vom 09.10.1968, in: ILM, Vol. 7, 1968, S. 1201-1264; sowie Vol. 8, 1969, S. 264 ff., 1000 ff.; Wesley: Expropriation Challenge in Latin-America – Prospects for Accord on Standards and Procedures, in: Tulane Law Review, Vol. 46, 1971/ 72, S. 232, 234

Nationalisierung der British Petroleum Exploration Company (Libya) vom 07.12.1971: in: ILM, Vol. 11, 1972, S. 380-382

Nottebohm- Case, in: Harris, D., Cases and Materials on International Law, S. 588 ff.

Norwegian Shipowners' Claims, Norway ./. USA, vom 13.10.1922, in: Reports of International Arbitral Awards, 1948, Vol. 1, S. 307-346; zitiert: Norwegian Shipowners' Claims, Norway ./. USA, in: Reports of International Arbitral Awards, 1948, Vol. 1, S.

Free legal Assistance Group, Lawyers' Committee for human rights, Union interafricaine des Droits de L'homme, les témoins de Jehovah ./. Zaire, 9. Activity Report, 1995.-1996, Annex VIII, Documents of the African Commission, S. 444.

Portugal v. Germany, vom 30.06.1930, in: Annual Digest and reports of public international Law Cases, 1929-30, Vol. 5, S. 150 ff.; zitiert: Portugal v. Germany, vom 30.06.1930, S.

Rose Mary: Chancery Division in the Rose Mary, in: ILR, 1953, S. 316 ff.

Russian Federation: Law on Production Sharing Agreements, 30.12.1995, in: ILM, Vol. 35, 1996, S. 1251 ff.; zitiert: Russian Federation, in: ILM, Vol. 35, 1996, S.

Russian Federation – US: Treaty Concerning the Encouragement and Reciprocal Protection of Investment, 17.06.1992, in: ILM, Vol. 31, 1992, S. 794 ff.; zitiert: Russian Federation – US, in: ILM, Vol. 31, 1992, S.

Shufeldt-Case: Schiedsrichterliche Entscheidung des Chief Justice Sir Herbert Sisnett, KT., Klage der Vereinigten Staaten von Amerika im Namen von P.W. Shufeldt gegen die Republik Guatemala, vom 24.07.1930, in: AJIL, Vol. 24, 1930, S. 799-822; zitiert: Shufeldt-Case, vom 24.07.1930, in: AJIL, Vol. 24, 1930, S.

SEDCO, Sedco Inc. ./. National Iranian Oil Company and the Islamic Republic of Iran, vom 27.03.1986, in: Iran-US CTR Vol. 10, 1986 I, S. 180 ff.; zitiert: SEDCO ./. NIOC, S.

Sola Tiles Inc. ./. The Government of the Islamic Republic of Iran, vom 22.04.1987, in: Iran-US. C.T.R., Vol. 14, 1987 II, S. 223 ff.; zitiert: Sola Tiles ./. Islamic Republic of Iran, in: Iran-US. C.T.R., Vol. 14, 1987 II, S.

Sporrong et Lönnroth ./. Schweden, European Court of Human Rights, Judgement of 23.09.1982, Ser. A: Arrêts et décisions, Nr. 52; zitiert: EGMR vom 23.09.1982, Sporrong et Lönnroth, in: EHRR, Vol. 5, 1983, S. 35 ff.

Starret Housing Corporation ./. The Government of the Islamic Republic of Iran, in: ILM, Vol. 23, 1984, S. 1090 ff.; zitiert: Starret Housing Corp. ./. The Government of the Islamic Republic of Iran, S.

Sumatra –Tabak-Urteil des Hanseatischen OLG Bremen vom 21.08.1959, Münch, Fritz, in: Jahrbuch für Internationales Recht, Vol. 9, 1960, S. 84-91; zitiert: Münch, F., Sumatra –Tabak-Urteil, S.

Texaco-Fall: Texaco Overseas Petroleum Company ./. California Asiatic Oil Company und die Regierung der Lybisch-Arabischen Republik: International Arbitral Tribunal, Award on the Merits in Dispute between Texaco Overseas Petroleum Company ./. California Asiatic Oil Company and the Government of the Libyan Arab Republic, in: ILM, Vol. 17, 1978, S. 1-37; zitiert: TEXACO, in: ILM, Vol. 17, 1978, S.

United States of America – Polish People's Republic, 42 Department of State Bulletin vom 16.07.1960, State, Treaties and Other International Acts Series; Nr. 4545, in : American Journal of International Law, Vol. 55, 1961, S. 540, zitiert: United States of America – Polish People's Republic, vom 16.07.1960, in: AJIL, Vol. 55, 1961, S.

United States of America – Rumanian People's Republic, Agreement relating to financial questions between the two countries, Department of State Press Release Nr. 159, vom 30.03.1960, in: American Journal of international law, Vol. 54, 1960, S. 742-749; zitiert: United States of America – Rumanian People's Republic, vom 30.03.1960, in: AJIL, Vol. 54, 1960, S.

Western Sahara, International Court of Justice, vom 22.05.1975, in: ICJ Recueil 1975; zitiert: West-Sahara-Gutachten, in: ICJ Recueil 1975, S.

5. Fundstellen der Vertragstexte

a. Zimbabwische Gesetzgebung

Communal Land Act (No. 20 von 1982), Government Gazette, Acts 1982, S. 133 ff.
The Southern Rhodesia (constitution) order in Council 1961; Statutory Instruments, 2314, Southern Rhodesia
Constitution, 1969, Act Nr. 54 von 1969, Southern Rhodesia
The Zimbabwe constitution order 1979, Statutory Instruments, 1600, Southern Rhodesia
Constitution of Zimbabwe Amendment (No. 11) Act 1990, verabschiedet am 12.12.1990, in Kraft gesetzt am 17.04.1991, in: Zimbabwe Legislation, in: CLB, Vol. 17, 1991, S. 1146; Government Gazette, LXVIII (1990), 10, 15.02.1991
Constitution of Zimbabwe Amendment (No. 12) Act 1993, Zimbabwe Legislation, in: CLB, Vol. 20, 1994, S. 402 f.
Constitution of Zimbabwe Amendment (No. 13) Act 1993, Zimbabwe Legislation, in: CLB, Vol. 20, S. 403 f.
Constitution of Zimbabwe: revised ed. 1996, No. 15 (1998) und No. 16 (2000), Harare 2000, Government of Zimbabwe
Constitution of Zimbabwe, as amended to Nr. 16 of 20.04.2000, vgl. unter: http://www.nca.org.zw/html/coz/coz_3d.htm; besucht am 17.05.2003
Harare Commonwealth Declaration, in: CLB, Vol. 18, Bd. 1, 1992, S. 347 f.
Land Acquisition Act, in: www.gta.gov.zw/Land%20Issues/Land.htm; besucht am 25.06.2003
Land Acquisition Act (No. 12 von 1979, Government of Zimbabwe
Land Acquisition Act (No. 21 von 1985)
Land Acquisition Act (No. 3 von 1992) Republic of Zimbabwe: Land Acquisition Act, in: Government Gazette, LXX (1992), 34, 19.03.1992; in Kraft gesetzt am 08.05.1992
Land Acquisition Act (No. 12 von 1979)
Land Acquisition Act Amendment No. 15 von 2000, Zimbabwe Government Printer
Land Acquisition Act Amendment No. 14 von 2001, Zimbabwe Government Printer
Land Apportionment Act von 1930

Land Tenure Act von 1969
Native Land Husbandry Act, Act Nr. 52 von 1951, Government Gazette, Salisbury 1951, Präambel, in: The Statute Law of Southern Rhodesia, 1951, S. 893 ff.
Tribal Trust Land Act (No. 6 von 1979), in: Government Gazette, Acts 1979-1980, S. 147 ff.

b. Internationale Abkommen und Vertragstexte

Abkommen zwischen der Bundesrepublik Deutschland und der Republik Zimbabwe über die Förderung und den gegenseitigen Schutz von Kapitalanlagen, (Agreement between the Federal Republic of Germany and the Republic of Zimbabwe concerning the Encouragement and Reciprocal Protection of Investments), vom 29.09.1995, in: BGBl. 1997 II, S. 1839 ff.

Abs-Shawcross-Entwurf; vgl.: JPL, Vol. 9, 1960, S. 147 ff.

AEC-Vertrag: Treaty Establishing the African Economic Community, abgedruckt bei Naldi, G., Documents of the Organization of African Unity, S. 203 ff.

AfrCh vom 26.06.1981, in Kraft getreten am 21.10.1986; Dt. Fassung: Afrikanische Charta der Rechte des Menschen und der Völker, in: EuGRZ 1990, S. 348-352

Agreement for Promotion, Protection and Guarantee of Investment among Member States of the Organisation of Islamic Conference, abgedruckt in: ICSID Review FILJ, Vol. 1, 1986, S. 407-414; zitiert: Agreement for Promotion, Protection and Guarantee of Investment among Member States of the OIC, in: ICSID Review FILJ, Vol. 1, 1986, S.

Agreement among the Governments of Brunei Darussalam, The Republic of Indonesia, The Republic of Philippines, The Republic of Singapore and The Kingdom of Thailand for the Promotion and Protection of Investments von 1987, in: ILM, Vol. 27, 1988, S. 612 ff.

Amerikanische Menschenrechtskonvention (AMRK), vom 22.11.1969, in Kraft getreten am 18.07.1978; dt. Text in: EuGRZ 1980, S. 435 ff.

APEC: Somarajah, in: JWT, Vol. 29, Nr. 5, 1995, S. 105 ff.

ASEAN: Kodama, Yoshi: Asia-Pacific Region: APEC and ASEAN, in: IntLawyer, Vol. 30, 1996, S. 367-389

BITs:
West-Deutschland und Pakistan: Treaty for the Protection of Investment, 25.11.1959, West-Germany – Pakistan, 457 UNTS. 23., in: BGBl. 1961 II, S. 793

Argentina-United States: Treaty Concerning the reciprocal encouragement and protection of Investment, vom 14.11.1991, in: ILM, Vol.31, 1992, S. 124 ff.

Canada-Mexico-United States: North American Free Trade Agreement, vom 08. und 17.12.1991, in: ILM, Vol. 32, 1993, S. 289 ff. (NAFTA)

Vereinigten Staaten und Kanada, United States-Canada Free Trade Agreement, 02.01.1988, abgedruckt in I.L.M., Vol. 27, 1988, S. 281 ff.

Barcelona- Statut, vom 20.04.1921, in: vgl. RGBl. 1924 II, S. 387

Charta der wirtschaftlichen Rechte und Pflichten der Staaten (Charter of Economic Rights and Duties of States) Resolution 3281 (XXIX), A/ RES/ 3281, in: ILM, Vol. 14, 1975, S. 251-265, Text auf Deutsch: Europa-Archiv, Vol. 14, 1975, S. D 365 ff.; auch: Fawcett/ Parry, Law and International Resource Conflicts, S. 176 ff.

Charter of the Organization of African Unity, OAU-Charta, Text abgedruckt in: ILM, Vol. 2, 1963, S. 766-775

Cairo Declaration: African Unity, Assembly of Heads of State and Government twenty-ninth ordinary session, 28-30 Juni 1993, Kairo Ägypten: Declaration of the Assembly of Heads of State and Government on the Establishment within the OAU of a Mechanism for Conflict Prevention, Management and Resolution, AHG/ Dec. 3 (XXIX), in: AJIC), Vol. 6, 1994, S. 158-162; zitiert: Declaration of the Assembly of Heads of State and Government on the Establishment within the OAU of a Mechanism for Conflict Prevention, Management and Resolution, AHG/ Dec. 3 (XXIX), sog. Cairo Declaration, in: AJICL, Vol. 6, 1994, S.

COMESA: Treaty Establishing the Common Market for Eastern and Southern Africa, in: ILM, Vol. 33, 1994, S. 1073 ff.

Constitutive Act of the African union: in: AJICL, Vol. 12, 2000, S. 629-640

Convention on the Settlement of Investment Disputes between States and the nationals of other States, in: ILM, Vol. 4, 1965, S. 532-544

Declaration on the Establishment of a New International Economic Order, General Assembly, A/RES/ 3201 (S-VI), vom 09.04.-02.05.1974, in: ILM, Vol. 13, 1974, S. 715-719

Declaration of the Government of the Democratic and Popular Republic of Algeria, vom 19.01.1981, http://www.iusct.org/claims-settlement.pdf; besucht: 03.07.2004

Draft Protocol to the African Charter on human and peoples' Rights on the establishment of an African court on human and people's Rights, OAU/ LEG/ EXP/ AFCHPR/PROT (III), adopted by the first council of ministers of justice, human rights and/ or attorneys-general of the OAU, 12.-13.12.1997, Addis Ababa, Ethiopia, in: African Journal of International and Comparative law, Vol. 9, 1997, S. 953-970

Deutscher Investitionsschutzvertrag; vgl. Frick, H., Bilateraler Investitionsschutz in Entwicklungsländern, S. 276 ff.

ECOWAS: West African States Revised Treaty, African legal Materials: Treaty of the Economic Community of West African States (ECOWAS), in: AJICL, Vol. 8, 1996, S. 187-227; zitiert: Treaty of the Economic Community of West African States (ECOWAS- Vertrag), in: AJICL, Vol. 8, 1996, S.

Energie Charta Vertrag (ECV), in: BGBl. 1997 II, S. 5 -102

Entwicklungshilfe-Steuergesetz: Gesetz zur Änderung des Entwicklungshilfe-Steuergesetzes, vom 01.03.1968, in: BGBl. 1968 I, S. 201 ff.

Genfer Konvention, vom 06.03.1948, in: BGBl. 1965 II, S. 313

General Assembly Res. 1803 (XVII): Permanent Sovereignty over Natural Resources vom 14.12.1962, in: ILM, Vol. 2, 1963, 223-229; zitiert: Res. 1803, in: ILM, Vol. 2, 1963, S.

Grand Bay (Mauritius) Declaration and Plan of Action: OAU First Ministerial Conference on human rights in Africa, 12.-16.04.1999, Grand Bay, Mauritius, CONF/ HRA/ DECL (I), in: AJICL, Vol. 11, 1999, S. 352-357; zitiert: Grand Bay Declaration, CONF/ HRA/ DECL (I), in: AJICL, Vol. 11, 1999, S.

GATT, in: BGBl. 1951 II, S. 173

Government Legal Experts Meeting on the Question of the Establishment of an African Court on Human and Peoples' Rights, 06.-12.09.1995, Cape Town, South Africa, Report OAU/ LEG/ EXP/ AFC/ HPR (1): Draft Protocol to the African Charter on Human and peoples' Rights on the establishment of an African Court on Human and Peoples' Rights, wiedergegeben in: AJICL, Vol. 8, 1996, S. 493-500; zitiert: Government Legal Experts Meeting on the Question of the Establishment of an African Court on Human and Peoples' Rights, 06.-12.09.1995, Cape Town, South Africa, Report OAU/ LEG/ EXP/ AFC/ HPR (1), wiedergegeben in: AJICL, Vol. 8, 1996, S.

Second Government Legal Experts Meeting on the Establishment of an African Court on Human and Peoples' Rights, 11.-14.04.1997, Nouakchott, Mauritania, Report, OAU/ LEG/ EXP/ AFC/ HPR/ RPT (2), wiedergegeben in: African Journal of International and Comparative Law (AJICL) Vol. 9, 1997, S. 423-439; zitiert: Second Government Legal Experts Meeting on the Establishment of an African Court on Human and Peoples' Rights, 11.-14.04.1997, Nouakchott, Mauritania, Report, OAU/ LEG/ EXP/ AFC/ HPR/ RPT (2), wiedergegeben in: AJICL, Vol. 9, 1997, S.

Havanna-Charta: United Nations Conference on Trade and Employment, Havana/ Cuba vom 21.11.1947 bis 24.03.1948, UN Publ. Sales Nr. 1948.II.D.4; zitiert in: Jaenicke, G., Havana Charter, in: EPIL, Vol. II, 1995, S. 679-683

Haushaltsgesetz: Gesetz über die Feststellung des Bundeshaushaltsplans für das Rechnungsjahr 1959, vom 06.07.1959, in: BGBl. 1959 II, S. 793 ff.

Havard Draft: Draft Convention on the International Responsibility of States for Injuries to Aliens, Draft Nr. 12, Louis B. Sohn und R. R. Baxter, Reporters, Harvard Law School, 18.02.1961, Text in: AJIL, Vol. 55, 1961, S. 548 ff.; zitiert: Havard Draft Nr. 12, in: AJIL, Vol. 55, 1961, S. 548 ff.

Hickenlooper Amendment, 1962: Titel 22: Foreign Relations and Intercourse, Chapter 32: Foreign Assistance, Subchapter III: General and Administrative Provisions, Sec. 2370.: Prohibitions against furnishing assistance, unter: http://www4.law.cornell.edu/uscode/22/2370.html; besucht: 03.07.2004; zitiert: Hickenlooper Amendment, Sec. 2370

Hull-Formel: The Secretary of State of the United States to the Mexican Ambassador at Washington, am 22.08.1938, in: AJIL 1938, Suppl. S. 191 ff.

ICCPR: International Covenant on Civil and Political Rights (Internationaler Pakt über bürgerliche und politische Rechte) von 1966, in: BGBl. 1973 II, S. 1534 ff.; Sartorius II, Nr. 20

ICESCR: International Covenant on Economic, Social and Cultural Rights (Internationaler Pakt über wirtschaftliches, soziale und kulturelle Rechte) von 1966, in: BGBl. 1973 II, S. 1570 ff.; Sartorius. II, Nr. 21

ICJ Statute: Simma, B.: The Charter of the UN, München 1994

ICSID: Convention on the Settlement of Investment Disputes between States and Nationals of other States, vom 18.03.1965, (ICSID), in: BGBl 1969 II, 369 ff.; Sartorius II, Nr. 475; ILM, Vol. 4, 1965, S. 532-544

ICSID-ad-hoc- Erklärung: Matter of Arbitration between Asian Agricultural Products Ltd. (AAPL) ./. Republic of Sri Lanka, Case No. ARB/ 87/ 3, in: ICSID-Review FILJ, Vol. 6, 1991, S. 526 ff.; zitiert: ICSID ad-hoc Erklärung, in: ICSID-Review FILJ, Vol. 6, 1991, S.

ILO-Convention: Convention concerning Indigenous and Tribal Peoples in Independent Countries, ILO Nr. 169, vom 07.06.1989, 72 ILO Official Bull. 59, Text unter: http://www.ilo.org/public/english/ region/ampro/mdtsanjose/indigenous/derecho.htm; besucht am 01.09.2004; zitiert: ILO-Convention

Inter-American Convention on International Commercial Arbitration, vom 30.01.1975, abgedruckt unter YCA, Vol. 3, 1978, S. 15 f.

International Chamber of Commerce: ICC Rules of Arbitration, abgedruckt bei Redern/ Hunter, Law and Practice, S. 519 ff.

Investitionsschutzvertrag: Vertrag zwischen der Bundesrepublik Deutschland und der Republik Bolivien über die Förderung und den gegenseitigen Schutz von Kapitalanlagen, in: BGBl. 1988 II, S. 255 ff.

Iran-US Claims Tribunal: Declaration of the Government of the Democratic and Popular Republic of Algeria, vom 19.01.1981, in: Iran-US CTR, Vol. 1, 1981/82, S. 3 ff. und die Declaration of the Government of the Democratic and Popular Republic of Algeria Concerning the Settlement of Claims by the Government of the United States of America and the Government of the Islamic Republic of Iran, vom 19.01.1981, in: Iran-US CTR, Vol. 1, 1981/ 82, S. 9 ff. Starring Housing Corp. ./. The Government of the Islamic Republic of Iran, Iran- U.S.C.T.R., 16, 1987 III, 112, 201

Lomé IV-Abkommen zwischen der EU und den 68 AKP Staaten, welches am 01.09.1991; 15.12.1989, ABlEG, Nr. L 229, S. 3 Download unter http://crep.ccanet.net/downloads/lome4_e.pdf; besucht am 13.04.2004

MAI-Entwurf: Abschnitt II (Scope and Application, Definition Investor). Aus Internet Homepage: http://www.oecd.org/daf/mai/

MIGA: Convention Establishing the Multilateral Investment Guarantee Agency vom 11.10.1985, in: ILM, Vol. 24, 1985, S. 1598 ff.; Übereinkommen über die Errichtung der Multilateralen Investitions-Garantie-Agentur, in: BGBl, 1987 II, S. 454 ff.

Model Law on International Commercial Arbitration von 1985: Calavros, C., Das UNCITRAL-Modellgesetz, S. 191 ff.

NAFTA: Text in: ILM, Vol. 32, 1993, S. 289 ff., 605 ff.

New York Convention: United Nations Convention on the Recognitions and Enforcement of Foreign Awards, „New York Convention“, von 1958, in Kraft seit 1959, in: homepage von UNCITRAL: http://www.uncitral.org/english/texts/arbitration/NY-conv.htm; bzw. http://www.dis-arb.de/materialien/konvention 58.html; besucht am 13.04.2004

Organization of African Unity (OAU): Protocol to the African Charter on Human and Peoples' Rights on the Establishment of an African Court on Human and Peoples' Rights, angenommen: 08.06.1998, in: HRLJ, Vol. 20, No. 4-6, 1999, S. 269-271

OECD-Declaration: Draft Convention on the Protection of Foreign Property and Resolution of the Council of the OECD on the Draft Convention, Paris 12.10.1967, in: ILM, Vol. 7, 1968, S. 117-141

On International Investment and Multinational Enterprises, 21.06.1976, aus Fawcett/ Parry, Law and International Resource Conflicts, S. 190 ff.

Protocol to the African Charter on Human and Peoples' Rights on the Establishment of an African Court on Human and Peoples' Rights, abgedruckt in: Murray/ Evans, Documents of the African Commission, S. 82 ff.

Resolution 626 (VII), vom 21.12.1952, abgedruckt in: Liamco ./. Libya: in: ILM, Vol. 20, 1981, S. 99

Resolution 3171 (XXVIII): Permanent Sovereignty over Natural Resources, in: AJIL, Vol. 68, 1974, S. 381-383; ILM, Vol. 13, 1974, S. 238-240

Resolution 1235(XLII) des Wirtschafts- und Sozialrats, vom 06.06.1967, in: Simma/ Fastenrath: Menschenrechte, S. 17 ff.

Resolution 1503 (XLVIII) des Wirtschafts- und Sozialrats, vom 27.05.1970, in: Simma/ Fastenrath: Menschenrechte, S. 19 ff.

Resolution 1514 (XV) über die Gewährung der Unabhängigkeit für die kolonialen Länder und Völker, vom 14.12.1960, bei Morvay, W., Decolonization: British Territories, in: Bernhardt, R., EPIL, Vol. 1 (1992), S. 977

Rules of Procedures of the African Commission on Human and Peoples' Rights, deliberated and adopted on 06.10.1995 by the Commission at its 18th Session held in Praia/ Cape Verde, ACHPR/ RP/ XIX, abgedruckt in: Murray/ Evans, Documents of the African Commission, S. 21 ff.

Schieds- und Vergleichsordnung des Ständigen Schiedshofes für Streitigkeiten zwischen einem Staat und einer nichtstaatlichen Partei, von Februar 1962, in: AdV, Vol. 12, 1964/ 1965, S. 187-196

Seoul-Erklärung vom 29.-30.08.1986 der ILA, in: Oppermann/ Petersmann: Reforming the International Economic Order, S. 47 ff.

States Responsibility: Sohn/ Baxter Draft Convention on the International Responsibility of States for the Injuries to Aliens, in: AJIL, Vol. 55, 1961, S. 548 ff.

Transnational Corporations: Draft UN Code of Conduct on Transnational Corporations, UNDoc. E/ 1983/17/ Rev. 1, Annex II, 12 in: ILM, Vol. 23, 1984, S. 626-640

UNCITRAL Arbitration Rules, United Nations: U.N. Commission on international trade law decision on arbitration rules and the text of the rules, vom 28.04.1976, in: ILM, Vol. 15, 1976, S. 701 ff.; zitiert: UNCITRAL Arbitration Rules, in: ILM, Vol. 15, 1976, S.

Universal Declaration of the Rights of People, Algier, 04.06.1976, Algier-Declaration, abgedruckt in: Shivji, I., The Concept, S. 111-115; zitiert: Algiers Declaration

Übereinkommen über die Errichtung der Welthandelsorganisation (WTO), BGBl. 1994 II, S. 1625-1630

Übereinkommen über Zwang- oder Pflichtarbeit von 1930, in: BGBl. 1956 II, S. 641 ff.

Übereinkommen betreffend die Sklaverei von 1926, in: RGBl. 1929 II, S. 64 ff.

UNCTAD-Konferenz von 1964, unter: http://www.unctad.org/Templates/Page.asp?intItemID=1530&lang=1;

United Nations general Assembly resolution on permanent sovereignty over natura resources, 1803 (XVII), U.N: Doc A /RES/1803 (XVII), 19.12.1962, in: ILM, Vol. 2, 1963, 223

United Nations: UN Commission on International Trade Law Decision on Arbitration Rules and the Text of the Rules, Decision on Uncitral Arbitration Rules; zitiert: UNCITRAL Arbitration Rules von 1976, in: ILM, Vol. 15, 1967, S. 701-717

UN-Konvention: UN-Übereinkommen über die Anerkennung und Vollstreckung ausländischer Schiedssprüche (UN-Convention on the Recognition and Enforcement of Foreign Arbitral Awards) vom 10.06.1958, in: Comeaux/ Kinsella, Protecting, S. 385 ff.

UN Charter Simma, B.: The Charter of the United Nations, a Commentary, München 1994

Vienna Declaration and Programme of Action, A/ CONF. 157/ 23, para 5, unter: http://unhchr.ch/huridocda/ huridoca.nsf/(Symbol)/A.CONF.157.23.En?OpenDocument; besucht am 08.08.2004

Weltbank-Richtlinien: Guidelines on the Treatment of Foreign Direct Investment von 1992, in: ILM, Vol. 31, 1992, S. 1379 ff.

WTO-Errichtung: Agreement Establishing the World Trade Organization, Übereinkommen zur Errichtung der Welthandelsorganisation (WTO), in: BGBl. 1994 II, S. 1625-1630 (dt.)

WTO: Dienstleistungsabkommen: Allgemeines Übereinkommen über den Handel mit Dienstleistungen, General Agreement on Trade in Services, in: BGBl. 1994 II, S. 1643-1677
WTO: Streitbeilegung: Dispute Settlement Mechanism/ Body (DSB), in: BGBl. 1994, S. 1749

WTO-TRIMS: Agreement on Trade- related Investment Measure, ABl. EG Nr. L 336 vom 15.04.1994; Dt. Text: Benedek, W., Die WTO, S. 238 ff.

WTO: TRIPS: Agreement on Trade-Related Aspects of Intellectual Property Rights (TRIPS), Übereinkommen über handelsbezogene Aspekte der Rechte des geistigen Eigentums, in: BGBl. 1994 II, S. 1565-1623 (engl.) bzw. 1730-1760 (dt.)

AUGSBURGER SCHRIFTEN ZUM STAATS- UND VÖLKERRECHT

Begründet von Professor Dr. Dieter Blumenwitz

Band 1 Fritz-Harald Wenig: Rechtsprobleme des innerdeutschen Handels.

Band 2 Wilfried Niedermeier: Der Beitritt der Bundesrepublik Deutschland zum Statut des Internationalen Gerichtshofes unter besonderer Berücksichtigung der obligatorischen Gerichtsbarkeit.

Band 3 Johann G. Gleich: Die Anerkennung der DDR durch die Bundesrepublik.

Band 4 Matthias Weigand: Der Vertrag über die gegenseitigen Beziehungen zwischen der Bundesrepublik Deutschland und der Tschechoslowakischen Sozialistischen Republik vom 11. Dezember 1973 - Eine völkerrechtliche Analyse.

Band 5 Werner Trützschler von Falkenstein: Die sich ändernde Bedeutung der Feindstaatenartikel (Artikel 53 und 107 der Satzung der Vereinten Nationen) für Deutschland.

Band 6 Reiner Schenk: Die Viermächteverantwortung für Deutschland als Ganzes, insbesondere deren Entwicklung seit 1969.

Band 7 Wolfgang Wagner: Die Verwirklichung der Menschenrechte im Pakt der Vereinten Nationen über bürgerliche und politische Rechte vom 16. Dezember 1966, im Grundvertrag und den ihn begleitenden Nebeninstrumenten.

Band 8 Ulrich Wacker: Der Konflikt verschiedener Rechtssysteme vor, während und nach der Kolonialzeit in Kenia.

Band 9 Wolfgang Enders: Der mexikanische Bundesstaat. Die politische und sozioökonomische Problematik eines föderalen Verfassungssystems in einem Land der "Dritten Welt".

Band 10 Heiner Hasford: Die Jurisdiktion der Europäischen Gemeinschaften. Zur extraterritorialen Wirkung des Gemeinschaftsrechts.

SCHRIFTEN ZUM STAATS- UND VÖLKERRECHT

Band 11 Wolf Dieter Remmele: Die Selbstdarstellung der Bundesrepublik Deutschland im Ausland durch den Rundfunk als Problem des Staats- und Völkerrechts.

Band 12 Elisabeth Lichtenstern: Die Gesetzgebung im Spannungsverhältnis zwischen Bund und Ländern.

Band 13 Peter Gassner: Kollektivmacht und Individualschutz im amerikanischen Arbeitsrecht.

Band 14 Helga Walter: Das Selbstverständnis des modernen Algeriens. Die historisch-nationalen und islamischen Elemente.

Band 15 Dieter Schütz: Der internationale ordre public. Der Ausschluß völkerrechtswidrigen fremden Rechts im Internationalen Privatrecht der Bundesrepublik Deutschland.

Band 16 Klaus-Peter Kißler: Die Zulässigkeit von Wirtschaftssanktionen der Europäischen Gemeinschaft gegenüber Drittstaaten.

Band 17 Rainhardt Freiherr von Leoprechting: Die neue Rohrwaffen-Artillerie-Munition im Lichte des I. Genfer Zusatzprotokolles vom 12. Dezember 1977. Zur Frage der Völkerrechtskonformität der Verteidigung der Bundesrepublik Deutschland mit modernen konventionellen Artilleriesystemen.

Band 18 Roland Steinmeyer: Die Schiffsgläubigerrechte im südafrikanischen nationalen und internationalen Privatrecht. Eine rechtsvergleichende Darstellung unter Einbeziehung des englischen und deutschen internationalen Privatrechts und unter besonderer Berücksichtigung des ordre public.

Band 19 Martin C. Ney: Der Einsatz von Atomwaffen im Lichte des Völkerrechts. Summary: The Use of Nuclear Weapons and International Law.

Band 20 Teodoro Ribera Neumann: Das chilenische Verfassungsgericht und das deutsche Bundesverfassungsgericht - Ein Rechtsvergleich -. 1985.

Band 21 Theodora Antoniou: Europäische Integration und griechische Verfassung. 1985.

Band 22 Georg Teyssen: Deutschlandtheorien auf der Grundlage der Ostvertragspolitik. 1987.

Band 23 Karin Klüpfel: Selbstbestimmung durch Assoziation. Die Assoziation als Verwirklichung des Selbstbestimmungsrechts der Völker - dargestellt am Beispiel von Puerto Rico. 1987.

Band 24 Friedrich Dehner: Die Stellung Berlins im Bundesrat. 1987.

Band 25 Thilo Morhard: Die Rechtsnatur der Übereinkommen der Internationalen Arbeitsorganisation. Zugleich ein Beitrag zur Lehre vom "soft law". 1988.

Band 26 Ralf Jahn: Ansiedlung von Einzelhandelsgroßprojekten (§ 11 Abs. 3 BauNVO 1977). Zur Frage der Bestimmtheit grundrechtsbeschränkender Eingriffsnormen. 1988.

Band 27 Wolfgang Götzer: Der völkerrechtliche Status der Donau zwischen Regensburg und Kelheim. Eine völkerrechtliche Untersuchung des Donauabschnittes Regensburg - Kelheim unter Einbeziehung der gesamten deutschen Donau. 1988.

Band 28 Michael Hakenberg: Die Iran-Sanktionen der USA während der Teheraner Geiselaffäre aus völkerrechtlicher Sicht. 1988.

Band 29 Renate Oxenknecht: Der Schutz ethnischer, religiöser und sprachlicher Minderheiten in Art. 27 des Internationalen Paktes über bürgerliche und politische Rechte vom 16. Dezember 1966. 1988.

Band 30 Raphael Quarshie Avornyo: Deutschland und Togo. (1847-1987). 1988.

Band 31 Friedrich Frhr. Waitz von Eschen: Die völkerrechtliche Kompetenz der Vier Mächte zur Gestaltung der Rechtslage Deutschlands nach dem Abschluß der Ostvertragspolitik. 1988.

Band 32 Gisela Süß: Die Zulassung von Zahnärzten aus dem EG-Bereich zur deutschen Kassenarztpraxis. Ein Beitrag zu Standort und Bedeutung der Grundrechte im Europäischen Gemeinschaftsrecht. 1988.

Band 33 Meggy Steffens: Die deutsche Ostpolitik im Spiegel publizistischer Stellungnahmen in den USA 1969-1973. 1988.

Band 34 Norbert Karl Riedel: Der Einsatz deutscher Streitkräfte im Ausland - verfassungs- und völkerrechtliche Schranken -. 1989.

Band 35 Heidi Dünisch: Der Mundatwald - Zur Bereinigung letzter Kriegsfolgenprobleme zwischen Deutschland und Frankreich.1989.

Band 36 Sabine Niedermeyer-Krauß: Kommunalwahlrecht für Ausländer und Erleichterung der Einbürgerung. Integrationsmöglichkeiten für Ausländer aus verfassungs- und europarechtlicher Sicht. 1989.

Band 37 Dirk-Hermann Voß: Regionen und Regionalismus im Recht der Mitgliedstaaten der Europäischen Gemeinschaft: Strukturelemente einer Europäischen Verfassungsordnung. 1989.

Band 38 Tilo Klinner: Satellitenfernerkundung im Völkerrecht. Inwieweit existiert ein völkerrechtlicher Datenschutz? 1989.

Band 39 Barbara Schmidt: Die Erweiterung der seewärtigen Hoheitsrechte der Bundesrepublik Deutschland und der DDR unter besonderer Berücksichtigung deutschlandrechtlicher Probleme. 1989.

Band 40 Hans-Joachim Brauns: Wiedervereinigung und europäische Integration. 1990.

Band 41 Gilbert-Hanno Gornig: Der Hitler-Stalin-Pakt. Eine völkerrechtliche Studie. 1990.

Band 42 Gudrun Lehnberger: Kommunale Entwicklungshilfe. Eine Aufgabe der Gemeinden? - Bestandsaufnahme und rechtliche Würdigung unter besonderer Berücksichtigung der bayerischen Verwaltungspraxis. 1990.

Band 43 Heike Kaup: Der Schwangerschaftsabbruch aus verfassungsrechtlicher Sicht. Eine rechtsvergleichende Untersuchung anhand des deutschen und des amerikanischen Rechts. 1991.

Band 44 Bernadette Steinmeyer: Verfassungsrechtliche Ansätze zur Neuordnung der multirassischen Gesellschaft Südafrikas unter Berücksichtigung des Vorschlages des Verhandlungsforums der "KwaZulu/Natal Indaba". 1991.

Band 45 Burkhard Schöbener: Die amerikanische Besatzungspolitik und das Völkerrecht. 1991.

Band 46 Christian Raap: Die Souveränität der Bundesrepublik Deutschland unter besonderer Berücksichtigung des militärischen Bereichs und der deutschen Einheit. 1992.

Band 47 Andrea Wagner: Der argentinisch-chilenische Konflikt um den Beagle-Kanal. Ein Beitrag zu den Methoden friedlicher Streiterledigung. 1992.

Band 48 Ralf Wittkowski: Die Staatensukzession in völkerrechtliche Verträge unter besonderer Berücksichtigung der Herstellung der staatlichen Einheit Deutschlands. 1992.

Band 49 Michael Piazolo: Das Recht auf Abtreibung als Teilaspekt des Right of Privacy. 1992.

Band 50 Silke Wenk: Das konfiszierte deutsche Privatvermögen in Polen und der Tschechoslowakei. Die Rechtslage nach Abschluß des deutsch-polnischen und deutsch-tschechoslowakischen Nachbarschaftsvertrages. 1993.

Band 51 Antje Kießwetter: Die Verfassungsentwicklung in Namibia. 1993.

Band 52 Angelika Kleffner-Riedel: Regionalausschuß und Subsidiaritätsprinzip. Die Stellung der deutschen Bundesländer nach dem Vertrag über die Europäische Union. 1993.

Band 53 Jerzy Kranz: Entre l'influence et l'intervention. Certains aspects juridiques de l'assistance financière multilatérale. 1994.

Band 54 Knut Kettwig: Rechtsgrundlagen dezentraler grenzüberschreitender Zusammenarbeit im deutsch-polnischen und deutsch-tschechischen Grenzraum. 1994.

Band 55 Ulrich Seidenberger: Die diplomatischen und konsularischen Immunitäten und Privilegien. Ein Beitrag zur Diskussion über die Reformbedürftigkeit des Diplomaten- und Konsularrechts aus staats- und völkerrechtlicher Sicht. 1994.

Band 56 Christian Schede: Bundesrat und Europäische Union. Die Beteiligung des Bundesrates nach dem neuen Artikel 23 des Grundgesetzes. 1994.

Band 57 Florian Prugger: Die Nachfolge in das Vermögen der ehemaligen DDR. Ein Beitrag zu Art. 21 ff Einigungsvertrag unter besonderer Berücksichtigung der Firma F.C. Gerlach des Bereichs Kommerzielle Koordinierung. 1994.

Band 58 Mark Zimmer: Einsätze der Bundeswehr im Rahmen kollektiver Sicherheit. Staats- und völkerrechtliche Grundlagen unter Berücksichtigung des BVerfG-Urteils vom 12.07.1994. 1995.

Band 59 Gerd von Laffert: Die völkerrechtliche Lage des geteilten Zypern und Fragen seiner staatlichen Reorganisation. 1995.

Band 60 Wolfram Schneeweiß: Die rechtliche Stellung der Indianerstämme innerhalb der Vereinigten Staaten von Amerika. Ein Modell für den Schutz der *indigenous peoples*. 1995.

Band 61 Marianne Janik: Möglichkeiten und Grenzen einer gemeinsamen Exportkontrolle für sensitive Waren und Dienstleistungen im Lichte des europäischen Gemeinschaftsrechts. 1995.

Band 62 Michael Brems: Die politische Integration ethnischer Minderheiten aus staats- und völkerrechtlicher Sicht. 1995.

Band 63 Martin Vocke: Verfassungsinterpretation und Normbegründung - Grundlegung zu einer prozeduralen Theorie der Verfassungsgerichtsbarkeit. 1995.

Band 64 Stefan von der Beck: Die Konfiskationen in der Sowjetischen Besatzungszone von 1945 bis 1949. Ein Beitrag zu Geschichte und Rechtsproblemen der Enteignung auf besatzungsrechtlicher und besatzungshoheitlicher Grundlage. 1996.

Band 65 Stephanie Baer: Der Zerfall Jugoslawiens im Lichte des Völkerrechts. 1995.

Band 66 Christine Sauerwald: Die Unionsbürgerschaft und das Staatsangehörigkeitsrecht in den Mitgliedstaaten der Europäischen Union. 1996.

Band 67 Silke Buchner: Die Rechtswidrigkeit der Taten von "Mauerschützen" im Lichte von Art. 103 II GG unter besonderer Berücksichtigung des Völkerrechts. Ein Beitrag zum Problem der Verfolgung von staatlich legitimiertem Unrecht nach Beseitigung des Unrechtssystems. 1996.

Band 68 Bernd Weiß: Einführung und Umsetzung der Europäischen Charta der kommunalen Selbstverwaltung in Deutschland, insbesondere in Bayern und Nordrhein-Westfalen. 1996.

Band 69 Gesine Katharina Neumann: Boliviens Recht auf freien Zugang zum Pazifik. Zur völkerrechtlichen Problematik des Zugangs der Binnenstaaten zum Meer. 1997.

Band 70 Elvira Pfrang: Das Verhältnis zwischen Europäischem Gemeinschaftsrecht und deutschem Recht nach der Maastricht-Entscheidung des Bundesverfassungsgerichts. Eine Studie zu den Konflikten beider Rechtsordnungen auf dem Gebiet des Grundrechtsschutzes und der Kompetenzen. 1997.

Band 71 Dieter Blumenwitz / Burkhard Schöbener: Stabilitätspakt für Europa. Die Sicherstellung mitgliedstaatlicher Haushaltsdisziplin im Europa- und Völkerrecht. 1997.

Band 72 Matthias Weinberg: Schutz der deutschen Minderheit in Polen nach den Weltkriegen. Ein Vergleich unter Berücksichtigung der aktuellen Rechtslage. 1997.

Band 73 Reinhard Müller: Der "2+4-Vertrag und das Selbstbestimmungsrecht der Völker. 1997.

Band 74 Stefan Strobl: Das Nichtverbreitungsregime für Kernwaffen nach 1995 und der freie Zugang zu nuklearen Technologien und Materialien. 1997.

Band 75 Christine Weber: Das Gegenzeichnungsrecht unter besonderer Berücksichtigung der Verfassung des Fürstentums Liechtenstein. 1997.

Band 76 Stephan Semrau: Die Gemeinsame Außen- und Sicherheitspolitik der Europäischen Union. 1998.

Band 77 Marcus Schultz: Die Auslandsentsendung von Bundeswehr und Bundesgrenzschutz zum Zwecke der Friedenswahrung und Verteidigung. Völker- und verfassungsrechtliche Analyse unter besonderer Berücksichtigung der Entscheidung des Bundesverfassungsgerichtes zum Einsatz deutscher Streitkräfte vom 12. Juli 1994. 1998.

Band 78 Benedikt P. Kuttenkeuler: Die Verankerung des Subsidiaritätsprinzips im Grundgesetz. Ein Beitrag zur Bedeutung des Subsidiaritätsprinzips für die Kompetenzabgrenzung im Bundesstaat. 1998.

Band 79 Winfried Bausback: Verfassungsrechtliche Grenzen des Wahlrechts zum Deutschen Bundestag. 1998.

Band 80 Elvira Pfrang: Towards Liberalisation of the European Electricity Markets. The Directive concerning Common Rules for an Internal Market in Electricity in the Frame of the Competition and Internal Market Rules of the EC-Treaty. 1999.

Band 81 Alexander Wolf: Prozessuale Probleme des „Maastricht"-Urteils des Bundesverfassungsgerichts. 1999.

Band 82 Jürgen Bartl: Die humanitäre Intervention durch den Sicherheitsrat der Vereinten Nationen im "Failed State". Das Beispiel Somalia. 1999.

Band 83 Thomas Gnielinski: Die Reform des deutschen Staatsangehörigkeitsrechts. Eine Analyse und Bewertung der vorliegenden Gesetzesvorhaben. 1999.

Band 84 Margarita González: Der völkerrechtliche Status des Panamakanals nach Ablauf der Übergangszeit im Jahr 1999. 2000.

Band 85 Petra Johnen: Die Verfassungsentwicklung Südafrikas unter besonderer Berücksichtigung der verfassunggebenden Gewalt des Volkes. 2001.

Band 86 Markus Allstadt: Die offene Völkerrechtslage im deutsch-tschechischen Verhältnis und ihre Bedeutung für die Osterweiterung der Europäischen Union. Zugleich Überlegungen zu den Auswirkungen zwingenden Völkerrechts in der Vertriebenenfrage. 2000.

Band 87 Gerrit Aschmann: Europol aus Sicht der deutschen Länder. 2000.

Band 88 Mark Weber: Der Berlin-Status im intertemporalrechtlichen Konflikt. Dargestellt am Beispiel von Grundstücksenteignungen im Ostteil Groß-Berlins. 2001.

Band 89 Heidi Hellwig: Die Staatsangehörigkeit als Anknüpfung im deutschen IPR. Unter besonderer Berücksichtigung des Gesetzes zur Reform des Staatsangehörigkeitsrechts. 2001.

Band 90 Aline Bruer-Schäfer: Der Internationale Strafgerichtshof. Die Internationale Strafgerichtsbarkeit im Spannungsfeld von Recht und Politik. 2001.

Band 91 Andreas Rosenfeld: Die Verfassungsentwicklung von Mosambik. Ein Beitrag zur rechtsstaatlichen Transformation im südlichen Afrika. 2001.

Band 92 Markus Pallek: Der Minderheitenschutz im deutschen Verfassungsrecht. Eine analytische Untersuchung des Begriffs sowie der bundes- und landesverfassungsrechtlichen Stellung der ethnischen, nationalen, sprachlichen, kulturellen und religiösen Minderheiten in der Bundesrepublik Deutschland vor dem Hintergrund der völker- und europarechtlichen Rahmenbedingungen. 2001.

Band 93 Ansgar Firsching: Die Samen, ihre Rechtsstellung in Schweden und ihre Rechtsstellung im Lichte der Indigenous Peoples weltweit. 2002.

Band 94 Jörg Dunker: Regionale Integration im System des liberalisierten Welthandels. EG und NAFTA im Vergleich. 2002.

Band 95 Katharina Wodarz: Gewaltverbot, Menschenrechtsschutz und Selbstbestimmungsrecht im Kosovo-Konflikt. 2002.

Band 96 Grit Hokema: Immunität von Staatsoberhäuptern. 2002.

Band 97 Tido Oliver Hokema: Mehrfache Staatsangehörigkeit. Eine Betrachtung aus völkerrechtlicher und verfassungsrechtlicher Sicht. Unter Berücksichtigung des Staatsangehörigkeitsreformgesetzes vom 15. Juli 1999. 2002.

Band 98 Janet Kerstin Butler: Die Beteiligung von Privatpersonen am WTO-Streitbeilegungsverfahren. Bestandsaufnahme und Entwicklungsperspektiven. 2002

Band 99 Tobias H. Irmscher: Die Behandlung privater Beschwerden über systematische und grobe Menschenrechtsverletzungen in der UN-Menschenrechtskommission. Das 1503-Verfahren nach seiner Reform. 2002.

Band 100 Markus Voltz: Menschenrechte und ordre public im Internationalen Privatrecht. 2002.

Band 101 Sabine Schorer: Das Konsensprinzip in der internationalen Gerichtsbarkeit. 2003.

Band 102 Anja Weisgerber: Das Beweiserhebungsverfahren parlamentarischer Untersuchungsausschüsse des Deutschen Bundestages. 2003.

Band 103 Stephan Anstötz: Perspektiven zur staatlichen Neuordnung Zyperns. 2003.

Band 104 Eva Stumpf: Kulturgüterschutz im internationalen Recht unter besonderer Berücksichtigung der deutsch-russischen Beziehungen. 2003.

Band 105 Christian Malzahn: GATT-widrige *Treble Damages*-Klagen auf der Grundlage des US Antidumping Act 1916. Eine Untersuchung der Rechtsstellung beklagter deutscher Unternehmen im US-amerikanischen und deutschen Recht. 2003.

Band 106 Susanne Giannios: Ein Wasserregime im Nahen Osten. Rechtliche und politische Grundlagen und Perspektiven der internationalen Wasserverteilung im Jordanbecken. 2004.

Band 107 Jan Hübner: Das Verbrechen des Völkermordes im internationalen und nationalen Recht. 2004.

Band 108 Benjamin Krenberger: Deutschland im Spannungsfeld zwischen Europäischer Menschenrechtskonvention und nachzubefolgendem Besatzungsrecht. Reichweite der Verpflichtungen des souveränen Deutschlands nach der Liechtenstein-Entscheidung des Europäischen Gerichtshofes für Menschenrechte. 2004.

Band 109 Matthias Werner Schneider: Kommunaler Einfluß in Europa. Die Einflußnahme der Kommunen beim Europarat als Modell für die Europäische Union. KGRE, AdR und EKC als Säulen eines europäischen Kommunalschutzes. 2004.

Band 110 Bettina Gerber: Die Asylrechtsharmonisierung in der Europäischen Union. Unter besonderer Berücksichtigung der Richtlinie zur Festlegung von Mindestnormen für die Aufnahme von Asylbewerbern in den Mitgliedstaaten. 2004.

Band 111 Markus Lintner: Die verfassungsrechtlichen Grenzen des horizontalen Länderfinanzausgleichs nach Art. 107 Abs. 2 GG. 2004.

Band 112 Daniel Volk: Die Begrenzung kriegerischer Konflikte durch das moderne Völkerrecht. 2005.

Band 113 Eugenie Trützschler von Falkenstein: Mittelosteuropa – Nationen, Staaten, Regionen. Die Erweiterung der Europäischen Union aus der historischen Perspektive. 2005.

Band 114 Angela Kaiser: Minderheitenschutz in der Europäischen Union. Eine Untersuchung des „doppelten Standards" des EU-Minderheitenschutzes unter besonderer Berücksichtigung der Europäischen Grundrechtecharta. 2005.

Band 115 Kerstin Liesem: Die Reparationsverpflichtungen der Bundesrepublik Deutschland nach dem Zweiten Weltkrieg unter besonderer Berücksichtigung der Zwangsarbeiterentschädigung. 2005.

Band 116 Christoph Holthusen: Der Nordirlandkonflikt. Geschichte, zentrale Aspekte und Lösungsmodelle unter völkerrechtlicher Betrachtung. 2005.

Band 117 Christoph Junck: Die Gerichtsbarkeit des Internationalen Strafgerichtshofs. Vorbedingungen und Auslösemechanismen nach dem Römischen Statut vom 17. Juli 1998. 2006.

Band 118 Corinna Margit Hartmann: Staatliche Beteiligung an terroristischen Gewaltaktionen. Neue Herausforderungen für das Friedenssicherungssystem der Vereinten Nationen. 2006.

Band 119 Dagmar Wurst: Eigentums- und Investitionsgüterschutz im Völkerrecht. Das Beispiel der Landenteignung in Zimbabwe. 2006.

Band 120 Türkmen Tezcan: Der Zypernkonflikt vor dem Europäischen Menschengerichtshof. Eine Analyse unter besonderer Berücksichtigung der Loizidou-Rechtsprechung und ihrer Auswirkung auf die zwischenstaatlichen Beziehungen. 2006.

Bernhard Kempen (Hrsg.)

Die rechtsstaatliche Bewältigung der demokratischen Bodenreform

Frankfurt am Main, Berlin, Bern, Bruxelles, New York, Oxford, Wien, 2005.
VII, 146 S.
Kölner Schriften zu Recht und Staat.
Herausgegeben von Hartmut Schiedermair und Bernhard Kempen. Bd. 26
ISBN 3-631-54176-7 / US-ISBN 0-8204-9804-1 · br. € 29.–*

Auf einem im November 2004 in der Universität zu Köln veranstalteten Symposium diskutierten Juristen und Politikwissenschaftler das Dauerthema „Bodenreform 1945–1949: Eine juristische Neubewertung". Die hier wiedergegebenen Vorträge verstehen sich nicht zuletzt als Beitrag zu einer politischen Lösung.

Aus dem Inhalt: *Constanze Paffrath*: Die „Bodenreform" in den Verhandlungen zur deutschen Einheit · *Bernhard Kempen*: Die Bodenreform 1945–1949: Eine verfassungsrechtliche Neubewertung · *Theodor Schweisfurth*: Konfiskationen in der völkerrechtlichen Beurteilung · *Eckart Klein*: Der Eigentumsschutz in der Rechtsprechung des Europäischen Gerichtshofs für Menschenrechte · *Yvonne Dorf*: Das Recht der offenen Vermögensfragen

Kolibri 360 GmbH
Ferdinand-Jühlke-Straße 7
99095 Erfurt, Deutschland
produktsicherheit@kolibri360.de

Druck:
CPI Druckdienstleistungen GmbH
im Auftrag der
Kolibri 360 GmbH
Ferdinand-Jühlke-Str. 7
99095 Erfurt